D1997264

MARTIN BUCERS DEUTSCHE SCHRIFTEN · BAND 18

MARTINI BUCERI OPERA OMNIA

Series I

Deutsche Schriften

Im Auftrage der
Heidelberger Akademie der Wissenschaften
herausgegeben von Christoph Strohm

GÜTERSLOHER VERLAGSHAUS

MARTIN BUCERS DEUTSCHE SCHRIFTEN

Band 18

Nachträge 1541–1551 sowie Ergänzungen und Korrekturen

bearbeitet von

STEPHEN E. BUCKWALTER und THOMAS WILHELMI

GÜTERSLOHER VERLAGSHAUS

Bibliografische Information der Deutschen Nationalbibliothek

Die Deutsche Nationalbibliothek verzeichnet diese Publikation in der Deutschen Nationalbibliografie; detaillierte bibliografische Daten sind im Internet über https://portal.dnb.de abrufbar.

Gedruckt mit Unterstützung
der Heidelberger Akademie der Wissenschaften

1. Auflage
Copyright © 2015 by Gütersloher Verlagshaus, Gütersloh,
in der Verlagsgruppe Random House GmbH, München

Dieses Werk einschließlich aller seiner Teile ist urheberrechtlich geschützt. Jede Verwertung außerhalb der engen Grenzen des Urheberrechtsgesetzes ist ohne Zustimmung des Verlages unzulässig und strafbar. Das gilt insbesondere für Vervielfältigungen, Übersetzungen, Mikroverfilmungen und die Einspeicherung und Verarbeitung in elektronischen Systemen.

Gesamtherstellung: Memminger MedienCentrum AG
Printed in Germany
ISBN 978-3-579-04883-3
www.gtvh.de

Inhalt

Geleitwort

Im vorliegenden Band werden Texte Bucers ediert, die aus verschiedenen Gründen bisher nicht berücksichtigt werden konnten. Im Wesentlichen sind sie zwischen 1541 und 1551 entstanden. Der Sachverhalt, dass auch zwei Texte aus den Jahren bis 1541 abgedruckt werden und somit der 2013 erschienene Band 16 der Deutschen Schriften Bucers ergänzt werden muß, zeigt, daß trotz langjähriger, sorgfältiger Recherche immer noch neue Texte oder wichtige neue Fassungen in Archiven aufgefunden werden.

Beigefügt sind ferner einige Dokumente, die Bucers Heirat und Testament betreffen. Es handelt sich hierbei um Texte, die nicht nur interessante Einblicke in die persönlichen Lebensverhältnisse Bucers ermöglichen, sondern auch sozialgeschichtlich von besonderer Aussagekraft sind, wenn zum Beispiel die komplizierten Versorgungsfragen von Kindern verstorbener Partner der Ehefrau geregelt werden.

Den Abschluß des Bandes bietet eine Auflistung von Korrekturen und Ergänzungen zu BDS 1–17. Im Laufe vieler Jahre haben Mitarbeiter diese vermerkt oder Benutzer der Ausgabe der Forschungsstelle mitgeteilt. Ungefähr die Hälfte der Korrekturen stammt aus der Feder des 1998 verstorbenen Straßburger Historikers und Archivars Jean Rott. Dessen Aufzeichnungen wurden uns dankbarer Weise von den Straßburger Kollegen Prof. Dr. Marc Lienhard und Prof. Dr. Matthieu Arnold zur Verfügung gestellt. Es spricht für die Qualität der fast 60 Jahre lang geleisteten editorischen Arbeit, daß die Corrigenda-Liste einen begrenzten Umfang hat und vor allem kaum gravierendere Fehler zu benennen sind. Nun bleibt noch die Aufgabe, den aufwändigen Registerband abzuschließen. Aufgrund der langen Entstehungsgeschichte der Ausgabe sowie der problematischen Entscheidung, drei Abteilungen (Korrespondenz, Deutsche Schriften, Opera Latina) zu bilden, kommt diesem Band eine besondere Bedeutung zu.

Für die sorgfältige Erarbeitung des Bandes gebührt Herrn Dr. Stephen Buckwalter und Herrn Prof. Dr. Thomas Wilhelmi Dank. Die Heidelberger Akademie der Wissenschaften hat die Publikation wiederum in vielfältiger Hinsicht – auch mit einem namhaften Druckkostenzuschuß – unterstützt. An dieser Stelle sei auch hervorgehoben, dass wir wiederum in hohem Maß von der Zusammenarbeit mit den anderen Forschungsstellen profitiert haben, die den Forschungsschwerpunkt Frühe Neuzeit der Heidelberger Akademie der Wissenschaften bilden. Ihnen sei hier namentlich Dank ausgesprochen: Frau Dr. Christine Mundhenk, Frau Heidi Hein und Herrn Dr. Matthias Dall'Asta (alle Forschungsstelle Melanchthon-Briefwechsel) sowie Frau Dr. Sabine Arend und Herrn Dr. Gerald Dörner (Forschungsstelle Evangelische Kirchenordnungen des 16. Jahrhunderts). In einem Atemzug ist hier auch die bewährte Zusammenarbeit mit Herrn Prof. Dr. Berndt Hamm, Herrn Prof. Dr. Reinhold Friedrich und PD Dr. Wolfgang Simon von der Erlanger Forschungsstelle zur Edition der Korrespondenz Bucers zu nennen. Weit über das übliche Maß hinaus hat der Vorsitzende der Akademie-Kommission zur Begleitung der Forschungsstelle, Herr Prof. Dr. Dr.h.c. Eike Wolgast, die editorische Arbeit mit Rat und Tat unterstützt.

Heidelberg, im August 2015 Christoph Strohm

Zur Edition

Bei der Bearbeitung des vorliegenden Bandes wurden folgende Richtlinien zugrunde gelegt:

Die zu edierenden Stücke sind chronologisch angeordnet, numeriert und mit Überschriften in heutigem Deutsch versehen worden. Bei denjenigen Schriften, die nicht explizit ein Abfassungsdatum enthalten, erscheint das erschlossene Abfassungsdatum oder der erschlossene Abfassungszeitraum in eckigen Klammern.

Absätze werden entsprechend den Sinneinheiten des Textes eingefügt. Demgemäß erfolgt keine Übernahme von Absätzen aus den Vorlagen, die sich nicht als sinnentsprechend erweisen. Diesbezügliche Eingriffe sind an den jeweiligen Stellen im Apparat vermerkt.

Doppelte Anführungszeichen kennzeichnen die direkte Rede oder ein wörtliches Zitat, gleichgültig ob die Vorlage solche Kennzeichnungen enthält oder nicht. Zusätze der Bearbeiter werden in eckigen Klammern wiedergegeben.

Die Angabe der Bibelstellen richtet sich, so nicht anders vermerkt, nach der Kapitel- und Verszählung der deutschen Lutherbibel. Zu den Kapitelangaben im Quellentext werden die Verse nach heutiger Zählung in eckigen Klammern ergänzt. Bei Zitierung eines Buches ohne Kapitelangabe oder bei unbezeichneten Anspielungen erfolgt die Erläuterung im Stellenkommentar. Für die Abkürzungen der biblischen Bücher sowie der bekannteren Nachschlagewerke, Publikationsreihen und Zeitschriften ist das Abkürzungsverzeichnis der Theologischen Realenzyklopädie (TRE) maßgebend.

Hochgestellte lateinische Kleinbuchstaben verweisen auf den textkritischen Apparat. Hochgestellte arabische Zahlen im Text verweisen auf den kommentierenden Apparat. Blatt- und Seitenwendung wird in senkrechten Strichen kursiv vermerkt.

Im textkritischen Apparat werden in erster Linie Varianten gebracht, die für die Benutzer des Textes in Hinblick auf Verständnis und Interpretation wichtig sein können. Auch offensichtliche und vermutete Druck- und Schreibfehler sowie Ergänzungen und Streichungen in der Vorlage werden vermerkt. Der Stellenkommentar enthält Erläuterungen zu Wörtern und zur Syntax, zu Personen, Orten und Sachverhalten sowie zu historischen Zusammenhängen. Darüber hinaus werden Zitatnachweise und Verifizierungen von Anspielungen darin verzeichnet. Das Deutsche Wörterbuch (Grimm) wird entsprechend der Bandeinteilung des dtv-Neudrucks von 1991 zitiert, die ältere Bandeinteilung wird jedoch stets, wenn sie von der neueren abweicht, d. h. ab dem vierten Band, in Klammern hinzugefügt.

Die Texte werden wie folgt wiedergegeben:

Alle Kürzel und Ligaturen in deutschen und lateinischen Texten werden stillschweigend aufgelöst. Dabei folgt die Auflösung der Form, die in der betreffenden Überlieferung die übliche ist. Auflösungen von Abkürzungen finden sich an entsprechender Stelle in eckigen Klammern.

Der Vokalbestand der deutschen Texte wird unverändert beibehalten. Das gilt auch für übergeschriebene Buchstaben bei Umlauten. Tremata über y oder anderen Buchstaben werden nicht aufgenommen. Der Konsonantenbestand bleibt – auch in Fällen von Konsonantenhäufung – unverändert erhalten. Die unterschiedliche Schreibweise des s- und r-Zeichens wird dagegen nicht berücksichtigt.

Die Zusammen- und Getrenntschreibung folgt, wo kenntlich, der Vorlage. Auch die Groß- und Kleinschreibung der Vorlage bleibt in der Regel erhalten. Satzanfänge werden jedoch generell großgeschrieben. Entsprechende Änderungen der Vorlage werden im textkritischen Apparat vermerkt. Die Interpunktion folgt den Regeln der alten deutschen Rechtschreibung.

In lateinischen Texten wird v, wenn vokalisch gebraucht, als u wiedergegeben, während u wiederum in konsonantischer Verwendung als v transkribiert ist. Der Buchstabe j wird generell als i wiedergegeben. Die e-caudata wird gemäß der Vorlage zu »ae« oder »oe« aufgelöst.

Die Zusammen- und Getrenntschreibung richtet sich in lateinischen Texten nach den einschlägigen Wörterbüchern. Enklitische Partikeln werden direkt angehängt. Die Groß- und Kleinschreibung wird generell beibehalten; Eigennamen werden jedoch immer großgeschrieben. Die Zeichensetzung erfolgt grundsätzlich sparsam. Der Doppelpunkt im lateinischen Drucktext wird jedoch aufgrund seiner spezifischen Semantik generell beibehalten.

Den Beschlüssen der Kommission zur Herausgabe der Deutschen Schriften Martin Bucers vom Februar 2005 entsprechend entfällt das Sachregister. Das Zitatenregister beschränkt sich auf die Rechtscorpora des Corpus Iuris Civilis und des Corpus Iuris Canonici sowie auf Konzilsbeschlüsse.

Als Folge dieser Beschlüsse wurde außerdem auf eine ausführliche Textkritik verzichtet. Die Fassungen der jeweiligen Quelle werden genannt, beschrieben und hinsichtlich starker Abweichungen im textkritischen Apparat verzeichnet.

Die alphabetischen und chronologischen Gesamtverzeichnisse aller in Bucers Deutschen Schriften (BDS) und in den Opera Latina (BOL) bisher edierten Werke schließen den Band ab.

Einleitung

Der vorliegende Band bringt bisher unedierte Schriften Martin Bucers aus den Jahren 1541 bis 1551 zum Druck und schließt somit unmittelbar an den 16. Band unserer Edition an. Diese drei Dutzend Texte führen nicht nur das lokale, sondern auch das regionale und europaweite Wirken des Straßburger Reformators deutlich vor Augen. Darüber hinaus bietet dieser Band zwei vor 1541 entstandene Texte, deren Aufnahme uns unabdingbar erschien, weil sie bisher entweder unbekannt oder von der Forschung in der vorliegenden Fassung nicht zur Kenntnis genommen worden waren.

Eröffnet wird der Band mit einem einzigartigen Zeugnis der Zusammenarbeit Martin Bucers mit dem damals in Straßburg weilenden Johannes Calvin, dem ›Consilium admodum paternum‹. Dieser im März 1541 veröffentlichte Angriff auf eine Denkschrift Alessandro Farneses d. J. galt bis vor kurzem als Werk Calvins, ist aber aufgrund unleugbarer, von Cornelis Augustijn und François Gilmont zutage geförderter Spuren der Autorschaft Bucers in unsere Edition aufgenommen worden. Die parallel herausgegebene deutsche Fassung dieses Textes erscheint hier erstmals in einer wissenschaftlichen Edition.

Sowohl der *zweite* als auch der *dritte* Text des Bandes stellen Versuche des Straßburger Reformators dar, eine zentrale reformatorische Errungenschaft – in diesem Fall die Examinierung aller Anwärter auf eine freiwerdende Pfründe – in seiner eigenen Wirkungsstätte, der elsässischen Reichsstadt, durchzusetzen. Bemerkenswert hierbei ist die Opposition des mehrheitlich evangelischen St. Thomasstifts, welches Bucer mit diesen Gutachten konfrontiert.

Einblick in den organisatorischen Alltag der Straßburger Kirche bietet ebenfalls die *vierte* Schrift, in welcher Bucer und seine Kollegen den Rat darum bitten, zwei aus Straßburg stammende, derzeit aber in Memmingen und in Augsburg dienstlich verpflichtete Pfarrer in die elsässische Metropole zurückzuholen, um vakante Stellen zu besetzen.

Bucers Sorge um die Hebung des sittlichen Standes der städtischen Geistlichkeit kommt im *fünften* Text zum Ausdruck, der den genauen Wortlaut von sieben Selbstverpflichtungen enthält, die Pfründenempfänger anläßlich ihres Dienstantritts auf sich zu nehmen hatten. Auch diese Initiative Bucers erregte den erbitterten Widerstand des Thomasstifts, dessen Replik als Beilage angefügt ist.

Bei dem *sechsten* Text handelt es sich um einen Entwurf für den Vortrag auf dem Molsheimer Tag (18. Oktober 1542), an dem eine Delegation der Straßburger Prediger und des Rats mit dem Straßburger Bischof Erasmus und seiner Delegation über Straßburger Kirchengebräuche verhandelte. Als Beilage dazu wird ein von Bucer redigierter Entwurf einer einleitenden Ansprache der Vertreter des Rats ediert.

Das von Bucer und Jakob Sturm etwa im Juli 1544 verfaßte kurze Gutachten über eine hessische Koadjutorie für das Hochstift Münster, als *siebte* Schrift, zeigt einmal mehr auf, wie sehr sich Philipp von Hessen immer wieder auf den Rat aus Straßburg stützte.

Die *achte* und *neunte* Schrift zeugen von der Aufmerksamkeit, mit der Bucer das Schicksal der evangelischen Bewegung in Frankreich beobachtete: In der *achten* bitten die Prediger den Straßburger Rat Ende Mai 1545 darum, sich beim französischen König zugunsten verfolgter Evangelischer in der Provence zu verwenden und vor allem gegen das im April 1545 an den Waldensern des provenzalischen Städtchens Cabrières begangene Massaker zu protestieren; die *neunte* Schrift stellt einen von den Predigern ebenfalls Ende Mai 1545 verfaßten Entwurf eines solchen Briefs des Straßburger Rats an den König dar.

Der *zehnte* Text dokumentiert ebenso wie der siebte und der fünfzehnte die engen Verbindungen zwischen Landgraf Philipp von Hessen und Straßburg. Die Straßburger Theologen weisen Mitte Februar 1545 Philipp darauf hin, daß die »Wittenberger Reformation« vom August 1544 sich wesentlich vom Straßburger Reformationsgutachten vom November 1544 unterscheide, nämlich in Fragen der Lehre und auch in der vorgeschlagenen Art des Auftretens vor dem Kaiser und den Reichsständen auf dem Reichstag in Worms.

Bei dem *elften* Text, der Appellation, die der Kölner Erzbischof Hermann von Wied am 10. Juli 1545 gegen Teile des Kölner Domkapitels, des Klerus und der Universität veröffentlichte, ist die wesentliche Mitwirkung Bucers an der Formulierung der lateinischen Fassung sehr wahrscheinlich.

Als *zwölfte* Schrift erscheint die Instruktion, die Bucer zusammen mit seinen Kollegen für eine Einwirkung des Straßburger Rats auf die sehr bedenklichen kirchlichen Verhältnisse in der Reichsstadt Landau am 10. August 1545 dem Straßburger Rat vorlegte.

Die zur Gründung des Straßburger Gymnasiums 1538 erlassene Schulordnung wurde im November 1545 wesentlich überarbeitet. Daran beteiligt waren nicht nur Johannes Sturm und die Scholarchen, sondern auch Bucer. Einige Teile der Ordnung wurden, wie sein Entwurf belegt, von ihm formuliert und im wesentlichen auch so übernommen. Die Ordnung vom November 1544, die bis 1566 Gültigkeit hatte, wird unter Berücksichtigung des erwähnten Entwurfs als *dreizehnte* Schrift veröffentlicht.

Disziplinarmaßnahmen gegen einen pflichtvergessenen Straßburger Kleriker stehen im Mittelpunkt der *vierzehnten* Schrift, die Ende 1545 abgefaßt wurde. Diese ausführlich begründete Anklage gegen einen Kanoniker des Thomasstifts bietet einen einmaligen Einblick in den Alltag evangelischer Geistlichen im frühneuzeitlichen Straßburg.

Die *fünfzehnte* Schrift bildet ein Ende Mai 1546 für Philipp von Hessen sehr diplomatisch abgefaßter Brief an den französischen Dauphin Heinrich wegen der Verfolgung der Protestanten in seinem Land. Er bildet somit ein weiteres Zeugnis für den Versuch Bucers und des Straßburger Rats, auf die französische Regierung mäßigend einzuwirken.

Bucers kategorische Abweisung der Bitte eines nordelsässischen Pfarrers, dem Volk das Tanzen an Sonntagen zu erlauben, bildet die Grundlage der *sechzehnten* Schrift, die in Form eines Gutachtens verfaßt ist. Dieser am 17. Juli 1546 geschriebene Text legt Zeugnis von der strengen Bibelorientierung Bucers sowie von seiner düsteren Auffassung des damaligen sittlichen Standes im eigenen evangelischen Lager ab.

Die *siebzehnte* Schrift bildet ein von Bucer im selben Jahr eigens erstelltes Formular für die Taufe eines jüdischen Mädchens im badischen Raum. Auffallend bei dieser Betätigung des Straßburger Reformators als Liturgiker ist sein ausgiebiger Rückgriff auf vorreformatorische lateinische Formeln und rituelle Gesten, die bereits in der Straßburger Taufagende von 1524 abgeschafft zu sein schienen.

Im *achtzehnten* Text, der Ende Oktober 1547 verfaßt wurde, warnt Bucer den Straßburger Rat davor, eine Teilnahme am Trienter Konzil mit der vorangehenden Verpflichtung zu verknüpfen, Konzilsbeschlüssen zu gehorchen, da diese sich als götzendienerisch herausstellen könnten.

Die ebenfalls im Herbst 1547 entstandene *neunzehnte* Schrift des Bandes gibt dem Bestreben Bucers Ausdruck, für die Straßburger Pfarrer mehr Befugnisse und eine aktivere Rolle bei der städtischen Sittenaufsicht zu fordern, was ihn auf Konfrontationskurs mit dem Rat brachte, der allein die städtischen Kirchenpfleger mit dieser Aufgabe betraut wissen wollte.

Als *zwanzigstes* und *einundzwanzigstes* Dokument werden zwei Briefe Bucers an Ottheinrich von Pfalz-Neuburg vom 20. Dezember 1547 und vom 23. Januar 1548 vorgelegt. Beide Texte zeigen Bucers Persistenz in Glaubensfragen, aber auch seinen Pragmatismus in politischen Situationen. Er rät dem Pfalzgrafen, dessen Herzogtum 1546 von Karl V. erobert und sofort einer Rekatholisierung unterzogen wurde, am evangelischen Abendmahlsverständnis festzuhalten, sich vorab auf Konzilsbeschlüsse zu verpflichten, aber ein Restitutionsangebot des Kaisers selbst dann anzunehmen, wenn ihm die Kompetenz in Kirchenfragen entzogen blieb.

Bei der *zweiundzwanzigsten* Schrift handelt es sich um das Protokoll der Erklärungen, die Bucer am 9. April 1548 vor den Kurfürsten von Brandenburg und von der Pfalz und deren Räten zum Interim (»Märzformel«) abgab. Bucer erhob zum Ärger der Kurfürsten manche Einwände und weigerte sich, das von kurfürstlichen Schreibern angefertigte Protokoll zu unterzeichnen.

Der *dreiundzwanzigste* Text enthält eine der letzten gutachterlichen Stellungnahmen Bucers vor seinem erzwungenen Weggang aus Straßburg im Frühjahr 1549. Darin erläutert er, unter welchen Bedingungen die Geistlichkeit Straßburgs der Ladung zu einer vom Bischof für den 2. April nach Zabern ausgeschriebenen Synode ohne Verleugnung des eigenen evangelischen Bekenntnisses folgen könne.

Eine für Bucer ungewohnt straffe und präzise Zusammenfassung seines Abendmahlsverständnisses ist im *vierundzwanzigsten* Dokument zu finden. Diesen Text hat er nur fünf Monate vor seinem Tod in Auseinandersetzung mit dem polnischen Adligen und Reformator Ostfrieslands Johannes a Lasco verfaßt.

Unter Nr. 25 erscheinen zehn Dokumente, die einen guten Einblick in die persönlichen Angelegenheiten Bucers und seiner Familie geben. Im Heiratsbrief vom 4. Oktober 1542 und im Erbschaftsvertrag vom 14. Februar 1544 zwischen Bucer und Wibrandis Rosenblatt geht es um materielle Regelungen, insbesondere um die Versorgung von Familienangehörigen. Auch die Testamente von 1541, 1548 und 1551 enthalten Verfügungen in materiellen Angelegenheiten. In diesen Testamenten zieht Bucer aber auch Bilanz über seine Tätigkeiten als Reformator und Autor theologischer Schriften.

Darüber hinaus enthält der vorliegende Band im Anhang eine bisher nicht berücksichtigte Überlieferung der ›Confessio Tetrapolitana‹ (1530) und eine deutsche Fassung der ›Axiomata apologetica‹, mit denen sich Bucer gegen Nikolaus Amsdorfs Thesen wandte. Die hier edierte deutsche Fassung, die im Sommer 1535 entstand und ungedruckt blieb, weicht inhaltlich wesentlich von der Ende März 1535 und Anfang April gedruckten lateinischen Fassung ab.

Ganz zum Schluß des Bandes erscheint eine Zusammenstellung der uns bekannt gewordenen nennenswerten Korrekturen zu den gesamten früher erschienenen Bänden von Bucers Deutschen Schriften (BDS 1–17).

Außer den im Geleitwort genannten Personen danken wir für Hinweise und Unterstützung den Herren Daniel Bornemann (BNU Straßburg), Dr. Milton Kooistra (Toronto), Dr. Karl Murk (Marburg/L.), Dr. Andreas Neumerkel (Stadtarchiv Stralsund), AOR Dr. Christoph Roth (Heidelberg) und Louis Schlaefli (Straßburg). Für stetige Dienstleistungen gebührt dem Stadtarchiv Straßburg (hier insbesondere den Herren Bernhard Metz und Benoît Jordan) und der Universitätsbibliothek Heidelberg unser Dank.

Dem Memminger MedienCentrum danken wir für die wie immer hervorragend und umgehend ausgeführten satz- und drucktechnischen Arbeiten.

Den Herren Prof. Dr. Christoph Strohm und Prof. Dr. Dr. h. c. Eike Wolgast sind wir für ihre wertvollen Ratschläge und ihre Mitarbeit zu großem Dank verpflichtet.

Am vorliegenden Band haben mehrere wissenschaftliche Hilfskräfte bei allen Schritten der Edition und der Erstellung der Register engagiert und tatkräftig mitgewirkt: Frau Judith Kohlmüller und Frau Julia Schneider sowie die Herren Simon Klohr, Max Graff, Fabian Polzer, Florian Eckes, Stefan Aderhold und Daniel Löhlein, bei der Erstellung der Register und bei technischen Fragen auch Herr Daniel Degen, M. A.

Stephen E. Buckwalter
Thomas Wilhelmi

Nr. 1
Replik auf ein Memorandum Alessandro Farneses
Consilium admodum paternum / Ein sehr väterlicher Ratschlag

März 1541

bearbeitet von Stephen E. Buckwalter

Einleitung

1. Entstehung

Das im folgenden edierte Werk ist im März 1541 in Straßburg in einer lateinischen und kurz danach in einer deutschen Fassung veröffentlicht worden.[1] Eigentlich besteht das ›Consilium admodum paternum‹ aus zwei verschiedenen Werken: Auf der einen Seite gibt es ein Memorandum wieder, das der Kardinallegat Alessandro Farnese d.J., Enkel des regierenden Papsts Paulus III., für Kaiser Karl V. am 21. April 1540 anfertigte[2]; auf der anderen enthält es zahlreiche, über den ganzen Text verteilte, manchmal knappe, zuweilen aber recht ausführliche Kommentare, mit welchen ein fiktiver »Eusebius Pamphilii« auf diesen Ratschlag Farneses kritisch, ja geradezu spöttisch reagiert.[3] Die ursprüngliche Absicht des Kardinallegaten war es, Karl V. zu einer kompromißlosen Haltung gegenüber den Evangelischen aufzufordern.[4] Wie dieses ›Consilium Alexandri Farnesi‹ in die Hände der Protestanten geriet, läßt sich nicht mehr rekonstruieren.[5] Fest steht nur, daß es elf Monate nach seiner Abfassung zum Gegenstand einer beißend kritischen evangelischen Replik wurde, die – zusammen mit dem ursprünglichen Ratschlag – kurz hintereinander lateinisch und deutsch in Straßburg im Druck erschien.

1. Eine außerordentlich sorgfältige Darstellung der Entstehungsumstände und der Redaktionsgeschichte des ›Consilium admodum paternum‹ sowie eine abgewogene Diskussion der Frage nach seinen möglichen Verfassern, in einem Maße, das weit über das hinausgeht, was die folgende Einleitung leisten kann, bietet *Augustijn*, Die Autorschaft.
2. Eine moderne Edition desselben ist unter dem Titel ›Consilium Alexandri Farnesii et Marcelli Cervini cardinalium Carolo V exhibitum‹ in Concilium Tridentinum 4, S. 182–187 zu finden.
3. Sowohl im lateinischen (VD16 K 432; vgl. auch unten die Angaben zur Überlieferung) wie auch im deutschen (VD16 K 434) Druck dieses Werkes werden die beiden Bestandteile (ursprünglicher Ratschlag einerseits und darauf bezogener Kommentar andererseits) durch die Verwendung unterschiedlicher Drucktypen klar unterschieden.
4. »Das Programm, das er dem Kaiser vorhielt, beinhaltete Stärkung des katholischen Nürnberger Bundes, Aufnahme des Papstes in den Bund und Verweigerung von Religionsunterhandlungen ohne Beteiligung des Heiligen Stuhls« (*Augustijn*, Die Autorschaft, S. 255).
5. Vgl. *Augustijn*, Die Autorschaft, S. 255.

Die Frage nach dem Verfasser dieser sarkastischen Kommentare, d.h. nach der Identität des evangelischen Theologen, der sich hinter dem Pseudonym »Eusebius Pamphilii« verbirgt, kann nicht befriedigend beantwortet werden. Zeitgenössische Zeugen sprechen für die Autorschaft Calvins: Der Bucer-Forscher Cornelis Augustijn wies 1991 auf die von Johannes Sleidan bereits 1555 vorgenommene eindeutige Zuschreibung an den damals in Straßburg weilenden französischen Juristen und späteren Genfer Reformator hin.[1] Noch schwerwiegender – und von Augustijn damals noch nicht zur Kenntnis genommen – ist das zeitlich nähere Zeugnis Martin Bucers, der am 6. September 1541 in einem Brief an den Nürnberger Prediger Veit Dietrich das knappe Postscriptum hinzufügte: »Glossae Concilii paterni oratione Calvini est, nihil in eo Sturmii«[2].

Dennoch ist die postulierte Autorschaft Calvins mit Stil und Inhalt des ›Consilium admodum paternum‹ kaum in Einklang zu bringen. Zunächst ist das Latein dieser Schrift demjenigen der – auch während Calvins Straßburger Zeit verfaßten – Antwortschrift an Kardinal Sadolet[3] weit unterlegen.[4] Sodann fallen das explizite und häufig artikulierte Selbstverständnis des Verfassers als Deutscher und seine Vertrautheit mit deutschen Angelegenheiten ins Auge.[5] Vor allem auffällig sind aber die unzähligen inhaltlichen Überschneidungen mit Werken Bucers dieser Jahre, etwa mit ›Per quos steterit[6] (September 1540), ›Acta colloquii[7] (September 1541) und ›Alle Handlungen[8] (Dezember 1541) – Überschneidungen, die Augustijn detailreich und überzeugend herausgearbeitet hat.[9] Obwohl der Calvin-Bibliograph Jean-François Gilmont diesen Text in sein Verzeichnis der Werke Calvins aufgenommen hat, betrachtet er Martin Bucer durchaus als den maßgeblichen Verfasser desselben.[10] Nach Kenntnisnahme des Briefes Bucers an Veit Dietrich und Besprechung des Sachverhalts mit Gilmont schloß sich auch Augustijn seiner These an: Bucer habe Calvin in die vordergründige Rolle eines Redaktors oder Sekretärs gedrängt und seine eigene Beteiligung am Zustandekommen des ›Consilium‹ bewußt heruntergespielt, um sich im Vorfeld des Regensburger Religionsgespräches nicht

1. Vgl. *Augustijn*, Die Autorschaft, S. 258f. Die Begründung Sleidans, die die Aufnahme in die Edition der Werke Calvins 1866 motivierte, wird in CO 5, S. liii-lv in voller Länge wiedergegeben.
2. *Nemilov*, Lettre de Martin Bucer à Veit Dietrich, S. 575.
3. CO 5, Sp. 385–416; vgl. dazu *Strohm*, Calvin, S. 57f.
4. Ausführlich hierzu *Augustijn*, Die Autorschaft, S. 259f.
5. Vgl. die zahlreichen Belege bei *Augustijn*, Die Autorschaft, S. 261f.; vgl. v.a. den Abschnitt S. 84,1–86,12 sowie die Formulierung »nostra Germania« (vgl. unten S. 124,1f.).
6. BDS 9,1, S. 146–321.
7. BDS 9,2, S. 115–227.
8. BDS 9,2, S. 229–428.
9. Vgl. v.a. *Augustijn*, Die Autorschaft, S. 262–267.
10. *Gilmont*, Bibliotheca Calviniana II, S. 1107–1112 (vgl. die Diskussion der Aufsätze Augustijns und Nemilovs auf S. 111f.).

allzu sehr zu exponieren.[1] Somit ist die Aufnahme dieses Textes in unsere Reihe gerechtfertigt.[2]

2. Inhalt

Den Ausführungen Calvins und Bucers liegt keine eigene Systematik zugrunde, da sie sich am Aufbau des ursprünglichen ›Consilium Alexandri Farnesii‹ orientieren. Gleichwohl kann man einige immer wiederkehrende thematische Schwerpunkte[3] identifizieren, die das inhaltliche Profil der Schrift prägen:

I. Polemik gegen den Papst und seine Anhänger, die die alleinige Verantwortung für die fehlende Einigkeit der Kirche tragen; Hervorhebung des diametralen Gegensatzes zwischen Christus als Herr der Kirche und dem Papst als Erzfeind des Reiches Christi[4]

II. Auflistung und kritische Auseinandersetzung mit den Mißbräuchen der römischen Kirche: altgläubige Messe, Festhalten am Primat des Papstes, Zölibat, falsche Verwendung der Kirchengüter, Vernachlässigung des Wortes Gottes[5]

III. Rekapitulation der Ereignisse der 1530er Jahre, besonders der Religionsverhandlungen dieser Jahre, um das Anliegen der Evangelischen zu verteidigen und deren Forderung nach einem nationalen Konzil Nachdruck zu verleihen[6]

1. »L'essentiel de la documentation exploitée vient de Bucer. Calvin n'a sans doute joué que le rôle de rédacteur. Comme me l'a fait remarquer C. Augustijn, ›Bucer a procuré les données et selon toute probabilité, a composé lui-même une partie considerable de l'écrit. Il était le seul qui était au courant de toutes ces données, mais à ce moment-là, peu de temps avant le Colloque de Ratisbonne, il ne pouvait porter aucune responsabilité d'un tel libelle‹ (lettre du 20 février 1993). Voir Calvin comme un secrétaire, mettant de l'ordre dans un dossier, ce n'est pas étonnant, du moins pour la période strasbourgeoise de sa vie« (*Gilmont*, Bibliotheca Calviniana II, S. 111 f.). Unter diesem Gesichtspunkt ist es durchaus möglich, daß der von Bucer in seinem Brief an Veit Dietrich erwähnte »Sturm« (*Nemilov*, Lettre de Martin Bucer à Veit Dietrich, S. 575) nicht, wie Nemilov vermutet, der aus Schleiden in der Eifel stammende Humanist und Pädagoge Johannes Sturm (1507–1589; zu ihm vgl. zuletzt *Arnold/Collonges*, Quand l'humanisme fait école) ist, sondern der Straßburger Stettmeister Jakob Sturm (1489–1553; zu ihm vgl. BCor VI, S. 301; *Arnold*, Jakob Sturm; *Ficker/Winckelmann*, Handschriftenproben I, Nr. 3b; *Brady*, Ruling Class, S. 351 f. und *ders.*, Zwischen Gott und Mammon), den Bucer aus Rücksicht auf die bevorstehenden Religionsverhandlungen von dem Verdacht, Autor einer solchen Polemik zu sein, befreit wissen wollte.

2. Professor Jean-François Gilmont (Université Catholique de Louvain) ist für seine zuvorkommenden Ratschläge bei den Überlegungen bezüglich der möglichen Aufnahme dieses Textes in unsere Reihe herzlich zu danken.

3. Vgl. hierzu die außerordentlich detaillierte Besprechung des Inhalts bei *Augustijn*, Die Autorschaft, S. 257–269.

4. Vgl. etwa S. 26,12–30,25, S. 42,14–44,17, S. 54,3–13, S. 70,29–72,5, S. 86,39–88,7 und S. 118,15–36.

5. Vgl. etwa S. 38,1–40,2, S. 44,28–52,15, S. 62,11–70,17 und S. 88,27–90,13.

6. Vgl. etwa S. 32,14–34,18, S. 40,27–42,6, S. 54,21–62,8, S. 80,5–86,24, S. 94,11–96,25, S. 98,17–110,16 und S. 122,5–26.

3. Überlieferung

Lateinische Fassung:
CONSILI= || VM ADMODVM PA= || TERNVM PAVLI . III . PONTI || ficis Romani, datum Imperatori in || Belgis, per Cardinalem foerneſium || Pontificis nepotem, pro || Lutheranis. || Anno. || 1540. || Et || EVSEBII PAMPHILI EIVSDEM || conſilii pia & ſalutaris || explicatio.

Nicopoli Pamphiliae: Johannes Zelot [= Straßburg: Wendelin Rihel], 1541.

8°; 51 Bl.; A^8-F^8, G^3 (B^5 signiert: A^5); Titelrückseite und letztes Blatt leer; Seitenkustoden; Seitentitel; gotische Type

VD 16 K 432. Index Aureliensis 129.748. *Gilmont*, Bibliotheca Calviniana II, Nr. 41/6, S. 1109–1112.

Benutztes Exemplar: Straßburg BNU, R 101.502

Deutsche Fassung:
CONCILIVM || PAPAE. || Ein seer vaͤterlicher rath || schlag des Roͤmischen bischoffs Pau= || li (des namens) des dritten / Keyser= || licher Maiestat im Niderland / || durch den Cardinal Foͤrnesi= || um / des Bapsts vettern / || für die Lutherischen || vberantwort. || Anno 1541. || Dabey ein Gotsaͤlige vnd heilsa= || me außlegung genants Rhat= || schlags / durch Eusebium || Pamphili.

[Straßburg: Wolfgang Köpfel] 1541.

8°; 60 Bl.; A^8-G^8, H^4; H^3b-H^4b leer; Seitenkustoden; Seitentitel; gotische Type

VD 16 K 434. Index Aureliensis 129.749. *Gilmont*, Bibliotheca Calviniana II, Nr. 41/5, S. 1107f.

Benutztes Exemplar: Straßburg BNU, E 126.050

Im folgenden werden die von Alessandro Farnese d.J. stammenden Passagen[1] kursiv wiedergegeben, um sie von dem von Bucer unter Mitarbeit Calvins verfaßten Text zu unterscheiden.[2] Die Spaltenzahlen der ersten wissenschaftlichen Edition des ›Consilium admodum paternum‹, die 1866 im 5. Band der Werke Calvins erschien[3], geben wir am Rande wieder.

1. Diese sind in Concilium Tridentinum 4, S. 182–187 zusammenhängend ediert; bedeutende Abweichungen zwischen jener Edition und Bucers Wiedergabe des Farnesischen Textes geben wir im textkritischen Apparat wieder.
2. Somit folgen wir dem Beispiel der Editoren der Werke Calvins (vgl. unten Anm. 3).
3. CO 5, Sp. 461–508.

Um eine unnötige Verdoppelung des kommentierenden Apparats zu vermeiden, wurde lediglich das lateinische Original mit Sachanmerkungen versehen; die Kommentierung der deutschen Übersetzung beschränkt sich auf gelegentliche Worterklärungen.

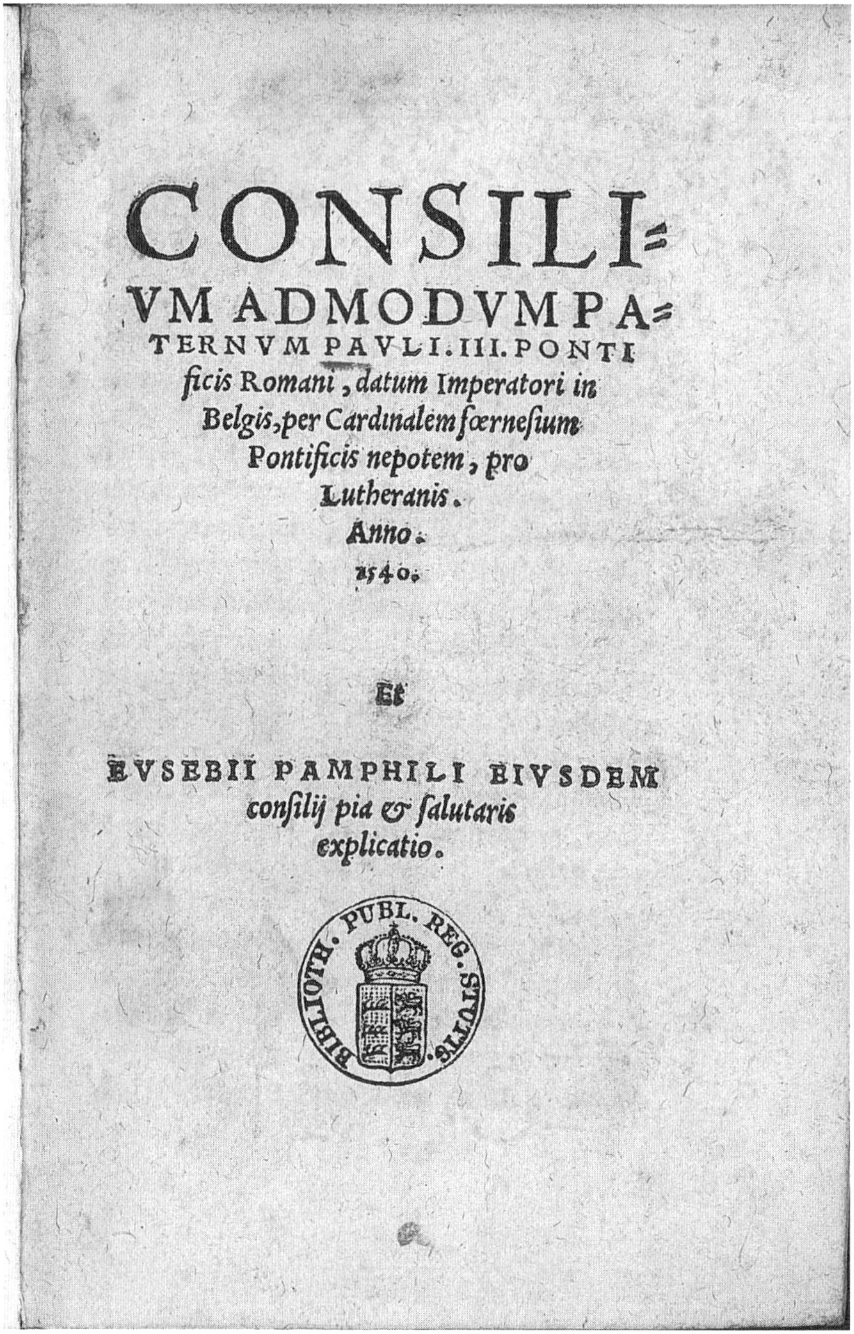

CONSILI=
VM ADMODVM PA=
TERNVM PAVLI. III. PONTI
ficis Romani, datum Imperatori in
Belgis, per Cardinalem fœrnesium
Pontificis nepotem, pro
Lutheranis.
Anno.
1540.

Et

EVSEBII PAMPHILI EIVSDEM
consilij pia & salutaris
explicatio.

BIBLIOTH. PUBL. REG. STUTTG.

Straßburg: Wendelin Rihel, 1541 (Stuttgart LB, Kirch. G. oct. 5446)

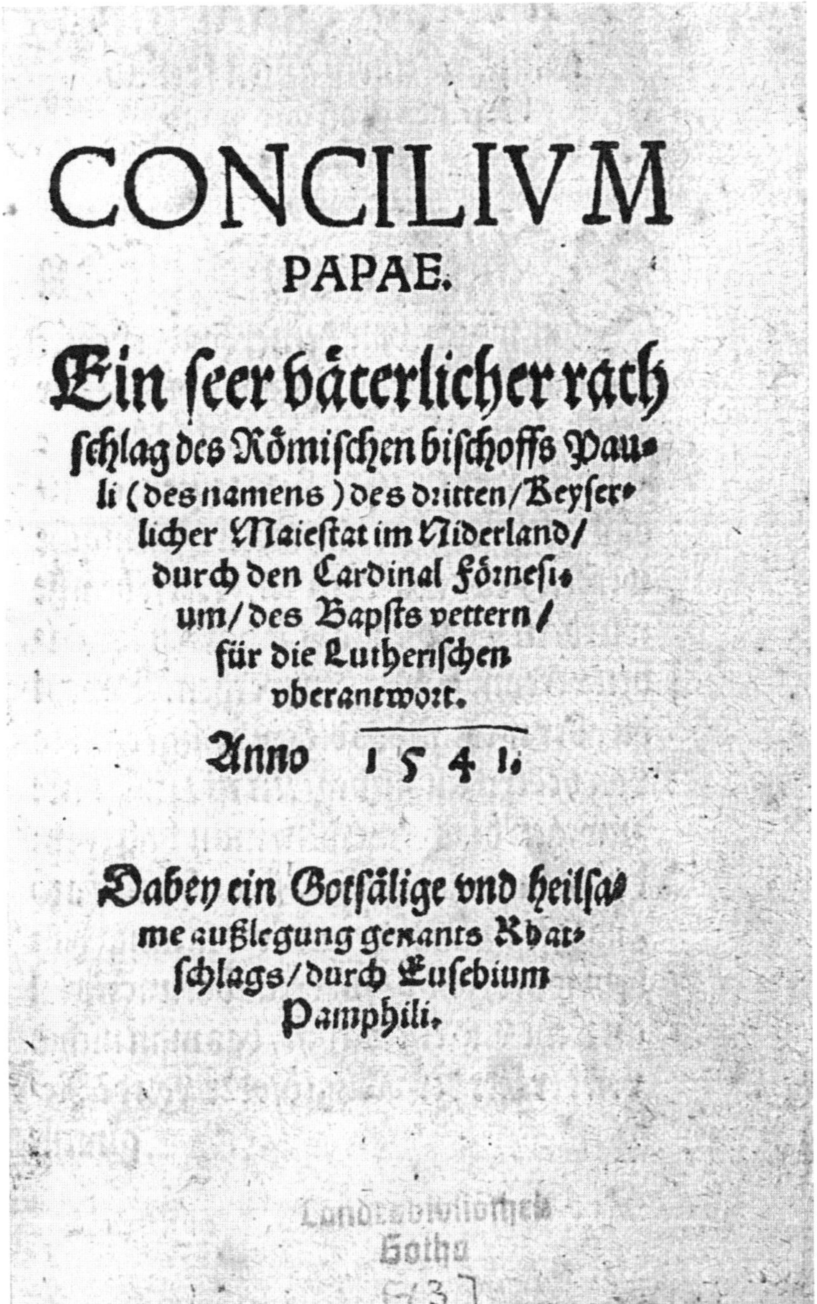
CONCILIVM
PAPAE.
Ein seer väterlicher rath
schlag des Römischen bischoffs Pau-
li (des namens) des dritten/ Keyser-
licher Maiestat im Niderland/
durch den Cardinal Förnesi-
um/ des Bapsts vettern/
für die Lutherischen
vberantwort.
Anno 1541.

Dabey ein Gotsälige vnd heilsa-
me außlegung genants Rhat-
schlags/ durch Eusebium
Pamphili.

Landesbibliothek
Gotha

Straßburg: Wolfgang Köpfel, 1541 (Gotha FLB, Druck 8° 00129-13)

[*461–462*] | *A i a* | CONSILIUM ADMODUM PATERNUM PAULI III.[1] PONTIficis Romani datum Imperatori in Belgis per Cardinalem foernesium[2] Pontificis nepotem[3] pro Lutheranis Anno 1540.

Et EUSEBII PAMPHILI[4] EIUSDEM consilii pia et salutaris explicatio.
[*465–466*] | *A ii a* | EPISTOLA

MERITO tu quidem et pro singulari tua pietate optare soles, ut compositis dissensionum turbis, quibus miserime[5] hodie iactari videmus Ecclesiam, quocunque fieri poterit modo partes inter se reconcilientur. Sed quia concordiam, quae ab omnibus expetenda est, coalescere non posse putas, nisi Romanus pontifex in id concilium adhibeatur, ubi de pacificatione agetur, idque iuris ac honoris deferendum illi existimas, ne quid de religionis doctrina vel Ecclesiae regimine absque eius consensu et autoritate deliberetur. In eo ne diutius erres, volui tibi specimen exhibere, unde intelligas, quid nobis sit expectandum, si ab eius nutu totam huius causae tractationem suspendimus, Inde enim facile colliges, quantum tribuere ipsius iudicio debeamus. Hoc quoque optabile esse fateor, non tantum, ut sua autoritate confirmaret, quidquid tandem constitutum fuerit, sed etiam ut in doctrina repurganda reformandaque Ecclesia, ut tantum Episcopum decet, aliis omnibus et studio et exemplo et consilio praeiret. Verum quando omnem ea de re spem bonis abscindit, nec tantum se autorem Ecclesiae in melius restituendae non fore ostendit, sed extrema quelibet tentaturum potius de- | *A ii b* | monstrat, quam ut remedium aliquod tantis malis afferri patiatur: quid obsecro frustra moramur, dum purae sancteque[6] concordiae legem ipse nobis praescribat? Neque vero postulo, ut de ea re mihi assentiaris, sed ut consilium hoc expendas, unde aestimare possis, an de ipso temere desperemus; ubi legeris minime dubito, quae tua est prudentia, quin facile sis pronunciaturus, nihil minus quam de illo in consilium adhibendo cogitandum esse, ubi de religionis Ecclesiaeque restitutione serio agitur. Vale. | *A iii a* |

1. Paul III., Alessandro Farnese d.Ä. (1468–1549), Papst seit 1534.
2. sc. Farnesium; gemeint ist Alessandro Farnese d.J. (1520–1589); zwischen 1539 und 1541 vermittelte er zwischen Kaiser Karl V. und dem französischen König Franz I. als Kardinallegat; zu ihm vgl. *Ganzer*, Farnese.
3. Alessandro Farnese d.J. war ein Enkel von Alessandro Farnese d.Ä. (Papst Paul III.).
4. Zu dem Pseudonym »Eusebius von Pamphilien« vgl. *Augustijn*, Die Autorschaft, S. 256f.
5. sc. miserrime.
6. sc. sanctaeque.

| *A1a* | CONCILIVM PAPAE.

Ein seer vaͤterlicher rathschlag des Roͤmischen bischoffs Pauli (des namens) des dritten, Keyserlicher Maiestat im Niderland durch den Cardinal Foͤrnesium, des Bapsts vettern, für die Lutherischen vberantwort.

Anno 1541.

Dabey ein Gotsaͤlige vnd heilsame außlegung genants Rhatschlags durch Eusebium Pamphili. | *A1b* |

Eusebius Pamphili wünschet seinem gůten freünd N. seinen grůß vnd gnad von Gott.

BJllich wünschest du allwegen von deiner sonderlichen Gottsaͤligkeyt wegen, das die vnrůg der zwispaltung, durch welche wir sehen die Christlich kirch zů vnsern zeyten ellendigklich bewegt vnd vnrůwig gemacht werden, ein mal doch zů friden bracht wurd, in was weg ja die parten der selben vereynigt moͤchten werden. Dweyl du aber meynst, das die einhelligkeyt, die von yederman zů begeren ist, moͤge nie zuwegen bracht werden, man hab dann den Roͤmischen Bischoff auch im Rath zůgegen, da man von der versůnung handeln wurd, vnd das jm deins bedunckens solche recht vnd eher gebür, das man nichts von der leer der Religion oder von dem Re- | *A2a* | giment der kirchen on sein verwilligung vnd gwalt zů handlen vndernemen soll. Damit du aber nit lenger in diesem jrrthumb verharrest, hat mich für gůt angesehen, dir ein schawfalt[1] für zuhalten, an dem du vermercken kündst, was wir zů warten haben, so wir diesen handel gar an sein verwilligung haͤfften woͤllen, dann darauß wirdstu leichtlich abnemen, was wir seinem vrtheil zů geben sollen. Jch bekenn, das wol zů wünschen wer, das er nit allein mit seinem gwalt befaͤstiget, was zuletst erkant wurd, sonder auch, das er in erleüterung der leer vnd reformatz der kirchen allen andern mit fleiß, Exempel vnd rhat (wie eim solchen bischoff wol gezaͤme) vorgieng. Dieweil er aber vns alle solche hoffnung von jm entnimmet vnd nit allein sich nit erzeygt als von dem die kirch zů besserem stand moͤchte gebracht werden, sonder erzeigt sich vil mehr als den, der ehe woͤlle alles vnglück, iamer vnd not anrichten, ehe dann | *A2b* | er leiden wil, das ja etwas rhats solchem schaden der kirchen gsůcht werd: was wolten wir dann lenger beyten vnd harren, biß er vns gsatz zů heiliger vnd reiner einhellikeyt fürschreiben wurd? Jn dem begere ich nit, des du mir zů fallest, sonder das du disen ratschlag eroͤhrterst, daher du wol abnemmen magst, ob wir on vrsach an jhm verzweyfeln, dann so du jn lesen wirdst, bin ich ongezweyfelt (so witzig[2] achte ich dich wol), du wirdest leychtlich bekennen werden, das nichts wenigers zů gedencken sey, dann das man jhn in den rhat kommen

1. Muster, Beispiel; vgl. hierzu *Grimm* 14 (= VIII), Sp. 2338, s. v. Schaufall und Schaufalt.
2. verständig, klug.

[467] CONSILIUM PRO LUTHERANIS, QUOD PONTIFEX ROMAnus nuper Caesari dedit.

HEri cum Reverendissimus Dominus Legatus audivisset Illustrem D[ominum] de Granvella[1] *Caesareae maiestatis et Serenissimi Regis Romanorum*[2] *nomine proponentem, Maiestatibus suis videri utile et necessarium ad tollenda dissidia religionis in natione Germanica, quae iam satis superque Christianam pietatem labefactarent et quotidie magis labefaciunt, nec non ad providendum rebus Turcicis, quod exploratum esset Turcam hoc anno Hungariam valido apparatu petiturum, con-* | A iii b | *ventum catholicorum principum ad festum Trinitatis Spirae*[3] *haberi, in quo primo tractaretur de augendo foedere catholicorum.*

Hoc Pontifici datum est. Alioqui pii principes tam in auspicatum huius Consilii initium nunquam facere voluissent. Qui enim potuisset minus auspicatum uniendae Germaniae exordium fieri quam a foederis eius accessione, quo ab una parte in alterius perniciem conspiretur? Maluissent itaque principes[4] sublata dissidii materia, quod facile est, partes in concordiam sanctam et Christianam reducere. Id quod fiet sola doctrinae disciplinaeque Christi admissione vitiorumque correctione, quae contra in clerum plebemque irrepserunt. Sed ut dictum, hoc sanctissimo dari oportuit, qui cum hoc bene videat se salvo et incolumi regnum Christi erigi non posse in eo fallitur, quod eius virtutem coniuratione praesidiisque hominum oppressum iri speret.

1. Nicolas Perrenot de Granvelle (Nikolaus Granvella), geb. um 1484/85, gest. 1550, Staatsrat Kaiser Karls V. seit 1524 und später einflußreicher Politiker in habsburgischen Diensten (vgl. *Schneider*, Granvelle, Sp. 1250 und *Dooley*, Granville); Eigentümer des Landgebiets von Granvelle in der Freigrafschaft Burgund (vgl. MBW, Bd. 12, S. 172); im Zuge der Religionsgespräche von Hagenau und Worms sollte Bucer später engen Kontakt mit ihm unterhalten; vgl. *Greschat*, Bucer, S. 199–205 (= 1. Aufl. S. 184–189); BDS 9,1, S. 323–326; BDS 9,2, S. 15 und passim.

2. Ferdinand I. (1503–1564), Bruder Karls V. und ab 1558 dessen Nachfolger als Kaiser; seit 1526 König in Ungarn und Böhmen, seit 1531 römischer König.

3. Für den 23. Mai 1540, einen Sonntag Trinitatis, hatte Karl V. die katholischen Stände zu einer Vorversammlung zur Vorbereitung der Gespräche mit den protestierenden Ständen nach Speyer berufen. Aufgrund der dort wütenden Pest wurde diese stattdessen vom 12. bis 25. Juni in Hagenau abgehalten (vgl. hierzu BDS 9,1, S. 101).

4. In seiner Schrift ›An statui‹ nimmt Bucer eine ausführliche Auflistung dieser Fürsten vor (BDS 9,1, S. 101,9f.).

laß, da man mit ernst vnd fleiß von widerbringung der Religion vnnd kirchen handlen will. Gehab dich wol. | *A3a* |

Der Rhadtschlag, so der Rhoͤmisch Bischoff Keyserlicher Maiestat für diè Lutherischen jüngst überantwort hat.

GEstern, als der aller Erwürdigest Herr, der Legat gehoͤrt het den Durchleuchtigen herrn Granuella inn namen Keyserlicher Mai[estät] vnd des aller Durchleuchtigsten Roͤmischen Koͤnigs fürtragen, wie jre Maiestaten für nutz vnnd notwendig ansehe, auffzuheben den zwitracht der Religion in Teutschem land, welche yetzt zuͦ vil lange zeit die Christliche gottsaͤligkeyt beschaͤdigt hett vnnd noch taͤglich mehr beschaͤdiget, auch dem Türckischen handel rhat zuthuͦn, dweyl man guͦt kuntschafft hett, das der Türck diß jar mit gwaltiger rüstung das Hungerland[1] *vnderstuͤnde zuͦ überziehen, das* | *A3b* | *man ein versamlung der Altglaubigen Fürsten auff der Heiligen Dreyfaltigkeyt tag zuͦ Speyr haben solt, in welcher gehandelt solt werden, wie man der Altglaubigen bundt mehren moͤchte.*

Eusebius Pamphili

DAs ist dem Bapst zuͦgeben worden, sunst hetten die Gottsaͤligen Fürsten dem rhatschlag kein solchen vnglückhafftigen anfang woͤllen geben. Dann wie moͤcht die sach vnglückhafftiger angefangen werden, das Teutschland zuͦ vereinigen, dann mit maͤhrung des bunds, da man auff eym theil dem andern allein zuͦ schaden sich verpflichtet? Darumb hetten die Fürsten lieber gewoͤlt, das die vrsach des zwispalts hingenommen wurd, damit die parten zu warer, heyliger vnnd Christlicher einigkeyt bracht wurden. Welchs dann leichtlich zuthuͦn wer, namlich so man allein die leer vnd zucht Christi zuͦ ließ vnd die laster bessert, die da wider bey den geistlichen vnd weltlichen eingerissen seindt. Aber wie gsagt, so hatt man das dem Allerheyligsten zuͦgeben muͤssen, der da wol merckt, wa er bleiben sol, das das reych | *A4a* | Christi nit auffgericht werden moͤg, doch so fehlt er an dem, das er hofft, die macht Christi moͤg mit bündtnissen vnd hilff der menschen vndergedruckt vnd gedempt werden.

1. sc. Ungarn.

Ac de nonnullis rebus religionis, quae forte possent concedi statibus protestantibus, quae tamen non essent de essentialibus nostrae fidei. | *A iv a* |

Recipiantur ubique in quibus religio per se consistit et ad eam necessario requiruntur, nec quicque de his in ullius gratiam remittatur, et concordia, quod ad protestantes attinet, iam inventa erit.

Ut illis semel constitutis inter catholicos principes, deinde alius conventus cum [468] *nonnullis principibus protestantium post tres sequentes hebdomadas fieret, in quo et de concordia Germaniae in fide et de auxilio contra Turcas tractaretur, adhibitis etiam ad hunc conventum oratoribus Christianissimi regis.*

At Romani Pontificis Romanensiumque artibus effectum est, ut non de concordia in fide, sed de recuperanda, si quam perdiderunt, potestate opibusque Ecclesiasticis sibi asserendis confirmandisque consultatio institueretur. Cum summa impudentia sit ipsos ullam sibi in Ecclesia potestatem sumere, qui nihil minus sunt quam Ecclesiae praesules, et eas tenere opes, quae in solos verosque Christi ministros et pauperes insumi debet, easque malis rationibus usurpatas flagitiose prodigerent et dissiparent.[1] | *A iv b* |

Cumque idem illustris D[ominus] de Granvella super hoc peteret sententiam Reverendissimae suae dominationis, licet nonnulla tunc dicta fuissent, Tamen quia conclusum est, ut Reverendissima dominatio sua cogitaret ac proponeret maiestatibus suis, qua ratione videretur sibi posse, salvis rebus religionis, provideri rebus Turcicis, Ita sententiam suam quo decet pudore profert. Debent ante omnia praedictae maiestates pro comperto habere, sanctissimum Dominum nostrum veram pacem et unitatem [a]*Germaniae, quae*[a] *tamen pax et unitas non dividat eam a concordia ac constituat bellum perpetuum cum Deo.*

Verum terreno et Romano Deo, Nam si pacem cum Deo vero et ipse habere et apud alios tueri cu- | *A v a* | peret, aliter longe viveret, aliter doceret, aliter

a)–*a)* Drf. Germani, aequae.

1. Vgl. hierzu BDS 12 passim, BDS 7, S. 488,30–490,17, BDS 11,3, S. 351,12–26 und BOL 15, S. 142; vgl. auch *Seebaß*, Martin Bucers Beitrag, S. 170.

Vnd von ettlichen Religion sachen, die man vileicht den Protestierenden stenden zůlassen moͤcht, welliche doch nit die weßlichen[1] *stuck vnsers Christlichen glaubens betreffen.*

Man nemm an allenthalben die stuck, darinn die Religion auff ir selbs besteht vnd die von nohtwegen von der Religion erfordert werden, von welchen auch niemants zůlieb etwas nachgelassen werd, so ist die einhellikeit schon funden, souil die Protestierenden belangt.

Damit, so sich die Altglaubigen Fuͤrsten deren ding halben ein mal entschlossen hetten, das man dann ein andere versamlung mit etlichen protestierenden fürsten nach den drey künfftigen wochen hielt, in der man handelt, von der vereynigung des Teutschen lands im glauben vnd der hilff wider den Türcken. Jn wel- | A4b | liche versamlung man auch die gsanten des Christlichen Koͤnigs zůlassen sol.

Es haben aber der Roͤmisch bischoff vnd seine Rhomanisten die sach dahin bracht mit jren practicken, das man da nit von der einhelligkeyt im glauben, sonder von widerbringung verlorens gewalts vnd zůeygenung vnd bestaͤtigung der kirchen guͤter zů handlen vndernam. So doch das die hoͤchst rauchloßigkeyt[2] ist, das die jnen einigen gewalt in der kirchen an massen sollen, die nichts minder seind dann fürsteher der kirchen vnd das sy der selben guͤter sollen haben, welche doch allein verwendt sollen werden auff die einigen waren diener Christi vnd arme leüt, so dise dagegen die selben mit geschwinden griffen zuwegen bringen vnd laͤsterlich vergeuden vnd verschwenden.

Als aber der genant Durchleuchtig Herr von Granuella seiner erwürdigsten herrlicheyt meinung darüber begert zů vernemen, wiewol dann schon etwas dauon geredt war worden, Noch dweyl beschlossen ward, das sein Erwürdigste herrlicheyt gedaͤcht vnd jren Maiestaten | A5a | fůrschlůg, Auff was weyß sie bedunckt, das man moͤcht (on verletzung der religion sachen) dem Turckischenn handel begegnen, Do hatt sie jhre meynung mit gebürlicher scham auff solche weyß zů verston geben. Es sollen jre Maiestaten vor allem wissen, das vnnser aller heyligster Herr waren frid vnnd eynigkeyt des deutschen lands beger, doch also, das der selbig frid nit ein mißhelligkeit vnnd vnfrid mit Got mache.

Ja, mit dem jrdischen vnd Roͤmischen got, dann so er warlich begert, bey dem waren got friden zů haben vnd bey andern zů erhalten, so wurd er weit anders leben, leren vnd regieren. Nu aber, dweil allen englen vnd menschen bekantt ist, das alles sein leben, leeren, heissen vnd rhaten feindtlicher weyß wider got

1. zur Form vgl. *Grimm* 29 (= XIV,1,2), Sp. 592, s. v. wesentlich.
2. sc. Ruchlosigkeit. Vgl. *Grimm* 14 (= VIII), Sp. 251 f.

regeret. Nunc cum sit angelis et hominibus notissimum, totam eius vitam, omnia instituta, decreta, consilia, rationes cum Deo hostiliter pugnare, quasi credibile sit ipsum esse solicitum, ne homines, dum inter se coeunt, a Deo dividantur; diserte cavet, ne concordia quaeratur, quae discordiam adversus Deum pariat.

Nihil enim magis optat sanctitas sua, quam impetus sevientis Turcae, atrocis- [469] *simi et potentissimi hostis, posse omnibus*[b] *Christianorum votis et viribus propulsari et comprimi.*

Quod Christiani nominis perpetuus hostis est Turca, quid hoc ad Romanum pontificem? nisi ut socium sibi adsciscat ad oppugnandum Christi regnum, quod ferro et igni, quam potest, crudelissime persequitur. Sed alibi ulcus eum mordet, videt enim tyrannidis suae aemulum imminere, qui non passurus sit Romanas libidines ita licentiose vagari, sed in eo tamen propulsando veteri suo stratagemate usitataque Romanae curiae disciplina utitur, ut Christianos principes in aciem extrudat, oppositis omnium | *A v b* | nationum et capitibus et opibus, tyrannidem suam defendat, quietus ipse domi aliorum pericula ex tuto despiciat, quo postea attrita ipsorum virtute melius ac facilius omnes sibi subigat.

Interim nothos nothasque suas iis praesidiis ornet ac locupletet, quae in Christiani nominis defensionem destinari oportuerat. Quid enim aliud sibi vult, quod serenissimo Regi Ferdinando[1], quem assiduis contra Turcam bellis videbat implicitum, ne Annatas quidem in Germanicis Ecclesiis concedere nuper voluit ad depellendam e Pannoniis et Illirico a Christianorum cervicibus vim Turcicam, quas olim non semel datas esse constat ad Romam Italiamque iuvandam.[2]

Veruntamen quae ad praesentem materiam conventus protestantium et catholicorum spectant, in quo de religione et pace Germaniae tractandum est, haec putat animadvertenda.

Catholicorum etc.[3] Qui communi Euangelii fide et non vulgari cum carne et mundo consensione catholici sunt, eos aut palam protestari necesse est contra

b) communibus: Concilium Tridentinum 4, S. 184,8.

1. Vgl. oben S. 26, Anm. 2.
2. Ähnlich argumentiert Bucer in seiner Schrift ›Alle Handlungen und Schriften‹ vom Dezember 1541 (BDS 9,2, S. 340,1–7); vgl. hierzu auch *Augustijn*, Die Autorschaft, S. 262.
3. Mit dieser Angabe nimmt Bucer das Stichwort »Catholicorum« (Zeile 26f.) auf.

ficht vnd streit, So sol wol glaublich sein, das er sorg hab, so die leüt einhellig werden, das sie von Gott abgescheyden werden; darumb verbeüt er ein vereynigung anzůnemen, die zwitracht gegen got geber.

Dann sein heyligkeyt wünscht nicht meh, dann wie der wůͤtend vnd greülich | A5b | gwalt des aller maͤchtigsten feindts, des Türcken, mit aller macht der Christen gedempt vnd vertriben moͤg werden.

Was geht den Roͤmischen bischoff an, das der Türck ein ewiger feind der Christenheyt ist? anders dann das er ein gsellen hat, das reich Christi zuwiderfechten, das er auff das aller greulichst, als er jmmer kan vnd mag, mit dem schwert vnd feür durchaͤcht[1]. Aber das geschwer[2] beißt jn an eim andern ort, dann er sicht, das ein ander im nach seiner tiranney stellt, der nit zů geben wirt, das der Roͤmisch můtwill also vnngehindert außschweiff, den selben feind zů vertreiben, braucht er sein alte kriegßrüstung, die der Roͤmisch hoff lang in brauch gehabt, das er die Christlichen Fürsten an die spitzen stell vnd aller nationen leib vnd gůt vorsetz, damit sein tiranney beschirmpt werd vnd er daheim in gůter rů der andern geferlicheit gern sehe vnd so der selben macht geschwecht ist worden, das er sy jm dest leichtlicher vnderwürflich mach.

Dazwischen mag er seine hůrn sůn vnd doͤchter mit dem gůt groß vnd maͤchtig machen, das allein zů errettung des Christlichen namens vernützt solt werden. Was bedeut das anders, das er dem aller Durchleuchtigsten Koͤ[nig] Ferd[inand], der on vnderlaß mit Türckischen kriegen verwickelt ist, die Annata durch die Teutschen kirchen jüngst | *A6a* | nit hat woͤllen zůstehn lassen, den Türcken damit den Christen vom halß zů vertreiben in Hungern vnd Jllirico, so doch bewißt, das solchs offt gegünnet ist worden, Rom vnd Jtalia damit zů helffen?

Aber doch so vil den handel der gegenwürtigen versamlung der protestierenden vnd altglaubigen belangt, da man von der Religion vnd friden des Teütschen lands handlen sol, meint sie das wol zůbedencken sein.

Die so auß gmeinem glauben des Euangelii vnd nit mit gemeiner verwilligung mit dem fleisch vnd der welt altglaubig seind, denen ist von noͤten, offentlich zů protestiern wider souil schantlicher verhoͤrgung[3] vnserer religion oder, wa jnen solchs ye nit gedeyen mag, doch mit heimlichem seufftzen solchs vor Got zů bekennen. Dann die er hie Fürsten nennt, die haben sich nit vnder-

1. verfolgt, quält. *Grimm* 2, Sp. 1578.

2. eitriges Geschwür, auch: einem Geschwür ähnlich gedachte religiöse Verirrung. Frühneuhochdt. WB 6, Sp. 1397–1400.

3. Vernichtung, Verheerung. *Grimm* 25 (= XII,1), Sp. 563.

tot sceleratas sanctae nostrae religio- | *A vi a* | nis profanationes, aut, si non licet, saltem arcano apud Deum gemitu confiteri. Nam, quos hic notat, principes non privatae alicuius aut factiosae doctrinae defensionem susceperunt, sed quam omnibus seculis tenuit vera Ecclesia, eam professi sunt se velle suo periculo asserere. Ergo quicumque Ecclesiae consultum volent, hunc affectum induant oportet, ut se protestantibus, qui hic odiose sic nominantur, adiungant, aut certe communem cum illis causam se habere credant.[1]

Caesarea et regia maiestates pro sua prudentia debent meminisse, de religione saepius fuisse tractatum cum protestantibus, sed presertim Augustae, ubi cum diu disputatum fuisset, praesentibus omnibus statibus Imperii ac multis viris doctissimis, nihil tamen propter tortuosos recessus adversariorum potuit concludi. Tandem praesentarunt ipsi Caesar[i] maies[tati] confessionem suam Augustanam.

Hic agnosce vicarium eius, qui ab initio mendax fuit et mendacii pater[2]. Quod [470] enim dicit saepius ac praesertim Augustae fuisse diu cum prote- | *A vi b* | stantibus disputatum[3]. Quid eo vanius fingi potest? Cum veteri Ecclesiae consuetudine fuerit hoc semper observatum, ut, si qua de religione controversia exorta esset, sponte protinus susciperetur a sanctis Episcopis cognitio, nunquam impetrare licuit protestantibus, ut vel inchoaretur secum vera aliqua actio. Augustae sane nihil agi caeptum[4] est, priusquam ipsi suam confessionem Caesari exhibuissent. Quod ipsum non tandem factum est, quemadmodum hic mentitur, sed primo statim initio comitiorum, triduo enim compositam fuisse constat.

At vero multis post eam oblatam diebus lecta est demum protestantibus eius confutatio a nonnullis, ut ferebatur, Theologis consarcinata: Sed lecta modo exemplar nullum concessum, cum id magna contentione flagitarent. Sic cupidi fuerunt pontificii suscipiendae eius, quam iactant, de religione tractationis; postea datum quidem septenis ab utraque parte negotium fuit, ut de controversiis inter se colloquerentur, sed vide qua aequitate: diserte enim prefati sunt Pontificii non eo animo se descendere in actionem, ut aliquid in melius apud se restituerent, sed tantum, ut protestantes ad se reducerent[5]; sic disceptatio, vix dum bene tentata, ut inauspicata erat, mox abrupta fuit. | *A vii a* |

1. Ähnlich argumentiert Bucer in ›Alle Handlungen und Schriften‹ (BDS 9,2, S. 355,13–356,3); vgl. hierzu auch *Augustijn*, Die Autorschaft, S. 262 f.
2. Joh 8,44.
3. Auf die Verhandlungen auf dem Augsburger Reichstag war Bucer einige Monate zuvor in seiner Schrift ›Per quos steterit‹ besonders ausführlich eingegangen (BDS 9,1, S. 164–175).
4. sc. coeptum.
5. Ähnlich argumentiert Bucer in seiner Schrift ›Per quos steterit‹ (BDS 9,1, S. 167,12–14); vgl. hierzu auch *Augustijn*, Die Autorschaft, S. 263.

wunden, ein sondere oder vffruͤrische leer zů verthedingen, sonder die von welt her die recht christlich kirch bekant hat vnnd gehalten, die haben sy bekant, mit jrer gfar woͤllen erhalten. Darumb, welcher begert die kirch gefürdert zů werden, der můß von notwegen also auch gesinnet werden, das er sich zů den protestierenden gsel oder zum wenigsten acht, er hab die sach mit denen gemein, die hie schmålich also genennt werden. | *A6b* |

Es haben die keiserlich vnd künigklich maiestaten nach jren weißheiten wol zů bedencken, das nun zum offtermal mit den protestierenden gehandelt ist worden, vnd zůuor zů Augspurg. Als mann doselbst lang vnd vil disputiert hett in beysein aller staͤnd des Reychz, hat doch nichts moͤgen beschlossen werden von wegen der seltzamen außzüg der widersaͤcher. Zů letst behendigten sie der Keys[erlichen] Mai[estät] jre Augspurgische Confession.

Hie kanstu erkennen den statthalter dessen, der von anfang lugenhafft vnd ein vatter der lugen ist, dann das er sagt, es sey zum offtermal vnd zůuor zů Augspurg vil mit den protestierenden disputieret worden, welchs so vil leichtfertiger hatt erdacht moͤgen werden. Dann alweg dise gewonheit in der alten kirchen ghalten ist worden, so etwan ein mißhellung von der Religion entstanden were, das dann bald die heiligen Bischoff sich vndernemen, in der sach zů handlen vnd darüber zů erkennen, aber die protestierenden haben die sach nie moͤgen dahin bringen, das man ja etwas rechtgschaffens mit jnen het angefangen zů handlen, dann zů Augspurg ward ie nichts | *A7a* | angfangen zů hand len, ee dann sie jr confession dem keyser vbergaben, welchs nit zů letst erst geschehen ist, wie der hie leügt, sunder gleich am anfang des Reychstags, dann es ist küntlich, das sie in dreyen tagen verfaßt vnd gestelt ist worden.

Aber vber langs, nach dem sie vbergeben war worden, ward den protestierenden erst die ablenung vnnd vernichtigung der selben gelesen, welche von etlichen Theologen (wie man sagt) zůsamen gschmit war, vnd ward auch allein gelesen die ablenung, aber keyn abschrifft mochten die protestierenden der selben vberkummen. Wie fest sie ja drumb batten, also begirig sind die Båpstischen gwest, sich in die handlung, die religion betreffend, zů begeben, des sie sich fest růmen. Darnach ward von beiden theylen die sach je siben mannen befolhen, das sie sich vonn der mißhellung mit eynander vnderreden solten. Aber sihe zů, mit was billigkeit dasselb gschahe, dann die Båpstischen liessend sich offentlich hoͤren, ihr will wer gar nit, sich in die handlung zůbegeben, das etwas bey jhnen gebesseret solt werden, sunder alleyn darumb, das sie die protestierenden[a] wider zů sich brechten; vnd als die sach noch kaum recht war angfangen, ghandelt zů werden, nam sie nach jrem vnglückhafften anfang gleich ein end vnd ward nichts drauß. | *A7b* |

a) Drf. protesterienden.

Quae quidem confessio, licet in multis sit reprehendenda, nihilominus nullo modo fuit ab eis observata, quemadmodum[c] *in multis articulis contrarium fecerunt et faciunt.*

Hoc quoque ex eadem officina prodiit, quod protestantes a multis articulis confessionis suae discessisse insimulat. Quantum ad doctrinam attinet, quae potissima pars est et fere summa: non aliud hodie profitentur aut sustinent, quam tunc prodiderunt; quicquid illic improbarunt hodieque constanter damnant et impugnant. De Caeremoniis, quae non a Christo et apostolis institutae, sed ab aliis authoribus invectae et ab Ecclesiis pro conditione temporum recepte[1] sunt, ut antea testati sunt liberam earum esse observationem, quod etiam Augustinus docet[2], ita hanc libertatem Ecclesiis relinquendam censent. Nec sane quicquam est periculi, si Ecclesiae hac parte inter se varient, nec alia praescribi aut varietatis aut similitudinis regula potest, quam ut eum in ritibus modum sibi statuat queque[3] Ecclesia, quem ad aedificationem facere iudicabit. Denique cum non aliud in confessione tradiderint, quam fi- | *A vii b* | nem rituum omnium esse aedificationem, ut revera nihil sunt aliud nisi fidei exercicia[4]: in eo perstiterunt hactenus et perstant, ut malae fidei eos hic accusare nimiae impudentiae sit.

Multos etiam alios articulos in illa confessione praeteritos habent dissentientes a fide catholica, qui etiam, cum[d] *opus erit, ostendi poterunt.*

[*471*] Caeterumque non omnia sigillatim recensuerunt, quae vel in doctrina vel in ordine ac disciplina afflictae perditaeque Ecclesiae desyderabant, cuius aequitatis erit, eos propterea criminari? praesertim cum perspicuum sit, nullam fere particulam esse, quae non sub capitibus illic expressis compraehendatur. Valeant ergo iam apertae calumniae, cum testatum sit satis et super coram Deo et hominibus, protestantes optima fide retinere eam doctrinam, cuius professionem aediderunt, et in eo Ecclesiae regimine, quod illic descripserunt, recte pergere.

c) quin immo: Concilium Tridentinum 4, S. 184,17.
d) quando: Concilium Tridentinum 4, S. 184,19.

1. sc. receptae.
2. Bucer denkt wohl an *Augustin*, De inquisitiones Ianuarii 2,18 (PL 33, Sp. 200; CSEL 34, S. 160). Diese Aussage, die in Decr. Grat. I, Dist., 12, c. 11 (*Friedberg* I, Sp. 29 f.) kirchenrechtlich kodifiziert ist, zitiert Bucer von 1539 an besonders häufig, etwa in seinem Gutachten ›Quae ecclesiae Christi habendae‹ (BDS 12, S. 223,16–224,15), und verwendet es auch als Überschrift seines 1540 oder 1541 verfaßten ›Consilium Theologicum‹ (BOL 4, S. 1).
3. sc. quaeque.
4. sc. exercitia.

Welche confession, wiewol sie an vil orten streflich ist, noch ward sie in keinem weg von jhnen gehalten, wie sie dann in vil artickelen do wider than habend vnd noch thůnd.

Dises kompt auch auß der vorigen werckstat, das er die protestierenden zeihet[1], das sie in vilen artickeln von jrer Confession abgewichen seind. Souil die leer antrifft, welichs fast das fürnembst stuck vnd summ der Confession ist, so leren sye eben noch heut diß tags, was sy dafür geben haben, so widerfechten sy auch noch, was sy da verdampt vnd widerfochten haben. Das kirchen gebreng[2], das weder von Christo noch von den Aposteln, sonder von andern leuten mit der zeit in der kirchen angericht ist worden, das verwerffen sy noch wie vor der meynung, das es der kirchen soll frey gelassen werden, wie auch S[ankt] Augustin lert. So ist auch kein gferlicheit zůbesorgen, ob schon ein vngleicheit des orts in den kirchen wurd, dann man kan kein andre regel der gleicheit oder vngleicheit fürschreiben, dann das ein yede kirch annem, das sye sicht, jr am auffbeulisten sein, dazů haben sye nichts anders in der Confession bekant, dann das das end aller kirchen gebreuch nichts anders sei | *A8a* | dann die auffpawung, vnd das sy in der warheyt nichts anders seind dann ůbungen des glaubens: auff dem seind sy biß her bstanden vnd beston noch, das es ye ein verrůchte lugen můß sein, das der sy hie anklagt, sye habend jren glauben nit gehalten.

Sonst haben sie auch noch vil ander artickel in der Confession übergangen, die nit mit dem gmeinen glauben stimmen, welche wol angezeygt mögen werden, wa es die not erfordert.

Auß was billicheyt sollen sye darumb gescholten werden, das sye nicht alle ding von stuck zů stuck, was in der angefochtenen vnd verderbten kirchen zů bessern wer, erzelt haben, es betreff ja die leer, ordnung oder zucht der selben? so doch offenbar ist, das schier kein stücklin kan sein, das nicht inn angeregten puncten begriffen werd. Darumb laß man die offendtlichen lesterwort faren, so doch mehr dann gnůg bezeugt ist vor Gott vnd der welt, das die protestierenden mit gůtem glauben die leer behalten, deren bekantnüß sye übergeben haben, so faren sye auch dapfer für inn dem Regiment der kirchen, das sye daselbs beschriben haben. | *A8b* |

1. bezichtigt, beschuldigt.
2. Aufwand, Prachtentfaltung, Pomp. Frühneuhochdt. WB 6, Sp. 958.

Itaque nihil cum eis tractandum erit de religione, cum sint tanquam anguillae lubricae, et nihil omnino certi in manibus catholicorum haberi poterit. | *A viii a* |

Hic se aperit malum, unde manant istae lachrymae, clare videt actum de regno suo Pontifex, si semel de religione colloquium aliquod tentetur, occurendum merito censet, verum sine praetextu non potest. Obtendatur ergo vel iure vel iniuria protestantes anguillis esse magis lubricos[e] plenos flexuosis astutiis, in apertum deduci non posse. Atque exceptio in promptu est, nec captum fuisse unquam experimentum, et protestantes ipsos multis documentis comprobasse nihil se magis quaerere quam veram et simplicem disceptationem. Quid ergo sequetur, nisi pessimum anguem hic latere, quod ab omni colloquio[f] tantopere abhorret pontifex, et, ubi spes aliqua est tractationis, ad eam impediendam velut ad certissimum incendium accurrit?

Sed et superiori anno regia maiestas pro sua pietate optasset ac sperasset, suadente Marchione Brandenburgensi electore[1], *aliquam viam concordiae posse inveniri*[g]. *Verum in primo limine iterum adversarii in lapidem impegerunt, ostendentes, quam alienum animum habeant a concordia, quip-* | *A viii b* | *pe qui excusso semel iugo obedientiae, non reformatum summum pontificem, sed nullum, non remotos abusus aliquos a sede apostolica, sed ipsam sedem Apostolicam destructam velint.*

Quo indicio apparuisse hoc dicet, quod protestantes, cum de concordia authore Marchione Brandenburgensi agitaretur, in ipso limine impegerint? Ne in eo conventu, qui tunc promissus ac condictus fuit, praesiderent Romani pontificis legati, nominatim caverunt protestantes, idque fecerunt ea causa, ne quem defectionis a vera Christi doctrina et disciplina reum egerunt, quem fidei proditorem, Ecclesiae vastatorem esse dicunt: eum pro legitimo antistite et capite vel recipere vel agnoscere viderentur. Interim tamen minime repugnarunt, quin et pontificem Caesar advocaret, et eius legatos admitteret ad audiendam disceptationem, modo id fieret sine suo consensu ac comprobatione.

e) Drf. lnbricos.
f) Drf. colloqo.
g) inveniri, coepti sunt iterum Francfordiae tractatus partium: Concilium Tridentinum 4, S. 184,24.

1. Kurfürst Joachim II. von Brandenburg (1505–1571); vgl. hierzu Concilium Tridentinum 4, S. 169, Anm. 3.

Deßhalben will nichts mit jnen zůhandlen sein von der Religion, dweil sie seind wie die schlupfferigen åhl, das die Altglaubigen nichts gwiß in henden behalten kœnden.

Hie laßt sich der schaden sehen, der jn[1] die augen übertreibt[2], dann der Bapst sicht klarlich, das es vmb sein reich geschehen wurde sein, solt ein mal ein gespråch von der Religion vnderstanden werden. Darumb meinet er nit vnbillich, man můß jm begegnen, doch wirt ers on ein schandteckel nit zů wegen bringen, er geb nun mit recht oder mit vnrecht für, die Protestierenden seiend schlupfferiger dann die åhl, voller krümmen dann die schlangen, das sy auff ebne ban nit bracht mœgen werden, so ist doch die verantwortung schon bereyt, man hab es doch noch nie versůcht, so haben die Protestierenden das in mangerley weg probiert, das sye nichts anders sůchen, denn ein war vnd einfeltig gespråch. Was wurd anders folgen, dann das ein bœser schlang da verborgen ligt, das der Bapst ein solchs abscheuhen von allem[b] gespråch hat vnnd wa sich nit mehr dann ein hoffnung zů dem selben sehen laßt, so laufft er zů wie zů einem gewaltigen fewr, das selbig zů hindern? | *B1a* |

So hett auch die Kœniglich Maiestat verschinens jares auß angeborner gotsåligkeit verhofft vnd gwünscht auß rhat des Marggraffen von Brandenburg, Churfürsten, das etwa ein weg der einigkeyt mœcht funden werden. Aber die widersacher stiessen sich gleich auch an der schwellen, damit sie wol anzeigten, wie ferr jhr gemůt von der vereinigung sey, als die ein mal das joch der gehorsam abgeworffen haben vnd nit begeren, das der Bapst reformiert, sondern das keyn Bapst wer, nicht, das die mißbreuch des Båpstlichen stůls hingenommen wurden, sondern das der Båpstlich stůl gar zerbrochen wurde.

Auß was anzeyg kan er sagen, das man gespürt hab, das sich die Protestierenden an der schwellen gestossen haben, da man auß angeben des Marggraffen von Brandenburgs vonn der einhelligkeyt handlen solt? Die Protestierenden haben in der selben versamlung versehen, das die Båpstlichen Legaten nit richter weren oder oben an sessen, damit sy nit gesehen wurden, den für ein bi- | *B1b* | schoff oder haupt annemen oder erkennen, den sie vor als ein abtrinnigen von der waren leer Christi, ein verråther des glaubens vnd durchåchter der kirchen beschuldigt hetten. Dazwischen haben sie nit gewœret, das der Keiser den Bapst nit berůfft vnd sein Legaten nit in dem gespråch zůhœren ließ, so ferr das solchs nit gescheh mit jrer verwilligung oder anrichtung.

b) Drf. all em.

1. sc. ihnen.
2. sie zum Weinen bringen. *Grimm* 23 (= XI,2), Sp. 608.

[*472*] Hinc colligit pro suo pudore bonus hic nepos[1] protestantes excusso semel obedientiae iugo non reformatum summum pontificem, sed nullum non remotos abusus a sede apostolica, sed sedem ipsam destructam | *B i a* | velle. Summum quidem pontificem vel principem sacerdotum vocari sacri canones vetant nec aliud concedunt Romano Episcopo, quam ut vocetur primae sedis Episcopus. Nimirum sancti viri, qui hoc sanciebant, usu ipso edocti erant non posse unum hominem tanto oneri parem esse, ut totius Ecclesiae vel gubernationem vel praefecturam vel inspectionem sibi sumeret. Sed utinam vel Romae vel Eugubii[2] esset, qui omnium Ecclesiarum paternam pastoralemque curam ac solicitudinem cum paulo susciperet, simul ac sustineret.[3]

Nam qui sic foret comparatus, ut potestate sua in aedificationem, non ruinam uteretur[4], ita reliquis Episcopis ad implendam suam functionem adiumento, non impedimento esset: Tunc certe re ipsa declararent protestantes se non cupere nullum pontificem, sed magis reformatum ac vere summum, qui nunc omnino nullus est. Sedem Apostolicam se cupere non destructam, sed bene restitutam, quae millae[5] inquinamentis conspurcata et profanata a sanctis apostolis ad Sathanam translata est. Idque adeo iam patefactum mundo esset, si tyrannis Romana, quae solis tenebris fundata est et firmata, non obstaret, quo minus pii conventus aliquoties iam a protestantibus habiti in luce atque oculis hominum versarentur.

Contra vero si excutere liceret, quae pontificii conventicula his viginti an- | *B i b* | nis aut amplius ad opprimendum Euangelium habuerunt, non esset obscurum, quam reformationem vel cogitent vel ferre queant. Neque tamen sic latent eorum nequitiae, quin palam sit gravibus ac sanis eos non aliquem vel summum vel infimum Episcopatum appetere, sed everso sublatoque Episcopali munere sub eius nomine Tyrannidem prorsus Antichristianam stabilire. Sedem vero Apostolicam utrum salvam cupiant, nec ne satis claro argumento est, quod doctrinam a sanctis Apostolis traditam non solum ipsi non docent, aut docendam saltem curant: sed sceleratis impiisque mendaciis miseras hominum mentes dementant ac conscientias perdunt rectam ac salutarem

1. Vgl. oben S. 24, Anm. 3.

2. Gubbio, ein Städtchen in Umbrien.

3. Ein Hinweis auf *Hieronymus*, Epistola 146,1 (PL 22, Sp. 1194; CSEL 56, S. 310,17–311,1), aufgenommen in Decr. Grat. I, Dist. 93, c. 24 (*Friedberg* I, Sp. 328 f.). Die Aussage des Hieronymus, daß »auch der Bischof des winzigen Gubbio in Umbrien [...] seinem römischen Kollegen nicht unterlegen« sei (*Augustijn*, Die Autorschaft, S. 260) wird von Bucer häufig zitiert; vgl. etwa BDS 5, S. 332,26–332,1; BDS 11,1, S. 84,35–85,3; BDS 12, S. 536,2–6; BDS 13, S. 241,16–21; S. 398,2–4; BDS 15, S. 143,21–24; BOL 3, S. 95. Zu diesem Satz vgl. auch CO 5, Sp. 472, Anm. 1 und v. a. *Augustijn*, Die Autorschaft, S. 259.

4. Diese Anspielung auf II Kor 10,8 und 13,10 ist für Bucers Schriften dieser Jahre typisch (vgl. BDS 9,1, S. 235,4; S. 449,8 f.; BDS 9,2, S. 21,9 f.; S. 28,6 f.; S. 46,20 f.; S. 51,18; S. 154,34 f.; S. 155,32 f.; BDS 12, S. 507,6 f.; BDS 14, S. 411,6; BDS 17, S. 415,3 f.).

5. sc. mille.

Darauß nimpt der guͦt gsel, das die Protestierenden, die ein mal das joch der gehorsam abgeworffen haben, nit begeren, das der Bapst reformiert, sonder abgethon, die mißbreuch des baͤpstlichen stuͦls nit hingenommen, sonder der selb stuͦl gar zerbrochen werd. Die heyligen Canones verbieten, das man den Bapst den obersten bischoff oder ein fürsten nennen sol, vnd geben jm nit mehr zuͦ, dann das man jn ein bischoff des ersten oder fürnemsten stuͦls nenn. Dann die heyligen bischoff, die sollichs geordnet, haben auß der uͤbung erfaren, das einem menschen die regierung der gantzen kirchen zuͦ schwer wurd sein, so einer allein solt den verstand, verwaltung vnd auffsehens auff sich laden. Aber wolt Gott, es wer einer zuͦ Rom oder an einem andern ort, der mit Paulo die sorg aller kirchen moͤcht auff sich nemen vnd tragen.

Dann welcher also geschickt wer, das er seinen gwalt zur auffbawung vnd nicht zum | *B2a* | fahl der kirchen brauchet, den andern bischoffen jre aͤmpter zuͦ volfuͤren fürderlich vnd nit hinderlich wer, so wurden die Protestierenden mit der thatt auch anzeygen, das sie nit begerten, keinen bapst zuͦ sein, sonder ein reformierten vnd warlich hoͤchsten, deren er jetz keiner ist, das sie nit begerten, das der baͤpstlich stuͦl zerbrochen, sonder gebessert wurd, der jetz mit tausenterley vnfletigkeiten besudelt vnnd beschissen von den heiligen Aposteln genommen vnd dem teufel zuͦgeeygnet ist. Das wer der welt langest geoffenbart worden, wa die Roͤmisch tiranney, die vff eitel finsterniß gefestigt ist, das nit hindert, das vorlangest ettlich gottselige versamlungen von den Protestierenden gehalten, am liecht vnd den leuten vor augen werend.

Darwider solt mann eroͤhrtern, wie vil samlungen die Baͤpstischen in naͤchst verschinen zwentzig jaren zuͦ vndertruckung des Euangelii gehalten haben, so wurd man wol sehen, nach was reformatz sie gedaͤchten oder leiden moͤchten. Doch seind jre dück deßhalben nit gar verborgen etlichen tapffern vnd weidlichen[1] leuten, die wol erkennen, das sie kein bistumb, weder das hoͤchst noch das niderst, begern, sonder das aller bischofflicher standt gestürtzt vnd hingenommen vnd vnder dem selben namen ein Antichristische tiranney befestigt wird. | *B2b* | Ob sye aber den wolstandt des Baͤpstlichen stuͦls begern oder nit, das wirt daher offenbar, das sye nit allein die heylige leer der Aposteln nit selbs leren oder zum wenigsten zuleeren verschaffen, sonder sy beraͤuben die ellenden gemuͤter der menschen mit schantlichen gottlosen lugen, damit sye die gewissen verderben. So uͤben sye auch kein rechte oder heylsame zucht, sonder verwuͤsten alle weltt mit vnzalbaren schandtlichen Exempeln.

1. stattlichen, tüchtigen. *Götze*, S. 225.

disciplinam non modo nullam exercent, sed innumeris libidinum exemplis totum mundum corrumpunt.

Denique non aliam habent doctrinam, nisi qua animas in exitium praecipitent, non aliam disciplinae speciem, nisi tyrannicam vel potius carnificum saevitiam: Neque hiis maleficiis contenti totis animis huc incumbunt, quo vexentur, exterminentur, denique e medio tollantur, quicunque puriorem Christi doctrinam legitimumque Ecclesiae ordinem vel asserere conantur vel admittunt vel defendunt vel etiam requirere audent.

[473] *Ex quo principio quae potest | B ii a | concordia sperari, cum omnimodam pernitiem sedis Apostolicae ii*[h] *unius partis quaerant, deinde, hac destructa, totius ordinis Ecclesiastici perturbationem?*

Quasi repressa unius tyrannide totum suum ordinem Ecclesia protinus amittat. Sed hoc acute videt. Redacta in ordinem tyranni potestate, fore ut satellites simul coerceantur, ne tam insolenter lasciviant. Hoc igitur est, quod obscuris et odiosis verbis insinuat.

Quod si anno superiori fecerunt[i] *in viridi, quid nunc*[j] *facient in arido, cum videant pacem cum Rege Gallorum*[1] *nondum conclusam*[2] *et Turcam iam Hungariae imminentem? opportunitate enim temporum erunt insolentissimi.*

Ex se metiuntur alios. Vetus enim hoc est Romanensium pontificum, ut non solum dissidiis Monarcharum ad augendam suam potentiam abutantur, | *B ii b* | sed etiam dissidia inter eos et serant semper et foveant, quo legitima illorum potentia vel imminuta vel impedita ipsi suam illegitimam provehant et magis magisque confirment. At protestantes hoc a domino praecantur, ut Monarchae privatis cupiditatibus repressis omnem, quae inter eos superest, simultatem prorsus deponant coniunctisque et animis et viribus cum instaurationem religionis tum crudelitatis Turcicae propulsationem suscipiant.

Deinde si ex temporum opportunitate consilia captarent protestantes, et non sibi potius ex iussu et voluntate domini moderarentur: Cum alias pridem

h) id est: Concilium Tridentinum 4, S. 184,29.
i) id fecerunt: Concilium Tridentinum 4, S. 184,30.
j) num: Concilium Tridentinum 4, S. 184,31.

1. Franz I. (1494–1547), seit 1515 französischer König.
2. Im Mai 1538 hatten Karl V. und Franz I. durch die Vermittlung des Papstes Paul III. einen zehnjährigen Waffenstillstand in Nizza geschlossen.

Sie haben auch kein andere leer, dann mit deren sy die seelen in das verderben stürtzen, kein anders ansehen der zucht, dann eyn tyrannisch vnnd metzgerische grewlichheit. Mit solchen boͤßwicht stucken seind sye noch nit gesaͤttigt, sondern legen auch allen fleyß vnd ernst an, wie man alle die plag vertreib vnnd hin richt die eynniche ware leer oder zucht der kirchen vnderstůnden zů handhaben, beschirmen oder erfordern.

Auß welchem anfang, was moͤcht gůtter vereynigung zů verhoffen sein, so dise des einen theils gentzlichen vndergang des baͤpstlichen stůls sůchen, vnd wa der zerbrochen, wurd ein gemein zerrütung des gantzen geistlichen stands? | *B3a* |

Als ob die kirch von stund an all jre ordnung verlier, so eines tiranney gedempt wurde. Aber er sicht wol, solt der gewalt des tyrannen gedempfft werden, das damit allen seinen trabanten ein gebiss eingelegt[1] wer, das sye nicht so vngestůmigklich můtwillen doͤrfften, das ist, das er mit verdeckten vnd verhafften worten wil anzeygen.

Haben sie das im vergangenen jar im grienen gethan, was werden sie nun im dürren thůn, so sie sehen, das der frid mit dem Koͤnig vonn Franckreich noch nit beschlossen vnnd der Türck yetz dem Hungerland[2] überlegen ist? da werden sie erst zum hoͤchsten můtig, so jnen die zeit gelegenheyt dazů gibt.

Nach jrer maß messen sy auch ander leut; das ist ein alts herkommen der Roͤmischen bischoff, das sye nit allein der vneinigkeyt der grossen haͤupter sich mißbrauchen, jren gewalt damit zůmeren, sonder sy saͤihen[3] vnnd neren allweg vneinigkeyt zwischen jhnen, damit der haͤupter ordenlicher gwalt gemindert oder verhindert wurde vnd sye jhren vnordenlichen gewalt darmit fürtrucken | *B3b* | vnd jhe mehr vnnd mehr den selben befestigen. Aber die Protestierenden bitten Gott, das die sunderen begirden der hohen haͤupter gedempt vnd alle zwitracht zwischen jnen hingelegt werden, damit sie sich mit gemůt vnd gewalt zusamen thůnd zů erstattung warer religion vnd ablehnung der Türckischen grewlicheyt.

Darnach, so die protestierenden auß gelegenheyt der zeit sich beradtschlagten vnnd sich nit mehr noch dem geheiß vnd willen des Herren richten, so hetten sie sich vor langest vnnd zů vor, da man zů Franckfurt zůsamen kame, dargebottner geding also wol gebraucht, das jhnen yetzt sampt dem gantzen Teutschen land die Roͤmischen practicken nit so fast zů foͤrchten werend. Dann er weiß wol, wie auch jederman bekant, das der Bapst dazumal nit

1. einen Zaum angelegt; zum Ausdruck vgl. *Grimm* 4 (= IV,1,1), Sp. 1789, § 2.b.
2. Vgl. oben S. 27, Anm. 1.
3. Zur Form »säje^{n}« vgl. *Martin/Lienhart* II, S. 341.

tum vero praecipive, quando Francofurti habebatur conventus[1], sic oblatis conditionibus usi essent, ut et ipsis hodie minus molestiae et Germaniae minus periculi a Romanensium tam artibus quam violentis molitionibus timendum foret.[2] Quam enim non viruerint res papae eo tempore satis, et ipse meminit, et omnibus fuit conspicuum. Sed dictum esse Sanctis protestantes semper cogitarunt. »In spe et silentio erit fortitudo vestra«[3].

Neque patientur se[k] *a suis, quibus pertinaciter haerent, sententiis dimoveri.*

Ab iis quidem sententiis, quas ex verbo dei sump- | *B iii a* | serunt, quicquid accidat, nunquam divelli se patientur. At si quam sententiam tenere eos quis ostenderit, quae cum verbo Dei non consentiat, ab ea, simulatque fuerint moniti, libenter recedent, etiam si nulla temporis necessitate cogantur.

Cum praesertim maxima sit diversitas inter partes, non unius aut alterius (ut falso asseritur) articuli, sed multorum et plusquam quinquaginta articulorum.

Est sane maxima inter partes diversitas nec unius aut alterius articuli dissen- [*474*] sio, imo nec quinquaginta duntaxat, sed totius summae religionis omniumque partium, quamdiu Pontificii evehendo regno suo intenti deprimere Christi regnum studebunt. Christus ne an Pontifex Romanus supremum caput Ecclesiae, summus princeps, sapientia, iustitia spesque unica salutis haberi debeat, id caput est omnium controversiarum. Hoc enim constituto Christo deferendum esse, quem dicimus honorem, quaecunque hodie inter partes controversiae sunt, non magna difficultate componentur. Nam quod unum a protestantibus quaeritur, omnes verbo et spiritui Christi se subiicient, Christi legibus leges pontificis omniumque hominum posthabebunt, totam salutis fiduciam in | *B iii b* | merito Christi, nullis vero aut humanis aut angelicis operibus habebunt repositam. Qui vero ita sunt affecti et comparati, cum Christo sint insiti[4], ut in eo vivant et ipse in illis[5] bonis operibus fideliter studebunt atque

k) fehlt in Concilium Tridentinum 4, S. 184,833.

1. Gemeint sind die Vergleichsverhandlungen zwischen kaiserlichen Vertretern und evangelischen Ständen in Frankfurt zwischen 14. und 23. April 1539; Bucer war dort vom 12. Februar bis 22. April 1539.
2. Ähnlich argumentiert Bucer in ›Per quos steterit‹ vom September 1540 (BDS 9,1, S. 185,5 f.); vgl. hierzu auch *Augustijn*, Die Autorschaft, S. 263.
3. Jes 30,15.
4. Vgl. Röm 6,5; 11,17; 13,14; Joh 15,1–5; Gal 3,27.
5. Joh 6,56; Gal 2,20.

als auff so grienem wasen[1] saß. Aber die Protestierenden habend allwegen gedacht, es sey den heyligen gsagt: inn hoffnung vnd schweigen wirt ewer sterck sein.

Sie werden auch nit leiden woͤllen, das man sie von jrer meinung, deren sie halßstarrigklich anhangen, abfuͤre.

Es gehe, wie es woͤlle, so werden sie sich | *B4a* | nimmer lassen abreissen von der meynung, die sie auß dem Gottßwort gefaßt haben. Kan aber einer anzeygen, das jhr meynung auff etwas bestehe, das nit mit dem Gottßwort gleich zůsag, so werden sie gůtwilligklich davon abston, so bald sie des erinnert werden, ob sie schon kein zeitlicher gwalt dazů zwingen wurd.

Zůuor, so sich nit allein (wie man falschlich für gibt) spaltung helt zwischen den protestierenden[c] in einem vnd dem andern artickel, sonder inn vilen vnnd mehr dann fünfftzig artickeln.

Es halt sich jha nicht ein kleine spaltung zwischen den parten vnd nit eins oder zweyer artickel mißhellung, jha auch nicht alleyn fünfftziger, sonder der gantzen summ der Religion, noch all jren theilen, so lang der Bapst vndersteht, sein reich zů fürderen vnnd das Reich Christi zů vndertrucken. Das ist aber die summ vnd der fürnemlichest punct alles zwitrachts, ob Christus oder der Roͤmisch Bischoff das Oberst haupt der kirchen, der oberst Fürst, weißheyt, gerechtigkeyt vnd für die eynige hoffnung des heilß sol gehalten werden. | *B4b* | Werden wir dessen einß, das man Christo die eher sol zůgeben, so werden all anndere spenn, die sich jetzunder zwischen den parten halten, leichtlich gericht werden, dann als dann wurd sich alle welt dem wort vnd geist Christi vnderwerffen, welches jetz allein von den Protestierenden gesůcht wirt. Dann wurde man alle gsatz der Båpst vnd anderer menschen den gebotten Christi nach achtenn, so wurde man auch alle hoffnung des heylß auff den verdienst Christi vnd in keins menschen oder Engels verdienst stellen. Welche nu also geartet werden sein, dieweil sy Christo eingeleibt, also das er in jnen vnd sye in jm leben, die werden sich gůter werck befleyssen vnd den selben anhangen, jr fleisch mit seinen gebrechlichheyten creutzigen, sich vnd alles das jr zur eheren Gottes vnd zů wolfart des naͤchsten geren dar geben.

c) Drf. protenstierenden.

1. Rasen.

incumbent, carnem cum morbis et concupiscentiis malis crucifigent[1] se suaque omnia Dei gloriae et proximorum saluti consecrabunt.

Deinde, quia omnia referent in Christum, facile de eo quoque conveniet[l], tum doctrinam, tum caeremonias omnes ita in Ecclesiis oportere administrari, ut omnis operum et propriae dignitatis fiducia aboleatur ac intereat, spes omnis avertatur a creaturis, viva autem in Christum fides erigatur, augescat et stabiliatur; denique nec grave erit et disciplinam Ecclesiae consentaneam restituere tam in ministris quam in plebe. Nemo enim non videbit et qualibus ministris Ecclesia et quali ministri ipsi tum inter se ordine ac disciplina, tum erga alios functione et vitae exemplo opus habeant. Adhaec, quae in plebe censura sit exercenda, minime obscurum erit. Exerceri vero non aegre ferent, in quibus regnabit spiritus mansuetudinis, modestiae, pacis ac tolerantiae. Ita nec de doctrina nec de vero sacramentorum usu aliisque caeremoniis, nec de disciplina ulla erit difficultas, quin pulchre et placide Ecclesiae inter | *B iv a* | se coeant et pacem Christi inter se ad plenum constituant ac confirment[m], ubicunque persuasum erit, Christum pro summo capite, principe, gubernatore servatoreque unico colendum et adorandum.

Quis enim contendat ex iis, qui Christo omnia tribuunt, ut ulla doctrina verbo Dei praeferatur, ut Eucharistia aliaque sacramenta aliter vel in alium finem, quam dominus ipse praescripsit, apostoli tradiderunt, Ecclesiae ab initio receperunt, administrentur? Quis non tales Ecclesiis praefici velit ministros, quales a spiritu sancto requiruntur ac describuntur? Quis non talem eos inter se ordinem ac disciplinam tenere cupiat, qualem apostolicae literae observari iubent? Et quando Christus ipse et Apostoli sanctum connubium a sacro ministerio non disiunxerunt, quis verae puritatis amator non malit unius uxoris
[| *475*] maritos, quam ad stupra, scortationem et immaniora adhuc flagitia tam libidinose proiectos?

Qualibus exemplis pontificii iam multos annos omnem prope pudicitiam et honestatem, non tantum a suo ordine, sed toto ferme orbe profligarunt. At vero si pontificii Christum nolint in Ecclesia regnare, et dum suam contra Christum tyrannidem usque tueri pergunt, nec pure praedicari Christi gratiam, nec sacramenta ad eam commendandam, simul et exhibendam administrari, nec disciplinam | *B iv b* | iuxta Christi institutum in ministris ac plebe exerceri sustineant: non solum quinquaginta, sed certe, ut dictum est, universi

l) Drf. coveniet.
m) Drf. corfirment.

1. Gal 5,24; Röm 6,6.

Demnach, dieweyl sy alle ding auff Christum ziehen werden, so wirt man sich dann dessen leychtlich vergleychen, das man alle leer vnnd gebreuch der kirchen also annrichten soll, das alle hoffnung auff die werck vnd eygene verdienst vergehe vnd zů nicht werd, damit alle hoffnung von der creatur abgerissen vnd der recht lebendig glaub vff got gericht, in jm zů nem vnd befestiget werde. | *B5a* | Es wirt auch nit beschwerlich sein, ein ordenliche zucht wider in die kirch zů bringen, geleych bey den dienern vnd im volck. Dann es würt ein jeder wol sehen, was für diener die kirch bdoͤrffen vnd die diener für zucht vnd ordnung vnder jnen selbs vnnd gegen den andern zur auffbawung bedoͤrffen werden. Da zů so wirt nicht verborgen künnen sein, was für straff vnd züchtigung dem volck zů gehoͤren werd, in denen dann ein sanfftmuͤtiger geyst regieren wurt; die werden gar nit für vbel haben, so man sie ůbet, also wirt auch kein muͤh sich zeygen an warem gebrauch der sacrament vnd anderer kirchen gebreüch oder zucht, ja alle ding werden sich fein vnd fridlich zůsamen schicken, damitt der frid Christi volkommenlich in jnen befestigt werd, allein das jederman das für gwiß glaub, Christus sey das oberst haupt, fürst, gubernator vnd heyland, der allein anzůbetten vnd zů verehren sey.

Wer wolt vnder denen, die Christo alle ding zůgeben, widerfechten, das keyn leer dem wort Christi fürzogen, Das das sacrament des altars, auch andere sacrament auff andere weyß, gebraucht vnd gereycht solten werden? Dann wie der Herr selbs fürgeschriben, die Apostel geben vnnd die kirch von anfang empfangen hatt? Wer wolt nitt, das solche diener inn die kirchen gsetzt wurden, | *B5b* | Wie sie der heilig geyst erfordert vnd bschreibet? Welcher wolt nit begeren, das sie solche ordnung vnd zucht vnder jnen hielten, wie die Apostolischen gschrifften heyssen gehalten werden? vnd dieweil Christus selbs vnd die heilgen Aposteln den heyligen ehestand von dem dienst der kirchen nit abgsundert haben, welcher liebhaber der warenn reynigkeyt wolt dann nit lieber einen haben, der eins weybs man wer, dann die, die so schantlich in allen lastern vnd geilheyt, ja noch in schwerlichern lasteren ersoffen seind?

Mitt solchen exempeln haben die Båpstler jetzt durch vil jaren her schier alle keüschheyt vnd erbarkeyt nitt allein auß jhrem stand, sunder schier auß der gantzen welt verjagt, wo aber die Båpstler nit woͤllen, das Christus inn der Kirchen regiere, vnnd fort faren, jhre Tyranney wider Christum zů befestigen vnnd das die genad Christi nicht reyn geprediget werde, die Sacrament auch nicht gereycht werden zur annemung der gnaden vnnd kein zucht noch der anrichtung Christi an den dienern vnnd dem volck geuͤbet werdt, so werdenn nicht allein funfftzig artickel, sunder alle artickeln der gantzen leer, auch der Ceremonien vnnd zucht in ewigem zwitracht bleiben, vnd werden sich die parten nimmer vereinbaren, dann gerechtigkeyt hatt kein teyl mit der vngerech- | *B6a* | tigkeit, so hat das liecht auch kein gmeinschaft mit der finsternuß, auch Christus mit dem Bellial vnd warlich die, so das joch Christi so halsstararticuli, tum doctrinae, tum caeremoniarum, tum disciplinae in perpetua controversia manebunt inter partes, quae nunc dissident. »Nulla enim participatio iustitiae cum iniustitia, nulla communio luci cum tenebris, nulla consensio Christo cum belial«[1]. Et certe, qui Christi iugum pertinaciter refugiunt[2], manent in ea, ad quam nati sunt, morte, ut nihil recti vel sani cogitare, dicere, facere queant.

Additur[n] *etiam, quod nescitur in*[o] *quibus tractanda sit concordia, nam non omnes eadem sentiunt. Lutherani hoc volunt, illud petunt Zuingliani, ut reliquas sectas omittamus.*

Et hoc malitiose fingitur. Restituantur, quae Christus instituit et vetus observavit Ecclesia. Removeantur, quae contra haec, non nisi ab Antichristis invecta sunt, et sarcta concordia erit cum omnibus, qui Christi sunt, sive ii Lutherani, sive Zuingliani ab adversariis vocentur. Si qui autem alia requirant, hos nec protestantes inter suos deputabunt.

Verum demus adhuc concor- | *B*[p] *v a* | *diam posse fieri et protestantes ad obedientiam sedis Apostolicae posse adduci: Certum est tamen id nullo modo fieri posse, nisi multa protestantibus permittantur.*

Nihil permitti necesse est quam quae dominus aut praecipit aut permittit ea autem homo, cur neget?

Quae etiam licet essent de iure positivo veluti communio sub utraque specie, connubia sacerdotum et similia: non deberent tamen sine publica autoritate et consensu in Ecclesia innovari.

Si nihil horum debet in Ecclesia sine publica autoritate et consensu innovari, quare mutilata est communio Eucharistiae, non solum contra publicam autoritatem et consensum totius Apostolicae et catholicae Ecclesiae, sed etiam contra manifestum institutum Christi? Quod enim Christus instituit, id vetus Ecclesia per totum orbem usque ad proximos quadringentos annos servavit, et Graeca hodie ser- | *B v b* | vat, nec ullo unquam oecomenico[3], sicut nec cui-

n) Addendum est: Concilium Tridentinum 4, S. 184,35.
o) cum: Concilium Tridentinum 4, S. 184,36.
p) Drf. A.

1. II Kor 6,14f.
2. Vgl. Mt 11,29.
3. sc. oecumenico.

rigklich von sich werffen, die bleiben in dem tod, darinn sie geborn seind, also das sie nichts rechts weder gedencken, sagen oder thůn moͤgen.

Dazů so weyß man nit wol, warinn man doch von der vereynigung handlen soll, dann sie seind selbs der sach nit allenthalben eins, die lutherischen woͤllen das, so bgeren die zwinglischen diß, das man noch andre secten übergehe.

Das wirt auch boßhafftigklich erdicht; man richt wider auff, was Christus auffgesetzt vnd die alt kirch gehalten hat vnnd thů hinweg, was nur von den Antichristen eingefuͤrt ist, so wurt die eynigkeyt schon gmacht sein mit allen denen, die Christi seind, sie werden ja vonn den widersaͤchern lutherisch oder zwinglisch genant; ist aber jhemants, der etwas anders sůcht, den woͤllen die protestierenden auch nit vnder sich gerechnet haben.

Ob wir aber schon zůgebend, das eyn eynhelligkeyt gemachet vnnd das die Protestierendenn zur gehorsame des | B6b | *Baͤpstlichen stůls gebracht moͤchten werden, So ists doch gwiß, das es in keinen weg gschehen kan, man geb denn den protestierenden vil ding nach.*

Es ist nit von noͤten noch zůgeben, dann was der Herre selbs gebeüt oder noch gibt, warumb wolt aber ein mensch dasselb abschlagen?

Vnd ob schon die selben ding dem geschribnen recht gemeß werend, als do ist die niessung des sacraments vnnder beyderley gstalt, der priester ehe vnnd deren gleichen, noch solt man nit on gemeynen gewalt vnd verwilligung damitt in der kirchen ein newerung anfahen.

Soll man inn solchen dingen keyn newerung anfahenn on gemeynen gewalt vnnd verwilligung, warumb ist dann die niessung des heylgen sacraments gestümelt worden, nit allein wider gemeinen gewalt vnd verwilligung der Apostolischen vnd gemeynen Christlichen kirchen, sunder auch wider die offenbar einsatzung Christi? Dann das[1] Christus auffgesetzt hat, das hat die alt kirch durch die gantz welt biß auff die nechsten vier hundert jar gehalten, wie es die Griechisch kirch | *B7a* | noch dis tags halt vnd ist auch nie von keynem allgemeinenn Consilio, das der kirchen gehalten ist, anders geordnet wordenn, wie auch solches keynem Consilio zimbt, dann die mißbrauchung des Sacraments ist eingerissen wider recht vnd durch keynen recht gschaffnen anfenger.

1. das, was.

[476] quam id concilio licere potuit, diversum constitutum est. Invasit enim vel obrepsit haec sacratissimi sacramenti violatio nullo idoneo authore, nulla etiam ratione.

Quanquam Concilium Constantiense ausum sit istam sacramenti violationem confirmare, ne quid scilicet indignum Ecclesiae fide et autoritate supini ac somnolenti Episcopi admisisse viderentur. Quasi necesse sit, ut quaecumque hi, quavis vel inscitia vel malitia in Ecclesiam admittunt aut invehunt, pro inviolabili Ecclesiae autoritate recipiantur. Professio coelibatus in plerisque[q] conciliis a praesbyteris et Episcopis, deinde etiam a diaconis et subdiaconis exacta est: verum id nec publica Ecclesiae autoritate nec consensu factum est. Publica enim Ecclesiae autoritas cum autoritate Christi verbique ipsius semper est coniuncta.

Haec vero statuit non esse bonum homini esse soli[1] et unumquemque debere suam uxorem habere et unamquanque suum maritum fornicationis vitandae causa[2]. Item Episcopos et Diaconos debere eligi, qui sint unius uxoris mariti[3] nec ulli voluit hominum generi lege coelibatus laqueum iniicere. Nam quem Dominus negotio eiusmodi propter regnum suum occuparit, cum quo matrimonii cura non cohaeret: eum etiam verbi illius de castratione propter regnum coelorum[4] sic capacem reddit, ut etiam absque ullius | *B vi a* | vel voti vel legis necessitate verum coelibatum colat. Exigere itaque in universum ab omnibus, qui sacro ministerio adhibentur, votum coelibatus, Similiter requirere, ut altera tantum species Eucharistiae dispensetur communicantibus mensa domini, non authoritate Ecclesiae, quae eadem spiritus sancti est, in Ecclesia occidentali obtinuit, sed humana quadam ratione, quae dum extra coelestis sapientiae fines exulat, facile labitur. Hinc praepostera coelibatus admiratio, qua factum est, ut matrimonii sanctitas minoris quam deceret aestimaretur. Hinc privatae illae speculationes de altera Eucharistiae specie populo deneganda. Nec vero ad alterutrum consensus catholicae Ecclesiae unquam accessit. Nam graeca Ecclesia in hodiernum usque diem et matrimonium ministris et communionem totius Eucharistiae plebi quoque concedit.

In Hispania quoque Italia et Germania retenta diu connubia a sacerdotibus sunt. Cum concilia illa, quorum authoritas immerito Ecclesiae, quantum ad hanc rem attinet, adscribitur: canones de exigendo a ministris superiorum or-

q) Drf. plerique.

1. Gen 2,18.
2. I Kor 7,2.
3. I Tim 3,2.
4. Mt 19,12.

Wiewol das Consilium zů Costentz sich vndernemen hat doͤrffen, solchen mißbrauch zů bestaͤtigen, damit man nit achten moͤcht, die tollen Bischoͤff hetten etwas ghandelt, das dem glauben vnd ansehen der kirchen nit wol anstünd. Als muͤst gleich auß der kirchen gwalt alles das angenommen werden, was solche künnen auß vnuerstand oder boßheyt in die kirch einfuͤren. Jn etlichen Consiliis hatt man das gelübd, nit ehelich zů sein, von den priestern vnd Bischoͤffen, darnach auch von den Diaconen vnd vnderdiaconen mit gwalt herauß trottet[1]. Aber solchs ist weder auß gmeinem gwalt der kirchen noch mit verwilligung geschehen. Dann der gemeyn gewalt der kirchen ist alwegen mit dem gewalt vnnd wort Christi vereyniget.

Aber derselb gewalt gibt für, es sey nicht gůt, das der mensch allein sey, vnd das ein jeder seyn eheweyb sol haben vnd ein jede fraw jhren eheman, die hůrerey zů vermeyden. Jtem, das die Bischoͤf vnd Diacon erwelt sollen werden, die eynes weybs mann seyen, vnd hatt keyn | *B7b* | gschlecht der menschen den strick, vnehelich zů sein, wellen anlegen, dann welchen der herr mit eim solchen gschefft beladet, das mit der sorg des ehlichen stands nit bestan kan, den wurt er auch wol fehig machen des worts der verschneydung vmb des reych gots willen, also das er auch wol on alles gelübd vnd zwang des gesatz vnehlich bleyben würt; das mann nun von allen denen, die zů dem dienst des altars gebraucht sollen werden, den vnehlichen stand erfordert vnd das man allein die ein gstalt des brots im sacrament den Christen darreycht, das gebot hat nit vberhand genommen in den kirchen gegen nidergang auß gewalt der kirchen, das eben der gewalt des heyligen geysts ist, sunder auß menschlicher vernunfft, die leichtlich felt, so sie außwendig der himlischen weyßheyt vmbgehet, doher kompt auch die verkerte würde des vnehlichen stands, darauß herkompt, das der ehlich stand minder dann billich were geachtet worden, von dannen kommen auch die fantaseyen, wie mann dem gemeynen volck die ein gestalt des sacraments abbrech, dann zů deren keym ist nie kommen die verwilligung der allgemeynen Christlichen Kirchen, wie auch noch auff disenn tag inn der Griechischen Kirchen die ehe den Kirchen dienern vnd das Sacrament vnder beiderley gestalt | *B8a* | zůgelassen würdt.

Jnn Hispania vnnd inn Jtalia, auch inn Teütschlanden ist die Priester ehe lang zeyt erhalten worden. Die Consilia, deren gewalt onbillich der Kirchen zůgeschriben wirdt (so vill dise ding belanget), die haben vor dausendt jharen die Canones gestelt, das man von den hoͤheren dieneren ein vnehlichen stand erfordern solt, Doher mann wol verstehen kan, das die allgemeyn Christliche Kirche zů disen zweyen puncten nie verwilliget hatt, wiewol mann in disen zweyen puncten, wie auch in andern uͤbungen der Religion, der Kirchen gewalt vnnd verwilligung, mehe soll erkandt werden auß dem wortt Gottes,

1. herausgepreßt.

dinum voto coelibatus aediderunt ante mille annos. Unde liquet nec consensum Ecclesiae universalis istis duabus rebus unquam accessisse. Quanquam, ut in caeteris rebus ad religionem pertinentibus, ita et in his duabus observationibus Ecclesiae auto- | *B vi b* | ritas et consensus magis ex ipso verbo domini, quo, ut genita est, ita vivit et sustinetur, cognoscendus est, quam ex eo, quod homines in Ecclesia, quocunque in illa loco existant, comprobare videantur, dum enim hic vivunt, erroribus et peccatis sunt omnes obnoxii.

[*477*] Sed nec novabitur quicquam, si Ecclesiis permittatur, quod Dominus de Eucharistia ipse instituit, et de connubio tum per se, tum per Apostolum suum docuit: Tantum quae vetutissimam habent originem et quamdiu stabit hoc seculum perpetuam firmitudinem obtinere debent, stabilientur. Neque igitur propter has duas vel ullas alias res, quas quidem protestantes concedi sibi petunt, Concordia impedietur. Dum enim protestantes nihil nisi quod dominus aut iubet aut concedit, permitti sibi postulant, nec quisque est hominum, qui ea, quae praecipit vel indulget dominus, ullo iure vetare queat, nihil certe obstare poterit, quo minus universis in domino convenia, nisi sint quidam, qui nolint Christum apud suos regnare.

Et si opponeretur forte, quod confirmatio eorum, quae ipsis permitterentur ratione pacis et concordiae, sive a sede Apostolica sive a | B vii a | concilio postea peti posset, certum est tamen, quod is consensus non expectaretur, sed statim in eum usum utpote sibi gratissimum veniretur.

Non est earum rerum petenda ab hominibus confirmatio, quas instituit et concessit deus.

Quo facto Germania iam unita inter se et receptis ritibus, qui sibi placerent, nullam curam amplius gereret de concilio.

Non hoc agitur, sed ut sit rituum modus, qui cum verbo Domini congruit.

Ex quo sequeretur divisio corporis et unitatis Ecclesiae, cum ii[r] *usus et mutationes neque in Galliis neque in Hispaniis neque in Italia neque in aliis provinciis Christianitatis essent receptae.*

Restituatur ubique Euangelii libera et syncera praedicatio et nulla in hisce

r) hi: Concilium Tridentinum 4, S. 184,47.

durch welches sie geboren ist, lebet vnd erhalten würdt, dann auß dem, das die menschen für gůt ansihet, sie seiend recht inn was wurd oder stand sie woͤllen, dann dieweyl sie hie leben, seind sie noch all der sünde vnnd jhrrthumb vnderworffen.

Es wurd aber auch keyn newerung angefangen, ob mann schon den Kirchenn zůließ an dem Sacrament, das der Herr selber auffgesetzt hatt vnd das er von der ehe durch sich selbs vnd durch sein Apostel geleret hat, do wurdt alleyn bestetiget, was das aller aͤltesten herkommen hatt, das auch, dieweyl dise welt stehet, beschehen soll. Deßhalben würdt keyn vereynigung verhinnderet | *B8b* | werden vmb deren zweyen punctenn oder vmb eynigs dings willen, das die Protestierenden begeren, zůgelassen werden. Dann dieweil die Protestierenden nit begeren jnen zůgelassen werden, dann das der Herr selbs heißt vnd zůlaßt vnd kein mensch ist, der mit eynigem recht etwas verbieten mag, das der Herr gebeüt oder noch gibt, so mag nichts hinderen daran, das nit jederman im Herren vereynbart werd, es seyen dann etlich, denen nit gefall, das Christus bey jnen regier.

Vnd ob villeicht dagegen gsagt wůrde, man moͤcht hernach von dem Baͤpstlichen stůl oder von dem Consilio bstetigung deren ding begeren, die jhnen jetzt vmb friden vnd eynigkeyt willen nachgelassen wurden, so ist doch gewiß, das sie der bewilligung nit warten würden, sunder wurden sich der nachlassung von stund an gebrauchen woͤllen als dessen, das jnen am anmuͤtigsten wer.

Man darff von den menschen kein bestaͤtigung erwarten deren ding, die Gott selbs ein gsetzt vnd zů gelassen hatt.

Wo dann solches geschehe vnnd das | C1a | deůtschland vnder einander zů einigkeit keme vnd nemen weysen vnd gebraͤuch an, die jnen gefielen, so wurden sie hynfürter kein sorg mehr vmb ein Consilium haben.

Das ist nit die meynung, sonder das die gebreuch angenommen werden, die sich mit dem wort Gotts vergleichen.

Darauß dann volgen wurde ein zertrennung des leibs vnd der eynigkeit der kirchen, dieweil solche gebraͤuch vnd veraͤnderungen weder in Franckreich noch in Hispania noch inn Jtalia oder andern laͤndern der Christenheit angenommen werend.

Man laß das Euangelium allenthalben rein vnd lauter predigen, so wirt in disen dingen, so von den protestierenden erfordert werden, kein vnderscheid bey den Christglaubigen bleiben, der namlich den friden vnd einigkeyt zerquidem rebus, quas requirunt protestantes, reliqua manebit apud fideles | *B vii b* | Christi varietas, quae consensionem et pacem turbet. Nihil enim, ut dictum est, requirunt quam, quod dominus ipse praecepit et ad salutem suorum instituit. Caeterarum observationum Ecclesiis sua est relinquenda libertas; unitas enim Ecclesiae non in eisdem ritibus, sed in eadem fide, doctrina, religione sacramentorum et disciplinae consistit.

Tempore apostolorum, martyrum et sanctissimorum patrum haec necessaria dum fideliter custodiebantur, sub diversis ritibus synceram unitatem conservabant. At ubi sub Ro[mano] pontifice ritus conformes in variis licet regionibus et Ecclesiis obtinuerunt, illa ipsa unica salutis fundamenta et vincula Christianae societatis misere sunt vitiata, et tantum non plane nobis interciderunt, populi enim sui societatem Christus in novo testamento, ut D[ivus] [*478*] Augustinus scribit, coadunavit sacramentis numero paucissimis, observatione castissimis, significatione augustissimis[1]; caetera omnia liberam habeant observationem, fide enim iustus vivit[2], non caeremoniis.

Quare quae fides ipsa non requirit necessario, a nulla Ecclesia praetextu communionis necessario sunt exigenda. Nihil itaque a protestantibus existit, cur difficile, nedum impossibile sit solidam et piam Ecclesiarum concordiam restituere.

Quod si etiam[s] *generale concilium* | *B viii a* | *has mutationes non approbaret, imo contrarium statueret, quae spes esset reducendae amplius Germaniae in suis opinionibus iam pridem confirmatae?*

Quale Concilii portentum, deus bone, hic nobis fingit, in quo non modo non approbaretur, quod Christi ore sancitum est, sed contrariis legibus palam abrogaretur? Hinc collige, quid bonae spei nobis faciat Romana sedes, etiam si concilium cogeretur. Cur igitur ab eius decreti expectatione pendeamus, quod, si factum esset, repudiare oporteret?

Praeterea periculum est, ne protestantes multa de sua opinione concedant,

s) etiam postea: Concilium Tridentinum 4, S. 184,49.

1. Anspielung auf *Augustin*, De doctrina christiana 3,9 (PL 32, Sp. 71; CSEL 80, S. 87; CChr.SL 32, S. 85 f.). Vgl. auch BDS 6,1, S. 349,23–30; BDS 8, S. 84,1–15; BDS 17, S. 513,5–10; BOL 5, S. 124 f.
2. Hab 2,4; Röm 1,17; Gal 3,11.

rütten wirt. Dann (wie gsagt) sie erfordern nichts, dann das der HERR selbs gebotten vnd zum heil der seynen auffgesetzt hat. Jn andern gebreüchen soll man den kir- | *C1b* | chen jr freiheyt lassen, dweil die einigkeit der kirchen nit in den breuchen, sonder in einigkeyt des glaubens, der leer, der sacrament vnd[d] der zucht besteht.

Zů zeiten der Aposteln, marterer vnd heyligen våtter, da man solliche ding mit hőchstem fleiß hielt, da ward auch ein lautere einigkeyt erhalten mitt vnderscheidlichen vnd vngleichen gebreuchen. Da aber vnder dem Rőmischen bischoff die gleichfőrmigen gebreuche inn vnderschiedlichen kirchen überhand genommen haben, als bald seindt die eynigen fundament des heyls vnd band der Christlichen gmeinschafft ellendigklichen verderbt worden, ja gar nach gantz vndergangen. Dann wie Augustinus schreibt, so hat Christus seines volcks geselschafft im Newen Testament mit wenigen Sacramenten zusammen verstrickt, aber die reyn vnd lautter gehalten wurden, dann sie seind hoher bedeutnüß. All andere ding sollend frey gehalten werden, dann der gerecht lebt auß dem glauben vnnd nit auß den breuchen.

Darumb, was nicht von notwegen von glauben erfordert wirt, das soll von keiner kirchen vnder dem schein der einigkeyt mit gewalt erfordert werden. Deßhalben haldt sich nichts auff der Protestierenden seiten darumb beschwåhrlich noch weniger vn- | *C2a* | müglich solt sein, die kirch zů satter vnd gotsåliger einigkeyt zubringen.

Vnd so dann das Consilium dise veråndrungen nit beståtigen wolt, jha das widerspil setzt vnd ordnet, was hoffnung kundt dann sein, das Teutschland wider herbey zubringen, das schon vor langem in seinem fürnemen vnnd meynungen verhartet wer?

Ach Gott, nach was seltzamem Consilio gedenckt der ellend mensch, in dem nit solt beståtiget vnd für gůt angenommen werden, was Christus mit eigenem mundt gebotten hat, jha das es auch solt mit widerwertigen gebotten abgethon werden? Hie magst du wol abnemen, was hoffnung wir zum Rőmischen stůl tragen sollen, ob schon auch ein Consilium zůsamen berůfft würd, warumb wolten wir dann darauff lang warten, das man doch verwerffen můßt, so es schon kem?

So ist auch noch zů besorgen, das die Protestierenden vil werden von jrem fürnemen nachlassen, ja das sie nit das von den altglaubigen erlangen, das sie all mit | C2b | einander von dem Rőmischen stůl abfallen, dweil das selb jr hőchst begeren ist.

d) Drf. vud.

imo[t] id unum a catholicis obtineant, ut una omnes a sede apostolica deficiant, cum id solum maxime cupiant et in votis habeant.

A curia vel sede etiam Romana, si ita placet, non tamen apostolica. Neque enim aliud in votis habent Catholici protestantes, quam ut deiecto Sathanae solio vera | *B viii b* | Christi sedes illic erigatur, in qua Apostoli, non Antichristi sedeant. Sed hoc unum est, quod istos solicitos habet, ne quam scelerate occuparunt et immaniter exercent tyrannidem: spiritu oris sui Christus conficiat et illustratione adventus sui aboleat. Siquidem non se ministerium habere putant, sed effrenem dominationem, qua totum orbem servum sibi et quidem miserrima servitute teneant, utcunque se servos servorum non sine manifesto ludibrio nuncupent. Quare ut initio dictum hoc omnium, quae pontificii contra protestantes habent, caput est, quod dum regnare volunt in Ecclesia et rerum potiri, Christo locum non relinquunt.

Quod si evenerit, ut est valde timendum, tunc non esset in potestate maiestatum suarum providere, quemadmodum accidit de concilio indicendo in dieta Ratisponensi, de qua re status imperii sine authoritate sacrae Caes[areae] maiestatis constitutionem fecerunt, sicuti dicta maiestas alias sanctissimo domino nostro significavit. Quare, ut alia omitta- | *C i a* | *mus, ex his paucis potest Caesarea et regia maiestas cognoscere, quid sperandum sit ex amicis huiusmodi tractatibus et colloquiis cum eis habendis.*

Hic vide pastoralem Romanensium curam et quam sedulo advigilent, quo
[*479*] gravissimis Ecclesiae morbis tempestiva remedia adhibeantur. Aliquot iam seculis pii bonique omnes concilium Ecclesiasticum flagitant, quo corrigantur nonnulla vitia, quibus laborare ac premi Christianum populum iam diu plus satis notum est. Quae cum pridem intolerabilia esse ceperint, diuturnitate ipsa magis ac magis invalescunt. Postquam autem Germaniam dominus puriore Euangelii sui praedicatione dignatus est, partim quia melius iam et clarius animadvertebatur morbi gravitas, partim quia novum periculum imminebat ab eorum improbitate, qui lucem veritatis extinguere nefario furore moliebantur. In omnibus Imperii Comitiis decretum est non aliam esse viam succurrendi collapsis Ecclesiis et scandalis iam obortis occurrendi, nisi ut quamprimum cogeretur concilium, quod si obtineri universale non posset, saltem nationale, ut vocant, a natione Germanica habere- | *C i b* | tur.

t) modo: Concilium Tridentinum 4, S. 185,1.

Vom Roͤmischen hoff oder stůl, das mag wol sein, doch nit von dem Apostolischen stůl; die Christglaubigen protestierenden haben kein groͤssere begird, dann das des teuffels stůl ein mal zerstoͤrt vnd der war stůl Christi da auff wurd gericht, da die Apostel vnd nicht Antichristen sitzen sollen. Aber das besorgen dise allein, das nit Christus mit dem athem seines munds jre tiranney, die sie schantlich erobert vnd grimmigklich uͤben, ein mal brech vnd mit der erleüchtung seiner zůkunfft abthů. Dann sie haltens nit dafür, das sie an einem dienst seyen, sonder in einer vngezaͤmten herrschafft, in deren sie die gantz welt in einer ellenden dienstparkeyt zů knechten haben, wie fast sie sich ja knecht aller knecht selbs nennen, nit on grossen spot verstendiger leüt. Darumb, wie von anfang gesagt, so ist das der hauptpunct aller der handlung vnd spaltung, so die Baͤpstler wider die Protestierenden haben, das sie Christo kein statt in der kirchen lassen, dweyl sie die selbig regieren vnd begwaltigen woͤllen.

Wa dann sollichs geschehe, wie dann groͤßlich zů besorgen ist, so wurden jhre | C3a | Maiestaten nit gwalt haben, der sachen zůrathen, wie auff dem tag zů Regenspurg geschahe mit dem Consilio auß zů schreiben, dauon die Reichstaͤnd ein Constitucion on verwilligung Keiser. Mai. machten, wie dann genant jr Maie. vnserm aller Heiligsten Herren anzeyget hat. Deßhalben, darmit wir anders vnderlassen, so hat die Key. Maie. auß disen wenigsten puncten wol abzůnemen, was auß solchen freüntlichen gespraͤchen vnd handlungen, die man mit jhnen halten sol, zů hoffen sey.

Hie kanstu spüren die hirten sorg der Romanisten, wie fleissyg sie ein auffsehens haben, das die groͤsten maͤngel der kirchen gebessert werden. Es haben jetz etlich jar her vil gottsaͤliger leut ein Consilium begert, darinn die laster gebessert wurden, damit das Christlich volck behafft vnd lang beschwert gewesen ist, vnd wiewol die selben vor langest haben angefangen, ontreglich zůsein, so nemend sie doch noch jmmer mit der langwyrigkeyt zů vnd überhand. Nach dem aber Got, der Herr, das Teutschland mit der reinen pre- | C3b | dig seins Euangelii begnadet hat, zum theil, das man jetz klarlicher mercken kundt schwere der kranckheyt, zum theil auch, das newe geferlichheyten zů stůnden von deren boßheyt, die mit jrem gottßlesterlichen wůtten das liecht der warheyt vnderstůnden außzuleschen. So ist in allen Reichß versamlungen erkant worden, das kein anderer wege sey, der zerrütten kirchen zuhelffen vnd erwachßnen lastern zůbegegnen, dann das auff das fürderlichst ein Consilium zůsamen berůfft würd, vnnd so das nit moͤcht ein gemeines Concilium sein, das man doch zum wenigsten ein sonder landts Concilium zůrichtet vnd im Teutschen land gehalten wurd.

Quum autem Pontificii, ut nullam nequitiae suae correctionem ferre queunt, ac ne illam quidem foeditatis suae lernam, qua nihil unquam in Ecclesia turpius extitit, attrectari sustinent, non modo generale, sed nationale quoque concilium averterent mille machinis, interim tamen Germanos aliasque gentes concilium subinde pollicendo ludificarentur: visum tandem est imperii ordinibus, ut, si pontifex concilium non convocaret intra certum tempus, ipsi conventu inter se habito suis Ecclesiis consulerent.

Haec ista est horrenda a sede Romana defectio, de qua hic Nepos quiritatur. At nihil pensi habent sancti isti ordinis Ecclesiastici vindices et canonibus et legibus sancitum esse, ut in singulis provinciis quotannis et in qualibet natione, quoties aliquid inciderit corrigendum, habenda esse concilia[1]. Quod si grassari malum latius caeperit, Generale concilium omnino esse convocandum. Hisce sanctionibus et Ro[manus] Pontifex obstrictus esset et secundum eas Ecclesiam regeret, si verus pontifex esse vellet. Nunc cum eas pedibus conculcet, quid ipso facias?[2] Adde, quod oecomenica[3] olim concilia per Caesares indicebantur. Indictioni et Episcopi alii omnes et ipse Romanus libenter parebat.

Hodie, si istis credimus, ne nationale quidem indicere illis licebit; fateor equidem, cum veri Episcopi Romae sederent, quoniam sedes illa | *C ii a* | prima semper est habita sine ipsorum conscientia non fuisse celebratum maius aliquod concilium. Id eo postea detorserunt Romanae tyrannidis satellites et hodie detorquent, quasi nullum omnino Ecclesiasticum conventum, nisi idolo illo ratum habente nutuque suo comprobante habere liceat. Interim cum illis sit propositum omnia libidinose pervertere susque deque habitis legibus omnibus et canonibus, contempta omni censura, abiecta omnis honestatis cura, excusso prorsus pudore, nullo nec dei nec hominum metu, insanam dominationem exercere. Qui unquam adduci poterit, ut in Christianum et liberum
[*480*] concilium descendat, ubi legibus sit interrogandus officiique sui rationem redditurus.

Ergo quoties de Concilio fit mentio, non aliter horret atque Dionysius[4] aliquis aut Phalaris[5], ubi est a populo ad libertatem recuperandam conclamatum.

1. Zum lateinischen Stil vgl. *Augustijn*, Die Autorschaft, S. 259.
2. Zum lateinischen Stil vgl. *Augustijn*, Die Autorschaft, S. 259.
3. sc. oecumenica.
4. Dionysius I., Tyrann von Syrakus (reg. 405–367 v. Chr.).
5. Phalaris von Akragas (um die Mitte des 6. Jahrhunderts v. Chr.), ein aufgrund seiner Grausamkeit berüchtigter Tyrann.

Als aber die Baͤpstler (die kein besserung jres schantlichen lebens tulden künden vnd deßhalben jre laster nit rüglen dorfften lassen, die schantlicher in der kirchen nie gewesen seind) tausenterley weg suͦchten, wie sie nit allein ein gmein, sonder auch ein sonder lands Consilium hinderten, vnd doch staͤts der Teutschen vnd anderer voͤlcker spotten mit der verheissung eins Consilii, Da hat zuͦ letst die staͤnd des heiligen reichs für guͦt angesehen, das, so der Bapst nit inn einer bestimbten zeit ein Consilium zusamen beruͤfft, das sie selbs ein versamlung machten, damit jren kirchen geholffen wurd.

Das ist der er- | *C4a* | schroͤcklich abfall von dem Roͤmischen stuͦl, ab dem sich der elend mensch so übel gehebt. Aber dise heiligen vorfechter der kirchen nemen nit war, das in geystlichen vnd weltlichen rechten (wie manß nennt) erkant ist, das alle jar inn allen landen Consilia gehalten sollen werden, so offt sich etwas einreißt, das zuͦ bessern ist. Wolt dann der schad weiter außbrechen, als dann sol man ein gmein Consilium beruͦffen. Wa nu der roͤmisch bischoff ein rechter bischoff sein wolt, so wer er auch mit denen erkantnissen verhafftet vnd regiert auch sein kirchen darnach, dweil ers aber mit fuͤssen tritt, was sol man jm thuͦn? Dazuͦ so haben etwann die Keiser die allgmeinen Consilia der kirchen außgeschriben; denen waren denn all bischoff, auch der Roͤmisch, gern gehorsam; yetz darff ein Keiser auch nit ein sonder lands Consilium verordnen, wenn wir jnen glauben.

Jch bekenn wol, das – dweil zuͦ Rom noch ware bischoff geweßt seind vnd der selb stuͦl auch allwegen für den fürnemmsten stuͦl gehalten ist worden – kein groß Consilium on jr vorwissen gehalten ist worden, das haben aber die schergen der roͤmischen tirannei dahin gezwungen vnd zwingens noch heut diß tags dahin, als solt gar kein versamlung von der kirchen zuͦsamen kommen, es gfiel dann den oͦlgoͤtzen zuͦ rom, das ers mit seiner verwilligung bestaͤtiget. | *C4b* | Dazwischen dweil jr fürnemen ist, alle ding nach jrem muͦtwillen zuͦ verkeren, on angesehen alles rechts, mit verachtung aller straff, ongeachtet aller erbarkeit, on alle scham oder forcht weder Gottes noch der menschen, allein darumb, das sie jre vnsynnige herrschafft erhalten moͤgen. Wer wolt sich diß bereden lassen, das diser sich jmmer mehr in eyn frey Concilium begeben werd, da man in den rechten nach frag, wie er rechenschafft seines ampts geben künde.

So bald man eins Consilii nit mer dann[1] gedenckt, so erzittert er gleich, wie ein ander tyrann, ein Dionisius etwa oder Phallaris, thetten, so das volck einander an schry, freiheyt zuͦ erlangen. Warumb ist es sunst, so jetzundt lang alle welt von viler wichtiger vrsachen wegen nach einem Consilio schreit, das er nit allein keins mit ernst zuͦsamen beruͤfft, sonder, wa er sicht, das die kirchen zuͦsamen kommen, so wehret er, so vast er jmmer mag? Was wil er doch zuͦletst damit? Namlich, das die kirchen sehen oder hoͤren vnd auch dazuͦ still schweigen muͤssen, das er sie mitt seiner beschissenen heiligkeyt vexier, plag

1. nit mer dann: auch nur.

Quid enim aliud causae est, quod toto orbe iampridem maximis plurimisque de causis concilium flagitante, non modo nullum ipse serio convocat, sed strenue intercedit, ubi Ecclesias videt convenire? Et quid tandem sibi vult? Nempe ut Ecclesiae scientes et videntes polluta sua sanctitate vexari, violari, affligi, diripi et vastari se sinant taciteque ac sine gemitu ultimum interitum expectent. Quid enim aliud est, | *C ii b* | quod remedia interdicit divinitus commendata et a sanctis patribus populoque Christiano semper adhibita? donec ea ipse concedat et admoveat, qui ex direptione vastationeque Ecclesiarum regnat ac suaviter delitiatur? Ergo ne quid depereat Romano Sardanapalo[1], quin potestate opibusque Ecclesiae impune ut solitus est grassetur, connivendum est piis principibus, dum tot animarum milia, pro quarum salute sanguinem suum vitamque profudit Christus, interire cernant: Ni faciant, defectionis a sede Romana rei agantur.

Quantum vero ad pacem Germaniae attinet[u], non sine aliquo pudore proferri possunt, quae sequuntur: fuit Schuinfurti[v] primum de pace tractatum et conclusum.[2]

Tot mendacia quot verba. Nihil enim Schuinfurti, sed Nurnbergae primum conclusum de induciis hisce fuit.[3]

Deinde factae [w]sunt Nurnbergae[w] induciae inter utrunque statum, protestantium scilicet et Catholicorum, addito etiam Caesareo Ratisponen- | C iii a | si mandato sub poena provincialis pacis et banni imperialis[4]*: Tamen possunt videre maiestates suae, ubi tot convenerint[x] principes subscripti et iurati, ubi tot*

u) pertinet: Concilium Tridentinum 4, S. 185,19.
v) Vormatiae: Concilium Tridentinum 4, S. 185,10.
w)–*w)* fuerunt Norimbergenses: Concilium Tridentinum 4, S. 185,11.
x) Drf. convenerint tot.

1. Diese Zuschreibung der äußerst negativen Attribute des legendären letzten Königs des assyrischen Reiches »Sardanapalus« (vgl. BDS 9,2, S. 234, Anm. 1) an den Papst nimmt Bucer auch in seiner Schrift ›Alle Handlungen und Schriften‹ (BDS 9,2, S. 233,38–234,4) vor.
2. Gemeint sind die Schweinfurter Verhandlungen zwischen oberdeutschen Reichsstädten und den Kurfürsten von Mainz und der Pfalz im April 1532. Zweck der Versammlung war, die Bedingungen für einen Frieden mit dem Kaiser im Vorfeld des Regensburger Reichstages, der nur kurze Zeit später stattfand, zu erörtern.
3. Die Schweinfurter Verhandlungen führten im August desselben Jahres zum Nürnberger Anstand, der den reichsrechtlichen Schutz der Evangelischen bis zur Entscheidung eines Konzils verlängerte und die Suspendierung der Prozesse des Kammergerichts in Aussicht stellte.
4. Der Nürnberger Anstand war lediglich eine Sondervereinbarung zwischen Kaiser Karl V. und den evangelischen Ständen; faktisch verweigerte der zur selben Zeit abgehaltene Regensburger Reichstag dem Anstand seine Zustimmung; vgl. *Rabe*, Deutsche Geschichte, S. 330f. und *Kohnle*, Reichstage der Reformationszeit, S. 463f.

vnnd marter, biß er sie inn das hoͤchste verderben bringt; das seind sie gewertig von jm vnd nichts anders.

Was ist das anders, das er die artzney von Got befolhen verbeut, deren sich allwegen die hey- | *C5a* | ligen våtter vnd das Christlich volck gebrauchet hat, biß sie im gfelt zů brauchen, der doch allein auß veraͤrgerung der kirchenn seinen bracht vnd můtwillen treybt? deßhalben, damit dem Roͤmischen Sardanapalo nichts ab gang vnd er in allem gwalt vnd gůtern der kirchen seiner gewonheit noch můtwill trib, so sollen die gottseligen fürsten zůsehen vnd schweygen, biß so vil tausent seelen (vmb deren willen Christus sein blůt vergossen hatt) verderben, damit sie nit geacht werden als die vom Roͤmischen stůl abgfallen seyend.

So vil aber den friden des teütschen lands belangt, do kan man nit on scham sagenn, was folgt. Zů Schwinfurt hat man zum ersten von dem friden gehandelt vnd bschlossen.

Hie ist so manche lügen, als wort do sind, dann zů Schwinfurt ist nichts, sunder zů Nurenberg ist erstlich von dem stillstand beschlossen worden.

Darnach ist zů Nurnberg ein stillstand gemacht worden zwischen den beiden, den Protestierenden vnd den altgleubigen, mit anhang des Keyserlichen man- | C5b | dats zů Regenspurg ausgangen mit der pen[1] *der lands fridbrüchigen vnd keiserlichen åcht, noch so moͤgen jre Maie[stät] wol sehen, das do so vil fürsten zů samen kommen sind, die vnderschriben vnd gschworen haben, do so vil mandat außgangen sind mit angehenckten schweren penen jrer Maiestaten, das dennoch nichts gehalten, ja alle ding veracht seind worden, der stillstand offt gebrochen, das der bund der Protestierenden gemert worden ist mitt auffnemen etlicher fürsten, als des künigs von Denmarck vnd des hertzogen von Wirtenberg, auch andrer fürsten vnd stett, do grosse veranderung der Religion sich erhaben hat an vil orten vnd landen, alles wider den friden vnd gschwornen eyd.*

1. Strafe.

emanaverunt mandata maiestatum suarum additis gravissimis poenis, nihil tamen observatum fuisse, quin imo spretis omnibus induciae illae saepius fuerunt violatae et partes protestantium novis confoederationibus contra pacta auctae[y] *accessione nonnullorum principum, sicut regis Daniae*[z][1], *ducis Vuirtenbergensis*[2] *et aliorum ac nonnullarum civitatum, mutatione facta religionis in diversis locis ac provinciis contra pacem et iusiurandum.*

Hic acervum calumniarum congerit sanctissimus, sed quarum vanitatem refellere nimis prom- | *C iii b* | ptum est. Induciae, de quibus Schuinfurti agita-
[*481*] tum est et quae Nurnbergae primum pactae, demum Ratisponae confirmatae sunt, requirunt, ne quis ex ordinibus imperii alteri bellum inferat causa religionis, et ne Electori Saxoniae eique in hac causa coniunctis lites ob negotia religionis in iudiciis imperii moveantur, aut iam motae iudicentur. Et si quid in his causis contra illos iudicatum fuerit, per imperatorem abrogetur irritumque fiat.

Haec protestantes quidem diligenter observarunt, nemini enim statuum arma religionis causa intulerunt, aut ullam vim fecerunt. In suis modo ditionibus reformationem Ecclesiarum instituerunt, id quod et Schuinfurti et Nurnbergae sibi diserte liberum reservarunt. At iudicium[a] Camerae eas inducias multis modis violavit, iudicando contra Electorem Saxoniae aliosque religionis societate ei coniunctos. Confoederatio quidem protestantium aucta est accessione principum et civitatum, sed id nequaquam contra pacta aut pacem Germaniae vel iusiurandum, nec enim vel Schuinfurti vel Nurnbergae hoc ab ipsis, quanquam id diu utrobique flagitatum sit, extorqueri potuit, Quin si qui postea ad suam religionem essent accessuri, eos in foedus suum reciperent communemque causam in illis quoque pro sua portione defenderent.[3]

y) audactae: Concilium Tridentinum 4, S. 185,1.
z) Drf. Datiae; vgl. hierzu CO 5, Sp. 480, Anm. 1.
a) Drf. iudicum.

1. Der dänische König Christian III. (1503–1559) war in seiner Eigenschaft als Herzog von Holstein dem Schmalkaldischen Bund am 6. April 1538 beigetreten (*Haug-Moritz*, Der Schmalkaldische Bund, S. 62; 129; 131 f.; *Clauß*, Christian der Dritte, S. 101).
2. Ulrich, Herzog von Württemberg (1487–1550), erhielt 1534 sein Land zurück und trat 1536 dem Schmalkaldischen Bund bei.
3. Ähnlich argumentiert Bucer in ›Per quos steterit‹ (BDS 9,1, S. 189,12–191,11); vgl. hierzu auch *Augustijn*, Die Autorschaft, S. 263.

Hie bringet der aller heiligst ein hauffen schmach reden zůsamen, aber so eytel, das sie leichtlich zů verantworten sind; der stillstand, von dem zů Schwinfurt gehandelt vnd am ersten zů Nürnberg gmacht ist, auch zů lest zů Regenspurg befestigt, der erfordert, das keyn stand des reichs den andern mit krieg überziehen soll von wegen der Religion vnd das dem hertzogen von Sachsen sampt denen, so jm in den Religion sachen verwandt seind, kein vnrhů | *C6a* | von wegen der Religion am Camergericht gemacht oder in hangenden sachen weiter daselbst mit recht procediert werd, dazů so etwas in denen sachen wider sie geurtheilt wurd, so soll das selb vom keyser nichtig vnd ab erkant werden.

Dise ding haben die Protestierenden fleissig gehalten, dann sie haben je niemant vmb der Religion willen überzogen oder beleydigt, allein in jren gebieten vnd herrschafften, do haben sie besserung der kirchen angericht, welchs sie jnen zů Schwinfurt vnd zů Nürnberg außtrücklichen vor behalten haben; das Camergericht aber hatt disen stillstand in vil weg gebrochen, in dem, das es wider den hertzog von Sachsen vnd seine mit verwandten geurteilt hatt; der bund der Protestierenden ist ja gesterckt worden mit zůkummung etlicher fürsten vnd stett, aber dasselb nit wider den gmachten friden des deütschen lands oder eyd, dann man hat das nie, weder zů Schwinfurt noch zů Nurnberg, moͤgen von jnen zůwegen bringen, wiewol es an beyden orten von jhnen erfordert ward, das sie niemants wolten in jre büntnus annemen, so jemants darein begert zů kommen, deren sach sie auch hernach vnderstunden, nach jrem vermoͤgen zů verteidingen.

Ex quibus, ne longiores simus, | *C iv a* | *facile coniici potest, quae spes futurae pacis sit habenda, durante enim pace, tum literis*[b]*, tum minis, tum practicis aliquos quotidie seducunt ex omni hominum genere.*

Non minis, non practicis illicitis, quod non minus est illis inusitatum quam Ro[manis] familiare, sed piis persuasionibus et hortationibus Protestantes velint, si dominus det non Germanos modo sua membra, suam carnem et sanguinem, si[1] totum etiam orbem ad consortium verae et unicae religionis Christi permovere.

[c]*Ut non*[c] *facile sit, ubi religio refrixerit,* [d]*revocare homines a duriori*[d] *ad molliorem, a*[e] *continenti ad voluptuosam, ex obedientia ad libertatem.*

»Ultra Sauromatas fugere hinc libet«.[2] Quis enim in tanta impudentia stomachum teneat? ubi pietatem refrixisse flebiliter deplorant, qui cum ipsi nullum prorsus habeant Dei sensum et totam religionis doctrinam et quidquid populum in Dei timore continere poterat e mundo, quo ad in ipsis fuit | *C iv b* | profligarunt. Unde enim ista, quam pii omnes non sine magno gemitu cernunt, religionis dissolutio? unde contemptus dei? unde sacrorum omnium ne-
[482] glectus? nisi quod Romanensium partim socordia et ignavia, partim inscicia, partim etiam malitiosa perfidia, Christi veritas sepulta fuit vel potius e mundo exterminata. Nam quales habuerit pontifices Roma a quadringentis aut quingentis circiter annis, notius est, quam ut commemorari necesse sit. Qui vero sub illo dominatu titulos personasque gesserunt Episcoporum in orbe Christiano, quasi nihil aliud haberent[f] muneris, quam ut praedarentur expilarentque Ecclesias, docendi curam maxima ex parte a se ablegarunt. Qui vero docendi officium usurparunt, aut stultis et insulsis nugis inebriabant plebem, aut impiis pernitiosisque opinionibus dementabant. Interim extincta veritatis luce exposita erant praede[3] et quaestui sacra mysteria, nec alium fructum habere putabantur, quam ut populus ad ea obstupesceret. Sic enim de industria boni interpretes obscurabant, quo facilius deinde venalia prostituerent.

b) libris: Concilium Tridentinum 4, S. 185,20.
c)–*c)* cum: Concilium Tridentinum 4, S. 185,21.
d)–*d)* evocare homines e duriori vita: Concilium Tridentinum 4, S. 185,22.
e) e: Concilium Tridentinum 4, S. 185,22.
f) Drf. heberent.

1. CO 5, Sp. 481, Anm. 1 schlägt hier die Lesart »sed« vor.
2. *Juvenal*, Satiren II,1.
3. sc. praedae.

Daher (damit wirs bekürtzen) leichtlich abzůnemen ist, was hofnung zů haben sei des künfftigen fridens, dann dweil der frid noch | C6b | weret, verfůren sie noch tåglich ettlich auß allen stenden mit jren brieffen, treuwungen vnd practicken.

Nit mit trewungen vnd vnzimlichen practiken, welchs jhnen nit weniger vnbreüchlich, dann es den Romanisten breüchlich ist, sunder mit gottseligen ermanungen vnd anreytzung, dann die protestierenden wolten gern (wo es Gott also gefiel), das sie nitt allein die deütschen jr blůt vnd fleysch, sunder auch die gantz welt in die gsellschafft der eynygen vnnd waren Religion Christi bryngen môchten.

Also das es nitt leychtlich wurt sein, so ein mal die Religion erkaltet, das man die menschen wider bringen môg vonn eyner harten zů eyner weychern, vonn eyner züchtigen zů eyner můtwilligen vnd von der gehorsam zů der freyheyt.

Hie solt sich eyner verlauffen, wer solt vber so vnuerschamte wort nit zornig[e] werden? das die traurigklichen beweynen sollen, das die gotseligkeyt erkaltet sey, die so doch gar keyn verstand gottes haben vnd die gantz leer der religion, auch alles, das das volck in der forcht | *C7a* | gottes erhalten môcht, so vil in jnen gewest ist, auß der welt vertriben haben. Woher kommet die vnordnung der Religion, welche alle gottseligen nit on grossen schmertzen sehen môgen? Woher kompt ein solch verachtung gottes vnd aller seyner sacrament? warlich allein auß dem vnuerstand vnd vnwissenheyt, ja auch trewloßen boßheyt der Romanisten, die schafft auch, das die warheit Christi jetz begraben, ja vil mehe außgereütet ist in der welt, was Rhom für Bischoff hab gehabt jetz inn vier oder funff hundert jaren, das ist bekandter dann das man vill do von sagen darff. Vnd die, so vnder der herrschafft die titel vnd personen der Bischôff getragen haben bey den Christen, die habend die sorg des prediger ampts zum grôsten teyl vonn jnen abgeschalten, als wer das allein jr ampt, das sie die kirchen beraubten vnd außsôgen; vnd welche schon des predig ampts sich vndernamen, die haben eintweder das volck mit nårrischen vnd vngeschickten dantmeren[1] bedeübt oder mit schedlichen oder gottlosen meinungen das volck vernarrt; da zwischen, als das liecht der warheyt verlescht war, sind die heyligen Sacrament zů rauben vnd wůchern gebraucht worden, so meynt man auch, das keyn andere frucht dabey wer, dann das sich das volck an jnen vergaffet, dann die gů- | *C7b* | ten dolmetschen verdunckleten sie mit fleiß also, damit sies dester baß darnach verkauffen môchten.

e) Drf. zonig.

1. Possen, Lügen. *Götze*, S. 46.

Eant nunc et querantur fidem refrixisse. Quod autem dicit nihil esse proclivius quam abducere homines a continenti vita ad voluptuosam, a duriore ad molliorem, ab obedientia in libertatem. Quis sine risu legat? siquidem quam continenter et | *C v a* | austere vivat Romana curia et omnes illic formati, postremo quicunque notam et characterem eius ubique gentium ferunt: dicere, quid attinet? Non ergo mirum, si hic se persuasurum mundo speraverit, actum esse de continentia, sanctitate, obedientia et omni genere virtutis, si semel a Romana disciplina discessum fuerit.

Verum ubi subierit, hic eos loqui, qui totum orbem nequitia sua corruperint ac omnibus flagitiorum formis terram contaminaverint, Quis non graviter indignetur audere ita aliis exprobrare mollitiem, delitias et inobedientiam? scilicet ignotum est Romanas libidines pudori ac pudicitiae nihil reliqui fecisse, luxum, intemperiem, portentosas delitias laxatis frenis apud omnes Romanae sedis creaturas dominari, obedientiam omnem dei verbique ipsius ita proiectam, ut iam nec apud homines dissimulent. Cum ergo pudere ipsos desierit, bonis certe ex animo deplorandum est, tam sceleratos, probrosos et ad omne impuritatis nequitiarumque genus proiectos homines audere se adhuc ostentare pro custodibus severitatis, continentiae et obedientiae. Cum nullum unquam in terra extiterit hominum genus magis ab omni moderatione, disciplina, obedientia alienum et abhorrens, nullum ad delitias, importunas voluptates, insolentiam, impuritatem, legum omnium contemptum, scelerum om- | *C v b* | nium licentiam, magis dissolutum et prostitutum.

Neque seducunt homines solum, sed Ecclesias diripiunt, Episcopos eiiciunt, religionem prophanant, atque id impune.

Primum non seducunt, qui homines ab inviis erroribus ad Christum reducunt. [*483*] Non Ecclesias diripiunt, qui diripientibus eripiunt, ut veros pastores praeficiant. Non Episcopos eiiciunt, qui instituunt religionem, non profanant, qui instaurant. Quod facere protestantes palam est, sed non impune. Quid enim aliud sonat, quid contendit tota eorum doctrina, quam Christo domino, quia via, veritas et vita est[1], fidendum et vivendum esse: Cum Pontificii fiduciam salutis in divos, in ossa et simulachra eorum, in caeremonias, in opera hominum distrahant, plerique nihil docent quam quem vivunt Epicurismum. Notior enim est Romana religio, quam boni omnes velint.

1. Joh 14,6.

Nun gon sie hin vnd klagen, der gelaub sey erkaltet, das er aber sagt, es sey nichts leychters dann die menschen abfuͤren vonn eim züchtigen zů eim feygen leben, von eim harten zů eim weychern, von der gehorsam in die freyheyt, wer kan das an[1] lachen lesen? Dann wie züchtig vnd streng der Roͤmisch hoff sambt allem seinem anhang vnd denen, die in aller welt der bestien zeichen tragen, leben, dauon ist nit vil zů sagen. Darumb ists nitt wunder, das sich diser selbs verwent, er moͤg die welt bereden, das es ein mal geschehen sey vmb alle zucht, heyligkeyt, ghorsam vnd alle tugendt, wo man ein mal von dem Roͤmischen stůl ein abfal thet.

So aber eyner gedenckt, die reden hie, die alle welt mit jrer boßheyt verderbt vnnd mit allerley gstalten der laster verwuͤstet habenn, Wer wolt nicht schwerlich darüber erzürnet werden, das sie andern leütten doͤrffen verweisen, sie seyend weychling, můtwillig vnd vngehorsam? so doch niemandts dann jederman weyßt, das der Roͤmischenn můtwill keyner zucht jhe hatt moͤgen statt geben vnd das nichts dann vnkeüschheyt, můtwillen vnd vnsaͤgliche schelmerey bey jnen herrscht, das auch alle gehorsam Gottes vnd seines heyligen worts also | *C8a* | von jhnen verworffen ist, das sie sich desselben auch bey den leüten nit meh schemen, die weyl sie nu gar schamloß worden sind, so sollen all gůthertzigen von hertzen betrauren, das solche schandtliche, gottlose leüt, die in aller vnreynigkeyt ersoffen seind, sich noch doͤrfen dargeben als die huͤter der dapfferkeyt, zucht vnd gehorsame, so doch kein gschlecht der menschen auff erd nie kommen ist, das weiter sey von aller zucht vnd gehorsam, keyns, das meh verrůcht vnd zů allen vngschickten wollust, můtwillen, vnreynigkeyt, verachtung aller Gesatz vnnd zů aller boßheyt geneyget sey.

So verfuͤrend sie auch nicht alleyn die menschen, sunder berauben auch die Kirchen. Verjagen die Bischoͤff vnnd enteheren alle Geystlichheyt vnnd das alles vngestrafft.

Zum ersten, so verfuͤren die kein menschen, die sie von jrrthumb zů Christo widerfuͤren, die berauben keyn kirch, die den raubern das kirchen gůt abjagen, das sie domit ware hirten bestellen, die verjagen kein Bischoff, so recht Religion gern auffrichten wolten, sie entehren sie auch nit, so sies vnderston zů bessern, | *C8b* | Das man offenlich sicht die Protestierenden thůn, wiewol nicht on schaden. Dann was thuͤnd all jr leer, warumb fechten sie anders dann das man Christo allein vertrawen vnd leben soll, der allein der weg, die warheit vnd das leben ist. So die Baͤpstler die hoffnung jres heyls auff die heyligen vnd jhr gebeyn auff kirchen gebreng vnd vnnutze menschen werck setzen. Ja, etlich fuͤren nichts dann ein Epicurisch leer, wie sie dann auch leben. Warlich, die Roͤmisch Religion ist bekanter dann vil gůt hertzigen leütten lieb ist.

1. ohne.

Iam quid est diripere Ecclesias, si id, quod in solenni usu pontificii habent, non est? Quae parochia, quae abbatia, quis Episcopatus aut quod nam opulentius sacerdotium idoneis et qui in suo ministerio servos se esse Ecclesiae intelligant, confertur, et non occupatur ab iis, qui cum non alias artes didicerint, | *C vi a* | quam venationes, lenocinia et similes vel ineptias vel nequitias, cum ad Episcopatus veniunt, putant esse iusta illarum praemia. Itaque ne a professione sua desciscant, nihil quam satrapas, venatores, Lurcones, Ganeones, Scortatores, milites etiam et gladiatores praestant. Id vero canones sacrilegium esse definiunt et Ecclesiarum depredationem. Quicquid enim rerum Ecclesiasticarum, non vel in usum sacri ministerii vel in pauperes vel publicas populi dei necessitates impenditur, id per Sacrilegium Ecclesiis eripi canones iudicant. Ita quem quaeso protestantes Episcopum potuerunt eiicere, cum pridem inter eos, qui Ecclesias hoc nomine detinent, rarissimus sit, qui haberi Episcopus possit?

Nec enim Episcopus haberi populo Christiano potest, nisi qui supremo in Ecclesia loco hac conditione sedet, ut et doctrina et vitae sanctimonia primus emineat, ut summo studio in id se impendat docendo sacra mysteria administrando et disciplinam Christi exercendo, quo Ecclesia sibi credita, cum accessione eorum, qui a Christo abducti erant, cottidie augeatur, tum profectu incrementoque pietatis in iis, qui ad Christum iam conversi sunt, novos subinde progressus faciat. Quae est vero denique illa religionis prophanatio, quam protestantibus isti impingunt?

Curarunt protestantes apud suos, | *C vi b* | ut populus pro impuris et irreligiosis hominibus, qui sacrum ministerium et id modis omnibus depravatum pro quaestu habebant, eos ministros acciperet, qui et ministerium Christi syncerum praestent et vivant sine crimine. Pro impiis et pestilentibus commentis, quibus et verus dei cultus destruebatur et tota pietas una cum salute hominum eversa erat, sanam Christi doctrinam audiret. Pro ea, quam depravatissimam habebat, et Sacramentorum et disciplinae administratione, legitimam et a Christo institutam amplecteretur. Atque istuc ita habere non dubitant protestantes se coram Concilio et quibuslibet piis et religiosis iudicibus posse facile
[*484*] comprobare, quod etiam facturos saepe obtulerunt et nunc offerunt, et tamen, si pontificiis credimus, religionem prophanarunt.

Was ist aber kirchen berauben, ist es das nit, das den Båͤpstlern in tåͤglichem brauch ist? Welche Pfarr, welche Aptey, welches Bistumb oder welche gůte pfrůnd wirt eim gelihen, der gschickt dazů sei vnd der sich inn seynem ampt für ein knecht der kirchen zel? Ja, von denen werden sie angefallen, die nichts anders gelert hand dann jagen, hůren, spilen vnd ander der gleichen bůbenstück. Wann solche zů eim Bistumb kommen, so meynen sie schon, sie habend jrer tugend rechte belonung empfangen vnd das sie dann [f]von jrem[f] orden nit abtretten, so werden nichts dann krieger, jåͤger, prasser, hůrer vnnd hippenbůben[1] drauß. Die heyligen Canones aber, die nennen dasselb ein gotsdiebstall vnd ein kirchenraub, dann was von den kirchen gůtern nit auff den kirchen dienst, auff | *D1a* | die armen vnd auff gemeine not des[g] volcks gottes verwent wirt, das achten die Canones gleich als ob es der kirchen entraubt werde. Was bischoffs habend dann die Protestierenden verjagen moͤgen, so doch jetz vor langem mann selten einen vnder denen, so den kirchen vnder dem namen beschwerlich seind, finden kündt hette, den man für ein bischoff halten kündt?

Dann es kan bey den Christen keiner für ein Bischoff gehalten werden, er sitz dann mit dem geding am obersten ort der kirchen, das er mit der leer vnnd heiligkeyt des lebens allen anderen fürgehe vnd das er sich mit hoͤchstem fleiß uͤbe in der leer, inn darreichung der Sacrament vnd in uͤbung der Christlichen zucht, damit die kirch, die jm befolhen ist, tåͤglichen gemåret werd mit zůthuͤung der jenigen, so Christus herbey bringet, vnd das sie tåͤglichen fort schreyt mit zůnemung der tugend vnd gottsåͤligkeyt in denen, so zů Christo bekerdt sein worden. Was wil aber das doch für ein enteherung der Religion sein, die dise den protestierenden fürwerffen?

Die Protestierenden habend bey den jhren verschafft, das sie an statt der vnreynen vnd vngeistlichen menschen, die den heyligen dienst in allweg verkert vnd zů jrem gewinn gebraucht haben, solche diener hetten, die ein reinen gotßdienst uͤbten vnd on laster | *D1b* | lebten. Vnd das sie die gsund leer Christi hoͤrten für die gottlosen vnd vergifften dantmåren, damit der war gottßdienst zerstoͤrt vnd die gantz Gottsåͤligkeyt sampt dem heil der menschen vmbgestürtzt ist worden. Darzů, das sie auch die recht vnd von Christo eingesetzte uͤbung der sacrament vnd kirchen zucht hetten, die biß auff das aller schantlichst verwuͤst seind geweßt. Das aber dem also sey, das moͤgen die Protestierenden vor eynem gantzen Consilio oder anndern gottsåͤligen vnd redlichen richtern darthůn, welches sie sich offt erbotten haben vnnd erbieten sichs auch hie mit noch, noch habend sie die geistlichheyt enteheret, woͤllen wir anders den Båͤpstlern glauben.

f)–*f)* Drf. vonjrem.
g) Drf. das.

1. Frecher, zungenfertiger Knabe, der Kuchen (»Hippen«) verkauft. *Götze*, S. 123; *Grimm* 10 (= IV,2), Sp. 1553.

Imo in tantum progressi sunt, ut integerrimum[g] *iudicium divellere conentur.*

An Iudicium divellunt, qui non, nisi iniquas et non minus contra Caesaris iussa et pacta quam contra dei legem latas sententias repudiant? Quod si probe intelligere velis, nihil integri, nihil sancti, nihil aequi apud illos iudices esse, reputa, quis sit, qui eos tam bellis encomiis praedicat. Neque enim a pon- | *C vii a* | tificio legato, nisi nefaria mercede hanc laudem consecuti essent. Et sane satis apparet, ut proiecto religionis studio eam sacrorum prophanationem, ex qua plerique eorum delitiantur, impudenter defendant, colluviem pseudocleri, publicam Germaniae pestem, non sine aperta patriae proditione suo patrocinio sustineant, omissa Caesaris dignitate, neglecto iure, in asserendo pontificis Ro[mani] tyrannidae pertinacissime insistant. Quid in iudicio tam corrupto integritatis aut reverentiae esse potest?

Ut eo divulso etiam authoritas Caesareae maiestatis in Germania[h] *concidat.*

Bellum est hoc artificium, siquidem uno verbo profligatus hic nepos Imperatori persuadere valeat, protestantes illius potestati insidiari, pontificios autem eam conservatam velle. At protestantes hanc doctrinam profitentur, quae ex verbo Dei iubet omnem animam potestatibus, quae gladium gestant, subiici[1]. Pontificii autem se omni humano imperio exemptos volunt, imo superiores; protestantes cupiunt valere leges, quas pii imperatores de personis et rebus Ecclesiasticis sancte condiderunt. Pontificii eas, ut nullo iure nixas et sine imperio latas, abrogarunt condereque quamlibet sanctas et pias teme- | *C vii b* | ritatis et illicitae audaciae esse pronunciarunt.

Protestantes denique nullum Episcopum, ne Romanum quidem recipi volunt, nisi qui secundum canones ab imperatoribus fuerit comprobatus, et cui examinando adhibiti sint Imperatorii magistratus. Pontificii vero non solum se a principibus rite et veteri instituto probari non sustinent, sed hoc quoque vel iuris vel licentiae sibi sumunt, ut in sua manu sit, et Imperatores instituere,

g) integerrimum et reverendissimum Imperialis camerae: Concilium Tridentinum 4, S. 185,25.
h) Imperio: Concilium Tridentinum 4, S. 185,26.

1. Röm 13,1.

Ja, sie seind auch dahin kommen, das sie vnderston doͤrffen, das fromm Camergericht verachten.

Verachten die das gericht, die nichts dann die vnbillichen vrtheil, so nit allein wider den befelh des Keysers, ja auch wider das gsatz Gottes außgangen seind, verwerffen? Ja, wiltu es recht verston, so ist in dem gantzen gericht nichts redlichs, nichts heiligs oder frombs in allen seinen richtern. Nu gedenck, was das für ein man sey, der sie mit so schoͤ- | *D2a* | nen titeln lobt. Doch hetten sie auch das lob von dem baͤpstlichen Legaten nit zuͦwegen bracht, sie hettens dann schantlich vor vmb jn erkaufft. Vnd man sicht zwar wol, das sie ware religion verworffen haben, so sie so vnuerschambt[h] die verwuͤstung vnnd enteherung der sacrament, darauß jren vil den muͦtwill triben, verthaͤdingen vnnd das wuͦst geschwürm[1] der vermeinten geistlichen, das gmein gifft des Teutschen landts, mit offentlicher verrathung des vatterlands beschirmen, ja das sie mit verachtung Keiserlicher würde, on angesehen alles recht, das darwider ist, vnderston, des Roͤmischen bischoffs tiranney zuͦ erhalten. Was kund in einem solchen zerrütten gericht redlicheyt oder würden sein?

Vnd so dasselb veracht were, das als dann alles ansehen vnd gwalt der Keiserlichen[i] *Maiestat auch in Teutschem land zuͦ grund gehe.*

Es bedarff kunst, sol der elend mensch den Keiser bereden, das die protestierenden jm nach seinem gewalt stellen vnd das die baͤpstler den selben gern befestigt sehen. Aber die protestierenden haben ein leer, die heißt auß dem wort gots alle menschen denen vnderwürflich sein, die inn einer Oberkeyt das schwert tragen. | *D2b* | Die Baͤpstler aber, die woͤllen vor allem menschen gwalt frey, ja auch drüber sein; die protestierenden begeren, das alle gesatz inn werdt bleiben, so von den gottsaͤligen Keysern von den guͦttern vnnd personen der kirchen gemachet seind. Die Baͤpstler aber haben die selben abgethan als die im recht vnnd reich nicht bestohn künden vnd sagen, es sey eyn muͦtwilliger freuel, dergleichen gsatz machen, sie seyend jha wie heylig vnd guͦt sie jmmer woͤllen.

Die Protestierenden woͤllen, das kein Bischoff, auch der Roͤmisch nicht, angenommen werde, er sey dann vor vonn den Keysern nach außweysung der rechten angenommen, vnd so man den selben verhoͤret, das als dann die Keyserlichen Oberkeiten zuͦgegen seiend. Die Baͤpstler aber woͤllen nit allein nit von den Fürsten angenommen werden nach rechtem vnd altem brauch, sonder sie gebend jhnen selbs das recht zuͦ, das in jrem gwalt sey, Keyser einzuset-

h) Drf. vnuerschmabt.
i) Drf. Keiser=serlichen.

1. Gewimmel, Schwarm. *Götze*, S. 104.

quos velint, et destitutos a se honore abdicare idque pro mera libidine et summa cum reipub[licae] Christiane[1] pernitiae, uti saepe fecerunt. Per ambitum quidem profligata omni canonica electione Episcopatus, Abbatias et pinguiora sacerdotia a principibus accipiunt, sed et haec non aliter aestimantur quam aulicorum obsequiorum praemia, nihil ad eam, quam principibus canones deferunt legitimam examinis potestatem.

Et tamen protestantes authoritati quoque potestati Imperatoriae inimici, [*485*] adversi, insidiatores, infesti et Pontificii amici habendi sunt? Sed dicunt repudiato supremo Imperatoris iudicio, quod protestantes moliuntur, maiestas imperatoria intercidat oportet. At respondent protestantes, quod improbis absurdisque sententiis intercedunt, se in eo non eversum Camerae iudicium, sed iuris legumque observantia firmatum bonisque et aequis viris instauratum velle. Nam de | *C viii a* | religione subire iudicium apud eos iudices, qui verae religionis ex professo et acerrimi hostes sunt et violenti vexatores, nihilque quod in ipsis est ad tollendos e medio omnes, qui veram religionem sectantur et ipsi faciunt reliqui et aliis faciendum imponunt, cuius vel inertiae vel socordiae esset? praesertim cum detrectare iure liceat.

Et ipsi impune in omnium bona et vitam grassari possint.

Graves sane et truculenti grassatores sunt protestantes, qui civium loco eos tolerant, imo ampliorem quam ullis civibus libertatem vel licentiam potius iis apud se concedunt, quos certum est cum capitalibus suis hostibus conspirare. Et cum iis hostibus, quos nemo ignorat cottidie exitium ipsorum moliri. Nec enim dissimulant, cuius sint animi, cum ipsorum in religione consortes, ubi imperium habent, novis et inauditis tormentis excrucient et trucident.

Nulla igitur spes firmae et diuturnae pacis ex amicis tractationibus haberi potest, nisi eam pacem velimus, quae et omnem dignitatem sedis Apostolicae in primis opprimat et catholicam religionem conculcet | C viii b | ac omnem Ecclesiae[i] ordinem confundat ac destruat.

Si dignitas sedis Apostolicae est, apostolicam disciplinam praestare. Si religio est, quam Christus nobis tradidit. Si Ecclesiae ordo, quem idem dominus et spiritus sanctus per apostolos instituit. Quis est, qui dignitatem opprimat sedis Apostolicae? Qui catholicam religionem conculcet, qui omnem Ecclesiae ordinem confundat et destruat, nisi Pontifex ipse cum creaturis suis? Apud hos enim quid non ex diametro cum disciplina Apostolica institutisque Chri-

i) ecclesiasticum: Concilium Tridentinum 4, S. 185,30.

1. sc. Christianae.

zen, vnd wann jhnen gefelt, wider der würden zů berauben, welches sie auch auß lauterem můtwillen mit hoͤchstem nachteil vnd schaden der Christenheit offt gethan haben. Die Bistumb, Aptyen vnd feißten pfruͤnden nemen sie von den fürsten allein auff bit, on alle ordenlich wal; das wirt dann nit anders denn für ein besoldung der hoff dienst geachtet; | *D3a* | da wirt der gwalt des behoͤrens oder probierens, den die Canones den Fürsten zůgeben, gar nit geachtet.

Noch muͤssen die Protestierenden, die dem Keyser den gewalt gern erhielten, für feind, widersacher vnd auffsetzige, die Baͤpstler aber für fründ gehalten werden. Aber sy sagen, so das oberst gericht des Keisers verschmecht wirt, wie die Protestierenden thůnd, so ist von noͤten, das auch die Keyser[liche] Maie[stät] zů grund gehe. Da zů sagen die protestierenden, das sie inn dem, das sie sich wider die vnbillichen vrtheil streussen[1], nit gern wolten, das das Camergericht zů grund gieng, sonder das es mit gůtem recht vnd frommen leuten bestaͤtigt würd. Dann in Religion sachen ein vrtheil erwarten bey den richtern, die offentlich die groͤßten feind der waren religion seind, die nichts (so vil in jnen ist) nit vnderston, auch ander leut darauff hetzen, damit alle die vmbbracht werden, die der waren religion anhangen, was wer das für ein thorheyt, namlich so man sein wol můssig stehn kan?

Vnd sie on gestrafft in aller anderer gůtter vnd leben wůten moͤgen.

Die protestierenden seind warlich greuliche wůterich, dweil sie die noch für jhre burger | *D3b* | tulden, ja denen sie mehr dann anderen burgeren freiheiten zůlassen, da sie doch gwiß seind, das die selben sich mit jren todtfeinden verbinden vnd taͤglich jren schaden mit den selben feinden begeren zů fürdern, dann sie koͤnden nit verbergen, was sie gesinnet seind, wa jrer Religion mitgnossen das Regiment fůren, da erdencken sie nur die groͤsten vnd ongehoͤrsten marter, [j]die Christen[j] dadurch hinzůrichten.

Darumb mag kein wiriger[2] vnd bstendiger fried auß denen früntlichen handlungen gehabt werden, wir wolten dann ein solchen friden haben, der alle wirdigkeit des baͤpstlichen stůls vndertruckt vnd die alt religion mit fůssen tret, dazů auch all ordnung der kirchen zerrüt vnd zerbraͤch.

Jst das die wirdigkeyt des Apostolischen stůls, das er Apostolische zucht leyst? ist das die alt religion, die Christus gelert hat? ist das die ordnung der kirchen, die der Herr Christus vnd der heilig geist durch die Apostel eingsetzt hat? wer ist dann der, der die wirdykeit des Apostolischen stůls vndertruckt? der die gmein religion mit fuͤssen trit? der alle ordnung der kirchen zerrüt vnd

j)–*j)* Drf. die Christen.

1. sträuben, empören, aufbäumen. *Götze*, S. 211.
2. dauerhafter, beständiger. *Grimm* 29 (= XIV,1,2), Sp. 1573–1574.

sti pugnat? Protestantes ea, quae Christus sancivit, quae per manus tradiderunt apostoli, quae martyres et sanctissimi patres observarunt, restituta cupiunt. Nihil vero sublatum, nisi quod his adversatur. Quare nemo cum illis pacem facere detrectabit, nisi qui Antichristi spiritu occupatus regnum Christi ferre non potest.

Haec omnia Reverendissimus dominus legatus non ignorat Caesariae et Regiae maiestatibus esse manifesta, ac multo plura in hanc sententiam, quae hic colligi brevitatis studium non permittit. | *D i a* |

[*486*] Ut falsissime haec in protestantes confinguntur, ita nemini manifesta, sed multis per calumnias persuasa esse possunt.

Restat nunc tractandum, qua via et ratione providendum sit periculo Turcico salvis rebus religionis. Periculo Turcico provideretur, si ab utrisque, Catholicis scilicet et protestantibus, auxilium maiestatibus suis tribueretur, sed dubitatur, non posse id impetrari, nisi prius de religione inter eos convenerit.

Et quid facerent status imperii, dum per Romanam Aten[1] et furias ab ea subornatas civilis belli faces perpetuo iniiciantur?

Igitur cum publica res religionis[j] *universali concilio, non autem in dietis particularibus tractanda sit, Cumque catholici semper optarint concilium, ut patet per Ratispo-* | *D i b* | *nensem recessum*[2] *et per capitula ligae Catholicae.*

Ergo particularibus regnis nullam de Christi religione apud se restituenda curam suscipere fas est. Et pereundum omnibus est Christi vocatione et salutari visitatione usque reiecta, dum pontificii, quod ferre non possunt Generale concilium, tum variis et subinde novis inter monarchas dissidiis accensis, tum excitatis bellicis tumultibus, tum innumeris aliis, quibus pollent artibus, extrahunt et eludunt? Quid vero magis Antichristianum dici possit, quam regna Christo consociata non debere tractare de religione Christi, non consultare,

j) religionis in: Concilium Tridentinum 4, S. 185,36.

1. Ἄτη personifizierte in der griechischen Mythologie die Verblendung sowie die Unfähigkeit, zwischen Richtigem und Falschem zu unterscheiden.
2. Vgl. oben S. 58, Anm. 4.

zerbricht, dann der bapst selbs mit seinen creaturen? Was ist doch bey den selben, das nit gerichts wider die Apostolisch zucht vnd satzungen Christi streitet? Die protestierenden | *D4a* | wolten gern wider auffgericht haben, was Christus eingesetzt, die Apostel gelert vnd die heiligen våter vnd marterer gehalten haben, vnd nichts abgethon werden, dann was solchem zů wider wer. Darumb wirt sich niemants widern frid mit jnen zumachen, er sey dann mit dem geist des Antichristen also behafftet, das er das reich Christi nit tulden moͤg.

Solchs alles ist dem erwürdigsten herrn Legat wol wissent, das den Kei[serlichen] vnd Koͤn[iglichen] Maie[stäten] solchs vnd deren gleichen vil stuck, die vmb kürtz willen hie nit erzoͤlet moͤgen werden, bekant vnd offenbar seind.

Als scharpff dise ding auff die Protestierenden erdacht werden, als wenig ist jemants, der rechts wissens dauon hab, wiewol sich vil des beduncken lassen, auß anderer schmechworten.

Nun ist zuhandlen, in was weiß vnd weg dem türckischen handel zůbegegnen wer, vnd wurd dem türckischen handel also gerhaten sein, so bede theil, die protestierenden vnd altglaubigen, jren Maie[stäten] hilf theten. Aber da wirt im zweifel ston, ob man dasselb erlangen moͤg, sie siend denn zůuor in Religion sachen mit einander vereyniget. | *D4b* |

Was wurden die Reichståͤnd thůn, so der verderber zů Rom vnnd seine Teufels kinder von jm angericht nit vnderlissen, krieg daheymen anzůzünden?

Darumb, dieweil die gmeynen ding der Religion in den gmeinen Consilijs zů handlen seind vnnd nicht in den sunderen versamlungen vnnd dieweil die Altglaubigen allwegen eines Consiliums begert haben, wie offenbar ist inn dem Regenspurgischen abschied vnnd die Bundts Artickel der Alttgelaubigen.

So will den sonderen reychen nicht gebüren sorg zuhaben, wie die Christlich Religion bei jhnen erhalten werd? Můͤssend sie alle verderben. Vnd soll die berůͤffung vnd heylsame heymsůchung Christi hindan gestelt werden, biß die Båͤpstler ein gmein Consilium (das sie doch nit leiden mo̊ͤgen) anrichten? vnnd sie dieweil mit mangerley newen listen die gro̊ͤssesten håͤupter gegen einander verbitern, zum theil mit kriegischen auffrůͤren vnd zum theil auch mit vilen andern gschwinden griffen, mit den sie gefaßt seind, | *D5a* | vmbziehen vnd verspotten? was kund aber Antichristischer genent werden, dann das die reych, die Christo jetz zůgethan sein, nicht solten macht haben in den Religion sachen zů handlen, damit die schedlichen strick des Antichristen zerrissen würden vnd das volck wider vnder das heylsam vnnd bequem Joch Christi sich ergeb.

ut non diruptis pernitiosis Antichristi vinculis iugo sese rursus Christi submittant commodo et salutari?[1]

Repropونit

Reproponit[k] maiestatibus suis reverendissimus legatus, ut velint hoc concilium oecomenicum statim prosequi et celebrari. Hoc enim modo satisfactis catholicis non poterunt auxilia denegare et res religionis remittantur Concilio, ut decet. | *D ii a* |

Quasi vero et Caesar et Rex non semper toto pectore prosequi Christianum concilium optaverint atque in id studium fideliter incubuerint. Quasi nesciatur per pontificem solum et eius creaturas hactenus factum esse, quo minus pii principes voti sui hac in re compotes fieri potuerint. Sed eo nequiore et desperatione et impudentia est impurus hic Nepos, quod apud eos sic loquitur, qui rem totam optime omnium noverunt. Haec igitur una ratio est convocandi Concilii, inducant Pontifex et eius creaturae in animum, ut quam impie scelerateque exercent tyrannidem et totum hoc abominationis regnum, cum omnibus flagitiis Antichristi tandem abiiciendum putent. Ita fiet, ut a Concilio Christiano eversionem status sui nihil metuant. Tum in maiestate Imperatoris
[*487*] et regis mora erit nulla, quin concilii convocandi, cogendi, habendi curam habeant, et eam ad extremum prosequantur.

Et quantum ad protestantes, incutiatur ipsis hoc concilio maximus terror.

Concilium Christianum protestantes ex animo appetunt, Pontificii ut summam status sui pestem horrent; utris iam terrori futurum sit indici serio concilium? Et a quo tunc sibi protestantes metuant, qui cum sola | *D ii b* | Antichristiana pontificis Romani tyrannide bellum gerunt? Tum autem Concilium Christianum ille admittet, cum abdicare se pontificatu decreverit. Ita vel hoste composito vel sublata belli materia securi tunc essent, sed ea res nondum maturuit. Quare expectemus ab eo solitum artificium, ut varias indictiones promulget, quae in totidem bullas exeant.

Qui videntes rem serio tractari timebunt suis rebus et sic erunt tractabiliores et magis obedientes maiestatibus suis, ut qui sentiant sibi esse resipiscendum et re-

k) proponit: Concilium Tridentinum 4, S. 186,1.

1. Vgl. Mt 11,30.

Der Eerwürdigst legat laß jren Maiestaten wider fürlegen, sie woͤllenn, das das allgemeyne[k] *Consilium bald vollstreckt vnnd gehalten werden. So also den alltglaubigen genůg geschicht, moͤgen sie die hilff nit abschlagen*[l] *vnd werden also die Religion sachen auff das Consilium behalten, wie sichs gebürt.*

Als hetten beyde heüpter, keiser vnd künig, nit allwegen von hertzen begert, das ein Consilium, das do Christlich wer, gehalten wurt, dazů sie auch alle fleyß angewent haben, als wißt mann nit, das biß her allein durch den Bapst vnd seyne creaturen verhuͤt wer worden, das den frommen fürsten jrs begerens nit statt hett moͤgen gethan werden. Noch ist der verzweyfelt boͤßwicht so vnuerschambt, das er also vor denen reden darf, die die sach | *D5b* | am besten wissen; das wurdt aber allein der weg sein, das ein Consilium versamlet moͤg werden; der Bapst vnd seine creaturen gedencken ein mal, wie Gottloßsigklich vnnd schandtlich sie jre tyranney uͤben vnnd mercken, das das gantz reich dises grewels mit allen Antichristischen laͤsten[m] ein mal hin geworffen můß sein. Als dann doͤrffen sie vor eim Christlichen Consilio sich nit foͤrchten, das es jnen jhren stand vmbstürtzen werd, dann so würdt auch keyn verzug sein an Keyserlicher vnd Künigklicher Maiestaten, das nit ein Consilium berůfft werd vnd ghalten.

Vnd so vil die Protestierenden belanget, so soll man jnen ein grosse sorg vnd angst einstossen mit dem Consilio.

Die Protestierenden haben allwegen von hertzen eins Christlichen Consiliums begert. Aber die Baͤpstler haben sich allwegen drab entsetzt, als ab jhrem hoͤchsten verderben; nun laß sehen, wer sich meh entsetzen werd, solt ein mal mitt ernst ein Consilium außgeschriben werden, vnd vor wem sich die Protestierenden forchten werden, die allein wider des Antichristen, des Bapsts, tyranney fechten. Aber dann wurt er jn ein Christlich Consilium verwilligen, wann er willig wurt sein, von dem Bapstumb abzůston, also moͤchten | *D6a* | sie dann sicher sein, wann der feind zů friden vnd die vrsach des krieg hindan gethan wer. Aber es ist noch nit vmb die zeyt, darumb haben wir nichts anders von jhm zů warten, dann seyner gewohnten kunst, das er vilerley außschreiben thů, das mitt so vil bullen außgerichtet würdt sein.

So sie dann sehen werden, das man mit ernst an den handel wil, so werden sie sich bei jrer sach foͤrchten vnd also etwas gschlachter werden vnd jren Maie-

k) Drf. allgemeynen.
l) Drf. Aqschlagen.
m) möglicherweise Drf. für: laͤstern.

deundum ad cor, et forsan venient ipsi aut mittent ad concilium, praesertim si cognoverint maiestates suas nolle amplius pati haereses in Germania, sed velle ut ipso concilio, hoc est regia via, vivatur[l].

A Christiano iudicio non protestantes, sed qui Christum ipsum sibi ac suis studiis adversari norunt, metuere sibi solent. Audeant in apertam lucem semel prodire pontificii, et concilium indici sinant, | *D iii a* | quale scripturae et canones praescribunt: Si tum protestantes aberunt, licebit, ut totus orbis illos dicat causae suae diffidere lucemque concilii ideo fugere, quod sibi male conscii sint, itaque suo ipsorum praeiudicio sese damnabunt. Sin aderunt errorum convicti, quod facile erit vel in viam revocabuntur vel Ecclesiis merito exterminabuntur, praesertim si concilium cogatur ex piis sanctisque iudicibus doctis ad regnum Christi, non aucupibus ad captandas per simoniam et sacrilegia opimas praelaturas intentis.

Ex iis, qui syncero restituendae domus dei zelo ardeant[1], non furiosa libidine stabiliendae immanis suae potentiae flagrent, ut scelerate flagitioseque pro more suo et opibus Ecclesiasticis luxurientur et Ecclesias licentiose opprimant. Ex iis denique, qui dociles se et obsequentes[m] dare Christo parati, non aliud sequi in animo habeant, quam quod ille docuerit; non ex iis, qui clausas ad omnem veritatem aures, animos contra Christum eiusque verbum obstinatos afferunt. Nam et inania sine re nomina larvaeque ab impietatis sociis impositae nullos Episcopos et Ecclesiae praelatos faciunt, ita nullis quoque locum in Concilio Christiano faciunt. Sed multos scilicet ex puriore illa nota reperiet in grege suo pontifex? Quid quod tantam illi formidinem iniicit mala [*488*] conscientia, ut ne sub coruptissimis quidem iudicibus sibique adictis stare se posse | *D iii b* | confidat? Hinc reputa, quo animo ad legitimum consessum sit descensurus.

Est et rationi consonum, cum res religionis et fidei pertineant ad omnes Christianorum provincias, ut omnium votis componantur ex quorum consilio et autoritate, si quid in religione erit mutandum vel corrigendum, id immutetur et corrigatur.

l) uniatur: Concilium Tridentinum 4, S. 186,8.
m) Drf. obsquentes.

1. Vgl. Joh 2,17; Ps 69,10.

[stäten] meh ghorsam, als die wol mercken werden, das es zeyt sey, sich zů bessern vnd die sach baß zů bedencken. Sie werden auch villeycht selbs kommen oder in das Consilium etlich schicken. Zůuor, wann sie erfaren, das jre Maiestaten kein ketzerey meh im Teutschland dulden woͤllen, sunder woͤllen, das dem Consilio als der rechten strassen nach gelebt werd.

Vor eim Christlichen Consilio foͤrchten sich nit die Protestierenden, sunder die do wissen, das Christus jnen vnd jrem thůn zůwider ist; die Baͤpstler seyend so keck vnd tretten ein mal herfür vnd lassen ein solch Consilium außschreiben, wie es die gschrifft vnd die Canones vorschreyben. So dann die Protestierenden nit do | *D6b* | werden sein, so mag jederman wol sagen, sie vertrawen jrer sach nit wol vnd fliehen darumb das liecht des Consilij, das sie jnen selber vbel bewißt sind vnd sich also mit jhrem eigen vrtheil verdammen; kommen sie aber vnd werden des jhrthumbs überzeügt, das leychtlich geschehen mag, so werden sie ein mal wider zur rechten ban bracht oder billich auß den kirchen außgeschlossen. Zůuor, so das Consilium versamlet würd mitt gottseligen vnd heyligen richteren, die gelert weren zů dem reych Christi, vnd nit mitt denen voglern, die allen fleyß anwenden, wie sie durch Simonei vnd kirchen raub die besten pfrůnden vnd Prelaturen an sich bringen.

Auß denen, die eyferig weren, wie das hauß Gottes wider erbauwen wurd und nit wie jre vnsinnige tyranney vnd gwalt erhalten wurd, damit sie dester schantlicher vnd lasterlicher (wie sie gewont haben) mit den kirchen gůtern jren můtwillen treiben vnd die kirchen mit gwalt vndertrucken; auch auß denen, die sich Christo gelernig vnd gehorsam willigklich dargeben, die nichts begeren zůthůn, dann das er [n]geleret hat[n]. Nit auß denen, die verschloßne ohren zů aller warheit vnd verharte gmůter wider Christum vnd sein wort darbringen, dann die eytelen namen on werck vnd die laruen jnen von jren gottlosen gsellen anzogen; die machen keynen Bischoff o- | *D7a* | der Prelaten in der kirchen, als wenig sie eim statt geben künden in eim Christlichen Consilio. Aber solcher frummen gsellen würdt der Bapst vil vnder seinen hauffen finden. Was soll man aber dazů sagen, das jhm sein boͤß gewissen solch forcht einsteckt, das er auch nit trawt, zů bestohn bey den aller schandtlichesten richtern, die jm zůuor verpflichtet seind. Daher magstu wol abnemen, mitt was gemuͤte er inn ein rechtgeschaffnen Consilium sich doͤrff begegen.

Es ist auch eim gesunden verstand gemeß, dieweyl die Religion vnnd glaubens sachen alle Christliche laͤnder angond, das auch mit aller rath vnnd gewalt geaͤndert vnd gebessert werd, wo etwas zů andern oder zů bessern ist.

n)–*n)* Drf. gelerethat.

Sane consonum nec unquam vel ab una Ecclesia componentur, siquidem ex verbo dei id fiat, quin communibus omnium Christianorum votis componantur. Hoc enim perpetuis consentientibusque votis ubique terrarum suspirant, ut Christi religio, quae diu adeo misere collapsa afflictaque fuit, aliquando excitetur et quasi postliminio reversa suaeque integritati ac puritati restituta vigeat ac floreat. Verum si unus quilibet Christianus simul ac domini vocem audierit, quocunque vocatur sequi debet, etiam si totus orbis reclamet ac repugnet, multo minus impediri aut retardari debet, si sint, qui se comites adiungere cunctentur. Quod si hoc privati cuiusque | *D iv a* | officium est, quid Ecclesiis est faciendum aut nationibus, quibus dominus veritate sua illucet, ut se in rectam viam recipiant? An non protinus postposito omnium hominum respectu suscipere debent, quod mandatur? neque enim timendum est, ne in eo rem ingratam, taceo iniuriam, aliis Ecclesiis facturae sint.

Omnes enim id Christiani, omnes Ecclesiae Christi primum in votis habent, ut Christus, sicut unus est dominus et magister[1], ita ubique cum summa reverentia et observantia audiatur. Sed nec spiritus Christi, si invocetur, deesse Ecclesiis sustinebit, quo docente non tantum intelligant, quid recipiendum quidve reiiciendum sit, sed etiam ad pacis unitatisque studium dirigantur. Sic fiet, ut agnita priorum Ecclesiarum resipiscentia posteriores se libenter accomodent. Et sicut[2] ea, quae restitui flagitant protestantes, sic clare in divinis literis tradita: Quae correcta volunt, tam aperte a deo improbata et damnata, ut multos propterea convenire, quo obscura plenius illustrentur, involuta explicentur, dubia confirmentur: nihil necesse sit. At ut commodum esse, demus plures nationes de reformatione communiter consultare, an est tamen propterea uni aut alteri perseverandum in manifestis religionis vitiis adeoque in repulsa regni Christi? quia caeterae | *D iv b* | nationes Antichristi arte aut vi impeditae, consilium hoc suscipere in praesentia vel non volunt vel non possunt?

[*489*] *Nam respicere oportet non solum ad Germaniam, verum etiam ad Gallias, Hispanias, Italiam et reliquas Christianorum provincias, neque credendum est, quod si quid ob quietem Germaniae novi in religione fiet, sine scitu et consensione*[n] *aliarum provinciarum, id posse carere aut magna calumnia et scandalo*

n) permissione: Concilium Tridentinum 4, S. 186,14.

1. Zusammenstellung von Mt 23,8 und Joh 13,13.
2. CO 5, Sp. 488, Anm. 1 schlägt hier die Lesart »simul« vor.

Gewißlich ist es gemeß. Es wurdt auch nimmer ja von eyner kirchen gebessert, so ferr es nach dem wort gottes gschicht, das es nit auch mit verwilligung [o]aller Christen[o] gscheh. Dann das ist allein aller Christen wunsch vnd begeren auff erdtreich, das die Christliche religion, die so lang elendigklich[p] zerfallen vnd angfochtenn ist gewest, doch ein mal wider auffgericht werd vnd auß jrem elend wider | *D7b* | zuͦ jrer ersten reinigkeit[q] komm vnd darinn gruͦn vnd zuͦneme; dieweil aber ein jeder Christ, so bald er die stimm seins Herren hoͤrt, folgen soll; er werd beruͦfft, wohin es ja sey, ob schon die gantz welt dowider schrie vnd dobet; vil weniger soll er sich hinderenn lassen, wo ettliche sind, die seine wegs gferten wolten sein; hort nun diß eim jeden inn sunderheyt zuͦ, was soll dann die kirch thuͦn oder gantze voͤlcker, denen Gott, der Herr, inn seyner warheyt erscheint vnnd leücht, das sie auff den rechten weg kommen moͤgen: Sollen sie nicht billich annemen, was jhnen geboten wirt, vnd alles ansehen der menschen faren lassen? Dann inn dem doͤrffen sie nicht foͤrchtenn, das sie den Kirchenn ein vnangenem ding, ich gschweyg, ein schmach thuͦen.

Alle Christen vnnd alle kirchen der Christen begeren nichts anders, dann das Christus, wie er allein herr vnd meister ist, also auch allenthalben mit hoͤchster ehrerbietung vnd ghorsam gehoͤrt werde. Der geist Christi kan sich auch den kirchen nitt entziehen, wo er angeruͦffen wurdt, damitt sie auß seiner leer nicht alleyn verstohn, was anzuͦnemen oder zuͦ verwerffen sey, sunder auch, das sie gericht werdenn, dem friden nach zuͦ trachtenn. So wurdt es sich dann zuͦtragen, so der vorigen kirchenn besserung erkant wurdt, das sie die nachkom- | *D8a* | menden dester lieber dazuͦ schicken. Vnd dieweyl die ding, so die Protestierenden begeren wider auffgericht zuͦ werden, so offentlich in der heyligen gschrifft gebotten, vnnd, was sie begeren, gebessert werden, so offentlich verworfen vnd verdampt sind, so ist gar nit von noͤten, das weyters deshalben vil zuͦsamen kommen, damitt die dunckelen ding dester klarer erleütert, die verwickelten außgelegt vnd die zweifelhaftigen bestetiget werden. Ob wir aber zuͦgeben, das sich vil Nationen vmb der Reformation willen vndereynander berathschlagen solten, solten deßhalben eyne oder meh Nationen inn offentlichen lasteren der Religion verharren vnd in verfolgung des Reychs Christi, do die anderen Nationen mit listen des Antichristen verhindert, das Consilium jetzt anzuͦnemen, weder woͤllen noch moͤgen.

Dann man muͦß nit allein das teütsch land ansehen, sunder auch Franckreich, Hispanien, Jtaliam vnd andere Christene laͤnder. Es ist auch nit zuͦ glauben, soltt ettwas newes fürgenommen werden inn der Religion vmb rhuͦge willen des Teütschenn Lands on wissen vnnd | *D8b* | *verwilligung anderer nationen, das solches nit geschehen wurd mit grosser nachred, anstoß vnd schedlichem*

o)–*o)* Drf. aller Christen.
p) Drf. elendgiklich.
q) Drf. reinigkiet.

aut perniciosissimo exemplo. Praeterea si quid privatim in Germania constitueretur, quod ab aliis provinciis non probaretur, esset magnum monstrum in corpore Christi, quae est Ecclesia, quod membra non cohererent, et unitas non servaretur.

Respiciendum plane est nec solum ad Gallias, | *D v a* | Hispanias, Italiam, sed ad totum quoque orbem. At quia nihil in religione petunt novari protestantes, sed ea in usum modo revocari, quae tradidit Christus, ipsi commendarunt Apostoli, observavit vetus ac purior Ecclesia, Corrigi autem et repurgari, quae his ipsis adversantur: Si ad eum, quem postulant modum, reformentur Ecclesiae de assensu omnium, ubique Christianorum minime ambigendum est, eodem enim spiritu Christi aguntur, quicunque Christi sunt. Atque ut aliqui, sive per errorem, sive propter vim Antichristi, assentiri statim non queant, non est tamen Christi mandato salutique Ecclesiarum, sic praeferenda eorum vel ignoratio vel infirmitas, ut dum his nostros attemperamus, utrumque illorum negligamus: In mediis rebus plurimum semper est deferendum fratrum imbecillitati, at in iis, quae certa ratione a Christo sunt commendata, qui hominum graciae vel minimum aliquid concedendum putat, eo ipso prodit se parum in Christi schola profecisse, pietas enim sine controversia, sine exceptione pro necessario habet, quidquid Christus iubet.

Cum per hos viginti annos toties concilium vel pollicendo vel denunciando verba dederit Pontifex et Germanis et aliis gentibus, quis non credat eum, quoties de concilio loquitur, fucum pro more facere, ut effugium inveniat? Et omnino fallitur, qui ab | *D v b* | ipso expectat pium concilium, quamdiu in antiqua sua disciplina perseverat. Ergo in re desperata, in tam magna populi dei ludificatione, quid aliud Germanis superest, quam ut ipsi tandem in domino conveniant de restituenda, quam prostratam iacere vident, religione piam habeant consultationem? Et sua quidem consulta reliquis nationibus iudicanda offerant ipsi tamen interim, et quae certo praecepta sunt, ore Christi amplectantur et, quae palam sunt prohibita, corrigant tollantque de medio? Inde quid apud ullos homines, quorum habenda sit ratio vel offendiculi vel calumniae metuendum est? fuerunt certe et semper erunt aliqui ex eo hominum genere, quos regnum Christi, simul ac erigitur, ad insaniam rabiemque adigit. Sed de illis scriptum est, mittendos esse, quia caeci sunt et duces caecorum.[1]
[*490*] Et merito. Si quis enim illis approbare se velit, is Christi servus esse non potest.

1. Mt 15,14.

exempel. Dazuͦ solt etwas sunders in teütschem land geordnet werden, das von andern laͤnderen nit für guͦt angesehen wurd, so wurd es ein seltzams wunder sein in dem leyb Christi, das die kirch ist, so die glider nitt aneynander hiengen vnd eynigkeit nitt erhalten würd.

Man soll eygentlich ein auffsehens haben nit allein auff Franckreych, Hispanien vnd Jtaliam, sunder auch auff die gantz welt. Dweyl aber die Protestierenden nichts begeren erneweret zuͦ werden, sunder allein das wider in ein gebrauch zuͦbringen, das Christus gebotten, die Aposteln befolhen vnd das die alt reyn kirch gehalten hat. Dazuͦ, das wider gebessert vnd geleütert werd, was dem selben zuͦ wider ist, wo die kirchen dann auff solche weiß (wie sie geberen) reformiert würden; so wer keyn zweyffel zuͦ haben, es wurden solchs alle Christen an allen orten jhnen gefallen lassen, dann alle, die so Christi sind, werden eben von dem geyst getriben; vnnd ob schon ettlich durch irrthumb oder durch | *E1a* | gwalt des Antichristen nit von stund an verwilligen moͤchten, so sol man dennocht jr vnwissenheyt oder bloͤdigkeit dem gebot Christi vnd dem heil der kirchen nit also fürzyehen[1]; auff das so wir den selben die vnseren vergleichen, das wir dieweil sie bed[2] verwarlosen. Jn mitlen dingen sol man der bloͤdigkeit der bruͤder allwegen vil nachgeben. Aber in den dingen, die offentlich von Christo befolhen seind, welcher da meint, das jha das minst nach zuͦgeben sey, der zeigt damit an, das er in der schuͦl Christi noch nit vil zuͦgenommen hat. Dann die war gottsaͤligkeit, die helt on alle widerred vnd außzug alles das von noͤten sein, was Christus gebeüt.

Der bapst hat nun durch zwentzig jar her den Teutschen vnd andern nationen vil briillen verkaufft[3] mit verheyssung vnd außschreibung eins Consilij. Wer wolt fürter nit glauben, das er mit betrug vmb gieng, darmit er eyn auß flucht findt, so offt er von einem Consilio redet: Der ist inn alle weg betrogen, der von jm eins gottsaͤligen Consilij warten wil, so lang er noch in seiner alten zucht verharret. Was ist dann nu den Teutschen in einem so verzweyfelten handel inn solcher grosser verspottung des volcks Gottes zuͦ thuͦn, dann das sie selbs zuletst ein mal im Herren zuͦsamen kommen vnd ein fleissygs beden- | *E1b* | ckens haben, wie der zerfallenen Religion, die sie so jhaͤmerlich ligen sehenn, geholffen moͤcht werden. Vnd was sie also beradtschlagen, sollen sie andern nationen zuͦ vrtheylen dargeben; sie aber sollen annemen, was sie gewißlich wissen von dem mund Christi gebotten sein; was aber offentlich verboten ist, sollen sie straffen vnd abweg thuͦn. Was solt man da gferlicheyt oder nachreden zuͦbesorgen haben von eynichem menschen, der etwas ansehens wer. Es seind gewißlich, werden auch allwegen sein etlich deren leüt, die das reich Christi vnsinnig vnd dobig macht, so bald es auffgericht wirt. Aber von denen steht geschriben: Lassend sie faren, sie seind blind vnd blinden fuͤrer

1. sc. vorziehen.
2. beide.
3. viel betrogen. Vgl. *Grimm* 2, Sp. 383.

Nec vero durum videatur, eos contemnere de quibus alibi scriptum est: Omnis plantatio a patre coelesti non plantata eradicabitur.[1] Ad haec reformatione Ecclesiarum secundum dei verbum instituta, etiam si non obtineant Germani, ut ab aliis nationibus communi consensu quamprimum recipiatur, exemplum tamen praeclarum aedent[2] universo nomini Christiano cum primis salutare hoc certe tempore necessarium, nullis vero, | *D vi a* | nisi antichristianis, exitiale. Nam quid obiicitur monstrosam fore rem, si separatim a reliquis novam Ecclesiae formam instituant, id nullo negotio refellitur. Monstrum est, quod contra naturae legem vitium suboritur. In corpore igitur humano, quod membris omnibus foedum sit ac deforme, si pars una ad rectum naturae ordinem restituta fuerit in eo, quid, obsecro, erit monstri? Nam si membris omnibus apta compositione inter se cohaerentibus unum aliquod a legitima sede dimoveas, id vero monstrosum foret.

Ad hunc modum in civitate, quae abiecta omni moderatione, fractis diruptisque legum vinculis, tota se ad insolentiam probrosamque vivendi licentiam prostituerit, si pauci aliqui se a communi depravatione recipiant, vitamque legibus conforment: Utros potius monstrosos dicemus? eos ne qui ad legitimam civitatis formam sunt compositi, utcunque pauci sint, an qui multitudine freti nihil stati, nihil moderati, nihil ordinati habent, quibus rebus constat civitatis et res et nomen? Quae igitur ratio est, si gens una se a communi corruptione receperit, si aliae non protinus exemplum eius sequantur, diversitatem in eo ceu horribile monstrum abominari et anxie formidare? Quod autem Ecclesiae membra plusquam portentosa defectione a capite suo quodammodo divulsa sunt, in eo nihil | *D vi b* | monstri horrere? scilicet execrabile portentum Germani aedemus[3], si reliquas gentes adducere non poterimus, ut ad eam, a qua[o] nobiscum deviarunt, Euangelii veritatem, nobiscum revertantur. Non erit autem portento deputandum, si illae, quod deus avertat, propositis melioribus exemplis animum in sua pravitate obstinaverint. Sed species ipsas propius intueri operae pretium est.

o) Drf. quo.

1. Mt 15,13.
2. sc. edent.
3. sc. edemus.

vnd billich; dann so sich einer denen gfellig machen wolt, der wer kein diener Christi.

Es sol auch einen nit beschwerlichen ansehen, die zů verachten, von denen anderstwa geschriben steht: Ein yede pflantzung, die nit von meinem himmlischen vatter gepflantzt ist worden, die wirt außgereütet werden. So nun ein soliche reformation der kirchen nach dem wort gottes angericht wurd, ob dann schon die Teutschen nit erlangen moͤchten, das solchs von stund an von anderen Nationen mit gemeiner verwilligung angnommen würd, so hetten sie doch ein ehrlich vnd fast heylsam Exempel | *E2a* | dem Christlichen namen geben, das warlich zů diser zeit von noͤten ist vnd niemants anders dann den Antichristischen schaͤdlich vnd verderblich. Dann was darff man das fürwerffen, es wurd ein seltzams wunderwerck sein, so sie ein besondere formm einer kirchen anrichten würden? Es ist leichtlich zů verantworten. Das ist ein wunder, wa sich ein ohlaster[1] wider das gsetz der natur erhebt. So in eins menschen leib etwa ein glid gebessert würt, das sunst allen andern glidern scheutzlich vnd haͤßlich anstuͤnd, was wer das für ein wunder. So alle glider des leibs nach rechter ordnung aneinander hiengen vnd aber eins von seiner rechten statt verrückt wirdt, das wer eyn recht wunder.

Also auch in einer statt, da alle zucht gericht vnd recht hingeworffen wer worden vnd sich jederman auff allen můtwillen vnnd feigkeyt gerichtet het, so ettlich wenig der selben sich dann von der gemeynen vnsinnigkeyt abzoͤgen vnd jr leben nach gůtem recht anschickten. Welche solt man dafür seltzame wunnderliche leut halten: Die, so sich zů einem rechten stadtlichen leben gericht handt, ob jhr schon wenig seindt, oder die sich der mång behelffen vnd nichts sats, nichts züchtiges vnnd ordenliches bey jnen haben, von wellichen dingen doch ein statt jhren nammen vnnd wesen hatt: | *E2b* | So dann ein volck sich von gmeynem verderben abzoͤg, ob schon andre nit gleich seinem Exempel nachfolgten; auß was vrsach solt man darumb die vnderschidlicheit vnd vngleicheit in jm gleich als ein erschrocklich wunder so ångstlich besorgen: Das aber die glider der kirchen mit mehr dann wunderlichem abfall von jhrem haupt abgerissen seindt, da darff man sich keines wunders entsetzen. Wir Teutschen werden warlich ein abscheulich wunderwerck anrichten, wa wir andere nationen nit herbey bringen moͤgen, das sie widerkeren zů der Euangelischen warheyt, von deren sie mit vns abtretten seind; das sol man aber nit für ein wunder halten, so sie (das Gott abwenden woͤll) in jrer boßheyt verharren wolten, so jnen gůte Exempel fürgehalten wurden. Es will aber von noͤten sein, das wir das wunderwerck inn sondern stucken ettwas fleissyger erwegen.

1. charakterlicher Fehler, Mangel, Gebrechen. Frühneuhochdt. WB 1, Sp. 744; *Lexer* 1, Sp. 33.

Monstrum erit, si Germani nullum habeant sacrum conventum, in quo non secundum Apostolicum institutum vel lectionem vel doctrinam vel exhortationem adhibeant, qua aedificetur populus ad pietatem. At vero quod passim in omnibus regionibus, ubi invocatur nomen Christi, nihil quam non intellectae caeremoniae eaeque vel in totum absurdae vel multis modis depravatae omnes ad impium quaestum prostitutae exhibentur, nulla autem vel rarissima auditur lectio aut exhortatio, ex cuius intelligentia populus fructum aliquem [*491*] recipiat. Et si quid interdum vel a fatuis monachis vel deliris Theologastris ingeratur, non alio spectat, nisi ut profundius in caecitatem defigantur hominum mentes, id nequaquam monstrum est. Monstrum erit, si quidquid in Ecclesia geritur, eo dirigant Germani, ut plebs ad legitimum dei cultum instituta, omnem iustitiae et salutis fiduciam spemque bonorum omnium in uno Christo reponere edocta in veram pietatem | *D vii a* | proficiat.

[p]At quod[p][1] innumeris superstitionibus et cultus dei eversus est et dispersa in vanissimas vanitates hominum fiducia et tota fere pietas extincta est, id nihil habet monstri. Monstrum erit, si propheticae et apostolicae doctrinae locum apud se dederint Germani, quae nobis praecipit ab uno deo pendere, illi tribuere laudem omnium bonorum, ad illum unum, quoties aliqua urget necessitas, confugere, quidquid boni habemus, eius benignitati acceptum referre, vitam aeternam non nisi a gratuita eius misericordia expectare, renunciare nostrae sapientiae, ut illi dociles nos praebeamus, omnem propriae virtutis, iustitiae, sanctitatis gloriam ac fiduciam exuere, ut virtute eius roborati, eius iustitia induti, ornati eius sanctitate in bonitate eius acquiescamus et gloriemur, deinde totam istorum bonorum summam sciamus in Christo esse repositam, admonet, ne quam alibi particulam quaeramus.

At quod in varia deliramenta hominum mentes a vero deo avocatae distrahuntur, quod dei gloriam sacrilega ingratitudine inter creaturas parciuntur, quod mortuos homines pro deo invocant, quod laudem bonorum gratiarumque actionem ad ipsos a deo transferunt, varios sibi aditus ad vitam aeternam confingunt, inani propriae sapientiae, iustitiae, virtutis, fiducia adversus deum superbiunt, impiis imagina- | *D vii b* | tionibus Christum obscurant et fere sepeliunt[q]: Hic nihil est monstri nec timendum est, si in futurum ita pergant.

p)–*p)* Drf. Atqui.
q) Drf. sepeliuut.

1. Vgl. hierzu CO 5, Sp. 491, Anm. 1.

Das wirt ein wunder sein, so die Teutschen kein versamlung werden haben, inn der nit nach der Apostolischen auffsatzung ein letz leer oder ermanung gehalten werd, dadurch das volck zů der gotsåligkeyt erbawen wirt. Das aber hin vnd wider in allen landen, da der nam Christi angerůffen würt, nichts dann vnuerstandene kirchen gebreuch, die eintweder gantz vngehoͤrt oder in vil weg geaͤrgert, | *E3a* | die all zů schantlichem gewinn angericht sind. Man hat aber nimmer oder gar selten ein letz oder ermanung, auß deren verstand das volck etwas frucht moͤcht empfahen, vnd ob schon etwann von eym naͤrrischen münch oder theologaster etwas fürgeschüt wirt, so ist es nirgens hin anders gericht, dann das die gemůter der menschen noch in tieffere blintheit gefůrt werden, vnd das solt kein wunder sein. Das wirt ein wunder oder ohlaster[1] sein, so die Teutschen etwas in der kirchen dahin richten, das dem volck der ware Gottßdienst fürgetragen werd, damit sie als vertrawen jres heils vnd gerechtigkeit auch hoffnung aller gůter allein auff Christum stellen vnd also in einer waren gottseligkeit zůnåm.

Das aber mit vnzalbarn aberglauben der war gotßdienst verkert ist vnd alle hoffnung der menschen vff eitelkeyt zerstreüt, ja die gantz gotsåligkeyt außgloͤscht ist worden, das ist kein wunder. Es wirt ein wunder sein, so die Teutschen den Prophetischen vnd Apostolischen leren statt bey jnen geben werden, auß denen wir gelert werden vnd gebot empfahen; das wir vns gantz vnd gar an Got hencken, jm das lob aller gůter zůschreiben, bey jm allein zůflucht in aller not sůchen, jm danckpar seiend für alles gůt, das wir von seiner gůtte empfangen haben, das ewig leben allein auß | *E3b* | seiner barmmhertzigkeyt vnnser verdienst erwarten, vnserer weyßheit widersagen, jhm vns gelernig darstellen, alles vertrawen vff vnser eigne krafft, gerechtigkeyt, heiligkeyt vnd eer ablegen, damit wir mit seiner krafft gesterckt, mit seiner gerechtigkeyt angethon vnd mit seiner heiligkeyt geziert, vns seiner gůte rhůmen vnd darauff verlassen. Darnach auch, das wir wissen, das alle summ dieser gůter vns behalten sey in Christo, der vns gebeüt, kein stücklin solcher ding anderßwa zů sůchen.

Aber das die gemůter in mangerley narrheyten der menschen von dem waren Gott abgezogen werden, das sie die eer gottes rauben vnd diebßlich vnder die creaturn außtheylen, das sie die todten mennschen an Gots statt anrůffen, das sie das lob der gůten ding vnnd dancksagung von Gott auff die selben ziehen, das sie jnen vil weg sůchen zů dem ewigen leben, das sie auß vertrawen auff eytele eygene weißheyt, gerechtigkeyt vnd krefften wider Gott sich aufflehnen, mit gottlosen gedichten Christum verdunckeln vnd schier vergraben, das ist kein wunder, ist auch nichts zů bsorgen, so sie in künfftigem also fürfaren.

1. Vgl. oben S. 83, Anm. 1.

Monstrum erit, si agnoscant Germani nullam esse hominibus cum deo reconciliationem, nisi in Christo, non aliter quam ipsius intercessione exorabilem propitiumque deum nobis fieri, quia omnes sint peccatores indigni dei conspectu, non aliter recipi in gratiam, nisi expiatis per eius crucem peccatis omnes esse impuros, nisi eius sanguine abluantur, nusquam alibi quam in illo unico sacrificio esse perpetuam satisfactionem, quae nos a damnatione liberet. Hac certitudine subnixas conscientias, indubiam aeternae salutis fiduciam et quavis notitia solidiorem concipere debere. At quod totus passim mundus nova piacula et sacrificia comminiscitur, quibus Dei iudicium effugiat, novos subinde mediatores, quorum intercessione se sustineat quaerit, inquinamenta nescio, quae pro ablutionibus sibi accersit, ficticiis satisfactionibus redimere
[*492*] se conatur, omni caret monstri suspitione?

Si excusso inutilium vel etiam impiarum traditionum iugo, et saeva illa conscientiarum carnificina regulam vivendi ab uno legislatore et magistro petant Germani, interim tamen non ea negligant exercitia, quae et Christi legibus sint consentanea, et ad eas observandas subsidio esse queant, monstrum erit: At quod praepostera obedi- | *D viii a* | entia dei verbo praeferuntur hominum leges, quod in frivolis ac inanibus observatiunculis homines obstupescunt, quod sine ullo fructu aut aedificatione in nugis illis servandis se excrutiant, quod illic iustitiam collocant, in eo nihil est monstri. Monstrum erit, si sacramenta a domino instituta Germani ad nativum finem revocent, ut nimirum communicationem Christi plenius illic percipiant fideles animae, et in gratia dei roborentur, et tam exerceantur ad studium sanctae vitae, quam in Christi agnitione augescant.

Si deinde operam dederint, ut ceremoniae ritusque omnes in hunc scopum conferantur, eas autem, quae sunt prorsus alienae, abrogaverint: At quod sacrosanctis Christi mysteriis insolenter abutuntur sacrificuli ad obscenam nundinationem, nihil inde spiritualis emolumenti ad populum redit. Quod baptismus, quo nos iniciari oportuerat in veram puritatem, tot modis est contaminatus. Quod sacratissima caena, tot implicita sacrilegiis fere obsoleta et in nihilum redacta est, eius in locum successit execrabilis prophanatio qua et Christus sacerdotii sui honore spoliatur, et impuri sacrificuli, quod eius proprium erat, sibi arrogant, et beneficium, quod nobis sua morte praestitit obliteratur; quod immensa caeremoniarum farragine ex iudaismo et gentilitate permixta Christianae Ecclesiae obruuntur; quod plurimae ex iis nullam significationem habent, | *D viii b* | multae etiam prorsus sunt ridiculae et pueriles. Quod non modo crassis ineptiis populus perpetuo occupatur, sed in manifestam impietatem se praecipitat, dum adorat mortuorum ossa, statuis et imaginibus supplicat et multa eiusmodi designat, id nihil habet vitii. Si tyrannide Antichristi, quae hactenus apud nos grassata est, abolita, eos Ecclesiis mini-

Es wirt ein wunder seyn, so die Teutschen erkennen, das den menschen kein versuͤnung bey Gott zuhoffen sey dann durch Christum, das vns Gott nit erbittlich, | *E4a* | noch gnådig werd dann durch sein fürbitt, dann alle sünder sein onwürdig des angesichts gots, das wir anders nit zů gnaden kommen; die sünde seiend durch sein creutz versunet, das wir all vnrein seien, dann wir werden dann durch sein blůt gewåschen, das in keym andern dann in seim einigem opffer ewige gnůgtůung sey, vns zů erretten vor ewiger verdamnüß, vnd das die gewissen auff solche gwißheyt befestiget ein vngezweyfelte hoffnung des ewigen heils empfahen, die satter vnnd vester sey dann alle wissenheyt. Das aber die gantz welt allenthalben newe opffer vnd versuͤnungen erdicht, durch welche sie dem vrtheil Gotts empfliehe, tåglich newe mittler sůcht, auff welcher fürbitt sie sich verlaß, ich weyß nit, was befleckung jhr zur reynigung annimpt, vnd das sie vndersteht, mit erdichten gnůgthůungen sich zů erretten, da darff man keins wunders sich besorgen?

So die Teutschen das joch der vnnutzen, ja gottlosen menschen satzungen sampt der grewlichen metzgerey der gwissen hinlegten vnd ein regel zůleben von dem einigen gsatzgeber begerten. Dazwischen aber nit vnderliessen, die ůbungen, die mit den gsetzen Christi stimpten vnd behilfflich weren, die selben zůhalten, das můßt ein wunder seyn. Das aber auß verkerter ghorsam die menschen gsatz | *E4b* | dem wort Gotts verzogen werden, das die menschen sich verwundern ab den vnnutzen vnd eytelen gebreuchen, das sie sich on frucht, die selben zů halten, marteren vnd auff die selben jre gerechtigkeyt setzen, das ist kein wunder. Es wirt ein wunder sein, so die teutschen die heyligen Sacrament, von dem Herren eingsetzt, wider zů jrem rechten vrspringlichen end richen. Namlich, das die glaubigen volkomener die gemeynschafft Christi verstůnden vnd in der gnaden Gots gesterckt vnd so vil geuͤbter wurden, sich eins heiligen leben zů befleissen, so vil sie in der erkantniß Christi zůnemen.

So sie auch fleiß ankerten, das alle gebreuch vnd ůbungen in der kirchen zů dem zil gericht vnd was gar frembd abgethon wurd. Das aber die Pfaffen die heyligen Sacrament mißbrauchen zů eym schandtlichen grempel merckt, daruon dem volck kein geistlicher nutz kommen mag; das der tauff, dadurch wir geweschen solten werden zů warer reynigkeyt, inn so mangerley weg befleckt ist; Das das heilig nachtmal so diebslich schier abgangen vnd schier zů nicht worden ist vnd aber an sein statt herfür brochen ist ein erschrőckliche enteherung, dardurch Christus der eheren seines Priesterthumbs beraubt wirt, so die vnflåtigen pfaffen jnen zů schriben, das Christo zůsteht; das die wol- | *E5a* | that, die vns Christus mit seinem tod gethan hat, verblichen würdt; das mitt eim onsåglichen hauffen der eusserlichen ůbungen von Juden vnd heyden gsamlet die Christlichen kirchen überschüt werden, deren doch vil kein bedeütnus haben, vil auch gantz spottlich vnd kindisch sind vnd das das volck nit allein ewig mitt groben vngschicklicheyten bemuͤt wirt, sunder auch, das es sich inn offenliche gottseligkeyt stürtzt, so es der todten beyn anbet, gegen den gőtzen vnd bildern sich neigt vnd jnen ehr beweißt: das soll keyn ohlastros praeficiant Germani, qui officium suum noverint et exerceant, qui sana doctrina plebem pascant, sanctae vitae exemplo praeant omnibus, in salutem Ecclesiae sedulo advigilent, patres denique et pastores se esse meminerint, neque plus sibi usurpent, quam ut sub unius Christi magisterio populum retineant, iidem familiam prudenter et moderate regant, liberos in timore dei erudiant, coniugium, qua decet honestate et pudititia, colant, non tantum monstrum erit, sed aliquid monstro immanius.

At quod idolum illud Romanum in sanctuario dei[1] sese pro deo ostentat et adoratur. Quod miserrima servitute universum orbem premit, quod pote-
[*493*] state, quam falso praetexit, ad pernitiem omnium abutitur, quod tot habet animarum carnifices, quot[r][2] suo charactere satellites notat, quod non modo de verbi dei ministerio nihil sunt soliciti, sed quoad possunt ferro et igni persequuntur, quod dum coniugium aspernantur, ut se impuri coelibatus larva venditent, non tantum omnium | *E i a* | thoris insidiantur, sed terram ipsam obscaenis libidinibus contaminant, id videtur perquam tolerabile.

Monstrum erit, si disciplinam erigant Germani, qualis et a Christo requiritur et in veteri Ecclesia fuit, ut populus, quibus expedit rudimentis in ordine retineatur, ut pigri extimulentur, moneantur imperiti, repraehendantur, qui deliquerint, idque pro modo delicti fiat, coerceantur contumaces, in hunc usum ministros et seniores habeat Ecclesia, qui censuram exerceant et severitatem quoque a Christo institutam, ubi opus erit, adhibeant: At quod nunc pseudoepiscopi de potestate Ecclesiastica impudenter nundinantur, quod excommunicatio, res saluberrima[3], in extraneum prorsus usum degeneravit, quod impune palam feruntur multa non toleranda flagitia, quod populus sine correctione vagus diffluit, nec aliud curatur, nisi ut bestiis istis salvum maneat suum regnum: In eo sunt merae delitiae?

Monstrum horrendum edent Germani, si de facultatibus Ecclesiae rite dispensandis hiscere ausint, nedum si deliberent de reprimenda istorum latronum direptione, ut opes deo dedicatae in eum, cui destinatae sunt, usum con-

r) Drf. quod.

1. Vgl. Mt 24,15; II Kor 6,16.
2. Vgl. hierzu CO 5, Sp. 493, Anm. 1.
3. Zur Hochschätzung des Banns bei Bucer vgl. bes. BDS 14, S. 461,1 (»Nu mag kein kirch sein, sie muß ein ban haben«) und S. 494,13 (»wo gar kein zucht vnnd ban ist, da ist auch kein gemein«). Ausführlich zu Bucers Verständnis der Kirchenzucht vgl. *Burnett*, Yoke of Christ.

ster[1] sein, wann die Deütschen des Antichristen[r] Tyranney abtheten, die bey vnns bißher gewuͤtet hat vnd den kirchen solch diener fürstelten, die jhr ampt wißten zů uͤben, die das volck mitt gsunder leer weydeten, mitt dem exempel eins heyligen lebens jederman vorgiengenn, zum heyl der kirchen ein fleissigs auffsehen hetten, die gedechten, das sie vaͤtter vnd hirten werend, vnd jnen selbs nicht meh zů geben, dann das sie das volck vnder der meisterschafft des eynigen Christi erhalten, die jr haußgesind weyßlich vnd züchtig regieren, jre kinder in der forcht gottes auffziehen vnd jr ehe mit gebürlicher zucht vnd ehr halten, das wurd nit allein ein wunder, ja etwas erschroͤcklichers dann ein wunder sein.

Aber das der Roͤmisch abgott inn dem | *E5b* | heyligthumb gottes sich für gott dargibt vnd von den seinen angebet würt, das er mit erbarmlicher dienstbarkeyt die gantz welt vertruckt, das er mit seinem falschen gwalt (den er fürwendet) jederman schaden thůt, das er so vil seelen moͤrder hatt, so vil er seyner trabanten mit seinem bestien zeychen bezeichnet, das sie nit allein keyn sorg zum dienst im wort gottes haben, sunder, so ferr sie moͤgen, daßselb mit dem schwert vnd fewr durchaͤchten, vnd damit sie sich verkauffen mit jrer vnreynen keüschheyt, dweyl sie die eh verachten, das sie die weil nitt allein allen frummen ehweybern nachstellen, sunder auch das gantz erdtreych mitt schantlicher vnkeüschheyt beflecken, das würdt wol zů leyden sein.

Das wurt aber ein wunder sein, so die deütschen ein Kirchen zucht anrichten würden, deren gleychen sie Christus erfordert vnd in der alten kirchen gewesen ist, damit das volck mitt gebürlichen anfengen der leer in ordnung erhalten, die tregen getriben, die vngeuͤbten gemant vnd die übertretter gestrafft wurden vnd das nach moß der übertrettung, auch das die widerspennigen gedempt würden. So dazů die kirch diener vnd eltisten haben wurt, die solche zücht uͤbten vnd wo von noͤten wer, die strengkeyt, die vonn Christo geordnet ist, erzeigten. Aber das jetzt die Bischoͤff mit dem kirchen gewalt jhre kauffmanschatz treyben, | *E6a* | das der bann, der doch ein fast heylsam ding ist, gantz in ein fremden brauch kommen ist, das man allenthalben vil vnleydlicher laster duldet, das das volck on alle straff verwildt vnd nichts geachtet wurt dann wie den bestien jr reich vnuerruckt bleib, das kan nichts dann ein lust sein.

Die teütschen wurden ein erschrocklich wunderwerck thůn, so sie sich mit eim wort hoͤren liessen, wie die kirchen gůter recht außgeteylt solten werden; ich geschweig, wo sie berathschlagen wurden, wie man den kirchen reubern entgegen kem vnnd weret, damit das gůt, das Gott hergeben ist, in den brauch verwendet würd, dohin es geordnet ist; das aber jetzt von so vil kirchen gůts nichts überbleybt, dauon die trewen diener erhalten würden, nichts den schůlen, nichts den armen gelassen wurdt, deren es doch alles solt sein, das die

r) Drf. Anrichristen.

1. Vgl. oben S. 83, Anm. 1.

ferantur: At quod nunc ex tantis, quae Ecclesiae relictae sunt, facultatibus nihil, unde alantur fideles ministri, fit reliquum, nihil scholis, nihil pauperibus residuum est, quorum revera esse debuerant omnia, aut absorbent | *E i b* | inexplebiles illi gurgites, et indignis modis dilapidant, alii in scortationem, alii in aleam, alii in veneficia aut caedes, omnes in prophanos et minime consentaneos ordini suo luxus: Hoc procul abest a monstro. Quid plura dicam? Nihil hodie monstri est in mundo, ubi omnia incomposita, luxata, dissoluta, inversa, deformata, distorta, confusa, dissipata, disiecta, mutila esse notissimum est. Monstrum erit, si quis hanc lernam repurgandi animo attrectet, imo si quis ad remedium tantis malis afferendum vel minimum digitum admoveat. Hic exclamare libet, non in puerum hunc[1] duntaxat, sed totam Romanensem catervam. O portenta, non dicam in ultimas terras exportanda, sed culeo insuenda, quando omnes scortea sapiunt, qui sunt ex illa fece.

Fuit etiam mos antiquus et ab Apostolis traditus ad haec usque tempora conservatus, ut in controversiis fidei concilium[s] adhiberetur, quo sequestre et medio controversiae omnes finirentur[t] et pax restitueretur.

[*494*] Fuit certe mos ille diu non immerito sanctis observatus, ut, si quid vel in doctrina erroris vel in | *E ii a* | disciplina vitii exortum esset, statim coacto pio concilio neque generali semper, sed provinciali potius vel nationali correctionem idoneam quaererent. Nec hodie melior futura erat ratio, si suum Ecclesiis ius permitteretur. At quis neget unius Ro[mani] Pontificis arte et vi factum esse, ut nullum iam intra annos quadringentos vere pium et liberum Concilium in occidentalibus Ecclesiis cogeretur. Quanquam innumerae interim labes et aliae subinde aliis importuniores in doctrinam, in mores totamque religionis administrationem invaserint?[2] Constantiense[3] quale fuit? In quo, ut reliqua taceam, quae summam ignorationem cum temeritate coniunctam ostendunt, nihil puduit sanctos Romanenses hominem innocentem fide publica vocatum, non minore perfidia quam saevitia trucidare[4]. Nam quod communione calicis in caena populo interdixerunt[5], si qua vel scientiae vel pudoris scintilla in ipsis fuisset, an unquam facere essent ausi? Sed per tumultum et ferociam

s) concilium semper: Concilium Tridentinum 4, S. 186,20.
t) Drf. finerentur.

1. Ein Hinweis auf den 1520 geborenen Alessandro Farnese d.J.
2. Zum folgenden vgl. die fast wörtlichen Anklänge an Bucers Schrift ›Ein Christliche Erinnerung‹ vom März 1545 (BDS 13, S. 253,5–254,10).
3. das vom November 1414 bis April 1418 abgehaltene Konstanzer Konzil.
4. Ein Hinweis auf Jan Hus, der am 6. Juli 1415 vom Konstanzer Konzil zum Feuertod verurteilt wurde.
5. Sessio XIII vom 15. Juni 1415 (DS 1198; COD, S. 418 f.).

onersetliche schlünd onbillicher weyß verschwenden, etlich mit hůren, etlich mit spilen, die andern mit vergiften vnd morden, ja all in onbilliche gebreüch jrem stand ongemeß, das solt nit wunder sein. Was sol ich meh sagen? Es ist jetz kein wunder in der welt, das alle ding so vngschickt, zerrissen, verkert, verwůst vnd zerstreüt sind, wie mengklich sicht vnd weist, das ist aber ein wunder, so eyner vnderstoht soͤlch stinckend můrlachen zů rüttlen, auff das sie greinigt würd, ja so einer solchem | *E6b* | jhamer zů begegnen nur ein kleins fingerlin außstreckt. Hie wolt ich gern mit heller stimm schreyen, nit wider das kind allein, sunder wider den gantzen Roͤmischen hauffen. O, jhr seltzamen wunderthier nitt allein auß allen landen zů vertreiben, sunder inn ein sack zů stossen als die, die vatter vnd můter sambt jren eygen kinden verderben vnd vmbbringen, dweil jhr all nach dem sack stincken, die auß der můrlachen gekrochen sind.

Es ist von alter her auch der sitt vnd die gewonheyt gewesen, vonn den Aposteln eingesetzt vnd biß hieher von den kirchen gehalten, das, wann sich spaltungen in glaubens sachen erregt haben, das man ein Consilium darüber hielt, durch welchs als durch ein schidman alle spaltungen geendet vnnd frid wider angerichtet würdt.

Es haben die heyligen nitt onbillich lang dise weiß gehabt, das so etwas jrrtumbs in der leer oder lasters in der zucht sich erreget hett, das sie so bald ein Consilium zů samen berůfften, nit alwegen ein gemeins, sunder vil ehe eins sunderen lands, do durch sie geschicktliche besserung sůchten, Es wer auch | *E7a* | noch auff disenn tag keyn bessere weyß, wa dem kirchen jr recht zů gelassen würde. Wers will aber leügnen, das allein durch des[s] Roͤmischen Bischoffs gschicktligkeyt zů wegen bracht ist, das innerhalb vierhundert jaren keyn gottselig vnd frey Consilium in den kirchen gegen nidergang zůsamenn berůfft ist worden, ob wol dazwischen onzalbare fål, eyner nach dem andern, je groͤsser in der leer, in den sitten vnd inn der gantzen Religion eingerissen sind. Was ist das Costentzer Consilium für eins gewest? darinn, auff das ich des andern gschweyg, dadurch die hohe vnwissenheyt mitt freuel vermischt angezeyget würdt, die Roͤmischen sich nicht geschambt haben, ein vnschuldigen menschen inn offnen geleyt mit nitt kleynerer trewloßigkeyt dann greülichheyt zů toͤdten, das sie aber die gemeinschafft des kelchs im nachtmal dem volck verbotten haben, das hetten sie nimmer doͤrffen gedencken, wer ein füncklin eyniges wissens oder scham in jnen gewest. Aber do man also růmort vnnd wůtet, do setzt mann leichtlich, was man will, do mann allein gedenckt mit gewerter hand außzůrichten, was die leüt gelüst. Domit aber nit alle ding daselbs verkert weren, so ist erkant, das über zehen jar allweg ein Consilium gehalten würd. Wann ist aber eins auß der erkantnus gehal- | *E7b* | ten worden? Dann das Baßler Consilium ist nit allein nit zů seiner zeyt außgeschri-

s) Drf. das.

quidvis decernere promptum est, ubi non aliud agitur, quam ut armata manu exequamur, quod libuerit. Et tamen illic, ne omnia perversa essent, decretum fuit, ut decimo quoque anno concilium haberetur[1]. Quando ex hoc decreto habitum? Nam Basiliense[2] nec suo tempore indictum fuit, et tamen, ut intercipetur, strenue Ro[manis] artibus curatum est. Primum transferendi eius praetextu bis dissolvere admolitus est Eugenius[3]. | *E ii b* |

Cum nihil hac via proficeretur Ludovicum, tunc Galliae Delphinum[4] ad horribilem Alsatiae direptionem vastationemque armavit.[5] Nec ullum crudelitatis genus est praetermissum, quo ad discessionem adigerentur, qui conventum habebant. Cum illi vel constantia vel pertinatia superiores extitissent, non conquievit bonus Pontifex, donec concussa fere tota Europa tandem extorsit, ut acta omnia rescinderentur. Et tamen, si quis vere reputet, spectrum illic concilii fuit magis quam verum Concilium. Quid igitur facturum putemus, si in rem semel ventum fuerit? Sed hoc est nimirum, quod iam aliquoties dixi. Sicut Apostolicis viris mos est, statim ut vitiari aliquid in religione contigerit, ut obviam eatur sancta concilia congregare, sic Romanis Antichristis, quia non nisi ex vitiata mercede voluptuantur et regnant, semper solenne fuit et hodie est legitimum omne concilium re vera morte peius odisse, refugere, avertere, falsa autem eius promissione, quoties reformationis metus aliunde iniicitur, orbem lactare, ut Concilium effugiant. Quod si extortum illis semel fuerit, ut cogatur Acheronta potius et inferos totos movebunt, quam ad umbilicum venire sinant. Quod nisi serio ceptum esset de concilio nationali, pro ut Ecclesiae necessitas flagitabat habendo deliberari: Pontificii hac parte satis conquiescerent | *E iii a* | nec sibi ipsis ulla tam ingratae rei mentione molesti essent.

[495] *Neque erit difficile hoc concilium celebrare, quod omnes pii homines continuis precibus et votis a deo vel summo pontifice efflagitant, ut inter alios fecit paulo ante Rex Poloniae per proprium legatum.*[6]

1. Sessio XXXIX vom 9. Oktober 1417, Dekret Frequens (COD, S. 438 f.).
2. das am 23. Juli 1531 eröffnete Konzil von Basel, das ab 8. Januar 1438 in Ferrara tagte.
3. Eugen IV. (1383–1447), Papst seit 1431.
4. Ludwig XI. (1423–1483), französischer König seit 1461.
5. Diese Vorgänge beschreibt Bucer auch in seiner Schrift ›Ein Christliche Erinnerung‹ vom März 1545 (BDS 13, 254,15–18); gemeint ist wohl nicht ein Kriegszug des noch zu jungen Dauphins, sondern seines Vaters Karls VII. (1403–1461), der seit 1422 französischer König war.
6. Gemeint ist der Bischof von Kamieniec (Kamjanez-Podilskyj), Jan Wilamowski (Johannes Wilamowsky), von König Sigismund I. (1467–1548, reg. 1507–1548) delegiert; vgl. hierzu Concilium Tridentinum 4, S. 186, Anm. 2.

ben, sunder auch mit allem ernst durch die Roͤmischen practicken gehindert worden, Eugenius vnderstund dasselbs zů hindern. Zum ersten zweymal mit dem schein, als wolt ers anderswohin legen.

Vnnd als er damit nichts schaffen kund, do richt er Ludwicum den Delphin in Franckreich an, das er das Elsaß mit eynem greülichen streiff verwůst vnd verherget; es ist auch sunst kein greülichheyt vnderwegen gelassen, biß man die von ein ander bracht, die inn der versamlung waren. Als aber die selben mit jr manlichen bestendigkeyt die oberhand behielten, mocht der frumb Bapst nitt zů friden seyn, so lang, biß schier gantz Europa zů vnrhůwen kam vnnd er zu letst zů wegen bracht, das alles ghandelt wider abherkant würd; wiewol, so mans recht besichtigen solt, würdt mann finden, das mehr ein scheyn eyns Consilij dann ein recht Consilium da wer gewesen. Was sollen wir gedencken, das er thůn werdt, so mann ein mal zur handlung greiffen würt? aber im ist, wie ich jetzt offt gesagt hab. Wie den Apostolischen maͤnnern im brauch ist, Consilia zůuersamlen, so bald sie sehen, das etwas vnordlichs einfelt, damitt mann jhm auff das baͤldest begegne. Also sind auch die Roͤmischen An- | *E8a* | tichristen gewont, die mitt solchem schandtlichen gewin jhren můtwillen vnnd reych erhalten, das sie alle rechte Consilia gewißlich übler dann den todt hassen, fliehen, abwenden vnnd mit falschem verheissen, so offt sie sich der Reformatz bsorgen, die welt naͤrren, damit sie dem Consilio entfliehen. Herzwinget man jhn aber schon etwan ab, das eins berůfft werde, so vermischend sie eh himmel vnd erdtrich zůsamen, ehe dann sie es lassen in rechtem schwanck kommen. So man aber mitt ernst anfieng zů handlen vmb ein sonderlands Consilium, wie dann die noth der Kirchen das erfordert, so weren die baͤpstler an dem theyl wol zů friden vnd beschwerten sich nicht so hefftig, als so man eins solchen vnanmuͤtigen dings gedenckt.

Es wer auch nicht schwer, ein solchs Consilium zů haltenn, wie dann alle frommen Gottseligen mennschen mitt embsigem bitten vnnd flehen von Gott oder vom Bapst begerenn, wie vndereynander jüngst verscheynen der Künig vonn Poln durch seyn eygenen Legaten gethan hatt. | *E8b* |

Recte, nulla enim unquam celebrandi pii concilii difficultas sanctis fuit, nec hodie foret, nisi a pontifice Romano eiusque creaturis, quibus ad legitimam aliquam cognitionem descendere intolerabile est, impedirentur. Vere enim pridem omnes pii homines continuis id precibus et votis flagitarunt, sed ut hactenus frustra id factum fuit, ita nihil in futurum melius sperandum, nisi principes ipsi illud invito Pontifice indicant et celebrent.

Imprimisque ipsi confoederati foederis sive ligae catholicae per[u] *quos, ut supra dictum, in uno articulo constitutum est et iuratum, ut velint | E iii b | totis viribus suis procurare concilium, quod in dieta Ratisponensi, ut supra dictum est, sine autoritate Caes[areae] maiestatis fuit conclusum.*

Utinam hoc foedus non magis ad deterrendos a studio reformationis bonos sit institutum quam ad corrigenda per Concilium vitia Ecclesiastica.

Georgius quidem Saxoniae dux[1], ut hic articulus de concilio insereretur, author fuit, sed quo animo eum creaturae pontificis tum admiserint, etiam si ipsi dissimulassent, quod non fecerunt, tamen res ipsa satis testaretur. Solenne enim hoc habent, quoties reformatione urgentur, quod Georgius faciebat, polliceri concilium, quod se semper pro libitu posse impedire non dubitant.

Tempus enim[v] *opportunum est, nam cum*[w] *Caes[area] maiestas et Christianissimus Rex Gallorum sunt in hoc tractatu pacis*[2]*, cuius sperari potest (deo dante) finis optimus, dumque tanta inter maiestates suas facta est coniunctio animorum, et tot signa benevolentiae omnibus ostensa, omnium provinciarum suarum prae- | E iv a | lati tuto et commode venire*[x] *poterunt.*

Sicut concilium pontificii pium et verum celebrari cupiunt, ita student, ut Monarchis inter se per omnia conveniat. Atqui si Concilii celebrandi tunc optima est opportunitas, dum ii duo Monarchae, Imperator et Rex Gallorum, inter se sunt concordes: Qui factum est, ut cum Mantuanum suum concilium

u) inter: Concilium Tridentinum 4, S. 186,24.
v) etiam: Concilium Tridentinum 4, S. 186,28.
w) dum: Concilium Tridentinum 4, S. 186,28.
x) convenire: Concilium Tridentinum 4, S. 186,31.

1. Georg der Bärtige, Herzog von Sachsen (1471–1539).
2. Vgl. oben S. 40, Anm. 2.

Ja recht, es haben sich die heyligen nie beschwert, ein gottselig Consilium zů halten, wer jnen auch jetz nit beschwerlich, wo es nit von dem Bapst vnd seynen creaturen (denen vnleydlich ist, in ein rechtgschafne erkündigung zů kommen) verhindert würdt, Dann es habens warlich alle frumme, gottselige menschen vor langst mit fleyssigem gebet von Gott gebetten, Aber wie es bißher vergeblich geschehen ist, also ist auch in kunfftigen nichts bessers zů verhoffen; es werdens dann die fürsten selbs, ob es dem Bapst schon leidt vnnd zů wider sey, außschreyben vnd halten.

Vnnd am ersten die altglaubigenn bunds gnossen, durch welche in eim artickel (wie obengesagt) erkant vnd geschworen worden ist, das sie woͤllen allen muͤglichen fleyß anwenden, das ein Consilium werd, welches auff dem tag zů Regenspurg on bewilligung Keys[erlicher] Maie[stät] beschlossen ist worden.

Wolt gott, der bundt wer nit meh gmacht worden, die gůtten abzůschrecken von eyner reformatz, dann das durch das Consilium die laster der geystlichhen gebessert wurden.

Hertzog Joͤrg von Sachsen ist wol ein vr- | *F1a* | sacher geweßt, das diser artickel vom Consilio eingemischet wurd. Mit was willen jhn aber des Bapsts creaturen hernach zůgelassen haben, das wurd der handel selbs bezeügen, ob sie sich schon der sach nit annemen, das sie doch nit thůnd. Dann das ist jhr gewonheyt vnd brauch, so offt sie mit einer reformatz angestrengt werden (wie Hertzog Georg dazůmal thet), das sie ein Consilium versprechen, daran sie nit zweyfeln, das sie es nach jrem willen wider hindern moͤgen.

Die zeit gibt auch bequemlicheyt dazů, dann dieweyl Kei[serliche] Maie[stät] vnd der aller Christlichst Koͤnig auß Franckreich inn der handlung des fridens seind, darzů hoffen ist, das es (will Gott) zů eynem gůten end reychen soll. Vnd dweyl vnder jren Maiestaten ein solich vereynigung der gemuͤter gemacht ist vnd sovil zeichen der gůtwilligkeyt yederman erzeigt seind worden, so werden aller jrer laͤnder Fuͤrsten sicher vnnd bequemlich dazů kommen moͤgen.

Wie die Båpstler begerend, das ein war vnd gottsålig Consilium gehalten werd, also | *F1b* | befleissen sie sich auch, das die grossen heupter[t] der sachen gar eins werden. Jst nu aber das die best bequemlicheyt, ein Consilium zů halten, wann die zwey grossen håupter, der Keyser vnd Koͤnig von Franckreich, vereinpart seind? wie ist es dann zůgangen, das der Bapst Paulus der dritt sein Mantuanisch Consilium außschrib zů der zeit, da dise zwen Fürsten mit einander stritten vnd er nit destweniger im schein anfieng, das Consilium zů halten? Bald aber, als der zehen jårig anstand oder frid gemacht vnd vnder jnen beschlossen ward, da manet er die wider ab, die er gehn Mantua geschickt het,

t) Drf. henpter.

indixisset Paulus tertius[1], quo tempore duo isti principes gravissime inter se confligebant, et in speciem etiam celebrare coepissent: Statim atque induciae decennales inter eos compositae sunt, revocaverit, quos Mantuam, ut fucus nationibus fieret, miserat, conciliumque sic distulerit, ut omnem eius spem penitus abscinderet?[2]

Accedit insuper securitas conscientiarum imprimis Caesariae vel Regiae maie- [496] *st[atis], deinde reliquorum pricipum catholicorum, qui in privatis tractatibus aliquid vel approbare vel permittere possent, vel forte ipsis invitis decerneretur, quod esset in magnam Dei offensionem* | *E iv b* | *et animarum pernitiem, ut supra dictum est.*

Eant nunc, qui pontificem negant de servandis conscientiis esse solicitum. Ne quid enim suscipienda Ecclesiae reformatione peccent pii principes, et in eo conscientiam suam saucient mavult hanc conscientiam coram deo et hominibus sustinere, ut se authore non solum non corrigantur manifesta vitia, quae in Ecclesiam invaserunt, sed quotidie etiam augeantur. Quid enim aliud est correctionem reiicere in Concilium, quam omne corrigendi studium prorsus abiicere? ac bellum certe argumentum obtenditur: Possent aliquid adprobare vel concedere principes, posset aliquid invitis ipsis decerni, quod in magnam cederet dei offensionem et animarum pernitiem. Id ergo periculi ut vitent Concilio melius est omnia corrigenda delegare. Eius porro convocandi arbitrium penes pontificem sit, quis enim dubitet fideliter daturum operam, ut primo quoque die cogatur? nempe indictionem saltem Mantuanam promulgabit, quae mox in fumum abeat. Iam nimis meticulosi sunt principes, nisi se omni religione solutos credant, ubi in tam fidelem vicarium se exoneraverint. Nihil enim dubium est, quin sic a iuditio dei liberentur.

Atqui periculum illud, quod iste | *E v a* | tam formidabile facit, ne quid perperam decernatur aut concedatur, quale est hoc tempore? petunt enim protestantes, ut ad normam, quam semel deus per apostolos posuit et sanguine Christi sui confirmavit, Ecclesiae reformentur. An Euangelium, quod deus omni creaturae voluit praedicari[3], tam obscurum est, ut nesciatur quo nos ducat? Nonne exemplar, quod sequamur, habemus in veteri et puriore Eccle-

1. Durch die Bulle »Ad Dominici gregis curam« vom 2. Juni 1536 schrieb Papst Paul III. ein Generalkonzil auf den 23. Mai 1537 nach Mantua aus (*Jedin*, Geschichte des Konzils von Trient I, S. 252).

2. Ähnlich argumentiert Bucer in seiner Schrift ›Acta colloquii‹ vom September 1541 (BDS 9,2, S. 160,27–31) und in ›Alle Handlungen und Schriften‹ vom Dezember 1541 (BDS 9,2, S. 248,31–33); vgl. hierzu auch *Augustijn*, Die Autorschaft, S. 263.

3. Vgl. Mk 16,15.

das er den leüten die meuler auff sperret vnd hat das Consilium damit verzogen, das niemandts auch kein hoffnung mehr einigs Consilij haben mag.

Dazů, so ist auch da die sicherheit des gewissens der Kei[serlichen] vnd Kö-n[iglichen] Maie[stät], auch anderer Altglaubigen Fürsten, die inn jhren sondern handlungen etwas bewilligen oder nachlassen möchten oder villeicht on jhren willen geordnet werden, das dann dienet zů grossem zorn Gottes vnd schaden der seelen, wie oben gsagt ist.

Nu gehe einer hin vnd sag, der Bapst sey | *F2a* | nit sorgfeltig, wie die gwissen erhalten werden, damit die frommen fürsten sich nichts versünden, so sie ein reformats der kirchen fürnemen wurden vnd jhre gwissen damit nit verletzen, so will er lieber das gewissen vor Got vnd der welt tragen, das durch sein anrichten die offentlichen laster der kirchen nit allein nit gebessert werden, sonder auch täglich gemåret. Dann was ist anders, das man die besserung auff ein Consilium verzeücht, dann das man allen ernst zur besserung zůmal hinwürfft. Er hatt auch warlich ein schőn wehrwort. Die Fürsten möchten etwas verwilligen oder zůgeben oder es möcht etwas on jren willen geordnet werden, das zů grossem zorn Gottes vnd zum schaden der selen reychen möcht, darmit dann solche gferlichhheyt vermitten blib, so ist besser, das man alle besserung auff das Consilium spar. Der gewalt aber, dasselb zuberůffen, sol zum Bapst ston, wer wolt daran zweifeln, er wurd fleiß ankeren, das es zum fürderlichsten zusamen kem? Namlich er wirt zum wenigsten das Mantuanisch auß schreiben thůn, welchs darnach von stund an im rauch würt hinweg gon. Die fürsten seind zůuil sorgfeltig, wa sie nit glauben, sie seyen on alle sorg der religion, wa sie ein solchen fleissigen stathalter vermercken werden. Sie dörffen nit sorgen, sie werden auch also | *F2b* | von dem vrtheil Gottes entlediget.

Was ist aber diß für ein gferlichheyt zů diser zeit, die der also erschrocklich machet, das nitt etwas freuelich geordnet oder nachgelassen werd? Dann die Protestierenden begeren, das die kirchen reformiert werden nach der regel, die Gott ein mal durch die Aposteln geben vnd durch das blůt seines lieben sůns Jesu Christi bestätiget hat. Jst dann das Euangelium, das Gott gewölt hat allen creaturen gepredigt werden, also verdunnckelt, das wir nit wissen solten, wahin es vns fůret? Habend wir nit ein vorbild, dem wir nachfolgen sollen in der åltern vnd reynern kirchen? Seind nit noch vorhanden die erkantnůssen der alten Consilien vnd die klaren sprüch der våter, die vns helffen vnd gleich als zů eynem zil richten mögen? Dazů, so künden wir nit meynen, Christus werd vns betriegen, der seinen geist allen denen verheyßt, die jn von hertzen anrůffen. Dweil vns nun der Herr mit so vil gehülffen befestigt, sollen wir vns dann dises schewleder allein hinnderstellig lassen machen, das wir der sia? Nonne extant et decreta veterum conciliorum et patrum sententiae satis clarae, quae adiuvare nos et quasi dirigere ad scopum poterunt? Adhaec an putamus fallere Christum, cum spiritum suum pollicetur omnibus, qui ex corde ipsum invocaverint? Tot adminiculis cum nos dominus confirmet, hoc unum terriculamentum nos percellet, ne opem ferre Ecclesiae extremo periculo laboranti audeamus, timendum esse, ne quid perperam inconsulto Ro-[mano] pontifice fiat. Interim cum tota ferme religio apud homines collapsa ad extremam quodammodo ruinam inclinet, cum Ecclesia lacera et discerpta fidem nostram imploret: sponsione pontificis suffulti securis animis connivebimus?

Quod si ad concilium reiectum erit, maiestates suae et reliqui omnes vacabunt omni culpa.

| *E v b* | Quasi vero unquam habendum sit, si potestas illis demandetur.

[497] *Nec omittendum est concilium futurum utilissimum fore maiestatibus suis, quia durante eo omissis tractationibus*[y] *religionis et ad concilium reiectis, interim quae sibi utilia et necessaria erunt, commode tractabuntur*[z].

Ne principum conscientiis tantum consulere videatur optimus pater, quam bene etiam eorum utilitatibus studeat, hic ostendit. Revocata enim ad se omni Ecclesiasticae reformationis cura et facta concilii spe, quod ipse pro sua commoditate, ubi visum fuerit, convocabit. Principes solutis ociosisque animis ea duntaxat, iubet cogitare, quae sibi utilia censuerint. Cuius rei tanta non esset commoditas, si Ecclesiis in verum et legitimum statum restituendis cogerentur esse intenti. Fruantur ergo principes beneficio minime contemnendo, ut ablegatis a se tot difficillimis ac molestissimis curis in suam unam utilitatem toti incumbant.

At cum dominus Ecclesiae suae tutelam principibus singulariter commendet[1], cum hanc velit praecipuam esse ipsorum solicitudi- | *E vi a* | nem[2], ut religio rite administretur, cum graviter etiam denunciet se fore severissimum iudicem, si negligentiores hic fuerint: quibus incantationibus vult eorum mentes hic fascinare, ne quid sibi a domini iudicio timeant? deinde cum hoc

y) tractatibus: Concilium Tridentinum 4, S. 187,3.
z) pertractabunt: Concilium Tridentinum 4, S. 187,24

1. Bucer denkt möglicherweise an Röm 13,1–3 und Lev 24,16.
2. sc. sollicitudinem.

elenden kirchen nit vnderstond zuhelffen, die jetz in letster not ligt, das zů besorgen sey, es werd etwas freuelich on verwilligung des Bapsts erkant? Sollen wir dazwischen mit sicherem gemůt zůsehen, da alle Religion schier verfallen vnd | *F3a* | die zerrissen zerstreüt kirch inn jr letsten noht vnser hilff anschreyet? sol vnns des Bapsts verheyssen dahin bringen?

So man aber dasselb auff das Consilium verzeücht, so werden jhre Maiestaten, auch sunst yederman, kein schuld haben.

Als wurd jmmer mehr eins gehalten werden, wann der gwalt jnen wurd zůgestelt.

Das ist auch nit zů vnderlassen, das das Consilium jhren Maiestaten hoch nutzlich sein wurd, dann dieweyl es wåret vnd man die Religion sachen berůgen ließ vnd dem Consilio heimschickt, so mögend sie dazwischen handlen, was jhnen von nöten vnnd zů nutz reychen möchte.

Damit der gůt vatter nit gesehen werde, als der allein jren conscientzen oder gewissen raht schaffen wolt, so zeiget er auch hie an, wie fleissyg er sey jhren nutz zů fürdern. Nach dem er alle sorg der reformatz der kirchen auff sich genimpt vnd hoffnung eins Consilij gegibt, welchs er nach seinem nutz vnd | *F3b* | gůt beduncken berůffen wirdt, heißt er die Fürsten zů růge vnd friden sein vnnd allein gedencken, was jnen zů nutz kommen mag. Welches sie nit so bequemlichen thůn kündten, wa sie gezwungen wurden fleiß an zůwenden, wie die kirchen wider in ein rechten, erlichen stand bracht wurden. Die Fürsten gebrauchend sich nur der wolthat vnd legen alle sollichen schweren vnnd mühlichen handel von sich, verwenden aber allen ernst dahin, das sie jren nutz schaffen mögen.

Dieweil aber der Herr verwarung seiner kirchen den Fürsten sonderlichen befilcht vnnd will, das das jr fürnåmste sorg sey, wie die religion recht naher geh, betrewet sie dazů, er wöll es schwerlich an jnen rechen, wa sie seümig daran werden sein, mit was verzauberung will diser tropff jnen dann das gemůt außnemen, das sie sich vor dem vrtheil gots nit förchten sollen? Darnach, dweil auff allen Reichßtagen das das fürnembst sein sol, wie das reich inn rechtem staet blib, welches anfang an einer ordenlichen haltung einer reynen religion ligt, wie kundten wir dann gedencken, das Got mit seinem segen den reichßtagen glück geben wurd, in welchen die religion als ein fremb ding versaumpt wurd; Die noturfft zwingt die fürsten dazů, das sie die sach angreiffen, das habend sie auch vor | *F4a* | etwann gemerckt, da sie mit etlichen debeat in legitimis comitiis esse propositum, ut imperium in vero statu conservetur, cuius principium in pura sinceraque religionis observantia situm est, putamus ne fore, ut dei benedictione prosperentur eiusmodi comitia, in quibus religio tanquam res extranea negligetur? denique ipsa necessitas manum principibus iniicit neque eos obdormiscere patitur, quin partes istas suscipiant. Et ipsi profecto hoc viderunt, cum aliquot decretis pronunciarunt sui officii esse, periclitanti Ecclesiae opitulari. His, inquam, decretis adstricti et apud Deum et coram hominibus tenentur. Quo magis videndum nunc ipsis est, an cum bona dei pace sibi liceat praeterita Ecclesiae causa, non nisi quae utilia sibi putaverint tractare.

Convocato igitur, ut dictum est, concilio et exclusis omnibus privatis tractatibus religionis maiestates suae poterunt, quos sibi videbitur ex Catholicis congregare ac cum eis tractare de augendo | E vi b | foedere catholico, quod foedus quanto erit magis validum et potens, tanto erit utilius.

In hoc cardine vertuntur omnia sanctissimi patris consilia, ut foedus hoc ad-
[*498*] versus protestantes miris Heldii[1] artibus initio concinnatum augeatur, Idque plus satis Haganoe animadversum fuit, quantopere in ea re sudarent pontificii, Quanquam tunc mirifice dominus eorum conatus aut fregit aut impedivit. Nam ut plurimas eorum nefarias conspirationes his viginti annis dissipavit, ita eius procul dubio opus fuit, quod cum tanta dimicatione satagerent illi technarum omnium artifices, ne qua consultatio, nisi de augendo foedere institueretur, melior pars procerum non armis, sed vera disceptatione tentandam esse compositionem censuit, Itaque pronunciavit concilio opus esse, ut Eccclesiae succurreretur.

Postea nonnulli pactionum pollicitationumque internuncii et fortassis imprimis ille ipse vel furvus vel fuscus[2] improbitate sua tandem extorserunt, ut

1. Kaiserlicher Vizekanzler Matthias Held (ca. 1490–1563); dieser hatte den Schmalkaldenern am 15. Februar 1537 anläßlich ihres Bundestages in einer scharfen Rede vorgeworfen, sich in ihrem Umgang mit den Kirchengütern nicht vom Evangelium, sondern von eigennützigen materiellen Interessen leiten zu lassen; 1538 regte er die Schaffung des Nürnberger Bundes an. Vgl. hierzu Pol. Cor. II, S. 418 f.; *Körber*, Kirchengüterfrage, S. 113–116; *Seebaß*, Martin Bucers Beitrag, S. 174; MBW Bd. 12 Personen F–K, S. 257f. Bucer erwähnt Held bereits in seiner Schrift ›Etliche gesprech vom Nůrnbergischen fridestand‹ (BDS 7, S. 416,32).

2. Ein ironischer Hinweis auf Konrad Braun (1491/1495–1563), Beisitzer des Reichskammergerichts, der Bucer in seinem Ende 1539 erschienenen Werk ›Ain Gesprech aines Hoffraths mit zwaien Gelerten‹ (VD16 B 7201; *Klaiber*, Katholische Kontroverstheologen, S. 31, Nr. 343; Edition in: *Hortleder*, Von den Ursachen des Teutschen Kriegs, [Gotha 1645], S. 124–157; eine ausführliche Besprechung des Werkes bietet *Kuhaupt*, Veröffentlichte Kirchenpolitik, S. 131–143) scharf angegriffen hatte. Bucer erwiderte Braun im Februar 1540 mit dem umfangreichen Werk ›Von Kirchengütern‹ (BDS 12, S. 285–494), auf welches

erkentnißsen außgesprochen haben, es sey jres ampts, der kirchen in gferlicheyten zuhilff kommen. Solche erkantnissen bünden sie vor Got vnd der welt, destermer sollen sie sich nun vmmsehen, ob jnen mit gots hulden gebüren woͤll, der kirchen sach zů übergon vnd allein handlen, was zů jrem nutz dienstlich moͤg sein.

Nach dem aber das Consilium (wie gsagt) versamlet vnd die religion sampt jren sachen hindan gesetzt ist, so moͤgen jhr Maie[stäten] auß den altglaubigen, welche jnen gfallen, versamlen vnd mit jhnen handlen von maͤrung des bunds der altglaubigen, dann jhe starcker vnd gwaltiger der selb bundt sein wirt, jhe mehr er auch nutz zuletst schaffen kan.

An dem anngel keren sich alle rathschlaͤg des heiligsten vatters, namlich das der bund wider die Protestierenden, der am ersten auß des helden kunst getraͤht ist, gemeret würd. Das hat man zů Hagenaw meh dann gnůg gespürt, das sich die Baͤpstler haͤfftig darumb bemůhten; wie wol Gott der Herr dazumal | *F4b* | jr fürnemen wunderbarlich gebrochen oder gehindert hat. Dann, wie er inn vergangen zwentzig jaren vil der selben rottierungen zerstreüt hat, also ist es auch on zweyfel seyn werck geweßt, das den besten theil der Fürsten für gůt ansah, das man die vereynigung nit mit waffen, sonder mit einer waren vnderredung vnderstůnd zumachen, wie haͤfftig sich die verzweyfelten leut brauchten, das kein ander rahtschlag angfangen wurd, denn wie der Bund gemaͤhrt wurd. Darumb erkanten sie, es wurde ein Consilium von noͤtten sein, solt der kirchen geholffen werden.

Darnach warend etlich vnnderkaͤuffer mit verheissungen gerüst, vileicht auch diser zům fürnembsten vnd ander stifelbraun[1] leut, die mit jrer onablaͤßlicheyt von ettlichen zů wegen brachten, das sie von der meynung wider abstůnden. Aber der Herr, der jnen noch nit verhenget hat, das sie etwas grewlichs moͤchten außrichten, der kan sie leichtlich wider zů bewilligung der gůten bringen, dann es ist nit yederman dem vatterland so feind als dise stifelbraune leüt vnd risen. Sie moͤgen auch nit all so bald jr gůt auß dem land bringen, solt Teutschland zů grund gen, als dise gsellen. Auch seind sie nit also geneygt zur vnsynnigkeyt, des Antichristen[u] reych zů beschirmen, das sie bereyt weren, vmb seinet | *F5a* | willen zů verderben, wann allein die auch mit zů grund giengen, die das reich Christi gern auffgericht woltenn sehen. So

u) Drf. Antiichristen.

1. Vgl. die Anm. 2 zum lat. Text auf der gegenüberliegenden Seite.

a sententia pauci aliqui discederent, sed eos dominus, qui nondum passus est aliquid atrociter eos designare, facile reducet ad consensionem bonorum.[1] Neque enim tam sunt omnes in patriam ἄστοργοι, ut furvi aut gigantes, neque ubi Germaniam uno incendio totam confla- | *E vii a* | grare viderint, suas fortunas quocunque libuerit, tam facile possunt transferre, Neque ita devotis animis in defendendo Antichristi regno insaniunt, ut perire pro eo parati sint, modo una aboleantur, qui regnum Christi cupiunt excitatum. Denique ubi quid serio agendum erit, in mentem veniet Germani sanguinis principibus aliam longe esse suam rationem, aliam pontificis Romani. Nam ut contingat totam Germaniam infaustis armis usque ad ultimam internetionem vastari.

Etiam si omnes et stipendiarii et voluntarii milites pontificis una cum hostibus occumbant adeoque illi ipsi tubicines, qui iam pridem classicum canunt: id quoque in lucro poneret, quod excidio gentis unius, e qua non nisi mediocre habet emolumentum, regnum sibi in aliis nationibus magis suo fisco fructuosis confirmatum foret. Neque enim hoc non videt, si eo, quem hactenus dedit dominus, successu aliquantum adhuc progressi fuerint protestantes, fore, ut aliae quoque nationes ad causam se adiungant. Sic igitur res ipsius ferunt, ut Germaniae dispendio illam, quae nunc de filo pendet, suam potestatem in Italia, Gallia, Hispania stabiliri malit quam salva Germania alias provincias exemplum habere defectionis, quod se impune sequi posse confidant.

Nec mirum est eiusmodi plena desperationis consilia ipsum volutare, cum tam difficili periculosoque | *E vii b* | in loco res eius versentur. Cum olim minus discriminis immineret, ad hanc gladiatoriam rabiem se proripuit, et audaciam suam, qua cum sanctos domini, nunc urbes, nunc reges et Caesares im-
[*499*] petebat, meminit a fortuna adiutam. Tentet igitur nunc oportet, quod decet contemptorem dei et hominum. At protestantes hac fiducia consistere oportet, quod ducem habent universo mundi robore validiorem. Eius sunt voces: »Confide pusille grex, quia complacuit patri tuo tibi dare regnum«[2]. Item: »Nolite timere eos, qui, postquam occiderint corpus, non habent ultra, quod faciant, sed eum timete, qui et corpus interficere et animam in gehennam coniicere potest«[3]. Item: »Qui animam suam propter me et Euangelium meum perdiderit, inveniet eam in vitam aeternam«[4].

Braun seinerseits zum Jahresende 1540 oder im Januar 1541 mit ›Etliche Gespräche abermals zwüschen dem Hoffrathe vnd den zweyen Gelerten‹ (VD16 B 7200; *Klaiber*, Katholische Kontroverstheologen, S. 31, Nr. 344; Edition in: *Hortleder*, Von den Ursachen des Teutschen Kriegs [Gotha 1645], S. 200–277; Besprechung des Werkes inn *Kuhaupt*, Veröffentlichte Kirchenpolitik, S. 257–261) replizierte. Auch in seiner Schrift ›Per quos steterit‹ bezeichnet Bucer Braun als »Fuscus« (BDS 9,1, S. 201,28; S. 271,3; S. 283,6).

1. Ähnlich argumentiert Bucer in ›Alle Handlungen und Schriften‹ (BDS 9,2, S. 249,5–22); vgl. hierzu auch *Augustijn*, Die Autorschaft, S. 263 f.
2. Lk 12,32.
3. Lk 12,4 f.
4. Vgl. Mk 8,35 par.

auch etwas ernstlich ghandelt solt werden, so wurden die fürsten des teütschen blůts eingedenck sein, das es weyt ein andere sach wer, mit jhnen dann mitt dem Roͤmischenn Bischoff, dann solt schon das gantz Teütschlandt verherget vnnd geschleyfft werdenn.

Ob schon alles kriegsvolck des Bapsts an feynden vmbkemmen, jha auch die vor pfeyffer, die jetzt lang laͤrmen geblasen haben, so hielt ers im alles vor gwinlich, das er mitt vertilckgung eins volcks, vonn dem er nit so vil nütz hatt, sein reych in anderen Nationen, Doher jhm vil mehe nutz kompt, bestaͤttigen moͤchte. Dann er sicht wol, so Got der Herr das gedeihen wie bißher auch fürbaß gebenn wolt vnnd die Protestierenden noch etwas zů nemen, das nicht fehlen würdt, es wurdenn sich andere Nationen auch herzů machen. Darumb ist sein sach also gestalt, das er lieber wil, das mit verderbung des Teütschen lands sein gwalt, der jetz inn franckenreych, inn Jtalia vnd inn Hispania an eim faden hangt, bestaͤtigt werdt, dann solten andere Land mitt wolfart des Teüdtschen Lands ein exempel des abfalls nemen, so sie sehen, das sie solchs on schaden thůn moͤchten.

Es | *F5b* | ist auch nit wunder, das er in solchen verzweifelten gedencken vmbgeht, dweil seine sachen so gferlich vnd můhlich stond. Vorzeyten, ehe dann er solcher gferlicheyt gewertig war, begab er sich in solche kriegische vnsinnigkeit vnd sahe, das sein freueler můtwill mit dem er die frommen leut, yetz stett, yetz Koͤnig, yetz Keyser zů vnfriden macht, von dem glück beistand hett. Darumb můß er yetz auch vnderston, was einem gezimpt, der Gott vnnd die welt verachtet. Die Protestierenden aber můssend sich darauff verlassen, das sie ein Hauptman haben, der staͤrcker ist dann die gantz weltt. Der selb spricht den seinen also zů: Hab gůts vertrawen, du kleine haͤrt, es gfelt dem vatter, dir das reich zugeben. Vnd jhr sollen die nit foͤrchten, die nichts mer thůn künden, so sie den leib getoͤdtet haben, sonder foͤrchten den, der den leib toͤdten vnd die seel in das ewig feür werffen kan, Vnd wer sein seel vmb mein vnd des Euangeliums willen verleurt, der wirt sie im ewigen leben finden.

Nam eo aucto et corroborato vel protestantes patientur se adduci ad concilium et eius determinationi se, ut debent, subiicient, vel si erunt obstinati, illo ipsomet foedere maiestates suae utentur ad eos corrigendos et ad saniorem mentem reducendos post Concilii de- | *E viii a* | *cretum. Atque haec quidem dicta sunt, quantum ad religionem attinet.*

Ne quis vafre agere pontificem insimulet, consilii sui rationem simpliciter hic exponit. Siquidem aucto foedere alterutrum e duobus confidit evenire oportere, vel ut se protestantes[a] concilii determinationi subiiciant, vel si recusent vi et manu coerceantur. Hoc autem in summa est, nisi deditione facta se suaque in pontificis Romani potestate tradiderint, armis subigantur, nec finis sit aut modus fundendi sanguinis, donec extet, qui hiscere ausit contra abominabile illud Romanae sedis imperium. Quis nunc miretur eos ita iudicare, quo magis validum sit ac potens hoc foedus, tanto sibi fore utilius?

Quare haec Romani pastoris virga hoc pedum est, quo statuit oviculas ad caulas reducere, sed ex adverso Propheta clamat: »Inite consilium et irritum fiet, percutite foedus et dissipabitur«[1]. Et sane iam ante hac non semel ostendit deus nullum contra se posse stare hominum consilium. Sed quorsum hic meminit de Concilii determinatione, qui nihil aliud cogitat, quam habendi concilii necessitatem quoque modo effugere? Hoc omnino est, | *E viii b* | quod dicam. Accessione, de qua laborat, facta rationes sibi ad manum esse non ambigit, quibus efficiat, ne foederati de habendo concilio sibi amplius molesti sint. Haec enim iusta est saltem usitata praeparatio et concilii habendi et causae disceptandae, ut ante omnia in integrum Ecclesia restituatur. Porro haec restitutio duobus potissimum membris constat, ut a repurgatione doctrinae et Ecclesiae reformatione, quam temere attentarunt protestantes supersedeant, imo potius hoc totum, quod perperam nulloque iure sibi sumpserunt, abiiciant; deinde quamcunque sibi fidem ac religionis formam tradiderit Romana Ecclesia, eam se promittant obedienter suscepturos.

Quidlibet autem facturos non dubitat, ubi viribus superior gladium exer-
[*500*] tum super eorum cervices tenuerit, si unum hoc obtinuerit, pacata prosus Ecclesia, quis erit concilii usus? Imo facile persuadebit esse nimis periculosum tranquillo et composito orbe concilium cogere, cuius finis possit esse turbu-

a) Drf. protestaates.

1. Vgl. Jes 8,10; 24,5; 28,18.

Dann so er gesterckt vnd gemert wurd, so werden die protestierenden sich eintweder zum Consilio bringen lassen vnnd sich (wie sie dann schuldig seind) desselben außspruch vnderwerffen oder, so sie | *F6a* | *verhartet wolten bleiben, so brauchten jre Maiestaten den bundt, sie zůstraffen vnnd zů besserem verstand zů bringen nach erkantniß des Consilij, vnd das sei gsagt, so vil die religion belanget.*

Damit niemants sagen moͤcht, der bapst gieng mit gschwinden griffen vmb, so entdeckt er da einfeltigklich allen vorhab seynes rathschlags. Dann so der bundt gestercket würd, so meynet er, deren zwey muͤßt eins fürsich gon. Eintweder die Protestierenden muͤßten sich dem außspruch des Consilij vnderwerffen oder, wa sie das abschlůgen, mit gwaltiger hand gezwungen werden. Das ist in summa so vil geredt, sie ergeben dann sich vnd alles das jhr in gwalt des Roͤmischen bischoffs, so sollen sie mit dem schwert gedempt werden vnd soll des blůt vergiessens kein ende sein, dieweyl einer ist, der wider das schantlich reich des Roͤmischen stůls pfeysen darff. Wen wolt nun wunder nemmen, das sie also vrtheilen, jhe starcker vnnd gwaltiger jr bund sey, je nutzer er jnen auch sein moͤge?

Das ist der hirten stecken des Roͤmischen hirtens, damit er begert die schåfflin inn den pferrich zů treyben. Aber darwidder schreyhet der Prophet: | *F6b* | Samlend ein rath, so würdt es vmb sunst; machen bündtnus, so wurdt sie zerstrewet. Und warlich, so hatt Gott jetz vor långst anzeig geben vnd das zum offter mal, das der menschen rath wider jn nicht bestehn moͤg. Was gedenckt aber diser des außspruchs des Consilij, der nichts anders gedencket, dann wie er der noth ein Consilium zů haben entfliehen moͤcht? Nichts anders, dann das ich jetz sagen will. So die meerung des bundts gschech, so zwifelt er nitt, er wolt bey seynen bundtgnossen wol zů wegen bringen, das sie im hinfurter nitt meh beschwerlich wurden sein mit der haltung eines Consilij. Dann das ist die recht oder zum wenigsten gebrauchte bereytung zů dem Consilio vnd von den sachen zů handlen, das man vor allen dingen die kirch wider laß zů jhrem rechten kommen, welches zum forderstenn inn zweyen puncten berůgt. Zum ersten, das die leer wider gereynigt vnd zum andern, das die kirch wider Reformiert werdt, deß sich aber die Protestierenden so freuelich vnderstanden haben, dem sollend sie abstohn vnd was jhn darnach der Roͤmisch Bischoff für ein form der Religion geben würdt, die sollend sie geloben gehorsamgklich anzůnemen.

Er zweyfelt auch nitt, sie werden thůn, was man woͤll, wann sein hauff stercker werd vnd | *F7a* | er sein schwerdt über jren hals gezuckt hat. Wann er das nur allein herlangt, so ist der kirchen schon geholffen, was darff man dann eins Consilij meh. Ja er wurt die leüt leychtlich bereden, es werdt hoch gferlich sein, ein Consilium zů berůffen in solchen friden der welt, da zubesorgen wer, das end mocht etwas onrhůwiger werdenn. So hett mann auß erfarung, das die Consilia die kirchen gemeyngklich mehe verwürrten dann zů friden måchten. Wo dann von noͤten wolt sein, ein dolleren bossen zůreissen, so wer lentus. item, esse longa experientia compertum, solere concilia magis concutere Ecclesias quam pacificare, et quae in eam sententiam dici poterunt. Quod si crassiorem fumum offundere oportuerit, non est tam difficile bullam unam indictoriam conscribere. Indictione facta hoc praecipue agetur, ut se adfuturos spondeant protestantes et patrum sen- | *F i a* | tentiae staturos.

Ipse vero non tam stupidos esse credit, ut indicta causa sponte cessuri sint, ut suspensam esse velint Christi causam ab eorum nutu, quos norunt diabolico furore in Euangelium ardere seque permissos eorum libidini, quos tot annis crudelissimos hostes experti sunt. Nam hoc etiam diserte admonet armis esse cogendos, ut se iuditio sistant, quia aliter non sint facturi. Et sperat hac parte iudicium Camerae sibi minime defuturum, cuius sancti Areopagitae[1] et magna ex parte sunt illi autorati, et fideliter operam suam illi impenderunt. Nam si rebus minus ad tumultum comparatis clarigationibus tamen et proscriptionibus tam cupide fulgurarunt: quae non fulmina tunc iacularentur[b], cum armatas manus ad exequendam suam crudelitatem cernerent?

Armis semel sumptis aut funditus excindentur protestantes aut aliqua insigni clade frangentur aut metu domiti in voluntariam servitutem se dabunt, quidquid acciderit, cur frustra tot venerabiles praelati fatigarentur, ut undique in unum locum convenirent? Cur tot sumptibus supervacuis gravarentur? satis enim scitur, quanto viatico instructos venire oporteat, qui tantum satellitium secum trahunt, tanto splendore, tantis lautitiis triumphantis Ecclesiae dignitatem sustinent. Et fortasse aliqua ex parte exhausti conferendis belli impendiis erunt. Hac | *F i b* | igitur determinatione finietur concilium, quando nec minus impedire, ne conveniat in Pontificis manu est quam non vocare, et si convenerit tam facile poterit abrumpere, quam alias factum esse notum est.

Quantum vero ad imminens periculum Turcicum[c] *spectat Reverendissimus Dominus legatus imprimis (ut saepius ex mandato sanctitatis suae fecit), non cessat hoc Caesariae maiestati cum omni affectu repetere, ut pax primum cum Christianissimo Regi*[d] *Gallorum concludatur; ab ista enim* [e]*salus pendet*[e] *rei-*

b) Drf. iacucularentur.
c) Turcae: Concilium Tridentinum 4, S. 187,13.
d) rege: Concilium Tridentinum 4, S. 187,15.
e)–*e)* pace pendet salus: Concilium Tridentinum 4, S. 187,15.

1. ironischer Hinweis auf die Richter des obersten Gerichtshofs in Athen.

nit so beschwerlich ein Bull zů schreyben, damit eins außgeschriben würdt. Vnd so dann die außschreybung gschehen wer, so můst man zum ersten lůgen, das die Protestierenden gelobten da zů sein, in die sprüch der vetter zů bewilligen.

Er glaubt aber nicht, das sie so doll seyend, das sie vonn stundan weychen werden, so man sie erfordern würt vnd das gestatten werden, das der handel Christi an deren verwilligung steh, die sie wissen auß teüflischer vnsinnigkeyt vnnd grimm wider das Euangelium brennen oder das sie sich deren můtwill vnderwerffen, die sie nun so vil jar jr greülichsten feind gehabt hand. Dann er saget es auch frey herauß, man werdt sie mitt dem schwert dazů zwingen můssen, das sie sich inns recht begeben, dann sie werdens sunst | *F7b* | nit thůn, verhoffet dabey, das Camergericht werd jm beystand thůn, an welchem die heyligen Ariopagiten oder richter im grősseren theil geschworen seind. Haben jm auch bißher trewlichen beystandt nit vnderlassen zů thůn. Hond sie also gedonnert vnd geblitzget mit erforderung jrer abgetribnen gůter vnd gerechtigkeyten (wie sie meynen) auch mit so vilfaltigem achten, da die sach noch nit sich so fast zur vnrůg geschickt hett, was donderstral wurden sie dann nit speyhen, wann sie jhr hend sehend also gewoffnet?

Wann man eynmal zů streichen kåme, so wurden die Protestierenden eintweder von grund außgereüt oder mit eym mercklichen schaden gedempt oder wurden sich zum wenigsten auß forcht in willige dienstparkeyt ergeben, dem gschehe nu, wie jm wolt, damit so vil erwürdiger våtter nit vmb sunst bemůht wurden vnd so von ferrem zusamen kemend? Warumb solten sie so vil vnnutzes kostens annwenden? Dann man weiß wol, wie vil zergelts sie bedőrffen, die ein solchen anhang mit sich zyehen, auff das mit herrlichem bracht die wirdigkeyt der triumphierenden kirchen erhalten werd vnd mőcht wol müglich sein, das sie vor etwas erschőpfft werend mit der anlag zů dem kriegßkosten. Mit sollichem entschluß wirt das Consilium geåndet, dieweil | *F8a* | es nitt weniger jns Bapsts gewalt ist, das Consilium zů hindern, dann das ers nit berůff vnd ob es schon zusamen kem, so mőchte ers doch gleich so leichtlich abreyssen, als vor dann mehr (wie man weiß) geschehen ist.

So vil aber den obligenden hanndel mit dem Türcken betrifft, da vnderlaßt der Erwürdigst Herr Legat nit (wie er vor offt auß beuelh seiner heyligkeyt gethan hat), der Key[serlichen] Maie[stät] mit allem ernst zů eråfern[1]*, das der frid mit dem Christlichsten Kőnig auß Franckreich auff das fürderlichst gemacht werd vnd beschlossen, dann an dem selben steht das heil der Christenheyt. Dann solt er nit beschlossen werden (das Gott wend vnd niemants hofft), so wurd im zweifel ston, ob die einhellige macht der gantzen Christenheyt dem gwaltigen feindt widerstandt thůn mőcht, da der herr nitt gar versichert wer. Den nutz aber dises fridens ist nit von nőten hie weiter zů*

1. wiederholen. Zur Form vgl. *Grimm* 3, Sp. 695.

pub[licae] Christianae; nam si illa non concluderetur (quod Deus avertat et quod tamen non speratur), dubium est, an concordes vires totius Christianitatis possent viribus illius potentissimi hostis resistere, cum domini[f] *non plena* | *F ii a* | *adeo esset securitas, sed huius pacis utilitatem multifariam ideo nunc explicare minime*[g] *est necessarium, cum*[h] *saepius de ea actum sit cum Caesaria maiestate.*

[501] Tantisper forsan consensum horum monarcharum pontificii optent, dum publica Christiani nominis pace ad conficiendos extinguendosque protestantes abutantur. Quam autem alias veram et stabilem concordiam inter hosce monarchas ferre pontifex soleat, et ipsi sunt optimi testes, et satis superque pridem tot gravissimis Italiae calamitatibus declaratum est. Protestantes autem quia non principum dissidiis, sed Christo confidunt, et cum ab omni rerum humanarum perturbatione[i], tum sanguinis Christiani profusione, ut par est, abhorrent: hos principes sublatis dissidiis omnibus convenire inter se ex animo optant. Neque enim dubitant, quin tum daturus sit Deus, ut inita sancta conspiratione sicut Turcis propulsandis ita et Ecclesiis restituendis sese impendant. Habent igitur protestantes causam, cur perpetua et virium et animorum coniunctione cohaerere ipsos inter se velint.

| *F ii b* | *Poterunt etiam maiestates suae reiectis (ut dictum est) tractatibus religionis ad concilium interim cum principibus Catholicis de auxilio contra Turcam se stabilire sine ulla mora.*

Atqui si dei beneficio porro fiat, quod fieri caeptum[j][1] est, ut plures communi Christi religione quam vulgari superstitione catholici fieri malint eaque causa se protestantibus adiungant socios, potius quam in Pontificii foederis societatem adduci se sinant, quid inquam tunc futurum est? Nam ipse iam Pontifex confessus est non aliter resisti posse huic atrocissimo hosti, quam si universae Christiani nominis vires inter se coalescant et coadunentur ad ipsum opprimendum.

f) domi: Concilium Tridentinum 4, S. 187,18.
g) minus: Concilium Tridentinum 4, S. 187,19.
h) quod: Concilium Tridentinum 4, S. 187,19.
i) Drf. pertubatione.
j) acceptato: Concilium Tridentinum 4, S. 187,23.

1. sc. coeptum.

erkleren, dweyl vor offtmals dauon mit der Kei[serlichen] Maie[stät] gehandelt ist worden. | *F8b* |

Der Bapst vnnd sein hauff möchten villeicht der grossen heüpter einhelligkeit so ferr wol leiden, biß sie sich des gemeinen fridens der Christenheyt mißbrauchten, die Protestierenden hinzůrichtenn. Wie aber der Bapst sunst waren vnd bstendigen friden vnder den heüptern leyden möge, das wissend sie selbs am baßten vnd ist vorlangem an greülichem verhergen Jtalie gnůgsam angezeygt worden. Dweil aber sich die Protestierenden nit auff die zwitracht der fürsten, sunder auff jren Christum verlassen vnd ein abscheühen (wie billich ist) hand ab aller vnrhů vnd vergiessung des Christlichen blůts, so wünschend sie von hertzen, das die fürsten eins werden vnd alle zwitracht gegen eynander hinlegen, Dann sie hetten keyn zweyffel, Got der Herr wurdt dann genad gebenn, das sie inn solcher eynigkeyt sich mitt eynannder begeben wurden, nicht allein den Turcken zů vertreyben, sunder auch die Kirchen widerumb zů reformieren. Darumb haben die Protestierenden vrsach, warumb sie begerten, das die Fürsten ewigklich mit gmůtern vnd machten vereinbart würden.

Es mögen sich auch jre Maiestaten, so alle handel die Religion betreffende | *G1a* | *(wie gsagt) auff das Consilium geschoben werden, mit den altglaubigen Fürsten vmb hilff wider den Türcken on einichen verzug befestigen.*

Wie aber, so Gott gnad gebe, wie er bißher gethon hat vnd schon angefangen, das mehr auß warer Christlichen Religion dann auß gmeynem aberglauben allgemein glaubig wurden vnnd deßhalben sich mitt den Protestierenden lieber inn gsellschafft begebend, dann das sie sich liessend in der Båpstler bund bringen, wie wurd es dann zů gon? Dann der Bapst hat selbs bekant, man möge dem greulichen feind kein widerstand thůn, es vereynbar sich dann die macht der gantzen Christenheyt, den selben zů vertreyben.

Quod si etiam stabilito catholicorum foedere et caepto[1] *per maiestates suas concilio et incisa protestantium spe de religione pervertenda et bonis Ecclesiarum diripiendis.* | *F iii a* |

Bella et expedita Pontificis ratio, siquidem eam Christus ratam habeat. Nihil benevolentia aut humanitate obtineri a protestantibus posse spes est, eo itaque necessitatis adigantur, ne se movere ausint. Deinde caepto[2] concilio admonendi erunt a principibus, ut ad audiendam, quae in caput suum feretur, sententiam sistant. Atque hic obiter aperit, quousque progredi in animo habeat. Caepto[3], inquit, concilio quamprimum de protestantibus agatur, et quando perficietur? Ex ipsa agendi serie aestimare licet. Est tamen aliquid, quod de inchoando loquitur, quasi difficile aut novum sit fucum facere, ut indictum habeatur pro incaepto[4]. Verum fingamus huc quoque se extendere papae largitatem. Quid prima statione fiet? sicut gravioribus malis quaerenda sunt priore loco remedia: a protestantibus sumendum exordium compareant igitur vel ad causam dicendam, vel si ita patribus visum fuerit ad audiendam
[*502*] indictae causae sententiam.

Quid statutum, decretum, pronunciatum fuerit, dicto si audientes fore recipiant de suis capitibus, imo de suis animis decerni, quod visum fuerit, consentiant. Atqui non tantum periculose id sint facturi in re dubia, sed cum certa sui pernitie religionem insigni perfidia prodituri. Quibus enim tantum iuris deferent? certe minime obscurum est, quibus vel pecudibus, vel beluis maxima ex parte chorus | *F iii b* | ille venerabilium Episcoporum et Abbatum constet. Pauci quidem liberalibus disciplinis egregie sunt instituti, sed eo peiores, quod quidquid habent, ingenii ac doctrinae in pessimos usus conferunt. Ex aliis vix decimum quemque reperias, qui vel mediocri literarum cognitione leviter tinctus sit. In vera Christi intelligentia totaque religionis administratione vix centesimum, qui non sit asino quolibet stupidior. Postremo ut doctrinam illis et singularem regendae Ecclesiae peritiam concedamus, certum est tamen obstinatis et auribus et animis contra Christum eiusque veritatem staturos. Ubi ergo claris iudiciis providebunt protestantes, vel potius quasi habito praeiuditio cernent, summam esse postulati, ut in religionis abolitionem consentiant, deinde, ut se suaque latronum libidini permittant, quid facturos iudicamus? Sed indulgentiores erunt sancti patres, quam ut funditus perditos velint protestantes. Quis autem erit lenitatis modus? adhibita scilicet paterna castigatione, ut propter rebellionis ac defectionis scelus tripla vel quadrupla in bel-

1. sc. coepto.
2. sc. coepto.
3. sc. Coepto.
4. sc. incoepto.

So dann der Altglaubigen bund befestigt wer vnd jr Maiestaten das Consilium angefangen hetten vnd den protestierenden die hoffnung der Religion zů verkeren vnnd der kirchen guͤtter zů verbeütten entnommen wer …

Der Bapst hat ein feyne, geschickte meynung vorhanden, wa sie jm Christus nur gefallen will lassen. Es ist kein hoffnung da, | *G1b* | das man bey den protestierenden etwas mit freintlicheyt erhalten moͤg, darumb sollend sie also geaͤngstigt vnd gezwungen werden, das sie sich nit keren künden. Darnach, so das Consilium angangen ist, sollend sie von den Fürsten gemanet werden, sich dazůstellen vnd das vrtheil hoͤren, das wider sie geben werd. Vnnd da zeigt er im fürgang an, wie weyt er jhm fürgenommen hab, die sach zů bringen. Darumb sagt er, so bald das Consilium angefangen ist, sol man am ersten von den protestierenden handlen, wann wil es aber außgericht werden? Das mag man auß der ordnung des handels abnemen. Doch ist es etwas, das er vom anfang redt, als sey es ein schwerlicher newer fund, das man das außgeschriben für das angfangen verstehe. Aber man geb es zů, des Bapsts miltigkeyt erstreck sich biß dahin, was wirdt im ersten vor standt geschehen? Da sol man von den Protestierenden handlen dann der boͤsten kranckheyt, sol man am ersten artzney sůchen, darumb sollend sie erscheynen vnd eyntweder sich da verantworten oder (so es die vaͤter für gůtt ansehen wurde) da hoͤren, was vrtheils jhnen gesprochen wurd.

Was dann da erkant, gesprochen oder gemacht wirt, das sollend sie geloben zůthůn vnd in alles ver- | *G2a* | willigen, das über jhr leib vnd seel gesprochen wirt. Aber des wirt jhnen nit allein gferlich zů thůn sein inn einer zweyfelhafftigen sachen, sonder sie můsten auch mit jrem gewissen schaden trewlose verraͤther an der gantzen religion werden. Wem wolten sie so vil rechts über sich geben? dann es ist niemants verborgen, mit was vnngeschickten thieren der hauff der Heyligen Bischoff vnnd Apt bsetzt sey. Jhren wenig seind herlich in freyen künsten gelert, aber so vil dester boͤser, dieweil sie all jr kunst vnnd wissens zum boͤsen brauchen, vnder den andern findt man vnder zehen nit einen, der etwas künd. Jn verstendtnüß der waren Christlichen religion findt man vnnder hunderten nit ein, der nit doller vnd dummer dann ein esel sey. Zůletst ob wir jhnen schon zůgeben erfarnüß vnnd kunst, die kirchenn zů regieren, so ist doch gewiß, das sie dennocht wider Christum stohn wurden mit verstopfften ohren vnd gemuͤttern. So nun die Protestierenden sehen klarlichen, das die summ der annforderung sich dahin erstreckt, das sie verwilligen sollen, die religion zů verderben vnnd sich gantz dem můttwillen der moͤrder zů ergeben, was sollen wir dann gedencken, das sie thůn werden? | *G2b* | Aber die heyligen vaͤtter werden milter sein dann das sie begeren, die protestierenden[v] gar zů verderben. Wie werden sie aber dise lyndigkeyt erzeygen? Namlich mit[w] der vaͤtterlichen straff, das sie vmb des abfahls[x] willen

v) Drf. protstierenden.
w) Drf. mt.
x) Drf. alfahls (vgl. BDS 9,2, S. 330,16 und S. 357,13).

lum Turcicum collatione mulctentur. Religioni porro quam bene consuletur? At nefas est de mysteriis a sede Romana comprobatis vel apiculum unum convellere, Prostrata erga in eo statu iaceat, quo ante annos viginti quinque fuit. At quid calamitosius est?

Nonne | *F iv a* | praestiterit centies potius iugulum praebere quam Euangelii causam deferendo et Christum abnegare vitam nostram et deo renunciare? Esto, sed quamcunque in partem res cadat, hic tamen erit finis concilii, si obsequentes se ad omnia protestantes praebuerint, sanctissimus pater valere iubebit ac plaudere; sin vero restiterint, classico abrumpet sessionem. Verum, cum omnia consilia ex foederis robore pendeant, viderit, ut eam ad quam tanta contentione anhelat actionem assequatur. Quod si hac parte obtinuerit, nos tamen scimus et ipse aliquando sentiet nullum consilium, nullam astutiam, nullos conatus, nullas vires adversus dominum valere, cui nos bona conscientia militamus. Intentus enim vultus domini super omnes iniquos, ut de terra excidat memoriam eorum[1], pios vero et se timentes castris angelorum suorum circundat, ut eripiat eos ex omni malo[2]. Nam quod eversionem religionis opumque Ecclesiasticarum direptionem protestantibus hic obiicit, sua ipsius vanitate abunde refellitur.

[*503*] *Maiestates suae et reliqui Germaniae principes suadere possent protestantibus, ut ad concilium venirent, nulla omissa ratione vel | F iv b | cautione honesta, quae illos adducere posset: non esset neque rationi*[k] *alienum neque difficile, ut supra dictum est, aliquid etiam auxilii ab ipsis contra Turcam obtinere.*

Quo illustrior fiat paterna sacri consistorii mansuetudo, hic Caesari ac principibus mandatur, quid sit officii sui futurum. Nempe ut ad cogendum armati protestantibus suadeant, ne quam a patribus impositam sibi legem suscipere detrectent, quo sint deinde paratiores ad ulciscendam contumatiam, nisi extemplo pareant. Hoc tamen boni est, quod nullam rationem vel cautionem vult omitti, quo adduci ad officium queant. Sed non est, quod hinc sibi multum protestantes placeant. Honestam enim in primis esse oportebit sedis apostolicae maiestati; hoc autem ex eius amplitudine esse in Ioanne Hussio[3] et Hieronymo Pragensi[4] semel est constitutum, ne qua iis, quos haereticos iu-

k) a ratione: Concilium Tridentinum 4, S. 187,27.

1. Ps 34,17.
2. Ps 34,8.
3. Vgl. oben S. 90, Anm. 4.
4. Hieronymus von Prag begleitete Hus nach Konstanz und wurde dort am 30. Mai 1416 hingerichtet.

drey oder vierfache annlag zů dem Türckenzug geben, wie wirt aber der religion so wol geholffen sein? Es ist aber ein todsünd, etwas von dem zů veraͤndern, das der Rhoͤmisch stůl probiert vnd für gůt angesehen hat. So bleib nun die religion ligen in dem kat[1], darinn sie vor fünff vnd zwentzig jaren lag, was ist aber arbeytsaͤliger zůhoͤren?

Solt nit hundert mal weger sein den halß darheben dann die verthaͤdigung des Euangelij zů verlassen vnd vnser leben Got abkünden? Nu laß sein, die sach fall, wie sie woͤlle, so würt doch das der außgang des Consilij sein. Woͤllen sich die Protestierenden in allen dingen gehorsam erzeygen, so wirt sie der heiligst vatter heissen gůter ding sein, woͤllen sie sich aber widerspaͤnnig halten, so wirt ein kriegß geschrey in dem Consilio den auffpruch machen. Dweyl aber alle rhatschlaͤg an der sterck des bunds hangen, so wirt er lůgen, wie er das zů wegen bring, dem er mit sollichem ernst nachstelt. Vnd ob er dann schon in dem theil oberhand überkaͤme, so wissen wir doch vnd werden sie es auch etwann jnnen werden, das | *G3a* | kein rahtschlag, kein gescheidigkeyt, kein fürnemen oder gwalt wider den Herrn etwas vermag, dem wir in gůtem gwissen dienen, dann das angesicht des Herrn ist gespitzt vff die gottlosen, das er jre gedaͤchtniß in der erden außreüt. Aber die gottsaͤligen vnnd die, so jn foͤrchten, die vmbgibt er mit hoͤrßkrefften[2] der Engel, damit er sie errette von allem boͤsen. Das aber der arm mensch den Protestierenden die verkerung der Religion vnd die plünderung der kirchen gůter fürwürfft, würt leichtlich mit seiner eigenen eyttelkeyt abgelehnet.

So moͤchten dann jhr Maiestaten sampt anderen Fürsten des Teutschen lands den Protestierenden rathen, das sie zům Consilio kemen, da můßt nichts vnderlassen werden auch mit ehrlicher bůrgschafft, das sie dahin beredt moͤchten werden. So wer dann auch nicht onrecht oder beschwerlich, etwas hilff von jnen wider den Türcken zůerlangen.

Auff das die vaͤtterlich saͤnfftmůtigkeyt des Heyligen gerichts dester scheynparer werd, so wirt da dem Keiser vnnd den Für- | *G3b* | sten gebotten, was sie thůn sollen vnd was jr ampt werd werden. Namlich das sie mit gewoͤrter hand die Protestierenden dazů bereden vnd zwingen, das sie kein gsatz abschlagen woͤllen zůhalten, das jnen von den heyligen vaͤttern werd auffgelegt, damit sie darnach dester gerüster[y] seyend, die widerspaͤnnigkeyt zů rechen, wa sie nit von stund an gehorsam wolten sein. Doch so ist das noch gůt, das er kein weg auch mit bürgschafft nit vnderlassen will, darmit sie zur gehorsam gebracht moͤchten werden. Es ist aber nit von noͤten, das die Protestierenden jnen selbs dester baß gefallen, dann die bürgschafft můß am ersten auch der Maiestaͤt des

y) möglicherweise Drf. für: gerüstet.

1. Kot.
2. Heereskräften.

dicaverit, servetur fides, stipulationes sint factae, iusiurandum praestitutum, sponsiones bonorum intercesserint, obsides denique sint dati, nulla in his omnibus certa securitas sunt enim vincula astringendis hominibus inventa. Sedes apostolica omni lege est superior.

| *F v a* | *Sin autem maiestates suae absque mala concordia religionis nihil contra Turcam obtinere possent, videndum est etiam, quod sit maius detrimentum et quid cedat in maiorem Dei offensionem, an ipsius Dei verum cultum ac religionem destrui, quod fieret quando Germania in malo* [l]*pro concordia*[l] *conveniret, an ipsius Germaniae auxilio contra Turcam destitui. Non enim facile discerni potest (ut Christiane loquamur), qui sint inimiciores Christo, protestantes an Turcae, quia hi captivant et occidunt corpus, illi captivas ducunt animas et in perditionem trahunt; non cogunt hi religionem mutare, illi sub specie boni corrumpunt religionem* | *F v b* | *ac destruunt. His igitur omnibus*[m] *perpensis poterunt maiestates suae rectius deliberare, quid et quomodo agendum sit.*

Et hic mirifice elucet pius in Caesarem Regem omnesque imperii principes Papae affectus et vere paterna de ipsorum salute solicitudo. Quia veretur sanctus pater, ne puriorem doctrinam recipiendo et de Ecclesiae reformatione cogitando conscientias suas laesae Romanae tyrannidis obligent. Hoc tanto discrimine mature eos liberat. Non enim tantum omnia huic uni posthaberi iubet, ut coherceantur protestantes, sed persuadere denique conatur, longe melius fore, ut Turcis se potius prodant Germani. Imo civilibus ac intestinis discordiis fractos eius lanienae se obiiciant, quam ut reclamante sua sanctitate in concordiam et piam et patriae salutarem cum protestantibus redeant. Principio de protestantibus ad obedientiam Ro[manae] sedis reducendis post- [*504*] habito concilio agi, quid aliud est quam repressa eorum importunitate, qui adversus portentosas cleri libidines mussitant, male agendi licentiam in posterum maiorem erigere? Et deletis omnibus, qui sanctam sedem inquietant, omnem vel | *F vi a* | correctionem vel reformationem excludere?

Vetare autem, ne qua concordia, nisi ex animi sui sententia, recipiatur, quid aliud est quam denunciare irreconciliabile dissidium, donec ipse omnis pietatis adversarius iis conditionibus pacem dederit, quae extincta Euangelii luce

l)–*l)* per concordiam: Concilium Tridentinum 4, S. 187,32.
m) omnibus diligenter: Concilium Tridentinum 4, S. 187,37.

Apostolischen stuͦls wol anston vnd erlich sein. Das aber dasselb jm zuͦ gehoͤr, das ist ein mal an Johanne Huss vnd Hieronymo von Prag erkant worden, das man denen, die für ketzer erkant seind, kein glauben halten sol, ob schon versprechungen geschehen seind, ob man den eyd schon darauff geschworen hette, ob guͦt leüt das schon verheyssen vnnd bürgschafft gegeben würdt, so ist inn allem dem noch keyn vergwissung, dann es seind nicht mehr dann band darzuͦ erfunden, das man die leüt darmit faͤsselen künde. Der Apostolisch stuͦl ist über alle gsatz. | *G4a* |

Wa aber jhr Maiestaten nichts wider den Türcken on boͤse vereynigung der Religion zuͦ nachtheil zuͦ wegen bringen moͤchten, so muͦß man sehen, wa her der groͤst schad kommen moͤcht vnd was zuͦ groͤsserer entrüstung Gottes reychen moͤcht, ob es besser wer, der Gottßdienst vnd ware Religion wurden zerstoͤrt oder das man der hilff des Teutschen landts wider den Türcken entperen muͤßt, dann man kan nicht wol vnderscheyden (das man Christlich vom handel redee), wellichs die groͤsten feindt Christi seyend, die Protestierenden oder die Türcken, dise fahen den leib, jhene aber ziehen die seel der menschen inn ewigs verderben, Dise zwingen niemandts, die Religion zuͦ veraͤndern. Jhene aber zerstoͤren alle Religion vnder einem schein des guͦten. Wann alle ding also erwegen werden, so moͤgend dann jre Maiestaten dester baß sich entscheyden, was vnnd wie zuͦ handlen sein. | *G4b* |

Hie laßt sich eygentlich ansehen der vaͤtterlich anmuͦt vnd sorg, die der Bapst tregt für das heyl vnd wolfart des Keysers, Koͤnigs vnd andrer Fürsten des Reichs. Dann der heylig vatter bsorgt, sie moͤchten sich vergreiffen an der Roͤmischen tyranney, wa sie ein reinere leer annemend vnd nach Reformation der kirchen gedaͤchten. Auß solcher gefaͤrligkeyt errett er sy bei zeiten, dann er meinet nit, das das allein das fürnempst sey, das die protestierenden gedempt werden, sunder er will sie bereden, es sey vil weger, die Teütschen ergeben sich dem Türcken vnd lassend sich metzigen, dann solten sie mit den protestierenden in ein heylige eynigkeyt, die Gottselig vnd dem vatterland heylsam (on verwilligung seiner heyligkeit), kommen, das man am ersten mitt den protestierenden handel, wie sie zur gehorsam des Rhoͤmischen stuͦls kaͤmend. Was ist das anders, dann das man deren vngestuͦme demme, die sich der vnbillichen muͦtwillen des geistlichen hauffens beschweren, damit in künfftigem grosse gelegenheyt zuͦ muͦtwillen geben werde? vnnd so die außgetilgt wurden, die dem heyligen stuͦl vnruͦh machen, das dann alle besserung vnd reformatz außgeschlossen wurde.

Verbietten aber, das kein einhelligkeyt gemacht werde dann die jm gefalle, Was ist das an- | *G5a* | ders, dann ein vnuertregklichen krieg anbieten so lang, biß er, der sich wider all gotseligkeyt setzt, mit solchem geding friden geb, das dodurch das liecht des Euangelij verlescht vnd der gantz Christus auß aller menschen hertzen außgetilcket werd. Es moͤcht aber eynen duncken, ich teth jn vnrecht, dweil er sich gar anders dargibt, dann er heyßt, man soll luͦgen, was

Christum totum ex hominum mentibus obliterent. Sed videbor illi iniuriam facere, quando longe aliud prae se fert; videre enim iubet, utrum sit magis noxium et in maiorem dei offensionem cessurum, Germaniae ne auxilio destitui Christianos contra Turcam, an ipsius dei cultum et religionem destrui.

Tanta ne impietas est protestantium, ut nulla cum illis pax haberi queat, nisi everso dei cultu religione excisa? Non est credibile, eos, qui doctrinae suae summam publicarunt, nihil magis desiderant, quam ab omnibus piis examinari, de ea satisfacere bonis omnibus parati sunt, non refugiunt Ecclesiasticum iudicium: huc tendere sic agendo, ut religio verusque dei cultus destruatur. Sed quid coniecturis pugnandum est? quasi rei veritas procul eruenda sit, qua nihil est apertius. Integer est scilicet et illibatus dei cultus sub Papa, ubi tot dii eriguntur, quot consecrantur ab eo sancti, ubi creaturae pro ipso deo invocantur, ubi de Christi intercessione, qua sola verus dei cultus sustinetur; altum est silentium, ubi omnia, quae | *F vi b* | Christi maxime propria sunt, ad sanctulos nescio quos transferuntur, ubi mortuorum cadavera palam adorantur, ubi supplicatur statuis et picturis, ubi denique non nisi praeposteris modis colitur deus ipse pro sua portione.

Quid enim? an legitimus est ritus colendi dei, vocibus non intellectis multas horas in templis detonare, thus adolere, candelas multas accendere, multis histrionicis caeremoniis oculos simplicium oblectare: Interim nullam afferre animi attentionem, nec aliud quam obstupescere in illis externis pompis? Alius sane deus quaerendus esset, quam is, qui toties asseverat, omnes illas gesticulationes nihil se morari, cor requirere, non alium esse caeremoniarum usum, nisi ut nobis sint pro modo ruditatis nostrae ad pietatem exercitia. Linguam se in precibus abominari, cui mens non respondet. Sed ego haec non longius persequar, quia multis piorum scriptis clarissime demonstratum est, totum papatum crassiore idololatria implicitum esse, quam ut aliqua excusatione celari amplius possit tanta abominatio.

Protestantes autem satis testatum mundo fecerunt se non alia ratione adductos, ut tam arduam ac difficilem causam susciperent, nisi ut vindicarent cultum dei ac suae integritati restituerent, quem talibus inquinamentis violari,
[*505*] ferre non poterant. Sed hic ho- | *F vii a* | mo peccati et in veteribus illis nequitiae latebris adhuc corpore et animo prorsus demersus est, tenebras quoque illas somniat, quibus mundum excaecaverat, itaque quidquid annuerit et principes et alios statim credituros sperat. De religione quid dicam? Nam si et fiducia timoreque dei constat vera religio et ex vera eius notitia nascitur: quibus argumentis se fidum eius custodem ostendet Papa? Et quis coelestem illam sapientiam, quae dei oraculis continetur, vel aboleverat, vel Christiano populo

meh schedlich sey vnd zur groͤssern erzornung Gottes reych, der Teütschen hilff wider den Turcken entbåren oder das der Gottsdienst vnd Religion zuͤscheytern gehen.

Sind dann die Protestierenden so gottlose leüt, das kein frid mit jnen zů machen ist, es werdt dann vor der Gotsdienst verkert vnd die Religion außgereütet? Es ist nit woll zů glauben, das die, so die summ jrer leer an tag geben haben vnnd nichts anders begeren, dann das sie von allen gotssaͤligen erkündiget werd, bereyt, allen gůthertzigen rechenschafft der selben zů geben, vnd die keyn vrtheyl der kirchen fliehen, dohin trachten solten, das der war Gottsdienst vnd Religion zerstoͤrt würden. Was ist aber von noͤten mit vil můtmossungen zů streytenn? Als ob die warheit so tieff müst erfür gegraben werden, do doch nichts hellers am tag ligt. Es ist freylich ein feyner, reyner gotsdienst vnder dem Bapst, do so vil goͤtter auffgericht, so vil hey- | *G5b* | ligen von jm geweycht werden, do die creaturen für Got angerůfft werden, do der fürbitt Christi, darauff der recht gottsdienst befestiget ist, gantz geschwigen wurt, do alles das, das Christo gebürt, den Heyligen zůgeben würdt, do der todten gebeyn offentlich angebetet würdt, do man sich vor geschnitzten goͤtzen fast neygt vnd jnen ehr beweyßt vnd inn summa, da Gott für sich nit anders dann verkerter weyß verehret würt.

Jst dann das auch die recht weyß Got zů dienen, das man mitt vil onuerstandenen woͤrtern lang in der kirchen ein gebler mach, das man weyrauch brenn, das man mit gaucklerischen gebreüchen vnd geberden den leütten die augen verblend vnnd das man vil kertzen an hellem tag anzünd? Dozwischen ist kein andacht do vnnd verwunderen sich die leüt allein an dem eüsserlichen gebreng. Man můste warlich ein andern Got sůchen dann den, der so offt sagt, er acht solchs gauckelwercks nit, sunder sůch allein das hertz, die eusserlichen gebreüch seyen nirgend zů gůt, dann das sie vns vmb vnser grobheyt wegen anfürungen zů der gottseligkeit seien. Das er die zung im gebet haß, do das gmůt nicht mitt zůstimbt. Solchs ist nit von noͤten hie weyter zů ercleren, dann auß viler heiligen gschrifft ist bißher clarlicher angezeygt worden, das das gantz | *G6a* | Bapstumb mit grober abgoͤtterey verwicklet sey, dann das man solchen grewel weyter mit entschuldigung verbergen moͤcht.

Die Protestierenden aber haben gnůgsam bezeügt gegen aller welt, das kein ander vrsach sie bwegt hab, die ernstlich vnd schwer handlung auff sich zů laden dann allein, das der gottsdienst errettet vnd wider ergentzet würd, den sie nit wyter mochten sehen so schantlich verwuͤstet werden. Aber der mensch der sünden, der noch mit leyb vnd seel in den alten hülen der boßheyt vergraben ligt, dem traumbt noch vonn den finsternussen, damitt er die gantz welt verblendt hat, drumb hofft er, die fürsten vnd ander leüt werden gleych glauben, was er jm gfallen laß. Was soll ich von der religion sagen? dann so die war religion bsteht in dem vertrawen vnd forcht gottes vnd auß warer erkantnuß derselben geboren würt. Wie will dann der Bapst anzeygen, das er sie geabstulerat? Quis ab unius dei reverentia divinaeque legis observantia ad tyrannidis suae obsequium homines abduxerat? Quis mentes hominum in extraneas fiducias spesque inanes distrahendo omnem fidei sinceritatem corruperat?

Non est difficilis responsio, ubi palam est, nec aliud magis urgere protestantes, quam ut Christiani omnes et se discipulos dei esse meminerint et in ipsius schola indies proficere studeant, quam ut Christus, unus magister ac legislator, audiatur, solus ipse plenam docendi iubendique autoritatem habeat. Quicunque eius ministerio funguntur, sub eius magisterio se contineant, quam ut omnes mortales et sibi ipsis et omnibus alienis auxiliis diffisi totam in uno Christo fiduciam defixam habeant, in ea consistant, ne ulla vi dimovere se inde sinant.

Haec autem omnia | *F vii b* | tanto fervore, tanta acerbitate, tanta rabie a Papa impugnari, ut satis appareat ipsum pro aris, ut dicitur, et focis dimicare. Ita sane est, quia non aliud regnum se habere sibi conscius est, quam quod nefando sacrilegio ereptum Christo sibi arrogavit; tantum sibi deperire videt, quantum honoris, dignitatis, potentiae Christo ipsi tribuitur. Ergo, ne quam de istius Antichristi corruptelis particulam repurgent Germani principes, potius et patriam Turcicae crudelitati atrociter vastandam prodant et se ipsos in voluntarium supplicium dedant.

Et ne quid impudentiae reliquum faciat, audet os impurum, primo in dubium vocare utri sint inimiciores Christo, protestantes an Turcae, deinde etiam definire, illos esse hostes nomini Christiano et peiores et nocentiores. Quid huic monstro facias? Contendas ne rationibus sic prosternere, ut pudore confusum penitus obmutescat? Sed quid proficies apud desperatae inverecundiae bestiam? an magis eligas, ostensa palam eius turpitudine facere pro, ut meretur, ut sit omnibus odio et execrationi? quam facile id foret, si omnium aures ad audiendum essent erectae. Nam si ea, qua decet, orationis gravitate ac vehementia explicetur, quam miserabili servitute animas tenuerit et adhuc teneat captivas Romanus pontifex, quot laqueorum retiumque generibus eas trahat | *F viii a* | in exitium, quibus inquinamentis prophanaverit religionis nostrae puritatem, quam nefariis mendaciis dei veritatem obscurarit,
[*506*] quam impio furore renascentem hodie persequatur, quam scelerata audacia sancta dei mysteria in foedam et prophanam nundinationem converterit: dubium est scilicet, quin totus mundus, ut ipsissimum Antichristum et Diaboli vicarium cum apostatica sua sede diris omnibus devoveat.

treülich verhuͤt vnd bewar? Wer hat die himlische weißheyt, die inn dem wort gottes verfasset ist, bey dem Christen volck abgethan oder hinweg genommen? Wer hatt die menschen von der ehrerbietung vnnd haltung des Goͤtlichen gsatz zum dienst seyner Tyranney abgefuͤret? Wer hatt die gmůter der menschen vonn reynigkeit des glaubens auff nichtigs vertrauwen vnnd hoffnung | *G6b* | getriben?

Do wurt nit schwerlich zů antworten sein, da offenbar ist, das die Protestierenden nichts mehe treyben, dann das alle Christen gedencken, sie seyend jünger Gottes, die sich befleissen sollen taͤglich inn seyner schůl zů bessern, dann das Christus allein als ein meyster vnd gsatz geber gehoͤrt werd, der allein gwalt hab zů heyssen vnd zů leeren. All, die seynen dienst verwalten, sollend sich vnder seyner meysterschafft tuckenn. Das alle menschen an jr eygnem vnd anderer menschen hilff verzweyflen vnd alles jr vertrawen auff den eynigen Christum stellen, darauff sollen sie auch verharren vnnd sich mit keym gwalt dauon treyben lassenn.

Aber das alles werd mit solcher hitz, reühe vnd vnsinnigkeit von dem Bapst widerfochten, das es sich gnůgsam sehen laß, das er vmb leib vnd gůt do fichtet. Also ist im auch, dann er weyß wol, das er keyn ander reych hatt, dann das er mit schantlichem Gottsraub Christo abgetriben vnnd jm zůgeeygnet hatt. So sicht er auch, das jm so vil wyrden vnd ehr taͤglichen abgeht, so vil Christo ehrwürdigkeyt vnd gewalts zůgeht. Deßhalben sollen die Teüschen fürsten jhr vatterland dem Turcken ehe vergünnen zů verhergen vnd sich selbs in willige marter begeben, dann das sie etwas vnderstehn solten an des Antichristen verder- | *G7a* | bung zů bessern.

Vnd das der vnuerschambt vogel nichts dahindenn laß, so darff er auch in ein zweyffel stellen, welchs die schedlichsten feind Christi seien, die Prottestierenden oder die Türcken. Was soll mann mitt dem wunderthier doch anfangen? Sol mans vnderston mit ansichtigen worten also zů erlegen, das es vor scham erstummen muͤß? Was soll man aber mitt eyner so vnuerschambten bestien nutz schaffen? Oder ist nit besser, das man jr schnoͤdigkeyt offenlich anzeyg vnnd damit zůwegen bring, das sie jederman verhaßt vnd abscheülich gemacht werd, wie sie dann wol wert ist? das wer leichtlich zůthůn, so aller menschen ohren offen weren, dann somit gebürlichern ernst vnd dapfferkeyt angezeygt wurd, in was erbermklicher dienstbarkeyt er der menschen seelen ghalten hat vnnd noch gefangen helt, mitt wie vilierley stricken vnd netzen er sie zum verderben ziehe, mit was vnfletigkeit er die reynigkeyt vnserer Religion verwůstet hatt, mit was schantlichen lügen er die warheyt gottes verduncklet hatt, wie mitt gottlosem grimm er sie jetzt vnderstehet zů duraͤchten, wo sie wider auffgeht, mit was onleydlichem freuel er die heyligen gottes sacrament zů eim schantlichen fürkauff bracht hat, so wer nitt wunder, das jn die gantz welt wie den Antichristen selb, | *G7b* | den stathalter des teüffel, mit seynem abtrifigen[1] stůl in abgrunt der hellen verflůcht.

1. Zur Form vgl. *Grimm* 1, Sp. 144.

Quid si vitae pontificum, qui quadringentis continuis annis tyrannidem exercuerunt, fideliter ob oculos ponantur? Quid, si illa dictu audituque horrenda, omne genus facinora recenseantur? Quid, si hodierna duntaxat curiae Romanae facies proferatur? an erit ulla tanta vel patientia vel stupiditas, quae non extrema indignatione ebulliat? Sed quia et aures et oculi multis desunt nec ubique locus datur liberae veritati, conscientia interim nostra et bonorum omnium testimonio contenti simus, usque dum omnem istam caliginem ac fumum dominus fulgore vultus sui discutiat. Quanquam nec eos ipsos, qui sunt eius praestigiis fascinati vel in tenebris quibus obvoluti sunt, latet Romanam curiam sic omni scelerum genere refertam, ut contemptus Dei et meri Lucianismi et Epicurismi[1] quam Christianae pietatis schola haberi possit. | *F viii b* |

Reverendissimus legatus est huius sententiae, ut concilium ante omnia convocaretur et celebretur hoc anno.

Cum ius sibi arroget indicendi Concilii Pontifex, quid Caesarem de indictione frustra fatigat. Faciat ipse, quod iactat sui esse muneris, nec Carolus Augustus nec Ferdinandus Caesar repugnabunt. Quid ergo cessat facere utroque approbante atque etiam adiuvante, quod adeo necessarium putat? Imo quid veluti per ludibrium ab ipsis petit, quod in ipsorum potestate esse negat? Nempe ut magis ac magis pateat quod iam toties diximus inani Concilii nomine fucum facere, quia sine colore aliquo obstare nequit, ne conventu de religione habito Germanica natio saluti suae consulat.

Et[n] *in conventibus Germaniae nihil de religione tractetur, ut foedus catholicorum augeatur et corroboretur; ut eo foedere aucto protestantes omnibus modis ad* | *G i a* | *concordiam*[o] *alliciantur. Interim*[p] *vero concludatur*[q] *cum Rege Gallorum et colligantur auxilia omnibus ex partibus contra Turcam. Illud etiam in fine non omittendum est: quod antequam Spirae*[r] *tractatus amicabiles perficiantur et auxilium Imperii stabiliatur, elapsum erit tempus occurrendi hoc*

n) ut: Concilium Tridentinum 4, S. 187,39.
o) concilium: Concilium Tridentinum 4, S. 187,41.
p) Drf. Iterim.
q) concludatur pax: Concilium Tridentinum 4, S. 187,41.
r) hi: Concilium Tridentinum 4, S. 187,43.

1. Vgl. Bucers Hinweis auf »Epicurer und Lucianisten« in seiner Schrift ›Vom Tag zu Hagenaw‹ vom September 1540 (BDS 9,1, S. 214,22); vgl. hierzu auch *Greschat*, Bucer, S. 145 f. (= 1. Aufl. S. 136) sowie *Lienhard*, Croyants et sceptiques au XVIe siècle.

Wie wann aller Båpst leben, die von vierhundert jaren her die tyranney embsigklich geuͤbt haben, den leütten treülich vor augen gehalten wurd? Wie wann alle seyne laster, die erschroͤcklich zů hoͤren vnd zů sagen sind, erzelt solten werden? Wie, wann man nur anzeyget, wie auff disen tag der Rhoͤmisch hoff ein gestalt hab? Kund auch ein mensch so thům vnd dol sein oder ja so gedultig, der nit ein hoͤchstes entsetzen dorab gewinnen solt? Dweyl aber vil weder oren noch augen hond vnd die frey warheit nit allenthalben statt hatt, so wollen wir die weyl vernuͤgen haben am zeügnuß vnsers gwissen, biß der Herr mit dem glantz seynes angsichts den rauch vnd nåbel vertreyb. Wiewol auch die, so mit seyner gaucklerey geblendt sind, selbs wol wissen, das der Roͤmisch stůl also mitt allen gschlechten der laster überschütt vnnd bedeckt ist, das sie billich achten můssen, das er nit minder ein schůl der verachtung gottes vnd eins schandtlichen lebens dann der Christlichen Gotseligkeyt zů halten sey.

Der ehrwürdigst legat ist der meinung, das das Consilium vor allen dingen noch | G8a | diß jar zůsammen berůffen wůrde.

So er, der Bapst, jm den gwalt zůeygnet, das Consilium zů beruͤffen, was bemuͤth er den keiser vergeblich mit der beruͤffung? Warumb thůt er nit, das er sich ruͤmbt jm zůstehen, es werden weder Keyser Carolus noch Künig Ferdinandus dawider sein. Warumb vnderlaßt ers dann zů thůn, dweyl es beyden gfelt ja auch darzů helffen, so er doch meynt, das es so not sey? Ja was fordert er von jhnen mit spott, das er selbs sagt jhnen nit zůstehen vnnd jres gwalts nit seyn? Nemlich das man je meh vnd meh sehe (wie offt gsaget), das er mit dem leren namen Consilium die leüt zů bethoͤren vnderstehet, dann er kan sunst mit nichts ein widerstand tůn, das nit die Teütsch nation jrer wolfart nachtracht, so ein versamlung der religion halben ghalten würt.

Vnd in den versamlungen des Teütschen lands soll nichts von der Religion gehandelt werden, damitt der altglaubigen bündtnuß gemehret werdt vnnd gestercket, auff das damitt die Protestierendenn inn allweg zur eynhellygkeyt gereytzet werdenn. Do zwischenn solle | G8b | mit dem kůnig von franckreich beschlossen vnnd von allen orten hilff wider den Turcken gsamlet werden. Das sol auch am end nitt übergangen werden, das ehe dann zů Speyr die früntlichen handlungen volbracht vnnd die hilff des reychs bestetiget werden, so würdt die zeyt verlauffen, dem Türcken diß jhar zů begegnen, so moͤgen auch im künfftigen jar die håndel von der hilff in der gmein baß gehandelt werden, wie dem feind zů begegnen sey. Doch wil in disem allen der genant erwürdigst Legat der bsunderen weißheyt jrer maiestaten sich vnderworfen, denen er auch hie mitt alles glück gewünscht wil haben.

anno Turcae, et[s] *anno sequenti negotium auxilii ferendi poterit melius tractari communibus votis contra hominem*[t] *inimicum. In his tamen omnibus praefatus*[u] *Reverendissimus legatus remittit se singulari prudentiae serenissimarum maiestatum suarum, quibus omnia foeliciter contingere optat.*

Valeant igitur superstitiosorum hominum de | *G i b* | Ecclesiae calamitate que- [507] relae, de idololatriis superstitionibusque repurgandis, de pacificandis controversiis, de reformando clero, de reducenda ad veram unitatem Ecclesia inanes consultationes ac supervacui conatus: Haec via, hoc compendium est omnia ad foelicem exitum perducendi. Quaecunque urgeat necessitas, a procuranda religione abstineant Principes. Has partes capitali totius religionis religiosorumque omnium hosti resignent, dummodo per Concilium nunquam futurum vitia Ecclesiae corrigenda suscipiat. Quid igitur? Num ut hac molestia soluti quam citissime se ad Turcicum bellum accingant? id enim res ac tempus videtur flagitare.

Ne festinent, inquit sanctus pater, annus enim praeteriret, antequam exercitum armare possent. Huc potius incumbant, hoc moliantur, hoc omni cogitatione ac studio persequantur, ut foedus suum augeant ac modis omnibus corroborent. Quis tandem finis? ut Ecclesia ad Antichristi libidinem exposita, prodita Turcis patria ipsi devotis et animis et corporibus in sua ipsorum viscera desaeviant.

Mox hic fructus consequetur, Quod truculentissimus ille tyrannus cum scelerato purpuratorum grege totaque fece satellitum multo licentiosius regnabit, illam inexplebilem avaritiam ac rapacitatem, illam | *G ii a* | libidinum intemperiem, illam in omnes pios ac probos gentesque multas innocentes rabiem, quae nunc quodammodo inclusae erumpere toto impetu non possunt, velut fractis repagulis sine lege et modo effundet; Quod Romana curia confirmata in perpetuum omnium maleficiorum impunitate in mendaciis, imposturis, offuciis et similibus veteris nequitiae artibus liberius lasciviet, Nefaria illa sedes novis fulturis stabilita Christum sanctumque eius Euangelium proculcando, impiis ac pernitiosis doctrinis orbem excaecando, miseras animas in ruinam praecipitando, ferotius insolescet; Quod denique Romanenses creaturae cum suo capite, ut sunt hostes boni et recti totiusque honestatis sonticae pestes, profligata omni verecundia, grassari securius, ut libuerit, poterunt.

Cur non tam praeclara mercede ad locandas Romano lanistae suas operas, Germanici sanguinis principes adducerentur? Neque aliquid horum odiose amplifico. Quicunque enim expendere volet, quae nunc agit, omnia, quae dixi, tunc facturum et forte plura fatebitur. Nec dubito, quin multos omnium ordi-

s) et pro: Concilium Tridentinum 4, S. 187,45.
t) communem: Concilium Tridentinum 4, S. 187,46.
u) praedictus: Concilium Tridentinum 4, S. 187,47.

Darumb laß mann faren der aberglaubischen leüt klagen über das ellend der kirchen, von der außrottung alles goͤtzen diensts vnd aberglaubens, von der versuͦnung der spenn, von der Reformatz der geystlichen vnd alle vnnützen rathschleg, die kirch zur eynigkeyt zuͦ bringen. Das ist der kürtzischt weg, alle ding zuͦ guͦtem end zuͦ bringen. Es begeb sich, | *H1a* | was not es woͤll, so stehend die Fürsten nur der Religion muͤssyg vnd befelhen die sach dem aller hoͤchsten feind aller geystlichen vnd geistlicheyt allein, das er die laster in eim Consilio, das nimmer werden wirdt, zuͦ besseren auff sich naͤm. Was dann? das sie sich dester ehe zum Türckischen krieg rüsten moͤgen, so sie der burden entladen seind? dasselb wil die zeyt yetz erfordern.

Aber sie doͤrffen nicht eylen, sagt der Heylig vatter, das jar wurd sich verlauffen, ehe dann sie sich zum krieg gerüsten. Des sollen sie sich vil mehr befleyssen, dahin all jhr gedencken vnd fleiß anrichten, das jr bund gemehret vnd gesterckt werde. Was wirt aber für ein ende volgen? Namlich das die kirch dem muͦtwillen des Antichristen vnderworffen vnd das vatterlandt dem Türcken verrathen werd, sie aber mit versprochnem leib vnd seelen in jr eygen bluͦt vnd fleisch wuͤtten.

Bald wirdt die frucht volgen, das der grewlich tyrann mit seinem gepurpurten hauffen vnd allem geschmeyß seiner trabanten dester muͦttwilliger regier vnd sein vnersetliche geitzigkeyt vnd rauben, seinen vnzüchtigen muͦtwill sein vnsynnigs wuͤten gegen allen frommen vnd vnschuldigen voͤlckern, die yetz zum theil eingeschlossen, mit gwalt auß schütten künd, Das der Roͤmisch | *H1b* | hoff in frecheyt aller laster ongestrafft blib, damit er mit allem liegen, triegen vnnd der gleichen seinen alten künnsten dester freyer muͦtwillen moͤg. Es wirt auch der schandtlich stuͦl, so er also mit newen stützen vnderbaut wirdt dester vnsinnigklicher wuͤtten, das heylig Euangelium Christi mit fuͦssen zuͦ tretten, mit gottlosen vnd schedlichen leeren die welt zuͦ verblenden vnnd die armen seelen in verderbnüß zuͦstürtzen. Dann werden die Roͤmischen creaturen mit jrem haupt, wie sie dann feind alles guͦten vnd rechten, auch verderber aller erbarkeyt seind, on alle scham dester freyer thuͦn, was jnen gefelt.

Wie kündten die Teutschen Fürsten mit so herrlichem sold nit bewegt werden, jr hilff dem Rhoͦmischen metzger zuͦ versprechen? Solches sag ich nit auß hass mit so vil worten, dann welcher die sach erkündigen will, was er yetz thuͦt, der würt bekennen, das er alles, was ich gsagt vnd vileicht mehr, thuͦn würd. Jch glaub aber, das Teutschland noch vil deren hab, die sunst mit den Protestierenden nit dran seind. Welche, dieweyl sie sehen disen schaden künfftig sein gern wolten, das gemeyner wolfart vnnd ruͦg baß geholffen würd, wie sie on zweyfel erzeygen werden, so sich die gelegenheyt begeben würt.

num ex iis, qui alioqui protestantibus non consentiunt adhuc habeat nostra Germania, Qui dum haec mala imminere provident, melius publicae et saluti et tranquillitati consultum | *G ii b* | cupiunt, et fideli studio, cum occasio offeretur, declarabunt.[1]

[*508*] Sed sunt etiam proh dolor perfidiosi quidam et impii patriae proditores, qui vel execrabili[v] mercede conducti, vel quia sic improbi sunt natura, ut etiam sine precio malefacere ipsos delectet, Intestini belli semina huc illuc spargunt, variis aculeis animos hinc inde exasperant, ubi aliquid est praeparatum, subiectis facibus accendunt ignem, ubi scintillam aliquam conceptam vident, fomenta adhibent et malarum artium flabellis flammam excitant. Nec quieturi videntur, donec uno incendio totam Germaniam viderint conflagrare. Et quia eiusmodi facinoribus volunt inclarescere, non invidebo illis honorem suum. Quanquam omnes commemorare nec volo nec possum, sed in Heldio et Fusco quam insigne par videmus ad omnes nequiciae numeros comparatum?

Quorum prior Germaniam per multos iam annos variis factionibus lacerando hoc consecutus est, ut deo hominibusque sit exosus, nec secus ab omnibus bonis ac infaustum aliquod ominosumque portentum refugiatur, et tamen novas identidem nocendi occasiones reperiat. Alter ex tenebricoso aliquo coeno non ita pridem emersus, unde etiam nomen retinet, quo moram compenset strenua[w] sedulitate cursitando, prae- | *G iii a* | hensando, satagendo turbare, si quid est tranquilli et compositi, non desinit. Et quo virus suum latius evomat, sanguinariis dialogis[2] ad caedes et strages clementissimum Caesarem aliosque principes instigat. His hodie emissariis utitur sanctissimus pater ad columen rerum suarum sustinendum. Ac ne quis dubitet ex genuina et quasi domestica sedis Apostolicae cohorte ipsos esse omnibus vitae partibus testatum faciunt se non esse a Romana sanctitate degeneres. Nec a privilegiis abstinent, quae solis curialibus alias conceduntur.

Nam quod furvus ipse puellam adhuc viro imparem beluina ac prorsus monstrosa intemperie stuprando ita graviter violavit, ut paulo post sit mortua, et misera matre contumeliae orbitatisque iniuriam persequente, disruptis legum ac iudiciorum vinculis impune evaserit, quis ex singularibus illis Romanensium privilegiis esse neget?[3] Hoc obiter volui iudicare, ut qui salvam

v) Drf. ex-execrabili.
w) Drf. strennua.

1. Zum Satzbau vgl. *Augustijn*, Die Autorschaft, S. 262, Anm. 43.
2. Wohl gemeint sind die oben (S. 100, Anm. 2) erwähnten Schriften Konrad Brauns. In einem Brief an Landgraf Philipp von Hessen vom 4. Februar 1541 bezeichnet Bucer wahrscheinlich Brauns ›Etliche Gespräche abermals zwüschen dem Hoffrathe vnd den zweyen Gelerten‹ als »mordtdialogen« (*Lenz* II, Nr. 115, S. 7). Vgl. hierzu auch *Augustijn*, Die Autorschaft, S. 256 und 260.
3. Zu diesem Vorwurf gegen Konrad Braun vgl. *Augustijn*, Die Autorschaft, S. 260 f.

Es seind aber auch leider ettlich trewloß | *H2a* |vnd Gottlose verraͤther des vatterlands, die eintweder mit schantlichem sold bestelt oder sunst von natur so boͤß seind, das sie auch vmbsunst lust hanen zů boͤsen stucken. Die selben saͤyhen hin vnd her jhren somen, krieg heimlich an zůrichten, wa sie dann etwas bereyt finden, so zünden sie das fewr an, wa sie eyn füncklin sehend, da schürend sie zů vnd blasen das fewr mit jren boͤsen künsten an. Die werden auch nit zůrůgen sein, wie es sich ansehen laßt, biß das sie sehen, das gantz Teutschland mit einem fewr verbrennen vnd die weyl sie begeren mit solchen boͤßwicht stucken jhnen ein namen zůmachen, so mag ich jnen der ehren wol günnen vnd wiewol ich sie all zů erzoͤlen weder vermag noch willens bin, so wissend wir doch vnnder andern eyn par, das sich herfür thůt vnnd zů aller boßheyt überauß thaͤtig vnd geschickt ist.

Deren eyner mit dem, das er nun vil jar das Teutschland zerrüttet, mit mancherley practicken zůletst erlanget hat, das jhm Gott vnnd die welt feind ist vnd von allen gůthertzigen nit anders dann ein schaͤdlich gespenst geflohen wirt. Noch sůcht er taͤglich newe sünd vnnd gelegenheyten zů schaden. Der ander ist jüngst erst auß einem finsteren mist herauß geschloffen, daher jhm noch der nam anhangt, damit aber der selb die weyl[1] | *H2b* | vergleich[z][2] mit gůttem fleiß, so vnnderlaßt er nichts zůthůn vnd anzůrichten, was gemeyner růg vnnd einhelligkeyt zů wider ist. Die zwen vortraber[3] bgraucht der heyligest vatter, seine sachen mit jhnen zů erhalten vnnd damit niemants zweyfeln moͤcht, ob sie vileicht nit auß der rott des Apostolischen stůls waͤrend, so bezeugen sie das mit jhrem gantzen leben, das sie nit vneheliche kinder der Rhoͤmischen heiligkeyt seind, dann sie gebrauchen sich der freyheiten auch, die allein dem hoffgesind vergündt werden.

Dann, das der ein ein junges doͤchterlein, das noch zů keynem man geschickt war, mit viehischer vnd schantlicher vnzucht geschwecht hat vnd also schwerlich zůgericht, das es bald darnach darumb gestorben ist vnd als die betrůbt můter die schmach vnd beraubung jres kindts vor recht klaget, er mit zerrüttung alles rechten vnd billichen ongestrafft daruon kame, Wer wolt nit sagen, das es nit ein sonder freyheit des Rhoͤmischen stůls wer? Das hab ich im fürgang woͤllen anzeygen, das die, so die wolfart des vatterlandts begeren, dem gemeynen nutz günstig seind vnd dem friden nachtrachten, das die selben nit allein vor den künstlern, die auß der Roͤmischen werckstatt geschickt

z) Drf. vergelich.

1. sc. den Verzug, den Aufschub. *Grimm* 28 (= XIV,1,1), Sp. 792.
2. sc. ausgleiche.
3. Vorboten, Vorreiter, diejenigen, die die Vorhut bilden. *Grimm* 26 (= XII,2), Sp. 1752.

patriam cupiunt, bono publico favent, communi paci student, non tantum ab illis artificibus, qui huc ex officina Romana emittuntur, sed ab his etiam intestinis scelerum omnium architectis cavendum meminerint. Caeterum, quia tot difficultatibus circumsessi vix inveniunt pii, quo se vertent, nisi praeteritis ho- | *G iii b* | minibus recta in Deum respiciant: Hoc agendum nobis est, ut Christi nostri adventum expectemus, qui sua claritate hunc Dei adversarium dissipabit, et spiritu oris sui conficiet. Datum Bethuliae[1] Iudeae Anno 1541. Mense Martio.[x]

x) darunter: IMPRESSUM PER IOHANNEM Zelotem Nicopoli Pamphiliae.

1. Die vom assyrischen Feldhauptmann Holofernes belagerte Stadt im Land Juda; vgl. Jdt 6,6.9; 7,1.12; vgl. auch Jdt 4,6 (LXX); 6,10 (LXX, Vg.); 6,11.14; 7,1.3.6.13.20; 8,3.11; 10,6; 11,9; 12,7; 13,10; 15,3.6 (LXX); 15,7 (Vg.); 16,21 (LXX); 16,25 (Vg.). Durch die pseudonyme Ortsangabe »Bethulia« spielt Bucer wohl auf die altgläubige Bedrängung der evangelischen Konfessionspartei im Reich an.

werden, sonder auch vor den heymlichen anstifftern aller laster sich wissen zůhuͤ- | *H3a* | ten. Vnd dieweyl sich die Gottsaͤligen befinden mitt so vil beschwaͤrnüssen vmbgeben sein vnd nit wissen, wa sie sich hin keren sollen; sie verachten dann alle menschen vnnd sehend allein gerichts auff Gott, so will vns zů stohn, das wir vnsers Christi zů kunfft erwarten, der mit seyner klarheit disen widersacher vnd feindt Gottes vnd mit dem Geist seines mundts vmb bringen wirt. Geben zů Bethulia im Jüdischen land.

Anno 1541.

Nr. 2
Ratschlag Bucers und Hedios für den Rat und die Schulherren zur Examinierung des gewählten Propstes des Thomasstifts Beat Pfeffinger

zwischen 10. und 12. November 1541

bearbeitet von Stephen E. Buckwalter

Einleitung

1. Entstehung und Inhalt

Aus der archivalischen Einordnung des im folgenden edierten Stückes geht hervor, daß es zu den Bemühungen der evangelischen Prediger Straßburgs gehört, von allen Anwärtern auf eine freiwerdende Pfründe an den Stiften der Stadt ein Examen zu fordern[1]. Daß diese Bestimmung von den altgläubig gebliebenen Stiften der Stadt, etwa dem Domkapitel und den Stiften Alt- und Jung-St. Peter, heftig bekämpft wurde, überrascht nicht.[2] Bemerkenswert am folgenden Ratschlag ist aber, daß er von Opposition gegen die Examensforderung auch innerhalb des mehrheitlich evangelischen St. Thomasstifts zeugt. Im Ratschlag geben Martin Bucer und sein Kollege Kaspar Hedio ihre Empfehlungen an den Rat und an die Schulherren, um sie auf eine Besprechung mit Mitgliedern des Thomasstifts am 12. November 1541 vorzubereiten. Im Mittelpunkt dieses Treffens stand wohl die Weigerung des neu gewählten Propstes des Thomasstifts, Beat Felix Pfeffinger[3], sich dem geforderten Examen zu unterziehen[4]. In der vorliegenden Schrift plädieren Bucer und Hedio in unterschiedlichen Abschnitten, die jeweils an den Rat und an die Schulherren gerichtet sind, für die Schriftgemäßheit und Berechtigung des Examen canonicum.[5] Sie ermuntern Rat und Schulherren dazu, mit der Examensforderung verständnis-

1. Dieses Dokument trägt die Signatur AST 23, Nr. 5f. Unmittelbar davor befindet sich eine Verteidigung des Munizipalstatuts sowie des in ihm geforderten Examen canonicum (AST 23, Nr. 5e; ediert in: BDS 16, S. 369–425). Im allgemeinen enthalten die Konvolute Nr. 1 bis 5 von AST 23 Dokumente, die sich ausführlich mit dem Munizipalstatut und der in diesem angeordneten Examinierung der Pfründenanwärter befassen. Zu dieser Frage vgl. auch *Sehling*, EKO XX/1, S. 66f. sowie BDS 16, Nr. 17, S. 363–425 (bes. die Einleitung S. 363–366) und *Sohm*, Bedacht, S. 122.
2. Vgl. BDS 16, S. 363; vgl. hierzu auch *Adam*, Straßburg, S. 149–151.
3. Zu ihm vgl. unten S. 135, Anm. 1.
4. Der bisherige Propst Wolfgang Capito war am 4. November 1541 an der Pest gestorben; der Kanoniker Beat Felix Pfeffinger wurde am 10. November zu seinem Nachfolger gewählt (*Knod*, Stiftsherren, S. 14).
5. Insgesamt scheint Bucers Verhältnis zu Pfeffinger nicht frei von Spannungen gewesen zu sein (vgl. unten S. 135, Anm. 1).

voll und sensibel argumentierend, aber letztlich unnachgiebig, an die Vertreter des Thomasstifts heranzutreten.

Die von Konrad Huberts Hand überlieferten Ratschläge Bucers und Hedios folgen unmittelbar aufeinander. Nikolaus Kniebis[1] hat anschließend beide Stellungnahmen, die jeweils an die Ratsherren und an die Scholarchen adressiert sind, redaktionell verbunden und mit einem Titel, einer Einführung und einem abschließenden Absatz versehen.

Der Ratschlag ist folgendermaßen gegliedert:

I. Vorbemerkung von Nikolaus Kniebis: Die folgende Stellungnahme wurde zwecks eines Treffens mit Vertretern des Thomasstifts, die mit der Examinierung des neu gewählten Propstes Beat Pfeffinger beauftragt waren, erstellt [53r].
II. Ratschlag Bucers für die Vertreter des Rates [53r/v]
  A. Empfehlung, den vom Thomasstift gewählten Ort und Zeitpunkt für die Examinierung Pfeffingers zu respektieren.
  B. Bucer legt dem Rat nahe, den Vertretern des Thomasstifts zu vermitteln, daß sein Ansinnen, an der Examinierung Pfeffingers festzuhalten, nicht als Zeichen fehlenden Vertrauens mißverstanden werden soll.
  C. Gerade das Thomasstift genießt hohes Ansehen beim Rat.
  D. Die Forderung nach einem Examen ist in den Bestimmungen des Kirchenrechts und in den Schriften der Kirchenväter unmißverständlich begründet.
  E. Sollte das Thomasstift sich der Examensforderung des Munizipalstatuts verweigern, würden andere Stifte Straßburgs ähnliche Nachsicht für sich in Anspruch nehmen, was zu Mißbräuchen führen würde. Gerade das Thomasstift soll mit gutem Beispiel vorangehen [53v].
  F. Auch der Regensburger Reichstagsabschied von 1541 berechtigt den Rat dazu, die Durchführung des Examen canonicum vom Thomasstift zu fordern.
III. Zwischennotiz von Kniebis [54r]
IV. Ratschlag Hedios für die Schulherren [54r–55v]
  A. Die Schulherren sollen das Ergebnis der vom Thomasstift durchgeführten Propstwahl respektieren [54r].
  B. Dennoch sollten sie auf einem anschließenden Examen bestehen, das sich auf folgende Punkte erstreckt:
    1. Der Propst soll sich als um die Durchsetzung der Reformation innerhalb des Stifts bemüht beweisen [54r/v].
    2. Die vom Propst durchgeführte Verleihung von Stiftshöfen an die entsprechenden Kapitelherren von St. Thomas darf niemals im Austausch gegen finanzielle Leistungen geschehen [54v–55r].

1. Zu ihm vgl. unten S. 141, Anm. 3.

3. Auch bei der Verleihung von Pfründen hat der Propst allein auf die Tauglichkeit der angehenden Kirchendiener zu achten [55v].

V. Nachbemerkung von Kniebis

2. Überlieferung

Der Ratschlag Bucers und Hedios ist in einer einzigen Handschrift überliefert: Straßburg StArch, AST 23, Nr. 5f, fol. 53r–56v. Entwurf von der Hand Konrad Huberts, mit Ergänzung durch den Straßburger Ammeister Nikolaus Kniebis.

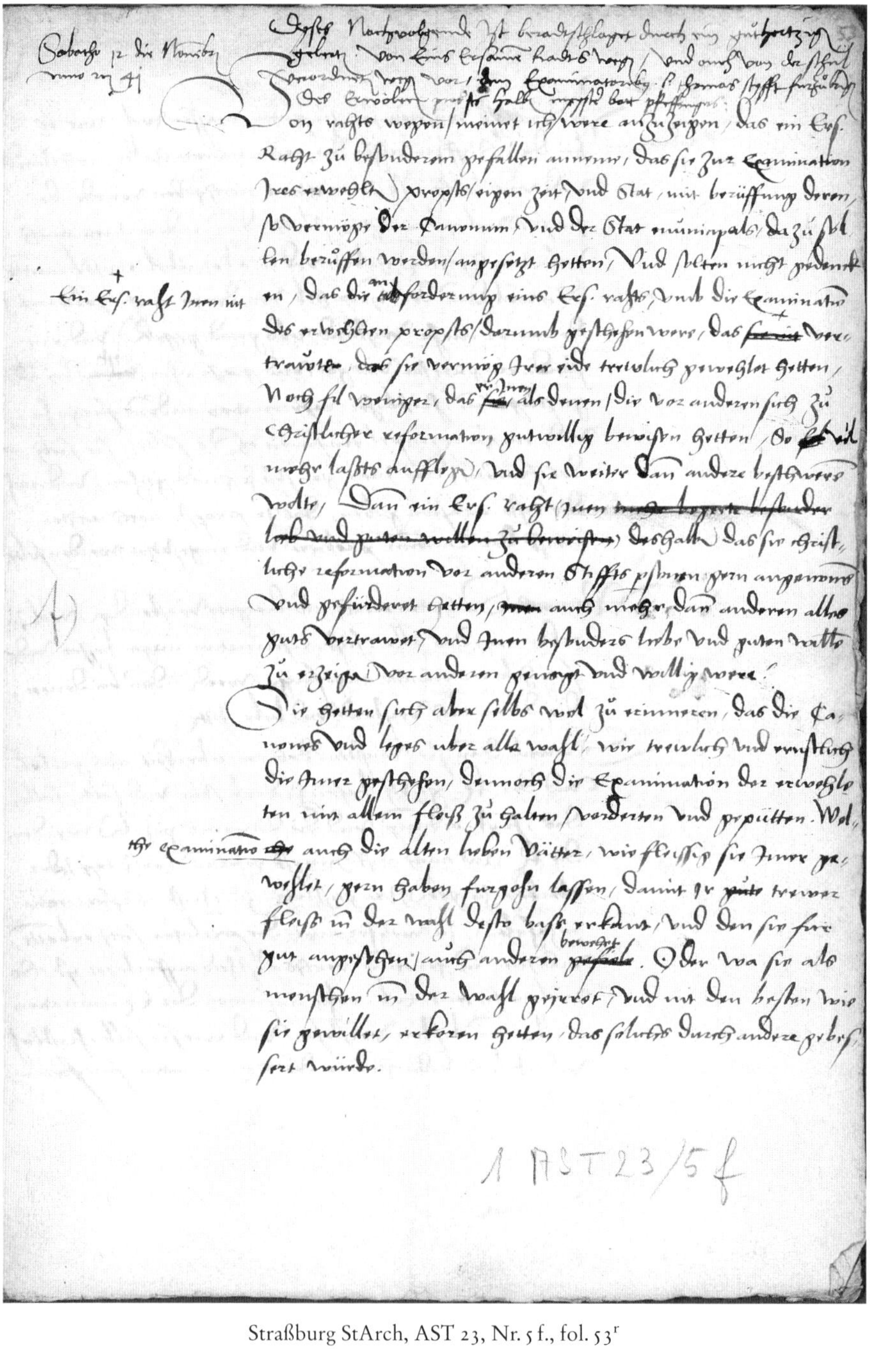

Straßburg StArch, AST 23, Nr. 5 f., fol. 53r

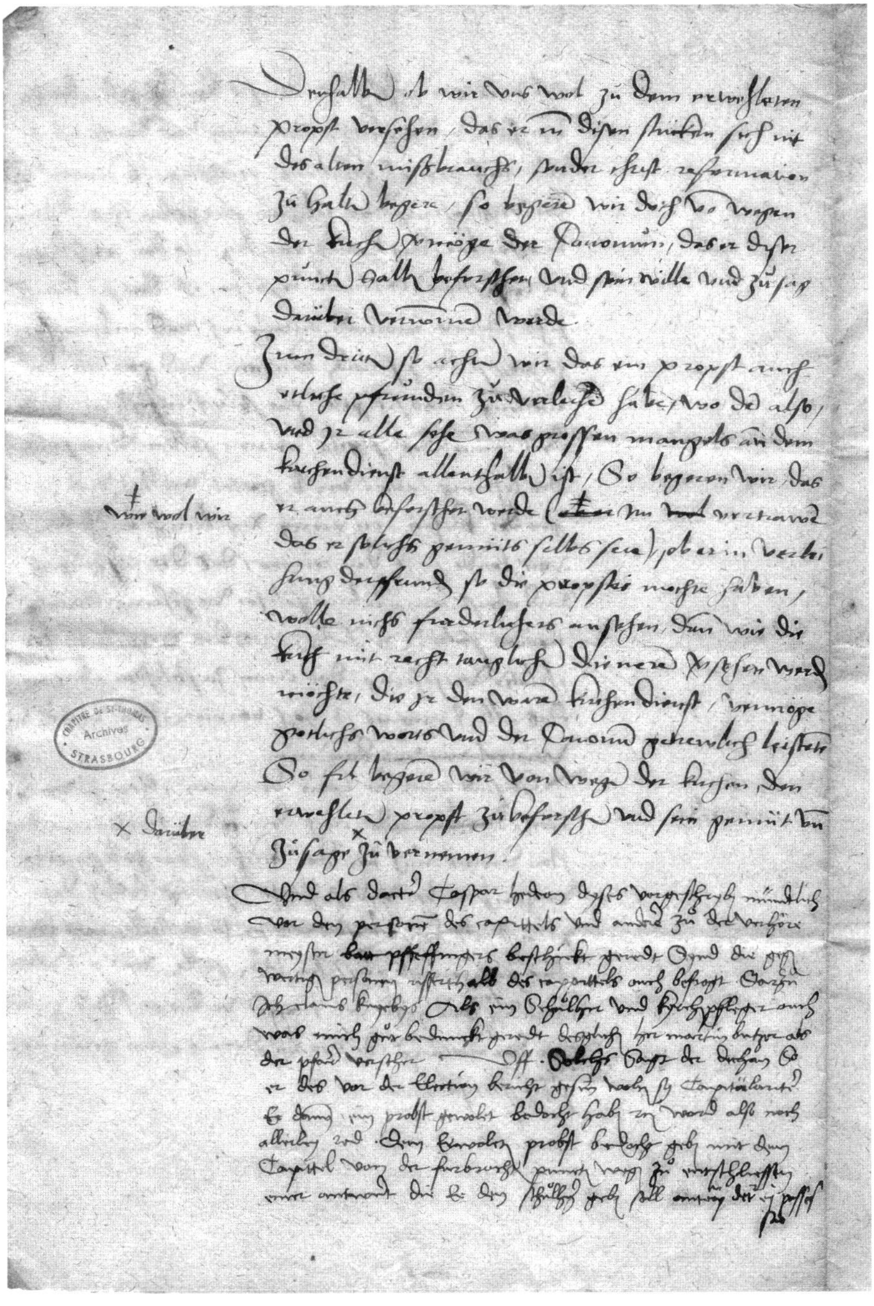
Derhalben ist wir das wol zu dem erwelten propst versehen, das er in disen stücken sich nit des alten missbrauchs, sunder christlicher reformation zu halten begere, so begere wir doch von wegen der kirchen vermöge der Canonum, das er diser puncten halb beschryben, und sein wille und zusag darüber vernommen werde.

Zum dritten achten wir das ein propst auch etliche pfründen zu verleihen habe, wo dem also, und yetz alle sehe was grossen mangels an dem kirchendienst allenthalben ist, So begeren wir das er auch beschryben werde (wie wol wir verstand das er solchs gewalts selbs sey), ob er in verlihung derselben als die propste mehr haben, wolle nichts fründtlichers ansehen, dann wie die kirch mit recht tauglichen dienern versehen werden möchte, die yetz den waren kirchendienst, vermöge göttlichs worts und der Canonen gebürlich leisten. So solt begeren wir von wegen der kirchen den erwelten propst zu beschriben und sein gemüt × darüber zusage zu vernemen.

Straßburg StArch, AST 23, Nr. 5 f., fol. 55v

| *56*[v] | [a]Was von eins Ersamen Radts wegen, belangen meyster Batt Pfeffinger[1], den Erwoleten probst belangen, vor den berůfften des capittels vnd anderer personen halben, des Examen oder verhör gen[annten] probst, gehandelt vff samstag, den 12. novembris, Anno etc. xlj.[a]

| *53*[r] | [b]Dyses[c] Nachvolgende jst beradtschlaget durch ein gůthertzigen gelerten[2], von Eins Ersamen Radts wegen vnd ouch von der schul verordneten[3] wegen, vor den Examinatoribus s[ankt] thomas styfft furzůbringen, Des Erwöleten probsts halben, meyster Batt Pfeffingers[b].

Von[d] rahts wegen meinet[4] ich[5], were anzuzeigen, das ein Ers[amer] Raht zu besonderem gefallen anneme, das sie[6] zur Examination jres erwehlten Propsts eigen zeit vnd Stat mit berüffung deren, so vermöge der Canonum vnd der Stat munici-

a)–*a)* von der Hand des Nikolaus Kniebis.
b)–*b)* von der Hand des Nikolaus Kniebis.
c) von Nikolaus Kniebis davor am linken Rand nachgetragen: Sabatho 12. die Novembris anno [15]41.
d) Hier setzt die Hand Konrad Huberts ein.

1. Beat Felix Pfeffinger (gest. 23. August 1554). In Straßburg geboren, erhielt er 1510 ein Kanonikat am St. Thomasstift; von 1511 bis 1518 studierte er in Heidelberg, wo er 1513 den baccalaureus artium und 1518 den baccalaureus in utroque iure erwarb; am 10. November 1541 wurde er zum Propst des Thomaskapitels gewählt; Zu ihm vgl. Straßburg StArch, AST 19, fol. 116[r]; *Knod*, Stiftsherren, S. 14; Correspondence of Wolfgang Capito 1, S. 206, Anm. 3, v. a. aber ebd. 2, S. 108, Anm. 22. Das Verhältnis zwischen Bucer und Pfeffinger scheint bereits 1533 von Spannungen überschattet gewesen zu sein, wie das Protokoll der damaligen Synode ahnen läßt (QGT 8 [Elsaß II], S. 50,28); im Sommer 1544 gerieten beide erneut in eine heftige Auseinandersetzung, bei der Pfeffinger Bucer vorwarf, »Ir wöllent den Stifft zerreissen« (*Knod*, Stiftsherren, S. 13, Anm. 1; vgl. auch Bucers um Versöhnung bemühten Brief an Pfeffinger ebd., S. 54 f.).
2. Der Bucer-Forscher Jean Rott verstand dies als einen Hinweis auf Martin Bucer (*Rott*, Verzeichnisse, AST 23).
3. Das städtische Amt des Schulherrn oder Scholarchen wurde am 9. Februar 1526 auf Initiative der Straßburger Prediger vom Rat geschaffen; die Ratsmitglieder Nikolaus Kniebis, Jakob Sturm und Jakob Meyer wurden zu diesem Zeitpunkt als Schulherren auf Lebenszeit eingesetzt; außerdem wurden der Prediger Kaspar Hedio und der Griechischprofessor Jakob Bedrotus mit der Aufgabe betraut, Schulvisitationen durchzuführen. Vgl. hierzu BDS 2, S. 399–404 (bes. S. 400,17–401,16); BCor II, Nr. 90, S. 13 f.; BCor VII, S. 89, Anm. 4; *Schindling*, Humanistische Hochschule, S. 28 f.; *Kohls*, Schule, S. 58 f.; *Brady*, Politics of the Reformation, S. 154–157 (= Zwischen Gott und Mammon, S. 183–187); *Greschat*, Bucer, S. 98 f. (= 1. Aufl. S. 92).
4. sc. meinte.
5. sc. Martin Bucer.
6. sc. die Mitglieder des St. Thomasstifts.

pals[1] da zu sollen berů̊ffen werden[2], angesetzt hetten, Vnd solten nicht gedencken, das die anforderung[e] eins Ers[amen] rahts vmb die Examination des erwehlten propsts darumb geschehen were, das [f]Ein Ers[amer] raht jnen nit[f] vertrawte[g], das[h] sie vermög jrer eide trewlich gewehlet hetten, Noch fil weniger, das [i]er jnen[i] als denen, die vor anderen sich zu Christlicher reformation gutwillig bewisen hetten, So vil[j] mehr laßts aufflegen vnd sie weiter dann andere beschweren wolte, Dann ein Ers[amer] raht jnen[k] deshalben, das sie christliche reformation vor anderen Stiffts personen gern angenomen vnd gefürderet hatten[l], auch mehr dann anderen alles guts vertrawet vnd jnen besonders liebe vnd guten willen zu erzeigen vor anderen geneigt vnd willig were.

Sie hetten sich aber selbs wol zů erinneren, das die Canones vnd leges uber alle wahl, wie trewlich vnd ernstlich die jmer geschehen, dennoch die Examination der erwehleten mit allem fleiß zu halten vorderten vnd gepütten[3]. [m]Welche examination[m] auch die alten lieben Vätter, wie fleissig sie jmer gewehlet, gern haben furgohn lassen, damit jr[n] trewer fleiß inn der wahl desto baß erkant vnd den sie fur gut angesehen auch anderen bewehrt[o], Oder wa sie als menschen inn der wahl gejrret vnd nit

e) korr. aus: abforderung.
f)–*f)* vom linken Rand eingewiesen für gestr.: sie nit.
g) korr. aus: vertrawten.
h) undeutlich korr.
i)–*i)* über der Zeile nachgetragen für gestr.: sie.
j) am Ende der Zeile nachgetragen für gestr.: fil.
k) danach gestr.: nicht begerte besonder leib vnd guten willen zu beweisen.
l) danach gestr.: jnen.
m)–*m)* -che examination: am linken Rand nachgetragen für gestr.: -che.
n) danach gestr.: gute.
o) über der Zeile nachgetragen für gestr.: gefiele.

1. sc. und des Munizipalstatuts der Stadt; vgl. die Verwendung des Begriffs »Municipal« in BDS 16, S. 373,12, S. 395,12, S. 401,3 und S. 424,13; das Munizipalstatut wurde am 9. September 1539 erlassen und ist in BDS 7, S. 572–575 sowie in *Sehling*, EKO XX/1, S. 296–299 ediert.

2. Das Munizipalstatut sah die Wahl von fünf Examinatoren aus den eigenen Reihen des jeweiligen Stifts vor, erlaubte aber auch »andern capitels- unnd stifft personen« bei diesem Examen anwesend zu sein, um »zu hören, ob vermög der canonum gehandlet« werde (BDS 7, S. 574,25–575,10 = *Sehling*, EKO XX/1, S. 298).

3. Die lateinische Fassung des Munizipalstatuts listet folgende Stellen aus dem kanonischen Recht auf (vgl. *Sehling*, EKO XX/1, S. 291 f.): Decr. Grat. I, Dist. 48, c. 2 (*Friedberg* I, Sp. 174), Decr. Grat. II, C. 1, qu. 1, c. 117 und 120 (*Friedberg* I, Sp. 403 f.), Liber Extra, lib. 1, tit. 6, c. 7 (*Friedberg* II, Sp. 41), lib. 3, tit. 4, c. 3 (*Friedberg* II, Sp. 460) und lib. 3, tit. 5, c. 29 (*Friedberg* II, Sp. 478); vgl. aber auch Decr. Grat. I, Dist. 23, c. 2 (*Friedberg* I, Sp. 79 f.); Dist. 24, c. 2 und 6 (*Friedberg* I, Sp. 87 und 89); Dist. 81, c. 4 (*Friedberg* I, Sp. 282). Zu den Bestimmungen aus dem römischen Recht vgl. Nov. 6,1 und 4 f. (CICiv III, S. 36–40 und 42 f.); Nov. 123,1 (CICiv III, S. 594–595) und 12 (CICiv III, S. 604).

den besten, wie sie gewillet, erkoren hetten, das solichs durch andere gebessert würde[1]. | *53*[v] |

Zu dem, so wüßten sie zu guter massen wol, wie es bei den anderen[p] Stifften alhie der reformation halben noch stünde[2] vnd wie leicht, so jnen etwas nochgeben würde, das sie sich wol gebrauchten, solichs dann andere jnen auch wolten nachgegeben haben vnd es aber übel mißbrauchen wurden[q]. Dieweil dann der Herr selb von denen mehr forderet, denen er mehr verstand vnd gnad gegeben[3], vnd ein sondere gutthat von got vnd grosse ehre ist[r], bei allen gotseligen inn christlicher reformation anderen furgohn vnd ein gut exempel einfüren. So solten sie sich des frewen, das jnen got solche gnad gethon vnd auch die erste occasion geben, das jr propst nach rechter maß der Canonum probiert vnd eingesetzet werden solte.

Sie[s] hetten auch als die gots verstendigen wol zu erkennen, das alle christ[liche] reformation nirget besser vnd fruchtbarer mochte angefangen werden, dann bei denen, die deren[4] auch verstand vnd liebe hetten.

Dieweil dann sie wußten, das ain oberkeit aus gotlichem vnd der k[aiserlich]en gesetz befelch drob sein[5] vnd halten solle, das christ[liche] ordnung vnd die Canones gehalten werden, die k[aiserliche] m[ajestä]t auch auff jüngst gehaltnem reichstag[6] jeder oberkeit zu geben, jre geistlichen zu christ[licher] reformation anzuhalten, zu welcher auch die prelaten sich erbotten vnd jnen inn gemeinem reichsabscheid aufferleget ist[7]. So wölten sie eins Erb[aren] rahts ansinnen, der Examination halben, imm besten verstohn vnd wie sie selb christlich vnd ehrlich bedacht mit der Examination furtfaren. | *54*[r] | Was dann der kirchen halben darzu zu reden sein würd,

p) vom linken Rand eingewiesen.
q) vom linken Rand eingewiesen.
r) über der Zeile nachgetragen für gestr.: were.
s) davor gestr.: Wiewol.

1. Vgl. etwa *Gregor der Große*, Epistolarum Registri Liber 5, Epistola 54 (CChr.SL 140, S. 349); Liber 9, Epistola 140 (CChr.SL 140a, S. 691 f.); Liber 10, Epistola 19 (CChr.SL 140a, S. 848 f.); Liber 11, Epistola 6 (CChr.SL 140a, S. 867 f.); *Cyprian*, Epistola 67 (CSEL 3/2, S. 735–743; CChr.SL 3C, S. 446–462); *Augustin*, Epistola 213 (CSEL 57, S. 372–379); vgl. auch BDS 9,1, S. 241,20–249,18; BDS 12, S. 393,25–395,19; BOL 3, S. 85–87.

2. Möglicherweise gemeint sind die altgläubigen Stifte Alt St. Peter und Jung St. Peter, die das Munizipalstatut als solches kategorisch ablehnten, ganz zu schweigen von dem dort geforderten Examen canonicum (vgl. BDS 16, S. 363–366).

3. Vgl. Lk 12,48.

4. sc. in bezug auf die erwähnte christliche Reformation.

5. acht haben, beachten.

6. nämlich auf dem vom 5. April bis 29. Juli 1541 in Regensburg gehaltenen Reichstag (vgl. *Kohnle*, Reichstage der Reformationszeit, S. 464; *Haug-Moritz*, Der Schmalkaldische Bund, S. 603; *Augustijn*, Diet of Regensburg).

7. Der Abschied des Regensburger Reichstages von 1541 forderte von den geistlichen Herren ausdrücklich, unter ihnen und ihren Untertanen »eyn Christliche ordnung vnd reformation fürzunemen vnd auffzurichten, die zu guter gebürlicher vnnd heylsamer administration der Kirche förderlich vnd dienstlich sei« (*Hergang*, Religionsgespräch zu Regensburg, S. 473; vgl. auch Neue und vollständigere Sammlung der Reichs-Abschiede II, S. 434).

das wurden die Schulherren[1] sampt den kirchenpflegeren[2] mit anderen kirchen personen wol furbringen.

[t]Dyses hie vor geschryben jst vor den Capittel personen vnd andern, die zů der verhor oder Examen her Batt Pfeffingers[3] als Erwolten probsts Sant thomas stifft beschickt synd, Durch den Statschryber Johann Meyer[4] jn bysyn Martin Betscholt[5] vnd Bastian Erben[6], von dem Radt darzů verordneten, mundtlich geredt vff samstag, den 12. tag novembris Anno etc. 4j[7]. Vnd dan noch das nach volgend durch Doctor Casparn Hedion[8] von der schůlhern wegen etc. geredt vnd darnach her Batt Pfeffinger der erwolt probst daruff gehort worden.[t]

Von der Schulherren[9] wegen meinet ich[10], were dises anzuzeigen, nach dem sie gefraget würden, ob sie gegen der[11] wal oder dem erweheleten etwas einred hetten.[12]

Dieweil jr disen Propst nach gethonem eid vnd darumb billich mit[u] trewem[v] auff die würde des ampts, sein person vnd die Canones gesehen, die person auch baß kenneten, so wollen wir[13] dis mals ewer wahl vertrawen vnd seiner tauglicheit halben zu diser praelatur nichs einreden noch excipiern[14].

t)–*t)* von Nikolaus Kniebis zwischen den Absätzen und am linken Rand nachgetragen.
u) danach gestr.: allem ernst.
v) danach gestr.: aufsehen.

1. Vgl. hierzu oben S. 135, Anm. 3.
2. Zum Amt des Kirchenpflegers vgl. *Greschat*, Bucer, S. 129 (= 1. Aufl. S. 119); *Hammann*, Entre la secte et la cité, S. 322–336 (= Zwischen Volkskirche und Bekenntnisgemeinschaft, S. 261–273).
3. sc. Beat Pfeffingers.
4. Johann Meyer, auch: Motzbeck (geb. 1501, gest. nach 1553); zu diesem Stadtschreiber vgl. QGT 7–8 (Elsaß I–II) passim sowie *Brady*, Ruling Class, S. 300 und 441; möglicherweise identisch mit dem als »Johann Meyger« bekannten Sohn Fridolin Meygers (vgl. QGT 15 [Elsaß III], S. 32,9 mit Anm. 3).
5. Martin Betscholt, auch: Pötschl (gest. 27. November 1546); zu diesem Ratsherrn vgl. *Brady*, Ruling Class, S. 300 (Eintrag VIII.) und passim, sowie QGT 7, 8, 15 und 16 (Elsaß I–IV) passim.
6. Sebastian Erb (geb. 1478, gest. 22. Februar 1548); zu diesem wohlhabenden Tuchhändler und Ratsherrn vgl. *Brady*, Ruling Class, S. 312 f. (Eintrag XXVIII.) und passim, sowie QGT 7, 8, 15 und 16 (Elsaß I–IV) passim.
7. sc. 1541.
8. Kaspar Hedio (auch: Funarius, Funificis, Bocclin, Seiler), geb. 1494 in Ettlingen, in Freiburg 1517 zum Dr. phil., in Basel 1520 zum Dr. theol. promoviert, Domprediger in Mainz von 1520 bis 1523, im November 1523 nach Straßburg gerufen, Münsterprediger von 1523 bis 1549, Übersetzer und Herausgeber kirchengeschichtlicher Werke, gest. am 17. Oktober 1552. Zu ihm vgl. *Bopp*, Die evangelischen Geistlichen, Nr. 2028; *Ficker/Winckelmann*, Handschriftenproben II, Nr. 60; *Benrath*, Historien de l'Église; *Bodenmann*, Hedio; *ders.*, Caspar Hedio.
9. Vgl. oben S. 135, Anm. 3.
10. sc. Kaspar Hedio.
11. Zum Dativ vgl. *Grimm* 5 (= IV,1,2), Sp. 2205.
12. Den folgenden Abschnitt formuliert Hedio als Anrede der Scholarchen an die Stiftsherren von St. Thomas.
13. sc. die Schulherren.
14. sc. etwas als Exceptio (Einrede, mündliche Verteidigung gegen eine Anklage) geltend machen. Vgl. *Grimm* 3, Sp. 247, s. v. Einrede 3.

Nach dem aber jr wisset, das den erwehleten praelaten, eh sie inn jr ampt eingesetzet, die Canones sollen[w] fürgelesen werden[x], wie sie sein vnd jr ampt verrichten sollen, auch jren willen vnd zusage, dem selbigen getrewlich nach zu komen, vor der kirchen vernemen, So begeren wir von wegen der kirchen, das der erwehlet probst beforschet werde diser puncten halb.

Erstlich, weil er soll ›prepositus‹, das ist der furgesetzet, sein dem gantzen Stifft vnd allen personen, ob er wölle mit allem fleiß vnd getrewen ernst daran sein, das die angefangen reformation des stiffts getrewlich erhalten vnd was daran noch mangelt, nach seinem besten vermogen helffen, auch[y] anrichten vnd ins werck bringen. | *54*ᵛ |

Dann ob wol gesagt wurt, was geistlich sitten vnd zucht belange, stehe eim Dechan[1] zu, zuversehen vnd drob zu halten, so ist doch offenbar, dieweil der praepositus der obrist prelat ist, das er auch zum vorderisten zu aller christ[lichen] reformation verhelffen solle vnd drob halten. Dann so die heiden das erkennen, das inn keinem menschlichen Collegio das zeitlich gut versehen das höhste geschefft sein solle, so würt das zeitlich versehen freilich mit nichten dem obristen prelaten allein zustohn, sonder fil[z] mehr, das[a] geistlich zucht vnd ordnung gehalten werde. Darumb, so begeren wir von der kirchen wegen, das er[2] [b]fur das erst[b] befragt werde vnd zusage, ob angfangner christ[licher] reformation dises Collegii vnd kirchen getrewlich vnd nach seinen besten vermögen zu halten vnd, was daran manglet, sampt Dechan vnd Capitel auch mit bestem trewen helffen anrichten vnd ins werck bringen.

Zum anderen ist nun lang ein gemeiner mißbrauch gewesen, das die Pröpst hie vnd anderswo vmb die inuestituren[c] vnd verleihung der houe[3] zimlich gelt genommen, so sie dann nun wol wissen, das solichs offentlich wider die Canones vnd leges ist[d], etwas vmb solche lehenung[4] oder inuestitur[e] zu nemen, die man dann

w) über der Zeile nachgetragen und eingewiesen.
x) vor dem Zeilenanfang nachgetragen.
y) korr. aus: an.
z) korr. aus: freuenlich.
a) korr. aus: dan; danach gestr.: der gaistlichen freuenlich.
b)–*b)* vor den linken Rand geschrieben und eingewiesen.
c) korr. aus: infestituren.
d) über der Zeile nachgetragen für gestr.: were.
e) korr. aus: infestitur.

1. Jakob Bopp war von April 1536 bis zu seinem Tod am 11. März 1544 Dekan des Thomasstifts (Straßburg StArch, AST 19, fol. 116ʳ; *Knod*, Stiftsherren, S. 20); Bucer wurde am 31. März 1544 zu dessen Nachfolger gewählt (Straßburg StArch, AST 19, fol. 116ʳ; *Knod*, Stiftsherren, S. 29 und 54f.; *Gäumann*, Reich Christi, S. 108–110; *Greschat*, Bucer, S. 229–231 = 1. Aufl. S. 210).
2. sc. Beat Pfeffinger.
3. Höfe; gemeint sind die Stiftshöfe. Seit der Mitte des 12. Jahrhunderts war jedem Kapitelherr von St. Thomas ein eigener Hof zu lebenslänglicher Nutzniessung gegeben; »Es war Sache des Propstes, die Stiftshöfe zu verleihen« (*Knod*, Stiftsherren, S. 56, Anm. 3).
4. Lehnung, das Leihen, die Verpachtung, die leihweise Überlassung. Vgl. *Grimm* 12 (= VI), Sp. 552, s. v. Lehnung; Deutsches Rechtswörterbuch 8, Sp. 1002f. Vgl. auch die Form »Lehenunge« (*Himly*, Dictionnaire ancien alsacien, S. 133).

allein nach der tauglicheit der personen vnd zu gut der kirchen thun solle; vergeben hat mans empfangen, vergeben solt mans geben[1]. Welches mißbrauchs abstellung hieuor gemeine reichstend begeret, so haben auch die selbig geforderet die Cardi- | 55r | nel jn jrem rahtschlag, den sie dem Bapst ubergeben haben[2], desgleichen thut auch das Buch[3], so k[aiser]l[iche] M[ajestä]t auff jungst gehaltenem reichstag zum mittel[f] der vergleichung in[g] der religion furgeben hat. Dann ja offenbar, das den Pröpsten als den archidiacen[4] zu inuestieren[h] darumb befolhen ist, das sie druff sehen, damit niemand ontauglich vnd onbewehret[5] zu posseß der pfrunden komme, vnd gar nit der meinung, das sie gelt fur solich inuestitur[i] vnder dem namen des sigils[6] nemen sollen. Dann, solle die lehenung[7] lauter vmb gottes willen vnd zu gut der kirchen, on einig vergeltung, beschehen, wie konde sichs dan reimen, das der inuestiens[j] vnd oberst comprobans solcher versehung etwas nehmen solle? So haben auch die Propsteien jre ehrliche versehung, das man zu solchem abnemen, das alle Canones so hoch verpieten, kein vrsach hat[k].

Also sind auch die houe demnach allein zu verleihen[l] nach dem, [m]das ein ieder[m] der kirchen am basten dienet, auch bei der kirchen sein gelegenere wohnung habe, vnd ist solche lehenung[8] billich dem Propst als dem obristen praelaten zu gestellet als der das furnemist aufsehen haben solle, wes ein ieder wurdig sein[n] vnd gegen der

f) danach gestr.: vnd.
g) über der Zeile nachgetragen und eingewiesen.
h) korr. aus: infestieren.
i) korr. aus: infestitur.
j) korr. aus: infestiens.
k) danach gestr.: wiewol wir vns dann nun.
l) undeutlich korr.; danach gestr.: das ein ieder.
m)–*m)* vor den linken Rand geschrieben und eingewiesen für gestr.: er.
n) über der Zeile nachgetragen und eingewiesen.

1. Mt 10,8.
2. Bucer meint wahrscheinlich das ›Consilium delectorum cardinalium et aliorum praelatorum de emendanda ecclesia‹. Diese wurde von einer im Sommer 1536 einberufenen Kommission unter maßgeblicher Beteiligung Gasparo Contarinis (1483–1542) erarbeitet und im März 1537 dem Papst vorgelegt. Die Entstehung dieses Ratschlags beschreibt Bucer ausführlich in ›Alle Handlungen und Schriften‹ vom Dezember 1541 (BDS 9,2, S. 339,25–33); er erwähnt ihn erneut in seiner ›De concilio … confutatio‹ vom August 1545 (BDS 15, S. 216,24 f.; vgl. bes. Anm. 4 ebd.) sowie in seinem Briefmemorandum an die Kurfürsten von der Pfalz und von Brandenburg vom April 1548 (BDS 17, S. 378,16–20).
3. Wohl ein Hinweis auf das im Rahmen des Regensburger Religionsgesprächs 1541 auf Grundlage des Wormser Buchs (Edition in: BDS 9,1, S. 338–483) erstellte Regensburger Buch (Edition in: ARC 6, S. 21–88); vgl. hierzu *Augustijn*, Regensburger Buch; *ders.*, Diet of Regensburg.
4. Zu Bucers Vorstellung vom Amt des Archidiakons vgl. BDS 7, S. 114,25 f.; BDS 11,1, S. 60, Anm. 235; BDS 12, S. 59,16 f.; vgl. auch Decr. Grat. I, Dist. 25, c. 1, § 11 (*Friedberg* I, Sp. 90), Dist. 60, c. 1–3 (*Friedberg* I, Sp. 226 f.) und Dist. 74, c. 5 (Friedberg I, Sp. 263); Decr. Grat. II, C. 16, qu. 7, c. 11 (*Friedberg* I, Sp. 804); Decretales Gregorii IX., lib. 1, tit. 23 (*Friedberg* II, Sp. 149–153).
5. ungeprüft.
6. Siegels.
7. Vgl. oben S. 139, Anm. 4.
8. Vgl. oben S. 139, Anm. 4.

kirchen verdiene, Vnd gar nit der meinung, das er imm[1] daraus etwas gewinnes schöpffen solte. | 55v |

Derhalben, ob wir vns wol zu dem erwehleten Propst versehen, das er inn disen stücken sich nit des alten mißbrauchs, sonder christ[liche] reformation zu halten begere, so begeren wir doch von wegen der kirchen vermöge der Canonum, das er diser puncten halben beforschet vnd sein wille vnd zu sag darüber vernommen werde.

Zum dritten, so achten wir, das ein Propst auch etliche pfrunden zu verleihen habe. Wo dan also, vnd jr alle sehen[2], was grossen mangels ann dem kirchendienst allenthalben ist, So begeren wir, das er auch beforschet werde ([o]wie wol wir[o] jm[p] vertrawen, das er solichs gemüts selbs seie), ob er in verleihung der pfrunden, so die propstei mochte haben, wolle nichs furderlichers ansehen, dann wie die kirch mit recht tauglichen dieneren versehen werden möchte, die jr den waren kirchen dienst vermöge gotlichs worts vnd der Canonum getrewlich leisteten.

So fil begeren wir von wegen der kirchen, den erwehleten propst zu beforschen vnd sein gemüt vnd zusage darüber[q] zu vernemen.

[r]Vnd als doctor Caspar Hedion dyses vorgeschryben mündtlich vor den personen des capittels vnd andrer, zů der verhöre meyster Batt Pffeffingers beschickt, geredt, Synd die gegen wertigen personen usserthalb des cappittels auch befragt. Darzů jch, Claus Knyebys[3], Als ein Schůlher[4] vnd kyrchenpfleger[5] auch, was mich gůt bedunckt, geredt, desglichen her Martin Butzer als der pfarr verseher[6]. Vff Solchs Sagt der dechan[7], So er des vor der Election bericht gesin[8], wolten sy Capitülariter[9], Er[10] dann ein probst gewolet[11], bedocht haben etc. Ward also noch allerley red. Dem Erwoleten probst bedacht geben mit dem Capittel von der furbrochten puncten wegen, zů entschliessen einer antwurt, die Er den schůlhern geben soll antequam detur ei possessio[r].

o)–*o)* vor den linken Rand geschrieben und eingewiesen für gestr.: ob er.
p) danach gestr.: wol.
q) vor den linken Rand geschrieben und eingewiesen.
r)–*r)* von Nikolaus Kniebis am unteren Seitenrand nachgetragen.

1. sich.
2. 2. Person Plural.
3. Nikolaus (Klaus) Kniebis (Kniebs), Straßburger Ammeister und Scholarch (geb. 1479, gest. 1552). Zu ihm vgl. *Ficker/Winckelmann*, Handschriftenproben I, Nr. 4; QGT 7 (Elsaß I), S. 299, Anm. 1; BDS 7, S. 533; *Brady*, Ruling Class, S. 326 f.; BCor VIII, S. 394 f.
4. Vgl. oben S. 135, Anm. 3.
5. Vgl. oben S. 138, Anm. 2.
6. Bucer war bereits im Dezember 1541 vom Straßburger Rat zum Superintendenten ernannt worden (*Gäumann*, Reich Christi, S. 109); freilich sollte er dieses Amt erst nach der Wahl durch den Pfarrerkonvent am 23. Juni 1544 offiziell übernehmen (*Adam*, Straßburg, S. 190).
7. Vgl. oben S. 139, Anm. 1.
8. berichtet worden.
9. sc. im Zuge eines Kapiteltreffens. *Niermeyer* II, S. 180.
10. eher.
11. sc. bevor der Propst gewählt worden war.

Nr. 3
Gutachten Bucers zur Examinierung des gewählten Propstes des Thomasstifts Beat Pfeffinger

nach dem 10. November 1541

bearbeitet von Stephen E. Buckwalter

Einleitung

1. Entstehung und Inhalt

Dieses unbetitelte, aus einem lateinischen und einem deutschen Abschnitt bestehende Gutachten, das ausgeprägten Entwurfscharakter aufweist, befaßt sich mit der von Bucer geforderten Examinierung des am 10. November 1541 gewählten Propstes des St. Thomasstiftes in Straßburg, Beat Pfeffinger.[1] Die Detailliertheit seiner Ausführungen läßt vermuten, daß Bucer es erst nach seinem ersten, an den Rat gerichteten Ratschlag[2] zu diesem Konflikt erstellte. Dennoch läßt es sich nicht ausschließen, daß das Gutachten bereits bei der von Nikolaus Kniebis eingeleiteten Besprechung mit den Verantwortlichen des Thomasstifts am 12. November 1541 vorlag.[3]

Das Gutachten weist folgende Gliederung auf:

I. Lateinischer Abschnitt [102ʳ–103ᵛ]:
   A. Mit seinem Munizipalstatut hat der Rat die Bestimmungen des Kirchenrechts bezüglich der Examinierung von gewählten Geistlichen wieder in Kraft gesetzt [102ʳ].
   B. Von diesen Bestimmungen sind nicht nur niedere Kleriker, sondern natürlich auch Prälaten erfaßt.
   C. Die Eigenschaften eines gewählten Prälaten mögen denjenigen, die ihn gewählt haben, ausreichend bekannt erscheinen; dennoch ist ein erweiterter Personenkreis in seine Prüfung hineinzubeziehen, da es sich hierbei um ein wichtigeres Amt als dasjenige eines Chorherren handelt.
   D. Ähnlich wie ein Kanoniker sollte ein Prälat vor Amtsantritt seinen Willen, der Kirche nach Kräften zu dienen, öffentlich bekunden [102ᵛ].
   E. Aus diesem Grund habe der Rat entschieden, daß gewählte Prälaten sich vor der Amtsübernahme einer Examinierung durch Vertreter der Kirche und der Stadt unterziehen [102ᵛ–103ʳ].

1. Zum historischen Hintergrund dieses Stückes vgl. oben die Einleitung zu Nr. 2, S. 129–131.
2. Oben Nr. 2, S. 135–141.
3. Jean Rott hielt auch eine Abfassung Anfang 1542 für möglich (*Rott*, Liste alphabétique, S. 71).

F. Bei dieser Gelegenheit können Einwände gegen die getroffene Wahl erhoben werden.

G. Wenn nichts gegen die Wahl eines bestimmten Kandidaten eingewendet wird, ist er mit der hier wiedergegebenen Formel offiziell gutzuheißen.

H. Darüber hinaus ist vom Kandidaten ein Bekenntnis zur reinen Gottesverehrung und zur Fortsetzung der Reformation zu verlangen [103^{v}].

I. Schließlich soll er sich dazu verpflichten, bei der Verleihung von Pfründen allein auf die Eignung der Pfründenempfänger zu achten, und sich damit einverstanden erklären, im Falle eines Amtsversäumnisses gegebenenfalls abgesetzt zu werden.

II. Deutscher Abschnitt [104^{r}–107^{v}]:

A. Der Propstanwärter Beat Pfeffinger hat sich in vierfacher Hinsicht zu verpflichten [104^{r}–106^{v}]:

1. Verspreche er, die begonnene Reformation fortzusetzen? [104^{r}].
2. Werde er für die Verleihung von Pfründen keine Zahlungen entgegennehmen? [104$^{r/v}$].
3. Verpflichte er sich ebenfalls, in den Genuß keiner finanziellen Vorteile durch die Verleihung von Stiftshöfen zu gelangen? [104^{v}–105^{v}].
4. Werde er etwaige Pfründe ohne materielle Hintergedanken und nur aus dem Wunsch, der Kirche zu dienen, antreten? [106$^{r/v}$].

B. Ist der Propst ein wahrer Christ, hat er auf alle vier der obengenannten Fragen mit »ja« zu antworten [107^{r}].

C. Präzisierung und Ausformulierung der vom Propstanwärter zu machenden Zusagen [107$^{r/v}$]:

1. Fortsetzung der Reformation [107^{r}]
2. Pfründenvergabe allein an ordnungsgemäß examinierte Kandidaten
3. Verleihung von Stiftshöfen allein nach geistlichen Kriterien [107$^{r/v}$]

D. Diese Forderungen sind alle im göttlichen Gesetz und im Kirchenrecht begründet [107^{v}].

E. Der Propst dürfe sich nicht weigern, der weltlichen Obrigkeit diese Versprechen abzugeben.

2. Überlieferung

Der Edition liegt zugrunde: Straßburg StArch, AST 38, Nr. 4, fol. 102^{r}–107^{v} (= S. 123–134), Autograph Bucers. Die Blätter, auf denen der lateinische Text überliefert ist, nämlich die fol. 102^{r} bis 103^{v} (= S. 123–126), unterscheiden sich in ihrer Größe von den Blättern, auf denen der deutsche Text überliefert ist, nämlich die fol. 104^{r}–107^{v} (= S. 127–134). Es ist deshalb zu vermuten, daß beide Gutachtenteile erst nachträglich zusammengefügt wurden.

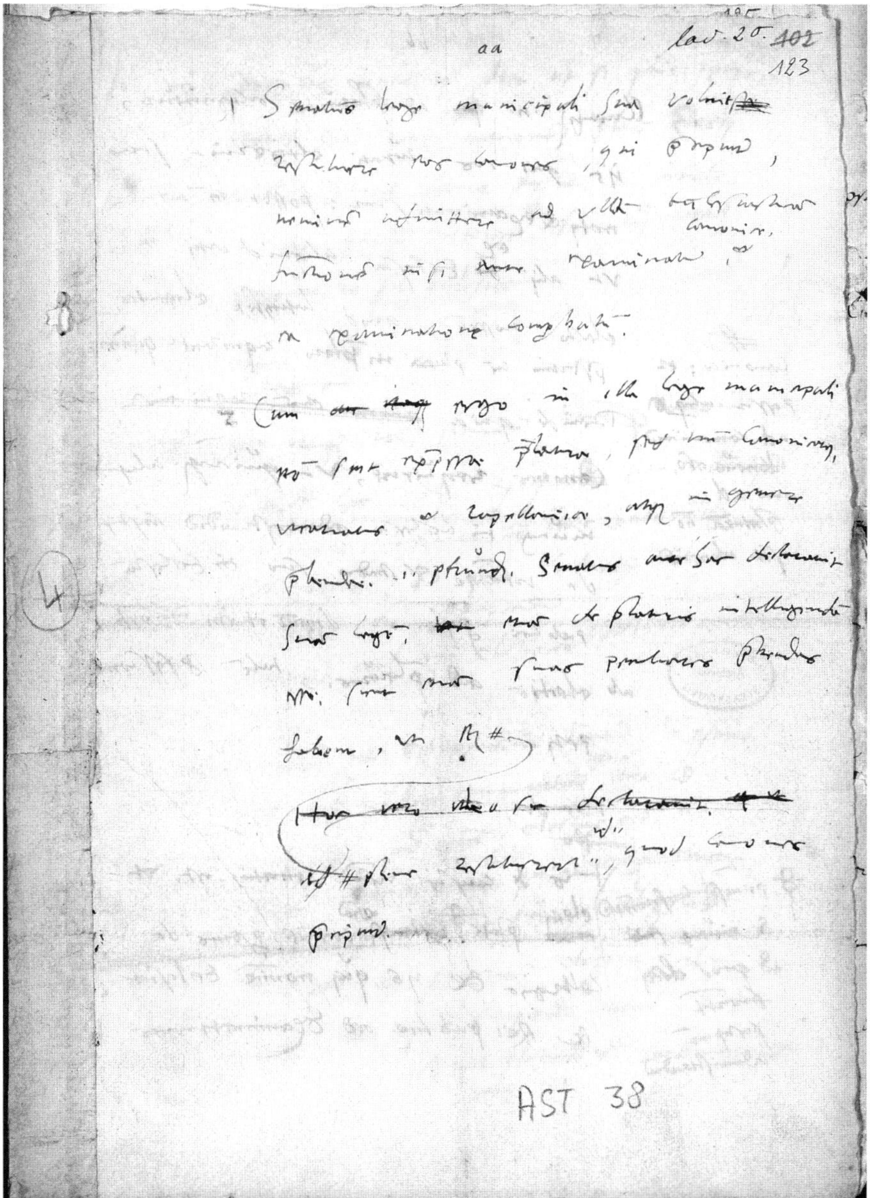

Straßburg StArch, AST 38, Nr. 4, fol. 102r (= S. 123)

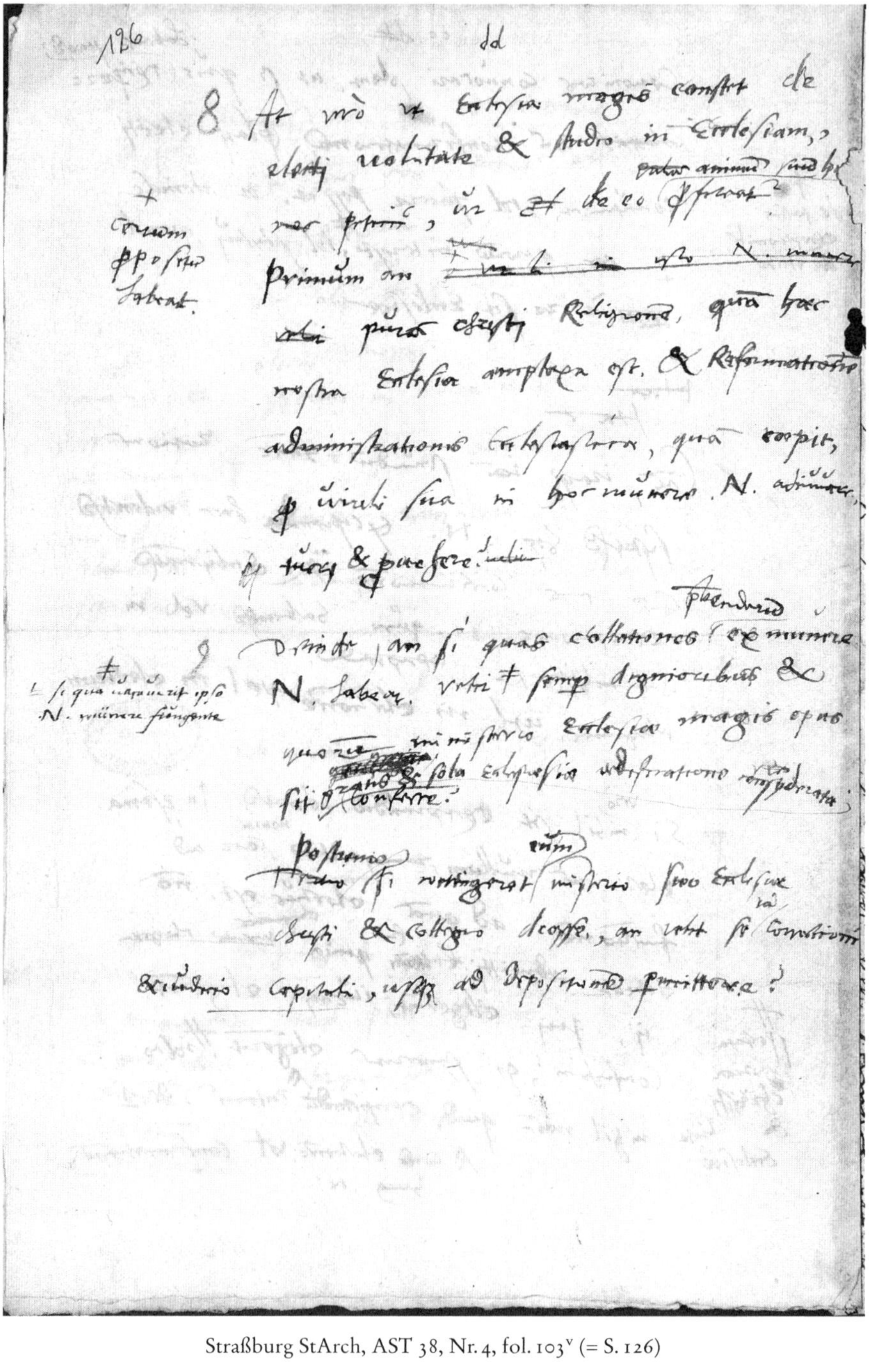

Straßburg StArch, AST 38, Nr. 4, fol. 103v (= S. 126)

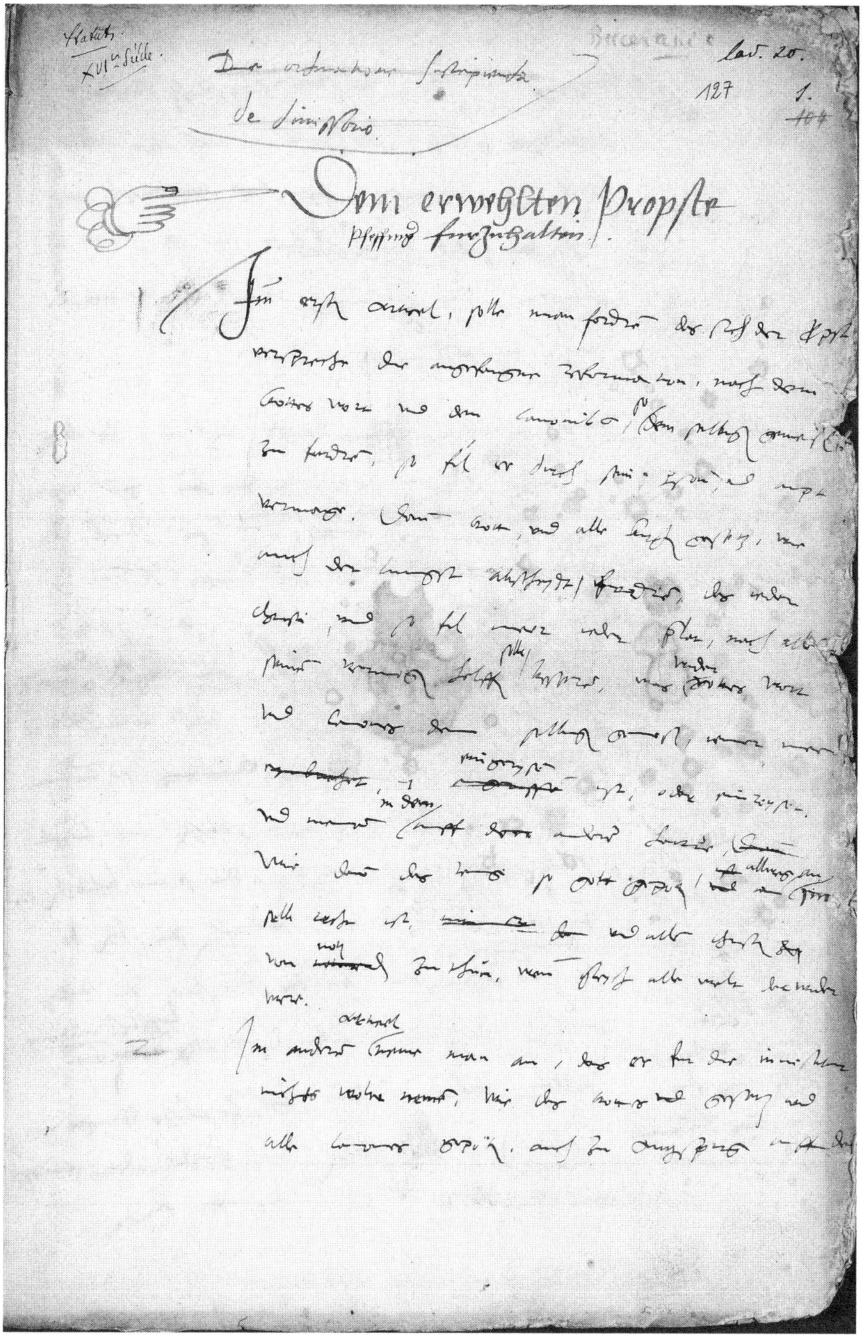
Dem erwelten Propste

Straßburg StArch, AST 38, Nr. 4, fol. 104r (= S. 127)

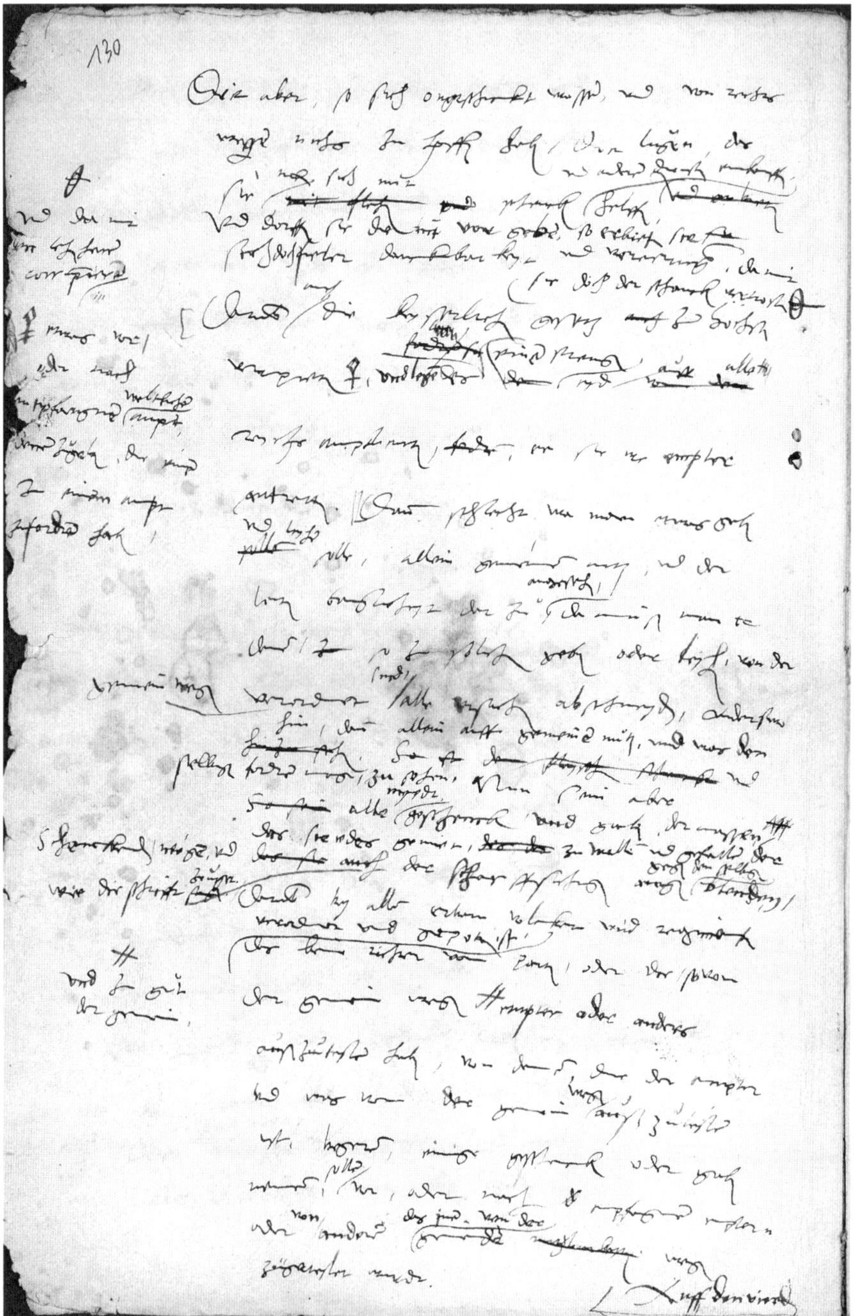

Straßburg StArch, AST 38, Nr. 4, fol. 105v (= S. 130)

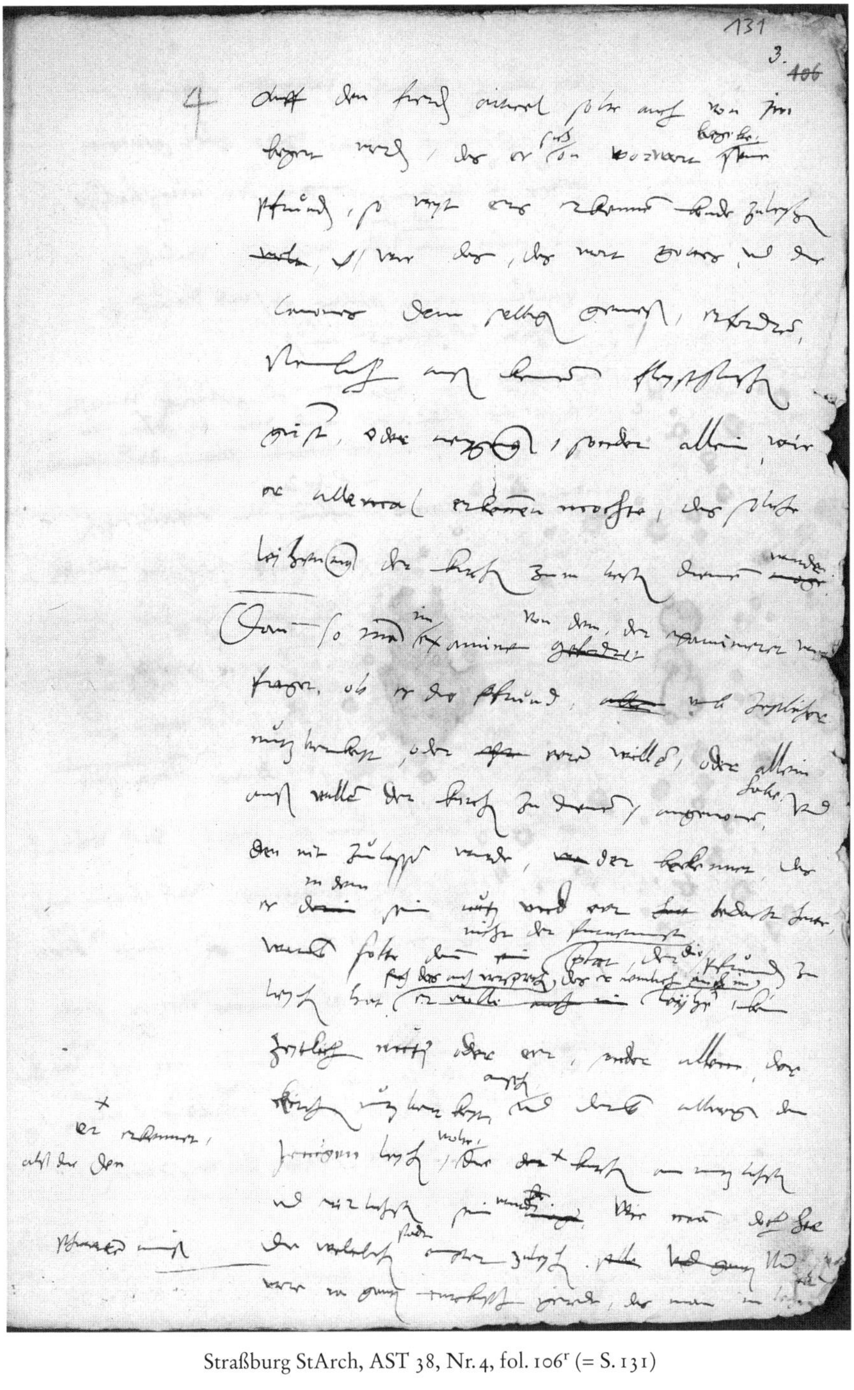

Straßburg StArch, AST 38, Nr. 4, fol. 106r (= S. 131)

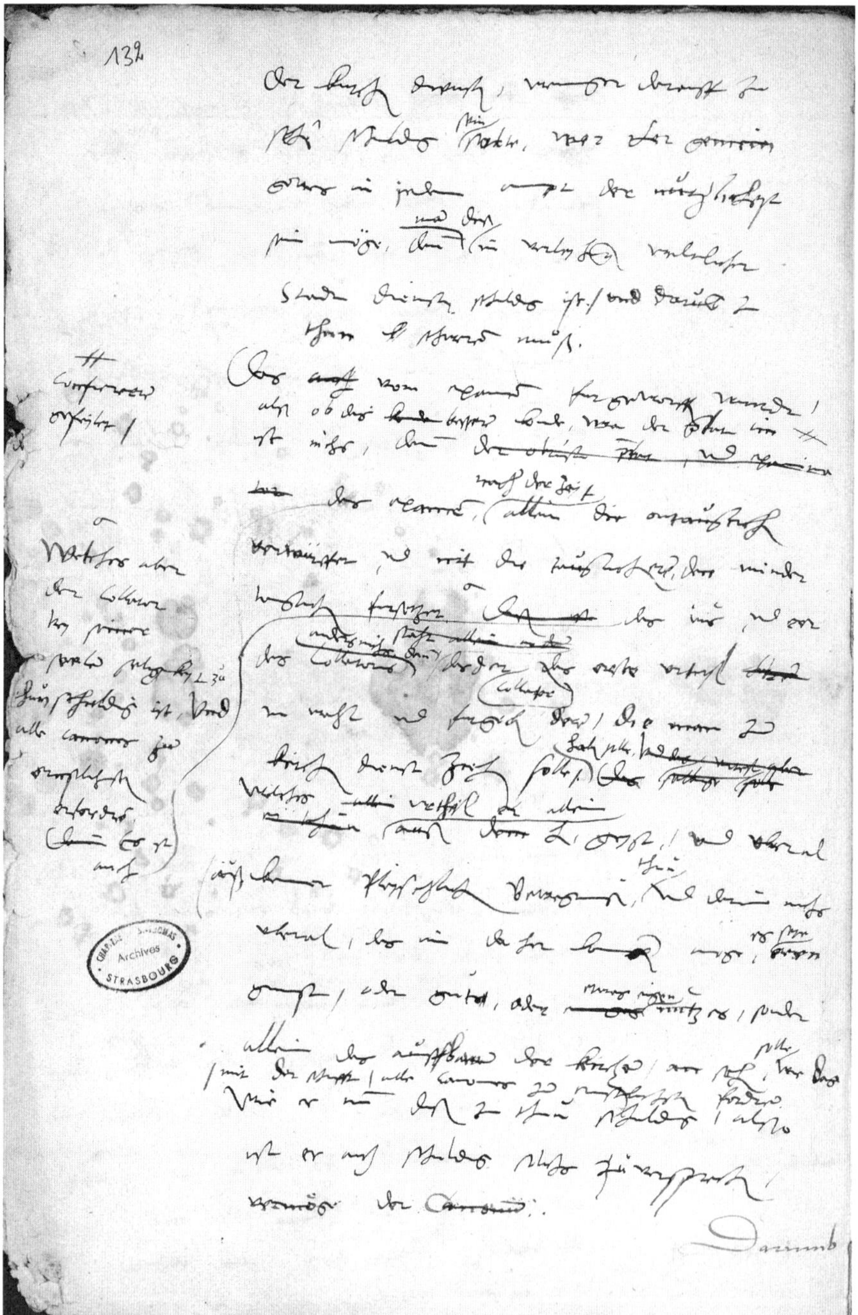

Straßburg StArch, AST 38, Nr. 4, fol. 106v (= S. 132)

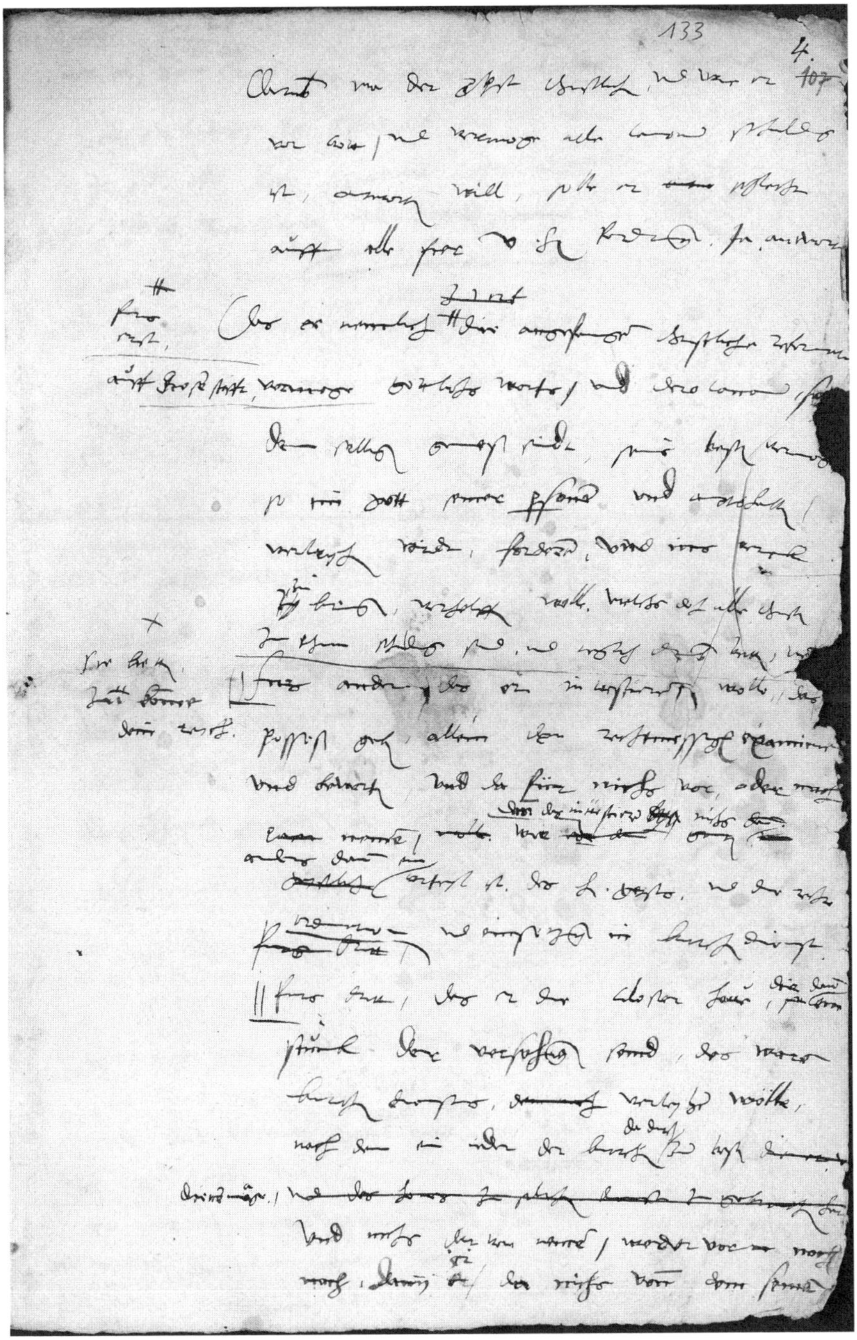

Straßburg StArch, AST 38, Nr. 4, fol. 107r (= S. 133)

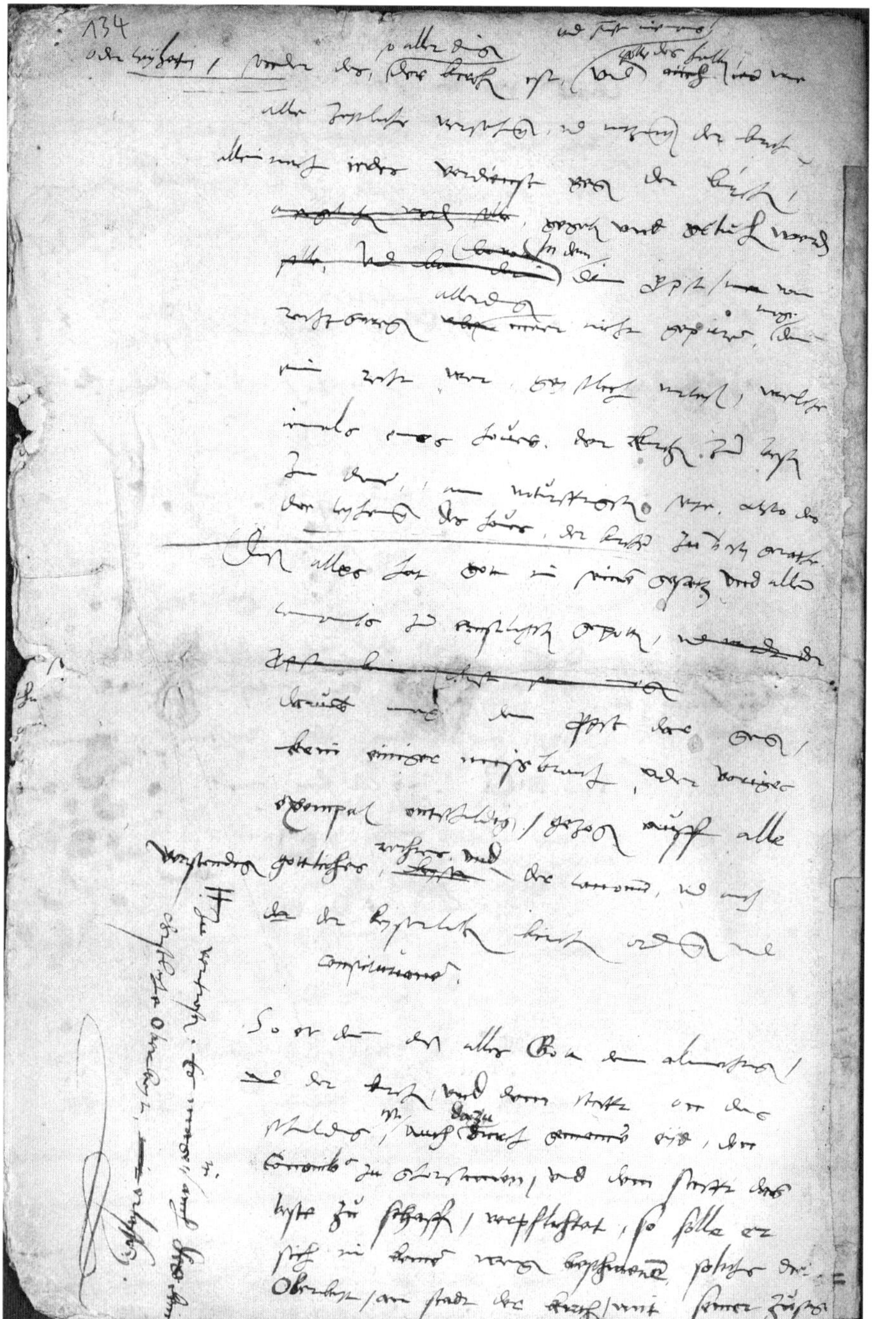

Straßburg StArch, AST 38, Nr. 4, fol. 107v (= S. 134)

| *102*[r] / *123* | 1. Senatus lege municipali[1] sua voluit[a] restituere eos canones[2], qui praecipiunt neminem admittere ad ullam Ecclesiasticam functionem nisi ante examinatum canonice[b] et ea examinatione comprobatum.[3]

2. Cum[c] ergo in illa lege municipali non sunt expressae praelaturae[4], sed tantum Canonicatus, Vicariatus et Capellaniae[5] atque in genere praebendae, id est pfrunden, Senatus ante hac declaravit suam legem[d] etiam de praelaturis intelligendam esse, sicut etiam suas peculiares praebendas habent, ut scilicet[e] plene restitueretur id[f], quod Canones praecipiunt. | *102*[v] / *124* |

3. Quanquam enim, qui ad praelaturas eliguntur, iis, qui eos iurati elegerunt, satis noti et examinati sint, possit tamen, ut alii ex[g] Ecclesia aliquid vitii in electo nossent, quod latuisset eligentes. Praesertim cum plura in praelato requirantur quam in [h]Canonico; et possit aliquis[i] ad Canonicatum idoneus esse, qui ad praelaturam non sit idoneus[*h*].

4. Deinde, quia[j] Canones requirunt, ut quicumque aliquod munus in Ecclesia ad-

a) korr. aus: voluisse.
b) über der Zeile nachgetragen und eingewiesen.
c) danach gestr.: au-; nachgetragen, dann wieder gestr.: itaque.
d) danach gestr.: ut.
e) danach gestr.: Hoc vero [unleserliches Wort] sic declaravit [unleserliche Worte].
f) über der Zeile nachgetragen und eingewiesen.
g) über der Zeile nachgetragen und eingewiesen für gestr.: de.
h)–*h)* vor den linken Rand geschrieben und eingewiesen.
i) korr. aus: aliquod.
j) danach gestr.: plura etiam requiruntur.

1. Das am 9. September 1539 vom Straßburger Rat erlassene Munizipalstatut, das für jeden Anwärter auf eine freiwerdende Pfründe an einem der Stifte der Stadt ein Examen vorschrieb. Die lateinische Fassung ist in *Sehling*, EKO XX/1, Nr. 26a, S. 290–295 ediert, die deutsche Fassung ebd., Nr. 26b, S. 296–299 sowie in BDS 7, S. 572–575; zur Datierung vgl. die Beobachtungen in *Sehling*, EKO XX/1, S. 290, Anm. 1 und S. 296.

2. Die betreffenden Vorschriften aus dem kanonischen Recht sind in der lateinischen Fassung des Munizipalstatuts aufgelistet (vgl. *Sehling*, EKO XX/1, S. 291 f.), nämlich Decr. Grat. I, Dist. 48, c. 2 (*Friedberg* I, Sp. 174), Decr. Grat. II, C. 1, qu. 1, c. 117 und 120 (*Friedberg* I, Sp. 403 f.), Liber Extra, lib. 1, tit. 6, c. 7 (*Friedberg* II, Sp. 41), lib. 3, tit. 4, c. 3 (*Friedberg* II, Sp. 460) und lib. 3, tit. 5, c. 29 (*Friedberg* II, Sp. 478).

3. Die eigentliche Examensordnung, die dem Munizipalstatut angehängt war, wurde in einer lateinischen Fassung (Edition in: *Sehling*, EKO XX/1, Nr. 27a, S. 300–315) wahrscheinlich kurz nach dem 9. September 1539 erlassen; ihre deutsche Entsprechung (Edition in: *Sehling*, EKO XX/1, Nr. 27b, S. 316–323) erschien wohl Anfang 1540.

4. Anscheinend führte dies zu der Annahme, daß Pröpste von dieser Examinierung ausgenommen waren.

5. Diese ausdrückliche Einschränkung nehmen freilich nur die deutschen Fassungen des Munizipalstatuts und der Examensordnung vor; vgl. *Sehling*, EKO XX/1, Nr. 26b, S. 297 (= BDS 7, S. 574,10) und Nr. 27b, S. 316–318.

ministrandum suscipit, de voluntate et studio suo in Ecclesiam publice profiteatur, dignum etiam[k] est, ab[l] electis ad praelaturas talem professionem peti.

5. His[m] de causis visum Senatui est, ut electi praelati [n]priusquam confirmentur et munus[o], ad quod electi fuerint, suscipiant administrandum[n]', sistantur etiam[p] caeteris personis de collegiis et iis, qui nomine Ecclesiae et Rei publicae ad Examinationes | *103*[r] / *125* | Canonicas convocari solent, ut si quis [q]habeat quod[q] excipere[r] contra confirmationem praelati electi conveniet, id facere possit, et deinde per eos, quorum interest [s]de factis exceptionibus[1] de electo[s], id statui, quod[t] a re sit Ecclesiae.[u]

6. Cum itaque iam secundum hanc rationem sistatur his N.[2], Excipienda haec videntur contra eius confirmationem etc. Subiiciantur exceptiones, si quae habentur vel in[v] eligentes vel in electionem vel in electum.

7. Si vero[w] nihil sit excipiendum[3], dicatur: »In persona electi[x] nullum[y] vitium novimus[z], cur ad functionem, ad quam electus est, non debeat admitti, Et[a] quia[b] ii, qui elegerunt, iurati elegerunt, Confidimus quod synceriter elegerint [c]spectata gloria Christi et utilitate Ecclesiae[c], ideo nihil nunc quidem excipiendum [d]contra electionem vel confirmationem huius N.[d][4] putamus etc.« | *103*[v] / *126* |

8. At vero, ut Ecclesiae magis constet de electi voluntate et studio in Ecclesiam[e], petimus, ut[f] de eo[g] profiteatur. Primum, an [h]certum propositum habeat[h], puram

k) danach gestr.: et-.
l) vor dem Zeilenanfang nachgetragen.
m) darüber gestr.: His de; Ro-.
n)–*n)* vor den linken Rand geschrieben und eingewiesen.
o) danach gestr.: suum.
p) über der Zeile nachgetragen und eingewiesen.
q)–*q)* über der Zeile nachgetragen und eingewiesen.
r) danach gestr.: aliquid.
s)–*s)* vor den linken Rand geschrieben und eingewiesen.
t) danach gestr.: unleserliches Wort.
u) darunter gestr.: Hac; nachgetragen, dann wieder gestr.: ita.
v) danach gestr.: Si nihil sit excipiendum.
w) über der Zeile nachgetragen und eingewiesen.
x) danach gestr.: non.
y) danach gestr.: scimus.
z) über der Zeile nachgetragen und eingewiesen.
a) über der Zeile nachgetragen für gestr.: Et non.
b) danach gestr.: iurati eleger-.
c)–*c)* vor den linken Rand geschrieben und eingewiesen.
d)–*d)* am unteren Rand nachgetragen und eingewiesen.
e) danach gestr.: nos.
f) danach gestr.: prof-.
g) danach über der Zeile nachgetragen und eingewiesen, dann wieder gestr.: palam animum suum h-.
h)–*h)* vor den linken Rand geschrieben und eingewiesen für gestr.: [unleserliches Wort] in isto N. munere veli-.

1. Vgl. oben S. 138, Anm. 4.
2. Hinter diesem Kürzel verbirgt sich wohl Beat Pfeffinger (zu ihm vgl. oben S. 135, Anm. 1).
3. Vgl. oben S. 138, Anm. 4.
4. Vgl. oben Anm. 2.

Christi Religionem, quam haec nostra Ecclesia amplexa est, et Reformationem administrationis Ecclesiasticae, quam coepit, pro virili sua in hoc munere N. adiuvare, tueri et provehere?[i]

9. Deinde, an si quas collationes praebendarum[j] ex munere N. habeat, velit [k]si qua vacaverit ipso N. munere fungente[k] semper dignioribus et quorum ministerio Ecclesiae magis opus sit gratis et sola Ecclesiae suae adm[inis]tratione[l] consyderata conferre?

Postremo[m]: si contingeret eum[n], ministerio suo Ecclesiae Christi et Collegio deesse, an velit se tam[o] correctioni [p]et iudicio[p] capituli usque ad depositionem permittere? | *104*r */ 127* |

De ordinatione suscipienda
de dimissorio

Dem erwehlten Propste Pfeffinger[q] furzuhalten:

1. Jm ersten Articel solle man fordren, das sich der Propst verspreche, die angefangne reformation nach dem Gottes wort vnd den Canonibus, so[r] dem selbigen gemeß, zu furdren, so fil er durch sein person vnd ampt vermage. Dann Gott vnd alle kirchen gesetz wie auch der iungst abscheydt[1] fordren, das ieder Christ vnd so fil meer ieder praelat nach allem seinen vermogen helffen solle[s] besseren, was wider[t] Gottes wort vnd Canones, dem selbigen gemeß[2], iemer meer[u] eingerysen[v] ist oder einreyset vnd nieman [w]in dem[w] auff den anderen hetze[x].

i) danach gestr.: velit.
j) über der Zeile nachgetragen und eingewiesen.
k)–*k)* von Konrad Hubert vor den linken Rand geschrieben und eingewiesen.
l) undeutlich korr.
m) über der Zeile nachgetragen und eingewiesen für gestr.: Tertio.
n) über der Zeile nachgetragen und eingewiesen.
o) über der Zeile nachgetragen und eingewiesen.
p)–*p)* über der Zeile nachgetragen.
q) vor dem Zeilenanfang nachgetragen.
r) über der Zeile nachgetragen und eingewiesen.
s) über der Zeile nachgetragen und eingewiesen.
t) über der Zeile nachgetragen und eingewiesen.
u) danach gestr.: eynbrechet.
v) über der Zeile nachgetragen und eingewiesen für gestr.: eingerissen.
w)–*w)* über der Zeile nachgetragen und eingewiesen.
x) schwer lesbar; danach gestr.: Dann.

1. Der Abschied des vom 5. April bis 29. Juli 1541 in Regensburg gehaltenen Reichstages forderte von den geistlichen Herren ausdrücklich, unter ihnen und ihren Untertanen »eyn Christliche ordnung vnd reformation fürzunemen vnd auffzurichten, die zu guter gebürlicher vnnd heylsamer administration der Kirche fürderlich vnd dienstlich sei« (*Hergang*, Religionsgespräch zu Regensburg, S. 473; Neue und vollständigere Sammlung der Reichs-Abschiede II, S. 434). Vgl. auch *Kohnle*, Reichstage der Reformationszeit, S. 464; *Haug-Moritz*, Der Schmalkaldische Bund, S. 603; *Augustijn*, Diet of Regensburg.

2. sc. Kanones, die dem Wort Gottes gemäß sind.

Wie dann das ienige, so gott gepotten, [y]allweg an[y] jm selb recht ist vnd aller Christen[z] von noten[a] zu thun, wenn gleich alle welt dawider were.

2. Jm anderen Articel[b] neme man an, das er fur die inuestitur nichts wolte nemen, wie das Gottes[c] gesatz vnd alle Canones gepüten, auch zu Augspurg auff dem | *104*[v] / *128* | reichstag anno 30 von den paepstlichen stenden erfordret were. Des solte er sich aber frey begeben, on anhang[1], das dass gegenteyl[d] recht sein möge, Dann m[eine] g[nädige] h[erren] im ungern das abstricken[2] wolte, das er mit recht nemen möchte.

3. Auff den dritten neme man auch an, das[e] er nichs fordren wolte vor die houe[3], man begerte aber, das [f]er sich auch begebe, die[g] selbigen[f] alß ein stuck der besoldung vnd versehung derer[h], so den kirchen vmb soliche versehung dienen sollen, leyhen wolle den ienigen, die den kirchen drumb[i] in den notwendigern vnd hoheren diensten[j] ietz vnd[k] anhin dienen[l] vnd wann soliche mit[m] noturfftigen[4] heussern versehen, die so am beldisten[5] zu dem [n]schul- vnd[n] kirchen dienst zu gebrauchen sein, Jtem, das er [o]den anhang[o][6] auß lasse von dem, das die houe ein lauter zeytlich sachen sein [p]vnd das er darumb mochte recht haben, etwas fur die houe zunemen[p], dann alle leypliche[q] nutzung[r] aller pfründen sein[s] zeytliche dinge, nach der die selbigen vmb gunsts oder einiger vrsachen willen nüsset[t], dann das der kirchen | *105*[r] / *129* | zu warer Christlichen besserung gedienet werde, der ist, ist

y)–*y)* über der Zeile nachgetragen und eingewiesen für gestr.: vor dem [unleserliches Wort].
z) danach gestr.: z-.
a) über der Zeile nachgetragen für gestr.: notwend-.
b) über der Zeile nachgetragen und eingewiesen.
c) danach gestr.: vnd.
d) danach gestr.: re-.
e) danach gestr.: d-.
f)–*f)* über der Zeile nachgetragen und eingewiesen für gestr.: er die wolte.
g) undeutlich korr.
h) danach gestr.: langen.
i) danach gestr.: am beldige; nachgetragen, dann wieder gestrichen: ietz diene.
j) danach gestr.: ietzu etweders.
k) über der Zeile nachgetragen für gestr.: dienen.
l) korr. aus: dieneten.
m) danach gestr.: heuss-.
n)–*n)* über der Zeile nachgetragen und eingewiesen.
o)–*o)* über der Zeile nachgetragen und eingewiesen.
p)–*p)* vor den linken Rand geschrieben und eingewiesen.
q) über der Zeile nachgetragen und eingewiesen.
r) von Konrad Hubert zur Verdeutlichung über der Zeile wiederholt.
s) danach gestr.: ley-.
t) über der Zeile nachgetragen und eingewiesen.

1. angefügte Bedingung oder Klausel. *Grimm* 1, Sp. 367.
2. vorenthalten, verbieten.
3. Höfe; gemeint sind die Stiftshöfe (vgl. oben S. 139, Anm. 3).
4. nötigen.
5. Zur Form *Grimm* 1, Sp. 104, s. v. bald; vgl. auch BDS 13, S. 282,22.
6. Vgl. oben Anm. 1.

nach aussweysung aller Canonum Simoniacus[1] vnd Sacrilegus[2]. Houe[3] vnd alle[u] andre gefelle[4], der kirchen ein mal zu komen[5], seind gottes gaben vnd sollen allein der kirchen zu gut vnd keiner besonderen personen[6] geluhen werden, weder im schein der oberkyt noch einiges anderem furwendens oder praetexts.

Wann[v] auch iemand[7] zu gelassen, das er für soliche Leyhenung[8] etwas[w] nemen[x] möge, das [y]man selb[y] willig geben wolte, so bleybt ienen[9] Die böse vrsache da, das der probst denen eer[10] leyhen wurdt, von denen er seine vermeinte danckbarkeyt verhoffe dann[11] denen, die geschickter sein vnd [z]der heuser[z] zu jrem dienst der kirchen baß bedorffen. Dann allwegen, der da meinet, das im etwas von rechts wegen gebüre[a], [b]den leuten[b] nit gern fil drumb zu füssen felt oder geschencke gibt.[12] | *105*[v] / *130* |

Die aber, so sich ongeschickt wissen vnd von rechts wegen nichs zu hoffen haben, die lugen[13], das sie sich mit schencken [c]vnd anderen diensten einkeuffen[c] helffen, vnd dorffen sie die nit vor geben, so erbieten sie[d] sich doch[e] fieler danckbarkeyt

u) undeutlich korr.
v) über der Zeile nachgetragen für gestr.: [unleserliches Wort].
w) über der Zeile nachgetragen und eingewiesen.
x) danach gestr.: so.
y)–*y)* über der Zeile nachgetragen und eingewiesen.
z)–*z)* vor dem Zeilenanfang nachgetragen.
a) korr. aus: gepüre.
b)–*b)* über der Zeile nachgetragen und eingewiesen.
c)–*c)* über der Zeile nachgetragen und eingewiesen.
d) danach gestr.: sich.
e) im Wortzwischenraum nachgetragen.

1. Zur Anklage des Verkaufs von Kirchenämtern bei Bucer vgl. etwa BDS 12, S. 167,18–25; S. 379,15–380,2; S. 395,25–396,2; S. 409,19–24.
2. Zu dem von Bucer erhobenen Vorwurf des Kirchenraubs vgl. etwa BDS 12, S. 50,13–52,3; S. 305,27–306,13; S. 384,21–385,27.
3. sc. Höfe.
4. Einkünfte.
5. sc. die der Kirche einmal zugekommen sind.
6. Einzelpersonen, Individuen.
7. sc. jemandem.
8. Lehnung, das Leihen, die Verpachtung, die leihweise Überlassung. Vgl. *Grimm* 12 (= VI), Sp. 552, s. v. Lehnung; Deutsches Rechtswörterbuch 8, Sp. 1002 f. Vgl. auch die Form »Lehenunge« (*Himly*, Dictionnaire ancien alsacien, S. 133).
9. ihnen.
10. eher.
11. als.
12. Satzsinn: Wer ohnehin der Meinung ist, sein Anspruch auf etwas bestehe zu Recht, wird ungern bei anderen um diese Sache betteln oder ihnen dafür Geschenke geben.
13. sehen zu, geben acht.

vnd vereerung[1], damit[2] sie doch der schancken vertrosten[3] [f]vnd da mit den lehnherren corrumpieren[f].

Darumb auch[g] die keyserlichen gesetz[h] zum höchsten verpieten, [i]etwas vor oder nach entpfangnem weltlichem[j] ampt denen zugeben, die einen zu einem ampt zufordren haben[i] vnd legen des einen strengen eyd auff alle reichs amptleuten, ee sie ire empter antretten.[4]

Dann schlecht[5] wo man etwas geben [k]vnd leyhen[k] solle, allein gemeinem nutz vnd der leuten tauglicheyt dar zu angesehen[l], da muß man ie denen[m], so zu solichem geben oder leyhen von der [n]gemein wegen[n] verordnet sind, alle vrsachen abschneyden, Anderswo hin dann allein auff gemeinen nutz vnd was den selbigen fordren moge, zu sehen. Nun sein aber[o] alle myedt[6], geschenck vnd gaben[7] der massen, das sie iedes gemiet zu willen vnd gefallen der schenckenden neigen vnd auch der scharffsichtigen augen [p]gegen den selbigen[p] blenden, wie die schrifft zeuget[8].

Darumb bey allen erbarn volckern vnd regimenten [q]verordnet vnd gepoten ist[q], das kein richter von parten oder der, so von der gemein wegen [r]vnd zu gut der gemein[r] empter oder anderes außzuleysten[9] haben, von denen, die der ampter vnd was von der gemein wegen außzuleysten ist, begeren, einige geschenck oder gaben

f)–*f)* vor den linken Rand geschrieben und eingewiesen.
g) über der Zeile nachgetragen und eingewiesen.
h) danach gestr.: auch.
i)–*i)* vor den linken Rand geschrieben und eingewiesen.
j) über der Zeile nachgetragen und eingewiesen.
k)–*k)* über der Zeile nachgetragen und eingewiesen für gestr.: solle.
l) über der Zeile nachgetragen und eingewiesen.
m) danach gestr.: zu.
n)–*n)* vor dem Zeilenanfang nachgetragen.
o) danach gestr.: So sein.
p)–*p)* über der Zeile nachgetragen und eingewiesen.
q)–*q)* über der Zeile nachgetragen und eingewiesen.
r)–*r)* vor den linken Rand geschrieben und eingewiesen.

1. sc. Verehrung im Sinne materieller Leistungen.
2. womit.
3. sc. auf Geschenke vertrösten.
4. Vgl. etwa Dig. 48,11 und 48,13 (CICiv I, S. 857–859); Cod. Just. 7,49,1 (CICiv II, S. 317) und 9,27 (CICiv II, S. 384 f.); Nov. 8,7 (CICiv III, S. 69 f.), 8,9 (CICiv III, S. 72 f.) und 8,14 (CICiv III, S. 77 f.). Dies schärft Bucer erneut und in aller Ausführlichkeit in seinem Alterswerk ›De regno Christi‹ ein (vgl. BOL 15, S. 272 f.).
5. schlechthin, schlechterdings, schlicht.
6. sc. Miete, Leistung zur Erlangung eines unlauteren Vorteils. Deutsches Rechtswörterbuch 9, Sp. 614.
7. Zur formelhaften Verwendung aller drei Begriffe vgl. etwa »gaben, schenck vnd myet« (*Brant*, Narrenschiff 46,81, S. 113).
8. Vgl. Ex 23,8; Dtn 16,19.
9. zu Ende bringen, durchhalten. Frühneuhochdt. WB 2, Sp. 1160.

nemen sollen vor oder nach[s] empfangnen emptern oder von anderen, das jnen von der gemeinde[t] wegen zugeteylet wurdt.[1] | *106*[r] / *131* |

4. Auff den fierdten articel solte auch von jm begert werden, das er sich[u] on vorwort[2] begebe[v], seine pfrunden, so weyt ers erkennen konde, zuleysten, wie das das wort gottes vnd die Canones dem selbigen gemeß erfordren.

Nemlich auß keinem fleyschlichem gunst oder neygung, sonder allein wie er allemal erkennen mochte, das soliche leyhenung[3] der kirchen zum besten dienen werde.

Dann so man in[w] examine [x]von dem, der examinieret wurdt[x], fraget, ob er die pfrund[y] vmb zeytlicher nutzbarckeyt oder[z] eeren willen oder allein auß willen der kirchen zu dienen angenomen habe[a], vnd den nit zulassen wurde[b], der beckennet, das er [c]jn dem[c4] sein nutz vnd eer[d] bedacht hette, warumb solte dann [e]nicht der furnemest[e] praelat, der die[f] pfrunden zu leyhen hat[g], das auch versprechen, das er nemlich auch im leyhen kein zeitlich nutz oder eer, sonder allein der kirchen nutzbarkeyt ansehe[h] vnd darumb allwegen den jenigen leyhen wolte[i], die [j]er erkennet, alß die den[j] kirchen am nutzlichsten vnd eerlichsten sein wurden[k]. Wie man doch hie [l]schweren muß[l], die weltlichen stadt[m] empter zuleyhen[n]. Nun were ia ganz turckisch[5] geredt, das man in leyhen | *106*[v] / *132* | der kirchen diensten weniger dorauff zu sehen schuldig sein[o] solte, wer der gemein gottes in jedem ampt der nutzli-

s) danach gestr.: d-.
t) danach gestr.: nutzbarkeyten.
u) über der Zeile nachgetragen und eingewiesen.
v) über der Zeile nachgetragen und eingewiesen.
w) über der Zeile nachgetragen und eingewiesen.
x)–*x)* über der Zeile nachgetragen und eingewiesen für gestr.: gefordret.
y) danach gestr.: allein
z) danach gestr.: ehre.
a) über der Zeile nachgetragen.
b) danach gestr.: wo.
c)–*c)* über der Zeile nachgetragen für gestr.: darinn.
d) danach gestr.: hett.
e)–*e)* über der Zeile nachgetragen und eingewiesen für gestr.: ein.
f) über der Zeile nachgetragen und eingewiesen.
g) danach über der Zeile nachgetragen und eingewiesen, dann wieder gestr.: sich.
h) über der Zeile nachgetragen und eingewiesen.
i) über der Zeile nachgetragen und eingewiesen.
j)–*j)* vor den linken Rand geschrieben und eingewiesen für gestr.: der.
k) über der Zeile nachgetragen und eingewiesen für gestr.: mogen.
l)–*l)* vor dem Zeilenanfang nachgetragen.
m) über der Zeile nachgetragen und eingewiesen.
n) danach gestr.: solle vnd gantz.
o) über der Zeile nachgetragen und eingewiesen.

1. Vgl. oben S. 158, Anm. 4.
2. Bedingung, Vorbehalt.
3. Vgl. oben S. 157, Anm. 8.
4. sc. darin.
5. willkürlich, barbarisch. *Grimm* 22 (= XI,1,2), Sp. 1866, § 2.b.; vgl. auch BDS 5, S. 376,23 und S. 511,5.

cheyt sein möge, dann[1] [p]man dies[p] im verleyhung weltlicher Stadt dienste schuldig ist vnd darumb zu thun[q] schweren můß.

Das[r] vom examen furgeworffen wurdt, alß ob dis[s] besseren konde, wa der praelat im conferieren gefeylet[2], ist nichs, dann[t] das examen [u]nach der zeyt[u] allein die ontauglichen verwürffet vnd nit die tauglicheren[v] den minder tauglichen fursetzet. [w]Welches aber der Collator bey seiner seelen seligkeyt zu thun schuldig ist, Vnd alle canones zum ernstlichisten erfordren[x]. Es ist auch[w] das ius vnd eer des Collators [y]anders nichs, dann[y] das der Collator[z] das erste vrteyl[a] jn wahl vnd furgehen derer, die man zum kirchen dienst ziehen solle, [b]haben solle[b], Welches[c] vrtheil er allein auß dem H[eiligen] Geyst vnd vberal[3] auß keiner fleyschlichen Bewegnuß thun[d], vnd darum nichs vberal[4], das im[5] da her kommen moge, [e]es seye[e] eren, gunst oder guts[f] oder [g]etwas eigen[g] nutzes, sonder allein das auffbawen der kirchen an sehen solle[h], [i]wie das mit der schrifft alle Canones zum ernstlichsten fordren[i], Wie er[j] imm[6] diß zu thun schuldig, also ist er auch schuldig, solichs zu versprechehen vermoͤge der Canonum. | *107*[r] / *133* |

Darumb wa der propst Christlich vnd wie er vor Gott vnd vermoge alle Canonum schuldig ist, antworten will, solle er[k] schlecht[7] auff alle fier v[nser] h[erren]

p)–*p)* über der Zeile nachgetragen und eingewiesen.
q) danach gestr.: l-.
r) danach gestr.: auch.
s) danach gestr.: konde.
t) danach gestr.: der obrist praelat vnd examinator.
u)–*u)* über der Zeile nachgetragen und eingewiesen.
v) korr. aus: tauglichen.
w)–*w)* vor den linken Rand geschrieben und eingewiesen für gestr.: Daß ist.
x) danach gestr.: Dann.
y)–*y)* über der Zeile nachgetragen und eingewiesen; ebenfalls über der Zeile nachgetragen und eingewiesen, dann aber wieder gestr.: staht allein in dem.
z) unter der Zeile nachgetragen und eingewiesen.
a) danach gestr.: haben.
b)–*b)* über der Zeile nachgetragen und eingewiesen.
c) danach gestr.: allein.
d) über der Zeile nachgetragen und eingewiesen.
e)–*e)* über der Zeile nachgetragen und eingewiesen.
f) korr. aus: gutst.
g)–*g)* über der Zeile nachgetragen und eingewiesen für gestr.: einiges.
h) über der Zeile nachgetragen und eingewiesen.
i)–*i)* am Zeilenende und im Zeilenzwischenraum nachgetragen.
j) danach gestr.: antw-.
k) danach gestr.: antw-.

1. als.
2. sc. gefehlt.
3. überhaupt.
4. überhaupt nichts.
5. ihm.
6. ihm.
7. einfach.

forderung »ja« antworten, Das er nemlich [l]furs erst[l] die angefangen christliche reformation auff grosem stifft[1] vermoge gottlichs worts vnd dero Canonum, so dem selbigen gemeß seindt, seins besten vermogens, so im gott seiner personen vnd ampts halben verleyhen wirdt, forderen vnd ins werck zu bringen verhelffen wolle, welchs doch alle Christen zu thun schuldig sind vnd teglich drumb bitten, vnd wenn [m]sie betten: »zu komme dein reich«[m][2].

Furs andere, das er inuestieren wolle, das posseß geben allein den rechtmessigen examienerten[3] vnd bewerten, vnd da für nichs vor oder nach nemen[n] wie [o]dann das inuestieren nichs anders dann ein[o] vrteyl ist des h[eiligen] geysts vnd die rechte ordination vnd einsetzung in kirchen dienst.

Furs dritt, das er die Closter houe[4], [p]die dauon[p] ein stuck der versehung seind, des waren kirchen dienstes[q] verleyhen wölle, nach dem ein ieder der kirchen [r]da durch[r] zum besten[s] dienen mage vnd nichs dar von nemen, weder vor noch nach, dann er da nichs vonn dem seinen | *107*v / *134* | oder leyheten[5], sonder das, [t]so aller dingen[t][6] der kirchen ist [u]vnd sunst niemans[u] vnd [v]solle des halben[v] auch wie alle zeytliche versehung vnd nutzung der kirchen allein[w] nach iedes verdienst gegen der kirchen[x] gegeben vnd geluhen werden[y].

[z]In dem[z] dem propst[a] von rechts wegen allerdingen[b] meer nicht gepieren[7] mage[c] dann ein recht, war geystlich vrteyl, welcher iemals eines houes der kirchen

l)–*l)* vor den linken Rand geschrieben und eingewiesen; über der Zeile nachgetragen und eingewiesen, dann wieder gestrichen: zum erst-.
m)–*m)* vor den linken Rand geschrieben und eingewiesen.
n) danach gestr.: wollte.
o)–*o)* über der Zeile nachgetragen und eingewiesen für gestr.: vnd.
p)–*p)* über der Zeile nachgetragen und eingewiesen für gestr.: so.
q) danach gestr.: dem nach.
r)–*r)* über der Zeile nachgetragen und eingewiesen.
s) danach gestr.: dienet vnd des houes zu solchen diensten zu gebrauchen het.
t)–*t)* über der Zeile nachgetragen und eingewiesen.
u)–*u)* über der Zeile nachgetragen und eingewiesen.
v)–*v)* über der Zeile nachgetragen und eingewiesen.
w) vor dem Zeilenanfang nachgetragen.
x) danach gestr.: auß geliehen werden solle.
y) danach gestr.: solle, vnd dann darin.
z)–*z)* über der Zeile nachgetragen und eingewiesen.
a) danach gestr.: mer.
b) über der Zeile nachgetragen und eingewiesen für gestr.: vber.
c) über der Zeile nachgetragen und eingewiesen.

1. Wohl ein Hinweis auf das St. Thomasstift.
2. Mt 6,10; Lk 11,2.
3. sc. examinierten.
4. sc. Klosterhöfe.
5. Der Satzsinn ist unklar; möglicherweise fehlt hier ein Wort.
6. so aller dingen: was ganz und gar.
7. gebühren.

zum besten zu dienen am noturfftigsten seye, also das die leyhenung[1] des houes der kirchen zum besten gerathe.

Diß alles hat Gott in seinem gesatz vnd allen Canonibus zum ernstlichsten gepotten[d], darumb mag den Propst dar gegen kein einiger[2] missbrauch ader voriges exempel entschuldigen, gezogen auff alle verstendigen[e] gottliches [f]rechtes vnd[f] der Canonum vnd auch[g] der keyserlichen kirchen ordnungen vnd Constitutiones.

So er dann diß alles Gott dem almechtigen[h], der kirchen vnd dem stifft on das[3] schuldig ist[i], auch dazu[j] durch gemeinen eyd, den Canonibus zu gehorsamen vnd dem stifft das beste zu schaffen, verpflichtet, so solle er sich in keinem wegen beschweren, solichs der Oberkeyt an stadt der kirchen mit seiner [k]zusag zu vertrosten[4]. Es mage in[l5] auch des kein christliche[m] Oberkeyt erlassenn[k].

d) danach gestr.: vnd wurdt der propst kein Christ sein mogen.
e) vor dem Zeilenanfang nachgetragen.
f)–*f)* über der Zeile nachgetragen für gestr.: keyser-.
g) danach gestr.: der.
h) danach gestr.: vnd.
i) über der Zeile nachgetragen und eingewiesen.
j) über der Zeile nachgetragen und eingewiesen.
k)–*k)* vor dem linken Rand senkrecht geschrieben.
l) über der Zeile nachgetragen und eingewiesen.
m) danach gestr.: mit.

1. Vgl. oben S. 157, Anm. 8.
2. einziger.
3. on das: ohnehin.
4. verbürgen.
5. ihn.

Nr. 4
Bitte der Prediger an den Rat, zwei Pfarrer einzustellen Bedenken zur Vokation der Kirchendiener

19. November 1541

bearbeitet von Stephen E. Buckwalter

Einleitung

1. Entstehung und Inhalt

In der folgenden Schrift bitten die Straßburger Prediger den Rat darum, sich für die Rückkehr und Wiedereinstellung zweier ursprünglich aus Straßburg stammender, derzeit aber in Memmingen und in Augsburg tätiger Pfarrer einzusetzen. Obwohl dieses Dokument eine vollkommen andere Absicht als die zwei vorhergehenden Stücke dieses Bandes verfolgt, die sich mit der Examinierung des gewählten Propstes des Thomasstifts auseinandersetzen, so stehen alle drei Schriften im gleichen Entstehungszusammenhang: Am 4. November 1541 war Wolfgang Capito bekanntlich an der Pest gestorben[1]; sein Tod wurde nicht nur zum Anlaß für die Neuwahl eines neuen Propstes, sondern machte auch eine Kanonikatspfründe frei[2], mit der die Straßburger Prediger eine der Predigerstellen zu finanzieren gedachten; eine weitere Stelle wollten sie aus einer Pfründe am St. Stephanstift unterhalten, die durch die Weigerung eines Kandidaten, sich dem vom Munizipalstatut angeordneten Examen zu unterziehen, freigeworden war[3]. So zeugen alle drei Quellen letztlich von den Spannungen, die die von Bucer und den Predigern geforderte Einführung des Munizipalstatuts im September 1539 erzeugte. Darüber hinaus gewährt diese Quelle einen Einblick in die konkreten Überlegungen und langfristigen Planungen, die die Besetzung von Pfarrstellen in einer evangelischen Reichsstadt wie Straßburg mit sich brachte.

Das Bedenken für den Rat ist folgendermaßen gegliedert:

I. Der Rat trägt Verantwortung für die Ausbildung und Einstellung geeigneter Pfarrer, an welchen gerade großer Mangel herrscht [96^{r}].
II. Die Prediger möchten den Rat auf zwei besonders geeignete Kandidaten aufmerksam machen [96$^{r/v}$]:

1. Vgl. oben S. 129, Anm. 4.
2. Vgl. unten S. 169,11 f.
3. Vgl. unten S. 169,11–17.

A. Johannes Kleber[1], der seinerzeit vom Straßburger Rat nach Memmingen als Lehrer in die dortige Lateinschule geschickt wurde [96^r/v].
B. Leonhard Kegel[2], der ebenfalls vom Straßburger Rat für den Pfarrdienst in Augsburg freigestellt wurde [96^v].

III. Aufgrund des in Straßburg herrschenden großen Bedarfs an Pfarrern bitten die Prediger den Rat darum, Kleber und Kegel offiziell zum Pfarrdienst zu bestellen und dies den Städten Memmingen und Augsburg mittels eines eigens hierfür beauftragten Boten mitzuteilen. Dies habe möglichst bald zu geschehen, da auch im besten Fall eine Wartezeit von mindestens drei Monaten zu befürchten sei.

IV. Pfründen, die durch den Tod Capitos und die Examensverweigerung eines Kandidaten freigeworden sind, machen die Finanzierung dieser zwei Stellen möglich [97^r].

V. Wie der Straßburger Rat diese erneute Inanspruchnahme Klebers und Kegels gegenüber Memmingen und Augsburg begründen soll [97^r/v]:
A. Memmingen [97^r]:
1. Dem Memminger Rat ist deutlich zu machen, daß Kleber für den Dienst in Memmingen nur unter der Bedingung freigestellt wurde, daß es in Straßburg selbst nicht an Pfarrern mangele; dieser Fall sei aber nun mit dem Tod Capitos eingetreten.
2. Kleber eignet sich mehr für den Kirchendienst in Straßburg als für den Schuldienst in Memmingen.
3. Es gibt inzwischen geeignete Schulkräfte in Memmingen.

B. Augsburg [97^v]:
1. Straßburg habe den Augsburgern bereits eine hohe Anzahl von Predigern und Gelehrten zur Verfügung gestellt.
2. Kegel werde in Straßburg mehr als in Augsburg benötigt.
3. Die in Augsburg übliche Kündigungsfrist von sechs Monaten solle im Fall Kegels auf drei reduziert werden.

VI. Der Straßburger Rat solle Kleber und Kegel bei den Umzugskosten unterstützen [97^v–98^r].

2. Überlieferung

Bucers Gutachten ist in einer einzigen Handschrift überliefert: Straßburg StArch, AST 69, Nr. 53, fol. 95^r–98^v (95^v leer). Es handelt sich hierbei um eine Ausfertigung von der Hand Konrad Huberts, die mit eigenhändigen Korrekturen Bucers versehen ist.

1. Zu ihm vgl. unten S. 167, Anm. 9.
2. Zu ihm vgl. unten S. 168, Anm. 2.

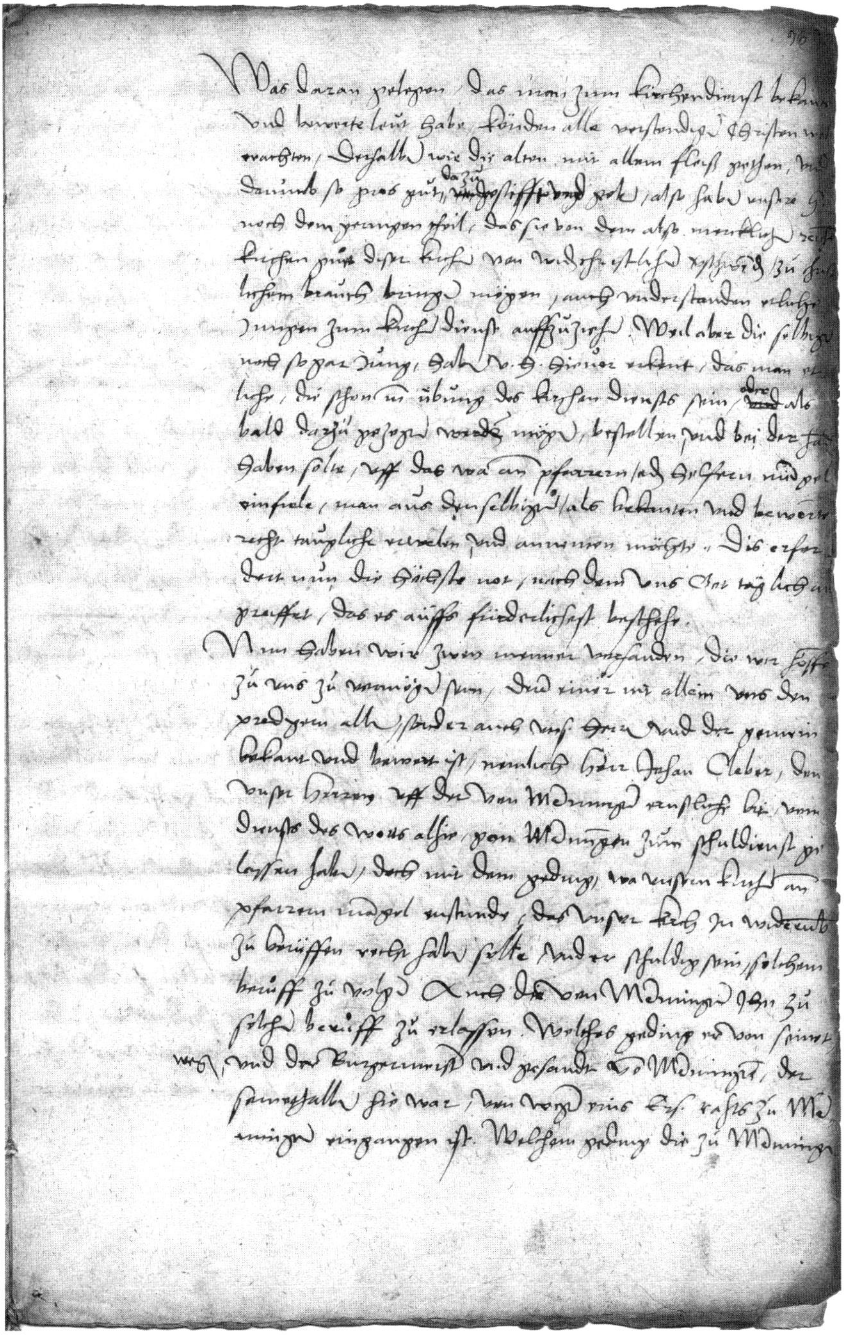

Straßburg StArch, AST 69, Nr. 53, fol. 96[r]

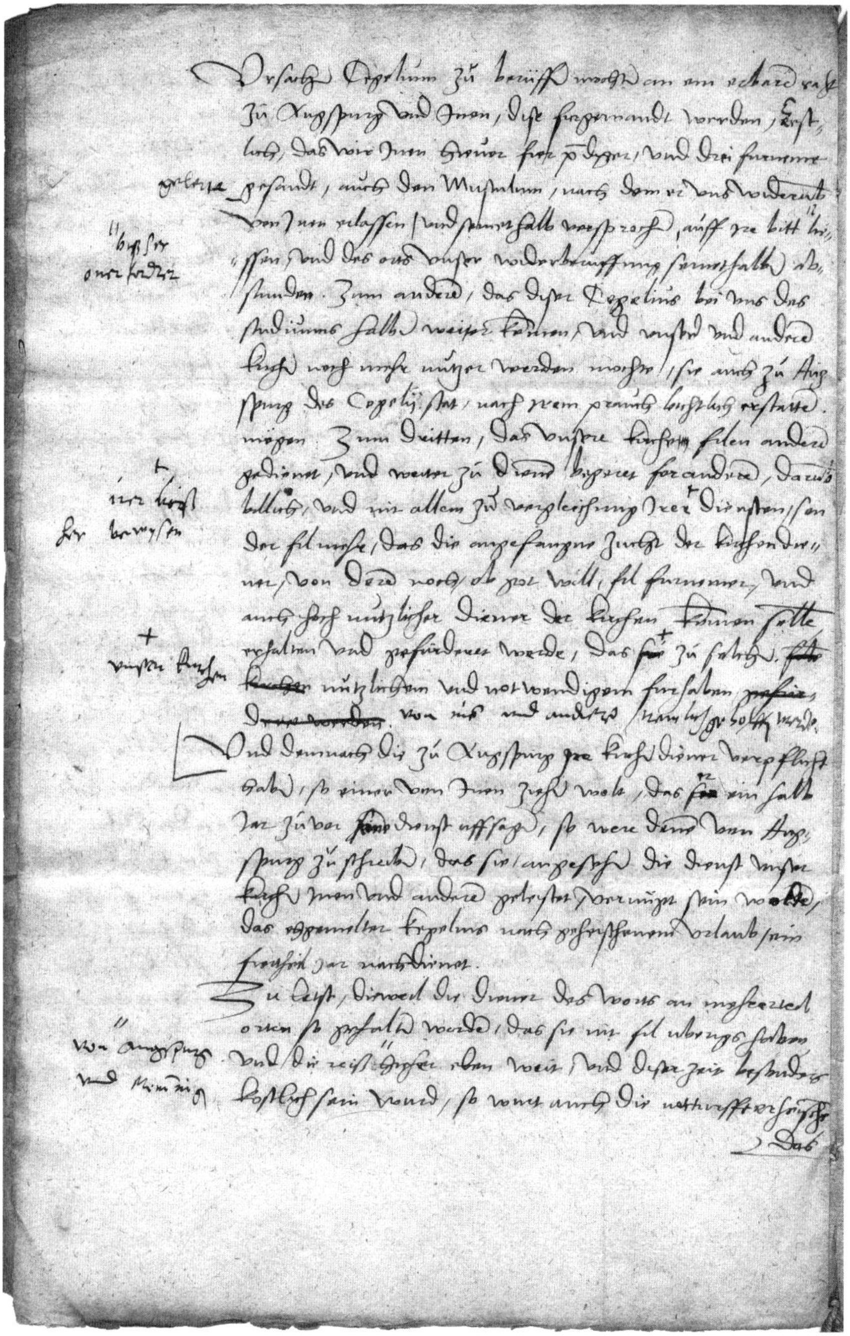

Straßburg StArch, AST 69, Nr. 53, fol. 97^{v}

| *95*[r] | [a]Bedencken Anlangend die vocation der kirchendiener, prod[uctum] 19. Nov[embris] 1541[a]

| *96*[r] | Was[1] daran gelegen, das man zum kirchendienst bekante vnd bewerte leut habe, könden alle verstendigen Christen wol erachten, Derhalben wie die alten mit allem fleiß gethon vnd darumb so gros gut dazu[b] [c]gestifft vnd[c] geben[2], also haben vnsere H[erren] noch[3] dem geringen theil, das sie von dem also mercklichen reichen kirchen gůtt diser kirchen von widerchristlichem verschwendem[4] zu christlichem brauch bringen mögen, auch vnderstanden[5], etliche jungen zum kirchen dienst auffzuziehen. Weil aber die selbigen noch so gar jung, haben v[nsere] h[erren] hieuor erkent, das man etliche, die schon inn ůbung des kirchen diensts sein oder[d] als bald darzu gezogen werden mögen, bestellen vnd bei der hand haben solte, vff das, wa[6] ann pfarrern ader helfern mengel einfiele[7], man aus den selbigen als bekanten vnd bewerten recht taugliche erwelen vnd annemen möchte. Dis erfordert nun die höchste not, nach dem vns Got täglich angreiffet, das es aüffs fürderlichest beschehe.

Nun haben wir zwen menner vorhanden, die wir hoffen, zu vns zu vermögen[8] sein, deren einer nit allein vns, den predigern allen, sonder auch vns[eren] herren vnd der gemein bekant vnd bewert ist, nemlich Herr Johan Cleber[9], den vnser Herren vff die von Memmingen ernstliche bit vom diensts des worts alhie gon Memmingen zum schuldienst gelassen haben, doch mit dem geding[10], wa[11] vnsren kirchen ann pfarrern mangel enstunde, das vnser kirch jn widerumb zu berüffen recht haben

a)–*a)* von einer Hand des 18. Jahrhunderts.
b) über der Zeile nachgetragen und eingewiesen für gestr.: unleserliches Wort.
c)–*c)* korr. aus: stifftung.
d) über der Zeile nachgetragen für gestr.: vnd.

1. wie sehr, wie viel.
2. sc. gestiftet und gegeben.
3. nach.
4. Bucer gebraucht ähnliche Formulierungen in seinen Gutachten zur Kirchengüterfrage (vgl. etwa BDS 7, S. 490,3–17; BDS 12, S. 74,5; S. 344,21; S. 385,4f.; S. 389,23; S. 426,11.17; S. 455,2).
5. sich vorgenommen, unternommen.
6. wo, falls.
7. vorkäme, einträte, sich ereignete.
8. bewegen, veranlassen, daß sie zu uns kommen.
9. Johannes Kleber (gest. nach 1554) war seit 1526 Rektor der Memminger Lateinschule (zu ihm vgl. Memminger Pfarrerbuch, S. 50, Nr. 76). Unter der Schreibweise »Hans Cleber« wird er auch in der Korrespondenz Ambrosius Blarers (vgl. *Schieß*, Briefwechsel I, S. 709) und Johannes Zwicks (vgl. QGT 15 [Elsaß III], S. 378,11) erwähnt. Zu seinem späteren Verbleib in Memmingen allen Straßburger Bitten zum Trotz vgl. die Dokumente in Straßburg StArch, AST 69, Nr. 54 und 55 vom 1. und 2. Dezember 1541.
10. unter der Bedingung.
11. wenn.

solte vnd er schuldig sein, solchem berůff zu volgen, Auch die von Memmingen jhn zu solchem berůff zu erlossen, Welches geding er von seinet wegen[e] vnd der Burgermeister vnd gesandt von Memmingen, der seinethalben hie war, von wegen eins Ers[amen] rahts zu Memmingen eingangen ist, Welchem geding die zu Memmingen | *96*[v] | ietzund leichter stat zu thun haben, nach dem sie mitler zeit[1] einen gar gelerten, geschickten man zu versehung jrer Schulen bekommen haben.

Der ander, den wir meinten zu berüffen sein, heisset her Lienhart Kegel[2], M[eister] Bastians Kegels[3], des schneiders, bruder, ist inn anfang des Euangeli hie zum Jungen S[ankt] Peter schulmeister gewesen vnd sich demnach ein zitlang hie im studio christlich erhalten, Demnach gon Augspurg kumen, da er ietz etlich jar ein pfar[4] Christlich vnd wol versicht, [f]wie des vnser etlich von predigern gut wissen und erfarnüs haben[*f*]. Der hat auch vor lengist, das er imm studio gern furtfur, wie er dazu auch geschickt ist, her zu kommen begeret. Darumb er vns[erer] h[err]en vnd kirchen berůff sonder[5] zweifel annemen wurde, den auch die von Augspurg vns desto billicher lassen würden, das[6] v[nsere] h[erren] jn[7] hieuor etlich furneme, gelerte prediger[8] zu gesandt vnd nun den Musculum[9] auch[g] [h]wider lassen, wie wol die von Augpurg den selbigen hieuor vnser kirchen widergeben, Vnd er, der Musculus[*h*],

e) von Bucer vor dem Zeilenanfang nachgetragen.
f)–*f)* vor den linken Rand geschrieben und eingewiesen.
g) danach gestr.: den sie vnsren kirchen erlassen vnd er.
h)–*h)* vor den linken Rand geschrieben und eingewiesen für gestr.: den sie vnseren kirchen erlassen vnd er.

1. in der Zwischenzeit.
2. Leonhard Kegel (gest. 3. Oktober 1550) kam im September 1531 nach Augsburg, wo er Pfarrhelfer von Bonifatius Wolfhart an der St. Anna-Kirche wurde (*Roth*, Augsburgs Reformationsgeschichte II, S. 74, Anm. 16; BDS 6,1, S. 82,12; *Safley*, Zentrum und Peripherie, S. 71); im September 1535 wurde er der Nachfolger Sebastian Meyers an der Pfarrkirche St. Georg in derselben Stadt (*Safley*, Zentrum und Peripherie, S. 70f. und 104); am 1. April 1542 sollte er, wohl infolge des hier edierten Gutachtens, tatsächlich eine Kanonikatspfründe an St. Thomas erhalten (*Knod*, Stiftsherren, S. 26; *Safley*, Zentrum und Peripherie, S. 72 und 104); Quellen vom November 1545, Februar 1549 und März 1550 belegen ihn als Helfer an Jung St. Peter in Straßburg (BDS 17, S. 596,27; QGT 16 [Elsaß IV], S. 170,12 und S. 308,11); zu ihm vgl. auch *Bopp*, Die evangelischen Geistlichen, Nr. 2665.
3. Zu ihm vgl. *Knod*, Stiftsherren, S. 47 und unten S. 386, Anm. 1.
4. Nämlich die Pfarrkirche St. Georg (*Safley*, Zentrum und Peripherie, S. 104).
5. ohne.
6. sc. deswegen, weil.
7. ihnen.
8. Vgl. unten S. 170, Anm. 7.
9. Wolfgang Müslin, genannt Musculus (geb. 1497, gest. 1563), Besuch der Schlettstadter Lateinschule, Eintritt ins Benediktinerkloster Lixheim, Austritt aus demselben 1527, Weggang nach Straßburg und Eheschließung dort; von Bucer und Capito zum Pfarrer von Dorlisheim ernannt; Helfer Matthäus Zells am Münster ab 1528; im Januar 1531 ging er auf Empfehlung Bucers und Capitos nach Augsburg, wo er Prediger der Heilig-Kreuz-Kirche wurde; 1537 bis 1548 Domprediger dort, wegen des Interims nach Bern gegangen, wo er 1563 starb. Zu ihm vgl. *Dellsperger/Freudenberger/Weber*, Wolfgang Musculus; *Bodenmann*, Musculus; *Dellsperger*, Musculus; *Ficker/Winckelmann*, Handschriftenproben II, Nr. 66; BCor VI, S. 291f.; BCor VII, S. 457f.; BCor VIII, S. 398f.; BCor IX, S. 329f.

noch heutigs tags inn v[nserer] herren [i]vnd kirchen[i] berůff[1], den er angenomen, staht.

Weill wir dann die notdurfft vnser kirchen zu diser zeit so gros vor augen sehen vnd so weit wir im Deutschenland die prediger kennen, dismal geschicktere vnd getrewere nit wißten auffzubringen, so ist vnser vnderthenig, getrewe bitt vmb der lieben kirchen willen, das v[nsere] H[erren] wolten statlich[2] durch schrifft vnd ein eigen botten dise zwen menner zum dienst diser kirchen berüffen. Dann ob das gleich vffs aller furderlichst geschehen vnd sie zu kommen nichs sonders verhinderen wurdt[3], so ist doch zu besorgen, das wir jres diensts inn ein fierteil Jar[4] ader noch lengerr kaum erfrewet werden mögen. | *97*[r] |

Irer versehung[5] halben haben v[nsere][j] h[erren] inn jren henden D[oktor] Capitons[6] seligen Canonicat[7]; so ist ein Canonicat zu S[ankt] Steffan[8] ledig, das der pfarrer zu Eschaw[9] wol angefallen[10]; aber weil er das examen[11] nit hat erleiden mögen, hat er bißher der possession müssen ruwig stehn vnd wurt durch mittell desselben examens vermög der Canonum vnd K[irch]en rechten von dem selbigen Canonicat leichtlich abzutreiben sein, des dannn auch die schůlherren ietzund inn übung stehn.

i)–*i)* über der Zeile nachgetragen und eingewiesen.
j) korr. aus: u.

1. Musculus wurde 1528 zum Diakon bei Matthäus Zell am Münster ernannt (*Dellsperger*, Musculus, S. 439; BCor VI, S. 292; BCor VII, S. 458; BCor VIII, S. 398; BCor IX, S. 329).
2. förmlich, offiziell. *Grimm* 17 (= X,2,1), Sp. 1037 f.
3. wird. *Martin/Lienhart* II, S. 847.
4. sc. vor Ablauf eines Vierteljahrs; zur Schreibweise vgl. *Grimm* 26 (= XII,2), Sp. 313–315.
5. Versorgung.
6. Wolfgang Capito (geb. 1478, gest. 1541), Propst am St. Thomasstift in Straßburg und hochrangigster Kirchenmann der Straßburger Reformation; zu ihm vgl. *Lienhard*, Capito; *Kaufmann*, Reformatoren, S. 40–42; *Ficker/Winckelmann*, Handschriftenproben II, Nr. 57; *Kittelson*, Wolfgang Capito; *Bopp*, Die evangelischen Geistlichen, Nr. 755; *Kalkoff*, Capito.
7. Capito war am 4. November 1541 gestorben.
8. Dem seit dem 8. Jahrhundert bestehenden adligen Damenstift St. Stephan waren vier, später nur drei Stiftsherren beigegeben, die für den Altar- und Predigtdienst zuständig waren (*Röhrich*, Geschichte der Kirche St. Wilhelm, S. 22 f.). Die Stiftskirche diente zugleich als Pfarrkirche, ging aber 1534 in die nahe gelegene Pfarrkirche St. Wilhelm auf (*Röhrich*, ebd., S. 26 f.). Zum 1540 entstehenden Konflikt zwischen Stift und Stadt über die Annahme einer Reformationsordnung vgl. *Röhrich*, ebd., S. 29–39; *ders.*, Geschichte II, S. 16–21; *Hahn*, Die katholische Kirche in Straßburg, S. 98–104; *Schelp*, Reformationsprozesse, S. 102–171.
9. Der zwölf Kilometer südlich von Straßburg gelegene Ort Eschau. Vgl. hierzu *Clauss*, Historisch-topographisches Wörterbuch, S. 334 f.; QGT 15 (Elsaß III), S. 552, Anm. 2.
10. Es handelte sich um den altgläubigen Pfarrer von Eschau, Georg Altenheimer; zur Absicht König Ferdinands, die freiwerdende Pfründe an St. Stephan an ihn zu verleihen, vgl. *Hahn*, Die katholische Kirche in Straßburg, S. 100–104.
11. sc. das »examen canonicum«, die für jeden Anwärter auf eine freiwerdende Pfründe an einem der Stifte der Stadt Straßburg vom Munizipalstatut vom 9. September 1539 verordnete Prüfung (Edition der Examensordnung in: *Sehling*, EKO XX/1, Nr. 27a und b, S. 300–323). Zum Munizipalstatut vgl. auch BDS 7, S. 572–575 und BDS 16, Nr. 17, S. 363–425.

Weren also vnsers erachtens inn der berüffung des Clebers an ein raht zu Memmingen vnd jn[1] dise vrsachen furzuwenden: Erstlich, das geding, das, so wir jn aus mangel der pfarrern widerberüffen würden, das er solchem beruff folgen vnd die zu Memmingen jn dazu erlassen solten. Nun weren vns mit D[oktor] Capito seligem noch ein pfarrer vnd ein helffer abgangen. Zum anderen, so were der kirchendienst mehr dann der schuldienst vnd weren des Cleberj gaben vnd alter mehr zum kirchen- dann zum schuldienst zugebrauchen. Zum dritten, so hetten sie zu Memmingen zu jrer schulen mitler zeit ein solchen mann uberkommen[2], das sie des Cleberj wol emberen[3] möchten. Zum vierden, so hetten wir von hinnen[4] wie filen anderen kirchen[k]dienerr und predigerr[k][5] also auch jnen den Cleberum gegeben, nach dem wir jhn von Tubingen[6] zum kirchendienst erstlich angenomen vnd geübet hatten. Zum funfften, so hetten wir hie ein anfang einer schul vnd zucht zum kirchendienst, das wir mit der zeit hofften, filen kirchen damit zu nutzen. So hetten v[nsere] h[err]en vnd diener des worts bishar mancher kirchen auch trewlich gedienet. Darumb billich wer, das vnser kirchen in jrem mangel von anderen auch, so fil möglich, gedienet vnd gerahten wurde. | *97*[v] |

Vrsachen, Cegelium zu berüffen, mochten an ein erbaren raht zu Augspurg vnd jnen dise furgewandt werden: Erstlich[l], das wir jnen hieuor fier prediger[7] vnd drei furneme gelerte[m][8] gesandt, auch den Musculum[9], nach dem er vns widerumb von jnen erlassen vnd seinethalb versprochen, auff jre bitt [n]bißher onerfordret[n] liessen vnd des orts vnser widerberuffung seinethalben abstunden. Zum anderen, das dieser Cegelius bei vns des studiums halben weiter kommen vnd vnseren vnd anderen kirchen noch mehr nutzer werden mochte, sie auch zu Augspurg, des Cegelij stat, nach jrem prauch leichtlich erstatten mögen. Zum dritten, das vnsere kirche[o] filen ande-

k)–*k)* vor den linken Rand geschrieben und eingewiesen.
l) korr. aus: erstlich.
m) von Bucer vor den linken Rand geschrieben und eingewiesen.
n)–*n)* von Bucer vor den linken Rand geschrieben und eingewiesen.
o) korr aus: kirchen.

1. sc. und an ihn.
2. erhalten.
3. entbehren.
4. also von Straßburg.
5. Vgl. unten Anm. 7.
6. Ein Tübinger Studienaufenthalt Klebers ist der Forschung nicht bekannt.
7. Bis Ende 1531 hatte Straßburg insgesamt fünf Prediger nach Augsburg geschickt, um dort die evangelische Bewegung zu unterstützen; dadurch war die Augsburger Kirche beinahe zu einer »Filialkirche Straßburgs« geworden (*Seebaß*, Bucer und Augsburg, S. 481); vgl. auch *Friedrich*, Die Beziehung Bucers zu den Augsburger Predigern; *Pollet* II, S. 226f. und *de Kroon*, Augsburger Reformation, S. 67 und Anm. 31–35. Bei den hier erwähnten vier Predigern kann man in Anlehnung an *Friedrich*, ebd., S. 159f. Wolfgang Musculus, Bonifatius Wolfhart, Sebastian Meyer (Maier) und Theobald Schwarz (Nigri) vermuten. Vgl. auch *Friedrich/Kooistra*, Einige Briefe zum Wirken der Straßburger Prediger in Augsburg.
8. Diese konnten nicht ermittelt werden.
9. Vgl. oben S. 168, Anm. 9.

ren gedienet vnd weiter zu dienen begeret for anderen, darumb billich vnd nit allem zur vergleichung [p]irer[q] biß her bewysen[p] diensten, sonder fil mehr, das die angefangne zucht der kirchendiener, von deren noch, ob got will, fil furnemer vnd auch hoch nutzlicher diener der kirchen kommen sollen, erhalten vnd gefürderet werde, das [r]vnsren kirchen[r] zu solchem[s] nutzlichem vnd notwendigem furhaben [t]von inen vnd anderen nemlich geholffen werde[t].

Vnd demnach[1] die zu Augspurg jre kirchen diener verpflicht haben, so einer von jnen ziehen wolt, das er[u] ein halb jar zuvor seinen[v] dienst uffsagen, so were denen von Augspurg zu schreiben, das sie, angesehen die dienst vnser kirchen jnen vnd anderen geleistet, vernůgt[2] sein wolten[w], das ehgemelter Kegelius nach geheischenem[3] vrlaub ein fiertheil jar nachdienet.

Zu letst, dieweil die diener des worts an mehrerteil orten so gehalten worden, das sie nit fil ubrigs haben vnd die reiß [x]von Augspurg vnd Memmingen[x] hieher eben weit vnd diser zeit besonders kostlich[4] sein wurd, so wurt auch die notturfft erheischen, | *98*[r] | das man weg suche, wie jnen beden zu solcher weiter vnd schwerer reise mit weib vnd kinden zu thun an solchem vnkosten vetterlich geholffen wurde. Vnd bitten vmb gottes vnd der grossen notturfft willen diser kirchen, v[nsere] H[erren] wollen inn dem mehr bedencken, was an getrewen kirchendieneren gelegen, wie fil auff ein solche weiter reiß[5] mit weib vnd kinden vnd gantze verenderung der haushaltung gehe, auch wie das gut diser kichen so reich vnd von so filen überreilich[6] mißbrauchet wurt. Dann wie wenig sie[y] des kirchen guts ietzünden[z] bei handen haben, dann die wege wol zu finden, das v[nsere] H[err]en vermoge der gemeinen rechten vnd der Declaration des jungsten abscheids[7], so fil vnd mehr von denen heraus bringen, die es mit so grossem hauffen inhaben vnd mißbrauchen. | *98*[v] |

[a]prod[uctum] Sambstag, 19. No[vembris] An[no] [15]41[a]

p)–*p)* von Bucer vor den linken Rand geschrieben und eingewiesen.
q) Dittographie: jrer irer.
r)–*r)* von Bucer vor den linken Rand geschrieben und eingewiesen für gestr.: sie.
s) danach gestr.: filen kirchen.
t)–*t)* von Bucer am Ende der Zeile nachgetragen für gestr.: gefurdret werden.
u) über der Zeile nachgetragen für gestr.: sie.
v) korr. aus: jren.
w) im Wort korr.
x)–*x)* von Bucer vor den linken Rand geschrieben und eingewiesen.
y) über der Zeile nachgetragen und eingewiesen für gestr.: ietzunden.
z) danach gestr.: ietzünden.
a)–*a)* von der Hand Johann Meyers (*Ficker/Winckelmann*, Handschriftenproben I, Nr. 18).

1. nachdem.
2. damit zufrieden.
3. erbetenem, gefordertem.
4. kostspielig.
5. Reise.
6. sc. überreichlich. Zur Form vgl. *Grimm* 14 (= VIII), Sp. 592.
7. Gemeint ist der Abschied des vom 5. April bis 29. Juli 1541 in Regensburg gehaltenen Reichstages; vgl. hierzu oben S. 155, Anm. 1.

Nr. 5
Bucers Entwurf einer Verpflichtungsformel für Pfründenempfänger
Forma obligationis canonicae

vor dem 17. Mai 1543

bearbeitet von Stephen E. Buckwalter

Einleitung

1. Entstehung und Inhalt

Ebenso wie die Gutachten zur umstrittenen Examinierung des Propstes Beat Pfeffinger[1] reiht sich die folgende Schrift in die Bemühungen Bucers ein, den sittlichen Stand der Geistlichkeit Straßburgs zu heben und die strikte Überwachung desselben durch die Schulherren[2] als Vertreter der weltlichen Obrigkeit zu fordern. In dieser Schrift beschränkt sich Bucer darauf, den genauen Wortlaut von sieben Selbstverpflichtungen zu formulieren, die denjenigen auferlegt werden sollen, denen eine kirchliche Pfründe übertragen wird. Bucer berücksichtigt bei seinen Formulierungen sowohl den Pfründenempfänger, der sich noch in der theologischen Ausbildung befindet (*adulescens*[3]) als auch denjenigen, der den Kirchendienst antritt und ein geistliches Amt ausüben wird (*adultus*[4]). Bemerkenswert an diesem Dokument sind die präzedenzlos weitreichenden Befugnisse, die den Schulherren bei der Verleihung und bei dem Entzug von Kanonikatspfründen eingeräumt werden.

Wer eine Pfründe erhält, hat sieben Versprechen abzugeben:

I. Er muß anerkennen, daß gemäß göttlichem, kirchlichem und kaiserlichem Recht nur die gewissenhafte und fleißige Vorbereitung auf das geistliche Amt und die pflichtgemäße Erfüllung seiner Amtsgeschäfte zum Bezug von Pfründeneinkünften berechtigen [1r].

II. Er muß anerkennen, daß fehlender Eifer bei der Vorbereitung auf das Amt oder bei der Ausübung desselben zum sofortigen Entzug der Pfründe sowie der dazugehörigen Einkünfte führen muß.

III. Er muß anerkennen, daß die Schulherren ihm die Pfründe nur unter der Bedingung übertragen haben, daß er sich den theologischen Studien und geistlichen Übungen nach Kräften widme, um sich als für das geistliche Amt geeignet zu erweisen (im Falle eines jungen Mannes), oder daß er dem ihm aufgetragenen

1. Vgl. oben die Nr. 2 und 3 dieses Bandes, S. 129–162.
2. Zu diesen vgl. oben S. 135, Anm. 3.
3. Vgl. unten S. 177,16.
4. Vgl. unten S. 177,21.

Amt mit höchster Gewissenhaftigkeit Genüge leiste (im Falle eines Erwachsenen).

IV. Er muß versprechen, auf seine Pfründe zu verzichten und diese dem Kollator unverzüglich zurückzugeben, falls er sich vom Dienstort dauerhaft entfernt oder seine Pflichten gänzlich ruhen läßt [$1^{r/v}$].

V. Sollte er diesem Versprechen zum Trotz den Verzicht auf die Pfründe hinauszögern, haben die Schulherren Vollmacht, ihm die Pfründe zu entziehen und sie unwiderruflich anderweitig zu vergeben. Wer eine Pfründe annimmt, verpflichtet sich, keinerlei Rechtsmittel gegen einen solchen Schritt einzulegen und den Pfründenverlust als endgültig zu akzeptieren.

VI. Er muß anerkennen, daß er den Schulherren rechtens die Macht übertragen habe, ihm bei Fehlverhalten die Pfründe zu entziehen und jemand anderem zu geben, und sich ebenso verpflichten, nichts dagegen zu unternehmen; schließlich fordern dies sowohl das göttliche Recht als auch der von ihm anläßlich des Examens geleistete Eid.

VII. Auch wenn es nicht so weit kommt, daß er seine Amtsgeschäfte liegenläßt oder sich vom Dienstort dauerhaft entfernt, er jedoch trotz mehrfacher Mahnung versäumt, sein Amt gewissenhaft zu führen, hat er seine Pfründe aufzugeben; weigert er sich, dies zu tun, soll ein aus neun Richtern bestehendes kirchlich-städtisches Gremium in dieser Sache entscheiden und dessen Entscheidung unverzüglich durchgesetzt werden. Eine Zusatzklausel verlangt von demjenigen Pfründeninhaber, der sich noch in der theologischen Ausbildung befindet, zu versprechen, daß er bei anschließender Weigerung, den Kirchendienst anzutreten, oder bei Amtsenthebung aufgrund von Pflichtversäumnis der Kirche und der Schule die Ausbildungskosten zurückerstatten werde [$1^{v}/2^{r}$].

Aus der Literatur geht hervor, daß diese ›Formula obligationis canonicae‹ von den Schulherren erstmals anläßlich des Examens des Kanonikers des Thomasstifts Christoph Kerlin geltend gemacht worden sei.[1] Somit ergibt sich der 17. Mai 1543[2] als terminus ante quem dieser Schrift.

Das St. Thomasstift reagierte auf die ›Formula‹ mit Entrüstung[3], denn es sah in ihr eine unbefugte Einmischung stiftsfremder weltlicher Gremien in die Besetzung ihrer Pfründen und die Verwaltung ureigener Angelegenheiten. Dementsprechend verfaßten Dekan, Pröpste und Kapitel eine Replik, die wir als Beilage unkommentiert edieren[4].

1. Vgl. *Knod*, Stiftsherren, S. 10f.
2. Vgl. *Knod*, Stiftsherren, S. 24.
3. Vgl. *Knod*, Stiftsherren, S. 10.
4. Vgl. unten S. 181–187.

2. Überlieferung

Diese Schrift ist in zwei Handschriften überliefert:

a: Straßburg StArch, AST 26, Nr. 4, fol. 1^{r}–2^{r}. Ausfertigung in der Hand eines unbekannten Schreibers, der auch der Schreiber der darauffolgenden ›Responsio‹[1] (AST 26, Nr. 4, fol. 3^{r}–6^{r}) ist. Diese Handschrift liegt unserer Edition zugrunde.

b: Straßburg StArch, AST 23, Nr. 5l, fol. $90^{r/v}$. Hierbei handelt es sich um eine unvollständige Abschrift[2] von der Hand eines unbekannten Schreibers.

1. Vgl. oben S. 174, Anm. 4.
2. Vgl. unten S. 178, textkritische Anm. s–s, in der der Hinweis »in margine« eine Vorlage voraussetzt.

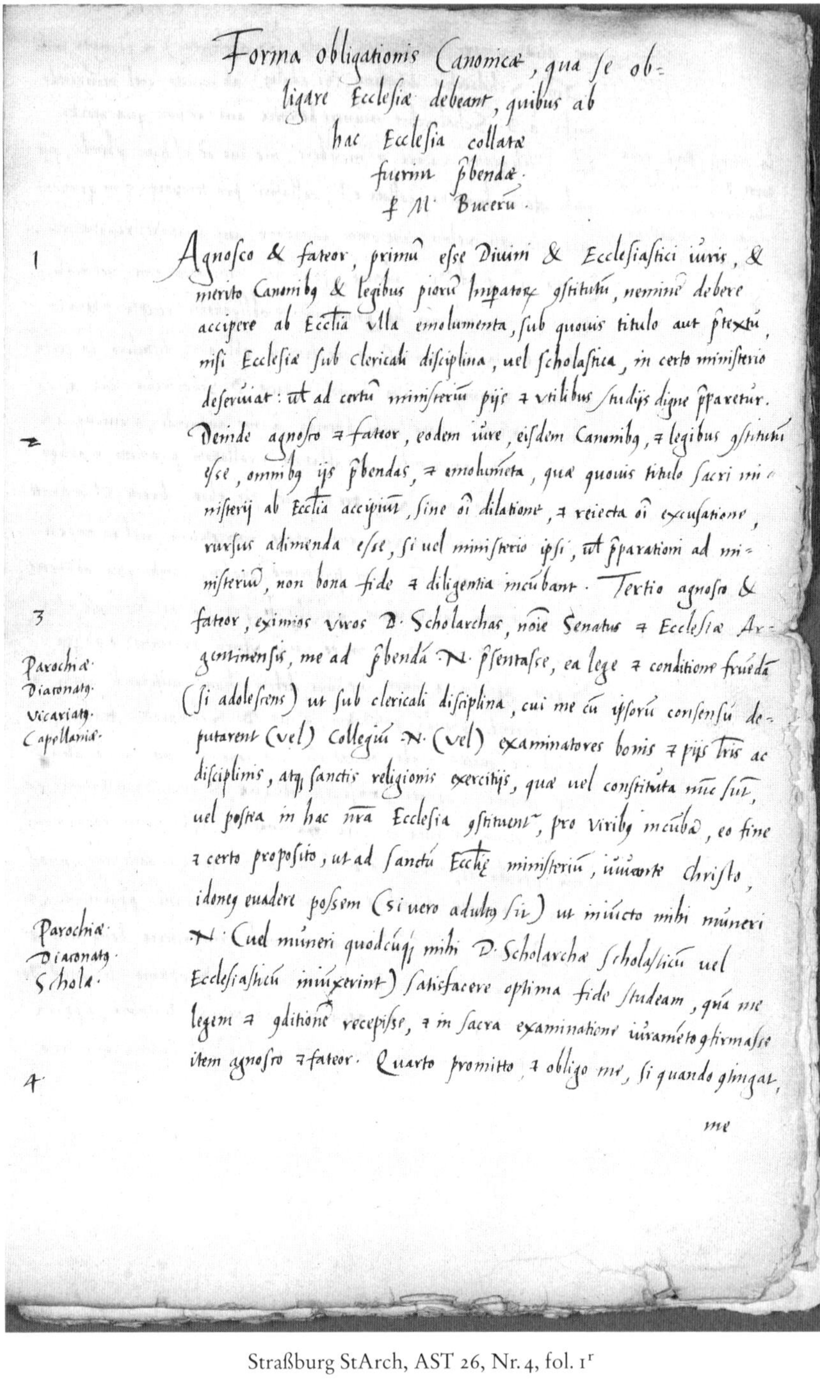

Forma obligationis Canonicae, qua se obligare Ecclesiae debeant, quibus ab hac Ecclesia collatae fuerint praebendae.
per M. Bucerum.

1 Agnosco & fateor, primum esse Divini & Ecclesiastici iuris, & merito Canonibus & legibus piorum Imperatorum constitutum, neminem debere accipere ab Ecclesia ulla emolumenta, sub quovis titulo aut praetextu, nisi Ecclesiae sub clericali disciplina, uel scholastica, in certo ministerio deserviat: ut ad certum ministerium piis et utilibus studiis digne praeparetur.

2 Deinde agnosco et fateor, eodem iure, eisdem Canonibus, et legibus constitutum esse, omnibus iis praebendas, et emolumenta, quae quovis titulo sacri ministerii ab Ecclesia accipiunt, sine omni dilatione, et reiecta omni excusatione, rursus adimenda esse, si uel ministerio ipsi, uel praeparationi ad ministerium, non bona fide et diligentia incubant. Tertio agnosco &

3 fateor, eximios viros D. Scholarchas, nomine Senatus et Ecclesiae Argentinensis, me ad praebendam N. praesentasse, ea lege et conditione fruendam (si adolescens) ut sub clericali disciplina, cui me cum ipsorum consensu deputarent (vel) Collegium N. (vel) examinatores bonis et piis literis ac disciplinis, atque sanctis religionis exercitiis, quae uel constituta nunc sunt, uel postea in hac nostra Ecclesia constituentur, pro viribus incumbam, eo fine et certo proposito, ut ad sanctum Ecclesiae ministerium, iuvante Christo, idoneus euadere possem (si uero adultus sit) ut iniuncto mihi muneri N. (uel muneri quodcunque mihi D. Scholarchae scholasticum uel Ecclesiasticum iniunxerint) satisfacere optima fide studeam, quam me legem et conditionem recepisse, et in sacra examinatione iuramento confirmasse item agnosco et fateor.

4 Quarto promitto, et obligo me, si quando contingat,

me

[Margin: Parochiae. Diaconatus. Vicariatus. Capellania. — Parochiae. Diaconatus. Schola.]

Straßburg StArch, AST 26, Nr. 4, fol. 1r

Text

| *1*[r] | Forma obligationis canonicae, qua se obligare Ecclesiae debeant[a], quibus ab hac Ecclesia collatae fuerint praebendae [b]per M[artinum] Bucerum[b]

Agnosco et fateor primum, esse Divini et Ecclesiastici iuris et merito Canonibus et legibus piorum Imperatorum constitutum, neminem debere accipere ab Ecclesia ulla emolumenta sub quovis titulo aut praetextu, nisi Ecclesiae sub clericali disciplina vel[c] scholastica in certo ministerio deserviat vel ad certum ministerium piis et utilibus studiis digne praeparetur. 1.

Deinde agnosco et fateor eodem[d] iure, eisdem[e] Canonibus et[f] legibus constitutum esse, omnibus iis praebendas et emolumenta, quae quovis titulo sacri ministerii ab Ecclesia accipiunt, sine omni dilatione et reiecta omni excusatione rursus adimenda esse[g], si vel ministerio ipsi vel praeparationi ad ministerium non bona fide et[h] diligentia incumbant. 2.

Tertio agnosco et fateor, eximios viros D[ominos] Scholarchas nomine Senatus et Ecclesiae Argentinensis[i] me ad praebendam N. praesentasse ea lege et conditione fruendam, (si adolescens[j]:) ut sub clericali disciplina, cui me cum ipsorum consensu deputarent[k] (vel) Collegium N.[l] (vel) examinatores, bonis et piis litteris ac disciplinis atque sanctis religionis exercitiis[1], quae vel constituta nunc sunt vel postea in hac nostra Ecclesia constituentur, pro viribus incumbam, [m]eo fine et certo proposito[m], ut ad sanctum Ecclesiae ministerium, iuvante Christo, [n]idoneus evadere possem[n], (si vero adultus sit) ut iniuncto mihi muneri N. (vel muneri, quodcumque mihi D[omini] Scholarchae scholasticum vel Ecclesiasticum iniunxerint) satisfacere optima fide[o] studeam, quam me legem et conditionem[p] recepisse et in sacra examinatione iuramento confirmasse, item agnosco et fateor. 3.

Parochiae, Diaconatus, Vicariatus, Capellaniae

Parochiae, Diaconatus, Scholae

a) debent: b.
b)–*b)* fehlt in b.
c) seu: b.
d) danach gestr.: ind-: b.
e) eisdemque: b.
f) de: b.
g) danach gestr.: sin vel: b.
h) ac: b.
i) argentoratensis: b.
j) adolenscens: b.
k) deputarint: b.
l) danach gestr.: vel: b.
m)–*m)* unterstrichen in b.
n)–*n)* evadere idoneus possim: b.
o) danach gestr.: statuam: b.
p) danach gestr.: receps-: b.

1. Hier war wohl der Name des betreffenden Straßburger Stifts einzutragen.

4. Quarto promitto et obligo me, si quando contingat | *1*v | me alio vocari vel quocumque modo (si adolescens)[q] a praescripta mihi [r]a Dominis Scholarchis[r] disciplina, (si adultus) ab iniuncto vel iniungendo mihi a D[ominis] Scholarchis munere desistere aut ei non qua oportet fide et diligentia vacare et incumbere, me ius omne ad hanc praebendam, quae mihi ipsorum benefitio collata est, collatori pro tempore et in gratiam eius, quem ipsi velint, sine omni cunctatione aut dilatione resignaturum.

[s]In Mense Pont[ificio] collatores D[omini] Scholarchae sunt[1], ideo resignatio sic facienda est, ut collatio sit penes Scholarchas.[s]

5. Quinto, si, quod Deus avertat, ego in hoc casu desertionis vel negligentiae meae immemor huius promissionis et obligationis, receptam praebendam resignare, ita ut promisi et me facturum obligavi, distulero, iam certa scientia et firmo ac iusto proposito, facio D[ominis] Scholarchis ius ac do plenam potestatem, collatam mihi praebendam a me auferendi et cuicumque eis[t] visum[u] fuerit conferendi, cui ablationi et collationi promitto et obligo me nullo omnino pacto unquam, per me vel per alios, directe vel indirecte, contradicturum nec ulla ei via aut ratione intercessurum vel eam impediturum. Quare etiam nunc omni patrocinio, quodcumque mihi contra obtingere possit[v] et omni colori iuris[w], qui obtendi pro me in hac causa ulla ratione queat, renuntio[2] et me eo nunquam usurum promitto et obligo.

6. Sexto agnosco et fateor me[x] iure debere hanc auferendi mihi et alii conferendi praebendam potestatem et ius D[ominis] Scholarchis tradere et nihil me quovis modo[y] tentaturum aut conaturum aut quemquam[z] alium pro me tentare et conari permissurum obligare, et quia sacri Canones ea omnia requirunt et quia in sacra examinatione iuramento confirmavi[a], me praebendam recepturum, non emolumentorum causa[b], sed (si adolescens) quod sacrae et praescriptae disciplinae atque ad sacrum ministerium praeparationi, (si adultus) quod iniuncto [c]vel iniungendo mihi[c] ministerio bona fide et diligentia vacare et incumbere constituissem.

q) danach gestr.: s-: b.
r)–*r)* per dominos Scholarchas: b.
s)–*s)* am unteren Seitenrand nachgetragen und mit dem Hinweis »in margine« versehen: b.
t) über der Zeile nachgetragen: b.
u) danach über der Zeile nachgetragen, dann wieder gestrichen: eis: b.
v) poscit: b.
w) danach gestr.: qui obtendi pro me in hac causa: b.
x) danach gestr.: ure: b.
y) modo contra: b.
z) quemcumque: b.
a) danach gestr.: me prebendam: b.
b) danach gestr.: sed: b.
c)–*c)* mihi [danach gestr.: be-] vel iniungendo: b.

1. Gemäß dem zwischen dem Straßburger Magistrat und den Stiften St. Thomas, Jung-St. Peter und Alt-St. Peter am 21. Januar 1529 in Schlettstadt geschlossenen Vertrag, erhielt der Magistrat das Recht, die in den sogenannten »Papstmonaten« freiwerdenden Kapitelstellen zu besetzen (*Adam*, Straßburg, S. 149 f.).

2. Zur Reaktion des Thomasstifts auf diese Forderung vgl. unten S. 183,12–16.

Septimo, si, quod Deus avertat, contingat me (si adolescens) ab iniuncta disciplina et praeparatione mei ad sacrum ministerium, (si adultus) ab iniuncto[d] ministerio | 2[r] | vel scholae vel Ecclesiae, non quidem penitus desistere aut alio migrare, sed negligenter agere et offitio[1] meo non satisfacere nec monitum ad dignam me diligentiam redire, nec etiam, ut promisi, praebendam resignare, tum (si minister [f]Ecclesiae sit[f]) si per deputatos a Senatu [g]huius Reip[ublicae][g] iudices, tres ex ordine Senatus, tres ex parochis et tres ex presbyteris Ecclesiae, (si minister scholae vel adolescens sit addictus praeparationi ad sacrum ministerium) tres ex ordine Senatorio, tres scholarchae[h] et[i] tres ex professoribus audita causa iudicatum fuerit, collatam mihi praebendam rursus auferendam esse, promitto et obligo[j] horum sententiae sine omni mora aut[k] ulla provocatione[l] staturum. Si iuvenis sit[m] ad sacra studia alendus, adiiciatur: Et si contingat, me postquam adolevero et ex benignitate huius Ecclesiae et scholae in bonis artibus institutus fuero, ministerium, quod Ecclesia et D[omini] Scholarchae mihi imposuerint, detrectare vel illud[n] ita negligenter obire, ut iudicer[o] per deputatum iuditium[2] ab eo removendus esse, tum debeo pro benignitate mihi impensa Ecclesiae et Scholae satisfacere et impensa in me reddere, eo tempore et modo, quem describet delectum ad hoc iuditium, ad quod, ut ad superiora omnia, me hoc scripto obligo et obstringo. 7.

[e]Accusatores indiligentiae deputentur contra negligentes ministros Ecclesiae ex coetu parochorum, contra scholae ministros visitatores, et iis per iuramentum et fidem, qua Ecclesiae et scholae obstricti sunt, iniungatur, ut accusationem tanquam coram Domino sinceriter instituant et perducant.[e]

d) iniuncto mihi: b.
e)–*e)* am unteren Seitenrand nachgetragen und mit dem Hinweis »ad marginem« versehen: b.
f)–*f)* sit Ecclesaie: b; danach gestr.: si per scholae vel adolescens sit aductus preparationi ad sacrum ministerium tres: b.
g)–*g)* fehlt in b.
h) ex scholarchis: b.
i) fehlt in b.
j) obligo me: b.
k) über der Zeile nachgetragen und eingewiesen: b.
l) undeutlich korr.: b.
m) danach gestr.: adiiciatur sed: b.
n) über der Zeile nachgetragen und eingewiesen: b.
o) iudicem: b.

1. sc. officio.
2. sc. iudicium.

Beilage zu Nr. 5
Responsio praepositi, decani et capituli collegii divi Thomae ad supra scriptam obligationem

nach dem 17. Mai 1543

bearbeitet von Stephen E. Buckwalter

Einleitung

Unmittelbar veranlaßt wurde diese ›Responsio‹ durch die Forderung seitens der Straßburger Scholarchen, daß alle kirchlichen Pfründenempfänger sich der feierlichen Verpflichtung unterziehen, die in der von Bucer erstellten ›Forma obligationis canonicae‹ ihren konkreten Ausdruck fand.[1]

Zwar pflichten die Stiftsvertreter in dieser Replik dem Grundanliegen der ›Forma obligationis canonicae‹ bei, den Erhalt von Pfründeneinkünften an die ordnungsgemäße Ausführung des betreffenden geistlichen Amtes strikt zu binden.[2] Dies werde jedoch bereits vom Munizipalstatut ausreichend gewährleistet, betonen die Stiftsherren, und sie bekräftigen, daß die Einführung eines Eides, wie er in der ›Forma‹ anvisiert wird, die Befugnisse der Stifte enorm aushöhlen und unveräußerliche Rechte der Kirche an Gremien abtreten würde, in denen Laien eine Hauptrolle spielen.[3] Eine derart rigorose Selbstverpflichtung, wie hier vorgesehen, werde die geistliche Laufbahn für Söhne von heimischen *familiae honestae* noch unattraktiver machen, als sie ohnehin schon ist, und sie in juristische, medizinische oder kaufmännische Laufbahnen abdrängen, während kirchliche Stellen zunehmend in die Hand von Auswärtigen gelangen, die hauptsächlich aus wirtschaftlicher Not in solche Positionen eindringen.[4] Hieraus erwachse dem Straßburger Gemeinwesen und der dortigen Kirche kein Vorteil, sondern nur Schaden, weshalb die Stiftsherren die Scholarchen darum bitten, von einer derartig eingehenden Beschneidung der Zuständigkeiten des Thomasstiftes abzusehen.

Die ›Responsio‹ zeugt davon, daß Bucers Vorstellung von der Verantwortung des Rates im allgemeinen und der Schulherren im besonderen für die Durchsetzung der Reformation in Straßburg auch innerhalb eines vorwiegend evangelischen Stiftes wie St. Thomas für Unmut sorgen konnte.

Die ›Responsio‹ ist in einer einzigen Handschrift überliefert: Straßburg StArch, AST 26, Nr. 4, fol. 3^r–6^r. Hierbei handelt es sich um eine Ausfertigung in der Hand

1. Vgl. oben die Einleitung zu Nr. 5, S. 173–175.
2. Vgl. unten S. 183,3–6.
3. Vgl. unten S. 183,7–16.
4. Vgl. unten S. 183,17–184,11.

eines unbekannten Schreibers, der auch der Schreiber der vorhergehenden ›Responsio‹[1] (AST 26, Nr. 4, fol. 1^r–2^r) ist.

1. Vgl. oben Nr. 5, S. 173–179.

| 3[r] | Responsio D[omini] Praepositi, Decani et Capituli Collegii D[ivi] Thomae Argent[inensis] ad supra scriptam obligationem

Principio fatemur divini et Ecclesiastici iuris esse et legibus piorum Imperatorum bene constitutum, ne quis ab Ecclesia ulla emolumenta accipiat, qui non debitum ei offitium[a] praestet, quemadmodum in obligatione illa praemittitur et illud etiam posthac servari cupimus.

Sed contra videmus neque e re Capituli esse neque ex utilitate Ecclesiae et ideo neque Reip[ublicae] bono futurum, si hanc obligationem comprobemus aut admittamus cum quod iniqua requirit, tum quod collegio suam authoritatem imminuit et omnem eius tollit administrationem et iurisdictionem, quam et Canones et leges sacrosanctam esse volunt neque repugnat iuri divino.

Iniquum enim est, si obligatus resignationem promittere cogitur ante iuditium[1] et sese damnare anteque sit auditus, ita ut provocare non ausit, imo si ad iuditium perducatur, videatur egisse contra promissionem et iusiurandum. Sic enim v[erb]a habent: »Nunc omni patrocinio, quodcumque mihi contra obtingere possit et omni colori iuris, qui obtendi pro me in hac causa ulla ratione queat, renuntio«[2].

Et solum negligentiae meminit obligatio, hoc est, minoris vitii, maiorum nullam faciens mentionem, ne generatim quidem, ut scortationis, adulterii, simoniae et caetera. Cum periculum sit de fortunis et de fama, Itaque propter negligentiae solum suspitionem in existimationis et fortunarum periculum vocabitur aliquis: ubi ipsa etiam accusatio est infamis, propterea quod libera esse a suspitione non potest, nemo enim in fortunarum et famae periculum sine causa | 3[v] | vocari putatur, praesertim talibus accusatoribus, quales constituit obligatio. In his, qui scholae ex nostro collegio serviunt, re ipsa comperimus, quod saepe una suspitio aut accusatio ita obstat reo, ut diutissime ipsum impediat, et quis est, qui omnibus horis sapiat? aut omnibus possit satisfacere?

Nec etiam limitata est in obligatione admonitio, quoties scilicet et ubi admoneri debeat obligatus et quomodo convinci, quae omnia cum lege non sunt comprehensa neque consuetudine observata, magnas solent adferre incommoditates.

Itaque si ille suis studiis, in quibus omnem aetatem contrivit et quibus Ecclesiae prodesse voluit, non poterit se approbare semper et omnibus nihil aliud lucrifecit quam infamiam et egestatem, praesertim si aetate iam ingravescente accusetur et aliquibus saltem non placeat.

Id autem praeterquam quod cum aequitate pugnat, ecclesiis etiam plus damni quam utilitatis est allaturum, quod ingenia liberalia hoc modo absterrebuntur a studio litterarum et maxime a Theologico, cui ex tot millibus quam pauci nunc etiam, dum liberi sunt, sese volunt addicere.

a) sc. officium.

1. sc. iudicium.
2. Vgl. oben S. 178,16f.

Fiet igitur, ut quam paucissimi libere et libenter accessuri sint ad Ecclesiae ministeria et solum hi, qui egestate, quae voluntatis occultatrix est maxime, compellentur et magna ex parte peregrini. Civium enim pauci liberos suos his conditionibus adstringi pacientur[1], sed vel ad iurisperitos[b] et medicos ducent vel ad mercaturam similesque vitae rationes applicabunt, quod etiam nunc faciunt, magis facturi proposita hac obligatione. Quare cogitandum est, an pertineat ad authoritatem Ecclesiae et benevolentiam civium, exteros multos, ex civibus vero paucos Ecclesiam administrare, an potius commoditate vitae honestas familias ad illius procurationem provocare.

Postulat praeterea tacite obligatio illa, ut contra iusiurandum nostrum faciamus. Iuravimus enim omnes, etiam nos postremi, et iure quidem idque D[ominis] Scholarchis praemittentibus, nos commoda collegii et Ecclesiasticam libertatem pro viribus | *4*[r] | velle promovere et incommoda itidem avertere.

Sed maximum eidem collegio incommodum adferet haec obligatio, si admittatur, quia eius autoritatem imminuet et omnem ab eo administrationem auferet, quam tum Senatus nuper in Municipali statuto[2] et antea per pactum Selestadiense[3] pollicitus est, se nobis esse permissurum.

Etenim administratio Collegii non solum in redditum sive bonorum dispensatione consistit, sed etiam in[c] moderatione disciplinae. Nam quid alioquin facerent eius praelati, si nullam haberent iurisdictionem?

Tollitur autem plane iurisdictio, si iis, qui sunt de corpere Collegii, iudices alii in Ecclesiastica disciplina constituuntur, quam eius praelati et capitulum.

Sed constituuntur in obligatione illa sex utrobique Laici[4], imo fieri posset, ut etiam professores, si de scholastico erit iuditium[5], sint Laici. Itaque omnes Laici et nemo unquam ex Capitulo; ubi igitur iurisdictio collegii, si tres senatores, tres scholarchae et tres professores[6], vel tres senatores, tres parochi et tres presbyteri[7], hoc est ›Kirchenpfleger‹? Solum scilicet hac ratione questores[8] futuri essent collegae.

Iam praeterquam quod Imperiti litterarum et idiotae atque Laici quoddam inveteratum odium gerunt contra doctos et clerum[9], ut etiam in Canonibus monetur, sunt

b) danach gestr.: vel.
c) korr. aus: im.

1. sc. patientur.
2. Gemeint ist das am 9. September 1539 vom Straßburger Rat erlassene Munizipalstatut, das für jeden Anwärter auf eine freiwerdende Pfründe an einem der Stifte der Stadt ein Examen vorschrieb. Die lateinische Fassung ist in *Sehling*, EKO XX/1, Nr. 26a, S. 290–295 ediert, die deutsche Fassung ebd., Nr. 26b, S. 296–299 sowie in BDS 7, S. 572–575.
3. Gemeint ist der zwischen dem Straßburger Magistrat und den Stiften St. Thomas, Jung- und Alt-St. Peter am 21. Januar 1529 in Schlettstadt geschlossene Vertrag (*Baum*, Magistrat, S. 141 f.; *Adam*, Straßburg, S. 149 f.).
4. Vgl. oben S. 179,7.
5. sc. iudicium.
6. Vgl. oben S. 179,9 f.
7. Vgl. oben S. 179,7.
8. sc. quaestores.
9. Vgl. *Brady*, You Hate Us Priests.

in hac quoque Republ[ica], qui non recte de litteris, non recte de Religione sentiunt, qui si aliqua autoritate et potentia praevalerent et Deus a nobis, quod absit, auferret aequos et prudentes cives, quos nunc, gratia Deo, habemus aliquos, quos non videt quantum mali existeret, si a collegio esset ablata iurisdictio per vos, qui prudentiae et aequitatis laudem habetis et imperiti Cives potestate freti uterentur huius temporis authoritate.

Aut etiamsi totus Senatus et maior pars Civium recte de schola et de ministerio Ecclesiae sentiat, quis tamen est, qui certificare nos possit, hanc prudentiam et iustitiam et bonitatem perpetuo futuram et in hac Rep[ublica] non evenire posse, quod in aliis accidit, ubi et authoritas et administratio legitima bonorum periit? | *4*ᵛ |

Adhaec si ista obligatio admitteretur, quae vult, ut in manus D[ominorum] Scholarcharum fiat resignatio, paucis annis apud eos erunt omnes Collegii facultates, quae quidem non eo dicimus, quod ab iis Scholarchis, qui nunc sunt viris bonis scilicet et prudentibus et aequis, metuamus, sed quia non semper iidem vivere et similes creari possunt et contra Canones est Ecclesiae facultates in Scholarcharum esse potestate nec illud iuris Pontifices Ro[mani] unquam sibi usurpaverunt.

Nam sacri et vetustissimi Canones et piorum Imperatorum leges aperte non uno in loco sanciunt, ut administratio bonorum Ecclesiae sit in potestate Episcopi et Clericorum, quod etiam in Canonibus Apostolorum praecipitur et nullos omnino Laicos iudices in rebus Ecclesiasticis admitti volunt. Quocirca etiamsi Episcopus offitium[1] suum non faciat, tamen apud Clerum permanere debet administratio et hii praeesse, qui authoritate proximi sunt Episcopo quibusque secundum statuta Collegiorum res a Capitulo est commissa.

Senatus item per statutum Municipale[2] praecepit, ut e collegio eligantur examinatores, qui iudicent, qui nam digni sint, ut ad Ecclesiae ministerium recipiantur[3] vel secus, et ea re declaravit id munus ad se, vel ad Laicos non pertinere, sed ad ordinarium, aut si ille sit negligens, ad Praelatos et Collegia, nec, ut est verisimile, statutum illud factum fuisset, si ordinarius non fuisset visus ibi offitio suo deesse.

Porro, si iudicare debent collegae cum suis praelatis, quemadmodum Canones praescribunt, leges sanciunt, statutum municipale praecipit, quis in Ecclesiae ministerium sit recipiendus, Iuxta eosdem Canones et leges etiam iudicare debent, quomodo et quando semel receptus, si sit offitii negligens Et Ecclesiae, cuius facultatibus fruitur, non servit, vel castigari vel amoveri debeat.

Nec illud metuendum est, quod pro eam obligationis a D[ominis] Scholarchis praetenditur, quod admissus scilicet semel ad praebendam non facile castigari et multo difficilius ab offitio possit deponi, etiamsi negligenter id faciat, quod debet, | *5*ʳ | aut omnino facere detrectet.

Etenim paratum iam huic malo remedium est per examen, quod severius nuper est constitutum idque a nostro Collegio, ut sine negotio vel corrigi vel amoveri possit

1. sc. officium.
2. Vgl. oben S. 184, Anm. 2.
3. Vgl. BDS 7, S. 574,25–575,10 = *Sehling*, EKO XX/1, S. 298.

offitio quicumque non usui, sed oneri velit esse ecclesiae. Legatur articulus sextus examinis et admonitio illa, cui Iurisiurandi forma annectitur.[1]

Itaque, si negligens esse velit aliquis aut nulla in re Ecclesiae inservire, sine obligatione illa poterit castigari aut deponi. Sin bonus fuerit et offitium fecerit, iterum illa minime opus erit.

Frustra etiam obiicitur, nos, qui iam sumus in Collegium adsciti, non cogi ad istam obligationem nec Capitulo vel praelatis eius per illam aliquid Iuris auferri.

Quis enim non videt brevi tempore succedentibus nobis, nos multitudine suffragiorum superari posse et in Ecclesiastico iuditio alligatum iri, praeterea iniquum esse, ut nos soluti simus legibus illis, quibus alios velimus esse obstrictos?

Huc accedit etiam hoc, quod cum maior pars Collegii nostri ad S[anctum] Thomam et recte de rebus iudicare possit et studiis et religioni faveat ac reipublicae. Postremo curam gerat existimationis suae, parum aequum videtur, si legibus novis et in Ecclesia inauditis facere cogatur, quod per se facit ultro et quod ab aliis ante hac non potuit impetrari, qui non obscure indicarunt aliquando et adhuc indicant metuere se huiusmodi consilia atque molimina subsecutura atque aliud ex alio posse creari.

Illud etiam pro certo habemus, si antequam Lutherus inciperet a Pontifice discedere, omnia Collegia ita et moribus et disciplina ornata fuissent, ut nostrum est similisque fuisset in Ecclesiis caeteris status nec causam habuisset nec facere voluisset, quod fecit, credimusque optabile esse Wittenbergensibus, ut ipsorum Ecclesia et Schola, quae semper Ecclesiae ministrorum est seminarium, tale collegium haberet, quale nostrum est, nec permissurum Lutherum, ut Princeps ad se transferret administrationem, quamdiu Capitulum vellet, ut | 5v | nostrum vult, neminem nisi idoneum admittere aut ferre, praesertim cum non pessima sit eorum pars in nostro Collegio, qui priusquam obolum ex hac Repub[lica] percepissent, nulla spe divitiarum vel concepta vel proposita, quali quali doctrina sint praediti, eam tum suis et laboribus et sumptibus comparatam unam cum egregia voluntate ad utilitates huius Ecclesiae atque Reip[ublicae] attulerunt.

Nemo enim negare potest, quod nisi nostrum Collegium S[ancti] Thomae suam operam et voluntatem huc contulisset, nec schola talis esse posset qualis nunc est, nec ministris Ecclesiae quibusdam satis commode fuisset provisum.

Praeterea sic iam per annos plures administravit suas facultates nostrum collegium, ut de imminutione nemo iure possit conqueri, praesertim his postremis annis.

Quae facultates quamdiu sub Collegii Curatione erunt, non facile dissipari poterunt et periculum non est, quin apud Ecclesiam permaneant. Contra vero si venerint in manus aliorum nec conservatae facile repeti nec amissae possunt recuperari. Scimus enim a quibusdam principibus Ecclesiam sua non posse recuperare, illos autem quoties volunt posse vim facere.

Quare petimus a D[ominis] Scholarchis, quoniam utilitatibus Reip[ublicae] et Ecclesiae eiusque necessario membro Scholae suaeque famae et existimationi semper consultum voluerunt: Primum, ut collegio nostro suam Iurisdictionem cum bono-

1. Vgl. *Sehling*, EKO XX/1, S. 303 und 319.

rum administratione relinquant, cum has ob causas, quas iam diximus, tum ob alias non leviores, melius enim audiet Senatus et populus huius verbis, si unicuique suum Ius servet, quam si auferat, praesertim his, qui ad scholam et Ecclesiam suas voluntates et sua studia accommodant. Deinde quoniam hoc tempore, quo aequum habemus Senatum, ita nostrum Ius attentatur, curent id nobis inviolatum permaneat contra incommoda, quae aliquando evenire possunt.

Valde enim iniquum est, omnem nos aetatem in hac Rep[ublica] consumere et posteaquam, consenuerimus conditionibus huiusmodi gravare et conscientiam nostram et offitium. | *6*r |

Haec sunt, quae pro hoc tempore respondenda putavimus et tametsi alia adhuc sunt fortasse non minima, quae adferri queant, tamen non putamus esse necessarium nec utile in omni causa omnia adferre. Rogamus ergo D[ominos] Scholarchas et eos, quos sibi advocabunt, ut putent maximopere ad conservationem Ecclesiae pertinere hanc deliberationem ideoque non praecipitanter esse agendum petimusque, ut in consilium etiam Iurisperitos adhibeant et studiosos viros religionis nostrae, qui respondeant, utrum si utrobique idoneae sint personae magis consentaneum Canonibus sit et legibus apud clericos bonorum Ecclesiasticorum administrationem et morum disciplinam et Iurisdictionem manere, an transferri ad eos, qui a corpore clericorum tot iam saeculis semper fuerunt separati. Postremo illud etiam obtestamur, ut si in hac responsione non omnia vitavimus, quae offendere possunt, id non voluntati resistendi, sed studio religionem atque literarum doctrinam conservandi tribuant.

Nr. 6
Entwurf für den Vortrag auf dem Molsheimer Tag

[3. September–18. Oktober 1542]

bearbeitet von Thomas Wilhelmi

Einleitung

1. Entstehung und Inhalt

Im Juni 1542 baten die Straßburger Prediger die Stadtregierung, nämlich Jakob Sturm[1], Mathis Pfarrer[2] und Daniel Mieg[3], um die Erlaubnis, bei Erasmus von Limburg[4], der am 12. August 1541 zum Straßburger Bischof gewählt worden war, wegen religiöser Fragen vorstellig zu werden. Die Prediger erhofften sich von dem der neuen Lehre zunächst recht offen und versöhnlich gegenüberstehenden neuen Bischof einige Zugeständnisse. Der Rat nahm diese Anregung bereitwillig auf und wandte sich bereits am 14. Juli mit einem Schreiben an den Bischof.[5] Am 3. September teilte dieser dem Rat mit[6], er sei bereit, die Gesandten der Stadt am 18. Oktober in seiner Residenz in Molsheim zu einem Religionsgespräch zu empfangen.[7]

An diesem Religionsgespräch am 18. Oktober nahmen als Vertreter der Stadt Straßburg Peter Sturm, Mathis Pfarrer, Martin Herlin, der Stadtschreiber Johann Meyer sowie die Prediger Martin Bucer und Kaspar Hedio teil. Seitens des Domkapitels waren der Bischof, der Dekan Johann Christoph von Zimmern und der Domherr Graf Bernhard von Eberstein sowie bischöfliche Räte beteiligt. Nach der einleitenden Ansprache des Stadtschreibers hielt Bucer den Vortrag, in dem er um ein weiteres Religionsgespräch bat, an dem insbesondere die christliche Lehre, der Brauch der Sakramente und die Ordnung der Straßburger Kirche erörtert werden

1. Jakob Sturm (von Sturmeck) (1489–1553), Straßburger Patrizier, Stettmeister 1527–1553. *Winckelmann*, Art. Sturm, Jakob, in: ADB 37 (1894), S. 5–20; *Lienhard*, Sturm.

2. Mathis Pfarrer (1489–1568), Straßburger Ratsherr, oftmals Ammeister. *Brady*, Ruling Class, S. 340.

3. Daniel Mieg (ca. 1484–1541), Straßburger Ratsherr, mehrmals Ammeister. QGT 7 (Elsaß I), S. 56, Anm. 2; *Brady*, Ruling Class, S. 334 f.

4. Erasmus Schenk von Limburg (1507–1568), Straßburger Bischof 1541–1568. *Wentzcke*, Art. Erasmus Schenk von Limpurg, in: NDB 4 (1959), S. 554; *Gatz*, Die Bischöfe des Heiligen Römischen Reiches, S. 426.

5. Straßburg, Archives départementales G 155. Wiedergabe dieses Briefes in Pol. Cor. III, S. 720 f.

6. Straßburg, Archives départementales G 155,12.

7. Zu den Vorgängen vgl. *Röhrich*, Geschichte II, 29; *Greschat*, Bucer, S. 223 (= 1. Aufl. S. 204), *Hahn*, Die katholische Kirche in Straßburg, S. 109–113; Pol. Cor. III, S. 719–725; *Adam*, Straßburg, S. 161–163.

sollten.[1] Dieser Vortrag Bucers, der in der Zeit zwischen dem 3. September und dem 18. Oktober 1542 entstanden ist, wird im folgenden ediert. Außerdem wird als Beilage Bucers Entwurf eines nicht datierten, vermutlich kurz vor dem 18. Oktober entstandenen Begleitschreibens an den Straßburger Bischof wiedergegeben.

2. Überlieferung

a: Straßburg StArch, AST 174, fol. 371^r–402^r (Entwurf, unter Berücksichtigung der Änderungen und Ergänzungen Bucers). Auf einem auf fol. 371^r angeklebten Zettel ist von Konrad Hubert[2] vermerkt: »Dni. Medmanni[3] est, cui post impressionem exemplum tenemur restituere. Dicit esse lectum Spirae in Comitiis a quibusdam viris primariis illisque valde placuisse. Scriptum est post Comitia Ratisbonae anno 1542. Scripsit enim Tridentinum Concilium indicatur(?) Vide E 4.5.« Diese Textfassung liegt bereits ediert vor.[4]

b: Straßburg StArch, AST 47, Nr. III/3 (alte Zählung: Nr. 18), fol. 128^v–131^v (von einem nicht bekannten Schreiber, mit sehr zahlreichen Änderungen und Ergänzungen von Bucer)

1. Vgl. dazu Pol. Cor. III, S. 721 f.
2. Konrad Hubert (1507–1577), 1531–1549 Privatsekretär Bucers und Diakon an St. Thomas in Straßburg. *Baum*, Capito und Butzer; BCor VII, S. 445; *Buckwalter*, Hubert.
3. Peter Medmann (1507–1584), Kurkölner Rat, Vertrauter des Erzbischofs Hermann von Wied in Bonn 1539–1546; s. auch BDS 11,2, S. 297, Anm. 6.
4. ARC IV, S. 168–190.

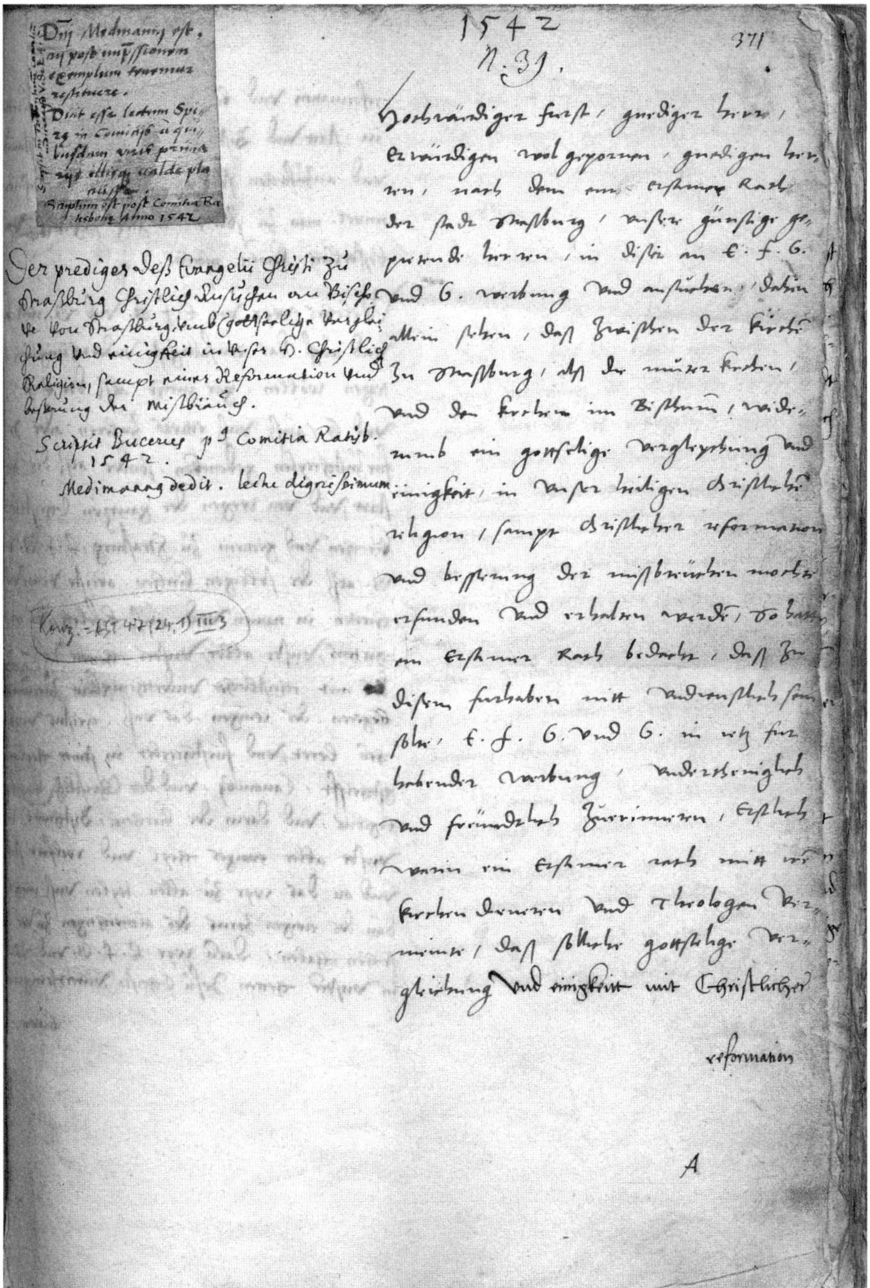

Straßburg StArch, AST 174, Nr. 39, fol. 371r

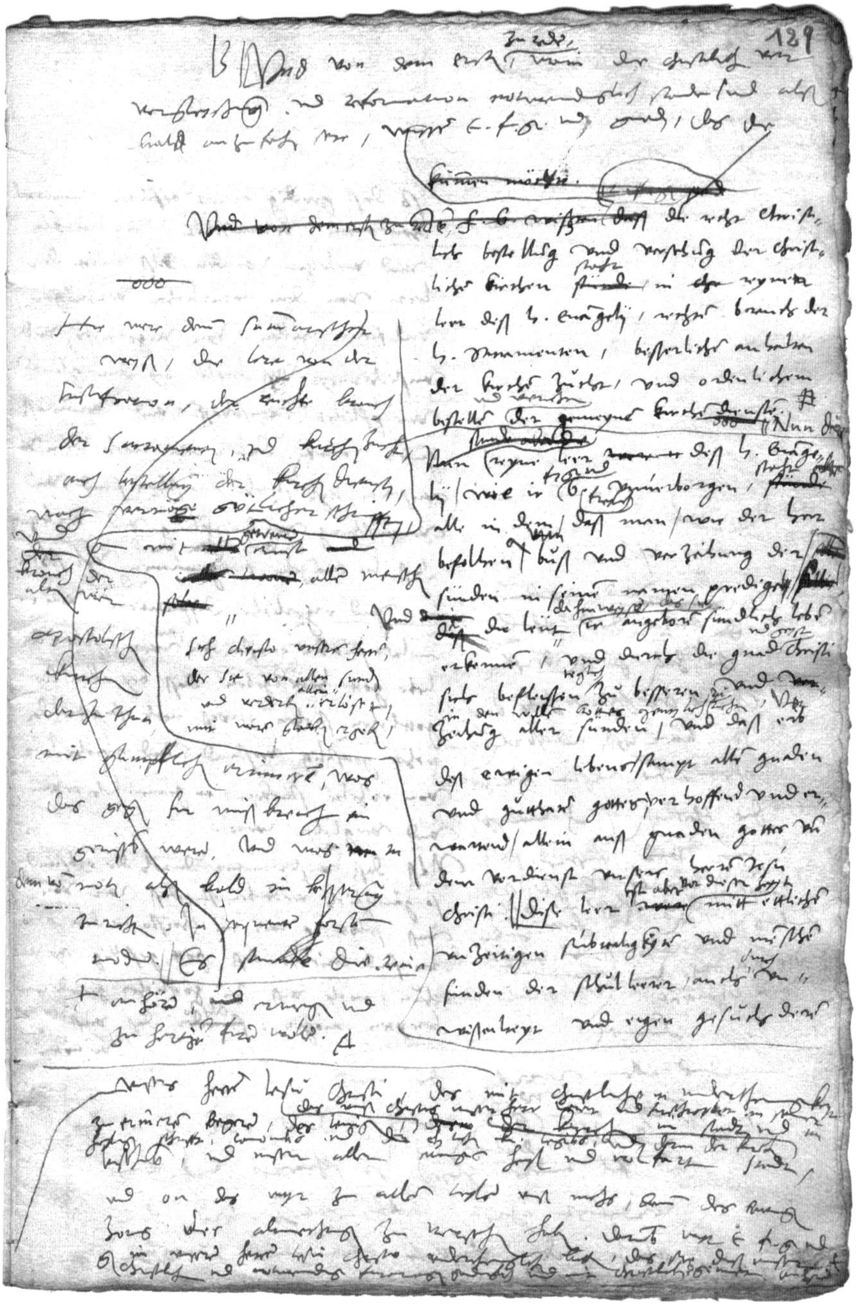

Straßburg StArch, AST 47, Nr. III/3, fol. 129r

Text

| *371r* | [a]Hochwürdiger furst, gnediger herr[b][1], Erwürdigen[c], wolgepornen, gnedigen herren[2]; nach[d] dem ein[e] Ersamer[f][a] [g]Rath[h] der stadt Straßburg, vnsere günstige[i] gepietende herren, in diser an E.F.G. vnd G.[3] werbung vnd ansuchen[j] dahin allein sehen, daß zwischen[g] der[k] kirchen zu Straßburg, alß die muter kirchen, vnd[l] den kirchen im Bisthumb[m] [n]widerumb ein[n] gottselige [o]vergleychung[4] vnd[o] einigkeit[p] [q]in vnser heiligen christlichen religion[r][q] sampt christlicher reformation vnd besserung der[s] mißbreüchen [t]mochte erfunden[u] vnd erhalten werden, So hatt[t] ein Ersamer Rath bedacht, daß zu disem furhaben nitt vndienstlich sein solte, E.F.G. [v]vnd G.[v] in ietz furhabender[w] werbung vndertheniglich[x] vnd freündtlich[y] zuerinneren,

a)–*a)* von Bucer am Anfang der Seite nachgetragen: b.
b) herre: b.
c) Erewirdigen: b.
d) noch: b.
e) Endung rasiert: a; eins: b.
f) korr. aus: Ersamen: a; Ersamen: b.
g)–*g)* von Bucer am Rand erg. für gestr.: Dieweyl nun diß vnser vnderthanig vnd fründtlich (diese drei Wörter am Rand erg., aber nicht gestr.) werbung, erinneren vnd ansuchen da hin gerichtet seye (von Bucer über der Zeile erg. für gestr.: ist), daß sich ir F.G. mitt eim rath vnd dieneren der kirchen zu Straßburg in ein recht vertrauwt vnd fruchtbare handlung wolten einlassen, darauß (danach gestr.: ein) wircklich vnd furderlich erfolgen mochte, daß. – Nach der Ergänzung am Rand Folgendes dort gestr.: durch ein christlich, freundtlich vnd grundtlich gesprech von dem ienigen, das zu vnßer heyligen religion vnd der selbigen administration von noten.
h) Endung rasiert: a; Raths: b.
i) danach gestr.: herren: b.
j) danach: Rasur: a.
k) korr. aus: die: b.
l) über der Zeile erg. für gestr.: mitt: b.
m) danach gestr.: vnd die kirchen im Bisthumb mitt der kirchen in der statt widder in gleichen christlichen verstand vnd: b.
n)–*n)* von Bucer über der Zeile erg. und eingewiesen: b.
o)–*o)* von Bucer über der Zeile erg. und eingewiesen: b.
p) danach gestr.: gebracht: b.
q)–*q)* von Bucer zwischen den Zeilen erg.: b.
r) Schrf.: region: b.
s) von Bucer über der Zeile erg. für gestr.: aller: b.
t)–*t)* von Bucer über bzw. zwischen den Zeilen erg. für gestr.: gebracht werden. So hatt: b.
u) danach: angeruht vnd: b.
v)–*v)* von Bucer über der Zeile erg. und eingewiesen: vnd gn.: b.
w) vielleicht von Bucer korr. aus: fürhabendem: b.
x) vnderthaniglichen: b.
y) danach gestr.: zu erstlich: b.

1. Jakob Sturm; s. oben S. 189, Anm. 1.
2. Domherren.
3. Euer Fürstlichen Gnaden und Gunsten.
4. Verabredung, Übereinkunft.

Erstlich[z], warin ein Ersamer rath [a]mitt iren kirchen dieneren[b] vnd Theologen*[a]* vermeinte, daß solliche[c] gottselige[d] vergleichung [e]vnd einigkeitt [f]mit Christlicher | *371v* | reformation vnd besserung*[f]* zwischen den kirchen in statt vnd Bisthumb [g]notwendiglich stande vnd*[g]* anzufahen sein solte, vnd dann[h], durch welche mittel man zu solchem anfang füglich [i]vnd besserlich kommen möchte[j].

Welches wyr vor E. F. G. vnd G.[k] mit kurtze[l] vnd auff das eynfaltigest vnderthäniglich fürtragen wöllen, gar nicht alß die E. F. G. vnd G. auß vnß ettwas zu leren oder[m] jr[n] fürzuschreyben[o] gedencken[p], sonder alß die an statt vnd von wegen [q]der gantzen*[q]* Christlichen [r]kirchen vnd*[r]* gemein zu Strasburg E. F.[s] G. vnd G. alß der selbigen kirchen obriste vetter vnd hirtten[t] in namen vnd auß[u] befelch des ertzhirtens[1] vnser aller*[i]*, [v]vnsers herren Jesu Christi[w], mit christlicher vnderthenigkeitt zuerinneren begeren des ienigen, [x]das vnß Christus, vnser herr, leret vnd fürschreybet in seiner heyligen gschrifft[y], Canonibus vnd [z]der Christlichen[a] Keyser[bz] legibus[c] vnd darin

z) von Bucer über der Zeile erg. und eingewiesen: b.
a)–*a)* von Bucer am Rand erg. und eingewiesen: b.
b) Schrf.: dieenern: b.
c) von Bucer über der Zeile erg. für gestr.: die: b.
d) gottsalige (korr. aus: gottsalig): b.
e) ab hier andere Hand: a.
f)–*f)* am Rand erg. und eingewiesen: b.
g)–*g)* von Bucer am Rand erg. für gestr.: alß bald: b.
h) von Bucer über der Zeile erg. und eingewiesen: b.
i)–*i)* von Bucer am Ende der Seite erg.: b.
j) danach gestr.: Welches wyr: b.
k) danach gestr.: mit vndertheniglich: b.
l) die Endung -ze ist aufgrund der Bindung nicht lesbar: a.
m) ader: b.
n) über der Zeile erg.: b.
o) korr aus: furschreyben: b.
p) über der Zeile erg. und eingewiesen: b.
q)–*q)* über der Zeile erg.: b.
r)–*r)* über der Zeile erg. und eingewiesen: b.
s) Schrf.: gn.: b.
t) danach gestr.: der: b.
u) danach: dem (über der Zeile erg.): b.
v)–*v)* von Bucer am Ende von fol. 129r erg. und mit »A« markiert: b.
w) danach von anderer Hand gestr.: des: a; danach: des: b.
x)–*x)* nachträglich erg. für gestr.: dz jm der kirchen in stadt vnd im: b.
y) schrifft: b.
z)–*z)* von anderer Hand in freigelassenen Raum in der Zeile nachgetragen: a.
a) ch.lichen: b.
b) k.: b.
c) legib.: b.

1. Vgl. I Petr 5,4.

der kirchen[x], Bisthumb vnd vnser aller ewiges[d] heyl vnd wolfart stadt[1] vnd on das wyr zů allen teylen vnß nichts dann des ewigen zorns des almechtigen zů versehen haben. Darum wyr E. F. G. vnd G. in vnserem herren Jesu Christo vntertheniglich | *372r* | bitten, das sie diß vnser christlich vnd notwendig fürtragen [e]vnd erinnern[e] gnediglich vnd mit christlichem gemütt anhören, [f]erwegen vnd zu hertzen füren wöllen.[f][v]

[I]

[g]Vnd von dem ersten [h]zureden[h], warin die christlich vergleychung[i] vnd reformation notwendiglich stande vnd alßbald anzufahen seye, Wissen E. F. G. vnd G., das die[j][g] recht christliche[k] bestellung vnd versehung der Christlichen kirchen stadt[l] in[m] reyner[n] leer des h.[2] Euangelii, rechtem brauch der h. Sacramenten, besserlichem anhalten der kirchen zucht vnd ordenlichem bestellen [o]vnd verrichten[o] der gemeinen kirchen diensten[p], [q]derwegen von nöten sein wůrdt, christlich vergleychung vnd reformation zwischen der můtter kirchen in der Statt vnd den kirchen im Bisthumb seliglich widerumb anzurichten vnd fürzunemen, das von disen stucken ein eigentliche satte vergleichung erfůnden vnd angesetzet werde[q].

d) von anderer Hand korr. aus: einiges: a; ewigs: b.
e)–*e)* von anderer Hand am linken Rand erg. und eingewiesen: a; fehlt in b.
f)–*f)* oberhalb erg. und eingewiesen; davor noch einmal: »anhören«, dann gestr.: vnd: b.
g)–*g)* von Bucer am oberen Rand der Seite nachgetragen und mit »B« markiert für gestr.: kummen möchte. Vnd von dem ersten zu (diese fünf Wörter von Bucer vor der Zeile erg.) reden (korr. aus: Jr) F. G. wißen, daß; danach von Bucer über der Zeile erg. und wieder gestr.: E. f. gn. vnd: b.
h)–*h)* zu reden (über der Zeile erg.): b.
i) Schrf.: ver vergleychung: b.
j) Dittographie: die die: b.
k) Christlich: b.
l) staht (von Bucer über der Zeile erg. für gestr.: stünde): b.
m) danach gestr.: chr: b.
n) korr zu: reynen: b.
o)–*o)* vnd versehen (von Bucer über der Zeile erg. und eingewiesen): b.
p) danach von Bucer am Rand erg. und eingewiesen, dann wieder gestr.: Hie were denn summarischer weiß die lere von der Justification, der rechte brauch der Sacramenten vnd kirchen zucht, auch bestellung der kirchen diensten nach vermöge götlicher schrifft vnd (danach gestr.: der) brauch der alten war Apostolischen kirchen dar zu thun mit glimpflichem erinneren, was das gegen fur mißbreuch ein gerissen weren vnd was (danach gestr.: von) jn dem von noten alß bald jn besserung zu richten. In sequentem forsan modum. Es stunde die reine: b.
q)–*q)* fehlt in b.

1. steht.
2. heiligen.

[r]Nun die[r] reyne leer[s] des h. Euangelij, wie[t] [u]E.F.G. vnd[u] G. freylich[v] vnuerborgen, stadt[w] alle in dem, das man, wie der herr befolhen, [x]mit getrewem ernst allen menschen[x] buß vnd verzeyhung der sünden in seinem namen predige[y] vnd[z] die leutt [a]dahin weyße, das sie[a] ir ange- | *372v* | boren sündtlich leben erkennen, [b]sich Christo, vnserm[c] herren, der sie von allen sünden vnd verderben allein[d] erlöset, mit warem glauben ergeben[b] vnd durch die gnad [e]vnd geyst[e] Christi sich befleyßen, täglich[f] zu besseren vnd[g] [h]in denn willen Gottes gäntzlich zu[i] richten, ver[h]zeihung aller sünden vnd das erb des ewigen lebens sampt allen gnaden vnd gutthaten gottes verhoffend vnd erwartend allein auß gnaden gottes vnd dem verdienst vnsers herren Jesu Christi.[1]

Dise leer [j]ist aber vor diser zeytt[j] mit ettlichen vnzeitigen subtyligkeitten[k][2] vnd menschen fünden[l][3] der schulleerer, auch durch[m] vnwissenheitt vnd eigen gesuch deren, so das predig amptt gefüret, [n]nit wenig[n] vermischett, verduncklet vnd verletzet worden, Als mit der leer von dem natürlichen vermögen vnd freyen willen, von vngewisse vnd vnsicherheit des heyls bey dem glauben, von pflicht, eigenschafftt vnd verdienst gutter wercken. Daher dan,

r)–*r)* von Bucer zwischen den Zeilen erg. für gestr.: Nun stunde aber die (die letzten drei Wörter über der Zeile erg.): b.
s) danach gestr.: were n: b.
t) danach: ir: b.
u)–*u)* von Bucer über der Zeile erg. und eingewiesen: b.
v) von Bucer unter der Zeile erg. und eingewiesen: b.
w) von Bucer über der Zeile erg. für gestr.: stünde; danach ebenfalls über der Zeile erg., aber wieder gestr.: alle: b.
x)–*x)* von Bucer am Rand erg. und eingewiesen; die ursprüngliche, dann korr. Erg. lautete: mit allem ernst vnd in allen trewen solte: b.
y) korr. aus: predigen; danach gestr.: sollen: b.
z) von Bucer vor der Zeile erg. für gestr.: daß; danach ein weiteres, unleserliches Wort über der Zeile erg. und wieder gestr.: b.
a)–*a)* von Bucer über der Zeile erg. und eingewiesen: b.
b)–*b)* von Bucer am Rand erg. und eingewiesen: b.
c) vnserem: b.
d) über der Zeile erg. und eingewiesen: b.
e)–*e)* von Bucer über der Zeile erg. und eingewiesen: b.
f) von Bucer über der Zeile erg. und eingewiesen: b.
g) danach gestr.: ver-: b.
h)–*h)* von Bucer zwischen den Zeilen erg.: b.
i) darüber erg. und eingewiesen: b.
j)–*j)* von Bucer über der Zeile erg. und eingewiesen für gestr.: were.
k) subteeligkeyten (das erste e über dem Wort erg.): b.
l) finden: b.
m) von Bucer über der Zeile erg.: b.
n)–*n)* von Bucer vor der Zeile erg. für gestr.: an ettlichen orten: b.

1. Vgl. Mt 6,14; Röm 4,7.
2. Scharfsinn, Bestimmtheiten. Vgl. *Lexer* 2, Sp. 1285.
3. menschlichen Erfindungen, Ausflüchten. *Lexer* 3, Sp. 569f.

nach[o] dem von vnserm[p] teyl solliche menschen fünde[q] vnd vermischung, verduncklung vnnd verletzung des h. Euangelij [r]widerfochten worden[r], vyl schwere vnd ergerliche[1] disputationen [s]vnd reden[s] von ermelten stucken entstanden seindt[t] | *373r* | [u]vnd[v] auffkomen[w], auch in disem Bisthumb, die da[x] haben predigen dörffen, Christus, der herre, habe durch sein bitter leyden vnd sterben allein die Erbsünd gebüsset[2], die thatlichen sünden[y3] müssen wyr mit vnsern[z] wercken büssen oder durch Messen vnd abblaß hinlegen, jtem der herr habe mit seynem todt den hymmel denen alleyn erworben, die in[a] mit [b]iren eigen[b] guten wercken verdienen oder durch Messen [c]vnd ablaß erlangen[c], vnd vyl[d] andere gleych so schwere vnd dem verdienst Christi abbrüchliche leeren haben[e] ettliche, den[f] christliche reformation ontreglich, auffbracht[u] [g]vnd in predigen außgossen[g]. Aber der liebe Gott hatt[h] [i]dagegen auch[i] gegeben[j], das bey allen, die göttlichen sachen ettwas nachfragen[k], der rechte gottselig[l] verstandt vnd gleiche leer von erzelten stukken[m] gemeinlich erkent vnd verglichen [n]worden ist[n].

o) noch: b.
p) vnserem: b.
q) fünf: b.
r)–*r)* von Bucer über der Zeile erg. für gestr.: fürgenommen: b.
s)–*s)* von Bucer über der Zeile erg. und eingewiesen: b.
t) wohl von Bucer über der Zeile erg. für gestr.: weren: b.
u)–*u)* von Bucer am Rand und am Ende der Seite unter dem Text erg. und eingewiesen: b.
v) davor gestr.: Das man: b.
w) danach gestr.: D: b.
x) korr. aus: ia: a; über der Zeile erg.: b.
y) thetlichen: b.
z) vnseren: b.
a) inen (danach gestr.: durch): b.
b)–*b)* über der Zeile erg. und eingewiesen: b.
c)–*c)* über der Zeile erg. und eingewiesen: b.
d) fil: b.
e) hetten: b.
f) denen: b.
g)–*g)* von anderer Hand erg.: a; fehlt in b.
h) von Bucer korr. aus: hette: b.
i)–*i)* von Bucer über der Zeile erg. und eingewiesen: b.
j) von Bucer korr. aus: geben: b.
k) noch fragen (korr. aus: fragten): b.
l) gottsalig: b.
m) danach gestr.: er. b.
n)–*n)* von anderer Hand korr. aus: weren: a; weren: b.

1. Ärger erregende, anstößige.
2. Röm 5.
3. durch Taten sich äußernde Sünden, Tatsünden, peccata actualia, im Gegensatz zur Erbsünde.

[o]Conciliata: 1. vis peccati orig[inalis] ante regenerat[ionem][o]

Als das vnser natur durch die Erbsünd so gäntzlich verderbet ist, das wyr von vnß selbs, ehe[p] wyr in Christo wider geboren sind, nichts, das Gott gefellig sey, [q]recht verstan[r] oder thůn[q], noch vnß zu göttlicher gnaden bereytten mögen, also[s] das vnß von nöten seye, das vnß die gottes | *373v* | gnad fürkomme, sein wortt vnß sende vnd das selbige recht zůerkennen gebe vnd vnß damit zu jm ziehe, new gebere vnd seynen geyst mitteyle, das wyr vnsere sünd vnd sein gnad recht erkennen, die sünde berüwen[1] vnd seine gnade sůchen vnd mit rechtem glauben annemen, [u]vnß auch die Erbsünd vnd angeboren verderben, [v]ob vnß wol die[w] schuld [x]dises gebrechens[x] im tauff alle[y] nachgelassen[z] vnd[a] zur verdamnüß[b] nit mehr zugerechnet werde, noch dennoch[v], so lang wyr vff[c] erden leben, also anhangett vnd vnß Gott, dem herren, widerspänstig macht[d], das wyr wider vnser eigen fleysch vnd natur allweg zůfechten vnd bey Christo, dem herren, zusuchen haben, das er den alten menschen in vnß tödte vnd den neuen[e] stercke[f2] vnd fürtbringe vnd vnser angeboren ongehorsam bey vnserem hymmlischen vatter durch sein gehorsam decke vnd die selbig fur vns setze.[ux]

[t]2. vis peccati orig[inalis] post legem[t]

[g]3. facultas lib[eri] arb[itrii][g]

Jtem, das wyr wol ein freyen[h], vngezwungenen, selbgeneigten[3] willen haben[i] in allen dingen, böß vnd gůtem[j], aber, [k]wie der h. Augůstinus sagt[k4],

o)–*o)* Marg. von Bucers Hand: b.
p) ee: b.
q)–*q)* von Bucer über der Zeile erg.: b.
r) verstohn: b.
s) über der Zeile erg. für gestr.: sunder: b.
t)–*t)* Marg. von Bucers Hand: b.
u)–*u)* am Rand erg. und eingewiesen: b.
v)–*v)* am Anfang der Seite oberhalb des Textes erg. und eingewiesen: b.
w) über der Zeile erg. für gestr.: daß: b.
x)–*x)* von Bucer über der Zeile erg. und eingewiesen: b.
y) wohl von Bucer erg.: b.
z) noch gelassen: b.
a) danach ein Wort gestr., vermutlich: ir: b.
b) danach über der Zeile erg., aber wieder gestr.: vnß: b.
c) auff: b.
d) machet: b.
e) neüwen: b.
f) sterck: b.
g)–*g)* Marg. von Bucers Hand: b.
h) danach gestr.: vnz: b.
i) von Bucer über der Zeile erg. und eingewiesen: b.
j) danach gestr.: haben: b.
k)–*k)* am Rand erg. und eingewiesen: b.

1. bereuen.
2. Vgl. Eph 4,22–24; Kol 3,9–10.
3. für sich selbst günstigen.
4. *Augustin*, Retractationes I,9 (PL 32, Sp. 595 und 598).

von vnß selbs allein[l] zům argen vnd zu gutem allein auß[m] gottes gnaden vnd trib [n]des heyligen[o] geysts[n]. | *374r* |

[p]4. Fide iustificationem et regenera[tionem] percipi.[p]

Also[q] hatte[r] man sich auch[s] wol verglichen, das wyr allein durch den glauben an Christum newgeboren, von sünden gereiniget vnd durch den geist gottes [t]zu allen gůten wercken[t] begabet werdenn.[1]

[v]5. Quae vera fides[v]

Das auch der ware glaub an Christum ein solch lebendig, würckendt[u][2] annemen ist des h. Euangelii, das solcher[w] glaub one ware reüw der sünden vnd bestendigen eyfer zur besserung nit sein kan, dieweyl er nottwendig bringet hertzlich vertrawen vnd[x] liebe zu Gott vnd allenn[y] dem, das gott wolgefellet. Darumb S. Paulus sagt, das der glaub würcke[z] durch die liebe.[3]

[a]6. Certitudo salutis[a]

[b]Jtem, das dieser glaub, weyl er ein werck ist in vns des h. geysts vnd bestaht[c] aůff dem gewissen, ewigen wortt Gottes, das der selbige im menschen bringen müsse ein gewisse vertröstung vnd erwartung ewiger gnaden gottes[d] vnd seligkeitt[e][b].

[f]7. Quae sint[g] bona opera[f]

Mehr hatt man sich auch verglichen[4] von den guten wercken, das die allein seind, die Gott gebotten vnd dem nechsten zu preyß gottes besserlich seind vnd auß warem glauben vnd liebe zu | *374v* | Christo geschehen.[5]

l) über die Zeile geschrieben für einen gestr. Buchstaben: b.
m) vß: b.
n)–*n)* von Bucer unter der Zeile erg.: b.
o) h.: b.
p)–*p)* Marg. von Bucers Hand: b.
q) danach von Bucer gestr.: auch: b.
r) hat (korr. aus: hette): b.
s) von Bucer über der Zeile erg. und eingewiesen: b.
t)–*t)* von Bucer am Rand erg. und eingewiesen: b.
u) wirckend: b.
v)–*v)* Marg. von Bucers Hand: b.
w) sollicher: b.
x) über der Zeile erg. für gestr.: vnd: b.
y) von anderer Hand korr. aus: allem: a; über der Zeile erg. und eingewiesen: b.
z) wircke: b.
a)–*a)* Marg. von Bucers Hand: b.
b)–*b)* am Rand erg. und eingewiesen: b.
c) bestadt: b.
d) unter der Zeile erg.: b.
e) såligkeyt: b.
f)–*f)* Marg. von Bucers Hand: b.
g) über der Zeile erg. für gestr.: et quid efficiantur: b.

1. Vgl. I Joh 5.
2. wirkendes.
3. Gal 5,6.
4. verständigt.
5. Vgl. Gal 5,6.

[h]8. Quae et vnde merces bonorum operum[h]

Dergleichen, ob wol vnser lieber herre[i] auß seiner vätterlichen milte vmb seins lieben sons[j] Christi willen solchen[k] guten wercken reichen lon verheissen hatt vnd auch gibt, das doch aller sollicher lohn eine laůtere geschencke ist der miltigkeitt gottes durch den verdienst Christi vnd nit vnserer wercken, [l]dann wyr durch[l] die[m] selbigen dem göttlichen gesatz[n] nimmer gantze gehorsam leysten, [o]darum wyr[o] vnß[p] der gnaden gottes vnd des ewigen lebens allein durch den verdienst vnsers herren[r] Jesu Christi vertröstenn müssen vnd als arme sünder allweg vmb vertzeyhung der sünden durch Christum betten, wie vns vnser herre[s] Christus in dem vatter vnser gelert, vnd mit dem h. [t]David sagen[t]: »herre[u], nit gang in das gericht mit deinem[v] knecht, dann vor dir kein mensch, das hie lebt, gerechtfertigt werden mag.«[w][1] Darumb auch der h. Augustinus recht gesagt: »wee allem menschlichen leben, wie löblich das immer sein mag, wo es one[x] barmhertzigkeit solte gericht werden.«[2]

[q]9. Imperfectio bon[orum] operum. Semper oranda pecc[ati] venia.[q]

[d]Conciliatio Ar[ticu]li de Iustificatione Ratisponae[d]

Also hatt der güttig gott [y]allen, die[z] nach[a] seiner warheyt recht fragen, in [b]teutschen[c] vnd | *375r* | welschen[3] landen[b][y] gůte Christliche vergleychung geben jnn dem gantzen artickel von[e] dem verderben vnd widerbringen vnser natur, der himlischen widergeburt vnd Justification, von glauben vnd gůten wercken. [f]Wie dann auch solliche lehr von allen h. vettern, besonders

h)–*h)* Marg. von Bucers Hand: b.
i) herr: b.
j) suns: b.
k) sollichen: b.
l)–*l)* von Bucer vor der Zeile erg. für gestr.: weyl wir mitt: b.
m) korr aus: den: b.
n) gsatz: b.
o)–*o)* von Bucer vor der Zeile erg. für gestr.: daß wir (gestr. und ersetzt durch: vnd) vnß also: b.
p) von Bucer am Rand erg. und eingewiesen: b.
q)–*q)* Marg. von Bucers Hand: b.
r) herrn: b.
s) herr: b.
t)–*t)* über der Zeile erg. für gestr.: Augustinus bekennen muͤßen: b.
u) herr: b.
v) deinen: b.
w) danach gestr.: Darumb auch der herr alle seine iunger hatt betten geleert: vergib vnß vnsere schuld: b.
x) on: b.
y)–*y)* am Rand erg. und eingewiesen: b.
z) danach ein Buchstabe gestr.: b.
a) noch: b.
b)–*b)* innerhalb der Ergänzung von Bucer erg.: b.
c) deutschen: b.
d)–*d)* Marg. von Bucers Hand: b.
e) korr aus: vom: b.
f)–*f)* am Rand erg. und eingewiesen: b.

1. Ps 143,2.
2. Gemeint ist wohl *Augustin*, De correptione XIII (PL 44, Sp. 941).
3. im romanischen Sprachbereich liegenden.

aber gantz gründtlich vnd weyttleuffig dargegeben, erkleret vnd beschirmet ist durch den h. Augustinum[1] vnd Bernardum[2][f].

Daher dann auch zu Regenspurg auff dem Reychstag[3] solliche vergleychung der maß[g] gestalt vnd in wortt verfasset worden, das die nit alleyn kay. Mt. vnd[h] weytt dem mehren[i] teyl der Ständ des Reychs, [j]so man die protestierenden mit den anderen zelen will[j], sonder[k] auch dem Bäpstlichen legaten gefallen vnd vom Ecken[4] vnd anderen sophisten[5] nit hatt mögen widerfochten werdenn.

Derwegen ein Ersamer Rhatt vnd wyr nit zweyfflenn[l], das die Christliche leer des h. Euangelii [m]in disem Bisthumb[m] kündte vnnd solte bey allen, die Christum von hertzen sůchen, nach[n] gemeltem[o] verglichen artickel von der Erbsünd vnd Justification, auff dem Reichstag zu Regenspurg gestellet[6], füglich vnd gantz | *375v* | gründtlich zu vergleichen vnd jnn recht besserlichen brauch zů bringen sein, so[q] sich deßhalben recht gottsförchtige[r] vnd verständige leůtt ein kleine zeytt miteinander Vnderreden vnd einander berichten solten.

[p]Formulam Ratisponensis Conciliationis sequendam[p]

g) danach Ansatz eines Buchstabens gestr.: b.
h) danach gestr.: weiteren: b.
i) mehreren: b.
j)–*j)* von Bucer am Rand erg. und eingewiesen: b.
k) subder: b.
l) von anderer Hand korr. aus: zweyffleten: a; zweiuleten: b.
m)–*m)* am Rand erg. und eingewiesen: b.
n) noch: b.
o) danach am Rand erg. und eingewiesen, aber wieder gestr.: zu Regenspurg: b.
p)–*p)* Marg. von Bucers Hand: b.
q) danach eine Silbe gestr.: b.
r) gottsferchtige: b.

1. *Augustin*, De spiritu et littera 9,15 (CSEL 60, S. 168; PL 44, Sp. 208–209); *Augustin*, Sermo 169,11,13 (PL 38, Sp. 923). Vgl. Bucers Ausführungen im »Wormser Buch« von 1540/41 zur Rechtfertigung (BDS 9,1, S. 352–401, hier v. a. S. 359, 361 und 377).

2. Bucer meint hier wohl dieselben Stellen wie im Wormser Buch (BDS 9,1, S. 375): *Bernhard von Clairvaux*, In annuntiatione dominica sermo 1,1–4 (*Bernhard von Clairvaux*, Opera 5, S. 13–15).

3. Reichstag von Regensburg, 5. April–29. Juli 1541.

4. Johannes Eck (1486–1543), altgläubiger Theologe. *Iserloh*, Art. Eck (Maier, Mayer), Johannes, in: NDB 4 (1959), S. 273–275; sehr umfassend: Die Badener Disputation von 1526, S. 653–674.

5. spitzfindige Verdreher.

6. Johannes Eck und Philipp Melanchthon disputierten auf dem Regensburger Reichstag vom 14. bis 18. Januar 1541 über die Erbsünde und fanden am 19. Januar eine gemeinsame Formulierung zur Art der Erbsünde im Gerechtfertigten. *Zur Mühlen*, Reformation und Gegenreformation, Bd. 2, S. 40f.

[s]Dann sich solche[s] gar[t] leychtlich[u] der[v] form[w] vnd weyß, dyse Christliche leer dem volck auffs besserlichst darzugeben, vergleychen[x] wurden[y], das vnser natur vnd freyem willen weder mehr noch minder dann die geschrifft[z] leeret zugegeben,[a] auch nit ein todter vnd wercklоßer glaub[1] für ein lebendigen vnd thätigen geleeret, nit falsche für ware gute werck fürgegeben, auch den waren guten wercken nicht abgebrochen, das in Gott zůgibt oder zůgegeben, das göttlicher gnaden vnd dem verdienst Christi gebüret, vnd sicherheitt des heyls weder in vnglaubigen zweyffel noch in fleyschliche vermessenheitt gestellet wurde.

De satisfactionib[us] poenitentiae

Ferner ist bey disem artickel von der Justification des glaubens vnd guten wercken auch ein gefärlicher jrthumb eingefürt worden von den bůß wercken, durch die man will fur die sünde gnug thun; dißer jrthumb würffet fur, das die h. geschrifft vnd brauch der Apostolischen kirchen fasten, kasteyung des fleyschs mit emsigem gebett vnd milten allmůßen zů der waren bůßfertigkeitt vnd flehen zu | *376r* | Gott vmb gnad vnd verzeyhung der sünden erforderet vnd sollichen wercken außlöschung der sünden, abwendung göttlichs Zorns vnd erlangung göttlicher gnaden ettlicher maßen zuschreybt. [b]Auß dem[b] ist mit der zeytt, in deren die reyne leer des h. Euangelii ettwas verfallen, eingerissen, daß[c] viel[d] wollen[e] sollichen bůß wercken, auß jn selbs vnd den mehrern teyl one waren glauben vnd reüwe der sünden geschehen, verzeihůng der sünden vnd gnugthůung fur die selbigen zugeben.

Nun ist aber offenbar, das die gschrifft vnd brauch der alten Apostolischen kirchen disenn wercken solliches nit auß jn selbs noch weiters zuschreybet, dann souil in sollichen wercken ist ein recht gleubige bekennung der sünden vnd flehlichs bitten vnd suchen der gnaden gottes durch den verdienst Jesu Christi. Weyl aber diser jrthumb gantz gefärhlich vnd der waren lehr von dem verdienst Christi aller ding entgegen, so würdt auch zů Christlicher Vergleichung vnd reformation von nöten sein, das in eim christlichen gespräch von

s)–*s)* von Bucer vor der Zeile erg. für gestr.: Diße wurden sich: b.
t) von Bucer über der Zeile erg.: b.
u) danach gestr.: sollicher: b.
v) von Bucer vor der Zeile erg.: b.
w) danach gestr.: vnß: b.
x) von Bucer am Rand erg. und eingewiesen: b.
y) von anderer Hand am linken Rand erg. und eingewiesen: a; fehlt: b.
z) gschriff: b.
a) Hier bricht der Text des Entwurfes von Bucer ab (fol. 131v). Bleistiftnotiz von Jean Rott am Rand: bis hierher Konzept in AST 47 (24,1) III,3. Entsprechende Notiz von Jean Rott in b: Fortsetzung in AST 174 f° 371–402.
b)–*b)* von anderer Hand am linken Rand erg.: a.
c) von anderer Hand korr. aus: auß: a.
d) ursprünglich: dem; von anderer Hand korr. zu: fil; dann, wohl zur Verdeutlichung, über der Zeile: viel: a.
e) danach von anderer Hand gestr.: nun ettliche: a.

1. Jak 2,17.

disen bußwercken ein eygentliche klare form zů leeren gestellet werde, das die leutt trewlich vnd gwarsamm gnug gelert | *376v* | werden, mit allen wargleubigen bůß wercken die versönung mit Gott vnd besserung des lebens fleyssig zusuchen vnd doch das erlangen des selbigen nitt auff den verdienst der selbigen wercken, sonder allein auff die gnad gottes vnd verdienst Christi stellen.

Also würdt man auch mit allem ernst müssen begegnen mit gantzer, eigentlicher vnd heller stelle[1] dem so gantz schweren mißbrauch, der sich haltet in gemeyner anrüffůng vnd eer der abgestorbnen heyligen, durch die dem waren glauben an Christum vnd h. Euangelio erschröcklicher zůwider gehandlet würdt, wie das nit allein durch die helle gschrift, sonder auch der alten h. vetter leer klarlich erwisen württ; dan die alten lieben christen, wie der h. Augustinus daruon schreybt, der h. Martyrer gedächtnüß wol herrlich gehalten, aber sie mit nichten angerüffet oder jnen kirchen oder altar zugeeygnett, noch opffer gethan, Vnd wa yemands in sollichen jrthumb gefallen, den selbigen durch die gesunde leer, damit er entweders gebessert oder gemitten würde, gestraffet haben; dann sie solche gedächtnüß der Martyrer also gehalten, das sie Christum, den herren der Martyrer, darin gelobett vnd geprisen vnd die menschen zů nachuolg des glaubens der selbigen angereytzet haben.

De invocatione sanctorum

Augustinus contra Faustum lib. 20 cap. 2[2] De Civitate Dei lib. 8 cap. ult.[3] et li. 22 ca. 10[4]

Derhalben die reformation Christlicher leer von der | *377r* | Justification vnd vnserem heyl in Christo eygentlich erforderet, das die leut mit allem fleyß von der so gar abergleubischen vereerung vnd anbettung der heyligen abgewandt vnd alle hilff vnd trost in allem anligen allein bey Gott durch Christum, vnseren herren, zu suchen gewisen werden.

Also solle ware vnd bestendige vergleichung vnd reformation der leer halben [f]des h. Euangeli[f] zwischen der Můtterkirchen in der Statt vnd den kirchen jm Bistůmb erfůnden vnd angericht werden, württ man sich ein mal mussen[g] gar eigentlich vnd satt jnn erzelten puncten vnd articklen, die justification belangen, vergleichen vnd dauon klare, gewisse vnd onuerduncklete formen vnd maß zu leeren anstellen.

[Von rechter leer und brauch der h. sacramenten sampt andern ceremonien]

Gleicher gestalt würt man thun müssen auch von leer vnd brauch der h. Sacramenten, dann am tag ligt, wie die leutt in den selbigen alles auff das ausser werck setzen vnd nach rechtgleubiger empfahung der gnaden vnd gemein-

De sacramentis

f)–*f)* vermutlich von Bucer am linken Rand erg. und eingewiesen: a.
g) vor der Zeile von anderer Hand erg.: a.

1. Position. Frühneuhochdt. WB 11, Sp. 333 f.
2. *Augustin*, Contra Faustum Manichaeum XX,4 (PL 42, Sp. 370).
3. *Augustin*, De civitate dei 8,27 (PL 41, Sp. 255–256).
4. *Augustin*, De civitate dei 22,10 (PL 41, Sp. 772).

schafft Christi in den Sacramenten wenig trachten, auch dauon gar vbel bericht vnd geleert werden.

Nun hatt aber der barmhertzig Gott auch gegeben, das alle, denen göttliche sachen angelegen, das zugleych verston vnd einhellig bekennen, wie es auch die artickel hieuon zu Regenspurg | *377*^v | verglichen vermögen, das die h. Sacrament solliche zeichen der gnaden vnd gemeinschafft Christi sein, die man anders nicht dann mit warem glauben, vertröstet auff das wortt vnd die gnade Christi, empfahen vnd gebraůchen soll, vnd aůff das eusserlich werck vnd thůn gar kein vertrawen setzen.

Explicatio mysterii Christi in sacramentis

Auß welchem dan eigentlich volget, weyl der glaub auß dem gehör kommet[1], das man die geheimnüß der h. Sacramenten vnd rechten brauch den leuten alle mal bey der darreychung der h. Sacramenten fleyssig erklären vnd leeren solle, wie es die alte kirch nach gottes ordnung vnd der alten Canonum gehalten, Welche der vrsach den h. Tauff allein zu Osteren vnd Pfingsten, wie es die gewonlichen gsang noch bezeugen, mitgeteylet hatt.

Baptisma

Derwegen man auch die form vnd maß, hieuon zuleeren, stellen muß, das die Sacramenten wider mit rechter gottseliger solennitet[2] gereichet vnd mit warem glauben empfangen werden, aller aberglauben vnd mißbrauch abgestellet.

Vnnd furnemlich würt von nöten sein, ein recht geschaffene form vnd maß von der zeytt, weyß, worten vnd aller vbung, den heyligen Tauff gott | *378*^r | seliglich zu geben vnd zu empfahen, anzustellen vnd zu verordnen, damit diß hochwürdig sacrament, das der eingang ist in das christlich leben vnd ein bad der widergeburtt, mit aller gottseligkeitt gereicht vnd empfangen werde.

Eucharistia

Also württ auch zuthun sein bey dem h. sacrament des leybs vnd blutts vnsers herren Christi vnd der Messen, wie mans nennet.

Missa tantum cum discipulis Domini

Dauon man bey allen alten Vetteren vnd jnn denn Canonibus gantz clar vnd eigentlich beschriben findet: Erstlich, das man diß h. Sacrament anders nit handlen vnd die Messen halten soll dann[h] mit denen, die man für Jünger Christi halten kan vnd jnn keinen lasteren ligen weiß[i].

Cum explicatione mysterii et communitatis patribus

Zum anderen nicht one eigentliche vnd klare verkündigung zu den gegenwertigen Christen christlicher leer vnd aller geheimnüß diß sacraments, ia der gantzen erlösung vnsers herren Christi, auch gemeinem gebett, das man da mit den selbigen gegenwertigen gemeinlich halte; wie dann diß auch die formula Missae, die man noch brauchet, bezeuget, jnn dem das der priester singet »Dominus Vobiscum, Oremus«, der diacon »Flectamus genua« vnd anders mehr, welches alles, wie das die vetter clar bezeugen, zu dem gantzen gleubigen volck vnd mit nichten allein zu den Cleriken gesagtt | *378*^v | werden soll vnd auch also, das es vom volck verstanden werde.

h) danach von anderer Hand gestr.: erstlich: a.
i) von anderer Hand korr. aus: weist: a.

1. Vgl. Röm 10,17.
2. Feierlichkeit.

Zum dritten nit on auspendung der h. sacramenten, on welche die alten von keiner Messen gewist, ia in den Canonibus Apostolorum[1] die verbannet haben, so bey der Mesß waren[j] vnd nit Communicierten.

Zum vierdten, das man inn einer gemeyn des volcks nie mehr dann ein Mesß halten solte, wie dan ie ein Christus vnd ein Sacrament einer ieden gantzen gemein gnug ist vnd auch, wie Paulus leeret, von einem brot vnd einem kelch gemeinschafft haben sollen alle, die jnn christo ein leyb seindt. In uno coetu una missa

Zum fünfften, das[k] kein ander opfferen in oder bey der Messen sein solle, dann das man da die glaubig vnd selig gedächtnüß des opfers Christi am creutz halten vnd dasselb der gemein predige vnd durch dasselbig vmb gottes gnad vnd hilff bette vnd sich selb alda dem herren zu einem lebendigen, vernünfftigen opffer auffopffere[2] vnnd das selbige mit lob vnd dancksagen, auch opffer vnd allmußen fur die armen bezeuge. Von anderem opffer Christi in der Messen hatt die alte kirch gar nichts gewist.

Zum sechsten, das die vetter, so sie ettwan melden, wie das opffer der Messen fur lebendig vnd todten gehalten worden seye, dises bey jnen kein anderen verstandt gehabt[l] hatt, dann das man jnn denn | *379*^r^ | Messen fur die lebendigen gott durch Christum gebetten vnd fur die todten im lob vnd danck gesagt vnd jn auch ettwan gebetten hatt. Dann wie der h. Cyprianus meldet[3], so hatt man das opffer der Messen auch fur die h. Martyrer gehalten, vmb welcher syg[4] die kirch gott, dem herren, durch Christum, vnseren heylandt, danck gesagt vnd den glaubigen vmb gleiche stercke des glaubens gebetten; das hatt man damal geheyssen diß heylig opffer, »offerre pro Martyribus, id est ad Martyrum memoriam et causa Martyrum«[5], bey der gedechtnüß der Martyrer vnd von wegen der geystlichen freud vnd dancksagung, welche die gemein Christi hatte von wegen des seligen sygs der Martyrer. Oblatio pro Martyribus

Das aber die gemeinen gottes damal auch fur die Martyrer vnd andere abgestorbenen bey den Messen gebetten haben vmb verzeihung jrer sünden, das selbig ist geschehen von wegen der heyligen gemeinschafft, so die gleubigen mit einander haben jnn disem vnd jenem leben, auß welcher gemeinschafft sie geachtet haben, das jnen gebür, auch der abgestorbenen sünden zu bießen vnd den herren vmb verzeihung der selben, alß ob sie jre sünde weren, zu betten, vnd auch der halben, das sie in solchem gebett bekenneten, das niemandt so heylig vnd vollkommen von hinnen scheyde, dem nit von nöten seye, das jm Oratio pro remissione peccatorum mortuorum

j) von anderer Hand korr. aus: weren; Tinte verblasst: a.
k) danach von anderer Hand gestr.: da: a.
l) im Wort korr.: a.

1. Apostolischer Kanon 8 (= Apostolische Konstitutionen VIII,47,8). Constitutions apostoliques III, S. 277.
2. Vgl. Röm 12,1.
3. *Cyprian*, Epistola 37 (PL 4, Sp. 328–329).
4. Sieg.
5. *Cyprian*, Epistola 34,3 (PL 4, Sp. 323).

gott, der allmechtig, seine sünd auß barm- | *379*^v | hertzigkeit vnd durch den verdienst Christi verzeyhe, vnd auch sich selbs diser gnedigen verzeihung mit sollichem gebett zuuertrösten. Welche vrsache der h. Dionysius diß gebetts halben gibt[1].

Also ist offenbar, das die alten heyligen das h. nachtmal bey den leychen fur die abgestorbenen gehalten haben zu besserung der lebendigen vnd nicht, das sie den todten haben dadurch auß dem fegfeür oder anderen poenen[2] helffen wöllen, dauon die kirch damals nichts gewist hatt vnd nach zů den zeytten Augustini im zweyfel gestanden ist, ob die gleubigen noch dyser zeyt ettwas gebüst vnd gereyniget werden oder nit. Was aber ein artickel des glaubens ist vnd ein eigentliche vbung der Christlichen kirchen, das hatt bey zeytt der Apostelen vnd allweg müssen darfur gehalten vnd erkhennet worden sein.

De purgatorio

Nun ist aber offenbar, das die elteren leerer alles büssen vnd reinigen des menschens in dise gegenwertige zeyt gestellet vnd dem künfftigen das einnemen gutes oder böses, nach dem man hie gescheiden ist, zugeeignet haben; darumb auch jnn dem gesang vnd gebetten, das man jnn den gemeynen todten vigilien[3] gebraucht hatt, alles allein ist gebett[m] in gemein vmb verzeihung der sünden vnd das man am jüngsten gericht gnad fünde vnnd ein selige aufferständtnüß erlange; | *380*^r | da würt des fegfeurs mit keinem wortt gedacht, sonder heist: »libera me domine a morte aeterna in die illa tremenda, quando coeli movendi sunt et terra; Item commissa mea pavesco et ante te erubesco, dum veneris iudicare noli me condemnare; Item peccantem me quotidie et non poenitentem timor mortis conturbat.«[4]

Wie aber nun von alten von disem artickel gehalten worden, so weyß man doch, das die h. geschrifft, die alles gůtts vollkommen leeret, weder mit worten noch exempel ettwas von disem bitten fur die todten meldet, auch das auß diser vbrigen sorge fur die todten grausame vnd gantz schwere greuwel in die kirchen eingefüret sein.

Derhalben endtlich von nöten sein württ, das die schweren mißbreuch der seelmessen abgeschaffet werden, welche vmb zeyttlichs genieß willen also gemehret worden seindt, das mehr Messen fur die todten dann fur die lebendigen gehalten werden, so doch offenbar, das der herr diß sacrament seinen gleubigen, so hie leben, verordnet hatt im zur gedächtnüß vnd das sie jmmer mehr in im leben vnd er jn jnen. Er spricht ja: »nement vnd essendt vnd thund mir das zur gedächtnüß«[5], sagt nicht, opfferens fur die oder jhene.

m) von anderer Hand in freigelassenen Raum in der Zeile nachgetragen: a.

1. Die Stelle in *(Pseudo-)Dionysius Areopagita*, De ecclesiastica hierarchia ließ sich nicht verifizieren.
2. Strafen.
3. Totengebet in der Nacht vor der Beerdigung. LThK³ 10 (2006), Sp. 130.
4. Responsorium im Ordo exsequiarum in der Liturgia defunctorum.
5. I Kor 11,24.

Derwegen will man bey disem h. sacrament christliche reformation furnemen vnd sich der erschröcklichen schulden am leyb vnd blůt des herren, | *380*[v] | in denen man nun steckett, entledigen, wurtt man dise offenbare mißbreuch alßbald mußen[n] mit allem ernst abzuschaffen vnd zu besseren vnderston.

Erstlich, das man in predigen den verderblichen wohn[1] von gemeinem volck hinnemen, als ob die messen iemandt zu nůtzen kommen möchten, der jn sünden verharren vnd on rew der sünden vnd lebendigem glauben an Christum bleyben wolte, vnd das kein ander[o] opfferen Christi oder anlegen nach mitteylen des verdiensts Christi in der Messen sey, dann das der priester mit vnd von wegen der gantzen gemeyn alda die erlösung Christi verkündet, dem herren darum dancksaget vnd bittet, das vnß der dasselb durch waren glauben an jnn seynes leydens vnd verdiensts teylhafftig macht vnd die gemeinschafft Christi den glaubigen jn dem sacramenten auspende, welchs alles allein denen zů gutt kommet, die es mit warem glauben an christum annemen.

Zům anderen, das auch kein meß gehaltenn werde[p] dan in gantzer versammleter gemeyn christi vnd in gegenwertigkeitt deren, die der waren gemeinschafft Christi begeren[q] vnd mit commůnicieren[r], vnd für solliche, die zu christlicher communion zu zulassen seyen.

Zum dritten, so würdt man auch müssen die handlung dises sacraments also anstellen vnd | *381*[r] | halten, das die geheymnüß dises sacraments dem volck trewlich erklärett vnd all leer, vermanung vnd gebett also geschehe, das sollichs vom volck verstanden vnd von gantzer kirchen gemeinlich gehalten werde. Dann alle dise handlůng der gleubigen allen gemein ist vnd mit gemeinem glauben, verstandt, mund vnd gemeinschafft der sacramenten gehandlet werden soll, wie der herr Christus dise handlung selbs gehalten vnd zu halten eingesetzt hatt, auch von den alten Apostolischen kirchen gehalten worden ist. Deß besehe man die herrlich zeůgnüßen Chrysostomi in posteriore ad Corinthos Homelia 18[2] et in epist. ad Ephes. homilia 13[3].

Zum vierdten, so wurdt auch die sach mit allem fleyß dahin zůrichten sein, das die Messen nit one communicanten gehalten werden, welche die sacrament mit empfahen. Dann dise handlung ein gemeinschafft ist des leybs vnd blutts Christi, das alle die, so jn christlicher versamlůng vnd jn Christo, dem herren, ein leyb seind, auch von einem sacrament gemeinschafft haben sollen. Der herr spricht: »nement vnd essendt« etc. Ut communicent

n) von anderer Hand (vielleicht Bucer) über der Zeile erg. und eingewiesen: a.
o) von anderer Hand korr. aus: anderen: a.
p) von anderer Hand korr. aus: würde: a.
q) von anderer Hand korr. aus: begerten: a.
r) von anderer Hand korr. aus: commůnicierten: a.

1. Vorurteil.
2. *Johannes Chrysostomus*, In epistolam ad Corinthios secundam hom. 18 (PG 61, Sp. 523–530, v. a. Sp. 527).
3. *Johannes Chrysostomus*, In epistolam ad Ephesios hom. 13 (PG 62, Sp. 93–100).

In uno populo una missa

Zum funfften, so wurt man in einer gemein nur ein ampt der messen zůmal halten müssen, wie das die einsatzung Christi erforderet vnd auch die | *381*^{v} | Canones vnd haltung der alten Apostolischen kirchen, welche nit allein in einer kirchen die neben messen nit geduldet, sonder auff die fest auch nit in den neben kirchen, dann sie durch diß sacrament der christlichen gemeinschafft das volck billich zu rechter christlicher gemeinsamme angehalten vnd geleert haben, an einem Christo vnd einem sacrament gnug zu haben.

Ne circumferatur sacramentum

Zům sechsten wurt auch der mißbrauch des h. sacraments abzuschaffen sein, das man dasselbig vmbher tregt vnd fürstelt allein zu ausserlichem anschawen vnd vereeren one glaubigs auspenden desselbigen, welcher mißbrauch gantz neuw auffkommen vnd auch zů einer großen weltlichen vppigkeit geraten ist. Nun aber ist diß h. sacrament vnß vom herren eingesetzet, das wyr dasselbig mit grosser andacht vnd ernstlichstem erheben der gemütter zum herren handlen vnd nießen sollen.

Sacramenta secundaria

Auff dise maß wurtt man auch besserung müssen furnemen an den anderen heyligen zeychen, alß dem händ aůfflegen vber die jungen, die man zům christlichen glaůben bestätiget, jtem damit man die kirchen diener in jren dienst einsetzet vnd die büssenden der sünden loß spricht, das nemlich die geheimnüssen diser gaben vnd dienst | *382*^{r} | gottes recht erkläret vnd der brauch der selbigen wider dahin grichtet werde, dahin sie der herr vnd die Aposteln verordnet haben, das alles vertrawen auff Christum, den herren, allein gesetzet vnd alle wortt vnd zeichen dasselbig vertrawen zuerwecken, zufürderen vnd zustercken gerichtet wurde.

Ceremoniae ab Ecclesiis introductae

Auff welchem weg man auch wurdt vergleichung vnd besserung furnemen müssen aller kirchen vbungen vnd ceremonien, die man von den ersten christen empfangen hatt vnd solch in der gschrift nit außtrucklich dargeben seindt, das alle solche kirchen vbungen dahin gericht vnd gebraucht werden, das der ware verstandt vnd glaube Christi bey dem volck durch solche vbungen[s] vnd gebrauch gefürdert vnd nicht verschlagen noch verdůncklet vnd niemandt auff einig aůsser werck der menschen vertröstet werde.

Libertas Ecclesiarum

Jn solchen gebreůchen soll auch iede kirch der anderen jre freyheitt lassen, damit dise ceremonien vnd kirchen vbungen an iedem ort zů warer besserung des glaubens bey dem christlichen volck gerichtet vnd gebrauchet werden; dann nit iedes volck in solchen dingen gleych gesinnet, daher ettwas an einem ort mag auffbewlich sein, das an einem anderen ort nit auffbewlich were. | *382*^{v} | Darumb es die alten kirchen in sollichen auch nit gleych gehalten haben, wie dann die christlich einigkeitt nit in sollichen eusserlichen vnd zůr gottseligkeit nit notwendigen dingen steht, sonder in einigkeit des waren lebendigen glaubens an Christum vnd gemeinschafft der h. sacramenten vnd Christlicher zucht, welche der herr in seiner geschrifft verordnet hatt.

s) von anderer Hand korr. aus: vbung: a.

[t]Souil wolten wyr vor E. F. G. vnd g. von vergleichung vnd reformation an der leere vnd brauch der h. Sacramenten sampt andern ceremonien in einer bekürtzten summ vnd souil zů anfang christlicher vereinigůng vnd reformation von nöten ist fürbringen.[t]

Von Christlicher zucht

Disciplina

Das dritte nun, darin christliche reformation fürzunemen, ist die kirchen zucht, das die gemein Christi sich recht zusamen halte, jren ordenlichen kirchen dienst nach dem es der herr befolhen, verordnet vnd bestellet habe vnd meniglich in der gemein sich in seiner ordnung am leyb Christi vnd gehorsam des Euangelii halte, das der gantz leyb, das ist die gemeine Christi, durch den gemeinen dienst der furgesetzten vnd yeder glider immer wachse vnd zůneme an Christo, der das haupt ist,[1] in allen tugendten vnd guten wercken.

Communio corporis Christi et commune ministerium

Derhalben wůrdt fur allen zu versehen sein, das die gemeinen gottes solliche diener vnd elteren haben, die den rechten verstandt, auch willen | *383r* | vnnd eyfer haben, das Reich Christi zu erbawen, welches niemandt haben mag, der sich nit selb in die gehorsam des Reichs Christi mit allem fleyß, Christlich vnd onstrefflich zuleben, begebe.

Quales Ministri Qui mysterium Christi intelligunt et promotum regnum Christi student, ac ideo laborant vivere innocenter.

Darumb warlich alle, die von kirchen diensten abzuschaffen sein[u] werden, welche kein rechten verstandt Christlichs glaubens oder kein rechten eyfer, den selbigen wol zu pflantzen vnd zufürderen, haben,wie die gewißlichen seindt, die mit offenbaren lasteren verhafftet seind. Vnd wurdt derwegen vil leydlicher sein, das nit alle pfarrhen eigene diener, dann das sie solche diener haben, die mit allem jrem leben vnd thun von jnen selbs offentlich zeugen, das sie Christum, den herren, nit erkhennen vnd seinem wortt selbs nit glauben. Dann wie wider das außdrůcklich wortt gottes vnd alle Canones ist, solliche leut im kirchen dienst gedulden, also khan es nicht dann zu dem verderben der gleubigen vnd zerstörůng der gottseligkeitt dienen.

Qui a ministerio removendi

Vnd damit man aber diener haben möchte, die den kirchen in der seelsorge mit erbarkeytt des lebens dienen, so wurt gäntzlich von nöten | *383v* | sein, sollichen die h. Ehe zuzulassen. Welches ye vil leychter geachtet werden soll aůch denen, die die jüngeren Canones wollen gelten lassen, dann das man dem so ergerlichen[2] beysitzer[3] dermassen durch die finger sihet, wie bißher beschehen. Dann auch die iungere Canones, so die priester, welche zur ehe greyffen, ires ampts entsetzen, gebieten, die, so argwenige beysitzer oder verdachten zugang haben, nit allein ires diensts zuentsetzen, sonder aller christli-

Matrimonium Hic urgeatur: quod eisdem eaedem promissae sunt illegitimo contubernio, quae separatae matrimonio.

t)–*t)* am linken Rand erg. und eingewiesen: a.
u) korr. aus: seindt: a.

1. Eph 4,15.
2. anstößigen.
3. im Konkubinat Wohnender. Vgl. Frühneuhochdt. WB 3, Sp. 999–1003.

cher gemeinschafft zu verstoßen, wie man dann auch die leyen vmb solches willen von der gemeinschafft Christi in den h. sacramenten außschleust.

Der gelübd halben, so solche gethan, bedencke man, was grewel seye, die mit worten in dem, das gott nit verbotten, so ernstlich furwerffen vnd sie so gantz nit achten in dem, das gott also gar ernstlich verbotten hatt. Gelübd der keuschheit sollen[v] ia keuscheit forderen vnd nit so gar alle zucht vnd erbarkeyt vertryben vnd alle onzucht vnd schand einfüren, wie man augenscheinlich sihet, das dise[w]s ehverloben der priester bringet[w].

Collatio
Examinatio

Weyl auch so gar großer mangel an tauglichen dienern ist, so erfordert die höchste not der kirchen, das mit allen Collatoribus[1] im Bisthůmb verschafft werde, das sie ire geystliche lehen vermög der Canonum verleyhen vnd nit wie bißher allein nach fleischlicher gunst vnd genieß; das auch | *384*r | die Canonica examinatio mit allem ernst werde bey allen stifften vnd kirchen angerichtet vnd gehalten, drunder niemandt angesehen. Dann wie man weyß, seer vil pfarrhen gar ledig stan vnd[x] iren vil also bestellet sein, das weger[2] wer, sie stünden ledig.

Reformatio
Collegiorum

Vnd von wegen solcher not vnd auch das es an jm selb von gott also in seinem gsatz vnd in den Canonibus, auch den keyserlichen kirchen gesetzen gebotten ist, wurtt von nöten sein, das die ordines vnd ämpter presbyterorum[y], Canonicorum vnd vicariorum, auch der anderen graduum auff den neben stifften jnn der statt vnd dem Bisthumb wider denn Canonibus gemäß angerichtet werden. Das nemlich niemandt in locum presbyteri angenomen werde, dann der das ampt presbyteri mit predigen vnd denn dienst der seelsorg zu verrichten tauglich vnd willig seye, auch sich dartzu vermög der Canonum zu verpflichten bereytt. Also welche diacon vnd subdiacon sein sollen, das die selbigen, weyl sie des allmusen diensts vberhaben, der doch ir eigentlicher dienst sein solte, auch zum hirten dienst vnd predig ampt sich desto mehr begeben sollen. Vnd wo man nit haben mag, die disen dienst actu zu verrichten geschickt, das man dann die yenigen nemme, die zum ersten dartzu geschickt werden möchten | *384*v | vnd die sich des auch, wie die Canones fordern, gern verpflichtigten, alles vermög der Canonum.

Haec Cardinales, Imperator, et nemo non necessaria esse agnoscit.

Visitatio[z]

Vnd damit die not der kirchen an dieneren recht erfaren vnd versehung der pfarrhenn in alle weg christlich angerichtet vnd hinfür wol erhalten werde, so würt man nit allein im anfang der reformation, sonder fur vnd fur ein ernstliche visitation der pfarrhen thůn důrch personen, die des handels am aller verständigsten vnd zu christlicher reformation am aller eyfferigisten seindt.

v) korr. aus: solte: a.
w)–*w*) von Bucer erg.: a.
x) von anderer Hand (vielleicht Bucer) vor der Zeile erg.: a.
y) danach gestr.: vnd: a.
z) vielleicht von Bucer: a.

1. Geistlichen als Kollektoren eines Altars, den sie vom Eigentümer als Pfründe bekommen haben.
2. besser.

Also wurt man auch müssen solche personen zu ertzpriesteren haben, die stätigs mitt einsehen vnd die Synodos wider mit allem ernst vermög der Canonum anrichten vnd iärlich halten.

Damit aber yetz vermeldte bestellung der kirchen mit tauglichen dieneren vnd reformation der Collegien desto füglicher möchte erlanget werden, auch E. F. G. vnd das Erwürdig Thůmcapitel sehen, das ein Ersamer Rhatt auff die aller leydlichsten mittel vnd wege, dadurch die kirchen iren notwendigen dienst vnd versehung erlangen möchten, geneigt vnd bedacht seyen, so wöllen wyr E. F. G. in dem eines Ersamen Rhats vnd jrer Theologen bedencken, wie sie meyneten, das E. F. G. vnd das Eer- | *385*ʳ | würdig Thůmcapitel zu solchem notwendigen vnd heylsamen werck das jr thun möchten vnd doch an jren würden vnd stande einige ringerung nit zulassen dürfften, vnderthäniger christlicher meynung nit bergenn. [a]Moderatio munerum[a] [b]Ep. et Canon[1][b]

Es werden freylich E. F. G. vnd ein Eerwürdig Thůmcapitel wol wissen, wie vermög der h. schrifft vnd ersten Apostolischen satzung vnd Canonum dem Bischofflichenn ampt vnd den obristen Canonicen die seelsorge vnd versehung yeder kirchen mit der predig göttlichs worts, auspendung der h. sacramenten vnd kirchen zucht zum fürnemsten aufferlegt ist, dem selbigen allein vnd gäntzlich obzuligen vnd alle weltliche geschefft der kirchen durch andere zu verrichten. Nachdem aber nun ettlich hundert jar nemlich bey vns teůtschen die Bischoue vnd hohe Capitel durch sich selb mehr der ausserlichen regierung, land vnd leuten dann dem geystlichen kirchen dienst an der seelsorge außgewartet haben, ist es nun lengist dahin kommen, das die personen, so zu solchen ämpteren gezogen worden[c], gemeinet haben vnd noch meynen, wa sie neben ettlichen ceremonien die zeyttlichen gütter der stifft wol verwalten, das sie jrem ampt gnůg gethan | *385*ᵛ | haben vnd thůen. Daher auch solche personen sich zu wyterem thun vnd geschefft in der kirchen nicht begeben noch geschickt zůmachen sorg getragen[d].

Dieweyl dann nun in der kirchen gottes niemandt zu weytterem zů treyben ist, dann jm gegeben mit besserung der kirchen wol zu verrichten, vnd regierung, land vnd leuten sampt ordenlicher verwaltigung der kirchen gütter auch ein gutt göttlich vnd notwendig ampt ist, auch den kirchen zu mergcklicher besserung dienen mag, wo die jenigen, die in solchen ämpteren seind, trewlich verhelffen wolten, das die kirchen mit recht taůglichen seelsorgeren bestellett wurden, vnd ob jrem dienst mit ernst halten, So hätte es ein Ersamer Rhat darfur, E. F. G. vnd deren Thumcapitel solten vor gott vnd bey allen Christen in gottseligem ampt vnd thun erkhant werden, wie sie ein Ersa.[2] Rhat gern er-

a)–*a)* vielleicht von Bucer: a.
b)–*b)* vielleicht von Bucer: a.
c) korr. aus: wurden: a.
d) danach von anderer Hand gestr.: haben: a.

1. Episcopi et Canonici.
2. ehrsamer.

kennen vnd halten wolte, wa E. F. G. gleich der regierung des Stiffts vnd die Eerwürdigen, hoch vnd wolgebornen der hohen stifft jrer zeyttlichen verwaltigung wie bißhär aůßwarteten vnd allein datzu mit allen trewen riethen vnd hilffen, das die gemeinden Christi im gantzen Bisthumb mit tauglichen kirchen dienern bestellet, ob dem dienst der selbigen vermöge der Canonum recht gehalten vnd alles, das dartzu dienet, das jr dienst geburende fruchte brechte, vermöge der Canonum angerichtet, in gang bracht vnd darinn erhalten wurde, Alß da sind[e] | *386r* | die ordnung vnder solchen dienern sampt deren examination, Visitation, Synoden vnd ordenlichen vrteyl in kirchen sachen.

Dann auch die alte kirch eigne ordines gehapt hat in Clero zů verwaltung der kirchen gütter, die man oeconomos vnd defensores genennet hat.

[f]Vulgaris excommunicatio[f]

Nun alß der christlich bann wol in ieder gottes gemein sein vbung haben solle, doch den obristen seelsorgern, als Bischouen vnd archidiacon, furnemlich ob dem im gantzen Bisthumb getrewlich zu halten, würt auch der so gar erschröcklich mißbrauch desselbigen forderlich abzuschaffen vnd zu verbesseren[g] sein, das er gegen allen lasteren vnd nach vorgegangner recht christlicher gnůgsamer admonition geübet vnd die Ecclesiastica juditia wider auff jre rechte alte maß vnd ordnung gericht werden. Vnd nach dem disem land mag nutz sein, das E. F. g. vnd der archidiacon gericht, wie sie yetzundt verordnet seind, bleyben vnd alle rechtmessige gericht göttliche gutte ämpter vnd dienst sein, so wurt doch der schwere mißbrauch der schlüssel vnd göttlichens bannens daruon zuthun vnd in seinen rechten brauch, wie den vnser herr Christus verordnet, zu richten sein.

[h]Reform[atio] coenob[iorum][h]

Von reformation der Münch klöster zureden, wissen wyr eigentlich darzuthůn aůß den vettern vnd Canonibus, das sie solten allein gottsförchtiger leyen versamlungen sein, die sich mit jrer handtarbeyt neren vnd nicht von den kirchen gütteren. Welche gestalt es auch vmb die wittwen vnd jungfrawen klöster vnd versamlungen haben solte, außgenomen | *386v* | die wittwen oder getagte jungfrawen, welche man zu diaconissen, das ist zum dienst der dürfftigen, verordnet vnd gebrauchet hatt.

Neben disen Mönch klöstern seind auch bey den alten auffkommen Canonicen clöster, das ist christliche zucht schůlen der cleriken, welche die alten h. Bischoůe jn iren kirchen angerichtet vnd gehalten haben, damit sie durch solche Christliche zůcht in gemeinsame des lebens vnd stäter anfürung vnd vbung zu gottseligem leben vnd dienst der kirchen desto mehr taugliche bewerte kirchen diener zu der seelsorge haben möchten. Daher dann solche Clerici vor den anderen Canonici genant worden seindt, das ist regulares, alß die den Canonibus ettwas gemäßer dan andere lebten vnd ernstlicher nach kemen.

e) vielleicht von Bucer unter der Zeile erg. für gestr.: ist: a.
f)–*f)* von anderer Hand (vielleicht Bucer): a.
g) von anderer Hand korr. aus: verbesserung: a.
h)–*h)* von anderer Hand (vermutlich Bucer): a.

Mit der zeytt aber, als die rechte seelsorge nit mehr der höhist kirchen dienst geacht vnd an statt desselbigen singen vnd lesen auffkommen, seindt die Mönch mit dem namen all Clerici worden, doch hatt man lange zeytt in den klösteren furnemlich schůlen gehalten vnd gelerte leut auffgezogen. Daher auß solchen klösteren die Bisthumb vnd pfarrhen versehen vnd jnen des halben die pfarrhen vertrawett worden sein, auß dem mit der zeyt die jncorporationes der pfarrhenn kommenn.

Vnd alß auch die klöster leut vom studieren gelassen vnnd sich mit anderen klerickenn mehr auff singen vnd lesen | *387*r | begeben, Auch mit der zeytt angefangen, die incorporierten pfarrgütter zu weltlichem bracht, köstlichen gebewen vnd anderen herrischen[1] wesen mißbrauchen vnd damit solliche güter verschwenden, haben[i] dise leůt zů letst die Clösterlich gemeinsam vnd zucht auch fallen lassen vnd ire Clöster zů genanten Stifften vnd Collegien gemacht, in denen man nicht mehr dann vmb die pfründen vnnd presentz[2] singet vnd liset. Dadurch die pfarrhen mit der zeyt so gar beraubet worden[j] sind (dan sie die jncorporationen der pfarrhen vnd jnziehen jrer güter immer gemehret), das vnder fünffzig pfarrhen nit eine ist, die jr notürfftige versehung mit behausung vnd besoldung mehr hette.

Nun ist aber offenbar nit allein auß göttlicher geschrifft, sonder auch bey allen h. vettern vnd jn Canonibus, das die Christlich kirch kheine Clericos weyst oder erkhennet, dann die der seelsorge außwarten vnd dienen oder die kirchengüter zu sollichem dienst vnd versehung der armen verwalten vnd auß- | *387*v | spenden, Auch keine Mönch oder Closter leut, dann die sich mit jrer eygen handt oder erbgütern neren zů ernstlicher gottes zůcht vnd vberal keine kirchen geschefft treyben oder kirchen güter nießen. Darumb die Cistercer[4], da sie jr reformation anfiengen, alle jncorporierten kirchen vnd altar, zehenden[6] vnd alle kirchen güter, die sie wie andere Mönch hatten[k], von sich gaben[l] vnd sich widerum auff die alte ware Mönich zůcht mit eygner handtarbeyt vnd anderem richteten.

Augustinus li. 1 de moribus Ecclesiae Catholicae et Manichaeorum cap. 31, 32, 33[3]

In Chronico Sigeberti[5]

Dieweyl dann an dem rechtem dienst der Clericken, der seelsorge, so mercklich großer mangel ist vnd aller Clericken dienst furnemlich dahin gericht sein soll vnd wider gschrifft vnd alle Canones ist, das disem aller heylsamisten vnd

i) von anderer Hand korr. aus: habe: a.
j) vermutlich von Bucer vor der Zeile erg.: a.
k) von anderer Hand korr. aus: hetten: a.
l) von anderer Hand korr. aus: geben: a.

1. herrschaftlichen.
2. Präsenzgelder (für die an Gottesdiensten anwesenden Stiftsmitglieder).
3. *Augustin*, De moribus ecclesiae et de moribus Manichaeorum I,31–33 (PL 32, Sp. 1338–1341).
4. Zisterzienser.
5. *Sigebert von Gembloux*, Chronicon (Gemblacense). MGH Scriptores in Folio, Bd. 6, S. 362–363.
6. Zehnten.

nötigsten dienst die kirchen güter entzogen vnd allein auff singen vnd lesen gerichtet worden seind, welches der h. Gregorius mit seynem Concilio zu Rom[1] gehalten als ein seer sträfflich mißbrauch, valde reprehensibilem consuetudinem, | *388r* | gantz ernstlich verdammet vnd verbannet hat, so wurt warlich von nöten sein, das man die Clöster, souil der nach vorhanden seind, nemlich der mans personen, widerum, wie auch die, so zu Stifft vnd Collegien worden seind, zu Christlichen schulen vnd zucht heusern reformiere vnd die pfarrhen, welche durch solliche Clöster beraubt seind, wider nach noturfft bestelle vnd versehe.

Deßgleychen auch der frawen Clöster halb furzunemen sein würt, welche anders jncorporierte pfarrhen haben.

Vnd dieweyl vor Gott ein erschröcklicher grewel vnd seinen zorn wider vnß vffs grausamest erwecket, wa man vnder dem namen vnd genieß seins diensts schandtlich vnd vppig lebt, so werden die Clösterleut, die jn offentlicher vppigkeit leben, vnder disem namen vnd jn den Clostern in keinem weg zugedulden sein, sonder sonst zu Christlichem erbarn leben, wie man khan, zubefürderen. Dann einmal Mönch vnnd Nonnerey in der kirchen anders nit sein soll dann ein besonders ernstliche zucht | *388v* | der gottseligkeit zu einem furnemen exempel der gantzen gemein.

Reformatio Templorum

Als auch kunthlich, das die alte kirch, wie das die Canones bezeugen, keine kirchen noch bethheuser hatt erkennet vnd zugelassen, dann in welchen das volck geleeret vnd die h. Sacrament gereychet worden, so werden[m] der kirchen halben vnd tempel zween mißbreuch abzůschaffen sein: der eyne, das man die kirchen, in welche das volck zum[n] gottes wortt nit versamlet wurt, mit der zeyt füglich abthue, vnd jn welche das volck zum wortt gottes versamlet wurt, dahin aller ding richte, das das volck in solchen kirchen zum glauben an Christum aller ding erbawen vnd daran mit kheiner ergernüß des aber glaubens verhindert werde, Welches aber gar in vilen kirchen schwerlich fürgeht durch abgöttische bilder vnd genantes heyligthumb.

Nun ist aber gewiß, das die alten Apostolischen kirchen gar keine bilder in den | *389r* | templen geduldet haben Vnd, als man sie hernach in die kirchen lassen kommen, das man doch allweg verbotten vnd verdammet hatt fur sie nider fallen, sie anbetten vnd vereeren. Also hat man auch nie falsche oder

m) von anderer Hand korr. aus: wurt: a.
n) von anderer Hand korr. aus: zu: a.

1. Römische Synode Papst Gregors des Großen im Jahr 595. Decr. Grat. I, Dist. 92, c. 2 (*Friedberg* I, Sp. 317f.). Vgl. BDS 12, S. 61.

vppige bilder in den kirchen geduldet, deren nun alle winckel in den kirchen voll seindt.

Nota locum in 34. cap., lib. 1 de moribus Ecclesiae et Manichaeorum.[1]

Also mit dem heylightumb, hatt man auch keines geduldet, dan das man gewißlich gewüst warer Martyrer heyligthumb sein, welches man auch allein zu gedächtnuß der Martyrer vnd sterck des glaubens an Christum durch exempel der Martyrer behalten hatt vnd jn kheinen weg anbetten lassen.

Ut singula probemus ita habere.

Das nun alle vnd iede erzelte stuck zů Christlicher reformationaller dingen von nöten seindt vnd one schwere sünd vnd verderblichs erwecken des göttlichen zorns wider vns nit mögen vmbgangen vnd nachgelassen werden, erbieten E. F. G. wir vns auß göttlicher geschrifft, den alten Canonibus vnd vetteren von stuck zu stuck | 389^{v} | klar eigentlich dartzuthun. Derglychen aůch Christlich antwort zu geben alles des ienigen, das bey vns in der Statt an leer, brauch der sacramenten, anderen kirchen vbungen, kirchenzucht vnd diensten durch ein Ersamen Rhat vnd gemeine kirch geenderet worden, mit warhafftiger anzeig, das in dem selbigen allem anders nicht gesucht noch gemeint ist, dann das alles in der kirchen zum nechsten vnd eigentlichsten nach der leer vnd einsatzung vnsers herren Jesu Christi vnd seiner lieben Aposteln gebesseret würde.

Ut nostra defendamus.

Souil wolten wyr davon, darin die christlich vergleichung vnd reformation notwendig stan wůrdt, vor E. F. G. vnd G. vnderthäniger Christlicher meynung furtragen Vnd erinneren.

[II]

Von wegen nun vnd mitteln zureden, durch die wyr recht Christliche vergleichung vnd reformation der kirchen auff das aller gewissest vnd auch füglichest vnd besserlichest in den statt vnd landt kirchen mit gottes gnaden vnd hilff | 390^{r} | erlangen mögen, So wurdt vor allem von nöten sein, das E. F. G. vnd G. wolten alßbald gnädiglich verordnen ettliche recht gottsförchtige, geleerte vnd bescheydene männer vnd auch souil jmmer möglich selb darbey sein, Damit durch ein Christlich, früntlich vnd gründtlich gespräch vnd vnderred, zwischen den selben verordneten vnd vns zu halten, von allen vnd ieden erzelten puncten vnd articklen, so zu christlicher reformation von nöten, ein war gottselige, bestendige vergleychung vnder denn kirchen jn der Statt vnd dem Bisthumb erfunden vnd solche form vnd maß, alle nötige stuck Christlicher reformation auff das aller füglichest vnd besserlichest in den kirchen einzufüren vnd ins werck zů bringen, gesetzet vnd angestellet vnd also der notwendigen Christlichen reformation als bald ein guter, schleuniger vnd aller ding besserlicher anfang gemacht werden möge.

Vnd nach dem dann in solchem gespräch vnd vnderhandlung die maß vnd form christlicher vergleychung zwischen der | 390^{v} | mutterkirchen in der

1. *Augustin*, De moribus ecclesiae et de moribus Manichaeorum I,34 (PL 32, Sp. 1341–1342).

Statt vnd den kirchen in dem Bisthumb sampt der gottseligen reformation durch gottes genaden erfunden, alß diß der herr gewißlich geben würdt, so man solch gespräch vnd vnderred in seinem namen halten wil, So würt das ander mittel christliche vergleychung vnd besserung ins werck zu bringen sein, ein getrewe vnd ernste visitation durch menner, die diser verständig vnd eyferig sein[o], durch die gründtlich erkündiget vnd erfaren werde, was fur diener vnd personen bey allen pfarrhen vnd stifften sein vnd wie tauglich vnd ontauglich ieder zu seinem dienst vnd ampt seye.

Nach dem dan solchs beschehen, so wäre mit denen, die zu Christlicher reformation zu helffen tauglich erfunden, ein recht heyliger Synodus zu halten vnd die vor im Christlichen gespräch vergriffen form vnd maß gottseliger vergleichung vnd reformation also ins werck souil möglich zů richten vnd den armen verderbenden seelen einmal ire so notwendige rettung vnnd hilff zů leystenn. | *391ʳ* |

Dieweyl aber nun zu disem allen füglich zu kommen, der erste vnd einige weg sein würdt, wie das alle verstendige vnd der Christlichen Concordi vnd besserung begirige erkhennen, das[p] vertrawet, früntlich, Christlich gespräch vnder den verordneten von E. F. G. vnd g. vnd eins Ersamen Rhats vnd kirchen der Statt, jn dem die gottselige vergleychung vnd maß der reformation in den notwendigen stůcken vnser Christlichen religion gesuchet, gefunden vnd angestellet werde, So ist an E. F. g. vnd g., als die zu der seelsorge vnnd hirten ampt in der kirchen Christi in der statt vnd gantzem bisthumb zům obristen verordnet sein, eins Ersamen Rhats an stat vnd von wegen der gantzen kirchen Christi zu Strasburg vnd vnser vnderthänig notwendig bitt, Sie wöllen zu solchem Christlichem, heylsamen gespräch vnd handlung die jren als bald verordnen vnd dasselbige mit den verordneten des Rhats vnd der kirchen in der statt lassen in dem namen des herren anghon. | *391ᵛ* |

Dazu E. F. g. billich zum furnemesten bewegen vnd verursachen soll die so verderbliche[q] der kirchen Christi vnd zum schweristen verdammliche, allen die daran schuldig, zwispalt zwischen der mutterkirchen in der Statt vnd den kirchen im Bisthumb. Keinenn[r] besonderen Christen mage on verdammliche sünde vnd ewigen zornn gottes abghon, wo sie in einigem mißuerstant mit einander kommen, auch in geringen weltlichen sachen, vnd nit alsbald alle Christliche mögliche weg vnd mittel suchen vnd furnemen, sich im herren wider mit einander zu vereinigen. Wie vil schwerer dann vnd verderblicher wurdt auch allen, die sollichs vbel abzůwenden nit jren aller besten fleyß fůrwenden, verdammlicher sein müssen, wo man in göttlichen sachen, welche die gehorsam gottes vnd vnser ewigs heyl belangen, in mißuerstandt vnd zweyung geraten vnd nit mit höchstem fleyß vnd ernst alles das ienige versů-

o) danach von anderer Hand gestr.: verordnen: a.
p) von anderer Hand korr. aus: des: a.
q) danach von anderer Hand die Virgel gestr.: a.
r) von anderer Hand korr. aus: Keinem: a.

chet, vnderstat vnd fürnimpt, damit man widerum zů glychem vnd recht Christlichem verstandt vnd einigkeit | 392r | kommen möge.

Nůn haltet sich aber der so gantz verderbliche mißůerstandt in vnser h. religion vnd allem dem ienigen, darum der son gottes mensch worden vnd fůr vnß sein blut vergossen hatt, nit allein zwischen ettlichen wenigen leutten, sonder zwischen so vilen kirchen vnd gantz großen gemeindenn Christi, in welchen souil tausent seelen seind, fur die, sie jn im zů vereinigen, der son gottes gestorben ist, vnd (das E. F. g. vnd g. vnd vns furnemlich berüret) zwischen der mutterkirchen zu Strasburg vnd den zůgewandten kirchen in dem gantzen Bisthumb, welche in besonderer hohen einigkeit, verwandtnüß vnd gemeynschafft im herren Christo miteinander sein sollen.

Derhalben im schweresten vnd ewigen zorn gottes alle die sthan vnd verderben müssen, welche durch gottes ordnung datzu ettwas ermanen, rhaten vnd helffen | 392v | mögen vnd das vnderlassen, das solche so verderbliche vnd verdammliche zweyung vnd trennung Zwischen der mutterkirchen vnd den kirchen jm Bisthůmb auff das aller forderlichest vnd gäntzist abgewandt vnd ware christliche vereinigung vnd gemeinschafft in dem herren vnd allem dienst seines reychs der h. seelsorge wider angerichtet, gefurderet vnd erhalten werde.

Dieweyl dann E. F. g. zu einem obristen hirten vnd seelsorger wol aller kirchen jm Bisthumb, aber zům fürnemsten der kirchen in der Statt erwelet seindt vnd die hoch vnd wolgeborne v. g.[1] herren des Thůmcapitels E. F. g. zu disem ampt vnd werck zum furnemsten dienen sollen als die obristen priester, Diacon vnd Subdiacon diser kirchen, so werden sich E. F. g. vnd g. selb wol zu berichten haben, das jnen auff erden höhers nit angelegen sein solle, den wie die selbigen kirchen in Statt vnd Bisthumb im herren | 393r | Christo vnd jnn seiner h. religion vnd der selben administration gäntzlich verglichen vnd vereinbaret vnd den kirchen jm Bisthumb auß der kirchen der statt ire schuldige dienst mit warer besserung geleystet werden, wie dann so vil reycher herrlicher stifftung in der statt noch vorhanden vnd von den pfarrhen jm Bisthumb allein von wegen solcher diensten järlich so große einkommen einnemen.

Vnser lieber herr Christus hatt gesagt, das er darumb von himmel kommen vnd sein bitter leyden vnd sterben darumb leyden hab wöllen, das er die zerstreuten kinder vnd schäfflin gottes versamlete vnd vereinbarete, das ein herdt vnd ein hirtt[2] were. Darum sollich werck allenn Christen, zum vorderisten aber den jenigen, die Christus, der herr, zu disem werck als seine vnderhirten, wie dann alle geystlichen prelaten sein sollen, verordnet hatt, angelegen vnd zu hertzen gohn solle.

Dieweyl dann der herr so gnädiglich ver- | 393v | lihen, das die haůpt- vnd notwendigste stuck Christlicher religion vnd reformation der massen erkant seindt, das in einem christlichen, frundtlichen gspräch, wie das von E. F. g. vnd

1. unsere gnädigen.
2. Joh 10,16.

g. ein Ersamer Rhat begeret, man sich leycht, wo nicht aller, doch gewißlichen der notwendigeren puncten vnd artickuln Christlicher reformation vergleychen vnd jm herren vereinbaren mag, So werden E. F. g. vnd g. sich selb wol zů erinneren haben, das sie mit zu lassen vnd fůrderen solchs gesprächs vnd christliches sůchens gottseliger vergleychung der mutterkirchen vnd der zugewandten jm Bistumb sampt volgender notwendiger[s] reformation werdenn dem Almechtigen ein hochgefelligen vnd schuldigen dienst leysten, den kirchen ir F.g. beuolhen pflichtigen nůtz vnd heyl befürderen, denn so erschrocklichen, anbrennenden zorn der Göttlichen Maiestet von jr vnd den iren abwenden, auch jr selb sampt der stift eer vnd wolfart zům besten erhalten vnd mehren. So wyr vns alle gewißlich des gegentheyls | *394r* | in allen dingen werden zu versehen haben, wo diß so notwendig heylsam werck solte in einige weg lenger auffgezogen vnd nit von E. F. g. vnd g. vnd Einem Ersamen Rhat vnd allen, die hiezů ettwas vermögen, nach iedes besten beforderet werden.

Derwegen werden E. F. g. vnd g. sich, ob gott will, in solchem so gantz notwendigen, schuldigen vnd heylsamen werck die nichtigen vnd schedlichen einreden vnd verhindernüssen, die ettliche, denen Christliche reformation nit wol tauglich, pflegen furzuwenden, mit nichten irren oder verhinderen lassen.

Als nemlich das sie sagen, es gebüre E. F. g. nit on den Metropolitan[1] vnd Bapst einige reformation furzunemen, noch weniger derhalben sich in handlung dauon mit einem Ersamen Rhat vnd dieneren der kirchen zu Straßburg einzulassen, als die zum teyl Leyen, zům teyl vom Bapst verdammet sein sollen. So seye auch ein general Concili vorhanden, da dise sachen besser mögen außgerichtet werden. Jtem so jr F. g. sich | *394v* | in solche handlung einlassen vnd reformation furnemen würde, so wurde diß key. Mat. zu vngenaden vffnemen vnd dem Stifft gefärliche neuwerung vnnd geystlicher freyheit vnd gewalts vneerlich vnd nachteylige ringerůng einfurenn.

Dann erstlich nit allein E. F. g. vnd g., als die ein gottsforcht vnd verstandt göttlicher sachen haben, sonder ein yeder das leicht verstan khan, das die ordnung der Ertzbischoue vber gemeine bischoue vnd die patriarchen zu Rom vber vil Ertzbischoue das in keinen weg vermag, das yemandts der halben solte offentlich mißbreuch, von gott, dem Almechtigen, zum ernstlichstenn verbotten, nit dörffen verwerffen vnd abschaffen vnd das jenige, so an jm selbs ongezweyfelt recht vnd von gott, dem herren, auff das ernstlichest erforderet wurt, annemen vnd wider auffrichten. Nun begert von E. F. g. ein E.[2] Rhat anders nicht durch das begerte gespräch vnnd reformation, dann das das jenig fur vnrecht erkennet, verworffen vnd abgeschaffet werde, das so

s) korr. aus: notwendigen: a.

1. Mainzer Erzbischof.
2. Ehrsamer.

offenbar vnrecht vnd zuwider ist | *395r* | dem göttlichen wortt, den alten Canonibůs vnd allen h. vettern, das es mit einigem schein nit mag vertädiget, noch entschuldiget werden, vnd das angenomen vnd wider auffgerichtet, das so offentlich von gott, der Alten Apostolischen kirchen vnd Canonibus gebotten, gehalten vnd verordnet ist, das solchs auch niemand mit einigem scheinn verwerffen, nach sich des nit vor gott zum höchsten pflichtig erkennen müsse.

Wa ettwas neüwerůng vnd das anderen zum nachteyl reychen möchte vnd nit das von anfang der kirchen vnd alweg von gott gebotten vnd meniglich zur besserung dienet, begeret würde, so hette es wol ein meinung, das ein Bischoue fur sich selbs sich in solchen nit einließe. Der meinung ist aber ein Ersamer Rhat in keinen weg, sonder sůchet allein die besserung der kirchen, welche ye vnd alwegen von Christo, dem herren, erforderet ist vnd on die kirchen Christi zu recht gottseliger administration nit kommen mögen.

Der h. Cyprianus sagt de simplicitate praelatorum[1], es ist ein Bisthumb in der kirchen, welches ein yeder Bischoue fur seinen teyl gantz hatt, | *395v* | darumb auch einem yeden Bischoue gebürt vnd zustat, die versehung vnd besserung der kirchen in allen stucken bey den seynen zů suchen, furzunemen vnd anzurichten das best, so ein yeder khan vnd vermag, jn dem auff keine person gesehen. Vil weniger dan eins Fürsten diener gebüren mag, so er seins Fürsten klaren befelch vnd gebott hatt, in dem auff seine mittdiener zusehen vnd die erst zůfragen, ob er seynem empfangenen befelh nachkommen soll. Nach dem dann die sachen bey den höheren praelaten staht, so weyß man auch wol, woher gottselig reformation furdernüß oder hindernüß zů erwarten seye; wer dann mit fleyß hindernüß an der gehorsame Christi durch vffschieben diser sachen an die, so man weyst, Christliche reformation nit leyden mogen, suchen wolte, was der fur ein schwer gericht solches hones vnd tratzes[2] göttlicher Maiestet zuerwarten hette, hatt ein yeder Christ wol zubedencken.

Das dann fur das ander furgeworffen würdt, es sey mit eim Ersamen Rhat vnd den dienern der kirchen zu Straßburg, als mit | *396r* | leyen vnd die vom Stul zu Rom verdammet seyen, nicht von der reformation zuhandlen, wurdt freylich auch bey E. F. g. vnd g. khein ansehen haben, Als die wol wissen, das alle Christliche sachen mit allen Christen zuhandlen seindt, das auch die lieben Aposteln selbs vnd die elteren h. Bischoue zu Rom vnd anderßwa, wie man das bey dem heyligen Cypriano an mehr orten liset, die aller hochwichtigisten sachen der kirchen mit gantzer glaubiger gemein gehandlet Vnd die nachgonden h. Bäpst vnd Bischoue die obrikeitten Christlichs volcks zu allen kirchen sachen fleyßig gezogen haben. So ist auch khundtlich, das wir, die diener der kirchen zu Straßburg, von niemands einigs jrthumbs vberwunden, nach mit recht der kirchen verdammet worden sein noch verdammet werden

1. *(Pseudo-)Cyprian,* ›De simplicitate praelatorum plane aureum‹. Antwerpen: Johannes Graphaeus für Johannes Stelsius, 1535, Bl. a3b. Index Aureliensis 149.060. Vgl. auch Bucers Darstellung in seiner zweiten Kölner Verteidigungsschrift (BDS 11,2, S. 228).

2. Widersetzlichkeit, Feindseligkeit. *Lexer* 2, Sp. 1499.

mögen. Das vns aber der herr (jm vnd nit vns zu eeren gemeldet) dennoch seine gaben so gnediglich verluhen[1] hatt, das wyr zur besserung auß göttlicher vnd der vetter schrifften anzeigen mögen, was zu christlicher reformation von nöten vnd wie die fürzůnemen | *396*^{v} | seye, achten wyr E. F. g. vnd g. vnverborgen. So wolten wyrs vermittels göttlicher gnaden in dem begerten gspräch dermassen bewysen, das es E. F. g. vnd g. nit gereuen solte, das sie vnsern dienst zu dißer handlung zugelassen haben.

Das dann furs dritte vom general Concilio, das abermal indicieret ist, furgeben wurtt, wissen sich E. F. g. vnd g. auch wol zuberichten, was es billich gelten solle. Zu Trient ist freylich davon noch wenig wissens oder bereytens, ob 1542 ad Calend. Nov. es gleych wol yetzund als bald im Nouember anghan solte.[2] Es sey aber, das gleich diß Concili gehalten werde, wie es verkündet, so ist doch darauff mit gottseliger reformation nach allem, das dartzu furderen mag, als das begertt Christlich gespräch ist, mit nichten zuuerziehen. Dan was man weyß von Gott gebotten vnd jnn den vorigen h. Concilien verordnet sein, dem solle ein yeder christ nach seinem besten vermögen als bald nachkommen vnd auff ferrner menschlich Concili oder ordnung kheins wegs | *397*^{r} | wartten. Wie dan auch kein Concilium in dem, so in gottes wortt vnd den h. Conciliis gesetzet vnd gebotten ist, ettwas enderen noch wehren, sonder mit allen trawen bestätigen vnd furderen vnd die, so hierinn seümig, fürttreyben vnd, was solchem in leer oder leben entgegen eingerissen, bestes fleyß vnd ernsts abschaffen vnd verbesseren solle.

Das dann zum vierdten von vngenad kay. Mt. gemeldet würt, wurt bey E. F. g. vnd gn., ob Gott will, gleych souil als die vorigen gegenwürff gelten. Dann offenbar, wie gern die kay. Mt. die sachen zu Regenspurg[3] dahin gefürderet hette, das von gemeinen stenden des Reychs damals Christlich vergleichung vnd reformation durch fründtlich vnd gottselig gespräch (zu dem jr Mt. auch die vnseren vnd jnn gleycher zal mit den anderen gebrauchet) gesuchet vnd furgenomen worden wäre.

Zů[t] dem hatt jr Mt. jm abscheydt des Regenspurgischen Reychstags[4] neben Bäpstlichen legaten allen praelaten ernstlich auff- | *397*^{v} | gelegt vnd empfohlen, vnder jnen vnd den jren ein Christlich ordnung vnd reformation furzůnemen vnd auffzurichten, die zu guter, geburlicher vnd heylsamer administration der kirchen fürderlich vnd dienstlich seye, Auch ob solcher ordnung vnd reformation ernstlich vnd strenglich zuhalten vnd sich daran nicht jrren oder verhinderen zůlassen. Des sich auch die Praelaten also gehorsam-

t) Hervorhebung durch Symbol am Rand (Zeigehand): a.

1. verliehen.
2. Papst Paul III. hatte das Konzil ursprünglich zum 1. November 1542 nach Trient ausgeschrieben.
3. Reichstag zu Regensburg im Jahr 1541.
4. Abschied des Reichstags von Regensburg vom 29. Juli 1541. Neue und vollständigere Sammlung der Reichs-Abschiede II, S. 428–444.

lich zuthun gegen jrer Mt. vnd gedachtem legaten vnderthäniglich erbotten haben. Diß seindt die wortt des abscheyds[1].

Seintemal dann[2] ein Ersamer Rhat kein andere dan ein ware Christliche ordnung vnd reformation vnd die zu gutter gebürlicher vnd heylsamer administration der kirchen sonder zweyffell fürderlich vnd dienstlich seye, suchet noch begert Vnd das begerte gspräch au͗ch anders nit anzurichten vnd zuhalten, dan wie auch die kay. Mt. solches zu Regenspurg für das rhatlichst mittel, christlich vergleichung vnd reformation zufinden vnnd einzufüren, angesehen, mage ye niemandt mitt einigem scheyn fürgeben, das jr kay. | *398r* | Mat. begertes gspräch vnd handlung sampt volgender christlicher reformation nicht zu gnädigstem gefallen vnd angenämer gehorsame gereichen vnd verstanden werden solte.

So vil dann zum fünfften von gefärlicher newerung vnd das begerte handlung vnd reformation zu vneerlicher vnd nachteyliger ringerung der geystlichen freyheit vnd obrikeitt gerhaten solte gemeldet wurt, haben E. F. g. vnd gn. abermals des so vil wissens, das dißer gegenwurff gleych so vil grunds hatt als die vorigen. Dann erstlich, so vil die newerung belangt, so begeret ein E. Rhat weitters[u] nicht, dann das abgeschaffen vnd gebesseret werden allein die gantz offentlichen mißbreuch, die dem glauben in Christum gäntzlich entgegen vnd zu͗wider seindt vnd bey welchen man, so man sie erkhennet, jnn kheinen weg mag Christen sein, Vnd das jenig allein in leer, brauch der Sacramenten vnd Christlicher zucht angenomen vnd wider | *398v* | auffgerichtet werde, das der glaub in Christum notwendiglich erheyschet vnd one welches, so mans erkhennet, keynerley weg mag Christ sein. Welche verbesserung der kirchen von keinem Christen mag anders dann ein heylsame vnd sälige ernewerung erkhennet vnd gehalten werden, die nit alleyn nit gefärlich seye, sonder vil mehr die seye, die allein auß allen zeyttlichen vnd ewigen gefärden erlöset, wie sie dann der Christen, die jnn täglicher ernewerung jres gantzen lebens immer fürschreyten sollen[3], eygentlich werck vnd thu͗n ist.

Also ist auch fürs ander gewiß, das durch begert gspräch vnd reformation die geystlich freyheit vnd obrikeit allein recht gefürderet vnd befestiget würt vnd in kheine weg geschmäleret oder verletzet. Dann das alle christliche gemüter erkhennen, daß alle nutzliche vnd eerliche Obrikeiten[v] vnd freyheyten[w] allein von Christo, dem herren, zu kommen vnd befestiget werden, wie dann jmme der vatter allen gewalt jnn himmel vnd erden geben[4]; derwegen

u) Schrf.: weittes: a.
v) von anderer Hand korr. aus: Obrikeit: a.
w) von anderer Hand korr. aus: freyheyt: a.

1. Ebd., S. 434 (§ 25). Vgl. dazu auch Bucers Ausführungen in seiner ›Bestendigen Verantwortung‹ (BDS 11,3, S. 48–51); *Strohm*, Die Berufung auf kanonisches Recht, S. 135 f.
2. Seintemal dann: Besonders weil.
3. Vgl. II Kor 4,16.
4. Mt 28,18.

daran nitt zuzweyfflen, das jr F. | *399r* | g. vnd g. jre geystliche Obrikeyt vnd freyheyt so vil mehr größen[1] vnd befestigen werden, so vil sie treüwlicher vnd furderlicher christlich vergleychung vnd reformation durch die gebürende mittel vnd weg, wie das begerte gspräch gewißlich ist, suchen furnemen vnd ins werck richten werden. So sonder zweyfel die zeyttliche mit der geystlichen Obrikeyt vnd freyheit geschmäleret vnd zu gantzem vndergang gerichtet württ, wa man die zeyt göttlicher heimsuchung nit erkhennet vnd Christliche reformation nit suchen noch annemen will. Des man nun ein zeyt einher eben erschröckliche exempel gesehen vnd noch sihet, in denen der herr sein wortt war gemacht, daß er der seye, der die vnderthänigkeyt von den königen Job. 12[2] hinnemme vnd verachtung vber die Fürsten außgieße, die denn gewalt vom jme empfangen nach seynem gebott vnd zům heyl seins volcks nit gebrauchen wöllen.

Es ist nun lengist bey menniglichen kundtlich, was vermög der gschrifft vnd der haltung | *399v* | der alten Apostolischen kirchen, auch der eltern Canonum der Bischoue ampt vnd pflicht ist, Weß auch die Christlichen gemeinen vnd die bey solchen das ampt der gemeynen obrikeyt füren gegen jren Authent.[3] Praelaten vnd allen kirchen sachen fur recht haben. Vnd was die Bäpst hernaher[4] geordnet, die christlichen gemeinden mit jren Obren von allen kirchen händlen außzuschließen, erkhennet man der gschrifft, Apostolischer ordnung, den älteren Canonibus vnd keyserlichen kirchen gesetzen stracks entgegen vnd derhalben vnbindig[5]. Derwegen, so vil mehr die Praelaten reformation vnd besserung in kirchen sachen, da die doch so offentlich von nöten ist, auffschieben, so vil mehr werden die gemeinen Obren verursachet, das sie von jres ampts wegen vnd der gemeinden Christi in kirchen sachen zu sehen vnd zu greiffen, Ettliche besserlicher weyß, ettliche wie sie es verstahn vnd gesinnet sein.

Die rechte achtung der kirchen Ampter, hendel vnd güter ist auch leyder bey den gewaltigen so seer gefallen, das, außgenomen | *400r* | zum teyl bey den Teutschen, bey kheynen Potentaten, die Bisthumb, praelaturen vnd alle nutzliche ämpter der kirchen anderst dann nach jrem willenn vnd zu jren hoffdiensten vnd bracht, sonder[6] einige wahl oder bedencken der kirchen notturfft geluhen[7] werden. Weil man nun des in anderen landen so lang gewanet[8] hatt, württ mans auch jm Teutschen lande von tag zu tag so vil eher fürnemen, so vil die praelaten die schuldige vnd vfferlegte reformation nachlassen werden vnd auffschieben.

1. vergrößern, erweitern.
2. Hiob 12,18.21.
3. Decreta authentica.
4. hinterdrein.
5. nicht bindend, ungültig. *Grimm* 24 (= XI,3), Sp. 397.
6. ohne.
7. verliehen.
8. erhofft, erwartet. *Lexer* 3, Sp. 677 f.

Dann so man so gar wissentlich vnd beharrlich Gottes berüffen vnd treyben zur besserung verachtet, so zerbrichet der herr, wie er jnn Propheten trewet, den zaun seines schutzes vnd lasset alle wilde thier einfallen vnd seinen weingarten zerrzerren vnd verstören[1]; das ist den vnordenlichen wilden leuten zu preüß[2] werden, des wyr leyder erschröckliche exempel zu disen zeytten gesehen vnd noch sehen.

Derwegen die gewißlichen dahin rhaten, | *400v* | das der geystlichen freyheyt vnd Obrikeyt gar zu grundt gerichtet werde, welche den Bischoůen vnd praelaten rhaten, Christliche reformation vffzůziehen[3] vnd nit vil mehr die durch alle Christliche mügliche mittel zu sůchen vnd furzunemen.

Wie die hinwider zů recht bestendiger erhaltung geystlicher freyheit vnd Obrigkeyt rhaten, welche rhaten, das die Bischoue vnd praelaten Christliche vergleichung vnd reformation mit jren kirchen suchen vnd furnemen.

Dann wie wyr augenscheinlich sehen, ye lenger man jnn der vnordnung bleybt, ye mehr die, so die kirch meynen, getrungen vnd, die sich selbs suchen, dürstig werden, in kirchen sachen zu zůgreiffen. Wa aber Gott gebe, das die praelaten mit jren kirchen sich Christlicher weyß verglichen vnd reformation annemen, So hette man sich erstlich göttlicher gnaden vnd segen zugetrösten, dadurch der zaun seines schutzes wider ergäntzet würde, das die gewaltigen nit mehr also zugreyffen dürfften. Auß dem wurden dann | *401r* | auch die Christum erkhennen, sich von allem zugreyffen wol enthalten vnd das anderen, so vil an jnen, auch nit gestatten. Da bey weyß man auch wol, wo recht vnd christlich ordnung vorhanden, das man darbey auß Gottes wunderbarem schutz auch gegen großem gewalt bestehn khan. So herwider, wo vnchristlich mißordnung vberhandt nimmet, alles, auch bey grosser macht, hinfellet vnd zu nicht wurdt; Des diser zeyt ye mercklich exempel vor augen seind.

Derhalben das in kheinen zweyfel zůstellen ist, wo E. F. g. vnd deren Thůmcapitel sich mit der kirchen zu Straßburg als deren obriste hirten, vätter vnd seelsorger in recht vertrawete christliche handlung einlassen werden, gottselige vergleychung vnd reformation der seelsorge mit warem ernst zůsuchen, der Almächtig gütig Gott würdt gnädiglich verleyhen, das man solche vergleichung vnd reformation erfinde vnd fürneme, dadurch E. F. G. vnd Stifft freyheyt vnd obrigkeyt zům besten wider versicheret vnd vor allem onbillichen zugriff verwaret wurde, vnnd | *401v* | solches E. F. G. vnd deren Thůmcapitel zu besonderem nůtz vnd eeren gereychen solle, wie jnen dann auch bißhär das weder vnnütz noch vneerlich gewesen, das sie sich in sachen, Christlich reformation belangen, ettwas gnädiger vnd fründtlicher mit der kirchen vnd Statt zu Straßburg gehalten dann ettliche nidere stifft vnd praelaten gethan, die auch darüber zu großem hohn vnd nachteyl kommen seindt; die exempel seind vor augen.

1. Mk 12,1–12.
2. Plünderung, Beute. Frühneuhochdt. WB 4, Sp. 1054.
3. zu verzögern. *Lexer* 2, Sp. 1720; *Götze*, S. 16.

Es hette auch E. F. g. vnd g. ab vilen vorgeübten händlen vnd das ietzig vnderthänig ansuchen vmb das begerte gspräch vnd handlung wol abzůnemen, das ein E. Rhat nit gesinnet were, sein oder der kirchen recht in diser reformation auffs schärpffist zu ersuchen vnd erforderen, wie man doch diß nit nur ein mal zimmlich gelegenheit gehebt vnd, wie sich die sachen anstellen, taeglich mehr haben möchte. Vil weniger wer ein E. Rhat geneigt, E. F. g. vnd Capitel in solche handlung einzufüren, die jnen in einige weg solte nachteylig vnd vneerlich, vnd nit vilmehr zů allem bestendigen nutz vnd eeren | *402*ʳ | besonders dienstlich vnd fürderlich sein.

Wie dann alles das endtlich sein muß, das nach dem wortt vnd befelch vnsers herren Jesu Christi furgenomen würt, vnd hingegen entlich vneerlich vnd schädlich, was man neben vnd zuwider seinem seligen wortt vnd gebotten suchet oder fürnimpt. Er, vnser einiger herr vnd heylandt, der rechte Ertzbischoue vnd hirtt vnser seelen[1], wölle vmb seiner lieben kirchen willen, fur die er sein blut vergossen, E. F. g. vnd g. vnd allen, die dartzu rhaten vnd helffen mögen, alles das verleyhen zu berathschlagen vnd zu erkhennen vnd ins werck seliglich zůrichten, das datzu nutz oder fürderlich sein mage, das die mutterkirch in der Statt mit den kirchen in dem Bisthumb wider zu recht Christlicher einigkeytt vnd gemeinschaft in jm mit einander kommen vnd ein solche besserung vnd reformation erlangen, das er, [x]vnser erlöser vnd heylandt, wider gäntzlich[x] bey vns regiere vnd den verdienten zorn seins himmlischen vatters abwende, sein gnad vnd segen zustelle zu seinem einigen preyß vnd heyl seines volcks. Amen.

x)–*x)* vom Schreiber am linken Rand erg. und eingewiesen: a.

1. Vgl. I Petr 2,25.

Beilage zu Nr. 6
Entwurf einer einleitenden Ansprache der Stadt Straßburg auf dem Molsheimer Tag

[3. September–18. Oktober 1542]

bearbeitet von Thomas Wilhelmi

Straßburg StArch, AST 47, Nr. III/3 (alte Zählung: Nr. 18), fol. 124^{r}–128^{r}

Von unbekannter Hand geschriebener, von Bucer eigenhändig redigierter Entwurf einer einleitenden, an den Straßburger Bischof Erasmus Schenk von Limburg[1] gerichteten Ansprache des Straßburger Rates[2] auf dem Tag von Molsheim.[3]

1. Erasmus Schenk von Limburg (1507–1568), Bischof von Straßburg 1541–1568. *Wentzke*, Art. Erasmus Schenk von Limpurg, in NDB 4 (1959), S. 554; *Gatz*, Die Bischöfe des Heiligen Römischen Reiches, S. 426 f.
2. In der Überschrift mit »wir« bezeichnet.
3. Diese einleitende Ansprache wurde von Stadtschreiber Johann Meyer gehalten. Vgl. oben S. 189.

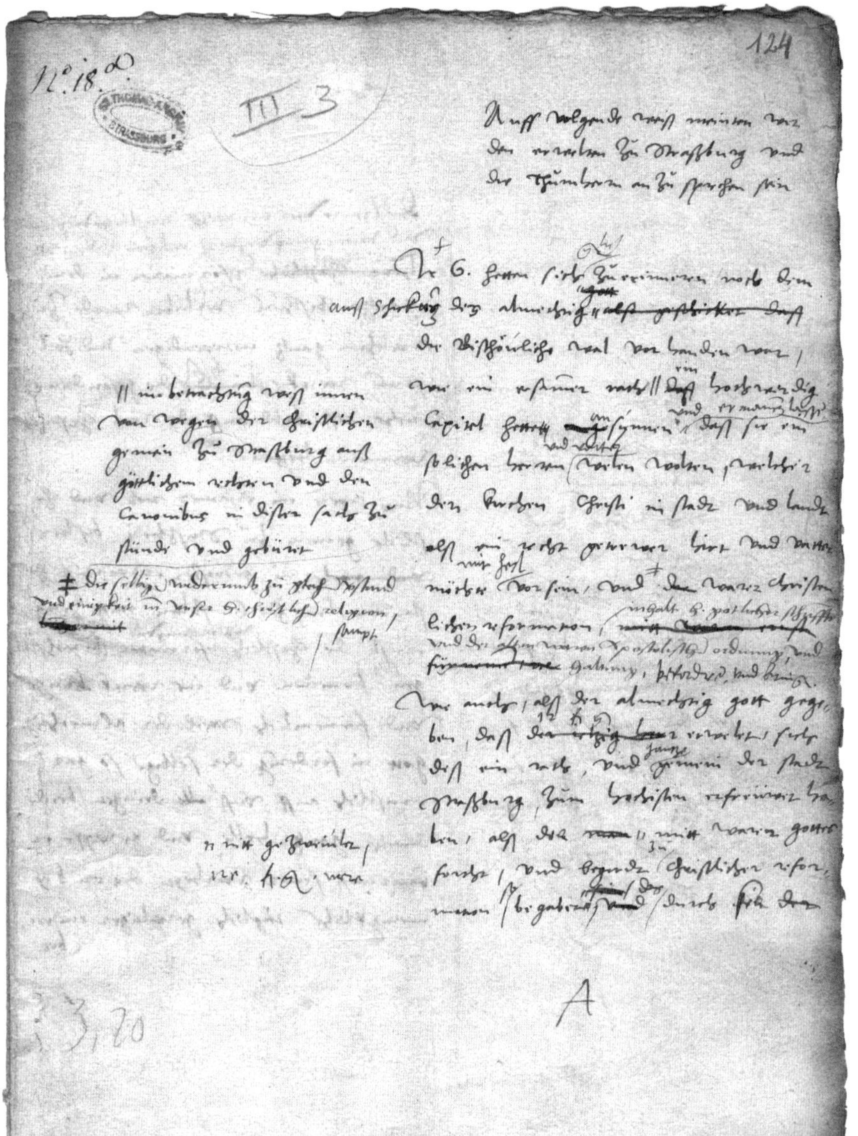

Straßburg StArch, AST 47, Nr. III/3, fol. 124r

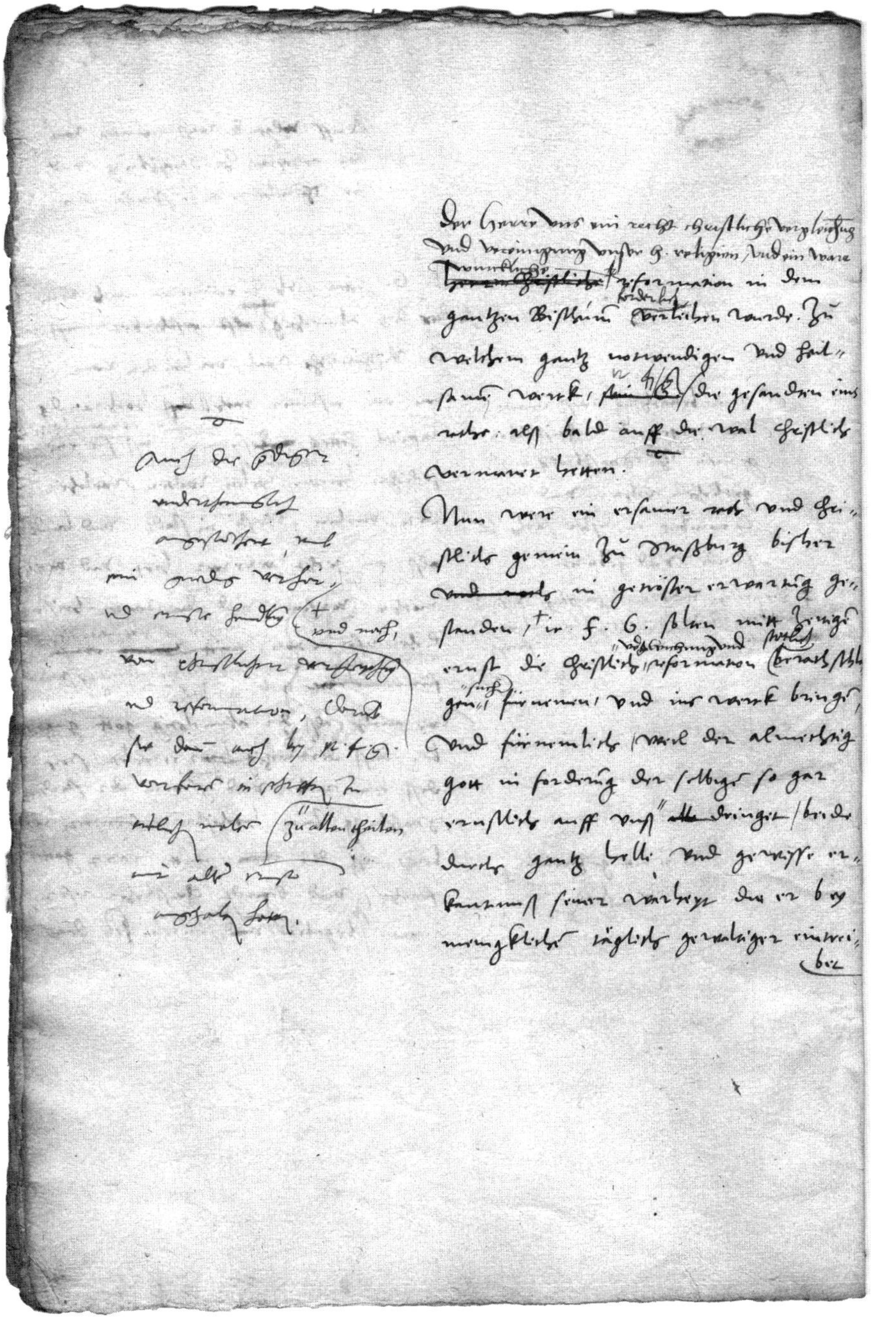

Straßburg StArch, AST 47, Nr. III/3, fol. 124v

Text

| *124ʳ* | Auff volgende weiß meinten wir, den erwelten zu Straßburg[1] vnd die Thumherrn[2] an zu sprechen sein:

Ir. F.[a] G.[3] hetten sich gn.lich[b][4] zu erinneren, noch dem[5] [c]auß Schickung[c][6] des almechtig[d] die Bischöuliche wal vor handen war, wie ein ersammer rath [e]in betrachtung, weß innen von wegen der christlichen gemein zu Straßburg auß göttlichem rechten vnd den Canonibus in diser sach zu stünde vnd gebüret[e], ein[f] hochwirdig Capitel hette[g] ansynnen[h] [i]vnd ermanen lassen[i], daß sie ein solichen herren [j]vnd vatter[j] welen wolten, welcher den kirchen Christi in stadt vnd landt alß ein recht getrewer hirt vnd vatter möchte [k]mit heyl[k] vor sein vnd [l]die selbigen widerumb zu gleichem verstand vnd einigkeit inn vnser h.[7] christlichen religion[l] sampt[m] warer Christenlichen reformation, [n]inhalt h. gotlicher schrifften vnd der alten, waren Apostolischen ordnung vnd haltung[n] [o]befordren vnd bringen[o].

Wie auch, alß der almechtig gott gegeben, daß [p]jr. f. gn.[p][8] erwelet, sich deß ein rath vnd gantze[q] gemein der stadt Straßburg zum hochisten erfreüwet haben, alß der[r] [s]nitt gezweiulet, ire f. gn. were[s] mitt warer gottes forcht vnd begirdt zu[t]

a) wohl von Bucer über der Zeile erg.
b) von Bucer über der Zeile erg. und eingewiesen.
c)–*c)* von Bucer vor der Zeile erg. für gestr.: es.
d) danach über der Zeile erg. und wieder gestr.: gott; danach gestr.: also geschicket daß.
e)–*e)* am Rand erg. und eingewiesen.
f) von Bucer über der Zeile erg. für gestr.: daß.
g) korr. aus: hetten.
h) korr. aus: angesynnen.
i)–*i)* von Bucer über der Zeile erg. und eingewiesen.
j)–*j)* von Bucer über der Zeile erg. und eingewiesen.
k)–*k)* von Bucer über der Zeile erg. und eingewiesen.
l)–*l)* von anderer Hand am Rand erg. und eingewiesen; danach am Rand gestr.: bringent mit.
m) am Rand erg.
n)–*n)* von anderer Hand über der Zeile erg. für gestr.: mitt warem ernst fürnemen ire.
o)–*o)* von Bucer am Zeilenende erg.
p)–*p)* von Bucer über der Zeile erg. für gestr.: der ietzig herr.
q) wohl von Bucer über der Zeile erg. und eingewiesen.
r) korr. aus: den; danach gestr.: man.
s)–*s)* von Bucer am Rand erg. und eingewiesen.
t) wohl von Bucer über der Zeile erg. und eingewiesen.

1. Erasmus Schenk von Limburg war am 12. August 1541 zum Straßburger Bischof gewählt worden.
2. Domherren.
3. F. G.: Fürstliche Gnaden.
4. gnädiglich.
5. noch dem: nachdem.
6. Fügung, Anordnung. *Grimm* 14 (= VIII), Sp. 2665.
7. h.: heiligen.
8. jr f. gn.: ihre fürstlichen Gnaden.

Christlicher reformation so[u] begabet[v], das[w] durch sie[x] | *124v* | [y]der Herre vns ein recht christliche vergleichung[1] vnd vereinigung vnser h. religion vnd ein ware, wurckliche[y][2] reformation in dem gantzen Bisthumb forderlich[z] verleihen wurde, zu welchem gantz notwendigen vnd heilsamen werck [a]ir. f. gn.[a] die gesandten eins raths alß bald auff die wal christlich vermanet hetten, [b]Auch die prediger vnderthenniglich angesuchet vmb ein gnedig verhor vnd ernste handlung von christlichen vergleychung vnd reformation, Drumb sie dann auch bey yr f. gn. vorfaren in schrifften zu ettlichen malen mit allem ernst angehalten hetten[b].

Nun were ein ersamer rath vnd christlich gemein zu Straßburg bisher[c] in getröster erwartung gestanden [d]vnd nach[d][3]; ir. F. G. solten mitt zeitigem ernst die Christlich [e]vergleichung vnd[e] reformation statlich[f] berathschlagen suchen[g], fürnemen vnd ins werck bringen, vnd fürnemlich, weil der almechtig gott in forderung der selbigen so gar ernstlich auff vnß [h]zu allen theilen[h] dringet, beide durch gantz helle vnd gewisse erkantnuß seiner warheyt, die er bey menigklichen täglich gewaltiger eintrei- | *125r* | bet, vnd durch die so erschrecklichen straffen, die er vnß hauffet[4] zu sendet, mitt sterbent[5], schweren verderblichen kriegen zwischen den grösten heübteren der Christenheyt[6], einfal deß Türcken[7], erschröcklichen[i] mißuerstandt[8], zweispalt vnd zerrüttung vnder gemeinen stenden deß H. Reichs. Da-

u) über der Zeile erg. und eingewiesen für gestr.: vnd.
v) danach über der Zeile erg. und wieder gestr.: sein.
w) über der Zeile erg. und eingewiesen.
x) korr. aus: den; danach gestr.: der.
y)–*y)* von anderer Hand über der ersten Zeile erg. für gestr.: herr in (dieses Wort im Wortzwischenraum erg.) Christliche.
z) von Bucer über der Zeile erg. und eingewiesen.
a)–*a)* von Bucer über der Zeile erg. für gestr.: sein G.
b)–*b)* von Bucer am Rand erg. und eingewiesen.
c) danach gestr.: vnd noch.
d)–*d)* von Bucer nachträglich am Rand erg. und eingewiesen.
e)–*e)* über der Zeile erg. und eingewiesen.
f) von Bucer über der Zeile erg. und eingewiesen.
g) von anderer Hand über der Zeile erg. und eingewiesen.
h)–*h)* von anderer Hand am Rand erg. und eingewiesen für gestr.: alle.
i) vor der Zeile erg. für gestr.: grausamen.

1. Übereinkunft, Einigung.
2. wirkungsvolle.
3. nach wie vor.
4. haufenweise. *Götze*, S. 117.
5. Massensterben, Pest. *Götze*, S. 208. Die Pest forderte 1541 in Straßburg mehr als dreitausend Opfer.
6. Französische Feldzüge unter König Karl VIII. und König Ludwig XII. gegen Italien in der Zeit von 1494 bis 1510 und die Kriege Kaiser Karls V. gegen König Franz I. von Frankreich 1521–1526, 1526–1529 und 1536–1538.
7. Unter der Herrschaft des Sultans Süleyman I. fielen die Türken 1526, 1529 und wieder 1541 in Ungarn ein.
8. Irrung, Zwietracht, Streitigkeit. *Grimm* 12 (= VI), Sp. 2320.

durch [j]schier nichts mehr[j] in allen wichtigen vnd notwendigen sachen vnd obligen[1] gemeiner teütscher nation vnd Christenheyt mitt rath vnd heyl beschlossen vnd angegriffen, man geschweig, verrichtet vnd zu gutem endt gebracht werden mochte[k]. Auß welcher zerrüttung vnd zerstörung[l] wir nichts gewissers zu erwarten hetten[m], dann, wie der herr sagt[2], daß vnser reich, in im[3] selb [n]so filfeltig vnd geferlich[n] zertrennet, bald[o] gentzlich verfallen vnd öd werde. | *125v* |

Nun möchte aber niemandt, der gottlichem wort glaubet, daran zweiulen, daß nit[p] solches alles gewisse straffen vnd plagen weren, vnß von gott, dem almechtigen, darumb zu gesandt, daß wir in verlassen, seinem wort nitt gehorchen vnd imm noch seinem befelh nitt dienen vs gantzem hertzen, gantzer seel vnd allen krefften[4]. Vnd in sunderheyt[5] wissen alle, die der geschrifft glauben geben, daß der allmechtig gott sollich [q]ganz erschröcklich vnd verderblich zerrüttung vnd einfall eines solchen grausamen vnd mächtigen feinds[q] yber sein volck fürnamlich schicket[r], wann es sein[s] reine leer vnd religion[t] verlasset.

Soliches bedaͤchten sunder zweiuel[u] auch ir. F.G. vnd erkenntenn[v] [w]ein gantz[w] ernstlichen trib [x]vnd anhalten[x] von gott sein [y]auff vns alle, das ieder nach seinem beruff[6] vnd vermögen[y] nach besserung der kirchen stattlich[z] trachten [a]vnd die, wa ieder kondte[b], mit allem fleis[a] [c]fordren solte, vnd ire fn. gn. vom anderen[c] alß deren[d] der allmechtig diße sorg vnd werck von anderen aufferlegt[e] hette | *126r* | alß

j)–*j)* am Rand erg. und eingewiesen.
k) korr. aus: mag.
l) danach gestr.: m.
m) korr. aus: haben.
n)–*n)* wohl von Bucer am Rand erg. und eingewiesen.
o) von Bucer über der Zeile erg.
p) über der Zeile erg. und eingewiesen.
q)–*q)* von anderer Hand am Rand erg. und eingewiesen für gestr.: ybel.
r) korr. aus: außschicket.
s) über der Zeile erg. für gestr.: die.
t) danach gestr.: gottes.
u) danach gestr.: vnd.
v) Wortende korr.; danach gestr.: solichs.
w)–*w)* von anderer Hand vor der Zeile erg.
x)–*x)* über der Zeile erg. und eingewiesen.
y)–*y)* von anderer Hand am Rand erg. und eingewiesen.
z) danach gestr.: zu.
a)–*a)* von anderer Hand am Rand erg. und eingewiesen.
b) danach gestr.: Weli.
c)–*c)* von Bucer nachträglich, ebenfalls am Rand, erg.
d) korr. aus: denen.
e) korr. aus: auffgelegt.

1. Siegen, Überlegenheit.
2. Mt 12,25.
3. sich.
4. Mt 22,37; Dtn 6,5.
5. in sunderheyt: besonders.
6. Berufung.

dem obristen hirten vnd seelsorger dißes Bisthumbs. Dazu [f]ire f. gn.[f] auch alß [g]ein besondere[g] fürderung erkenneten, daß auff iungst gehalten reichs[h] tag zu Regenspurg[1] durch die kay. May.[2] vnd gemeine Stend deß H. Reichs sampt dem paͤpstlichen legaten allen Bischouen auffgelegt ist[i] – vnd sie selb auch daß willig auff sich genumen [j]vnd versprochen[j] –, Christlich reformation, ieder bey den seinen, auffs fürderlichst fürzunemen vnd ins werck zu bringen vnd in dem auff niemandt zu[k]sehen oder zuharren.

Dieweyl dan ein ersammer rath [l]der Stadt Strasburg[l] von wegen der gantzen Christlichen gemein [m]da selbet[m] sich noch dem göttlichen wort vnd aller Christlichen leer, auch vermög der Canonum vnd Christlicher keyser satzung, schuldig erkennen muß, christlich [n]vergleychung vnd[n] reformation daß best, so[o][3] er[p] vermage[q] vnd | *126v* | jme[r] gebüret, so hette ein ersammer rath zu iren F. G. vnd G.[4], die gegenwertigen vom rath[s] vnd den[t] [u]dienern des worts[u] gesandt, die selbigen [v]ir. f. gn.[v] der Christlichen reformation wircklich[5] anzufahen[6], [w]in aller vnderthaͤnigkeyt[w] zu erinneren vnd vmb stattliche handlung gottsaͤliger[x] vergleichung in der religion vnd besserung der kirchen vnderthaͤnigklich[y] anzusuchen.

f)–*f)* von Bucer über der Zeile erg. für gestr.: sie.
g)–*g)* von Bucer vor der Zeile erg. und korr. aus: eine.
h) von Bucer über der Zeile erg. und eingewiesen.
i) von Bucer über der Zeile erg.
j)–*j)* von Bucer am Rand erg. und eingewiesen.
k) im Wortzwischenraum erg.
l)–*l)* von Bucer am Rand erg. und eingewiesen.
m)–*m)* von Bucer am Rand erg. und eingewiesen für gestr.: zu Straßburg.
n)–*n)* von Bucer über der Zeile erg. und eingewiesen.
o) danach über der Zeile erg. und wieder gestr.: auch.
p) über der Zeile erg. und eingewiesen für gestr.: sie.
q) korr. aus: vermögen.
r) von Bucer über der Zeile erg. für gestr.: inen.
s) danach gestr.: d.
t) von Bucer über der Zeile erg. und eingewiesen.
u)–*u)* ursprünglich wohl: den (korr. zu dien-); -ern des worts: von Bucer am Rand erg. und eingewiesen; danach gestr.: gelerten; über der Zeile erg. und wieder gestr.: -ern der kirch zu Strasburg.
v)–*v)* von Bucer über der Zeile erg. und eingewiesen.
w)–*w)* über der Zeile erg. für gestr.: in aller Christlicher vnderthänigkeyt.
x) über der Zeile erg. für gestr.: Christlicher.
y) im Wort korr.

1. Reichstag von Regensburg, 5. April–29. Juli 1541. Vgl. dazu *Greschat*, Bucer, S. 203–207 (= 1. Aufl. S. 188–192).
2. kay. May.: kaiserliche Majestät.
3. daß best, so: so gut, wie.
4. F. G. v. G.: Fürstlichen Gnaden und Gunsten.
5. wirkungsvoll.
6. ins Werk zu setzen. Frühneuhochdt. WB 1, Sp. 1077.

Betten hieruff ir. F. G. vnd G., sie wolten solich erinneren vnd [z]ansuchen von einem[a] Er.[1] Rath vnd key.[b] gesandten[z] genädiglich verstan, [c]auffnemen vnd zu hertzen füren in ansehung der hochsten noturfft der kirchen Christi vnd das diesse sachen das[c] reich Christi vnd vnser aller ewigs[d] heyl betreffen.[e]

| *127*[r] | [f]Wyr[g], die gesandten, gedechten auch[f], wie dan[h] eins ersammen rath befelh were, ir. F. G. vnd G. anders nicht dann auff daß aller demuͤtigest vnd Christli-

z)–*z)* von Bucer am Rand erg. und eingewiesen.
a) im Wort korr.
b) im Wort korr.
c)–*c)* von Bucer am Rand erg. und eingewiesen für gestr.: vnd zu hertzen furen, daß die sachen christlicher reformation, alß die daß.
d) von Bucer über der Zeile erg.
e) danach gestr.: allen Christen, leyen vnd clericen (diese drei Wörter von Bucer über der Zeile erg.), noch irem vermögen zu fürderen, zu stehet. – Danach von Bucer über der Zeile erg. und wieder gestr.: Vnd. – Danach von Bucer am Rand erg., eingewiesen und wieder gestr.: Vnd das sich yr f. gn. des auch wol zu erinneren habe. – Am Rand erg., eingewiesen und wieder gestr.: Vnd auch, das einem Er. Raht ampts halben gepuret, solichen handel Gottes vnd seiner kirchen von wegen der christlichen gemeinden zu Straßburg bey iren f. gn., alß die zu einem bischoue vnd obristen seel sorger (bereits vorher gestr.: erwehlet seind) der kirchen zu Straßburg vnd im gantz bistumb erwehlet seind, ires besten vleyß zu befordren. – Am unteren Rand erg. und wieder gestr.: vnd auch daß einem ersamen rath ampts halben gebürt vnd in den Canonibus vnd der christlichen keyser kirchen gesetzen aufferlegt ist, sollichen handel gottes von wegen der christlichen gemein zu Straßburg bey iren F. G. alß die zu der obristen seelsorg der selbigen gemein erwelet sein, daß best, so sie irs teyls vnd gebür vermögen, zu beforderen. – Danach im Text erg., eingewiesen und wieder gestr.: Daß sich (über der Zeile erg.) dan so ein rath christlicher gmein soliches handels bey irem Bischoue vnd geistlichen prelaten mitt vnderthänigem vnd christlichem erinneren, | *127*[r] | bitten vnd ansuchen (danach am Rand erg., eingewiesen und wieder gestr.: ires besten vleyß zu befordren ampts halben) belade, mogen ir. F. G. vnd. G. sich deß wol erinneren, daß inen solichs gebüret vnd aufferlegt ist auß dem gottlichen wort, den h. Canonibus vnd gesetzen Christlicher keyser, Welchs auch die key. May. auff iüngst gehaltenem reichstag zu Regenspurg in irer May. declamation den protestierenden Stenden yber den abscheydt deß selbigen Reichstags gegeben, erkent vnd bestetiget hatt. – Danach am Rand erg., eingewiesen und wieder gestr.: So weren auch wir, die kirchen diener, durch gotts schickung ein mal in dem wircklichen dienst der kirchen zu Straßburg vnd presbyten, ob wir wol lieber wolten in disem dienst sehen, die den besser vnd stattlicher verrichten kündten. Derhalben auch vnß von wegen vnßers ampts vnd pflichten eigentliche zu stünde, bey ir. F. G., waß zu rechter seelsorg der kirchen zu Straßburg erforderet würt, auffs treüwlichst anzubringen vnd, daß es seligklich ins werck bracht werde, mitt allem christlichem ernst an zu halten. – Danach von Bucer am Rand erg. und wieder gestr.: Vnd ob iemen vnß gedechte, paepstliche oder andere sententzen, wider vnß alß hereticis oder schismaticis ergangen, furzuwerffen, so weyß man doch wol (danach gestr.: das wyr), wyr onverhöret verdammet sind vnd wider soliche vnzitige (über der Zeile erg.) sententzen an ein frey Christlich Concilium appellieret vnd die k. Mat. sampt den Stenden des ir Appellation deferieret vnd solche sententzen alß suspendieret biß her gehalten haben.
f)–*f)* von Bucer zwischen den Zeilen erg. für gestr.: Zu dem gedachten die gsandten gedåchten auch.
g) danach gestr.: wyr.
h) danach gestr.: es.

1. Ersamen.

chest vnd[i] diß[j] allein zuerinneren vnd darumb[k] anzusuchen, daß[l] von Gott[m] zum ernstlichesten gebotten[n] dem gantzen Christlichen | *127v* | volck, iren G. vertrauwet[o], [p]zu seiner[*p*] ewigen wolfart gantz[q] notwendig[r], Auch der leer vnd dem brauch der alten Apostolischen kirchen, heyligen vettern vnd Canonibus, aller ding gemeß vnd eben [s]vnd derhalben auch yr f. gn. vnd deren stifft [t]allein vnd zum hochsten[*t*] eerlich vnd nutzlich were[*s*].[u] | *128r* |

Vnd weß wir in dißem vnseren vnderthänigen erinneren vnd ansuchen auß notwendigkeyt deß handels Christi vnd der kirchen melden würden von eigenschafft vnd gebür des[v] Bischöulichen vnd anderer[w] kirchen empteren vnd diensten, daß wolten ir. F. G. vnd G. in keynem weg dahin deuten noch verstan, alß ob wir die selbigen ir. F. G. vnd G. in einigen weg gedachten zu verkleynen[1] oder vnguͤtlich an zu dasten, sunnder allein darumb von vnß vermeldet verstahn vnd auffnemen, daß die weg vnd mittel desto eer recht verstanden vnd annemlich erkant werden, welche [x]den kirchen Christi zum höchsten von nöten vnd[*x*] ir. F. G. vnd G. nitt allein gantz erhlich vnd nutzlich, sunder auch aller dingen wol[y] fuͤglich vnd kumlich[2] sein werden.

i) von Bucer über der Zeile erg. und eingewiesen.
j) korr. aus: deß.
k) von Bucer über der Zeile erg. und eingewiesen.
l) danach gestr.: wie (dieses Wort über der Zeile) bey gott dem allmechtigen gefellig vnd.
m) korr. aus: im.
n) danach gestr.: also iren F. G. vnd G. gantz ehrlich vnd nutzlich vnd.
o) danach gestr.: heylsam vnd iren.
p)–*p)* über der Zeile erg.
q) von Bucer über der Zeile erg. und eingewiesen.
r) danach gestr.: ist.
s)–*s)* von Bucer am Rand erg. und eingewiesen.
t)–*t)* von Bucer innerhalb der Ergänzung am Rand erg. und eingewiesen.
u) danach gestr.: diß alles (über der Zeile erg. für gestr.: betten) wolten ir. F. G. vnd G., betten wir, vnderthaniglich vmbs herren vnd seiner kirchen willen (danach gestr.: gnd) gnädiglich bewachen (danach über der Zeile erg. und wieder gestr.: vnd zu hertzen furen. Vnd). Vnd noch dem (über der Zeile erg. und wieder gestr.: weil doch wie) der so schwere abfall in vnser christlichen religion vnd versehung der kirchen, der nun so vyl hundert iare grausamglich (dieses Wort am Rand erg. und eingewiesen) gewachsen vnd yber den die h. vetter, Bernardus [von Clairvaux] vnd andere, vor vier hundert iaren so ernstlich geschrugen [= betont] haben, (das Folgende bis »Vnd« nachträglich am Rand erg. und eingewiesen) Seither so grausamlich gewachsen vnd zu disen vnseren zeiten so gantz erschrecklich vor augen, vnd der vndraglich zorn deß allmechtigen darwidder so ernstlich (für gestr.: grausam) anbrinnet, Vnd daß vnderthänig (dieses Wort über der Zeile erg. und eingewiesen) anbringen, erinneren vnd ansuchen, so wir, die gsandten (diese zwei Wörter am Rand erg. und eingewiesen), thun solten an stadt vnd von wegen deß ersamen raths vnd Christlichen gemein der kirchen vnd statt Straßburg mit allen gnaden vnd Christlichen gmuͤt auffnemen (korr. aus: annemen), zu (danach gestr.: z) hertzen fuͤren vnd erwegen.
v) über der Zeile erg. für gestr.: von dem.
w) korr. aus: anderen.
x)–*x)* von Bucer nachträglich am Rand erg. und eingewiesen.
y) über der Zeile erg.

1. herabzusetzen. *Grimm* 25 (= XII,1), Sp. 660.
2. zuträglich. *Götze*, S. 139.

Nr. 7
Gutachten über eine hessische Koadjutorie für das Hochstift Münster

[vor 29. Juli 1544]

bearbeitet von Thomas Wilhelmi

Einleitung

1. Entstehung und Inhalt

Bei einer Zusammenkunft fürstlicher Beamter und einiger Domherren am 24. Juli 1544 in Münster ließ Philipp von Hessen[1] durch Gesandte seine Überlegungen für eine durch Hessen zu besetzende Koadjutorie[2] in Münster vorbringen. Durch eine auf Dauer mit der landgräflichen Dynastie verbundene Koadjutorie wollte Philipp die Macht seiner Landgrafschaft weiter ausbauen; gewählt werden sollte einer seiner minderjährigen Söhne, vertreten bis zur Volljährigkeit durch Graf Philipp von Waldeck[3], einen Neffen des Münsteraner Bischofs Franz von Waldeck[4]. An einer Tagung am 6. August 1544 im ehemaligen Kloster Hasungen bei Kassel nahmen Delegierte Landgraf Philipps mit den Abgesandten des Bischofs von Münster konkrete Verhandlungen auf. Franz von Waldeck, der der Reformation offen gegenüberstand, unterstützte Philipps Pläne. In Anbetracht des Widerstandes des Domkapitels und der Landstände wurde das Vorhaben allerdings fallengelassen.[5]

Das Gutachten über die Frage einer nicht explizit lokalisierten Koadjutorie verfaßten Bucer und Jakob Sturm wohl im Juli 1544 für Landgraf Philipp. Daß sie die

1. Philipp von Hessen (1504–1567), Landgraf von Hessen 1518–1567. *Müller*, Art. Philipp von Hessen, in: TRE 26 (1997), S. 493–497.

2. Art. »Koadjutor« und »Administrator« (Ia) in *Haberkern/Wallach* I, S. 339 und 26. Die Koadjutorie wurde, wie aus dem Gutachten hervorgeht, von Philipp als Instruktion verstanden, die die weltliche Herrschaft des Hochstifts ausüben sollte, nicht, wie der übliche Sprachgebrauch, als Weih- oder Hilfsbischof des amtierenden Bischofs.

3. Philipp von Waldeck (1493–1574). Er führte 1526 in seiner Grafschaft die Reformation ein. *Bautz* 12, S. 643–646.

4. Franz von Waldeck (ca. 1492–1553), Fürstbischof von Münster und Osnabrück 1532–1553. *Behr*, Franz von Waldeck; *Behr*, Franz von Waldeck, Fürstbischof; *Gatz*, Die Bischöfe des Heiligen Römischen Reiches, S. 190–192.

5. Zu den Geschehnissen vgl. *Fischer*, Die Reformationsversuche, S. 99–102; *Schröer*, Die Reformation in Westfalen, S. 163–166; *Behr*, Franz von Waldeck, Fürstbischof I, S. 295–297 und II, S. 358 f. (Nr. 291: Edition des Gutachtens); *Kohl*, Bistum Münster 7,1, S. 222 f.

Verfasser dieses Gutachtens sind, geht aus einem Bericht Johann Fischers (gen. Dr. Walther)[1] an den Landgrafen vom 29. Juli 1544 hervor.[2]

Bucer und Sturm erörtern die Frage, ob Philipp von Hessen ein von einem Wahlgremium statt des Domkapitels mögliches Angebot zur Besetzung der Koadjutorie als weltliche Regierung des Hochstifts beauftragten Amtsinhabers annehmen solle oder nicht. Sie kommen zu dem Schluß, daß Philipp ein Angebot auf jeden Fall annehmen sollte, da »diese Koadiutorey eyn ampt sein wurde, dadurch man den kirchen viel guts zuschaffen vnd keynes arges zu fordern hette«. Die aus christlicher Verantwortung heraus erfolgte gute Besetzung einer Koadjutorie komme dem Volk zugute und diene der Förderung des Evangeliums, selbst wenn ihr nicht die Regierungsvollmachten erteilt werden.[3]

2. Überlieferung

Marburg/L. SArch, Bestand 3 (Pol. Archiv), Nr. 2197, fol. 80^r–83^v.

Text von der Hand eines unbekannten Schreibers auf fol. 81^r–82^v. Die Blätter 81 und 82 sind infolge Mäusefraßes unvollständig. Der Text auf fol. 81^r und 82^r weist deshalb Lücken auf.

Fol. 80^r: »1544 Juli; siehe Lenz II 506« (Notiz um 1900); fol. 80^v leer; fol. 83^r leer; fol. 83^v: »Co[nsilium?] Buceri sine dato« (16. Jh.).

Fol. 79 und 84 (= Umschlag): fol. 79^r: »Gutachten Bucers über die Annahme eines Coadjutoriums [Münster] durch Hessen, [Juli 1544]« (Ende 19. Jh.); fol. 79^v leer; fol. 84 leer.

1. Johann Fischer, gen. Dr. Walther († 1554), Dr. iur., Rat in der Kanzlei Philipps von Hessen. *Gundlach*, Dienerbuch, S. 287 f.; MBW Bd. 12: Personen F–K, S. 64.

2. Brief vom 29. Juli 1544. Marburg/L. SArch, Bestand 3 (Pol. Archiv), Nr. 703, S. 129–131; vgl. dazu *Lenz* II, S. 506.

3. Vgl. auch einen entsprechenden Rat an Pfalzgraf Ottheinrich von Neuburg unten S. 463 f.

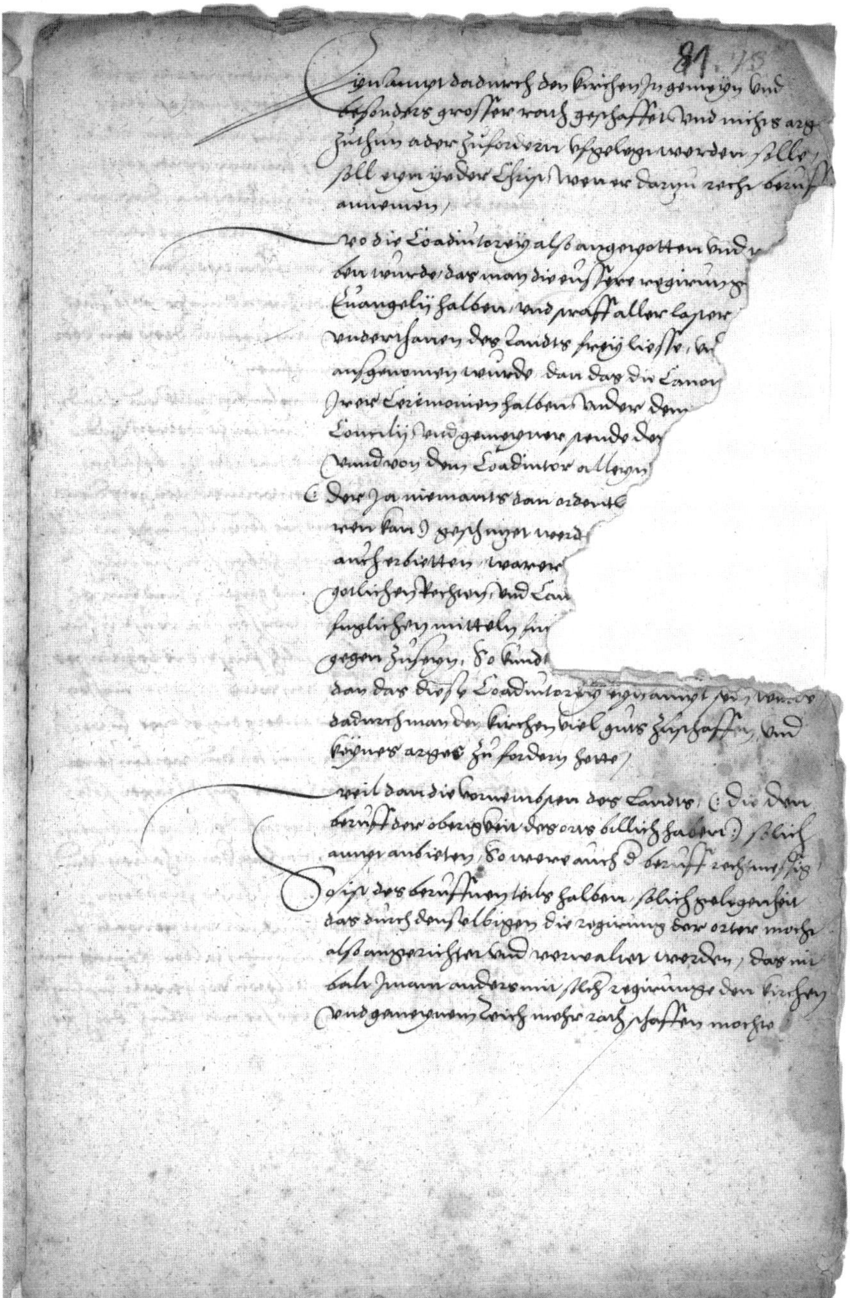

Marburg SArch, Best. 3, Nr. 2197, fol. 81r

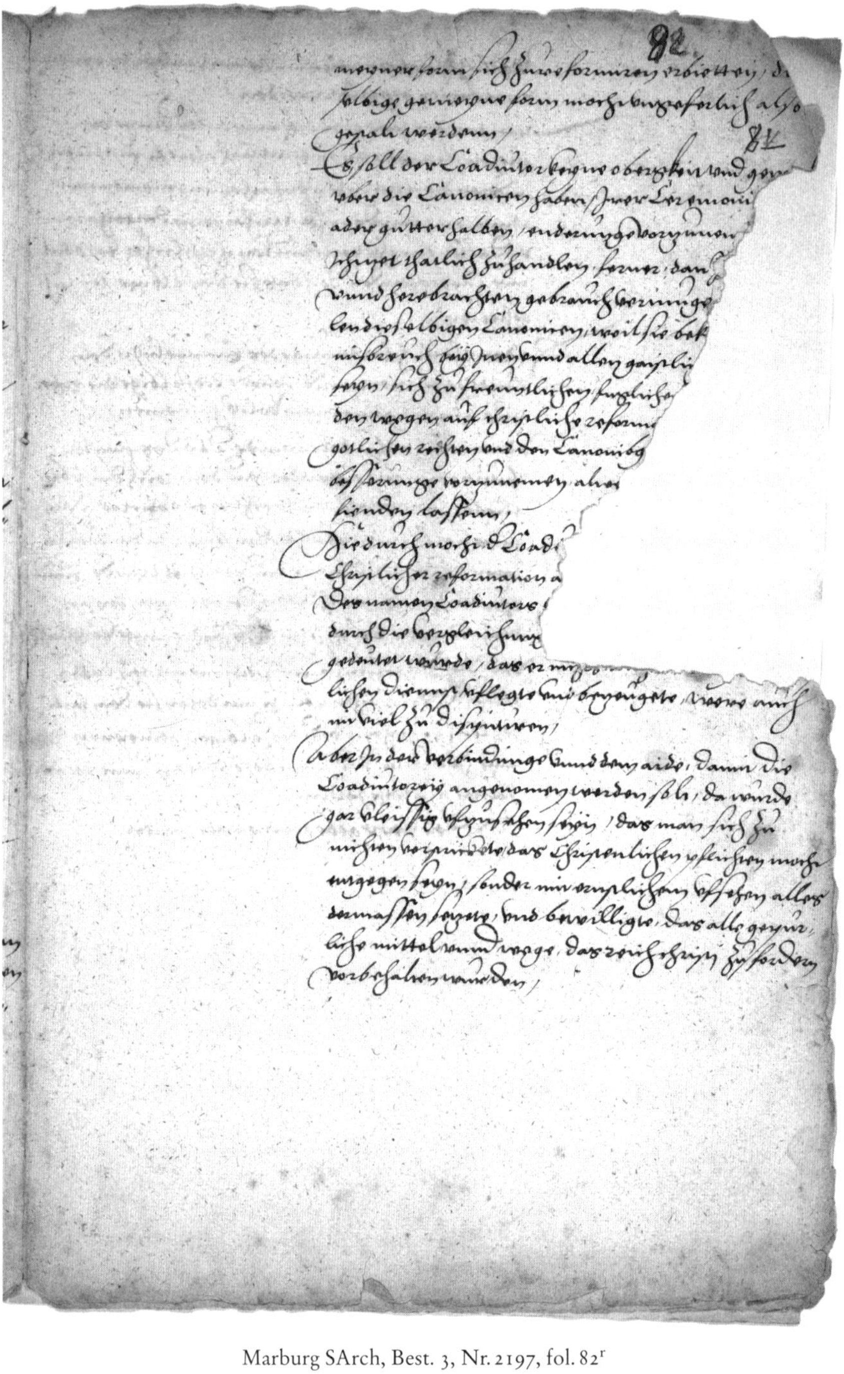

Marburg SArch, Best. 3, Nr. 2197, fol. 82r

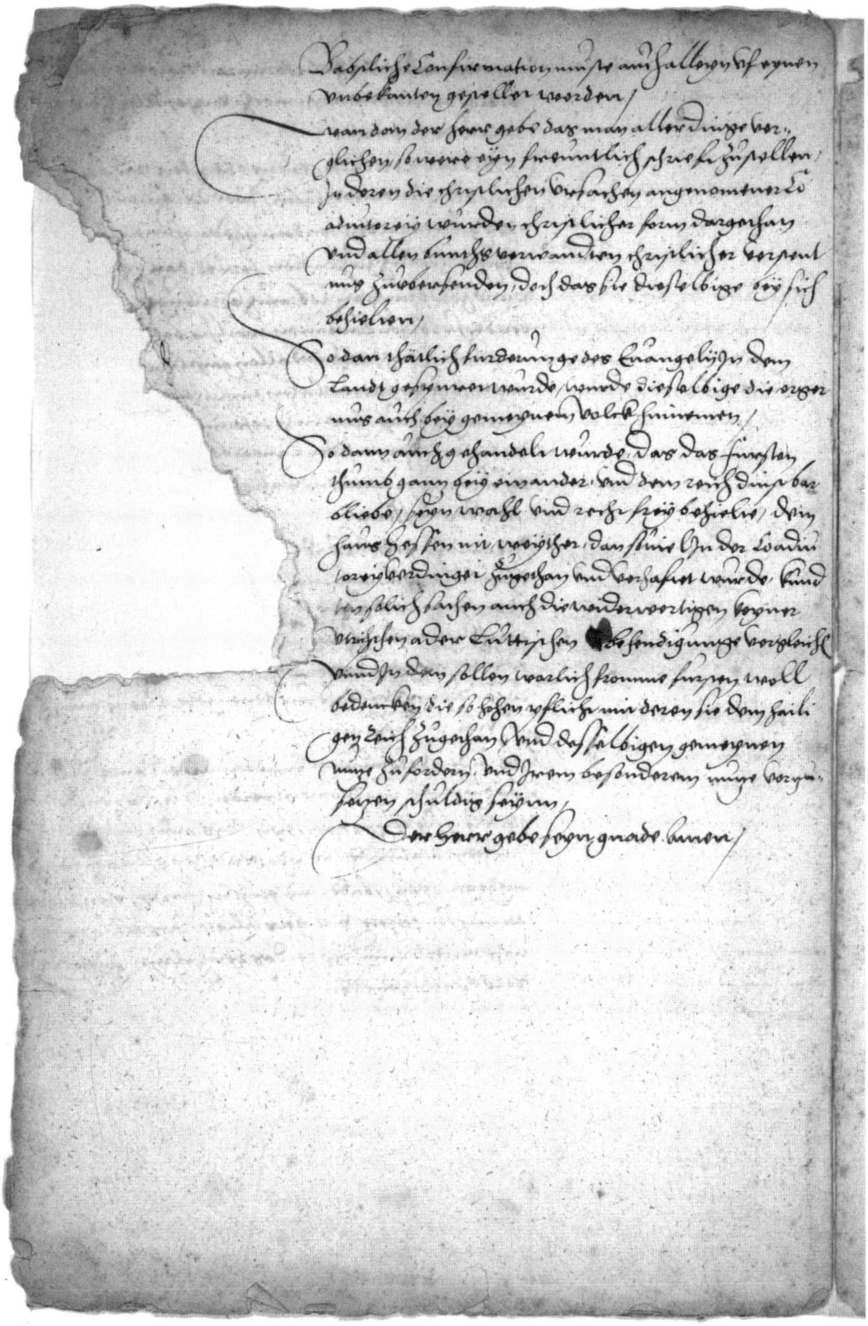

Marburg SArch, Best. 3, Nr. 2197, fol. 82v

Text

| *81r* | Eyn Ampt, dadurch den kirchen jn gemeyn[1] vnd besonders grosser rath geschaffet vnd nichts arg[es] zuthun ader zufordern vfgelegt werden solle, soll eyn yeder Christ, wen er dartzu recht beruf[fen], annemen.

Wo die Coadiutorey[2] also angepotten vnd […] ben wurde, das man die eussere regirung […] Euangelij halben vnd straff aller laster […] vnderthanen des Landts frey liesse vnd […] aufgenomen wurde, dan das die Canon[…] jrer Ceremonien[a] halben vnder dem […] Concilij vnd gemeyner stende de[…] vnnd von dem Coadiutor alleyn […] (der ja niemants dan ordentl[…] ren kan) geschutzet werd[…] auch erbietten, warer […] gotlichen Rechten, vnd Can[…] fuglichen mitteln fu[…] gegen zuseyn, So kundt […] dan das dieße Coadiutorey eyn ampt sein wurde, dadurch man den kirchen viel guts zuschaffen vnd keynes arges zu fordern hette.

Weil dan die vornembsten des Landts (die den beruff[3] der oberigkeit des orts billich haben) solich ampt anbieten, So were auch der beruff rechtmessig.

So ist des beruffnen leibs halben solich gelegenheit, das durch denselbigen die regirung der orter mocht also angerichtet vnd verwaltet werden, das nit balt jmant anders mit solcher regirunge den kirchen vnd gemeynem Reich mehr rath[4] schaffen mochte. | *81v* | Nachdem dan eyn herr, von eynem freyen volck zum Oberen beruffet, alwege souiel beuelchs[5] allein empfahet, so viel jme von solchem volck vffgetragenn wurd, So kan man eynen solchen obern des argen schult nit zuschreyben, das von denen geschicht, die jme nicht jn vbergebunge der obergkeit vnderworffen werden.

Vnd wie man eyn stadt, zwo ader mehr, also kan man auch eyn Collegium[6], zwey ader drey von vber gebener oberigkeit ausnehmen[b].

a) korr. aus: Cerimonien.
b) Schrf.: aufnehmen.

1. jn gemeyn: insgesamt, im allgemeinen.
2. s. oben S. 235, Anm. 2.
3. Berufung.
4. Hilfe. *Lexer* 2, Sp. 347.
5. Vollmacht.
6. Gemeint ist wohl: Stiftskapitel.

Wo auch heut eyn gantz vnglaubig volck vnd Landt sich eynem Christlichen Fursten zu regiren vnderthan machen wolte vnd jme[1] aber vorbehalten, das derselbige Furst jren vermeynten[2] gots dienst mit gewalt vnnd ane jre bewilligunge[3] nit abthun solt, doch das er macht haben solt, sie durch freuntlichen bericht vnnd gutlich handlunge zu warer religion zuweysen, da wust ich nit vrsach, warumb eyn solcher furst die regirunge, von eynem vnglaubigen volck bemelter massen[4] angepotten, Wo jme anders dieselbige zu verwalten seyner andern beruffen vnd verlauhener[5] gaben halben muglich were, ausschlagen solt. Es ist ja auch eyn gut wergk, den vngleubigen eusseren frieden vnd gerechtigkeit erhalten vnd darin wege suchen, sie zu Christo zu bekeren. So man dan auch juden vfnymbt, vor gewalt zu schutzen, auch jrer Ceremonien halben, So mag man auch solche Canonicen[6] alleyn vor gewalt zuschutzen vfnemen. Nemblich wo sie mit etlicher doch ge- | *82r* | meyner[7] form sich zureformiren erbietten, di[e] selbige gemeyne form mocht vngeferlich[8] also gestalt werdenn:

Es soll der Coadiutor keyne obergkeit vnd gew[alt] vber die Canonicen haben, jrer Ceremoni[en], ader gutter halben enderunge vortzune[men] jchitzet[9] thatlich zu handlen, ferner dan j[...] vnnd herebrachten gebrauch vermuge[...] len dieselbigen Canonicen, weil sie bek[...] misbreuch bey jnen vnd allen gaistli[...] seyn, sich zu freuntlichen fugliche[...] den wegen auf christliche reform[...] gotlichen rechten vnd den Canonibus [...] besserunge vortzunemen alw[eg] fienden lassenn.

Hiedurch mocht der Coad[...] Christlicher reformation a[...] Des namen Coadiutors [...] durch die vergleichung[...] gedeutet wurde, das er nichts [...] lichen diennst vflegte vnd betzeugete, were auch nit viel zu disputiren.

Aber jn der verbindunge vnnd dem aide, damit die Coadiutorey angenomen werden solt, da wurde gar vleissig vftzusehen seyn, das man sich zu nichten verstrickete, das Christenlichen pflichten mocht entgegen seyn, sonder mit ernstlichen vfsehen

1. sich.
2. (von ihnen) dafür gehaltenen, angeblichen.
3. Einwilligung.
4. bemelter massen: in vorhergenanntem Umfang.
5. verliehener.
6. Kleriker, Mitglieder des Domkapitels.
7. allgemeiner.
8. ungefähr.
9. irgend etwas.

alles dermassen setzete vnd bewilligte, das alle gepurliche mittel vnnd wege, das reich christi zufordern, vorbehalten wurden. | *82*[v] |

Babstliche Confirmation muste auch alleyn vf eynen vnbekanten[1] gestellet werden.

Wan dan der herr gebe, das man aller dinge verglichen, so were eyn freuntlich schrieft zu stellen, jn deren die christlichen vrsachen angenomener Coadiutorey wurden christlicher form dargethan vnd allen bunthsverwandten christlicher verstentnus[2] zuvbersenden, doch das sie dieselbige bey sich behielten.

So dan thätlich[3] furderunge des Euangelii jn dem Landt gespuret wurde, wurde dieselbige die ergernus auch bey gemeynen volck hinnemen.

So dann auch gehandelt wurde, das das Furstenthumb[4] gantz bey einander vnd dem reich dinstbar bliebe, seyn wahl vnd recht frey behielte, dem haus hessen nit weyther, dan souiel jn der Coadiutorey verdinget[5], zugethan vnd vorhaftet[6] wurde, kundten solich sachen auch die widerwertigen keyner Vtrichschen[7] ader Luttischen[c8] behendigunge[9] vergleichen. Vnnd jn dem sollen warlich fromme fursten woll bedenken die so hohen pflicht, mit deren sie dem hailigen Reich zugethan vnd desselbigen gemeynen nutze zu fordern vnd jrem besonderem nutze vortzusetzen schuldig seynn.

Der herr gebe seyn gnade. Amen.

c) Buchstabe davor gestr. bzw. Tintenfleck.

1. also ohne den Namen zu nennen.
2. sc. dem Schmalkaldischen Bund.
3. tatkräftige.
4. Gemeint ist das Hochstift.
5. verpflichtet. *Lexer* 3, Sp. 96.
6. verbunden, verpflichtet. *Lexer* 3, Sp. 126.
7. aus Utrecht, Hochstift, dessen Regierung Karl V. durch Verträge mit Bischöfen und Domkapiteln faktisch übernommen und es damit säkularisiert hatte. Vgl. *Wolgast*, Hochstift und Reformation.
8. aus Lüttich; wie oben Anm. 7.
9. Einrichtungen, Festlegungen (von Rechten). Frühneuhochdt. WB 3, Sp. 803.

Nr. 8
Brief der Prediger an den Straßburger Rat zugunsten verfolgter Waldenser in Frankreich

Ende Mai 1545

bearbeitet von Stephen E. Buckwalter

Einleitung

1. Entstehung und Inhalt

Die im folgenden edierten beiden Schriften reihen sich in die langjährigen Bemühungen Bucers ein, die Geschicke der evangelischen Bewegung in Frankreich aufmerksam zu verfolgen und sich nach Möglichkeit für seine unterdrückten Glaubensgenossen einzusetzen[1]. Veranlaßt wurden sie durch die aus Frankreich eintreffende Nachricht[2] über ein Massaker, das päpstliche Truppen[3] an der Bevölkerung mehrerer waldensischer Städtchen im Luberon, vor allem aber in Cabrières d'Avignon im April 1545 geübt haben sollten[4]. Ein Schreiben Guillaume Farels[5] nahmen die Prediger als direkten Anlaß, ihren Rat zu bitten, sich mit einem Brief an König Franz I. für die Belange der verfolgten Waldenser einzusetzen.

In ihrem Brief beschreiben die Prediger den Ablauf des Angriffs auf Cabrières d'Avignon, der mit der Gefangennahme und Verschleppung eines großen Teils seiner Bevölkerung endete. Da weitere Angriffe päpstlicher Truppen zu befürchten seien, solle sich der Straßburger Rat schriftlich an den französischen König wenden,

1. Vgl. in diesem Zusammenhang die Schriften Nr. 10 und 15 in BDS 16, S. 269–275 und S. 333–341 sowie *Pollet* II, S. 507–509 und *Greschat*, Bucer, S. 125 (= 1. Aufl. S. 116). Zum Übergang der Waldenser zur reformatorischen Bewegung vgl. zuletzt *Audisio*, Des Pauvres de Lyon aux vaudois réformés.

2. Erstmals belegt ist sie durch ein Schreiben Berns und Genfs an den Straßburger Rat vom 8. Mai 1545 und die Antwort des Rates vom 18. Mai (Pol. Cor. III, Nr. 567, S. 595); kurze Zeit später brachte Calvin selbst die Nachricht nach Straßburg (ebd., Anm. 2). Am 29. Mai 1545 erwähnte Bucer die blutigen Geschehnisse in einem Brief an Albert Hardenberg (Typoskript Nr. 2103, Ordner mit Briefen des Jahres 1545 [Transkriptionen Jean Rotts], Bucer-Forschungsstelle Heidelberg: »De valdensium clade audivisti«).

3. In Wirklichkeit handelte es sich um Truppen des Königs Franz I.

4. Ambrosius Blarer erwähnte das Massaker schon am 8. Mai 1545 in einem Brief an Heinrich Bullinger (HBBW XV, Nr. 2153, S. 308,90–95 mit Anm. 60). Sehr ausführlich berichtete dann Bullinger am 14. Mai über eine von Johannes Calvin ausgehende Initiative, eine an König Franz I. gerichtete Gesandtschaft der Schweizer Städte zu organisieren; darüber hinaus wolle Calvin nach Straßburg reisen (HBBW XV, Nr. 2158, S. 321,55–322,81), was dieser dann tatsächlich unternahm (Pol. Cor. III, Nr. 567, S. 595, Anm. 2). Eine detaillierte Darstellung der Ereignisse bittet zuletzt *Audisio*, Procès-verbal d'un massacre, S. 19–27 (vgl. auch unten S. 249, Anm. 10).

5. Vgl. unten S. 249,2–5.

die Friedfertigkeit seiner evangelischen Untertanen unterstreichen und ihn darum bitten, sich durch die Vermittlung seines Gouverneurs für die Belange der gefährdeten Waldenser einzusetzen.

2. Überlieferung

Straßburg StArch, AST 42, Nr. 18, S. 221–223. Abschrift von der Hand Johannes Lenglins. Eine spätere Hand (möglicherweise des 17. Jahrhunderts) hat das Dokument fälschlich auf den 19. September 1543 datiert.

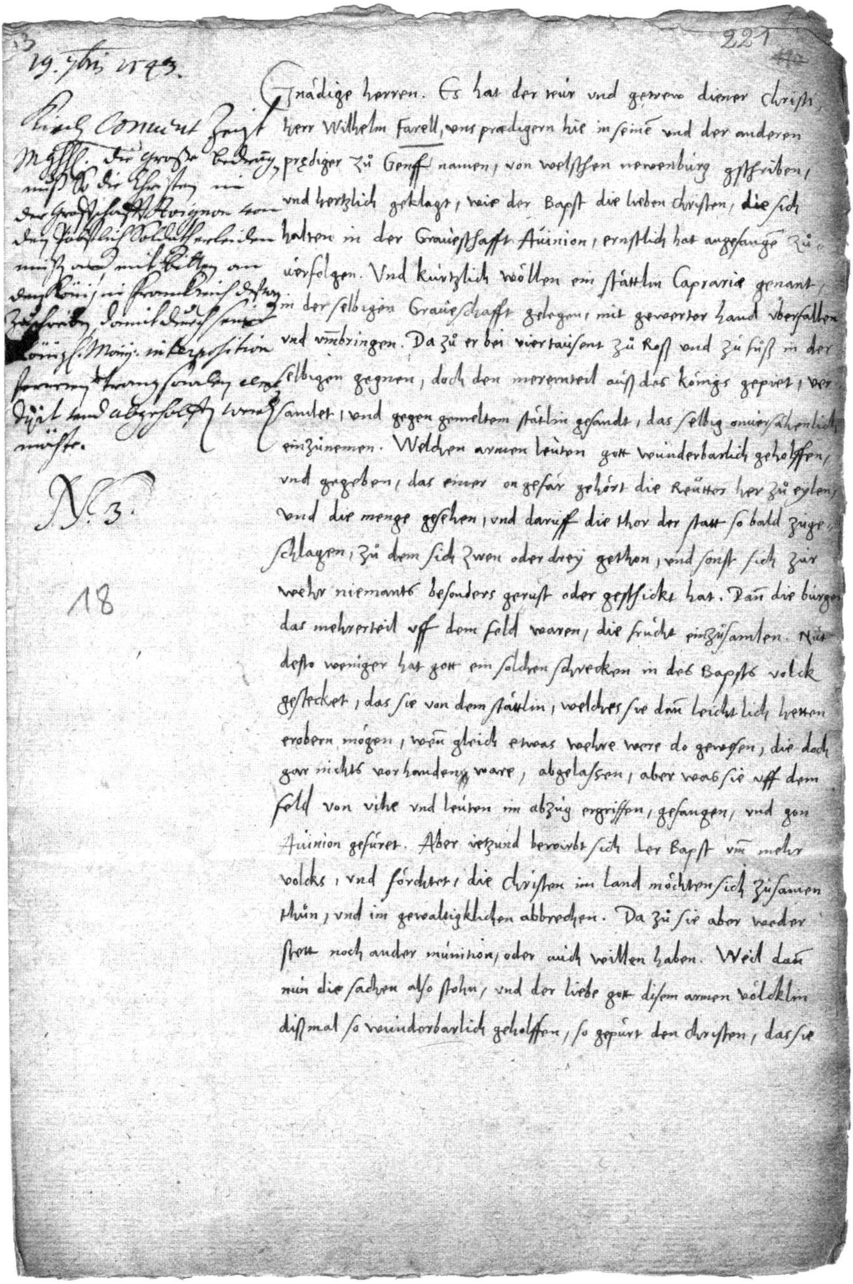
19. 7bris 1543.

221

Gnädige herren. Es hat der trew vnd getrewe diener christi
herr Wilhelm Farell, vns predigern hie in seine vnd der anderen
prediger zu Genff namen, von welschen newenburg geschriben,
vnd hertzlich geklagt, wie der Bapst die lieben christen, die sich
halten in der Grauschafft Auinion, ernstlich hat angefange zu
verfolgen. Vnd kurtzlich wöllen ein stättlin Capraria genant,
in der selbigen Grauschafft gelegen, mit gewerter hand vberfallen
vnd vmbringen. Da zu er bei viertausent zu Ross vnd zu fuss in der
selbigen gegnen, doch den merenteil auss des konigs gepiet, ver-
samlet, vnd gegen gemeltem stätlin gesandt, das selbig onuersehenlich
einzunemen. Welchen armen leuten gott wunderbarlich geholffen,
vnd gegeben, das einer on gefar gehört die Reütter her zu eylen,
vnd die menge gesehen, vnd darauff die thor der statt so bald zuge-
schlagen, zu dem sich zwen oder drey gethon, vnd sonst sich zur
wehr niemants besonders gerust oder geschickt hat. Dan die burger
das mehrerteil vff dem feld waren, die frucht einzusamlen. Nit
desto weniger hat gott ein solchen schrecken in des Bapsts volck
gestecket, das sie von dem stättlin, welches sie dan leichtlich hetten
erobern mögen, wen gleich etwas wehre were do gewesen, die doch
gar nichts vorhanden ware, abgelassen, aber was sie vff dem
feld von vihe vnd leuten im abzug ergriffen, gefangen, vnd gon
Auinion gefüret. Aber ietzund bewirbt sich der Bapst vm mehr
volcks, vnd fürchtet, die christen im land möchten sich zusamen
thün, vnd im gewaltigklichen abbrechen. Da zu sie aber weder
stett noch ander munition, oder auch willen haben. Weil dan
nun die sachen also stohn, vnd der liebe gott disem armen völcklin
dissmal so wunderbarlich geholffen, so gepürt den christen, das sie

N°. 3.

18

Straßburg StArch, AST 42, Nr. 18, S. 221

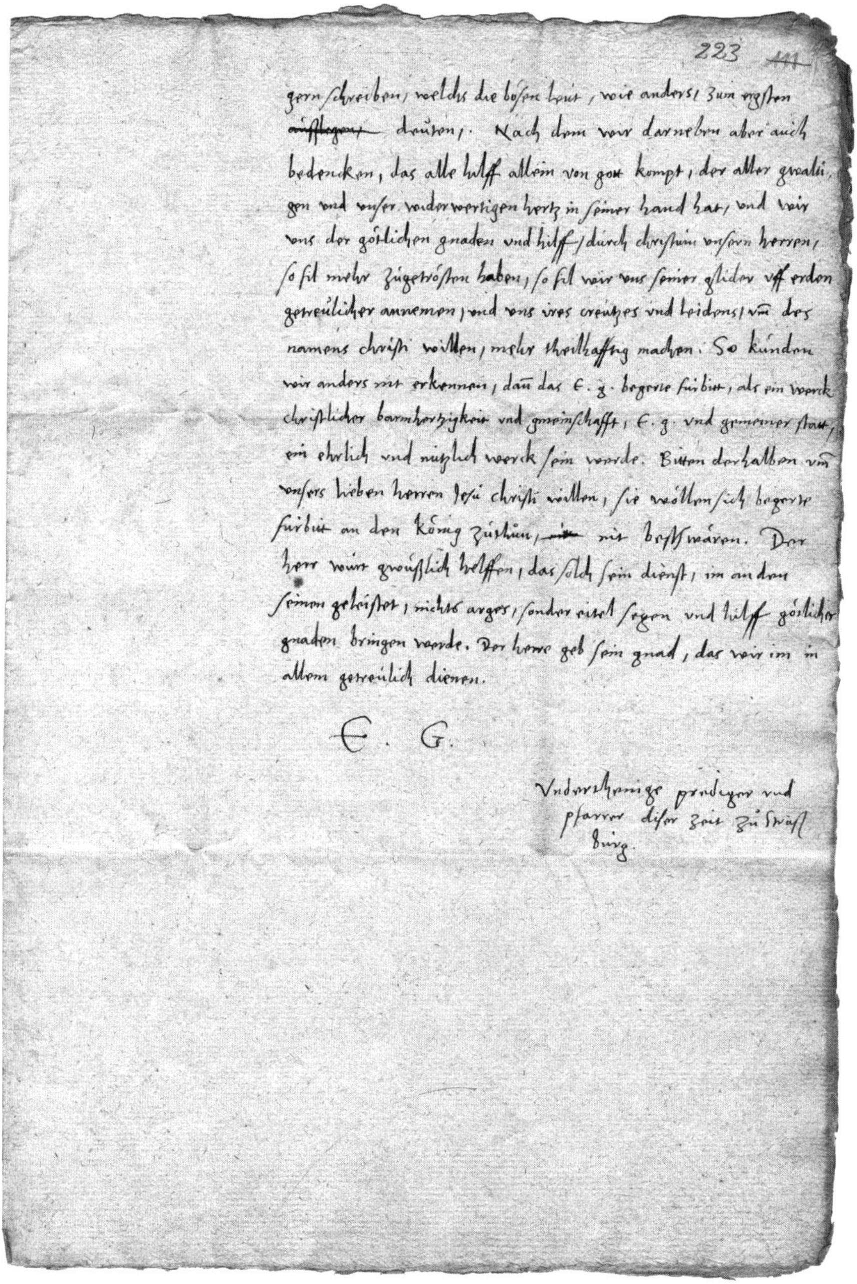
223

gern schreiben, welchs die bösen leut, wie anders, zum ergsten
~~ausslegen~~ deuten. Nach dem wir darneben aber auch
bedencken, das alle hilff allein von gott kompt, der aller gewalti-
gen und unser widerwertigen hertz in seiner hand hat, und wir
uns der göttlichen gnaden und hilff durch christum unsern herren,
so vil mehr zugetrösten haben, so vil wir uns seiner glider uff erden
getreülicher annemen, und uns ires creutzes und leidens, um des
namens christi willen, mehr theilhafftig machen. So künden
wir anders nit erkennen, dann das E. g. begerte fürbitt, als ein werck
christlicher barmhertzigkeit und gemeinschafft, E. g. und gemeiner statt,
ein ehrlich und nutzlich werck sein werde. Bitten derhalben um
unsers lieben herren Jesu christi willen, sie wöllen sich begerter
fürbitt an den König zuthun, nit beschwären. Der
herr wirt gnediglich helffen, das solch sein dienst, im an den
seinen geleistet, nichts args, sonder eitel segen und hilff göttlicher
gnaden bringen werde. Der herre geb sein gnad, das wir im in
allem getreülich dienen.

E. G.

Underthenige prediger und
pfarrer diser zeit zu Straß-
burg.

Straßburg StArch, AST 42, Nr. 18, S. 223

Text

| *221* | Gnådige herren!

Es hat der teur vnd getrew diener Christi, Herr Wilhelm Farell[1], vns praedigern hie in seinem vnd der anderen praediger zů Genff namen von welschen newenburg[2] gschriben[3] vnd hertzlich geklagt, wie der Bapst[4] die lieben Christen, die sich halten in der Graueschafft Auinion[5], ernstlich hat angefangen zů uerfolgen. Vnd kurtzlich woͤllen ein ståttlin, Caprariae[6] genant, in der selbigen Graueschafft gelegen, mit gewerter[7] hand vberfallen und vmbringen. Da zů er bei vier tausent zů Roß vnd zu fůß[8] in der selbigen gegnen, doch den merernteil auß des koͤnigs[9] gepiet, versamlet vnd gegen gemeltem ståtlin gesandt, das selbig onversåhenlich einzůnemen[10]. Welchen armen leuten gott wunderbarlich geholffen vnd gegeben, das einer on gefår gehoͤrt die Reůtter her zů eylen vnd die menge gesehen, vnd daruff die thor der statt so bald zugeschlagen, zů dem sich zwen oder drey gethon vnd sonst sich zur wehr niemants besonders gerust oder geschickt hat. Dann die burger das mehrerteil vff dem feld waren, die frůcht einzůsamlen. Nůt desto weniger hat gott ein solchen schrecken in des Bapsts volck gestecket, das sie von dem ståttlin, welches sie dann leichtlich hetten erobern moͤgen, wenn gleich etwas wehre were do gewesen, die doch gar nichts vorhanden ware, abgelassen, aber was sie vff dem feld von vihe und leuten im abzug ergriffen, gefangen vnd gon Auinion gefůret. Aber ietzund bewirbt sich der Bapst vmb mehr volcks vnd foͤrchtet, die Christen im Land moͤch-

1. Guillaume Farel (1489–1565), Reformator der französischen Schweiz (vgl. bes. HBBW II, S. 117, Anm. 18). Mit Bucer stand er seit dem 25. Oktober 1526 (BCor II, Nr. 149, S. 176–180) und bis kurz vor dessen Tod in reger Korrespondenz (*Rott*, Liste alphabétique, S. 30 f.).

2. sc. Neuchâtel (Neuenburg).

3. Der Brief ist nicht erhalten.

4. Paul III. (1468–1549), Papst seit 1534.

5. Vielmehr gemeint ist die Grafschaft (»Comtat«) Venaissin, die das ganze Gebiet um Avignon umfaßte, während die eigentliche Grafschaft Avignon sich auf das Stadtgebiet beschränkte.

6. Gemeint ist Cabrières d'Avignon, eine befestigte Waldenserstadt im Comtat Venaissin (vgl. *Audisio*, Guide historique, S. 42–45; *ders.*, Procès-verbal d'un massacre, S. 16, 25 und 31; *Frank*, Waldenser, S. 98), die mit dem nahe gelegenen Ort Cabrières d'Aigues (vgl. *Audisio*, Guide historique, S. 39–41) nicht verwechselt werden sollte, in welchem auch Waldenser lebten und der zu diesem Zeitpunkt ebenfalls von königlichen Truppen bedrängt wurde.

7. bewaffneter. Frühneuhochdt. WB 6, Sp. 1942 f.; zum Ausdruck »mit gewehrter Hand« vgl. bes. *Grimm* 6 (= IV,1,3), Sp. 5422–5425.

8. Bucers Angaben sind nicht übertrieben und werden von zeitgenössischen altgläubigen Quellen bestätigt (*Audisio*, Procès-verbal d'un massacre: »Dans une lettre au cardinal Farnèse datée du 19 avril 1545, le vice-légat [Antoine Trivulce, évêque de Toulon] évaluait les troupes françaises à 4000 fantassins et une centaine des gentilshommes à cheval. L'ensemble des forces rassemblées se montait donc à plus de 5000 hommes: une véritable armée«).

9. Franz I. (1494–1547) war seit 1515 französischer König.

10. Zur militärischen Aktion gegen Cabrières d'Avignon vgl. *Gaffarel*, Les massacres de Cabrières et de Mérindol, S. 254–262; *Audisio*, Guide historique, S. 22–29; *ders.*, Mémoire des vainqueurs, S. 243–249; *ders.*, Procès-verbal d'un massacre, S. 19–27; *Monter*, Judging the French Reformation, S. 96–103; *Frank*, Waldenser, S. 102 f.

ten sich zůsamen thůn vnd im[1] gewaltigklichen abbrechen[2], Da zů sie aber weder stett noch ander munition oder auch willen haben.

Weil dann nun die sachen also stohn vnd der liebe gott disem armen voͤlcklin dißmal so wunderbarlich geholffen, so gepůrt den christen, das sie | *222* | gott, nach gotsåliger dancksagung vnd gepett vmb ferner hilff an disen leuten, sie vor dem widerchristlichen gwalt zůretten, iren getrewen dienst, so fil in[3] můglich, leisten.

Derhalben bittend E[uer] g[naden] die vermelten brůder vnd prediger in sophoy[4] vnd wir mit inen, darumb die selbigen brůder vns gar ernstlich angesůcht[5], vmb des Herren vnd der lieben Christen willen, E[uer] G[naden] wolten an den Koͤnig in Franckreich fůr sie schreiben vnd in bitten, Dweil E[uer] g[naden] vernemen, das die genanten lieben Christen fromme onschuldige stille leut weren, die Christo, vnserm Hern, iederman zů gůt vnd nieman zu nachteil zů dienen begerten, nit wolte durch die seinen lassen verfolget werden, sonder wolte seinen Gubernator in Prouintz, dem Hern von Grignan[6], befelch thůn, das er bei des Bapsts Vicelegaten zů Auinion, bei dem der selbig Gůbernator fil vermag, freuntlich vnd treulichen handlete, die furgenommen kriegs ůbung vnd verfolgung gegen den armen Christen nachzůlassen, vnd gedult mit inen zůhaben, biß durch das furhabend Concilium gmeine besserung furgenomen werde, Auch wo sollich bitt bei dem Legaten nit erheblich, doch dem selbigen von des Koͤnigs volck nieman lassen zůziehen, Welche gnad gegen den armen Christen einem Christlichsten Koͤnig gentzlich eignet vnd im auch vor dem Herren in disen schweren Leuffen[7] ein nutzlich werck der barmhertzigkeit sein wurde.

Sollichs E[urer] g[naden] schreiben und bitten an den Koͤnig, hoffend gedachte brůder auß Sophoy[8], solte bei dem Koͤnig fruchtbar sein, wie hie vor etlich mal E[urer] g[naden] furbitt, den brudern in Delphinat[9] vnd anderswo zu gůtten statten Kommen ist[10]. So soll auch genanter Gubernator des Koͤnigs dem wort gottes nit on

1. ihm.
2. Abbruch tun, beeinträchtigen, benachteiligen.
3. ihnen.
4. Savoyen. Bucer meint hiermit auch die evangelischen Prediger in Genf.
5. Gemeint sind das Gesuch Genfs und Berns an Straßburg vom 8. Mai 1545 (Pol. Cor. III, Nr. 567, S. 595), der nicht mehr erhaltene Brief Guillaume Farels (vgl. oben S. 249,2–5) sowie der persönliche Auftritt Johannes Calvins in Straßburg (Pol. Cor. III, ebd., Anm. 2; HBBW XV, Nr. 2158, S. 322,75–77).
6. Louis Adhémar de Monteil, Graf von Grignan (gest. 1557), 1544 zum Gouverneur der Provence ernannt und Gesandter des französischen Königs auf dem am 15. Dezember 1544 beginnenden Wormser Reichstag; nach *Schmidt*, La vie et les travaux de Jean Sturm, S. 58, befand sich Grignan Anfang Mai 1545 in Worms.
7. beschwerlichen, ereignisreichen Zeiten. *Grimm* 12 (= VI), Sp. 309 f.
8. Savoyen.
9. sc. im Dauphiné, dem dem französischen Thronfolger traditionell zustehenden Territorium.
10. Zur Intervention des Straßburger Rates zugunsten verfolgter Evangelischer im Dauphiné 1537 vgl. BDS 16, S. 269–275. Zur Wahrnehmung der reformatorischen Bewegung in Frankreich durch Bucer vgl. *Greschat*, Bucer, S. 124–126 (= 1. Aufl. S. 115–117) sowie *Buckwalter*, Sturm und Bucer, S. 49 f. und 57. Vgl. hierzu auch BDS 16, S. 333–341.

geneigt sein, das zů verhoffen, wo im vom König befelch bestehe wie begert, er wurde den selbigen zu gůt den angefochtnen brüdern gar getreulich außrichten.

Wie wol wir nun gedencken könden, das E[uer] g[naden] in disen schweren Leuffen dem König nit | *223* | gern schreiben, welchs die bösen Leut, wie anders, zum ergsten[a] deuten, Nach dem wir darneben aber auch bedencken, das alle hilff allein von gott kompt[1], der aller gwaltigen vnd vnser widerwertigen[2] hertz in seiner hand hat, vnd wir vns der götlichen gnaden vnd hilff, durch christum vnsern Herren, so fil mehr zugetrösten haben, so fil wir vns seiner glider vff erden getreulicher annemen[3], vnd vns ires creutzes vnd leidens, vmb des namens christi willen, mehr theilhafftig machen, So kunden wir anders nit erkennen, dann das E[uren] g[naden] begerte furbitt als ein werck christlicher barmhertzigkeit vnd gmeinschafft, E[urer] g[naden] vnd gemeiner statt, ein ehrlich vnd nutzlich werck sein werde.

Bitten derhalben vmb vnsers lieben Herren Jesu Christi willen, sie wöllen sich begerte furbitt an den König zuthůn[b] nit beschwåren. Der Herr wurt gwůßlich helffen, das solch sein dienst, im an den seinen geleistet, nichts arges, sonder eitel segen und hilff götlicher gnaden bringen werde.

Der Herre geb sein gnad, das wir im in allem getreulich dienen.

E[urer] G[naden] Vnderthenige prediger vnd pfarrer diser zeit zů Straßburg.

a) danach gestr.: außlegen.
b) danach gestr.: nit.

1. Vgl. Ps 27,9; 46,2; 74,12; 121,2; 124,8; 146,5; Jer 3,23.
2. unserer Gegner. Vgl. *Grimm* 29 (= XIV,1,2), Sp. 1368, s. v. widerwärtig 2.e.
3. Vgl. Mt 25,35–45.

Nr. 9
Entwurf eines Briefes an König Franz I. zugunsten verfolgter Waldenser in Frankreich

Ende Mai 1545

bearbeitet von Stephen E. Buckwalter

Einleitung

1. Entstehung und Inhalt

Es ist zu vermuten, daß der vorliegende Text dem vorhergehenden Brief[1] der Prediger an den Rat als Anhang beigefügt war: Er stellt nämlich den Entwurf eines Briefes dar, in welchem der französische König darum gebeten wird, sich für seine evangelischen Untertanen im Hinterland von Avignon einzusetzen und deren weitere Verfolgung abzuwenden. Möglicherweise erhofften sich die Prediger vom Rat, daß er eben diesen Entwurf übernehme, um ihn als eigenen Brief an den französischen König zu richten.

Derselbe enthält eine noch genauere Beschreibung des Angriffs auf das waldensische Städtchen Cabrières d'Avignon, als sie im vorherigen Schreiben enthalten ist, und er enthält die präzise Bitte an den König, durch die Vermittlung seines Gouverneurs Louis Adhémar de Monteil, bekannt als Graf von Grignan, sich beim päpstlichen Vizelegaten in Avignon zugunsten der verfolgten Waldenser zu verwenden[2]. Durch eine solche Tat werde Franz I. nicht nur ein lobenswertes Werk Gott gegenüber durchführen, sondern auch das Wohlwollen der deutschen Fürsten und Reichsstädte gewinnen.

Ob dieser Brief tatsächlich derjenige ist, der schließlich Franz I. geschickt wurde, läßt sich nicht mehr ermitteln. Jedenfalls antwortete der französische König den Straßburgern am 27. Juni 1545 mit einem unfreundlichen Brief, in welchem er sich jegliche Einmischung in innere Angelegenheiten verbat.[3]

1. Vgl. oben Nr. 8, S. 245–251.
2. Den Predigern war nicht bekannt, daß es sich bei den angreifenden Soldaten tatsächlich um königliche und nicht um päpstliche Truppen handelte.
3. Text in Pol. Cor. III, Nr. 580, S. 608 f. und CO 12, Sp. 114, Anm. 3. Vgl. auch *Schmidt*, La vie et les travaux de Jean Sturm, S. 59.

2. Überlieferung

Straßburg StArch, AST 42, Nr. 19, S. 225–227: Entwurf in der Hand eines unbekannten Schreibers mit eigenhändigen Korrekturen Bucers. Eine spätere Hand (möglicherweise des 17. Jahrhunderts) hat dieses Dokument fälschlich auf den 22. September 1553, dann auf 1543 datiert[1].

1. *Adam*, Straßburg, S. 256f. schließt sich der falschen Datierung 22. September 1543 an und identifiziert »Caprarias« als Carpentras.

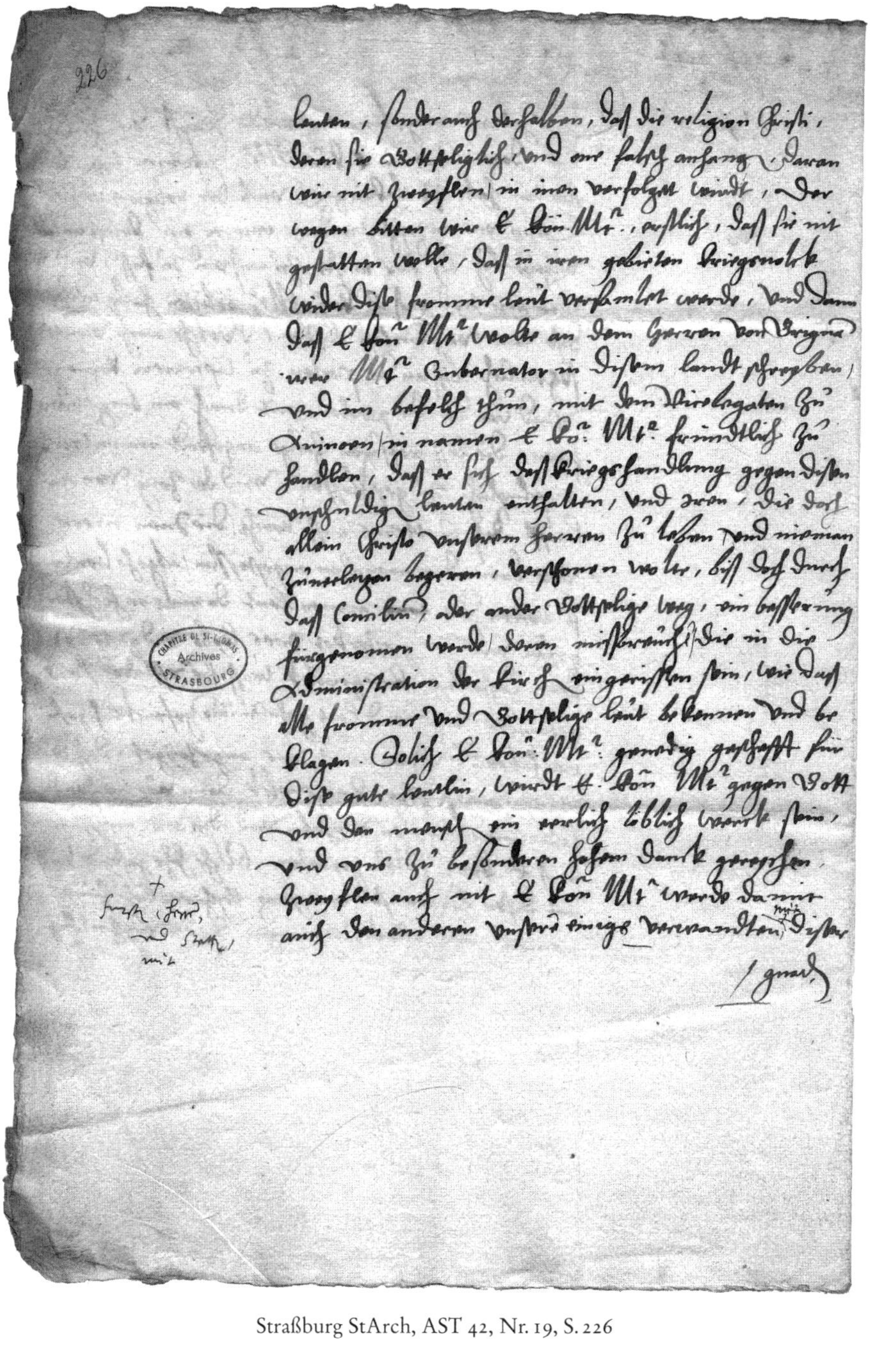
226

leuten, sonder auch derhalben, daß die religion Christi,
deren sie gottseligklich vnd one falsch anhang, daran
wir nit zweyflen, in inen verfolgt würdt, Der
wegen bitten wir E. kön. Mt., erstlich, daß sie nit
gestatten wolle, daß in iren gebieten kriegsvolck
wider dise fromme leut versamlet werde, vnd dann
daß E. kön. Mt. wolle an dem herren von Grignan
irer Mt. gubernator in disem landt schreyben,
vnd im befelch thun, mit dem Vicelegaten zu
Avinion in namen E. kö. Mt. freundtlich zu
handlen, daß er sich deß kriegshandlung gegen disen
vnschuldigen leuten enthalten, vnd iren, die doch
allein Christo vnserem herren zu leben vnd nieman
zu verletzen begeren, verschonen wolte, biß doch durch
daß Concilium oder ander gottselige weg ein besserung
fürgenomen werde deren mißbreüch, die in die
Administration der kirch eingerissen sein, wie daß
alle fromme vnd gottselige leut bekennen vnd be
klagen. Solich E. kön. Mt. genedig geschefft für
dise gute leutlin, würdt E. kön. Mt. gegen Gott
vnd den menschen ein eerlich löblich werck sein,
vnd vns zu besonderen hohem dank gereychen,
zweyflen auch nit E. kön. Mt. werde damit
auch den anderen vnseren einigs verwandten, mit diser
/ gnad,

Chapitre de St-Thomas Archives Strasbourg

Straßburg StArch, AST 42, Nr. 19, S. 226

| *225* | Es hat an vns gelanget, wie der Papst[1] die zu Caprarias[2], deren Statt in E[urer] kön[iglichen] M[ajestä]t[3] Prouinc[4] ligt, vnderstanden[5] habe, zu bekriegen vmb der religion willen.[6]

Dann vns anzeygt werden, wie er ein kriegsvolck vngeuerlich bey fier tauset zu roß vnd zu fuß vnd den meereren teyl auß E[urer] kön[iglichen] M[ajestä]t gebieten habe wider disc lcut versamlen lassen, Welche auch vnuersehenlich biß an die Porten zu Caprarien komen. Vnd wa da die Porten nit durch ein burgen oder zwen, die deß reysigen zeugs[7] ongeferdt innen worden vrplutzlich zu geschlossen vnd der zeug von anlauff deß Stattlins auß vorcht, die jnen meer Gott dann die menschen ingestossen, abgehalten were, so weren die[a] armen leut damals in höchster gefar vnd not gesterket jres leybs vnd guts. Wie dann daßelbige kriegsvolck, waß sie vff dem feld gefunden, vich vnd leut gohn Auinion[8] gefencklich geführet haben.

Nun wirt vns angezeyget, daß der Papst ein grösser kriegsuolck dann vor[9] wider dise leut zuuersamlen vorhab vnd die am meysten auß E[urer] kön[iglichen] M[ajestä]t gepieten. Solche hohe geferde vnd not diser leuten ist vns gantz beschwerlich zuuernemen, nit allein von wegen diser vnschuldigen | *226* | leuten, sonder auch derhalben, daß die religion Christi, deren sie Gottseliglich vnd one falsch anhangen, daran wir nit zweyflen, in inen verfolget wirdt.

Der wegen bitten wir E[ure] kön[igliche] M[ajestä]t, erstlich, daß sie nit gestatten welle, daß in iren gebieten kriegsuolck wider dise fromme leut versamlet werde, vnd dann, daß E[ure] kön[igliche] M[ajestä]t wolte an dem Herren von Grignan[10], irer M[ajestä]t Gubernator in disem landt, schreyben vnd im befelch thun, mit dem Vicelegaten zu Auinoen[11] in namen E[urer] kö[niglichen] M[ajestä]t fründtlich zu handlen, daß er sich deß kriegshandlung gegen disen vnschuldigen leuten enthalten vnd jren, die doch allein Christo, vnserem herren, zu leben vnd nieman zuuerletzen begeren, verschonen wolte, biß doch durch daß Concilium oder ander Gottselige weg ein besserung fürgenomen werde, deren mißbreuchen[b], die in die Administra-

a) danach gestr.: leut.
b) von Bucer korr. aus: mißbreuch.

1. Paul III. (1468–1549), Papst seit 1534.
2. Cabrières d'Avignon (vgl. hierzu oben S. 249, Anm. 6).
3. Das Schreiben ist an Franz I. (1494–1547) gerichtet, der seit 1515 französischer König war.
4. sc. in der Provence, die 1481 an die französische Krone gekommen war.
5. unternommen, sich vorgenommen.
6. Zu den Details der militärischen Aktion gegen Cabrières d'Avignon vgl. oben S. 249, Anm. 8 und 10.
7. der Kavallerie, der Reiterei (im Gegensatz zu den Fußknechten). *Grimm* 14 (= VIII), Sp. 746; *Götze*, S. 176.
8. Avignon.
9. als zuvor.
10. Vgl. oben S. 250, Anm. 6.
11. Avignon.

tion der kirchen eingerissen sein, wie daß alle fromme vnd Gottselige leut bekennen vnd beklagen.

Solich E[urer] kön[iglichen] M[ajestä]t genedig geschafft[1] für dise gute leutlin wurdt E[uer] kön[iglichen] M[ajestä]t gegen Gott vnd den menschen ein eerlich löblich werck sein vnd vns zu besonderen, hohem danck gereychen; zweyflen auch nit, E[uer] kön[igliche] M[ajestä]t werde damit auch den anderen vnseren[c] einige[d] verwandten[e] [f]fursten, herren vnd stetten mit[f] diser | *227* | gnaden ein furnemes gefallen thun. Welches wir den selbigen auch getrewlich rhümen wellen, so bald wir vernemen, daß die gemelten fromen leuten durch E[urer] kon[iglichen] M[ajestä]t befelch auß irer gegenwertigen gefahr erretet sein werden etc.

c) von Bucer korr. aus: vnsere.
d) korr. aus: einigs.
e) von Bucer danach über der Zeile nachgetragen, dann aber wieder gestr.: mit.
f)–*f)* von Bucer vor den linken Rand geschrieben und eingewiesen.

1. sc. Eintreten.

Nr. 10
Brief der Straßburger Theologen an Landgraf Philipp von Hessen

[Mitte Februar 1545]

bearbeitet von Thomas Wilhelmi

Einleitung

1. Entstehung und Inhalt

Der Brief, der in der Ausfertigung eines Straßburger Schreibers und von Bucer eigenhändig unterzeichnet nach Marburg geschickt wurde, datiert vom 25. Februar 1545. Er ist in BDS 13, S. 209–225 in der im Staatsarchiv Marburg[1] vorliegenden Fassung ediert worden.

Dem Schreiben vom 25. Februar 1545 liegt ein von den Straßburger Predigern gemeinsam formulierter Text zugrunde, der zahlreiche eigenhändige Änderungen von Bucers Hand aufweist und stellenweise erheblich abweicht. Diese erste Fassung[2] muss kurz vor dem 25. Februar 1545 entstanden sein und wird im folgenden ediert.

Der Wortlaut des von den Straßburger Predigern entworfenen, im folgenden edierten Schreibens unterscheidet sich an manchen Stellen von demjenigen des am 25. Februar nach Marburg geschickten Briefes. Bucers Korrekturen sind nicht alle in den Endtext übernommen worden. Der letzte Abschnitt des nach Marburg geschickten Briefes fehlt in der Fassung der Straßburger Prediger.

2. Überlieferung

Straßburg StArch, AST 170, Nr. 22, fol. 190^{r}–203^{r}

Straßburg StArch, AST 174, Nr. 40, fol. 476^{r}–490^{r} (für die vorliegende Edition nicht berücksichtigte Abschrift)

1. Marburg/L. SArch, Bestand 3 (Pol. Archiv), Nr. 2927, fol. 71–86.
2. Sie ist erst zwei Jahre nach dem Erscheinen von BDS 13 im Jahre 2011 im Stadtarchiv Straßburg zum Vorschein gekommen, ebenso eine Abschrift.

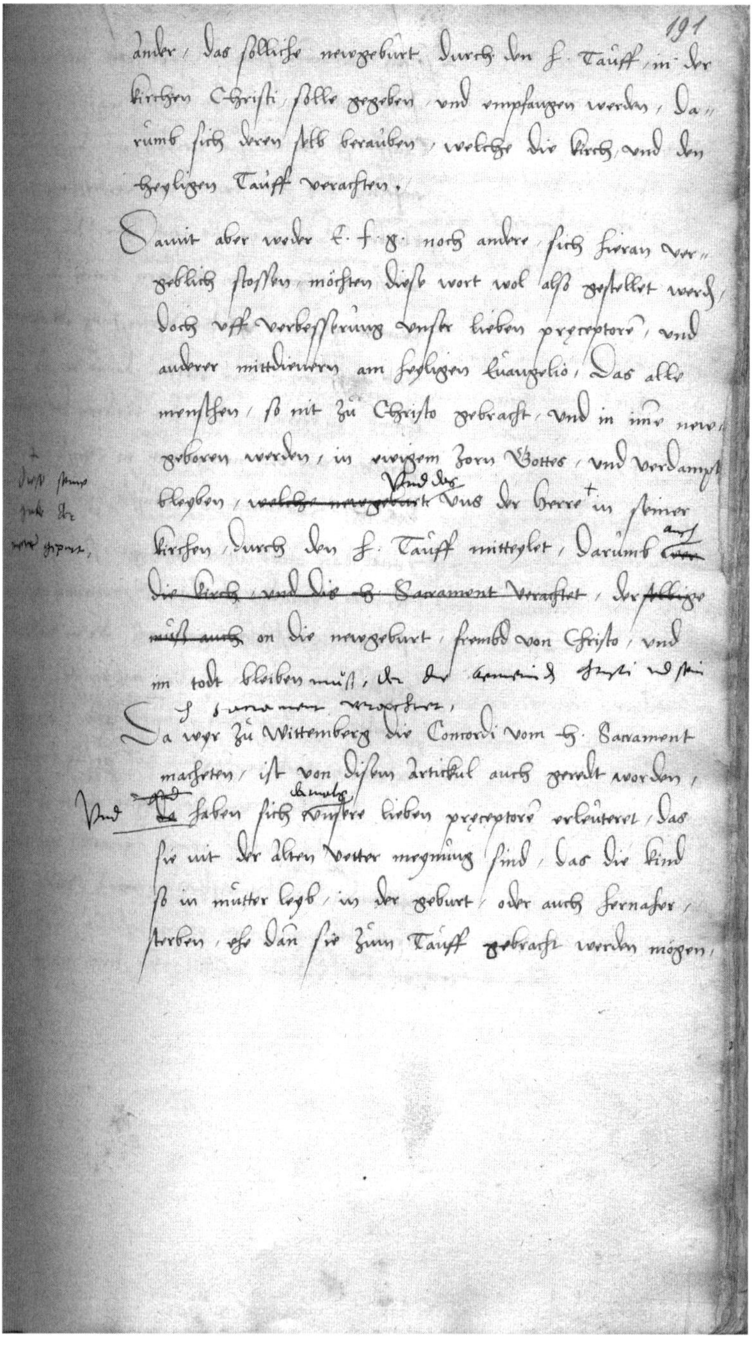

191

ander, das sollichs newgeburt durch den h. Tauff in der
kirchen Christi, solle gegeben und empfangen werden, Da-
rumb sich deren selb berauben, welche die kirch und den
heyligen Tauff verachten.

Damit aber weder E. f. g. noch andre sich hiran ver-
geblich stossen möchten, dise wort wol also gestellet werden,
doch uff verbesserung unser lieben preceptore und
anderer mitdienern am heyligen Euangelio, Das alle
menschen, so nit zu Christo gebracht, und in inne new-
geboren werden, in ewigem zorn Gottes, und verdampt
bleyben, ~~welche newgeburt~~ [Und die] uns der Herre+ in seiner
kirchen, durch den h. Tauff mittheylet, Darumb [auch] ~~wer~~
~~die kirch, und die h. Sacrament veracht~~, der ~~selbige~~
~~müsst auch~~ on die newgeburt, frembd von Christo, und
im todt bleiben müsst, der der gemeind Christi und sein
h. sacramenten verachtet,

Da wyr zu Wittemberg die Concordi vom h. Sacrament
machten, ist von disem Artikel auch geredt worden,
Und ~~da~~ haben sich [damals] unsre lieben preceptore erleutert, das
sie mit der alten Vetter meynung sind, das die kind
so in mutter leyb, in der geburt, oder auch hernacher
sterben, ehe dan sie zum Tauff gebracht werden mögen,

Straßburg StArch, AST 170, Nr. 22, fol. 190^{r}

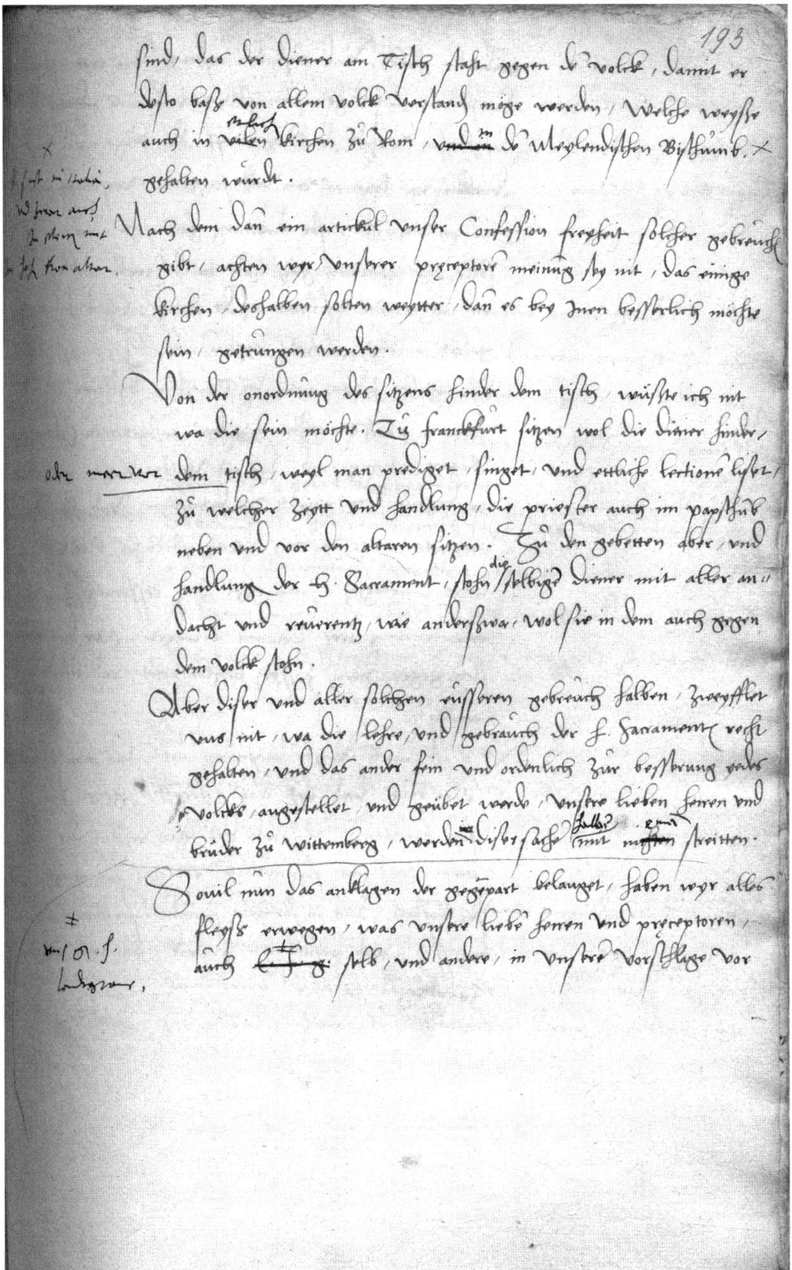
193

sind, das der diener am tisch stah gegen dem volck, damit er desto bass von allem volck verstand möge werden, Welche weyse auch in ~~vilen~~ etlich kirchen zu Rom, vnd in dem Meylendischen Bisthumb. x gehalten würdt.

Nach dem dan ein artickel vnser Confession freyheit solcher gebreuch gibt, achten wyr vnserer preceptorn meinung sey nit, das einige kirchen deshalben solten weytter, dan es bey inen besserlich möchte sein, getrungen werden.

Von der onordnung des sitzens hinder dem tisch, wüsste ich nit wa die sein möchte. Zu franckfurt sitzen wol die diener hinder, oder neben dem tisch, weyl man prediget, singet, vnd etliche lectiones liset, zu welcher zeytt vnd handlung, die priester auch im papsthub neben vnd vor den altaren sitzen. Zu den gebetten aber, vnd handlung der h. Sacrament, stehn die selbige diener mit aller andacht vnd reuerentz, wie anderswa, wol sie in dem auch gegen dem volck stehn.

Aber diser vnd aller solchen eusseren gebreuch halben, zweyfflet vns nit, wa die lehre, vnd gebrauch der h. Sacramenten recht gehalten, vnd das ander fein vnd ordenlich zur besserung des volcks angestellet, vnd geübet werde, vnsere lieben herren vnd brüder zu Wittemberg, werden diser sache halb mit vns nit streitten.

Souil nun das anklagen der gegenpart belanget, haben wyr alles fleyss erwogen, was vnsere liebe herren vnd preceptoren, auch selb, vnd andere, in vnsere vorschlege vor

Straßburg StArch, AST 170, Nr. 22, fol. 193^{r}

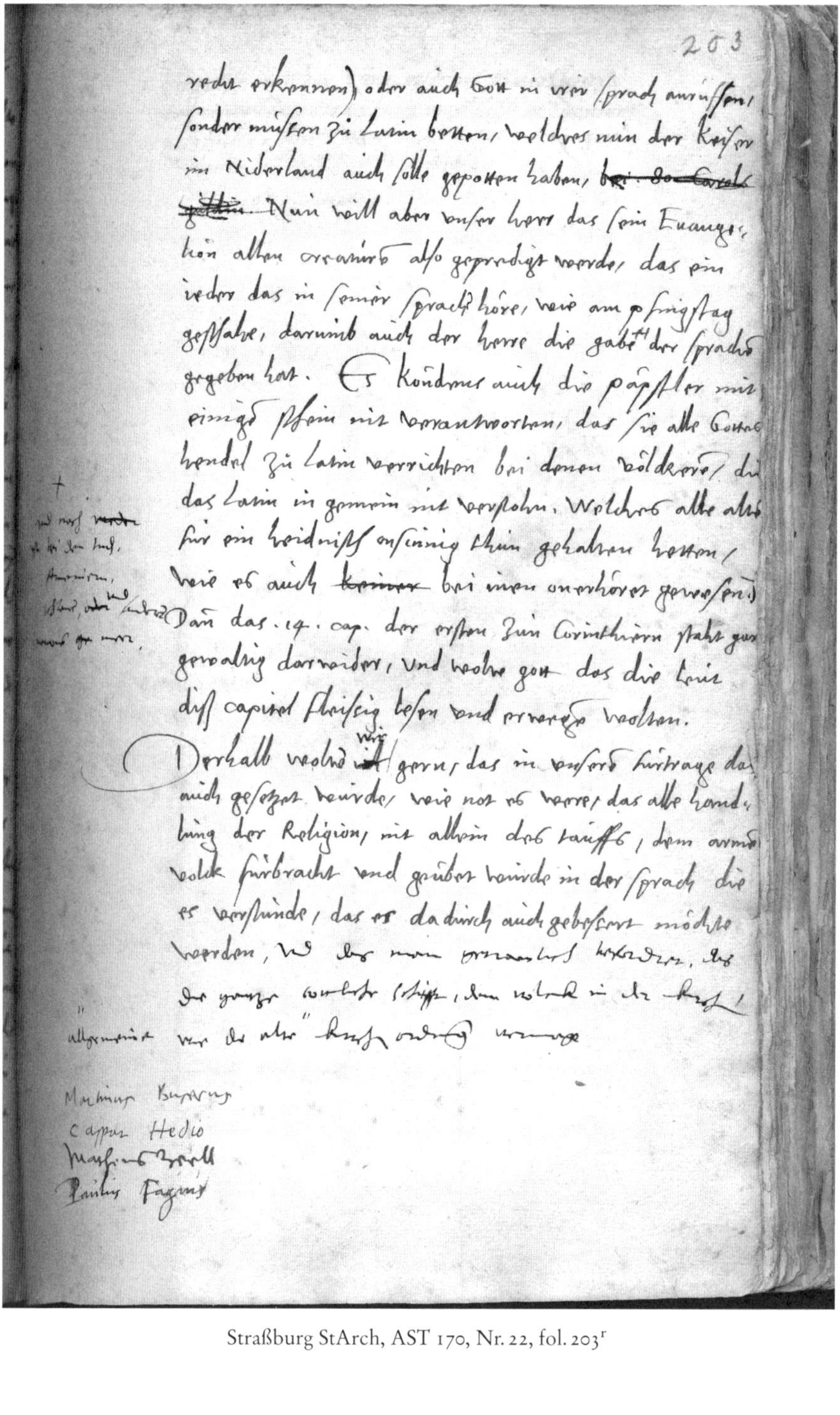

rede erkennen) oder auch Gott in irer sprach anruffen,
sonder müsten zu Latin betten, welches nun der Keyser
im Niderland auch solle gepotten haben, ~~bei de Carole gotten~~
Nun will aber unser herr das sein Euange-
lion allen creaturen also gepredigt werde, das ein
ieder das in seiner sprach höre, wie am pfingstag
geschahe, darumb auch der herre die gabe der sprache
gegeben hat. Es köndten auch die päpstler mit
einigem schein nit verantworten, das sie alle Gottes
hendel zu Latin verrichten bei denen völckern, die
das Latin in gemein nit verstehn. Welches alle alte
für ein heidnisch unsinnig thun gehalten hetten,
wie es auch ~~keiner~~ bei inen unerhöret gewesen.
Dan das 14. cap. der ersten zun Corinthiern stahet gar
gewaltig darwider, und wolte gott das die leut
diss capitel fleissig lesen und erwegen wolten.
Derhalb wolten ~~ich~~ wir gern, das in unsere fürtrage das
auch gesetzt würde, wie not es were, das alle hand-
lung der Religion, nit allein des tauffs, dem armen
volck fürbracht und geüben würde in der sprach die
es verstünde, das es dadurch auch gebessert möchte
werden, [illegible]

Martinus Bucerus
Caspar Hedio
Matthaeus Zell
Paulus Fagius

Straßburg StArch, AST 170, Nr. 22, fol. 203r

| *190*[r] | [a]Der Straßburgischen Theologen schrifft von abschaffung der mißbreuch in der Religion sambt angehengter oder praefigirter[1] erclerung vff der Wittembergischen[2] deßwegen ahngstelten bedachtt[3].[a]

[b]Die gnad des herren. Nach dem wyr auß befelch v. gn.[4] herren den Wittenbergischen bedacht[5] ersehen vnd bewogen, haben wyr vnß folgender bedencken[6] vnd anzeygen[7] verglichen[8]:[b]

Vnd erstlich, die lehr belangen, das die selbige das wesentlichst vnd notwendigste in Christlicher Reformation sein můß Vnd das auch kein andere christliche lehre sein mage dann eben die wyr zů vor in vnser Confession[9] bekennet vnd in gestelter geschrifft gantz liecht vnnd kurtz dargethan ist. Jtem, das man auch von diser lehre im wenigsten tüpfflin[10] nit abweichen khan.[11] Nemlich nach dem rechten, waren verstandt diser lehre, wie die in vnseren kirchen getrieben wurdt | *190*[v] | (welcher anhang auch weyßlich alle mal gemeldet wurdt, dann die bösen Sophisten yenes theyls

a)–*a)* von anderer, späterer Hand.
b)–*b)* von Bucer am linken Rand erg. für gestr.: Die gnad vnsers Herren Jesu Christi vnd mehrung seines geysts zuuor. Durchleutiger, Hochgeborner Fürst, gnediger Herre, Gegen E. F. gn. bedancke ich mich vndertheniglich, das sie mir meyner lieben herren vnd praeceptoren zu Wittemberg sampt den anderen bedencken haben zukommen lassen, Welches ich auch mit meinen lieben brůdern allhie alles fleyß durchsehen vnd erwegen habe, Vnd lobe den lieben Gott, das er vns in allen stucken, daran gelegen, im grundt einen gleychen sinn vnd verstandt mit vnseren lieben herren vnd praeceptoren gegeben hatt, Ob wol in ordnung vnd maßen des furtragens vnd anbietens nit gleyche meynung, auch vnser bedencken nit allenthalben, wie wyr es fürgegeben, verstanden worden ist.

1. vorn angehefteter, angesteckter. Frühneuhochdt. WB 4, Sp. 902.
2. Entwurf des Reformationsgutachtens (›Reformatio Wittebergensis‹) von Martin Luther, Philipp Melanchthon, Johannes Bugenhagen, Caspar Cruciger und Georg Major vom 14. Januar 1545 (dt.: CR V, Sp. 578–606 [Nr. 3114]; MBW 3793; lat.: CR V, Sp. 607–643 [Nr. 3115]).
3. Überlegung, Erwägung. Frühneuhochdt. WB 3, Sp. 362.
4. v. gn.: unserer gnädigen.
5. s. oben Anm. 2.
6. Bucer meint hier die Kritik (›Iudicium‹) der Wittenberger Theologen Luther, Bugenhagen, Cruciger und Melanchthon an seiner eigenen Denkschrift vom 14. Januar 1545 (CR V, Sp. 643–647 [Nr. 3116]; MBW 3794), die Kritik Landgraf Philipps an der Wittenberger Reformation von Anfang Februar 1545 (CR V, Sp. 672–674 [Nr. 3133]), den Entwurf (›Notel‹) der lat. Eingabe (›Supplicatio‹) vom 14. Januar 1545 an den Kaiser (CR V, Sp. 648–653 [Nr. 3117]), den Brief Kurfürst Johann Friedrichs von Sachsen vom 24. Januar 1545 an Landgraf Philipp von Hessen (*Neudecker*, Merkwürdige Aktenstücke, S. 388–401) und möglicherweise auch das Gutachten der hessischen Theologen vom 7. Februar 1545 (CR V, Sp. 674–676 [Nr. 3134]). Vgl. dazu *Lenz* II, S. 292.
7. Darlegungen, Anklagepunkte. Frühneuhochdt. WB 1, Sp. 1605–1606.
8. vnß … verglichen: miteinander abgestimmt, geeinigt.
9. Die Straßburger Theologen meinen damit das von Bucer verfaßte Reformationsgutachten vom November 1544 (Edition in BDS 13, S. 77–201).
10. im kleinsten Pünktchen. *Grimm* 22 (= XI,1,2), Sp. 1817 und 1831.
11. Vgl. Mt 5,18.

vnsere lehre in vilen stucken grewlich verkeren vnd vff gantz abschewliche meynung ziehen), ja in dem allem sind wyr allhie mit vnseren lieben herren vnd praeceptoren zů Wittemberg gantz einig vnd můß mit inen einig sein; wer ein christ sein wille[1], weyß auch, das weder in vnserem bedencken nach in einigen vnseren anderen schrifften vnd handlungen ettwas erfunden wurdt, das disem im geringsten entgegen were.

Das [c]E. F. G.[2c] aber in disen worten, »das alle menschen, so nit zu Christo gebracht vnd durch die Tauffe newgeboren werden, in ewigem zorn Gottes vnd verdampt bleiben«[3], irret, dem selbigen ist leycht zu rhaten, dann vnser lieben praeceptoren meinung auch nit ist, das die kind der christen, die des Tauffs one verachtung des selbigen beraubet werden, darumb solten verdampt sein, Sonder haben mit disen iren worten zwey ding wöllen bekennen: das ein, das alle, so von Adam geboren, durch die angeboren sünde im zorn Gottes vnd verdamnüß sind vnd bleiben[4], so lang sie in Christo, vnserem herren, nit newgeboren werden[5]; das | *191r* | ander, das solliche newgeburt durch den h.[6] Tauff in der kirchen Christi solle gegeben vnd empfangen werden, darumb sich deren selb berauben, welche die kirch vnd den heyligen Tauff verachten.

Damit aber weder E. f. g. noch andere sich hieran vergeblich stossen, moͤchten diese wort wol also gestellet werden, doch vff verbesserung vnser lieben praeceptoren vnd anderer mittdieneren am heyligen Euangelio[7]:

»Das alle menschen, so nit zu Christo gebracht[8] vnd in imme newgeboren werden, in ewigem zorn Gottes vnd verdampt bleyben. [d]Vnd das[d] vns der Herre [e]diese seine gabe der newen gepurt[e] in seiner kirchen durch den h. Tauff mitteylet, darumb auch[f] der[g] on die newgeburt, frembd von Christo vnd im todt bleiben [h]muß, der die Gemeinden Christi vnd sein h. Sacrament verachtet.«[h]

Da wyr zu Wittemberg die Concordi vom h. Sacrament macheten, ist von disem Artickul auch geredt worden[9], Vnd[i] haben sich damals[j] vnsere lieben praecepto-

c)–*c)* von Bucer wohl irrtümlich gestr.; dafür am linken Rand erg. und eingewiesen: m. gn. h. den Landtgrauen; davor am Rand von Bucer erg. und wieder gestr.: den durchleuchtigen hoch.
d)–*d)* von Bucer über der Zeile erg. für gestr.: welche newgeburte.
e)–*e)* von Bucer am linken Rand erg. und eingewiesen.
f) von Bucer über der Zeile erg. für gestr.: wer die kirch vnd dis h. Sacrament verachtet.
g) danach von Bucer gestr.: selbige muß auch.
h)–*h)* von Bucer in der Zeile erg.
i) von Bucer am linken Rand erg. für gestr.: da (und darüber gestr.: vnd).
j) von Bucer über der Zeile erg. und eingewiesen.

1. Vgl. Röm 13,2.
2. E. F. G.: Eure fürstliche Gnaden, sc. Landgraf Philipp von Hessen.
3. Landgraf Philipps ›Iudicium‹ von Anfang Februar 1545 (CR V, Sp. 673 [Nr. 3133]).
4. Röm 5,18.
5. Tit 3,5.
6. heiligen.
7. Lk 1,2; Röm 1,9.
8. Vgl. Mk 10,14.
9. Wittenberger Konkordie, 28. Mai 1536 (BDS 6,1, S. 130–133).

ren erleuteret, das sie nit der Alten vetter meynung sind, das die kind, so in mutter leyb, in der geburt oder auch hernaher sterben, ehe dan sie zum Tauff gebracht werden moͤgen, | *191v* | solten verdammet sein. Weyl aber die verheissung der newen geburt mit der kirchen geschehe vnd mit dem Tauff, so wolten sie hieruon nit disputieren, sonder einfeltig[1] bey dem wortt vnd verheyssung des herren bleyben, das man die leut lehre, die gnad vnnd erloͤsung Christi den kinderen durch den Taůff in warem glauben vff die verheyssůng des herren suchen vnd empfahen, die kirchen damit vor der Teuffer jrthumb zu bewaren, die den kinderen das heyl versprechen one die newgeburt in Christo oder aber one das h. Sacrament des Tauffs.

Souil dann alles ander belanget, so vnsere lieben praeceptores von den heyligen Sacramenten vnd von der selbigen christlichem gebrauch, der in vnseren kirchen gehalten wurdt, vnd dem mißbrauch, der sich bey den paͤpstlern heltet, verzeichnet haben, des gleychen von erhaltung vnd wichtigkeit des praedig Ampts, Aůch wie dasselbige von dem regier Ampt in den kirchen, das[k] an besonder zeytliche würde, gewalt vnd succession[2] gebunden [l]sein solte[*l*], wol vnderscheiden[m], vnd auch durch yede kirch selb mit iren obren bestellet werden solle. Jn[n] wie[o] vil dis vnd ire artickul alle sechs betriffet, ist nichts | *192r* | von inen fürgeschriben, in dem wyr vns nit mit inen im grundt eins befinden.

Wie dan sie auch mit vns vberein kommen des anklagens halben der widerchristischen praelaten vnd Bischouen, dann sie die auch mit dapfferem ernst anklagen des verlassens ires ampts, verwüstens der kirchen, vervolgens des Euangeli[3], mordens der frommen diener des Euangeli, auch des Epicurischen lebens[4], So finden wyr vns auch in dem einig mit inen, wa sich die genanten Bischoue vnd praelaten mit jren Stifften zu Christlicher lehre begeben wolten, das man jnen ettwas vffsehens vnd mittschaffens vber die kirchen, deren diener, gerichte vnd guͤtter anbieten vnd zu ordnen moͤchte. Jn dem allenn[p] (daran auch aller hafft[5] Christlicher Reformation gelegen)[q] ist zwüschen vnseren lieben bruͤdern[r] vnd vnß ein gantze einhelligkeit[6] im grundt der sachen.

k) von Bucer vor der Zeile erg.
l)–*l*) von Bucer über der Zeile erg. und eingewiesen.
m) danach von Bucer gestr.: werden.
n) gestr.
o) vor der Zeile erg.
p) von Bucer korr. aus: allem.
q) die Klammern von Bucer anstelle der Kommata gesetzt.
r) von Bucer über der Zeile erg. für gestr.: praeceptoren.

1. einfach, einhellig. *Götze*, S. 61.
2. Übernahme der Rechte und Pflichten, Rechtsnachfolge.
3. Vgl. Ps 37,14.
4. des auf das Diesseitige und den irdischen Genuß bedachten Lebens. Vgl. dazu BDS 11,2, S. 177, Anm. 1; *Lienhard*, Croyants et sceptiques au XVIe siècle, S. 15–54; *Maron*, Martin Luther und Epikur, S. 29–33 und passim.
5. Kern, Inbegriff. Frühneuhochdt. WB 7, Sp. 858.
6. Einmütigkeit.

Allein ist ettwas vnderscheyds zwüschen vnseren vnd vnserer lieben [s]bruder vnd[s] praeceptoren zu Wittenberg bedencken in zweyen stucken: [t]Das ein[t] jst[u], das wyr meinten, das anklagen der widerchristischen Bischouen solte ettwas weyttleuffiger vnd auch nach den Canonibus, die sie selb nit verwerffen doͤrffen, fur zubringen sein, Vnd[v] das wyr dann auch vff besserung, des wyr sie mit der warheit beklagen, mit allem ernst tringen[1] vnd anhalten[2] solten,[3] Welches[w] v. l.[4] preceptoren | *192*[v] | nit also fur guͦt woͤllen ansehen. Das ander, darinn wyr vns nit gleycher meynung mit vnsern lieben praeceptorn finden, ist in der maß des kirchen gewalts, wie solcher kirchen gewalt den ietzgenanten Bischouen vnd Stifften von vnseren heuͦptern solte angebotten werden, wa sie sich zu Christlicher lehre wolten begeben, jn dem auch [x]vns. gn. h.[5] Landtgraue[x] vnser achtung ein notwendigs bedencken hatt.[6]

Es ist wol im artickul der Communion zu end[7] von der weyß, das h. Abendtmal zuhalten, von v. l. praeceptoren gemeldet, das die Communion solte gehalten werden mit vorgohnder Beycht der Communicanten vnd die priester vor dem tisch stohn vnd nit darhinder sitzen etc. Dise beyde moͤchten wol bey vilen kirchen ein bedencken bringen. Wyr zweyfflen aber nicht, das vnsere praeceptorn die vorgohnde Beycht selb nit meinen von yedermann vnd zu yeder Communion zu erforderen sein, Sonder, wie D.[8] Luther etwan zu denen zu Franckfurt geschriben[9], das genug sein solte, die ienigen zu solicher christlichen beicht vnd vnderricht anzuhalten, die berichts vnd vnderweysens bedoͤrffen.

Als dann die diener alles, das sie vber dem Tisch des herren lesen vnd betten, also lesen vnd betten sollen, das es alles gegenwürtig volck wol verstehe vnd sich darab besseren vnd mit betten moͤge. Auß der vrsachen hatt man es in vilen kirchen also geordnet, weyl die kirchen auch so groß | *193*[r] | sind, das der diener am Tisch staht

s)–*s)* von Bucer über der Zeile erg. und eingewiesen.
t)–*t)* von Bucer vor der Zeile erg.
u) danach von Bucer gestr.: das ein.
v) von Bucer korr. aus: vnd.
w) von Bucer korr. aus: welche; danach von Bucer gestr.: beide meinung.
x)–*x)* von Bucer am linken Rand erg. und eingewiesen für gestr.: E. F. gn.

1. darauf dringen, fordern.
2. bitten, ersuchen.
3. Vgl. Lk 17,3–4.
4. v. l.: unsere lieben.
5. vns. gn. h.: unser gnädiger Herr.
6. Vgl. den Artikel ›Der Geistlichen Gericht halben in Ehesachen‹ in Landgraf Philipps ›Iudicium‹ (CR V, Sp. 674 [Nr. 3133]) und den Brief Philipps an Bucer vom 20. Dezember 1544 (*Lenz* II, S. 278).
7. Wittenberger Reformationsbedenken vom 14. Januar 1545 (CR V, Sp. 591 [Nr. 3114]).
8. Doktor.
9. Brief Luthers an die Prediger zu Frankfurt/Main, der Anfang 1533 im Druck erschien. *Martin Luther*, Ein brieff an die zu Franckfort am Meyn. Wittenberg: Hans Lufft, 1533. VD 16 L 4165 (WA 30 III, S. 558–671; BDS 4, S. 309–310).

gegen dem volck[1], damit er desto baß[2] von allem volck verstanden möge werden, Welche weyße auch in etlichen[y] kirchen zu Rom, in[z] den Meylendischen Bisthumb, [a]sust[3] in Italien vnd zwar auch jn pletzen mit dem hohen fron altar[a][4] gehalten wurdt.

Nach dem dann ein artickul vnser Confession[5] freyheit solcher gebreuchen gibt, achten wyr, vnserer praeceptoren meinung sey nit, das einige kirchen deshalben solten weytter, dann es bey jnen besserlich möchte sein, getrungen werden.

Von der onordnung des sitzens hinder dem tisch wüßte ich nit, wa die sein möchte. Zu Franckfurt sitzen wol die diener hinder [b]oder meer vor[b] dem tisch, weyl man prediget, singet vnd ettliche lectionen liset, zu welcher zeytt vnd handlung die priester auch im papsthumb neben vnd vor den altaren sitzen. Zů den gebetten aber vnd handlungen der h. Sacrament stohn die[c] selbigen diener mit aller andacht vnd reuerentz[6], wie anderßwa[7], wo[d] sie in dem auch gegen dem volck stohn.

Aber diser vnd aller solchen eusseren gebreuch halben zweyfflet vns nit, wa die lehre vnd gebrauch der h. Sacramenten recht gehalten vnd das ander fein vnd ordenlich zur besserung yedes volcks angestellet vnd geübet werde, vnsere lieben herren vnd brůder zů Wittemberg werden[e] diser sachen halben[f] mit nieman[g] streitten.

Souil nun das anklagen der gegenpart belanget, haben wyr alles fleyß erwegen, was vnsere lieben herren vnd praeceptoren, auch [h]vns. gn. h. Landtgraue[h] selb vnd andere in vnserem vorschlage vor[8] | *193*[v] | bedencken haben.[9] Vnd befinden erstlich, das wyr, sovil belanget die, so vns zu beklagen sein solten vnd auch ordnung der klag, desgleychen vrteyl der sachen vff die klage vnd vnser bedencken nit, wie es von vns furgeben, verstanden worden ist.

y) von Bucer über der Zeile erg. für gestr.: vilen.
z) von Bucer über der Zeile erg. für gestr.: vnd in.
a)–*a)* von Bucer am linken Rand erg. und eingewiesen.
b)–*b)* von Bucer vor der Zeile erg.
c) von anderer Hand über der Zeile erg. und eingewiesen.
d) wohl Schrf.: wol.
e) danach von Bucer über der Zeile erg., dann aber wieder gestr.: in.
f) von Bucer über der Zeile erg. und eingewiesen.
g) von Bucer über der Zeile korr. aus: nichten.
h)–*h)* von Bucer am linken Rand erg. und eingewiesen für gestr.: E. F. g.

1. staht gegen dem volck: der Gemeinde zugewandt steht.
2. besser.
3. sonst.
4. Hochaltar. *Lexer* 3, Sp. 530.
5. Bucers Reformationsgutachten vom November 1544, Artikel ›Lehr vnnd haltung der alten Kirchen von der Lehr in den Kirchenn‹, fol. 270r–277r, hier fol. 272r (Edition in BDS 13, S. 133,8–142,6).
6. Ehrbezeugung, Ehrfurcht. *Grimm* 14 (= VIII), Sp. 851.
7. anderswo.
8. für.
9. verschiedene Schriften; vgl. *Lenz* II, S. 292, Anm. 1.

Dann erstlich ist vnser meynung gar nicht, das man dises teyls solle alle genanten geystlichen in der welt anklagen vnd vff ein allgemeine reformation der gantzen Christenheit tringen; das gehört in ein general Concilium.

Wyr haben zuthun mit den Teutschen Bischouen vnd praelaten, deren in ober Teutschen Landen, außgenomen Östereich vnd Beyern, wenig sind, die nit vnsere kirchen mit offembaren widerchristischem gewalt vndertruckenn vnd berauben; die, meyneten wyr, solten durch solliches klar vnd gentzlichs anklagen zum theyl zur besserung, zum theyl zu erleichterung irer Tyranni beweget Oder doch vnser sach gegen jnen besser beglimpffet[1] vnd befridet moͤgen werden.

Es ist auch vnser meynung nit, das man alß bald mit aller klag vnd vff das scherpffist gegen jnen solle herfur brechen, Sonder das man erstlich die klage in gemein vnd mit freundtlichem erbieten fur brechte, Doch der gestalt, das in solchem gemeinem furbringen alles das begriffen vnd gefundiert[2] wurde, das wyr vns gegen jnen zubeklagen haben.

| *194*^r^ | [i]Das sich aber solichs anklagen auff vnser vorgemelt handlung der religion[3], auch auff keiserliche so offt hie vor vnd auff jungst gehaltenem Speirischem reichstage[4] widerumb beschehen vertröstung, wol fiegen[5] solle, nemen wir aus diser rechnung.

Die keiß. Mt.[6] hat vns vertröstet einer handlung, durch die man inn Deudtscher nation komen mochte zu einer christlichen vergleichung der religion vnd der kirchen reformation bis zu einem christlichen, freien National- oder general Concilium. Nun zweifelet daran kein verstendiger Christ, das wir kein christlich general Concilium werden mögen bekommen, es helfe dann der liebe Gott zu vor auch anderen Nationen der genanten Christenheit imm Euangelio so weit, als er vns Deudschen geholffen hat.

Bis dahin aber sollen wol noch fil jare sein, in dem werden wir vns ja nicht durch ein Päpstlich Concilium lassen die verheissung des christlichen Conciliums hin nemen.

Wöllen wir dan nun gut, christlich, einfeltig[7] und richtig auff den nehist[8] Speirischen abscheid[9] vnd verheissung die handlung dises reichstag richten helffen vnd das furgeben vnd forderen, das würcklich[10] diene zu erlangen ein | *194*^v^ | ware vnd

i) von hier bis fol. 197^v^ andere Hand.

1. in gebührender Weise behandelt. Frühneuhochdt. WB 3, Sp. 629.
2. begründet, gesichert. *Grimm* 4 (= IV,1,1), Sp. 542.
3. Bucer meint damit wohl sein Reformationsgutachten vom November 1544 (Edition in BDS 13, S. 77–201).
4. Reichstag von Speyer, 20. Februar bis 10. Juni 1544. *Wolgast*, Art. Reichstage der Reformationszeit, in: TRE 28 (1997), S. 465.
5. fügen, anschließen.
6. kaiserliche Majestät.
7. einfach, einhellig. *Götze*, S. 61.
8. nächsten.
9. Abschied des Speyrer Reichstages vom 10. Juni 1544. Deutsche Reichstagsakten unter Kaiser Karl V., Bd. 15, Teil 4, S. 2244–2285 (Nr. 565).
10. wirkungsvoll.

satte[1] christliche vergleichung der Religion vnd der kirchen Reformation vnd also auch zu einem bestendigem friden inn diser nation bis zu dem General Concilj, welche zeit wol noch seer lang werden vnd der Turck vnd ander obligen[2] halben des fridens wol zum höchsten bedörffen mage. So müssen wir ja fürschlagen vnd vorderen, das die einige war christliche religion[j] vnd bestellung der kirchen durch das gantze reich platz habe vnd der vorigen widerwertigen den, die sie verdammen, erlediget Vnd ein solich gemeinrecht vnd gericht jm reich verordnet werde, das solche religion auch bleiben vnd erhalten möge werden.

Solle dann dise freiheit der waren religion erlanget werden, so muͤssen warlich die Bischoue vnd praelaten sich zu leidlicher[3] christlicher reformation jres stands vnd ampts ergeben vnd doch die verkerungen vnd mißbreuch abstellen vnd besseren, bei welchen die Christliche religion kein statt haben[4] noch dem armen volck recht administriert mage werden.

Dann so lang sie jr vermeinte verkerte Jurisdiction vnd administration erhalten wöllen, so werden onzellig fil kirchen in Deudscher nation müssen wuͤst bleiben[5] vnd täglich grewlicher verwüstet werden, nit allein in jren, [k]der prelaten eigen[k] gepieten, sonder auch in gepieten filer schwachen | *195r* | Herren, Stetten vnd edlen, [l]die sich der gewaltigen prelaten zu fil entsitzen[l][6]. So wirt man auch zu keinem schleunigen recht im Reich kommen mögen.

Weil man dann auff disem reichstage forderen solle[m], wie vor Gott warlich alle glider[7] vnd furneme stende des Reichs schuldig sind, das die Bischoue vnd prelaten wolten jre jurisdiction vnd administration doch inn den aller notwendigsten stucken besseren vnd reformieren, damit die war vnd einige christliche lehr vnd rechter geprauch der h. Sacramenten mit der kirchen zucht könde inn gemein[8] durchs Reich Deudscher nation christlich bestellet werden, so muͤssen jnen ja die selbigen onleidlichen[9] misspreuch vnd verkerungen jres ampts vnd diensts mit christlichem ernst furgehalten werden.

Derhalben wirs nochmals anders nit verstohn könden, dann das vnserer heupter christliche gepuͤr vnd ampt seie, das jnen auch der keis. Abscheid solichs befelhe vnd auflege (weil der forderet, das die Stende fürbringen sollen, wie man zu christlicher vergleichung vnd reformation in diser nation komen möge), der keis. Mt. vnd den

j) im Wort korr.; davor gestr.: refor.
k)–*k)* von Bucer am linken Rand erg. und eingewiesen.
l)–*l)* von Bucer am linken Rand erg. und eingewiesen.
m) von Bucer über der Zeile erg. und eingewiesen.

1. genügende.
2. Pflichten, Schuldigkeiten. *Grimm* 13 (= VII), Sp. 1112.
3. erträglicher. *Lexer* 1, Sp. 1899.
4. statt haben: möglich sein. *Baufeld*, S. 224.
5. Vgl. Prov 29,18.
6. fürchten. *Lexer* 1, Sp. 586–587.
7. Vgl. I Kor 12,12–28 (insbes. 25–26).
8. inn gemein: im allgemeinen. *Götze*, S. 128.
9. unerträglichen. *Götze*, S. 219.

anderen weltlichen Fursten ein mal mit gepurendem ernst völlig anzeigen, wie weit die Bischöue vnd prelaten von jren pflichten abgetretten, wie grewlich sie alles inn irer administration verkeret vnd wie verderblich dadurch die kirchen verwuͤstet worden sind vnd täglich mehr verwuͤstet | *195v* | werden, des erschröcklichsten vnd jämerlichsten seelen mords sich ja alle die schuldig machen, die etwas an dem verlassen, das jnen Gott darwider zu thun verluhen[1] hat.

Das wir aber inn vnserem bedencken so ein völlige vnd weitleuffige anklag der prelaten furgeben vnd sie nit allein in gemein des kirchen verwuͤstens vnd verfolgung des h. Euangeli meinten zu verklagen sein, hat vns dahin beweget, das jr stoltz vnd freche[2] mit dem gemeinen anklagen weder bei jnen selb noch bei dem keiser vnd anderen fursten nit so wol mag darnider geschlagen vnd auch der kirchen hoͤchste not so an tag gebracht werden.

Vnd ob dann wol ir größter grewel ist die verfolgung vnser christlichen lehre, So ist doch das leider bei dem keiser[n], der dise verfolgung solle[o] zum aller grewlichsten treiben, jnen meer ein lob dann ein verklagen, der sich[p] aber dennoch mit jnen[q] anesetzen[3] mußte, wa wir auff sie tringen[4] auch mit jrem versumten rechten vnd dem ernsten verdammen der alten h. Vetter vnnd keiser Vnd dadurch jr Simoneysch[5] vnd Sacrilegisch einkommen in die Bistumb vnd ir so gantz verkerets halten in den selbigen recht[r] inn allen gröberen stücken vor augen stelleten.

Wir sind wie auch v.l. preceptoren[6] des an allen zweifel, das[s] dise leut weit des[t] mehrern theils[7] so verstocket | *196r* | sind, das sie mit keiner lindigkeit[8] zu gewinnen[u] [v]sein werden[v]. Aber[w] wie trotzlich sie sind, zweifeln wir nit, so man sie mit recht gotlichem eifer vnd durch das götliche gesatz vnd dann auch jr selb vnd der christlichen keiser gesetze anklagen vnd alle jre verkerungen jnen vor die augen

n) Schrf.: keisern.
o) von Bucer über der Zeile erg. und eingewiesen.
p) danach gestr.: dē.
q) danach wohl von Bucer gestr.: sich.
r) am Wortende korr.
s) im Wort korr.
t) von Bucer über der Zeile erg. und eingewiesen.
u) danach gestr.: sind.
v)–*v)* von Bucer über der Zeile erg.
w) von Bucer am Ende der Zeile erg.

1. verliehen. *Lexer* 3, Sp. 165.
2. Kühnheit, Keckheit.
3. entsetzen.
4. bedrängen.
5. sc. durch unzulässiges Handeln mit geistlichen Dingen (z. B. Ämterkauf bzw. -verkauf). Vgl. LThK³ 9, Sp. 607–608.
6. Vgl. CR V, Sp. 645 (Nr. 3116).
7. mehrern theils: zum überwiegenden Teil.
8. Milde. *Lexer* 1, Sp. 1925.

stellen wurde; sie wurden sich dennoch schmucken[1] vnd etwas[2] brechen[3] lassen. Dann es seien die leut, wie verrucht sie wöllen, noch wann mann jnen clar vnd mit gepurendem anhalten erzellet vnd anzeiget, das sie alles, das je recht hiesse, so gentzlich vnd grewlich verdammet, wie die Canones[4] vnd Leges[5] mit dem Gottes wort dise leut verdammen, sie werden dennoch inn jnen selb schamrot vnd kleinlauts, Dann Gott seinem wort vnd gericht auch mit würket.

Dis ist auch der vrsachen eine, darumb vns fur notwendig angesehen, das[x] man[y] nit allein [z]diese leut[z] jrer schweren verkerung [a]mit allem vleiß[b][a] anklagen[c] solle, sonder das man auch mit allem ernst auff besserung des selbigen tringen solte, wie dann auch vns allen dises so erschröcklichs kirchen verderben zum höhisten angelegen vnd bekummerlich sein solle.

Ob dann der keiser vns damit gen Trient[6d] weisen wolte[e], hetten wir jm allemal die verheissung eins freien christlichen Conciliums[f] furzuwerffen, welcherlei das Trientisch ie nit ist.[7] | *196*[v] |

Legte er vns dann aberr ein flickwerck[8] für, so haben wir auch das liecht vnd vrtheil Christi zu sehen vnd zu widerlegen, was nit gantz vnd satt christlich ist, Bei den vns der liebe Gott auch wol wie bis her erhalten wirt, wann der Teuffel vnd[g] sein gesind noch so lystig vnd trotzlich were.[9]

x) danach gestr.: dise leut.
y) von Bucer über der Zeile erg. und eingewiesen.
z)–*z)* von Bucer über der Zeile erg. und eingewiesen.
a)–*a)* von Bucer am linken Rand erg. und eingewiesen.
b) im Wort korr.
c) korr. aus: anzuklagen.
d) danach gestr.: (welches Concilium doch wider aufgeschoben sein solle).
e) korr. aus.: wolten.
f) Schrf.: Conliums.
g) danach gestr.: dere (?).

1. schmücken. *Lexer* 2, Sp. 1019.
2. ein wenig.
3. glänzen, funkeln. Frühneuhochdt. WB 4, Sp. 1045–1046.
4. Gesetze des kanonischen Rechts.
5. Gesetze des römischen Rechts.
6. Ein Generalkonzil war von den Päpsten immer wieder aufgeschoben worden. Erst am 15. März 1545 berief Papst Paul III. das Konzil von Trient ein. Es wurde am 15. Dezember 1545 eröffnet und tagte mit Unterbrechungen bis zum Jahre 1563. LThK[2] 10, Sp. 342–352; RGG[4] 6 (2003), Sp. 588–592; *Jedin*, Geschichte des Konzils von Trient (Bde. I–IV mit umfassenden Literaturverzeichnissen).
7. Zu Bucers Stellung vgl. *Druffel*, Kaiser Karl V. und die Römische Curie 1544–1546, v. a. S. 5–6; *Brockmann*, Konzilsfrage, S. 342–344. Bucer äußert sich auch in anderen Werken zur Frage eines Generalkonzils, insbesondere 1545 in ›De concilio‹, Bl. r4a-r4b (BDS 15, S. 224–225) und im Gutachten zur Rekusation des Konzils vom 30. Mai 1545 (BDS 15, S. 25–39), aber zum Beispiel auch im Frühjahr 1545 in ›Wie leicht und füglich‹, S. lxxxviij–xcj (BDS 11,2, S. 413–415), im Frühsommer 1545 in ›Von einigen rechten wegen und mitlen‹, S. 39–40 (BDS 11,2, S. 283,17–284,18) und in ›Christliche Erinnerung‹, S. lxvj, lxxvij–xc und clxviij (Edition in BDS 13, S. 227–336).
8. zusammengestückelte Arbeit, Pfuschwerk.
9. Vgl. CR V, Sp. 644–645 (Nr. 3116).

Das aber bei dem keiser nit zu verhoffen, das er etwas expresse[1] zulassen werde, das dem papst und Hispanien nit gemeint[2], darin wir[h] mit v. l. preceptorn auch einig sind, So wurde doch er vnd seine Bischöue durch dises statliches vnd so klar rechtmessiges auch der rechten, die er noch laßt recht sein, anhalten, dennocht etwas matt gemacht vnd dahin geneiget, wan es ie nit besser sein konde, das er vns dann ein bestendigern friden gebe.

Daneben wurden auch andere stende dadurch zu vns mehr bewegt werden. Warheit und recht wol an tag bracht[3] vnd inn die hertzen getriben, ist wundermechtig[4], furnemlich[i] bei den kinderen der warheit, aber doch wol[j] richtets auch[k] fil aus[l] inn brechen des trotzes der feinden Gottes.

Etwas in christlicher lehre vnd rechtem geprauch der Sacramenten zu enderen oder zu verdunckelen, werden keine christliche Stende gewillet sein.

Das dann des gerichts halben gemeldet wirt, das wir solten die sachen der reformation darumb an die | *197r* | erkantnüs des keisers vnd der fursten stellen muͤssen, wa wir die Bischoue vor jnen anklagten, das deuchte[5] vns nit folgen. Dann wir die klage meineten, nit auff weise weltlichs rechtens, sonder wie sich gepuͤret vnd eignet in Gottes sachen[m] furzubringen. [n]Also nemlich[n], das die keiserl. Mt. vnd die anderen fursten dadurch die grewlichen verkerungen des gantzen kirchen diensts einmal erkenneten vnd dann desto eer zuliessen, durch die Stende selb mittels gotsverstendiger leuthen vnd freuntlicher, christlicher, onuerstrickter[6] handlung[o] die ware reformation suchen. Welche dann die Stende annemmen, so aus Gottes gnaden erkennen köndten, das solche ein war christliche reformation were[7], Vnd die es noch nit fassen köndten, dise doch bei gemeinem christlichen rechten in allem bleiben liessen. Dann wann schon ein Concilium aller welt bei einander were vnd inn dem selbigen lauter Petrj vnd Paulj[8], noch so hette man das endtlich vrtheil der religion, das der herre Christus allein in dem hertzen der seinen sprechen muß durch seinen heiligen Geiste, ann solich Concilium nit zu setzen.

h) korr. aus: wirs.
i) danach gestr.: wol.
j) von Bucer über der Zeile erg. und eingewiesen.
k) von Bucer vor der Zeile erg.
l) danach gestr.: auch.
m) danach gestr.: also.
n)–*n)* von Bucer am linken Rand erg. und eingewiesen.
o) danach gestr.: der selbigen.

1. ausdrücklich.
2. Vgl. CR V, Sp. 645–646 (Nr. 3116).
3. Vgl. I Kor 4,5.
4. zu wunderbarer Wirkung. *Grimm* 30 (= XIV,2), Sp. 1924.
5. dünkte.
6. unabhängiger, freier. *Grimm* 24 (= XI,3), Sp. 2106.
7. Vgl. Kol 1,6.
8. Anspielung auf das Apostelkonzil (Act 15).

Das dann v. l. preceptoren melden, man seie mit keiner form gemeiner Reformation | *197v* | gefasset vnd wurden sich die Stende fillicht solcher formen nit bald vergleichen mögen,[1] Achten wir, das, so fil die hauptstuck Christlicher Reformation belanget, leicht alle Stende gern bewilligen werden in jr fassung dauon; vnd ob[2] andere Stende etwas darinn wurden zu enderen [p]oder besser zu erkleren[p] begeren, wirt das freilich inn gar geringem sein des v. l. preceptorn auch kein bedencken werden haben.

So fil aber der Bischeuen vnd Stifften stende, des gleichen die kirchen güter belanget, konden die Stende sich leicht eines [q]General[r][3] erbieten[4] vom zeitlichen[q] erbieten[s] vergleichen[5]. Das wir nemlich dieses theils vns, so fil dise stück belanget, also beweisen[6] wolten, wa Gott hilffe, das man sich der notwendigen stück von christlicher lehre, brauch der h. Sacramenten vnd kirchen Zucht koͤnde vergleichen, das man sehen solte, das wir niemands ehre ader nutz begereten, sonder[t] | *198r* | [u]sůchten vor allem vnd pur das reich Gottes.[7]

Dan wir auch nit glauben, das ieman vnder den christlichen stenden sein solte, der nit in der warheit wol zufriden sein wurde, wa das erlanget möchte werden, das die reine lehre christi vnd rechter geprauch der chr.[v] Sacramenten mit den notwendigen stucken christlicher zucht im Reych iren freyen gang hetten, Ob man gleich den Bischouen noch fil im eusserem thun vnd kirchen gutern vber alles billichs solte nachgeben.

So achten wir auch, das wenig stend seyen, die von kirchen gutern etwas weiters, dann die notwendige bestellung der Ministerien vnd schůlen vnd steur[8] der armen[w] erfordret, begeren. Bey[x] vnsern herren allhie stoht es gewißlich also, wie sie es auch bißher mit der that bewysen haben.

Weil nun dem also, so were ia leicht ein general erbieten solicher billicheit zustellen, das vnseren Stenden allen gemess sein konde.

p)–*p)* von Bucer am linken Rand erg. und eingewiesen.
q)–*q)* von Bucer am linken Rand erg.
r) general auch im Text, nicht gestr.
s) wohl Schrf.: ernbietens.
t) Das Wort steht auch auf fol. 198r.
u) von hier bis zum Ende andere Hand.
v) über der Zeile erg. und eingewiesen.
w) danach Buchstabe gestr.
x) im Wort korr.

1. Vgl. CR V, Sp. 646–647 (Nr. 3116).
2. wenn.
3. allgemeinen Konzils.
4. Anbieten.
5. einigen.
6. verhalten, präsentieren. Vgl. Frühneuhochdt. WB 3, Sp. 2255–2256.
7. Vgl. Mt 6,33.
8. Unterstützung. *Lexer* 1, Sp. 1202–1203.

Nach dem dann auch leider bei nieman besonders hoffnung ist, das man sich mit den Bischouen, der lehre vnd Sacramenten mit notwendiger christlicher zucht[1] diser zeit vergleichen werde, So ists auch so fil besser, das man inen das erbieten vom gewalt vber die kirchen mit gemeinen [y]vnd onvergeßlichen[y] worten vnd nit so reyhlich[2] oder auch so eigentlich thue.

Seytenmal[3] dann auch vnsere lieben herren vnd praeceptoren christlich vnd weißlich ermanen, das man das war predigampt seines h. Euangeli, das der herr seiner kirchen selb gibt vnd | *198v* | erheltet, von dem Regier ampt in den kirchen, das man an besondere personen, Stedt[4] vnd Succession[5] binden will, vnderscheiden vnd wissen solle, das gott diß predig ampt seinen kirchen also befolhen, das sie selb tauglich personen dar zů wehlen sollen.[6] So versehen wir vns gentzlich, das vnsere lieben herren vnd bruder der meinung auch nit sein werden, das man die wahl, bewehrung[7] vnd einsetzung der diener vnd seelsorger in diß hohe vnd geistliche, auch gantz notwendiges ampt den kirchen vnd ordenlichen obren entziehen vnd die wider heimstellen solte den genanten Bischouen vnd praelaten, wenn sich die gleich wol in vns jn der lehre verglichen.

Dann ob gleich die ietzund in[z] disen stenden sind, sich von hertzen vnd gentzlich an die lehre christi begebenn, wer weiß, was fur leut inen mochten nachkommen, bevorab[a] wa die wahl solte bei den Capitulen[8] allein bleybent[b], die mit leuten besetzet sind, wie wir sehen. Auch[c] nit bald[d] so wol besetzet werden, es wurt bei den gemeinden christi meer verstands vnd eyfers zů diser wahl, bewerung vnd verordnung befunden werden dann bei den gemeinen capitulen.

Es haben auch die alten, lieben heiligen soliche bestellung des geistlichen predig ampts, welches sie dann allein das war christlich Bischoues vnd priester ampt erkennet vnd gehalten haben, darumb den Bischouen fürnemlich doch allwegen vff wahl vnd bewerung der gantzen christlichen gemeinde befolhen, das die Bischoue die aller erfarnisten, bewertisten | *199r* | vnd geistreichisten zu sein pflegten. Vnd wann es auch an dem fehlete, haben die alten kirchen kein stadt[9] oder succession angesehen[e], die ontauglichen Bischoue vnd priester verworffen vnd taugliche gesetzet,

y)–*y)* von Bucer am linken Rand erg. und eingewiesen.
z) danach gestr.: s.
a) Schrf.: be vorab.
b) danach Buchstabe gestr.
c) korr. aus: auch.
d) von Bucer am linken Rand erg. und eingewiesen.
e) im Wort korr.

1. Vgl. Tit 2,12.
2. reichlich, üppig, ausufernd. *Götze*, S. 175.
3. Da ja. *Götze*, S. 199.
4. Status, Stand. *Götze*, S. 206.
5. Übernahme der Rechte und Pflichten, Rechtsnachfolge.
6. Vgl. CR V, Sp. 595–603 (Nr. 3114), hier v. a. Sp. 596–597.
7. Prüfung, Examinierung. Frühneuhochdt. WB 3, Sp. 2287.
8. Domkapiteln, Domstiften. *Baufeld*, S. 139.
9. Status, Stand.

wie man das klare zeugknuß hat bei dem h. Cypriano, der diß recht der kirchen, Ep[isto]la 4. lib. 1.[1] auß klaren schrifften gewaltig erweyset.

Derwegen meinten wir, wenn schon Gott gebe, das sich die genanten Bischoue vnd Capitel zu christlicher lehre vnd folgends in handlung vmb gemeine Reformation mit vns begeben wolten, das inen dennoch die ordination nit zu befelhen sein solte, weil die ein werck ist der aller geistreichsten, so in den kirchen christi sein mögen[f]. Das sie aber hulffen, die Examination halten vnd die wahl solicher diener der[g] kirchen richten vnd beweren[2] (vnd doch das selbige auch mit den obren vnd furnemen gemeinden christi), das hette weniger fahr[3], Dan ia immer zu verhieten[4], das das geistlich predig ampt in der hand vnsers herren Iesu vnd seiner kirchen frey gelassen vnd an keine personen, herrlicheiten oder succession gepunden werde, Wie vnsere lieben herren vnd bruder selb wol vnd notwendigklich erinneren.

Vnd seiten mal[5] in solichen hendlen die kirch christi, seinen lieben gesponsen[6] belangen, zum geflißnesten daruff sehen solle, das alle ding der kirchen vnd sie christi sein vnd bleiben, 1. Cor. 3[7], So were ia billich, wie man ioch[8] den kirchen gewalt, so man disen leuten wolte vertrawen, messigete[9], das man doch da bei wol versehe, das die christliche gemeinden | *199v* | vnd die obren in den selbigen ir gotlich recht, das alle Canones vnd die keiserliche Leges so ernstlich fordren, doch etlicher massen wider erobren mochten.

Der liebe Cyprianus[10] zeiget vnd erweysets auch auß dem Gottes wort, das das gotliche gesetz erfordere, das die wahl, ein- vnd absetzung der Bischouen vnd priestern bei den christlichen kirchen stohn solle.[11] So dann dise herren so fil gwalt haben solten vber die geistlichen kirchen diener vnd iren dienst mit ir Examination, Visitation, Synoden vnd den kirchen gerichten, so were es ia den kirchen gantz gefehrlich, solte man diser Bischouen wahl den gemeinen Capitulen freylassen, welche sie doch erst in kurtzen iaren dermassen an sich bracht haben, das sie die obren vnd das volck dar von außgeschlossen haben wider alle Canones vnd leges. Ia an etlichen orten werden die gemeinden noch vmb iren Consenß befraget.

f) im Wort korr.
g) von Bucer am Rand erg.: quantum concedentur vulgaribus Episcopis.

1. *Cyprian*, Epistola 67 (De Basilide et Martiale),5–6 (PL 3, Sp. 1028–1030; CChr.SL 3C, S. 454–457).
2. bestätigen.
3. Gefahr, Unsicherheit, Nachteil. *Götze*, S. 72.
4. verhüten.
5. seiten mal: zumal, da ja.
6. Bräutigam. *Götze*, S. 105.
7. Vgl. I Kor 3,9.23.
8. wie … ioch: wie … auch immer. *Baufeld*, S. 137.
9. beschränkte, verringerte.
10. *Cyprian*, Epistola 67 (De Basilide et Martiale),3–5 (PL 3, Sp. 1025–1028; CChr.SL 3C, S. 450–456).
11. Vgl. I Tim 3,1–7.

Vnd ob wol etwan onruw entstanden, da die walh der Bischouen bei dem volck ware, so sind doch mit solcher walh bei den Apostolen vnd hernaher vber die tausent jar alle fromen kirchen diener erwehlet worden. So, seyt dem die wahlen an die Capitel allein gezogen, fast alles durch offentlich[1] Simony[2] vnd boͤse practicen verwustet stet vnd den kirchen lauter Antichristen vffgetrungen worden sein. | *200r* |

Wir hetten auch nit zweyffel, [h]gebe gott[h], das dise Bischoue vnd Capitel sich zu christlicher lehre begeben; es solte bei inen auch das on muhe zu erlangen sein, das man[i] auch mit iren wahlen[j], des gleichen mit messigung ires gwalts vber die kirchen diener vnd -hendel in anderer herren gepieten gelegen[k], [l]ein soliche vergleichung mit inen treffen konde vnd[l] bestellet[m], das vom[n] volck kein onruwe zu befaheren[3] vnd[o] doch die obren der landen vnd stetten, vber welcher kirchen die Bischoue etwas gewalts haben solten, mit[p] versehen vnd helffen konden, das die kirch christi, deren doch alles sein vnd dienen solle, durch solicher leut gewalt gepessert vnd mit nichten verkurtzet[4] wurde.

Das ist auch das götlich recht, das iede ordenliche oberkeit der kirchen, in iren gepieten gelegen, patron vnd[q] pfleger sein vnd das inen[r] alle seelen vnderthon sein sollen. Darumb dem Götlichen rechten nit gemeß were[s], disen neben gewachsen fursten[5] gwalt vber die kirchen vnd kirchen diener in anderen gepieten zugeben, die oberkeiten der selbigen gepieten von versehung solicher kirchen vnd auch von der bestellung solichs gwalts aussgeschlossen.

Das solche kirchen fursten die land, die sie ietzund (wie wol anders nit dann von irer kirchen wegen) inhaben[t], regiereten wie biß her, wurdt nieman beschwerlich sein, wa sie allein den kirchen das leysten, das sie inen[u] auch hie vor zu leysten

h)–*h)* Umklammerung gestr.
i) von Bucer am linken Rand erg. für gestr.: sie sich dennoch.
j) im Wort korr.
k) danach gestr.: also.
l)–*l)* von Bucer am linken Rand erg. und eingewiesen.
m) im Wort korr.; danach gestr.: wurde.
n) von Bucer über der Zeile erg. für gestr.: durch das.
o) danach gestr.: dennoch ordenlich.
p) von Bucer über der Zeile erg. und eingewiesen.
q) von Bucer über der Zeile erg.
r) wohl Schrf.: iren.
s) im Wort korr.
t) danach gestr.:).
u) von Bucer über der Zeile erg. und eingewiesen.

1. offensichtliche, offenkundige.
2. Handel mit geistlichen Dingen (z. B. Ämterkauf bzw. -verkauf). Vgl. LThK^{3} 9, Sp. 607–608.
3. etwas befürchten, sich wegen einer drohenden Sache Sorgen machen. Frühneuhochdt. WB 3, Sp. 452.
4. geschwächt.
5. neben den ordentlichen Obrigkeiten erwachsenen Fürsten, sc. Fürstbischöfen.

schuldig gewesen sind, [v]vermoge der rechten, die durch kein vertorung[1] hinfallen, noch weniger jn vnrecht werden.[v] | *200v* |

Es were wol nit besserlich, die strenge der alten menschlichen Canonum gegen disen leuten fur zu wenden. Welche Canones aber götlichs rechtens sein, die mussen gelten, was missbreuch dagegen, bei disen oder anderen vffkommen sind.

War ist auch, Es kinden grosse weltliche herren auch den kirchen fil gůts thun, wie Dauid, Hiskia vnd andere gethon.[2] Darumb mögen auch dise kirchen fursten neben der regierung der landen den kirchen fil rath schaffen. Noch[3] fordret als[4] das gottes wort, das die administration der Religion durch die on mittel verwaltet werde, die aller anderen geschefften frey sich an disen dienst allein vnd gentzlich ergeben haben Vnd das auch die selbigen der handt vnd dem geist Christi in allen frey gelassen werden.

So fordret auch gottes wort, wie gesagt, das soliche war geistliche diener[w] der kirchen ieder der oberkeit vnderthon seye, in deren gepiet er dienet. Darumb ia von nöten, das der Kirchen fursten gewalt vber die kirchen vnd kirchen geschefft also gemessiget werde, das beide[5] die diener der Religion, christo, dem herren, vnd seiner kirchen frey[6] vnd auch iedes orts oberkeit an irem ampt vnd befelch vber alle seelen vnd zu gůt den kirchen mit nichten verhindret werde.

Dann was onrichtigkeit vnd auch verhinderung beider regierung bracht habe, das der Bischouen Jurisdiction hie vor on zuthun der ordenlichen oberkeiten iedes orts so weit vnd frey gangen ist, hat man wol erfaren [x]vnd erferet es nach teglich[x]. | *201r* |

Es melden vnsere lieben praeceptoren vnder andrem auch das fur ein vrsach, das die fursten mit weltlichen geschefften zu fil beladen sind, das sie der kirchen geschefft nit wol auß[y] warten[7] konden.[8] Nun dann dise kirchen fursten gleich so wol mit weltlichen geschefften behafftet sind, wurdt ia die notturfft der kirchen erfordren, das man iren gwalt vber die kirchen so messige, das die ordenlichen obren vnd die, so die religion on mittel verwalten sollen, durch sie in iren diensten befordret vnd nicht verhindert werden.

Das Euangelion enderet ia die eusseren oberkeiten vnd stendt an inen selb nicht; es machet sie aber alle an den christen dem reich christi dienstpar vnd freyet[9] die kirchen christo, dem herren, von allenn dem, das dem dienst der freyen seelsorge in

v)–*v)* von Bucer am Seitenende erg.
w) im Wort korr.
x)–*x)* von Bucer am Seitenende erg.
y) danach gestr.: walten kond.

1. leichtsinniges, törichtes Vertun. Vgl. *Grimm* 25 (= XII,1), 1892–1893; *Lexer* 3, Sp. 271.
2. Vgl. II Reg 18,1–4.
3. Dennoch.
4. so, wie im folgenden ausgeführt. Frühneuhochdt. WB 1, Sp. 845.
5. beide ... vnd: sowohl ... als auch.
6. frei (sind).
7. auß warten: ausüben, verrichten.
8. CR V, Sp. 599 (Nr. 3114).
9. befreit.

einigen wege möchte entgegen [z]oder verhinderlich[z] sein. Darumb gar wol daruff zusehen, das wir keinen gewalt vber die kirchen christi setzen oder zulassen, dann der inen[a] möge zur besserung gereychen.[1]

Die widerchristen haben ire tyranney vber die kirchen ia fil zu lang ingehabt. Noch[2] praescribieret[3] wider die Kirchen im geistlichen kein zeit. Vnd so die weltlichen herren ire zeitliche recht etwan nach so langer zeit doch wider zu erobren, also fil Fleiß ankeren, so gepuret sichs warlich, das man sich vmb das geistlich vnd ewig recht der Kirchen fil meer bekümmere.

| *201v* | Aber ich hatte nit zweiffel – gebe der liebe gott, das man sich mit disen leuten der christlichen lehre vergliche –, man wurde sich ires gwalts auch leicht mit inen vergleychen mögen. Sie haben doch one das[4] nit gern zu fil mit den geistlichen hendlen zuthůn. So wöllen wir inen am zeitlichen nichts nemen oder abbrechen.[5]

Summa[b]: Derhalben wolten wyr[c] wunschen, das die k. Mt. von[d] vnseren heupteren angesucht wurde aller dinge, wie die form gestellet ist, [e]welche der durchleuchtigest vnser gn[ädig]ster h. der Churfurst von Sachsen vns. gn. h. landtgrauen hat[e] zugesandt. Allein in der form der Reformation, welche dem keiser mit solcher schrifft vberantwortet solte werden, wolten wyr[f], das das anbieten der gewalt, so man den ietzigen Bischouen gewillet were vber die kirchen zulassen, in gemein allein vnd mit gewarsamen[6] worten beschehe. Sust was[7] vnsere lieben herren vnd praeceptoren von der lehre den[g] sacramenten vnd den notwendigen stucken der kirchen regiment vnd gehorsame gestellet haben, das wurt nit wol zu verbesseren sein; Allein, das in etlichen onnoͤtigen stucken etwas wenigs zu der gelegenheit anderer kirchen meer gemessiget[8] werde[h].

Dann einmal were gantz geferhlich vnd auch vnserem vorigen entpieten vnd profession ongemeß, wenn das Concilium schon nit angesetzet were (welches auch

z)–*z)* von Bucer am linken Rand erg. und eingewiesen.
a) Schrf.: iren.
b) von Bucer am linken Rand als Marginalie erg.
c) von Bucer über der Zeile erg. für gestr.: ich.
d) danach gestr.: vn-.
e)–*e)* von Bucer am linken Rand erg. und eingewiesen für gestr.: die E.f.g. [...].
f) von Bucer erg. und eingewiesen.
g) am linken Rand erg. und eingewiesen.
h) korr. aus: wurde.

1. Dieses Argument entwickelt Bucer besonders in seinem Gutachten für den Hamburger Rat (BDS 12, S. 526,27–527,3).
2. Dennoch.
3. zeichnet ... vor, sieht ... vor.
4. one das: ohnehin, außerdem.
5. *Bucer*, ›Von Kirchengütern‹, Bl. g[b] (BDS 12, S. 464). Vgl. dazu *Wolgast*, Hochstift, S. 48.
6. vorsichtigen.
7. Sust was: Was sonst.
8. beschränkt.

schon wider vffgeschoben sein solle, ist anders was[i] der Paungartner[1] von Augspurg dem Rhellinger[2] hieher geschriben hat[3]), das wir das keiserlich erpieten | *202r* | von der vergleichung vnd Reformation solten hinfallen lassen vnd kein ernstes anregen daruon thůn, Ob wir gleich alle wenig hoffnung haben, fil zu erlangen. Dann wir in disen sachen des herren nit alß fil sehen sollen, was der menschen halben zuhoffen, als was Gott gepeutet[4].

Die fursten vnd stende des reichs sind alle gemeine heupter vnd fürnempste glider Deutscher nation, welche [j]nun lengist vber[j] grewlich trücket, die sind des verlaßnen, verachteten vnd verfolgeten Euangeli. Darumb sollen sie, wenn sie meer nit vermoͤgen, doch dapffer schreyen wider dise aller grewlichste sunde, wann inen dis[k] einige gelegenheit entgegen geht.

War ists, so der herr geben wolte, das täglich meer stende zu vns kemmen; so wurde das werck gemeiner Reformation immer zeitiger[5]. Aber[l], lieber herr gott, wer hilffet[m] die weil so fil tausent armen seelen, ia kirchen, die vnder den papstleren verderbenn, deren fil selb gern besserung annemen, wenn es nur vom keiser zugelassen vnd die verdampten abscheydt darwider ein mal abweren.

Zum anderen zerfallen alß[6] die sachen, die weil auch bei vns selb brechen teglich schwere ergernüssen ein; wir halten an filen orten weder visitationen noch Synodos, wie [n]wir mit allen andern predigern zu[n] Schmalkalden vff dem letsten tage[7], vff dem wir prediger gewesen, | *202v* | [o]gegen geklaget vnd[o] [p]drumb alle[p] gemeinlich vmb die Synodos [q]gepetten haben[q], Aber[r] es[s] domals vnd seither ist[t] furgewendt

i) Dittographie: was was.
j)–*j)* von Bucer am linken Rand erg.
k) korr. aus: das.
l) korr. aus: aber.
m) korr. aus: hiffet.
n)–*n)* von Bucer am linken Rand erg. und eingewiesen für gestr.: ich, E.f.g., offt geklaget z[u].
o)–*o)* von Bucer am linken Rand erg.; davor gestr.: geg.
p)–*p)* von Bucer über der Zeile erg. für gestr.: batten wir.
q)–*q)* von Bucer über der Zeile erg. und eingewiesen.
r) korr. aus: aber.
s) danach gestr.: wurde.
t) von Bucer über der Zeile erg.

1. David Baumgartner (Baumgärtner von Baumgarten), 1517–1567, Freiherr zu Hohenschwangau und Erpach, altgläubiger Politiker, Angehöriger des Augsburger Geheimen Rates, später kaiserlicher Rat. NDB 1 (1953), S. 663 (hier 1521 als Geburtsdatum); MBW, Bd. 11, Personen A–E, S. 123–124; Prosopographie Augsburger Eliten, S. 18–20.
2. vermutlich Wolfgang Rehlinger, gest. 1557, in der Zeit von 1534 bis 1541 viermal Bürgermeister in Augsburg, Anhänger der Reformation. NDB 21 (2003), S. 281–282; Prosopographie Augsburger Eliten, S. 672.
3. Welches Schreiben Baumgartners an Rehlinger gemeint ist, ließ sich nicht feststellen.
4. gebietet. – Vgl. Prov 16,9; Ps 56,12.
5. ausgewachsener, reifer. – Vgl. CR V, Sp. 645–646 (Nr. 3116).
6. ebenso. *Baufeld*, S. 7.
7. Bundestag von Schmalkalden, 3. März bis 13. April 1540. Vgl. dazu BDS 9,1, S. 79; *Haug-Moritz/Schmidt*, Art. Schmalkaldischer Bund, in: TRE 30 (1999), S. 227; *Haug-Moritz*, Der Schmalkaldische Bund, S. 67–68, 429–430 und passim.

worden[u], man wolte vor sehen, wie sich die sachen gemeiner Reformation, so der keiser vorschliege, schicken wolte.[1] Nun[v] tringen wir vff die nicht vnd lassen vnser selb besserung auch anstohn; des begeben sich teglich fil ding, daruber wir billich alle vns hoch bekummeren solten.

Das man von zeitlichem friden fil will sagen,[2] so greyfft mans doch, das der nit satt[3] mage gemacht werden on ein gemein recht. So kan kein gemein recht gestellet werden on gemeine gesetze. Die selbigen kan man dann ie nit setzen, wo man der Religion onuerglichen bleibet. Es were dann, das man frey zugebe, wer vnser Religion sein wolte, dar kein sollichs solte zugegeben sein. Dahin hat sich aber der keiser noch nie bewegen[w] wöllen lassen oder [x]auch obristen[x].

Jm fürschlag der Reformation des kirchendiensts[4] ist eins, das wyr[y] gar gern wolten, clar vnd ernstlich gemeldet werden. Es ist der fürnemen geheimnussen eine des Antichristes: Das er alle Gottes hendel in den kirchen mit frembder sprachen verduncklet, also das die armen leut in filen nationen nichts[5] vberal doͤrffen in irer sprach von gott lesen, kein Euangelion oder einige goͤtliche schrifft, welche[z] die päpstlichen Theologen fur | *203r* | recht erkennen, oder auch Gott in irer sprach anrüffen, sonder mussen zů Latin betten, welches nůn der Keiser im Niderland[6] auch solle gepotten haben[a][7]. Nun will aber vnser herr, das sein »Euangelion allen creaturen also gepredigt werde«[8], das ein ieder das in seiner sprachen[b] höre, wie am pfingstag geschahe[9]; darumb auch der herre die gabe der sprachen gegeben hat. Es koͤndent auch die päpster mit einigem schein nit verantworten, das sie alle Gotteshendel zů Latin verrichten bei denen voͤlckeren, die das Latin in gemein nit verstohn. Welches alle alten fur ein heidnisch onsinnig thun gehalten hetten, wie es auch[c] bei

u) von Bucer über der Zeile erg. und eingewiesen.
v) danach Buchstabe gestr.
w) danach gestr.: la.
x)–*x)* von Bucer unter der Zeile erg.
y) von Bucer über der Zeile erg. für gestr.: ich.
z) danach gestr.: schon.
a) danach gestr.: bei 80 Carols guldin.
b) von Bucer korr. aus: sprach.
c) danach gestr.: keiner.

1. Vgl. *Lenz* I, S. 159.
2. Vgl. CR V, Sp. 646 (Nr. 3116).
3. gut, ausreichend.
4. Artikel ›Vom Predigampt und Bischoflichem Regiment‹. CR V, Sp. 595–603 (Nr. 3114).
5. nichts vberal: überhaupt nichts.
6. im Niderland: in den Niederlanden.
7. Das Edikt Kaiser Karls V. vom 18. Dezember 1544 wurde die Bücherzensur außerordentlich verschärft. Das Gerücht des Verbots der einheimischen Gebetssprache war dagegen offenkundig falsch. Zum Verbotshandeln Karls V. vgl. *Fühner*, Die Kirchen und die antireformatorische Religionspolitik Karls V., S. 298 f.
8. Mk 16,15.
9. Vgl. Act 2,4–11.

inen onerhöret gewesen [d]vnd noch[e] ist bei den Iuden, Armeniern, Schlauen[1] vnd[f] anderer nationen[g] meer[d]. Dann das 14. cap. der ersten zun Corinthiern[2] staht gar gewaltig darwider. Vnd wolte gott, das die leut diß capitel fleissig lesen vnd erwegen wolten.

Derhalb wolten[h] wir[i] gern, das in vnseren furtrage das auch gesetzet wurde, wie not es were, das alle handlung der Religion – nit allein des tauffs – dem armen volck furbracht vnd geubet wurde in der sprach, die es verstunde, das es da durch auch gebessert möchte werden [j]vnd des man getrewlich befurdert, das die gantze Gottliche Schrifft dem volck in der kirchen wie die alte allgemeine[k] kirchenordnungen vermage[j].

[l]Martinus Bucerus
Caspar Hedio[3]
Mathias Zeell[4]
Paulus Fagius[l][5]

d)–*d)* von Bucer am linken Rand erg. und eingewiesen.
e) danach gestr.: weder.
f) über der Zeile erg. für gestr.: oder.
g) danach gestr.: ge.
h) korr. aus.: wolte.
i) über der Zeile erg. für gestr.: ich.
j)–*j)* Bucers Hand.
k) von Bucer am linken Rand erg. und eingewiesen.
l)–*l)* eigenhändige Unterschriften.

1. Slawen.
2. I Kor 14,11.19.
3. Kaspar Hedio, 1494–1552. Seit 1523 Straßburger Münsterprediger, Kirchenhistoriker. LThK³ 4, Sp. 1236; *De Lange/Wilhelmi*, Martin Bucer, S. 34.
4. Matthäus Zell, 1477–1548. Leutpriester, dann beliebter Prediger, Mitarbeiter Bucers und treibende Kraft bei der Einführung der Reformation in Straßburg. LThK³ 10, Sp. 1416; *de Lange/Wilhelmi*, Martin Bucer, S. 32.
5. Paulus Fagius (Büchelin), 1504–1549. Hebraist, seit 1544 in Straßburg, emigrierte im April 1549 mit Bucer nach Cambridge. NDB 4 (1959), S. 744; *de Lange/Wilhelmi*, Martin Bucer, S. 65–66.

Nr. 11
Appellation Hermanns von Wied

10. Juli 1545

bearbeitet von Thomas Wilhelmi

1. Entstehung und Inhalt

Kaiser Karl V., der die Appellation des Kölner Domkapitels, der Universität und der Geistlichkeit vom 9. Oktober 1544 angenommen hatte, erließ am 27. Juni 1545 für diese Appellanten einen Schutzbrief.[1] Dagegen legte der Kölner Erzbischof Hermann von Wied[2] mit der vorliegenden Appellation förmlichen Protest ein und wandte sich damit an ein einzuberufendes deutsches Nationalkonzil oder an einen Reichstag.[3]

Daß Bucer den Entwurf dieser Appellation im Auftrag des Erzbischofs erstellt oder daran mitgewirkt hat, läßt sich nicht verläßlich belegen. Der Duktus und der Inhalt der Appellation deuten aber darauf hin. Für diese Annahme spricht auch die Darstellung des Kölner Kirchenhistorikers Arnold Meshovius aus dem Jahre 1620: »Quod cum ille negligeret, ac aliquo tempore post, Procuratorem cum Appellatione quadam inani, et ab haereticis conflata, qua, qua se prugare (sed frustra) nitebatur, nec interim a proposito recederet, Imperator [...] significavit.«[4] Dieser Darstellung zufolge haben Ketzer an der Abfassung mitgewirkt. Damit dürfte in erster Linie Bucer gemeint sein, der ja den Erzbischof vom Herbst 1542 nach Kräften unterstützt und ihm mehr als einmal die Feder geführt hatte, was der gegnerischen Seite sehr wohl bekannt war.

Hermann von Wied übergab seine Appellation mit der von Johann Rutgers[5] verfaßten Einleitung am 10. Juli 1545 auf seinem Schloß Brühl bei Bonn in Anwesen-

1. ›Romscher Keiserlicher Meiestat, vnsers aller gnedigsten Herren Protection vnd Beschutzung eins Erwirdigen Dhomcapittels, Gemeiner Clerisey, vnd Vniuersitet zu Cöllen, sampt jrer Christlichen Appellation Adherenten. Vff dem jtzigen Reichstage zu Wurmß außgangen‹. Mainz: Franciscus Behem, 1545. Schlüter, Flug- und Streitschriften Nr. 126. VD 16 D 1112. Derselbe Text liegt auch in einem bibliographisch nicht nachgewiesenen Druck des Kölner Druckers Jaspar von Gennep vor (Exemplar im Hauptstaatsarchiv Dresden, 10024 Geheimes Archiv, Loc. 10185/1, fol. 110–113).

2. Hermann von Wied (1477–1552), Kurfürst und Erzbischof von Köln (1515–1547). *Bautz* 2, Sp. 756–759; *Varrentrapp*, Hermann von Wied; *Sommer*, Hermann von Wied; *Gatz*, Die Bischöfe des Heiligen Römischen Reiches, S. 755–758.

3. *Piel*, Geschichte des ältesten Bonner Buchdrucks, S. 52; *Drouven*, S. 250–259; *Varrentrapp*, Hermann von Wied, S. 255 f.; *Ennen*, Geschichte der Stadt Köln IV, S. 506 f.

4. *Meshov/Isselt*, De bello Coloniensi, S. 149; *Meshov/Isselt*, Religionsgeschichte der Cölnischen Kirche, S. 219 f.

5. Johann Rutgers von Ahrweiler, Kölner Kleriker, Sekretar des weltlichen Gerichts in Bonn, Notar. *Schlüter*, Flug- und Streitschriften, S. 223, 254 f. und 458.

heit eines Rechtskonsulenten und eines Notars dem Bonner Dekan Adam Richardi.[1] Am 21. Juli 1545 erfolgte auf diese Appellation die Antwort des Kölner Klerus und der Universität.[2]

Die Appellatio liegt in einer lateinischen und einer deutschen Fassung vor. Der ursprüngliche Text ist der lateinische; die deutsche Fassung ist eine nachträglich wohl in Bonn angefertigte Übersetzung[3], die vermutlich ebenfalls im Juli 1545 bei Laurentius von der Mülen im Druck erschien.

2. Überlieferung

I. Lateinische Fassung:

A:
REVERENDISSIMI || IN CHRISTO PATRIS AC DOMINI, || DOMINI HERMANNI, SANCTAE COLONIENSIS || Ecclesiæ Archiepiscopi, sacri Romani Imperii per Italiam Archican- || cellarii, Principis Electoris, Westphalię & Angarię Ducis, Legatiquè || nati et Administratoris Ecclesię Paderbornensis, Appellatio contra || certos, quosdam homines ex Venerabili Capitulo Coloniensi, Clero || item & uniuersitate, eorumquè præsumpta siue grauamina, siue appel || lationem, nuper interposita: ex qua pius lector cognoscet, quicquid à || prędicto Archiepiscopo pro augenda & amplificanda gloria || Dei, eiusque Ecclesia ritè & sanctè administranda piè susci || pitur, uniuersum illud à quibusdam aduersariis || parum liberaliter in criminatio- || nes adduci.

[Bonn: Laurentius von der Mülen] 1545.

2°, 12 Bl. (letztes Bl. leer).

VD 16 ZV 18285. *Schlüter*, Flug- und Streitschriften, Nr. 129; *Piel*, Geschichte des ältesten Bonner Buchdrucks, S. 86 (Nr. 28).

Benutzte Exemplare: Berlin SB (Signatur: Dg 3901, Nr. 7) und Gotha FLB (Signatur: Chart. A 451, Bl. 246–257).

1. Adam Richardi († 1551), Dekan des Bonner Münsterstifts St. Cassius (1523–1551). *Gropper*, Briefwechsel, Bd. 1, S. 126, Anm. 1 und Bd. 2, S. 304, Anm. 2; *Höroldt*, Das Stift St. Cassius zu Bonn, S. 217; *Ennen*, Geschichte der Stadt Köln IV, S. 506.
2. Drucke von Jasper Gennep, Köln. *Schlüter*, Flug- und Streitschriften Nr. 136 (VD 16 K 1794) und 137.
3. »Auß dem Lateinischen verteutscht. Anno XLV.« (in der deutschen Fassung am Ende der Vorrede).

B:
REVERENDISSIMI || IN CHRISTO PATRIS AC DOMINI, || DOMINI HERMANNI, SANCTAE COLONIENSIS || Ecclefiæ Archiepifcopi, facri Romani Imperii per Italiam Archican= || cellarii, Principis Electoris, Weftphaliæ & Angariæ Ducis, Legatiquè || nati, et Adminiftratoris Ecclefiæ Paderbornenfis, Appellatio contra || certos quofdam homines ex Venerabili Capitulo Colonienfi, Clero || item & Vniuerfitate, eorūquè præfumpta fiue grauamina, fiue appel || lationem, nuper interpofita: ex qua pius lector cognofcet, quicquid à || prędicto Archiepifcopo pro augenda & amplificanda gloria || Dei, eiusque Ecclefia ritè & sanctè adminiftranda piè sufci || pitur, uniuerfum illud à quibufdam aduerfariis || parum liberaliter in criminatio- || nes adduci.

[Bonn: Laurentius von der Mülen] 1545.

2°, 12 Bl.

VD 16 K 1729. Nicht identisch mit *Schlüter*, Flug- und Streitschriften, Nr. 129.

Benutztes Exemplar: München SB (Signatur: 2° H. ref. 40, Beibd. 3).

C:
APPELLATIO PER || REVERENDISSIMVM DOMINVM || *ARCHIEPISCOPVM CO=* || *lonien. interpofita in negotio* || *Religionis.*

[Köln: Jaspar von Gennep: 1545]

2°, 10 Bl.

VD 16 K 1730. *Schlüter*, Flug- und Streitschriften, Nr. 130.

Benutztes Exemplar: Köln HistStArch (Signatur: Domstift-Akten 319, Bl. 10–19).

Auf Veranlassung des Kölner Domkapitels hergestellter Nachdruck. Entsprechende notarielle Beglaubigungen vom 11. Juli 1545 auf Bl. 10b.

II. Deutsche Fassung:

DEs Hochwirdigften Jn || Got Vatters/ Fürften vnd Herren/ Hern Hermans/ || der Heiliger Kirchen zů Cőlen Ertzbifchoffs/ des Heiligen || Rőmifchen Reichs durch Jtalien Ertzcantzlers/ vñ Churfürften/ Her || tzogs zů Weftphalen vnd Engern/ Gebornen Legats / vnd Adminiftra || tors zů Paderborn Appellation/ Wider etliche befondere leut auß dem || Ehrwirdigen Thůmcapitel/ Clero vñ der Vniuerfitet zů Cőlen/ vñ jre fürgewan || te befchwårungen/ oder vermeinte Appellation/ newlich Jnterponiert/ oder || fürgenomen/ auß deren der Chriftlich Lefer leichtlich vermerkken ſol/ das alles || was von Hochgedachtem Ertzbiſchoffen zů befürderung Gottes Ehren/ || vnd heilſamer vnd gottſeliger erbauwung ſeiner Kirchen/ Chriſtlich || fürgenomen/ von etlichen ſeinen Widerſaͤchern gantz vngůt || lich angezogen/ vnd gelaͤſtert wirdt. [...] Auß dem Lateiniſchen verteutſcht.

Bonn: Laurentius von der Mülen, 1545.

2°, 14 Bl.

VD 16 K 1731. *Schlüter*, Flug- und Streitschriften, Nr. 131; *Piel*, Geschichte des ältesten Bonner Buchdrucks, S. 87 (Nr. 29).

Benutztes Exemplar: Straßburg BNU (Signatur: E 13.327, no. 3) und Bonn ULB (Signatur: Gg66 Rara n. 2).

K

1545

257
246

REVERENDISSIMI
IN CHRISTO PATRIS AC DOMINI.
DOMINI HERMANNI, SANCTAE COLONIENSIS
Eccleſiæ Archiepiſcopi, ſacri Romani Imperii per Italiam Archican-
cellarii, Principis Electoris, Weſtphaliȩ & Angariȩ Ducis, Legatiquè
nati & Adminiſtratoris Eccleſiȩ Paderbornenſis, Appellatio contra
certos, quoſdam homines ex Venerabili Capitulo Colonienſi, Clero
item & uniuerſitate, eorumquè præſumpta ſiue grauamina, ſiue appel
lationem, nuper interpoſita: ex qua pius lector cognoſcet, quicquid à
prȩdicto Archiepiſcopo pro augenda & amplificanda gloria
Dei, eiusq; Eccleſia ritè & ſanctè adminiſtranda piè ſuſci
pitur, uniuerſum illud à quibuſdam aduerſariis
parum liberaliter in criminatio-
nes adduci.

ANNO . M. D. XLV. Jul.

Gotha FLB, Chart. A 451, Bl. 246

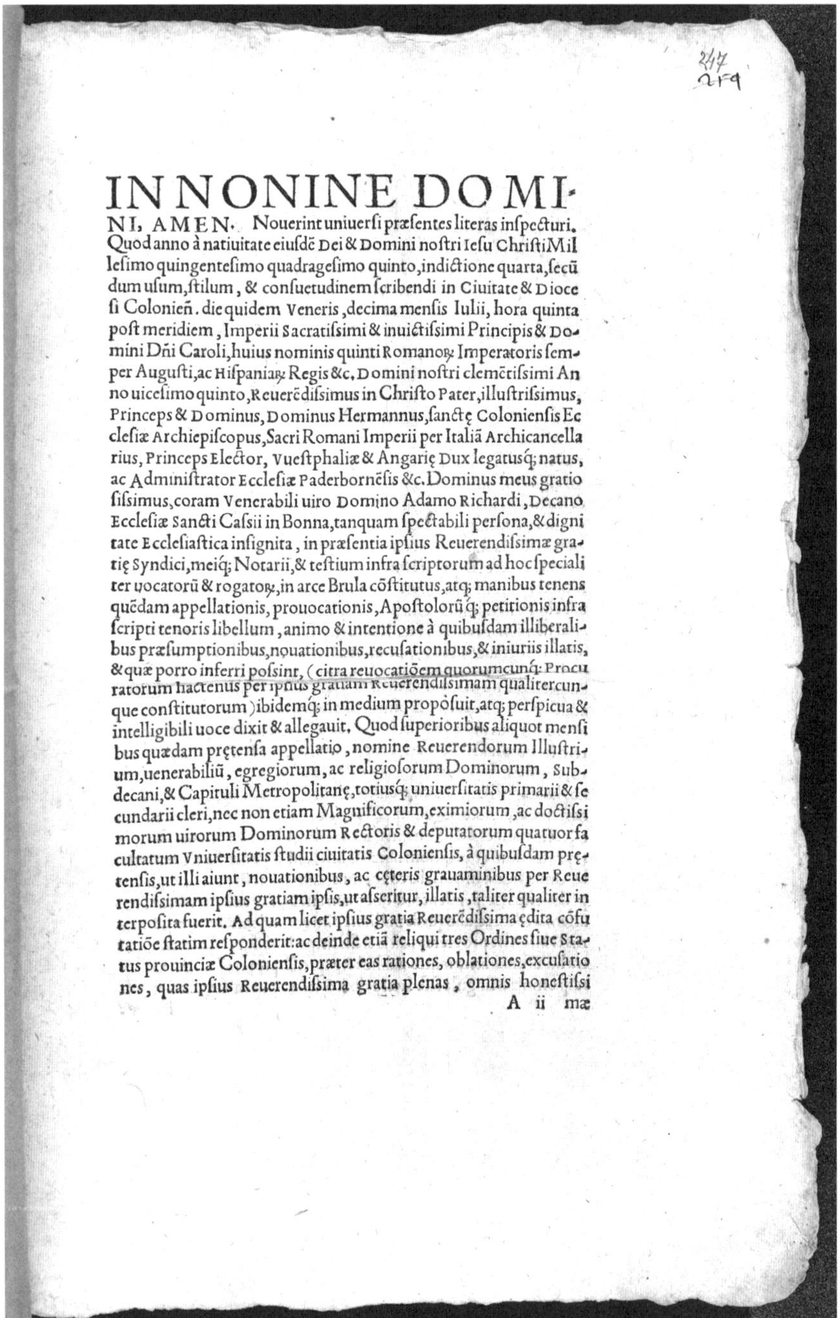

IN NONINE DOMI-
NI, AMEN. Nouerint uniuerſi præſentes literas inſpecturi. Quod anno à natiuitate eiuſdẽ Dei & Domini noſtri Ieſu Chriſti Millesimo quingenteſimo quadrageſimo quinto, indictione quarta, ſecũdum uſum, ſtilum, & conſuetudinem ſcribendi in Ciuitate & Diocesi Colonieñ. die quidem Veneris, decima menſis Iulii, hora quinta poſt meridiem, Imperii Sacratiſsimi & inuictiſsimi Principis & Domini Dñi Caroli, huius nominis quinti Romanoꝝ Imperatoris ſemper Auguſti, ac Hiſpaniaꝝ Regis &c. Domini noſtri clemẽtiſsimi Anno uiceſimo quinto, Reuerẽdiſsimus in Chriſto Pater, illuſtriſsimus, Princeps & Dominus, Dominus Hermannus, ſanctę Colonienſis Eccleſiæ Archiepiſcopus, Sacri Romani Imperii per Italiã Archicancellarius, Princeps Elector, Vueſtphaliæ & Angarię Dux legatusq; natus, ac Adminiſtrator Eccleſiæ Paderbornẽſis &c. Dominus meus gratioſiſsimus, coram Venerabili uiro Domino Adamo Richardi, Decano Eccleſiæ Sancti Caſsii in Bonna, tanquam ſpectabili perſona, & dignitate Eccleſiaſtica inſignita, in præſentia ipſius Reuerendiſsimæ gratię Syndici, meiq; Notarii, & teſtium infra ſcriptorum ad hoc ſpecialiter uocatorũ & rogatoꝝ, in arce Brula cõſtitutus, atq; manibus tenens quẽdam appellationis, prouocationis, Apoſtolorũq; petitionis infra ſcripti tenoris libellum, animo & intentione à quibuſdam illiberalibus præſumptionibus, nouationibus, recuſationibus, & iniuriis illatis, & quæ porro inferri poſsint, (citra reuocatiõem quorumcunq; Procuratorum hactenus per ipſius gratiam Reuerendiſsimam qualitercunque conſtitutorum) ibidemq; in medium propoſuit, atq; perſpicua & intelligibili uoce dixit & allegauit. Quod ſuperioribus aliquot menſibus quædam prętenſa appellatio, nomine Reuerendorum Illuſtrium, uenerabiliũ, egregiorum, ac religioſorum Dominorum, Subdecani, & Capituli Metropolitanę, totiusq; uniuerſitatis primarii & ſecundarii cleri, nec non etiam Magnificorum, eximiorum, ac doctiſsimorum uirorum Dominorum Rectoris & deputatorum quatuor facultatum Vniuerſitatis ſtudii ciuitatis Colonienſis, à quibuſdam prętenſis, ut illi aiunt, nouationibus, ac cęteris grauaminibus per Reuerendiſsimam ipſius gratiam ipſis, ut aſſeritur, illatis, taliter qualiter interpoſita fuerit. Ad quam licet ipſius gratia Reuerẽdiſsima ędita cõfutatiõe ſtatim reſponderit: ac deinde etiã reliqui tres Ordines ſiue Status prouinciæ Colonienſis, præter eas rationes, oblationes, excuſationes, quas ipſius Reuerendiſsima gratia plenas, omnis honeſtiſsi

A ii mæ

Gotha FLB, Chart. A 451, Bl. 247

DEs Hochwürdigſtenn
Fürſten vnd herrn/ Herrn Hermans Ertzbiſchoffen zů Cölln/
vnnd Churfürſten/ Adminiſtratorn zů Paderborn ꝛc. Chriſtliche/
rechtmeſſige/ vñ beſtendige Appellation vnd Proteſtation/ von einer
vermeinten vnd doch nichtigen vnd vnrechtmeſſigen Sententz des
Römiſchen Biſchoffs vnd Bapſts Pauli des dritten/ gegen
jre Churf. G. wider alle Götliche/ natürliche/ vnd
der völcker Recht vnd billigkeit ver-
meinlich ergangen.

In welcher Appellation klärlich dargethon/ das der Bapſt nit
allein vermöge Götlicher vnd menſchlicher Recht/ ſonder auch von wegen of-
fenbarer ſcheinbarer partheyligkeit vnd feindtſchafft/ der Er ſich vor anfange
des vermeinten proceß vber gnůgſam erklert/ Hochgemelts vnſers gnedigſten
Herrn/ vnd dieſer ſachen gebürlicher Richter nit ſein kan oder mag/ ſonder das
dieſelb ſache vermöge Gots wort/ der erſtē reinern kirchen brauch/ der altē Ca-
nonum vnd der Reichs Abſcheide/ vor ein frei Chriſtlich general oder Natio-
nal Concilium oder Reichs verſamlung/ nach der Richtſchnůr
Götlichs worts zůerörtern gehörig.

Bonn ULB, Appellatio dt., Titelblatt

IN Gottes Namē/
Amen. Kunt vnd wissend sey allē vnd jedē/
denen diß gegenwürtig offen Appellation In-
strument fürbracht wirdt / oder die dasselbig
werden sehen oder hören lesen / Das im Jar
nach Christi vnsers Herren vnnd Erlösers ge-
burt / als man schreib fünfftzehenhūdert / sechß-
vndviertzig / in der fünffter Indiction / Römer
Zinßzal gnant / auff Freitag den xij. tag des monats Nouembris / zwi-
schen xij. vnnd j. stunden nach mittage / herrschung des aller Durch-
leuchtigsten / Großmechtigsten vnnd vnuberwindtlichsten Fürsten
vnnd Herren / Herrn Caroli des fünfftenn Römischen Keysers / zů al-
len zeiten mehrern des Reichs / in Germanien / zů Hispanien / Hieru-
salem / rc. Königs / Ertzhertzogen zů Osterreich / Hertzogen zů Bur-
gundi vnnd Brabandt / rc. vnsers aller gnedigsten Herrn / inn seinem
seuenvndzwentzigsten Jare. Der Hochwirdigst Fürst vnnd Herre /
Herr Herman Ertzbischoff zů Cöllen / vnd Churfürst / Hertzogen zů
Westphalen vnnd Engern / Administrator des Stiffts Paderborn /
rc. mein gnedigster Herr in einiger person erschienen vñ gestanden ist /
für dem wirdigen vnnd erbarn herrn Adam Richardi von Brüell / der
Collegiaten kirchen zů S. Cassij binnen Boñ Dechantē / als einer für-
nemlichen gewirdigten geystlichen personē / vnd mir offenbarem No-
tario sampt den glaubwirdigen nachbenanten zeugen / haltend in jrer
Churf. G. handen einen papyrē zettel einer Appellation / prouocation /
protestation / vnd Apostel heischung / den jre Churf. G. mir vnderschri
ben Notario gnediglich vberantwortet / vnnd laut desselben in all der
besten vnd bestendtlichster form / weiß vnd manieren / wie solchs am
aller bestentlichsten im Rechten geschehn soll / kan oder mag / von etli-
chen hohen beschwerungen protestirt / berůffen vnd appellirt / an ende
vñ stede in bemelter hernachgenāter Appellation zettel außgedruckt /
Vnd hat darauff Hochgedachter mein Gnedigster Herr / von mir No-
tario vnderschrieben / jrer Churf. G. Apostolos vñ Abschiedts brieue zu
geben / Zům ersten / zweiten vnnd dritten / fleissig / fleissiger / vnd aller
fleissigst / gnediglich gesonnen vnd gefordert. Darauff hab ich Nota-
rius vnderschrieben / in beysein gedachtes Herrn Adams Richardi De-
chants / vnnd der gezeugen hieunden vermeldet / nach fleissiger vberle-
A ij sung

Bonn ULB, Appellatio dt., Vorrede, fol. Aij

Text

| *Aia* | REVERENDISSIMI IN CHRISTO PATRIS AC DOMINI. DOMINI HERMANNI[1], SANCTAE COLONIENSIS Ecclesiae Archiepiscopi, sacri Romani Imperii per Italiam Archicancellarii[2], Principis Electoris, Westphaliae et Angariae Ducis[3] Legatique nati et Administratoris[4] Ecclesiae Paderbornensis[5], Appellatio contra certos, quosdam homines ex Venerabili Capitulo Coloniensi, Clero item et universitate, eorumque praesumpta sive gravamina, sive appellationem, nuper interposita, ex qua pius lector cognoscet, quicquid a praedicto Archiepiscopo pro augenda et amplificanda gloria Dei, eiusque Ecclesia rite et sancte administranda pie suscipitur, universum illud a quibusdam adversariis parum liberaliter in criminationes adduci.

ANNO M. D. XLV. | *Aiia* |

IN NOMINE[a] DOMINI, AMEN. Noverint universi praesentes literas inspecturi, Quod anno a nativitate eiusdem Dei et Domini nostri Iesu Christi Millesimo quingentesimo quadragesimo quinto, indictione quarta[6], secundum usum, stilum et consuetudinem scribendi in Civitate et Diocesi Coloniensi[b], die quidem Veneris, decima mensis Iulii, hora quinta post meridiem, Imperii Sacratissimi et invictissimi Principis et Domini, Domini Caroli[7], huius nominis quinti Romanorum Imperatoris semper Augusti[c] ac Hispaniarum Regis etc. Domini nostri clementissimi, Anno vicesimo quinto[8], Reverendissimus in Christo Pater, illustrissimus Princeps et Dominus, Dominus Hermannus, sanctae Coloniensis Ecclesiae Archiepiscopus, Sacri Romani Imperii per Italiam Archicancellarius, Princeps Elector, Vuestphaliae et Angariae Dux legatusque natus ac Administrator Ecclesiae Paderbornensis etc., Dominus meus gratiosissimus, coram Venerabili viro Domino Adamo Richardi[9], Decano Ecclesiae Sancti Cassii in Bonna[10], tanquam spectabili persona et dignitate Ec-

a) Drf.: NONINE: A (im Berliner Exemplar von Hand korr.).
b) Colonien.: A und C.
c) augusti: B.

1. s. oben S. 283, Anm. 2.
2. Das Erzkanzellariat für Italien war seit 1031 mit dem Kölner Bischofsstuhl verbunden.
3. Herzogtum Westfalen und Engern (an der Weser), im Titel der Kölner Kurfürsten, gehörte zum Territorium des Erzstifts Köln.
4. apostolischer Verwalter eines Bistums.
5. Das Bistum Paderborn war in Personalunion mit Köln verbunden. Nähere Angaben hierzu in BDS 11,1, S. 163, Anm. 6; *Gatz*, Die Bistümer des Heiligen Römischen Reiches, S. 542.
6. Indiktionsjahr, 103. Zyklus, 2. Jahr.
7. Kaiser Karl V. (1500–1558).
8. 10. Juli 1545, 5 Uhr nachmittags.
9. s. oben S. 284, Anm. 1.
10. Cassius-Stift mit der Stiftskirche St. Cassius und Florentius, dem heutigen Bonner Münster. *Höroldt*, Das Stift St. Cassius zu Bonn.

Text

| *Aia* | DEs Hochwirdigsten Jn Got Vatters Fürsten vnd Herren, Hern Hermans, der Heiliger Kirchen zů Coͤlen Ertzbischoffs, des Heiligen Roͤmischen Reichs durch Jtalien Ertzcantzlers vnd Churfürsten, Hertzogs zů Westphalen vnd Engern, Gebornen Legats vnd Administrators zů Paderborn Appellation Wider etliche besondere leut auß dem Ehrwirdigen Thůmcapitel, Clero vnd der Vniuersitet zů Coͤlen vnd jre fürgewante beschwaͤrungen oder vermeinte Appellation newlich Jnterponiert[1] oder fürgenomen, auß deren der Christlich Leser leichtlich vermercken sol, das alles, was von Hochgedachtem Ertzbischoffen zů befürderung Gottes Ehren vnd heilsamer vnd gottseliger erbauwung seiner Kirchen Christlich fürgenomen, von etlichen seinen Widersaͤchern gantz vngůtlich[2] angezogen vnd gelaͤstert wirdt.

Auß dem Lateinischen verteutscht. Anno XLV. | *Aija* |

JN namen des Herren. Amen. Kundt sey aller mennigklichen[3], die diesen gegenwertigen brieff werden sehen oder hoͤren lesen, das im Jar nach[a] der geburt desselben vnsers Herren vnd Heilandts Jesu Christi funffzehen hundert funff vnd viertzig, inn der vierden Jndiction nach brauch vnd gewonheit in der Stat vnd dem Ertz Stifft Coͤlne zů schreiben, auff freitag, den zehenden tag des Monats Julij, zů funff vhren nach mittage, Keysersthumbs des allerdurchleuchtigsten, großmechtigsten vnd vnuberwindligsten Fürsten vnd Herrn, Herrn Caroli des funfften, Roͤmischen Keisers allzeit mehrer des Reichs etc. vnsers aller Gnedigsten Herren in seinem funff vnnd zwentzigsten Jar für dem Wirdigem Herren Adamen Richardi, des Stiffts S. Cassij zů Bonn Dechanden als einer ansehenlicher vnd mit Geistlicher Wirden bekleiter Personen in beisein seiner Churfürstlicher Gnaden Syndici vort[4] meines offenbaren Notarii vnd hie vnden geschriebnen gezeugen sonderlich darzů erfordert vnd gebetten, im Schloß Bruel gestanden ist der Hochwirdigst inn Gott Vatter vnd Herr, Herr Herman, der Heiliger Coͤlnischen Kirchen Ertzbischoff, des heiligen Roͤmischen Reichs durch Jtalien Ertzcantzler vnd Churfürst, Hertzog in Westphalen vnd Angeren, geborner Legat vnd Administrator zů Paderborn, mein Gnedigster Herr, habend in seinen henden einen zedel in stalt[5] einer Appellation, Prouocation vnd Apostels begeren libell nachfolgends inhalts, in gemůt oder meinung von etlichen vngütlichen beschwaͤrungen, newerungen, weigerungen vnd schmaͤhungen, so seiner Churfürst. Gnaden zůgefügt vnd hinfürter[6] zůgefügt moͤchten werden, jedoch on widerrůffung einiger seiner Churfürst. Gnaden vorhin verordneten Procu-

a) Drf. Jarnach.

1. geltend gemacht.
2. unfreundlich, übel. *Lexer* 2, Sp. 1896.
3. aller mennigklichen: jedermann, alle zusammen. Frühneuhochdt. WB 1, Sp. 798.
4. vor.
5. Gestalt.
6. weiterhin, in Zukunft.

clesiastica insignita, in praesentia ipsius Reverendissimae gratiae Syndici meique Notarii et testium infra scriptorum ad hoc specialiter vocatorum et rogatorum in arce Brula[1] constitutus atque manibus tenens quendam appellationis provocationis Apostolorumque petitionis infra scripti tenoris libellum[2], animo et intentione a quibusdam illiberalibus praesumptionibus, novationibus, recusationibus et iniuriis illatis et quae porro inferri possint [d]provocandi et appellandi[d] (citra revocationem quorumcunque Procuratorum hactenus per ipsius gratiam Reverendissimam qualiter cunque constitutorum) ibidemque in medium proposuit atque perspicua et intelligibili voce dixit et allegavit.

Quod superioribus aliquot mensibus quaedam praetensa appellatio, nomine Reverendorum Illustrium, venerabilium, egregiorum ac religiosorum Dominorum, Subdecani et Capituli Metropolitanae totiusque universitatis Primarii[e3] et Secundarii[f] Cleri[g4], nec non etiam Magnificorum eximiorum, ac doctissimorum virorum, Dominorum Rectoris et deputatorum quatuor facultatum Universitatis studii civitatis Coloniensis, a quibusdam praetensis, ut illi aiunt, novationibus ac caeteris[h] gravaminibus per Reverendissimam ipsius gratiam ipsis, ut asseritur, illatis, taliter qualiter interposita fuerit. Ad quam licet ipsius gratia Reverendissima aedita confutatione statim responderit ac deinde etiam reliqui tres Ordines, sive Status provinciae Coloniensis praeter eas rationes, oblationes, excusationes, quas ipsius Reverendissima gratia plenas omnis honestissi- | *Aiib* | mae aequitatis et petitionis saepissime oratione et scriptis literis adduxit precatus, ut universa huius caussae decisio ad constituendam Christianam et aequabilem Religionis ac doctrinae rationem committatur bonis eruditis pacis publicae studiosis aliquot viris, praedictum Venerabile Capitulum, Clerum et Universitatem rogarunt, desisterent ab incoepta et parum liberaliter proposita appellatione[i], nec paterentur certos quosdam assertores, nomine quo supra praetensam appellationem contra eius Reverendissimam gratiam urgere et persequi, sed id agerent et efficerent, ut ab ea incoepta plane desisterent admitterentque, quod ipsius gratia Reverendissima cum summa pietate et concordiae studio peteret, neque committerent, ut certorum hominum cupiditatibus totius Provinciae, imo potius Ecclesiae Christianae tranquillitas videri possit postposita esse:

Nihilominus tamen Reverendissimam ipsius gratiam re ipsa indies magis ac magis experiri adversariorum pertinax quoddam et insidiosum laedendi studium eo con-

d)–*d)* fehlt in: A und C.
e) primarii: A.
f) secundarii: A.
g) cleri: A.
h) fehlt in: B.
i) Appellatione: B.

1. Wasserschloß in Brühl (süd-südwestlich von Köln), gebaut im späten 13. Jahrhundert, oftmaliger Aufenthaltsort der Kölner Erzbischöfe.
2. die im folgenden wiedergegebene Appellation Hermann von Wieds.
3. oberer Klerus, Angehörige des Domstifts.
4. niederer Klerus (unterer Stand) mit Priestern, Kanonikern, Pfarrgeistlichen, Nonnen und Mönchen.

ratoren oder anwalthern zů appellieren, Vnd hat seine Chur. Gn.[1] daselbst mit klarer vnd verstentlicher sprachen gesagt[b] vnd angezeigt.

Wie das für etlichen verlitnen[2] Monden ein vermeinte Appellation im namen der Ehrwirdigen, Hochgebornen, Achtbaren vnd Geistlichen Herren, Vnterdechant des Thůmcapitels vnd gantzer versamlung, die sich nennen Primarii vnd Secundarii Cleri, darzů der Wirdigen vnnd | *Aijb* | Hochgelerten Herren des Rectors vnd verordneten der vier faculteten der Vniuersitet in vnser Stat Cöln wider etliche, wie sie sagen, fürgewanten[3] newerungen vnd beschwärungen, so durch seine Chur. G. vermeintlichen jnen zůgefügt sein sollen seiner Churfürst. G. fürbracht wer worden, Vnd dieweil seine Churfür. G. dieselbige Appellation mit einer öffentlicher Schrifft an stůnd[4] widerlagt vnnd darzů die anderen drey Stende des Ertzstiffts Cölne – neben allen erbaren vnd rechtmeßigen erbietungen, so seine Chur. Gnad offtermals, so mit schrifften, so durch mündlichen gesprech hat fürgeben, höchstes fleiß bittend, das dieses handels eröhrterung oder vergleichung einer Christlicher Religion vnd Lehr etlichen frommen, gelehrten vnd zů gemeinem frieden geneigten menneren befolhen oder zůgestat würde, auch gebeten – das sie, die Ehrwirdigen Herren des Thůmcapitels, der Clerisey vnnd Vniuersitet, vonn solcher vngebürlicher angefangener Appellation abstehen[5] vnd durch etliche vermeinte dichter sölcher Appellation dieselbige zu verfolgen sich nicht reitzen lassen, sondern vil mehr denselben wehren vnd in das jenige, so seine Chur. G. auß höchster lieb zur einigkeit, zů wolfart der Christlichen Kirchen vnd gantzer landtschafft fürhette, bewilligen wolten.

Nicht desto weniger so würde seine Chur. G. von tag zu tag mehr erinnert, das der Widdersächer gemüt vbermits[6] ir halßstärrich auffsetzen vnd vilfeltige schädliche anschläge dahin gerichtet ist – vnangesehen seiner Chur. G. fürgebrachten vrsachen, erbarn erbietungen, verthedigungen vnd fleißigst bittens – seine Chur. G. zům höchsten anzuklagen, ja aller Würden vnd schuldiger gehorsam der seinen zu berauben vnnd also mennigklichen zu spot vnd vbermůt darzu geben nicht allein zu ver-

b) Drf. sprach= engesagt.

1. Chur. Gn.: Churfürstliche Gnaden.
2. vorhergegangenen. *Lexer* 3, Sp. 161.
3. vorgegebenen.
4. sogleich. *Lexer* 2, Sp. 1268.
5. ablassen.
6. vermittelst. *Lexer* 2, Sp. 1646.

verti, ut ipsius gratiam Reverendissimam praeter omnes adductas rationes, defensiones, oblationes, deprecationes honestasque excusationes conentur in gravissimas et impias criminationes adducere dignitate omni ac debita reverentia exuere, exutam multorum contumeliae prostituere, non sine gravi totius provinciae adeoque tranquillitatis Christianae perturbatione summaque animarum pernicie.

Et quia ipsius Reverendissima gratia his tam indignis iniuriis et gravaminibus[j] se praeter omnem pietatem laedi sentit, verita ne deinceps gravius laedatur. Idcirco omnibus melioribus modo via iure causa et forma, quibus melius et efficacius potuit et debuit, potest ac debet, coram praedicto Domino Decano Syndico ac me Notario[1], etiam testibus infra scriptis, provocavit et appellavit Apostolosque saltem testimoniales sibi dari, primo, secundo, tertio, instanter, instantius et instantissime petiit. Subiiciens se ac suos ac quascunque personas huic appellationi adhaerentes et porro adhaesuras, Ecclesias, Monasteria et pia loca res quoque et bona, iura, privilegia, libertates, statuta, consuetudines et observantias laudabiles, novas et antiquas, singulari protectioni atque tuitioni liberi Christiani et generalis, seu nationalis Concilii aut Imperialis conventus, cum protestatione, ne quid appellatione hac pendente, a quopiam attentetur vel innovetur, seu attentari debeat, alioqui de nullitate omnium eorundem ac damnis et[k] iniuriis et interesse propterea passis et illatis patiendisque et inferendis contra huiusmodi attentantes publice et expresse protestabatur. Caeteraque omnia et singula sese facere dixit et fecit, quae in sequenti appel- | *Aiiia* | lationis Libello amplius continentur. Cui quidem Reverendiss. Archiepiscopo Coloniensi praedicto, sic ut dictum est appellanti et provocanti, etiam Apostolos petenti praenominatus Dominus Decanus[2] et ego publicus Notarius infra scriptus[3], coniunctim et divisim, Apostolos testimoniales[4] ac alios tales, quales de iure melius et efficacius dare debuimus et potuimus, dedimus et assignavimus, damus et assignamus, praesentis publici Instrumenti tenore.

Super quibus omnibus et singulis praemissis praedictus Reverendissimus Archiepiscopus Coloniensis, Princeps Elector, Dominus meus gratiosissimus a me Notario publico infra scripto unum vel plura publicum vel publica confici atque dari petiit instrumentum et instrumenta in meliori forma. Acta fuerunt et sunt haec Brulae in arce Reverendissimi Archiepiscopi praedicti sub anno Domini, Indictione, die,

j) gravamibus: A.
k) fehlt in: B und C.

1. Johann Rutgers von Ahrweiler, Kölner Kleriker, Sekretar des weltlichen Gerichts in Bonn, Notar. *Schlüter*, Flug- und Streitschriften, S. 223, 254f. und 458. Das Schriftstück ist von ihm unterzeichnet (s. unten S. 328). Der Text auf Bl. Aiia bis Bl. Aiiia ist von ihm verfaßt.
2. Adam Richardi; s. oben S. 284, Anm. 1.
3. Johannes Briell; s. unten S. 298, Anm. 4.
4. Apostoli testimoniales: zum Zeugnis dienende Berichte.

stoͤrung gemeines friedes ihn[1] dieser Landtschafft, sonder auch zů hoͤchster verletzung Christlicher einigkeit vnnd vngezweifelt verderbenn viler Seelen.

Vnnd so nun dan seine Churfürst. Gna. mit solchen vnuerschulten schmåhungen vnnd anderen zůgefügten beschwårungen wider Gott vnnd Recht verletzt sich befindet vnnd hinfurt desselbigenn sich besorget, hat seine Churfürstliche Gnad inn aller der besten weiß, maß vnnd gestalt, wie seine Churfurstliche Gnad am aller bestenlichstenn vnnd ernstlichstenn solte vnnd vermoͤchte, noch | *Aiija* | sol vnd mag, für obgemeltem Herren Dechandt, Syndico, auch mir Notario vnnd gezeugen hie vnden geschrieben, sich berůffen vnnd appelliert vnnd Apostolos zům zeugnüß eines anderwerffs[2] vnd zům dritten mal ernstlich, ernstlicher vnd aller ernstlichst seiner Churfürstlicher Gnaden zů geben begert, vnderwerffend sich damit sampt alle die jhre, auch alle Personen, so dieser jrer Appellation anhengich sein vnd fürter[3] anhengich werden, alle Kirchen, Cloͤster vnd andere heilige Stete, darzů habe vnnd güter, gerechtigkeiten, priuilegien, freiheiten, Statuten, gewonheiten vnnd loblichen gebreuchen, newen vnd alten, vnder besonderem schůtz vnnd schirm eines freihen, Christlichen vnnd gemeines oder Nationalis Concilii oder versamlung des Heiligen Reichs Stende, Protestierende darneben, das in hangender[4] Appellation durch keinen etwas genewert oder attentiert[5] sol werden, Sunst protestierte seine Churfürstliche Gnade von allen nichtigkeiten, schmåhungen, schaden vnnd Interesse derhalben erlitten vnnd so noch zůgefüget werden moͤchten, Auch alles vnd jedes thůnde, was in nachfolgendem Appellation libell weiters begriffen were, Warauff dan der furgedachter[6] Herr Dechant vnnd ich offenbar Notarius vndergeschriebenn, samptlich vnnd sonderlich dem Hochgedachten Ertzbischoffen, Churfürsten etc. auff solche weise, wie fürgemelt, sich berůffend, protestirend vnd Apostolos begerend, Apostolos testimoniales[7] vnnd andere, wie wir sie am rechtlichsten vnd krefftigsten geben sollen vnd moͤgen gegeben vnd zůgestalt, geben vnd zůstellen inn krafft dieses gegenwertigen Jnstruments.

Von welchen allen vnd jeden fürstehenden sachen Hochgedachter Ehrwirdigster Ertzbisschoff zů Coͤlne, Churfürst etc., mein Gnedigster Herr, von mir Notario hie vnderschriebenn eins oder mehr offen oder offene Jnstrument oder Jnstrumenten in bester weise auff zů richten vnnd zů gebenn begert hat. Diese ding seindt geschehen im Schloß Bruel Hochgedachtes Churfürsten Jm Jar, Jndiction, Monat, Tag, stunde vnnd Keisersthumbs, wie vor gemelt, Daselbst gegenwertig seinde den Gestrengenn, Achtbarenn vnnd Weisen Herman vonn Vischenich, Amptman zům Bruel, Jo-

1. in.
2. zweiten Males. Frühneuhochdt. WB 1, S. 1045.
3. weiterhin.
4. anhängiger.
5. anmaßend unternommen. Frühneuhochdt. WB 2, Sp. 284.
6. vorher erwähnte.
7. zum Zeugnis dienende Berichte.

mense, hora et imperio, quibus supra Praesentibus ibidem Validis, egregiis ac discretis viris, Hermanno a Vischenich praefecto in Bruel[1], Ioanne Richuuino Iurium Licentiato[2], Constantino Tricht praefecto in Gudesberg etc.[l][3] et Iohanne Briell[4] testibus ad praemissa vocatis pariter et rogatis.

Tenor vero Appellationis pergameneae caedulae[5], de qua supra fit mentio, sequitur de verbo ad verbum et est talis: | *Aiiib* |

CUM VIS NULLA GRAVIOR inferri, nulla offensio ad perturbandum Christianae Reipublicae tranquillitatem excogitari possit vehementior quam retardare ac impedire, ne vetus Ecclesia Evangelicis literis, Prophetarum ac Apostolorum scriptis conformata in eam verae Religionis, pietatis et doctrinae lucem splendoremque adducatur, unde superioribus annis, labente disciplina vetere in prodigiosas quasdam caeremonias ac doctrinae depravationem deiecta est: recteque cum humano tum etiam divino iure ac lege inductum sit appellandi remedium ad defensionem allevationemque eorum, qui praeter leges et aequitatem in gravem vitae, fortunae ac dignitatis dimicationem periculumque adversariorum odio adducuntur, magnam certe et necessariam causam habemus nos Hermannus Dei gratia Archiepiscopus Coloniensis, Princeps Elector etc. quamobrem coram te, honorabili nobis dilecto Adamo Richardi[6], Decano collegiatae Ecclesiae Bonnensis, tanquam spectabili persona, etiam Syndico nostro nec non Notario publico et testibus hic praesentibus de iis iniuriis, gravaminibus, novationibus, recusationibus et maximis offensionibus provocemus, protestemur atque appellemus, quae nobis factione et insidiosis conatibus certorum hominum ex Venerabili Capitulo nostro Coloniensi, Cleri item et Universitatis illiberaliter illatae sunt et inferri gravius porro possint: ac proinde etiam appellandi provocandique animo dicimus, conquerimur et allegamus.

[m]Quod cum in reformandis Ecclesiis, quae foedis et impiis hominum erroribus conspurcatae videntur, cum primis ad sacrosanctum Dei[n] Evangelium, Prophetarum atque Apostolorum doctrinam spectandum sit ad eiusque rationem, veluti certam et firmam Ecclesiae Dei[o] bene ac sancte gerendae regulam, omnia referenda sint

l) fehlt in: B und C.
m) kein neuer Absatz in: C.
n) D E I: B.
o) D E I: B.

1. Hermann von Fischenich, Rat des Erzbischofs von Köln, Präfekt (Amtmann) in Brühl. *Mameranus*, Catalogus familiae totius aulae Caesareae, Köln 1550, S. 66.
2. Johannes Richwin (von Broich), Licentiatus iuris, Diplomat und Rat des Kölner Erzbischofs, Advokat in Bonn. BDS 11,2, S. 329, Anm. 5 und die dort angegebene Literatur.
3. Constantinus a Lapide, gen. Tricht, Präfekt (Amtmann) in Godesberg und Mundschenk am erzbischöflichen Hof in Bonn. *Mameranus*, Catalogus familiae totius aulae Caesareae, Köln 1550, S. 67.
4. Johannes Briell, Notar. *Schlüter*, Flug- und Streitschriften, S. 255.
5. Pergament-Urkunde.
6. S. oben S. 284, Anm. 1.

han Richwinn, beider Rechten Licentiaten, Costantino | *Aiijb* | Tricht, Amptman zů Gudesberg etc., Vnnd Johann Briell als Zeugen zů den vorgemeltenn sachen sonderlich erfordert vnnd gerůffen.

Die Appellation in Pergamener zedel[1], von welcher hie oben meldung beschehen, ist vonn wort zů wort lautend, wie hernaher folgt: | *Aiiija* |

NAch dem zů zerstoͤrung Christlichen Friedens vnnd gemeiner Landtschafft einigkeit den menschen auff erden keine hoͤher verletzung zůgefügt werden kann, dann das man die Christliche Kirche zü der Euangelischenn, der Propheten vnnd Apostelen rechter lehr vnd warer gottseligkeit – darauß sie durch mangel fleissiger auffseher vnd abgang rechter Kirchen zůcht jemerlich verfallen, mit vilfeltiger menschen lehr verwirret vnd mit vil vnnützen, gar nerrischen vnd abergleubischen ceremonien vberladen ist – wider auff zůrichten vnd zůführen verhinderen will, Demnach vnd dieweil dan für den jenigen, so on recht vnd billigkeit durch jre Widersacher haß, freuel vnd můtwillen zů verletzung solchs Christliches Fürhabens an leib, gůt, ehr vnnd wirde angegriffen würden, die zůflůcht der Appellation durch Goͤttlich vnd weltlich recht mildiglich verordnet ist, Haben wir Herman, von Gottes gnaden Ertzbischoff zů Coͤln, Chur. etc., auß hohen vnd wichtigen vrsachenn für euch Wirdigen vnserm lieben Adamo Richardi, Dechandt des Stiffts zů Bonn, als ein fürnemliche Person vnserem Syndico vnd offenbarem Notario für den Zeugen hie gegenwertig von allen schmaͤhungen, beschwerungen, newerungen, weigerungen vnd anderen verletzungen, so durch heimlich, vngebürlich, ja gar vnfreuntlich fürnemen etlicher des Thůmcapitels vnser Stadt Coͤlne, auch der Clerisei vnnd Vniversiteten daselbst vns zůgefügt worden sein vnd deren weitter vns besorgen můssen, zů beruffen, zu protestieren vnd zu appellieren vns fürgenomenn, wie wir dan hiemit vnd inn krafft dieser schrifft prouocierend, protestirend vnd appellierend sagen.

Sintemal[2] die hoͤchste not der Kirchen – dieweil sie mitt so grausamer abgoͤtterei vnd vilfeltiger falscher lehr verunreiniget ist – ein Reformation erfordert, welche nach Gottes wort | *Aiiijb* | der Propheten vnnd Apostel lehr vnd schrifften als einer gewisser regell zů besserung des jhenigen, das durch vnwissenn, falscher lehr vnd manigfaltige abergleubische mißbreuche verfallen ist, eroͤhrtert vnd auffgerichtet werden soll, Haben wir – on Rhům zů sagen – am hoͤchsten des vns angenomen, auch allen vnsern fleiß, thůn vnd vermoͤgen dahin gewandt, wie es vnserem Bischofflichen ampt wol zimpt vnd geburt, das wir mennigklich zům heyl vnd wolfart solche jrthumen vnd mißbreuch durch die gnade Gottes abstellen moͤchten, Aber vnser fürgenante widersaͤcher haben gar vnfreuntlich vnd vnchristlich sich darwidder gesatzt – welchen doch fürnemlich gebürt hette, das sie in so goͤttlichem vnd notwendigem werck mit aller treuwen vnd hoͤchstem fleiß vns fürderlich vnnd behülfflich gewest – vnnd zů verhinderung soͤlches vnsers Christliches fůrhabens, so wir allein auß Christlichem gemüt die Kirchen, vnns von Gott befolhen, zů reformieren vnnd

1. Pergamener zedel: Pergament-Urkunde.
2. Da ja.

ac corrigenda, quae vel hominum erroribus vel doctrinae depravatione vel abusuum impietate in peius corruerunt. [p]Nos autem (quod sine ulla nostri arrogantia dictum velimus) eo ingenii nostri vim, studia atque vitae actiones libenter et pro imposita nobis pastorali cura convertamus, hoc intueamur, ut quod publico omnium bono ac saluti esse possit, Ecclesiam a multis et magnis erroribus repurgemus. Illiberaliter sane et praeter omnem pietatem fa- | *Aiiiia* | ciunt adversarii praedicti, quod tam sanctum et pium nostrum conatum provocationis temeritate retardant: et cuius iuvare studia in re praesertim Christiana et omnis dignitatis plenissima magnopere debebant eius actiones omnes et quicquid pro reformanda Ecclesia, quae hominum erroribus ac doctrina impia misere corrupta iacet, pie a nobis vel suscipitur vel proponitur, varie ac cupide perturbant in gravissimas[q] et falsas criminationes adducunt.

Nam cum omnes, qui salvam esse Christianam Rempublicam cupimus, hoc spectare praecipue debemus, ut extet vera DEI Ecclesia nulla doctrina falsa aut hominum erroribus defoedata: tum nulla laus maior, quam eius hominis esse potest, qui nulla re perinde atque communi virtutis voluntate commotus, verbum Dei divinitus nobis in Scripturis sacris revelatum, cunctis proponit amplectendum: qui omnes res bene ac praeclare gerendas, omnes vitae actiones, omnes denique animorum sensus ad illius regulam ac normam conformandas[r] esse existimat. Est enim verbum Dei[s] certa quaedam ac inflexibilis regula, ad quam omnes nos actiones nostras componere oportet.

Neque dubium est, quin nihil verbo Dei vel addendum vel detrahendum sit[1], aut ulla falsa doctrina, ulla idolatria impiusque ac prophanus cultus in Ecclesia et populo Dei sit tolerandus, sed potius quamprimum abrogandum ex omnique hominum memoria delendum sit, quicquid a verbo Dei, a Prophetarum et Apostolorum scriptis sit alienum ac dissentiens: id quod exempla Patrum, Moisis, Davidis, Iosue, Iosaphat aliorumque Prophetarum veteris Testamenti abunde testantur et confirmat vox illa de Coelo facta et in novo testamento comprehensa, nempe: »Hic est Filius meus dilectus, ipsum audite.«[2] Et rursus: »Oves meae vocem meam audiunt et non cognoscunt vocem alienorum.«[3]

Quemadmodum etiam Apostolus Paulus voluit anathema esse, si Angelus de Coelo aliud Evangelizasset[4]: quoniam »fundamentum aliud poni non potest, prae-

p) neuer Absatz in: C.
q) gravissimasque: A, B und C.
r) conformandos: B.
s) D E I: B.

1. Vgl. Mt 5,17–18.
2. Mt 17,5; Mk 9,7.
3. Joh 10,4–5.27.
4. Vgl. Gal 1,8.

von so vilen offentlichen jrthumen zů entheben vns fürgenomen, durch eyne freuentliche prouocation zů widerfechten, zů versprechen vnnd wie sie nůr künnen vnnd mügen, am hoͤchsten zů verachten vnderstanden.

Nůn soͤllen wir ja alle, die das heil des Christenthůmbs vnd gemeinen nůtz suchen oder lieb haben, fürnemlich darauff sehen, das wir ein ware Kirche Christi, die lauter vnd rein vnd mit keiner falscher lehr oder menschen jrthumen besuddelt sey, haben mügen, So ist ja warlich auch der jenige Christlich gesinnet vnd hohe zů loben, der allein auß begir gemeiner wolfart vnd seligkeit auff das goͤtlich wort in der Heiliger schrifft vns geoffenbaret am meysten dringet, dasselbige fordert vnd als eine rechtschaffene lehre mit worten vnd wercken nachzůfolgen, mennigklichen gerne für stellen woͤlte, Dann ja Gottes wort alleine die ehre zů stehet, das es ein richtige vnbetriegliche vnd gewisse regell ist, nach deren wir billich all vnser thůn vnd lassenn jm gantzen leben richten sollen.

Darzů ist es offenbar, als vonn Gott selbst deutlich verbotten, das man seinem wort nichts ab noch zů thůn sol, das man dar neben keine falsche lehr, kein abgoͤtterey, kein abergleubischen goͤtzen dienst in der Christlicher Kirchen, welchs Gottes volck ist, gestatten soll, Sonder alß bald alles, das dem Gottes worte, der Propheten vnd Apo- | *Ava* | stel schrifften nit gemaͤß ist, abschaffen vnd den Leuthen aus dem hertzen vnnd augen weg thůn, wie wir des der Heyligen Vaͤtter vil herliche vnd dapffere exempel haben, als Moysis, Dauidis, Josue, Josaphat vnd aller Propheten im alten Testament soͤlchs bezeugend. Dasselbig fordert auch die Goͤttliche Maiestet mit eigner stim von dem himel vber Christo vnseren Herren erschallen vnd in dem Newen Testament vns fürgetragen: »Dis ist«, spricht er, »mein lieber Son, den solt jhr hoͤren«; So zeuget auch Christus: »Meine schaffe hoͤren meine stimme. Der frembden stim kennen sie aber nit«.

Paulus darff einen Engel vom Himel verflůchen, der ein ander Euangelium predigen würde; »Dann es mag kein ander fundament gelagt werden, dann das da gelagt ist, nemlich Jhesus Christus«. Vnd zwar alle Schrifft, von Gott eingegeben, ist so nůtz zůr lehre, zůr straffe, zůr besserung, zůr züchtigung in der gerechtigkeit, das ein mensch Gottes volkommen sei, zů allem gůten werck geschickt. Nichts anders fordren oder lehren auch die satzungen der Canonum, dann das man Christum allein hoͤren soll vnd nicht acht haben, was ander für vnns zů thůn sein gemeinet, sonder zům ersten, was Christus, der für allen ist, zů thůn befohlen hat; Dann wir nicht menschen satzungenn oder gewonheiten, sonder Gottes warheit folgen můssen, wie auch der Herr durch den H. Propheten Esaiam redet vnnd lehret: »Vergebens«, ter id quod positum est, quod est Iesus Christus.«[1] Sic enim omnis Scriptura divinitus inspirata utilis est ad docendum, ad arguendum ac corripiendum et ad erudiendum in iusticia, ut perfectus sit homo Dei ad omne opus bonum instructus[2]. Neque aliud Canonicis sanctionibus docetur, quam solum Christum audiendum esse: nec attendendum, quid aliquis ante nos faciendum putaverit, sed quid primus, qui ante omnes est Christus, faciendum esse praeceperit[3]. Neque enim hominis consuetudinem sequi nos oportet, sed DEI veritatem. Cum per Esaiam Prophetam loquatur et dicat Do- | *Aiiiib* | minus: »Sine caussa«, inquit, »colunt me, mandata et doctrinas hominum docentes.«[4]

Satisque constat in spiritualibus sequendum esse, non quod consuetudine introductum est, sed illud, quod a Spiritu sancto melius extitit revelatum. Semper enim veritas praeponenda est consuetudini, Utpote quae veritatis praesidio destituta, vetustas erroris est. Et alibi Augustinus: »Ego solum«, ait, »iis Scriptorum authoribus, qui Canonici appellantur, hunc honorem referre didici, ut nullum eorum scribendo errasse credam: Et quis nesciat omnium Episcoporum scriptis[t] sacram Scripturam praeponendam esse? Ita ut de illa dubitari disceptarique non possit, utrum verum vel utrum rectum sit, quicquid in ea[u] scriptum est, vel constiterit esse.«[5]

Et sane proprium ac peculiare munus seu officium Episcopi est, curare videlicet ac diligenter providere, ut populus suae fidei concreditus non solum recta sanaque doctrina erudiatur, verumetiam errores atque abusus, si qui in Ecclesiam irrepserint, gladio divini verbi resecentur[6]: atque adeo, ubi aperte Dominus vel eius Apostoli et qui eos secuti sunt sancti Patres, sententialiter aliquid diffiniverint, id usque ad animam et sanguinem confirmare, nedum quicquam, quod in contrarium quoquo modo inductum sit, aut prava consuetudine ac moribus malis in Ecclesiam irrepserit tolerare vel dissimulare,

Sed in eam potius animi curam incumbere, ut una cum aliis Episcopis et Clericis suis, si possit; sin minus, ut solus Ecclesias suae fidei commissas ita procuret, ne idoneis destituantur Ministris, qui et velint et possint plebem pabulo sermonis Evangelici reficere: Sacramenta fideliter et iuxta ritum vere Apostolicum administrare et salutarem disciplinae professionem in fide Christi universo populo proponere.

t) Scriptis: B.
u) eo: C.

1. I Kor 3,11.
2. Vgl. II Tim 3,16–17.
3. Vgl. Mt 28,10.
4. Mt 15,9; Mk 7. Vgl. Jes 29,13.
5. *Augustin*, Epistola 82,3 (PL 33, Sp. 277); im Wortlaut wesentlich abweichend.
6. Vgl. Apk 19,15; Eph 6,17.

spricht er, »ehren[c] sie mich, dieweil sie sölche lehre lehren, die nichts dan menschen Gebott seindt«.

Vnnd es bekennet zwar jedermann, das mann inn Geistlichen sachen nit folgenn soll, was durch gewonheit auffkommen, sonder was vom Heiligem Geist vns geoffenbaret vnnd fürgestalt ist. Mann můß ja die warheit mehr gelten lassen dan einige gewonheit; Dann gewonheit on zeugnüß der warheit ist nichts anders dann ein veraltete jrthumb. Es lehret auch der Heilige Augustinus, »er hab alleinn gelehret den Scribenten, so man Canonicos nennet, die ehr zůgeben, das er gleube, sie haben in jhrem schreiben niergend in geirret, Wilcher were auch so vngeschickt, der nit sagen solte, das die H. Schrifft aller Bisschoffen schrifften für zůsetzen sey, das man auch vberal nit zweiffeln noch darnach fragen sol, ob es war oder recht sei, was in derselben nůr einmal vns fürgestalt vnd dargeben ist.« | *Avb* |

Darneben ist das recht vnd eigentlich ampt eines Bischoffs, nit allein fleiß für zůwendenn, das die Gemeindenn, so vonn dem Herren jhm vertrawet vnd befohlen, mit warer vnd gesunder lehr vnterrichtet, sonder das auch alle jhrthumb vnnd mißbreuche, so mit der zeit ingeschliechen, mit dem schwerde Göttliches wort abgehawen werden. Ja, er soll alles, was er vom Herren vnd Aposteln, auch durch die Vätter, so fern sie dem Herren vnd Aposteln gefolgt, einmal vnd endlich beschlossen oder eingesatzt befindt, so fest halten vnd verthedigen, das er bereit sey, sein leben, wo es die not erfordren würdt, darbey zůsetzen vnnd darfür hin zůstrecken. Wie wil dan jm gebürenn, das jenige, so dem zů wider einigerlei weise durch vnachtsamkeit oder böse gewonheit eingerissen ist, zů gedulden oder zůzůlassen.

Solt er nit vil mehr mit anderen Bischoffen vnd seinen Clericen, wa[1] er die darzů vermögen kan, wo nit er allein, auff alle mittel vnd wege trachten, das solchs alles zům ersten abgeschafft vnd die Kirchen, so jm vertrawet, mit recht tüglichen Dieneren, die die herde Christi mit dem Göttlichen wort zuweiden vnd die heilige Sacramenten nach Gottes ordnunge vnnd der Aposteln gebrauch getrewlich außzůspenden, auch die ware Kirchen zůcht sampt gotseliger bekandtnüß des Glaubens an Christum im Volck anzůstellen geschickt vnd willig sein, versorget würden.

c) wohl Drf. erhen.

1. sofern.

Haec enim duo sunt veri Pontificis opera, ut scilicet a Deo discat Scripturas divinas legendo et saepius meditando, et ut populum doceat. Sed ea tamen doceat, quae a Deo ipse didicerit, non quae ex proprio corde vel sensu humano ipse sibi desumpserit, Utque exemplo Apostoli Dei oportune et importune docendo instet Ecclesiamque suam amare, instruere ac prudenter regere satagat vitia ipse nec habeat nec in aliis ferat omniaque summo studio et perpetua erga DEUM voluntate faciat, quae cum salute aeterna sunt coniuncta.

Et quem admodum haec vera et solida sunt Episcopi officia in Ecclesia Dei[v] bene ac foeliciter regenda: ita contra, Ecclesiam sive populum CHRISTIANUM magnopere decet ad eorum se praeceptiones doctri- | *Ava* | nam atque institutionem conformare, qui omnes labores pro augenda et amplificanda gloria Dei suscipiunt: suspicere et cum magna reverentia imitari doctrinam sui Episcopi, eundemque non aliter[w] quam Dei Legatum et veritatis praeconem amare. Imo si ita vel causa[x] vel casus etiam postulat, eundem suum Episcopum in caussa maxime honesta et necessaria, qualis potissimum est Religionis ac fidei Christianae propugnare ac tueri: propterea quod Episcopus in eiusmodi fidei atque Religionis caussa, possit etiam contra generalia Concilia et Canones statuere et ordinare.

Haec caussa si nos in hac gravissima nostra Episcopali functione non commoveret[y], ut laborantis Ecclesiae et in maximam doctrinae depravationem adductae, partes omnes in tutelam ac fidem nostram suscipere velimus: si non naturae impetu et perpetua in Christianam Rempublicam voluntate impelleremur ad repurgandos Ecclesiae errores: tamen hanc operam, quam soli Deo impendimus, detrectare bona conscientia non possemus: propterea quod nostro nos deesse officio a Deo nobis iniuncto non oportet et nemo ignorat in Comitiis Ratisponae[1] per Caesaream Maiestatem Dominum nostrum clementissimum reliquosque Imperii Ordines, graviter constitutum iniunctumque esse omnibus in universum Episcopis et Ecclesiae Praelatis, ut ipsi inter se et quisquis apud suos Christianam Reformationem conciperet caeterisque imitandam proponeret, quae ad decentem et salutarem Ecclesiarum administrationem usque ad futurum generale aut nationale Concilium deserviret. Item

v) D E I: B.
w) aliters: A.
x) cau,sa: A.
y) commoneret: C.

1. Reichstag von Regensburg. Er wurde von Kaiser Karl V. einberufen und dauerte vom 5. April bis zum 29. Juli 1541. *Wolgast*, Art. Reichstage der Reformationszeit, TRE 28 (1997), S. 464 und 659f.

Denn diß sindt beide eines rechten Priesters eigentliche werck: Zům ersten, das er die H. Schrifft von Gott selbst lerne durch taͤglich lesen vnd betrachten derselbigen, Darnach das er auch sein volck getrewlich vnterricht vnd lehre, doch allein das er von Gott zůuor gelehret hat vnd nit was er auß eigner vernunfft vnd menschlichem gůtduncken fürbringen moͤcht, Das er auch dem lehren nach dem exempel des Apostels tag vnd nacht, zů rechter zeit vnnd zůr vnzeit obliege, ware lieb vnd sorgfeltigkeit gegen seiner Kirchen mit vnderweisen, vermanen vnd in der gantzen fürstehung zů erzeigen sich befleissige, das er on laster sei vnd die in den seinen auch nit gedůlde, Jn summa, das er mit hoͤchstem fleiß, mit freiwilligen vnd Gott ergebnen hertzen alles thů, was er zůr ehre Gottes vnnd seligkeit seiner Gemeinde dienlich erkennet.

Wie aber das die rechte vnnd eigentliche werck seindt eines waren Bischoffen, seine vertrawte Gemeinde wol vnd Christ- | *Avja* | lich zů regieren, So stehet widerumb der Gemeinde vnd dem volck Gottes zů, das sie sich gentzlich vnd von hertzen begeben vnd schicken in alle lehr, gebot vnd vnderrichtung jhres seelsorgers, Darneben den lieb vnnd wert halten vnd alle, die soͤlche arbeit vnnd schweren last Gottes ehr vnd sein Reich darmit zů forderen vnd zů mehren, auff sich nemen, Jn rechter gehorsam der lehre jres Bischoffs nachfolgen vnnd denselbigen nit anders dan ein botschafft Gottes vnd verkündiger der warheit auffnemen vnd halten, Ja auch, wo sich des die not vnd vrsachen zůtrügen, nach allem jren vermoͤgen jm beistehen vnd sonderlich in denen sachen, die goͤtlich vnnd ehrlich sind, als nemlich die vnsere Religion vnd den Christlichen glauben belangen, verthedigen helffen; Denn es offenbar, das ein Bischoff in solchen sachen auch wider die Gemeine Concilia vnd Canones auß dem wort Gottes zů schliessen vnd ordenen macht hat.

Derhalben seind wir so wichtiger pflicht vnsers Ertzbischofflichen ampts nach nit vnbillich bewegt worden, vns vnserer Kirchen, die so jemerlichen verderbet vnd mit falscher lehr auffs grewlichst verwüstet ist, mit allem ernst vnd hertzlicher sorgfeldigkeit anzůnemen vnd sie vns gentzlich befolhen sein lassen, wie auch sunst in gemein alle, so Christlich gesinnet, auß warer forcht Gottes vnd brüderlicher liebe sich befleissigen sollen, alle jrthumb vnd vnraht in der Kirchen zů wehren. Wir wissen auch keinerlei weiß mit gůtem gewissen, so hohem vnd notwendigem werck, von Gott selb aufferlegt, vns zů entziehen, welches wir – Gott weiß – allein Christo zů ehren vnd zůr besserung seines volcks bestanden. So ist es auch mennigklich bekant, das die Keiserliche Maiestat, vnser aller gnedigster Herr, auff den Reichstage zů Regensburg neben anderen Stenden des heiligen Reichs ernstlich verordnet vnd befolhen hat allen Bischoffen vnd Geistlichen Prelaten, vnder jhnen vnd den jhren, so in vnderworffen sein, ein Christliche Reformation fürzůnemen vnd auff zůrichten, die zů gůter heilsamer Administration der Kirchen dienlich vnd fürderlich sey, biß auff ein frei Christlich Gemein – oder National Concilium, Das auch daselbst frei gelassen sei allen Stenden des Reichs, jn jrem gebiete die Religion gotseligklich vnd Christlich anzůstellen vnd das, so vil die Religion belanget[d], der Augspurgisch[e] ab-

d) Drf. belang get.
e) Drf. Auspurgisch.

integrum ac liberum relictum esse Statibus Imperii in suis ditionibus de Religione Christiane ac pie constituere Decretumque Augustanum[1], quantum ad religionem spectat in posterum locum potestatemque nullam habiturum, quod et nuperrime Spirae in Comitiis[2] rursus renovatum et confirmatum est.

Quanquam autem in hoc aetatis nostrae declinantis curriculo et gravi quodam flexu nihil maiore studio optemus quam ut omnia in Ecclesia Dei tranquilla, pura et ad IESU Christi, Prophetarum atque Apostolorum doctrinam esse possent conformata[z]: cum tamen nos in hanc reformandae Ecclesiae curam ultro incumbentes superioribus annis, Comitiis indictis, admirabili consensione rogarent Dioceseos ac provinciae nostrae Coloniensis ordines omnes, praecipue vero Venerabile Capitulum nostrum, ut iuxta Ratisponensem re- | *Avb* | cessum in diocesi nostra, piam et salutarem Ecclesiis reformationem non nomine duntaxat, sed potius re ipsa constituere vellemus eoque facto animique iudicio plane confiterentur, priorem eam videlicet Reformationem, quae anno tricesimo sexto in Provinciali, ut vocant, Concilio[3], sub nomine et titulo nostro, aedita est, nequaquam ad tam arduum negocium piae et salutaris Ecclesiasticae Reformationis sufficere posse: quemadmodum etiam ad constituendam veram et solidam Dei Ecclesiam satis esse: aut invectos errores repurgare non potuit: detrectare hanc operam, aut negligere Ordinum ac Statuum nostrorum, praecipue vero Venerabilis nostri Capituli[a] voluntatem petitionemque amplius non debebamus: quo minus id quod tantopere desyderabatur, tandem praestaremus, formam videlicet aut consultationem Ecclesiae ac Religionis pure, recte et pie constituendae. Quod etiam eo maiore cum studio ac sollicitudine faciendum nobis esse putavimus, quod non ignoraremus, quam multa et[b] passim, praecipue vero in eam Ecclesiam, cui nos praefecti sumus, irrepsissent, quae cum verbo Dei et veteris Ecclesiae typo, cum Prophetarum ac Apostolorum doctrina plane pugnarent adeoque omnia recte vivendi praecepta, pessimis hominum erroribus, abusuum vitiis et consuetudine mala depravata esse, ut vix vestigium aliquod primitivae illius ac verae Apostolicae ac Catholicae Ecclesiae superesse videri possit.

Nam et sacerdotes et quicunque regendis Ecclesiis atque administrandis Sacramentis docendoque populo praefecti fuerant, in eam officii pastoralis neglectionem coniecti sunt ocio, luxu ac corporis mollicie fracti, ut nec ipsi solidam Scripturarum cognitionem ad instituendam[c] plebem adferre nec alios pie ac recte docere potu-

z) confirmata: C.
a) Capiruli: A.
b) fehlt in: B.
c) iustituendam: B.

1. Abschied des Reichstages von Augsburg, 19. November 1530. Vgl. TRE 28 (1997), S. 463. Text des Abschieds in: Neue und vollständigere Sammlung der Reichs-Abschiede II, S. 306–332; *Förstemann*, Urkundenbuch, Bd. 2, S. 474–478; *Schirrmacher*, Briefe und Acten, S. 309–313.

2. Reichstag von Speyer. Er dauerte vom 20. Februar bis 10. Juni 1544. *Wolgast*, Art. Reichstage der Reformationszeit, TRE 28 (1997), S. 465.

3. Von Hermann von Wied einberufenes Provinzialkonzil in Köln. Es tagte vom 6. bis 9. März 1536. *Köhn*, Bucers Entwurf, S. 24–33.

scheid fürthin vnbindich[1] vnnd nichtic[f] sein sol, welches auch hernaher auff dem Reichs tag zů Speier[g] erwideret vnd bestettiget worden ist. | *Avjb* |

Wiewol wir nůn inn diesem vnseren so hohenn abgehenden alter als der ruhe begirich nichts grosser auff erdenn wunschen wölten, dann das es inn vnseren Kirchen alles inn Christlichem vnd růhwigem wesen rein vnd lauter nach der lehr vnser Heilandts Jesu Christi, nach der Propheten vnd Apostel schrifft gestanden were, Doch dieweil die höchste notturfft vnd erschrecklich verderben des Volcks Christi, vns befohlen, auff eine Reformation zů gedencken vns bewegt hat vnnd auch die Stende vnsers Ertz Stiffts vnd sonderlich vnser Ehrwirdich Thůmcapitel auff einen dar zů bestimpten Landtag einhellig vnd fleissig vns gebetten, das vermüge des Regenspurgischen Abschiedts ein Christliche vnd heilsame Reformation begriffen vnd ins werck gefürdert oder bracht würde, Darmit sie auch bekant, das sie die zů vor, nemlich Anno XXXVI. der minder zal[2], durch einn Prouincial Concili vnder vnserem namen vnd Titel außgangen Reformation nit darfür gehalten, das sie zů solchem großwichtigen handel einer Reformation genůgsam were, wie sie in der warheit zů Gottseliger vnd warer auffbawung der Kirchen vnnd abstellung aller jrthumb vnd mißbreuchen zů gering war, Haben wir sölchs nit abschlagen noch so einhellig bit vnd hertzlich begeren vnser Stend vnd gantzer Landtschafft, fůrnemlich vnsers Ehrwirdigenn Thůmcapitels verachten mögen vnd endtlich ein Bedencken einer waren Christlichen Reformation bedacht vnd entschlossen; Darinne wir auch vns des zů williger vnnd fleissiger mit vilfeltiger berathschlagung vnnd erwegung erzeigt, so vil mehr wir befunden, das allenthalben vnd sonderlich in vnseren Kirchen vil vnraths wider Gottes Wort vnnd form der ersten vnd waren Kirchen Christi eingerissen vnnd die ware lehr des glaubens vnd rechter gottseligkeit durch vnzeliche jrthumb, allerlei mißbreuche vnd böse gewonheit auffs grewlichste verfallen vnd verwüstet were, das man schier niergend einige anzeigung der waren alten Apostolischen Kirchenn zů spůren hette.

Denn die Priester vnd so in den Kirchen, das volck zü lehren vnnd die Sacrament auß zůspenden, allenthalbenn fürgesatzt, seindt mehr theil[3] durch můssigang, vberflůß vnd fleischlich leben in sölche vnachtsamkeit vnd verlassung jhres so hohenn befelhs leider geratenn, das sie wider selbst die Heilige Schrifft verstanden noch die den jhren furzůtragen vermöcht | *Bja* | haben, Dieweil für dem Catechismo, so bei den alten nutzbarlich vnnd heilsamlich eingesetzt vnd getrieben wardt, vnnütze vnd kindische satzungen für der ware lehr des H. Evangelij Heidnische gedancken vnd abergleubische menschen funde fürbracht, Darzů auch der warer vnd

f) Drf. nichtir.
g) Drf. Speie.

1. ungültig. *Grimm* 24 (= XI,3), Sp. 397.
2. [15]36.
3. größerenteils.

erint, quod ipsi negligenter non didicissent, contenti pro Catechismo ineptas quasdam et pueriles traditiones pro veritate Evangelii prophanas et impias hominum assertiones docere. Quo etiam factum est, ut Sacramentorum vera illa et salutaris dispensatio, una cum Ecclesiae disciplina prorsum neglecta fuerit ac conculcata. Unde desolatio Parochiarum ac horribilis quaedam vastatio in populo Dei consecuta fuit, quae non solum nos, sed omnes in universum Episcopos ad Christianam vereque piam et salutarem Reformationem[d] ex debita Pastoralis officii sollicitudine incitare ac compellere[e] merito debebat.

Hanc Ecclesiae laborantis et prope depositae curam, cum ad animum memoriamque revocaremus, non destitimus eos praesertim, qui ex | *Avia* | venerabili Capitulo nostro et Clero Coloniensi plus caeteris et animis[f] et industriae ad hanc rem conficiendam conferre posse videbantur monere et rogare, ut rationem aliquam ac formam solidae ac Christianae Reformationis conciperent. Quoque maturius istud ac commodius praestare possent, iisdem una cum certis aliis ad hanc rem delectis, materiam ac veluti sylvam quandam futurae Reformationis exhibuimus mandantes, ut quaecunque scripta ac tradita essent, quam diligentissime in Domino Iesu Christo expenderent suumque iudicium, quae addenda vel referenda forent, libere et sincere interponerent. Et ut omnes laborantis ac desertae Ecclesiae partes in integrum statum restituerentur, negocium eisdem dedimus inveniendi ac deligendi verbi Dei Concionatores, qui Ecclesiae sanctem gerendae sacramentis administrandis erudiendoque populo praeesse possent. Noluimus enim in hoc gravissimo aetatis nostrae deflexu tanquam postremo vitae curriculo quicquam omittere, quod cum solida et perfecta Reformandae Ecclesiae ratione videri possit coniunctum idque eo consilio, quo nos sylvam seu materiam, sic ut praemittitur ab iisdem Deputatis revisam deinceps Capitulo nostro et reliquo Clero amplius expendendam offerre possemus.

[g]Qua tamen in re ac pia solicitudine nostra, quam hactenus restaurandae Ecclesiae impendimus, vehementer dolendum, etiam aegre ferendum est non potuisse nos, id quod pie et legitime petebamus ab iis, qui ad curam ac rationem ineundae ac concipiendae Reformationis verae Religionis delecti et deputati essent obtinere aut consequi. Nam praeterquam quod sylvam seu materiam praedictam diu admodum ac longo tempore apud se retinuerint ac concipiendae plenioris Reformationis munus de die in diem extraxerint, etiam de fidelibus verbi ministris ac Concionatoribus praedictis diligentiam aliquam adhibere non curaverunt. Ne illud addamus, quod tamen dissimulare sine iusto animi nostri dolore non possumus, nos ex inspectione materiae, seu sylvae praedictae, posteaquam ea tandem per eosdem Delectos seu Deputatos revisa ac nobis restituta fuit in veritate comperisse praedictos Delectos seu Deputatos in revisione seu collatione multorum articulorum ad vere piam et CHRISTIANAM[h] Reformationem utiliter et necessario pertinentium veritatem divini verbi ac vere Apostolicam traditionem privatis ac humanis suis affectionibus post-

d) Reformarionem: A.
e) compollere: B.
f) animi: A und C.
g) kein neuer Absatz in: C.
h) C H R I S T I A M A M: B.

heilsamer brauch der Heiligen Sacramenten vnd alle zůcht der Kirchen abkommen vnd verlassen ist, darauß dan nottwendig enstanden vnnd gefolgt ist bei dem Volck Christi erschrecklichs vnwissen Gottes, allerlei sünde vnd verderben vnd ein grewlich verwüsten aller Pfarren, das vns, wie auch allen anderen Bisschoffen, vermüge der ernstlichen pflichten vnsers Bisschofflichen ampts billich bewegen vnd dringen sölte, mit allem ernst auff eine Christliche heilsame Reformation zů gedencken vnd vns gentzlich zůbegeben.

Nach dem dann der Almechtige Gott sölch schwäres verderben vnd verwüsten seiner Kirchen etwas vns zů erkennen gegeben vnd wir das von tage zů tage mehr bedacht vnd zů hertzen gefůrt, Haben wir bei denen sonderlich auß vnserem Ehrwirdigen Thůmcapitel vnd Clero zů Cölne, die wir für andern zů sölchem hochwichtigen handel tüglich vnnd willig verhöffeten, on allen verzog angehaltenn vnnd ernstlich sie ersücht, das sie ein Christliche form warer verbesserung der Kirchen begreiffen vnd stellen wölten, Vnd damit wir sie auch in solchem werck etwas befürderten, haben wir jhnen sampt etlichen anderen darzů verordenten einen vngeferlichen begriff zů sölcher Reformation thun zůstellen mit begeren, den begriff zum fürderlichsten für die handt zů nemen, in allen stücken fleissig zů besichtigen vnd im Herren zů erwegen, Darnach vnns frei vnd trewlich anzůzeigen, warinne sie denselben zů besseren oder zů änderen vermeinten, der meinung, das wir solchen begriff, von jhnen zůuor fleissig besichtiget, zů weiterer eröhrterung vnsers Thůmcapitels vnd des gantzenn Cleri dargeben möchten.

Wir haben auch darneben denselben befohlen vnnd auffgelegt, damit vnsere verfallen Kirchen in allenn zům fürderlichsten wider auffgericht würden, nach geschicktenn vnd tüglichen Dieneren des Göttlichen worts vmb zůsehen, die zůbestellen vnnd zů verordnen zůr regierung der Kirchen, auspendung der Heyligenn Sacramenten vnnd vnderrichtung des Volcks, Denn wir inn vnserem so hohen vnnd ab | *Bjb* | gehenden alter nichts hinderzulassen gedächten, was wir zů warer vnd thätlicher[1] besserung vnsers volcks dienlich vnd fürderlich sein verhofften. Wie aber dem allen, so haben wir doch mit sölchem vnserem anhalten vnd begeren in demselben so notwendigen vnd Christlichen vnserem fürhaben, das doch zů erbarmen vnd vns gar leidt thůt, bei denen, die zůr anstellung Christlicher Reformation verordnet waren, wenig erlangen mögen, Dann neben dem, das sie den fürberürten[2] begriff, so von vns jhnen zůgestalt, ein lange zeit bei sich ligen lassen vnd ein ordentliche Reformation fürzůbringen von tage zu tage verzogen, haben sie auch vnserem beuelh nach, die Kirchen mit tüglichen dieneren zů versorgen, gar wenig geacht, ja das mehr ist vnd jm hertzen vns höchlich beschwert, nach dem vilberürter begriff durch sie entlich wol besichtiget vnd vns widerzůgestalt ist worden, haben wir befunden, das

1. tatkräftiger.
2. zuvor erwähnten.

posuisse variosque abusus ac errores contra verbum DEI ac[i] vere Apostolicas traditiones subortos | *Avib* | palliasse verius quam emendasse.

Quamobrem cum praeter spem expectationemque nostram agnosceremus restituendae Ecclesiae ac veteris doctrinae curam a Deputatis deponi nec ullam admitti seriam actionem, qua Ecclesiis tam misere collapsis, re ipsa succurri[j] posset, desolationem vero et vastationem Ecclesiarum indies horribiliter augeri, doctrinam subinde magis magisque corrumpi, Sacramentorum administrationem perverti et (quod sine cuiusquam iniuria in tota hac caussa dictum esse velimus de eoque protestamur) cum portentosas Idolatrias immane multiplicari eos Parochiis praefici, sacerdotiis cumulari, a quibus nihil quam totius veteris ac verae Religionis confutatio expectanda foret, videremus, cum denique intercisa spe omni nihil subsidii in nostris ad hanc rem conficiendam reliquum esse plane perspiceremus, coacti sumus, in re tam ardua et necessaria constituenda aut aliorum bonorum ac piorum virorum opera uti aut conceptum semel ac diu desyderatum Reformationis opus intermittere prorsus ac deserere. Quorum alterum ut faceremus, ipsius caussae magnitudo postulabat, alterum sine impietate facere non potuimus.

Idcirco ne diutius a spinis uvas et a tribulis ficus frustra colligere[k1] velle videremur, quosdam boni testimonii viros rerum spiritualium peritos et qui nuper a Caesa. M. et Statibus Imperii Ratisponae ad huiusmodi negocia adhibiti, etiam ab adversariorum primariis et antesignanis nobis multisque aliis praestantibus viris ob singularem animi pietatem, moderationem vitae ac doctrinam multiplicem magnopere laudati sunt. Bonnam ad nos accersivimus, quo futurae Reformationi viam quandam praepararemus et ad eam quasi gradum quendam faceremus, nihil aliud illis committendo, quam ut verbum Dei sincere et fideliter populo annunciarent viamque quandam futurae Reformationi praemunirent, abusus ac falsos illos impiosque cultus, quantum per divini verbi authoritatem ulla ratione fieri posset, initio quidem notarent commonerentque, quid in universa Religione in Ecclesia Dei, in doctrina sacra sequendum et amplectendum potius foret, quam statim corrigendum, aut in ipso restaurandae Ecclesiae limine abolendum.

i) fehlt in: B.
j) Drf.: sucurri: A.
k) colligegere: A.

1. Mt 7,16.

sie die Verordneten in erwegung vnd eroͤrhterung[h] viler artickel zu warer Christlicher Reformation dienlich vnd notwendig mehr jrem eigenen fleischlichenn anregen dann der waren regel des goͤtlichen worts gefolget haben vnd vile offentliche jrthumb vnd mißbreuche wider das klare wort Gottes vnd alle Apostolische ordnung nit verbesseren, sonder mit anstreichung einer falscher farben vnd betrieglichem schein erhalten woͤllen.

Derhalben dieweil wir genůgsam erkant, das sie, die verordneten, des wir doch zů jnen vns gar nit versehen hetten, ware besserung der Kirchen vnd Christi ehr vnd lehr zů befürderen nit gesinnet, auch das solche ernstliche handlung, da mit den Kirchen gerahten moͤcht werden, jnen vnleidlich were vnd wir aber daneben befunden, wie das schrecklich verderben vnd verwüsten vnser Kirchen mit inreissung falscher lehr, abergleubischem gebrauch der Heiligen Sacramenten vnd verkerung aller Kirchenzůcht von tag zů tag mehr vberhandt genomen, auch das vilfeltige grausame abgoͤtterei taͤglich sich mehrete vnd – das wir doch niemand zůr schmach oder verletzung gesagt haben woͤllen vnd des vns für Gott vnd der welt gegen allermennigklich hie mit bezeugen vnd protestieren – das von denen, so den pfarren hin vnd wider fürgestalt vnd die Kirchen güter heuffich an sich ziehen, anders nichts zů erwarten ist dan hindernüß vnd widerfechtung der waren alten Religion vnd Apostolischer lehr; Jn summa, dieweil wir entlich verstandenn, das vnsere hoffnung einiges raths oder beistandts derselben zů solchem vnseren Christlichen fürhaben vergeblich were, | *Biia* | sindt wir genoͤtiget worden, entweder andere frome vnd gotfürchtige leuth zůr fürbedachter handlungen zů gebrauchen, wie dan die großwichtigkeit so hoher sachen solchs gentzlich forderte oder aber die notwendige vnd vil begerte fürgenomen Reformation gar vnd all zů verlassen, welches wir on schweres verletzen goͤtlicher Maiestaͤt vnd vngezweifelt verderben des gantzen volcks von jm vns befolhen nit haben thůn moͤgen.

Damit wir dan nit lenger geacht würden, als ob wir vonn den dornen drauben vnd von den distelen feigen zů lesen vns für hetten, Haben wir etliche gotsfürchtige vnd in Geistlichen sachen erfahrne leut, die von gůtem gezeugknüß vnd von Keiserlicher Maiestaͤt sampt den Stenden des Reichs zů vnterredung soͤlcher sachen zů Regenspurg erwelt vnd verordnet seind, Ja auch, die durch die Widersacher, die jetzt die sach am hefftigsten treiben, selbst, als treffentliche leut, an lehr, leben vnd friedligkeit hiebeuoren bei vns vnd andere vilfaͤltig gelobt vnd gerhümet worden, vmb ein fürbereitung zůr warer Reformation mit jnen anzůfangen gen Bonn zů vns berůffen lassen, Nichts anders jhnen auch befolhen, dan das wort Gottes rein vnd klar dem volck zů verkündigen vnd den weg zůr volliger besserung der Kirchen zů bereiten, darbei auch alle mißbreuche vnd falsche Gottes dienst, so vil des mit der warheit goͤtlicher schrifft geschehen moͤchte, erstlich fürzůbringen vnd getrewlich anzůzeigen, wes sie gedachten in der Christlicher Religion, in regierung der Kirchen Gottes vnd an der lehr zů folgen oder fürzůnemen, ehe man zůr besserung, so die leuth noch wenig bericht, wircklich an greiffen solle.

h) evtl. Drf.

Similiter simplicem quandam ac piam deliberationem[1], qua ratione scilicet Christiana[l] et in verbo Dei fundata Reformatio usque ad futuram liberam et Christianam Synodum, generalem sive nationalem etc. institui possit, per pios quosdam ac fideles, non modo literarum scientia, sed etiam vitae sanctimonia praeditos vi- | *Bia* | ros conscribi fecimus, in qua nihil aliud quam certa quaedam, pia ac salutaris ratio doctrinae, administrationis Sacramentorum, caeremoniarum aliorumque ministeriorum Ecclesiasticorum, non modo Evangelicae veritati, [m]verum etiam[m] Apostolicis et vere Catholicis traditionibus consentiens describitur: ac veluti[n] forma quaedam futurae Reformationis simpliciter et fideliter delineatur.

Quae omnia cum ita sint, cum in nullam propriam aut privatam aliquam utilitatem nostram, multo minus in damnum sive praeiudicium alterius, sed in solius Dei gloriam ac aedificationem corporis Christi, quod est Ecclesia, facta ac proposita a nobis sint, cum nullius reprehendi actio, quae quidem cum reparanda Ecclesia Dei coniuncta sit, debeat. Postremo cum omnis nostra cura, solicitudo animi atque diligentia in hoc defixa sit, ut languens ac prope deserta Christiana Respublica in pristinum verae ac solidae Religionis statum, unde nuper deiecta est, salutari verbi Dei remedio restituatur, non licuit cuiquam, praesertim certis aliquot hominibus ex Capitulo Ecclesiae nostrae Cleroque ac Universitati Coloniensi praedictae, ut tam praefracte et acerbe piis nostris conatibus se opponerent, et quod nos pro restauratione collapsae Ecclesiae veteris pro augenda et amplificanda gloria Dei, pro constituenda vera Religione, ex qua omnis nostra salus propendet, nobis sumimus id in gravem, etiam falsam criminationem trahere, multo vero minus etiam a nobis contumeliose deficere aliosque audaci confidentia ad similem defectionem, non precibus modo hortari, sed minis etiam ac aliis machinationibus impellere.

Nihilominus tamen praemissis omnibus non attentis, sed spretis potius ac neglectis; Adversarii sanctissimo huic instituto nostro aut potius Dei ministerio manibus pedibusque restiterunt, et quamplurima contra Reformationem nostram praesumpserunt, fecerunt et attentarunt et indies graviora praesumere, moliri, machinari, facere et attentare assiduis studiis conantur.

Primum enim illi, qui prioris illius Reformationis provincialis Architecti fuerunt, una cum reliquis partium adversariarum primoribus et antesignanis, partim suis contra iura et veterum instituta acquisitis et accumulatis sacerdotiis vitaeque licentiosae metuentes, partim etiam quod eo sunt praediti ingenio, ut nisi quod ipsi fecerint, nihil rectum putent, confestim mirabili inconstantia et Metamorphosi ex laudatoribus

l) Christia: B.
m)–*m)* verumetiam: B und C.
n) velut: B.

1. ›Einfältiges Bedenken‹, der im Frühjahr und Frühsommer 1543 im Auftrag und im Namen Hermanns von Wied von Bucer verfaßte Entwurf einer Reformationsordnung für das Erzstift Köln, der in erster Auflage im Spätsommer 1543 bei Laurentius von der Mülen in Bonn erschien (VD 16 K 1734). Edition in BDS 11,1, S. 163–429.

Deßgleichen haben wir ein »einfaltigs bedencken« war auff ein Christlich vnd in dem wort Gottes gegrünte Reformation biß auff ein frei Christlichs gemein odder Generall Concilium anzůrichten sey, durch etliche Gotsfürchtige gelerte vnd fromme Menner stellen lassen, darinnen anders nit begriffen dan ein richtiger warer bescheidt der lehr vnd außspendung der Sacramenten, der Ceremonien vnd anderen Kirchendiensten nicht allein auß dem wort Gottes, sonder auch auß der Apostolischen vnd ware Catholischen traditionen gezogen, das es vns ein entwurff oder fürbereitung zůr warer Reformation sein solle.

Dieweil nůn dem allen also vnd wir nit auß einigem vnseren | *Biib* | eigenen nůtz oder fürtheil, vil weniger jemand zů nachtheil oder beschwaͤrung, on allein Gottes ehr zů forderen vnd die Kirche Christi zů erbawen, das alles gethan vnd fürgenomen haben vnd dan keinem gezimpt zů straffen oder zů verachten, das zů nůtz der Gemeinde Christi gerichtet wirt. Zů letst auch, Sinte mal wir mit allen fleiß vnd vilfeltiger sorgen vns dahin gewandt vnd begeben, das die verlassene, verwüste Kirch Christi wider vmb zů jhrem vorigen stande warer Religion, da von sie lengst verfallen, durch die heilsame artzenei Goͤttlichs worts auffgericht würde, hat es nit gebürt noch zůgestanden jemand, sonderlich denen auß dem Capitel vnser Kirchen zů Coͤlne, dem Clero vnd Vniuersitet daselbst, mit so halsstarrigen vnd verbittertem gemüt vnserem gantz Christlichen willen sich zu widersetzen vnd alles was wir zur verbesserung Christlicher Religion, darinne vnser aller heil vnd seligkeit gelegen, fürgenomen, auffs hoͤchst allenthalben, jedoch felschlich zu verklagen vnnd anzutragen, vil weniger wil es jnen gebüren, vns zur grosser schmahe von vns abzůfallen vnd andere freuentlich zu gleicher dürftigkeit des abfals nicht mit bitten allein vnd ermanen zů ersuchen, sonder mit drewen[1] vnd andere vngeburliche für schlege zů dringen.

Nicht destoweniger dieses alles vnangesehen, ja verachtet, haben vnser Widersacher nach allen jhrem vermoͤgen in soͤlchem vnserem werck vnd waren Gottes dienst sich stracks zů wider gesatzt vnd mancherlei wege, die selbe vnser Reformation thetlich zů verhinderen, gesůcht vnd sich fürgenomen, wie sie dan heutiges tages sich noch befleißigen.

Denn zům ersten die jenigen, so der Reformation durch vnser prouincial Concilium erstlich außgangen dichter gewest sampt den fürnemsten vnserer Widersacher, haben – eins theils vmb das sie jrer pfründen vnd Kirchen güter, die sie wider alle rechten vnd gesatz der alten heuffich an sich gezogen vnd jres vnordentliches lebens sich besorgten, eins theils auch, das sie also gesinnet, das sie nichts gůt achten oder für recht erkennen vnd annemen woͤllen dan allein was sie selbst erdencken vnd thůn – mit grosser leichtfertigkeit vnd hastiger verkerung gelestert vnd widerfochten, alles was sie zů vor hoͤchlich gerhumet hatten vnd mit vngestimmigen anregen jm Capitel zů Coͤlne die sache dahin bearbeitet, das jnen zůgelassen worden, vnder dem namen des Capitels bei vns ernstlich zů ersůchen vnd anzůhalten, das wir die

1. Drohen.

facti sunt acerbissimi vituperatores et hostes suisque importunis clamoribus in Capitulo | *Bib* | Coloniensi eo rem produxerunt, ut ipsis permissum sit nomine Capituli a nobis acriter summoque conatu contendere, quo accersitos Evangelii Doctores a nobis rursus ablegare et a coepto Reformationis opere impie et inverecunde desistere velimus.

Sed cum nulla bona conscientia eos, quos noveramus Evangelium Christi pure et fideliter annunciare, tam inclementer indictaque caussa ex Diocesi eiicere possemus, praesertim cum nulli essent, qui in locum illorum surrogari quive populo gravi verbi Dei fame laboranti et infinitis superstitionibus misere pereunti, utiliter et laudabiliter praeesse possent ac proinde non semel, sed multotiens Adversarios nostros rogassemus, audirent Concionatores verbi D E I[o], quos Ecclesiae praefecimus, atque cum his pie et Christiano more proposita civili disputatione conferrent, quae ad regendam et constituendam Ecclesiam Dei necessaria sunt, etiam arguerent ac damnarent, quae in illis reprehendenda vitia criminarentur, ibi Adversarii hac deprecatione atque oblatione licet aequissima esset prorsus reiecta et explosa Scriptum composuerunt, in quo multa illi de ratione vocandi probandique Ministros Ecclesiarum ex Scripturis et Canonibus congesserunt, quorum omnium ratio et doctrina, si iuxta Evangelium Dei, Prophetarum ac Apostolorum Scripta ab iis hodie sancte et religiose coleretur, qui divina humanis miscent omniaque prophanis caeremoniis, fabulis pessimisque erroribus corrumpunt et contaminant, rectius multo et tranquillius non solum in Ecclesia, sed Universa Republica Christiana omnia gererentur.

Sed tamen Adversarii, qui illa magis confutandae quam reparandae doctrinae Christi studio collegerunt, veriti forsitan, ne suis possessionibus, dignitatibus[1] et caeteris Ecclesiasticis beneficiis exciderent, accumularunt in eodem quoque scripto gravissimas in quosdam nostrorum Concionatorum criminationes, quarum eos ut convincerent, nullis nostris postulationibus aut efflagitationibus unquam adduci potuerunt. Quin etiam sub illud tempus, anno videlicet quadragesimo tertio, quo Provinciae nostrae Coloniensis Ordines ad Comitia Bonnae indicta conscripti fuerant[2] (quos etiam certi aliquot homines ex Capitulo nostro audaci sua authoritate praeter nostram iussionem et morem veterem cum insigni nostri contumelia convocare conati sunt) idem Scriptum de ratione vocandi et comprobandi Ecclesiarum

o) Dei: B.

1. Würden, Ämtern. *Habel/Gröbel*, Mittellateinisches Glossar, Sp. 111 f.

2. Landtage von Bonn vom 12. bis 16. März 1543 und vom 23. bis 26. Juli 1543. *Varrentrapp*, Hermann von Wied, S. 149–153 und 205–208; *Schlüter*, Flug- und Streitschriften, S. 28 f., 50 f. und 375–380; *Köhn*, Bucers Entwurf, S. 53 f. und 57–59.

predicanten, so wir beruͦffen, wider abschaffen vnd das fürgenomene werck der Reformation wider Gott vnd mit schanden verlassen solten.

Dieweil wir aber die jenige, so wir gespürt vnnd | *Biiia* | befunden, das sie das Euangelium Christi lauter vnd trewlich predigten, mit keinem guͦten gewissen auß den landen vnsers Ertzstiffts vnerhoͤrter sachen so vngütlich verstossen moͤchten, sonderlich so sunst niemandt fürhanden, der jr ampt vertretten vnd dem volk in seinem hoͤchsten mangel vnnd gebrech gesonder lehre vnd schweristem verderben durch vilfaͤltige mißbreuche vnd aberglauben fruͦchtbarlich vnd heilsamlich fürgesatzt werden moͤcht. Derhalben wir auch vnsere widersacher nit einmal ermanet vnd gebeten, das sie doch dieselbige vnsere prediger selbst hoͤren woͤlten, auch mit jhnen in dem Herren ordentlicher vnd Christlicher weise in einer freuntlicher disputation sich vnderreden vnd alles, was zuͦ warer Administration der Kirchen noͤttig vnd fürderlich were, des gütlich sich vergleichenn. Darnebenn auch anzeigenn vnnd straffen alles, darin sie vnsere predicantenn zuͦ beschuldigenn vnnd anzuͦklagenn wüsten. Soͤlchs alles aber vnangesehen, haben die Widersacher dasselbige vnser begeren vnnd bitten wider recht vnd alle billigkeit gentzlich abgeschlagen vnd aber[1] ein schrifft, in deren sie vil von berüffen vnd bewheren der Kirchen diener auß der heiliger[i] schrifft vnd den Canonibus zuͦ samen getragen, außghen lassen, Welcher lehr vnd ordnung, so die nach goͤtlichem wort vnd waren Apostolischen Traditionen würklich vnd in der warheit folgen vnd nach komen woͤlten, welche jetzt allen vnraht vnd verwüstung stifften vnd alles mit abergleubischen Ceremonien, falschen gedichten vnd jhrriger lehr verderben, so solte es weit besser vnd fridsamer nicht allein in der Kirchen Gottes, sonder auch in allen weltlichen Stenden des Christenthuͦmbs zuͦgehen.

Aber vnsere Widersaͤcher, die soͤlchs mehr vmb die ware Religion zuͦ widerfechten dan auffzuͦrichten fürbracht, dieweil sie sich besorgten jrer pfründen, Digniteten vnd Kirchen güter entlich entladen zu werden, haben in soͤlcher jhrer schrifft allenthalben ingemischt schweres anclagen vnd beschuldigung etlicher der vnser predicanten, die sie doch auff vnser empsich[2] ansuchen vnd begeren zu beweisen nicht hin zubringen gewest. Haben darneben zur selbiger zeit nemlich Anno XLIII. der minder zal[3], in dem die Stende vnsers Ertzstiffts gehn Bon auff einen darselbst verordenten Landttag beruffen – welche auch sie die obgedachte auß vnserem Capitel, auß sonderlicher vermessenheit, on vnserem befelch, wider die alte gewonheit, | *Biiib* | vns zu hoͤher schmach zu sich zu beruffen vnderstanden – solche jre schrifft sampt der schweren anklagen für lesen lassen vnd also bei den vnseren hefftigklich

i) Drf. heiger.

1. abermals.
2. emsiges.
3. [15]43.

Ministros, non levibus criminationibus recitari fecerunt quantaque potuerunt importunitate contenderunt, ut et caeteri Ordines pio et necessario Reformationis instituto resisterent et una cum ipsis postularent, ut nos accersitos illos, qui | *Biia* | synceram Christi doctrinam et disciplinam re ipsa restituere laborabant, a nobis removeremus. His enim ablegatis, facile a reali se Reformatione tutos fore sperabant, scientes quam pauci in Diocesi Coloniensi pro Christo hac in re periclitari vellent, quam pauci quoque sint, qui aliquid in isto praestare ministerio valeant.

Quanquam autem in hoc conventu Adversarii nullum non moverint lapidem extremaque tentarint, quo caeteros Ordines, qui nobiscum consentiebant, a piae et Syncerae Reformationis instituto deducerent et in societatem rebellionis adversus nos pertraherent eaque de caussa non absque luculenta et insigni contumelia authoritatis nostrae cum Ordinibus seorsum inusitato more egerint eos, tamen quos accusaverant, ad respondendum coram obiectis criminibus admittere noluerunt, etiamsi defensio nemini deneganda sit.

Quibus tamen rebus omnibus non commoti reliqui Ordines constanter ita ut bonos viros, et de Christi gloria suique Principis honore sollicitos[p] decebat, in proposito perstiterunt, nec se a nobis, quos nihil nisi salutem ipsorum quaerere noverant, abstrahi passi sunt. Sed liberum nobis permiserunt, ut ex ipsis et aliis viros pios et moderati ingenii deligeremus, qui communicato consilio rationem sive conceptam formam Reformationis praedictae, una cum iis, quos ad hanc rem conficiendam delegissemus, latius expenderent quaeque ad commodissimam Ecclesiasticae Reformationis rationem facere quoquo modo viderentur, latius statuere ac praescribere curarent.

Quo facto Adversarii multo magis irritati inflammatique fuerunt nec ullum finem aut modum fecerunt, non solum depravandi oppugnandique hoc nostrum institutum, sed etiam infamandi eos, quorum ad id opera utebamur. Eaque de caussa illorum vocationem et ministerium acerrime impugnarunt, in eoque Scripto pleno omnis arrogantiae et contumeliosae reprehensionis, nos, qui de ipsis bene meriti sumus, nostrumque institutum sanctum multis probris onerarunt. Tametsi illi vocationem, innocentiam et doctrinam suam optimis et firmissimis argumentis defenderant idque libellis in publicum aeditis sub titulo:

›Was Euangelion nun zů Bonne Jm Ertzstifft Coͤlen gelert vnd gepredigt wirdt[1] etc. Jtem ›Die ander verthedigung vnnd erklaͤrung der Christlichen lehr in etlichen fürnemen heubtstucken, so dieser zeyt zů Bonne[2] etc.

p) solicitos: A.

1. Erste Verteidigungsschrift Bucers vom Februar/März 1543. Sie erschien in zweiter Auflage unter dem hier angegebenen Titel 1544 bei Laurentius von der Mülen in Bonn (VD 16 B 8952). BDS 11,1, S. 25 f. Edition in BDS 11,1, S. 29–131.

2. Zweite Verteidigungsschrift Bucers vom Frühsommer 1543. Sie erschien gegen Ende Juli 1543 bei Laurentius von der Mülen in Bonn (VD 16 B 8953). BDS 11,2, S. 26 f. Edition in BDS 11,2, S. 31–247.

angehalten, das sie sampt jnen sich vnseren notwendigen furhaben Christlicher Reformation widersetzen vnd einhellig von vns begeren solten, das wir vnsere beruffen predicanten (die doch nit anders dan die ware lehr Christi vnd rechte Kirchen zucht wider auffzurichten sich befleißigten) abschaffen solten. Denn wo die selbigen abgeschafft, verhofften sie gentzlich aller würcklicher[1] Reformation wol vberhaben zu bleiben, die weil jhnen nit vnbekant, wie gar wenig in vnserem Ertzstifft zu erfinden, die soͤlche muhe vnd geferligkeit vmb Christo auff sich zůladen willig oder auch zů solchem hochwichtigen werck tüglich weren.

Wie wol aber sie vnser Widersacher auff dem selbigen Landtag mit fleissigem vnd vnnachlessigem anhalten nichts sich mangelen liessen vnd alles versuchten, damit sie vnser andere Stende, die mit vns hielten, von annemung warer Christlicher Reformation abschrecken vnd sie sampt jhnen vns abzůfallen bereden moͤchten – da von sie auch nit on schweres verletzen vnd hoͤchster schmah vnsers ansehens mit den Stenden besonders wider alle gewonheit gehandlet –, Haben sie doch in keinem weg zůlassen oder gestatten woͤllen, das die jenige, so durch sie zům hoͤchsten beschuldigt worden, zů verhoͤr vnd vnschuldigung hinkomen moͤchten, wiewol jm rechten das niemandt abgeschlagen werden sol.

Es haben aber die andere vnsere Stende mit diesem allen gar wenig sich bewegen lassen, Sonder als bestendige vntherdanen, welche die ehr Gottes vnd die wirde jres Obern am meisten sich lassen angelegen sein, bei vns, die sie nit anders dan jr heil vnd seligkeit zusuchen befundenn, trewlich vnnd vestiglich sich gehalten vnd darneben vns heimgestalt, das wir aus jnen vnd andern erwaͤlen solten gottsfürchtige vnd zum frieden gneigte Menner, die vnder sich vnd mit denen, so wir zuuor zü solchen werck verordnet, die obberurte[j2] form Christlicher Reformation besichtigen vnd erwegen vnd alles was sie dazů mehr fürderlich achteten, weiter darbei stellen lassen wolten.

Als bald aber vnnser widersacher solchs vernomen, seind sie mehr erbittert worden vnd haben nicht vnterlassen vnser fürnemen nit allein zu widerfechten, sonder auffs hoͤchst zu schmåͤhen vnd låͤsteren mit allen den jenigen, so wir herzů gebraucheten, Vnd haben deren berůff vnd ampt am Euangelio hoͤchlich verklagt, auch | *Biiiia* | vns in der selbige jrer lasterschrifft, die wir doch weit anders vmb sie verdient, mit vnserem Christlichen fürhaben vilfeltig geschmåͤhet vnd fåͤlschlich beladen, ob wol die jenige, deren ampt vnd berůff sie so hoͤchlich anklagten, jhres berůffs halben genůgsam sich entschuldiget, darzů jhre lehr vnnd leben verthediget vnd das sie wider recht angeklagt worden, erwiesen haben mit einer offentlicher schrifft vnder dem Titell:

›Was Euangelium nůn zů Bonne im Ertzstifft Coͤlne gelert vnd geprediget wirt‹ etc. Jtem ›die ander verthedigung vnd erklårung der Christlichen lehr in etlichen fürnemen heubtstücken so dieser zeit zů Bonn‹ etc.

j) Drf. obrurte.

1. wirksamer.
2. oben erwähnte.

Quae quidem Scripta nos hoc in loco et vice gravaminis pro iu- | *Biib* | stificatione praesentis Appellationis repetimus atque pro repetitis haberi volumus.

Itaque Adversarii his omnibus posthabitis et contemptis, cum nos eodem anno secundum Conventum Provincialem indixissemus, et conscriptam Reformationis formulam (quam Capitulo aliqot ante diebus legendam inspiciendamque miseramus) Ordinibus Provinciae exhibuissemus, precati, ut singuli Ordines certos aliquot eosque eruditos, tranquillitatis Christianae amantes et bonos viros deligerent, qui cum iis, quos ad eam rem nos daturi eramus, conceptam a nobis Reformationem instituendae Religionis perlegerent, omnia eius capita diligenti animi iudicio excuterent et, sicubi opus esset, corrigerent, breviter ita perficerent, ut verbo Dei quam maxime consentanea essent atque ad restituendam Ecclesiis doctrinam et disciplinam Christi quam efficacissime valerent, non solum hanc iustissimam et pernecessariam petitionem contemptim reiecerunt, verum etiam librum a nobis oblatum contumeliose criminati sunt, quasi innumerabilibus falsis et haereticis doctrinis praeceptisque scateret. Cuius tamen rei ut fidem facerent ac probationes adferrent, adduci nullo modo potuerunt, praetexentes angustiam temporis ad excutiendum librum non sufficientis darique sibi tempus longius postulabant, ut scilicet universam Reformationem, quominus ea piis ingeniis proponeretur, confutarent.

Quanquam autem nos tam insidiosam dilationis petitionem[q] reiicere optimo iure potuissemus, praesertim cum Adversarii librum fere quatuordecim diebus antequam reliqui Ordines inspiciendum accepissent[1] et praemeditati ad hanc caussam accessissent, meritoque, si quid habuissent reprehensione dignum, id coram aliis Statibus provincialibus proponere, ac in medium proferre debuissent. Cum iuris et moris sit, voces in communi et non seorsum dare, quo maturior fiat deliberatio per congregatos.

Ne tamen ulla in re vel Adversariorum voluntati defuisse, vel Sancti[r] huius conatus progressum neglexisse videri possimus, placuit, ut Adversarii haberent duarum, aut si opus esset, quatuor septimanarum spacium inter quod ea, quae improbarent loca in libro nostro, monstrarent, et cur improbanda ducerent, simpliciter explicarent. Et vicissim quae pro locis illis ex verbo Dei et caeteris Ecclesiae traditionibus adduci possent, semotis adfectibus et odiis religiose cognoscerent.

Verum Adversarii nihil minus in animo habentes, quam cura- | *Biiia* | re, ut pia et syncera Reformatio constitueretur, sed potius omni animi impetu in id incumbentes,

q) petionem: B.
r) sancti: B und C.

1. Gemeint ist der Entwurf der Reformationsordnung, ›Einfältiges Bedenken‹ (vgl. oben S. 312, Anm. 1).

Welche schrifften wir auch an diesem ort in stat der beschwerungen zů rechfertigung vnser gegenwertiger Appellation widerholet haben woͤllen.

Alß wir aber darnach im selbigen jare den andern Landtag beschrieben vnd einen begriff der Reformation, welchen wir vnserem Capitell etliche tage zů vor zů verlesen vnd zů besichtigen zůgeschickt, vnseren Stenden vberantworten liessen, mit begehr, das ein jeglicher standt etliche auß den seinen, gelehrte, Gotsfürchtige vnd zů Christlicher einigkeit geneigte menner erwelen wolte, die sampt denen, so wir dar zů zůgeben vns erbotten, den gestalten begriff der Reformation vnnd besserung der Kirchen fleissig durchleseten, alle vnd iede stuck in dem selbigen auffs scherffste erwegeten vnd, da es von noͤten, verbesserten, Schlieslich auch in allem sich also vergleicheten, wie es dem wort Gottes am meisten gemeeß vnd zůr auffrichtung rechter lehr vnd warer Kirchen zucht am fürderlichsten were, Haben sie, vnsere Widersacher, solch vnser Christlich vnd notwendich begeren vnd bitten nicht allein verachtlich abgeschlagen, sonder auch das buch, so wir vbergeben, schmaͤhlich angeklagt vnd, als ob es vol vnzelliger Ketzerischen lehren vnd allerley jrthumen were, beschuldiget, Liessen sich aber keines wegs dar hin bewegen, das sie vrsache jres anklagens dar zu thun vnd ir beschuldigen zu erweisen sich annemen wolten, Sonder haben der kurtzer zeit sich beklagt vnd also weitere zeit, dasselbig zu besichtigen, von vns begert, on alle zweiffel anderer keiner meinung, dan in hoffnung, mittler weile die fürgenomene Reformation zu widerfechten oder sunst gentzlich abzuschaffen.

Wiewol wir nu solch jr verzüglich begeren mit recht jhnen abzuschlagen gut fug gehat, sonderlich dieweil die von Ca- | *Biiiib* | pitel das bůch 14 tag ehe dan die ander stend empfangen, in des sie darauff sich zů bedencken zeit gnůg gehat, Solten auch, was sie im buch[1] straͤfflich achteten, der gantzer Landschafft zů der zeit billich fürbracht haben, nach dem die ordnung vnd der gebrauch das gibt, das die stimmen ins gemein nit besonders gehen sollen, damit die berathschlagung füglicher vnd desto balder ein end gewinne.

Doch auff das vnsere Widersacher sich niergend in zů beclagen hetten vnd keiner zů gedencken habe, dan das wir auff alle weg zů vnserem fürhaben jre gehel[2] vnd rath gesůcht vnd begert, haben wir zů besichtigung des Bůchs, darmit sie, was darinne jrrig oder straͤflich, anzůzeigen vnd zů beweisen zeit gnůg hetten, noch xiiij tag vnd, wo von noͤten, vier wochen jnen vergunt, Herwiderumb aber sie auch ermanet vnd gebetten, das sie, was man dieselben stück, die sie anklagen würden, zů bewaͤhren aus dem wort Gottes vnd waren Kirchen ordnungen fürbringen moͤcht on menschlicher bewegnüß oder haß in Gottes forcht wol betrachten vnd erwegen woͤlten.

Aber war, das vnsere Widersacher nit desto weniger zů verhinderung solcher vnser fůrgenomener Reformation zum hoͤchsten sich befliessen, vil notwendige stück wider oͤffentliche bekante warheit vnd das gewissen zů hindertreiben vnd ein Bůch vnder dem Titel einer Widerberichtung geschriben vnnd ausgeben haben, in welchem sie anders nit furgenomen, dann den fürgemelten begriff einer Christlicher

1. Einfältiges Bedenken; vgl. oben S. 312, Anm. 1.
2. Zustimmung.

ut plaeraque etiam reclamantibus conscientiis damnarentur. Composuerunt librum, quem Antididagma inscripserunt, in quo nihil aliud agunt, quam ut praenominatam formulam instituendae ac reformandae Ecclesiae propositam in universum improbent, quae a nobis de sententia sacrosancti Evangelii, Prophetarum et Apostolorum pie et recte conscripta, etiam ex veteribus Scriptoribus in exemplum reparandae Ecclesiae desumpta atque tradita sunt, arguant; sua omnia commendent, nihil denique probent, nisi quae falsis hominum opinionibus in Ecclesiae usum inducta sunt.

Itaque praefixa est eidem libro praefatio gravissimarum ac falsissimarum criminationum plena, in qua odio nimirum Christianae et solidae Reformationis commoti, eo etiam prolabuntur dementiae, ut asseverare palam in ea non vereantur, malle sese immanissimo et haereditario ac insatiabili Christiani sanguinis hosti Turcae dedere illiusque crudelissimam et foedissimam servitutem et in omni memoria inauditam tyrannidem ferre, quam a concepta semel sententia vel quicquam discedere vel se cum Protestantibus (quos sectarios vocant) coniungere aut denique piam Ecclesiae concordiam resarcire, id quod in processu caussae latius deducetur ac singulatim[s] amplius suis loco et tempore congruis et oportunis declarabitur et ostendetur.

Neque hac facti indignitate atque insolentia contenti fuerunt Adversarii, sed etiam illum librum paulopost primum Germanice, deinde latine magnifico cum titulo typis excudi ac ubique locorum divulgari ac venundari fecerunt. Quae res quoniam apud imperitam plaebem videbatur doctrinae divortium dissensionemque ad deterrendas vel saltem confundendas pavidas conscientias gignere posse, commonuimus rursus, ut ex omnibus Provinciae ac statuum Ordinibus certi aliquot boni viri deligerentur, qui caussae huius dimicationem componerent statuerentque, quid amplectendum aut fugiendum in tota nostra conscriptione putarent. Interim, quo minor esset confusio, aeditionem Antididagmatis remorarentur darentque hanc operam Iesu Christo et eius Ecclesiae, ut quae ad veram et solidam doctrinam pietatemque pertinerent[t], summo studio perficerent.

Sed haec tam pia commonitio et caussa Iesu Christi nihil valuit apud Adversarios, quo minus illi non solum indignis iniuriis ac con- | *Biiib* | tumeliis, quae in usum ac doctrinam verae Ecclesiae concepta ac proposita a nobis fuerant, inverecunde afficerent, verum etiam ad Caesaream Maiestatem et Romanorum Pontificem ad inflammandum eorum animos literas dederunt, quibus nos atrocissime accusarunt.

Nec multo post his omnibus adiecerunt turbulentam, frivolam et temerariam Appellationem, in qua nihil illi atrocissimorum criminum praetermiserunt, quod non in studia atque actiones nostras incredibili impudentia, pervicacia atque adeo impietate singulari effuderunt, nempe nihil nos cum Ministris nostris, spreta omni ratione legis divinae, sanctorum Canonum, Muneris[u] Episcopalis atque decretorum Impe-

s) sigillatim: C.
t) pertinetent: B.
u) numeris: C.

verbesserung der Kirchen zuͦ widerfechten, ja gar vnd all zuͦuerwerffen Vnd alles, was nach warheit des Euangelij, der Propheten vnd Apostel schrifften recht vnd wol darinne geschrieben, auch alles, was aus den Vaͤtteren zum fürbildt Christlicher anstellung der Kirchen gezogen vnd fürbracht ist, zuͦ tadlen vnd zuͦ laͤsteren, das jhr aber allein fürzuͦziehen vnd hoch zuͦ loben, Jn summa niergend etwas von zuͦhalten, on was durch falsche menschen gedicht inn der Kirchen auffkommen ist.

Derhalben haben sie der selben jren Widerberichtung ein vorrede fürgesatzt vol laͤsterung vnnd falsches anclagen, in welcher sie sich so gar vnsinnig vnd rasend beweisen – vngezweiffelt auß haß vnd schew aller warer vnd thaͤtlicher Reformation der Kirchen –, das sie oͤffentlich schreiben dürffen, sie woͤllen sich dem Erbfeind aller Christen, dem bluͦtdürstigen vnd wütenden Tyrannen, dem Türcken, lieber ergeben vnd seine grausame vnd fürmals in allen historien nie gedachte wüterey | *Bva* | auff sich laden, dan das sie von jrer meinung etwas zuͦ weichen oder nachzuͦlassen gedechten oder zuͦ den protestierenden, die sie Sectarios nennen, sich thuͦn oder einige Christliche einigkeit mit ihnen annemen woͤlten, welches in verfolgenn dises handels besonders zuͦ seiner gelegener zeit vnd bequemem ort weiter dargethan, auch klarer angezeigt vnd erwiesen werden soll.

Noch sein die Widersacher mit solchem freuelmuͦt vnd durstigkeit nit gesettiget gewest, Sonder haben bald hernach dasselbig jr buͦch erstlich auff Teutsch vnd folgends auff Latein mit einem praͤchtigem tittel drucken, vort allenthalben außbreiten vnd verkauffen lassen. Dieweil wir aber bedacht, das solches bei dem gemeinen vnd einfeltigen volck zuͦ vneinigkeit vnd zweyspalt der Religion vnd zuͦm schrecken oder verwirren der armen gewissen hingerahten solte, Habenn wir herwiderumb ernstlich ermanet vnd angehalten, das etliche auß allen Stenden vnsers Ertzstiffts fromme menner verordnet vnnd erwelt würden, die allen streit dieser sachen niderlegenn vnd entlich beschliessen solten, was in vnserem fürgebenem begriff zuͦhalten oder zuͦ verwerffen were, das auch zuͦ vermeidung weiterer verwirrung vnser Widersacher mit außgebung jhres Widerberichts still halten vnd verziehen solten, das sie doch dem Herren Christo so vil zuͦ ehren thuͦn vnd nach warer auffrichtung Christlicher lehr vnd aller Gottseligkeit trachten woͤlten.

Aber solch vnser Christlich vermanen vnd ehr Jesu Christi hat bei den Widersachern wenig gelten moͤgen, dan sie haben nit allein mit allerlei laͤsterung vnd schmaͤhen, was wir zuͦr auffrichtung gesonder lehr zuͦm heil vnsers volcks fürgenomen, hoͤchstes fleiß zuͦ widerfechten fürt gefaren, Sonder auch an die Keiserliche Maiestaͤt vnd den Bapst jr schrifften zugeschickt vnd bey denselbigen, mit vngnaden gegen vns sie zuͦ bewegen, am hoͤchsten vns verklaget vnd anbracht.

Vber diß alles haben sie kurtz darnach ein auffrürische, muͦtwillige vnd freuentliche Appellation vffgeworffen, in welcher sie keine schmahe, schand vnd laster hinderlassen, die sie nit wider alles vnser thuͦn vnd fürhaben gantz vnuerschaͤmpt, on alle forcht Gottes vnd vnser jres Ertzbischoffs ansehen, außgeschüttet hetten, Das wir nemlich mit vnseren predigern, vngeacht aller gebot Goͤtlichs gesatz, der heiligen Canonum, vnsers Bischofflichen ampts vnd des Reichs abscheiden, die wir selbst vnderschrieben, anders nicht fürhaben | *Bvb* | dann das in vnserem Ertzstifft Coͤlen vneinigkeit, zweispalt, haß, zanck, Secten vnd allerlei vnleidliche newerungen rialium, quae ipsi subscripserimus agere aliud, quam ut in Coloniensi Provincia dissensiones, aemulationes, rixae, sectae et novae subinde ac violentae turbationes divini cultus excitentur. Unde Ecclesiae Metropolitanae vastatio, insignis Dioceseos indubitata eversio, almae Universitatis interitus, Catholicae Religionis extirpatio, omnis obedientiae dissipatio, rerum omnium horribilis confusio, denique totius inferioris Germaniae[1] ruina sit consequutura.

Et ut brevi oratione, quae volumus quaeque caussa postulat, dicamus, Adversarii nostri Provinciales Ecclesias sine ulla intermissione solicitant, instigant impelluntque, ut suae impiae Appellationi adhaereant, prout et quasdam circumiacentes Ecclesias importunis suis instigationibus eo audaciae et impietatis commoverunt, ut interpositae Appellationi sese adiunxerint, nihilque non faciunt, ut Reformationem pie inchoatam radicitus extirpent, verbum Dei et renascens Evangelium rursus opprimant, populo superiores abusus obtrudant, horribiles idolatrias in usum revocent, veros cultus Dei abrogent, superstitiosas caeremonias restituant, rectam doctrinam piis mentibus eripiant, seditiones concitent, defectionem parent. Denique ut nos in hac solicitudine ac summa cura restituendae ac reparandae Ecclesiae singulari cum impietate non solum turbent, inquietent et molestent, verum etiam omni dignitate exuant tandemque ex universa Diocesi eiiciant.

Cum itaque omnia et singula praemissa, sic ut praemittitur, se habeant et Adversarii, ut dictum est, nostrum hunc conatum et studium reparandae Ecclesiae in gravissimas, falsas et impias criminationes adducant eiusque odio commoti nos diversis exquisitis mediis multipliciter molestarint, vexarint, inquietaverint et turbaverint ac molestent, vexent, inquietent, impediant et faciant, quominus dicta Refor- | *Biiiia* | matio in usum Ecclesiae adduci possit. Et quod gravius est, commoveri nulla pietate queant, ut quae ad turbulentam seditionem vergere videant, ab illis sibi temperent, sed contra indies magis magisque conspirationem adversus nos excitent, et ad quosdam Comites, Nobiles, Oppida Civitatesque nostras literas dent, quibus solicitant et adhortantur, ut a nobis tamquam Domino suo atque ordinaria potestate ad ipsos deficiant, sicut illa verba ad Senatum et populum Civitatis Kemponae[2] et plaerosque alios nostros subditos scripta et per totum nostrum Archiepiscopatum dissipata clare testantur:

»Jr neben den andern Stenden vnnd gemeine Landtschafft bei vnns dem Capitel pleiben vnnd vns gehorsam sein vnnd dem Hern vnnd den seinen nicht.«[3]

1. inferioris Germaniae: Niederdeutschland.

2. Kempen, Stadt nordwestlich von Düsseldorf, zum Hochstift Köln gehörig. Zu den reformatorischen Entwicklungen in Kempen vgl. *Laux*, Reformationsversuche in Kurköln, S. 170–266.

3. Die Quelle läßt sich nicht nachweisen. Es handelt sich nicht um einen Satz in der Verlautbarung des Domkapitels am 11. Oktober 1544 an die weltlichen Stände: ›Affterdechant vnnd Capittel des Dhoimstiffts zu Collen …‹, Köln: Jaspar von Gennep, 1544. VD 16 K 1776 (und ähnlich VD 16 ZV 9071). *Schlüter*, Flug- und Streitschriften, Nr. 70 (und Nr. 71).

wider den alten loͤblichen Gottes dienst von tage zuͦ tage mehr erregt vnd einbracht würden, Darauß den der heiligen Kirchen zuͦ Coͤlen vnd dieses gantzen Ertzstiffts jemerlicher vnderganck, der loͤblichen Vniuersitet verfallen, zerruttung vnser altenn Catholischen Religion, Zerstoͤrung aller zuͦcht vnd gehorsam vnd endlich verderben des gantzen Niderlandes zuͦ erwarten sei.

Da mit wir aber einmal vnd vnser endliche meinung zuͦr sachen dienlich kurtzlich anzeigen – Vnser Widersacher enthalten sich heutiges tags noch nit – bei den Kirchen vnsers Ertzstiffts zuͦ ersuͦchen, das dieselbige inn jhre vermeinte Appellation mit jhnenn sich ergeben, Wie sie auch zuͦ soͤlcher durstigkeit vnd verachtung Gottes vnd jhres Obern durch jr vngestimmig anreitzen etliche schon darhin vermoͤcht haben, Vnderstehen mit allen jhrem vermuͦgen das angefangen werck Christlicher Reformation gentzlich vmb zuͦstossen, das wort Gottes vnd sein H. Euangelium, so aus Goͤttlicher gnaden wider her für leuchtet, zuͦ dempffen oder zuͦ vnderdrucken, alle voͤrige mißbreuch im volck auffzuͦ bringenn, allerlei grewlich abgoͤtterei zuͦ erhalten vnd bestetigen, allen warenn Gottes dienst abzuͦschaffen, die abergleubische ceremonien auff zuͦ richten, alle gesunde lehr den Christlichen hertzen zuͦ entziehen, auffruͦhr zuͦ stifften vnd vns abzuͦfallen, Jn summa in diesem vnseren hochsten anliegen vnd fleiß, die verfalne Kirche Christi auffzuͦrichten vnd die Religion zuͦ verbesseren, mit jhrer besonder vnchristlicher durstigkeit vns zuͦ entrustenn[1], zuͦ verstoͤren, zuͦ vervnfriedigen vnd zu beschwaͤren, ja aller wirden zu berauben vnd zu letst des gantzen landts zu entsetzen.

Nach dem nun alle vnd jede obberürte sachen in aller maß, wie fürgemelt, sich erhalten vnnd vnsere Widersacher, wie vor gesagt, all vnser fürnemen vnd anstellung Christlicher Reformation auffs hohest vnnd schwaͤrlichst, jedoch vngütlich vnd faͤlschlich, laͤstern vnd schenden, darzuͦ aus haß vnd schew derselben Reformation vilfeltige suͦnderliche weg vnd mittel fürgenomen, auch noch suͦchen vnd fürhaben, vns zu entrusten, zu verunfriedigen vnd zu beschwaͤren, damit sie vns, die Christliche Reformation ins werck zu bringen, verhinderen moͤchten, dieweil auch sie, das mehr ist, durch kein ansehen Gottes forcht | *Bvja* | oder ehr vnd der Gemeindenn wolfart darhin zuͦ bewegen, das sie doch von dem, so zuͦm vnfrieden vnnd auffruhr hinreichen moͤchte, sich enthielten, sonder taͤglich je hefftiger emporung wider vns zuͦ stifften sich bearbeiten, also das sie auch etlichen Graffen, Edlen vnd Stenden jhre brieff zuͦschicken, in denen sie hoͤchstes fleis dieselben ersuͦchen vnnd ermanen, vns, die wir jr natürlicher Herr vnd ordentlich Oberkeit seindt, ab vnd jhnen zuͦ zuͦfallen, wie jhre eigne wort zuͦ einem Ersamen Rath vnd Gemein vnser Stat Kempen vnd zuͦ vilen anderen vnseren vnderthanen geschrieben vnnd in vnseren Ertzstifft auß gebreit, sie des genugsam vberzeugen:

»Jr neben den andern Stenden vnd gemeiner Landschafft bei vns dem Capitel bleiben vnd vns gehorsam sein vnd dem Herrn vnd den seinen nit.«

1. aus der Fassung bringen. *Lexer* 1, Sp. 582.

Et interim Canonibus caveatur, ut Clericus suo Episcopo inobediens aut ei insidias parans aut contumeliam, calumniam aut convicia inferens, deponi debeat, praesertim cum incorrigibilis sit, sitque insuper iniunctum Episcopo, ut Clericos ab insolentiis arceat, magna nobis et necessaria caussa est, quamobrem huius insignis iniuriae indignitatem ab Ecclesia[v] Dei honestissimisque institutis arceamus atque propellamus, praesertim cum hactenus Adversarii in repurgandis vitiis non solum praefracte contumaces, sed etiam negligentes et supini fuerint et sint cautumque Canonibus sit[1], ut si Suffraganeus aut Capitulum non faciat ea, ad quae tenetur, quod tum Archiepiscopus eo invito supplebit vicem illius et in Parochia ordinabit Clericos, ac Ministros instituet in Ecclesiis etc.

Habemus enim nos Iurisdictionem Ordinariam cogimurque inprimis Deo reddere rationem nostrae villicationis; quod et eo magis consyderare nos oportebat, quod senex et exactae fere aetatis simus et proxime apud Deum migraturi, quodque tanquam Princeps Elector una cum Statibus Imperii Ratisponae[2] promiserimus Reformationem nostrae Ecclesiae constituturos nos esse.

Quae si omnia, ita ut dictum est, non forent, si ulla honesta ratione mutare institutum possemus, tamen constantiae gravitatisque nostrae non erat contra rectam conscientiam nostram, cui semper etiam contra superioris potestatis iussum obtemperandum est agnitam veritatem vel deserere vel veteres abusus restituere. Adhaec cum iure permissum sit, ut Episcopus solus requisito consilio Capituli, licet non habito consensu veterem ritum aut consuetudinem tollere possit per suum Statutum, si valde enorme praeiudicium patiatur Ecclesia. Et notissimum sit ex anti- | *Biiiib* | quis ritibus et observantiis incredibile damnum et periculum animarum Ecclesias nostras passas esse et longe gravius, si restituerentur passuras fore. Denique cum iure Canonum expresse caveatur posse Episcopum, si iniuste in iure suo Episcopali gravetur aut molestetur aut verisimiliter molestari timeat aut turbari, Appellare ad Generale Concilium idque maxime et ante omnia procedat in caussa fidei et Religionis, in qua Concilium et non Papa debeat esse iudex.

v) Ecclesa: A.

1. Corpus Iuris Canonici, Decretum Gratiani I, Dist. 50, c. 21 (*Friedberg* I, Sp. 186).
2. 1541 auf dem Reichstag von Regensburg. Vgl. dazu oben S. 304, Anm. 1.

Nach dem nů durch die Canones verordnet, das ein Clerck[1], so seinem Bischoff vngehorsam, dem nachzůstellen, den zů schmaͤhen vnd zů calumnieren befunden, sol abgesetzt werden, sonderlich wa man keiner besserung an jm sich zů versehen hat vnd darneben jederem Bischoff aufferlegt ist, seine Clericen von allen freuel vnd mutwillen abzů weren, Haben wir hohe vnd billiche vrsachen, solcher durstigkeit der vnseren, so der Kirchen Christi hoch verletzlich vnd vns schmaͤlich, zů begegen Jn ansehung, das die Widersacher bis anher nit allein die fel vnd mangel zů verbesseren gantz vnbedacht, sonder auch widerspenstich vnd halstarrich gewest vnd noch. So ist nů durch die Canones versehen[2], wo ein suffraganeus[3] oder Capitel nit verrichten woͤlten, was sie zů thun pflichtig, das alß dan ein Ertzbischoff, ob sie es schon nit gestaten, jres ampts sich annemen sol, in den pfharren Clericen auffstellen vnd Kirchen diener verordnen etc.

Den wir haben ja ein ordentliche Iurisdiction, müssen auch Gott, dem almechtigen, von vnser haußhaltung rechenschaft thun, welchs wir billich so vil hoher zů hertzen füren sollen, dieweil wir fast betaget vnd schier zům hoͤchsten alter komen, das wir alle stund von hinnen beruffen zů werden erwarten müssen. Darzů haben wir als ein Churf. neben andern stenden des Reichs zů Regenspurg vns versprochen, ein Reformation in vnseren Kirchen anzurichten.

Wen nu dem allem nicht also were, wie gesagt, vnd wir mit einiger scheinbarlicher entschuldigung vnser fürnemenn beruhwen lassenn moͤchten, So gezimpt vns den noch solche leichtfertigkeit vnd vnbestendigkeit gar nit, das wir wider vns[4] gewissen, dem man auch wider ordentlicher oͤberkeit befelh folgen soll, der erkenter warheit abstehen vnd die vorige mis- | *Bvjb* | breuche wider auffrichten solten, Vber das, weil es auch mit recht zů gelassen, das einn Bisschoff allein, nach ersůchtem rath, wiewol nit erlangten gehel[5] seines Capitels ein alte weise oder gewonheit, fürnemlich so die der Kirchen Gottes hoch verletzlich befunden, durch sein Statut abzůschaffen macht hab, Vnd auch leider zů vil am tage liegt[k], das schwaͤre verderbenn vnd verlieren so viler Seelen seligkeit, so auß vilen vnnoͤtigen abergleubischen ceremonien vnd gebreuche vnsere Kirchenn erlitten vnd noch schwaͤrers oder groͤssers zů erwarten haben, wa man dieselbigen ceremonien wider auffrichten solle, Auch weiters einem Bisschoff durch die Canones offentlich vergunt würdt vnnd zů gelassen, das er, so er an seiner Bisschofflicher[l] gerechtigkeit wider recht beschwert oder angegriffen würdt, auff einn gemein Concilium sich berůffenn mag, welchs für nemlich in sachen des Glaubens vnd der Religion gelten vnnd stat haben sol, da aber dann nicht der Bapst zů Rom, sonder das Concilium richten soll.

k) wohl Drf. leigt.
l) Drf. Bisscofflicher.

1. Kleriker.
2. vorgesehen.
3. dem Erzbischof unterstehender Bischof.
4. unser.
5. Zustimmung.

Cumque ipse Pontifex, cuius proprium officium est, certam Christi doctrinam in Ecclesia retinere, nullo animi iudicio, sed pessimorum hominum criminationibus falsis adductus, indicta caussa haereseos nos atque furiosae insaniae damnaverit impiumque Haeresiarcham et Archiepiscopi nomine indignum famoso Scripto nominaverit. Postremo cum in multis Comitiis per Caesaream Maiestatem et reliquos Ordines[w] Sacri Romani Imperii pragmatica sanctione constitutum sit, quod istae et consimiles fidei et Religionis controversiae non aliter quam in libero Christiano ac in Germania indicendo Concilio amicabiliter conciliari et concordari debeant etc.

His omnibus de caussis indignissimisque iniuriis commoti nos, et quod intelligamus non solum nos Ordinesque ac reliquos Status nostros et quicunque nobis adhaerent, verumetiam reliquos Imperii Ordines, qui praemissis pragmaticis sanctionibus interfuerunt easdemque subscripserunt per praemissa multipliciter et gravissime laesos[x], gravatos, oppressos et contemptos, veriti etiam eos in posterum gravius laedi, gravari, opprimi et contemni posse, propterea quod iidem Adversarii non contenti sunt gravissima nos contumelia affectos esse, sed etiam in eam inverecundam animorum impotentiam coniecti sunt, ut eos, qui nobis tanquam Domino suo atque ordinario Episcopo iurisiurandi Religione obstricti sunt, veluti quidam ex Capitulo nostro, Clero et Universitate, etiam nostri Consiliarii, Commissarii, Vasalli et alii, impie cogant praeter datam fidem, praeter naturae obligationem, praeter iusiurandum sese interpositae Appellationi ipsorum contra nos inscribere et eius se consortes facere. Praeter haec quoque conantur contra omnem ordinariam potestatem, ius divinum atque humanum, inquisitionem in omnes eos, qui nostram Reformationem, doctrinam piam et salutarem Ecclesiae administrationem amplectuntur proponere. Qua facti odiique indignitate, quid dici potest crudelius? Incivile et inhumanum esse iudicant leges civiles, servum hominem contra suum Dominum habere testimonii dictionem, sed Adversariorum crudeli edicto nostri aliquot homines (ut iam dictum est) coguntur in perniciem nostri ipsorum Domini inscriptionem | *Bva* | facere.

His aliisque de caussis gravissimisque iniuriis nos omnibus melioribus, modo, via, [y]causa et[y] forma, quibus melius et efficacius possumus et debemus, pro nobis ac nostris omnibusque aliis et singulis huic Appellationi adhaerentibus et porro adhaesuris a praemissis turbationibus, impedimentis, molestationibus, diffamationibus, iniuriis, conspirationibus, molitionibus et conaminibus, instinctu magis quorundam factiosorum hominum quam unanimi consensu totius Capituli, Cleri et Universitatis successive factis et illatis, fiendis et inferendis, una cum omnibus et singulis emergentibus, incidentibus, annexis et connexis actisque et actitatis et processibus qui-

w) Ordires: B.
x) Drf.: loesos: A.
y)–*y)* caussa,: B.

Auch dieweil der Bapst selbst, welcher doch vermoͤge seines ampts die ware lehr Christi billich zů handhaben vnnd zů erhalten schuldig, on einig recht bedencken oder erwegen der sachen, durch falsches anbrengen[1] vnd verklagen boͤser leuth allein vnerhoͤrter sachenn, einen Ketzer vnd rasend vns verdammet, darzů in einer lasterschrifft einen Ertzketzer vnnd des Ertzbisschofflichen namens vnwirdig vns gescholten, Zům letzsten, dieweil auff vilen Reichstagen durch Keyserliche Maiestet vnnd andere Stende des Heiligenn Reichs fürbedechtlich vnnd eintrechtlich entschlossen ist, das diese vnnd andere Religion sachen nicht anders dann durch einn freies Christlich vnd inn Teutscher Nation zů halten Concili freuntlich vergleichet vnd entscheiden werden sollen.

Diesem allem nach, dweil wir vermercken[m], das nicht wir allein sampt allen Stenden vnser gantzer Landschafft vnd allen, die vns anhengig, sondern auch die Stende des Reichs, die soͤlche Goͤttliche satzungen oder vertraͤge auff gericht, entschlossen vnd vnderschrieben haben, vonn den vnseren so hoͤchlich verletzt, beschwaͤrt, vnderdruckt vnd geschmaͤhet oder verachtet werden, auch vns besorgen, durch dieselben noch weiter verletzt, beschwaͤret, vnderdruckt vnd geschmaͤhet werden moͤchten, in ansehung, das vnser Widersacher mit so grosse schmach vnnd verletzung, so bis her vnns angethan oder | *Bvija* | bewiesen, nit begnügich, sonder auch solch vnuerschampt gemüt auff sich geladen, das sie auch dürffen die jenige, so vns als jrem Herren vnd ordentlichem Bischoff mit eid verpflichtet seint, nemlich etlich aus vnseren Capitel, dem Clero vnd Vniuersitet, auch vnsere Raͤhte, Commissarien, Vasallen vnnd andere Vnderthanen gegen jre eid vnd natürlich verpflichtung noͤtigen vnd dringen, jrer Appellation gegen vns sich anhengich zů machen vnd beizůschreiben, Darzů auch vnderstehen, on alle ordentliche gewalt wider Gott vnd recht ein vndersůchung zů thůn wider die jenige, so vnser Reformation warer lehr vnnd recht Christlicher administration der Kirchen sich annemen vnd deren gern nach kommen woͤlten, welchs doch grewlich vngoͤttlich vnd vnmenschlich zů erachten, so doch auch die Kei. Rechte für vnrecht, vnehrlich vnd vnfreundtlich halten, das man einen eigen Knecht wider seinen Herren zů zeugen dringen sol, aber durch vnser Widersacher edict werden etlich vnser leuth, wie vor gesagt, in jre vermeinte Appellation sich jn zůschreiben gezwungen, alles zů vnseren, jres Herrn, verderben vnd vmbringen.

Aus diesen vnd anderen wichtigen vrsachen, auch vilfeltigen zůgefügten beschwaͤrungen, berůffen vnd appellieren wir, samptlich vnd sonderlich, in aller besten weiß, maß vnd gestalt, wie wir das aller bestentlichst oder krefftigst thun sollen, konnen oder moͤgen, für vns, die vnser vnd alle, die dieser vnser Appellation anhangen vnd kunfftiglich anhangen werden, von allen fürgemelten emporungen, verhinderungen, beschwaͤrungen, berůchtigungen[2], verletzungen, rottungen[3] vnd fürnemen,

m) wohl Drf. vermircken.

1. Beschuldigung, Anklage.
2. Verleumdungen. Frühneuhochdt. WB 3, Sp. 1540–1542.
3. Verschwörungen, Komplotte.

buscunque praemissorum occasione quomodolibet factis et sequutis ac in posterum forsan sequuturis caeterisque gravaminibus quibuscumque a praedictis Adversariis omnibusque aliis et singulis sua [z]quo modo licet[z] comuniter vel divisim interesse putantibus, inflictis et ad huc perdurantibus et in posterum forsitan infligendis comminatis, ad liberum, Christianum et Generale in Germania celebrandum Concilium, vel, si id haberi non possit, ad Nationale aut Imperialem Conventum, tanquam legitimum in caussa fidei et Religionis nostrae iudicium, coniunctim et divisim in his Scriptis provocamus et appellamus, nobisque a vobis, qui huic actui interestis, pariter etiam a vobis Notario publico, seu alio quocunque, qui nobis dare et concedere potuerit et valuerit, Apostolos saltem testimoniales, primo, secundo, tertio, instanter, instantius, instantissime, saepe, saepius, saepissime dari petimus et repetimus, submittentes et subiicientes nos reliquosque nostros Status obedientes Ecclesias et totam Provinciam et quoscunque nobis adhaerentes et adhaerere volentes, nec non et singulares personas eorundem et illorum omnium res, privilegia, libertates, iura, Regalia[1], feuda[2], dignitates[3] et Statum[a] negocii praesentis, singulari tuitioni, defensioni et protectioni praedicti liberi, Christiani et Generalis seu Nationalis Concilii aut Imperialis conventus. Insuper adversus omnes et singulos cuiuscunque Status, conditionis et dignitatis fuerint, qui huiusmodi Appellatione pendente adversus nos et nostram Metropolitanam Diocesim, Ordines, Status et subditos, adhaerentes vel adhaesuros eorumque bona et res, quicquam quomodolibet temerario ausu attentare praesumpserint, solenniter publice et expresse protestamur de nullitate et poenis huiusmodi innovatoribus et attentatoribus[b] in iure comminatis, eo ipso incurrendis deque intimando, insinuando et prosequen- | *Bvb* | do hanc appellationem, nec non caussam et caussas huiusmodi praetactas, loco et tempore congruis et oportunis. Salvo iure addendi, minuendi etc. et aliam Appellationem et Appellationes[c] de novo interponendi, prout iuris et moris fuit et est. Super quibus unum vel plura Instrumentum vel Instrumenta in publica et authentica forma nobis conscribi petimus vosque omnes, qui hic adestis ad hanc rem convocati, in horum omnium, quae acta sunt, testes adducimus et interpellamus.

FINIS.

Et ego Ioannes Rutgeri de Aruuiler[4], Clericus Coloniensis, Publicus sacra Imperiali authoritate Notarius et secularis Iudicii Bonnensis Secretarius. Quia praedictae Ap-

z)–z) quo modolicet: A; quomodolibet: C.
a) Statuum: A.
b) attenttatoribus: B.
c) Apellationes: A.

1. landesherrlichen Rechte.
2. Lehen.
3. S. oben S. 314, Anm. 1.
4. Johann Rutgers von Ahrweiler. Vgl. oben S. 296, Anm. 1.

so mehr durch anstifften oder anreitzen etlicher auffweglicher[1] parteischer leuth, dan durch einmütig gehell vnd verwilligen vnsers gantzen Capitels, Cleri vnd Vniuersitet vns geschen vnd zů gefügt worden vnd hinfůrter vns noch geschehen vnd zůgefügt werden mőchten, mit allen vnd iglichen daraus erwassenden[2], zů fallenden, anhengenden vnd zůhengenden sachen, so geschen vnd sich zůtragen haben vnd vileicht noch enstehen oder sich zůtragen werden, Dort von allen beschwårungen, so von vnseren Widersachern semptlichen oder besonder vns zůgefügt vnd hernachmals zů zůfügen vns gedrewet, an vnnd auff ein Christlich in Teutsch land zů halten Concili oder, wa das nit zů verhoffen, auff ein National oder des Reichs versamlung als ein ordentlich gericht in solchen sachen des Glaubens vnd Religion Begeren auch von euch, die jr hie bei diesem handel gegenwertig, deß gleichen von dem Notario oder jemandt anders, der die vnns geben mag oder kan, Apostolos testimoniales einest, anderst vnd | *Bvijb* | zům dritten mal, ernstlich, ernstlicher vnd aller ernstlichst, offt, offter vnd aller offtest zů geben, vnderwerffend vns sampt ander vnser Stende, Vnterthanen, Kirchen, Landen vnd alle, so vns anhangen vnd noch anhangen werden, darzů alle besondere Personen vnder denselben, sampt alle vnsere vnd derselben habe, priuilegien, freiheiten, gerechtigkeiten, Regalien[3], lehnen, digniteten[4] vnnd den gantzen Stand dieses handels vnder sonderlich schůtz vnd schirm eines obbemelten freihes Christlichen algemein oder National Concili oder sunst des Heiligen Reich versamlung Protestirend darneben őffentlich wider alle vnnd jede, wes standts oder wirden die auch sein, so dieser hangender Appellation vnns, vnser Ertz Stifft, Stende vnd Vnderthanen, so vns anhengig sein oder hernaher anhangen werden, derselben güter vnd hab freuentlich angreiffen oder sunst gegen die etwas fürzůwenden vnderstunden, das solchs alles nichtig vnnd der straffe deren peenen[5], so nach Rechts ordnung solchen innouierenden oder attentierenden gesetzt, pflichtig vnd hin gefallen sein sollen, Protestieren auch weiters diese vnsere Appellation[n] fürzubringen vnd deren nach zukommen sampt erklårung deren vrsachen wie fürgemelt zu gelegner zeit vnd platzen zů thůn, Fürbehaltend vns, diese vnser Appellation zů mehren, zů minderen, auch ein andere oder mehr Appellation von newest zů interponiren oder ein zůbringen, alles vermüge der Rechten, Vber welchs wir begeren eins oder mehr Jnstrumenten in der rechten vnd őffentlicher formen auffgericht vnnd vns gegebenn werden, Nemen vnd erfordren auch euch alle, so her gerůffen zů zeugen, wes hie geschehen vnnd gehandelt worden ist.

Vnd nach nach dem dan ich, Johan Rutgers von Arweiler[6], Cőlnischer Clerck, von Keiserlicher macht offenbare Notarius vnd des Weltlichen hohen Gerichts zů Bonn Secretarius, sampt den obgenanten Zeugen bei der obgemelten Appellation,

n) Drf. Appallation.

1. aufrührerischer, aufsässiger. Frühneuhochdt. WB 2, Sp. 787.
2. zum Vorschein kommenden.
3. landesherrlichen Rechten.
4. s. oben S. 314, Anm. 1.
5. Strafen.
6. s. oben S. 296, Anm. 1.

pellationi et Apostolorum responsioni omnibusque aliis et singulis, dum sic, ut praemittitur, fierent et agerentur, una cum testibus praenominatis interfui. Eaque omnia et singula sic fieri vidi et audivi. Ideo hoc praesens publicum Instrumentum in octo foliis praecedentibus, manu alterius me interim aliunde legitime praepedito, fideliter conscriptum exinde confeci, subscripsi, publicavi et in hanc publicam formam redegi. Signoque Nomine et Cognomine solitis et consuetis signavi in Fidem et Testimonium omnium et singulorum praemissorum, rogatus pariter et requisitus.[d]

d) in C folgt: Anno Millesimo quingentesimo quadragesimoquinto, die quidem Sabbati undecima mensis Iulii est praescripta appellatio in octo foliis praecedentibus fideliter conscripta et per Notarium publicum subscripta, dominis de Capitulo maioris Ecclesiae Colonien. caeterisque in eadem expressis insinuata per me Notarium publicum infra scriptum, praesentibus valido et diseretis viris, Casparo a Neffenn et Ioanne Aruuieler, Secretariis Reverendissimi domini nostri Colonien. Archiepiscopi, et c. testibus ad praemissa requisitis specialiter atque vocatis.

Ioannes Briell sacra Imperiali auctoritate Notarius publicus, ad praemissa specialiter requisitus insinuavit, et manu propria subscripsit.

auch Apostel gebung vnd vort aller andern handlung eigner Person gewesen vnd solchs alles also zů geschehen gesehen vnd gehoͤrt, So hab[o] ich dis gegenwertig offenbar Jnstrument, so auff acht fürgehend bletter auß fürgefallener verhinderung anderer meiner geschaͤfften durch einen anderen ist geschrieben, in diese forme gestelt vnd vort in vrkund vnd Zeugknis der warheit mit meinem Tauff vnd zů namen sampt gewoͤnlichen Notariat Zeichen eigner handt bezeichnet vnd vnderschrieben, Darzů erfordert vnd gebetten.

| *Bviija* | Der Drucker dem Christlichen Leser

DJeweil ich, Christlicher Leser, meines Gnedigsten Herren Appellation Schrifft euch, die ihr deß lateinischen vnuerstendig, habe gerne mittheilen woͤllen vnnd doch solche nicht bekommen moͤgen, durch verhinderung anderer ihrer geschaͤfften, die sie aus dem lateinischen zů verdeutschen geschickt gewest, habe ich in grosser eil darzů gebrauchen muͤssen, die fürhanden gewest, wiewol in soͤlcher arbeit nicht fast geuͤbt vnnd erfahren, Bitte derhalben, ihr woͤllets in ansehung vnsers gůten willens zům besten auffnemen vnd, wo ir mangel vnd faͤhl befinden oder sunst mit vnser verdolmetschung nicht begnügig sein werdet, daselbst euch aus dem lateinischen, welchs das Original ist, berichten lassen.

Gedruckt in der Churfürstlichen Statt Bonn durch Laurentium von der Muͤlen[1] im Jar M D XLV.

o) Drf. hah.

1. Laurentius von der Mülen. Er war 1543–1550 als Drucker und Verleger in Bonn tätig. *Reske*, Buchdrucker, S. 113 f.; *Piel*, Geschichte des ältesten Bonner Buchdrucks.

Nr. 12
Instruktion für eine Einwirkung des Straßburger Rats auf die kirchlichen Verhältnisse in Landau

8.–10. August 1545

bearbeitet von Thomas Wilhelmi

Einleitung

1. Entstehung und Inhalt

Johannes Bader[1], der seit 1511 als Pfarrer in Landau wirkte und dort 1522 bei der Einführung der Reformation maßgeblich beteiligt war, wurde vom Rat der Stadt 1524 nach seiner Exkommunikation durch den Bischof von Speyer vor dessen Zugriff geschützt. Er teilte die Auffassungen der Straßburger Theologen[2] und ließ 1534 in Straßburg eine von ihm verfaßte Kirchenordnung im Druck erscheinen.[3]

Seit 1538 hing er den Lehren des Spiritualisten Kaspar von Schwenckfeld[4] an und wurde darin von seinem Kaplan Johann Liebmann[5] beeinflußt und bestärkt. Von 1541 an führte er in Landau keine Abendmahlsfeiern mehr durch.

Bereits im Mai 1544 bemühte sich Bucer um eine Verbesserung der kirchlichen Zustände in Landau.[6] Er ließ Bader am 23. Mai 1544 von Weißenburg aus einen Brief zukommen und drückte darin seine Besorgnisse aus;[7] am 29. Mai fand in Bergzabern zudem eine Unterredung mit Bader statt, an der außer Bucer auch die anderen Straßburger Pfarrer teilnahmen. Bader wurde ermahnt, von seinen Neigungen zur Schwenckfeldischen Lehre Abstand zu nehmen und dafür zu sorgen, daß in

1. Johannes Bader (1487–1545). *Biundo*, Die evangelischen Geistlichen der Pfalz, S. 14 (Nr. 152); *Gelbert*, Magister Johann Bader's Leben und Schriften.

2. Bucer erwähnt ihn bereits 1527 (BDS 2, S. 243,30) und auch 1536 (BDS 6,1, S. 266, Anm. 84).

3. ›Christliche Reformation Jn dem Kirchampt vnd Sacramenthandel/ für das Christlich vо̊lcklin zu Landaw‹, Straßburg: Matthias Apiarius, 1534 (VD 16 ZV 29298). Die bislang unbekannte Kirchenordnung wurde 2013 von Florian Büttner in der Staats- und Stadtbibliothek Augsburg aufgefunden. *Bergholz*, Johann Baders Landauer Kirchenamt 1534. Zu den kirchlichen Zuständen in Landau vgl. auch EKO 19/1, S. 28–30.

4. Kaspar von Schwenckfeld (1489–1561), Theologe, dessen spiritualistische Lehren auch im deutschen Südwesten Anhänger fanden. *Weigelt*, Art. Schwenckfeld, Kaspar von, in: TRE 30 (1999), S. 712–719. Zu Bucers Auseinandersetzung mit ihm vgl. BDS 14, S. 14 f. und passim.

5. Johannes Liebmann (gest. 1553), Kaplan in Landau 1542–1545, Pfarrer und Senior ebd. 1545–1553. *Biundo*, Die evangelischen Geistlichen der Pfalz, S. 271 f. (Nr. 3139); *Adam*, Straßburg, S. 249 und passim; *Gelbert*, Magister Johann Bader's Leben und Schriften, S. 251 f., 266–273.

6. Vgl. dazu *Pollet* I, S. 194–196; *Gelbert*, Magister Johann Bader's Leben und Schriften, S. 258–266; QGT 16 (Elsaß IV), passim; *Adam*, Straßburg, S. 249.

7. LB Hannover, Ms I, 227. Editionen: *Pollet* I, S. 202–207; *Winckler*, Anecdota Historico-Ecclesiastica Novantiqua, Bd. 1, Viertes Stück, S. 572–582.

Landau das Abendmahl wieder regelmäßig gereicht werde. Die Bemühungen und Ermahnungen der Straßburger Prediger erwiesen sich faktisch jedoch als erfolglos.[1]

Am 8. August 1545 wurden Bucer und Matthias Zell[2] beim Rat der Stadt Straßburg vorstellig. Sie legten dar, daß die kirchlichen Zustände in der zum elsässischen Städtebund gehörenden Stadt Landau nach wie vor zu Besorgnis Anlaß gäben und ein Einwirken der Stadt Straßburg sehr angebracht sei.[3]

Der Rat beauftragte Bucer und seine Kollegen, eine Instruktion auszuarbeiten und vorzulegen. Bereits am 10. August lag dieses Bedenken dem Rat vor.[4] Der Rat beauftragte an diesem Tag Jakob Herman[5], mit dem von den Straßburger Predigern entworfenen Text nach Landau zu gehen. In den folgenden Tagen traf in Straßburg die Nachricht von dem am 3. August erfolgten Tod Baders ein. Die Instruktion wurde in der Folge etwas verändert; zudem wurde Bucer als Begleiter Hermans bestimmt.[6] Am 21. August trugen Herman und Bucer dem Landauer Rat die eindringlichen Ermahnungen und Warnungen vor. Insbesondere wurde dem Landauer Rat nahegelegt, den eifrigen Schwenckfeldianer Johann Liebmann nicht als Nachfolger von Bader einzusetzen.[7] Auf Bucers Vorschlag fand vor dem Rat eine Disputation zwischen ihm und Liebmann statt. Am darauffolgenden Sonntag predigte Bucer zudem in Landau zweimal über das Abendmahl. Herman und Bucer übergaben dem Rat auch ein Gutachten[8] über das Verhalten bei zu befürchtenden neuerlichen Einmischungen des Bischofs von Speyer, zu dessen Diözese Landau gehörte. Die Bemühungen der Straßburger blieben im wesentlichen ohne Erfolg. Der Kaplan Liebmann wurde zum Nachfolger Baders bestimmt; die regelmäßige Reichung des Abendmahls blieb weiterhin aus.[9]

2. Überlieferung

Straßburg StArch, AST 94, Nr. 46, fol. 158r–159v (Handschrift von Konrad Hubert).

1. Vgl. dazu *Adam*, Straßburg, S. 249; *Gelbert*, Magister Johann Bader's Leben und Schriften, S. 261; *Röhrich*, Geschichte II, S. 237–240.
2. Matthäus Zell (1477–1548). Leutpriester, dann beliebter Prediger, Mitarbeiter Bucers und treibende Kraft bei der Einführung der Reformation in Straßburg. LThK³ 10, Sp. 1416; *de Lange/Wilhelmi*, Martin Bucer, S. 32.
3. Pol. Cor. III, S. 631, Anm. 1.
4. Ebd. Auf fol. 159v des von uns edierten Schriftstücks steht der Vermerk: Lectum montag den 10ten Augusti Ao 45.
5. Jakob Herman (gest. 1572), Jurist, vor 1538 Stadtschreiber in Landau, 1540–1549 Redner vor dem Großen Rat in Straßburg, 1549–1568 Syndikus des Straßburger Rates. *Ficker/Winckelmann*, Handschriftenproben I, Nr. 33.
6. Pol. Cor. III, S. 631, Anm. 1; *Gelbert*, Magister Johann Bader's Leben und Schriften, S. 271–273.
7. *Adam*, Straßburg, S. 249.
8. Das Gutachten ist im Stadtarchiv Landau nicht vorhanden.
9. *Gelbert*, Magister Johann Bader's Leben und Schriften.

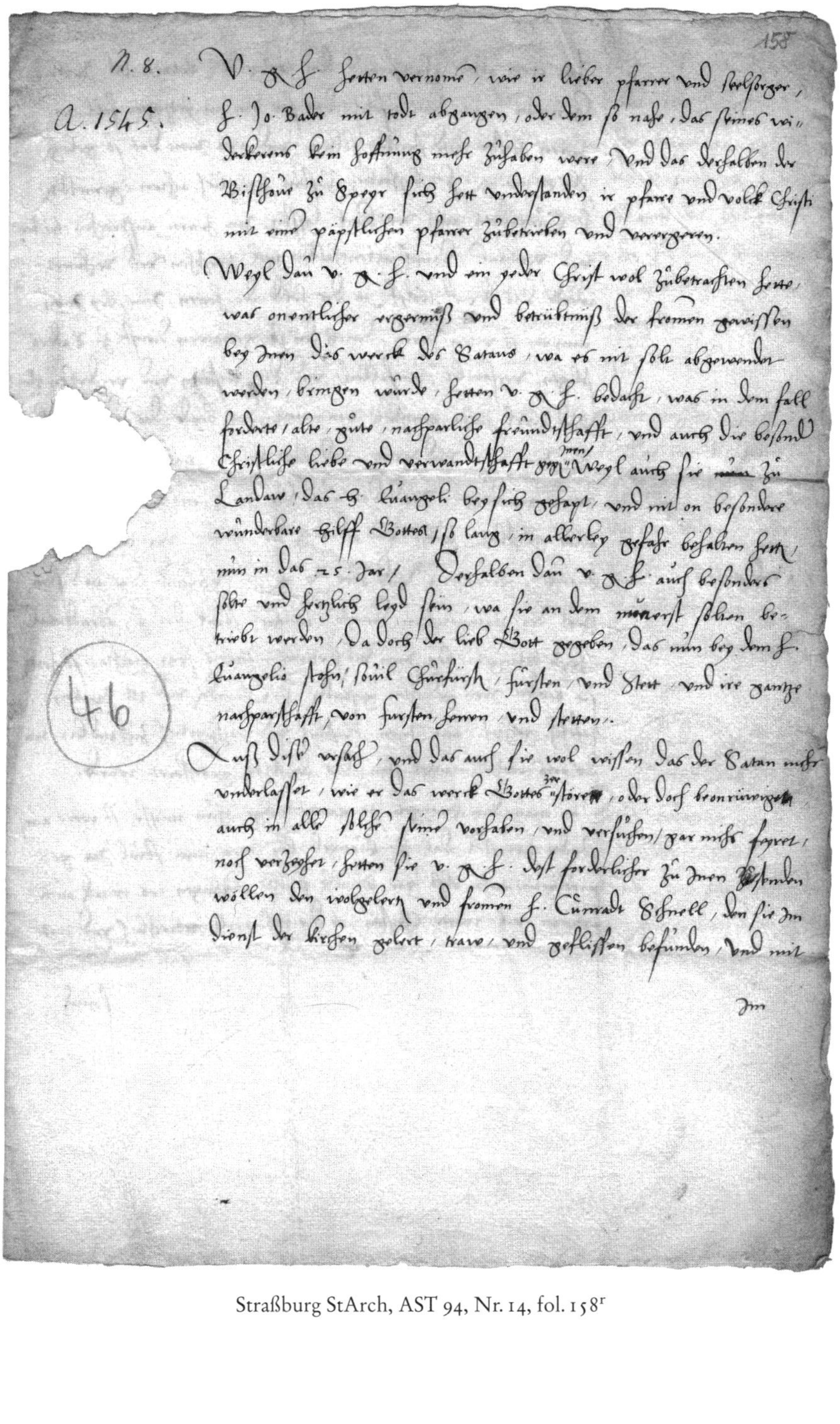
N. 8.
A. 1545.
V. E. h. hetten vernome, wie ir lieber pfarrer vnd seelsorger,
h. Jo. Bader mit todt abgangen, oder dem so nahe, das seines wi-
derkerens kein hoffnung mehr zuhaben were, Vnd das derhalben der
Bischoue zu Speyr sich hett vnderstanden ir pfarre vnd volck Christi
mit eime päpstlichen pfarrer zubetrieben vnd verergeren.
Weyl dan v. E. h. vnd ein yeder Christ wol zubetrachten hette,
was onendlicher ergerniß vnd betrübtniß der fromen gewissen
bey inen dis werck des Satans, wa es nit solt abgewendet
werden, bringen würde, hetten v. E. h. bedacht, was in dem fall
forderte, alte, gute, nachparliche freündtschafft, vnd auch die besond
Christliche liebe vnd verwandtschafft gegen inen, weyl auch sie zu
Landaw, das h. Euangeli bey sich gehapt, vnd mit so besondere
wunderbare hilff Gottes, so lang, in allerley gefahr behalten hett
nun in das 25. Jar, Derhalben dan v. E. h. auch besonders
sollte vnd hertzlich leyd sein, wa sie an dem mitnerst solten be-
tribt werden, Da doch der lieb Gott gegeben, das nun bey dem h.
Euangelio stehn, souil Churfursten, fursten, vnd Stett, vnd ire gantze
nachparschafft, von fursten, herren, vnd stetten.
Auß diser vrsach, vnd das auch sie wol wissen das der Satan nicht
vnderlasset, wie er das werck Gottes zerstöre, oder doch beunruwige,
auch in allen solche seine vorhaben, vnd versuchen, gar nicht feyret,
noch verzeyhet, hetten sie v. E. h. dest forderlicher zu inen schicken
wöllen den wolgelerten vnd fromen h. Cunradt Schnell, den sie im
dienst der kirchen gelert, trew, vnd geflissen befunden, vnd mit
im
46
158

Straßburg StArch, AST 94, Nr. 14, fol. 158r

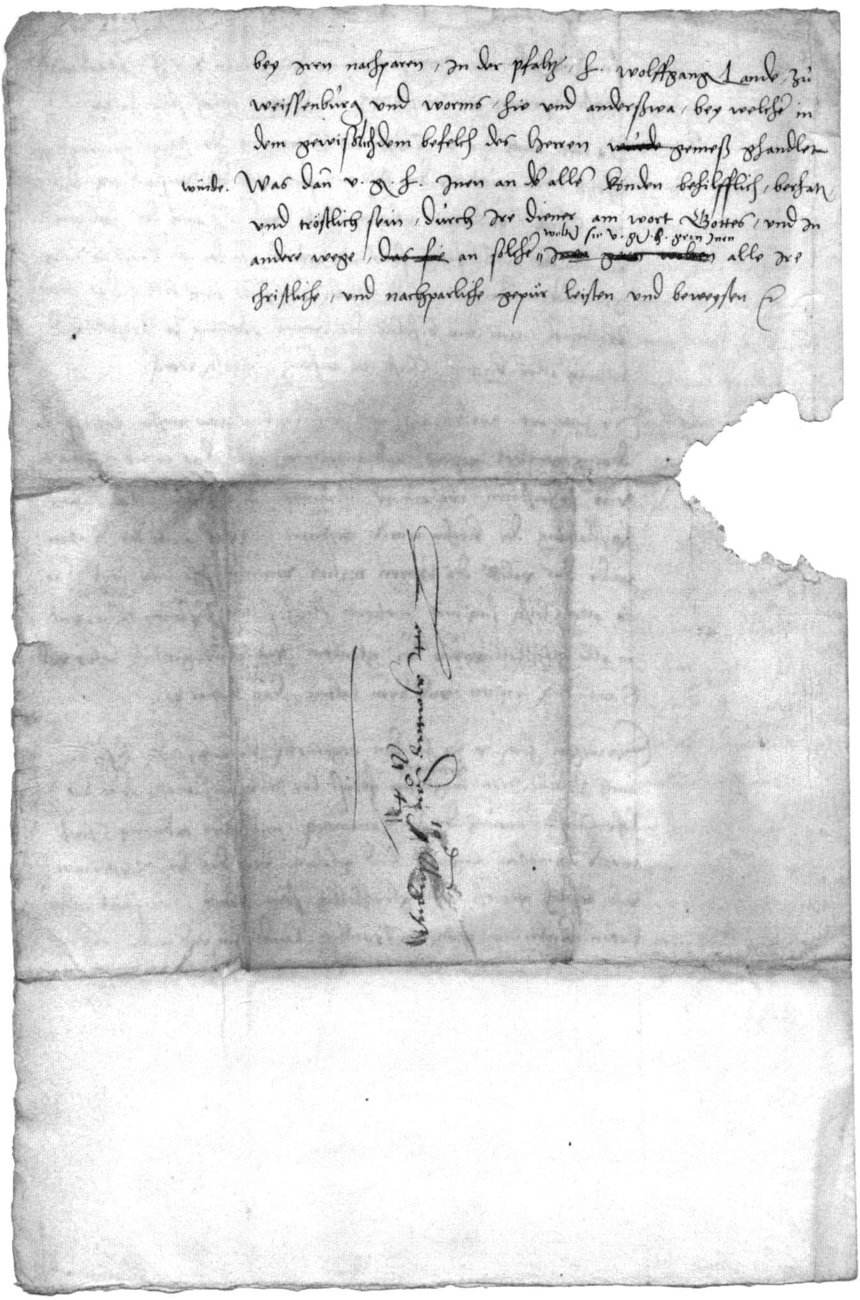
bey iren nachparen, in der pfaltz, h. wolffgang Lamb zu
weissenburg und worms, hie und anderswa, bey welche in
dem gewisslichdem befelh der herren ~~würde~~ gemess ghandlet
würde. Was dan v. g. h. inen an alle künden behilfflich, beistan
und tröstlich sein, durch der diener am wort Gottes, und in
ander wege, ~~das sie~~ an solche welle sie v. g. h. gegen inen alle der
christliche, und nachparliche gepür leisten und bewysen

Straßburg StArch, AST 94, Nr. 14, fol. 159v

| *158r* | V. g. h.[1] hetten vernomen, wie ir lieber pfarrer vnd seelsorger h.[2] Jo. Bader mit todt abgangen oder dem so nahe, das seines widerkerens kein hoffnung mehr zuhaben were und das derhalben der Bischoue zu Speyr[3] sich hett vnderstanden, ir pfarre vnd volck Christi mit einem päpstlichen pfarrer zubetrieben[4] vnd verergeren[5].

Weyl dann v. g. h. vnd ein yeder Christ wol zubetrachten hette, was onentlicher ergernüß vnd betrübtnüß der frommen gewissen bey jnen dis werck des Satans, wa es nit solt abgewendet werden, bringen wurde, hetten v. g. h. bedacht, was in dem fall forderte alte, gůte nachparliche freundtschafft vnd auch die besonder Christliche liebe vnd verwandtschafft gegen jnen[a], weyl auch sie[b] zu Landaw das h.[6] Euangeli bey sich gehapt vnd nit on besondere wunderbare hilff Gottes so lang in allerley gefahr behalten hetten nun in das 25. jar. Derhalben dann v. g. h. auch besonders solte vnd hertzlich leyd sein, wa sie an dem nun erst[c] solten betriebt[7] werden, da doch der lieb Gott gegeben, das nun bey dem h. Euangelio stohn souil Churfürsten, Fursten vnd Stett vnd ire gantze nachparschafft von Fursten, herren und stetten.

Auß disen vrsachen vnd das auch sie wol wissen, das der Satan nichs vnderlasset, wie er das werck Gottes zerstöre[d] oder doch beonrüwige[e][8], auch in allen solchen seinen vorhaben vnd versuchen gar nichs feyret[9] noch verzeyhet[10], hetten sie v. g. h. dest forderlicher zu jnen senden[f] wöllen den wolgelerten vnd frommen h. Cunradt Schnell[11], den sie jm dienst der kirchen gelert, traw und geflissen befunden, vnd mit | *158v* | jm iren alten rhatsfreund, den wolgelerten Erbarn M.[12] Jacoben Herrman[13],

a) über der Zeile erg. und eingewiesen.
b) danach gestr.: nun.
c) nunerst (erste Buchstaben korr.).
d) zuerst: störete; über der Zeile erg. und eingewiesen: zer; gestr.: te.
e) zuerst: beonrüwigete; gestr.: te.
f) Schrf.: stenden; zuerst: zustenden; gestr.: zu.

1. Unsere gnädigen Herren.
2. Herr.
3. Philipp von Flersheim (1481–1552), als Philipp II. Bischof von Speyer (1529–1552). NDB 20 (2001), S. 386. *Gatz*, Die Bischöfe des Heiligen Römischen Reiches, Bd. 2, S. 185 f.
4. zu betreiben, zu versehen.
5. in schlechteren Zustand zu bringen.
6. heilige.
7. betrübt, bedrückt.
8. in Unruhe versetze. *Grimm* 1, Sp. 1748.
9. abläßt, Abstand nimmt.
10. aufschiebt, verzögert. *Götze*, S. 84.
11. Konrad Schnell (Velocianus) (gest. 1550), 1540–1549 Diakon zu St. Thomas in Straßburg, 1549–1550 Pfarrer ebd. *Bopp*, Die evangelischen Geistlichen, Nr. 4700.
12. Magister.
13. S. oben 334, Anm. 5.

mit dem befelch, das sie sie in yetzigem fall im herren trösten vnd stercken solten, vnd, wa jnen das so gelegen, als es v. g. h. besserlich zusein gentzlich achten, gemeldten h. Cunradten auch jre kirch lassen jm herren ansprechen, trösten und vermanen, damit allenthalben wol versehen vnd verhüttet werde, das keine wölff in die herde des herren[1] jme, bey jnen nun in so vilen jaren durch den so getrawen dienst h. Baders seligen[2] versamlet, einfallen vnd die zerstören vnd verderben thüe.

Vnd weyl hiezu gentzlich von nöten, das beyde[3] das Euangelium[g] bey jnen rein und gantz vnd mit höchsten trawen[h][4] werde gepredigет vnd das auch die h. Sacramente[i] aller christlichen zucht vnd ordnung des herren vermog des[j] Euangeli gereychet [k]vnd geuͤbet[k]; Vnd aber v. g. h. vernommen, das an disem theyl des Euangelischen diensts, nemlich souil das h. Abendtmal Christi belanget, bey jnen vilicht etwas mangels sein möchte[5], so hetten sie beyden jren gedachten gesandten, h. Cůnradten vnd M. Jacoben, befelch gethan, mit jnen christlich vnd nachparlich zuhandlen, wa des orts wolte mangel sein, das der selbe gebesseret würde.

Dann man dem Euangeli ye[6] gantze volge thůn müsse, so were auch sonder zweyffel das h. Euangeli, bey jnen nun souil jar geprediget, nicht also gar on alle frucht abgangen, es wurden auch ettwan vil warer Christen, ob die wol noch gebrechlich vnd mit | *159r* | sünden beladen, bey jnen sein, mit denen man das h. Abendtmal Christi vermöge der einsatzung des Herren billich solte halten.

So were auch der h. Tauff ein Sacrament der seligen gemeinschafft Christi, das auch bey dem selbigen sich alle die versündigeten, die nit Christen vnd ware glieder Christi vnd also auch des heyligen Abendtmals wolten fähig sein. Darumb, wa der h. Tauff in einer gemeinde in warheit wurde gehalten, da solte auch billich das h. Abendtmal nach dem befelch des herren, ordnung der Apostel vnd haltung aller kirchen Christi von anfang gehalten werden.

So hette ire [l]lieb den[l] auch wol zubedencken, wie grossen behilff das dem gegentheyl[7] gepere[8] vnd anleytung gebe, das werck Gottes bey vns zuzerstören, wa einige oneinigkeit in Christlicher lehre vnd haußhaltung der kirchen wurde gespüret, was auch der Satan wider das volck des herren teglich vorneme, sehe man wol, das ia alle Christen sich mit mehrerm fleyß solten zusamen thůn vnd in alle gleychhelli-

g) Textverlust (etwa 5 cm großes Loch, vermutlich durch Mäusefraß); Konj.
h) Textverlust; konj.: -wen; danach wohl noch ein Wort.
i) Textverlust; konj.: -ente; danach wohl noch ein Wort.
j) Textverlust; Wort konj.
k)–*k)* am Rand erg. und eingewiesen.
l)–*l)* liebden.

1. Vgl. Act 20,29.
2. Johannes Bader starb am 3. August 1545.
3. beyde … vnd: sowohl … als auch.
4. Glauben, Vertrauen. *Grimm* 21 (= XI,1,1), Sp. 1354.
5. Gemeint ist damit das seit 1541 nicht mehr gereichte Abendmahl.
6. immer, jedenfalls.
7. Gegenpartei. *Götze*, S. 98.
8. Nutzen bringe.

gekeit[1] des glaubens vnd aller göttlichen lehre vnd Sacramenten richten vnd drinn halten, dann hieuor ye.

Derwegen hetten v. g. h. den eegemelten jren gesandten befohlen, auch jn dem jren getrewen[m] fleyß bey jnen anzukeren, das die lehr Christi, brauch der h. Sacramenten mit aller ordnung Christi wurde dermassen angericht vnd gehalten, wie das dem Gottes wort vnd befelch gemeß vnd gleychhellig[2] sein könde, mit souil anderen lieben kirchen im gantzem Teutschen landt hin vnd wider vnd auch | *159*[v] | bey jren nachparen, jn der pfaltz, h. wolffgangen Lande[3], zu weissenburg vnd worms hie vnd anderßwa, bey welchen in dem gewißlich dem befelch des herren[n] gemeß ghandlet würde[o]. Was dann v. g. h. jnen an dem allem könden behilfflich berhaten vnd tröstlich sein durch jre diener am wort Gottes vnd jn andere wege[p], an solchen [q]wolten sie, v. gn. h., gern jnen[q] alle jre christliche vnd nachparliche gepür leisten vnd beweysen.

m) über der Zeile erg. für gestr.: möglichen.
n) danach gestr.: wurde.
o) vor den linken Rand geschrieben.
p) danach gestr.: das sie.
q)–*q)* über der Zeile erg. und eingewiesen für gestr.: jnen gern wolten.

1. Übereinstimmung. *Grimm* 7 (= IV,1,4), Sp. 8139.
2. gleichlautend. *Grimm* 7 (= IV,1,4), Sp. 8138.
3. Wolfgang von Pfalz-Zweibrücken (1526–1569), Pfalzgraf und Herzog von Pfalz-Zweibrükken 1532–1569, 1557–1569 auch von Pfalz-Neuburg.

Nr. 13
Entwurf Bucers für eine Ordnung des Straßburger Gymnasiums

November 1545

bearbeitet von Thomas Wilhelmi

Einleitung

1. Entstehung und Inhalt

Im Januar 1537 wurde Johannes Sturm[1] vom Straßburger Magistrat unter dem Stettmeister Jakob Sturm[2] und von den Straßburger Predigern unter der Führung Martin Bucers als Professor der Alten Sprachen nach Straßburg berufen.[3] Im Dezember 1537 wurde er beauftragt, entsprechend seinem Vorschlag die Gründung eines Gymnasiums anstelle mehrerer kleiner Einzelanstalten in die Wege zu leiten. Johannes Sturm unterbreitete mit seiner in den ersten Wochen des Jahres 1538 im Druck erschienenen Schrift »De literarum ludis recte aperiendis liber«[4] konkrete Vorschläge zur Einrichtung und Gestaltung von Lateinschulen. Sie fanden am 7. März 1538 die Zustimmung der Scholarchen (Schulherren)[5]. Im Einvernehmen mit dem mit ihm nicht verwandten Jakob Sturm und den Predigern verfaßte Johannes Sturm eine Schulordnung für das geplante Straßburger Gymnasium illustre.[6] Am 29. September 1538 wurde das Gymnasium eröffnet.[7]

1. Johannes Sturm (1507–1589), Humanist und Pädagoge, Rektor des Straßburger Gymnasiums 1538–1582. *Schmidt*, La vie et les travaux de Jean Sturm; *Arnold*, Johannes Sturm.

2. Jakob Sturm (von Sturmeck) (1489–1553), Straßburger Patrizier, Stettmeister 1527–1553. *Brady*; Ruling Class, S. 351; *Lienhard*, Sturm.

3. Zum Verhältnis zwischen Johannes Sturm und Bucer vgl. *Buckwalter*, Sturm und Bucer und die dort angegebene weitere Literatur.

4. *Johannes Sturm*, ›De literarum ludis recte aperiendis liber‹, Straßburg: Wendelin Rihel, 1538 (VD 16 S 9945). Weitere Ausgaben: ebd. 1539 (VD 16 S 9946), ebd. 1543 (VD 16 S 9947), ebd. 1557 (VD 16 S 9948). Faksimile-Edition der Ausgabe von 1538 mit französischer Übersetzung: *Sturm*, De literarum ludis. Vgl. *Fournier/Engel*, Statuts et privilèges, S. 18–22 (Nr. 1977).

5. Dreiköpfiges, vom Rat eingesetztes Gremium.

6. Diese Ordnung dürfte im Frühjahr 1538 entstanden sein. Sie umfaßt die folgenden Abschnitte: Von den Knaben vnnd Schulern in gemeyn; Von den Praeceptoren der sex classium; Von Rectore; Vom Rector vnd den Praeceptoren Classium; Von den Stunden die Lectiones zu haltten. Straßburg StArch, AST 319, S. 80–83 und dasselbe S. 199–201. Edition in *Fournier/Engel*, Statuts et privilèges, S. 25–28 (Nr. 1980).

7. *Engel*, Das Gründungsjahr des Strassburger Gymnasiums; *Schindling*, Humanistische Hochschule, S. 78–104; *Mährle*, Strassburg als Vorbild sowie die in Anm. 1 angegebene Literatur.

Die erwähnte Schulordnung von 1538 wurde von Johannes Sturm, den Scholarchen und Martin Bucer im Herbst 1545 überarbeitet und im November weitgehend fertiggestellt.[1] Sie umfaßt die folgenden Kapitel:

Pro Classicis Praeceptoribus in Communi
Pro publicis professoribus in communi Anno Domini 1545 Mense Novembri
Von dem Ampt des Rectoris in sonders
Des vice rectoris ampt
Officium caeterorum visitatorum
Officium Theologorum
Officium Iureconsulti
De Officio Medici
De Officio Oratoris
De Officio Professoris Philosophiae
De Officio Mathematici
De Officio Professoris hebreae linguae primi
De officio Secundi Professoris hebreae linguae
De officio Primi Graeci Professoris
De officio Secundi graeci Professoris
De officio Poetae
De Officio Primi Musici
De Officio 2. Musici
De Officio 3. Musici
Das Officium dessen, so die Knaben in 7. vnnd 8. Classe soll schreiben lehrenn: den 5. Januar An[no] 46
Das officium Bibliothecarii
Das Officium Notarii Ecclesiae
De officio Pedelli

Teile dieser Schulordnung wurden von Bucer konzipiert[2] und Dasypodius[3] und Herlin[4] zugestellt[5]; sie wurden weitgehend unverändert in die Schulordnung übernommen. In Bucers Entwurf finden sich diese Teile[6]:

1. Von dem Ampt des Rectors in sonders
2. Officium caeterorum visitatorum
3. Des vice rectoris ampt
4. Officium Theologorum

1. Edition in *Fournier/Engel*, Statuts et privilèges, S. 48–53 (Nr. 2003).
2. Entwurf in AST 40, Nr. 8, fol. 186a^{r}–186f^{r}. Dieser Entwurf Bucers war bislang nicht bekannt.
3. Peter Dasypodius (um 1490–1559), Pädagoge und Lexikograph. *Hartmann*, Art. Dasypodius, Petrus, in: NDB 3 (1957), S. 520; MBW, Bd. 11 (Personen A–E), S. 338 f.
4. Martin Herlin (gest. 1547), Mitglied des Straßburger Rats und fünfmal Ammeister. *Ficker/Winckelmann*, Handschriftenproben I, Nr. 2.
5. Auf fol. 186f^{v} werden die Adressaten von Bucer angegeben: D. Dasypodio et Herlino.
6. Reihenfolge und Wortlaut der Titel von Bucer in Hs. a. Am oberen Rand von fol. 186b^{r} dieser Hs. sind die Titel von zeitgenössischer Hand wie folgt notiert: 1. De officio Rectoris; 2. Caeterorum Visitatorum; 3. Vicerectoris; 4. Theologorum; 5. Jureconsulti; 6. Doct. philosophiae.

5. Officium Jure consulti
6. pro Justo Velsio[1].

Ob Bucer bei der Abfassung der anderen Teile der Schulordnung, die bis zur Neuordnung der Schule im Jahr 1566 Gültigkeit hatte, ebenfalls mitgewirkt hat, ist wenig wahrscheinlich. Im folgenden wird aber die gesamte Schulordnung ediert.

2. Überlieferung

a: Straßburg StArch, AST 40, Nr. 8, fol. 186a^{r}–186f^{ra} (Entwurf von der Hand Bucers).
b: Straßburg StArch, AST 319, S. 35–62 (Handschrift eines unbekannten Schreibers).

a) fol. 186a^{r} leer.

1. Justus Velsius (um 1510–nach 1581), Philologe, Mediziner, Mathematiker, Philosoph und Theologe. Er kam etwa im März 1544 nach Straßburg und blieb bis zum Frühjahr 1550 dort. QGT 16 (Elsaß IV), S. 98 f.; *Bautz* 20, Sp. 1492–1495. Velsius sollte somit den Unterricht in den philologischen Fächern halten. – Dieser von Bucer mit »pro Justo Velsio« überschriebene Teil entspricht in der Schulordnung mehr oder weniger dem Teil »Pro publicis professoribus in communi«.

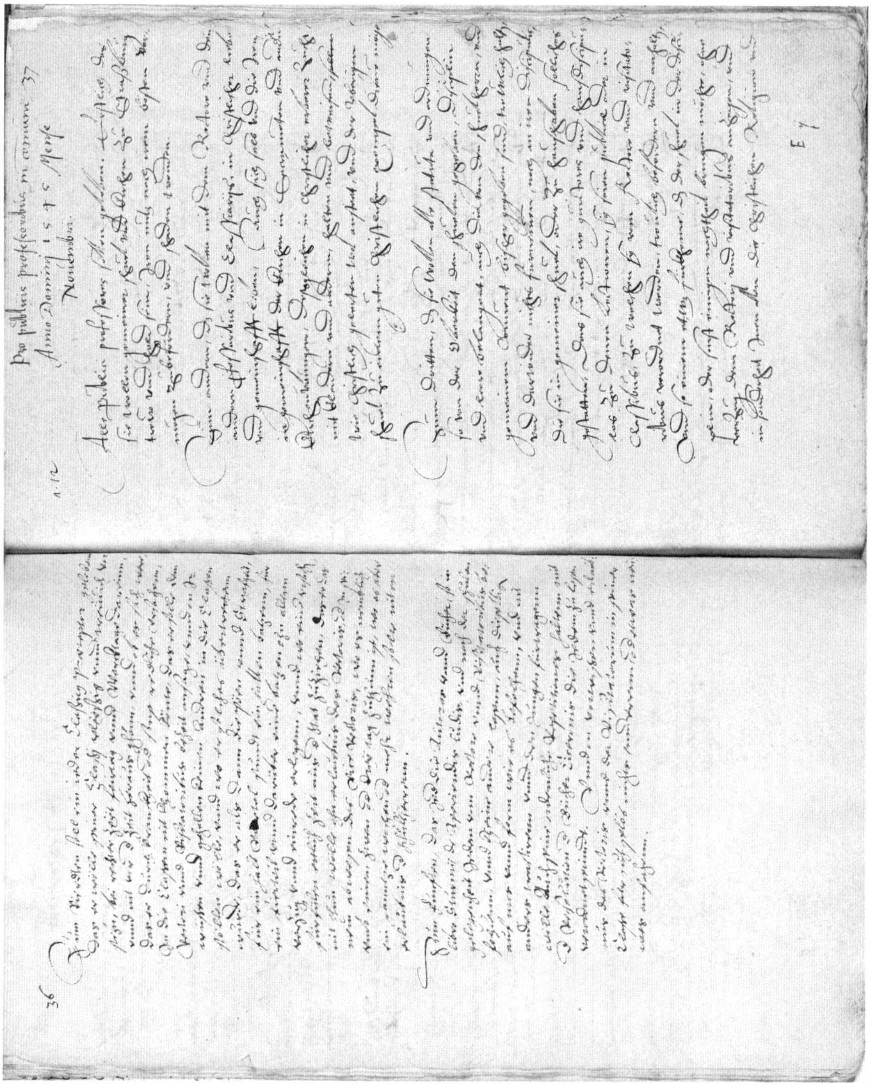

Straßburg StArch, AST 319, S. 37

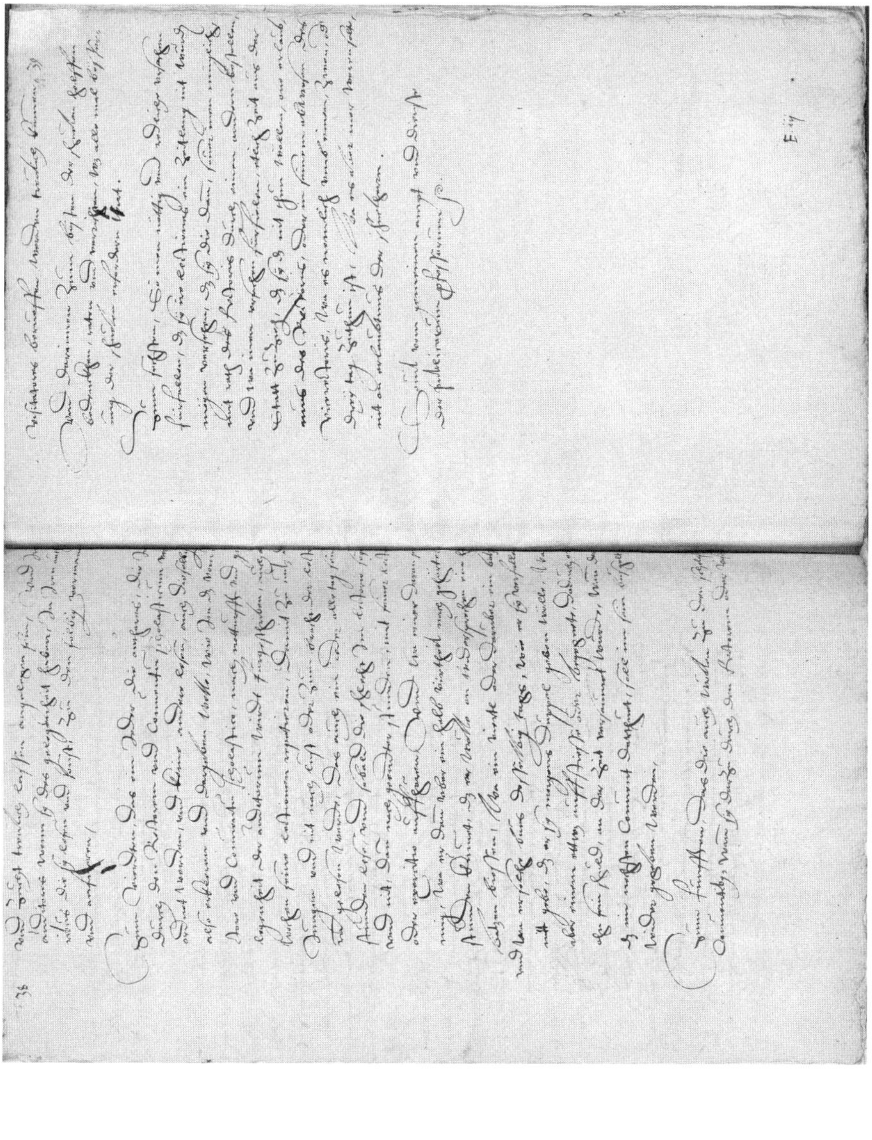

Straßburg StArch, AST 319, S. 38

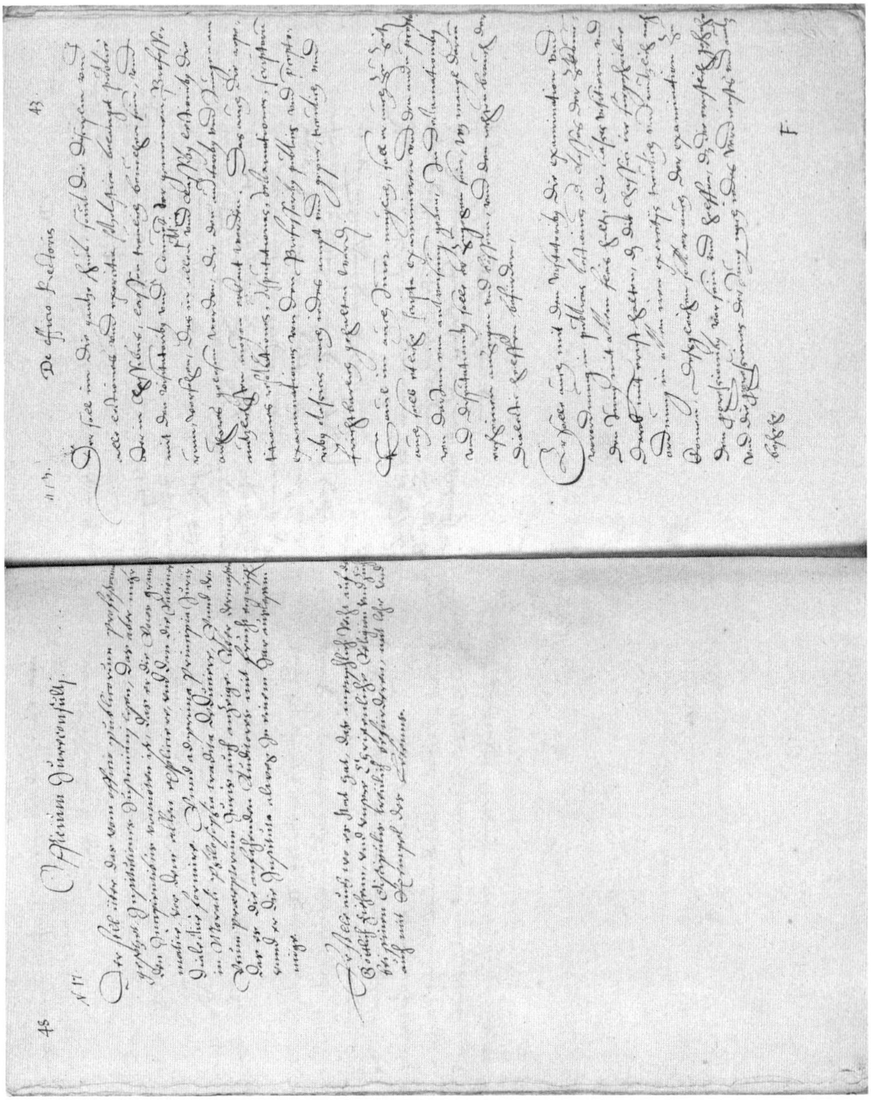

Straßburg StArch, AST 319, S. 43

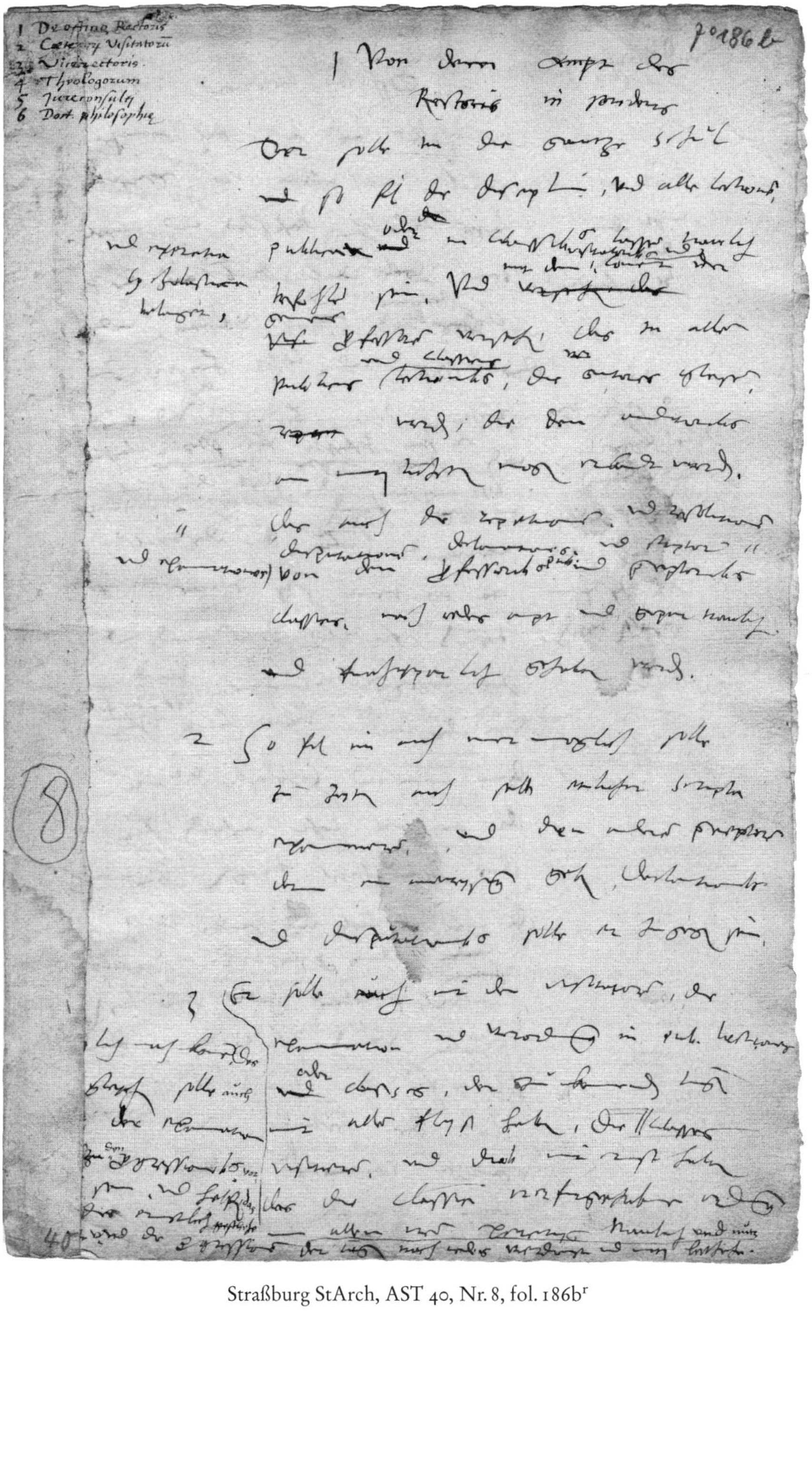

Straßburg StArch, AST 40, Nr. 8, fol. 186b[r]

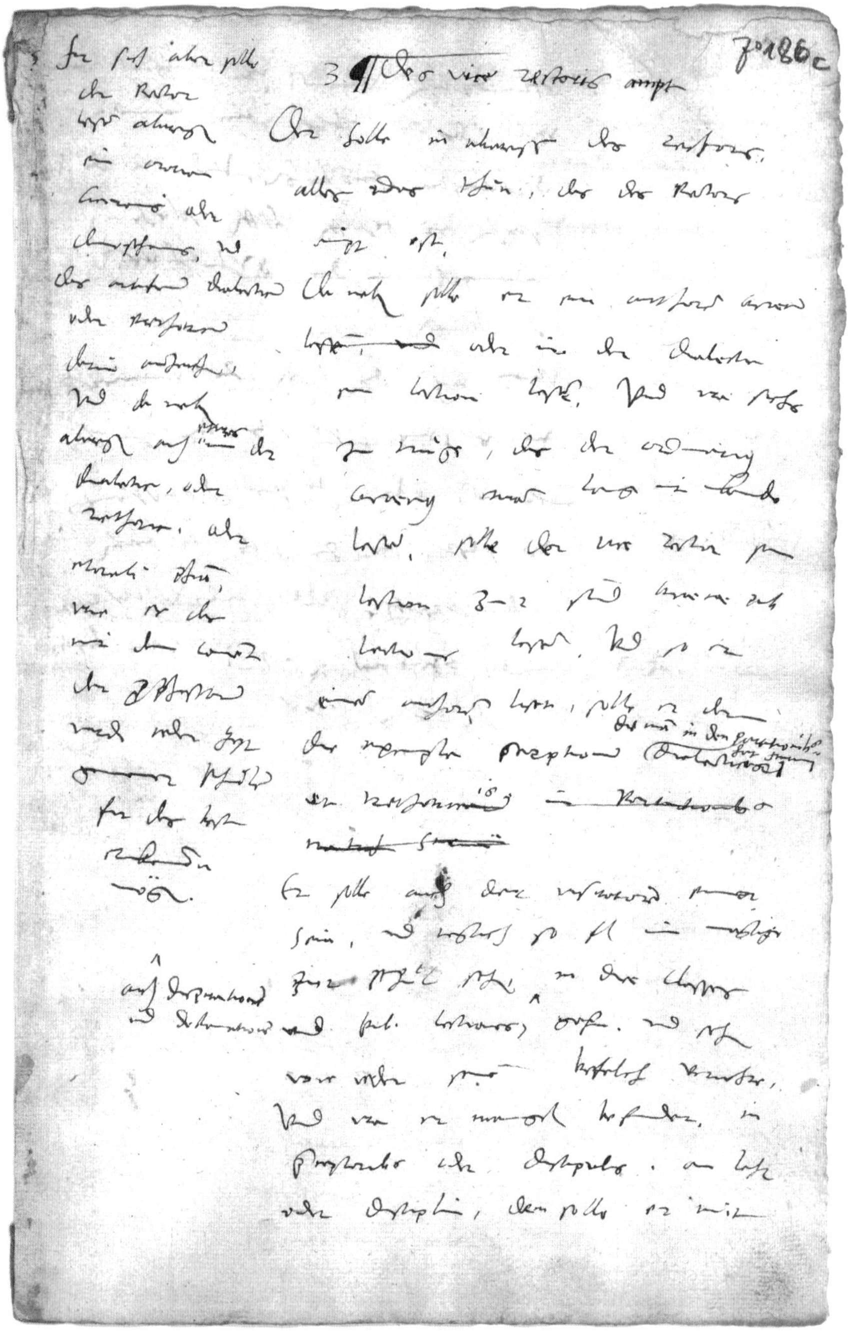

Straßburg StArch, AST 40, Nr. 8, fol. 186c[r]

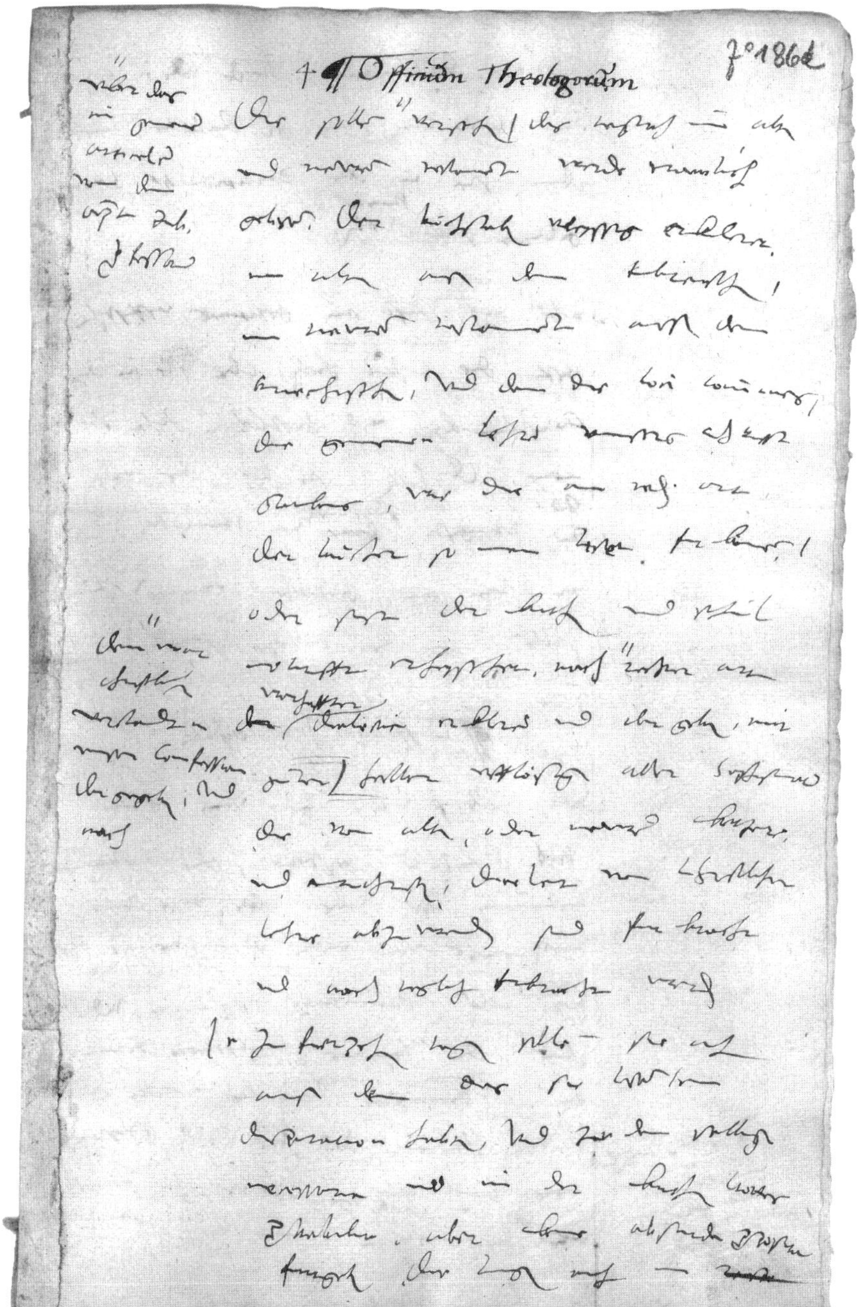

Straßburg StArch, AST 40, Nr. 8, fol. 186d^r

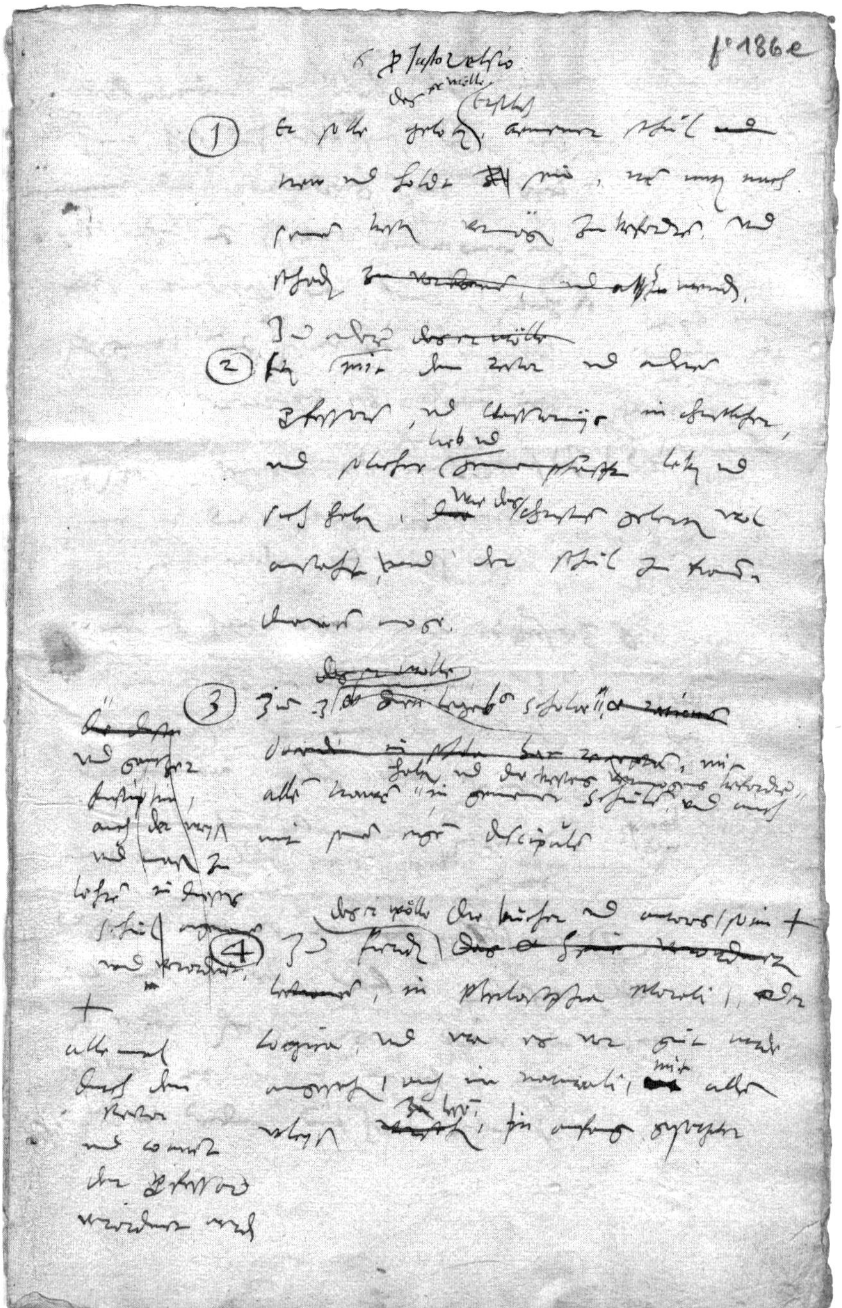

Straßburg StArch, AST 40, Nr. 8, fol. 186e[r]

| *35 /186b*ʳ | Pro Classicis Praeceptoribus in Communi[b]

Alle Classici Praeceptores sollenn geloben, Erstlich, das sie wöllen gemeiner schůll vnd kirchen zu Strassburgk treuw vnnd holdt sein, iren nutz nach irem bestem vermögen zubeförderen vnd schaden wenden.

Zum Andren, das sie wöllen mit dem Rectore vnd den anderen Professoribus vnnd Classiariis jnn Christenlicher lieb vnd gemeinschaft leben. Auch sich selbs vnd die jeren in gemeinschaft der kirchenn, in Sacramenten vnd anderen kirchen uebung, desgleichen inn Christlicher, Erbarer Zucht, mit kleideren vnnd andrem halten vnnd beweisenn, wie Christlich gelerten woll ansthoͤt, vnd der überigen schůl zu einem guten Christlichen Exempel dienen möge.

Zum Dritten, das sie wöllenn alle Statuta vnnd Ordnungen, so von der Oberkeit den schůlen gegeben, disciplin vnd lehr belannget, auch die von den Schulherren vnnd gemeinen Convent[1] bisher gegeben seinndt, treulich halten, vnd darwider nichts fürnemmen, Noch an iren Discipulis, die sie in gemeiner Schůll oder zů haus haben, sollichs gestattenn, Das sie auch ire Convictores[2] vnnd haus discipulos zu denenn Lectionenn, sie seien publicae[3] oder in Classibus[4], zu welchen sie vom Rectore vnnd Visitatoribus verordnet werdenn, treülich befürderen vnnd anhalten, Vnnd so einem etwas fürkeme, das der Schull in der disciplin oder sonst ein nachteil bringen möchte, one verzug dem Rectori vnnd Visitatoribus annzeygen vnd jn sonderheit innen allen die Christliche Religionn vnnd zucht treülich lassenn angelegen seinn, vnnd jre Auditores, wen sie des gelegenheit haben, in iren Autoribus, die sie lesenn, vnnd sonst, zu derselbigen vermanen vnnd anfierenn.

| *36* | Zum Vierdten soll ein ieder Classicus Praeceptor gelobenn, das er wölle seiner Classi vleyssig vnnd treülich vorstehn bei rechter zeit, feirtag vnd Marcktage, dareinn vnnd nit vor der zeit heraus ghoͤnn, vnnd ob es sach were, das er durch kranckheit oder sonst redliche vrsachenn in die Classem nit khommen könte, das er solle dem Rectori vnnd Visitatoribus bezeit ansage vnnd on ir wüssen vnnd gehellen keinen Andren in die Classen stöllen wölle, vnnd wo er solches übertrettenn wurde, das er als dann die Pöen vnnd Strafgelt, für ein halb Viertel stundt ein halben batzenn, für ein fierteil vnnd darüber einen batzen, ohn allenn verzug vnnd einrede erlegenn, vnnd wo einem vrsachen fürfülen, ettlich zeit aus der Stat zuziehen, das er das nit thun wölle ohn erlaubnis des Rectoris oder in seinem abwesen des Vice Rectoris, wo es nemblich vmb einen, zwen oder drey tag zuthunn ist, wo es aber ein ganntze wochen oder mehr wehren solte, nit on erlaubnis der schullherrenn.

b) am Rand Numerierung des Abschnitts: n. 11: b.

1. Zusammenkünften, Konferenzen.
2. Studenten, die in einem Konvikt (im Hause eines Professors) wohnen.
3. allgemein zugängliche.
4. Klassen mit einem bestimmten Teilnehmerkreis.

Zum Funften, Das jeder die Autores vnnd Bücher, so in libro Sturmii de Aperiendis ludis[1] vnd nach der schulen gelegenheit jedem vom Rectore vnnd Visitatoribus befohlenn, vnnd kheine andere lesenn, auch dieselbigen auf mos vnnd form, wie es befolhenn, vnnd nit anders, tractirenn vnnd den Jungen fürtragenn wölle, Auch seine ordenliche Repetitiones haltenn mit der Resolution der Bücher Ciceronis, die jedem zu lesen verordnet seinndt. Vnnd on vorwissen vnnd erlaubnus des Rectoris vnnd der Visitatorum in seiner Classe für sich selbs nichts ennderenn oder etwas neüwes anfahenn.

| *37* | [c]Pro publicis professoribus in communi Anno Domini 1545 Mense Novembri[c][d]

[e]Alle Publici professores sollen geloben, Erstlich, das sie wollen[e] gemeiner schuel[f] [g]vnd kirchen zu Straßburg[g] trew vnd hold[h] sein, jren nutz nach irem[i] bösten[j] vermögen zubefördern[k], vnd schaden[l] wenden.[2]

Zum andern[m], [n]das sie wollen[n] mit dem Rectore[o] vnd den[p] andern professoribus vnd Classiariis in christlicher [q]liebe vnd[q] gemeinschafft leben[r], [s]Auch sich selb vnd die Iren in gemeinschafft der kirchen in Sacramenten vnd andern kirchenvbungen, dessgleichen in christlicher erbarer zucht, mit kleidern vnd anderm halten vnd beweisen[s][t], wie[u] christlich[v] gelerten wol ansteet[w], vnd der vberigen[x] schuel [y]zu einem guten christlichen exempel[y] dienen möge[z].[3]

c)–*c)* Pro Justo Velsio: a.
d) am Rand Numerierung des Abschnitts: n. 12: b.
e)–*e)* Er solle geloben, das er wölle: a.
f) danach gestr: vnd: a.
g)–*g)* fehlt in a.
h) holdt: a; danach gestr.: zu: a.
i) seinem: a.
j) besten: a.
k) zubefordren: a.
l) danach gestr.: zu verkommen vnd also: a.
m) andren: a.
n)–*n)* das er wölle: gestr.: a.
o) rector: a.
p) fehlt in a.
q)–*q)* vnd solicher lieb: a.
r) danach: vnd sich halten: a.
s)–*s)* fehlt in a.
t) danach gestr.: sollen: b.
u) darunter gestr., dann erg.: das: a.
v) christen: a.
w) anstaht: a.
x) fehlt in a.
q)–*q)* zum frommen: a.
z) moge: a.

1. s. oben S. 341, Anm. 4.
2. Dieser Abschnitt findet sich auch am Anfang (S. 351,2–4).
3. Dieser Abschnitt findet sich auch am Anfang (S. 351,5–10).

[a]Zum dritten, das sie wollen alle statuta vnd ordnungen, so von der Oberkeit den schuelen gegeben, disciplin vnd leere belangent, auch die von den schuelherren, vnd gemeinem convent bisher gegeben sind, trewlich halten, vnd darwider nichts fürnemmen, noch an iren discipulis, die sie in gemeiner schuell, oder zu haus haben, solliches gestatten, das sie auch ire convictores vnd haus discipulos zu denen Lectionen, sy seien publicae oder in Classibus, zu welchen sy vom Rectore vnd visitatoribus verordnet werden, treulich befordern vnd anhalten, Vnd so einem etwas fürkheme, das der schuel in der disciplin, oder sonst einigen nachtheil bringen möchte, ohne verzug dem Rectori vnd visitatoribus anzeigen, vnd in sonderheit jnen allen die christlichen Religion | *38* | vnd zucht treulich lassen angelegen sein, vnd ire auditores, wenn sy des gelegenheit haben, in iren authoribus, die sy lesen, vnd sonst, zu den selbigen vermanen vnd anfieren.[a][1]

[b]Zum vierdten, das ein jeder die authores, die jm durch den Rectorem vnd Conventum scholasticum verodnet werden, vnd keine andere lesen, auch dieselbigen also erkleren vnd dargeben welle, wie jm das vom Rectore vnd Conventu scholastico nach notturfft vnd gelegenheit der auditorum wirdt furgeschriben, auch alle wochen seine lectionen repetieren, damit zu nutz der jungen vnd nit nach lust oder zum bracht der lectorum gelesen werde, Das auch ein ieder alle tag seine stunden lese, vnd sobald die schlecht, jm lectorio seye vnd nit, dann nach geendter stunden, mit seiner lection oder exercitio auffhoeren, Vnd wa einer daran seumig, wa er dann uber ein halb viertheil nach gehörter stunden kummet, das er wolle on widersprechen ein halb batzen biessen, Wa ein viertl oder daruber, ein batzen, vnd wa er solche bues desselbig tags, wie er sy verfallen, nitt gebe, das er sy morgens doppel geben wölle, Wa aber einem ettwas auffstiesse oder begegnete, dadurch er ohn sein schuld an der zeit versaumet würde, wan der das im nechsten Convent darthuet, soll im sein busgelt wider gegeben werden.

Zum funfften, das die auch wollen zu den scholasticis conventibus[2], wann sy darzu durch den Rectorem oder | *39* | visititatores[c] berueffen werden, treulich kom-

a)–*a)* Zum 3. Leges scholae mit allen trawen halten vnd ernstes vemogens erfordren in gemeiner Schulen vnd auch mit seinen eigen discipulen: a.

b)–*b)* Zu fierden, das er wo̊lle die bucher vnd autores, so im alle mal durch den Rector vnd conuent der professorum verordnet werden, in philosophia morali oder logica, vnd wa es vor gut werde angesehen, auch in naturali, mit allem vleyß lesen in anfang jetlicher stunden zur lection alß bald im auditorio sein, auch die stund auß lesen vnd sich auch im lesen nach geordneter vnd angenomener weyse zu lehren trewlich halten vnd sich dem captui der auditorum gemeß im lesen alwegen gemeß machen, auch wie geordnet, wie lectionem alle rechten zum wenigsten ein mal zu repetieren. Zum funfften, das er wolle seine disputationes alwegen zu rechter zeyt halten vnd bey den anderen sein, die andere halten. Zum sechsten, das er wölle auch zu den Scholasticos Conventus, wenn er dar zu durch den rectorem oder visitatorem beruffen wirdt, trewlich komen vnd drin zum besten der Schulen helffen, bedencken, rahten vnd verrichten, was alle mal besserung der schulen erfordren wurdt: a.

c) visita- || visitatores: b.

1. Dieser Abschnitt findet sich auch am Anfang (S. 351,11–22).
2. Schulkonferenzen.

men, vnd darinnen zum büsten der schuelen helffen bedenckhen, raten vnd verrichten, was alle mal bösserung der schuelen erfordern thut.[b]

[d]Zum sechsten, So mer nöttig vnd redliche vrsachen fürfallen, das sy ire lectiones ein zeitlang nit wurden mögen versehen, das sy die dann, sover inen müglich, mit rath des Rectoris durch einen andern bestellen, vnd wa inen vrsachen fürfielen, etlich zeit aus der Statt zu ziehen, das sy das nit thun wöllen, one erlaubnus des Rectoris, oder in seinem abwesen, des vicerectoris, wa es nemlich vmb einen, zwen, oder drey tag zuthun ist, Wa es aber mer weren solte, nit on erlaubnus der schuelherrn. Sovil vom gemeinen ampt vnd dienste der publicorum professorum etc.[d]

| *43 / 186b*[r] | 1. [e]Von dem Ampt des Rectoris in sonders[e]

Der solle[f] im[1] die gantze schul, [g]so[h] fil[g] die disciplin vnd alle lectiones [i]vnd exercitia scholastica[2] belanget[i], publice[j] oder[k] in classibus, lassen traulich befohlen[l] sein, Vnd [m]mit den [n]visitatoribus vnd[n] convent der gemeinen[m] Professorum versehen, das in allen publicis[o] [p]vnd classicis[q][p] lectionibus die autores[r] gelesen werden[s], die den auditoribus [t]vnd Jungen[t] am nutzlichsten mogen erkandt[u] werden, das auch die repetitiones vnd[v] resolutiones, disputationes, declamationes, scripto-

d)–*d)* Zum sibenden, so ein notig vnd redlich verstendig furfallen, das er sein lection ein zeit nit vollendt mogen verrichten, das er die dann so fest im moglich mit rath des rectors durch einen anderen bestelle vnd, wa ein vrsach etliche lüt auß der stadt zu ziehen allein solle er das nit thun on erlaubniß des rectors. Wa es nemlich vmb ein, zwen oder drei tag zu thun ist. Wa es aber ein gantze wochen oder mer weren sollte, nit on erloubniß der schulherren: a.

Danach folgt im Entwurf von Bucer noch dieser für die Schulordnung nicht berücksichtigte Abschnitt:

Pro secundae classis doctore. [...] tres [...] articuli, ut semper quae ad officium inter proprium huic classiarii pertinent, quo ad lectiones repetitiones, resolutiones sunt consequenter subeundae.

e)–*e)* De Officio Rectoris: b; am Rand Numerierung des Abschnitts: n. 13: b.

f) soll: b.

g)–*g)* souil: b.

h) davor gestr.: vnd: a.

i)–*i)* am Rand erg.: a.

j) korr. aus: publicis: a.

k) über der Zeile erg. für gestr.: vnd: a; über der Zeile gestr.: die: a.

l) beuolhen: b.

m)–*m)* über der Zeile erg. für gestr.: versehen, das vis: a.

n)–*n)* über der erg. Zeile erg. und eingewiesen: a.

o) über der Zeile erg.: b.

p)–*p)* über der Zeile erg. und eingewiesen: a.

q) classibus: b.

r) davor über der Zeile erg. und wieder gestr.: ver: a.

s) davor gestr.: weren: a.

t)–*t)* fehlt in a.

u) erkant: b.

v) fehlt in b.

1. sich.
2. schulische Übungen.

rum examinationes[w] von den Professoribus publicis[1] vnd praeceptoribus classicis[2] nach iedes ampt vnd gepur[x] traulich[y] vnd fruchtparlich[z] gehalten werden.

2[a] [b]So fil[b] im auch [c]imer moglich[c], solle[d] zu zeyten[e] auch selb etelicher[f] scripta examinieren vnd den anderen[g] praeceptoren darinn ein antreybung[h] geben; declamationibus[i] vnd disputationibus solle er zugegen sein, [j]was mangl darinn erscheinen, anzeigen vnd bössern[3] vnd den rechten brauch der dialectic helffen befürdern.[j]

3 Er solle auch[k] mit den visitatoribus die examination vnd verordnung in publicas[l] lectiones oder[m] classes der [n]zu kommenden[n] jungen mit allem flyß[o] halten, die classes visitieren[p] vnd darob mit ernst halten, das die classici [q]irer furgeschribnen[q] ordnung in allen iren exercitiis traulich[r] vnd nütz[s]lich[t] nach komen, [u]Des gleychen[u] solle[v] auch der examination zu[w] den[x] progressionibus vor sten[y] vnd helffen, das die ernstlich geschehe vnd die progressionem[z] der Jungen nach iedes verdienst[a] vnd nutz beschehe[s].

w) davor: vnd: a; am Rand erg. und eingewiesen: a.
x) gepür: b.
y) treulich: b.
z) fruchtbarlich: b.
a) Zählung nur in a.
b)–*b)* Souil: b.
c)–*c)* immer muglich: b.
d) soll: b.
e) zeiten: b.
f) etliche: b.
g) andern: b.
h) anweisung: b.
i) davor: in: b.
j)–*j)* fehlt in a.
k) im Wort korr.: a.
l) pub.: a.
m) über der Zeile erg. für gestr.: vnd: a.
n)–*n)* zukommenden: b.
o) fleis: b.
p) visitiern: b.
q)–*q)* ire furgeschribne: b.
r) treulich: b.
s)–*s)* am Rand und unter der letzten Zeile erg.: a.
t) nutzlich: b.
u)–*u)* Deßgleichen: b.
v) soll er: b.
w) gestr.: a.
x) über der Zeile erg. und eingewiesen: a.
y) sein: b.
z) progressiones: b.
a) verdiensts: b.

1. Professoren mit allgemein zugänglichen Lehrveranstaltungen.
2. Professoren, die Klassen (Seminare) mit einem bestimmten Teilnehmerkreis unterrichten.
3. in einen besseren Zustand bringen. Frühneuhochdt. WB 3, Sp. 1904.

| *44 / 186c*[r] | 3. [b]Des vice rectoris ampt[b]

Der solle in abwesen des rectors[c] alles das thun, das des Rectors[d] ampt ist. [e]Fur sich aber solle der Rector lesen alwegen ein oration Ciceronis[1] oder Demosthenis[2] vnd das artificium dialecticum oder rethoricum darin anzeigen vnd da neben alwegen auch ettwas[f] in der dialectic oder rethoric oder morali philosophiae, wie er dis mit dem Conventu der Professorum[g] wurd ieder zeyt gemeiner schulen fur das beste erkennen mögen[e]. Da neben solle er ein artificium artium lesen[h] oder in der dialectic ein lection lesen. Vnd wa sichs zu truge, das der ordinarius Graecus etwan lang nit konde lesen, solle der Vice rector sein lection zur stund Graecae lectiones lesen. Vnd so er einen authorem liset, solle er denen die exempla praeceptorum, die man [i]in den partitionibus[i] dialecticis et rethoricis Sturmii hat [lehren][j].

Er solle auch der visitatorum einer sein vnd teglich, [k]so fil[k] im muglig[l], zur schůl[m] sehen, in die classes vnd publicas[n] lectiones, [o]auch disputationem[p] vnd declamationem[q][o] gehn vnd sehn, wie ieder seinen befelch[r] verrichte, vnd wa er mangel befindet in[s] praeceptoribus oder discipulis an lehr oder disciplin, dem solle er mit | *186c*[v] | freundtlichem[t] ermanen, wa muglich, begegnen, will das nit helffen, im Conventu[u] scholastico [v]fur bringen[v], Vnd, wa da der sachen nit geholffen, helffen, soliche[w] mengel an die schulherren[x] zu bringen.

b)–*b)* De officio vicerectoris: b; am Rand Numerierung des Abschnitts: n. 14: b.
c) Rectoris: b.
d) Rectoris: b.
e)–*e)* fehlt in b.
f) über der Zeile erg. und eingewiesen: a.
g) Pro Professorum: a.
h) danach gestr.: lesen vnd: a.
i)–*i)* über der Zeile erg. und eingewiesen.
j) danach gestr.: in partitionibus et tract.[...] Sturmii: a.
k)–*k)* souil: b.
l) müglich: b.
m) schuel: b.
n) pub: a.
o)–*o)* am Rand erg. und eingewiesen: a.
p) Disputationes: b.
q) Declamation: b.
r) beuelh: b.
s) danach erg.: den: b.
t) freuntlichem: b.
u) Conventu: b.
v)–*v)* furbringen: b.
w) solche: b.
x) schuelherrn: b.

1. eine Rede von Cicero (106–43 v.Chr.).
2. eine Rede von Demosthenes (384–322 v.Chr.).

Wann auch die Jungen zu examinieren sein[y], es[z] seie[a] so sie[b] täglich herkomen oder tempore progressionum vnd sonst, [c]da zu[c] solle[d] er neben dem rectore[e] vnd andern visitatoribus vnd praeceptoribus classium auch[f] sein bestes[g] thůn[h].

| *186b*^{v} | [i]2. [j]Officium caeterorum visitatorum[k]

Die sollen inen[l] auch die gantze schul[m], mit allen iren exercitiis, lassen trawlich[n] befohlen[o] [p]vnd angelegen sein[p], [q]sampt den deutschen[r] [s]lehr heusern[s], auch[t] drumb[u] die[v] publicas[w] [x]lectiones vnd[x] exercitia, die[y] Classes vnd [z]lehr heuser[z] zu rechter zeit besuchen[a] [b]vnd sehen, wie alle leges vnd ordnungen der schulen[c] in lehr vnd der disciplin gehalten werden[b], vnd einen ieden, er sey ein[d] [e]professor pub.[1], praeceptor classiarius, [f]lehr meyster[f] oder sunst[g] der schul[h] verwandt[i],

y) Wort nachträglich erg.: a; sind: b.
z) davor gestr.: vo: a.
a) sey: b.
b) sy: b.
c)–*c)* darzu: b.
d) soll: b.
e) Rectore: b.
f) über der Zeile erg.: a.
g) böstes: b.
h) thun: b.
i) am oberen linken Rand, nicht zuzuordnender Text: vnd das ich auch: a.
j) über der Zeile gestr.: Der: a.
k) am Rand Numerierung des Abschnitts: [n.] 15: b.
l) im Wort korr.: a.
m) schuel: b.
n) treulich: b.
o) befolhen: b.
p)–*p)* sein vnd anglegen: b.
q)–*q)* am Rand erg.: a.
r) teutschen: b.
s)–*s)* lehrheusern: b.
t) davor gestr.: halten: a.
u) darumb: b.
v) davor gestr.: alle: a.
w) pub.: a.
x)–*x)* über der Zeile erg. für gestr.: classes vnd lec: a.
y) davor gestr.: vnd: a.
z)–*z)* lehrheuser: b.
a) besuechen: b.
b)–*b)* Text links am Rand erg. und eingewiesen: a.
c) schuelen: b.
d) nur in b.
e) über der Zeile erg. für gestr.: seines ampts iren sie(?) mangel funden trawlich vermanen: a.
f)–*f)* lehrmeister: b.
g) sonst: b.
h) schuel: b.
i) verwannt: b.

1. publicus.

sampt[j] den discipulis, bey[k] wem sie[l] etwas mangels[m] befinden, freundtlich[n] darumb anreden vnd zur besserung[o] vermanen vnd, wa das nit wolte helffen, [p]die sach[p] fur den conventum[q] scholasticum[r] vnd, wa da auch nit raht[s] gefunden, fur die schulherren[t] bringen, Dann [u]da mit[u] lieb[v] vnd guter[w] will bey[x] den professoribus vnd allen andern[y] praeceptoribus desto[z] baß[a] erhalten werde, Solle man keines fehl[b] ee[c] fur die schulherrn[d] bringen, dann die besondere, vnd auch des gantzen conuents warnung seie dann[e] vorgangen[f].

Vnnd solle einer von den visitatoribus ein Theologus sein, der solle die Jugent der schuelen in classibus vnd lehrheusern alle mal fleissig ermanen zur gottes forcht, gemeinschafft der kirchen vnd christlicher erbarer zucht, wie die iedes berueff erfordert.

Officium Theologorum

Die sollen, vber das in gemeinen articlen von dem ampt publicorum professorum, versehen, das täglich im alten vnd neuen[g] Testament werde treulich gelesen, vnd furnemlich dise biecher, Genesis, Exodus, Deuteronomium, Iudicum et Regum, Iesaia, Hieremias[h] vnd die kleinen[i] propheten, Psalterium, Matheus, Johannes, Acta apostolorum et epistolae; vnd was sy fur biecher der Bibel lesen, sollen sie vor allem den buchstaben fleissig erclären, im alten aus dem hebreeischen, im newen Testament aus dem Griechischen, [j]auch die furgegebne lehrn vnd ire vrsachen[j], dann

j) über der Zeile erg. für gestr.: ir(?): a.
k) davor gestr.: ire: a; bei: b.
l) sy: b.
m) mangl: b.
n) freuntlich: b.
o) bösserung: b.
p)–*p)* über der Zeile erg. und eingewiesen: die straf: a.
q) davor: gemeinen: b.
r) scholast: a.
s) ratt: b.
t) schuelherrn: b.
u)–*u)* damit: b.
v) davor Buchstabe gestr.: a.
w) guetter: b.
x) davor Wort gestr.: a; bei: b.
y) darüber gestr.: erhalten: a.
z) davor gestr.: aller: a.
a) bas: b.
b) fel: b.
c) eh: b.
d) schuelherrn: b.
e) fehlt in b.
f) forgangen: b.
g) newen: b.
h) Hierm.: b.
i) kleine: b.
j)–*j)* fehlt in a.

auch die locos[k] communes, das ist die gemeinen lehr vnsers christlichen glaubens, wie die an iedem ort der brauch, so man list, fürkommen, oder sonst der kirchen vnd schuel notturfft erheischet, nach dem waren, christenlichen verstand in vnser confession dargegeben vnd nach rechter art warhaffter[l] dialectic erclären vnd dargeben, mit guter heller auflesung aller sophismatum, die von alten vnd newen ketzeren vnd Antichristen, die leut von christlicher Religion abzuwenden, sind furgebracht vnd noch täglich furgebracht werden.

Je zu vierzehen tagen sollen sy auch aus dem, das sy lesen, ein disputation halten, vnd zu den selbigen necessaria vnd in der kirchen gottes probabilia, aber keine absurda proposita furgeben, Die Jungen auch in[m] solchen disputationibus, beide[n] die opponentes vnd respondentes, in der dialectic, nach dem sie in den Partitionibus[o] Sturmi[1] geleert sind, treulich veben.

Sollen auch ein getreues aufsehen haben auff die schuel, das sy in der gotseligkeit vnd christlicher zucht zunemme. Derhalben sie auch des iars zum wenigsten zwey mal, vor weihenachten vnd vor ostern, eine gemeine vermanung thun sollen an die gantze[p] schuel, [q]Vnd der Jünger vnder den Theologis solle die Bibel durchaus summarie lesen, ein gantz capitl oder zum wenigsten ein halbs zumal; das solle er einen Jungen lassen aus der bösten[2] uersion, so man haben kan, vorlesen, vnd dann, wa etliche schwere ongewonliche wörter oder reden seind, die auffs kurtzest erklären, vnd dann die hauptleren mit iren rationibus auffs verstendlichest darthun.[q]

| *48* | Officium Iureconsulti[r]

Der soll, über das vom officio publicorum professorum gesetzet, Institutiones Iustiniani[3] lesen, das aber mehr den incipientibus vonnöten ist, das er die Voces grammatice vor dem allen expliciere vnd dan die Rationes Dialectice formire. Vnnd ad prima Principia Iuris in Morali philosophia tradita deduciere Vnnd den vsum praeceptorum Iuris auch anzeige. Aber dermassen, das es die anfahenden Auditores mit frucht ergreiffen vnnd er die Instituta alweg in einem jar auslesenn möge.

k) loci: a.
l) warhafft: b.
m) danach gestr.: rechter: a.
n) davor gestr.: nece: b.
o) particionibus: b.
p) gantzen: b.
q)–*q)* fehlt in a.
r) am Rand Numerierung des Abschnitts: n. 17: b.

1. Johannes Sturm (s. oben S. 341, Anm. 1) veröffentlichte 1539 seine ›Partitionum dialecticarum libri II priores‹, Straßburg: Wendelin Rihel, 1539 (VD 16 S 9963), 1543 ›De demonstratione liber unus qui dialecticarum partitionum est tertius‹ › Straßburg: Wendelin Rihel, 1543 (VD 16 S 9966).
2. besten.
3. Institutiones Justiniani, im 6. Jahrhundert entstandenes Anfängerlehrbuch des römischen Rechts, Bestandteil des Corpus iuris civilis.

Er solle auch, wo es Stat hat[1], das menschlich Recht auf das Göttlich ziehenn, vnd vnsere Christenliche Religion vnd zucht bei seinen Discipulis treülich befürderen mit lehr vnd auch mit Exempel des Lebenns.

| *49* | De Officio Medici[s]

Der solle auch lesenn alleinn, was do dienet ad Rudimenta huius Artis[2], als Galeni de Elementis[3], de Facultatibus Alimentorum[4], de bonis et malis succis[5], Hippocratem de homine[6], Introductorium Artis[7] oder etwas de Anathomicis[8], wie er sich mit dem Rectore vnnd Conventu Scholastico würt vergleichenn.

Was er aber für einn büch liset, solle er die Voces vnnd Lectiones erstlich woll erklaͤrenn, vnnd die Res auch auf das einfeltigste, rüchtigste weise, wie es vnsern Jungen, die erst ex Classibus khommen, mage am nützlichstenn seinn.

| *50* | De Officio Oratoris[t][9]

Der solle allwegenn einn Orationem Ciceronis[10] oder Demosthenis[11] lesen vnd das Artificium Dialecticum vnnd Rhetoricum darin anzaygen, vnnd darneben auch alweg etwas in der Dialectick oder Rhetorick oder Morali Philosophia lesenn, wie er das mit dem Rectore vnnd Conventu der professorum würt yeder zeit gemeiner Schuͦlen für das beste erkennen mögenn. Solle auch bei den Declamationibus vnnd disputationibus, auch Examinationibus Scriptorum sein, vnnd helffen die jungen im Stilo vnnd Vsu dialectices vnnd Rhetorices zum böstenn befürderenn.

s) am Rand Numerierung des Abschnitts: n. 18: b.
t) am Rand Numerierung des Abschnitts: n. 19: b.

1. es Stat hat: wo sich Gelegenheit ergibt.
2. Grundlagen dieses Faches.
3. Galenus (129–199), De quatuor elementis.
4. Galenus, De alimentorum facultatibus.
5. Galenus, De bonis et malis alimentorum succis.
6. (Pseudo-)Hippokrates, De locis in homine.
7. Gemeint ist vielleicht »Liber principiorum medicinae« von Raimundus Lullus (um 1232–1316).
8. Gemeint ist wohl »De anatomicis administrationibus libri IX« von Galen.
9. Der Text steht ähnlich auch in Bucers Entwurf im Kapitel »Des vice rectoris ampt«, s. oben S. 356,2–7.
10. eine Rede von Cicero (106–43 v.Chr.).
11. eine Rede von Demosthenes (384–322 v.Chr.).

| *51* | De Officio Professoris Philosophiae[u]

Der solle libros Ethicorum[1] oder Politicorum[2] oder Organum Aristotelis[3] lesenn, wie jm das nach notdurft der schulen durch den Rectorem vnnd Conuent verordnet würt, Auch sein disputation zu gebůrung der zeit halten, vnnd bei der Andren disputation erscheinen, vnnd die Jugendt in der Dialectick helffenn ůbenn.

Er solle auch in seinen Lectionibus vnnd disputationibus die Partitiones Joannis Sturmii[4] dialecticas vnnd Rhetoricas vleyssig treybenn, vnnd durch die Exempell, die er in den Autoribus, so er lesenn solle, befündet, erklerenn, Damit das das jhenige, so die jungen in Secunda vnnd Prima Classe von der dialectick vnd Rhetorick begriffen, uoluieret vnd zu Rechter frucht gebracht werde.

| *52* | De Officio Mathematici[v]

Der solle lesenn disse Bücher: Primum librum Euclidis[5], Rudimenta Sphaerae[w] et Arithmetices[6], Pomponium Melam[7]. Vonn ordnung[x] disser bücher jm lesenn, wo gelegenheit seinn wolte, auch die andere Bücher Euclidis, oder etwas weiterr in Mathematica zu lesen. Des soll er sich mit dem Rectore vnnd Conuent der Professorum vergleichen.

| *53* | De Officio Professoris hebreae linguae primi[y]

Der solle alwegenn ein buch aus der Bibel interpretiren, die themata vnnd andere proprietates Vocum vnnd Lectionum treülich anzaygen, vnd weiters nit dan das zur erglerung der Sprach dienet, dargeben, Nemlich über die gemeinen kurtzen vermanungen zur Gotsseligkeit bei denn sonderen herlichen Ortenn der geschriften, die er interpretirt, wie dann auch andere interpretes[z] Linguarum vnnd Artium in jren Authoribus thunn sollenn.

u) am Rand Numerierung des Abschnitts: n. 20: b.
v) am Rand Numerierung des Abschnitts: n. 21: b.
w) Schrf.: Phaerae: b.
x) Schrf.: ornung: b.
y) am Rand Numerierung des Abschnitts: n. 22: b.
z) Schrf.: interpres: b.

1. Aristoteles (384–322), Ethische Schriften (»Ethica Nicomachica«, »Ethica Eudemica«, »Magna Moralia«).
2. Aristoteles, Politika.
3. Aristoteles, Organon.
4. vgl. oben S. 359, Anm. 1.
5. Euklid von Alexandria (3. Jahrhundert v. Chr.), Elementa (erstes Buch).
6. Nicht näher genannte Bücher über die Anfangsgründe der Sphärik und der Arithmetik.
7. Pomponius Mela (1. Jahrhundert n. Chr.), De situ orbis.

De officio Secundi Professoris hebreae linguae[a]

Der solle jmmer Isagogen vnnd grammaticam hebraeam[1] lesen, vnnd darneben auch etwas kurtzes aus der Bibell interpretirenn, die Praecepta Grammatices desto bas zuerklerenn, vnnd wo er Junge hatt, die des fehig seinn mögen, solle er auch leren die Commentaria lesenn vnnd versthönn.

| 54 | De officio Primi Graeci Professoris[b]

Der solle lesenn allwegen orationes Demosthenis[2] oder Isocratis[3] oder Sophoclem[4], wie er sich des allemal württ mit dem Rectore vnnd Conuent vergleichenn. Vnnd was er lisett, solle er mit besonderem fleiss alle Voces vnnd Locutiones woll erklerenn vnnd jren gebrauch anzaygen, Desgleichen das Artificium dialecticum Vnnd Rhetoricum, Vnnd das nach denn Partitionibus Sturmii[5], als die Jungen in Classibus gehört.

Der solle auch ad declamationes vnnd Disputationes zugeigen sein, vnnd die helfen uͤbenn vnnd besseren.

Solle auch seine Auditores ad Scribendum[c] graece anhalten vnd jre Scripta corrigierenn.

De Officio Secundi graeci Professoris[d]

Der solle paediam[e] Xenophontis[6] oder Aristophanem[7] lessenn, wie ers mit dem Rectore vnnd Conuent eins würt; der solle vleyssig die themata anzaygenn, vnnd was ad grammatica praecepta dienet, Doch solle er auch die formulas Loquendi et resoluendi Vsum darjnn anzaygenn, Vnnd so sichs zutrüge, das der Primus graecae Linguae professor einn gute zeit nit lesen koͤnndte, solle er seinn Lection zu der stunde, dem primo assignieret, lesenn.

a) am Rand Numerierung des Abschnitts: n. 23: b.
b) am Rand Numerierung des Abschnitts: n. 24: b.
c) Schrf.: Schribendum: b.
d) am Rand Numerierung des Abschnitts: n. 25: b.
e) korr. aus: praediam: b.

1. Gemeint ist sehr wahrscheinlich das kurz zuvor erschienene Hebräisch-Lehrbuch von Paul Fagius ›Compendiaria isagoge in linguam hebraeam‹, Konstanz: Paul Fagius/Jakob Froschesser, September 1543 (VD 16 F 551).
2. Reden von Demosthenes (384–322 v. Chr.).
3. Reden von Isokrates (436–338 v. Chr.).
4. Sophokles (497/96–406/05 v. Chr.), Tragödien.
5. vgl. oben S. 359, Anm. 1.
6. Xenophon (430/425–nach 355 v. Chr.), Cyropaedia.
7. Aristophanes (450/444–nach 380 v. Chr.), Komödien.

| 55 | De officio Poetae[f]

Der solle lesenn alwegen etwas ex Horatio oder Ouidio, vnnd besonders Horatium de Arte[1] vnnd Metamorphosin Ovidii[2], vnnd solle die Jungen übenn, verss zumachen, vnnd jnnen die Corrigierenn.

| 56 | De Officio Primi Musici[g]

Der solle als dann etwas erfarnnern Jungen Musicae figuralis rudimenta vleyssig vnnd treülich lesenn, die Praecepta jmmer repetirenn, feine liebliche leichte Exempell in Carminibus, Psalmis, Antiphonis vnnd was der gleichenn Christenlich, Lateinisch vnnd teütsch, fürgeben, vnd sonderlich im Contrapunct gemacht seindt, Auch sie, die Jungenn, dahrin weysen, das sy vnder gut gesanng guten Christenlichen text mitsingen, weil das gesanng der Jugendt ohn das wol einbildet. Crause[3], spitzige meister stuckh[4] taugen nit hiehaͤr.

De Officio 2. Musici[h]

Der solle die Rudimenta Musicae planae etwas volkommen, doch verstendtlicher den Jungen geben, alle praecepta offtermals repetierenn, jm soluieren sie leiffig machen, tenorum cognitionem vnd Musicam fictam jhnenn scherfer anzaygen vnd für allen sie anhalten, das sie den text vnder jre Notas wol lernen applicierenn. Darzu er Exempla haben[i] soll Introitus, Gradualia, Halleluia, Responsoria, die Christlich vnnd ettwas schwer seindt. Doch mag er auch geistliche lieder vnnd teütsche psalmen allemal singenn.

| 57 | De Officio 3. Musici[j]

Der solle die Rudimenta Musices planae der Jugendt einfältig, vleyssig vnnd verstendlichen fürgebenn, die Praecepta jhmmer repetierenn, die Voces den Jungen formierenn, sie vnder dem solmisierenn[5] des guten aussprechens der Vocal vermanen, vnd auf ein gute Mensur im singen zu haben gewehnen, Auch jhnenn für Exempell Christliche gute alte leichtige Lateinische Chorgesenng, Hymnos vnnd teütsche Psalmen zu singenn für legenn, vnnd sie darinn fleyssig uͤbenn.

f) am Rand Numerierung des Abschnitts: n. 26: b.
g) am Rand Numerierung des Abschnitts: n. 27: b.
h) am Rand Numerierung des Abschnitts: n. 28: b.
i) Schrf.: Exemplahaben: b.
j) am Rand Numerierung des Abschnitts: n. 29: b.

1. Horaz (65–8 v. Chr.), De arte poetica.
2. Ovid (43 v. Chr.–17 n. Chr.), Metamorphosen.
3. verschlungene, wirre. Frühneuhochdt. WB 8, Sp. 1583.
4. Vielleicht: nach Art der Meistersinger? Oder: allzu kunstvolle polyphone Sätze?
5. beim Singen von Tonstufen auf bestimmten Silben.

| *58* | Das Officium dessen, so die Knaben in 7. vnnd 8. Classe soll schreiben lehrenn: den 5. Januar An[no] 46[k]

Disser soll alle tag hora nona in Septimam oder Octauam Classem ghonn, also das yede woche drey stunnden habe, vnnd solle die knabenn freündtlich vnderweisenn, darmit sie recht vnnd woll lehren Latein schreiben mit guter Orthographei vnnd anderer notwendigen zugehör.

Vnnd so der knaben einer vnfleissig erfunden, den soll er dem praeceptori der selbigen Classis zu züchtigenn anzeigen.

Wes jhm dann, so das werck jnn anfangk khompt, jederzeit vonnöten sein wille, des mag er sich mit den Visitatoribus Scholae jedes mals besprechenn.

| *59* | Das officium Bibliothecarii[l]

Dem sollen die Schůlherrenn den Indicem aller bücher vberantwortenn vnd ihm die sorg der Bibliotheck befehlen, die bucher aller notdurft nach mit eroͤffnung vnd zuthuung der fenster vnnd anderer sauberkeit also zuuerhieten vnd besorgen, das es ein wolstandt der schůlen sei, vnd die bucher ad posteros auch vil jar weren mögenn.

Zu Sommer Zeit soll[m] der Bibliothecarius vmb die 12. stunde in die bibliotheck ghenn vnd do warten, ob iemandt in die ghen wölle, das er mit jm aus vnnd ein gange, vnnd fleissigs aufsehen habe, damit kein buch verloren oder beschediget werde, soll auch in der Biblioteck usque ad horam secundam verharrenn.

Zu Winters Zeit mag der Bibliotecarius an der werme jm Collegio an einem gelegen ort im lectorio publico oder sonst sich finden lassenn vnd sein geordnet Zeit do warten, etwas lesenn oder Vertieren[1], onst[2] das jn jemandts befordert, mit jm jn die Biblioteck zughoͤn.

Es befelhen auch die Schulherrenn Petro Schriesheimmer[3], dem ersten in dissem Officio, das er solle die Epistolen Ciceronis[4], die in den minoribus Classibus gelesen werden, dergleichen die formulas, die daraus colligiert werdenn, in gutt verstendig, muͤtterlich teütsch zubringen, Welcher arbeit die Praeceptores vnnd auch jugenndt der vnderen Classium mit nutz sich gebrauchen werden vnd gutes verstendiges teutschs vonn jugendt auf also gewohnenn.

Auch soll er Latinas sententias aufs kurtzest mit teütscher jnterpretation zusammen schreiben, für die knebblin jn Nona Classe für zu schreibenn vnnd zugebrauchenn. | *60* |

k) am Rand Numerierung des Abschnitts: n. 30: b.
l) am Rand Numerierung des Abschnitts: n. 31: b.
m) korr. aus: sonder: b.

1. übersetzen.
2. sonst(?).
3. Peter Schriesheimer, Schulherr, Lebensdaten unbekannt. Belege aus den Jahren 1534, 1537 und 1543: QGT 16 (Elsaß IV), S. 42; *Gäumann*, Reich Christi, S. 297; BDS 7, S. 531.
4. Cicero, Briefe.

Wes auch die schulherrenn durch sich selbs oder die Visitatores yeder zeit im weiter würdenn thun befehlenn, das er hierinn solle gehorsam vnnd wüllig seinn.

| *61* | Das Officium Notarii Ecclesiae[n]

Der Notarius Ecclesiae soll in allen Canonicis Examinibus, wan die in den stiften oder neben stiften vnnd pfrunden[o], capiloneien[1] oder dergleichen, lut des municipals Statuts gehaltenn, vnd in andren kirchen haͤndls vnd Visitationibus, darzu[p] erfordert, zugegen sein, vnd alle ding ordenlich nach notdurft aufzeichenn, vnd jn dem allem nebenn Andren auf der kirchen vnd schulen wolfart treülich helfenn handlenn.

| *62* | De officio Pedelli[q]

Der solle täglich den Rectorem vnd jns Rectoris abwesen denn Vice Rectorem fragenn, ob er etwas der schul halben verrichten solle.

Er solle auch acht habenn, wer frembds zur schulenn komme, das er die heisse zum Rector oder in das abwesen zum Vice Rector ghoͤnn, das sie gehorsame der legum scholae angelobenn, vnd er der Pedellus sie einschreibe vnnd, so jnnen die Lectiones verordtnet werdenn, das er ire nammen den praeceptoribus angaͤbe, diese hörenn sollenn.

Er solle auch ein getreuwes aufsehenn habenn, das die Studiosi alle ire geordnete Lectionem vnnd Exercitia vleyssig hörenn, vnd der Disciplinn gelebenn, vnd wo er befündet, die solches nit thun, die soll er dem Rectori allemal oder Vice Rectori annzaygen oder inn den Conuentenn.

Er solle die Classes bei zeit aufthunn, vnd nach neün vhrenn im Sommer, vnd nach zehenn im winter vnnd vierenn als baldt zuschliessenn, Auch zu den Andren zeiten, wan man die jungen auslest, allemal zusehenn, damit destobas fürkommen, wer das fenster brechenn vnd scheibenn stelenn, mit anderer vnzucht vnnd verwüstenn.

Er soll auch verstehenn, das das Publicum Auditorium alle wochenn einmall vnnd yede Classis zwirenn recht gefeget werde, vnnd das post quartam abents.

n) am Rand Numerierung des Abschnitts: n. 32: b.
o) wohl Schrf.: frunden: b.
p) im Wort korr.: b.
q) am Rand Numerierung des Abschnitts: n. 33: b.

1. Kaplaneien.

Beilage I zu Nr. 13
Bucer an Petrus Dasypodius und Martin Herlin

November 1545

bearbeitet von Thomas Wilhelmi

Bucer ließ seine Entwürfe zur Schulordnung im November 1545 dem Pädagogen Petrus Dasypodius[1] und dem Ammeister Martin Herlin[2] zukommen. Auf der letzten Seite des Entwurfes fügte er dieses kurze, nicht datierte Begleitschreiben an.

Straßburg StArch, AST 40, Nr. 8, fol. 186f[r] (Handschrift Bucers).

1. s. oben S. 342, Anm. 3.
2. s. oben S. 342, Anm. 4.

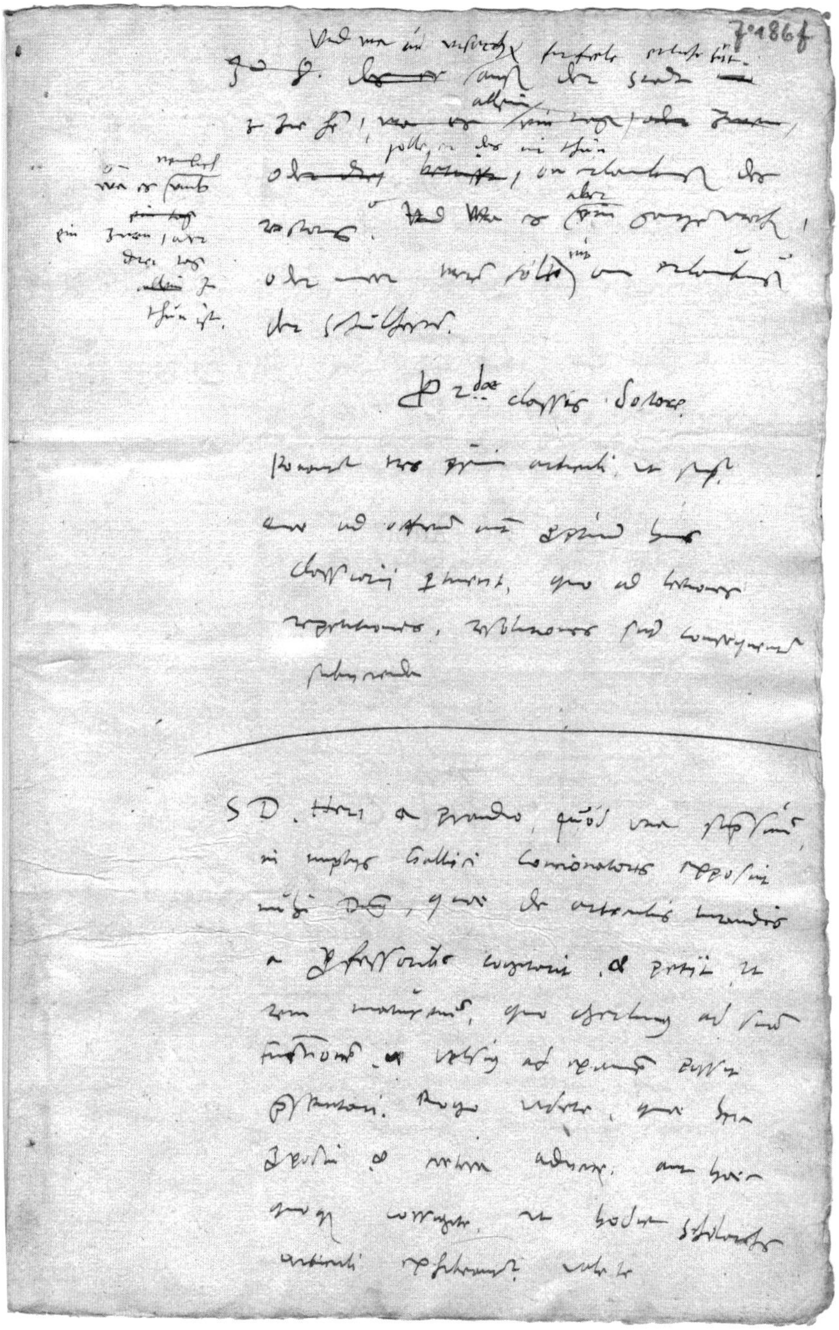

Straßburg StArch, AST 40, Nr. 8, fol. 186f[r]

Text

S. D. Heri a prandio, quod una sumpsimus in nuptiis Gallici Concionatoris[1], exposuit mihi Dominus, quae de articulis iurandis a professoribus cogitarit et petiit, ut rem maturemus, quo Cherlinus[2] ad suam functionem et Velsius[3] ad examen possit praesentari. Rogo videte, quae hic proposui et caetera adiicite aut haec quoque corrigite, ut hodie scholarchis[4] articuli exhibeantur.

Valete.

1. Gemeint ist vermutlich Jean Garnier, der vom Sommer 1545 bis 1555 Prediger der reformierten französischen Gemeinde in Straßburg war. *Ficker/Winckelmann*, Handschriftenproben II, Nr. 73.
2. Christoph Kerlin (Kärling) (gest. 1548), Stiftsherr 1543–1548. *Knod*, Stiftsherren, S. 24.
3. Justus Velsius; s. oben S. 343, Anm. 1.
4. Zum Scholarchenamt in Straßburg vgl. oben S. 341, Anm. 6.

Beilage II zu Nr. 13
Bucer an die Scholarchen

[vor 19. Juni 1544]

bearbeitet von Thomas Wilhelmi

Bereits im Frühsommer 1544 ließ Bucer den Straßburger Scholarchen[1] seine Überlegungen zur Neugestaltung der Ordnung des Gymnasiums zukommen. Fournier/Engel[2] datieren diesen Brief in ihrer Edition auf 1544, Jean Rott auf die Zeit vor dem 19. Juni 1544. Ein weiterer kurzer Brief Bucers an die Scholarchen[3], den Rott auf den Zeitraum 19.–21. Juni 1544 datiert, wird hier nicht ediert.

Straßburg StArch, AST 324, Nr. 14a (= fol. 148r–155v[a]). Es handelt sich um eine zeitgenössische Reinschrift mit eigenhändiger Unterschrift von Bucer.

a) fol. 148r, 148v, 154r, 154v und 155r leer. Auf fol. 155v von zeitgenössischer Hand: Doctorem Justum Velsium belangen.

1. Schulherren. Vgl. oben S. 341, Anm. 6.
2. *Fournier/Engel*, Statuts et privilèges, S. 46f. (Nr. 2001).
3. Straßburg StArch, AST 324, Nr. 14a, fol. 158.

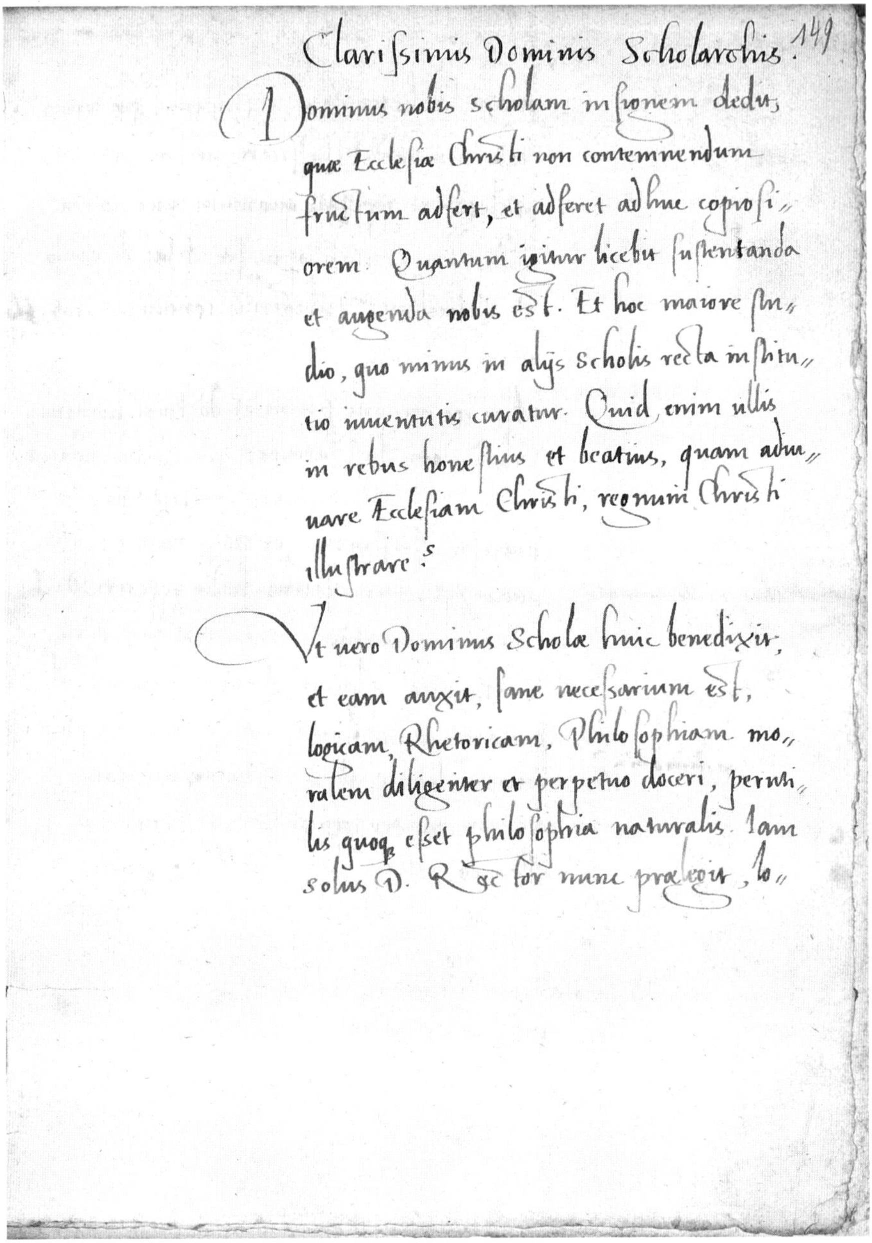
Clarissimis Dominis Scholarchis. 149

Dominus nobis scholam insignem dedit, quae Ecclesiae Christi non contemnendum fructum adfert, et adferet adhuc copiosiorem. Quantum igitur licebit sustentanda et augenda nobis est. Et hoc maiore studio, quo minus in aliis scholis recta institutio iuventutis curatur. Quid enim ullis in rebus honestius et beatius, quam adiuvare Ecclesiam Christi, regnum Christi illustrare?

Ut vero Dominus Scholae huic benedixit, et eam auxit, sane necessarium est, logicam, Rhetoricam, Philosophiam moralem diligenter et perpetuo doceri, perutilis quoque esset philosophia naturalis. Iam solus D. Rector nunc praelegit, lo-

Straßburg StArch, AST 324, Nr. 14a (= fol. 149r)

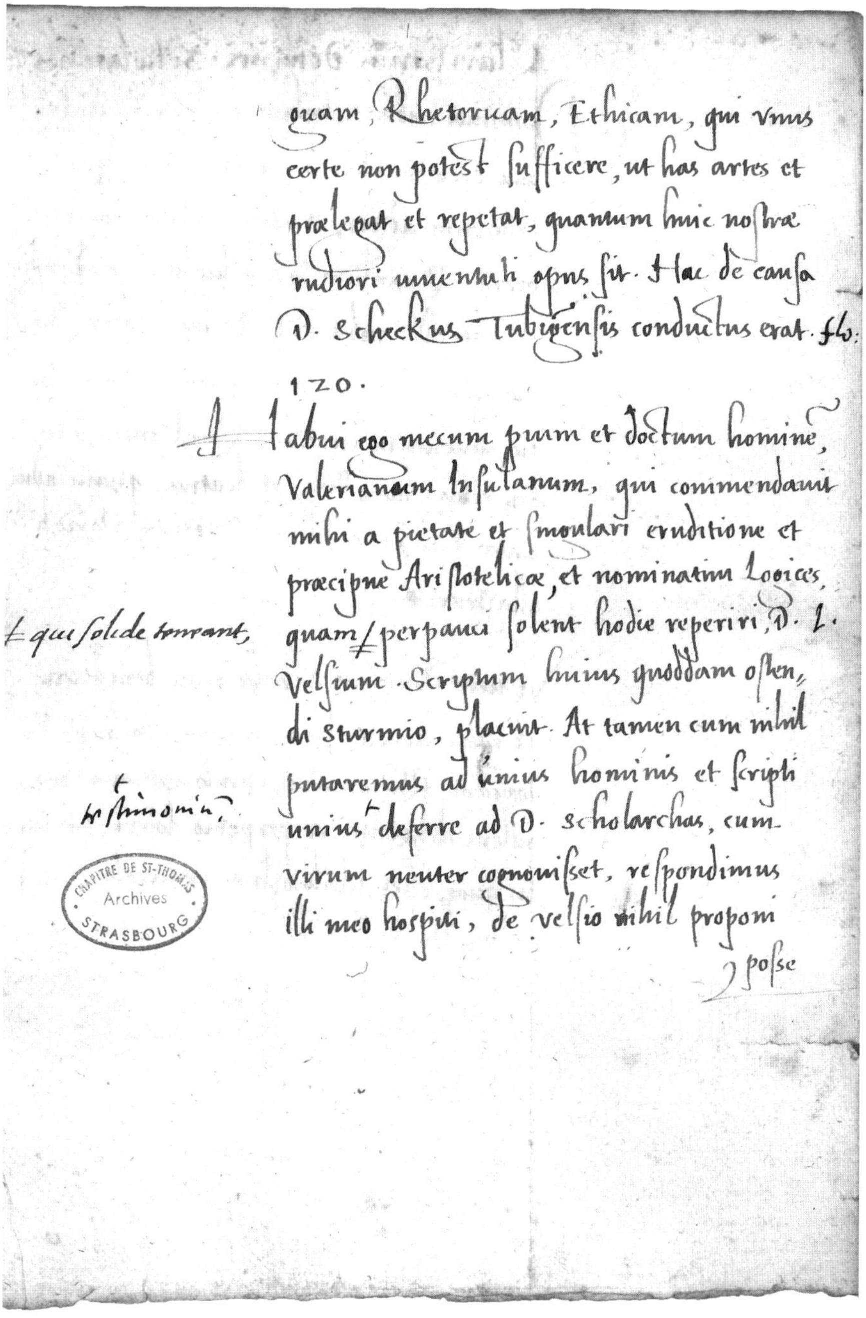

gicam, Rhetoricam, Ethicam, qui vnus
certe non potest sufficere, ut has artes et
praelegat et repetat, quantum huic nostrae
rudiori iuuentuti opus sit. Hac de causa
D. Scheckus Tubingensis conductus erat. fl.
120.
Habui ego mecum pium et doctum hominem,
Valerianum Insulanum, qui commendauit
mihi a pietate et singulari eruditione et
praecipue Aristotelicae, et nominatim Logices,
quam + perpauci solent hodie reperiri, D. L.
Velsium. Scriptum huius quoddam osten-
di Sturmio, placuit. At tamen cum nihil
putaremus ad unius hominis et scripti
unius + deferre ad D. scholarchas, cum
virum neuter cognouisset, respondimus
illi meo hospiti, de Velsio nihil proponi
posse

+ qui solide teneant,

+ testimonium

CHAPITRE DE ST-THOMAS Archives STRASBOURG

Straßburg StArch, AST 324, Nr. 14a (= fol. 149v)

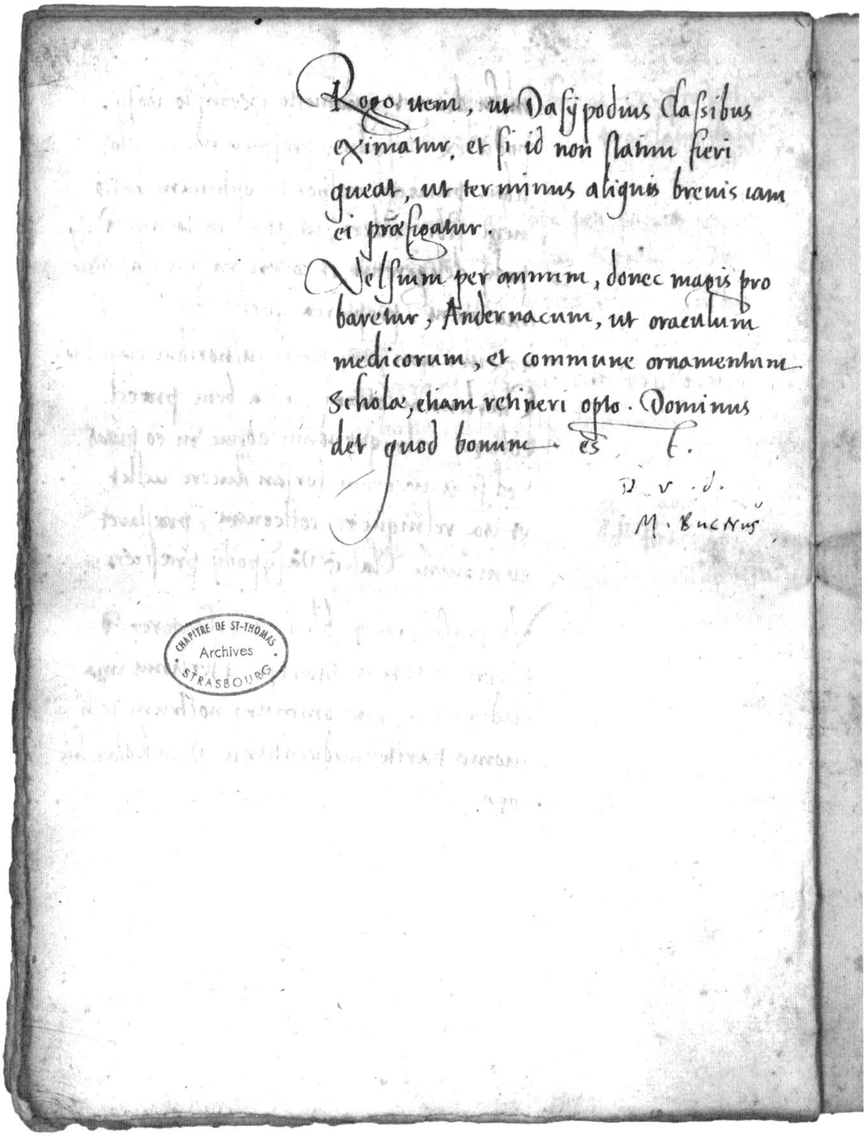

Rogo item, ut Dasypodius classibus eximatur, et si id non statim fieri queat, ut terminus aliquis brevis iam ei praefigatur.

Velsium per annum, donec magis probaretur, Andernacum, ut oraculum medicorum, et commune ornamentum scholae, etiam retineri opto. Dominus det quod bonum est.

D. V. d.

M. Bucerus

CHAPITRE DE ST-THOMAS
Archives
STRASBOURG

Straßburg StArch, AST 324, Nr. 14a (= fol. 153[v])

Text

| *149ʳ* | Clarissimis Dominis Scholarchis

Dominus nobis scholam insignem dedit, quae Ecclesiae Christi non contemnendum fructum adfert, et adferet adhuc copiosiorem. Quantum igitur licebit, sustentanda et augenda nobis est. Et hoc maiore studio, quo minus in aliis scholis recta institutio iuventutis curatur. Quid enim ullis in rebus honestius et beatius, quam adiuvare Ecclesiam Christi, regnum Christi illustrare?

Ut vero Dominus Scholae huic benedixit et eam auxit, sane necessarium est logicam, Rhetoricam, Philosophiam moralem diligenter et perpetuo doceri; perutilis quoque esset philosophia naturalis. Iam solus D.[1] Rector nunc praelegit lo-| *149ᵛ* | gicam, Rhetoricam, Ethicam, qui unus certe non potest sufficere, ut has artes et praelegat et repetat, quantum huic nostrae rudiori iuventuti opus sit. Hac de causa D. Scheckus[2] Tubingensis conductus erat flo.[b3] 120.

Habui ego mecum pium et doctum hominem, Valerianum Insulanum[4], qui commendavit mihi a pietate et singulari eruditione et praecipue Aristotelicae et nominatim logices[5], quam [c]qui solide teneant[c] perpauci solent hodie reperiri, D.J. Velsium[6]. Scriptum huius quoddam ostendi Sturmio[7] placuit. At tamen cum nihil putaremus ad unius hominis et scripti unius testimonium[d] deferre ad D. Scholarchas, cum virum neuter cognovisset, respondimus illi meo hospiti, de Velsio nihil proponi | *150ʳ* | posse, nisi hic ipse innotuisset[e]. Si huc veniret, et cognoscendum se propius daret, quo ingenio et qua facultate sit ad iuvandam[f] scholam et Ecclesiam, tum posse de eo aliquid deliberari. Respondit hospes meus Valerianus, non esse illi tutum manere Lovanii[8] propter religionem puram, cui accessisset, et haberet uxo-

b) nachträglich erg.
c)–*c)* am Rand erg. und eingewiesen.
d) von Bucer am Rand erg. und eingewiesen.
e) Schrf.: inotuisset.
f) Wortende wohl von Bucer falsch korr.: -um.

1. Dominus.
2. Jakob Schegk (Degen) (1511–1587), Jurist, Mediziner und Philosoph an der Universität Tübingen. *Richter*, Art. Degen, Jakob, in: ADB 5 (1877), S. 21 f.
3. florenis (Gulden).
4. Valerianus Insulanus, sc. Valerandus Pollanus (Poulain), (um 1520–1558), reformierter Theologe, 1543–1547 in Straßburg. *Ficker/Winckelmann*, Handschriftenproben II, Nr. 72; Amerbachkorrespondenz, Bd. VI, S. 188 f. (zum Aufenthalt in Straßburg und zum Kontakt mit Bucer), 468 f. und 579 f.
5. insbesondere das »Organon« und die »Metaphysik« von Aristoteles.
6. Justus Velsius (um 1510–nach 1581), Philologe, Mediziner, Mathematiker, Philosoph und Theologe. Er kam etwa im März nach Straßburg und blieb bis zum Frühjahr 1550 dort. QGT 16 (Elsaß IV), S. 98 f.; *Bautz* 20, Sp. 1492–1495.
7. Johannes Sturm (1507–1589), Humanist und Pädagoge, Rektor des Straßburger Gymnasiums 1538–1589. *Schmidt*, La vie et les travaux de Jean Sturm; *Ziegler*, Art. Sturm, Johann, in: ADB 37 (1894), S. 21–38; *Arnold*, Johannes Sturm.
8. in Löwen.

rem magis addictam, eum libenter adventurum se etiam non dubitare, notum sic nobis placiturum, ut non essemus eum facile dimissurum, si ullo modo posset ei aliquid per nos Stipendii impetrari; Respondimus nos quidem non improbare, ut adveniret, verum caveret, ne quid illi spei faceret ex nobis, nostrum enim non esse, cuiquam aliquid [g]de stipendiis constituere, Deinde nec nostrum[h] esse solos[i][g] de suscipiendis[j] professoribus Scholarchos[k] testari. | *150ᵛ* |

Quid autem vel[l] quomodo Valerianus Velsio scripserit, nescio, quanquam dicat se scripsisse, ut responsum a nobis acceperat, nisi quod addidisset de conditione Basiliensi, quae vacare cepisset a morte Gemusaei[1], ut si hic Velsius locum non inveniret, forsan eum Basileae inventurum esse.

Venit itaque Velsius primum ad me Spiram[2], permisi ut huc veniret, sed repetito, nihil posse ei quaeri apud nos nisi cognito et probato, deinde nostrum non esse nisi testari et rogare Scholarcharum esse constituere.

Ut ingenio est perquam facili et philosophico advenit huc; in itinere fregit cannam dextri brachii, lapsu e curru, qui[m] furentibus equis eversus fuerat. Ubi modicum recepit se, praelegere cepit; | *151ʳ* | a doctrina facile se approbavit omnibus, item a facundia et loquendi dulcedine. Sed duo desyderantur in eo, quod nimis alte omnia petit, et opiniones pugnantes excutit, tum in refutandis etiam authoribus magnis liberior sit more Italicarum Scholarum. Monitus[n] est de his primum obscurius, deinde clarius: admonitionem boni consulit, promisit se[o] nobis per omnia obtemperaturum, quod non dubito facturum, etiamsi non illico omnia queat, ad nostrum temperamentum perficere. Quia disputatione est liberior, metuebatur esse ingenium contentiosum, sed indubie non est, verum disputationibus iuvenili quodam calore et more Scholarum plusculum delectatur[p] id[q] sine felle. | *151ᵛ* |

Basileae et Heidelbergae quaerimus ei conditionem; dum illa autem nondum parata est, et[r] sine periculo non[s] potest[t] Lovanium redire, uxor eius quoque in itinere huc veniendo esse creditur, tum quia per incommodum tam diu extractorum

g)–g) am unteren Seitenrand erg. und eingewiesen.
h) danach von Bucer gestr.: tantum.
i) von Bucer erg.
j) im Wort korr. (Rasur).
k) konj. für: Scholarchis.
l) von Bucer über der Zeile erg. und eingewiesen.
m) im Wort korr. (Rasur).
n) Wortanfang von Bucer korr. aus: monitus.
o) danach gestr.: illi.
p) danach von Bucer am Rand erg.: tamen.
q) davor von Bucer gestr.: et.
r) danach von Bucer gestr.: non.
s) von Bucer erg.
t) von Bucer vor der Zeile erg. für gestr.: possit.

1. Hieronymus Gemusaeus (Gmües) (1505–1543), Mediziner, Physiker, Philosoph in Basel. *Mähly*, Art. Gemusaeus, Hieronymus, in: ADB 8 (1878), S. 588.
2. nach Speyer.

Comitiorum hic[u] haesit, denique quia cannam brachii fregit, Si id aerarium Scholae ferret, optarim, non peto, eum per annum unum retineri stipendio C[1], si eo retineri se sustineat[v]. Interim Basileae vel Heidelbergae conditio ei idonea inveniri posset, aut hic retineri diutius, siquidem ita se nostris approbaret, ut diutius retinendus videretur. | *152r* |

Iam quia Collegium nostrum Ecclesiae et Scholae prope totum nunc addictum est[w], et quod superest, brevi, ut spero, alterius ministeriis addicetur et omnino necessarium nobis est nunc opera Dasypodii[2], ut proventuum[x] Collegii curam suscipiat, nemo enim alius in Collegio superest ad hanc rem idoneus, Petit totum Collegium, ut eximatur classibus, et assignetur ei lectio aliqua publica, et cura visitationis classium atque disciplinae Scholae, quo reliquo tempore rebus possit vacare Collegii. Ad Graecam primariam vel secundariam idoneus est.

Andernaco[y][3] etiam multi boni cuperent prospectum, qui etiam pateretur se C conduci. Vir tantus idoneus est ad lectionem Graecam. | *152v* | Nova Stipendia forent CC[4] pro Velsio et Andernaco et L[5] pro classe Dasypodii.

Subsidium ad haec peti possit ex duobus Canonicatibus Kegelii[6] et Wetzelii[7]. Item ex Cappellania[8], cuius fructus mihi pro famulo D. Scholarchae addixerant, quem cum gratiarum actione reddo, postquam decanatus facta accessio est, Ut fructus huius Capellaniae a Iohannis proximo[z] cedant Scholae, qui sunt XXV floreni. Ad futurum annum accedet[a] aliquid ex Canonicatibus D. Petri Martyris[9] et Ludo-

u) im Wort korr. (Rasur).
v) von Bucer korr. aus: sustinent.
w) von Bucer korr. aus: sit.
x) im Wort korr.
y) Wortende von Bucer korr.
z) von Bucer am Rand erg. und eingewiesen.
a) von Bucer korr. aus: accedat.

1. 100.
2. Peter Dasypodius (um 1490–1559), Pädagoge und Lexikograph. *Hartmann*, Art. Dasypodius, Petrus, in: NDB 3 (1957), S. 520; MBW, Bd. 11 (Personen A–E), S. 338 f.
3. Johann Winther von Andernach (1505–1574), gewöhnlich Dr. Andernach, Philologe und Arzt, seit 1544 in Straßburg. Er wurde hier mit griechischen, dann auch medizinischen Vorlesungen betraut. *Ficker/Winckelmann*, Handschriftenproben II, Nr. 82.
4. 200.
5. 50.
6. Leonhard Kegel (gest. 1550), Stiftsherr zu St. Thomas in Straßburg 1542–1550. *Knod*, Stiftsherren, S. 26. Zu Leonhard Kegel vgl. auch oben S. 168, Anm. 2. In Frage kommt auch Ulrich Kegel, Stiftsherr zu St. Thomas in Straßburg 1532–1545 (zur Resignation gezwungen). *Knod*, Stiftsherren, S. 47. Zu Ulrich Kegel vgl. auch unten S. 385, Anm. 3.
7. Heinrich Wetzel von Marsilien, Stiftsherr zu St. Thomas in Straßburg 1536–1545. *Knod*, Stiftsherren, S. 32.
8. Kaplanei.
9. Peter Martyr Vermigli (1499–1562), Dr. theol., Stiftsherr zu St. Thomas in Straßburg und Professor für Altes Testament 1542–1547. *Knod*, Stiftsherren, S. 15 f.; *Strohm*, Art. Vermigli, Pietro Martire, in: TRE 34 (2002), S. 726–729.

vici Bebionis[1]; promitto item me[b] collationes meas tres, si mihi aperiantur, Scholae concessurum.

D. Rectorem rogavi hodie, ut libere | *153r* | mihi diceret, quomodo exemplo Dasypodio ex classibus prospiciendum classibus putaret: respondit optimam rationem sibi videri, ut alius in locum Dasypodii deligeretur et caeteri in suis classibus manerent, propterea quod Siderander[2] et Toxites[3] non sint pares altioribus classibus. Cherlinum[4] etiam, quia bene praeest Collegio, relinquendum adhuc in eo putat. Sed si is uxorem forsan ducere vellet, et ita relinquere collegium, praestaret eum nunc Classi Dasypodii praeficere.

Ut professores publici et visitatores D. Hedio[5], Petrus Martyr, Herlinus[6] una audiantur, quo omnium nostrum testimonia pariter audiantur, a D. Scholarchis rogo. | *153v* |

Rogo item, ut Dasypodius Classibus eximatur, et si id non statim fieri queat, ut terminus aliquis brevis iam ei praefigatur.

Velsium per annum, donec magis probaretur, Andernacum, ut oraculum medicorum et commune ornamentum Scholae etiam retineri opto. Dominus det quod bonum est. [c]D. v.[7] d.[8] M. Bucerus[c].

b) von Bucer erg. und eingewiesen.
c)–*c)* von Bucer erg.

1. Ludwig Bebio (gest. 1545), Dr. iur., in Straßburg Professor für Institutionen 1542–1545. MBW, Bd. 11, Personen A–E, S. 132 f.

2. Siderander. Gemeint ist Peter Schriesheimer, Sohn eines Eisenhändlers (deshalb der Name Siderander), Schulherr, Lebensdaten unbekannt. Belege aus den Jahren 1534, 1537 und 1543: QGT 16 (Elsaß IV), S. 42; *Gäumann*, Reich Christi, S. 297; BDS 7, S. 531.

3. Michael Toxites (1514–1581), Pädagoge und Mediziner, 1542–1545 Lateinlehrer in Basel. *Schmidt*, Michael Toxites; Historisches Lexikon der Schweiz (Online).

4. Christoph Kerlin (Kärling) (gest. 1548), Stiftsherr 1543–1548. *Knod*, Stiftsherren, S. 24.

5. Kaspar Hedio (1494–1552), seit 1523 Straßburger Münsterprediger, Kirchenhistoriker. LThK[3] 4, Sp. 1236; *De Lange/Wilhelmi*, Martin Bucer, S. 34; *Benrath*, Historien de l'Eglise.

6. Martin Herlin (gest. 1547), Mitglied des Straßburger Rats und fünfmal Ammeister. *Ficker/Winckelmann*, Handschriftenproben I, Nr. 2.

7. D. v.: Dominationis vestrae.

8. dominus.

Nr. 14
Anklageschrift gegen Ulrich Kegel
Formula accusandi incorrigibilem canonicum

vor dem 6. Dezember 1545

bearbeitet von Stephen E. Buckwalter

Einleitung

1. Entstehung und Inhalt

Für die Ermittlung der historischen Umstände der folgenden Anklageschrift Bucers, die von der Forschung bisher nicht zur Kenntnis genommen wurde, sind wir fast völlig auf die zwar knappen, aber umso wertvolleren Angaben Gustav Knods zum Stiftsherrn Ulrich Kegel[1] angewiesen: Knods Auflistung der am 6. Juni 1544 einsetzenden und zunehmend schärfer werdenden Disziplinarmaßnahmen gegen diesen Kanoniker bis zu dessen Amtsenthebung am 23. Dezember 1545[2] erlaubt es, den wahrscheinlichen Abfassungszeitraum dieser Schrift grob abzustecken. Ein präziserer terminus ante quem ergibt sich aus der Tatsache, daß Bucer am 6. Dezember zum Regensburger Religionsgespräch aufbrach und erst am 5. April 1546 nach Straßburg zurückkehrte[3]. Obwohl Bucer die ›Formula accusandi‹ in der ersten Person verfaßte, kann er sie nur als eine von einem anderen kirchlichen Amtsträger einzureichende Anklage intendiert haben, denn sie ist ausdrücklich auch an den Dekan des Thomasstifts adressiert – ein Amt, das Bucer selbst seit dem 31. März 1544 bekleidete[4]. Möglicherweise hatte Bucer – dem Selbstverständnis der ›Forma obligationis canonicae[5] treu – einen Scholarchen als hypothetischen Ankläger vor Augen, als er den Text abfaßte. In jedem Fall legt diese Schrift Zeugnis von dem Bemühen Bucers ab, in seinem unmittelbaren Einflußbereich schonungslos gegen pflichtvergessene Kleriker vorzugehen. Nicht zuletzt bietet sie einen, wenn auch flüchtigen, Einblick in die Sozialgeschichte der Straßburger Stiftsgeistlichkeit im dritten Jahrzehnt der Reformation.

1. Zu ihm vgl. unten S. 385, Anm. 3.
2. Vgl. *Knod*, Stiftsherren, S. 47.
3. Vgl. *Rott*, Liste alphabétique, S. 100; *Greschat*, Bucer, S. 235 f. (= 1. Aufl. S. 215 f.).
4. *Knod*, Stiftsherren, S. 29; *Gäumann*, Reich Christi, S. 110. Denkbar ist natürlich auch, daß Bucer die ›Formula‹ vor der Übernahme des Dekanats verfaßte; dagegen spricht die Tatsache, daß eine hier erwähnte Strafmaßnahme gegen Kegel (Verlust der Präsenzgelder) nach Informationen von *Knod*, Stiftsherren, S. 47, erst am 4. April 1545 verhängt wurde, nachdem Bucer bereits über ein Jahr Dekan war. Auch Jean Rott schlägt in seinem maschinenschriftlichen Verzeichnis der Bestände des Thomasarchivs die Datierung »1545 début déc.« vor.
5. Vgl. oben Nr. 5, S. 173–179.

I. Kraft des ihm anvertrauten Amtes beantragt der Sprecher der ›Formula‹ von dem Dekan und den Stiftsherren von St. Thomas, daß der angeklagte Ulrich Kegel aus dem Stift entfernt und ihm seine Pfründe entzogen werde [108^{r}].
II. Begründung der Anklage
   A. Alle Stiftsmitglieder seien durch ihren Eid gehalten, mit ihrer Lebensführung den Forderungen des kanonischen Rechts zu entsprechen.
   B. Trotz wiederholter, sowohl privater als auch öffentlicher Mahnungen, der Verhängung von Karzerhaft und schließlich dem Entzug der Präsenzgelder, habe Kegel weiterhin versäumt, sein Benehmen nach dem kanonischen Recht zu richten, schlechten Umgang zu vermeiden und von unsittlichen Wirtshausbesuchen sowie Übernachtungen außer Haus ohne elterliche Zustimmung abzusehen.
   C. Vor wenigen Monaten habe er den Stiftsherren eine Besserung seiner Lebensführung versprochen und anerkannt, daß er bei fehlender Einhaltung aus dem Stift ausgeschlossen und seiner Pfründe verlustig gehen werde [$108^{r/v}$].
   D. Danach haben seine sittlichen Vergehen nicht nur nicht aufgehört, sondern ein derartiges Ausmaß erreicht, daß er als unbelehrbar gelten muß:
      1. Übernachtungen außer Haus über längere Zeiträume hinweg
      2. Erregung öffentlichen Ärgernisses anlässlich eines Hochzeitstanzes
      3. wiederholte Teilnahmen an Wirtshausgelagen [109^{r}]
      4. Ertappung in Gesellschaft von Prostituierten
III. Abschließende formelle Bitte des Anklägers, daß das Thomasstift von Kegel befreit werde und über ihn das Urteil des Pfründenentzugs verhängt werde.

2. Überlieferung

Die Schrift ist allein in einem entwurfartigen Autograph Bucers überliefert: Straßburg StArch, AST 38, Nr. 5, fol. 108^{r}–109^{r} (= S. 135–137). Dieses versah Konrad Hubert mit dem Titel ›Formula accusandi incorrigibilem Canonicum vel Vicarium‹.

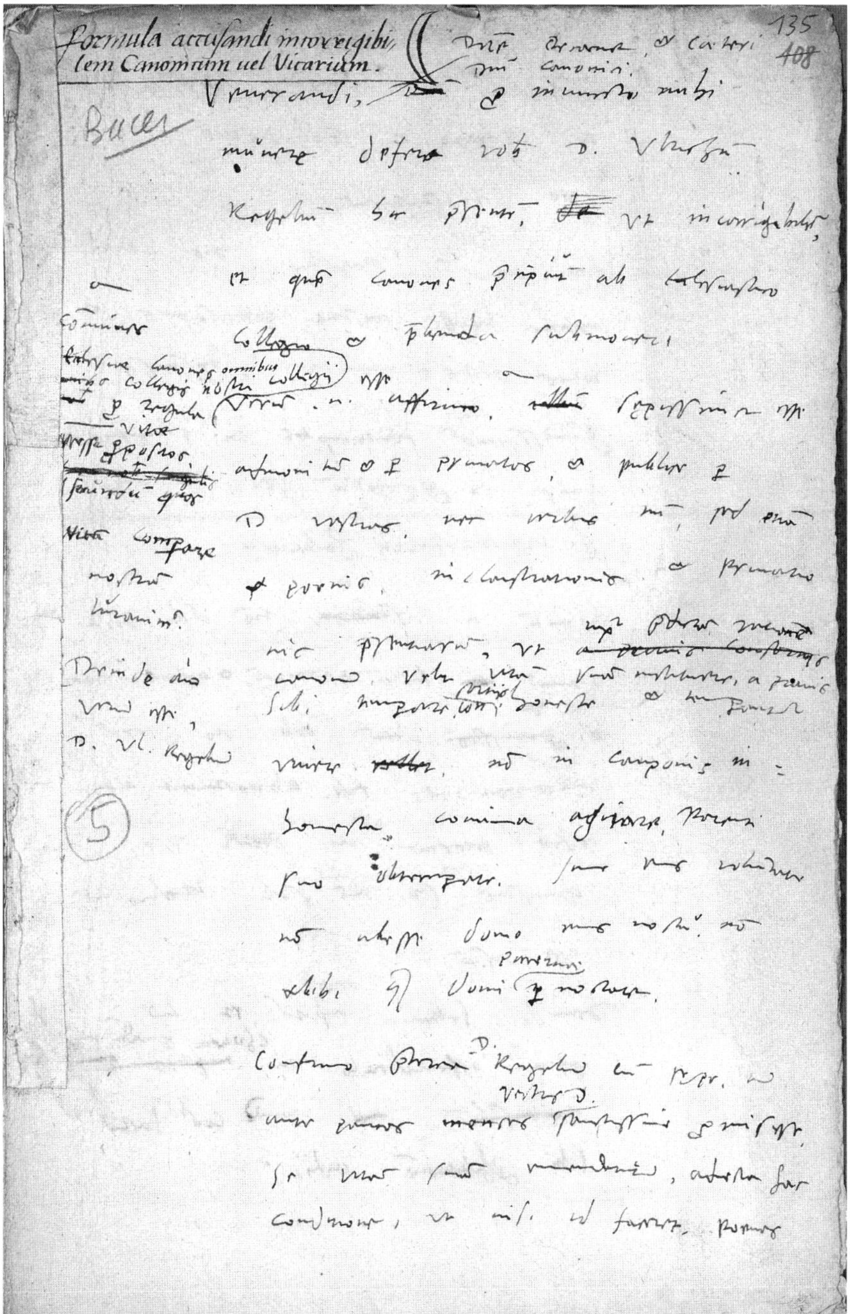

Formula accusandi incorrigibilem Canonicum uel Vicarium.

Straßburg StArch, AST 38, Nr. 5, fol. 108r (= S. 135)

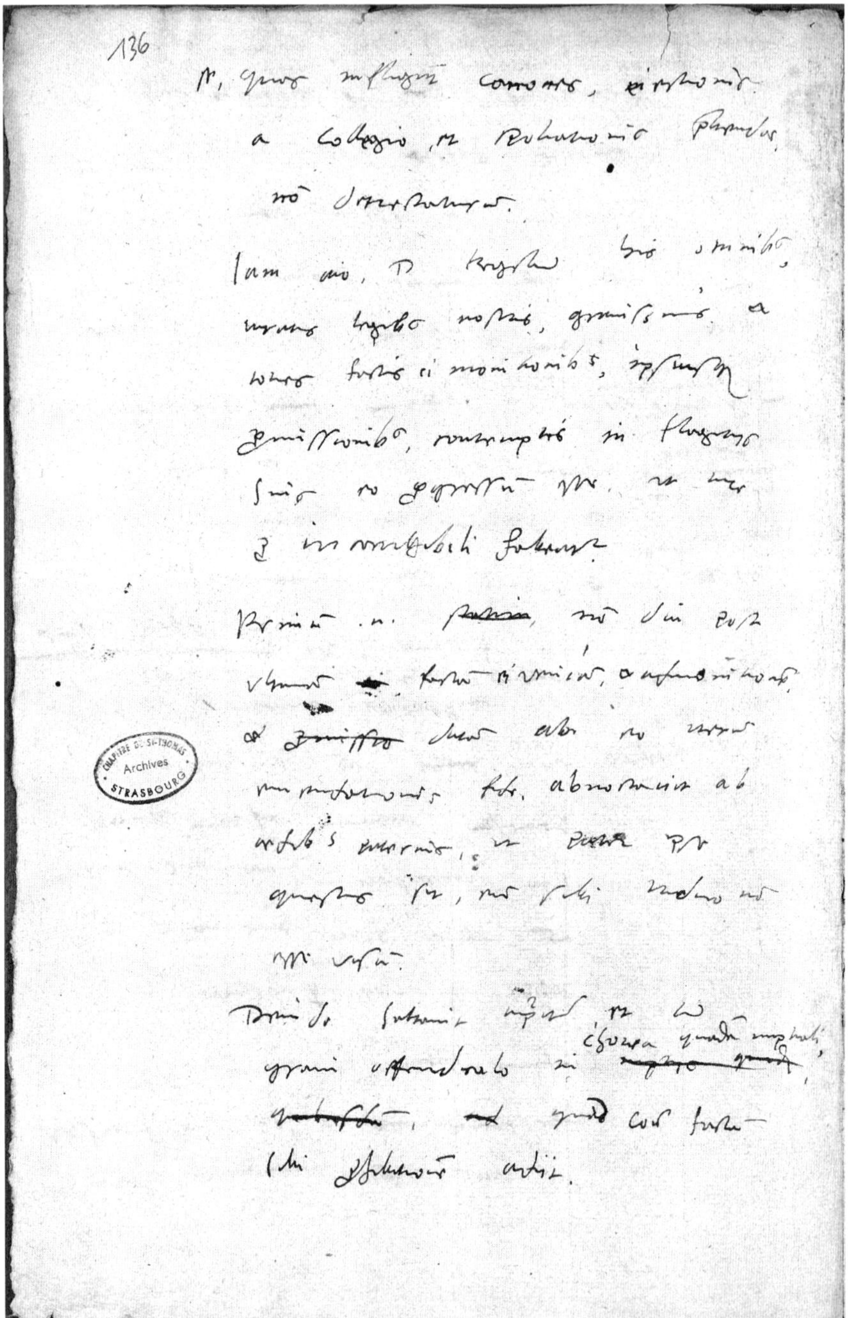

Straßburg StArch, AST 38, Nr. 5, fol. 108[v] (= S. 136)

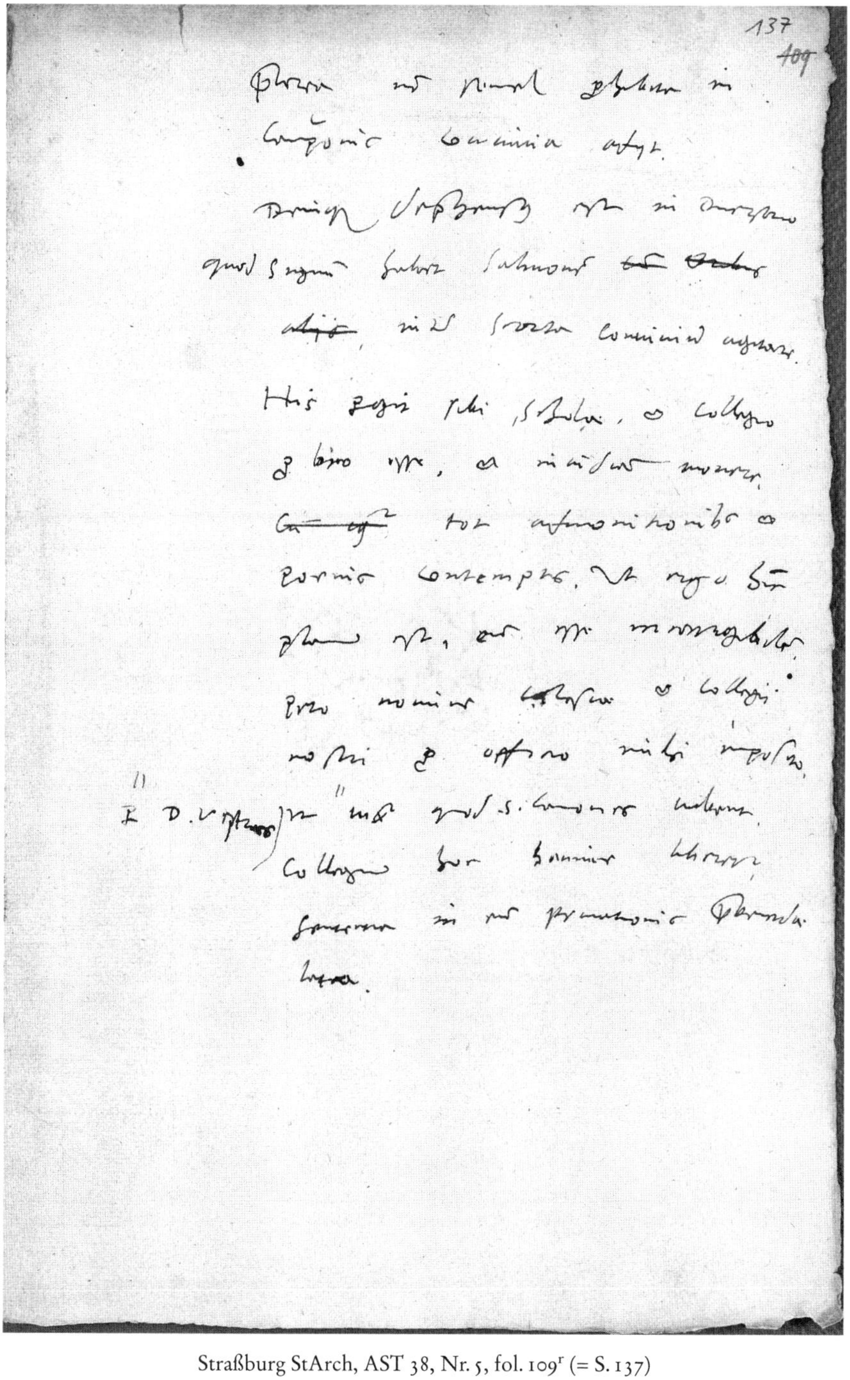

Straßburg StArch, AST 38, Nr. 5, fol. 109r (= S. 137)

Text

| *108*[r] / *135* | [a]Formula accusandi incorrigibilem Canonicum vel Vicarium[a]

Venerandi [b]Domine Decane[1] et caeteri Domini canonici[b], pro inuncto mihi munere[2] defero vobis D[ominum] Ulrichum Kegelium[3] hic praesentem[c], ut incorrigibilem et quem Canones[4] praecipiunt ab Ecclesiastico Collegio et praebenda submoveri.

Verum enim esse[d] affirmo[e], [f]communes Ecclesiae Canones omnibus Collegis nostri collegii pro regula vitae esse propositos[g], secundum quos vitam comparare nostram iuravimus.

Deinde aio verum esse, D[ominum] Ul[ricum] Kegelium[f] saepissime esse admonitum et per privatos et publice per D[ominos] vestros nec verbis tantum sed etiam et poenis inclaustrationis[5] et privationis praesentiarum[6], ut[h] iuxta praedictam rationem Canonum velit vitam suam instituere, a pravis sibi temperare consociis, ho-

a)–*a)* von Konrad Hubert am oberen linken Rand nachgetragen.
b)–*b)* über der Zeile nachgetragen und eingewiesen.
c) danach gestr.: de.
d) über der Zeile nachgetragen.
e) danach gestr.: illum.
f)–*f)* vor den linken Rand geschrieben und eingewiesen.
g) danach gestr.: hoc nobis singulis.
h) danach gestr.: a pravis consociis.

1. Bucer hat diesen Text wohl für einen anderen Ankläger verfaßt (vgl. oben die Einleitung zu diesem Stück), denn er war am 31. März 1544 selbst zum Dekan des St. Thomasstifts gewählt worden (vgl. *Knod*, Stiftsherren, S. 29 und 54f.); somit ist er der formelle Adressat des von ihm entworfenen Textes.

2. Es ist unklar, welches spezifische Amt hier gemeint ist. Das Dekanat kommt nicht in Frage, da diese Anklage an den Dekan, also an Bucer selbst, adressiert ist; ebensowenig kann es dem Selbstverständnis Bucers als *superintendens perpetuus* der Straßburger Kirche (im Dezember 1541 vom Rat dazu ernannt) entsprechen. Möglicherweise hatte Bucer beim Verfassen dieser Schrift einen Schulherrn als hypothetischen Ankläger gemäß den Bestimmungen der ›Forma obligationis canonicae‹ (vgl. oben Nr. 5, S. 173–179) vor Augen.

3. Ulrich Kegel. Über ihn sind nur die in *Knod*, Stiftsherren, S. 47, wiedergegebenen biographischen Informationen bekannt: Am 2. September 1532 erhielt er als Minderjähriger eine Vikariatspfründe an St. Thomas, anschließend studierte er in Freiburg (Matrikeleintrag vom 11. August 1541: »Udalricus Kegelius«. *Mayer*, Matrikel der Universität Freiburg I, S. 325). Am 6. Juni 1544 und am 7. Februar 1545 wurde er wegen Fehlverhaltens getadelt und am 4. April 1545 der Präsenzgelder beraubt; am 23. Dezember 1545 wurde er schließlich, wohl als Folge der vorliegenden Anklageschrift, zur Aufgabe seines Amtes gezwungen. Er war Neffe des von 1531 bis 1542 in Augsburg tätigen Straßburger Predigers Leonhard Kegel, von dem in der Schrift Nr. 4 (vgl. oben S. 168, Anm. 2) die Rede ist.

4. Bucer denkt wahrscheinlich an die im Munizipalstatut aufgeführten kirchenrechtlichen Bestimmungen (vgl. *Sehling*, EKO XX/1, S. 291–295).

5. Zur Karzerhaft Kegels vgl. *Knod*, Stiftsherren, S. 47.

6. Kegel wurden am 4. April 1545 die Präsenzgelder, d. h. die Einkünfte, die die Kanoniker für die persönliche Anwesenheit bei einzelnen Gottesdiensten erhielten, entzogen (*Knod*, Stiftsherren, S. 47; vgl. auch oben Anm. 3).

neste et temperanter vivere[i], non in cauponis inhonesta convivia agitare, parenti[1] suo obtemperare, sine eius voluntate non abesse domo eius noctu, non alibi quam domi paternae[j] pernoctare.

Confirmo praeterea D[ominum][k] Kegelium, cum saepe eum ante paucos menses [l]vestros D[ominos][l] sanctissime promisisse, se vitam suam emendaturum, adiecta hac conditione: ut, nisi id faceret, poenas | *108*[v] / *136* | se[m], quas infligunt canones, eiectionis a Collegio et spoliationis praebendas, non detrectaturum.

Iam aio, D[ominum] Kegelium, his omnibus iuratis legibus nostris, gravissimis et toties factis ei monitionibus ipsumque promissionibus contemptis in flagitiis suis eo progressum esse, ut iure pro incorrigibili habeatur.

Primum enim[n] non diu post ultimam[o] factam ei veniam et admonitionem[p] datam ab eo iterum emendationes fide abnoctavit ab aedibus paternis, ut pater ipse questus sit, eum sibi triduo non esse visum.

Deinde saltavit turpiter et cum gravi offendiculo in [q]chorea quadam nuptiali[q], quam[r] contra factam sibi prohibitionem adiit. | *109*[r] / *137* |

Praeterea non semel prohibita in cauponis convivia adiit.

Denique deprehensus est in Diversorio, quod[s] signum habet Salmonem[t][2], inter scorta convivium agitare.

His pergit sibi, scholae et collegio pro laico esse et invidiam movere[u] tot admonitionibus et poenis contemptis, ut ergo hinc plane est, eum esse incorrigibilem.

Peto nomine Ecclesiae et Collegii nostri pro officio mihi imposito[3], ut [v]per D[ominos] vestros[v] iuxta quod s[ancti] Canones iubant Collegium hoc homine liberetur sententia in eum privationis praebendae lata.

i) danach gestr.: vellet.
j) über der Zeile nachgetragen und eingewiesen.
k) über der Zeile nachgetragen.
l)–*l)* über der Zeile nachgetragen und eingewiesen.
m) vor dem Zeilenanfang nachgetragen.
n) danach gestr.: statim.
o) danach gestr.: ei.
p) danach gestr.: et promissio.
q)–*q)* über der Zeile nachgetragen für gestr.: nuptiis quod quibusdam ad-.
r) korr. aus: quas.
s) vor dem Zeilenanfang nachgetragen.
t) danach gestr.: cum tribus aliis.
u) danach gestr.: cum igitur.
v)–*v)* vor den linken Rand geschrieben und eingewiesen.

1. Sein Vater war der Straßburger Schneider Sebastian Kegel (*Knod*, Stiftsherren, S. 47).

2. Möglicherweise gemeint ist ein um diese Zeit belegtes Wirtshaus »zum Salmen« am Alten Kornmarkt (heute: 6, rue du Vieux-Marche-aux-Grains); vgl. *Seyboth*, Das Alte Straßburg, S. 54; *ders.*, Strasbourg historique, S. 351; *Châtelet-Lange*, Strasbourg en 1548, S. 122, Nr. 6. Freilich erwähnt Charles Schmidt vier weitere, über die ganze Stadt verteilte Häuser »zum Salmen«, etwa an der Seilergasse (rue des Cordiers), am »Metzigergiessen« (rue des Bouchers), in der Krutenau sowie am »Mülegesselin« (rue des Moulins), vgl. *Schmidt*, Straßburger Gassen- und Häuser-Namen, S. 69, 74, 109, 120 und 153.

3. Vgl. oben S. 385, Anm. 2.

Nr. 15
Bedenken Bucers an den Dauphin

29. Mai 1546

bearbeitet von Thomas Wilhelmi

Einleitung

1. Entstehung und Inhalt

Am 27. Mai 1546 kündigte der Straßburger Stettmeister Jakob Sturm[1] dem hessischen Landgrafen Philipp einen von Bucer verfaßten Entwurf eines Bedenkens für den französischen Dauphin Heinrich, den Herzog von Orleáns[2], an: »Her Martin Butzer hat ein ander bedenken, wie dem delphin zu schreiben; vermeint, man soll die verfolgung, so gegen den christen in Frankrich geschehe, nit umbgon, dweil man dem kunig so oft auch deshalben geschriben. hat deshalben ein copi angestelt, wie er meint, das ime, dem delphin, zu schreiben. was nun e. fl. G. fur besser ansicht, dem wurt si woll wissen nachzukummen.[3]

Am 29. Mai ließ Bucer dem Landgrafen mit einem deutschen Begleitschreiben[4] seinen in Latein verfaßten, von Ulrich Geiger[5] geschriebenen Entwurf zukommen. Johannes Lening[6] fertigte in den ersten Junitagen für Philipp eine deutsche Übersetzung des Entwurfs an. Darin wurden von Simon Bing[7] noch einige kleinere Veränderungen angebracht und entsprechend in die lateinische Fassung des Bedenkens übertragen, das in Friedewald auf den 5. Juni datiert wurde. Nach Paris abgeschickt wurde die Reinschrift des Bedenkens vermutlich am 8. Juni 1546.[8] Adressat dürfte

1. Jakob Sturm von Sturmeck (1489–1553), Straßburger Patrizier, Stettmeister 1527–1553. *Winckelmann*, Art. Sturm, Jakob, in: ADB 37 (1894), S. 5–20; *Brady*, Ruling Class, S. 351; *Lienhard*, Sturm.

2. Heinrich (1519–1559), Herzog von Orléans, als Heinrich II. König von Frankreich 1547–1559.

3. Zettel zum Brief vom 27. Mai 1546 (Pol. Cor. 4,1, S. 106).

4. Bucer an Philipp von Hessen, Straßburg, 29. Mai 1546 (Marburg/L. SArch, Bestand 3, Nr. 2017, fol. 244^{r}–252^{v} (*Lenz* II, S. 450–457).

5. Ulrich Geiger, oft auch Ulrich Chelius (geb. um 1550, gest. 1558), Dr. med., Diplomat, 1534 im Dienste von Guillaume und Jean du Bellay, von diesem zu Philipp Melanchthon in Wittenberg geschickt, von 1536 an als Arzt und Diplomat in Straßburg. *Ficker/Winckelmann*, Handschriftenproben I, Nr. 25. MBW, Bd. 12 (Personen F-K), S. 124f.

6. Johannes Lening (1491–1566), hessischer Theologe, Berater Philipps von Hessen. *Stupperich*, Art. Lening, Johannes, in: NDB 14 (1985), S. 211.

7. Simon Bing (1517–1581), Sekretär an der landgräflichen Kanzlei 1534–1537, Kammersekretär Philipps von Hessen 1537–1552, in späterer Zeit weitere Ämter. *Dülfer*, Art. Bing, Simon, in: NDB 2 (1955), S. 247; MBW, Bd. 11 (Personen A–E), S. 161.

8. Dieses von Simon Bing notierte Datum steht auf der Rückseite des Entwurfes.

der der Reformation relativ offen gegenüberstehende und mit Ulrich Geiger bekannte Kardinal Bellay[1] gewesen sein, der das Schreiben dann dem Dauphin Heinrich vorlegen sollte.[2]

Bucer rühmt in diesem sehr geschickt und in geschliffenem Latein abgefaßten Bedenken zunächst ausführlich die Verdienste der französischen Nation und des Dauphins um die Verteidigung der Christenheit und die weise Regierung des Dauphins überhaupt. Danach kommt er auf die Situation der Evangelischen in Frankreich zu sprechen. Diese strebten nur nach einem gottgefälligen Leben und Glauben. Da sie keinen Aufruhr und keinen Ungehorsam im Sinne hätten, stellten sie für den Staat keine Gefahr dar. Auch in Deutschland habe man mit freundlichen Ermahnungen irregeleiteter Menschen viel erreicht und rate dem Dauphin, in Frankreich ebenso zu verfahren.

In den Beständen des Staatsarchivs Marburg befinden sich weitere Dokumente des Kontaktes der Landgrafschaft Hessen mit Frankreich in den Jahren 1545 und 1546 (Bestand 3, Nr. 1836 und 1837). In den Beständen des Stadtarchivs Straßburg befinden sich etliche die Straßburger Kontakte mit Frankreich zutreffenden Akten aus dem Jahr 1537 (AA 445 und AA 1853) und aus der Zeit von 1526 bis 1591 (AST 42)[3].

2. Überlieferung

Lateinische Fassung:
Marburg/L. SArch, Bestand 3, Nr. 1836, fol. 99^r–100^v (Handschrift von Ulrich Geiger[4])

Auf fol. 100^v von Simon Bing[5] erg.: Exemplum Epistolarum ad Delphinum.
Schrifft an Delphin. 8. Junii Ao. 1546.

Deutsche Fassung:
Marburg/L. SArch, Bestand 3 (Pol. Archiv), Nr. 1836, fol. 101^r–102^v (Handschrift von Johannes Lening[6])

Auf fol. 102^v Notiz von Simon Bing: Translatio der schrifft an den delphin. 5. Junii 1546.

1. Jean du Bellay (um 1498–1560), französischer Staatsmann, Bischof von Paris und Kardinal 1535–1560. MBW, Bd. 12 (Personen F-K), S. 369 f.
2. In den Beständen der Archives nationales in Paris läßt sich das Schriftstück nicht nachweisen.
3. Aus AST 42 werden im vorliegenden Band zwei Texte ediert, die Bucers Einsatz zugunsten verfolgter Evangelischer in Frankreich dokumentieren: Nr. 8 (S. 245–251) und Nr. 9 (S. 253–258).
4. s. oben S. 387, Anm. 5.
5. s. oben S. 387, Anm. 7.
6. s. oben S. 387, Anm. 6.

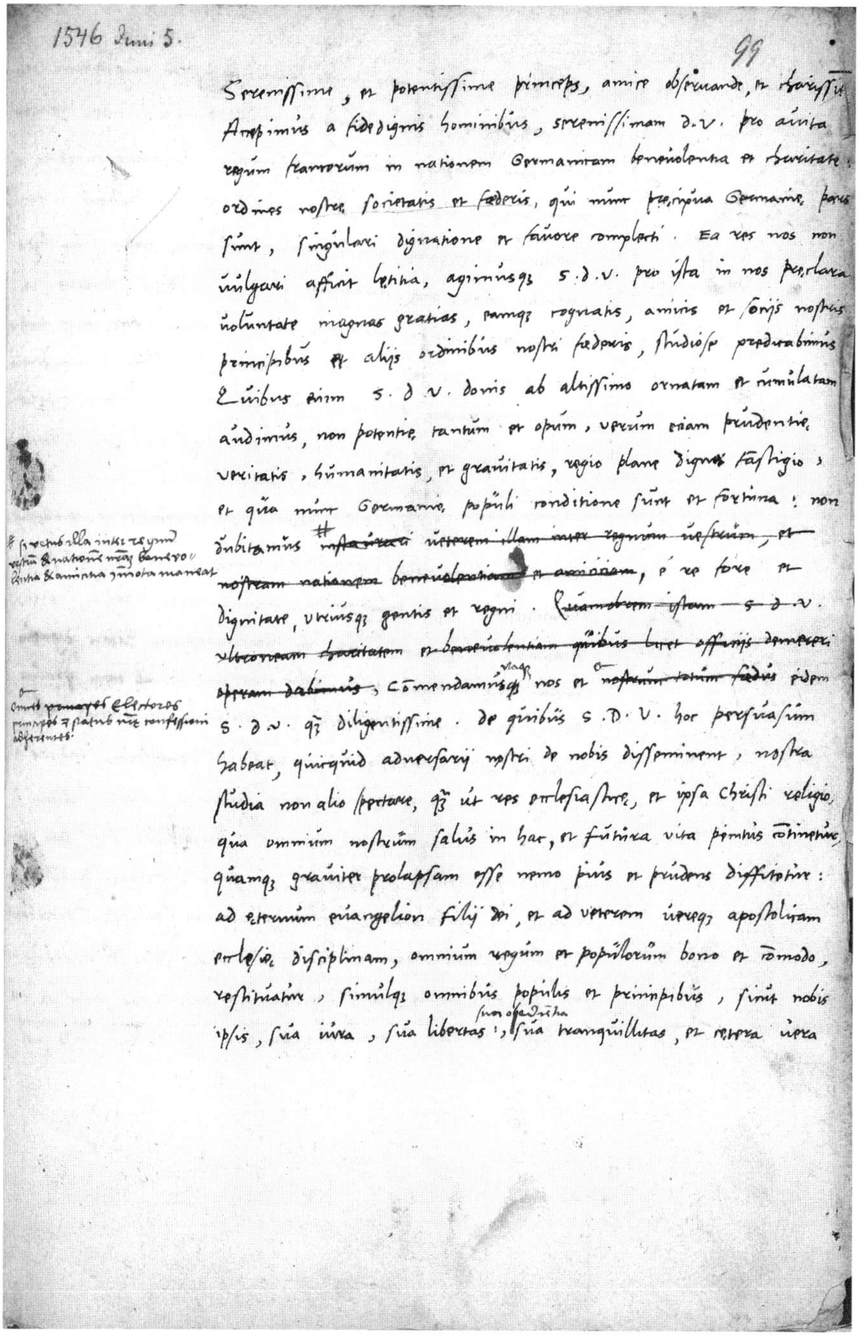
1546 Iunii 5.

99

Serenissime, et potentissime princeps, amice obseruande, et charissime.

Accepimus a fidedignis hominibus, serenissimam D.V. pro auita regum francorum in nationem Germanicam beneuolentia et charitate, ordines nostrae societatis et foederis, qui nunc praecipua Germaniae pars sunt, singulari dignatione et fauore complecti. Ea res nos non uulgari affecit laetitia, agimusque S.D.V. pro ista in nos perclara uoluntate magnas gratias, eamque rogamus, amicis et socijs nostris principibus et alijs ordinibus nostri foederis, studiose praedicabimus. Quibus enim S.D.V. donis ab altissimo ornatam et cumulatam audimus, non potentiae tantum et opum, uerum etiam prudentiae, ueritatis, humanitatis, et grauitatis, regio plane dignis fastigio, et qua nunc Germaniae populi conditione sunt et fortuna: non dubitamus # ~~...~~, fore et dignitate, utriusque gentis et regni. ~~Quamobrem istam S.D.V. ulteriorem charitatem et beneuolentiam quibus licet officijs demereri operam dabimus~~, commendamusque nos et o ~~nostrum totum foedus~~ fidem S.D.V. quam diligentissime. De quibus S.D.V. hoc persuasum habeat, quicquid aduersarij nostri de nobis disseminent, nostra studia non alio spectare, quam ut res ecclesiastica, et ipsa Christi religio, qua omnium nostrum salus in hac, et futura uita continetur, quamque grauiter prolapsam esse nemo pius et prudens diffitetur: ad aeternum euangelion filij dei, et ad ueterem ueramque apostolicam ecclesiae disciplinam, omnium regum et populorum bono et commodo, restituatur, similique omnibus populis et principibus, sicut nobis ipsis, sua iura, sua libertas, sua tranquillitas, et cetera iura

si uetus illa inter regnum uestrum & nationem nostram beneuolentia & amicitia inmota maneat

o Omnes ~~principes Electores~~ principes et status nostrae confessioni adhaerentes

Marburg SArch, Best. 3, Nr. 1836, fol. 99r

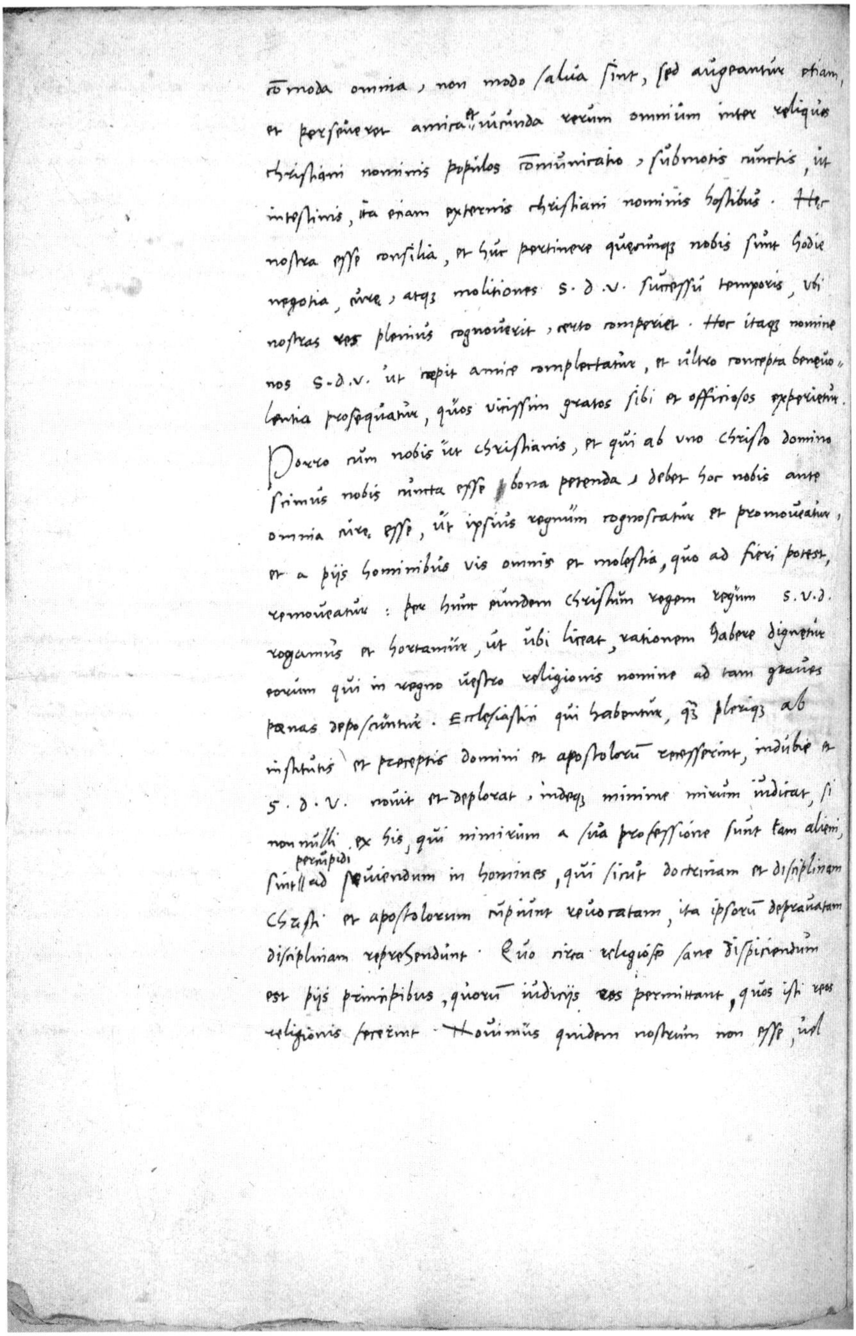
commoda omnia, non modo salua sint, sed augeantur etiam,
et perseueret amicitia et uincula rerum omnium inter reliquos
christiani nominis populos communicatio, submotis cunctis, ut
intestinis, ita etiam externis christiani nominis hostibus. Hec
nostra esse consilia, et huc pertinere quecunque nobis sunt hodie
negotia, curae, atque molitiones S. D. V. successu temporis, ubi
nostras res plenius cognouerit, certo comperiet. Hoc itaque nomine
nos S. D. V. ut cepit amice complectatur, et ultro concepta beneuo-
lentia prosequatur, quos uicissim gratos sibi et officiosos experietur.
Porro cum nobis ut christianis, et qui ab uno Christo domino
simus, nobis cuncta esse bona petenda, debet hoc nobis ante
omnia curae esse, ut ipsius regnum cognoscatur et promoueatur,
et a piis hominibus uis omnis et molestia, quo ad fieri potest,
remoueatur: per hunc eundem Christum regem regum S. V. D.
rogamus et hortamur, ut ubi liceat, rationem habere dignetur
eorum qui in regno uestro religionis nomine ad tam graues
poenas deposcuntur. Ecclesiastici qui habentur, quod plerique ab
institutis et preceptis domini et apostolorum recesserint, indubie et
S. D. V. nouit et deplorat, indeque minime mirum iudicat, si
nonnulli ex his, qui nimirum a sua professione sunt tam alieni,
sint ad [precipiti] persequendum in homines, qui sicut doctrinam et disciplinam
Christi et apostolorum cupiunt renouatam, ita ipsorum depravatam
disciplinam reprehendunt. Quo circa religiose sane dispiciendum
est piis principibus, quorum iudiciis eos permittant, quos isti reos
religionis faciunt. Nouimus quidem nostrum non esse, uel

Marburg SArch, Best. 3, Nr. 1836, fol. 99v

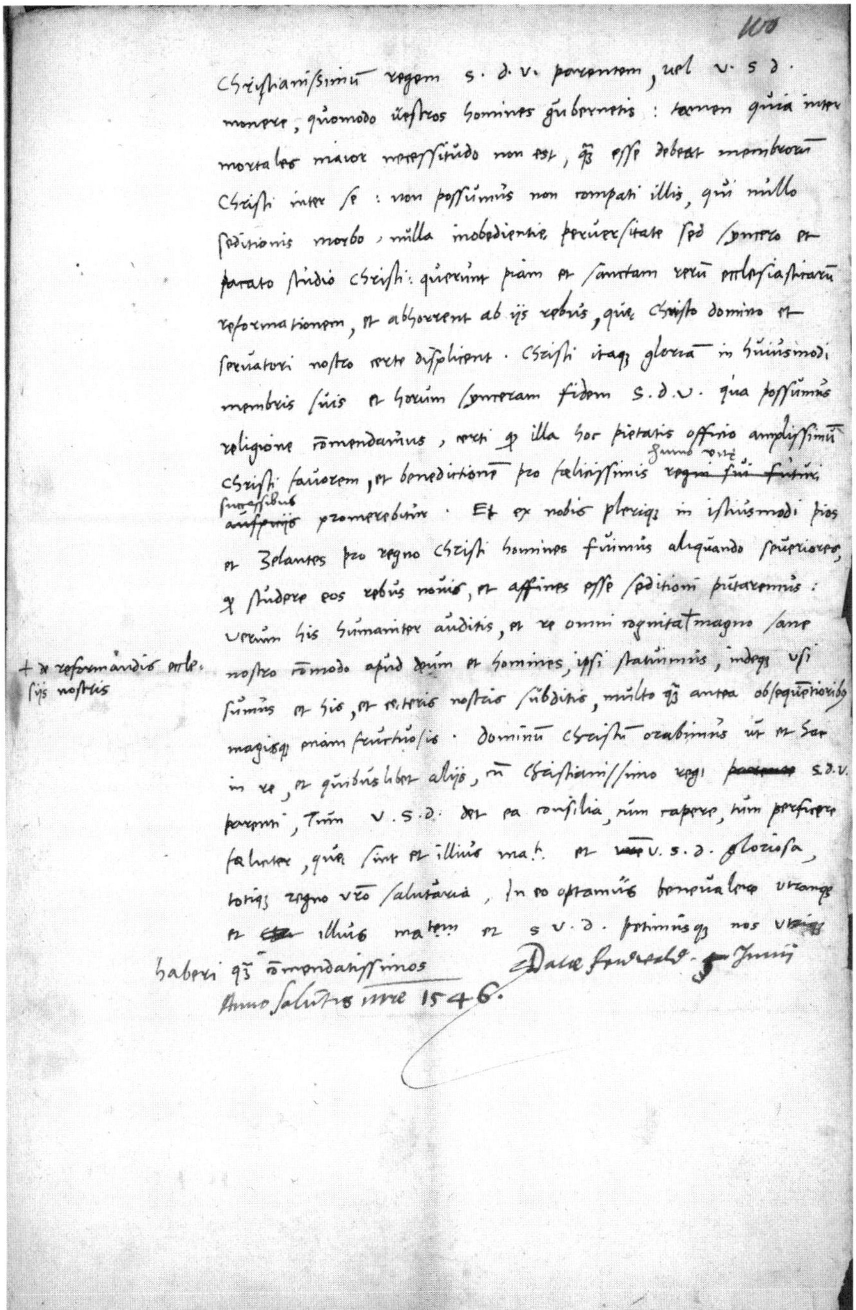

100

Christianissimum regem S. D. V. parentem, vel V. S. D.
monere, quomodo vestros homines gubernetis: tamen quia inter
mortales maior necessitudo non est, quam esse debeat membrorum
Christi inter se: non possumus non compati illis, qui nullo
seditionis morbo, nulla inobedientie perversitate sed syncero et
parato studio Christi quaerunt piam et sanctam rerum ecclesiasticarum
reformationem, et abhorrent ab iis rebus, quae Christo domino et
servatori nostro recte displicent. Christi itaque gloriam in huiusmodi
membris suis et horum synceram fidem S. D. V. qua possumus
religione commendamus, certi quod illa hoc pietatis officio amplissimum
Christi favorem, et benedictionem pro felicissimis ~~regni sui futuris~~ [eiusque regni]
successibus ~~auspiciis~~ promerebitur. Et ex nobis plerique in istiusmodi pios
et zelantes pro regno Christi homines fuimus aliquando severiores,
quod studere eos rebus novis, et affines esse seditioni putaremus:
verum his humaniter auditis, et re omni cognita magno sane
nostro commodo apud deum et homines, ipsi statuimus, indeque ubi
sumus et his, et ceteris nostris subditis, multo quam antea obsequentioribus
magisque etiam fructuosis. Dominum Christum orabimus ut et hac
in re, et quibuslibet aliis, in Christianissimo regi ~~parenti~~ S. D. V.
parenti, tum V. S. D. det ea consilia, eum capere, eum perficere
salutare, quae sint et illius ma.tis et ~~vestrae~~ V. S. D. gloriosa,
totique regno vestro salutaria. In eo optamus benevolentiae utrique
et ~~[illegible]~~ illius ma.tem et S. V. D. petimusque nos utrique
haberi quam commendatissimos. Datae Francofurti. 5 Junii
Anno Salutis nostrae 1546.

\+ et reformandis eccle-
siis nostris

Marburg SArch, Best. 3, Nr. 1836, fol. 100r

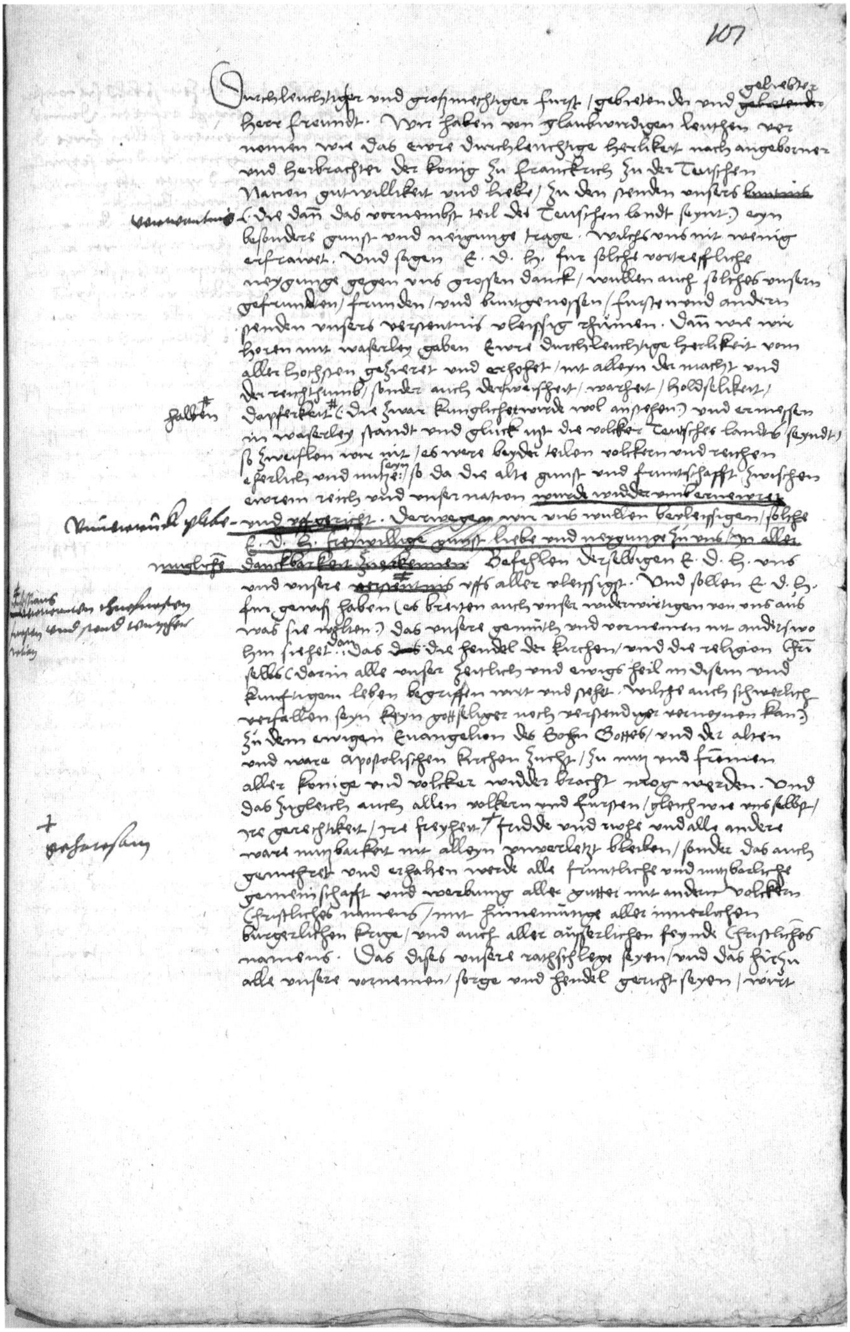

Marburg SArch, Best. 3, Nr. 1836, fol. 101r

| *99r* | Serenissime et potentissime princeps, amice observande et charissime.

Accepimus a fidedignis hominibus serenissimam D. V.[1] pro avita regum francorum in nationem Germanicam benevolentia et charitate ordines nostrae societatis et foederis[2], qui nunc praecipua Germaniae pars sunt, singulari dignatione et favore complecti. Ea res nos non vulgari afficit laetitia agimusque S. D. V.[3] pro ista in nos praeclara voluntate magnas gratias eamque cognatis, amicis et sociis nostris principibus et aliis ordinibus nostri foederis studiose predicabimus.

Quibus enim S. D. V. donis ab altissimo ornatam et cumulatam audimus, non potentiae tantum et opum, verum eciam prudentiae, veritatis, humanitatis et gravitatis, regio plane digne[a] fastigio et qua nunc Germaniae populi conditione sunt et fortuna, non dubitamus, [b]si vetus illa inter regnum vestrum et nationem nostrorum benevolentia et amicitia commota maneat[b], e re fore et dignitate utriusque gentis et regni[c]; commendamus[d] itaque[e] nos et [f]omnes[g] Electores, principes et status nostrae confessioni adherentes[f] eidem S. D. V. quam diligentissime; de quibus S. D. V. hoc persuasum habeat, quicquid adversarii nostri de nobis disseminent, nostra studia non alio spectare, quam ut res ecclesiasticae et ipsa Christi religio – qua omnium nostrum salus in hac et futura vita penitus continetur, quamquam graviter prolapsam esse nemo pius et prudens diffitetur – ad aeternum euangelion filii dei et ad veterem vereque apostolicam ecclesiae disciplinam omnium regum et populorum bono et commodo restituatur simulque omnibus populis et principibus, sicut nobis ipsis, sua iura, sua libertas, [h]sua obedientia[h], sua tranquillitas et caetera vera | *99v* | commoda omnia non modo salva sint, sed augeantur etiam et perseveret amica et[i] iucunda rerum omnium inter reliquos christiani nominis populos communicatio submotis cunctis, ut intestinis, ita eciam externis christiani nominis hostibus.

a) korr. aus: digne.
b)–*b)* am Rand von Kammersekretär Simon Bing erg. und eingewiesen für gestr.: instaurari veterem illam inter regnum vestrum et nostram nationem benevolentiam et amiciciam.
c) im folgenden gestr.: Quamobrem istam S. D. V. ultroneam charitatem et benevolentiam, quibus officiis demereri operam dabimus.
d) korr. aus: commendamusque.
e) über der Zeile erg.
f)–*f)* am Rand von Simon Bing erg. für gestr.: nostrum totum foedus.
g) danach gestr.: principes.
h)–*h)* über der Zeile erg.
i) über der Zeile erg. und eingewiesen.

1. D. V.: Dominationem Vestram.
2. sc. der Schmalkaldische Bund.
3. S. D. V.: Serenissimae Dominationi Vestrae.

| *101r* | Durchleuchtiger vnd großmechtiger Furst, gebietender vnd geliebter[a] Herr Freundt.

Wir haben von glaubwirdigen leuthen vernomen, wie das ewre durchleuchtige Herlikeit nach angeborner vnd herbrachter der konig zu Franckrich zu der Teuschen Nation gutwillikeit vnd liebe zu den stenden vnsers verwantnis[b] (die dann das vornembst teil des Teuschen landt seynt) eyn besonders gunst vnd neigunge trage, wilchs vns nit wenig erfrawet, Vnd sagen E. D. H.[1] fur solche vortreffliche neygunge gegen vns grossen danck, wullen auch solches vnsern gefrunden, frunden vnd buntgenossen, Fursten vnd andern stenden vnsers verstentnis vleissig rhůmen.

Dann wie wir horen, mit waserley[2] gaben Ewre durchleuchtige herlikeit vom aller hochsten gezieret vnd erhohet, nit alleyn der macht vnd der reichthumb, sonder auch der weisheit, warheit, holdselikeit, dapferkeit halben[c], die zwar kunglicher wirde wol anstehen, vnd ermessen, in waserley standt vnd gluck itzt die volcker Teutsches landts seyndt, so zweiflen wir nit, es were beyder teilen volckern vnd reichen eherlich vnd nutze seyn[d], so da die alte gunst vnd fruntschafft zwischen ewrem reich vnd vnser nation wurde widder vmb ernewret vnd vffgericht[e]. Derwegen wir vns wullen bevleissigen, solche [f]E. D. H. freywillige gunst, liebe vnd neygunge zu vns jn aller muglichen[g] danckbarkeit zuerkennen[f], Befehlen derselbigen E. D. H. vns vnd vnsere [h]confessionsverwanten churfursten, fursten vnd stend teutscher nation[h] vffs aller vleissigst Vnd sollen E. D. H. fur gewiß haben, es breiten auch vnser widerwirtigen von vns aus, was sie wolten, das vnsere gemüth vnd vornemen nit anderswo hin siehet, dan[i] das[j] die hendel der kirchen vnd die religion Christi selbs, darin alle vnser zeitlich vnd ewigs heil in disem vnd kunftigem leben begriffen wirt vnd stehet, wilche auch schwerlich verfallen seyn keyn gottseliger noch verstendiger verneynen kan, zu dem ewigen Euangelion des Sohn Gottes vnd der alten vnd waren[k] Apostolischen kirchen zucht zu nutz vnd frommen aller konige vnd volcker widder bracht mog werden. Vnd das zugleich auch allen volkern vnd fursten, gleich wie vns selbst, jre gerechtikeit, jre freyheit, gehorsam[l], fridde

a) über der Zeile erg. für gestr.: gebietender.
b) von Kammersekretär Simon Bing vor der Zeile erg. für gestr.: buntnis.
c) vor der Zeile erg. und eingewiesen.
d) über der Zeile erg. und eingewiesen.
e)–*e)* unterstrichen; von Simon Bing vor der Zeile erg.: vnuerruckt plibe.
f)–*f)* unterstrichen.
g) vor der Zeile erg.
h)–*h)* von Simon Bing am linken Rand erg. und eingewiesen für gestr.: verstentnis.
i) über der Zeile erg.
j) danach gestr.: das.
k) Schrf.: ware.
l) von Simon Bing am linken Rand erg. und eingewiesen.

1. E. D. H.: Eurer Durchlauchtigen Hoheit.
2. welcherlei.

Haec nostra esse consilia et huc pertinere quaecunque nobis sunt hodie negotia, curae atque molitiones S. D. V. successu temporis, ubi nostras res plenius cognoverit, certo comperiet. Hoc itaque nomine nos S. D. V. ut coepit amice complectatur et ultro concepta benevolentia prosequatur, quos vicissim gratos sibi et officiosos experietur.

Porro, cum nobis ut christianis et qui ab uno Christo domino scimus, nobis cuncta esse bona petenda, debet hoc nobis ante omnia iure esse, ut ipsius regnum cognoscatur et promoveatur et a piis hominibus vis omnis et molestia, quo ad fieri potest, removeatur, per hunc eundem Christum regem regum S. V. D.[1] rogamus et hortamur, ut, ubi liceat, rationem habere dignetur eorum, qui in regno vestro religionis nomine ad tam graves poenas deposcuntur. Ecclesiastici qui habentur, quam plerique ab institutis et preceptis domini et apostolorum recesserint, indubie et S. D. V. novit et deplorat indeque minime mirum iudicat, si non nulli ex his, qui nimirum a sua professione sunt tam alieni, sint percupidi[j] ad saeviendum in homines, qui, sicut doctrinam et disciplinam Christi et apostolorum cupiunt revocatam, ita ipsorum depravatam disciplinam reprehendunt. Quo circa religiose sane dispiciendum est piis principibus, quorum iudiciis eos permittant, quos isti reos religionis fecerint.

Novimus quidem nostrum non esse, vel | *100*[r] | Christianissimum regem[2], S. D. V. parentem, vel V. S. D. monere, quomodo vestros homines gubernetis, tamen quia inter mortales maior necessitudo non est quam esse debeat membrorum Christi inter se, non possumus non compati illis, qui nullo seditionis morbo, nulla inobedientiae perversitate, sed syncero et pacato studio Christi querunt piam et sanctam rerum ecclesiasticarum reformationem et abhorrent ab iis rebus, quae Christo domino et servatori nostro recte displicent. Christi itaque gloriam in huiusmodi membris suis et horum synceram fidem S. D. V. qua possumus religione commendamus, certi, quod illa hoc pietatis officio amplissimum Christi favorem et benedictionem pro foelicissimis [k]huius vitae successoribus[l][k] promerebitur.

j) über der Zeile erg. und eingewiesen.
k)–*k)* über der Zeile erg. für gestr.: regni sui futuri auspiciis.
l) Schrf.: successibus.

1. S. V. D.: Serenissimam Vestram Dominationem.
2. sc. Dauphin Heinrich.

vnd rwhe[1] vnd alle andere ware nutzbarkeit nit alleyn vnverletzt bleiben, sonder das auch gemehret vnd erhalten werde alle fruntliche vnd nutzbarliche gemeinschafft vnd werbung aller gutter mit andern volckern Christliches namens, mit hinnemmunge[2] aller innerlichen burgerlichen krige vnd auch aller ausserlichen feynde Christliches namens.

Das dises vnsere rathschlege seyen vnd das hirzu alle vnsere vornemen sorge vnd hendel gericht seyen, wirt | *101v* | Ewre durchleuchtige[m] herrlikeit mit der zeit, so bald sie vnsere geschefft gruntlicher erkennet, gewisse erfaren. Drumb wollen vns gemeltes vnsers vornemens halben Ewre D. H., wie sie angefangen, fruntlich meynen vnd mit freywilliger angefangner gutwillikeit witer vnd weiter erkennen, die sie widdervmb danckbar vnd dinstbar wirt befinden.

Zudem, dieweil vns als Christen vnd die von dem eynigen Herren Christo alle ding zu bitten seyn wissen, vor allen dingen billich angelegen vnd zuhertzen gehen sol, vff das seyne reich erkandt[n] vnd gefordert vnd von seynen gottseligen menschen, so vil moglich, aller gewalt vnd beleidigunge abgetriben werde, so bitten vnd ermanen wir E. D. H. durch den selbigen Christum, den konig aller konige, das sie, wo sichs leiden wil vnd zuthun steht, jre woll[3] lassen befolen seyn allen[o], die jn jrem reich von wegen Christlicher religion zu also schweren straffen erfordert[p] werden. Wie weit der genanten Geistlichen etliche von der insatzunge vnd gebotten des herren vnd der Apostel seyen abgetretten, Erkennet on zweifel vnd beclaget E. D. H. vnd wirt ir nit lassen wunder noch frembde [q]seyn, ob etliche aus jhnen[q], die on zweifel von jrer profession so weit abgewichen, nun also begirig seyn, zu wutten[4] in die menschen, welche wie sie die lahre vnd zucht Christi vnd der apostel begeren vffgericht zu werden, also konnen sie [r]jhener verfallens leben nit loben[r]. Derewegen Gottselige fursten sich wol vorzusehen haben, waserley leuthen vrteil sie disse guthertzigen wullen vnterwerffen, die von solchen verkerten leuthen als jrriger religion anclagt werden.

Wir wissen zwar, das es vnsers ampts nit ist, antweder den aller Christlichen konig, E. D. H. vater, oder E. D. H. zuermanen vnd erinnern, wie jr die ewren soltet regiren, jedoch die weil vnder den menschen keyn grosser liebe vnd eynikeit ist; Dann bilch[5] seyn sol der glider Christi vnder ihm selbst, so kunden wir nit lassen, wir mussen mitleiden haben mit denen, die aus keyner seucht der vffrhurs, aus keyner verkerunge des vngehorsams, sonder aus lauterer vnd fridsamer neygunge zu Chri-

m) Schrf.: duchleuchtige.
n) davor gestr.: ge.
o) Schrf.: alle.
p) korr. aus: Erfordert.
q)–*q)* unterstrichen; am linken Rand flüchtig eine Zeigehand darauf.
r)–*r)* unterstrichen.

1. sc. Ruhe.
2. Hinwegnahme.
3. Wohlwollen.
4. wüten.
5. billig, gerechterweise.

Et ex nobis plerique in istiusmodi pios et zelantes pro regno Christi homines fuimus aliquando severiores, quod studere eos rebus novis et affines esse seditioni putaremus. Verum his humaniter auditis et re omni cognita [m]de reformandis ecclesiis nostris magno*[m]* sane nostro commodo apud deum et homines ipsi statuimus indeque usi sumus et his et caeteris nostris subditis multo quam antea obsequentioribus magisque eciam fructuosis.

Dominum Christum orabimus, ut et hac in re et quibus libet aliis, cum Christianissimo regi[n], S. D. V. parenti, tum V. S. D. det ea consilia cum capere, tum perficere foeliciter, quae sint et illius ma[iestatis] et[o] V. S. D. gloriosa totique regno vestro salutaria. In eo optamus benevalere utramque et[p] illius ma[iesta]tem et S. V. D. petimusque nos utrique haberi[q] quam commendatissimos.

[q]Datae Fridwald[1] 5. Junii Anno salutis nostrae 1546.*[q]*

m)–*m)* am Rand von Simon Bing erg. und eingewiesen.
n) danach gestr.: parente.
o) danach gestr.: vestrae.
p) danach gestr.: Chr.
q)–*q)* von Simon Bing erg.

1. Wasserburg Friedewald in der Rhön, östlich von Hersfeld.

sto suchen eyn gottselige vnd heilige reformation der kirchen hendel vnd eyn abschewens tragen ab denen dingen, die Christo, vnserm Herren vnd heilandt, gewisß mißfallen. Drumb wir | *102r* | Ewrer durchleuchtigen herrlikeit, die eher Christo in solchen seynen glidern vnd jren reynen glauben mit allem vleis befelen, gewisse, das sie durch solche werck der Gottselikeit die aller grosste gunst Christi vnd benedeyunge[1] [s]zum gluckseligen kunfftiges reichs jngang[s] wirt erlangen.

Vnd zwar etliche aus vns seynt auch etwan zu scharff vnd zu strenge gewesen gegen solche leuth, die vmb das reich Christi eiffern, Drumb das wir meynten, sie suchten newerunge vnd weren geneigt zur vffrhure. Aber nach dem wir sie fruntlich gehort vnd den handel von der kirchen verbesserunge recht erkant, haben wir zwar mit vnserm grossen nutzen bey gott vnd menschen selbst die warheit erkant vnd daher jren vnd andere vnserer vnderthon mit vil grosserem gehorsam vnd nutzen dan vormals gebrauchet.

Wir wullen vnsern herren Jesum bitten, das er in dissem vnd allem anderm beyde[2] dem aller Christlichen konig, E. D.[t] H. vater[u], vnd auch E. Durch.[v] Her. verleyhe, solche rathschlege anzunemen vnd seliglich zu volnfuhren, die da jrer maiestat vnd Ewrer D.[w] H. Ehrlich vnd ewrem gantzen reich heilsam seyen[x]; jn demselbigen wunschen wir alles heil seyner maiestat vnd E. D. H vnd bitten, sie wullen jhnen vns lassen seyn befolen.

s)–s) unterstrichen; am linken Rand von Simon Bing erg.: zu disen zeitlichen dingen.
t) korr. aus: H.
u) über der Zeile erg. und eingewiesen.
v) Schrf.: Duch.
w) korr. aus: H.
x) über der Zeile erg. und eingewiesen.

1. Segen, Heil, Lobpreis.
2. beyde … vnd: sowohl … als auch.

Nr. 16
Gutachten für Theobald Groscher zum Tanzen an Sonntagen
De choreis diebus dominicis

17. Juli 1546

bearbeitet von Stephen E. Buckwalter

Einleitung

1. Entstehung und Inhalt

Theobald Groscher[1] war seit 1538 Hofprediger des Grafen Philipp IV. von Hanau-Lichtenberg[2]. 1543 gelang es Groscher, Philipp zu einem reformatorischen Kurs zu bewegen.[3] Dankbar nahmen sich die Straßburger Prädikanten der Bitte des Grafen um Unterstützung bei der Einführung der Reformation an und schickten drei Prediger[4], die am 13. März 1545 zusammen mit Philipp ein Programm zur Reorganisation des kirchlichen Lebens in Einklang mit den Richtlinien des Kölner Reformationsentwurfes[5] aufstellten.[6] Ein weiterer von Bucer empfohlener Prediger, Pantaleon Blasius[7], trat noch im selben Monat in den Dienst des Grafen und wurde zum Hauptreformator der Grafschaft Hanau-Lichtenberg.

Daß Bucer die kirchenorganisatorische Entwicklung eines der ausgedehntesten weltlichen Territorien des Elsaß sehr am Herzen lag, beweist neben seiner umfangreichen Korrespondenz mit Philipp IV.[8] und Söll[9] auch die folgende gutachterliche Stellungnahme[10]. Sie ist zwar an Groscher gerichtet, wurde aber durch eine an

1. Zu ihm vgl. unten S. 409, Anm. 1.

2. Geb. 1514, gest. 1590; nach dem Tod seines Vaters Philipps III. 1538 übernahm er die Herrschaft über die Grafschaft Hanau-Lichtenberg (vgl. *Adam*, Territorien, S. 87–107). Bucer stand 1545 und 1546 mit ihm in enger Korrespondenz (*Rott*, Liste alphabétique, S. 39) und schrieb ihm noch am 9. Oktober 1550 ein letztes Mal aus Cambridge (Typoskript Nr. 2597, Ordner mit Briefen des Jahres 1550 [Transkriptionen Jean Rotts], Bucer-Forschungsstelle Heidelberg). Kaspar Hedio widmete ihm 1545 die Wiederauflage seiner ›Chronica der Alten Christlichen Kirchen‹ (VD16 E 4287–4288).

3. Hierzu und zum folgenden vgl. *Adam*, Territorien, S. 87–90.

4. Bei ihnen handelte es sich um Christoph Söll (*Bopp*, Die evangelischen Geistlichen, Nr. 4938; vgl. auch unten S. 409, Anm. 3), Anselm Pflüger (ebd., Nr. 3985) und Lorenz Offner (ebd., Nr. 3850).

5. sc. Bucers ›Einfältiges Bedenken‹ vom Spätsommer 1543 (Edition in: BDS 11,1, S. 147–429).

6. Während Groscher Pfarrer in Buchsweiler (Bouxwiller) war, übernahm Christoph Söll das Pfarramt in dem 5 km östlich gelegenen Ort Kirweiler (Kirrwiller).

7. Zu ihm vgl. *Bopp*, Die evangelischen Geistlichen, Nr. 432.

8. Vgl. *Rott*, Liste alphabétique, S. 39; vgl. auch den in BDS 14, S. 551–560 edierten Brief an Philipp vom 17. Dezember 1546.

9. Ebd., S. 78.

10. Der Inhalt dieses Gutachtens weist starke Parallelen mit der »Lex Secunda: de sanctificatione

Bucer gerichtete Anfrage Christoph Sölls, eines der drei im März 1545 nach Buchsweiler geschickten Straßburger Prediger, veranlaßt.

Bucers Schreiben weist folgende Gliederung auf:

I. Bezugnahme auf die Frage Christoph Sölls, ob das sonntägliche Tanzen in Straßburg erlaubt sei [161^{r} / 299]

II. Auskunft Bucers, daß dies seit vielen Jahren durch Ratsbeschluß verboten sei

III. Hinweis Sölls, daß »einige« in Hanau-Lichtenberg das sonntägliche Tanzen durchaus für zulässig betrachten, falls dies unter Geschlechtertrennung und außerhalb der Gottesdienstzeit stattfindet. Als Vorbild führen sie das fromme Tanzen Miriams (Ex 15,20–21) ins Feld.

IV. Bucer weist dieses Ansinnen energisch zurück [161^{r}–165^{r} / 299–307].
   A. Angesichts der tatsächlichen aktuellen Tanzgewohnheiten des Volkes zweifelt Bucer, ob eine derartige Betätigung Christen erlaubt sein könne.
   B. Christen sind nur solche Handlungen erlaubt, die im Namen Gottes und zu seiner Verherrlichung durchgeführt werden können. Erbauliches und den Namen Gottes Heiligendes ist dem leichtfertigen und schamlosen Tanzen der Gegenwart kaum abzugewinnen [161^{v} / 300].
   C. Die Kräftigung und die Stärkung von Leib und Seele für den Dienst an Gott kann nicht durch die Hingabe an Leidenschaften und Vergnügungen erreicht werden. Hinweis auf die strengen Mahnungen des Paulus (Phil 2,12; Eph 5,15–16) und des Psalmisten (Ps 2,11) [162^{r} / 301].
   D. Der Christ wird immer der beständigen Freude eines guten Gewissens bei Gott den Vorzug geben vor den unbeständigen Freuden des Fleisches [162^{v} / 302].
   E. Das göttliche Gebot bezüglich des Feiertages ist unmißverständlich und läßt nur gottesdienstliche Aktivitäten zu; Übertretungen bestraft das Gesetz Gottes aufs schärfste [163^{r} / 303].
   F. Auf den möglichen Einwand, seine Ausführungen würden die Christen unter das Joch des Dekalogs zurückführen und den Geist Christi durch einen knechtischen Geist ersetzen, antwortet Bucer: Demjenigen, der Gott liebt, sind die Werke des Sabbats nicht eine schwere Bürde, sondern »süßer als Honig und Honigseim« (Ps 19,11) [163^{v} / 304].
   G. Erneuter Hinweis auf die Unerbittlichkeit des Sabbatsgebots und auf den aufgrund von dessen Mißachtung derzeit entbrannten Zorn Gottes [164$^{r/v}$ / 305 f.]

sacrarum feriarum« in Bucers Schrift ›De regno Christi‹ (vgl. BOL 15, S. 114–116) sowie mit den Ausführungen in seinem Synoptikerkommentar auf; vgl. ›Enarrationum in Evangelia [...] libri duo‹, Straßburg: Johann Herwagen, 1527 (Bucer-Bibliographie 22), Bd. 2, Bl. 118a–124a = ›Enarrationes Perpetvae, in Sacra Qvatvor Evangelia‹, Straßburg: Georg Ulricher, 1530 (Bucer-Bibliographie 39), Bl. 118a–120a = ›In Sacra Qvatvor Evangelia, Enarrationes Perpetvae‹, Straßburg: Johann Herwagen, 1536 (Bucer-Bibliographie 77), S. 298–302.

V. Schluß [165r / 307]
   A. Appell Bucers an Groscher, diese Anweisungen aufs beste aufzunehmen und das begonnene Werk der Wiederherstellung der *disciplina Christi* fortzusetzen
   B. Aufforderung an Groscher, bei seinem nächsten Besuch in Straßburg die Gastfreundschaft Bucers in Anspruch zu nehmen und ihre christliche Gemeinschaft weiterhin zu pflegen
   C. Grüße an befreundete Mitarbeiter am Hof Philipps IV.

2. Überlieferung

Bucers Gutachten ist in einer einzigen Handschrift überliefert: Straßburg StArch, AST 39, Nr. 13, fol. 161r–165r (= S. 299–307). Hierbei handelt es sich um ein Konzept von der Hand Bucers, das Konrad Hubert später mit einer Überschrift und der Zuweisung eines Adressaten vervollständigte.

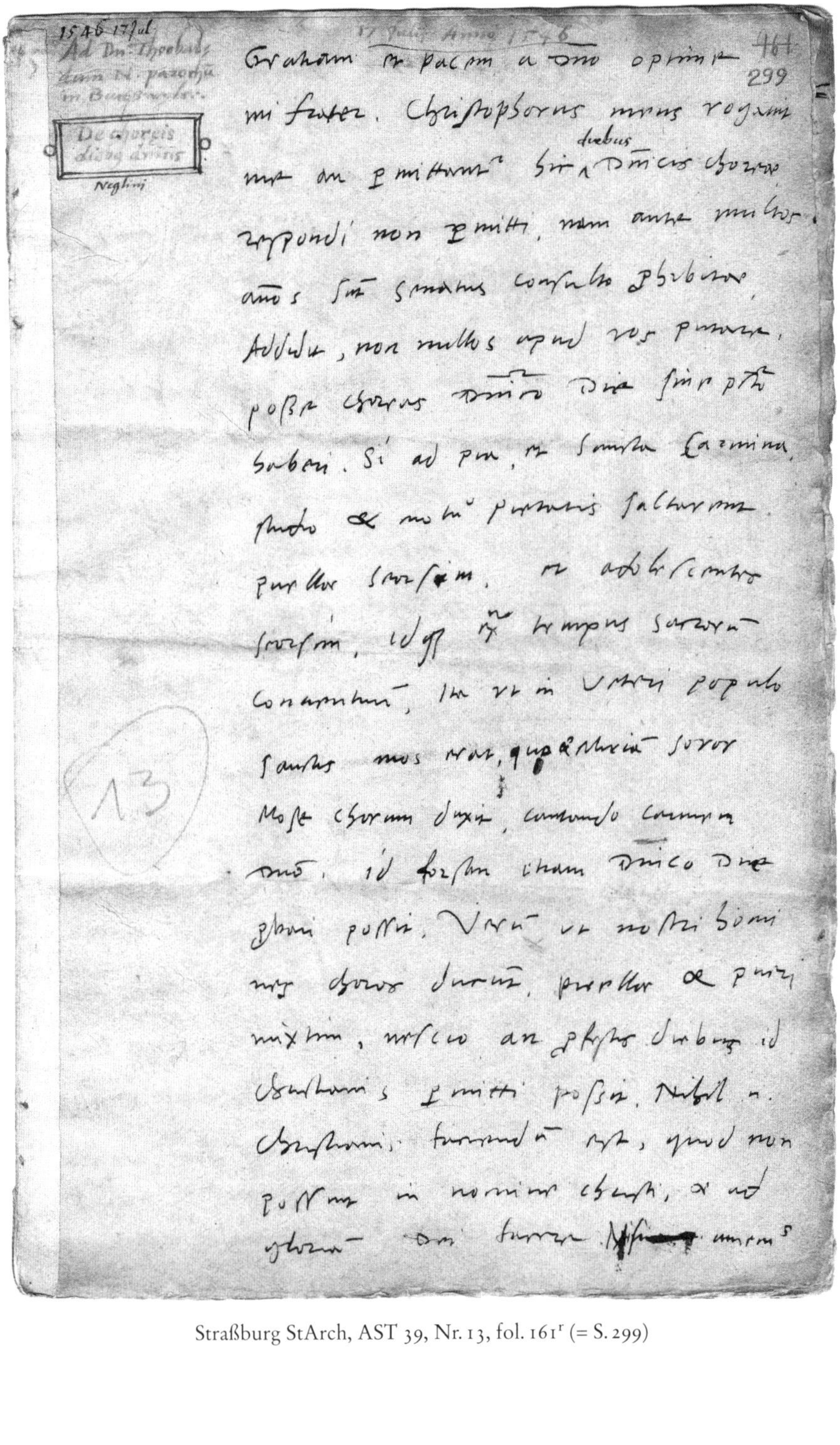
1546 17 Jul. Ad Dn. Theobaldum pastorem in Burgweiler

De choreis diebus dominicis

17 Julii Anno 1546

161

299

Gratiam et pacem a Domino optime
mi frater. Christophorus meus rogavit
me an permitterentur his diebus dominicis choreae,
respondi non permitti, nam ante multos
annos sic senatus consulto prohibitum.
Addidit, non nullos apud vos putare,
posse choreas dominico die sine peccato
haberi. Si ad pietatem, et sancta carmina,
studio et modo pietatis saltarent
puellae seorsim, et adolescentes
seorsim, idque eo tempore sacrorum
conventuum, ita ut in veteri populo
sanctus mos erat, quo Maria soror
Mose chorum duxit, cantando carmina
Domino, id fortassis etiam dominico die
probari possit. Verum ut nostri homines
nunc choros ducunt, puellae et pueri
mixtim, nescio an profestis diebus id
christianis permitti possit. Nihil enim
christianis faciendum est, quod non
possumus in nomine Christi, et ad
gloriam Domini facere

Straßburg StArch, AST 39, Nr. 13, fol. 161r (= S. 299)

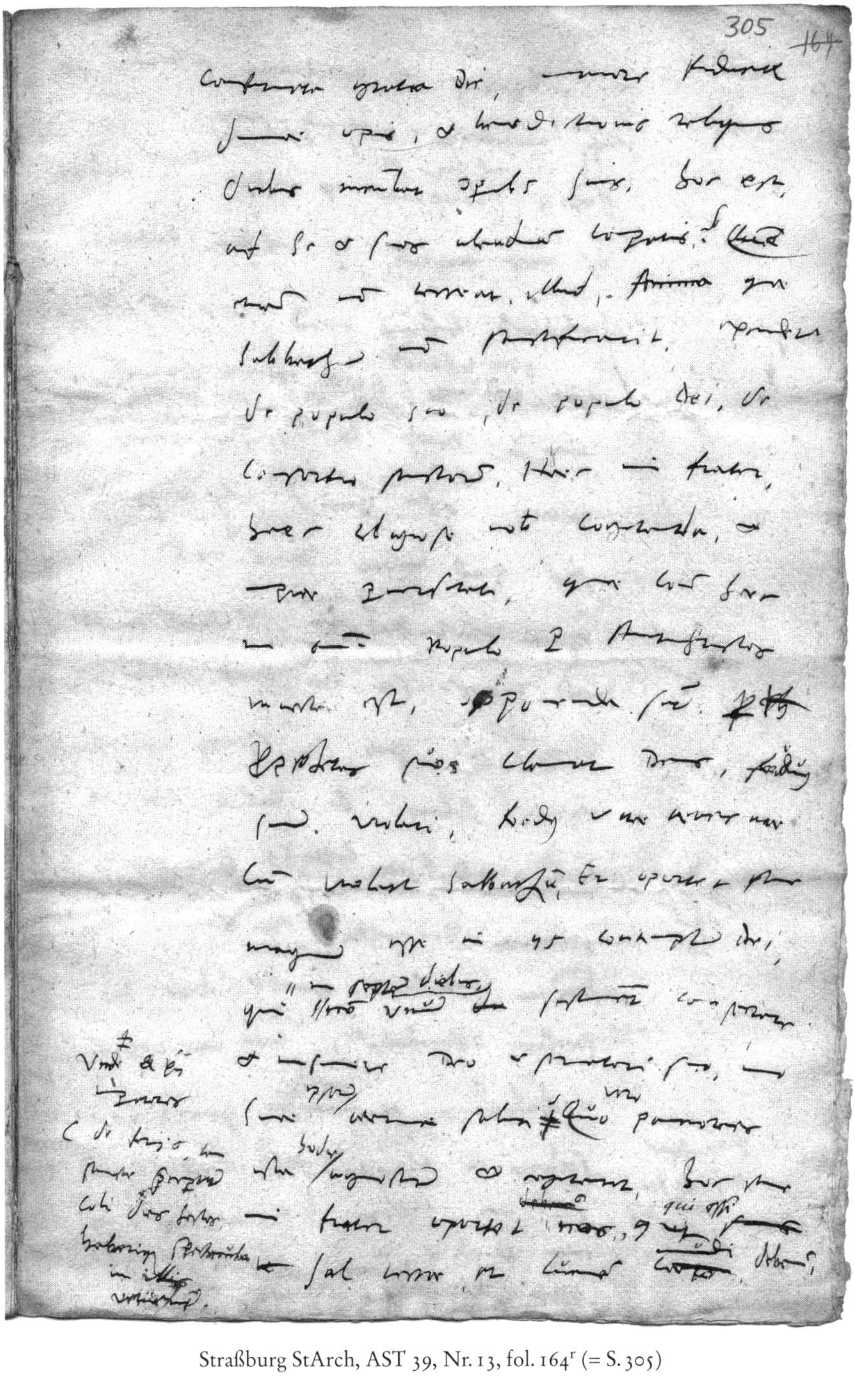

Straßburg StArch, AST 39, Nr. 13, fol. 164[r] (= S. 305)

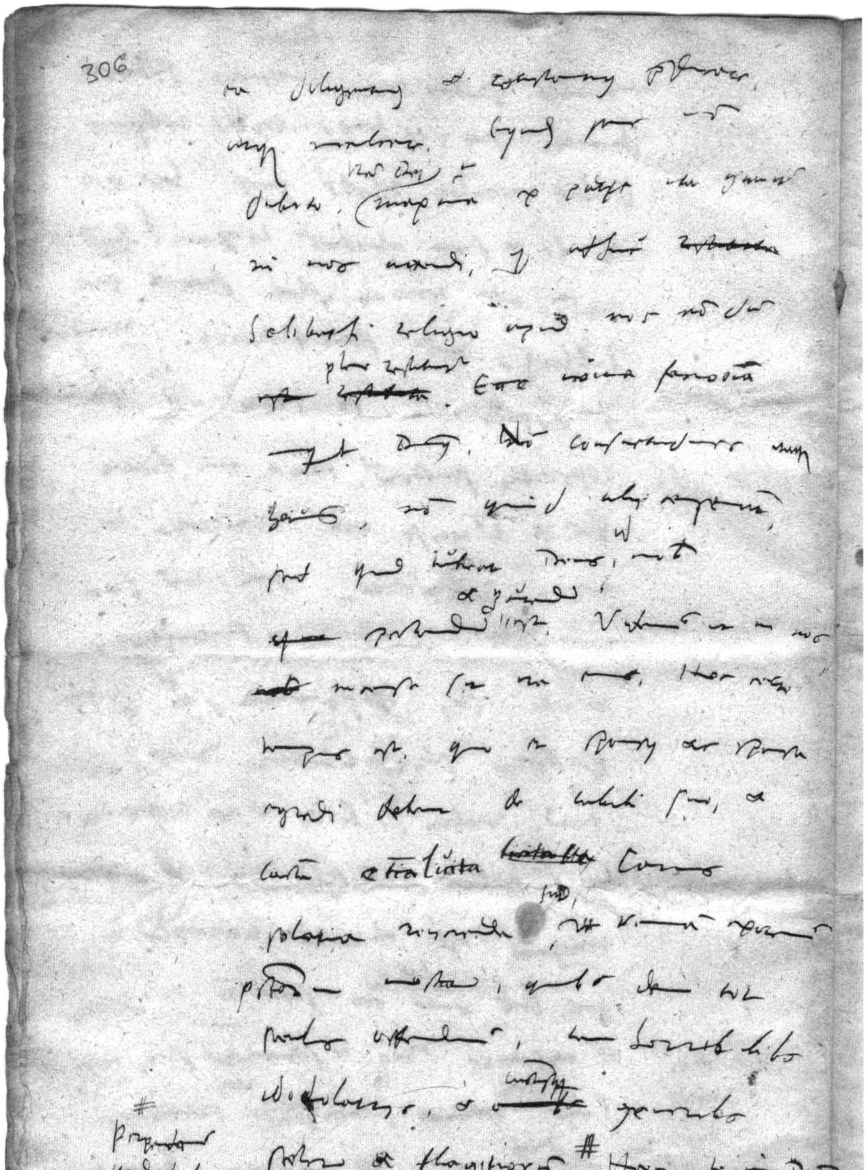

Straßburg StArch, AST 39, Nr. 13, fol. 164[v] (= S. 306)

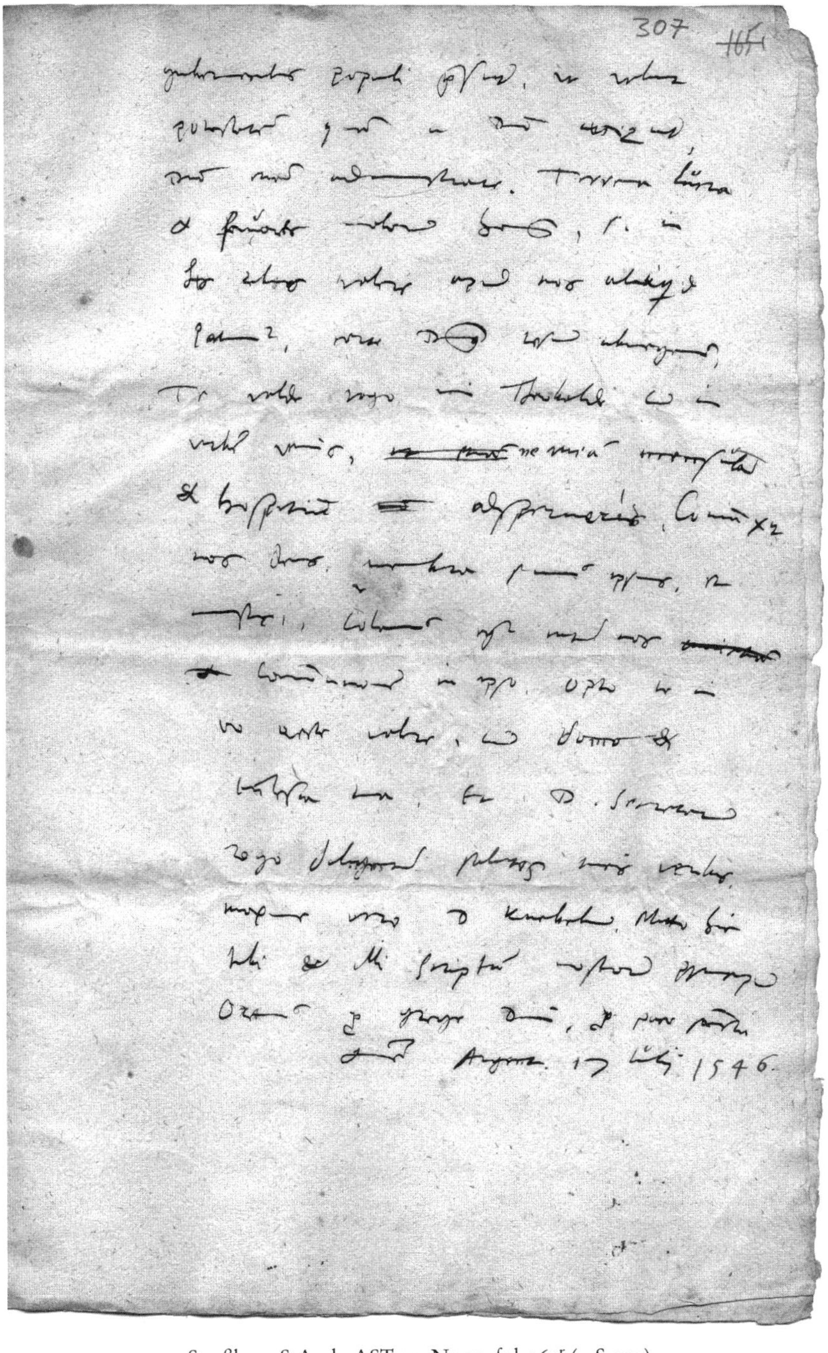

Straßburg StArch, AST 39, Nr. 13, fol. 165r (= S. 307)

Text

| *161r / 299* | [a]Ad D[omi]n[um] Theobaldum[1] N. parochum in Buchswyler[2]
De choreis diebus dominicis[a]

Gratiam et pacem a Domino, optime mi frater.

Christophorus[3] meus rogavit me, an permittantur hic diebus[b] Dominicis choreae.

Respondi non permitti, nam ante multos annos sunt senatus consulto prohibitae.[4]

Addidit, non nullos apud vos putare, posse choreas Dominico Die sine periculo haberi, Si ad pia et sancta Carmina studio et motu pietatis saltarent puellae seorsim[c] et adolescentes seorsim idque extra tempus sacrorum conventuum, ita ut in veteri populo sanctus mos erat, quo et Miriam, soror Mose, chorum duxit cantando carmen Domino[5], id forsan etiam Dominico Die[d] probari possit.

Verum, ut nostri homines choros ducunt, puellae et pueri mixtim, nescio an profectis diebus id Christianis permitti possit. Nihil enim Christianis faciendum est, quod non possint in nomine christi et ad gloriam Dei facere[6]. Nisi[e] amemus | *161 v / 300* | siquidem Dominum ex toto corde, tota anima et cunctis viribus[7] eoque insti-

a)–*a)* von der Hand Konrad Huberts vor den linken Rand geschrieben.
b) von Konrad Hubert über der Zeile nachgetragen und eingewiesen.
c) korr. aus: seorsum.
d) korr. aus: Dne.
e) korr. aus: unleserliches Wort.

1. Theobald Groscher (gest. 1568), seit 1538 Hofprediger Philipps IV., von 1542 bis 1568 Pfarrer in Buchsweiler; 1543 überzeugte er Philipp IV. endgültig zu einem reformatorischen Kurs. Zu ihm vgl. *Bopp*, Die evangelischen Geistlichen, Nr. 1821; *Adam*, Territorien, S. 87–89.

2. Buchsweiler (Bouxwiller), etwa 25 km westlich von Hagenau; Hauptresidenz der Grafen von Hanau-Lichtenberg (*Adam*, Territorien, S. 82). In bewußter Mißachtung des den altgläubigen Stiftsherren von Neuweiler (Neuwiller-lès-Saverne) zustehenden Pfarrbesetzungsrechts machte Philipp IV. 1542 seinen evangelischen Hofprediger Groscher zum Pfarrer dieser Residenzstadt (*Adam*, Territorien, S. 88).

3. Christoph Söll (auch: Soell, Seel), Pfarrer in Kirweiler (Kirrwiller) im Amt Buchsweiler von 1545 bis 1547. Zu ihm vgl. *Bopp*, Die evangelischen Geistlichen, Nr. 4938; *Ficker/Winckelmann*, Handschriftenproben II, Nr. 68; QGT 15 (Elsaß III), S. 359, Anm. 1 (dort »Christophoros Sölius« genannt) und 16 (Elsaß IV), S. 89,13.25; S. 129,13; S. 295,35; S. 308,2.

4. Sowohl die Straßburger Kirchenordnung vom 24. Juni 1534 (BDS 5, S. 41,5–10 = *Sehling*, EKO XX/1, S. 245) als auch das Mandat zur Bekämpfung der Irrlehren und zur Stärkung der Kirchenzucht in den Gemeinden auf dem Land vom 28. April 1535 (*Sehling*, EKO XX/1, S. 260) verbieten den Tanz an Sonntagen.

5. Ex 15,20–21. Ähnlich argumentiert Bucer einige Jahre später in seinem Werk ›De regno Christi‹ (vgl. BOL 15, S. 252).

6. Vgl. Kol 3,17; I Kor 10,31.

7. Dtn 6,5; Lk 10,27; vgl. auch Mt 22,37 und Mk 12,30.

tuere et perficere[1] omnia studeamus, eius iussum et ad sanctificandum nomen eius instaurandumque regnum eius[2], totam certe legem Dei solvimus[3] et Christiani non sumus.

Iam si intueamur, quam dissolute, quam petulanter, quam plerumque etiam parum pudice[f] vulgus nostrum saltet[g] in his suis choris, quid, queso[4], fingere possumus, quod in isto ludo ad sanctificandum nomen Dei, ad aedificandam pietatem, hominum[h] aliquid conferat? Imo quid, quod[i] non valiat ad [j]profanandum et[*j*] dissolvendum animos et ad[k] accendendas vanas [l]et impuras in[*l*] pueris et puellas cupiditates? Potest quidem in nomine Domini et ad recreandum pietati animos[m] et corpora etiam ludi, sicut lautius edi[n] et bibi, indulgentius [o]somnus capi[*o*], operosius ornari? Sed ad haec omnia necesse est, ut certa[p] et hominum et temporum ratio habeatur isque modus adhibeatur | *162*[r] / *301* | et religio eo servetur, ut recreandis et confirmandis[q] Domino animis et corporibus [r]re ipsa[*r*] valeat[s], non exinaniendis pietate et inflandis stultis cupiditatibus. Cumque hic modus in tali indulgentia raro, [t]imo nunquam[*t*], servetur semper postquam huiusmodi aliquid nobis, ut nostis, indulsimus, exemplo Iob, ad supplicandum Domino revertendum est[5], ut veniam impetremus eorum, quae sunt[u] ultra modum[v] admissa.

Videntur haec forsan praecipi nimis anxie et[w] onus[x] his[y] imponi hominibus importabile. At nosti, mi frater, illud Pauli »Cum timore et tremore vestram ipsorum

f) danach gestr.: salt-.
g) korr. aus: saltat.
h) danach gestr.: possit.
i) über der Zeile nachgetragen.
j)–*j)* vor den linken Rand geschrieben und eingewiesen.
k) über der Zeile nachgetragen und eingewiesen.
l)–*l)* über der Zeile nachgetragen für gestr.: cupiditatibus.
m) danach gestr.: et.
n) danach gestr.: unleserliches Wort.
o)–*o)* über der Zeile nachgetragen und eingewiesen für gestr.: dormiri.
p) über der Zeile nachgetragen und eingewiesen.
q) vor dem Zeilenanfang nachgetragen.
r)–*r)* über der Zeile nachgetragen.
s) danach gestr.: ut.
t)–*t)* über der Zeile nachgetragen und eingewiesen.
u) über der Zeile nachgetragen.
v) danach gestr.: sunt.
w) danach über der Zeile nachgetragen und eingewiesen, dann wieder gestr.: his.
x) danach über der Zeile nachgetragen und eingewiesen, dann wieder gestr.: per haec.
y) im Wortzwischenraum nachgetragen.

1. Diese spezifische Formulierung benutzt Bucer bereits in seiner ›Defensio adversus axioma catholicum‹ vom September 1534 (BOL 5, S. 142), in seinem nur wenige Monate vor dem vorliegenden Gutachten erschienenen Werk ›De vera et falsa caenae dominicae administratione‹ (BOL 6, S. 60) und später in seinem in England verfaßten Werk ›De regno Christi‹ (BOL 15, S. 116).
2. Vgl. Mt 6,9 f.; Lk 11,2.
3. Vgl. Mt 5,17.
4. sc. quaeso.
5. Möglicherweise ein Hinweis auf Hi 22,23.

salutem operamini«[1]. Item: »Videte ut accurate ambuletis, non ut insipientes, sed ut sapientes, redimentes tempus quia dies mali sunt«[2]. [z]Nec ignoras hanc[z] curam atque solicitudinem, hunc timorem et tremorem amantibus Deum et cogitantibus quam magno[a] precio[3] Christi sanguine s[ancti] immolati agni dei redempti sunt[b] a vana mundi conversatione ad glorificandum deum, oneri esse non posse, sed impleri [c]his illud[c] psalmi: »servite Domino cum timore et exultate ei | *162*[v] / *302* | cum tremore«[4]. Quae enim sit in illis hominibus Dei dilectio, qui non illud iuge ac iucundis[simum] convivium[5] et solidam laetitiam bonae erga Deum conscientiae[6] praeferat omni carnali et conscientiam saucianti exhilarationi? Ad haec nam[d] vim habet verus[e] amor veraque erga beneficos principes observatio, ut omnia cura, omnis[f] solicitudo, omnis labor dulcis sit, quo te illi speres approbaturum, quem vere amas et observas!

Sed quid opus verbis? Christianus animus extra Deum gehennam sentit, in solo Domino verum ac solidum gaudium, quocirca[g] nihil illi potest onerosum videri aut haberi molestum, quo effugit[h] praesentia[7] et corroborat[i] se in vero dei cultu[j] in sanctitate et pietate eoque sibi gaudium et laetitiam in Domino confirmat sempiternam[k]. Proinde nec profectis diebus volent sibi christiani quemquam indulgere, quo [l]periculum sit, ne Deum offendant[l] et incertum, ut[m] pietas eo accipiat incremen-

z)–*z)* über der Zeile nachgetragen und eingewiesen für gestr.: Et hanc.
a) über der Zeile nachgetragen und eingewiesen.
b) danach gestr.: ad.
c)–*c)* vor dem Zeilenanfang nachgetragen.
d) danach gestr.: unleserliches Wort.
e) zur Verdeutlichung über der Zeile wiederholt.
f) über der Zeile nachgetragen.
g) danach gestr.: nullus.
h) über der Zeile nachgetragen.
i) danach gestr.: unleserliches Wort.
j) danach gestr.: augetque sibi.
k) danach gestr.: sed.
l)–*l)* vor den linken Rand geschrieben und eingewiesen; darunter gestr.: et non magis.
m) über der Zeile nachgetragen für gestr.: sit.

1. Phil 2,12.
2. Eph 5,15–16.
3. Vgl. I Kor 6,20; 7,23.
4. Ps 2,11.
5. sc. das eschatologische Mahl.
6. Vgl. I Petr 3,1.
7. Zum Begriff »praesentia« bei Bucer vgl. etwa die Ausführungen in seinem Synoptikerkommentar: ›Enarrationum in Evangelia [...] libri duo‹, Straßburg: Johann Herwagen, 1527 (Bucer-Bibliographie 22), Bd. 1, Bl. 140a/b = ›Enarrationes Perpetvae, in Sacra Qvatvor Evangelia‹, Straßburg: Georg Ulricher, 1530 (Bucer-Bibliographie 39), Bl. 45b = ›In Sacra Qvatvor Evangelia, Enarrationes Perpetvae‹, Straßburg: Johann Herwagen, 1536 (Bucer-Bibliographie 77), S. 112: »Qui enim Christo vere fidunt, id est, super ipsum aedificati sunt, ut coelestium bonorum haeredes se sciunt, ita contemnunt praesentia, opes, delitias, dignitatem, et quaecumque caro facit maximi«.

tum[n]. | *163r / 303* | Porro[o] quia habemus [p]de diebus Dominicis[p] [q]Dei praeceptum tam[q] disertum et tam multis et vehementibus verbis propositum[1], ut hos dies Domino ipsi sanctificemus ac nullum nostrum [r]in illis[r] opus[s] faciamus, nemo certe, qui ex[t] spiritu Christi[u] de hac re iudicat, potest ullam sibi[v] his diebus licitam actionem iudicare, quae non sit religioni propria.

Cibum quidem et potum suis sumere Deus his diebus concessit, ut quidem benignius[w] quam aliis diebus, ut eo quoque exerentur magis [x]ad agnoscendum et praedicandum eius[x] bonitatem[y]. Cibum tamen parari voluit[z] pridie Sabbathi et ipso Sabbatho nec ignem quidem incendere permisit[a] iussitque lapidari[b] eum qui ligna tantum collegisset[2] [c]aut aliquod opus sic[c] die Sabbathi[d] fecisset[3]. Si vero nephas est, utile aliquod opus facere Sabbatho, quod dicamus de opere inutili ac fere noxio, ut certe sunt vulgares illi chori?

Non, dices, hic nos revocari sub iugum Mose Decalogi? enim[e] haec praeceptum est, et certum[f] eos, qui spiritu Christi aguntur, quaecumque ad excolendam pietatem | *163v / 304* | facere queunt, multo studiosius observare, quam[g] eos, qui servili adhuc spiritu agebant.

[h]Sub lege[h] Nec potest[i] grave esse vere amanti Deum audire[j] verbum eius, precari eum, laudare eum, docere pietatem alios, quae sunt opera Sabbathi, imo in his versatur summa cum voluptate. »Laetatus«, inquit[k], »sum in his[l], tum dictum mihi

n) darunter gestr.: ipsam posse instaurare.
o) danach gestr.: Dominicis Diebus.
p)–*p)* über der Zeile nachgetragen.
q)–*q)* vor dem Zeilenanfang nachgetragen.
r)–*r)* über der Zeile nachgetragen und eingewiesen.
s) danach gestr.: in eo.
t) über der Zeile nachgetragen.
u) danach gestr.: vivit et agitur.
v) über der Zeile nachgetragen.
w) undeutlich korr.
x)–*x)* über der Zeile nachgetragen und eingewiesen.
y) danach gestr.: laudes dei verum voluit.
z) über der Zeile nachgetragen und eingewiesen.
a) danach gestr.: et.
b) korr. aus: lappidari.
c)–*c)* über der Zeile nachgetragen und eingewiesen.
d) danach gestr.: unleserliches Wort.
e) vor dem Zeilenanfang nachgetragen.
f) danach gestr.: est.
g) danach gestr.: unleserliches Wort.
h)–*h)* über der Zeile nachgetragen und eingewiesen für gestr.: Ne-.
i) danach gestr.: etiam.
j) danach gestr.: D-.
k) über der Zeile nachgetragen und eingewiesen.
l) danach gestr.: d-.

1. Vgl. Ex 31,12–17; 35,1–3.
2. Num 15,32–36. Ähnlich argumentiert Bucer später in seinem Werk ›De regno Christi‹ (BOL 15, S. 115).
3. Ex 20,8–11; 31,12–17; 35,1–3; Lev 23,3; Jer 17,19–27.

est, adeamus Domum Domini«[1]. Item: »Quam dilecta tabernacula tua, Domine Zebaoth. Concupiscit et defecit prae desiderio anima mea ad atria Domini, [m]cor et[m] caro mea exultaverunt ad deum vivum«[2]. Ipsa quoque tractatio verbi Dei, [n]desiderabilior ei est auro et gemmis et[n] iucundior[o] melle et favo stillante[3], Et[p] quis aliqua sit dei reverentia praeditus, quis ulla adversus eum gratitudine donatus, qui audiens [q]et fideliter expendens, quid illud sit[q]: »sex diebus facies omne opus tuum, septimum mihi sanctifices, nec in eo facias ullum opus«[r4], In meum veni coetum[5], in conspectum meum prodi[6], me audi[7], me invoca[8], mihi age gratias[9], qui possit cupere aliis [s]se eo[s] die dedere[t] negotiis quam[u] verae synceraeque Religionis?

Ut hoc die instaurata pietate, | *164*[r] */ 305* | confirmata gratia Dei, maiore fiducia divinae opis et benedictionis reliquis diebus incumbat operibus suis, hoc est, ad se et suos alendum comparatis? Quem etiam non terreat illud: »Anima, quae Sabbathum non sanctificarit, excindetur de populo suo, de populo dei, de consortio sanctorum«[10]? Haec, mi frater, haec religiose nobis cogitanda et impiae perversitati, quae contra haec in omni populo per Antichristos iniecta est, opponenda sunt. Per[v] Prophetas suos clamat Deus, foedus suum violari, foedus vitae terrenae, Cum violatur Sabbathum. Et oportet sane magnum esse in iis contemptum dei, qui [w]in septem diebus[w] non unum[x] festinent consecrare et insumere Deo et servatori suo, imo suae ipsorum[y] aeternae saluti? [z]Unde et pii imperatores C. de feriis[11] tam sancte praeceperunt coli dies festos haberique spectacula in illis vetuerunt[z12]. Quo vero[a] paucio-

m)–*m)* über der Zeile nachgetragen.
n)–*n)* über der Zeile nachgetragen.
o) danach gestr.: est.
p) danach gestr.: quis non Deo plane iratus, non et.
q)–*q)* über der Zeile nachgetragen.
r) danach gestr.: meum.
s)–*s)* am Zeilenende nachgetragen.
t) zur Verdeutlichung ein weiteres Mal über der Zeile nachgetragen.
u) danach gestr.: pieta-.
v) korr. aus: Proph-.
w)–*w)* über der Zeile nachgetragen und eingewiesen.
x) danach gestr.: die-.
y) über der Zeile nachgetragen und eingewiesen.
z)–*z)* vor den linken Rand geschrieben und eingewiesen.
a) über der Zeile nachgetragen.

1. Ps 122,1.
2. Ps 84,2–3.
3. Ps 19,11.
4. Vgl. Ex 20,9–10; Dtn 5,13–14.
5. Vgl. Ps 22,22; 35,18; 74,2; 89,6; 107,32; 111,1; 149,1.
6. Vgl. Ps 95,2; 100,2; 140,14.
7. Vgl. Jos 3,9; Jes 55,2; 66,5; Jer 2,4; Ez 25,3; 34,7.9; 36,1.4.
8. Vgl. Ps 105,1; Jes 12,4; 55,6.
9. Vgl. II Sam 22,50; Ps 18,50; 26,7; 30,13; 33,2; 35,18; 45,18; 52,11; 56,13; 57,10; 67,4; 75,2; 79,13; 105,1; 106,1; 107,1; 108,4; 118,1; 136,1; 145,10; Jes 12,4; Jer 33,11.
10. Vgl. Ex 31,14–15.
11. Cod. Just. 3,12 (CICiv II, S. 127f.).
12. Auch in seinem Spätwerk ›De regno Christi‹ sollte sich Bucer zur Rechtfertigung seiner An-

res ista hodie[b] cognoscant et cogitent, hoc sane, mi frater, oportet[c] nos, [d]qui esse[*d*] sal terrae et lumen mundi[e] debemus[1], | *164v* / *306* | ea diligentius et constantius praedicare atque inculcare. Equidem sane non dubito [f]iram Dei[*f*] maxima ex parte ita graviter in nos accendi, quod adhuc[g] Sabbathi religio apud nos nondum[h] [i]plene restituitur[*i*]. »Ecce nova facio omnia«[2] inquit Dominus. Non[j] consuetudines itaque hominum, non quid alii censeant, sed quid iubeat Deus, id[k] nobis[l] spectandum [m]et procurandum[*m*] est. Videmus, ut in nos[n] incensa sit ira eius. Hoc certe tempus est, quo et sponsus ac sponsa egredi debent de cubili suo[3], et cuncta, etiam licita[o], carnis solatia reiicienda sunt[p], ut veniam exoremus peccatorum nostrorum, quibus deum tot saeculis offendimus tam horribilibus idololatriis et cunctis[q] generibus scelerum et flagitiorum.[4] [r]Perpendamus[s], quid de hoc nobis Dominus per [...][t] praeciperet[*r*].

Haec, te in Domino oro ac obsecro, boni consulas a me[u] et adsis, ut pie coepisti, disciplinae Christi restituendae [v]ac conservandae[*v*], Moneas item eos, qui | *165r* / *307* | gubernantes populi[5] praesunt, ut velint potestatem, quam a Domino acceperunt[6],

b) über der Zeile nachgetragen und eingewiesen.
c) danach über der Zeile nachgetragen und eingewiesen, dann wieder gestr.: debemus.
d)–*d)* über der Zeile nachgetragen für gestr.: qui sumus ter-.
e) über der Zeile nachgetragen für gestr.: terrae.
f)–*f)* über der Zeile nachgetragen und eingewiesen.
g) danach gestr.: restituitur.
h) danach gestr.: est.
i)–*i)* über der Zeile nachgetragen für gestr.: restituta.
j) korr. aus: non.
k) über der Zeile nachgetragen.
l) danach gestr.: unleserliches Wort.
m)–*m)* über der Zeile nachgetragen und eingewiesen.
n) am Zeilenende nachgetragen für gestr.: nobis.
o) danach gestr.: licita [unleserliches Wort].
p) über der Zeile nachgetragen.
q) über der Zeile nachgetragen für gestr.: omnibus.
r)–*r)* vor den linken Rand geschrieben und eingewiesen.
s) korr. aus: Perpendemus.
t) das Wort konnte nicht entziffert werden.
u) danach gestr.: eisque.
v)–*v)* über der Zeile nachgetragen und eingewiesen.

sichten zur Heiligung des Sonntags auf diese Bestimmung des römischen Rechts berufen (vgl. BOL 15, S. 116).

1. Vgl. Mt 5,13–16.
2. Apk 21,5.
3. Joel 2,16.
4. Bucers Einschätzung von der Schwere der Zeiten und dem sich darin zeigenden Zorn Gottes kommt auch in seinen fast zeitgleichen Briefen an Ambrosius und Thomas Blarer deutlich zum Ausdruck (vgl. *Schieß*, Briefwechsel II, Nr. 1308 f., S. 467 f.).
5. zu erwarten: populo.
6. Vgl. Röm 13,1–4.

Domino etiam administrare. Terrena lucra et favores malorum hominum si in his rebus valere apud nos aliquid patimur, certe Dominum Iesum abnegamus.

Te valde rogo, mi Theobalde, cum in urbem venis[w], ne[x] meam mensulam et hospitium[y] adsperneris. Coniunxit nos deus; membra sumus ipsius et ministri. Colamus igitur inter nos[z] communionem in ipso.

Opto te in eo recte valere cum domo et Ecclesia tua. Et D[ominum] Secretarium[1], rogo, diligenter salutes meis verbis, maxime vero D[ominum] Knebelium[2]. Mitto hic tibi et illi scriptum nostrorum principum[3].

Oremus pro grege Domini, pro pace sancta. Amen.

Argent[orati], 17. Iulii 1546.

w) danach gestr.: ut etiam.
x) im Wortzwischenraum nachgetragen.
y) danach gestr.: non.
z) danach gestr.: amicitiam et.

1. Johannes Fleischbein, der Sekretär des in Buchsweiler residierenden Grafen von Hanau-Lichtenberg, Philipps IV. (1514–1590), ist hier möglicherweise gemeint (vgl. hierzu *Adam*, Territorien, S. 89).

2. Gemeint ist wohl der gräfliche Amtmann Johannes Knobel (zu ihm vgl. *Adam*, Territorien, S. 91).

3. Um welche Schrift es sich hierbei handelt, konnte nicht ermittelt werden; vgl. etwa Pol. Cor. IV/1, Nr. 204–222, S. 231–246.

Nr. 17
Anweisung zur Taufe eines jüdischen Mädchens
Informatio pro baptizanda puella Iudaea

1546

bearbeitet von Stephen E. Buckwalter

Einleitung

1. Entstehung und Inhalt

Die besondere Bedeutung der im folgenden edierten Schrift liegt in ihrem einmaligen Charakter: Sie stellt nämlich einen liturgischen Entwurf Bucers dar, der nicht für den regelmäßigen künftigen Gebrauch einer bestimmten Kirche gedacht war, sondern eigens für einen ephemeren Anlaß – die Taufe eines jüdischen Mädchens durch einen Bucer bekannten badischen Pfarrer – erstellt wurde. Somit handelt es sich um ein liturgisches Formular zur einmaligen Benutzung, einen *écrit d'occasion* im wahrsten Sinne des Wortes.

Freilich besitzt man für die historische Einordnung dieser Schrift keine weiteren Informationen als die äußerst knappen Hinweise, die Bucers Sekretär Konrad Hubert zu Beginn und am Ende der Schrift angebracht hat.[1] Ihnen können wir entnehmen, daß ein badischer evangelischer Geistlicher (»diaconus badensis«), von welchem selbst Hubert nur den Namen »Petrus N.« nennen wollte oder konnte, den Straßburger Reformator im Jahre 1546 um Anweisungen für die Taufe eines jüdischen Mädchens gebeten haben muß.

Es fällt auf, daß Bucer in der ›Informatio‹ nicht zögert, von liturgischen Elementen Gebrauch zu machen, die in Straßburg bereits 1524 abgeschafft wurden[2]. Der Wert dieser Quelle liegt nicht nur in ihrer Einzigartigkeit im Schrifttum Bucers, son-

1. Vgl. unten S. 423,1 sowie S. 430, textkritische Anm. u.

2. Vgl. den Hinweis in der Taufagende vom Juni 1524: »Das ȯl, Chrisam und das verzaubert wasser geprauchen sye nit mer zum tauff, dann sye vertrawen in die selbige stuck bey der gemein befunden haben, so allein an Christum vertrawen solten« (*Sehling*, EKO XX/1, S. 153). Vgl. hierzu das von Bucer vorgesehene Bestreichen des Täuflings mit Öl (unten S. 429,19) und Chrisam (unten S. 430,4). Vgl. auch die Beobachtungen in BDS 7, S. 286, Anm. 28, die von der vorliegenden Taufordnung widersprochen werden. Einen nützlichen Überblick über Straßburger evangelische Taufagenden bietet *Old*, Shaping of the Reformed Baptismal Rite, S. 45–62 und S. 209–240 und *Jordahn*, Der Taufgottesdienst, S. 443–449. Zur reformatorischen liturgischen Erneuerung in Straßburg im allgemeinen vgl. *Bornert*, La réforme protestante du culte. Speziell zu Bucers liturgischem Denken vgl. *van de Poll*, Martin Bucer's Liturgical Ideas.

dern auch in ihrer allgemeinen liturgiegeschichtlichen Bedeutung, denn evangelische Formulare für die Taufen von Juden sind ausgesprochen selten.[1]

Die ›Informatio‹ verzichtet auf jegliche persönliche Anrede an ihren Adressaten und gibt lediglich den schlichten Ablauf der Taufliturgie wieder:

I. Aufstellung des Täuflings vor Pfarrer und Gemeinde [155^{r} / 287]
II. »kurtze vermanung« auf der Grundlage einer der beiden folgenden Perikopen:
  A. Mt 28,18–20 [155^{r}–157^{r} / 287–291]
    1. christologische Grundlegung [$155^{r/v}$ / 287 f.]
    2. Tragweite der Erbsünde [155^{v} / 287]
    3. Bedeutung und Auswirkung der Taufe [155^{v}–157^{r} / 287–291]
    4. Gottes Herrschaft in den Getauften [157^{r} / 291]
  B. Röm 6,3–14 [157^{r} / 291]
III. Taufritus [157^{v}–160^{v} / 292–298]
  A. Vorstellung des Täuflings durch den Pfarrer [157^{v} / 292]
  B. Erklärung und Durchführung des Exorzismus [157^{v}–158^{r} / 292 f.]
  C. Evangeliumslesung: Joh 3,5–18 [158^{r} / 293]
  D. Gebet für den Täufling
  E. Bestreichung von Ohren und Nase mit Speichel
  F. Befragung des Täuflings [158^{v}–159^{v} / 294–296]
  G. Kollektengebet [160^{r} / 297]
  H. Bestreichung mit Öl
  I. Taufe [160^{v} / 298]
  J. Bestreichung mit Chrisam
  K. Erklärung des weißen Kleids

2. Überlieferung

Die ›Informatio pro baptizanda puella Iudaea‹ ist lediglich in einem eigenhändigen Entwurf Bucers überliefert: Straßburg StArch, AST 39, Nr. 12, fol. 155^{r}–160^{v} (= S. 287–298). Konrad Hubert versah die Schrift mit einem Titel[2] und datierte es auf das Jahr 1546.

1. Zuletzt von *Kaufmann*, Luthers Juden, S. 94, hervorgehoben. Vgl. auch Martin Luthers sehr knappe Anweisungen zur Taufe eines jüdischen Mädchens in seinem Brief vom 9. Juli 1530 an den Pfarrer Heinrich Gnesius von Ichtershausen (WA Br 5, Nr. 1632, S. 452, von *Kaufmann*, ebd., S. 44 erwähnt).
2. Vgl. unten S. 419 und S. 423,1.

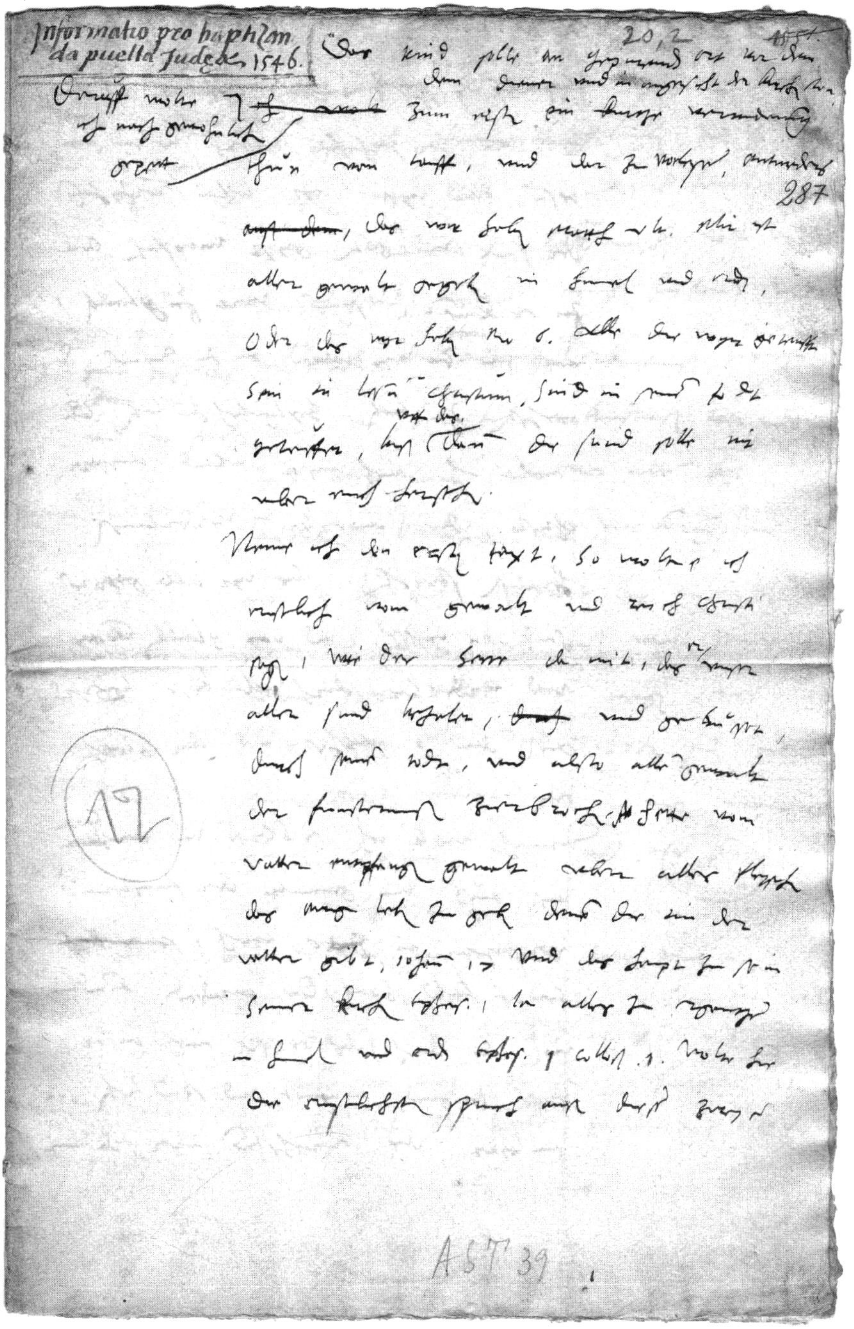
Informatio pro baptizanda puella Iudea 1546.
287
AST 39

Straßburg StArch, AST 39, Nr. 12, fol. 155r (= S. 287)

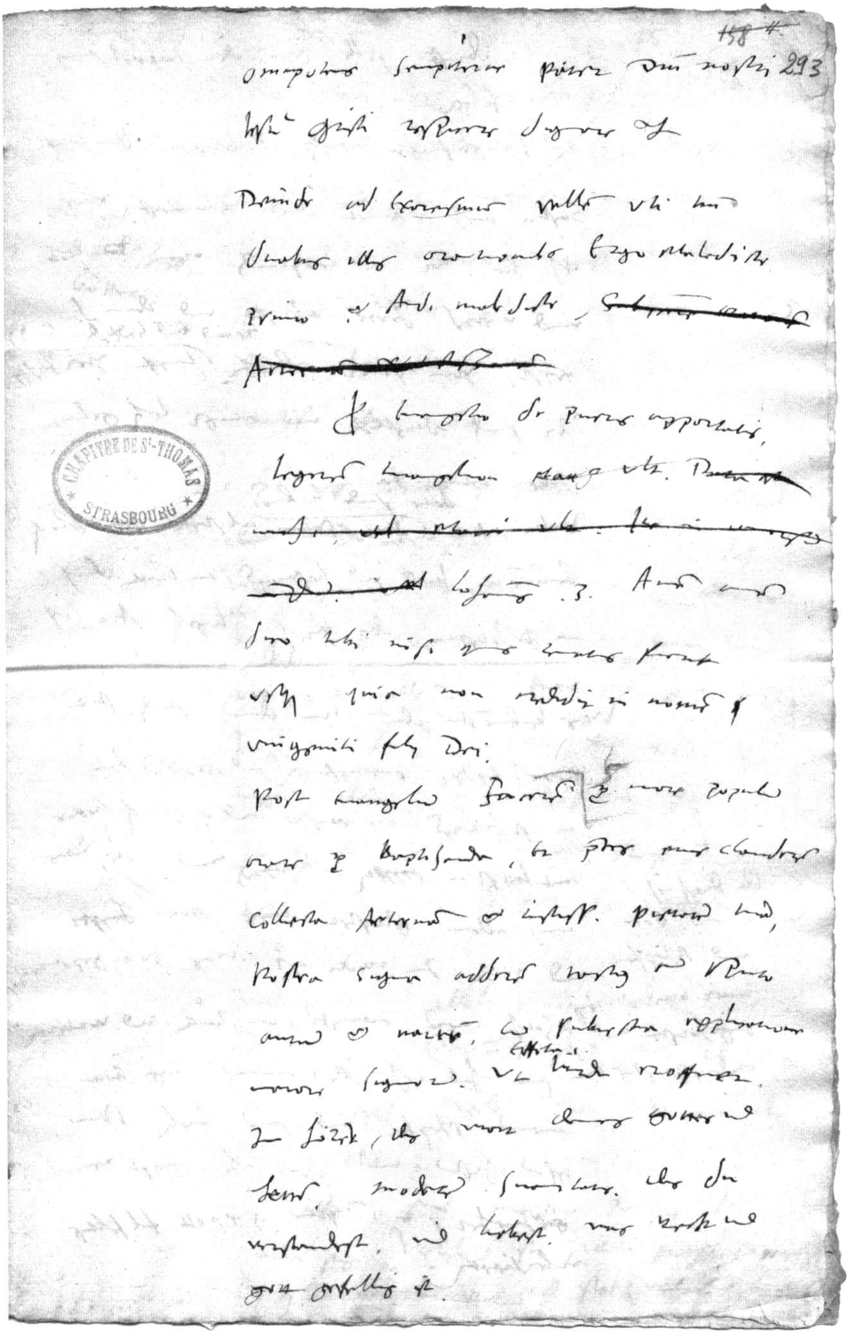

Straßburg StArch, AST 39, Nr. 13, fol. 158r (= S. 293)

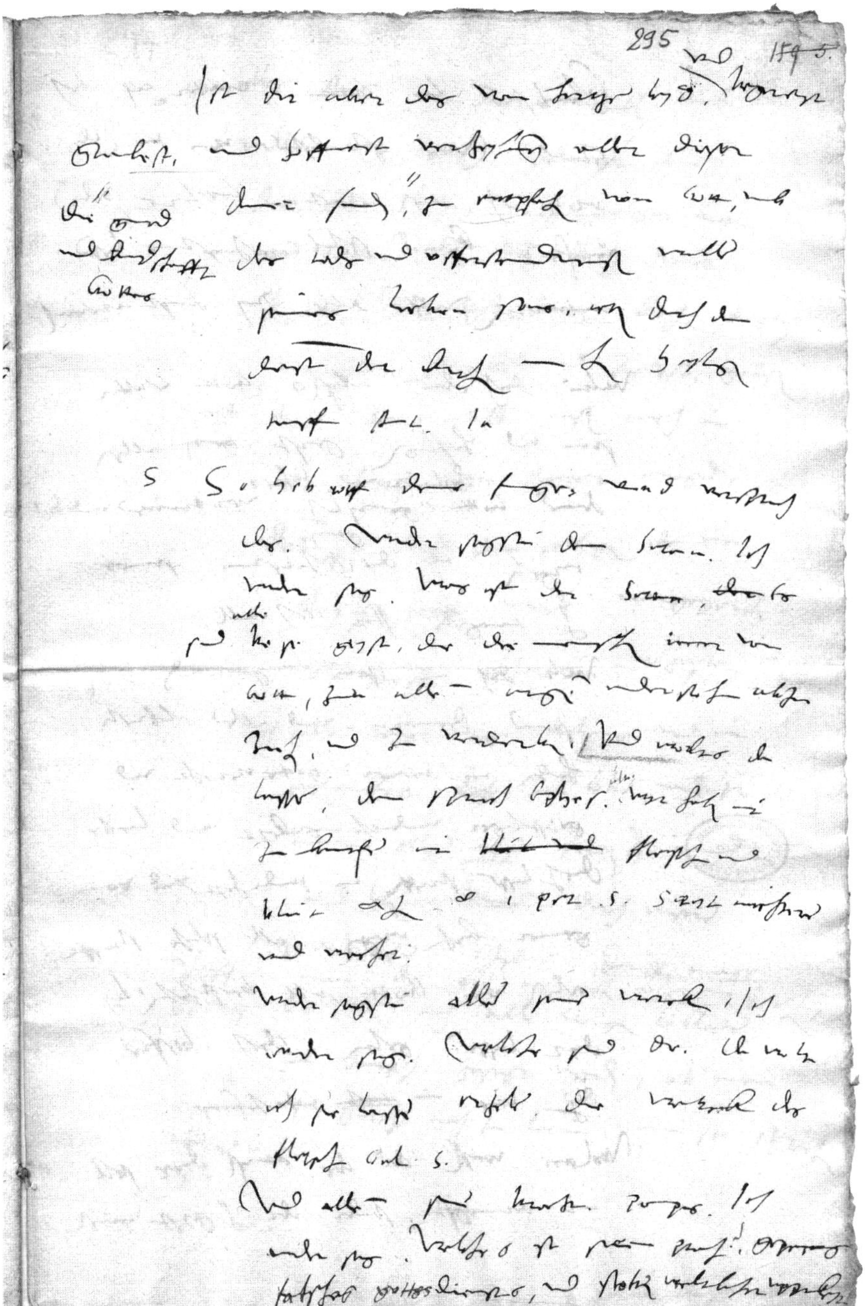

Straßburg StArch, AST 39, Nr. 13, fol. 159r (= S. 295)

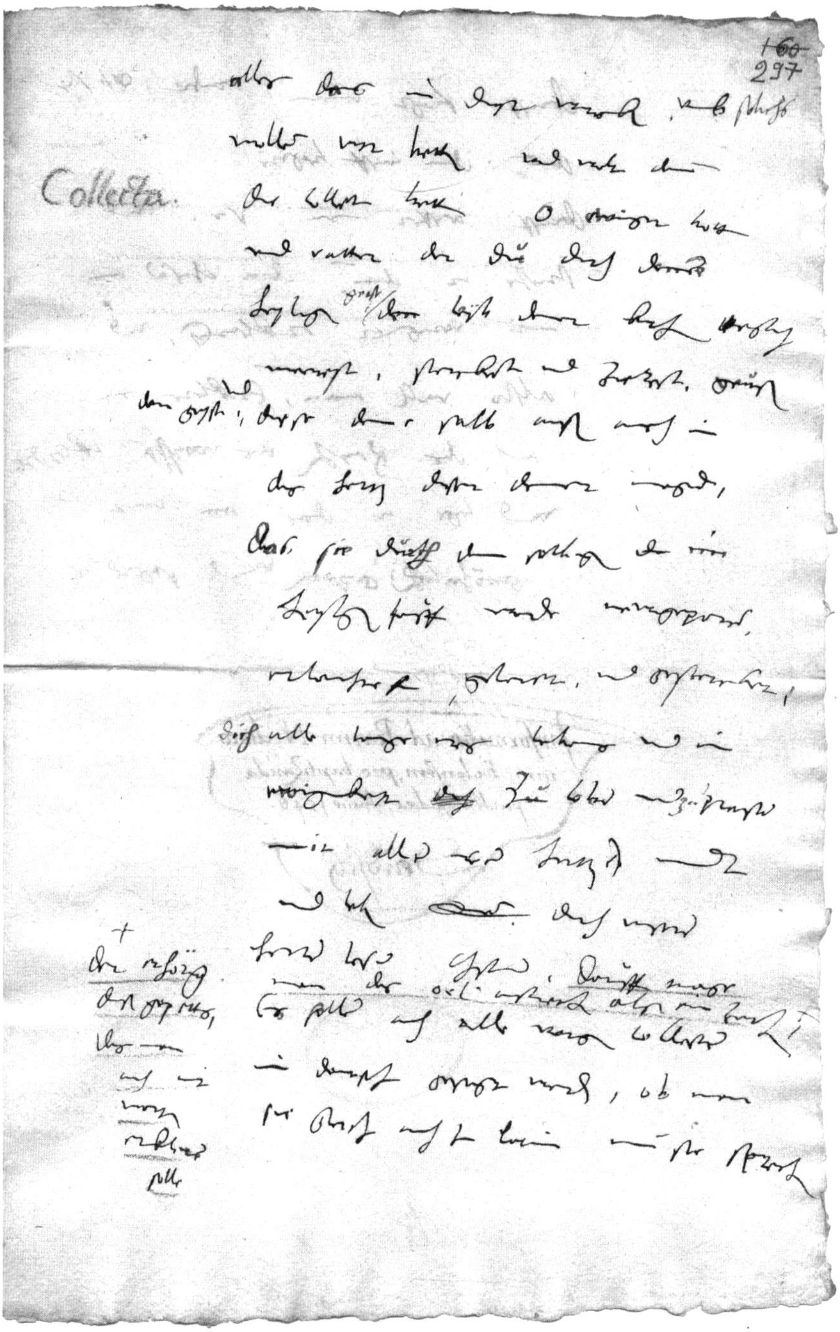

Straßburg StArch, AST 39, Nr. 13, fol. 160r (= S. 297)

Text

| *155*[r] / *287* | [a]Informatio pro baptizanda puella Judaea 1546[a]

[b]Das kind solle an gepurendem ort vor dem[c] diener vnd in angesicht der kirchen ston[b]. [d]Doruff wolte ich nach gewohnlichem gepett[d] zum ersten ein kurtze vermanung thun vom tauff vnd dar zu vorlesen entweders[e] das[1] wir haben Matth[ei] ult[imo]: »Mir ist aller gewalt[2] gegeben im himmel vnd erden«[3], Oder das[4] wyr haben Ro. 6[3]: »Alle, die wyr geteufft sein in Iesum Christum, sind in seinen todt geteuffet«, biß [f]vff das[f] »Dann die sund solle nit vber euch herrschen«[5].

[I.]

Neme ich den ersten text[6], so wolte ich ernstlich vom gewalt vnd reich Christi sagen, wie der Herre da mit, das er[g] vnser aller sund bezalet[h] vnd gebusset durch seinen todt vnd also allen gewalt der finsternuß zerbrochen[i][7], hette vom vatter entpfangen gewalt vber alles fleysch[8], das ewige leben zu geben denen, die im[9] der vatter gibt, Iohann. 17[2], Vnd das haupt zu sein seiner kirchen, Ephes. 1[22], Ia, alles zu ergentzen in himel vnd erden, Ephes. 1[20–23], Colloß. 1[16–20]; wolte hie die ernstlichsten spruch auß dieser zweyen | *155*[v] / *288* | Capitulen, Ephes. 1 vnd Colloß.[j] 1 vnd Philipp. 2 von der erhohung [k]vnd dem reich[k] vnssers lieben herren Iesu, vnd wye wyr allein [l]durch in[l][10] verzeyhung der sunden vnd ein[m] guten geyst

a)–*a)* von Konrad Hubert am oberen linken Rand nachgetragen.
b)–*b)* am oberen Seitenrand nachgetragen.
c) Dittographie: dem dem.
d)–*d)* vor den linken Rand geschrieben und eingewiesen für gestr.: Ich wolte.
e) danach gestr.: auß dem.
f)–*f)* über der Zeile nachgetragen und eingewiesen.
g) über der Zeile nachgetragen und eingewiesen.
h) danach gestr.: durch.
i) danach gestr.: st-.
j) über der Zeile nachgetragen und eingewiesen für gestr.: Ephes.
k)–*k)* über der Zeile nachgetragen und eingewiesen.
l)–*l)* über der Zeile nachgetragen und eingewiesen.
m) über der Zeile nachgetragen.

1. das, was.
2. Zum Masculinum vgl. *Grimm* 6 (= IV,1,3), Sp. 4910.
3. Mt 28,18.
4. das, was.
5. Wohl Röm 6,14 (kein wörtliches Zitat, vgl. 6,12).
6. Bucer meint wohl den gesamten Abschnitt Mt 28,18–20.
7. Vgl. Kol 1,13; I Kor 15,24.
8. Vgl. Eph 1,21–22; Phil 2,9–10; Kol 2,10.
9. ihm.
10. ihn.

entpfahen, Gott zu erkennen, seinem wort zu glauben vnd[n] jm zu vertrawen, im zu dienen, den nechsten zu lieben, heyliglich[1] zu leben.[2]

Da wolt ich auch vnser elend ausser Christo, die anerboren[3] verderbnuß, herauß streichen, das wyr alle geporen sind on wissen vnd on glauben Gottes vnd verderbet durch alle böse begird, auß dem 2. Ephes[4]. vnd der gleichen orten.[5]

Darnach wolt ich erkleren, wie Gott[o] vnß »auß dem gewalt der finsternuß versetzet in das[p] reich[q] seines lieben Sons«[6], Die onredenden[7] kindlin wol da durch, das er sie noch on ir wissen in gnaden annemet vnd seinem lieben son einleybet, die erwachsenen aber da mit[8], | *156r / 289* | das er inen[r] die hertzen eroffnet, das sie dem h[eiligen] Euangelio glauben, vnd [s]in[9], den[s] einigen waren Gott, vnd vnseren herren Iesu Christi erkennen alß ein[t] waren Gott vnd mensch vnd vnseren einigen heylandt vnd versuͤner. [u]Vnd das er[v] inen gibt[w] auß vnd mit solicher[u] erkantnuß[x], auch ein hertzlich erkandtnuß, rew vnd leyd aller sunden vnd vor allem der anerboren blindheyt vnd verkerung, Vnd aber da bey auch den trost, das er, vnser Gott vnd vatter, will vnß vmb seines liebenn sons willen von wegen seines bluts[y] alle sund verzeyhen vnd seinen guten geyst miteylen, der in vnß wircke glauben, hoffnung, liebe vnd alle heyligkeyt vnd gottseligkeyt.

Vnd die weyl vnser lieber herre will ein gemeinde haben, deren haupt er seye vnd des leyb sie seye[10], jn deren[11] er lebe vnd regiere, so wolte[z] er auch alle, die er zu seinem son zuge, das sich die seiner[a] gemeinde, so bald sie | *156v / 290* | mit dem glauben des Euangeli begabet, ergeben, von ir zu lehren vnd die erlösung vnd ge-

n) undeutlich.
o) über der Zeile nachgetragen für gestr.: der Herre.
p) korr. aus: sein.
q) danach gestr.: so er denen.
r) korr. aus: jre; danach gestr.: hertzen.
s)–*s)* Dittographie am Zeilenende und vor dem Anfang der folgenden Zeile: in den.
t) über der Zeile nachgetragen und eingewiesen für gestr.: den.
u)–*u)* vor den linken Rand geschrieben und eingewiesen für gestr.: gibt auß der.
v) danach gestr.: gibt.
w) danach gestr.: dann.
x) danach gestr.: herlich.
y) danach gestr.: vnß.
z) zur Verdeutlichung über der Zeile nachgetragen für gestr.: wolte.
a) zur Verdeutlichung über der Zeile nachgetragen für gestr.: seiner.

1. Zur Form vgl. *Grimm* 10 (= IV,2), Sp. 843.
2. Vgl. Eph 2,3; vgl. hierzu auch BDS 6,3, S. 183, Anm. 20.
3. angeborene, angestammte. Frühneuhochdt. WB 1, Sp. 1071.
4. Eph 2,1–3.
5. Vgl. Röm 1,24; 6,12; Gal 5,19–24; Eph 4,22; Kol 2,13; 3,5–7; II Tim 2,22; Tit 3,3.
6. Kol 1,13.
7. unmündigen.
8. dadurch.
9. ihn.
10. Eph 5,23; 1,22 f.; 4,15; Kol 1,18.
11. sc. in der Gemeinde.

meinschafft vnsers herren Iesu durch iren dienst zu entpfahen, wie die[1] vff den pfingstag bekeret wurden, sagten: »lieben brüder, was sollen wyr thun?« Act.[2] Vnd wie der herre solle seinen Paulum zum Anania[3] wyse, das er von jm geleret vnd von sunden durch den touff abgeweschen werde, dann dorumb hatt der herre seiner kirchen in den Apostolen den heyligen geyst[b] gegeben vnd gesaget, »welchen ir die sunde verzeyhet«[4] etc., der halben haben die beckerten auch vor dem tauff ire sunde bekant, den glauben vnd gehorsamen verjehen[5] vnd versprochen.

Wolt daruff erkleren, was teuffen were vff oder in den namen des vatters etc. Nemlich[c] miteylen vnd vbergeben mit dem zeichen des eusseren touffs[6] den tauff des vatters, sons vnd h[eiligen] geysts, Abweschung der sunden, bekleidung mit Christo, einleybung in Christum, begrabung in den todt Christi, das ist | *157r / 291* | zu solicher gemeinschafft des tods vnd der vfferstendtnuß Christi, das wyr alle vnser leben lang[d] sicher sind der verzeihung der sunden, wenn wyr die mit warer rew der sunden vnd glauben an vnseren Herren Iesum suchen, sicher des geystes vnd der kindschafft Christi[7], sicher der vfferstendnuß vnd des[e] ewigen[f] lebens.

Zum letzten wolt ich erkleren, wie aber der herre will in den geteufften regieren vnd bey inen sein, biß zum end der welt[8], das man sie nemlich in der kirchen imer[g] lehren solle, halten, alles, das Er befohlen.

Da müste das newe leben, zuchtt vnd bann[9] der kirchen, das h[eilige] abentmal, art des Christlichen gepetts vnd opfers vnd ampt des kirchen diensts erkleret werden.

b) danach gestr.: gebg-.
c) danach gestr.: ich.
d) über der Zeile nachgetragen und eingewiesen.
e) über der Zeile nachgetragen und eingewiesen.
f) danach gestr.: leben.
g) am Zeilenende nachgetragen.

1. die, welche.
2. Act 2,31.
3. sc. Hananias (vgl. Act 9,10–18).
4. Joh 20,23.
5. bekannt.
6. Zum Verständnis Bucers von innerer Geisttaufe und äußerer Wassertaufe vgl. *Hammann*, Entre la secte et la cité, S. 202–206 (= Zwischen Volkskirche und Bekenntnisgemeinschaft, S. 168–171).
7. kein biblischer Begriff, aber wohl eine Anspielung an Röm 8,14–17 und Gal 3,26 (vgl. auch Bucers sinngemäße Benutzung des Begriffs der »Kindschaft Gottes« in BDS 6,1, S. 205,2; S. 237,8–10; BDS 6,3, S. 199,23; BDS 7, S. 101,1 f.; BDS 14, S. 159,17); vgl. auch bei Luther die Formulierung: »von Adams sündtlicher kindtschaft in die gnadenreich kindschafft Christi gewandelt« (WA 1, S. 701,38).
8. Mt 28,20.
9. Zu Bucers Auffassung der Disziplin als drittes Wesensmerkmal der Kirche neben der schriftgemäßen Predigt des Evangeliums und der richtigen Verwaltung der Sakramente vgl. etwa BDS 9,1, S. 216,17; BDS 11,1, S. 259,33–260,3; BDS 11,3, S. 187,27–191,22; BDS 12, S. 149,3–7; BDS 14, S. 460,23–461,4; BOL 15, S. 55 und 62–78; vgl. auch *Hammann*, Entre la secte et la cité, S. 109–119 und 175–180 (= Zwischen Volkskirche und Bekenntnisgemeinschaft, S. 95–102 und 147–150).

II.

Neme ich denn das ort[1] Ro. 6, wölte ich vber diese ding nach art vnd ordnung der selbigen worten erkleren vnd furtragen. | *157*[v] / *292* |

[III.]

Daruff wolt ich erzelen, wie das kind herzu komen vnd wie es gelert worden were.

Dem nach, so man des orts anders muste die alte gemeine tauffordnung[2] haben, wolte ich die selbige ordnung auch vor[h] erkleren, das nemlich die alten zur anzeige, das alle, die nit in Christo leben, im gewalt des teuffels seyen, hetten die teuffel von denen, die[i] sie wolten tewffen[j], außgetriben vnd inen vmb rechten verstandt des Euangeli [k]vnd glauben[*k*] gepetten vnd sie mit dem zeychen des creutzes[l], saltzes, des speichels vnd anrürens oren vnd nasen[3] der erhörung soliches gepettes getrostet.

Daruff hett man sie lassen den Satan wider sagen[4] vnd iren glauben bekennen.

Daruff wolt ich recht den exorcismus anfahen, darzu ich[m] aber nit den exorcismum satis, sonder allein nach den ersten worten »Exi, immunde etc.«[5] vnd nach dem zeichen des creutzes das erste gepett | *158*[r] / *293* | »Omnipotens sempiterne pater D[omi]ni nostri Iesu Christi respicere dignare etc.«[6] Deinde ad Exorcismum vellem uti t[antu]m duabus illis orationibus: »Ergo maledicte«[7] primo et »Audi maledicte«[n8]

h) über der Zeile nachgetragen.
i) vor dem Zeilenanfang nachgetragen.
j) undeutlich korr.
k)–*k)* über der Zeile nachgetragen und eingewiesen.
l) über der Zeile nachgetragen.
m) über der Zeile nachgetragen.
n) danach gestr.: Subiicerem orationem Aeternam et iustissimam.

1. die Bibelstelle. Bucer meint die Perikope Röm 6,3–14 (vgl. oben S. 423,5–7).
2. Möglicherweise gemeint ist eine vorreformatorische Ordnung wie die Straßburger Taufordnung von 1513 (›Agenda siue Exequiale sacramentorum. Et eorum que in ecclesijs aguntur‹, Straßburg: Reinhard Beck d. Ä. 1513; Edition in: *Kawerau*, Liturgische Studien, S. 411–415); diese wurde am 24. Juni 1524 durch die deutsche Taufordnung von Theobald Nigri ersetzt (Edition in: *Sehling*, EKO XX/1, S. 124–127); eine weitere evangelische Taufagende folgte 1537 (Edition in: *Sehling*, EKO XX/1, S. 266–269).
3. Vgl. unten S. 427,6.
4. Zur *Abrenuntiatio diaboli* in evangelischen Taufordnungen vgl. *Jordahn*, Der Taufgottesdienst, S. 357, 360, 417, 466f. und 470. Vgl. auch Bucers knappe Erwähnung derselben in ›Von der waren Seelsorge‹, BDS 7, S. 170,6–9.
5. Zum Gebet »Exi immunde spiritus ab hac creatura dei et da locum advenienti spiritui sancto paraclyto« vgl. *Kawerau*, Liturgische Studien, S. 411.
6. Das vollständige Gebet aus der ›Agenda Argentinensis‹ (»Omnipotens sempiterne deus, pater domini nostri Jesu Christi, respicere dignare famulum tuum [...]«) wird in *Kawerau*, Liturgische Studien, S. 411 wiedergegeben.
7. »Ergo maledicte diabole recognosce sententiam tuam [...]« (*Kawerau*, Liturgische Studien, S. 412).
8. »Audi maledicte sathana adiuratus per nomen eterni dei et salvatoris nostri, filii eius, Jesu Christi [...]« (*Kawerau*, Liturgische Studien, S. 413).

Pro Euangelio de pueris apportatis[1] legerem Euangelion Matth. ult[imo][o], Iohannes 3: »Amen, amen dico tibi, nisi quis renatus fuerit«[2] usque »quia non credidit in nomen unigeniti filii Dei«[3].

Post Euangelium facerem pro more populi orare pro Baptizanda Et preces eius clauderem Collecta »Aeternam et iustiss[imam] pietatem tuam«[4]. Nostra signa adderem tactus cum sputo aurium et narium[5] et subiecta explicatione maiore signarum. Ut »Effeta«[p][6], wird eroffnet, zu hören[q] das wort deines gottes vnd herren »in oderem suavitatis«[7], das du verstandest vnd liebest, was recht vnd gott gefellig ist. | *158*[v] / *294* |

Daruff solle dann der catechismus folgen vnd sie gefragt werden:

»Begerestu den tauff, Hastu auch erkennet vnd glaubest, was ich hie vor vnd ietzund von[r] Gott vnd unserem Herren Christo vnd dem h[eiligen] geyst, von seiner kirchen, [s]rewend vnd leydt deine sund[s], tauff, verzeyhung der sunden christlich vnd ewigen leben gelert habe?«

Ant[wort]: »Ia«.

»Wiltu denn [t]deine sunde bekennen[t], dem Satan absagen, deinen glauben bekennen, buß vnd besserung antretten, dich in gehorsam der kirchen begeben?«

Ant[wort]: »Ich will«.

»Was bekennestu Christum von deinen sunden?«

Ant[wort]: »Das ich leyder entpfangen vnd geporen bin in schwerem onwissen vnd onglauben Gottes, mit bosen geystern, begyrden vnd lusten, [u]da durch ich meinen Gott vnd schepfer imer widerwertig, ongehorsam vnd widerspenstig bin[u]; das mich allein glustet[8], was gott hasset, vnd myr zu wider ist, was gott gepeutet[9]. In

o) danach gestr.: Datum est mihi vel Marci ult. Ite in universum mundum vel.
p) über der Zeile nachgetragen.
q) korr. aus: höret.
r) danach gestr.: vn-.
s)–*s)* über der Zeile nachgetragen und eingewiesen.
t)–*t)* über der Zeile nachgetragen und eingewiesen.
u)–*u)* vor den linken Rand geschrieben und eingewiesen.

1. Mt 19,14 par.
2. Joh 3,5.
3. Joh 3,18.
4. »Eternam ac iustissimam pietatem tuam deprecor, domine sancte, pater omnipotens, eterne deus, luminis autor et veritatis [...]« (*Kawerau*, Liturgische Studien, S. 413).
5. Vgl. die Anweisung in der ›Agenda Argentinensis‹: »Deinde sacerdos spuat ad manum sinistram et intingat pollicem dextre manus in sputo et faciat cum huiusmodi pollice in auriculam dexteram infantis crucem et dicat: ›Effeta quod est adaperire‹. Ad nares autem: ›In odorem suavitatis‹. Deinde in auriculam sinistram et dicat: ›Tu autem effugare diabole appropinquabit enim iudicium dei‹« (*Kawerau*, Liturgische Studien, S. 414).
6. Vgl. oben Anm. 5.
7. Vgl. oben Anm. 5.
8. sc. gelüstet.
9. gebietet.

solichem meinem onwissen, onglauben vnd verkerten sein hab ich alle meine tag Gott, meinen schepfer, vnd seinen lieben son Iesum Christum vnd den h[eiligen] geyst verachtet, geschmehet vnd seine gepott filfeltig vbertretten«. | *159*[r] / *295* |

»Ist dir aber das von hertzen leyd vnd[v] begerest, glaubest[w] vnd hoffest verzeyhung aller diser deiner sunden, [x]die gnad vnd kindschafft Gottes[x] zu entpfahen von Gott, vmb des tods vnd vfferstendnuß willen seines lieben sons, ietz durch den dienst der kirchen in dem heyligen tauff?«

Ant[wort]: »Ia«.

»So heb vff deine finger vnd versprich dis: Wider sagstu den Satan?«[1]

»Ich wider sag«.

»Was ist der Satan?«[y]

»Es sind alle[z] bose geyst, die die menschen imer von Gott zum allen argen vnderstohn[2] abzuziehen vnd zu verderben«.

Vnd wolts da lassen den spruch Ephes[iorum] ulti[mo][a] »wyr haben nit zu kempfen mit[b] fleisch vnd blut«[3] etc. und 1. Pet. 5[8]: »Seint nuchteren vnd wachet«.

»Wider sagstu allen seinen wercken?«

»Ich wider sage«.

»Welche sind die?«

Da wolte ich sie lassen erzelen[4] die werck des fleisch, Gal. 5[19–21].

»Vnd allen seinen bracht, ›pompas‹?«

»Ich wider sag«.

»Welches ist sein prach?«

»Gepreng falsches gottesdienstes vnd stoltz weltlicher vppikeyt«. | *159*[v] / *296* |

»Glaubestu[c] Gott vatter?«

Ant[wort]: »Ich glaub«.

»Was glaubstu von im?«

v) über der Zeile nachgetragen und eingewiesen.
w) vor dem Zeilenanfang nachgetragen.
x)–*x)* vor den linken Rand geschrieben und eingewiesen.
y) danach gestr.: der.
z) über der Zeile nachgetragen.
a) über der Zeile nachgetragen und eingewiesen.
b) danach gestr.: blut vnd.
c) danach gestr.: In.

1. Vgl. die ähnliche Formulierung in der von Theobald Nigri verfaßten Straßburger Taufagende von 1524 (*Sehling*, EKO XX/1, S. 126).
2. sich vornehmen.
3. Eph 6,12.
4. aufzählen.

Da wolt ich auß Doctor Luthers[1] oder vnserem kleinen schulcatechismus[2] lassen antworten vff alle drey haupt antworten[3].

»Wiltu dich denn alßo Gott Vatter, son vnd heiligen geist[d], allein deinem Gott, [e]heylandt vnd lehrer[e] gentzlich vertrawen vnd dich[f] ergeben in die gantze[g] gehorsam seines h[eiligen] Euangeli?«

Ant[wort]: »Ich will«.

»Wilt dich in seiner gemeinden gegen seinen dieneren vnd allen Christen halten in warer gottes vorcht vnd gotseliger vnderthenigkeyt vnd liebe, dich lassen straffen in sonderheyt vnd von gemeiner kirchen wegen, alle solche straffen alß von Gott selb beschehen bey dyr lassen gelten, dich bessren etc.?«, wie im[h] Catechismo[4].

»Wolan, weyl du das auss dyr selb nit vermagst, sonder der h[eilige] geyst muͦß | *160*[r] / *297* | alles das in dyr wircken, vmb solichs[i] wollen wir betten« vnd wolt dann die Collect[j] betten: »O ewiger Gott vnd vatter, der du durch deinen heyligen geist[k] den leyb deiner kirchen teglich meerest, sterckst vnd zierest, geuß [l]den geyst[l] vnd[m] diese deiner salb auß auch in das hertz diser deiner magd, das sie durch den selbigen[n] im heyligen tauff werde newgeporen, erlauthert, geleret vnd gestercket, dich[o] alle tage ires lebens vnd in ewigkeyt[p] zu loben vnd zu[q] preysen mit allem irem hertzen, mundt vnd leben[r] durch vnseren herren Iesum Christum«.

Daruff mage man das oel anstreichen alß ein zeichen [s]der erhörung deß gepetts, das[5] man auch nit weiter erkleren solle[s].

d) danach gestr.: gentz.
e)–*e)* über der Zeile nachgetragen und eingewiesen.
f) am Zeilenende nachgetragen.
g) über der Zeile nachgetragen und eingewiesen.
h) danach gestr.: cathe-.
i) am Zeilenende nachgetragen.
j) davor am linken Rand von der Hand Konrad Huberts mit rotem Stift: Collecta.
k) über der Zeile nachgetragen und eingewiesen.
l)–*l)* vor dem Zeilenanfang nachgetragen.
m) über der Zeile nachgetragen und eingewiesen.
n) danach gestr.: d-.
o) vor dem Zeilenanfang nachgetragen.
p) danach gestr.: dich.
q) von Bucer im Wortzwischenraum nachgetragen.
r) danach gestr.: unleserliches Wort.
s)–*s)* vor den linken Rand geschrieben und eingewiesen.

1. Gemeint ist der Abschnitt BSELK, S. 870–872 (= BSLK, S. 510f.).
2. Folgende Katechismen Bucers kommen hier in Frage: ›Der kürtzer Catechismus und erklaͤrung der XII stücken Christlichs glaubens‹ von 1537 (Bucer-Bibliographie 79) und ›Der Kürtzer Catechismus. Das ist Christliche underweisung von den Articklen unsers Glaubens‹ von 1543 (Bucer-Bibliographie 130).
3. Gemeint ist der Abschnitt BDS 6,3, S. 179,12–191,5 und 195,26–199,18 (Katechismus von 1537) oder ebd., S. 232,31–237,2 (Katechismus von 1543).
4. Vgl. etwa BDS 6,1, S. 191,32–194,33 sowie S. 199,28–32 (Katechismus von 1537) und ebd., S. 248,21–252,11 (Katechismus von 1543).
5. welches.

Es sollen auch alle vorigen collecten in deutsch gesungen[t] werden, ob man sie gleich auch zu latin müste sprechen. | *160*[v] / *298* |

Daruff fragt man wieder, Ob sie dann den tauff begere.

Daruff touffet man sie, vnd streiche ir dann den Chrisam an mit voriger erklerung, vnd alßo will man, Erklere man auch das zeychen des weyssen kleydts[1] vnd lege ir das an mit gewöhnlichen gepetten vnd segen.[u]

t) konj. für: gesungt.
u) darunter von der Hand Konrad Huberts: Informatio ad Petrum N. diaconum Badensem, pro baptizanda puella Judaea, Anno 1546. Deudsch.

1. Vgl. die Anweisung in der ›Agenda Argentinensis‹: »Accipe vestem candidam, sanctam et immaculatam, quam perferas ante tribunal Christi, ut habeas vitam eternam« (*Kawerau*, Liturgische Studien, S. 415).

Nr. 18
Gutachten zur möglichen Teilnahme Straßburgs am Trienter Konzil
De synodo sententia

[Ende Oktober 1547]

bearbeitet von Stephen E. Buckwalter

Einleitung

1. Entstehung und Inhalt

Die im folgenden edierte Schrift ist der Nachwelt nur deshalb erhalten geblieben, weil der Stralsunder Bürgermeister Bartholomäus Sastrow[1] sie in der irrigen Meinung, es handele sich bei ihr um ein Gutachten Melanchthons, 1595 in seine Autobiographie aufnahm. Eine Veröffentlichung im eigentlichen Sinne erfuhr die Schrift erstmals 1824, als der Stralsunder Pfarrer Gottlieb Mohnike[2] die bisher nur handschriftlich überlieferte Autobiographie Sastrows einschließlich dieser ›Sententia‹ in den Druck gab[3]. Bereits 1839 stellte aber Karl Gottlieb Bretschneider bei der Arbeit am Corpus Reformatorum fest, daß die Autorschaft Melanchthons ausgeschlossen sei und daß als Verfasser viel eher Martin Bucer in Frage komme[4].

Für eine Datierung der Schrift sind wir gänzlich auf ihren Inhalt angewiesen.

I. Über den weiteren Tagungsort des in Trient begonnenen Konzils herrscht Uneinigkeit: Der Papst wünscht die Verlegung nach Bologna, der Kaiser und die ihm anhängenden Bischöfe einen weiteren Verbleib in Trient [265 f.].

II. Die evangelischen Stände stehen unter Druck sowohl von päpstlicher als auch von kaiserlicher Seite, sich von vornherein zum Gehorsam gegenüber etwaigen Beschlüssen des Konzils zu verpflichten [266 f.].

1. Geb. 1520, gest. 1603; zu ihm vgl. ADB 30, S. 398–408; DBE 8, S. 522; DBE² 8, S. 708.

2. Geb. 1781, gest. 1841; zu ihm vgl. ADB 22, S. 62–64.

3. *Mohnike*, Bartholomäi Sastrowen Herkommen, Geburt und Lauff seines gantzen Lebens, 2. Theil, S. 265–269.

4. CR 6, Sp. 791: »Nullo modo a Melanthone scriptum est. Potius est Buceri scriptum ad Senatum Argentinensem, in quo sententiam suam dicit de ea re, de qua Jacobus Sturmius, legatus Argentinensium in comitiis Augustanis, ad Senatum scripserat. Ibi enim postquam liber Augustanus Caesari exhibitum fuerat, Ioachimus, Elector Brandenburgicus, qui conciliatione valde studebat, Sturmium et Senatum Argent. per literas oravit, ut Bucerum mitterent Augustam, qui etiam sub exitum mensis Ianuarii eo profectus est. [...] Nolui igitur hoc scriptum Melanthonis operibus inserere«.

A. Einige, die die reine Lehre in ihrem Gebiet bereits eingeführt haben, wie der Markgraf von Brandenburg-Kulmbach, scheinen bereit zu sein, ein solches Gehorsamsversprechen abzulegen.
B. Einige Evangelische werden durch die versprochene Milde des Kaisers dazu verleitet, einer Diskussion über strittige Fragen wie die Messe, die monastischen Gelübde, die Anrufung der Toten und die Glaubensgerechtigkeit auszuweichen.
C. Ratlosigkeit und Verunsicherung kennzeichnen die evangelische Partei.

III. Die Haltung Straßburgs zum Trienter Konzil
A. Grundlegend zum Vorgehen des Straßburger Rates ist die Überzeugung, daß Messe und Heiligenanrufung eindeutig götzendienerischen Charakter haben.
B. Wenn man von einem legitimen Gericht mit geeigneten Richtern ausgehen könnte, dürften durchaus Vertreter des Rates vor einer Synode erscheinen und Rechenschaft ihres Glaubens ablegen [267 f.].
C. Ein Versprechen, sich den Beschlüssen des Konzils von vornherein zu fügen, darf der Stadt nicht abverlangt werden.
D. Ein solches Versprechen würde der Willkür der Richter Tür und Tor öffnen.
E. Das Argument, ein solches Versprechen sei notwendig, um die Autorität des Konzils zu festigen, hat keinen Bestand.
F. Weil bereits feststeht, daß das Trienter Konzil in bezug auf die Erbsünde und die Glaubensgerechtigkeit irrt, und anzunehmen ist, daß es götzendienerische Praktiken wie die Messe und die Anrufung der Heiligen bestätigen wird, kann die Stadt Straßburg unmöglich versprechen, sich dessen Beschlüssen zu fügen [268 f.].

IV. Bucer beteuert zum Schluß sein Mißfallen an zweierlei [269]:
A. Daß die Evangelischen ohne jegliche Erklärung vom Konzil fernblieben.
1. Verbindliche Synodalbeschlüsse, etwa zu der Täuferfrage, sind nämlich durchaus notwendig.
2. Die Evangelischen hätten von vornherein auf einer Instanz mit unparteiischen Richtern bestehen sollen, die ein legitimes Urteil hätten fällen können.
3. Eine derartige Antwort hätte im Ausland Achtung vor der evangelischen Partei hervorgerufen.
4. Eine glatte Ablehnung kommt der *contumacia* gefährlich nahe.

B. Daß der Kaiser vor Abschluß der Verhandlungen von allen das Versprechen gefordert hat, den Konzilsbeschlüssen zu gehorchen.

Die hier angestellten Überlegungen lassen diese Schrift in die Diskussionen einordnen, die in Straßburg bezüglich einer möglichen Teilnahme am Trienter Konzil Ende Oktober 1547 geführt wurden[1]. Am 20. Oktober etwa berichteten Vertreter der Stadt aus Augsburg, dass der Kaiser fordere, »dass man sich den Beschlüssen des

1. Vgl. bes. Pol. Cor. IV/2, Nr. 682, S. 779–782.

Konzils von Trient fügen soll«[1]. Die ›Sententia‹ kann als Stellungnahme Bucers in dieser Debatte verstanden werden.

2. Überlieferung

Als Grundlage unserer Edition dient: Stralsund StArch, Hs. 386a (»Bartholomäus Sastrow, Herkommen und Lauf seines ganzen Lebens«), Bd. 1, fol. 296^{v}–298^{r}. Hierbei handelt es sich aller Wahrscheinlichkeit nach um ein Autograph Sastrows[2], an dem eine unbekannte Hand geringfügige Korrekturen vorgenommen hat.

1. Ebd., S. 781; vgl. auch *Gerber*, Jakob Sturms Anteil, S. 170f.
2. Freundliche Mitteilung von Dr. Andreas Neumerkel, Stadtarchiv Stralsund.

| *296*v | De Synodo Philippi Melanchtonis[1] Sententia

Audio adhuc dissentire papam[2] et Imperatorem[3] de Synodo, quod alter vult valere Tridentinam, alter Bononiensem.[4] Ideo fortassis aliqui status petent, ut in Germania constituatur compositio aliqua seu ecclesiarum Conciliatio, cum Synodi ipsae inter se disceptent. Et si moriatur[a] hic papa[5], futurum videtur, ut sponte dilabantur Synodi. Sed Caesar non volet adduci, ut relinquat viam ordinariam. Ideo si vigebit[6], mentionem Concilii, ut futurum esse non dubito, habebit assentientes Episcopos, Ducem Bavaricum[7], Juliacensem[8], | *297*r | Brunsvicensem[b][9] et alios. Et hi iam ante cognitionem promittent, se obtemperaturos esse decretis Synodi sine[c] ulla disputatione; fortassis et multi, qui hactenus in Ecclesiis suarum Civitatum aut ditionum puriorem doctrinam habuerint, nunc eodem modo, ut Episcopi, promittent, se obtemperaturos esse Synodo, ut fortassis Marchio Albertus[10] et alii quidam.

Et aliquibus Imperator persuadebit hac ratione, quod spem eis faciat, Synodum quaedam concessuram esse nostris ecclesiis, ut usum integri Sacramenti et coniugium Sacerdotum, et aliqui, his articulis contenti, ne disputari quidem volunt contra missam. Ut iam Norinbergae dixit Imperator, cum Senatus commendaret ei discessuro civitatem[11], se futurum eis Dominum clementem, si in politia essent modesti, ut hactenus, et nihil in religione praeter haec, quae iam recepissent[d], novarent.

Haec spes invitabit aliquos, ut etiam promittant, se obtemperaturos esse Synodo. Tales erunt fortassis Norinberga, Marchio Elector[12], dux Mauritius[13]. Nam hi no-

a) mit Mohnike konj. für: moreatur.
b) konj. für: Brunvicensem.
c) von unbekannter Hand korr. aus: si.
d) von unbekannter Hand korr. aus: recipissent.

1. Die Autorschaft Melanchthons ist ausgeschlossen; hierzu und zur wahrscheinlichen Autorschaft Bucers vgl. oben S. 431.
2. Paul III., Alessandro Farnese d. Ä. (1468–1549), Papst seit 1534.
3. Karl V. (1500–1558), seit 1520 Kaiser.
4. Am 11. März 1547 beschlossen die Konzilslegaten, das am 13. Dezember 1545 eröffnete Konzil von Trient nach Bologna zu verlegen; Papst Paul III. unterstützte diese Maßnahme, während Kaiser Karl V. und die Bischöfe aus kaiserlichen Gebieten einen Verbleib in Trient bevorzugten (vgl. *Jedin*, Geschichte des Konzils von Trient II, S. 336–376).
5. Paul III. war zu diesem Zeitpunkt 79 Jahre alt.
6. sc. Karl V.
7. Wilhelm IV. (1493–1550), seit 1508 Herzog von Bayern.
8. Wilhelm V. (1516–1592), seit 1539 Herzog von Jülich, Kleve und Berg.
9. Heinrich II. d. J. (1489–1568), Herzog von Braunschweig-Wolfenbüttel von 1514 bis 1542 und seit 1547 (vgl. Bucers gegen ihn gerichtete Schrift vom April 1539, BDS 12, S. 110–150).
10. Albrecht Alkibiades (1522–1557), Markgraf von Brandenburg-Kulmbach von 1541 bis 1554.
11. Karl V. verließ Nürnberg am 18. Juli 1547 nach zwölftägigem Aufenthalt mit seinem Heer (*von Soden*, Karl V. in Nürnberg, S. 164).
12. Joachim II. (1505–1571), seit 1535 Kurfürst von Brandenburg.
13. Moritz, Herzog von Sachsen (1521–1553), 1541 Nachfolger seines Onkels, Herzog Georg, seit Juni 1547 Kurfürst.

lunt[e] plures quaestiones moveri, ut de missa, de votis, de invocatione mortuorum, de iustitia fidei, existimabunt non necesse esse adversari Synodo et melius esse cum communi ecclesia orbis terrarum concordes quam perpetuam discordiam alere. Alii alias causas et alias conscientias habent de rebus tam obscuris. Ideo non solum leves homines, sed etiam aliqui honesti habebunt diversa iuditia[f1].

Sed quaero, quid facere debet Senatus Argentinesis intelligens missam et invocationem mortuorum prorsus esse idolatrica? Hic respondeo, ut in qualibet causa appellationis aliud est appellare ad iudicem legittimum et aliud est se obligare ad standum sententiae. Argentinensis Senatus appellavit ad Concilium et Caesar recte facit, legittimam Synodum convocans, et nos recte fece- | *297*[v] | rimus, si offeremus nos ad reddendam rationem fidei in Synodo.

Ideo potest Senatus Argentinensis aut similis aliquis, ut Jacobus[2] vel ego[3], Imperatori respondere bona conscientia, quod velint in Synodo comparere[g] et reddere rationem fidei et petant, ut in Synodo instituatur legitima cognitio delectis iudicibus idoneis, item[h] ut detur securitas, ut in iuditiis[4] fieri convenit.

Nec plus debebat postulare Imperator, quasi[i] post cognitionem non obtemperant[j], deinde expectent poenas, ut sit in aliis causis appellationum. Nec Synodi sunt arbitria similia compromissis, ideo non postulandum est, ut aliquis ante cognitionem promittat se obtemperaturum esse, sed sunt iuditia ordinaria, quorum sententiae si quis non obtemperat, postea ad poenam proceditur; idque servatum in Synodo Nicena[5], in qua postulavit Constantinus post cognitionem subscriptiones, neminem antea obligavit.

Et pericula multa sunt in obligatione tali; ipsi iudices securi pronunciant, quod volunt et quod ipsis commodius est, cum sciant se iam habere omnes partes obnoxias et obligatas.

Nec valet haec ratio, quod dicunt, postulari hanc obligationem, ut stabiliatur autoritas Synodorum, quia Synodis non sit contradicendum. Haec ipsa ratio falsa est, quia, etiamsi teneamus, quod Synodis non sit contradicendum, tamen hoc intelligitur de Synodo iam recepta et post cognitionem et non propterea fiat preiuditium[6].

Sed Senatus Argentinensis vel Jacobus vel ego non possumus nunc promittere nos obtemperaturos esse decretis Synodi, cum sciamus iam | *298*[r] | errasse Synodum in

e) von unbekannter Hand korr. aus: volunt.
f) von unbekannter Hand undeutlich korr.
g) von unbekannter Hand korr. aus: comparare.
h) Mohnike konj. hier: ita.
i) von unbekannter Hand korr. aus: quas.
j) Mohnike konj. hier: obtemperent.

1. sc. iudicia.
2. Jakob Sturm (1489–1553), Straßburger Stettmeister.
3. Martin Bucer.
4. sc. iudiciis.
5. Ökumenisches Konzil von Nizäa (20. Mai 325–Juni/Juli 325), einberufen von Kaiser Konstantin I.
6. sc. praeiudicium.

articulis de peccato originis et de fide[1], cum manifeste approbant dubitationem, etiamsi verbis varie ludant. Item cum probabiliter sciamus Synodum confirmaturam esse idolatricos cultus Missarum et Invocationem sanctorum et prorsus novum est petere hanc obligationem, ut partes promittant de[k] decretis Synodi obtemperaturos esse ante cognitionem.

Utrumque mihi displicuit etiam ante hoc tempus:

Primum quod nostri prorsus sine aliqua declaratione defugerunt et recusarunt Synodos. Cum tamen in ecclesia necesse sit esse iuditia et nos ipsi nolumus recusari nostra iuditia in nostris ecclesiis, quando iudicamus de Anabaptistis et similibus. Ideo voluissem initio non prorsus recusasse Synodos, sed respondisse, nos petere, ut Synodus habeatur, et velle in Synodo causam dicere et petere, ut legittima cognitio institueretur, delectis iudicibus non partialibus. Talis responsio apud exteras nationes valde probata fuisset et nihilo fuisset periculosior quam precisa[2] recusatio, quae est similis contumatiae.

Postea etiam hoc displicuit, quod Imperator postulat obligationem, ut ante cognitionem promittant omnes se obtemperaturos esse decretis Synodi.[3]

k) Mohnike konj. hier: se.

1. Bucer hatte sich bereits im Mai 1546 in ›Zwei Decret des Trientischen Concili‹ (Edition in: BDS 15, S. 253–264) mit dem Dekret ›Sacrosancta‹ sowie mit dem sog. ›Vulgatadekret‹ kritisch auseinandergesetzt. Zu den Konzilsverhandlungen über die Erbsünde und die Glaubensgerechtigkeit vgl. *Jedin*, Geschichte des Konzils von Trient II, S. 111–135 und 139–164.
2. sc. praecisa.
3. Vgl. Pol. Cor. IV/2, Nr. 682, S. 781; *Gerber*, Jakob Sturms Anteil, S. 170f.

Nr. 19
Stellungnahme im Kompetenzkonflikt zwischen Pfarrern und Kirchenpflegern

[Herbst 1547]

bearbeitet von Stephen E. Buckwalter

Einleitung

1. Entstehung und Inhalt

Die folgende Stellungnahme reiht sich in die Bestrebungen der Straßburger Prädikanten ein, gegen den Widerstand des Rates eine aktivere Rolle bei der Hebung des sittlichen Standes und der Durchsetzung einer strengeren Kirchendisziplin in Straßburg einzunehmen. Während der Rat diese Aufgabe allein den Kirchenpflegern überlassen wollte, deren Amt ja eigens zum Zweck der Sittenaufsicht am 30. Oktober 1531 ins Leben gerufen worden war[1], bestanden die Pfarrer darauf, ihre Pfarrkinder im Blick auf ihren Lebenswandel selber überprüfen zu dürfen, nicht zuletzt weil sie die Amtsführung der Kirchenpfleger als vollkommen unzureichend empfanden[2]. Mit diesem ›Verzeichnis‹ bemühen sich die Prädikanten, den Ratsherren gegenüber zu beweisen, daß die von ihnen geforderten Aufsichtsrechte für Pfarrer in den bestehenden, vom Magistrat erlassenen Ordnungen verbrieft sind und keine unbefugte Kompetenzerweiterung auf Kosten des Amtes der Kirchenpfleger darstellen[3]. Dem Gemeinwesen zuliebe soll der Rat den Pfarrern erlauben, durch eine aktive Seelsorge in das Leben ihrer Pfarrkinder gestaltend einzugreifen und dadurch die Arbeit der Kirchenpfleger zu unterstützen.

Bucers Gutachten ist in 15 Punkten gegliedert:
Punkte I–V: Die bleibende Geltung der Kirchenordnung von 1534 [1$^{r/v}$]

I. Nach der Kirchenordnung von 1534 kommt Pfarrern und Kirchenpflegern in gleichem Maße die Aufgabe zu, für das geistliche Wohlergehen ihrer Pfarrkinder zu sorgen.

1. Vgl. *Greschat*, Bucer, S. 137f. (= 1. Aufl. S. 127f.); *Sehling*, EKO XX/1, S. 52f. und 225f.

2. Zu diesem Konflikt vgl. *Greschat*, Bucer, S. 238–243 (= 1. Aufl. S. 218–224); *Sehling*, EKO XX/1, S. 52f. und 64f.

3. Bucer ist in diesem Gutachten bemüht, auf die schriftliche Fixierung und somit in gewisser Hinsicht Beurkundung der Rechte der Pfarrer in den gedruckten Kirchenordnungen und Mandaten der Stadt hinzuweisen. Diesen Sinn hat der Name ›Verzeichnis‹ (vgl. *Grimm* 25 [= XII,1], Sp. 2498 und 2501).

II. Die Kirchenordnung von 1534 legte ethische und seelsorgerliche Mindestanforderungen fest, die jede christliche Gemeinschaft erfüllen muß, wenn sie im Einklang mit der Heiligen Schrift stehen will.

III. Das Mandat vom Januar 1539, obwohl in erster Linie an die Kirchenpfleger gerichtet, bestätigt die Kirchenordnung von 1534.

IV. Die Artikel der zweiten Synode vom Mai 1539 unterstreichen die seelsorgerliche Verantwortung der Pfarrer.

V. Auch die gedruckten Mandate des Rates zur Einführung der Reformation fordern von den Pfarrern, sich nach dem Wort Gottes zu richten und dem Aufbau der Gemeinde Christi zu dienen.

Punkte VI–VIII: Grundlegung in der Heiligen Schrift [1^v–2^r]:

VI. Joh 10,1–16 und Ez 34,10–16

VII. Eph 4,1–12

VIII. Act 20,18–35 und I Thess 2,1–12

Punkte IX–XV: Der Kompetenzkonflikt zwischen Kirchenpflegern und Pfarrern [2^r–3^v]

IX. Die Kirchenordnung von 1534 scheint nur Kirchenpflegern das Recht zu geben, Pfarrkinder vorzuladen.

X. Ein explizites, an Pfarrer gerichtetes Verbot, Vorladungen durchzuführen, enthält sie aber nicht.

XI. Pfarrern die Vorladung ihrer Pfarrkinder zu verbieten, widerspricht jeglichem christlichen Recht.

XII. Die ausdrückliche Hervorhebung der Kirchenpfleger in der Kirchenordnung von 1534 geht auf den damaligen Wunsch zurück, sie besonders bei der Bekämpfung von Täufern und Dissidenten einzusetzen und das gute Verhältnis zwischen Kirchenvolk und evangelischer Geistlichkeit wiederherzustellen; in ihrer Mehrheit erfüllen aber die Kirchenpfleger ihre Aufgabe nicht.

XIII. Den aktiven Aufbau christlicher Gemeinschaft darf man nicht unter dem Vorwand verhindern, es fehle dafür ein expliziter Auftrag.

XIV. Die Förderung der Gemeinde Christi in gegenseitiger Liebe ist der Auftrag aller – der Obrigkeit, der Laien und der Pfarrer. Wenn Obrigkeit und Laien diese Aufgabe vernachlässigen, kann man sie den Pfarrern nicht verbieten.

Zusatz [3^v]:

XV. Man darf diesem Ansinnen der Pfarrer nicht unter dem Vorwand widerstehen, was hier gut beginne, könne sich leicht in seinem Gegenteil verkehren, wie beim Papsttum und Täufertum geschehen. Man kann nicht Böses verhüten, indem man das Gute, das Gott befohlen hat, unterläßt. Christi Befehl zu folgen, könne nichts anderes als »alles gutes vnd gewisses heil der selen bringen«.

Als Datum der Schrift darf man den Herbst 1547 vermuten[1], als der Konflikt zwischen Stadtrat und Pfarrern bezüglich der jeweiligen Kompetenz von Kirchenpflegern und Pfarrern einen neuen Höhepunkt erreichte.

2. Überlieferung

Diese Schrift ist in zwei Handschriften überliefert:

a: Straßburg StArch, AST 16, Nr. 74, unfoliiert (die Foliierung stammt vom Bearbeiter). Hierbei handelt es sich um eine Abschrift von der Hand Konrad Huberts mit eigenhändigen Korrekturen Bucers. Im 20. Jahrhundert ist sie, vermutlich von Jean Rott, auf das Jahr 1547 datiert worden.

b: Wien ÖNB, Cod. 11794, fol. 145^r–147^r. Hierbei handelt es sich um eine Abschrift von unbekannter Hand. Unmittelbar darauf (fol. 147^v–166^v) folgt eine weitere, bisher unbekannte Überlieferung der Schrift Bucers ›Kurtzer vnderricht vnd grunde, christliche gemeinschafft vnnd zucht anzurichten vnd zuhalten‹ vom 9. November 1547 (BDS 17, S. 256–290).

1. Dafür spricht die durch Jean Rott vorgenommene Datierung auf Handschrift a und die archivalische Einordnung der Wiener Handschrift b.

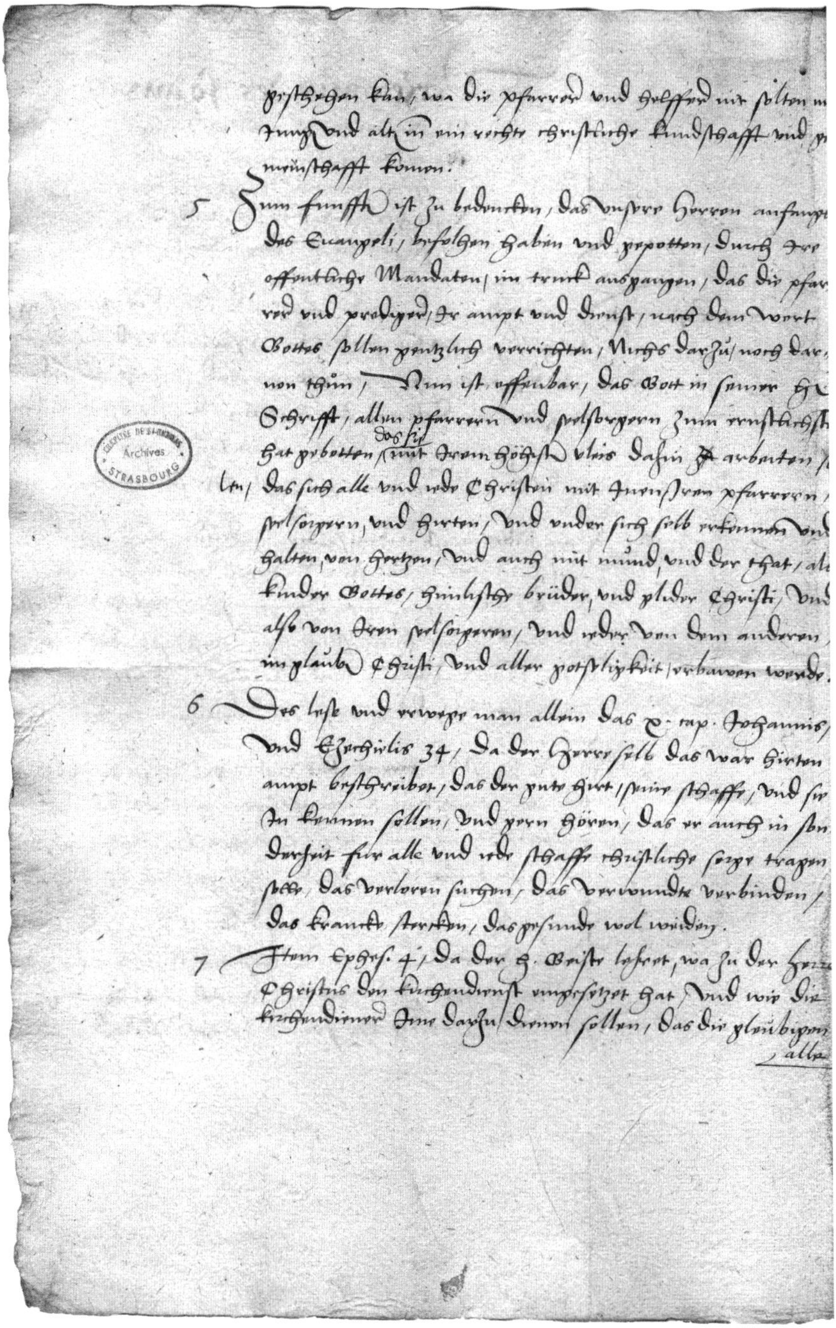

geschehen kan, wo die pfarrer und helffer nit solten m
iung und alt in ein rechte christliche kundschafft und ge
meinschafft komen.

5 Zum funfften ist zu bedencken, das unser herren anfangs
des Euangelii, befolhen haben und gepotten, durch ire
offentliche Mandaten, im truck ausgangen, das die pfar-
rer und prediger, ir ampt und dienst, nach dem wort
Gottes sollen gentzlich verrichten, nichts darzu, noch dar-
von thun, Nun ist offenbar, das Gott in seiner he
schrifft, allen pfarrern und selsorgern zum ernstlichst
hat gebotten, das sie mit irem hochsten vleis dahin zu arbeiten,
ten, das sich alle und ide Christen mit iren pfarrern,
selsorgern, und hirten, und under sich selb erkennen und
halten, von hertzen, und auch mit mund, und der that, al
kinder Gottes, heiligsten brüder, und glider Christi, und
also von iren selsorgern, und ieder von dem anderen,
im glauben Christi, und aller gotseligkeit erbawen werde.

6 Des lese und erwege man allein das x. cap. Johannis,
und Ezechielis 34, da der herr selb das war hirten
ampt beschreibet, das der gute hirt seine schaffe, und sie
in kennen sollen, und gern hören, das er auch in sein
dersit fur alle und ide schaffe christliche sorge tragen
solle, das verloren suchen, das verwundte verbinden,
das krancke stercken, das gesunde wol weiden.

7 Item Ephes. 4, da der h. Geist leret, wa zu der herr
Christus den kirchendienst ingesetzet hat, und wie die
kirchendiener ime darzu dienen sollen, das die gleubigen
alle

Straßburg StArch, AST 16, Nr. 74, fol. 1v

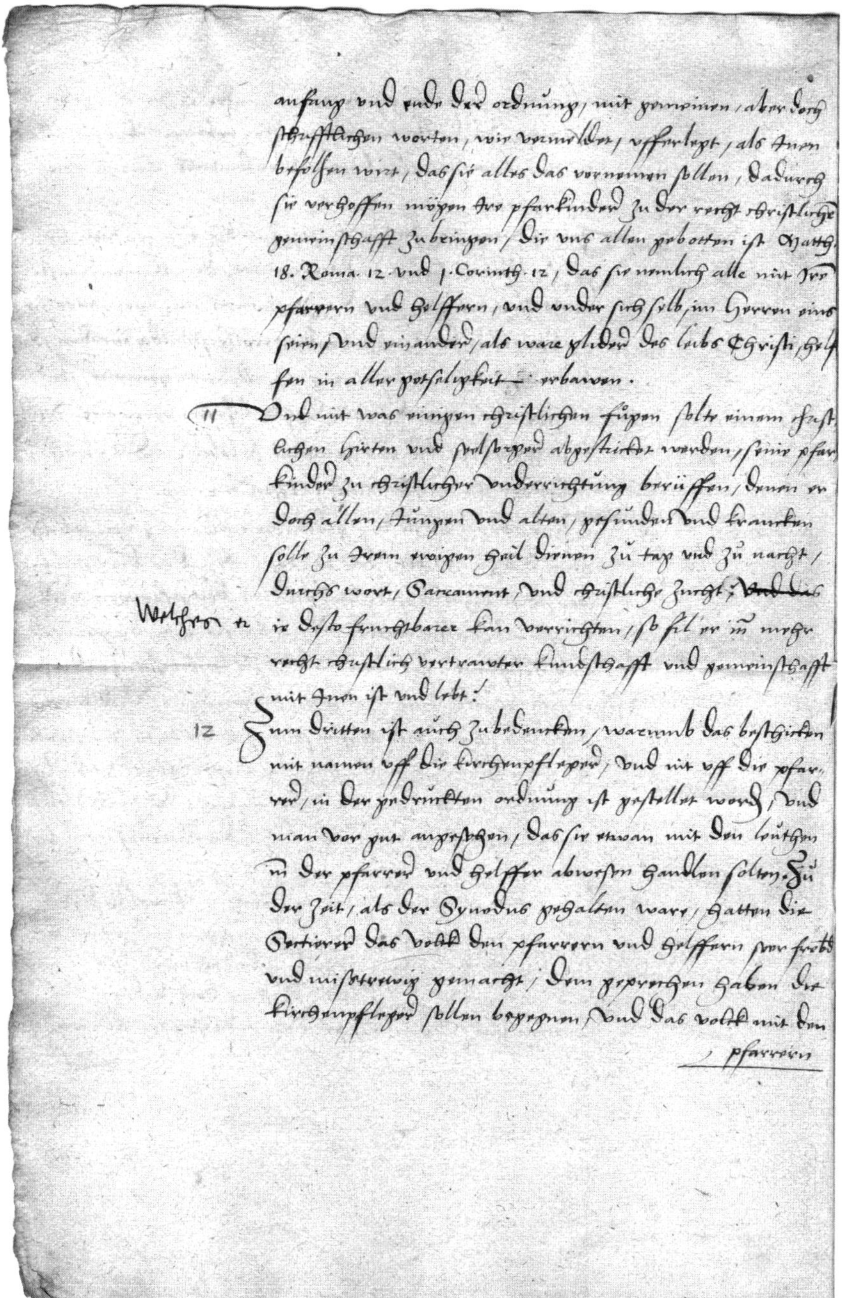

anfang und ende der ordnung, mit gemeinen, aber doch
schrifftlichen worten, wie vermeldet, vfferlegt, als inen
befolhen wirt, das sie alles das vernemen sollen, dadurch
sie verhoffen mögen ire pfarkinder zu der recht christliche
gemeinschafft zubringen, die uns allen gebotten ist Matth.
18. Roma. 12. und 1. Corinth. 12, das sie nemlich alle mit irer
pfarrern und helffern, und under sich selb, im Herren eins
seien, und einander, als ware glider des leibs Christi, hel-
fen in aller gotseligkeit erbauen.

11 Und mit was einigen christlichen fugen solte einem geist-
lichen hirten und seelsorger abgestricket werden, seine pfar-
kinder zu christlicher underrichtung berüffen, denen er
doch allen, jungen und alten, gesunden und krancken
solle zu irem ewigen heil dienen zu tag und zu nacht,
durchs wort, Sacrament, und christliche zucht; ~~Und die~~
Welches etc. ie desto fruchtbarer kan verrichten, so fil er in mehr
recht christlich vertrawter kundschafft und gemeinschafft
mit inen ist und lebt.

12 Zum dritten ist auch zubedencken, warumb das beschicken
mit namen uff die kirchenpfleger, und nit uff die pfar-
rer, in der getruckten ordnung ist gestellet worden, und
man vor gut angesehen, das sie etwan mit den leuthen
in der pfarrer und helffer abwesen handlen solten. Zu
der zeit, als der Synodus gehalten ware, hatten die
Sectirer das volck den pfarrern und helffern seer fremd
und misstrewig gemacht; dem zuvorkhomen haben die
kirchenpfleger sollen begegnen, und das volck mit den

pfarrern

Straßburg StArch, AST 16, Nr. 74, fol. 2v

Text

| *1*[r] | Verzeichnis[1] des, so aus m[einer] g[nädige]n Herren Kirchenordnung[2] zu beforderung christlicher gemeinschafft zu vermercken ist, aus beuelh vnser gepietenden Herren vnd Kirchenpflegerr zu S[ankt] Thoman[3] verzeichnet

[a]Erstlich ist[a] Zu mercken in der gedruckten ordnung[4], das von anfang der selbigen gesetzet ist, das den pfarrerrn vnd helffern mit den kirchenpflegeren gepüret vnd zu staht, alles das vorzunemen, dadurch zu verhoffen, die kirchspielkinder dahin zu vermögen, das sie Jren tauff recht erkennen vnd sich in gantze gemeinschafft[b] Christi begeben.[5] 2

Zum anderen ist in der selbigen ordnung auch besonders wol zu mercken, das zu ende deren vermeldet wirt[6], das die nit mögen ware Christen sein, welche den dienst vnd beforderung zu christlicher gemeinschafft, der vns Matth. 18[15–17] vnd Roma. 12[2–10] vnd 1. Corinth. 12[4–31] ist vorgeschriben, nit wolten einanderr beweisen vnd beweisen lassen. 3

Zum dritten ist zu mercken, das vnsere g[nädige]n h[erre]n zu Jr geschriben erkantnis, den Kirchenpflegern erkandt[7], die vermeldte, gedruckte ordnung[8] aller dingen bestettigen, ob sie wol in sonderheit allein vff der kirchenpflegerr beuelch tringen[9]. 4

Zum fierden ist zu mercken, das inn der Ordnung des anderen Synodi[10] im

a)–*a)* vor dem Zeilenanfang nachgetragen: a.
b) gemein: b.

1. Zum Namen der Schrift vgl. oben S. 439, Anm. 3.
2. sc. die am 24. Juni 1534 abgeschlossene und im selben Jahr gedruckte Straßburger Kirchenordnung (Bucer-Bibliographie 65; Edition in: BDS 5, S. 24–41; *Sehling*, EKO XX/1, S. 230–245).
3. Aus jeder der sieben Pfarrkirchen Straßburgs wurden je drei Männer zu Kirchenpflegern gewählt (vgl. *Sehling*, EKO XX/1, S. 52 f.).
4. Vgl. oben Anm. 2.
5. Bucer bezieht sich wahrscheinlich auf den Abschnitt BDS 5, S. 37,4–10 (= *Sehling*, EKO XX/1, S. 241).
6. Vgl. BDS 5, S. 38,9–14 (= *Sehling*, EKO XX/1, S. 242).
7. Gemeint ist das nur schriftlich überlieferte Mandat »vom fürbeschicken«, d. h. zur Vorladung vor die Kirchenpfleger, vom 29. Januar 1539 (*Sehling*, EKO XX/1, S. 64 f. und S. 288 f.; QGT 15 [Elsaß III], Nr. 890, S. 308–310).
8. d. h. die gedruckte Kirchenordnung von 1534 (vgl. oben Anm. 2).
9. Gemeint ist der Abschnitt QGT 15 (Elsaß III), S. 309,12–18; *Sehling*, EKO XX/1, S. 288 f.
10. Gemeint sind die Artikel, die die zweite Synode der Straßburger Kirche (26. bis 28. Mai 1539) verabschiedete, aber erst am 11. August 1544 veröffentlicht wurden (Edition in: BDS 6,2, S. 234–249; *Sehling*, EKO XX/1, S. 332–343); zur zweiten Synode vgl. *Greschat*, Bucer, S. 165 f. (= 1. Aufl. S. 154); BDS 6,2, S. 191–202; *Sehling*, EKO XX/1, S. 69; zu weiteren hierbei entstandenen Dokumenten vgl. BDS 6,2, S. 203–233 und QGT 15 (Elsaß III), Nr. 920, S. 330–337.

anderen vnderscheid staht[1], das die pfarrerr vnd helfferr sollen bei dem volck, Jungen vnd alten, sehen, was jr predig vor frucht bringe, Welches ie nit | 1v | geschehen kan, wa die pfarrerr vnd helfferr nit solten mit Jungen vnd al-
5 ten in ein rechte christliche kundschafft vnd gemeinschafft komen.

Zum funfften ist zu bedencken, das vnsere Herren[2] anfangs des Euangeli befolhen haben vnd gepotten, durch Jre offentliche Mandaten im truck ausgangen[3], das die pfarrerr vnd predigerr Jr ampt vnd dienst nach dem wort Gottes sollen gentzlich verrichten, Nichs darzu noch daruon thůn[4]. Nun ist offenbar, das Gott in seiner h[eilige]n Schrifft allen pfarrern vnd seelsorgern zum ernstlichsten hat gebotten, [c]das sie[c] mit Jrem[d] höhisten vleis dahin[e] arbeiten sollen[f], das sich alle vnd iede Christen mit Jnen – jren pfarrern, seelsorgern vnd hirten – vnd vnder sich selb erkennen vnd halten von hertzen vnd auch mit mund vnd der that als kinder Gottes, himlische brüder vnd glider Christi vnd also von Jren seelsorgeren vnd ieder von dem anderen im glauben
6 Christi vnd aller gotseligkeit erbawen werde.

Des lese vnd erwege man allein das x. cap. Johannis[5] vnd Ezechielis 34[10–16], da der Herre selb das war hirten ampt beschreibet: das der gute hirt seine schaffe vnd sie jn kennen sollen vnd gern hören; das er auch in sonderheit fur alle vnd iede schaffe christliche sorge tragen solle, das verloren suchen, das
7 verwundte verbinden, das krancke stercken, das gesunde wol weiden.[6]

Jtem Ephes. 4[11–12], da der h[eilige] Geiste lehret, wa zu[7] der herre Christus den kirchendienst eingesetzet hat vnd wie die kirchendienerr Jme darzu dienen sollen, das die glaubigen | 2r | alle recht zusamen gefüget, ann einanderr in Jm hangen vnd wachsen vnd alle einander helffen erbawen, das sie alle in ei-
8 nigkeit des glaubens vnd erkantnis Christi komen in der liebe.

Jtem Actorum 20[17–38], da der h[eilig] Paulus die Elteren[8] von Epheso zu Mileto lehret vnd vermanet, den kirchendienste recht zu verrichten, vnd mit namen anzeiget, wer nit an dem blůt der verderbenden wölle schuldig werden, das der müsse die Jm befolhen nit allein in gemein, sonder auch zu

c)–*c)* von Bucer über der Zeile nachgetragen und eingewiese: a.
d) möglicherweise von Bucer korr. aus: jren: a.
e) danach gestr.: zu: a.
f) von Bucer am Ende der Zeile und vor dem Anfang der nächsten Zeile nachgetragen: a.

1. Tatsächlich steht der von Bucer hier paraphrasierte Abschnitt im dritten Absatz des ersten Artikels (BDS 6,2, S. 235,3–11 = *Sehling*, EKO XX/1, S. 332 f.).
2. der Straßburger Rat.
3. Gemeint ist das Mandat zur Predigt des Evangeliums vom 1. Dezember 1523 (*Sehling*, EKO XX/1, S. 32 f. und S. 118 f.; *Moeller*, L'édit strasbourgeois, S. 57 f.).
4. Vgl. *Sehling*, EKO XX/1, S. 118; *Moeller*, L'édit strasbourgeois, S. 58.
5. Joh 10,1–16.
6. Hier nimmt Bucer Motive auf, die in seiner Schrift ›Von der waren Seelsorge‹ (BDS 7, S. 67–241) eine zentrale Rolle spielen.
7. wa zu: wozu.
8. Ältesten.

haus vnd in sonderheit lehren, vermanen vnd bezeugen, dem Herren gentzlich zu leben[1]. Des gleichen lehret der h[eilige] Apostel auch 1. Thessal., 2. cap.[2]. 9

Nun aber wirt in der gedruckten ordnung[3] von etlichen auch das gemercket, das das beschicken[4] der kirchspilkinderr den kirchenpflegern vnd nit den pfarrern vnd helffern beuolhen werde[5], Vnd das sie auch die pfarrerr vnd helffer nit dörffen, wann sie leut beschicken, darzu nemmen, es falle Jnen dann etwas schweres fur, Vnd meynen daherr, die pfarrer vnd helffer sollen sich die leuth zu beschicken nit vndernemen[6], wann[7] das schon die kirchenpflegerr vnderlassen. Darauff antworten wir Erstlich, das zu S[ankt] Thoman noch alle beschickung der leuthen durch die kirchenpflegerr beschehen ist. 10

Zum andern ist das aber auch zu mercken: ob wol in diserr ordnung das beschicken vmb mehr ansehens vnd frucht willen den kirchenpflegeren vnd nit den pfarrern mit namen vnd ausdrucklich ist befolhen, so ist es doch dadurch den pfarrern vnd helffern nit verbotten – Ja, ist Jnen fil mehr imm |2v| anfang vnd ende derr ordnung mit gemeinen, aber doch schrifftlichen worten, wie vermeldet, vfferlegt, als Jnen befolhen wirt, das sie alles das vornemen sollen, dadurch sie verhoffen mögen, Jre pfarkinderr zu der recht[g] christlichen gemeinschafft zu bringen, die vns allen gebotten ist, Matth. 18[15–17], Roma. 12[2–10] vnd 1. Corinth. 12[4–31], das sie nemlich alle mit jren pfarrern[h] vnd helffern vnd vnder sich selb im Herren eins seien vnd ein anderr als ware gliderr des leibs Christi helffen in aller gotseligkeit[i] erbawen[8]. 11

Vnd mit was einigen christlichen fůgen[9] solte einem[j] christlichen hirten vnd seelsorgerr abgestricket[10] werden, seine pfarkinderr zu christlicher vnderrichtung berůffen, denen er doch allen – Jungen vnd alten, gesunden vnd krancken – solle zu Jrem ewigen heil dienen zu tag vnd zu nacht durchs wort, Sacrament vnd christliche zucht[k], [l]Welches er[l] ie desto fruchtbarer

g) rechten: b.
h) undeutlich korr.: a.
i) danach durch Rasur getilgt: zu: a.
j) einen: b.
k) danach gestr.: Vnd das: a.
l)–*l)* von Bucer vor dem Zeilenanfang nachgetragen: a.

1. Vgl. bes. Act 20,28–32.
2. Vgl. I Thess 2,1–12.
3. Vgl. oben S. 439, Anm. 2.
4. die Vorladung.
5. Bucer bezieht sich auf den Abschnitt BDS 5, S. 37,15–18 (= *Sehling*, EKO XX/1, S. 241).
6. vornehmen.
7. wenn.
8. Vgl. BDS 5, S. 38,6–14 (= *Sehling*, EKO XX/1, S. 242).
9. christlichem Recht, christlicher Berechtigung.
10. verboten. Frühneuhochdt. WB 1, Sp. 424 f.

kan verrichten[m], so fil er inn mehr recht christlich vertrawter kundschafft vnd
12 gemeinschafft mit Jnen ist und lebt?

Zum dritten ist auch zu bedencken, warumb das beschicken mit namen vff die kirchenpflegerr vnd nit vff die pfarrerr in der gedruckten ordnung ist gestellet worden[1] vnd man vor[2] gut angesehen, das sie etwan mit den leuthen inn der pfarrerr vnd helffer abwesen handlen solten: Zu der zeit, als der Synodus gehalten ware[3], hatten die Sectiererr[4] das volck den pfarrern vnd helffern seer frembd vnd mißtrewig gemacht; dem geprechen[5] haben[n] die kirchenpflegerr sollen begegnen vnd das volck mit den | 3r | pfarrern wider in rechte liebe vnd vertrawen gepracht haben. Da sie aber das zum mehrern theil nit thůn, so könden darumb die pfarrer nit immer auch jr ampt verlassen, Jnen von Gott vnd der Oberkeit so gar ernstlich vfferlegt, wie an vermelten orten der h[eiligen] Schrifft vnd vnser Herren ordnung vnd Mandaten wol zu sehen
13 ist.

Es solle sich niemand dahin verfüren lassen, das er disem aller notwendigsten, heilsamisten werck christlicher gemeinschafft vnd erbawung des leibs Christi wolte helffen, aus mangel oder ordnung des befelchs, einige verhindernis fürwerffen, wie der Papst vnd sein hauffe thůn mit christlicherr reformation. Dann sie auch kein ander ausrede haben, dann die reformation stande keinem christlichen Oberen ader volck zu, sonder allein dem Papst, Bischöuen vnd Concilien, Die aber nichs wenigers leiden mögen, geschwigen, das sie die
14 solten begeren zu beforderen.

Das die Christen inn ieder pfarren[6] einander jm Herren erkennen, lieben, erbawen in der aller hertzlichsten vnd gentzlichsten liebe vnd gemeinschafft, hatt Gott allen Christen zu beforderen gebotten, Jn sonderheit aberr vnd zum forderisten den pfarrern vnd der oberkeit. Da aber nun das die Obren vnd gemeinen christen verlassen, wer dann wolte solich werck Gottes den pfarrern auch verpieten, darumb, das es nit allein Jnen were befolhen, der widersetzet sich offentlich Christo, vnserem | 3v | Herren, Vnd thete[o] eben, das der Papst vnd sein hauffe thůt wider die gemeine besserung der kirchen. Davor wölle
15 der liebe Gott alle Christen trewlich behieten. Amen.[7]

m) underrichten: b.
n) undeutlich korr: a.
o) korr. aus: thůt: a.

1. Vgl. oben S. 439, Anm. 2.
2. für.
3. Die erste Straßburger Synode fand vom 2. bis 14. Juni 1533 statt.
4. Gemeint sind in erster Linie Täufer und Spiritualisten.
5. Mangel, Schaden.
6. sc. Pfarrei.
7. Vermutlich endete die Schrift ursprünglich an dieser Stelle (vgl. die textkritische Anm. p-p).

[p]Das aber auch etliche sorgen, der Satan möchte mit der zeit aus einem guten anfang vnd schein [q]dises wercks[q] subtil einfuren etwan ergerlichen anlaß vnd zugang der onzucht, wie jmm Pabstumb geschehen, oder böser meutereien, wie bei den teufferen erfaren, Dagegen můß man gedencken, das Gott forderet[r], allem bösen fur zu kommen vnd zu begegnen, mit dem, das[1] gut ist vnd ER gepotten hat, vnd nit durch vnderlassung desselbigen. Dann so wenig man mit Gott mage böses thun, das gutes daraus entstande, als wenig mage man das gůt, so Gott gebotten, vnderlassen, damit böses verhuͤtet werde. Ein Oberkeit vnd alle Christen sehen vleissig zu, das die christlich gemeinschafft lauter nach Gottes wort vnd ordnung gesuchet, angerichtet, gehalten vnd geübet werde, wie wir es ietz im werck vorhaben, das wir mit den hausvätteren vnd an[s] den offentlichen vnd zu solichen göttlichen hendlen verordneten pletzen handlen vnd mit dem hausgesinde nicht dann[2] in beisein der hausvätter. So wirt man sich aus solchem werck uberal[3] keines argen haben zu befahren. Dann was Christus befolhen, mag von jm[4] selbs nichs dann alles gutes vnd gewisses heil der selen bringen. Da sehe man allein alwegen zu, das man ware gotsförchtige vnd getrewe kirchendiener habe, vnd denselbigen sehe man vleissig zu vnd helffe jnen, den befelch Christi inn allem rein nach seinem Wort zu verrichten; so wirt mans befinden, das gute beume nichs dann gute früchte bringen[p][5].

p)–*p)* mit anderer Tinte wohl später von Konrad Hubert nachgetragen: a
q)–*q)* von Bucer über der Zeile nachgetragen und eingewiesen: a.
r) danach gestr.: d-: a.
s) über der Zeile nachgetragen und eingewiesen: a.

1. was.
2. nicht dann: außer.
3. überhaupt.
4. sich.
5. Vgl. Mt 7,16–20.

Nr. 20–21

Briefe Bucers an Ottheinrich von Pfalz-Neuburg

20. Dezember 1547 und 23. Januar 1548

bearbeitet unter Mitwirkung von Thomas Wilhelmi und Max Graff
von Eike Wolgast

Einleitung

1. Entstehung

Pfalzgraf Ottheinrich (1502–1559)[1], der seit 1522 – zeitweise zusammen mit seinem Bruder Philipp (1503–1548) – das aus sieben einzelnen Teilgebieten bestehende kleine Herzogtum Pfalz-Neuburg regierte[2], hatte 1542 nach zwanzigjähriger Regierung die Reformation in seinem Land eingeführt. Wegen Überschuldung mußte er im August 1544 die Herrschaft für drei Jahre an die Landstände abtreten, lediglich die Vertretung gegenüber dem Reich verblieb ihm. Der evangelische Bekenntnisstand wurde im Sequestrationsvertrag mit den Ständen garantiert. Seit Frühjahr 1545 lebte Ottheinrich bei seinem Onkel Kurfürst Friedrich II. (1544–1556) in Heidelberg. Im Schmalkaldischen Krieg wurde das Herzogtum Pfalz-Neuburg im September/Oktober 1546 von kaiserlichen Truppen besetzt, obwohl Ottheinrich und die ständische Regierung neutral geblieben waren. Zum Statthalter ernannte Karl V. Georg Zorn von Bulach, der weisungsgemäß mit der Rekatholisierung begann; die Leitung der entsprechenden Maßnahmen lag beim Augsburger Bischof Kardinal Otto Truchseß von Waldburg. Mit einem Erlaß des Statthalters vom 6. Januar 1549 wurde abschließend die evangelische Lehre offiziell unterdrückt und der Katholizismus als Landesreligion wiederhergestellt.

Pfalzgraf Ottheinrich, der wegen der Ungnade des Kaisers 1547 auf Weisung Friedrichs II. Heidelberg verlassen mußte und – weniger exponiert – seinen Wohnsitz in Weinheim nahm, supplizierte 1547 vergeblich bei Karl V., um sein Land zurückzuerhalten. Er erbat auch die Unterstützung durch König Ferdinand und die niederländische Statthalterin Maria von Ungarn; durch Vermittlung der Kurpfalz beschäftigte sich der Kurfürstenrat während des Augsburger Reichstags am 6. Dezember

1. Zu Ottheinrich als Herzog von Pfalz-Neuburg vgl. Pfalzgraf Ottheinrich; *Bäumler/Brockhoff/Henker* (Hg.), Von Kaisers Gnaden.
2. Zur Entstehungsgeschichte von Pfalz-Neuburg vgl. *Volkert*, Pfälzische Zersplitterung, in: Handbuch der bayerischen Geschichte, hg. v. *Andreas Kraus*, S. 124–126; *Bäumler/Brockhoff/Henker* (Hg.), Von Kaisers Gnaden, S. 126–130.

1547 mit der Rückerstattungsbitte und sagte zu, sie beim Kaiser zu befürworten.[1] Ob es dazu gekommen ist, geht aus den Akten nicht hervor.

Um zu klären, welche Zugeständnisse er für die Wiedereinsetzung in sein Herzogtum machen könne, wandte sich Ottheinrich Ende 1547/Anfang 1548 an mehrere Theologen mit der Bitte um Rat, darunter auch an Martin Bucer.[2] Bucer fühlte sich der Pfalz und Ottheinrich in besonderer Loyalität verpflichtet – 1544 bezeichnete er sich diesem gegenüber »als ein alter pfalzgravischer diener und der zu Heidelberg auß pfaltzischen gutthaten anfangs die furnemisten furderniß zu guter und Christlicher lehre entpfangen« habe.[3] Zudem hatte ihm Ottheinrich bei der Rückerstattung des von seiner verstorbenen Frau Elisabeth bei ihrem Eintritt in das Kloster Lobenfeld eingebrachten Gutes geholfen, indem er zu Bucers Gunsten bei Kurfürst Ludwig V. intervenierte.

In einem eigenhändigen Schreiben vom 14. Dezember 1547 aus Weinheim erbat Pfalzgraf Ottheinrich Bucers Rat, ob beim Abendmahl unter Wahrung der reinen Lehre und der Einsetzung Christi andere Zeremonien, als in der sächsischen, brandenburgischen und Neuburger Kirchenordnung enthalten waren, verwendet werden dürften; ferner, ob Anhänger der Confessio Augustana »sich des Canons inn der celebration deß Abentmals (welche man die Meß genennt hat) zum tail oder gar [= ganz] on verleugnus Christi und deß rechten gotsdiensts gebrauchen mocht« und, wenn ja, »in was weg es geschehen sollt«. Außerdem informierte er Bucer, daß er im Zusammenhang mit seiner »sollicitation« bei Karl V. gefragt worden sei, ob er im Fall einer Begnadigung bereit sei, »wie anndere fursten und Stende in das Concilii zu Trient, desgleichen in die ordnungen und reformation, so kay. Mt. aufrichten werden, und anndern Irer Mt. geboten zu gehorsamen und zu bewilligen«. Er habe darauf geantwortet, daß er sich nicht von den anderen Reichsständen absondern wolle, zumal er voraussetze, daß der Kaiser als christlicher Fürst nichts verlangen werde, was gegen Gottes Ehre und die Wohlfahrt der deutschen Nation verstoße. Auch hierzu erbat er Bucers Meinung.[4]

Bucers Antwort datiert vom 20. Dezember 1547 (Nr. 20).

Am 15. Januar 1548 dankte der Pfalzgraf Bucer für seinen Rat, dem er gern folgen werde, und unterrichtete ihn davon, daß der Augsburger Bischof im vergangenen Monat in seinem Diözesananteil von Pfalz-Neuburg »das Bapstumb ... wider angerichtet hat«. Für Ottheinrich stellte sich nun die Frage, ob er, wenn der Kaiser seinem Gnadengesuch stattgebe, sein Herzogtum zurücknehmen dürfe, wenn zwar

1. Vgl. DRTA.JR Bd. 18, S. 469 f.; vgl. auch S. 463.

2. Außer an Bucer wandte sich Ottheinrich auch an Theobald Billican in Marburg, Martin Frecht in Ulm und Johannes Brenz in Stuttgart; vgl. *Rott*, Friedrich II., S. 102–106.

3. *Pollet* IV, S. 85 f. (Bucer an Ottheinrich, 6. August 1544).

4. Vgl. Bayerisches Hauptstaatsarchiv München, Pfalz-Neuburg Akten 1288, fol. 325^r–326^r; vgl. auch *Rott*, Friedrich II., S. 103 f. Anm. 261.

ihm selbst erlaubt werde, »unserer Religion fur uns selbst zugeleben, auch ain predicanten zu haben gestattet«, aber verlangt werde, seine Untertanen »von dieser widerreformation bäpstlicher halltung nit abzufuren« oder die frühere Kirchenordnung nicht wieder einzuführen, sondern die Konfessionszustände bis zur Entscheidung des Konzils unangetastet zu lassen. Bucer sollte Rat geben, ob er unter diesen Bedingungen »das Land mit gutem gewissen annemen« dürfe.[1]

Bucers Antwort stammt vom 23. Januar 1548 (Nr. 21).

Der Pfalzgraf dankte ihm am 16. Februar 1548 und erbat auch für die Zukunft theologischen Rat, »dan ich je gern zuvor [= als erstes] gottes bevelh und nachfolgends kay. Mt. hertzenlich und underthenig gehorsamen wollt«.[2] Ottheinrich wurde nicht begnadigt und kehrte erst während des Fürstenaufstands 1552 nach Pfalz-Neuburg zurück.

2. Überlieferung

Text Nr. 20:

Zeitgenössische Abschrift: Bayerisches Hauptstaatsarchiv München, Pfalz-Neuburg Akten 1288, fol. 89^{r}–91^{v} (mit der Überschrift: »Martin Butzer der Religion«).

Druck: Hans Rott, Friedrich II. von der Pfalz und die Reformation. Heidelberg 1904, S. 143–147.

Text Nr. 21:

Zeitgenössische Abschrift: Bayerisches Hauptstaatsarchiv München, Pfalz-Neuburg Akten 1288, fol. 92^{r}–95^{r} (mit der Überschrift: »Butzer Religionssachen halben«).

Druck: Hans Rott, Friedrich II. von der Pfalz und die Reformation. Heidelberg 1904, S. 147–150.

1. Vgl. München HStA (wie S. 452, Anm. 4), fol. 98^{r}–98^{v}; vgl. auch *Rott*, Friedrich II., S. 106.
2. Zitiert nach *Rott*, Friedrich II., S. 106.

Nr. 20
Brief Bucers an Ottheinrich von Pfalz-Neuburg

20. Dezember 1547

Der Text ist folgendermaßen gegliedert:

1. Bucer vermag nicht zu erkennen, wie man mit Gott und unter Beibehaltung des Augsburgischen Bekenntnisses andere Zeremonien als die in den Kirchenordnungen festgelegten einführen kann, außer christlichem Fasten und Bußzucht.
2. Er informiert den Pfalzgrafen über die Entstehung des Meßkanons und erläutert das evangelische Abendmahlsverständnis.
3. Kein Christ darf beim Abendmahl von dem in den Kirchenordnungen Pfalz-Neuburgs, Brandenburgs und Sachsens festgelegten Verständnis abweichen.
4. Karl V. verlangt von den Reichsständen die Unterwerfung unter das Konzil und unter zwischenzeitliche Religionsbestimmungen. Ottheinrich soll sich demgegenüber auf die Zusage des Kaisers über Verhandlungen auf dem Konzil berufen und erklären, sich nicht vorab auf die Beschlüsse festlegen zu können.
5. Eine interimistische Ordnung, um Ruhe und Frieden für die deutsche Nation herzustellen, ist zu begrüßen, jedoch wird ein Text, der von Feinden der evangelischen Lehre (Malvenda, Helding, Billick) verfaßt wird, dieses Ziel verfehlen.
6. Bei Beharrlichkeit werden die evangelischen Reichsstände erreichen können, bei den Hauptpunkten der Augsburgischen Konfession bleiben zu dürfen.
7. Bucer empfiehlt, bei weiterem Beratungsbedarf Dr. Peter Alexander zu konsultieren.

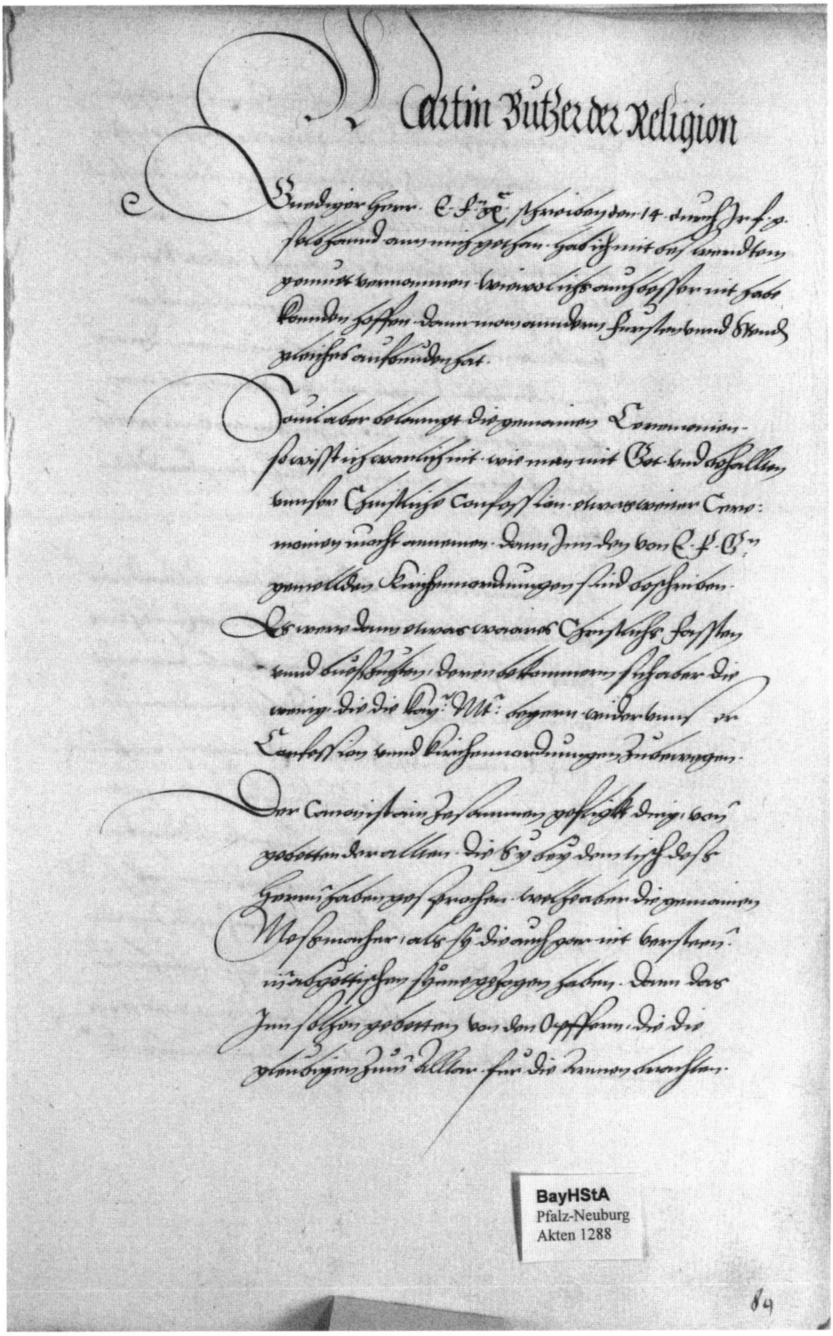
Martin Butzer der Religion

Bayerisches Hauptstaatsarchiv München, Pfalz-Neuburg Akten 1288, fol. 89r

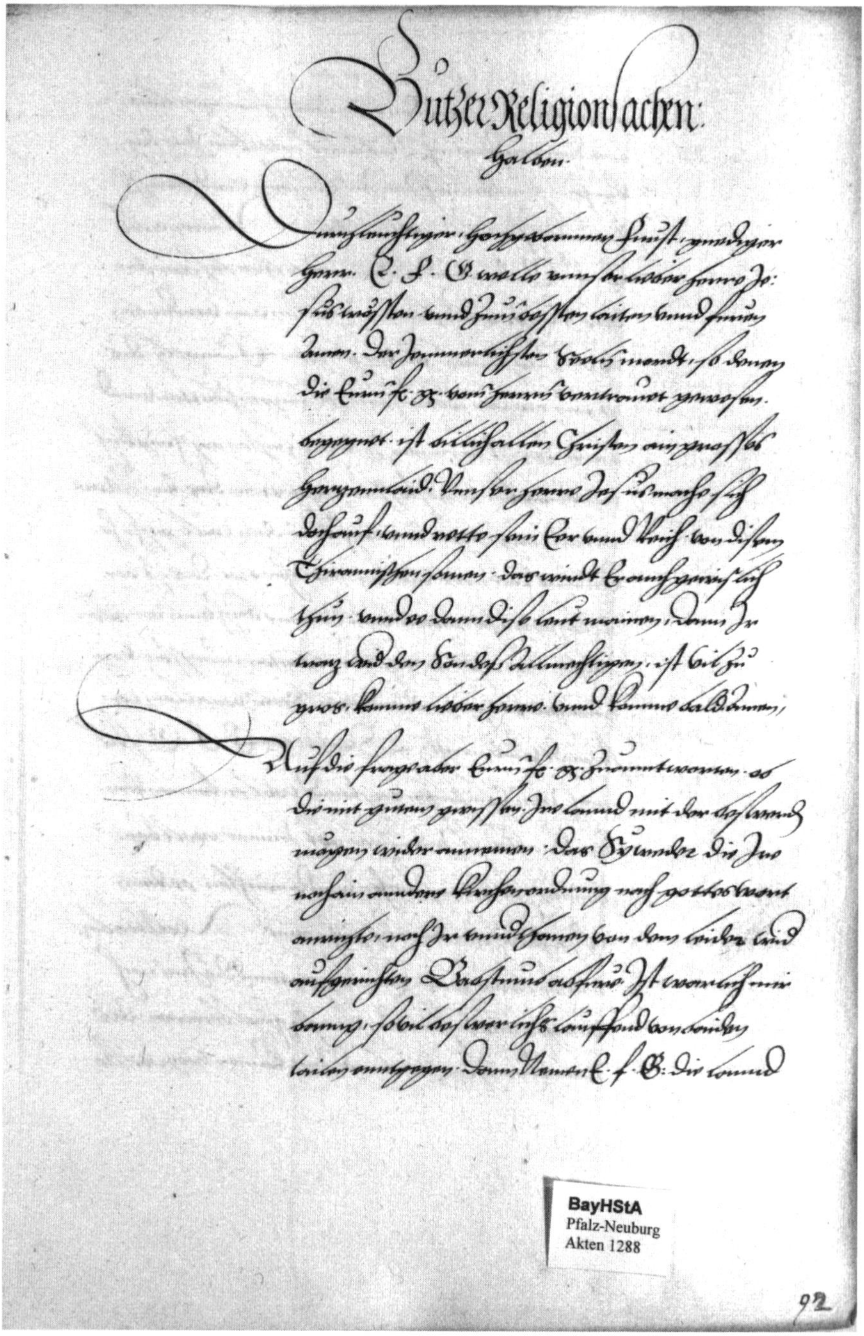

Butzer Religionsachen halben

BayHStA
Pfalz-Neuburg
Akten 1288

92

Bayerisches Hauptstaatsarchiv München, Pfalz-Neuburg Akten 1288, fol. 92r

| *89ʳ* | Gnediger herr.[1] E[uer] F[ürstlich] g[naden] schreiben, den 14. durch Ir. f.g. selb hannd ann mich gethan, hab ich mit beswerdtem gemuet vernommen, wiewol ichs auch besser nit habe konnden hoffen, dann man anndern Fursten vnnd Stenden gleiches aufbunden hat.

Souil aber belanngt die gemainen Ceremonien, so wisst ich warlich nit, wie man mit Got vnd behallten vnnser Christliche Confession etwas weiter Ceremonien mocht annemen, dann jnn den von E.F. Gn. gemellden Kirchennordnungen sind beschriben[2]. Es were dann etwas waares Christlichs fassten vnnd bueßzuchten, deren bekommern sich aber die wenig, die die kay. Mt. begern, wider vnnser Confession vnnd kirchennordnungen zubewegen[3].

Der Canon ist ain zesammen gefligkt ding vonn gebetten der allten, die sy bey dem tisch dess herren haben gesprochen, welhe aber die gemainen Messmacher, als sy die auch gar nit versteenn, inn abgottischen synne gezogen haben, dann das[4] jnn solhen gebetten von den Opffern, die die gleubigen zumm Alltar fur die Armen brachten, | *89ᵛ* | von den Allten gesetzet ist, ziehen sy auf das Opffer Christi, vnnsers herren. Vnnd was von disem opffer vnnsers herren Christi bey den Allten auf den verstand[5] geschriben, das wir allda solh opffer preisen vnnd empfahen sollen, haben sy gedeuttet, als ob sy, die Messmacher, da Christum solltenn fur lebenndige vnnd toden aufopffern vnnd got furbringen. Dabey wirdt der todten jnn gemain vnnd deren, die man fur heilig erkennt, mit solhen worten vnnd gebett bedacht, die auch jnn vnchristlichen verstannd verkeret sind.

Nun aber sollen wir bey dem heiligen Abenndmal den tod vnnsers lieben herren vnnd das Er sich vns selbs da zur speis vnnd dranngk gibt jnns ewige leben, zum claristen, verstenndtlichsten vnnd rainisten nach den worten deß heiligen Euangelij verkundigen vnnd vnsern glauben dardurch an jne, vnnsern ainigen hailannd, stergken, hunger vnnd durst erwegken zu der seligen speis vnnd dranngk seines heiligen leibs vnnd bluets, die auch alda jnn den heiligen Sacramenten gemainlich empfahen zu aufennthallt[6] vnnd stergke des Neuen vnnd ewigen Lebenns, jnn jm Christo, vnnserm herrn vnnd | *90ʳ* | haupt, zuleben, das wir jmmer mer jnn imm vnnd Er jnn vnns bleibe vnnd lebe, wir seines fleisches vnnd gebenns[7] jmmer vollkomner werden vnnd auch jnn jm ain brot vnnd leib miteinannder seien.

1. Über ihn vgl. oben S. 451, Anm. 1.
2. Vgl. unten S. 458, Anm. 2.
3. begern … zubewegen: wünschen … aufzuhetzen.
4. das, was.
5. Verständnis.
6. Erhaltung.
7. Gebeins.

Dieweil nun hierjnn der ainiche[1] Christliche brauche Christlicher Messen steet, auch die bey den allten heiligen vettern annders nie ist gehallten worden, mag kainem Christen geburen, von dem Christlichen gebrauche des hochwirdigen Sacraments, wie dann jnn E. f. gn., Branndenburgischer vnnd Sachssischer Kirchennordnung[2] beschriben vnnd verordnet ist, etwas nachzegeben vnnd dagegen anzenemmen, dadurch dises hochgottlich wergkh mochte jnn ainichen weg verdungklet oder den Babstlichen jrthumben etwas wider einlaittung geben werden.

Souil aber die bewilligung ains Trienntischen Concilij vnnd kunftige Religionsordnung bis zum beslus deß Concilij zuhallten belannget, ist von vnnsern gn[edig]sten vnnd gnedigen Chur- und Fursten der Christlichen Augspurgischen Confession verwanndten seer bloed[3] gehanndlet worden[4]. Es seie dann, das sy von Kay. Mt. ad partem ettwas bessere vertrosstung haben.

Jnn der offenntlichen anntwort hat die Kay. Mt. wol vertrosstet[5], das sy drob sein wolle, (doch dabey | *90*^{v} | gesetzet, souil jr obligenndes Ampts halben gebure), das jmm Concilij die hanndlung vnnd beslus soll Christlich vnnd Erber beschehen. Darauf mochten E. F. G., wie anndere auch gethan, die anntwort geben, die Kay. Mt. hette gnedigist vertrosstet, das sy welle darob sein, das jnn gemelltem Concilij alle sachen Christlicher Religion vnnd Reformation Erber vnnd Christlich gehanndlet vnnd beslossen werden. So hetten E. F. G. allweg ains Christlichen Concilij[a] vnnd war Christlicher reformation begeret. Derewegen weren E. F. G. wol genaigt, jnn solh Concilium vnd handlung zubewilligen vnnd die, souil deß jr zuesteen vnnd geburen mochte, helffenn befurdern; das sich aber E. f. g. sollten zuuor begeben anzenemen, was jnn dem Concilj beslossen werden solle, dieweil man das anndern noch nit zuegemuettet, hoffe jch, man werd E. f. g. damit auch nit besweren, wie auch kain Christ seinen glauben vnd Religion auf kain menschlich Concilj setzen mage, wann es gleich von lauttern S. Petern vnnd Paulen sollte versamlet werden[6], Dann alle mennschen, so auf Erden sind, noch jrren kunden. Was beslossen wirdt, wann das vernommen, darnach kan man antworten, ob es den Christen Annemlich oder nicht, nach dem es sich der heiligen schrifft gemes oder vngemes befindet. | *91*^{r} |

a) Schrf. Concilji.

1. einzige.
2. Die Pfalz-Neuburger Kirchenordnung von 1543 vgl. *Sehling*, EKO XIII, S. 41–99; die kurbrandenburgische Kirchenordnung von 1540 vgl. *Sehling*, EKO III, S. 39–90. Bei der sächsischen Kirchenordnung handelt es sich entweder um den »Unterricht der Visitatoren« von 1528 (1539) oder die Heinrichsagende von 1540; vgl. *Sehling*, EKO I, S. 149–174 und 264–281.
3. unerfahren, furchtsam.
4. Gemeint ist offenbar die mündliche Quadruplik des Kurfürsten- und Fürstenrates vom 24. Oktober 1547, mit der die Reichsstände die Triplik Karls V. (s. unten Anm. 5) akzeptierten; vgl. DRTA.JR Bd. 18, S. 308–310 (Nr. 59). Die formelle Unterwerfung unter das Konzil wurde erst am 14. April 1548 ausgefertigt; vgl. ebd., S. 1790 f. (Nr. 188).
5. Vgl. die Triplik Karls V. vom 18. Oktober 1547 auf die Replik von Kurfürsten- und Fürstenrat; vgl. DRTA.JR Bd. 18, S. 298 f. (Nr. 55).
6. Anspielung auf das Apostelkonzil (Act 15).

Der Ordnung halben fur mitle zeit, dieweil man verhaisset ain ordnung, die Teutscher Nation zu guten ruen vnnd friede dinen soll, da mochten E. f. g. auch gemaine anntwort geben, das Sy allem dem, so teutscher Nation zu gutem etc. geordnet wurde, gern geleben wollten. Wo aber die ordnung, so d[octor] Maluenda[1], der Weihbischoue zu Maintz[2], der Carmelit von Colnn[3] vnnd dergleichen stellen sollen, mitlerweil, als jch besorge, wurde furbracht vnd hielten jnn[4], das nit Christlich were, da mues man sich dann dagegen auch, wie das der glaube Christi erforderet, lassen vernemen. Es stegket laider E. f. g. seer hartt[5], der herr well helffen vnnd E. F. G. stergken, damit Sy bey jmm, dem rechten heilannd, bestenndig bleiben. Wollten das die anndern Churfursten vnnd fursten thun, die nit so wie E. F. G. gepfenndet sind, so hoffet ich dannoch, wir wollten bey den hauptstugken vnser Confession wol bleiben. Ja kunden wir allain recht betten vnnd den herren jnn warer diemut, aber auch Christlicher bestenndigkait bekennen, Er wirde noch wunderhilff thun, das wir bey seinem wort wol sollten gelassen werden. | *91*^{v} |

Souil wusste Eurn f. gn. ich dißmals auf jre fragen zuanntworten. Gott, vnser Ainiger trosst, schutz vnnd hilff, welle E. F. gn. vnnd die gantz Pfalltz gnedigclich bewaren vnnd segnen. Amen. Datum Straßburg, den 20. Decembers Anno etc. 47.

E. F. G.
Vnndertheniger
Mart. Bucerus
Ann H. Otth. etc.

Zedl.

So E. F. G. gemaint, mit anndern auch von den fragen, die Sy mir zuegesanndt, zu reden, so ist doctor Peter Alexannder[6] ain gar geubter vnnd verstenndiger Man jnn

1. Dr. Pedro de Malvenda (ca. 1505–nach 1561), Dominikaner und seit 1540 kaiserlicher Hofprediger. Er nahm an den Religionsgesprächen in Worms und Regensburg 1540/41 sowie 1546 teil und war an der Formulierung des Interims beteiligt. Vgl. BDS 15, S. 303 Anm. 1; LThK^{3} 6, Sp. 1254f.

2. Michael Helding (1506–1561), seit 1538 als Episcopus Sidonensis Weihbischof von Mainz. Er wurde als kaiserlicher Rat von Karl V. 1547 nach Augsburg berufen und beteiligte sich an der Ausarbeitung des Interims. 1550 wurde er zum Bischof von Merseburg gewählt. Vgl. *Smolinsky*, Michael Helding.

3. Eberhard Billick (ca. 1500–1557) trat 1514 in das Kölner Karmeliterkloster ein, 1542 wurde er zum Provinzial der Ordensprovinz Köln gewählt. Beim Kölner Reformationsversuch Hermanns von Wied gehörte Billick zu Bucers entschiedenen Gegnern. Nachdem er bereits am Religionsgespräch 1546 teilgenommen hatte, berief Karl V. ihn 1547 nach Augsburg, um an der Abfassung des Interims mitzuwirken. Vgl. *Fabisch*, Eberhard Billick OCarm.

4. hielten jnn: enthielte.

5. Gemeint ist: ist in besonderer Bedrängnis.

6. Peter Alexander (Pierre Alexandre) (ca. 1510–1563) stammte aus Brüssel oder Arras, wurde in Paris zum Dr. theol. promoviert und war Hofprediger der Statthalterin Maria von Ungarn. Nach seinem Übertritt zum evangelischen Bekenntnis floh er 1545 nach Straßburg, wo er Pfarrer der französischen Gemeinde wurde. Ende 1545 stellte ihn Kurfürst Friedrich II. auf Empfehlung Bucers als Magister an der Heidelberger Artistenfakultät an. Nach der Unterwerfung Friedrichs II. unter Karl V. flüchtete Alexander nach Straßburg. Am 17. Februar 1548 nahm er seine Lehrtätigkeit

gottes wort, auch ains getreuen, gotseligen gemuets, mit dem E. F. G. von allen gotssachen wol besserlich mogen reden, welhen jch E. F. gn. vnnderthenigclich beuelhen thue in seinem anligen.

in Heidelberg wieder auf, mußte aber wegen der Ungnade des Kaisers auf Befehl des Kurfürsten bereits am 22. Februar 1548 die Stadt wieder verlassen. Nach erneutem Aufenthalt in Straßburg ging er 1549 nach England. Vgl. *Drüll-Zimmermann*, Heidelberger Gelehrtenlexikon, S. 10; MBW Bd. 11: Personen A-E, S. 57f.; *Baar-Cantoni*, Religionspolitik Friedrichs II. von der Pfalz, S. 355 s. v.

Nr. 21
Brief Bucers an Ottheinrich von Pfalz-Neuburg

23. Januar 1548

Der Text ist folgendermaßen gegliedert:

1. Bucer bedauert den Seelenmord an den Neuburger Untertanen durch die Rekatholisierung.
2. Er erörtert die Nachteile eines Restitutionsangebots, bei dem Ottheinrich die Religionskompetenz vorenthalten bleibt:
   a) Als Nachteil bei einer Weigerung, das Restitutionsangebot anzunehmen, stellt er die noch größere Gewissensdrangsalierung der Untertanen heraus;
   b) als Nachteil bei einer Annahme des Angebots erscheint der damit verbundene Verstoß gegen die fürstlichen Pflichten und gegen die ersten drei Bitten des Vaterunsers.
3. Ist eine Änderung der Restitutionsbedingungen trotz aller Anstrengungen nicht zu erreichen, soll Ottheinrich seinen Glauben bekennen und sich unterwerfen, da ein Oberherr die Befugnis hat, seinen Amtleuten volle oder nur partielle Machtbefugnisse zu übertragen. Bucer verweist auf das Beispiel des Adels in den habsburgischen Erblanden, dem gleichfalls die Kirchenhoheit entzogen ist.
4. Da jedoch eine Schmälerung der Regalien um die Religionsrechte ein offenkundiges Unrecht ist, kann Ottheinrich gegen diesen Gewaltakt eine geheime Protestation vornehmen. Er soll dann annehmen, was Gott ihm jetzt geben will, darf sich aber nicht selbst an Maßnahmen zur Rekatholisierung beteiligen.
5. Bedingung für die Annahme einer derartigen Restitution muss der Gewinn der unbeschränkten politischen Selbstregierung sein. In diesem Fall kann der Fürst seinen Untertanen wenigstens eine moralische Stütze sein und Manches mildern.
6. Nach der Weigerung des Papstes, das Konzil nach Trient zurückzuverlegen, hatte der Kaiser alle Stände aufgefordert, an einer Interimslösung mitzuarbeiten. Joachim II. von Brandenburg hat Jakob Sturm aufgefordert, Bucer nach Augsburg kommen zu lassen. Dieser reitet an diesem Tage nach Ulm ab und wird unterwegs weiter über die Probleme Ottheinrichs nachdenken.

| 92r | Durchleuchtiger, hochgebornner Furst, gnediger herr. E. F. G. welle vnnser lieber herre Jesus trossten vnnd zumm bessten laiten vnnd furen, Amen. Der jemmerlichsten Seelen mordt, so denen, die Euren f. gn. vomm herren vertrauet gewesen, begegnet, ist billich allen Christen ain grosses hertzennlaid. Vnnser herre Jesus mache sich doch auf vnnd rette sein Eer vnnd Reich von disem Thirannischen somen[1]. Das wirdt Er auch gewislich thun vnnd ee, dann dise leut mainen. Dann jr trotz wider den Son des Allmechtigen ist vil zu gros. Komme, lieber herre, vnnd komme bald.[2] Amen.

Auf die frage aber Euren f. gn. zuanntworten, ob die mit gutem gewissen jre land mit der beswerden[3] mogen wider annemen, das Sy weder die jre noch ain anndere Kirchenordnung[4] nach gottes wort anrichte noch jr vnnderthanen von dem leider wider aufgerichten Babstumb abfure[5], jst warlich mir bang, so vil beswerlichs lauffend von baiden tailen enntgegen. Dann: Nemen E. f. G. die lannd | 92v | nit wider an, so werden die armen frommen leut mit dem verderblichen Babstumb nit allain jnn den kirchen, sonnder auch jnn jren heusern vnnd gewissen jemmerlich getrennget werden. Nemen aber E. F. G. die lannd wider an mit solher beswerden, das Sy jre vnnderthanen nit sollen vom verderben des Babstumbs zu dem heiligen Euangelij, das ist zum ewigen leben, souil jr muglich laitten vnnd furen, das ist ja ainem jedenn Christen erschrogklich zugedenngkhen vnnd stosset sich hart an, das dein Name werde geheiliget, dein reich komm, dein will geschehe[6]. Darumb wir aber vor dem teglichen brot[7], das ist vor allen zeitlichen, bitten vnnd darumb auch vnns vor allem dahin, das dises geschehe, vorarbaiten muessen[8] von ganntzem hertzen vnnd ganntzer Seelen, von allem verstanndt vnnd macht[9]. Derhalben E. F. G. selb nach jrem Christlichen verstannd wol erkennen kan, das Sy alles, so jr der liebe got jmmer woll vergonnen, solle versuechen vnnd annrichten, ee dann Sy solche beswerden auf sich neme. Wollte aber vnnser lieber herr Euern f. gn. vnnd die jren noch lennger mit disem eusseristen qual be[sch]weren, das man Euren f. gn. die lannd jnn kainen weg wollte | 93r | wider zuestellen, dann souerre[10] Sy zuesaget, das Babstumb vnbetruebet zulassen vnnd kain Christliche kirchennordnung einzufuren, so mochten E. F. G. anzaigen, das Sy nit zweifleten, die Religion vnnd kirchennordnung, die Sy fur sich angenommen vnnd bey jren vnnderthanen angerichtet, were die Waar, allt

1. Samen.
2. Vgl. Apk 22,20.
3. Auflage, Bedingung.
4. S. oben S. 458, Anm. 2.
5. wegführe.
6. Mt 6,9–10.
7. Mt 6,11.
8. darumb … muessen. Gemeint ist: Wichtiger als die Bitte für alles Zeitliche ist die Sorge, den ersten drei Bitten des Vaterunsers zu entsprechen.
9. Vgl. Dtn 6,5 (Mt 22,37 par.).
10. dann souerre: außer daß, wenn nicht.

vnnd ainig Christlich religion, die ain yder Chrisst, wo Er vermocht, sollt helffen befurdern. Die Lannd stunden aber nun inn der Kay. Mt. hennden vnnd muessen E. F. G. die von jr kay. Mt. wider empfahen, es were mit ganntzer oder halber Regirung, wie jr kay. Mt. die E. F. G. geruchten wider zuzustellen. Wo E. F. G. dann fur[1] jr kay. Mt. deß nit erbettenn kunden, das sy jr auch die kirchenbestellung vnnd versehung der Religion wollte wider zuestellen, so muesste Sy recht das wenig annemen, das jr der Allmechtig dißmals durch jr Mt. wollte beuelhen vnnd zugeben vnnd allso die bestellung der kirchen vnnd Religion Recht jnn jre nit selb geschefft vnnd beuelh steen lassen, wie ainer ain Ampt mit gemessnem beuelh empfahet, da die Obern herren jnen etwo lannd vnnd sachen ausnemen, gegen welhen solche Amptleut nichts sollen zugebieten haben, vnnd wie vil Chrisstlicher herren thun muessen die herrschaften jnn kay. vnnd ko. Mt. erblannden, denen auch das nit vergonnet wirdt, das sy fur sich mogen prediger hallten[2]. | *93*^{v} | Nun aber das ain gwallt vnnd offenbares vnrecht[a] ist vnnder deß gotlichen recht, das E. F. G. jre Regalia sollen on ainiche verschuldigung in dem hochsten stuegke[b] Christlicher Regierung geschmelert werden, da mochten E. F. G. inn der gehaim wider disen gwallt protestiren vnnd das jr dißmals Rechtmessiger recht halben benommen were, jre Regalia ganntz zuerforderen, muessen annemen, was der herre diser zeit wollt geben. Des muesste aber E. f. g. genntzlich verhuetten, das sy sich mit nichten begebe[3], ob dem wider aufgerichten Babstumb zuhallten vnnd die leut zu Christo nit zubefurdern, sonndern das die wort allso werden gestellet: Das E. F. G. von der Regierung hetten muessen souil annemen, als vil jr Gott dissmals hette wellen widergeben vnnd beuelhen, Allso das aller lasst des wider aufgerichten Babstumbs auf der kay. Mt. blib ligen vnnd E. f. gn. jre kanntnus[4] frey vnnd klar da stunde, das Sy nichts liebers wollten, dann jre vnnderthanen wie sich selb mit der waren Religion versehen haben, jnn dem auch guter gewarsamkait in worten vonnoten sein werdt, damit nicht E. f. g. neue beschwerung auferlegt werden, gotloser Ambtleut halben[5] oder das E. f. g. nit imm lannd selb sollten regieren vnnd den jren beywonen. Dann alle vrsachen, darumb ich achtet, das E. f. g. mochten die lannd gleich mit ab- | *94*^{r} | gestrigkter[6] macht in bestellung der Religion vnnd allain mit gewalt der Politischen eussern Regierung wider annemen, steen darjnn, das E. f. g. durch mittl solher eussern regierung den vnnderthanen mochten gar hoch trosstlich sein, das sy die gotlosen pfaffen[7] nit zu

a) vom Abschreiber aus unleserlichem Wort korrigiert.
b) vom Abschreiber aus unleserlichem Wort korrigiert.

1. von.
2. Gemeint sind die zahlreichen Religionsmandate Ferdinands I. seit 1524, in denen die Unterdrückung und Verfolgung der neuen Lehre angeordnet und alle Obrigkeiten verpflichtet wurden, nur altkirchliche Pfarrer und Prediger einzusetzen. Vgl. *Zimmermann*, Der Protestantismus in Österreich, v. a. S. 121–137; vgl. auch *Reingrabner*, Landesfürstliche Patente.
3. dazu hergebe.
4. Bekenntnis.
5. Gemeint ist: Daß Ottheinrich bei der Restitution verpflichtet wird, nur altkirchliche Beamte einzusetzen.
6. verminderter, verkürzter.
7. das sy … pfaffen: daß die gottlosen Pfaffen sie (sc. die Untertanen).

jrem greul dringen kunden als so[1] die eusser regierung inn ains Babstlich herren stunde. Jtem das die vnnderthannen sich durch[c] gute Christliche buecher mochten in heusern zur gotseligkait erbauen. Es ist ein groß gut, das offt Chrisstliche Amptleut der papistischen Fursten damitt schaffen, das sy den lieben Christen wind hallten[2] vnnd lufft machen, damit sy sich doch durch das lesen vnnd besonndere gesprech mogen jm glauben Christi erbauen. Es ist wol fur sich selb auch ain groß gut wergk die Politische regierung, wa man die gleich vber lauter vngleubige hette[d] vnnd sich der Religion dardurch nit annemen konndt. Noch solle aber bey den Christen alles zumm reich Christi dinen vnnd gebraucht werden. Darumb wunsch vnnd bitt ich von vnnserm lieben herren Christo, Er welle Euren F. gn. hierjnn selb rathen vnnd dahin helffen, das Sy kaine seiner gaben, die Er von Euren f. gn. will angenommen haben, ausslagen, darumb das Sy dj nit mit anndern gaben mag haben wieuor, | *94*[v] | Vnnd doch, was Sy seiner gaben on die annderen, der Sy vor[3] auch gehapt, nach seinem willen annemen, das Sy dasselbige thue, dermassen vnd Caution[4], das Sy inn nicht arges bewillige vnnd jr[5], souil das Got jmmer geben will, vorbehallt, das Sy alle gaben gottes, die jr mogen zuesteen, auch zum preis gottes vnnd hail der mennschen mogen gebrauchen.

Ich hab gesstern, als jch weg fertig war vnnd vil zubescheiden hett, nit weil gehabt, allen sachen nach notdurfft nachzugedengken; so mues ich heut verreitten, will auf dem weg den sachen treulich verner nachdenngken vnnd den Enngl alles guten rates bitten, Er welle Euren f. gn. selb raten vnnd mir geben, das jch nichts dann seinen rat[e] anzaige. Nachdem, wie e.f.g. villeicht wissen, das die kay. Mt. auf deß Babsts abslag[6], deß Concilj zu Triendt zu ennden, den Stennden wider beuolhen hat, sich auf weg zubedenngken, das man zu etwas vergleichung der religion vnnder den Stennden moge [f]kummen bis zu dem Concilj[7], hat[f] mein gnedigster herr, der Churfurst von Branndennburg, bey herr Jacob Sturm souil angehallten, mich bey die hannd zubringen, das jch bin jnn die nehe gen Augspurg zureitten von meinen herren abgefertigt, ob hochermellter Churfurst erlanngen mochte, das die kay. Mt.

c) danach gestr.: die.
d) vom Abschreiber aus unleserlichem Wort korrigiert.
e) danach gestr.: gebe.
f)–*f)* in der Abschrift fehlerhaft: kummen. Bis in dem Concilj hat.

1. wenn.
2. unterstützen.
3. zuvor, vorher.
4. mit der Vorsicht.
5. sich.
6. Ablehnung.
7. Karl V. hatte den Bischof von Trient, Kardinal Cristoforo Madruzzo, nach Rom geschickt, um Papst Paul III. zur Rückverlegung des Konzils von Bologna nach Trient zu bewegen. Nachdem Madruzzo am 14. Januar 1548 den Reichsständen über den Fehlschlag seiner Mission berichtet hatte (vgl. DRTA. JR Bd. 18, S. 1684–1686), forderte der Kaiser die Stände auf, eine Kommission zur Beratung über ein Interim einzusetzen; vgl. ebd., S. 1687–1692.

auch mich bey der hanndlung wollte leiden[1]. So bald jch dann mag[2], Will jch Euren f. gn. von denen sachen mein weiter | *95r* | gedenngken, vnnderwegen vnnd woher ich kan, dann die sach vil guts raths bedarff, zueschreiben, die vns[g] vnnser lieber herr Jesus welle jnn allem furen vnd segnen mit den jren allen. Amen. A[pp]en[weiher][h3] bey Strasburg, den 23. Januarij anno etc. 48.

E. F. G.
Vnndertheniger
Martin Bucerus
Ann hertzog
Ottheinrich etc.

g) durch Unterpungieren gestr.
h) Der Abschreiber konnte offensichtlich außer wenigen Buchstaben Bucers Bezeichnung des Ortes nicht lesen und malte offenbar die Handschrift nach, wie er sie verstand.

1. Am 15. Januar 1548 berichteten die Straßburger Gesandten vom Reichstag an den Rat, der brandenburgische Kurfürst Joachim II. habe Jakob Sturm aufgefordert, die Anwesenheit Bucers bei den Verhandlungen zu veranlassen, um »ein gute vergleichung« zu finden; vgl. Pol. Cor. IV/2, S. 831. Der Rat beschloß daraufhin am 21. Januar, Bucer nach Ulm abzuordnen, um sich dort zur Verfügung der Gesandten zu halten; vgl. ebd., S. 836 f.; vgl. auch S. 838. Aus der Ortsangabe unseres Briefes geht hervor, daß Bucer am 23. Januar die Stadt verließ. In BDS 17, S. 346 und *Greschat*, Bucer, S. 246 ist irrigerweise der 27. Januar als Abreisetag angegeben.
2. kann, vermag.
3. Appenweier liegt 22 km östlich von Straßburg in Richtung auf das Reiseziel Ulm.

Nr. 22
Bucers Erklärung zum Interim in Augsburg vor den Kurfürsten von der Pfalz und von Brandenburg

9. April 1548

bearbeitet von Thomas Wilhelmi

Einleitung

1. Entstehung und Inhalt

Auf die Bitte des Kurfürsten Joachim II. von Brandenburg an den Rat der Stadt Straßburg vom 15. Januar 1548 hin entsandte dieser Bucer zum Reichstag von Augsburg[1]. Bucer verließ Straßburg bereits am 23. Januar 1548[2] und reiste zunächst nach Ulm, wo er sich sieben Wochen aufhielt und die Geschehnisse in Augsburg zusammen mit Bernhard Besserer verfolgte. Von dort begab er sich nach Augsburg, wo er am 30. März eintraf und in der Herberge des Kurfürsten von Brandenburg Quartier bezog. Dieser erhoffte sich eine Zustimmung Bucers zu den Ende Februar entstandenen 26 Artikeln des Interims (sog. Märzformel, die noch für beide Religionsparteien bestimmt war). Am 2. April erklärte Bucer vor den Kurfürsten Joachim II. von Brandenburg und Friedrich II. von der Pfalz, er könne dem Wortlaut des Interims grundsätzlich zustimmen, habe aber doch etliche Vorbehalte und entsprechende Änderungswünsche. In einem ausführlichen, noch an demselben Tag verfaßten Schreiben an die Kurfürsten[3] präzisierte er seine Position. Eine noch ausführlichere, detailliertere Stellungnahme zum Interim legte er den beiden Kurfürsten am 4. April schriftlich vor.[4]

Am 9. April legte er vor den Kurfürsten von Brandenburg und der Pfalz und deren Kanzleisekretären und Beratern seine Position auch mündlich dar. Bucers Erklärungen wurden in deutscher Sprache protokolliert[5]. Sogleich wurde auch eine Übersetzung ins Lateinische vorgenommen,[6] um diesen Text dem Kaiser vorlegen zu können. Auf Wunsch des Kaisers wurde Bucer dazu gedrängt, dieses Aussageprotokoll eigenhändig zu unterschreiben. Bucer weigerte sich indessen › diese Unterschrift zu leisten. Am 10. April wandte er sich mit einem weiteren ausführlichen

1. Sog. geharnischter Reichstag, 1. September 1547 – 30. Juni 1548.
2. *Rott*, Liste alphabétique, S. 100. *Greschat*, Bucer, S. 246 (1. Aufl. S. 226) Bucer nennt den 27. Januar 1548. Dann war Bucer aber bereits in Schwäbisch-Hall. Vgl. oben S. 465, Anm. 1.
3. Brief vom 2. April 1548 (Edition in BDS 17, S. 350–354).
4. Brief vom 4. April 1548 (Edition in BDS 17, S. 357–397).
5. Dieser Text wird im folgenden ediert.
6. Dieser Text wird im folgenden ebenfalls ediert. Eine frühere Edition der deutschen und der lateinischen Fassung findet sich in Pol. Cor. IV,2, S. 911–915 (Nr. 750).

Schreiben an die beiden Kurfürsten Joachim II. von Brandenburg und Friedrich II. von der Pfalz.[1] Danach wurde er in der Herberge unter Hausarrest gestellt, am 17. April gar in strenge kaiserliche Haft genommen.[2]

Die erste Hälfte des in deutscher Sprache abgefaßten Protokolls der Erklärung wurde von dem kurbrandenburgischen Kanzler Eustachius von Schlieben[3] erstellt, die zweite Hälfte von einem nicht bekannten Kanzleischreiber. Eine Abschrift dieses Schriftstückes wurde von Ludwig Fachs[4] vorgenommen. Noch an demselben Tag wurde zur Übergabe an den Kaiser eine lateinische Übersetzung – eine leichte Überarbeitung des deutschen Textes – vorgenommen.

2. Überlieferung

Deutsche Fassung:
a: Dresden HSArch 10024 Geh. Archiv, Loc. 10186/2, fol. 183^r–184^r (andere Zählung: fol. 207^r–208^r) (unbekannter Kanzleischreiber)
b: Dresden HSArch 10024 Geh. Archiv, Loc. 10297/20, fol. 136^r–138^v (andere Zählung: fol. 143^r–145^v) (fol. 143^r–143^v Obergerichtsrat Ludwig Fachs; fol. 144^r–144^v unbekannter Kanzleischreiber, fol. 145^v Beschriftung von Ludwig Fachs: »D. Bucers bedencken«)
c: Berlin Geh. SArch I. HA Rep. 10, Nr. H, Fasz. F, fol. 4^r–5^v (Eustachius von Schlieben)

Lateinische Fassung:
Berlin GehSArch, I. HA, Rep. 10, L, Fasz. A, fol. 85^r–86^r (ehemals: I. HA, Rep. X, Nr. 12, G, fol. 1–4) (unbekannter Kanzleischreiber)

1. Brief vom 10. April 1548 (Edition in BDS 17, S. 416–421 und in Pol. Cor. IV/2, S. 915–919 [Nr. 751]).
2. Zu den kurz geschilderten Geschehnissen in den Monaten Januar bis April 1548 vgl. *Greschat*, Bucer, S. 244–247 (1. Aufl. S. 224–228); BDS 17, S. 346–349.
3. Eustachius von Schlieben (1485–1568), kurbrandenburgischer Kanzler. *Pflug*, Correspondance, Bd. 2, S. 145, Anm. 2.
4. Ludwig Fachs (1497–1554), Professor der Jurisprudenz in Leipzig, Rat von Herzog Moritz von Sachsen. MBW, Bd. 12 (Personen A–K), S. 43 f.

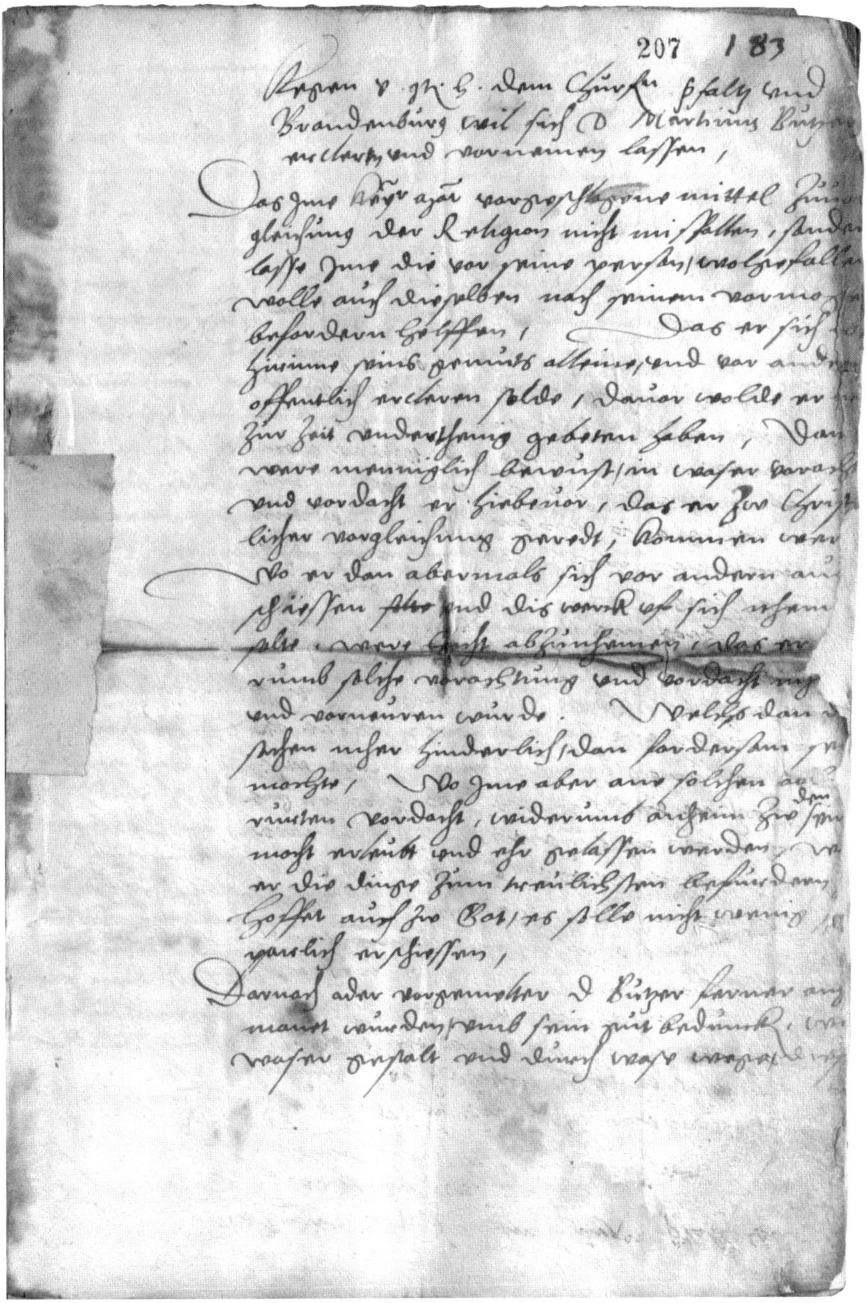

Dresden HSArch 10024 Geh. Archiv, Loc. 10186/2, fol. 183r

Dresden HSArch 10024 Geh. Archiv, Loc. 10297/20, fol. 136r

Text

| *85r* | Coram Jllustrissimis principibus Electoribus Palatino[1] et Brandemburgensi[2] haec, quae sequuntur, exposuit et declaravit D.[3] Martinus Butzerus:

Principio[a]: Quod ei vehementer placeant viae atque media ad concordandam Religionem proposit[a][b], quod ad suam personam adtinet. Et addidit se easdem vias cum summa voluntate velle[c] promo[d]uere. Hac lege atque omnino[e], ut humiliter deprecaretur, ne cogatur pro se sine aliorum Theologorum Sententia de his rebus publice ferre Sententiam.

Si quidem haberet huius rei magnas et minime contemnendas causas, praesertim cum iam antea expertus esset, in quem contemptum atque suspitionem venisset ex eo tempore, quod Ratisbonae et alias moderatas atque commodas pro Reconcilianda concordia in Religione dixisset Sententias; proinde si iterum prae aliis se deberet prodere et hoc opus iam foeliciter ceptum in se derivare, tum suspitionem atque contemptum priorem hac re multis modis renouaret atque accumularet, id quod magis causae praesenti incommodare quam commodare videretur. Quod si vero sine hac suspitione dimitteretur ad suos, tum large[f] promisit se summo, quo posset, opere haec omnia sedulo curaturum esse. Et sperat confore, ut ipse et fratres sui ad has res confitiendas cum Dei auxilio apud suos pulchre praeparaturi sint optimas vias.

a) teils vor der Zeile erg.
b) im Wort korr.
c) über der Zeile erg. und eingewiesen.
d) danach Wort gestr.
e) Schrf.: omnine.
f) im Wort korr.

1. Friedrich II. der Weise (1482–1556), Pfalzgraf und Kurfürst von der Pfalz.
2. Joachim II. (1501–1571), Kurfürst von Brandenburg.
3. Dominus.

Text

| *183*[r] / *207*[r] | [a]Martini Bucer Bedencken vfs Inter[im][*a*] Kegen[1] v. gn. h.[2b], dem[c] Churfn.[d] Pfaltz[3] vnd Brandenburg[e4], wil[f] sich D. Martinus[g] Butzer ercleren[h] vnd vornemen lassen:

Das jme Key. Mat. vorgeschlagene mittel zuuorgleichung der Religion nicht misfallen, sonder lasse jme[i] die[j] vor seine[k] person wolgefallen[l], wolle auch dieselben [m]nach seinem vormoge[*m*n] befordern[o] helffen; Das er sich aber[p] hirinne seins[q] gemuts alleine vnd vor andren offentlich[r] ercleren solde[s], dauor wolde er noch[t] zur zeit[u] vnderthenig gebeten haben, Dan[v] were menniglich[w] bewust, in waser[5] voracht[x6] vnd vordacht er hiebeuor, das er zue[y] Christlicher vorgleichung geredt[z], kommen were[a].

a–*a* fehlt in a, c.
b)–*b)* vnßeren Genedigisthen hern: c.
c) den: b, c.
d) Churfursten: c.
e) Brandenborgk: c.
f) d: b; hath: c.
g) M: b; Marthin: c.
h) ercleret: b, c.
i) sich: c.
j) Wortende korr.: c.
k) sein: b; seyn: c.
l) wolgefalle[n]: a.
m)–*m)* über der Zeile erg. für gestr.: mit seinem gton(?): b.
n) vermoͤgen: c.
o) befoddern: c.
p) addr: c.
q) seynes: c.
r) offentlichen: c.
s) solthe: c.
t) no[ch]: a.
u) zeyth: c.
v) danach: es: b.
w) Menniglichen: c.
x) verachtunge: b, c.
y) zw: a.
z) gereth: c.
a) wer[e]: a; wehere: c.

1. Gegen.
2. v. gn. h.: unserem gnädigen Herren.
3. Friedrich II. der Weise (1482–1556), Pfalzgraf und Kurfürst von der Pfalz.
4. Joachim II. (1505–1571), Kurfürst von Brandenburg.
5. welcher.
6. Verachtung. *Götze*, S. 75.

Quia[g] Vero deinde dictus D. Bucerus Admonitus est, ut explicaret, quibus modis atque viis haec res tota commode ad opus, ut dicitur, ut recte curreret, deduci posset? Respondit sibi antea omnia rectum videri, ut caesarea M[aies]tas pro more omnium veterum Jmperatorum Congregatis Optimis et eruditissimis quibusque ad concilium Nationale institueret de his rebus gravissimis gravissimas deliberationes. Hanc enim viam putat unicam aequissimam et tutissimam esse. | *85*^{v} |

g) vor der Zeile erg.

Wo er dan abermals sich vor andern außschiessen[b][1] vnd dis werck vf sich nhemen[c] solte[d], were[e] leicht abzunhemen, das er widderumb[f] solche vorachtung vnd vordacht mheren[g] vnd vorneuren[h] wurde[i], Welchs dan den[j] sachen mher hinderlich dan fordersam sein[k] mochte[l]. Wo jme aber[m] ane solchen obberurten[n][2] vordacht widerumb anheim zu[o] den[p] seinen[q] mocht erleubt vnd ehr gelassen werden, wolle[r] er die dinge zum treulichsten befurdern, Hoffet auch zu[s] Got[t], es solle nicht wenig[u] fruchtparlich[v] erschiessen[w][3].

Darnach aber[x] vorgemelter D. Butzer ferner angemanet[y] worden[z] vmb sein gut bedencken, wie[a], waser gestalt vnd durch wase wege diese[b] | *183v / 207v* | sachen mochten vorhanden genommen[c] vnd jns werck gebracht werden.

Darauf[d] hat er volgenden bericht vor sein rathsam bedencken angezeigt, als nemlich:

Zum ersten, nach vorigem bedencken, das er heimgelassen, dise sachen ane vordacht bey denselben zufordern, achtet er den vornhemsten vnd duchlichsten[e][4] weg

b) au[ß]schiessen: a; danach gestr.: solte: a.
c) nhem[en]: a.
d) soͤlthe: c.
e) wehr: c.
f) [widde]rumb: a.
g) mh[eren]: a; mehren: c.
h) vornewern: b, c.
i) worde: c.
j) d[en]: a.
k) sei[n].
l) davor gestr.: macht: b; moͤchte: c.
m) adder: c.
n) obb[e]rurten: a.
o) zw: a.
p) über der Zeile erg.: a; fehlt in b.
q) sein[en].
r) w[olle]: a; wolhe: c.
s) zw: a.
t) goth: b.
u) davor gestr.: weng: b.
v) [frucht]parlich: a.
w) erscheinen: b; davor gestr.: ersch: b; erscheynen: c.
x) wohl Schrf.: ader.
y) ang[e]manet: a.
z) wurden: a.
a) wi[e]: a.
b) dies[e]: a.
c) genehemen: b.
d) Doruf: b.
e) durlhesten(?): b.

1. herausfahren, hervortreten. Frühneuhochdt. WB 2, Sp. 1296.
2. oben erwähnten.
3. gedeihen, von Nutzen sein. *Lexer* 1, Sp. 668.
4. tauglichsten.

Si vero caesarea M[aies]tas cogitaret atque existimaret Hanc viam urgendam et primo[h] quoque tempore constituendam esse, tum se putare commodum et valde utile esse, ut caesarea M[aies]tas promulgato et publicato[i] libro, in quo conciliatio Religionis continetur, daret negotium illud quibusdam piis, eruditis et publicas pacis amatoribus tanquam commissariis, qui Episcopis committerent, qualiter hae[j] res docendo, monendo, hortando vulgo[k] inculcari queant. Negat enim calida et violenta Consilia huic negotio prodesse. Praeterea si quidem in comitiis sub annum 1530 Augustae habitis[1] permissum esset adhaerentibus Augustanae confessioni spacium sex mensium ad deliberationem faciendam, ut idem etiam nunc iisdem permitteretur. Nam multa possent temporibus sanari, quae violentis et subitis tempestatibus evertuntur.

Deinde Etiamsi Episcopi, Abbates et Ecclesiae Collegiatae [l]Habeant Ius Patronatus[l][2], ut Tamen caes[area] M[aies]tas eam rem sic moderaretur (Ad quod precibus inducenda esset), ut sacerdotes a populo legittime electi, probati et Episcopis optimo testimonio commendati ab Episcopis Ordinarentur et Confirmarentur neque haberent pro sua libidine potestatem obtrudendi Ecclesiis[m] sacerdotes quoslibet ineptos et minime idoneos. Ait enim nihil magis ornare Ecclesiam et Ministerium Ecclesiasticum, quam cum Episcopi sint per se boni, id, quod eos pro suo offitio decet, Et sint in Ecclesia sacerdotes et Doctores Euangelii, qui verbo et moribus exaedificare Ecclesiam possunt, quem admodum etiam Haec in veteribus canonibus sanctissime constituta s[unt].[n] | *86r* |

h) im Wort korr.
i) danach Buchstabe gestr.
j) im Wort korr.
k) im Wort korr.
l)–*l)* unterstrichen.
m) am linken Rand erg. und eingewiesen.
n) danach gestr.: Caeremoniis non vult onerari Ecclesiam Et cupit Missam vel Ambrosii vel Chrysostomi in Ecclesiam introduci.

1. Augsburger Reichstag, 20. Juni – 19. November 1530.
2. Patronatsrecht.

zur[f] Christlicher[g] vorgleichung zusein, das key[serlich]e Mat. etliche Synodos [h]halten liesse[h] adder[i] zu[j] einer National vorsamlung Erbare, gotfurchtige vnd gelarte[k] leute vorschrieben, dise sachen zuberathschlagen vnd in vorgleichung zubringen. Wie dan dis der einige[1] vnd pilliche[2] weg were, den[l] alwege in dergleichen fellen die vorgehende keyser[m] vorhanden genommen.

[n]Hetten ader die key. Mat. des weges[o] einig[p] bedencken ader achtet, das numher[q] die sachen[r] nicht lenger aufgehalten werden solten, So bedechte[s] doch eheberurter[3] D. Butzer notwendig[t] nutz vnd gut zusein, das man diser Religion[u], die noch in[v] Sechsischen vnd Merkischen Ceremonien weren, auch etliche[w] von der Strasburgischen vnd Augsburgischen Religion vnd derselben anhenger, guthertzige, gelerte leute zusammen kommen liesse, alleine dauon[x] zureden, wie man der key. Mat. gesteltes begeren fuglich in den gemeinen man bringen vnd einbilden mochte[y], Vnd wie dan den protestirenden Stenden | *184*[r] / *208*[r] | im Augsburgischen jungst gehaltenem Reichstage[z][4] vor achtzehn jaren vj monat lang bedencklicher frist[a] zugelassen, das also auch dise sache nicht vbereilet, sonder zeit dazu[b] gegeben, damit es in den gemeinen[c] Man auch mocht gepracht werden.

f) zue (im Wort korr.): a.
g) Christenlicher(?): b.
h)–*h)* Dittographie: b.
i) ade: a.
j) zw: a.
k) gelart: b.
l) der: b.
m) keys[er]: a.
n) von hier bis zum Textende andere, gut lesbare Schrift: b.
o) wege[s]: a.
p) [...]: a; eynich: c.
q) nhumer: b; nuhmer: c.
r) s[achen]: a.
s) bedachte: b.
t) no[t]wendig: a.
u) danach: das ist: b.
v) danach: den: b.
w) etlich: b.
x) doruone: b.
y) mocht[e]: a; Möchte: c.
z) Rei[chs]tage: a.
a) im Wort korr.: b.
b) darzw: a; darzu: b.
c) gemeine[n]: a.

1. einzige.
2. vernünftige, gemäße.
3. erwähnter.
4. Augsburger Reichstag, 20. Juni – 19. November 1530.

[o]Postremo: Quia tota res pendere videtur tanquam ex cardine ex Restitutione, cavendum esse diligenter existimat, ut ea ratione fiat, ne offendiculum aut damnum verae pietati dare aut parere possit, id quod totum futurum esse ait, si Episcopi moderate et cum studio pietatis sine vi sua usi fuerint gubernatione. Tum enim habituri sunt Obedientiam et debitam illis Reverentiam.

Actum Augustae[1] Altera Quasimodo geniti infantes, Anno ab orbe redempto MDXLVIII[2].

o) Anmerkung am linken Rand: Disses wort bleyben wir woll es vntherzogen ist.

1. Augsburg.
2. 9. April 1548.

Zum dritten, das die vorsehung bey key. Mat. mochte[d] erbeten werden[e], wiewol etzliche Bischoffe vnd geistlichen ius patronatus[f1] in Steten haben, das gleichwol die Prediger[g] vnd Selensorger angenommen vnd bestelt werden, die das volck vorsehen[h2] konnen vnd auch denen annemlich sein mochten, Wie dan solchs in geistlichen Rechten auch[i] vorsehen[j] ist.

Zum Virden, dieweil an solcher Ordnung vnd[k] restitution[l] zum hochsten gelegen sein will[m], das sie dermassen beschee, damit sie nicht[n] dem gemeinen Man ergerlich ader zu[o] mherer weitleufftickeit gelangen mocht, vnd das derwegen vorstendige, guthertzige[p] vnd schiedliche[3] Commissarien zu[q] denen sachen[r] von key. Mat. geordent werden.

Dis ist in summa die antwort vnd bedenck[s] D. Martin Butzers gewesen, Actum Augustae[t4] Montags[u] nach quasimodogeniti jm xlviij. jar[v5].

d) am Rand ergänzt: b.
e) werde: b.
f) patrona[tus]: a.
g) Predig[er]: a.
h) vorstehn(?): b.
i) au[ch]: a.
j) versehen: b.
k) danach in b, c: an der.
l) davor: an der: b.
m) w[ill]: a.
n) ni[cht?]: a.
o) zw: a.
p) guthertz[ige]: a.
q) zw: a.
r) sac[hen]: a.
s) bede[nck]: a.
t) fehlt in a.
u) Mentags: b.
v) j[ar].

1. Patronatsrecht.
2. versorgen, beschützen. *Lexer* 3, Sp. 222.
3. Streit schlichtende. *Grimm* 14 (= VIII), Sp. 2677.
4. Augsburg.
5. 9. April 1548.

Nr. 23
Gutachten zur Teilnahme an der Synode von Zabern

[ca. 27. März 1549]

bearbeitet von Stephen E. Buckwalter

Einleitung

1. Entstehung und Inhalt

Dieses Gutachten gehört zu den letzten Texten, die Bucer vor seinem erzwungenen Weggang aus Straßburg in der Nacht vom 5. auf den 6. April 1549 verfaßte[1]. Veranlaßt wurde es durch die Ausschreibung einer Diözesansynode auf den 2. April nach Zabern[2] durch den dort residierenden Straßburger Bischof Erasmus von Limburg[3]. Der Bischof verband seinen Ausruf mit einer Aufforderung an den Stadtrat, für die Teilnahme aller evangelischen Pfarrer der Stadt und der ihm zugehörigen Dörfer an dieser Synode zu sorgen. Der Magistrat reagierte am 20. März abweisend, indem er auf negative Erfahrungen der Protestanten in anderen Diözesen hinwies, weitere Erklärungen seitens des Bischofs über sein Vorgehen forderte und auf sicherem Geleit für die evangelische Geistlichkeit bestand[4]. Der Bischof antwortete am 23. März, indem er alle Straßburger Pfarrer erneut aufforderte, die Synode zu besuchen und ihnen für die Hin- und Rückreise förmlich Geleit erteilte. Die Rat beriet über diese Angelegenheit am 27. März. Daraufhin reichte Bucer das im folgenden edierte Gutachten ein[5]. In ihm stellt er Überlegungen an, unter welchen Bedingungen eine Teilnahme der evangelischen Pfarrerschaft Straßburgs an einer solchen Synode mit dem christlichen Bekenntnis vereinbar sei.

1. Auf die Schrift und ihre Entstehung wird in Pol. Cor. IV, S. 1161, Anm. 5 (»wohl eines der letzten amtlichen Schriftstücke aus seiner Strassburger Zeit«) und BDS 17, S. 583, Anm. 52 kurz eingegangen.

2. Zu diesem Vorgang vgl. Pol. Cor. IV/2, Nr. 856–858, S. 1126–1134; nach *Adam*, Straßburg, S. 274 und BDS 17, S. 583, Anm. 52 war die Synode auf den 30. März ausgeschrieben worden (vgl. dagegen Pol. Cor. IV/2, S. 1134: »hie zu Zabern bi meiner residenz am zinstag den andern Aprilis«).

3. Zu ihm vgl. oben S. 189, Anm. 4. Eine ausgiebige Dokumentation der zähen Verhandlungen zwischen Bischof und Stadt vom August 1548 bis März 1549 bezüglich der Einführung des Interims bietet Pol. Cor. IV/2, Nr. 815, 822, 830, 832 f., 836, 838, 840, 843, 845, 847, 851, 856–858 und 872 (S. 1057 f., 1074, 1086–1088, 1094 f., 1097, 1099, 1103–1108, 1110 f., 1114–1118, 1126–1143 und 1152 f.).

4. Pol. Cor. IV/2, Nr. 876, S. 1160 f.

5. Pol. Cor. IV/2, S. 1161, Anm. 5.

Das Gutachten weist folgende Gliederung auf:

I. Eine Teilnahme der evangelischen Pfarrer an der vom Straßburger Bischof nach Zabern berufenen Synode ist nur »mit gepurender maß vnd protestation« denkbar, denn sie birgt viele Probleme [$214^{r/v}$]:
   A. Ihre Teilnahme kommt einer Anerkennung der altgläubigen Partei als »christlich« gleich, obwohl sie tatsächlich dem Antichrist dient und die wahren Christen verfolgt [214^{r}].
   B. Die altgläubige Partei wird sich durch etwaige Wortmeldungen anwesender evangelischer Pfarrer ohnehin nicht umstimmen lassen [$214^{r/v}$].
   C. Eine Teilnahme an der Synode setzt die Sache Christi dem Mutwillen und dem Hohn der altgläubigen Partei aus.
   D. Diese negativen Auswirkungen müssen bei allem Abwägen der Nützlichkeit einer Teilnahme bedacht werden.

II. Ein Fernbleiben der evangelischen Pfarrer von der Synode hat zweierlei zu beachten [214^{v}–215^{r}]:
   A. Ihr Nicht-Erscheinen darf nicht als Scheu vor dem Licht der Wahrheit mißverstanden werden.
   B. Ebensowenig darf es vom Bischof als Anlaß mißbraucht werden, die evangelischen Pfarrer wegen *contumacia* zu belangen.

III. Bucer fordert den Straßburger Rat deshalb auf, ein Entschuldigungsschreiben zugunsten der Pfarrer mit folgendem Inhalt an den Bischof zu richten [215^{r}–216^{v}]:
   A. Der Rat hat Sorge, daß der Bischof den Pfarrern vorreformatorische Gebräuche aufzwingen und ihnen bei der Synode nicht erlauben wird, Argumente aus der Heiligen Schrift, »den wahren Canonibus« und den Schriften der Kirchenväter einzubringen [$215^{r/v}$].
   B. Die Antwort des Bischofs auf ein erstes Schreiben des Rates bestätigt diesen Verdacht: Sie zeugt von wenig Bereitschaft, den Pfarrern auf der Synode zu erlauben, im Einklang mit ihren Gewissen und mit dem Evangelium frei handeln zu können [215^{v}–216^{r}].
   C. Vielmehr scheint der Bischof bemüht, nur den Geistlichen, die bei der altgläubigen gottesdienstlichen Praxis geblieben sind oder zu dieser zurückzukehren bereit sind, das Recht zu gewähren, auf der Synode frei mitzusprechen und mitzuentscheiden [216^{r}].
   D. Da der Rat nicht davon ausgehen kann, daß seinen Pfarrern das ihnen nach der Tradition der altkirchlichen Synoden zustehende Recht, mitzusprechen und mitzuentscheiden, zugestanden werden wird, hat der Bischof kein Recht, ihr Nicht-Erscheinen als *contumacia* aufzufassen [$216^{r/v}$].
   E. Sollte dagegen der Bischof bereit sein, den evangelischen Pfarrern volles Mitsprache- und Entscheidungsrecht nach alter synodaler Tradition zu gewährleisten, ihnen den Rückgriff auf Heilige Schrift, bewährtes kanonisches Recht und Schrifttum der Kirchenväter zur Reformierung der Kirche zu erlauben und ihre Gewissen keinesfalls bedrängen zu wollen, »so werden sie vff sein zugeschriben geleydt gern erscheynen« [216^{v}].

IV. Anhand eines solchen Schreibens werden der Bischof und seine Anhänger erkennen, daß die Evangelischen sich nicht davor scheuen, Rechenschaft ihres Glaubens zu geben; ebensowenig machen sie sich der *contumacia* schuldig [216^{v}–217^{r}].

2. Überlieferung

Dieses Gutachten ist in einer einzigen Handschrift überliefert: Straßburg StArch, AST 49, Nr. 17, fol. 214^{r}–217^{r}. Hierbei handelt es sich um ein Autograph Bucers.

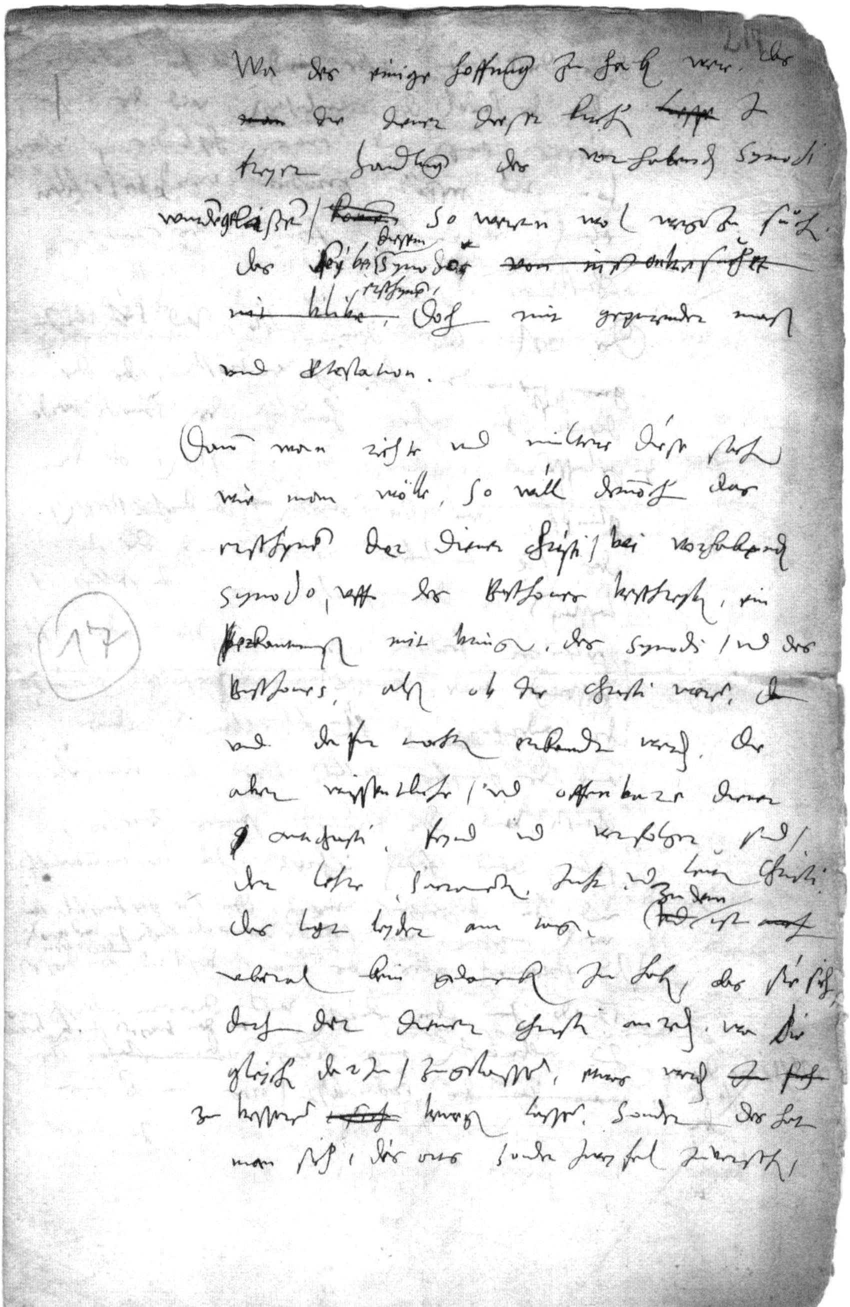

Straßburg StArch, AST 49, Nr. 17, fol. 214r

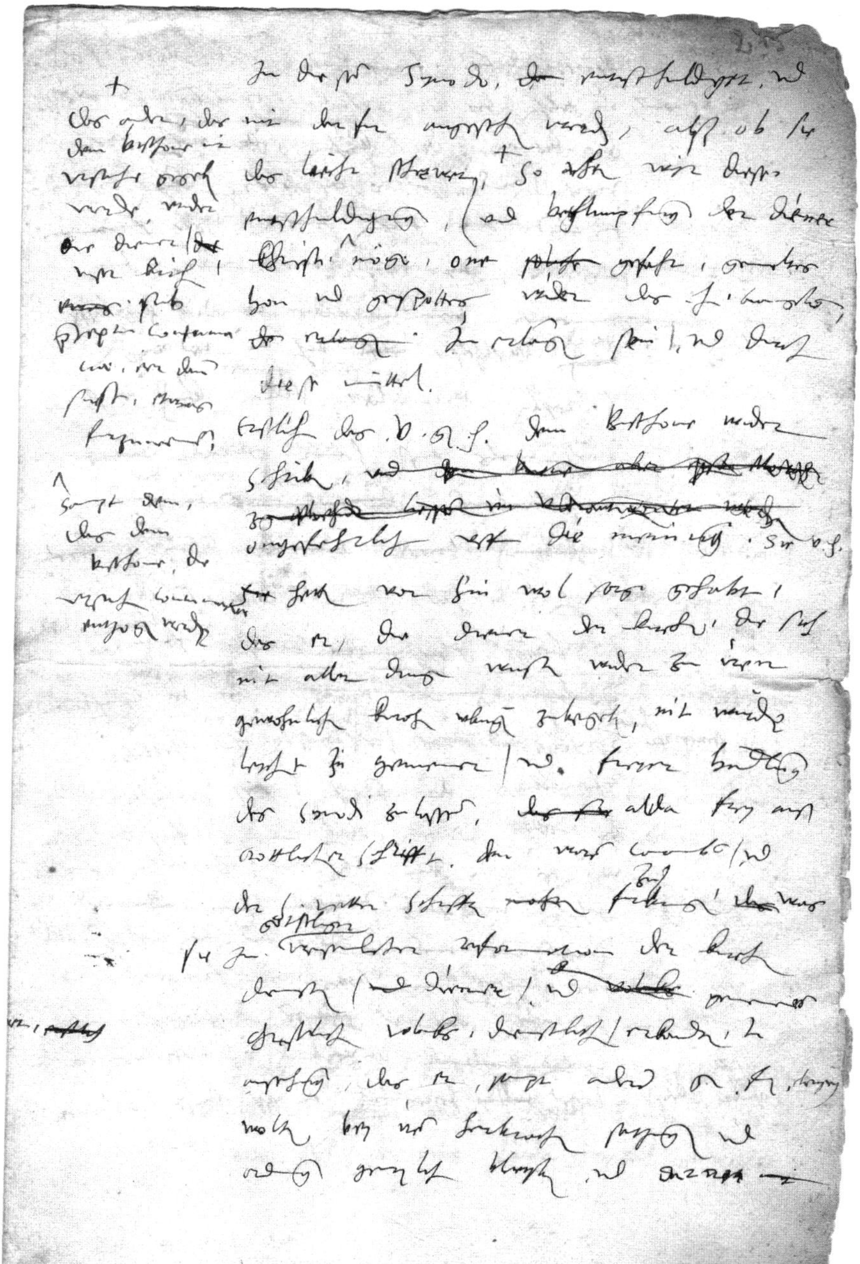

Straßburg StArch, AST 49, Nr. 17, fol. 215r

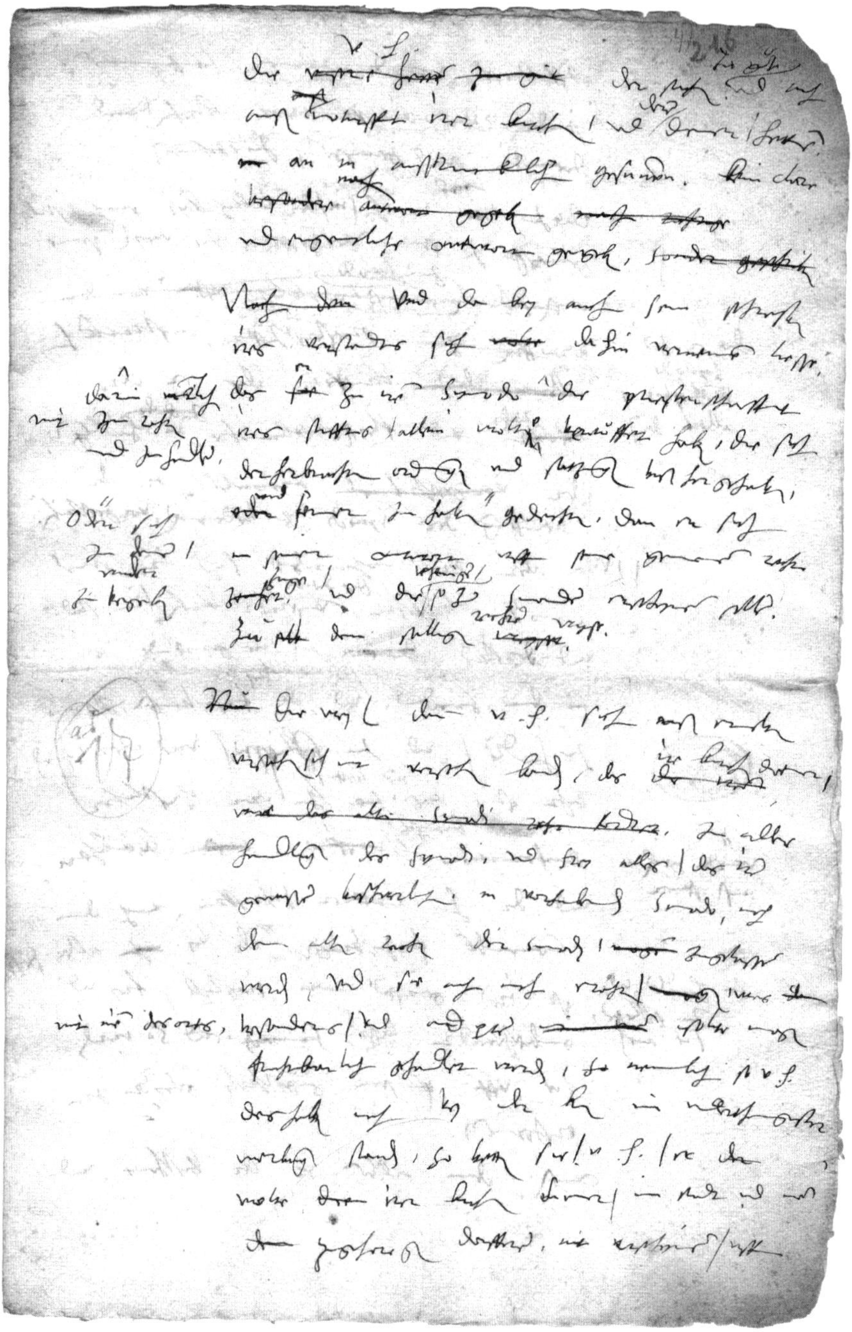

Straßburg StArch, AST 49, Nr. 17, fol. 216[r]

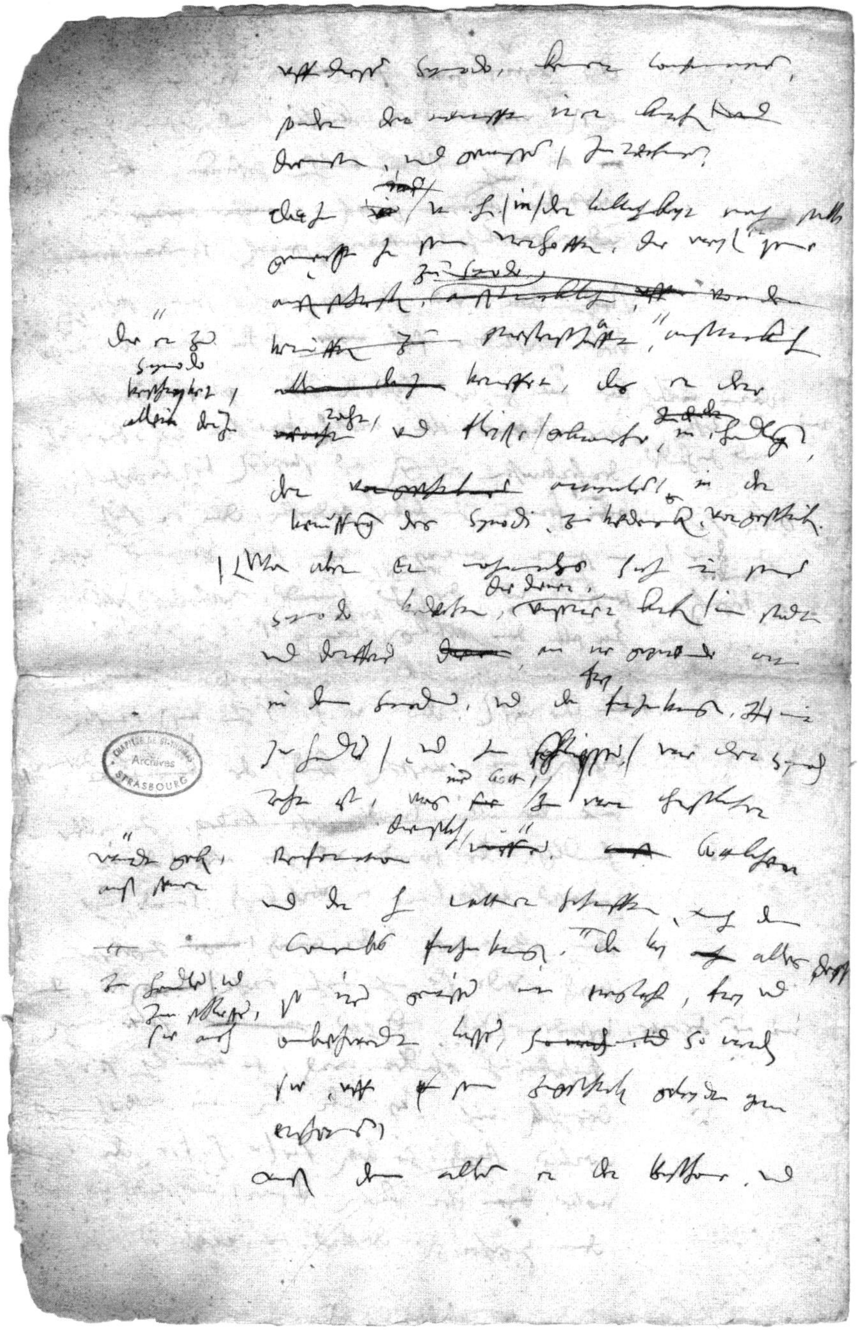

Straßburg StArch, AST 49, Nr. 17, fol. 216v

Straßburg StArch, AST 49, Nr. 17, fol. 217r

| *214*[r] | Wa des einige hoffnung zu haben were, das[a] die diener dieser kirchen[b] zu freyer handlung des vorhabenden[1] Synodi[2] wurden[c] gelaßen[d], So weren wol wege zu suchen, das sey[e3] bei diesem[f] Synodo[g] erschynen[h], doch mit gepurender maß vnd protestation.

Dann man richte vnd miltere[4] dise sachen, wie man wölle, So will dennoch das erschynen der diener Christi bei vorhabendem Synodo vff des Bischoues[5] beschreyben[6] ein erkantnuß[i7] mit bringen des Synodi vnd des Bischoues, alß ob die Christi weren[j] vnd dafur mochten erkanndt werden, die aber wissentliche vnd offenbare diener[k] Antichristi, feynd vnd verfolger sind der Lehre, Sacramenten, Zucht vnd leuten Christi, das ligt leyder am tag[8].

[l]Zu dem[*l*] ist[m] vberal[9] kein gedancken zu haben, das sie sich durch der diener Christi anreden, wo die[n] gleych darzu zugelassen, etwas werden[o] zu[p] besseren[q] bewegen lassen, sondern des hat man sich dis orts sonder jren fel zu versehen, | *214*[v] | das diese leut alles[r] da hin werden[s] richten, das der handel des Almechtigen[t] vnd

a) danach gestr.: man.
b) danach gestr.: liesse.
c) vor dem Zeilenanfang nachgetragen.
d) korr. aus: ließen; danach gestr.: kommen.
e) undeutlich korr.
f) über der Zeile nachgetragen und eingewiesen.
g) danach gestr.: von inen onbesuchet.
h) über der Zeile nachgetragen für gestr.: nit blibe.
i) korr. aus: beckantnuß.
j) danach gestr.: d-.
k) danach gestr.: d-.
l)–*l*) über der Zeile nachgetragen und eingewiesen für gestr.: Vnd.
m) danach gestr.: auch.
n) korr. aus: sie.
o) danach gestr.: zu sich.
p) vor dem Zeilenanfang nachgetragen.
q) danach gestr.: zu sich.
r) danach gestr.: werden.
s) über der Zeile nachgetragen und eingewiesen.
t) konj. für fälschlich: Amlechtigen.

1. beabsichtigten, vorgenommenen; zur Form vgl. *Grimm* 4 (= IV,1,1), Sp. 739 s. v. fürhabend.
2. Zur maskulinen Verwendung dieses Femininums vgl. *Grimm* 20 (= X,4), Sp. 1426.
3. sie.
4. mildere. *Lexer* 1, Sp. 2141.
5. Erasmus von Limburg (gest. 1568) war seit dem 12. August 1541 Bischof von Straßburg; *Gatz*, Die Bischöfe des Heiligen Römischen Reiches, S. 426.
6. schriftliche Vorladung, Einberufung. Deutsches Rechtswörterbuch 2, Sp. 113; *Grimm* 1, Sp. 1593.
7. sc. eine Anerkennung. Vgl. Deutsches Rechtswörterbuch 3, Sp. 215.
8. ist offenkundig.
9. überhaupt.

des reichs vnseres einigen[1] vnd ewigen heylandts zu schwerem hon vnd gespöt gerichtet werde bei so filen elenden, verruchten feynden des creutzes Christi.

Die weyl denn dem also, vnd sich dar zu[u] niemandt hat zu vertrösten, das die diener Christi[v] zu rechter handlung des Synodi werden zu[w] gelassen, so konden wyr nit sehen, ob der glimpf[2], den sie[3] inen[4] möchten[x] da durch schepfen, das sie zu Zabern[5] erschynen vnd die zulassung in den Synodum auch da selbet solemniter fordreten, so groß seye oder so fil besserung konde bringen oder des falschen glorierens der widerpart[6] so[y] fil abwenden, das vmb des glimpfes willen das h[eilige] Euangeli Christi vnd der dienst seines reiches solten denen feynden Christi zů irem mutwillen vnd hon dargegeben werden, [z]den sie one zweyfel[a] werden anrichten, wo sich die diener der kirch zu inen werden begeben[z].

Vnd seytemal[7] alles, das[8] man bey vnd von diesem Synodo[b] den kirchen vnd dienern Christi zum allerbesten mag erlangen, [c]in den zweyen stucken beruret[c]: [d]erstlich, das die diener Christi bey der[d] erbarckeyt ires nit komens | *215*[r] | zu diesem Synodo[e] entschuldiget vnd nit darfur angesehen werden, alß ob sie das Liecht scheweten; [f]das ander, das dem bischoue nit vrsache gegeben werde, wider die diener[g] vnser kirchen[h] sub praetextu Contumatiae[9] eer[10] dann sust etwas furzunemen[f], So

u) danach gestr.: gar.
v) über der Zeile nachgetragen und eingewiesen.
w) vor dem Zeilenanfang nachgetragen.
x) danach gestr.: inen.
y) danach gestr.: fil.
z)–*z)* am Zeilenende und zwischen den Zeilen nachgetragen.
a) danach gestr.: d-.
b) danach gestr.: zum.
c)–*c)* über der Zeile nachgetragen für gestr.: darin steht, das.
d)–*d)* vor den linken Rand geschrieben und eingewiesen für gestr.: man bey der.
e) danach gestr.: dan.
f)–*f)* vor den linken Rand geschrieben und eingewiesen.
g) danach gestr.: der.
h) danach gestr.: ewers.

1. einzigen.
2. Ehre, Recht, Anstand.
3. die evangelischen Pfarrer.
4. sich.
5. Zabern (das heutige Saverne), 40 km westlich von Straßburg gelegen, entwickelte sich infolge der Schlacht von Hausbergen vom März 1262, bei der die Straßburger Bürgerschaft ihren Bischof militärisch besiegt und aus Straßburg vertrieben hatte, neben Molsheim und Ettenheim zum Hauptsitz des Straßburger Bischofs. Vgl. *Reuss*, Histoire de Strasbourg, S. 35–42; *ders.*, Histoire d'Alsace, S. 31 und 38: *Chrisman*, Strasbourg and the Reform, S. 16; *Thomann*, Molsheim und Zabern, S. 35 f. und 43–48.
6. der gegnerischen Seite.
7. da ja, zumal.
8. was.
9. hier primär rechtlich als Ungehorsam und nicht als Verstocktheit aufgefaßt. Vgl. *Altenstaig/Tytz*, Lexicon, S. 202 (»Et sunt tres modi contumaciae: Primus cum quis vocatus venire contemnit«).
10. eher.

achten wyr dieser entschuldigung vnd beglimpfung der diener Christi [i]sampt dem, das dem bischoue die vrsach Contumatiae entzogen werden[i] möge, one[j] gefahr gemeltes hon vnd gespottes wider das h[eilige] Euangelium[k] zu erlangen sein, vnd durch diese mittel:

Erstlich, das v[nsere] g[nädigen] h[erren] dem Bischoue wider schriben[l] ongefehrlich vff die meinung, sie, v[nsere] h[erren][m], hetten vor hin wol sorg gehabt, das er die diener der kirchen, die sich nit aller dingen wusten wider zu iren gewohnlichen kirchen vbungen zubegeben, nit wurde leycht zu gemeiner vnd freyer handlung des Synodi zu lassen[n], alda frey auß Gottlicher Schrifft, den waren Canonibus vnd der h[eiligen] vetter Schrifften[o] furzubringen[p], was sie[q] zu gotseliger[r], versonlicher reformation der kirchen diensten[s] dienete vnd[t] gemeinen[1] christlichen volcks dienstlich[2] erkandten, jn ansehung, das er sampt andren g[nädigen] h[erren][u] wolten bey iren herbrachten satzungen vnd ordnungen gentzlich bleyben vnd daran[v] | *215*[v] | keine enderung furnemen, vnd auch[w] das sie vernemen[x], wie[y] in etlichen hie vor gehalten Ep[iscop]alibus Synodis die diener deren kirchen[z], [a]jn welchen[a] nach gottes wort vnd aller apostolischer kirchen ordnung endrung an kirchen diensten were[b] eingefuret, nit weren, wie andere, zu gemeinen handlungen des Synodi zugelassen worden[c], Welches sie[d] auch in irem vorigen schreyben vermeldet[3].

i)–*i)* vor den linken Rand geschrieben und eingewiesen.
j) danach gestr.: soliche.
k) danach gestr.: die erlangen.
l) danach gestr.: unleserliche Worte
m) danach gestr.: sie.
n) danach gestr.: das sie.
o) danach gestr.: mochten.
p) durch Ergänzung über der Zeile korr. aus: furbringen; danach gestr.: das.
q) vor dem Zeilenanfang nachgetragen.
r) über der Zeile nachgetragen und eingewiesen.
s) danach gestr.: vnd.
t) danach gestr.: volcks.
u) daneben am rechten Rand nachgetragen: clerisey.
v) undeutlich korr.
w) über der Zeile nachgetragen und eingewiesen.
x) vor dem Zeilenanfang nachgetragen.
y) über der Zeile nachgetragen und eingewiesen.
z) danach gestr.: die.
a)–*a)* über der Zeile nachgetragen für gestr.: die.
b) danach gestr.: furgenomen.
c) über der Zeile nachgetragen für gestr.: worden.
d) danach gestr.: daß.

1. allgemeinen.
2. förderlich, dienlich.
3. Bereits in seinem Schreiben an Erasmus von Limburg vom 20. März 1549 hatte der Rat beklagt, daß »die Protestanten [...] in anderen Bistümern gar nicht gehört werden« und deshalb vom Bischof eine Erklärung gefordert, »ob es in seiner Diözese anders gehandhabt werden soll« (Pol. Cor. IV/2, Nr. 876, S. 1160 f.).

Nun konden v[nsere] h[erren] nach mals[1] auß seiner Antwort[e][2] nit vernemen, [f]das er bedacht were, die[f] diener[g] der[h] kirchen in stadt vnd [i]in den[i] dorfferen, der stadt zugehorig[j], in den[k] Consensum [l]seines vor[l] habenden[m] Synodi, vnd was sie darin[n] wussten zu thetlicher reformation der kirchen auß gottlicher vnd der h[eiligen] vetter Schrifften, auch den[o] Canonibus, frey darzuthun, wie es in den alten war christlichen Synodis gehalten worden ist, zu[p] vnd[q] auch in allem ires glaubens nach Gottes wort frey gewehren[3] vnd zu [r]allen denen[r], das iren gewissen ontreglich[s], onverbunden vnd onverstricket zu lassen[t], seytenmal er vff diese Condicion, | *216*[r] | die [u]v[nsere] h[erren][u] der stiften [v]zu gut[v] vnd auch auß[w] noturfft irer kirchen vnd deren[x] diener hetten[y] an in außtrucklich gesunnen[4], kein clare[z] vnd eigentliche antwort gegeben[a] vnd da bey auch sein schreyben ires verstandts sich[b] da hin vernemen liesse, das er[c] zu irem Synodo, [d]darin warlich mit zu richten vnd zu handlen[d], die priesterschafften ires stiffts allein wolten[e] beruffet haben, die sich der her-

e) danach gestr.: oder.
f)–*f)* über der Zeile nachgetragen für gestr.: dann das es in seinem vorhabendem synodi mit den.
g) fälschlich: dienern (nach der Streichung des vorigen Satzes nicht in »diener« korr.); danach gestr.: deren.
h) vor dem Zeilenanfang nachgetragen.
i)–*i)* über der Zeile nachgetragen und eingewiesen.
j) danach gestr.: gleycher mass solle gehalten werden, das die, welche.
k) über der Zeile nachgetragen.
l)–*l)* vor dem Zeilenanfang nachgetragen.
m) über der Zeile nachgetragen und eingewiesen.
n) über der Zeile nachgetragen und eingewiesen.
o) über der Zeile nachgetragen und eingewiesen.
p) danach gestr.: Zulassen, sonder allein ad partem mit inen handlen.
q) danach gestr.: sie.
r)–*r)* über der Zeile nachgetragen und eingewiesen für gestr.: nichten.
s) danach gestr.: anhalten noch verstricken.
t) danach gestr.: wolde; vor den linken Rand geschrieben und eingewiesen, dann wieder gestrichen: Sonder we-.
u)–*u)* über der Zeile nachgetragen und eingewiesen für gestr.: vnsere herren zu gut.
v)–*v)* über der Zeile nachgetragen und eingewiesen.
w) danach über der Zeile nachgetragen und eingewiesen, dann wieder gestrichen: auß.
x) über der Zeile nachgetragen und eingewiesen.
y) danach gestr.: in.
z) danach gestr.: besonder antwort gegeben noch richtige.
a) danach gestr.: sonder geschriben. Nach dem.
b) danach gestr.: wolte.
c) über der Zeile nachgetragen und eingewiesen für gestr.: sie.
d)–*d)* vor den linken Rand geschrieben und eingewiesen.
e) undeutlich korr.

1. sodann.
2. Bischof Erasmus von Limburg antwortete auf das Schreiben des Rates am 23. März (Pol. Cor. IV/2, S. 1160, Anm. 5).
3. sc. gewähren.
4. sc. ersonnen.

brachten ordnungen vnd satzungen biß her gehalten[1] vnd[f] ferner zu halten [g]oder sich zu denen wider zu begeben[g] gedechten, dan er sich in seiner antwort vff seine gemeinen recht zuge[h2] vnd die iehenigen[i], so zun Synoden erschynen sollen, zu[j] dem selbigen rechten wyse[k].

Die[l] weyl denn v[nsere] h[erren] sich auß ermelten[3] vrsachen[m] nit versehen konden, das [n]ire kirchen diener[n] zu aller handlung des Synodi vnd frey alles, das[4] iren gewissen beschwerlich, in vorhabendem[5] Synodo nach dem alten recht der Synoden[o] zugelassen werden, vnd sie[6] auch noch erachten[p], was[q] [r]mit inen des orts[r] besonders vnd ad partem[s] solte mogen fruchtbarlich gehandlet werden[t], nemlich so v[nsere] h[erren] des halben auch bey der kirchen in vnderthenigster werbung[7] standen, so hetten sie, v[nsere] h[erren], er[u8] wolte[v] irer[9] kirchen diener in stadt vnd inen[w] zugehorigen dorfferen nit erscheynen[x10] | *216*[v] | vff diesem Synodo keiner Contumacien[y], sonder der nodurfft[11] irer kirchen[z] diensten vnd gewissen zu rechnen, dazu[a] v[nsere] h[erren] in der billigkeyt nach selb gemecht zu

f) über der Zeile nachgetragen für gestr.: oder.
g)–*g)* vor den linken Rand geschrieben und eingewiesen.
h) über der Zeile nachgetragen für gestr.: zeuhet.
i) über der Zeile nachgetragen und eingewiesen.
j) danach gestr.: selb.
k) über der Zeile nachgetragen für gestr.: weyset.
l) davor gestr.: Nun.
m) im Wortzwischenraum wohl irrtümlich nachgetragen: sich.
n)–*n)* über der Zeile nachgetragen für gestr.: die iren; danach gestr.: wie das alte Synodi recht fordert.
o) danach gestr.: mogen.
p) danach gestr.: mogen.
q) danach gestr.: dem.
r)–*r)* vor dem Zeilenanfang nachgetragen.
s) danach gestr.: mit inen.
t) danach gestr.: so.
u) danach gestr.: der.
v) danach gestr.: die.
w) danach gestr.: den.
x) danach Kustode: vff.
y) Schrf.: Confumacien.
z) danach gestr.: vnd.
a) danach gestr.: v-; darüber nachgetragen, dann gestr.: inen.

1. sc. die sich der Reformation nicht angeschlossen hätten.
2. sc. beziehe.
3. genannten.
4. was.
5. beabsichtigtem, vorgenommenem.
6. die Ratsherren.
7. Bitte, Ersuchen. *Grimm* 29 (= XIV,1,2), Sp. 209 f.
8. Bischof Erasmus von Limburg.
9. sc. der Ratsherren.
10. sc. das Nicht-Erscheinen ihrer Kirchendiener.
11. Bedrängnis, bedrängten Lage.

sein verhofften, die weyl er[b] seine[c] priesterschafft, [d]die er zum Synodo beschreybet, allein darzu[d] austrucklich[e] beruffet, das er deren raht[f] vnd fleyße gebrauche jn[g] handlung der[h] articulen, in der beruffung des Synodi zu bedencken vorgeschriben[1].

Wa aber Er nochmals sich in seinem Synodo bedechte, [i]die diener[i] vnserer kirchen in stadt vnd dorfferen[j] an ire gepurende ort in den Synoden vnd da frey[k] furzubringen[l], mit zu handlen vnd zu schliessen, wie der Synoden recht ist, was [m]inen Gott[m] zu irer christlicher Reformation dienstlich[n][2] [o]wurdt geben, auß seiner[o] Gottlichen vnd der h[eiligen] vetter[3] schrifften, auch den Canonibus furzubringen, [p]zu handlen vnd zu schliessen, sie auch[p] da bey[q] alles dessen, so iren gewissen nit treglich, frey vnd onbeschwerdt lassen[r], so werden sie vff[s] sein zugeschriben geleydt gern erscheynen.

Auß dem allem er, der Bischoue, vnd | *217*r | meniglich[4] gnugsam haben zu erkennen, das die diener dieser kirchen das Liecht der worheyt vnd ires glaubens vnd diensten gepurende rechenschafft zu geben nit schewen, auch ongern sich einiger contumacien wider ordenlichen gepott vnd ordnung schuldig machen etc.

b) über der Zeile nachgetragen und eingewiesen.
c) danach gestr.: außschreyben zum synodo außtrucklich [danach gestr.: vff] von den berufften zu.
d)–*d)* vor den linken Rand geschrieben und eingewiesen.
e) danach gestr.: allein dazu.
f) über der Zeile nachgetragen für gestr.: macht.
g) über der Zeile nachgetragen, dann wieder gestr.: zu der.
h) danach gestr.: vorgeschribenen.
i)–*i)* über der Zeile nachgetragen und eingewiesen.
j) danach gestr.: dienen.
k) über der Zeile nachgetragen.
l) danach gestr.: zu.
m)–*m)* über der Zeile nachgetragen für gestr.: sie.
n) über der Zeile nachgetragen und eingewiesen.
o)–*o)* vor den linken Rand geschrieben und eingewiesen für gestr.: wissen auß.
p)–*p)* vor den linken Rand geschrieben und eingewiesen.
q) danach gestr.: auch.
r) danach gestr.: so werden vnd.
s) danach gestr.: unleserliches Wort.

1. Erasmus von Limburg legte am 29. Januar 1549 dem Straßburger Magistrat die auf der Synode in Zabern zu besprechenden Artikel vor; vgl. Pol. Cor. IV/2, Nr. 856, S. 1126f.
2. dienlich, förderlich.
3. Väter, Kirchenväter.
4. jeder, jedermann.

Nr. 24
Exomologesis sive confessio Martin Buceri de eucharistia

[September 1550]

bearbeitet von Stephen E. Buckwalter

Einleitung

1. Entstehung und Inhalt

Die im folgenden edierte Thesenreihe, die Bucer im englischen Exil nur fünf Monate vor seinem Tod verfaßte, stellt eine für den Straßburger Reformator ungewöhnlich knappe und prägnante Darstellung seines Abendmahlsverständnisses dar.[1] Vermutlich verfaßte er sie auf Bitten des polnischen Adligen und Reformators Ostfrieslands Johannes a Lasco[2] anläßlich eines Besuches des letzteren bei ihm in Cambridge im September 1550[3]. Tatsächlich bestätigt a Lasco in einem Brief an Bucer vom 12. Oktober 1550, daß er dessen »capita de eucharistia« gelesen habe und zu ihnen kritisch Stellung nehmen wolle[4].

Die ›Exomologesis sive confessio‹ erfuhr eine außerordentlich breite handschriftliche und gedruckte Überlieferung. Auffällig hierbei ist die je nach Handschrift und Druck stark variierende Zählung der Artikel sowie die Vielfalt von unterschiedli-

1. Eine außerordentlich detaillierte Darstellung der Entstehungsumstände dieses Textes, die weit über das hinausgeht, was die folgende Einleitung leisten kann, sowie eine ausführlich kommentierte Übersetzung der ›Exomologesis‹ ins Englische bietet *Wright*, Common Places, S. 381–387. Hierauf wurde auch bei der Kommentierung des folgenden Textes dankbar zurückgegriffen.

2. Geb. 1499, gest. 1560; seit Juli 1550 war er Superintendent der Londoner Fremdengemeinde; grundlegend zu Leben und Werk: *Jürgens*, Johannes a Lasco in Ostfriesland; *Becker*, Gemeindeordnung und Kirchenzucht; zu seinem Verhältnis zu Bucer vgl. *Pollet* I, S. 273–296 und III, S. 280–292; *Buckwalter*, Bucer und Emden.

3. Brief des Martin Micronius (1523–1559) an Bullinger vom 13. Oktober 1550: »D. a Lasco, vir ea integritate, humanitate, pietate et eruditione, ut non facile dici aut scribi queat, iudicium suum de vestra cum Genevensibus concordia ante aliquot menses misit. Adfuit superiori mense D. Bucero. Convenit inter eos de omnibus excepto praesentiae corporalis in coena argumento. Conscripsit Bucerus capita suae sententiae de coena Domini. Ea reliquit D. a Lasco examinanda, in quae vir bonus et doctus annotationes adscribit, et opinionem Buceri fortissime confutat. Ubi absolverit, remittet Bucero sua capita cum annotationibus. Precor Deum ut mentem illi aperire dignetur« (CR 41 [= CO 13], Nr. 1409, Sp. 644 f.). Hierzu vgl. auch *Dixon*, History of the Church of England III, S. 235 f. und *Wright*, Common Places, S. 384 f.

4. »Capita tua de eucharistia legi et quae me offendant per otium indicabo« (*Pollet* I, S. 277,18 f.; *Hopf*, English Reformation, S. 149); vgl. auch den Brief des Micronius an Bullinger vom 13. Oktober (oben Anm. 3). Freilich ist a Lascos spezielle Reaktion auf diese Thesen nicht überliefert, sondern nur eine an Bucer adressierte Stellungnahme im Streit um die liturgischen Gewänder (*Pollet* I, S. 278–280).

chen Überschriften, mit denen sie versehen wurden.[1] Nach Bucers Tod wurde auch eine Übersetzung ins Deutsche veröffentlicht.[2] In der folgenden Inhaltszusammenfassung benutzen wir die Zählung der historisch am wirksamsten gewordenen Überlieferung, nämlich der Wiedergabe dieser Thesen in dem von Konrad Hubert herausgegebenen Band der ›Scripta Anglicana‹[3].

Die Thesenreihe läßt sich überblicksartig folgendermaßen gliedern:

I. Vom Abendmahl ist allein mit den einfachen und klaren Worten des Heiligen Geistes, wie sie in der Heiligen Schrift überliefert werden, zu sprechen [Art. 1–4].

II. Dreierlei wird im Abendmahl dargereicht und empfangen: (1) Brot und Wein, (2) Leib und Blut Christi und (3) eine Bekräftigung des neuen Bundes und der Sündenvergebung [Art. 5–6].

III. Durch das Abendmahl gewinnen die Gläubigen Zugang zur Gemeinschaft mit Jesus Christus und haben Anteil an seinem Leib [Art. 7–8].

IV. Diese Gemeinschaft kann nur durch den Glauben und durch die Worte, die der Heilige Geist selbst benutzt, und nicht durch menschliche Begriffe, die der sinnlich faßbaren Welt entnommen sind, verstanden werden [Art. 9–16].

V. Bei der Interpretation der Worte der Heiligen Schrift zur Anwesenheit Christi im Abendmahl darf man nicht die zwei Naturen Christi voneinander trennen und etwa seine Himmelfahrt im leiblichen, lokal-begrenzten Sinne mißverstehen [Art. 17–21].

VI. Unverzichtbarkeit des Glaubens und Nutzlosigkeit der menschlichen Vernunft für das rechte Verständnis des Abendmahls [Art. 22–26].

VII. Die klaren Worte der Heiligen Schrift sind etwaigen mißverständlichen Äußerungen der Kirchenväter vorzuziehen [Art. 27–30].

VIII. Zum richtigen Verständnis der Gegenwart Christi im Abendmahl [Art. 31–46]:

A. Die Worte der Schrift dürfen nicht im Sinne einer lokalen Präsenz mißverstanden werden [Art. 31–32].

B. Die innige Gemeinschaft mit Christus, die die Gläubigen durch das Abendmahl im Glauben erfahren, ist Ausdruck der Gegenwart Christi [Art. 33–34].

C. Die im Glauben erfahrene Gegenwart Christi umfaßt den ganzen Christus in seiner göttlichen und menschlicher Natur; diese Präsenz darf nicht mit den mißverständlichen Worten *realiter*, *carnaliter*, *substantialiter* zusätzlich bezeichnet werden, zumal diese in der Heiligen Schrift nicht vorkommen [Art. 35–38].

D. Unter Umständen kann zur Verteidigung der Wahrheit Gottes vor ihren Feinden von den Begriffen *realiter* und *substantialiter* vorsichtig Gebrauch

1. Vgl. unten S. 498.
2. ›Vom hailigen Nachtmal vnsers Herrn Jesu Christi Christliche Bekanntnuß D. Martini Buceri von Straßburg, nahe vor seinem ende beschehen, verteütscht‹, ohne Ort, ohne Drucker, 1560 (Bucer-Bibliographie 217).
3. Vgl. unten Druck E.

gemacht werden, während *carnaliter* und *naturaliter* durchgehend zu vermeiden sind [Art. 39–40].

E. Somit kann im Einklang mit den Worten der Heiligen Schrift gesagt werden, daß im Abendmahl der wahre Leib und das wahre Blut Christi durch das Wort und die Symbole dargereicht werden und im Glauben empfangen werden, damit die Gläubigen immer mehr in Christus bleiben und leben und Christus in ihnen zunehmend Gestalt gewinnt [Art. 41–42].

F. Wer reicht den Leib und das Blut Christi? Christus selbst tut es durch die *signa exhibitiva* [Art. 43–45].

G. Der Christ lebt davon, daß der in ihm Gestalt gewinnende Christus ihm seinen eigenen Leib zur geistlichen Nahrung und sein Blut zum geistlichen Trank gibt [Art. 46].

IX. Zum richtigen Verständis der Abendmahlselemente [Art. 47–51]

A. Der verherrlichte Leib Christi und das vergängliche Brot sind durch einen Bund vereinigt (*pacti coniunctio*): Wer mit einem wahren und lebendigen Glauben an den äußeren Zeichen teilhat, empfängt zugleich die geistlichen Gaben und wird zu einem Glied des Leibes Christi [Art. 47].

B. Ein Glaube an die Gegenwart Christi in den Elementen unter Absehung von ihrer rechten Verwendung im Abendmahl kommt dem Götzendienst nahe; Gottlose empfangen keineswegs den Leib Christi [Art. 48–49].

C. Die Einsetzungsworte werden durch unsere Sinneswahrnehmung als Hinweis auf Brot und Wein, durch unseren Geist aber als Hinweis auf Leib und Blut Christi verstanden; für die Vorstellung einer Transsubstantiation der Elemente fehlt in der Schrift jegliche Grundlage [Art. 50–51].

X. Schluß [Art. 52–54]

A. Die dreierlei Gaben des Abendmahls [Art. 52]

B. Die Abendmahlselemente sind irdisch, die Gemeinschaft mit Christus ist himmlischer Natur und kann nur im Glauben erfaßt werden [Art. 53].

C. Weil das Abendmahl mehr als ein Gedächtnismahl ist, werden in ihm Leib und Blut Christi tatsächlich dargereicht und nicht lediglich bezeichnet. Diese Aussage ist von zentraler Bedeutung bei allen Äußerungen über das Abendmahl [Art. 54].

2. Überlieferung

Bucers Abendmahlsartikel sind in sieben Handschriften und fünf Drücken überliefert:

Handschriften

Bei allen Handschriften handelt es sich um zeitgenössische Abschriften von unbekannter Hand.

a: London NArch, SP 10/7, Nr. 47, fol. 120^{r}–124^{v}.
b: London NArch, SP 10/7, Nr. 48, fol. 126^{r}–131^{r}.
c: Straßburg StArch, AST 39, Nr. 19, S. 531–538.
d: Straßburg StArch, AST 39, Nr. 19b, S. 539–550.
e: Straßburg StArch, AST 183, Nr. 7, fol. 117^{r}–125^{v}.
f: Frankfurt/M. UB, Ms. lat. oct. 132, fol. 270^{r}–273^{v}.
g: Cambridge ParkerL, CCCC MS 340, S. 37–46.

Drucke

A: Bucer-Bibliographie 207 (ohne Ort, 1557), dort Bl. c5b-d5a (›Aphorismi de S. S. Coena Domini‹).
B: Bucer-Bibliographie 219 (Straßburg, 1561), dort Bl. E1b (Bl. 25^{v})–E7a (Bl. 38^{r}).
C: Bucer-Bibliographie 227 (Basel, 1562), dort S. 201–221.
D: Bucer-Bibliographie 229 (Basel, 1562), dort S. 157–162.
E: Bucer-Bibliographie 258 (Basel, 1577), dort Nr. 13, S. 538–545 (›Exomologesis sive Confessio‹).

Als Grundlage der Edition dient die historisch am wirksamsten gewordene Überlieferung dieser Abendmahlsartikel in Druck E, also in Konrad Huberts ›Scripta Anglicana[1]. Benutztes Exemplar: Heidelberg UB (2001 D 1606 RES).

1. Diesen Druck verwendet auch Wright, *Common Places*, S. 388–400, für seine kommentierte Übersetzung der ›Exomologesis‹.

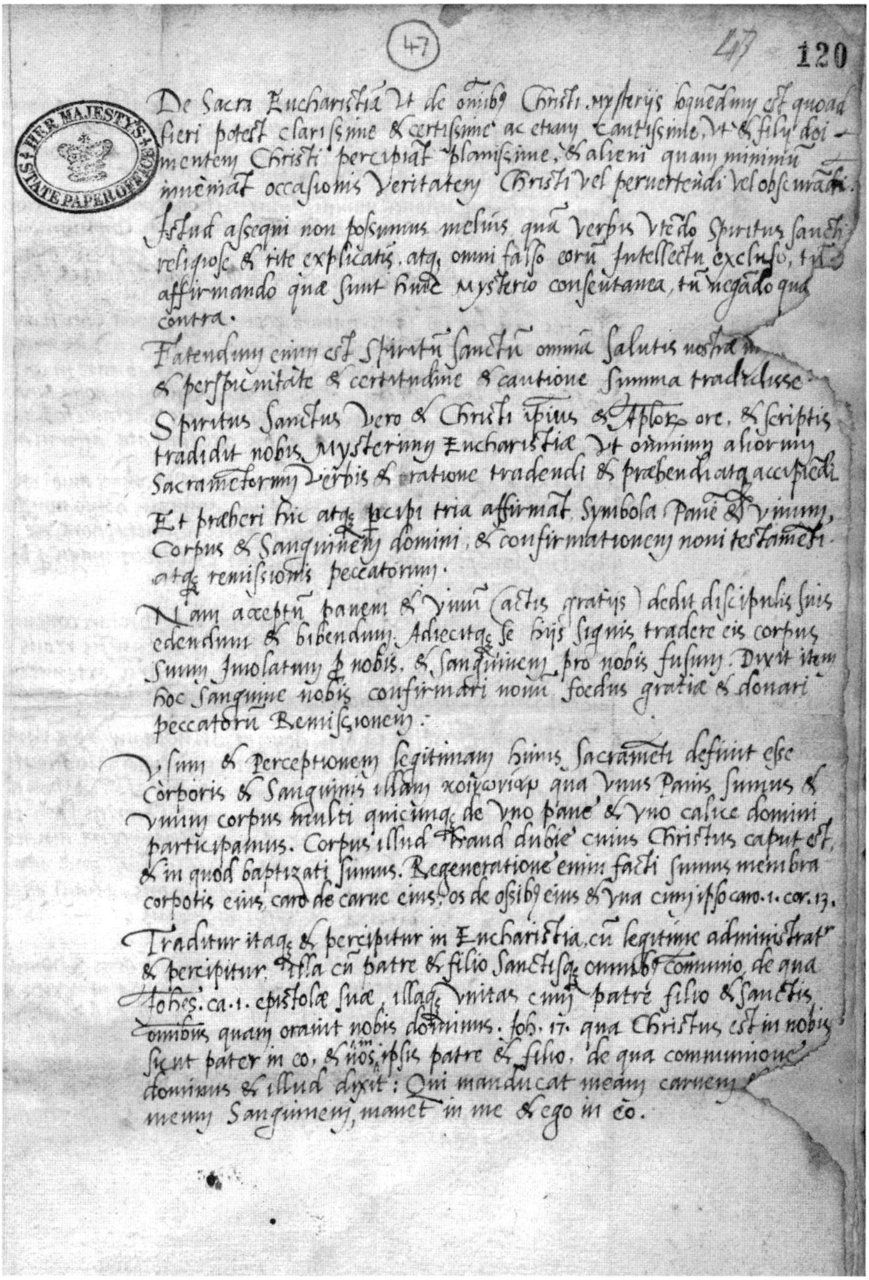

(47) 47 120

De Sacra Eucharistia ut de omnibus Christi mysteriis loquendum est quoad fieri potest clarissime & certissime ac etiam cautissime, ut & filii dei mentem Christi percipiant planissime, & alieni quam minimum inveniant occasionis veritatem Christi vel pervertendi vel obscurandi.

Istud assequi non possumus melius quam verbis ut a Spiritu sancto religiose & rite explicatis, atque omni falso eorum intellectu excluso, tum affirmando quae sunt huic Mysterio consentanea, tum negando quae contra.

Fatendum enim est Spiritum sanctum omnia salutis nostrae [illegible] & perspicuitate & certitudine & cautione summa tradidisse.

Spiritus sanctus vero & Christi ipsius & Apostolorum ore, & scriptis tradidit nobis Mysterium Eucharistiae ut omnium aliorum Sacramentorum verbis & ratione tradendi & praebendi atque accipiendi.

Et praeberi hic atque percipi tria affirmat. Symbola Panem & vinum, Corpus & Sanguinem domini, & confirmationem novi testamenti atque remissionis peccatorum.

Nam acceptum panem & vinum (actis gratiis) dedit discipulis suis edendum & bibendum. Adiecitque se hiis signis tradere eis corpus suum Immolatum pro nobis, & sanguinem pro nobis fusum. Dixit item hoc sanguine nobis confirmari novum foedus gratiae & donari peccatorum Remissionem.

Usum & Perceptionem legitimam huius Sacramenti definit esse Corporis & Sanguinis illam κοινωνίαν qua unus Panis sumus & unum corpus multi quicunque de uno pane & uno calice domini participamus. Corpus illud haud dubie cuius Christus caput est, & in quod baptizati sumus. Regeneratione enim facti sumus membra corporis eius, caro de carne eius, os de ossibus eius & una cum ipso caro. 1. cor. 13.

Traditur itaque & percipitur in Eucharistia, cum legitime administratur & percipitur, illa cum patre & filio Sanctisque omnibus communio, de qua Iohannes. ca. 1. epistolae suae, illaque unitas cum patre filio & Sanctis omnibus quam oravit nobis dominus. Joh. 17. qua Christus est in nobis sicut pater in eo, & nos in ipsis patre & filio, de qua communione dominus & illud dixit: Qui manducat meam carnem [illegible] meum Sanguinem, manet in me & ego in eo.

Hs. a: London National Archives, SP 10/7, Nr. 47, fol. 120r

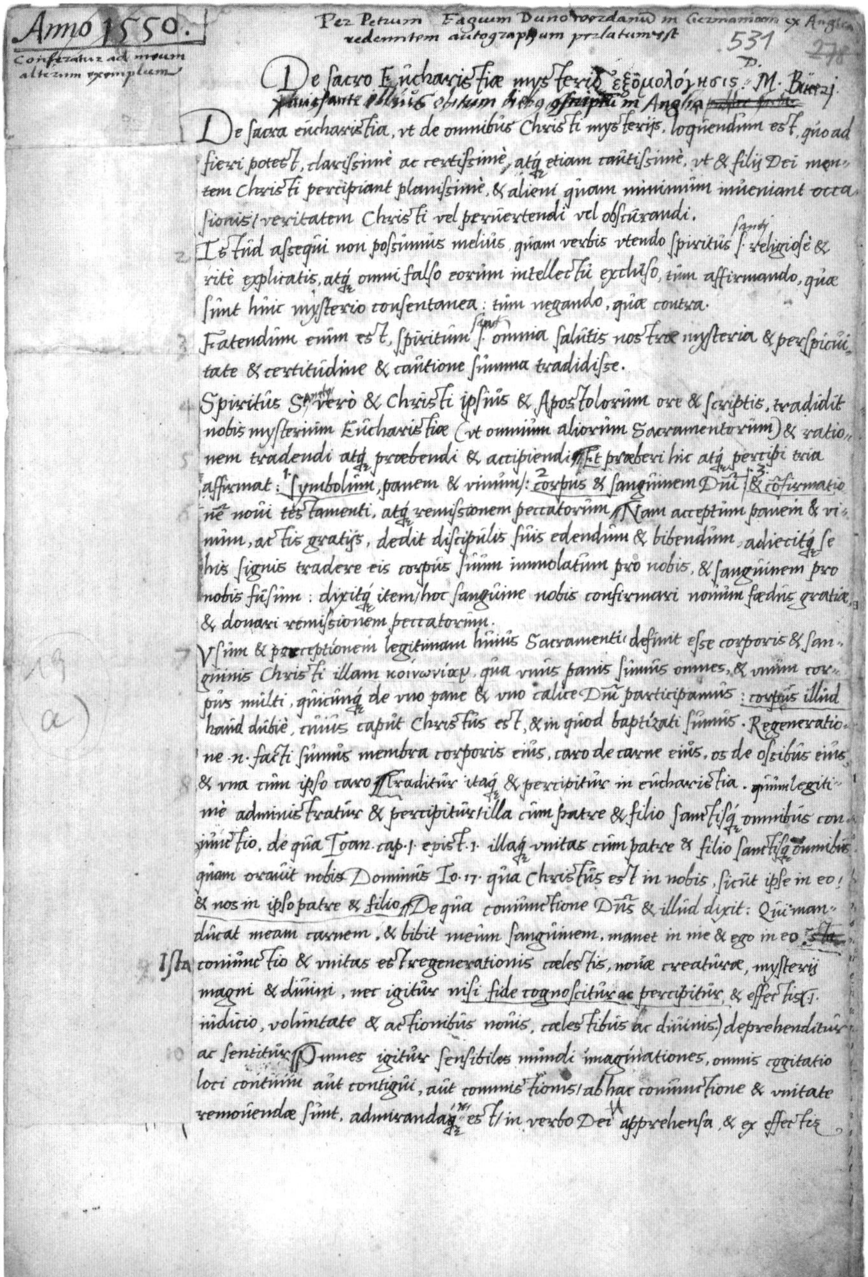

Anno 1550.
Conferatur ad meum alterum exemplum

Per Petrum Fagium Dunoverdanum in Germaniam ex Anglia redeuntem autographum prelatum est

De sacro Eucharistiae mysterio ἐξομολόγησις D. M. Buceri

De sacra eucharistia, vt de omnibus Christi mysterijs, loquendum est, quoad fieri potest, clarissime ac certissime, atque etiam cautissime, vt & filij Dei mentem Christi percipiant planissime, & alieni quam minimum inueniant occasionis veritatem Christi vel peruertendi vel obscurandi.

Id tum assequi non possumus melius, quam verbis vtendo spiritus sancti religiose & rite explicatis, atque omni falso eorum intellectu excluso, tum affirmando, quae sunt huic mysterio consentanea: tum negando, quae contra.

Fatendum enim est, spiritum sanctum omnia salutis nostrae mysteria & perspicuitate & certitudine & cautione summa tradidisse.

Spiritus Sanctus vero & Christi ipsius & Apostolorum ore & scriptis, tradidit nobis mysterium Eucharistiae (vt omnium aliorum Sacramentorum) & rationem tradendi atque praebendi & accipiendi. Et praeberi hic atque percipi tria affirmat: symbolum, panem & vinum: corpus & sanguinem Domini & confirmatione noui testamenti, atque remissionem peccatorum. Nam acceptum panem & vinum, actis gratijs, dedit discipulis suis edendum & bibendum, adiecitque se his signis tradere eis corpus suum immolatum pro nobis, & sanguinem pro nobis fusum: dixitque item, hoc sanguine nobis confirmari nouum foedus gratiae, & donari remissionem peccatorum.

Usum & perceptionem legitimam huius Sacramenti definit esse corporis & sanguinis Christi illam κοινωνίαν, qua vnus panis sumus omnes, & vnum corpus multi, quicunque de vno pane & vno calice Domini participamus: corpus illud haud dubie, cuius caput Christus est, & in quod baptizati sumus. Regeneratione n. facti sumus membra corporis eius, caro de carne eius, os de ossibus eius, & vna cum ipso caro. Traditur itaque & percipitur in eucharistia, quum legitime administratur & percipitur, illa cum patre & filio sanctisque omnibus communicatio, de qua Ioan. cap. 1. epist. 1. illaque vnitas cum patre & filio sanctisque omnibus, quam orauit nobis Dominus Io. 17. qua Christus est in nobis, sicut ipse in eo, & nos in ipso patre & filio. De qua coniunctione Dominus & illud dixit: Qui manducat meam carnem, & bibit meum sanguinem, manet in me & ego in eo. Ista coniunctio & vnitas est regenerationis coelestis, nouae creaturae, mysterij magni & diuini, nec igitur nisi fide cognoscitur ac percipitur, & effectis (i. iudicio, voluntate & actionibus nouis, coelestibus ac diuinis) deprehenditur ac sentitur. Omnes igitur sensibiles mundi imaginationes, omnis cogitatio loci continui aut contigui, aut commistionis ab hac coniunctione & vnitate remouendae sunt, admirandaque est in verbo Dei apprehensa, & ex effectis

Hs. c: Straßburg StArch, AST 39, Nr. 19, S. 531

538 CONFESSIO M. BVCERI

ſtrandam vbique gloriam Patris Domini noſtri Ieſu CHRISTI, & propagationem regni filij eius quamlatiſſimè. Ipſi ſit ęterna laus & gratiarum actio, & exaudire hæc vota noſtra dignetur quamclementiſſimè.

F I N I S.·.

EXOMOLOGESIS, SIVE CONFESSIO D. MART. BVCERI DE S. EVCHARISTIA IN ANGLIA APHORISTICOS SCRIPTA, ANNO 1550.

1.

De ſacra Euchariſtia, vt de omnibus CHRISTI myſterijs, loquendum eſt, quoad fieri poteſt, clariſſimè & certiſſimè, ac etiam cautiſſimè, vt & filij Dei mentem Chriſti percipiant planiſſimè, & alieni quàm minimum inueniant occaſionis, veritatem Chriſti vel peruertendi, vel obſcurandi.

2.

Iſtud aſſequi non poſſumus meliùs, quàm verbis vtendo Spiritus S. religioſè & ritè explicatis, atq; omni falſo eorum intellectu excluſo, tùm affirmando, quæ ſunt huic myſterio conſentanea: tùm negando, quæ contrà.

3.

Fatendum enim eſt, Spiritum ſanctum omnia ſalutis noſtræ myſteria, & perſpicuitate, & certitudine, & cautione ſumma tradidiſſe.

4.

Spiritus S. verò, & Chriſti ipſius, & Apoſtolorum ore atque ſcriptis tradit nobis myſterium Euchariſtiæ, quemadmodum omnium aliorum ſacramentorum, verbis & ratione tradendi, & præbendi atque accipiendi.

5.

Et præberi hîc atque percipi tria affirmat, ſymbola, panem & vinum, Corpus & ſanguinem Domini, & Confirmationem noui Teſtamenti atque remiſſionis peccatorum.

6.

Nam acceptum panem & vinum, actis gratijs, dedit diſcipulis ſuis edendum & bibendum: Adiecitq;, his ſignis ſe tradere eis corpus ſuum, immolatum pro nobis, & ſanguinem ſuum fuſum pro nobis: Dixit item, hoc ſanguine nobis confirmari nouum fœdus gratiæ, & donari peccatorum remiſſionem.

8.

Vſum & perceptionem legitimam huius Sacramenti, definit, eſſe corporis & ſanguinis CRISTI illam κοινωνίαν, qua vnus panis ſumus, & vnum corpus multi, quicunque de vno pane & vno calice Domini participamus. Corpus illud haud dubiè, cuius Chriſtus caput eſt, & in quod baptizati ſumus. Regeneratione enim facti ſumus membra corporis eius, caro de carne eius, os de oſſibus eius, & vna cum ipſo caro, primo Corinthiorum, 12. Epheſ. 5.

Tra-

Druck E: Basel: Petrus Perna, 1577 (Heidelberg UB, 2001 D 1606 RES), S. 538

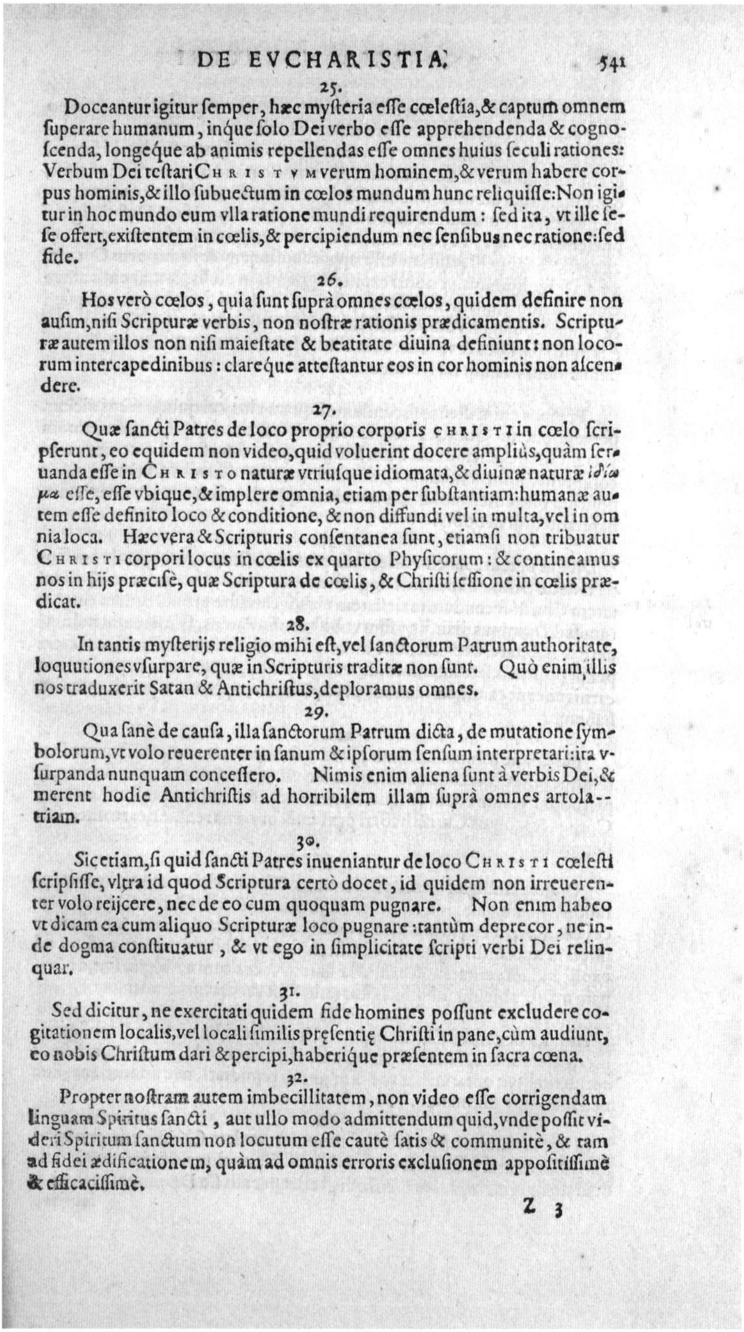

DE EVCHARISTIA. 541

25.

Doceantur igitur ſemper, hæc myſteria eſſe cœleſtia,& captum omnem ſuperare humanum, inque ſolo Dei verbo eſſe apprehendenda & cognoſcenda, longeque ab animis repellendas eſſe omnes huius ſeculi rationes: Verbum Dei teſtari CHRISTVM verum hominem,& verum habere corpus hominis,& illo ſubuectum in cœlos mundum hunc reliquiſſe:Non igitur in hoc mundo eum vlla ratione mundi requirendum: ſed ita, vt ille ſeſe offert,exiſtentem in cœlis,& percipiendum nec ſenſibus nec ratione:ſed fide.

26.

Hos verò cœlos, quia ſunt ſuprà omnes cœlos, quidem definire non auſim,niſi Scripturæ verbis, non noſtræ rationis prædicamentis. Scripturæ autem illos non niſi maieſtate & beatitate diuina definiunt: non locorum intercapedinibus: clareque atteſtantur eos in cor hominis non aſcendere.

27.

Quæ ſancti Patres de loco proprio corporis CHRISTI in cœlo ſcripſerunt, eo equidem non video,quid voluerint docere ampliùs,quàm ſeruanda eſſe in CHRISTO naturæ vtriuſque idiomata,& diuinæ naturæ ἰδίωμα eſſe, eſſe vbique,& implere omnia, etiam per ſubſtantiam:humanæ autem eſſe definito loco & conditione, & non diffundi vel in multa,vel in omnia loca. Hæc vera & Scripturis conſentanea ſunt, etiamſi non tribuatur CHRISTI corpori locus in cœlis ex quarto Phyſicorum: & contineamus nos in hijs præciſè, quæ Scriptura de cœlis, & Chriſti ſeſſione in cœlis prædicat.

28.

In tantis myſterijs religio mihi eſt,vel ſanctorum Patrum authoritate, loquutiones vſurpare, quæ in Scripturis traditæ non ſunt. Quò enim illis nos traduxerit Satan & Antichriſtus,deploramus omnes.

29.

Qua ſanè de cauſa, illa ſanctorum Patrum dicta, de mutatione ſymbolorum,vt volo reuerenter in ſanum & ipſorum ſenſum interpretari:ita vſurpanda nunquam conceſſero. Nimis enim aliena ſunt à verbis Dei,& merent hodie Antichriſtis ad horribilem illam ſuprà omnes artolatriam.

30.

Sic etiam,ſi quid ſancti Patres inueniantur de loco CHRISTI cœleſti ſcripſiſſe, vltra id quod Scriptura certò docet, id quidem non irreuerenter volo reijcere, nec de eo cum quoquam pugnare. Non enim habeo vt dicam ea cum aliquo Scripturæ loco pugnare:tantùm deprecor, ne inde dogma conſtituatur, & vt ego in ſimplicitate ſcripti verbi Dei relinquar.

31.

Sed dicitur, ne exercitati quidem fide homines poſſunt excludere cogitationem localis,vel locali ſimilis pręſentię Chriſti in pane,cùm audiunt, eo nobis Chriſtum dari & percipi,haberique præſentem in ſacra cœna.

32.

Propter noſtram autem imbecillitatem, non video eſſe corrigendam linguam Spiritus ſancti, aut ullo modo admittendum quid,vnde poſſit videri Spiritum ſanctum non locutum eſſe cautè ſatis & communitè, & tam ad fidei ædificationem, quàm ad omnis erroris excluſionem appoſitiſſimè & efficaciſſimè.

Z 3

Druck E: Basel: Petrus Perna, 1577 (Heidelberg UB, 2001 D 1606 RES), S. 541

| *538* | [a]EXOMOLOGESIS SIVE CONFESSIO D[OMINI] MART[INI] BUCERI DE S[ACRA] EUCHARISTIA IN ANGLIA APHORISTICOS SCRIPTA, ANno 1550[a]

1[b]. De sacra Eucharistia ut de omnibus Christi[c] mysteriis loquendum est[d], quoad[e] fieri potest, clarissime et[f] certissime ac[g] etiam cautissime, ut et filii Dei mentem Christi percipiant planissime[h] et alieni quam minimum inveniant occasionis veritatem Christi vel pervertendi vel obscurandi.

2. Istud assequi non possumus melius, quam verbis utendo[i] Spiritus S[ancti][j] religiose et rite explicatis atque omni falso eorum[k] intellectu excluso: tum affirmando, quae sunt huic mysterio consentanea, tum negando quae contra[l].

3[m]. Fatendum enim est Spiritum sanctum omnia salutis nostrae mysteria[n] et perspicuitate et certitudine et cautione summa tradidisse.

4. Spiritus S[anctus] vero et Christi ipsius et Apostolorum ore atque[o] scriptis[p] tradit[q] nobis mysterium Eucharistiae, quemadmodum[r] omnium aliorum sacramentorum verbis[s] et ratione[t] tradendi et praebendi atque accipiendi.

a)–*a)* Articuli Buceri de Eucharistia: a, b; De Sacro Eucharistiae mysterio ἐξομολόγησις M. Buceri paucis ante illius obitum diebus conscripta in Anglia: c; De Sacro Eucharistiae mysterio ἐξομολόγησις quaedam et pia insignis verbi Dei ministri Martini Buceri: d; De Sacro Eucharistiae mysterio Martini Buceri ἐξομολόγησις D. M. Buceri paucis ante illius obitum diebus in Anglia conscripta: e; Theses de Coena Domini: f; Aphorismi D. M. Buceri de Coena Dominica: g; Aphorismi de S. S. Coena Domini, quos D. Mart. Bucerus propria manu descriptos et signatos reliquit paulo ante quam obdormiret in Christo in Anglia: A; ALTERA CONFESSIO MARTINI Buceri De S. Eucharistia, in Anglia ab eo scripta, & postea in Germaniam N. N. transmissa, Anno M.D.L.: B; fehlt in C, D.

b) keine Numerierung der Artikel in a, b, C, D.

c) sacris: C, D.

d) fehlt in f.

e) quod: D.

f) ac: c, d, e, g, C, D.

g) atque: c, e.

h) plenissime: C, D.

i) fehlt in g.

j) sancti iisque: A.

k) rerum: C, D.

l) contraria: C, D.

m) fehlt in B.

n) ministeria: C.

o) et: a, b, c, e, g, A, C, D.

p) scripto: C, D.

q) tradidit: a, b, c.

r) ut: a, b, c, e, f, g, A, C, D.

s) fehlt in c.

t) rationem: c.

5. Et praeberi hic atque percipi tria affirmat symbola[u] panem et vinum, Corpus et sanguinem[v] Domini et Confirmationem novi Testamenti atque remissionis[w] peccatorum.

6. Nam acceptum panem et vinum actis gratiis dedit discipulis suis[x] edendum et bibendum Adiecitque [y]his signis se[y] tradere eis corpus suum immolatum pro nobis et sanguinem [z]suum fusum pro nobis[z]. Dixit[a] item hoc sanguine nobis[b] confirmari novum foedus gratiae et donari peccatorum remissionem.

7[c]. Usum et perceptionem legitimam[d] huius Sacramenti definit esse corporis et sanguinis Christi[e] illam κοινωνίαν, qua unus panis [f]sumus[g] et unum corpus multi[f] quicunque de uno pane et[h] uno calice Domini[i] participamus. Corpus illud [j]haud dubie[j], cuius Christus caput est et in quod baptizati[k] sumus. Regeneratione enim facti sumus membra corporis eius[l], caro de carne eius, os de ossibus eius, et[m] una cum ipso caro, [n]primo Corinthiorum 12[12–27], Ephes. 5[23–32][n]. | *539* |

8. Traditur itaque et percipitur in Eucharistia, cum legitime administratur et percipitur, illa cum Patre [o]et filio sanctisque[o] omnibus communio[p], de qua Ioan. cap. 1. Epistolae suae[q][1] illaque unitas cum patre[r] [s]filio et sanctis[s] omnibus, quam oravit nobis Dominus Ioan. 17[21][t], qua Christus est in nobis,

u) Symbolum: c.
v) sanguinem Christi: f.
w) remissionem: c.
x) fehlt in f, A.
y)–*y)* se his signis: a, b, c, d, e, f, g, A, C, D.
z)–*z)* pro nobis fusum: a, b, c, d, e, f, g, A, C, D.
a) dixitque: c.
b) fehlt in f, g, A.
c) Drf.: 8: E.
d) fehlt in f.
e) fehlt in a.
f)–*f)* et unum corpus multi sumus: A.
g) sumus omnes: c.
h) et de: A.
i) fehlt in A.
j)–*j)* indubie: f, g, A, C, D.
k) baptisati: f, A.
l) huius: C.
m) fehlt in f, g, A, C, D.
n)–*n)* 1. Cor. 13: a, b; fehlt in c.
o)–*o)* filio et sanctis: f.
p) coniunctio: c.
q) primae: c, f.
r) patre et: c, e, f, C, D.
s)–*s)* filio sanctisque: c, f.
t) 17 in: f.

1. I Joh 1,7.

sicut Pater[u] in eo et nos in ipsis[v] patre et filio. De qua communione[w] Dominus et illud dixit: »Qui manducat meam carnem et bibit meum sanguinem, manet[x] in me et ego in illo[y]«[1].

9. Ista communio[z] et unitas est regenerationis coelestis, novae creaturae, mysterii magni et divini, nec[a] igitur nisi fide cognoscitur ac percipitur et effectis, id est iudicio, voluntate et actionibus novis coelestibus et[b] divinis deprehenditur et[c] sentitur.

10. Omnes igitur sensibiles mundi imaginationes, omnis cogitatio loci continui aut contigui aut commixtionis[d] ab hac communione[e] et unitate removendae sunt, admirandaque est in verbo Dei apprehensa et[f] ex[g] effectis eius operibus novi hominis suspicienda pensitanda et fruenda.

11. Spiritus sanctus non satis habuit, nobis testari, quod Christi donamur[h] spiritu et merito atque[i] intercessione actuque[j] eius vivimus[k] praedicat praeterea, ipsummet esse nobiscum, habitare in cordibus nostris, esse caput nostrum, nos esse in ipso et illum in nobis, et hanc eius communionem[l] dari nobis et percipi a nobis sacramento Eucharistiae affirmat. Praedicanda igitur et[m] nobis haec sunt atque[n] affirmanda.

12. Metaphorae hae sunt et translatae locutiones, ut omnes, quibus res regenerationis explicamus. Quas enim animalis[o] homo non percipit hiis[p] rebus nec nomina dare potest propria, sed Metaphorae hae [q]translataeque locutiones[q] sunt Spiritus S[ancti], quibus nullae possunt excogitari magis propriae, magis significantes, magis[r] illustres.

u) ipse: c; pater est: f, A.
v) ipso: c.
w) coniunctione: c.
x) vivet: A.
y) eo: a, b, c, d.
z) coniunctio: c.
a) Haec: C.
b) ac: a, b, c, e, f, A, C, D.
c) ac: a, b, c, e, C, D.
d) commistionis: c, e, C, D.
e) coniunctione: c.
f) fehlt in f.
g) gestr. in: e; fehlt in C, D.
h) donatum: A.
i) unter der Zeile nachgetragen für: quodque: f; quodque: a, b, c.
j) unter der Zeile nachgetragen: actisque: f.
k) vivimus quin: a, b, c, e, f; vivamus: d.
l) coniunctionem: c.
m) fehlt in A.
n) et: c.
o) naturalis: c.
p) his: c, f, A, B, C, D.
q)–*q)* fehlt in a, b, c, d, e, f, g, A, C, D.
r) et: a, b, c, d, f, A, C, D.

1. Joh 6,56.

13[s]. Non igitur convenit, ut has Metaphoras interpretari conemur verbis propriis, quae nos omnino destituunt in cunctis rebus regenerationis, nec par est, ut plenitudinem earum extenuemus Metaphoris exilioribus et nostrae naturali menti[t] magis cognatis.

14[u]. Cavendum est, ne[v] praeceptum Domini dilucidum, ubique[w] illuminatos habentibus oculos fide, ullis[x] superstitionis grandiloquentiis obscuremus. Rursus autem cavendum est, ne[y] pondus[z] maiestatem mysteriorum Christi, quae Spiritus sanctus credenda magis quam scrutanda[a] (nostra quidem ratione) proposuit, imminuamus interpretationibus[b], quae magis ex nostris proficiscuntur[c] cogitationibus quam ex ipsis Dei verbis et natura mysteriorum eius.

15[d]. Verbum caro factum est[1], ut una hypostasi sit Deus et homo, ut idem homo vere terrenus fuerit et[e] mortuus resurrexeritque[f] a mortuis atque conscenderit in coelos sitque nunc coelestis, sedeat ad dexteram[g] patris[h], regat impleatque omnia rediturus in nubibus conspicuus toti orbi et iudicaturus vivos et mortuos, quos omnes necesse sit sua[i] resumere corpora[j]. Haec profecto omnia[k] ita superant captum hominis, ut sola fide apprehendi a nobis necesse habeant. | *540* |

16[l]. Fides horum, quia est exercitata[m] et usu diuturno confirmata, clara[n] et perspicua[o] haec[p] (ut sunt omnia Christi mysteria solide credentibus) vi-

s) kein neuer Abschnitt in A, C.
t) mente: f.
u) 13: A.
v) ut: d, f, A, B.
w) utique: f, A; fehlt in c, e.
x) nullis: C, D.
y) ut: a, d, f, g, A, B.
z) pondus et: c, e, f, g, A, B, C, D.
a) perscrutanda: a, b, c, e, f, g, A, B, C, D.
b) interpretatione: f, A.
c) proficiscatur: f, A.
d) 14: A; fehlt in B.
e) fehlt in a, c.
f) resurrexerit: c.
g) dextram: c.
h) patris et: a, b, c.
i) fehlt in c.
j) capita: C, D.
k) fehlt in f.
l) 15: A.
m) excitata: c.
n) fehlt in c.
o) perspicua est: c.
p) fehlt in a, b; Haec autem: c.

1. Joh 1,14.

dentur[q]. Obscura[r] fierent nobis[s], si nobis indulgeremus inquirere in illa pro ratione mentis nostrae sua sequentis principia naturalia.

17[t]. Est[u] Christus [v]noster semper simul[v] Deus et homo et caput sanctorum omnium, primogenitus filiorum Dei. Ita igitur naturarum idiomata observanda sunt mente et exprimenda verbis, ut nullis cogitationibus unitas hypostatica distrahatur.

18[w]. Nihil autem[x] magis consentaneum esse potest, atque sit sermo Dei. Omnino igitur consentiunt[y] et consonant[z] quaecunque scriptura praedicat de Christi apud nos perceptione, existentia, mansione, habitatione, manducatione, cum iis[a] testimoniis, quibus praedicatur mundum reliquisse, in coelis agere et habere verum corpus ac proinde [b]definitum et[c] circumscriptum[b].

19[d]. Cum[e] ergo agitur de hoc mysterio vel Eucharistice[f] vel simpliciter[g] praesentiae[h] Christi apud nos (inhabitans[i] enim[j] in nobis et existens[k] in medio nostri, cur non diceretur praesens?), alienum est locos Scripturae obiicere, qui testantur Christum reliquisse hunc mundum et agere in coelis idque verum hominem, corpus verum habentem et ideo circumscriptum corpus, quod diffundi in omnia vel multa simul loca non possit.

20[l]. Est enim praesentia hic Christi, sive verbo ea tantum sive [m]etiam sacramentis[m] offeratur aut testificetur, non loci, [n]non sensus[n], non rationis[o], non terrae[p]: sed spiritus, fidei, coelorum[q], quatenus in hos[r] per fidem sub- Ephes. 1[20–23]

q) fehlt in c.
r) Obscura autem: A.
s) fehlt in a, b.
t) 16: A.
u) Et: f, A.
v)–*v)* necessario semper: c.
w) 17: A.
x) fehlt in a, b.
y) consentiant: f, A.
z) conveniant: f, A.
a) hiis: a, b; his: c.
b)–*b)* circunscriptum ac definitum: C; circumscriptum ac definitum: D.
c) ac: a, c.
d) 18: A.
e) Dum: d, f, A.
f) Eucharistiae: a, b, c, d, e, f, g, C, D; Eucharistia: A.
g) simplici: c; simpliciter de: A.
h) praesentia: c, A.
i) inhabitanti (korr. aus: inhabitans): c.
j) fehlt in c.
k) existenti (korr. aus: existens): c.
l) fehlt in A; 19: C.
m)–*m)* sacramento etiam: C, D.
n)–*n)* fehlt in c.
o) lationis: c.
p) terrae comprehensione: a, b, c, e, f.
q) coelestis: c.
r) illud: c.

vehimur et collocamur cum Christo eumque in coelesti sua maiestate apprehendimus et complectimur utcunque[s] »speculo et aenigmate«[1] verborum et sacramentorum sensibilium indicatum et oblatum.

21[t]. Antichristi autem persuadent simplicioribus ex his[u] verbis nos hic percipere et habere Christum praesentem modo aliquo huius seculi vel[v] inclusum vel[w] coniunctum cum pane et vino aut sub harum rerum accidentiis ita, ut ibi debeat adorari et coli.

22[x]. Doceantur igitur dociles, praesentiam Christi in Eucharistia[y] nullam haberi, nisi in legitimo eius usu et quae fide sola cum[z] apprehenditur tum[a] tenetur; caeteri[b] relinquantur, ut caeci[c] duces caecorum[2] et plantatio quam pater coelestis non plantavit[3]. Qui enim ex Deo nati non sunt, verbum Dei non audiunt, [d]attestante Christo ipso Ioh. 8[d][4].

23[e]. Avertendae autem sunt horum technae et fraudes, [f]avertendae sane[f], sed hae non nisi verbo Dei rite explicato averti possunt et non nisi ab iis[g], quos Dominus ipse docuerit nostro ministerio.

24[h]. Boni etiam, cum [i]audiunt hic[i] dari et accipi haberique praesentem Christum, localem quandam imaginantur praesentiam, imaginantur etiam hi[j] nonnunquam Deum ipsum, ut circumscriptum loco et humano indutum corpore. | *541* |

25[k]. Doceantur igitur semper haec mysteria esse coelestia et captum omnem superare humanum inque solo Dei verbo esse apprehendenda et cogno-

s) tanquam: c, f, A; utrumque: a, e, C, D.
t) 20: A.
u) hiis: a, b, d.
v) id est: c.
w) fehlt in c.
x) 21: A.
y) coena: f, A.
z) tum: c.
a) cum: a, b, g, B; fehlt in A.
b) darüber: id est indociles: c.
c) caeci et: c.
d)–*d)* fehlt in a, b, c, d, e, f, g, A, C, D.
e) 22: A.
f)–*f)* fehlt in C, D.
g) hiis: a, b; his: b.
h) 23: A.
i)–*i)* hic audiunt: b.
j) hii: a, b, d; Si: f; sui: A.
k) kein neuer Abschnitt in A.

1. I Kor 13,12.
2. Mt 15,14.
3. Mt 15,13.
4. Joh 8,42–43 und 47; vgl. auch Mt 15,13 und Joh 1,13.

scenda longeque[l] ab animis repellendas esse[m] omnes[n] huius seculi rationes. Verbum Dei testari, Christum verum hominem et verum habere corpus hominis et [o]illo[p] subvectum in coelos[o], mundum hunc reliquisse. Non igitur [q]in hoc mundo eum[q] ulla ratione mundi requirendum, sed ita, ut ille sese offert existentem in coelis[r] et[s] percipiendum nec[t] sensibus nec ratione, sed fide.

26[u]. Hos[v] vero coelos, quia sunt »supra[w] omnes[x] coelos«[1], quidem[y] definire[z] non ausim nisi Scripturae verbis[a], non nostrae rationis praedicamentis. Scripturae autem illos non nisi maiestate et beatitate[b] divina definiunt, non locorum intercapedinibus, clareque[c] attestantur[d] eos in cor hominis non ascendere.

27[e]. Quae sancti Patres de loco proprio corporis Christi in coelo scripserunt, eo[f] equidem non video, quid voluerint[g] docere[h] amplius, quam servanda esse in Christo naturae utriusque idiomata et divinae naturae ἰδίωμα[i] esse, esse[j] ubique et[k] implere omnia etiam per substantiam[l], humanae autem esse definito loco et conditione et non diffundi vel[m] in multa vel[n] in omnia loca. Haec vera[o] et Scripturis consentanea sunt, etiamsi non tribuatur

l) longe: a, c, d, e, f, A, C, D.
m) fehlt in a, b, d, f, A, C, D.
n) omneis: a; fehlt in c.
o)–*o)* illo subvecto in coelos: d; cum illo subiectum in caelis: C, D.
p) illum: a, b; eum: c, e; in illo: f, A.
q)–*q)* eum in hoc mundo esse: c.
r) illis: a, b.
s) fehlt in c.
t) non: C, D.
u) 24: A.
v) Hoc: a.
w) super: c.
x) omneis: a.
y) equidem: a, b, c, d, e, f, g, A, B, C, D.
z) defenire: e.
a) verbis et: C, D.
b)–*b)* ac beatitudine: C, D.
c) Claroque: f.
d) testantur: a, b, c, e, f, g, A, B, C, D.
e) 25: A.
f) fehlt in a, b, c; iis: C, D.
g) voluerunt: a; valuerint: C, D.
h) dicere: C, D.
i) τὸ ἴδιον: a, b, c.
j) fehlt in a.
k) fehlt in a, c, C, D.
l) substantias: A.
m) fehlt in c.
n) et: c.
o) vero: f, A.

1. Eph 4,10.

Christi[p] corpori locus in coelis ex quarto[q] Physicorum[1] et contineamus nos [r]in hiis[s] praecise[r], quae Scriptura de coelis et Christi sessione in coelis praedicat.

28[t]. In tantis mysteriis religio mihi est vel[u] sanctorum Patrum authoritate loquutiones usurpare, quae in Scripturis traditae[v] non sunt. Quo enim illis nos traduxerit Satan et Antichristus, deploramus omnes.

29[w]. Qua sane[x] de causa[y], illa sanctorum Patrum dicta de mutatione symbolorum, ut[z] volo reverenter in sanum et ipsorum sensum[a] interpretari, ita usurpanda nunquam concessero. Nimis enim aliena sunt a verbis Dei et merent[b] hodie[c] Antichristis ad horribilem illam supra[d] omnes[e] artolatriam[f].

30[g]. [h]Sic etiam si quid[i] sancti Patres inveniantur de[j] loco Christi coelesti scripsisse ultra id, quod Scriptura certo docet, id quidem non irreverenter volo reiicere nec de eo cum quoquam pugnare. [k]Non enim habeo, ut dicam ea cum aliquo Scripturae loco pugnare:[k] tantum deprecor, ne inde dogma constituatur et ut ego in simplicitate scripti verbi Dei relinquar.

31[l]. Sed dicitur, ne exercitati[m] quidem fide[n] homines possunt excludere cogitationem[o] localis vel[p] locali similis praesentiae Christi in[q] pane, cum

p) fehlt in C, D.
q) 6.: a, b.
r)–*r)* praecise in hiis: a, b.
s) his: c, f, A, B, C, D.
t) 26: A.
u) fehlt in c.
v) usitatae: C, D.
w) 27: A.
x) fehlt in a, b, c, d, e, f, g, A, C, D.
y) causa ut: a, b, c, d, e, f, A, C, D; causa et: g.
z) fehlt in a, b, c, d, e, f, g, A, C, D.
a) intellectum: f, A.
b) serviunt: a, b.
c) fehlt in c.
d) super: c.
e) omneis: a.
f) idolatriam: a, g; idololatriam: c, C, D.
g) 28: A.
h) Marginalie: Utinam omnes hanc modestiam imitentur: A.
i) qui: c.
j) de hoc: C, D.
k)–*k)* fehlt in a, b, d, C, D; unterstrichen in e.
l) 29: A.
m) exercitate: a; exercitatae: b, c.
n) fidei: a, b, c.
o) cogitationes: A.
p) et: a, b; id est: c.
q) cum: c.

1. *Aristoteles*, De physica 4. Hierauf beruft sich Bucer auch in seiner Replik auf Robert Cénau vom August 1532 (BOL 5, S. 132 mit Anm. 249).

audiunt eo nobis Christum dari et percipi haberique praesentem in sacra coena.

32[r]. Propter nostram autem imbecillitatem non video esse corrigendam linguam Spiritus sancti aut ullo modo admittendum quid[s], unde possit videri [t]Spiritum sanctum non locutum[t] esse caute satis et communite[u] et tam ad fidei aedificationem, quam ad omnis erroris exclusionem appositissime et efficacissime. | *542* |

33[v]. Iam haec[w] sunt Christi verba: »Ubi duo vel tres [x]congregati fuerint in nomine meo[x], ibi ego[y] in medio eorum sum«[z] [a]Matth. 18[20][a]. In Eucharistia rite celebrata coitur in nomine Christi; in mundo nos sumus et alicubi sumus[b] et ubi ubi sumus, Christus, [c]qui tamen in mundo non est, in medio nostri est[c] »et habitat in cordibus nostris«[1], sed fidei[d], nulla sensuum vel rationis comprehensione aut contactu[e]. Et quomodo absit caput corpori suo? [f]Definio igitur praesentiam Christi, quaecunque a nobis percipitur vel[g] sacramentis vel[h] ex verbo Euangelii, tantum esse apprehensionem et[i] fruitionem Christi Dei et hominis ut nostri capitis regnantis in coelis et manentis atque viventis in nobis, quam nulla ratione huius seculi, sed fide[j] percipimus ipsam[k] et fruimur oblatam[l] verbo et sacramentis. Vim autem eius[m] percipimus cunctis nostri partibus et viribus, cum Christi spiritu illae sanctificantur et ad obedientiam vitamque Dei renovantur[n].

r) kein neuer Abschnitt in A.
s) fehlt in a, b, c, d, e, f, A, C, D.
t)–*t)* Spiritus sanctus non locutus: f, A.
u) communiter: a, b, c, C, D.
v) 30: A.
w) fehlt in a, b, c, d, e, C, D.
x)–*x)* in meo nomine: f, A; in nomine meo congregati fuerint: C, D.
y) ego ero: C, D.
z) fehlt in f, A.
a)–*a)* fehlt in a, b, c, d, e, f, g, A, B, C, D.
b) fehlt in a, c, d, f, A, C, D.
c)–*c)* est in medio nostri, qui tamen in mundo non est: a, b, c, C, D.
d) fidei tantum: A.
e) davor am linken Rand: alias contractu: a, b.
f) neuer Abschnitt: 31: A.
g) sive: c.
h) sive: c.
i) atque: f, A.
j) fidei: a, b; fidei ratione: c.
k) fehlt in A, C, D.
l) oblata: a, b, c.
m) eam: a, b.
n) revocantur: c.

1. Eph 3,17.

34[o]. Praesens enim dicitur secundum aliquam[p] eius, cui quis praesens dicitur perceptionem. Ita adesse et praesentes esse dicimus, quos auditu tantum vel visu adesse percipimus. Cum iam perceptio fidei sit multo certior omni comprehensione sensuum vel rationis, quare non dicamus Christum caput nostrum[q] praesentem nobis suis membris apprehensum fide et viventem inhabitantemque in nobis?

35[r]. Dicitur[s] autem: Sancti[t] Patres interpretantur Scripturas, quae de praesentia [u]testantur[v] Domini[w], apud nos[*u*] degentes[x] adhuc in hoc seculo[y] secundum divinitatem Christi, secundum maiestatem eius, secundum providentiam eius. [z]Verum, sed Dominus dixit: »Ego sum vobiscum«[2] Et Paulus, Christum in nobis vivere et habitare[3]. Sed et sancti[a] Patres ipsi nos Christum habere praesentem per baptismatis sacramentum et per[b] altaris cibum et potum. Et praesentiam carnis vocant eam, quae sensibus percipiebatur opponuntque ei, quae fide habetur.

Augustinus 50. tract.[1]

36[c]. Fides sane totum Christum Deum et hominem complectitur praesentemque tenet et secundum divinitatem est non tantum in coetu suorum et membris[d], verum etiam ubique. [e]At non sunt contenti quidam, nisi dicatur Corpus et sanguis[f] Christi[g] haberi praesentia [h]in coena[*h*] realiter, carnaliter, substantialiter.

o) 32: A.
p) fehlt in A.
q) Drf.: nostum: C.
r) 33: A.
s) Dicunt: f (über der Zeile nachgetragen: -citur), A.
t) sic: c.
u)–*u)* testantur enim apud: c.
v) tractantur: C, D.
w) dominum: a, b.
x) degenteis: a, b; degentis: D; degentis (am rechten Rand mit Sternchen: degentes): A.
y) seculo praesentem esse: a, b, c, f.
z) neuer Abschnitt: 34: A.
a) fehlt in f, A.
b) fehlt in a, b.
c) 35: A.
d) korr. zu mentibus: d.
e) neuer Abschnitt: 36: A.
f) sanguinem: a, b, f.
g) fehlt in C, D.
h)–*h)* fehlt in a, b, c; gestr. in g.

1. *Augustin*, In Ioannis Evangelium Tractatus 50,13 (PL 35, Sp. 1763; CChr.SL 36, S. 438 f.). Bucer zitiert diese Stelle ausgiebig in seinem Abendmahlsgutachten für Kempten vom Dezember 1532 (BDS 8, S. 123,16–124,7; S. 125,18–21).
2. Mt 28,20.
3. II Kor 6,16; Eph 3,17.

37. Omnes[i] ambiguae voces prudentibus et bonis viris vitantur in omni oratione[j], quanto magis igitur[k] vitandae sunt[l] in mysteriis Christi? Deinde voces exoticae, id est in[m] divinis Scripturis non usurpatae, merito[n] repudiantur nobis in tractandis [o]mysteriis Christi[o], [p]nisi cum adhiberi utiliter possunt ad explicandam veritatem Christi[p]. Hae autem[q] voces, cum ambiguae sint[r], doctrinam magis[s] obscurant. Nulla igitur ratio sinit, ut eas usurpemus.

38. Atqui[t], si negemus Christum percipi in Eucharistia realiter et substantialiter, videmur contraria harum vocum affirmare, id est percipi[u] eum ficte et accidentaliter[v], optarim has[w] voces in totum repudiari, nec admitti eas sive negando sive affirmando.

39. Si quando autem ita res ferat, ut propter tuendam[x] Christi veritatem apud filios Dei contra adversarios voces istae [y]in disputationem[y] ingerantur, equidem definirem has voces; et si quis vellet per ›adesse Dominum realiter et | *543* | substantialiter‹ intelligere eum[z] percipi fide reipsa et[a] substantiam eius darem. Sin aliquid praesentiae huius seculi vellet his[b] vocibus admiscere, negarem. Reliquit enim Dominus mundum hunc.

40. Voces Carnaliter et Naturaliter, quoniam[c] perceptionem sensuum innuunt[d], nunquam admiserim.

41. Ex his[e] existimo perspicuum esse, Scripturae divinae esse[f] consentaneum et dignum religione[g] nostra[h] in Deum et Scripturas eius inque totam

i) Omneis: a.
j) orbe: f.
k) ergo: a, b, c, d, e, f, A, C, D.
l) fehlt in f, A.
m) fehlt in a, b, c, C, D.
n) fehlt in c.
o)–*o)* Christi mysteriis: C.
p)–*p)* fehlt in c.
q) fehlt in c.
r) sunt: c.
s) nobis: c.
t) At quoniam: f, A; At quando: a, b, c, e, g, C, D.
u) percipere: a, b, c, e, g.
v) accidentialiter: C.
w) eas: a, b, c, e, g, C, D.
x) fehlt in A.
y)–*y)* fehlt in A.
z) gestr. in c.
a) fehlt in a, b, c.
b) hiis: a, b; iis: c.
c) quia: c.
d) innuant: f.
e) hiis: a.
f) fehlt in b.
g) religionem: f, B.
h) nostra et: c.

veterem Ecclesiam, ut[i] (accommodantes nos verbis[j] Domini, Apostoli[k] et[l] veteris Ecclesiae), dicamus[m], dari et accipi corpus et sanguinem Domini verum, [n]id est Christum[n] ipsum Deum et hominem, dari autem verbo et symbolis percipi vero fide et dari eum et[o] percipi, ut plenius maneamus et[p] vivamus in eo et ille in nobis[1].

42. Cumque dicitur, Percipi non posse, quod iam[q] habetur[r] ante, ad Eucharistiam autem, qui accedit, non habens iam[s] in se Christum, eum mortem ibi, non Christum, sumere? puto facilem esse responsionem: dandum nobis et recipiendum[t] nobis[u] Christum esse, donec nihil nostri sit in nobis, sed ipsa[v] omnia et[w] nos toti in eo, nulla ex parte in nobis. Communionem[x] enim Christi eam, quam baptismate percepimus[y], dicimus Eucharistia confirmari et augeri. [z]Sed id fit et[a] Euangelio[b] fide audito et[c] lecto[d]? [e]Fit sane[e] nec quicquam Eucharistia plus habet aut confert, nisi quod in ea et visibilia Christi verba adhibentur [f]eaque non[g] inefficacia sanctis. Instituto enim Domini adhibentur[f], cuius omnia verba et instituta sunt vita[h] et[i] spiritus.

43[j]. Ex his[k] itaque puto intelligi[l], quid credam de praebitione et[m] exhibi-

i) quod: a, b, c, e; et: C, D.
j) verbo: c.
k) et Apostolorum: c.
l) Dittographie: et et: C.
m) dicimus: a, c, e, C, D.
n)–*n)* scilicet hominem: c.
o) ac: a, c, f, A, C, D.
p) ac: c.
q) iam quis: a, b, c.
r) haberet: a, b, c; habeat: f.
s) fehlt in C, D.
t) accipiendum: a, b, c, d, e, f, A, B, C, D.
u) fehlt in C, D.
v) ipse: a, b, c, d, f, A, B, C, D.
w) fehlt in C.
x) Coniunctionem: c.
y) percipimus: e, g.
z) neuer Abschnitt: 43: A.
a) fehlt in A, D.
b) Drf.: Euengelio: E.
c) ac: d, f, A, B, C, D.
d) credito: c.
e)–*e)* fehlt in C, D.
f)–*f)* fehlt in a, b, c.
g) nec: c, f, A.
h) vitae: a.
i) ac: d.
j) 44: A.
k) hiis: a, b, g.
l) intellegi: f, C.
m) aut: C, D.

1. Vgl. Joh 6,56.

tione atque perceptione ac[n] communicatione corporis et sanguinis Domini in sacra[o] coena eaque[p] cum scripturis et doctrina veteris Ecclesiae recte congruere. [q]At quia fateor, dari[r] in sacra coena [s]et accipi[s] Christum, id est communionem salvificam eius[t], Rogatur: quis eam [u]det et[v][u] praebeat, et an pane et[w] vino?

44[x]. Cum itaque equidem[y] rogor[z] de dante et praebente corpus [a]et sanguinem[a] Domini, id est vivificam horum totiusque Christi communionem, dico Christum, qui in medio suorum[b] est cuiusque haec verba sunt: »Accipite et manducate«, principem et efficacem datorem esse sui ipsius, ministerium[c] autem ita ei ad hanc sui[d] praebitionem ministrare sicut ad eam quam Euangelio praebet et baptismate. Propter quod ministerium Paulus recte scripsit se Corinthios Domino »per Euangelium genuisse«[1] et Christum ipsorum cordibus inscripsisse et Galatas parturiisse[2].

45[e]. Si vero de usu hic panis et vini rogor? Respondeo signa[f] exhibitiva, quibus Dominus ita sese [g][h]panem coelestem[h] et vitae aeternae[g] exhibet et praebet, sicut discipulis[i] praebuit Spiritum sanctum signo afflatus[j] oris sui[3] et sicut tactu manus multis contulit sanitatem corporis et mentis[4]: sicut

n) et: a, b, c.
o) Sancta: a, b; fehlt in g.
p) eamque: f, A.
q) neuer Abschnitt: 45: A.
r) dari et accipi: a, b, c, d, e, g, C, D.
s)–*s)* fehlt in: a, b, c, d, e, g, C, D.
t) fehlt in C, D.
u)–*u)* fehlt in a, b, c.
v) ac: C, D.
w) ac: f, A, C, D.
x) 46: A; Drf.: 24: B.
y) fehlt in a, b, c, d.
z) dicere rogar: C, D.
a)–*a)* fehlt in C, D.
b) Sacrorum: a, b.
c) Ministrum: a, b, c, d, f, A, B, C, D.
d) suam: C.
e) 47: A; Drf: 25: B.
f) signa esse: a, b, c, d, f, A, B, C, D.
g)–*g)* fehlt in a, b.
h)–*h)* patrem Ecclesiae (davor am linken Rand: panem coelestis): f, A.
i) discipulis suis: C, D.
j) afflatu: c.

1. I Kor 4,15.
2. Gal 4,19.
3. Joh 20,22. Dies ist ein fester Topos in Bucers Abendmahlsschriften (vgl. BDS 3, S. 396,1–4; BDS 5, S. 243,24–31; BDS 8, S. 131,23 f., S. 353,6 f., S. 355,4 f., S. 424,6–9, S. 425,9–13, S. 436,6, S. 437,9–11).
4. Vgl. etwa Mt 8,3 par.; 9,29; 20,34; Lk 22,51;

visum luto facto ex[k] sputo[1], sicut circumcisione carnis circumcisionem cordis, sicut baptismate regenerationem.

46[l]. Fide paternae Dei charitatis erga nos vivimus et[m] vitam aeternam. haec fides eo nititur, alitur et provehitur, quod Christus filius Dei se et meritum omne suum donat nobis vivitque in nobis peccatoque[n] liberatos excitabit a mortuis in[o] vitam perfecte coelestem et beatam. Proinde cibi et potus | *544* | symbolis voluit Dominus hic uti et dare carnem suam manducandam spiritualiter, symbolo[p] panis manducandi corporaliter [q]et sanguinem suum bibendum spiritualiter, symbolo vini bibendi corporaliter[q]. Eandem[r] enim, ut dictum est[s], dat sui communionem in coena per symbola et verba sua, quam commendavit Iohan. 6[48–58] tantum verbis.

47[t]. Si roger[u], quae possit esse coniunctio gloriosi corporis Christi existentis in coelis [v]et certo[v] coelorum loco, cum pane corruptibili contento in terra et loco sensibili? Respondeo, ea[w], quae est regenerationis cum tinctione aquae et quae Spiritus sancti cum flatu[x] oris Christi, Pacti coniunctionem esse[y] dico, ut qui fide vera vivaque communicant his[z] signis corporaliter, spiritualiter vere[a] percipiant confirmationem et incrementa communionis corporis et sanguinis Domini eius[b], qua sunt membra Christi, caro de carne eius, os ex[c] ossibus eius[2], ut sint haec perfectius.

48[d]. Extra usum itaque[e] institutum a Domino huius Sacramenti manducationis et bibitionis, qui haec signa praesentiae Christi signa facit, abominan-

k) et: a, b, c, C, D.
l) 48: A.
m) fehlt in a, b, c, d, f, A, C, D.
n) perpetuoque: c; peccato: C, D.
o) et donabit: c.
p) Drf.: sym =: A.
q)–*q)* fehlt in c.
r) Eandemque: f.
s) fehlt in f, B, C, D.
t) 49: A.
u) roget: f; rogor: c, B, C, D.
v)–*v)* cuncto [undeutlich korr.]: c.
w) eam: d, f, A, C, D.
x) afflatu: a, b.
y) illam: c.
z) hiis: a, b.
a) vero: C, D.
b) fehlt in f, A.
c) de: f, A, B, C, D.
d) 50: A.
e) igitur: a, c, C, D.

1. Joh 9,6.
2. Vgl. Eph 5,30. Der zweite, von Bucer zitierte Teil dieses Verses (»carnem de carne sua, os de ossibus suis«) fehlt in den heute maßgebenden neutestamentlichen Überlieferungen.

dam[f] invehit idolomaniam[g]. Et qui etiam ea sumit manducanda et bibenda sine viva fide Christi, adeo nihil eius percipit alimoniae, quam hic suis praebet Dominus, ut mortem sibi sumat et condemnationem.

49[h]. Qui plane impii sunt, eos nihil Christi[i] sumere ex sacra coena dico, qui[j] credunt nec tamen recte diiudicant hunc cibum, (ut Corinthii quidam ab Apostolo culpantur[1]), ut hos non possum[k] negare Christum fide, quam habent, in coena percipere, ita non dixerim eos Christum manducare, postquam fidem non rite[l] hic exercent suam religiosa tantorum mysteriorum diiudicatione, quae est spiritualis cibi huius manducatio. Similes enim[m] tales sunt iis[n], qui sumptum ore cibum vel non mandunt vel[o] in ventriculum non[p] demittunt vel demissum[q] [r]in ventriculum[r] non concoquunt aut mox vel[s] paulo post reiiciunt.

50[t]. Si de verbis Domini rogor, »Hoc est Corpus meum«, quid hic demonstret[u] »Hoc«, dico sensui panem, menti[v] corpus Domini, uti[w] fit in omnibus locutionibus, quibus signis sensibilibus res insensibiles exhibentur, ut sensus sit: »Hoc, quod do vobis isto signo, est corpus meum, quod pro vobis traditur«, sicut dixit Spiritus sanctus de circumcisione: »Hoc est foedus« etc.[x] Genes. 17[10], id est »id, quod sancio vobis hoc foederis signo, est foedus inter me [y]et vos etc.[y]« [z]Ita enim et de signis tantum[a] significantibus et non etiam exhibentibus res signatas loqui solemus, Ut de imagine Caesaris: En[b] dicimus: »hic Caesar est, qui devicit Gallias[c]«, id est hac imagine repraesentatur.[z]

f) abhominandam: d; Drf.: abomiuandum: C.
g) idololatriam: c.
h) 51: A.
i) fehlt in a, b, c, d.
j) qui vero: a, b.
k) possim: d, f, A, C; possint: D.
l) recte: c, f, A, C.
m) fehlt in c.
n) hiis: a, b, d; his: c.
o) et: f, A, B.
p) fehlt in f, A, B.
q) dimissum: a.
r)–*r)* fehlt in C, D.
s) aut: a, b, c, d, C, D.
t) 52: A.
u) demonstrat: a, b, c.
v) mentem: C.
w) ut: a, c, C, D.
x) fehlt in a, c.
y)–*y)* et vos: a, b, c, d; et te: A; etc.: C, D.
z)–*z)* fehlt in C, D.
a) fehlt in a, b, c, d.
b) cum: a, b, c; fehlt in f, A.
c) Gallos: f, A, C.

1. I Kor 11,20–29.

51[d]. Contra Transubstantiationem obiicio. »Hoc poculum est novum testamentum«[1], »Hoc ([e]id est[e] Circumcisio) est foedus«[2] et »Verbum caro factum est«[3]. Ex his[f] enim dictis non potest concludi transmutatio[g] [h]poculi in sanguinem[h] aut circumcisionis in foedus vel[i] verbi divini[j] in carnem. Non igitur ex ista locutione Domini, qua praebendo panem dixit: »Accipite, Hoc est corpus meum«, concludi potest panis transmutatio[k] in corpus Domini. Nec enim omnis talis locutio aut ulla etiam in omni Scriptura talem transubstantiationem atque Papistae hic fingunt, significat. Sine autem authoritate certa Scripturae nullus est fidei articulus statuendus[l].

[m]52[n]. Itaque constare existimo in Eucharistia tres[o] res dari et accipi a rite[p] communicantibus mensa[q] Domini: Panem et vinum in se nihil demutata, sed symbola tantum facta verbis et instituto Domini; Corpus ipsum[r] et sanguinem[s] Domini, ut his[t] magis [u]et perfectius[u] communicemus communicatione[v] regenerationis[w] vel[x], si mavis[y], communionem horum perfectiorem, aut magis in nobis perficiendam; Et[z] confirmationem hinc[a] novi testamenti[b], remissionis[c] peccatorum et adoptionis[d] nostri in filios Dei.

d) 53: A.
e)–*e)* unterstrichen; davor am linken Rand: itidem: a, b.
f) hiis: a, b.
g) transubstantiatio: C, D.
h)–*h)* aut poculi in novum Testamentum: a, b; aut poculi in sanguinem: c, d; vel poculi: f, A; aut poculi: C, D.
i) aut: c, d.
j) domini: C, D.
k) transubstantiatio: a, b, c, C, D.
l) constituendus: C, D.
m) Conclusio. 52: B, E.
n) 54: A.
o) treis: a, b.
p) recte: c; vere: d, f; fehlt in C.
q) mensae: f, A.
r) autem: C, D.
s) sanguis: C, D.
t) hiis: a, b.
u)–*u)* fehlt in C, D.
v) communicationem: a.
w) regendis: f; fehlt in A.
x) id est: c.
y) mavis ad: C, D.
z) fehlt in C, D.
a) fehlt in a, b.
b) testamenti, id est: f, A.
c) remissionem: c.
d) adoptationis: D.

1. Lk 22,20; I Kor 11,25.
2. Gen 17,10.
3. Joh 1,14.

53[e]. Symbola cum Irenaeo[1] dico rem terrenam, Communionem[f] Domini et effectum[g] eius, confirmationem[h] novi testamenti, voco rem coelestem ac[i] ideo fide tantum[j] apprehendendam et nullis[k] huius seculi cogitationibus involvendam[l].

54[m]. Et quia hic non admonemur tantum Christi nostri aut communionis[n] eius, verum etiam percipimus eum[o], malo dicere iuxta Domini verba »Accipite et manducate«[2] etc.[p] pane[q] et vino dari corpus et sanguinem Domini quam[r] significari, Et Panem hic signum esse corporis[s] exhibitivum quam signum simpliciter, unde et Patrum aliqui repraesentandi hic verbo recte usi sunt[3]. Quod praecipuum enim hic est, id[t] praecipue puto exprimendum. Omnino autem praebendi verbum est »Accipite«.

[u]Dominus det nobis idem loqui ad certam[v] fidei apud omnes[w] aedificationem. Amen.

[x]Martinus Bucerus D[ominus] professor Theologiae Cantabrigiae[x]

e) 55: A.
f) Communicationem: f, A.
g) effectuum: C, D.
h) confirmationemque: a, b, c, B.
i) et: f, A.
j) fehlt in c.
k) nullius: a, C, D.
l) fehlt in f, A.
m) 56: A; kein neuer Abschnitt in B.
n) communicationis: c.
o) eam: f, A; fehlt in C, D.
p) fehlt in a, c; et: C, D.
q) in pane: a, b.
r) dominumque: C, D.
s) corporis Domini: a, b, c, d, e, f, g, A, B, C, D.
t) hoc: d.
u) neuer Abschnitt: 57: A.
v) rectam: f, A.
w) omneis: a; nos: g.
x)–*x)* fehlt in a, b, c, g, D; Finis Tractatus Martini Buceri De Eucharistia: d; His propria manu scriptis ita subscripsit D. Martinus Bucerus (darunter: M[artinus] Buc[erus]): f; FINIS: A, C.

1. *Irenäus*, Adversus haereses 4,18,5 (PG 7, Sp. 1029A). Diese Formulierung des Kirchenvaters Irenäus von Lyon spielt eine zentrale Rolle in Bucers Abendmahlsverständnis (vgl. etwa BDS 3, S. 278,30–32; BDS 6,1, S. 90,12; S. 121,5 f.; BDS 8, S. 83,6; S. 86,12 f.; S. 267,9 f.; S. 304,7; BDS 11,3, S. 302,5; BDS 13, S. 22; BDS 14, S. 262,15 f.; BDS 17, S. 136,12–16; BOL 5, S. 104).
2. Mt 26,26.
3. Vgl. hierzu Bucers Brief an Petrus Martyr Vermigli vom 20. Juni 1549: »Quare repraesentandi (quod idem est cum verbo exhibendi) quam significandi verbo S. Patres magis usi sunt« (*Pollet* I, S. 268,13–15; *Wright*, Common Places, S. 400, Anm. 36).

Nr. 25
Persönliche Dokumente

bearbeitet von Thomas Wilhelmi

Im folgenden werden zehn Dokumente zu persönlichen Angelegenheiten Bucers ediert. Einige dieser Texte hat Bucer selbst verfaßt, andere wurden unter seiner Beteiligung und mit seiner Zustimmung formuliert. Die Dokumente, die zum Teil in alten Editionen vorliegen[1], zum Teil aber noch nie ediert worden sind, ermöglichen einen guten Einblick in die persönlichen Verhältnisse der Familie Bucer. Es geht um Vereinbarungen und Verfügungen über materielle Güter und um die Versorgung von Familiengehörigen, zum Beispiel des behinderten Sohnes Nathanael. In den Testamenten zieht Bucer aber auch Bilanz über seine Tätigkeit als Reformator und Autor.

25.1 Heiratsbrief Bucers und Wibrandis Rosenblatts, 4. Oktober 1542
25.2 Erbschaftsvertrag zwischen Bucer und Wibrandis Rosenblatt, 14. Februar 1544
25.3 Erstes Testament von Bucer von 1541
25.4 Zweites Testament von Bucer, ca. 25. Dezember 1541
25.5 Drittes Testament von Bucer, 23. Januar 1548, Kurzfassung
25.6 Drittes Testament von Bucer, 23. Januar 1548, lat.
25.7 Zum dritten Testament von Bucer, 23. Januar 1548
25.8 Drittes Testament von Bucer, 23. Januar 1548, dt.
25.9 Codicill und Nachtestament von Bucer, 22. Februar 1551, dt.
25.10 Codicill und Nachtestament von Bucer, 22. Februar 1551, lat.

In diesen und weiteren Dokumenten sowie in der unten angegebenen Literatur lassen sich die folgenden Familienangehörigen[2] nachweisen:

Martin Bucer, Sohn von Claus Bucer, Küfer, und Eva N. N., Hebamme, geb. 11. November 1491; Heirat mit Elisabeth Silbereisen (Palass/Balass) Sommer 1522; Heirat mit Wibrandis Rosenblatt 16. April 1542; gest. 28. Februar 1551

Elisabeth Silbereisen (Palass/Balass) bzw. Bucer, Tochter von Jakob und Anna Silbereisen, geb. um 1500; Heirat mit Martin Bucer Sommer 1522; gest. 16. November 1541

Wibrandis Rosenblatt (Keller, Oekolampad, Capito, Bucer), Tochter von Johann Rosenblatt, Schultheiß von Säckingen, und Magdalena Strub/Strübin, geb. 1504;

1. *Röhrich*, Martin Butzers Testamente.
2. Bucer, Bucers Ehefrauen, Ehemänner der Wibrandis, Kinder aus diesen Ehen.

Heirat mit Ludwig Keller 1524; Heirat mit Johannes Oekolampad 7. März 1528; Heirat mit Wolfgang Capito 11. April 1532; Heirat mit Martin Bucer 16. April 1542; gest. 1. November 1564

Ludwig Keller, Magister, geb. (?); Heirat mit Wibrandis Rosenblatt 17. Oktober 1524; gest. ca. 25. Juli 1525

Johannes Oekolampad, Basler Reformator, geb. 1482, Heirat mit Wibrandis Rosenblatt 7. März 1528; gest. 22./23. November 1531

Wolfgang Capito, Professor der Theologie, Pfarrer an Jung St. Peter und kirchenleitend in Straßburg tätig, geb. 1481 [nicht 1478]; Heirat mit Wibrandis Rosenblatt 11. April 1532; gest. 4. November 1541

Wibrandis Keller, Tochter von Wibrandis Rosenblatt und Ludwig Keller, geb. 17. Juli 1525; Heirat mit Hans Jeliger, Gürtler in Straßburg, 31. Januar 1541; Heirat mit Jakob Gysin (mit Nachkommen); gest. 1582

Elisabeth Bucer, Tochter von Martin Bucer und Elisabeth Silbereisen, geb. 1525; gest. November 1541

Sara, Tochter von Martin Bucer und Elisabeth Silbereisen, geb. August 1527; gest. November 1541

Zwei namentlich nicht bekannte Töchter von Martin Bucer und Elisabeth Silbereisen, geb. 1528; gest. 1528

Eusebius Oekolampad, Sohn von Johannes Oekolampad und Wibrandis Rosenblatt, geb. 24./25. Dezember 1528; gest. 12. Oktober 1541

Nathanael Bucer, Sohn von Martin Bucer und Elisabeth Silbereisen, geb. 21. Juni 1529, geistig und körperlich behindert; gest. 1582

Irena Oekolampad, Tochter von Johannes Oekolampad und Wibrandis Rosenblatt, geb. 21. März 1530; gest. 12. Juli 1540

Anastasia, Tochter von Martin Bucer und Elisabeth Silbereisen, geb. 1531; gest. 1541

Aletheia Oekolampad, Tochter von Johannes Oekolampad und Wibrandis Rosenblatt, geb. 13. Juni 1531; Heirat mit Christoph Söll, Theologe und Mitarbeiter Bucers, 1548; Heirat mit Hans von Lampertheim, Kannengießer in Straßburg, Herbst 1553 (?) (Nachkommen nicht belegt); 1565 noch nachgewiesen

Irene Bucer, Tochter von Martin Bucer und Elisabeth Silbereisen, geb. 1533; gest. 1533

Agnes Capito, Tochter von Wolfgang Capito und Wibrandis Rosenblatt, geb. 29. September 1533; Heirat mit Jakob Meyer 5. September 1555 (mit Nachkommen bis heute); gest. 1610

Simeon Gottlieb, Sohn von Martin Bucer und Elisabeth Silbereisen, geb. 7. Juli 1534; gest. August 1534

Dorothea Capito, Tochter von Wolfgang Capito und Wibrandis Rosenblatt, geb. 24. Juni 1535; gest. 28. September 1541

Paul Dietlieb, Sohn von Martin Bucer und Elisabeth Silbereisen, geb. 13. Oktober 1535; gest. vor 20. Juli 1536

Hans Simon Capito, Sohn von Wolfgang Capito und Wibrandis Rosenblatt, geb. 28. April 1537; bis 1557 nachgewiesen; 1567 für verschollen erklärt

Felicitas, Tochter von Martin Bucer und Elisabeth Silbereisen, geb. April 1537; gest. 1541; dazu ein namentlich nicht bekannter Zwillingsbruder, der kurz nach der Geburt verstarb

Wolfgang Christoffel Capito, Sohn von Wolfgang Capito und Wibrandis Rosenblatt, geb. 30./31. Dezember 1538; gest. 4. Oktober 1541

Johannes Irenäus, Sohn von Martin Bucer und Elisabeth Silbereisen, Mai 1538; gest. Anfang Juli 1538

Martin, Sohn von Martin Bucer und Elisabeth Silbereisen, geb. 1539 (?); gest. November 1541

Irene Capito, Tochter von Wolfgang Capito und Wibrandis Rosenblatt, geb. 16. März 1541; Heirat mit Wolfgang Schnitzer; Heirat mit Johann Lukas Iselin 1569 (mit Nachkommen bis heute); gest. 1585

Martin Bucer, Sohn von Martin Bucer und Wibrandis Rosenblatt, geb. 30. Februar 1543; gest. 1546

Elisabeth Bucer, Tochter von Martin Bucer und Wibrandis Rosenblatt, geb. 27. März 1545 (anderswo: 1543); Heirat mit Karl Gleser, Landvogt von Waldenburg, 1565 (mit Nachkommen bis heute); gest. 30. November 1618

Literatur

Baum, Capito und Butzer

BCor I–VIII

Ebert, Elisabeth Silbereisen

Ebert, Elisabeth Silbereisen, zu[m] Martin Bucer-Briefwechsel

Greschat, Bucer

Harvey, Martin Bucer in England

[*Kälin*], Familien des 16.–18. Jahrhunderts: Rosenblatt

Kalkoff, Capito

de Lange/Wilhelmi, Martin Bucer, S. 23

Liebendörfer, Die vier Ehen der Wibrandis Rosenblatt

Liebendörfer, Die Frau im Hintergrund, S. 196–201

Lienhard, Capito

Mieg, Note sur la postérité

Millet, Capito

Röhrich, Martin Butzers Testamente

van't Spijker, Bucer's Doctrinal Legacy

Wilhelmi, Wibrandis Rosenblatt und Martin Bucer

Basel SArch, Privatarchiv 35: Meyersches Geschäfts- und Geschlechtsbuch, 1501–1560, fol. 9^r–10^r (S. 17–19)

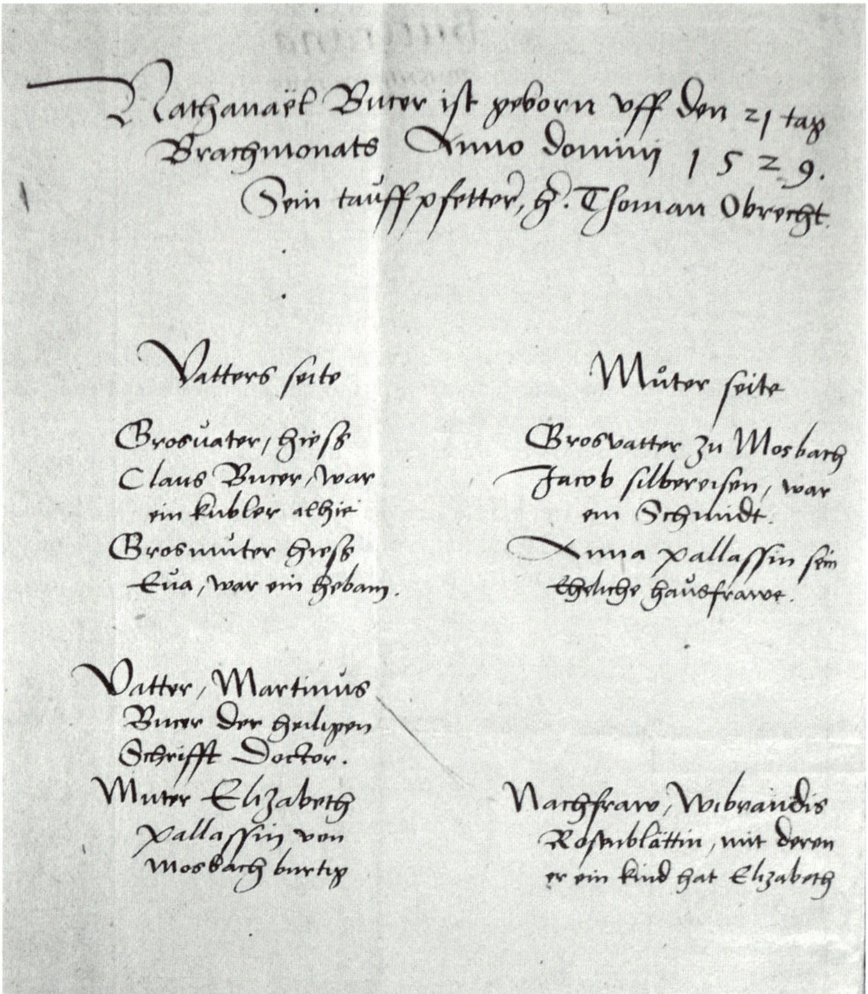
Nathanaël Bucer ist geboren vff den 21 tag
Brachmonats Anno domini 1529.
Sein tauff gfetter, H. Thoman Obrecht.

Vatters seite

Grosuater, heiß
Claus Bucer, war
ein kubler alhie
Grosmuter heiß
Eua, war ein hebam.

Muter seite

Grosvatter zu Mosbach
Jacob silbereisen, war
ein Schmidt.
Anna Pallassin sein
eheliche hausfrawe.

Vatter, Martinus
Bucer der heiligen
Schrifft Doctor.
Muter Elizabeth
Pallassin von
Mosbach burtig

Nachfraw, Wibrandis
Rosenblättin, mit deren
er ein kind hat Elizabeth

Straßburg StArch, AST 39, Nr. 23, S. 770

Nr. 25.1
Heiratsbrief Bucers und Wibrandis Rosenblatts

4. Oktober 1542

Überlieferung

Straßburg StArch, AST 39, Nr. 23 (c), S. 771–776 (Handschrift von Konrad Hubert). Teiledition: *Staehelin*, Oecolampadiana, S. 188–190

Text

| *771* | Copei des heirahtsbrieues[1] herren Martin Bucers vnd Wibranden Rosenblättin[2].

Jn Gottes namen, Amen. Kund vnd wissen sei meniglichem, das als zu furderung der Ehren Gottes vnd erbawung christlicher kirchen ein ehe beschlossen worden zwischen dem würdigen vnd hochgelerten herren Martin Bucer, prediger vnd dieneren am wort des herren zu Strasburg, an einen[3], vnd Wibrandin Rosenblättin von Basel, weiland des hochgelerten herren Wolffgangen Capitonis[4], der h.[5] Schrifft lerers vnd Doctors seligen, gelaßner wittib[6] am andern theil, Das auff solichem ehetag[7] volgende puncten abgeredt vnd beschlossen worden:[8] Namlichem vnd zum ersten, das ermelter herr Martin Bucer die kind[9], so gedachte[10] Wibrand mit ermeltem herren D.[11] Capito, des gleichen D. Johann Oecolampadio[12], jren beiden ehren ehemennern, ehe-

1. Urkunde über Ehevertrag. Deutsches Rechtswörterbuch 5, Sp. 660.
2. Wibrandis Rosenblatt; s. oben S. 521 f.
3. an einen … am andern theil: zum einen … zum anderen Teil.
4. Wolfgang Capito; s. oben S. 522.
5. heiligen.
6. Witwe.
7. Tag der Eheberedung, Ehevertrag. *Grimm* 3, Sp. 50 f.; Deutsches Rechtswörterbuch 2, Sp. 1250.
8. Der Ehevertrag wurde somit schon auf die Hochzeit vom 16. April 1542 hin konzipiert, aber erst am 4. Oktober beurkundet. Vgl. dazu *Staehelin*, Oecolampadiana, S. 188, Anm. 53.
9. Noch am Leben waren im Oktober 1542: Aletheia Oekolampad; Agnes, Johann Simon und Irene Capito; s. oben S. 522 f.
10. erwähnte.
11. Doktor.
12. Johannes Oekolampad; s. oben S. 522.

lich gezielet[1], bis die selben zu jren tagen kommen, zu schulen vnd anderem, einem iedlichen der selben kind tauglich erziehen vnnd anhalten soll vnd will aus dem seinen vnd nit aus der kinder gůt, damit den kinden jr vetterlich erb vnd desselben nutzung gesparet vnd zusamen gehalten werden möge.

herr Martin will die stiefkinder erziehenn, doch mit Geding.

Doch auch mit solchem geding[2], wo weiland D. Capitons Sone[3] solte der lehre halben anderen verdinget[4] oder hinweg geschicket werden, das er, herr Martin, am selben nit mehr zu geben schuldig sein dann so fil er vngefehrlich[5] in seinem selbs haus vff jnen wenden müste; vnd was über dasselbig sein würde, das solle der kinder vogt[6] aus seinem vetterlichen erb erstatten vnd dargeben. Gleicher gestalt sollen die döchteren, so sie zu jren tagen kommen, mit sonderen ehren kleideren vnd gepürlichem heuratgůt durch den vogt aus jrem vätterlichen erb versehen vnd ausgesteuret werden, das herr Martin den selben in gemeltem aufziehen ferrers nit dan[7] die vnderhaltung vnd zimliche hauskleidung zugeben schuldig sein solle.

Widdumb 400

Morgengab 30

Zum anderen, so will ernanter herr Martin | *772* | Bucer gedachter fraw Wibrandin zu einem rechten brulauff widemb[8] verschaffen 400 gulden Strasburger werung[9] vnd zu einer morgengab[10] 30 gulden gleicher werung Vnd sie der selben hiemit vff allem dem seinen ligendem vnd fahrendem, veranndertem vnd onuerandertem, wes er nach seinem tödlichen abgang verlassen würdet, verwisen Vnd jr dieselben – also hiemit für sich vnd seine erben in bester form rechtens vnd wie er das nach brauch vnd herkomen der Stat Strasburg am krefftigsten vnd bestendigsten thůn soll, kan vnd mag – benamset[11] vnd versichert haben. Also vnd der gestalt, so sich der fall nach schickung des Almechtigen zutrüge vnd er vor gedachter Wibrandin, seiner ehlichen hausfrawen, tods abgehen würde, das der selben die dreissig gulden morgengab zu eigenthumb gegeben Vnd die 400 gulden zu rechtem brulauff widdemb vffgericht werden vnd sie die selben 400 gulden nach der stat Strasburg recht, brauch vnd herkommen jr lebenlang zu rechtem brulauff widdumb nutzen vnd niessen solle, sein herrn Martins erben vnd meniglichs[12] vngehindert.

Gegenwiddumb[13] 200 gulden

Dagegen, so hat die gedacht fraw Wibrand ernantem herren Martin, jrem lieben ehewürt[14], auch zu brulauff widdumb zugesagt, zu verschaffen 200

1. hervorgebracht. *Lexer* 3, Sp. 115.
2. Vertrag, Bedingung. *Götze*, S. 97.
3. Johann Simon; s. oben S. 523.
4. unterstellt. *Grimm* 25 (= XII,1), Sp. 235.
5. etwa.
6. amtlich bestellter Vormund. Deutsches Rechtswörterbuch 7, Sp. 827.
7. ferrers nit dan: nichts Weiteres als.
8. brulauff widemb: (als) Brautgabe, Aussteuer zur Hochzeit. Vgl. *Lexer* 3, Sp. 821 f.; vgl. Frühneuhochdt. WB 4, Sp. 1003–1005.
9. 1 Straßburger Gulden entsprach 126 Pfennigen (Rappen).
10. Geschenk des Mannes an die Frau am Morgen nach der Hochzeit. *Götze*, S. 162.
11. festgelegt. Frühneuhochdt. WB 3, Sp. 1268 f.
12. jedermanns. *Lexer* 1, Sp. 2034.
13. Gegensteuer; Gabe der Braut an den Bräutigam. Das Wort ist nicht belegt.
14. Ehegemahl. *Lexer* 1, Sp. 717.

gulden Strasburger werung vff allen jren ligenden vnd farenden gütern, gesuchts vnd vngesuchts, verandertem vnd vnuerandertem, wie sie das nach jrem tod verlassen würdet, die sie auch dem ermeldtem herren Martin hiemit für sich vnd jre erben vff ermeldtem jrem gut in massen erzelt, nach jrem tödlichen abgang verwisen vnd gefertiget haben will. Das, so sie vor jme aus den gnaden Gottes aus diser welt verschide, herr Martin die selben sein lebenlang zu rechtem brůlauff widdumb nach der stat Strasburg recht nutzen vnd niessen solle.

Eigenthumb beider widdumben

Vnnd ist aber diser beider widdumb halben abgeredt, so die selben beide oder der ein in einen oder den anderen weg fallen würden, das das eigenthumb | *773* | der selbigen nit allein vff die kind, so sie, die[a] ehegemechde[1], herr Martin vnd fraw Wibrand, mit einander in stehnder[2] ehe bekommen mögen, sonder auch vff andere jr, der ehemechde, eheliche kinderen, Nemlich das eigenthumb herren Martins 400 gulden vff die kind, so sie in stehnder ehe bekommen hetten vnd seinem son Nathanael[3] zu gleich Vnd jr fraw Wibranden 200 gulden gemachts widdumbs, So dann die 30 gulden morgengab, so herr Martin jr zu morgengab gegeben, vff die kind, so sie mit jm, herrn Martin, uberkomen[4] mage, vnd andere jre kind, von vorigen jren drei ehemenneren erboren, auch zugleich fallen sollen.

Vnuerenderten guts halben soll alles ein verenderts werden.

Vnd demnach so ist jrer beider ehegemechdten vnueranderten gůtshalben abgeredt, dieweil in dieser ehe, wie auch inn allen anderen ehen billich vnd aus götlichem geheiß geschehen soll, nichs dan alle christliche liebe vnd freundschafft gesucht worden, Damit dann kein theil oder deren ietzigen vnd künfftigen eheliche kinder dadurch vernachteilet vnd künfftige jrrung vnd zwitracht, so wie gewonlich beschicht, solcher jrer zeitlichen[5] vnd vnueranderten narung[6] halben vermitten bleib, Vnd nach beschehener theilung, so herr Martin mit seinem Son Nathanael, von weiland fraw Elizabet Palassin[7], seiner ehren ehlichen lieben hausfrawen, seligen erboren, seins müterlichen, So dann fraw Wibrand mit jren vnd D. Wolffgang Capitonis kinderen jres vätterlichen erbfals gethon, befunden worden, das sich herren Martins narung vff vngefehrlich[8] 786 pfund[9] vnd fraw Wibranden gůt vff 312½ pfund pfenning auch vngeferlich lauffet vnd also nit so vngleich jm werd ist gegen der

Buceri sors 786 libr.
Wibrandis 312½
Summ[a]: 1098½
Excedit uxoris Tertiam 303½ fl.[10]

a) über der Zeile erg. und eingewiesen.

1. Ehegemahle. *Lexer* 1, Sp. 512.
2. bestehender.
3. Nathanael Bucer; s. oben S. 522.
4. erhalten.
5. irdischen.
6. Unterhalt. *Lexer* 2, Sp. 36.
7. Elisabeth Silbereisen (Palass); s. oben S. 521.
8. etwa.
9. 1 Pfund entsprach 240 Pfennigen; somit also 750'000 Pfennige, die 5952 Gulden entsprechen.
10. florenis: Gulden.

veranderung, so in stehnder ehe beschehen möchte, zu rechen[1], Vnd fürnemlich dieweil herr Martin seinen Son Nathanael uber seinen müterlichen theil aus vätterlicher liebe, wie hernach gemeldet würt, begaben thut, das, ob dem selben schen[2] etwas kleinfüg- | *774* | igs dardurch abgienge, derselbig dessen hieuor wol ergetzet[3] ist, So ist solcher jrer, der ehegemechden, eegemeldter narung halben, so sie diser zeit zusamen bringen, beschlossen, das es zu allen theilen ein verandert gut, als ob sie, die ehegemechde, dasselbig bei vnd mit einander in stehnder ehe ůberkommen, errungen, gewunnen oder ersparet hetten sein vnd bleiben solle.

NOTA discrepantiam Testamento contrait. Sol ein Verandert gut sein zu allen theilen.

Jedoch vnd imm fall, so herren Martin sein Son Nathanael oder jhr fraw Wibranden jrer ietziger kinder von herren Johann Oecolampadio oder D. Capiton eines oder mehr in stehnder[4] ehe tods abgeen würden, wie es der Almechtig Got nach seinem götlichen willen, gnaden [b]vnd gefallen[b] zuschicken hat, was dann jr jedem von solchen todsfallen erblich zufallen würde, das solle denselben, welchs theil das were, vnd seinen erben ein onverendert gůt sein vnd bleiben vnd in stehnder Ehe in keinen weg verandert werden.

Wo bleibts wibrendlin?

Erbfall sol sein Onverandert gut etc.

Vnd zum letsten hat herr Martin Bucer mehrgemelt[5] jm bei solcher eheberedung[6] vorbehalten, Dieweil nach abgang seiner lieben hausfrawen Elizabet Palassin seligen obgemelt jme etliche seiner kinder, so er mit derselben inn stehnder Ehe gezielet hat, auch tods verschiden vnd der selben erbschafft auff jnen als den Vatter gefallen, dadurch dann seinem Son Nathanael an seiner zeitlichen nahrung[7] nachtheil beschehen[c] Vnd aber derselbig sein Son leibshalben blöd[8] vnd onuermöglich[9] ist, das dann er, herr Martin, dem selben über seinen drittentheil – aus freier vatterlicher liebe – 236 gulden Strasburger werung zu voraus zuschaffen vnd die selbigen herren Conraden Huberten[10], dem helffer zu S.[11] Thoman, als seines Sons rechtlichem vogt[12], mit anderem des Sons můterlichen erb zu zustellen.

Testamento contrait.

Schenck vetterlicher liebe 236 fl.

Daruber als herr Martin seiner ehelichen hausfrawen Elizabet Palassin seligen 200 gulden zu einem widdumb[13] gemacht vnd sie jm, herren Martin, eins

Fünfftetheil des widdumbs 40 fl. dem son gegeben

b)–*b)* über der Zeile erg. und eingewiesen.
c) Schrf.: besthehen.

1. berechnen.
2. schon.
3. vergessen gemacht, entschädigt, ermuntert, gestärkt. *Götze*, S. 67.
4. bestehender.
5. öfters erwähnt.
6. Ehevertrag. Deutsches Rechtswörterbuch 2, Sp. 1210.
7. Lebensunterhalt.
8. schwach.
9. leistungsunfähig. *Götze*, S. 218.
10. Konrad Hubert (1507–1577), 1531–1549 Privatsekretär Bucers und Diakon an St. Thomas in Straßburg. *Baum*, Capito und Butzer; BCor VII, S. 445; *Buckwalter*, Hubert.
11. Sankt.
12. Vormund; s. oben S. 526, Anm. 6.
13. S. oben S. 526, Anm. 8.

vnd dem Nathanael 40 gulden für seinen fünften theil am eigenthůmb dises widdumbs, den herr Martin | *775* | seiner hausfrawen seligen gemacht[1], gepüret, hat herr Martin die selben 40 gulden auch alsbald herren Conradten, gemeldtem vogt, zugeben bewilliget, Doch mit dem geding, das er, herr Martin, gemeldtem herren Conraden als vogt seines sons an vorgemeldter summa der freiwilligen gabe allein die 136 gulden also bar geben vnd das uberig hundert mit vier gulden järlich verzinsen solle, bis er jhm dises auch mit gelt vnd hausraht vermüget, Welches alles der gemeldte vogt jm, Nathanael, mit seinem müterlichen erb zu seinem nutz anlegen vnd verwalten solle, Vnd als gedachter Nathanael für seinen theil an den hundert gulden widdumbs, den fraw Elizabet herren Martin gemacht hat, die nutzung von zwentzig gulden jm, seinem vatter, järlich geben solte, hat er, herr Martin, vff das selbig auch frei verzigen[4].

Angehencket bedinge

Muterwiddums[2] theil 20 fl. nutzung verzig[3] gethon

Desgleichen jm auch seine vier theil an dem vnuerenderten gůt, das er von den vier verstorbenen kinderen erobert[5], welches ob den 46 gulden wert ist, auch geschencket hat, Vnd das auch weiter bewilliget, das er Nathanael, seinen son, auch bis er zu seinen tagen kommet, aus sein, herren Martins, gůt vffziehen wölle, Jedoch wa man den selben zu einem handwerck thun oder sunsten fernern kosten seinethalben haben müste, das der vogt den selben aus sein, Nathanaels, müterlichem erbe vnd der ietzgemelten zugabe solle ausrichten.

Vatters vierdtheil am vnuerenderten gut auch geschenckt

Den Son erziehen aus dem seinen

Vnd demnach das closter Lobenfeld[6] auch 200 gulden sampt etlichen kleinöttern[7] vnd hausraht inhaltet, so weiland fraw Elizabet Palassin[8], herren Martins hausfraw vnd dises Nathanaels muter selig, daselbs hin gebracht, da soll vnd will herr Martin, der vatter, möglichen fleiß ankeren[9] vnd fürwenden, ob dasselbig gantz oder zum theil zuwegen bracht werden möchte. Vnd was also an dem selben gegeben würde, das das selbig alles dem angezognen[10] Nathanael als vnuerendert zugehören vnd zustendig sein solle.

Lobenfeld 200 gulden

Vnd sind bei solcher eheberedung[11], als die beschehen, zugegen gewesen als beider [d]seits verwandten[d] | *776* | vnd sonders verdraute gönner vnd freund, Johannes Capito[12], D. Wolfgang Capitons seligen bruder, herr Con-

d)–*d)* nach Rasur geschrieben; ursprünglicher Text nicht mehr lesbar.

1. vermacht.
2. Gabe der Mutter an den Bräutigam. Das Wort ist nicht belegt.
3. darauf verzichtet. *Götze*, S. 84.
4. verzichtet. *Götze*, S. 84.
5. erwartet.
6. Kloster Lobenfeld, Benediktinerinnenkloster im Kraichgau (in der Nähe von Heidelberg). Elisabeth Silbereisen war hier von 1511 oder 1512 bis 1522 Nonne.
7. Kostbarkeiten.
8. S. oben S. 521.
9. daran wenden. *Götze*, S. 10.
10. genannten.
11. Ehevertrag. Deutsches Rechtswörterbuch 2, Sp. 1210.
12. Johannes Capito, Bruder von Capito.

rad Hubert, helffer zu S. Thoman zu Strasburg obgemelt[1], Meister Peter Dasypodius[2], Canonicus zu S. Thoman, Wendling Rüel[3], buchdrucker, herr Conrad Winckler[4], Fraw Wibranden offtgemelt stiefvatter, Hans Goler[5], jr dochterman, vnd Magdalena Strübin[6], jr muter, vnd Johann Meier[7], statschreiber zu Strasburg.

Vnd zu verkund, so haben herr Martin Bucer für sich selbs vnd vff sein freuntlich bitte ich, Conrad Hubert von Bergzabern, helffer der pfarren zu S. Thoman, vnd ich, Johann Meier, Statschreiber zu Strasburg, So dan von fraw Wibranden wegen ich, Conrad Winckler, jr fraw Wibranden stiefvatter, burger zu Basel, Adelberg Rosenblat[8], müntzmeister zu Colmar, jr brůder, vnd Andres keller[9], tůchman vnd burger zu Basel, vnser ieder sein jnsigel gehenckt ann disen brieue.

Der geben ist mitwoch, den 4. tag Octobris, von Christi, vnsers herren vnd heilands geburt gezalt fünfzehn hundert viertzig vnd zwey Jare.

1. S. oben S. 528, Anm. 10.

2. Peter Dasypodius (um 1490–1559), Pädagoge und Lexikograph. *Hartmann*, Art. Dasypodius, Petrus, in: NDB 3 (1957), S. 520; MBW, Bd. 11 (Personen A–E), S. 338 f.

3. Wendelin Rihel (um 1490–1555), Buchhändler, Drucker und Verleger in Straßburg 1531–1555. *Reske*, Buchdrucker, S. 886 f.

4. Konrad Winkler, der zweite Gatte der Magdalena Strub (Strübin), Stiefvater der Wibrandis. *Staehelin*, Oecolampadiana, S. 189, Anm. 58.

5. Hans Goler: wohl identisch mit Hans Jeliger (Golinger), Gürtler in Straßburg, Gatte von Wibrandis Keller, der Tochter von Wibrandis und Ludwig Keller. *Staehelin*, Oecolampadiana, S. 190, Anm. 59.

6. Magdalena Strübin; s. oben S. 521.

7. Johann Meyer, gen. Motzbeck (1501–1553), Straßburger Stadtschreiber 1532–1553. Pol. Cor. II–V (passim); *Ficker/Winckelmann*, Handschriftenproben I, Nr. 18; BCor VIII, S. 398.

8. Adalbert Rosenblatt, Bruder der Wibrandis.

9. Andreas Keller, der älteste Bruder von Magister Ludwig Keller, dem ersten Gatten der Wibrandis. *Staehelin*, Oecolampadiana, S. 190, Anm. 60.

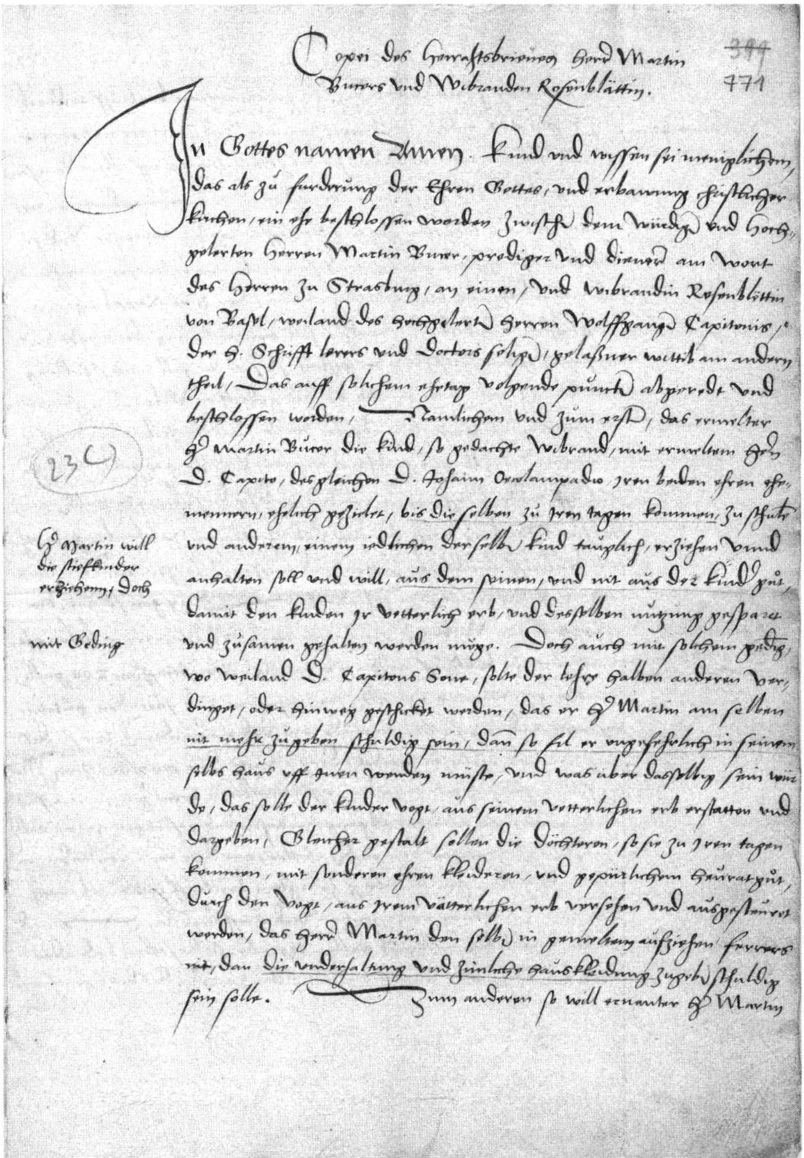

Copei des Heiratsbriefs Herrn Martin Bucers und Wibranden Rosenblättin.

~~344~~ 771

In Gottes namen Amen. Kund und wissen sei meniglichem, das als zu furdrung der Ehren Gottes, und erbauung geistlicher kirchen, ein ehe beschlossen worden zwischen dem würdigen und hochgelerten herren Martin Bucer, prediger und diener am wort des Herren zu Straßburg, an einem, und Wibrandin Rosenblättin von Basel, weiland des hochgelerten herren Wolffgangen Capitonis, der H. Schrifft lerers und Doctors seligen, gelaßner wittib am andern theil, Das auff solchem ehetag volgende pünct abgeredt und beschlossen worden. Namlichen und zum ersten, das ermelter H. Martin Bucer die kind, so gedachte Wibrand, mit ermeltem herrn D. Capito, desgleichen D. Johann Oecolampadio, iren beiden ehegemahlen, ehelich geboren, bis die selben zu iren tagen kommen, zu schule und anderem, einem jedlichen derselben kind tauglich, erziehen und anhalten soll und will, aus dem seinen, und nit aus der kinder gut, damit den kinden ir vetterlich erb, und desselben nutzung gespart und zusammen gehalten werden möge. Doch auch mit solchem geding, wo weiland D. Capitons haus, solte der [illegible] halben anderen verdinget, oder hinweg geschickt werden, das er H. Martin am selben nit mehr zu geben schuldig sein, dan so fil er [illegible] in seinem selbs haus [illegible] müste, und was über dasselbig sein würde, das solle der kinder vogt aus iren vetterlichen erb erstatten und dargeben. Gleicher gestalt sollen die döchtern, so sie zu iren tagen kommen, mit sonderen ehren kleidern, und gepürlichem haurat gut, durch den vogt, aus irem vätterlichen erb versehen und ausgesteuret werden, das herr Martin den selben in gemeinem aufziehen ferrers nit, dan die underhaltung und zimlich hauskleidung zu geben schuldig sein solle. Zum anderen so will ernanter H. Martin

(23 b)

H. Martin will die stiefkinder erziehen, doch

mit geding

Straßburg StArch, AST 39, Nr. 23 (b), S. 771

Nr. 25.2
Erbschaftsvertrag zwischen Bucer und Wibrandis Rosenblatt

14. Februar 1544

Überlieferung

Straßburg StArch, Kontraktstube 48, fol. 72r–77v (Handschrift eines Kanzlisten)

Text

| *72r* | [a]Ist durch hannsen golinger[1] Ratificiert vnnd versprochen worden donnerstag, den vierzehenden februarij Anno etc. 44 jnn praesentia Hernn frantz bertschen[2] vnd hanns Neuen[3], verordnett des Rhats, Sebastian Kamerers[4] vnd lucas golingers[5], Auch Herr Martin bauzers, der sollichs von wegen seiner hausfrauwen[6] also angenomen.[a]

Wir, Philips vonn Kageneck[7], der Meister vnd der Rath zu Straßburgk Thundt khundt, das vor vnnsern dar zu verordnetten erschinen ist vnnser burger Hans Golinger, der Gurtler, vnd hat jn gegenwurtigkheit des wurdigen vnd hochgelerten herr Martin Butzers, Gotlichen worts leerers, auch vnnsers burgers[8], der sollichs jn namen vnd von wegen fraw Weiprendin Rosenblattin[9], seiner elichen hausfrawen, von[b] jme anam[10], sich bekhennt, nach dem weillandt[11] sein lieb hausfraw Weibrendin Kellerin[12] sellig one leibs erben tods abgangen vnd der selbigen verlassenschafft

a)–*a)* Am Rand (von derselben Hand).
b) davor gestr.: sollichs.

1. Hans Golinger: wohl identisch mit Hans Goler (Jeliger), Gürtler in Straßburg, Gatte von Wibrandis Keller, der Tochter von Wibrandis Rosenblatt und Ludwig Keller. *Staehelin*, Oecolampadiana, S. 190, Anm. 59.
2. Franz Bertsch († 1547), Apotheker und Schöffe in Straßburg. *Brady*, Ruling Class, S. 142, 267 und 348.
3. Hans Neu, Ratsverordneter; nicht nachgewiesen.
4. Sebastian Kamerer; nicht nachgewiesen.
5. Lukas Golinger (Goler, Jeliger?); nicht nachgewiesen.
6. Wibrandis Rosenblatt, Bucers Ehefrau; s. oben S. 521 f.
7. Philipp von Kageneck († 1545), Ratsherr und Stettmeister (1541/42 und 1544/45) in Straßburg. *Brady*, Ruling Class, S. 324 f.
8. Bucer wurde am 22. September 1524 Bürger der Stadt Straßburg. *Wittmer/Meyer*, Livre de bourgeoisie 2, Nr. 7464.
9. Wibrandis Rosenblatt, Bucers Ehefrau.
10. von ihm als Ehefrau angenommen, anerkannt.
11. vormals. *Grimm* 28 (= XIV,1,1), Sp. 783.
12. Wibrandis Keller, Tochter der Wibrandis Rosenblatt und Ludwig Kellers; s. oben S. 522.

obgedachter fraw weybrendin Rosenplettin, jrer Eelichen vnd leiblichen mutter als deren enigen[1] erbin heimgefallen[c] vnder jr den selben wider ein antworten[2] vnd lieuern[3] sollen vnd jme aber von dem selben dreyhundert gulden Straßburger werung[4] zu Braulauff[5] widem[6] hetten sollen vfgericht werden. Das do zinstag[7], den syben zehenden decembers verschinen[8] drey vnd viertzigsten jors jn gegenwirtigkheit der gedachten herr Martin | *72v* | Butzers vnd Weibrendin Rosenplettin, so dan Luxen Messingers[9], des Tuchmans, Johan Mayers[10], vnnsers Statschreibers, Maister Petter Dasypodien[11] vnd Wendling Ruels[12], des Buchtruckers, vnnserer burger, als vf jr fraw Weibrendin seitten vnd Sebastian Camerers[13], des Kurßners[14], vnd Lucassen Golingers[15], deß Gurtlerß, sein Hannsen Golingers[16] bruder, vnd vff sein, hansen, seitten were abgeret[17] vnd vf sein pitten vnd begeren jme bewilligt vnd zugelassen worden, das von der Barschafft der vierhundert phund Straßburger phennjng, die er von wegen seiner hausfrawen sellig endphangen vnd jetzo wider zu lieueren schuldig, Er dreyhundert gulden Straßburger werung an stat des widems jnbehalten die selben vff jm selbs sein lebenlang nach widem vnd der stat Straßburg Recht nutzen vnd niessen[18] solt vnd fur das hauptgut solcher drey hundert gulden die besserung[19] vff dem hauß jn der grossen prediger | *73r* | gassen alhie, so er vergangen vnd in stehender Ehe vmb weillandt diebolts Sebalts[20], vnnsers Ratz freundt selligen erben, erkhaufft vnd vber die drey hundert gulden hauptgut vnd zwelff gulden geltz, so die Johannser herrn[21] zum Grauen werd[22] alhie, vnd dan anderthalb hun-

c) davor gestr.: wider.

1. einzigen.
2. im Sinne von überantworten, ausliefern. Vgl. *Baufeld*, S. 12.
3. abliefern. *Grimm* 12 (= VI), Sp. 997.
4. Währung. *Grimm* 27 (= XIII), Sp. 1010.
5. Hochzeit. *Götze*, S. 39.
6. Brautgabe. *Baufeld*, S. 247.
7. Dienstag.
8. vergangenen. *Baufeld*, S. 85.
9. Lux (Lukas) Messinger (1491–1555), Ratsherr in Straßburg. *Brady*, Ruling Class, S. 324 f.
10. Johann Meyer, gen. Motzbeck (1501–1553), Straßburger Stadtschreiber 1532–1553. Pol. Cor. II–V (passim); *Ficker/Winckelmann*, Handschriftenproben I, Nr. 18; BCor VIII, S. 398.
11. Peter Dasypodius (um 1490–1559), Pädagoge und Lexikograph. *Hartmann*, Art. Dasypodius, Petrus, in: NDB 3 (1957), S. 520; MBW, Bd. 11 (Personen A–E), S. 338 f.
12. Wendelin Rihel (um 1490–1555), Buchhändler, Drucker und Verleger in Straßburg 1531–1555. *Reske*, Buchdrucker, S. 886 f.
13. Sebastian Kamerer; nicht nachgewiesen.
14. Kürschners.
15. Lukas Golinger; s. oben S. 532, Anm. 5.
16. Hans Golinger; s. oben S. 532, Anm. 1.
17. verabredet, vereinbart.
18. inne haben und sich zu nutze machen. *Grimm* 13 (= VII), Sp. 838.
19. Entschädigung. *Götze*, S. 29.
20. Diebold Sebald (Sebott) (†1534), Zunftmeister und Ratsherr in Straßburg. *Brady*, Ruling Class, S. 347 f.
21. Johanniterherren.
22. Johanniterordenshaus zum Grünen Wörth (auf der Insel). Die Bezeichnung »Graue Wörth« ist sonst nicht belegt.

dert gulden haupt mit sechs gulden geltz, so die gutten leut zur Rottenkirchen[1] alhie zuuor daruff hatten, so vff vngeuerlich dreyhundert funfftzig gulden straßburger sich lauffen[2] thette, zu vnder phandt verlegt sein solt, der gestalt, so er, Hans Golinger, der Widemßniesser[3], vber kurtz oder lang nach dem willen Gottes tods abgieng vnd der widemsfall[4] also sich zutrieg, das dan seine erben, wer die sein werden, fraw Weibrendin seiner schwiger oder der selben erben, die obgerurten[5] drey hundert gulden haupt gut jn barem gelt zu lieueren vnd zugeben schuldig vnd die selbig fraw Weibrendin oder jre erben nit | *73*[v] | verpunden sein, die selben vf angeregtem[6] haus zuuor zinsen zu nemmen, sonder wo sein, hansen, Erben die selben drey hundert gulden jn barem gelt jr oder jren erben alßdan nit endtrichtetten, so solten sein schwiger fraw oder jre erben fug, Recht vnd macht haben, das angezogen hauß alß das vnder phandt oder alle andere sein, hansen, ligende vnd varende gutter, wie die namen haben vnd er nach seinem todlichen abgang verlassen wurde, nichtz vßgenomen, sampt vnd sonders, welchs jnen gelieben[7] wurdt darumben vnd dafür, mit oder on recht anzugreiffen, biß so solcher drey hundert gulden auch des schadens vnd kostens, ob sie dessen enichen[8] leiden wurden, betzalt vnd verniegt[9] weren vnd das ein sollichs kunftig Irthumb zuuor khomen jn bester form verschriben werden solt.

Zum andern vnd die weill er, hans, der gedachten, seiner schwiger fraw, hundert phundt straßburger, Nemblich funff | *74*[r] | gulden geltz vff Adelheiten Herderin[10] zu Basell, [d]weillandt diebolt Herman[11], alten Spitalmeisters zu Basell[d] gelaßnen wittwe, lastig[12] mit hundert gulden Muntz vnder Foelixen Egermans[13], der gedachten[14] fraw Adelheiten vogt, jnsigell[15], an dato zinstag nach Sant Martins tag Anno taussendt funffhundert dreissig vnd syben[16] jn massen jm die selben von genanter lieben hausfrawen selligen worden weren vnd dan funff gulden geltz, hundert gulden jn Muntz haupt gut haltendt, die er, Hans Gölinger, vf den Blawern[17] zu Basell

d)–*d)* am Rand erg. und eingewiesen.

1. Gutleuthaus zur Roten Kirche, bei Schiltigheim. *Winckelmann*, Fürsorgewesen, S. 30–41, 143–149.
2. belaufen.
3. Besitzer der Brautgabe.
4. Fall der Versorgung der Witwe.
5. oben erwähnten. *Grimm* 14 (= VIII), Sp. 1465.
6. bereits erwähntem. Frühneuhochdt. WB 1, S. 1359–1360.
7. belieben. *Götze*, S. 100.
8. wenig.
9. entschädigt. *Götze*, S. 80.
10. Adelheid Herderin; nicht nachgewiesen.
11. Diebold Hermann, ehemals Spitalmeister in Basel; nicht nachgewiesen.
12. eine Last ausmachen. *Grimm* 12 (= VI), Sp. 265.
13. Felix Egermann; nicht nachgewiesen.
14. erwähnten.
15. Siegel.
16. 13. November 1537.
17. Hans Blawer (Blauer); nicht nachgewiesen.

von dem Baren gelt, so jme von wegen seiner lieben hausfrawen sellig mhergemelt[1] worden were, erkhaufft jnhalt des briefs vnder Meister Joseppen Suntgawers[2] vnd Adelbergk Saltzmans[3], Notarien vnd burgers zu Basell, jnsigell, so anfahet: Ich, Hans Blawer[4] vnd Anna Altenbechin[5], sein Eefrawe etc., vnd datum vf sontag nechst nach vnnser frawen tag, der Liechtmeß, als man zalt | *74*[v] | nach der gepurt Christi, vnnsers herren, Taussendt funffhundert viertzig vnd zwey jor[6] etc. gelieuert het vnd nach zu erstattung der endtphangnen vierhunder phund straßburger phennjng obgemelt[7], [e]vber funfftzig[f] pfund, so er auß verordnung seiner lieben hausfrauwen seligen jnn das gmein almusen vnd sonst vmb gottes willen ausgeben[e] schuldig blib zu lieueren.

Neuntzig zwey phundt zehen schilling straßburger jn Barem gelt wird jme aber als einem handtwercksman sollichs also bar zuthen beschwerlich vnd nachteillig. So were jm jn solchen abred auch vf sein pitten vnd begeren freuntlich zugelassen vnd bewilligt worden, Das er sollich Neuntzig zwey phundt zehen schilling Straßburger biß nechstkunfftig Sant Johans des teuffers tag[8] jn vnnser Straßburger Meß[9] lieueren vnd mitler zeit[10] sein schwiger fraw mit zinß brieuen versehen solte der gestalt, so er die Neuntzig zwey phundt zehen schilling jetzgehortermassen jn vnnseren nechstkhunfftigen Straßburger Meß wurde lieueren, das jm die selben sein dafur erlegte zinß vnd | *75*[r] | gult brieff wider haruß gegeben werden sollen, one weigerung oder endtgeltnus.

Wurde er aber solliche lieuerung nit thon, das alßdan sein schwiger fraw die selben brieff vnd zinß so lang darfur behaben, behalten vnd auch nutzen, niessen vnd pruchen[11] mohte, vngehindert sein vnd maniglichs, biß er sie diser Neuntzig zwey phundt zehen schilling endtricht, betzalt vnd verniegt hab.

Vnd als jm nach funfftzig phundt phennjng auch Straßburger werung an geschir[g] vnd haußrath zu seiner lieben hausfrawen sellig offtgemelt[12] eingeantwort worden, Do het er seiner schwiger frawen solch sylber vnd haußrath vff schatzung eins geschwornen keufflers, biß vngeuorlich vff viertzig funff lb.[13] zehen schilling [h]vnd

e)–*e)* am Rand erg. und eingewiesen.
f) davor gestr.: hund.
g) davor gestr.: sylber.

1. schon öfter genannt.
2. Joseph Sundgauer; nicht nachgewiesen.
3. Adelberg Salzmann, ehemals Notar am bischöflichen Hof in Basel.
4. Hans Blawer (Blauer); nicht nachgewiesen.
5. Anna Altenbachin; nicht nachgewiesen.
6. 5. Februar 1542.
7. oben bereits erwähnt. *Baufeld*, S. 168.
8. 24. Juni 1544.
9. Seit 1414 wurde die Messe (Jahrmarkt) in Straßburg am Johannistag (24. Juni) abgehalten.
10. mitler zeit: in der Zwischenzeit. *Grimm* 12 (= VI), Sp. 2391.
11. gebrauchen, nutzen. *Baufeld*, S. 40.
12. bereits oft erwähnt.
13. Pfund.

funff d.[1][h] auch geantwort vnd zugestelt vnd sie jm die vberigen noch vßstendigen vier phund Neun schilling siben d., [i]Deßgleichen die hundert guldin, so er derselbigen, seiner lieben hausfrauwen selig, zu Morgengab[2][i] zugesagt, freuntlich geschenckt vnnd nachgelassen. Also vnd vf das alles den beiden obgemelten vnd also abgeredten puncten | *75*^{v} | der drey hundert gulden braulauff widem haupt gut, vnd der Neuntzig zwey phundt zehen schilling barschafft, die er khunfftig vnnserer Straßburger meß zu lieueren schuldig gnug zuthun vnd die selben beschehener abred nach zuuersichern. So hat Hans Golinger mhergemelt, fur sich vnd sein Erben Erstlich fur die drey hundert gulden Braulauff widem hauptgut zu vnderphandt gelegt vnd thut das hiemit vnd jn krafft diß brieffs, die obangezogen besserung der drey hundert funfftzig gulden vngeuerlich seins erkhaufften hauß jn der prediger gassen vnd das selbig hauß, das dan dafur phandtpar hafft vnd verpunden sein soll. Doch der gestalt, so sich sein todtlicher abgang nach dem willen deß herrn fuegen vnd der widems fall als beschehen wurde, so sollen seine nach gelaßne erben schuldig vnd hiemit dar zu verpunden sein, die[j] vilgedachten dreyhundert gulden hauptgut seiner schwiger frawen ader der selben erben alß bald jn Barem gelt | *76*^{r} | zu lieueren vnd zuerstatten. Were es aber, das sie daran seumig sein vnd nit thun wurden, so solte die vilgenant sein schwiger fraw ader der selben erben alßdan das angezogen vnderphandt, dar zu alle andere seine verlaßne hab vnd gutter, es sig[3] ligendes, farendes, wie das namen haben wurdet, mogen[4] vnd macht haben, sampt vnd sonders, wie jnen gelegen oder gefellig sein wurdet, anzugreiffen, so lang vnd vill, biß sie der drey hunder gulden straßburger haupt gutz, desgleichen deß schadens vnd costens, so jnen daruß erwachssen oder vfgangen were, gentzlich vernuegt vnd betzalt wurden one seiner erben vnd meniglichs jrrung eintrag oder widerred, dan er obbemelt hauß vnd alle andere seine hab vnd gutter jetzgehorter massen deßhalben darfur verlegt vnd zu phandt gegeben haben wolt.

Gleichergstalt vnd so vill die Neuntzig zwey phundt zehen schilling beruerte, hat er seiner schwiger fraw fur die selben erlegt vnd zu jren handen gestelt den | *76*^{v} | zinß brieff vnder vnnseren Stat grossen jnsigell vber sybengulden geltz, so er hat vff vnnserer stat Straßburgk jerliches Sant Peters tag Aduincula[5] gfallendt mit sybentzig ein phundt acht schilling phennjng vnd dreissig Neun gulden jn gold Reinsch[6] welchen brieff anfecht. Wir, petter Elnhart[7], der Meister vnd der Rath zu Straßburgk etc., der geben ist den drey vnd zweintzigsten tag Augusten von der gepurt

h)–*h)* am Rand erg. und eingewiesen.
i)–*i)* am Rand erg. und eingewiesen.
j) korr. aus: der.

1. Denare, Pfennige.
2. Geschenk des Mannes an die Frau am Morgen nach der Hochzeit. *Götze*, S. 161 f.
3. sei.
4. Vermögen. *Grimm* 12 (= VI), Sp. 2448.
5. 1. August.
6. rheinische Goldgulden.
7. Peter Elnhart (Ellenhart) († 1533), Ratsherr und viermal Stettmeister in Straßburg. *Brady*, Ruling Class, S. 310f.

Christi gezalt funff zehenhundert vnd dreissig Jar etc. Das, wo er die selben Neuntzig zwey phundt zehen schilling nechst khomendt Sant Johanns tag[1] Straßburger meß nit erlegen thet, das die selb sein fraw schwiger oder jre erben alßdan die selben dafur jnhaben, behalten, nutzen vnd niessen sollen, so lang vnd vill jnen die Neuntzig zwey phundt zehen schilling straßburger zu jrem willen vnd geniegen endtricht vnd betzalt werden sampt dem costen vnd schaden, so daruff gegangen sein, seiner erben vnd meniglichs vngehindert | 77ʳ | Vnd hat merberurter[2] Hans Golinger haruff fur sich vnd sein erben zugesagt, glabt[3] vnd versprochen dise beide versehungen der drey hundert gulden Braulauff widem haupt gut, So dan der Neuntzig zwey phundt zehen schilling bar gelt vnd die dafur erlegten brieff vnd alles andere, so hieuor geschriben stat, berueren jn massen hieoben allenthalben gemeldet ist. Wer stet vnd vest zu halten da wider nit zu sein zuthon noch schaffen oder gstatten gethon zu werden durch sich selbs oder jemantz andern jn dheinen weg [k]vnd das diser erlegter zinß meinen andern widem lehens oder ander waß verhaff[4], verphandt noch verpundet sy[k], das auch jne vnd sein Erben[l] dafur nit schutzen, schirmen noch furtragen soll, enich schutz, schirm, freyung noch anders der Romischen keisser, konig, fursten, herrn, land noch Stetten, weder geistlich noch weltlich, geschriben noch vngeschriben recht, Statuten, Satzungen, herkhomen, gewanheiten oder preuch noch jchtzig[5] anders, so er oder seine erben wider enichen diser puncten oder sye alle | 77ᵛ | sampt oder sonder vßzugsweiß erdenckhen vnd pruchen khunden, jn sonderheit aber so sig er in disem allem nit betrogen, hindergangen, noch erfert derhalben er oder sein erben dasselbig vnd das Recht, das do setzt gemeiner verzig[6], soll nit gelten, es gee dan ein sonderer vor nit furwenden sollen noch wellen dan er der selben aller woll erjnert vnd sich deren fur sich vnd sein erben verzigen vnd begeben hab, verzeich vnd begeb sich deren gehorter maß hiemit vnd jn krafft diß briefs, der mit vnnserm anhangenden amt jnsigell best gelt vnd geben jst.

k)–*k)* am Rand erg. und eingewiesen.
l) im Wort korr.

1. 24. Juni 1544.
2. schon öfter genannte. *Baufeld*, S. 29.
3. gelobt.
4. mit Schulden verhaftet. *Grimm* 25 (= XII,1), Sp. 504 f.
5. irgendetwas. *Götze*, S. 127.
6. Verzichtleistung. *Grimm* 25 (= XII,1), Sp. 2627–2629.

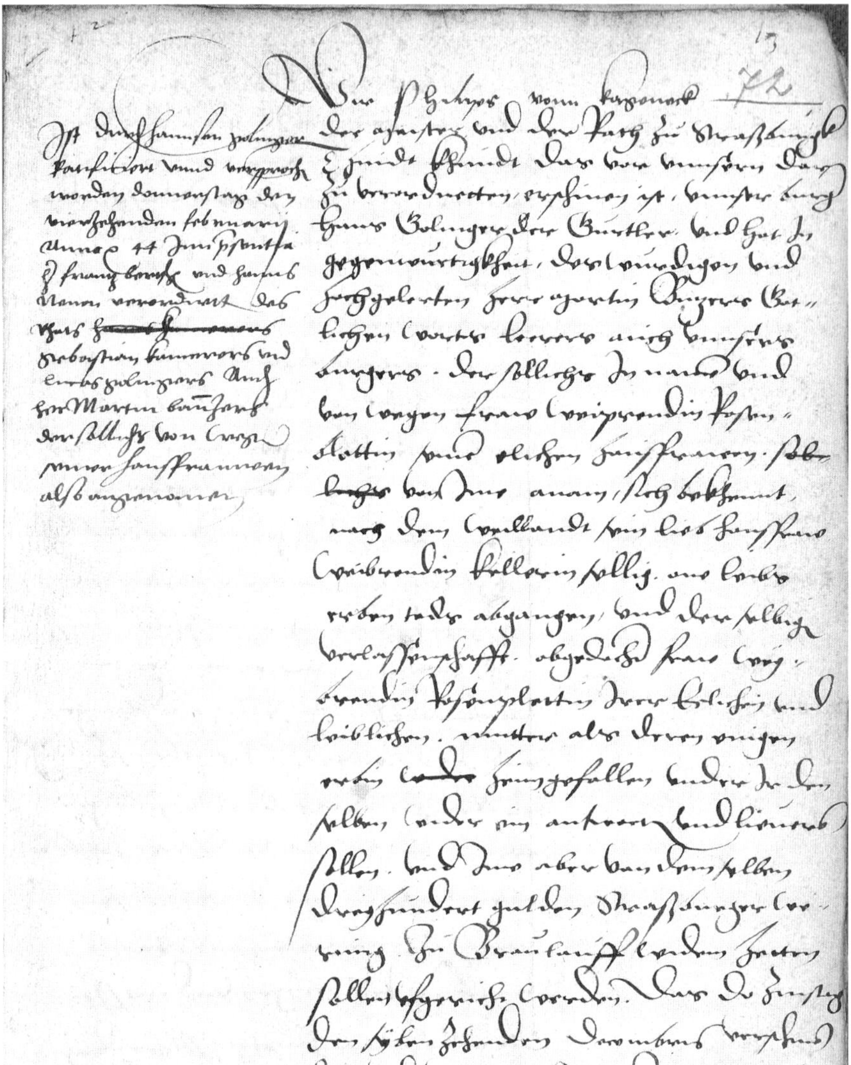

Straßburg StArch, Kontraktstube 48, fol. 72r

Nr. 25.3
Erstes Testament von Bucer von 1541

Überlieferung

Straßburg StArch, AST 39, Nr. 23 (b), S. 746–766 (unbekannte Hand, dazu Korrekturen von Bucer; Marginalien von Konrad Hubert).[1] Edition: *Röhrich*, Martin Butzers Testamente, S. 198–205

Text

| *746* | [a]An hern Cunratt Hubertt[2], helffer zu S. Thomen[3] zu Strasburg.[a]

| *747* | [b]Circiter annum 1541 ab ipso compositum, antequam pestis grassari incepisset.

Primum Testamentum Buceri[b]

1. Vivere mihi Christus, mori lucrum.[4] Deum, patrem nostrum celestem[c] rogo per filium suum Dominum nostrum Jesum, unicum mediatorem et propitiatorem nostrum[d5], si me diutius peregrinari in hoc perverso seculo velit, ut largiatur [e]me per omne id tempus[e], quantulumcumque fuerit, Ecclesiae suae totum[f] vivere[g] Fructumque aliquem ad sanctificandum nomen suum et instaurandum provehendumque regnum suum adferre[h].

Nota: meminit huius scripti in Testamenti sui formula super pagina secunda Anno 1541 conscripta sub Anni finem.

2. Sin me morte a servitute peccati liberare[i] dignetur, oro iterum clementiam eius ut[j], condonatis mihi omnibus peccatis meis propter eundem | *748* |

a)–*a)* Adresse von unbekannter Hand.
b)–*b)* von Konrad Hubert.
c) im Wort korr.
d) danach gestr.: ut.
e)–*e)* von Bucer über der Zeile erg. für gestr.: me id temporis.
f) im Wort korr., danach gestr.: seruiam.
g) von Bucer über der Zeile erg. und eingewiesen; danach gestr.: et utilius in servire.
h) im Wort korr.
i) danach gestr.: liberare.
j) danach über der Zeile erg. und eingewiesen, dann aber wieder gestr.: me.

1. S. 746 gehört zum vorherigen Faszikel, die Beschriftung darauf aber zum Faszikel S. 747–766.
2. Konrad Hubert (1507–1577), 1531–1549 Privatsekretär Bucers und Diakon an St. Thomas in Straßburg. *Baum*, Capito und Butzer; BCor VII, S. 445; *Buckwalter*, Hubert.
3. St. Thomas.
4. Phil 1,21.
5. I Tim 2,5.

filium suum [k]propitiatorem nostrum[k], qui morte sua peccata nostra explevit, me[l], ut [m]certa invocatione[m] nominis sui et firma fiducia filii sui, hinc ad se placide evocet.

Doctrinam suam quo, ad substantiam veram fuisse semper.

3. Quam initio ministerii mei 1522[n] Wissenburgi[1] initi doctrinam usque in hunc diem professus sum et docendo in Ecclesia et scribendo: eam, quod ad substantiam eius attinet, piam, veram atque catholicam Ecclesiae Christi doctrinam esse confirmo, in cuius confessione mori me et venire ad tribunal Christi opto.

Ministerium obeundi se non initio tenuisse veram rationem.

4. Attamen, quia iuvenis[o] imperitus [p]et iuvenilibus cupiditatibus nimium adhuc obnoxius[p] ad hoc sanctiss[imum] atque difficillimum[q] | *749* | ministerium veni, rationem veram[r] id obeundi non recte[s] tenebam et studio[t] [u]non satis[u] ardebam[v].

Nec mysterium communionis sanctorum.

5. Mysterium[w] communionis sanctorum et societatis ecclesiasticae non plane intelligebam[x] et quaerendi[y] oves Christi aberrantes[2] istique Domino et pastori nostro adducendi nec iustam habebam[z] scientiam nec digna[a] hoc minsterio solicitudine tenebar, peccavi [b]itaque in hac mea functione sanctissima non parum[b]; [c]tametsi in ea nihil unquam spectarim aliud, quam ut Christi regnum obtineret.[c]

k)–*k)* von Bucer über der Zeile erg. und eingewiesen.
l) von Bucer über der Zeile erg. und eingewiesen.
m)–*m)* Reihenfolge durch übergeschriebene Zahlen verändert.
n) über der Zeile erg.
o) danach von Konrad Hubert erg.: 30 annorum.
p)–*p)* von Bucer vor den linken Rand geschrieben und eingewiesen.
q) Schrf.: difficillium.
r) danach gestr.: studium et ardens.
s) von Bucer vor den linken Rand geschrieben.
t) im Wort korr.
u)–*u)* von Bucer über der Zeile erg. für gestr. Wort.
v) korr. aus: ardebas; danach gestr.: satis defuit impedito adhuc iuvenilibus cupiditatibus.
w) korr. aus: mysterium, davor gestr.: Cum atque.
x) korr. aus: intelligerem.
y) korr. aus: quaerendique.
z) korr. aus: haberem.
a) korr. aus: dignam.
b)–*b)* von Bucer über und unter der Zeile erg. für gestr.: admodum graviter.
c)–*c)* unterstrichen.

1. Bucer hielt sich vom November 1522 bis zum 13. Mai 1523 als Prediger in Weißenburg auf. *Greschat*, Bucer, S. 55–60 (= 1. Aufl. S. 53–58); *Röhrich*, Martin Butzers Testamente, S. 198, Anm. 1.

2. Dieses Joh 10 und Ez 34 entnommene Bild spielt in Bucers Theologie eine zentrale Rolle; vgl. etwa das Inhaltsverzeichnis von ›Von der waren Seelsorge‹, BDS 7, S. 90.

6. Et[e] primum illud, quod reprehendendo [f]et insectando[f] antichristos, qui Christi | *750* | Ecclesiam[g] loco ministrorum Christi [h]captivam tenent[h] Romanum ac alios pseudoepiscopos[i] [j]non dedi operam[j], [k]qualem oportebat, ut[k] ministerii veri[l] authoritatem interim[m] vindicarem[n] quodque eius superat retinerem[o].

Peccata sua in ministerio ingenue[d] recenset.

7. Deinde quod damnando abusus confessionis, poenitentiae, ieiuniorum, Festorum, Sacramentorum aliarumque ceremoniarum non [p]curavi, quantum Ecclesiae necessarium erat[p] ut ea retinerentur in Ecclesiis quae[q] cum[r] habeant[s] commendationem antiquitatis et [t]nihil, si[t] rite administrentur[u] superstitionis [v]commoda esse poterant instaurandae et conservandae disciplinae. Quae cum amiserimus[v], apud non paucos successit[w] superstitioni | *751* |[x] dissolutio[y] totiusque sacri ministerii contemptus: apud alios moram cognoscendi Euangelii iniecit[z] intempestiva novationis invidia. Itaque Evangelium, quod quantum[a] ad substantiam attinet[b], recte predicabam, per imprudentiam, dum[c] impedimenta eius[d] ab adminiculis [e]non caute satis[e] discrevi[f], apud alios in infrugiferum apud alios invidiosum reddidi.

Damnando abusus non satis quae necessaria Ecclesiis retinuit.

d) erg. und eingewiesen.
e) von Bucer erg.
f)–*f)* vor den linken Rand geschrieben und eingewiesen.
g) danach gestr.: captivam captivam tenent.
h)–*h)* über der Zeile erg. und eingewiesen.
i) danach gestr.: non veri.
j)–*j)* vor den linken Rand geschrieben und eingewiesen.
k)–*k)* über der Zeile erg. und eingewiesen.
l) über der Zeile erg. und eingewiesen.
m) über der Zeile erg. und eingewiesen.
n) danach gestr.: et.
o) danach gestr.: ut par erat studium.
p)–*p)* vor den linken Rand geschrieben und eingewiesen für gestr.: dedi operam qualem oportebat.
q) danach gestr.: et disciplinae Christi esse poterant accomoda sunt.
r) korr. aus: et.
s) korr. aus: habeat.
t)–*t)* über der Zeile erg. und eingewiesen.
u) korr. aus: administrata; danach gestr.: nihil habent.
v)–*v)* vor den linken Rand geschrieben und eingewiesen für gestr.: Eo enim testi est, ut.
w) über der Zeile erg. und eingewiesen.
x) durchgestrichener Text unten links: Venerabili in Domino patri Domino patri Thomae Busmareto Dominicanorum fratrum apud Metas priori et Euangelii Christi ibidem fideli praedicatori symmistae […] in Domino colendo et charissimo.
y) davor gestr.: successit superstitioni.
z) korr. aus: iniecerit.
a) über der Zeile erg. und eingewiesen.
b) über der Zeile erg. und eingewiesen.
c) danach gestr.: non cante satis eius.
d) über der Zeile erg.
e)–*e)* über der Zeile erg. und eingewiesen.
f) danach gestr.: esse.

Inter oves et oves Christi non satis discrevit initio.

8. Tum[g] [h]et illud peccavi[h] quod parum recte discernens inter oves, vocem pastoris sui Christi iam utcumque[i] agnoscentes, et inter eas, quae impeditae[j] vocibus alienorum adhuc aberrabant, [k]intempestivus abieci et neglexi[k], qui[l] nostra non statim[m] perhaberent aut abusus aliquos vitiatae administrationis in Ecclesia adhuc[n] vel defenderent[o] vel sectarentur[p]. Quo errore, qua [q]iudicii praecipitatione[q] | *752* | id evenit, ut plurimos hedos[r], quia nobis [s]per omnia[s] applaudebunt[t], amplexi [u]pro ovibus[u] simus nec pauciores oves [v]quia probare nostra contabantur[v], pro hedis reiecerimus.

Nec hoc Sacramenta esse efficatia et exhibitiva symbola.

Ante Marpurginensem Colloquium[1] et Lutheri Confess. Das die wort etc.[2]

9. Praeterea, dum nec illid penitus cognitum haberem, quod sacramenta sunt[w] gratiae[x] et communionis Chrisit [y]efficacia et[y] exhibitiva symbola, peccavi etiam [z]in explicatione[z] et [a]commendatione Sacramentorum. Exorto enim certamine de sacramentis cum[a] symmystae[b] Patres et fratres mei Lutherus et qui[c] illum in eo certamine sectabantur, sic de sacramentis loquerentur, ut plerisque viderentur gratiam Christi externis symbolis et actionibus affigere, ego id incommodi vitare cupiens in contrarium malum, uti stulti solent, incidi[d] atque in Sacramentis id magis urgere coepi, quod tesserae sint societatis | *753* | Christianae quodque sunt signa exhibitiva gratiae et communionis Christi.

g) vor den linken Rand geschrieben.
h)–*h)* über der Zeile erg. und eingewiesen für gestr.: Prostremo.
i) im Wort korr.
j) über der Zeile erg., dann aber wieder gestr.: adhuc.
k)–*k)* über der Zeile erg. für etwa vier gestr. Wörter (unleserlich).
l) vor den linken Rand geschrieben.
m) über der Zeile erg. für gestr. Wort (unleserlich).
n) über der Zeile erg. für gestr.: adhuc.
o) über der Zeile korr. aus: defendebant.
p) über der Zeile korr. aus: sectabantur.
q)–*q)* über der Zeile erg. und eingewiesen für gestr.: neglicentia.
r) danach Wörter gestr.
s)–*s)* über der Zeile erg. und eingewiesen.
t) danach gestr.: jtem.
u)–*u)* über der Zeile erg. und eingewiesen.
v)–*v)* vor den linken Rand geschrieben und eingewiesen.
w) danach gestr.: efficacia.
x) danach gestr.: sagabat.
y)–*y)* über der Zeile erg. und eingewiesen.
z)–*z)* teilweise vor den linken Rand geschrieben.
a)–*a)* vor den linken Rand geschrieben und eingewiesen für gestr.: ut dum Exorto enim certamine.
b) danach gestr.: et.
c) über der Zeile erg. und eingewiesen.
d) danach Wort gestr.

1. Marburger Religionsgespräch, 1.–4. Oktober 1529.
2. Martin Luther, ›Das diese wort Christi … widder die Schwerm geister‹, Wittenberg: Michael Lotter, 1527 (VD 16 L 4273).

10. Non negabam quidem usu vero Sacramentorum fidem in Christum [e]augeri et corroborari nec aliud[e] declinare [f]cupiebam quam ne[f] viderer externis symbolis vel actionibus hominis[g] [h]virtutem aliquam salvificam[h] tribuere[i], [j]qua sacramenta et illis prodessent[j], qui sine[k] certa in Christum fide eis[l] communicarent. Illud enim solum respiciebam et extare in Ecclesia volebam[m], Christum unum per spiritum suum dare et augere fidem et[n] per fidem in se salutem. Interim[o] autem non satis intelligebam eoque nec[p] docebam, quam efficaciter Dominus ad hoc ipsum[q] verbo et sacramentis suis utatur[r] in iis, qui | *754* | [s]ipsum in his[s] loquentem et agentem[t] vera fide exandiunt et amplectantur.

Quid non negaverit et quid solum respexerit.

11. Ita et[u] in Controversia de Eucharistia [v]mihi accidit[v]: Dum[w] enim[x] non satis perpenderem, quid mali pariant in Ecclesia quaestiones[y] et inexplicabiles[z] ad pietatem [a]non necessariae[a] me quoque[b] [c]huic certamini[c] imprudenter[d] admiscui et quum [e]non nullos ministros Christi[e] defendere studui, alios cum scandalo Ecclesiae [f]acerbius[g] accusavi et[h] in suspicionem iniquam pertraxi[f]; Cumque vitare vellem, ne quis Christum dominum vel[i] ter-

In controversia Caenae, quid non satis perpenderit. NOTA

e)–*e)* über der Zeile erg. und eingewiesen für gestr.: conferre […] cupiebam.
f)–*f)* über der Zeile erg. und eingewiesen für gestr.: ne quam veritatem, danach über der Zeile erg., dann aber wieder gestr.: aliquam.
g) danach über der Zeile unleserliches Wort erg., dann aber wieder gestr.
h)–*h)* vor den linken Rand geschrieben und eingewiesen.
i) danach gestr.: quae illis quoque prodesset.
j)–*j)* über der Zeile erg. und eingewiesen.
k) über der Zeile erg. für gestr.: non.
l) über der Zeile erg. für gestr.: Sacramentis.
m) über der Zeile erg. für gestr.: cupiebam.
n) über der Zeile erg. für gestr. Wort.
o) korr. aus: interim.
p) danach über der Zeile undeutlich gestr.
q) danach gestr.: utatur.
r) über der Zeile erg. und eingewiesen.
s)–*s)* vor den linken Rand geschrieben.
t) danach gestr.: in his Christum respiciunt.
u) über der Zeile erg. und eingewiesen.
v)–*v)* vor den linken Rand geschrieben.
w) korr. aus: dum.
x) über der Zeile erg. und eingewiesen.
y) danach gestr.: quas D. Paulus in infiniter.
z) über der Zeile erg. und eingewiesen für gestr.: non necessariae.
a)–*a)* über der Zeile erg. und eingewiesen.
b) danach gestr.: impr-.
c)–*c)* vor den linken Rand geschrieben.
d) über der Zeile erg. und eingewiesen für gestr.: dentro.
e)–*e)* über der Zeile erg. und eingewiesen für gestr.: alios.
f)–*f)* vor den linken Rand geschrieben und eingewiesen für gestr.: offendi.
g) davor unleserliches Wort gestr.
h) danach gestr.: iniquam.
i) im Wort korr.

Nota: tenuiter alibi exilius scribit.

renis elementis indigne affigeret[j] aut admisceret, vel etiam Sacramentum non credentibus salutarem | *755* | faceret, sic tenuiter et de praesentia Christi in Eucharistia et fructu sacramenti[k] loqui et scribere coepi, ut Luthero et aliis [l]non abs re[l] viderer, nec praesentem in Eucharistia Christum agnoscere nec salutarem.

Quid specialiter hic peccarit.

12. Itaque et circa hoc et circa reliqua[m] sacramenta Christi[n] etiam peccavi.

1. Primum quod exhibitionem gratiae et communionis Christi, [o]quae sacramentis fit, quia non[o] plane[p] intellexi nec satis praedicavi.

2. Deinde quod [q]infaustae et pernitiosae illi contentioni circa haec sacratissima domini[r] mysteria[q] exortae nulla me necessitate admiscens quasdam loquendi [s]de sacramentis[s] formas[t] [u]partim sanas[v], partim tolerabiles repudiavi et oppugnavi[u] easque contra usurpavi, quibus occasionem aliis dedi | *756* | ut arbitrarentur, atque cum offendiculo multorum me[w] criminarentur[x] tenuius de sacramentis sentire quam sentiebam. (nota)

3. Postremo[y], quod oppugnans praeceptores atque symmystas meos cum gravi Ecclesiae scandalo falsam[z] de eis opinionem [a]auxi et confirmavi[a] tamquam sacramentis tribuerent, quod Christi est et Christum indigna ratione pani et vino includerent vel affigerent.

NOTA: Verissimum illud: Delicta quis intelligit?

13. Qua in re schismatis[b] pestilentissimi[c] malum, mea partim imprudentia, partim ambitione, partim praepostero studio per me nimium exacerbavit. Quamquam enim certo proposito nihil specta- | *757* | rem quam ut pura Christi doctrina obtineretur et nemo fidelis servus Christi[d] traduceretur impietatis: tamen si me met ipsum et meam tenuitatem tum teneras adeo et infirmas res Ecclesiae remergentis, pondus denique[e] et maiestatem verbi dei totiusque

j) korr. aus: affigerent.
k) über der Zeile erg. und eingewiesen.
l)–*l)* vor den linken Rand geschrieben.
m) über der Zeile erg. und eingewiesen.
n) über der Zeile erg. für gestr.: reliqua.
o)–*o)* vor den linken Rand geschrieben und eingewiesen für gestr.: nec [...] plane.
p) über der Zeile erg. und eingewiesen.
q)–*q)* über der Zeile erg. für gestr.: contentioni [...].
r) im Wort korr.
s)–*s)* über der Zeile erg. und eingewiesen.
t) danach gestr.: usurpavi easque etc.
u)–*u)* vor den linken Rand geschrieben und eingewiesen.
v) im Wort korr., dann über der Zeile neu geschrieben.
w) über der Zeile erg. und eingewiesen.
x) danach gestr.: me ad huc.
y) darüber geschrieben: Preterea.
z) im Wort korr.
a)–*a)* über der Zeile erg. und eingewiesen.
b) danach unleserliches Wort gestr.
c) vor den linken Rand geschrieben.
d) danach gestr.: indigne.
e) vor den linken Rand geschrieben.

administrationis Euangelicae digne[f] considerassem me in omnibus istis contentionibus [g]multo praestitissem[g] temperatiorem et in tractandis tantis mysteriis religiosorem et in custodiendo vinculo charitatis cautiorem. Multum igitur et graviter peccasse me in his confiteor deo[h], [i]Patri et Christo servatori meo, sponso et capiti Ecclesiae eidemque sponsae et corpori eius[i] Ecclesiae[j] sicut de publice editis | 758 | Scriptis [k]hos errores et haec peccata mea confessus sum[k] veniamque exspecto[l] a patre coelesti Christo Domino totaque eius Eccleesia et cunctis veris[m] ministris eius. [n]Et oro Dominum, ut omnibus, qui ad eundem modum in his rebus impegerunt, donet[o] id etiam agnoscere et deplorare impartionisque huius gratiam a se impetrare.[n]

1. temperatiorem
2. et religiosiorem
3. atque cautiorem

O Deus: quam paucissimos reliquisti imitatores!

14. Novit quidem Dominus seruator cordium et renum[1], quod haec non de industria, sed [p]imperitia et[p] caeco[q] quodam errore atque latente me ambitione peccavi. Peccavi[r] graviter[s] et Ecclesiam dei plurimum[t] incommodavi. Nec enim me ipsum rite[u] excussi nec[v] pravas meas cupiditates[w] cognoscere et extinguere, ut oportebat, laboravi. Unde nec doctrinam coelestem et ductum spiritus sancti, qua necesse erat sedulitate a Domino oravi. Haec itaque peccavi inscitia, errore et non nota [x]mihi satis cupiditate[x].

15. Iam[y] Confiteor me[z] multum in Christum Dominum et Ecclesiam eius[a] peccasse et [b]socordia[c] notarumque partium sacri ministerii neglectu[b]. Cum enim mihi Dominus[d] ab initio sacri ministerii mei satis[e] cognoscere de-

f) über der Zeile erg. für gestr.: suis Religiose.
g)–*g)* über der Zeile erg. und eingewiesen.
h) über der Zeile Wörter erg., dann aber wieder gestr. für gestr.: meo.
i)–*i)* über und vor der Zeile erg. und eingewiesen.
j) danach unleserliches Wort gestr.
k)–*k)* vor den linken Rand geschrieben und eingewiesen für gestr.: feci non quidem de industria aut Scienter sed.
l) im Wort korr.
m) danach gestr.: pars.
n)–*n)* vor den linken Rand geschrieben und eingewiesen.
o) über der Zeile erg. und eingewiesen.
p)–*p)* über der Zeile erg. und eingewiesen.
q) danach Wort gestr.
r) danach über der Zeile erg., dann aber wieder gestr.: unleserliches Wort.
s) vor den linken Rand geschrieben und eingewiesen.
t) über der Zeile erg. für gestr.: graviter.
u) über der Zeile erg. für gestr.: recte.
v) über der Zeile erg. und eingewiesen.
w) danach gestr.: nec.
x)–*x)* vor den linken Rand geschrieben und eingewiesen.
y) vor den linken Rand geschrieben und eingewiesen für gestr.: Postremo.
z) danach gestr.: et nos.
a) danach gestr.: ubique.
b)–*b)* vor den linken Rand geschrieben und eingewiesen.
c) danach gestr.: sacri.
d) über der Zeile erg. für gestr.: unleserliches Wort.
e) über der Zeile erg. und eingewiesen.

1. Jer 11,20, 17,10, 20,12.

Socordiam in S.[1] minsterio a[f] se praestito deplorat Bucerus.

disset, | *759* | oportere sanctos esse ipsius[g] corpus[h] cohaerere inter se[i] ut membra unius corporis vigere inter eos mutuam notitiam[j], curam, doctrinam, admonitionem et correctionem, tum publicam etiam disciplinam atque animadversionem Singulos debere fidem suam ex oboedientia Ecclesiae profiteri, pastores [k]quaerere quicquid periit, reducere, quicquid a caulis Domini aberravit[k], omnium curam universim et singulatim vigilantissime[l] gerere, sacramenta non[m] nisi exploratis praebere, rebelles et cum offendiculo viventes a communione fidelium abarcere. Haec, quanquam beneficio Christo a[n] primordio ministerii mei mediocriter progressu vero plenius cognoverim, tamen proh dolor nunquam eo zelo atque diligentia, [o]qua decebat[o], in id incubui[p], ut gregem mihi creditum satis cognoscerem, singulos aberrantes quererem et Domino adducerem, | *760* | adductos disciplinae Christi[q] adsuefacerem eamque in omnes pro dignitate et Ecclesiae aedificatione exercerem. Qua[r] in re partim propriae, partim alienorum infirmitati cessi nec parum etiam variis carnis [s]et seculi huius[s] cupiditatibus et ineptiis[t] impeditus sum. Cuius negligentiae [u]et remissionis[u] veniam [v]a Patre coelesti[v] per Christum obnixe[w] oro atque opem eius roburque[x] spiritus, [y]si quidem me in hoc detinere[y] ministerio diutius velit, ex toto corde imploro, quo vel adhuc partes huius muneris necessarias omnes rite et fructuose obire valeam.

Private vite delicta confitetur plurima.

16. Postremo multa quoque in Vita mea privata, in adminstratione domus meae deliqui, nimis multum[z] pronus carnis meae cupiditatibus indulsi nimisque remisse crucifigendo | *761* | veteri homini meo insteti, unde etiam in chari-

f) über der Zeile erg.
g) über der Zeile erg. und eingewiesen.
h) danach unleserliches Wort gestr.
i) über der Zeile erg. und eingewiesen.
j) über der Zeile erg. und eingewiesen.
k)–*k)* vor den linken Rand geschrieben und eingewiesen.
l) über der Zeile erg. für gestr. unleserliches Wort.
m) danach unleserliches Wort gestr.
n) über der Zeile erg. für gestr.: ab initio.
o)–*o)* über der Zeile erg. und eingewiesen.
p) über der Zeile erg. und eingewiesen.
q) danach Buchstaben gestr.
r) korr. aus: qua.
s)–*s)* über der Zeile erg. und eingewiesen.
t) über der Zeile erg. für gestr.: negotiis.
u)–*u)* über der Zeile erg. und eingewiesen.
v)–*v)* vor den linken Rand geschrieben und eingewiesen.
w) danach gestr.: -ro.
x) danach gestr.: plur.
y)–*y)* über der Zeile erg. und eingewiesen für gestr.: quo sancita valeam, quod.
z) danach gestr.: ubique.

1. Sancto.

tatis[a] officiis [b]gratis et ingratis praestandis[b] cessantior [c]minusque ardens et constans[c] atque extiti.

Recapitulatio praemissorum in summa.

17. Itaque innumera mea cum ministerii tum vitae privatae vitia et peccata agnosco et deploro gratiamque eorum [d]omnium supplex oro[d] a Deo patre per unicum redemptorem nostrum Jesum Christum et ab[e] hoc ipso summo sacerdote et expiatore nostro, a tota[f] denique[g] eius Ecclesia et huius ministris. Cuius gratiae et veniae fiduciam mihi per solam misericordiae divinae promissionem et unicam satisfactionem Domini nostri Jhesu Christi confirmo, cui me meaque omnia addico et consecro. Oroque, ut me in hac, quam dedit, fide et invocatione ad extremum usque spiritum servare dignetur. | *762* |

Profitetur se in omnibus articulis orthodoxe credere.

18. Sentio enim eius beneficio de omnibus capitibus fidei nostrae, ut credit universa Ecclesia et expressum est in symbolis Apostolorum[h], Niceno, Athanasiano[i] et iis [j]omnibus, quae[j] [k]in aliis[k] primariis[l] [m]de probatis[m] Conciliis aedita sunt.

De vitiata hominis natura eiusdemque per Christum restitutione, De iustificatione, Gratia, Fide et Operibus.

19. De vitiata natura hominis et Restitutione eius, ita ut [n]a primordio ministerii mei[n] semper docui, credo: Sic[o] nimirum. Hanc vitiatem ab origine esse, ut se ex sese ad Dominum convertere non valeat, sed opus habeat omnimoda innovatione et regeneratione [p]Hancque innovationem et[p] [q]regenerationem non nisi gratia Patris[r][q] merito Christi et spiritus Sanctus[s] efficacia confieri[t] confiaris[u] [v]idque [w]in adultis[w] tum demum, cum illis datur[v] credere [x]Euangelio Christi[x] et hinc[y] totam spem salutis [z]in Christo Domino[z] ponere. Ea enim

a) danach gestr.: omnisque sanctimoniae.
b)–*b)* über der Zeile erg. und eingewiesen.
c)–*c)* vor den linken Rand geschrieben und eingewiesen.
d)–*d)* über der Zeile erg. und eingewiesen.
e) über der Zeile erg. und eingewiesen für gestr.: [...] oro et et ab.
f) korr. aus: totam(?).
g) über der Zeile erg. und eingewiesen.
h) danach gestr.: et.
i) über der Zeile erg. und eingewiesen.
j)–*j)* vor den linken Rand geschrieben.
k)–*k)* über der Zeile erg. und eingewiesen für gestr.: aliorum.
l) über der Zeile korr.
m)–*m)* über der Zeile erg. für gestr. unleserliches Wort.
n)–*n)* über der Zeile erg. und eingewiesen.
o) über der Zeile erg. und eingewiesen für gestr.: ut.
p)–*p)* über der Zeile erg. und eingewiesen für gestr.: qui gratia potius et.
q)–*q)* zwischen den Zeilen erg.
r) danach gestr.: sit [...].
s) korr. aus: sanctus.
t) über der Zeile erg. und eingewiesen für zwei gestr. unleserliche Wörter.
u) danach gestr.: confieri. Quandum donec.
v)–*v)* zwischen den Zeilen erg.
w)–*w)* vor den linken Rand geschrieben und eingewiesen.
x)–*x)* unter der Zeile erg. und eingewiesen für zwei gestr. unleserliche Wörter.
y) danach Buchstabe gestr.
z)–*z)* unter der Zeile erg. und eingewiesen für gestr.: nostra.

fides, dum[a] cuncta expetenda in uno Christo habere se agnoscit, sic [b]corda purificat et renovat sic[b] addicit domino, sic mentem Christi[c] haurit[d], ut nihil aliud curae sit praeditis[e] tali fide[f], quam se et sua omnia Christo approbare. Apud infantes haec sacro baptismate adponuntur explicanda, cum gratiam Baptismatis propria fide amplecti coeperint. | 763 |

Apud infantes, quo hec deponantur.

20. Quanquam autem renati omnes vivant in Christo et habeant hunc viventem in se sintque arbores bonae, quae[g] fructus bonorum operum ubertim adferant, quae etiam ita necessaria[h] sunt in sanctis, ut si adultis[i] desint, fides eorum[j] mortua sit et nulla regeneratio adsit, tamen [k]per inherentem[l] membris nostris, dum hic vivimus, legem peccati, reliquias mali originalis fit ut in hac vita[k] eo bonorum operum nunquam[m] proficiamus[n], ut [o]nostra bona opera[o] opponi iudicio dei valeant, et non semper necesse sit [p]diffisos[q] penitus de meritis nostris solo[p] Christi merito[r] spem salutis sustentare. Tametsi et operibus [s]vere bonis, hoc est fide vivendo et fide[s] Christi[t] factis, sua merces[u] reposita [v]sit et fide iure expectetur[v]: sed haec propter eundem Christum, per quem, cum accepti[w] patri [x]ipsi sumus[x] [y]accepta sunt[y] et remunerantur[z] tam liberaliter opera nostra.

lib. arb.[1]

a) danach gestr.: certe.
b)–*b)* zwischen den Zeilen erg.
c) danach gestr.: ins[…]t.
d) im Wort korr.
e) über der Zeile erg. und eingewiesen.
f) danach gestr.: praeditis.
g) über der Zeile korr. aus: vel.
h) Schrf.: nenecessaria.
i) über der Zeile erg. und eingewiesen.
j) vor der Zeile erg. und eingewiesen; davor unleserliches Wort gestr.
k)–*k)* vor den linken Rand geschrieben und eingewiesen, danach Wort gestr.
l) danach Buchstaben gestr.
m) über der Zeile erg.
n) danach gestr.: in hac nec.
o)–*o)* über der Zeile erg. und eingewiesen.
p)–*p)* zwischen den Zeilen erg. und eingewiesen für gestr.: solo.
q) über der Zeile korr.
r) unter der Zeile erg. und eingewiesen; danach unleserliches Wort gestr.
s)–*s)* über der Zeile erg. für einige gestr. unleserliche Wörter.
t) danach gestr.: te a mandato domini.
u) danach gestr.: […] eundem Christum.
v)–*v)* zwischen den Zeilen erg. für gestr.: fide Christi expectanda, danach mehrere unleserliche Wörter gestr.
w) korr. aus: acceptit.
x)–*x)* über der Zeile erg. für gestr.: homo.
y)–*y)* über der Zeile erg. für gestr. unleserliche Wörter.
z) danach unleserliche Wörter gestr.

1. liberum arbitrium.

21. Haec mea fides[a] est de vitiata [b]ab Adamo[b] et per Christum restituta natura hominis de iustificatione, [c]de gratia[c] fide et operibus, quae [d]omnia cum[d] alias | *764* | tum in Enarrationibus meis in Epistolam [e]Pauli ad[e] Ro.[1] plurimis explicavi et spero me adhuc magis explicaturum (siquidem vitam hanc mihi[f] Dominius proroget, atque tantum[g] otii largiatur) in Explicatione Articulorum[h] in Comitiis Ratisponensibus Conciliatis et non conciliatis.[2] In hac fide oro Dominum ut me conservet et mori donet. Est enim ea[i] vere orthodoxa et catholica fides Ecclesiae Christi, in qua deo placuerunt, quicumque ei unquam probati sunt.

Anno 1536 aedite sunt.

Hinc patet, quando ista Bucerus scripserit, Anno salutis 1541.

22. De Sacramentis ita sentio gratia Christi [j]praecipua esse Baptisma, Eucharistiam, Absolutionem et Ordinationem.[j] Baptismate credo[k] ablui peccata omnia[l] [m]nostra regigni nos[m] inseri [n]et indui Christo. Quo[n] sacramento et infantes nostri sanctificandi sunt, propterea quod Dominus se etiam Seminis nostri[o] deum fore promisit. | *765* | Chrismatis, Sputi, salis, Luminum, albae vestis, ignis, [p]symbola ac[p] quicquid vel prisca Ecclesia, vel superioris proximae aetatis ad Baptisma exhibuit, qui[q] explicata[r] horum significatione adhibeant[s] his censeo minime obturbandum, modo illi non[t] exigant eadem ab Ecclesiis aliis, in quibus ea non possint cum aedificatione fidei adhiberi.

De Sacramentis Ecclesie Buceri Confessio

a) danach gestr.: de.
b)–*b)* über der Zeile erg. und eingewiesen für gestr.: hominis.
c)–*c)* über der Zeile erg. und eingewiesen.
d)–*d)* über der Zeile erg. und eingewiesen für gestr.: et.
e)–*e)* vor der Zeile erg.
f) über der Zeile erg. und eingewiesen.
g) danach unleserliches Wort gestr.
h) danach unleserliches Wort gestr.
i) über der Zeile erg. und eingewiesen.
j)–*j)* vor den linken Rand geschrieben und eingewiesen.
k) über der Zeile erg. und eingewiesen.
l) danach gestr.: et nost[...] nos Christo et.
m)–*m)* über der Zeile erg. und eingewiesen.
n)–*n)* über der Zeile erg. und eingewiesen für gestr.: Christo, quo.
o) im Wort korr.
p)–*p)* über der Zeile erg. und eingewiesen für gestr. unleserliches Wort.
q) über der Zeile korr. aus: si.
r) danach unleserliches Wort gestr.
s) korr. aus: adhibeantur.
t) über der Zeile korr. aus: eadem.

1. *Bucer*, ›Metaphrases et enarrationes perpetuae epistolarum D. Pauli Apostoli ...‹, Straßburg: Wendelin Rihel, März 1536 (VD 16 B 8899; Bucer-Bibliographie Nr. 76).
2. im sog. Regensburger Buch, das im Frühjahr 1541 auf dem Reichstag in Regensburg erarbeitet wurde.

Optat ceremoniarum consentientem rationem in Ecclesia.

23. Tamen optarim, ut de his Ecclesiae[u] consentientem rationem, quo ad fieri posset[v] inirent, Et in ea constituenda non minus reverentiae, quae iam veteri in universum Ecclesiae debetur, deferrent[w], quam vel superstitionem proximi superioris temporis[x] fugerent vel offensionem[y] eorum, quibus [z]recepta Patribus omnia displicent et[z] sacra mysteria[a] exhiberi satis[b] humiliter et ruditer [c]non possunt[c], metuerent.

Baptisma iudicat in pleno conventu fidelium fieri debere.

24. Id vero necessarium Ecclesiis iudico, ut Baptisma non nisi in pleno credentis populi coetu et explicato [d]diligenter ad populum omni[d] mysterio eius[e] et dictis communi lingua, ut populus Amen respondeat[f] administraretur. Debent enim haec tanta mysteria salutis nostrae summa | *766* | religione[g] et reverentia et clarissima redemptionis et communicationis Christi praedicatione tractari et celebrari.

Quid exhibeatur in S.[1] Eucharistia Buceri confessio.

25. Sacramento[h] Eucharistiae credo[i] exhiberi Corpus et sanguinem Domini eamque[j] Christi communionem, qua[k] nos in illo [l]magis magisque[l] vivamus et[m] vivat ille in nobis [n]reddens nos[n] certiores[o] de remissione peccatorum et[p] foedere gratiae novo, quod sanguine Christi nobis confirmatum est[q], quo[r] Deus se recepit nobis fore in deum et patrem[s] nosque habiturus[t] filios et heredes[u] ut nos ipsum ut deum et patrem nostrum invocemus et celebremus.

u) danach gestr.: inter se.
v) korr. aus: possent.
w) über der Zeile korr. aus: deferre[...].
x) danach gestr.: fuge.
y) über der Zeile erg. für gestr. unleserliches Wort.
z)–*z)* zwischen den Zeilen erg.
a) danach drei unleserliche Wörter gestr.
b) über der Zeile erg. und eingewiesen.
c)–*c)* über der Zeile erg. und eingewiesen.
d)–*d)* über der Zeile erg. und eingewiesen.
e) im Wort korr.
f) unter der Zeile erg. und eingewiesen für gestr.: diligenter, danach unleserliches Wort gestr.
g) danach gestr.: fieri.
h) davor Buchstabe gestr.
i) über der Zeile erg. und eingewiesen.
j) danach unleserliches Wort gestr.
k) korr. aus: quae.
l)–*l)* vor und über der Zeile erg. und eingewiesen.
m) danach gestr.: ulla.
n)–*n)* vor der Zeile erg.
o) danach drei oder vier unleserliche Wörter gestr.
p) danach Buchstaben gestr.
q) daneben und darunter einige Wörter erg. und wieder gestr.
r) vor den linken Rand geschrieben, dann aber drei unleserliche Wörter wieder gestr.
s) danach gestr.: et.
t) danach unleserliches Wort gestr.
u) danach gestr.: no-.

1. Sancta.

26. Administrationem vero huius Sacramenti, quam Veteres Missas vocarunt, hanc[v]

[w]Sequentia omnia desiderantur
atque utinam alicunde obtingerent,
nimirum Ecclesie utilissima.[w]

v) Hier bricht der Text ab.
w)–*w)* am unteren Seitenrand erg.

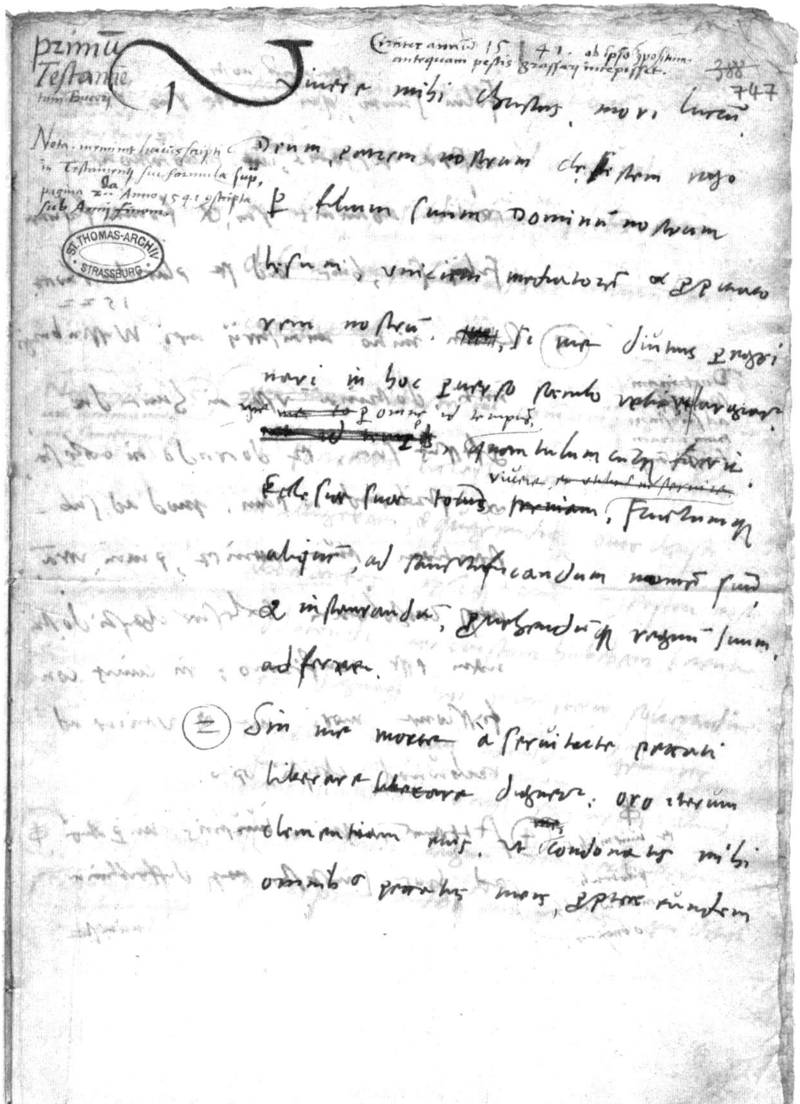

Straßburg StArch, AST 39, Nr. 23 (b), S. 747

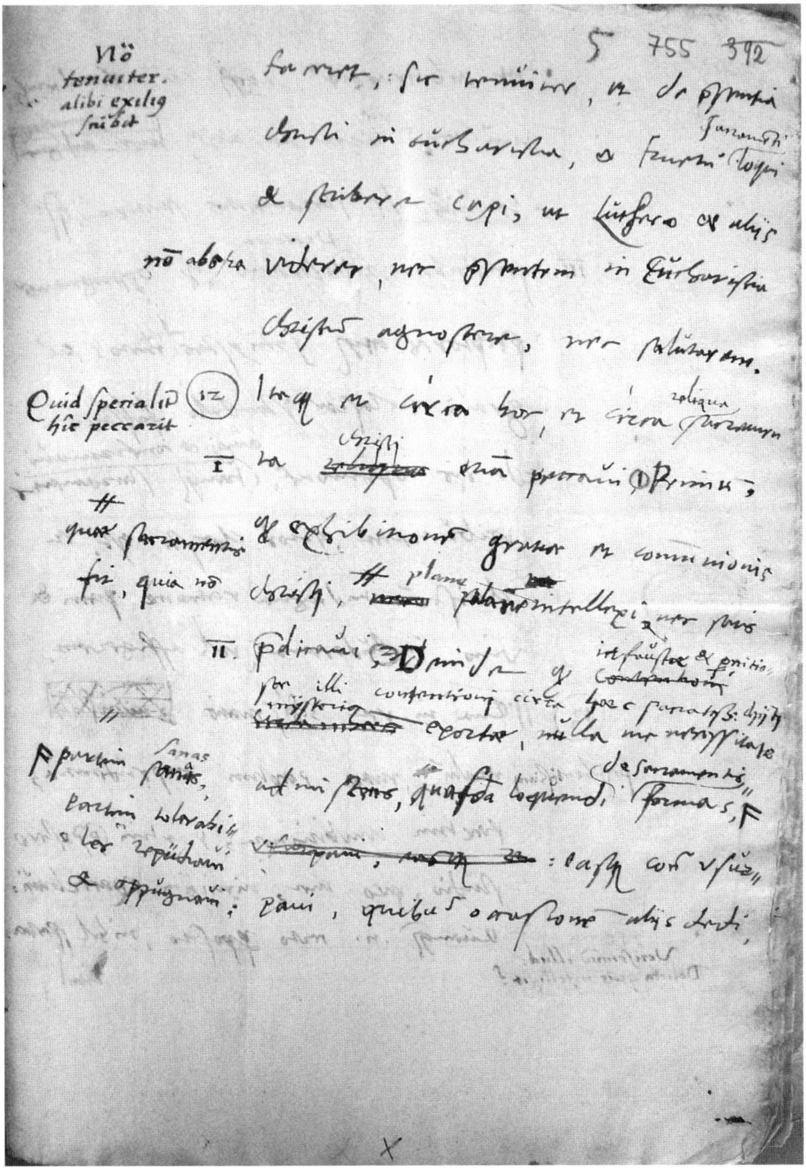

Straßburg StArch, AST 39, Nr. 23 (b), S. 755

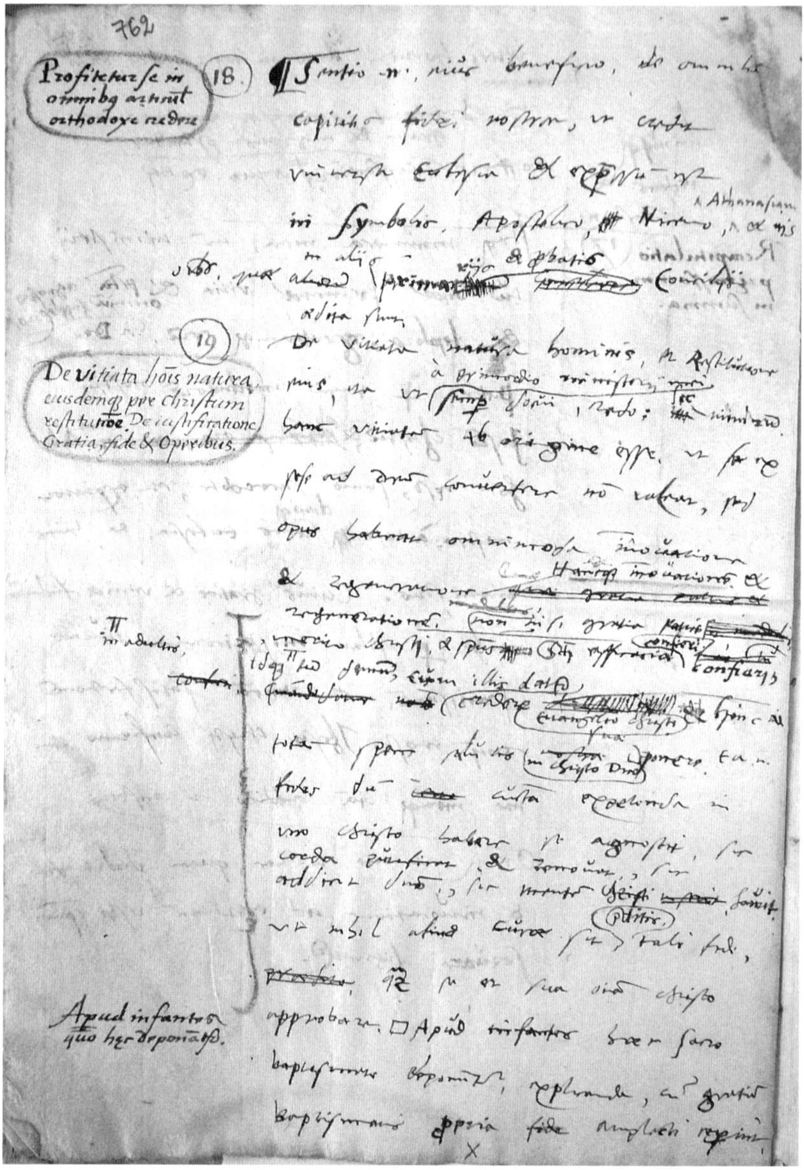

Straßburg StArch, AST 39, Nr. 23 (b), S. 762

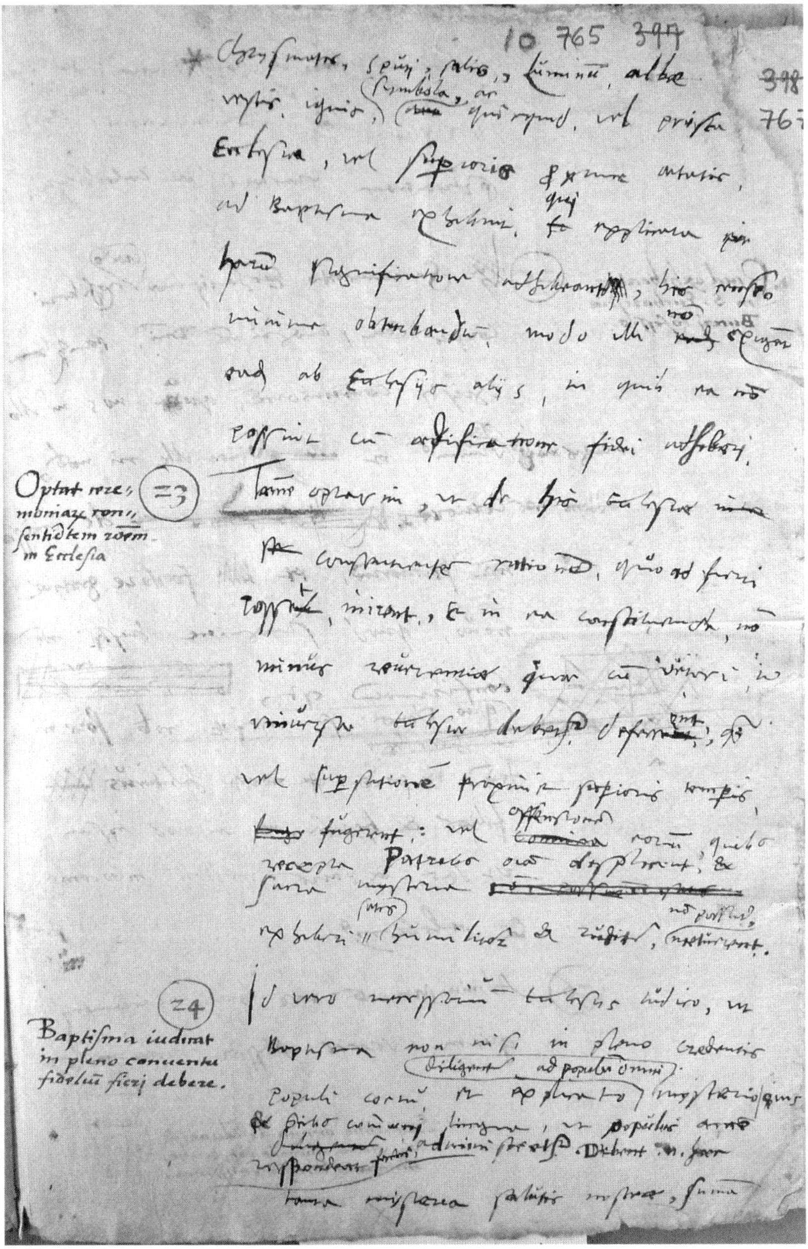

Straßburg StArch, AST 39, Nr. 23, S. 765

Nr. 25.4
Zweites Testament von Bucer

ca. 25. Dezember 1541

Überlieferung

Straßburg StArch, AST 39, Nr. 23 (b), S. 735–744 (Handschrift von Martin Bucer; Marginalien und Ergänzungen von Konrad Hubert). Edition: *Röhrich*, Martin Butzers Testamente, S. 206–215

Text

| *735* | [a]Hoc testamentum fecerat in aedibus meis, consignante id Johanne Motzbeckio[1] archigrammateo huius urbis, post mortem uxoris et liberorum circa Natalem Christi Anno 1541.[a]

[e]1522 Qua fide mori cupiat Bucerus[e]
[g]NOTA Quo ad usum Sacramentorum et disciplinae[g]
[i]C Anno 1536 Ad Roma[i]
[j]A Anno 1534. Epistolam Abri.[j]

[b]Testamentum meum[b]
[c]Posterius[d] Buceri Testamentum[c]

Animam meam commendo Domino nostro Jesu Christo, ea fide, quam[f] ore et scriptis confiteor et ab anno 22 confessus sum. Nam quod ad fidem in Christum et huius fidei fructus eorumque pretium attinet in ea fide mori opto, quam ab initio ministerii mei Wissenburgi 1523[h] initii professus sum. Quod autem pertinet ad usum sacramentorum et disciplinae in ea confessione ad tribunalem Christi venire cupio, quam novissimis meis scriptis exposui: Com-

a)–*a)* am oberen Seitenrand von Konrad Hubert erg.
b)–*b)* von Bucers Hand.
c)–*c)* von Konrad Hubert erg.
d) im Wort korr. (und überklebt).
e)–*e)* von Konrad Hubert.
f) über der Zeile erg. und eingewiesen.
g)–*g)* von Konrad Hubert.
h) von Konrad Hubert über der Zeile erg.
i)–*i)* von Konrad Hubert.
j)–*j)* von Konrad Hubert.

1. Johann Meyer, gen. Motzbeck (1501–1553), Straßburger Stadtschreiber 1532–1553. Pol. Cor. II–V (passim); *Ficker/Winckelmann*, Handschriftenproben I, Nr. 18; BCor VIII, S. 398.

mentariis[k] in[l] Epistolam ad Rom.[1], Libello[m] contra Abrincensem[2n], ultima editione Enarrationum[p] mearum in Euangelistas[3], Opere[r] de cura[s] pastorali[4], quamque explicare coepi in Actis[t] Ratisbonensibus utraque lingua edendis[5] et Explicatione | *736* | articulorum Regenspurgi Conciliatorum et inter conciliatores relictorum[6], quam institui, nondum absolvi. Denique[v] in confessione mea testamentaria, quam etiam nondum perfeci.

[o]B Anno 1536 Euangel.[o] [q]1538 De cura pastorali[q] [u]1541 Actis Ratisbon[ensibus][u] [w]prioris Testamenti mentio[w]

De rebus Ecclesiae[y] rogo et obsecro fratres meos et symmystas, ut cum synceritate doctrinae etiam disciplinam christi ad praeceptum Christi et Apostoli strenue promovere velint cogitantes christum nihil praecepisse nobis, quod non etiam efficere [z]per nos[z] velit, siquidem nos fiducia virtutis eius officio nostro fideliter incumbemus.

[x]Symmystas suos rogat. I ut discipli.[x]

Deinde ut reformationem Collegiorum totiusque Cleri hic, ut mandato dei, ita occasione Canonici Examinis et decreti comitiorum urgeant.[7]

[a]II Ut reform. Colleg.[a]

k) im Wort von Konrad Hubert korr.; von Konrad Hubert darüber: a.
l) von Konrad Hubert darüber: 1536.
m) korr. aus: libello.
n) von Konrad Hubert darüber: 1534, daneben: b.
o)–*o)* von Konrad Hubert.
p) von Konrad Hubert darüber: c; daneben: 1536.
q)–*q)* von Konrad Hubert.
r) von Konrad Hubert korr. aus: opere.
s) von Konrad Hubert darüber: 1538.
t) von Konrad Hubert darüber: 1541 et 42.
u)–*u)* von Konrad Hubert.
v) korr. aus: denique.
w)–*w)* von Konrad Hubert (dazu Umrahmung und Zeigehand).
x)–*x)* von Konrad Hubert.
y) Schrf.: Ecclesia.
z)–*z)* von Konrad Hubert über der Zeile erg. und eingewiesen.
a)–*a)* von Konrad Hubert.

1. *Bucer*, ›In sacra quatuor evangelia enarrationes perpetuae‹, Basel: Johann Herwagen, September 1536 (VD 16 B 8873; Bucer-Bibliographie 77).

2. *Bucer*, ›Defensio adversus axioma catholicum ...‹, Straßburg: Matthias Apiarius, 1534 (VD 16 B 8866; Bucer-Bibliographie 62).

3. *Bucer*, ›Metaphrases et enarrationes perpetuae epistolarum D. Pauli Apostoli ...‹, Straßburg: Wendelin Rihel, März 1536 (VD 16 B 8899; Bucer-Bibliographie 76). Edition in BOL 5.

4. *Bucer*, ›Von der waren Seelsorge ...‹, Straßburg: Wendelin Rihel, [vor 4. April] 1538 (VD 16 B 8941; Bucer-Bibliographie 81). Edition in BDS 7, S. 67–241.

5. *Bucer*, ›Acta Colloquii in comitiis imperii Ratisponae habiti‹, Straßburg: Wendelin Rihel, September 1541 (VD 16 B 8831; Bucer-Bibliographie 112). Edition in BDS 9,2, S. 115–227. *Bucer*, ›Alle Handlungen und Schrifften ...‹, Straßburg: Wendelin Rihel, 1541 (VD 16 B 8836; Bucer-Bibliographie 114). Edition in BDS 9,2, S. 229–428.

6. Damit ist wohl die zweite Ausgabe gemeint: *Bucer*, ›Acta Colloquii in comitiis imperii Ratisponae habiti, hoc est, Articuli de Religione ...‹, Straßburg: Wendelin Rihel, Februar 1542 (VD 16 B 8834 und B 8830; Bucer-Bibliographie 119).

7. Auf Betreiben von Bucer wurde 1539 beschlossen, daß neue Mitglieder der Stifte vor einer fünfköpfigen Prüfungskommission ein Examen ablegen mußten, um so die Aufnahme unwürdiger Mitglieder zu unterbinden. Vgl. BDS 16, S. 363; *Sehling*, EKO XX/1, S. 66 f.; *Röhrich*, Martin Butzers Testamente, S. 207, Anm. 1.

[b]Superintendente opus Ecclesiis[b]

| *737* | Postremo quia non credo tantum ex testimoniis scripturae, sed experior etiam, quod ad conservandum quodcumque hominum corpus et commune ministerium opus esse unum aliquem caeteris cura et dispensatione communium negotiorum praeire et inservire: ideo rogo Symmystas (ut nihil offensi, quod ego a Senatu, quanquam [c]tanto muneri parum aptus[c] primum praepositus[d] sum, ut in rebus Ecclesiasticis superintendens essem) ipsi per se [e]et presbyteros[e] eligere et Senatui confirmandum offere velint ad hoc munus D.[1] Casp. Hedionem[2] Eiusque curae se et solicitudini fideliter accommodare [f]conventibus studiose adesse et decreta ibi bona fide exequi[g][3] perpendentes quam[h] nisi coniunctim et ordine [h]negocium Domini[i] agamus nec agere ex spiritu Domini nec aliquid perficere [i]ad Ecclesiae utilitatem[j] valeamus.

[j]Praelectiones theol. diligenter adeant.[j]

Praelectiones quoque [k]et disputationes[k] theologicas, dum non habemus iam aliud exercitium clericale, qui poterint, ut diligenter adeant, rogo.[4]

[m]De Loco sepulturae[m]

[n]Ista scripsit antequam secundam duceret coniugem Wibrandam[5], ex qua filiam Elizabetam[6] suscepit, quae Basileae in matrimonio felici degit.[n]

| *738* | Haec mea suprema voluntas et petitio in Domino est[l] ad fratres Symmystas.

De corpore meo opto, ut iuxta charissimae uxoris et filiorum corpora condatur, siquidem heic migrare ad Dominum contingat, si alibi satis fuerit in Fidelium coemiterio vel ubi licebit sepeliri.

De rebus et facultatibus domesticis sic dispono:

Filium[o] meum[p] Nathanael[7], quem unum superstitem habeo, heredem

b)–*b)* von Konrad Hubert.
c)–*c)* vor der Zeile erg.
d) von Konrad Hubert darüber: 1541.
e)–*e)* vor den linken Rand geschrieben und eingewiesen.
f)–*f)* vor den linken Rand geschrieben und eingewiesen.
g) danach gestr.: non.
h)–*h)* über der Zeile erg. und eingewiesen.
i)–*i)* über der Zeile erg. und eingewiesen.
j)–*j)* von Konrad Hubert.
k)–*k)* von Konrad Hubert über der Zeile erg. und eingewiesen.
l) von Konrad Hubert erg.
m)–*m)* von Konrad Hubert.
n)–*n)* von Konrad Hubert erg.
o) Schrf.: Filius.
p) Schrf.: meus.

1. Doctorem.
2. Kaspar Hedio (1494–1552), seit 1523 Straßburger Münsterprediger, Kirchenhistoriker. *De Lange/Wilhelmi*, Martin Bucer, S. 34; BCor VIII, S. 389 f.
3. Bucer als Leiter des 1531 geschaffenen Kirchenkonvents, dessen Mitglieder die sämtlichen Pfarrer sowie 21 Laien (je drei aus jeder der sieben Gemeinden) waren. *Röhrich*, Martin Butzers Testamente, S. 208, Anm. 1.
4. Heranbildung tüchtiger Prediger. Dazu ausführlich *Röhrich*, Martin Butzers Testamente, S. 208, Anm. 2.
5. Wibrandis Rosenblatt; s. oben S. 521 f.
6. Elisabeth Bucer; s. oben S. 523.
7. Nathanael Bucer; s. oben S. 522.

meum[q] ex asse constituo eique compendiosa substitutione Heredem ex asse substituo scholam Argentoratensem, ut decedenti[r] filio meo[s] absque herede ex se legitimiter[t] nato, scholae [u]huius nomine[u] succedant scholarchae[v][1] in[w] omnibus a me filio meo relictis. | *739* | Filio meo impuberi tutores rogo et nomino D. D. Casp. Hedionem et Chunradum Hubertum[2] ea conditione, ut, si alterum eorum[y] decedere contingat ante Finitum verbum, ut ipsi meo rogatu et mandato, quod nunc eis do, alios vel alium, ut ipsis videbitur, filio profuturum tutorem [z]vel tutores[z] substituant.

[x]Si Nathanael absque liberis moriatur Schola Argent. succedat.[x]

Hoc eosdem rogo, ut testamentum meum sua fide exequendum recipere velint et ea, quae iniungo filio ac de relictis a me Rebus lego, perficiant et distribuant.

Lego autem scholae centum et communi Eleemosynae[3][a] quinquaginta[4]. [b]Sed hanc pecuniam volo[c] confici ex vendito horto meo et vinea quam Barrae[5] habeo[d][b], tamen a scholarchis[e] ut substitutis heredibus rogo, ut superiorem tutelam filii suscipiant.

Libros omnes Theologicos lego parochiae S. Thomae[6], a pastore et diaconis communiter utendos; scholae reliquos, sed ut D. Rectori Johanni Sturmio[7], qui meis sepe multa donavit, [g]dent ex his libris[g] Artem Graecam et

[f]Librorum legatio[f]

q) über der Zeile erg.
r) über der Zeile erg.; Wort im Text korr., aber nicht gestr.: decenti.
s) über der Zeile erg. und eingewiesen.
t) im Wort korr.
u)–*u)* über der Zeile erg. und eingewiesen.
v) vor der Zeile erg.
w) davor gestr.: ber (?).
x)–*x)* von Konrad Hubert.
y) über der Zeile erg. und eingewiesen.
z)–*z)* über der Zeile erg. und eingewiesen.
a) danach gestr.: q-.
b)–*b)* vor den linken Rand geschrieben und eingewiesen.
c) danach gestr.: redigi.
d) danach Buchstaben gestr.
e) danach über der Zeile unleserliches Wort erg., dann aber wieder gestr.
f)–*f)* von Konrad Hubert.
g)–*g)* über der Zeile erg. und eingewiesen.

1. Schulherren; ein dreiköpfiges, vom Rat eingesetztes Gremium. *Röhrich*, Martin Butzers Testamente, S. 209, Anm. 1.
2. Konrad Hubert (1507–1577), 1531–1549 Privatsekretär Bucers und Diakon an St. Thomas in Straßburg. *Baum*, Capito und Butzer; BCor VII, S. 445; *Buckwalter*, Hubert; *Röhrich*, Martin Butzers Testamente, S. 209, Anm. 2.
3. Straßburger Almosenkasten.
4. sc. Gulden.
5. Barr, Stadt und Herrschaft nördlich von Schlettstadt. *Clauss*, Historisch-topographisches Wörterbuch des Elsass, S. 69–78.
6. St. Thomas in Straßburg. Bucer war hier 1531–1540 Pfarrer.
7. Johannes Sturm (1507–1589), Humanist und Pädagoge, Rektor des Straßburger Gymnasiums 1538–1582. *Schmidt*, La vie et les travaux de Jean Sturm; *Arnold*, Johannes Sturm.

[j]Capitoni legata[j]

quotquot non habet commentarios graecos[h] in Aristotelem. | *740* | [i]Nosdocheo[1] laborantem morbo Gallico, plaustrum vini veteris Berckbietendem[2] et saccos frumentorum X.[i] D. Capito[3], pater et praeceptor meus, sanctae memoriae plurima et magna beneficia in me contulit, pecuniam aliquando suppeditavit, aliquot annos domum suam gratis, quod ad ipsum attinebat inhabitare fecit, partem stipendii etiam ad tempus cessit, uxorem meam[k] et liberos[l] sepe munifice donavit pecunia et vestibus. Propterea, ut aliquam grati animi significationem relinquam, lego viduae eius poculum argenteum, quod formam canthari[m] habet, et nummum aureum magnum Ferdinandicum[4] [n]valentem quinque ducatis Hungaricis[n], [o]sex ducatos, simplicem togam[o] uxoris, meliorem pellibus subductam, [p]et meliorem tunicam[p] et liberis eius quicquid vestium vel ornamentorum filiae meae reliquerint.

[q]Cunr. Huberto et coniugi eius[q]

D. Chunradus[5][r], symmysta meus, et Margareta[6] uxor eius, ante et post | *741* | mortem uxoris meae plurima in me officia praestiterunt gravissimeque defatigavi laboribus Ecclesiae et privatis Chunradum toto[s] eo tempore, quo [t]Ecclesiae nostrae[t] diaconus fuit hac de causa lego et dari ei volo duo[u] pocula argentea ex quatuor altioribus [v]et ipsi togam meam[w] subductam nigris pellibus[v] et uxori alteram togam uxoris[x] subductam pellibus et tunicam secundi precii cum pallico.

h) korr. aus: Graecos.
i)–*i)* am oberen Seitenrand erg.
j)–*j)* von Konrad Hubert.
k) danach gestr.: charae memoriae.
l) im Wort korr.
m) im Wort korr.
n)–*n)* über der Zeile erg. und eingewiesen für gestr.: togam [...].
o)–*o)* zwischen den Zeilen erg.
p)–*p)* vor der Zeile erg.
q)–*q)* von Konrad Hubert.
r) danach gestr.: ex v.
s) danach gestr.: ho.
t)–*t)* über der Zeile erg. und eingewiesen für gestr.: mihi.
u) danach Buchstaben gestr.
v)–*v)* vor den linken Rand geschrieben und eingewiesen.
w) danach gestr.: pellie[...].
x) über der Zeile erg. und eingewiesen.

1. Haus für Blatternkranke (insbesondere Syphiliskranke). Es entstand um 1500 und befand sich an der Gestütgasse (heute Rue des Greniers). *Röhrich*, Martin Butzers Testamente, S. 211, Anm. 1.
2. Bergbieten, Dorf nördlich von Mützig und Molsheim. *Clauss*, Historisch-topographisches Wörterbuch des Elsass, S. 103 f.
3. Wolfgang Capito; s. oben S. 522.
4. Goldgulden des deutschen Königs und Königs von Ungarn mit einem Wert von fünf ungarischen Dukaten.
5. Konrad Hubert; s. oben S. 528, Anm. 2.
6. Margaretha Hubert (nach 1500–1565), 1532–1565 Konrad Huberts Ehefrau. Sie kümmerte sich nach dem Tod Elisabeth Bucers am 16. November 1541 um deren Kinder. BCor IX, S. 322.

[y]Nummi signati imaginibus[y]

Nummi[z] ni fallor signati[a] imaginibus S.[1] Scripturae octo supersunt inter eos maximum, [b]qui imperitum virum et[c] crucifixum habet[b], volo dari Catharinae Zelliae[2] memoriae bonae caussa. Ex reliquis eligant sibi quisque unum D. Hedio[3], Zellius[d4], compater meus, primus scriba et D. Sebaldus[5].

[e]Adriano Blaunero[e]

Adriano[6] meo, qui mihi[f] fideliter in meis calamitatibus adfuit, dari cupio tunicam meam ex tela, quam Barset[7] vocant meliorem et ex libris meis quantum[g] IIII flor.[8h] aestimari queat. | *742* | Superest ex ea tela aliquid, unde peto dari D.[i] Chelio[9] cui plurima debeo pro thorace Et si quid haberem medicorum librorum, quos ipse non haberet.

M. Theobaldo[10] veteri amico [j]nobilem roseum[j][11] et legetur, quem scribendo plurimum fatigavi[k] duplum ducatum memoriae meae causa.

y)–*y)* von Konrad Hubert.
z) davor gestr.: Nu[...]; danach Buchstabe gestr.
a) korr. aus: signatis.
b)–*b)* vor den linken Rand geschrieben und eingewiesen.
c) danach gestr.: chr.
d) über der Zeile erg. und eingewiesen.
e)–*e)* von Konrad Hubert.
f) über der Zeile erg. und eingewiesen.
g) danach Wort gestr.
h) danach drei Buchstaben gestr.
i) über der Zeile erg. und eingewiesen.
j)–*j)* über der Zeile erg. und eingewiesen.
k) im Wort korr.

1. Sacrae.
2. Katharina Zell (1497/48–1562), 1523–1548 Matthäus Zells Ehefrau. BCor IX, S. 349.
3. Kaspar Hedio; s. oben S. 558, Anm. 2.
4. Matthäus Zell (1477–1548), Prediger, Mitarbeiter Bucers und treibende Kraft bei der Einführung der Reformation in Straßburg. LThK³ 10, Sp. 1416; *de Lange/Wilhelmi*, Martin Bucer, S. 32; BCor IX, S. 349; *Röhrich*, Martin Butzers Testamente, S. 212, Anm. 1.
5. Sebald Hauenreuter (1508–1589), seit November 1540 Professor der Medizin und Stadtarzt in Straßburg. *Franck*, Art. Hauenreuter, Sebald, in: ADB 11 (1880), S. 44; *Röhrich*, Martin Butzers Testamente, S. 212, Anm. 2.
6. Adrian Blauner (1525–1586), Professor für Hebräisch und Theologie in Lausanne, Pfarrer im Bernbiet. Er war 1542 (und offensichtlich schon 1541) Alumnus in Straßburg. *Pollet* IV, S. 88, Anm. 5.
7. Barse/Barsche: prunkvolles Kleidungsstück. Frühneuhochdt. WB 3, S. 25.
8. florenis (Gulden).
9. Ulrich Geiger, oft auch Ulrich Chelius (um 1550–1558), Dr. med., Diplomat, 1534 im Dienste von Guillaume und Jean du Bellay und als französischer Gesandter bei Philipp Melanchthon in Wittenberg, von 1536 an als Arzt und Diplomat in Straßburg. *Ficker/Winckelmann*, Handschriftenproben I, Nr. 25. MBW, Bd. 12 (Personen F–K), S. 124f.; *Röhrich*, Martin Butzers Testamente, S. 213, Anm. 2.
10. Diebold Schwarz (Theobaldus Nigri) (1484/85–1561), Pfarrer an Alt-St. Peter in Straßburg 1524–1550. *Koch*, Art. Theobaldus Nigri; *Bopp*, Die evangelischen Geistlichen, Nr. 4806.
11. Rosatus nobilis, Rosenobel, englische Goldmünze.

[l]Tutela filii Nathanaelis[l]

Tutelam filii, quia imbecilla ratione est, nolo finiri ante [m]quam excesserit[m] annos XXIIII, imo si scholarchae viderint[n] ex re filii esse eam durare diutius non debet antea tutela demitti, quam ut crediderint[o] Scholarchae[p] filio utile esse.

D. Chunradum[1] oro propter Christum et meum ministerium Ecclesiae huic praestitum, ut filium apud se in annum pro viginti duobus aut quatuor florenis habere velit et, ut suum per omnia educare; erudiendus[q] ut saltem[r] germanice legere et scribere possit arcere. Cumque ipsi et D. Hedioni | *743* | tutoribus videbitur ad artem manuariam deputetur. Et volo, ut Chunrado non minus XXII florenis Argent. in anno pro filio detur.

Etiam quum adoleverit filius, nolo uxorem accipiat aliam[s], quam Tutores ei acceperint[t]. Quod si secus[u] fecerit, scholarchae et tutores [v]matrimonium, quod ille sine corum consensu[v] inierit, rescindant. Quod si negaret facere commode, tunc quadringentos florenos ei de haereditate retineant, dum liberos habuerit aut dum[w] ea ipsi incidat necessitas, ut putent restituendos.

Si autem mori contigerit filium meum sive impuberem sive priusquam tutela a me definita exierit aut etiam sine liberis, heres omnium relictorum schola esto, sed ea lege, ut Eleemosynae adhuc L. flor.[2] persolvat.

| *744* | [x]Quando[y] filius meus obierit[z] sine[a] legitimis heredibus[b] natis, schola consobrino meo, Cuius nomen novit soror D. Matthei Zellii[c][3], det, si supersit, XX flor., et affinibus Mosbachi[4] poculum, quod a capite meum habet, et alterum, quod operculum[d] habet, quod utrumque a parentibus uxoris obvenerat.[x]

l)–*l)* von Konrad Hubert.
m)–*m)* über der Zeile erg. und eingewiesen.
n) danach unleserliches Wort gestr.
o) danach gestr.: ipse.
p) danach gestr.: ut.
q) danach gestr.: prope.
r) im Wort korr.
s) über der Zeile erg. und eingewiesen.
t) über der Zeile erg. und eingewiesen für gestr.: quo fuerint.
u) über der Zeile erg. und eingewiesen.
v)–*v)* über der Zeile erg. für gestr.: trecenos quadringentos.
w) über der Zeile erg. und eingewiesen; davor gestr.: sil.
x)–*x)* vor den linken Rand geschrieben und eingewiesen.
y) davor gestr.: Qua.
z) danach gestr.: sine.
a) danach gestr.: heredibus ex se.
b) über der Zeile erg. und eingewiesen.
c) danach gestr.: dedit si.
d) über der Zeile korr.

1. Konrad Hubert; s. oben S. 528, Anm. 2.
2. 50 Gulden.
3. Der Name der Schwester Matthäus Zells ist nicht bekannt.
4. Verwandte von Elisabeth Bucer (geb. Silbereisen) in deren Heimatort Mosbach. *Ebert*, Elisabeth Silbereisen, S. 148.

Nihil scio, quod[e] pecuniam[f] cuique[g] deberem praeterquam D. Lucae Mösinger[h1] Pharmacopolae[2] et Wend. Rihelio[3].

Exigat[i] [j]eos Chunradus[j] et satisfaciat de debitis. Detque hospitali pro aviata X et oret eam postea ali a Nosodochaeo[4]. Sed pelliciam alteram uxoris et si quid aliud velit de vestibus eius, id det ei, atque suos quinque florenos, cui adhuc addantur[k].

Sed fide iussi pro Petro Tesch[5] apud D. Iacobum Sturmium[6] pro XXV et apud Jo. Sturmium[7] pro totidem ille autem solvendum est, quod numerandum erit vix satisfaciant ad Johannis Baptistae[8].

Fide iussi etiam pro seminario[9] apud D. Jacobum Sturmium et D. Wolffum[10], sed fide D. Chunradi Zwick[11], qui satisfaciet.

Nathanaeli debet gener M. Sebastiani Tonsoris[12] apud D. Jun. Petrum[13] 6 flor. nostrates, quos intra mensem solvere debet, is filius est M. Beresdomei[14], Pastoris Biberacensis[15]. Dominus Chunradus ista exigat. Dominus Wolfg. Batzer[16] debet illi 24 flor.

e) danach gestr.: cuique.
f) Schrf.: pecuniae.
g) über der Zeile erg. und eingewiesen.
h) danach unleserliches Wort gestr.; danach versehentlich nicht gestr.: et.
i) Wohl Schrf.: exigat.
j)–*j)* über der Zeile erg. und eingewiesen.
k) danach gestr.: 5.

1. Lukas (Lux) Messinger (1491–1555), Mitglied des Straßburger Großen Rates. *Brady*, Ruling Class, S. 329 f.
2. Apotheker.
3. Wendelin Rihel (um 1490–1555), Buchhändler, Drucker und Verleger in Straßburg 1531–1555. *Reske*, Buchdrucker, S. 886 f.
4. Haus für Blatternkranke; s. oben S. 560, Anm. 1.
5. Peter Tesch (Tasch), zunächst Täuferprediger im Jülicher Land, seit 1536, spätestens 1539 in Straßburg. Er wurde Ende 1538 von Bucer auf dem Marburger Kolloquium bekehrt und schloß sich im Mai 1539 der auf der Confessio Tetrapolitana fußenden Straßburger Theologie an. QGT 15 (Elsaß III), S. 162, Anm. 3 und passim; BDS 14 (passim); *Röhrich*, Martin Butzers Testamente, S. 214, Anm. 2.
6. Jakob Sturm (von Sturmeck) (1489–1553), Straßburger Patrizier, Stettmeister 1527–1553. *Winckelmann*, Art. Sturm, Jakob, in: ADB 37 (1894), S. 5–20; *Brady*, Ruling Class, S. 351; *Lienhard*, Sturm.
7. Johannes Sturm; s. oben S. 559, Anm. 7.
8. an Johannis (24. Juni).
9. Internat für auswärtige und unbemittelte Theologiestudenten im ehemaligen Straßburger Wilhelmerkloster, das spätere Collegium Wilhelmitanum. *Röhrich*, Martin Butzers Testamente, S. 220 f.
10. Nicht identifiziert.
11. Konrad Zwick (um 1500–1557), Konstanzer Kaufmann und Ratsherr. BCor IX, S. 351.
12. Sebastian Tonsor (Scherer?); nicht identifiziert.
13. vielleicht Jung-St.-Peter in Straßburg?
14. Nicht identifiziert.
15. Biberach an der Riß.
16. Nicht identifiziert.

Haec mea voluntas et dispositio est de rebus et facultatibus domesticis, quam tamen mihi liberam esse volo, ut his adiiciam et demam, quod videbitur[l].

l)–*l)* am unteren Seitenrand erg.

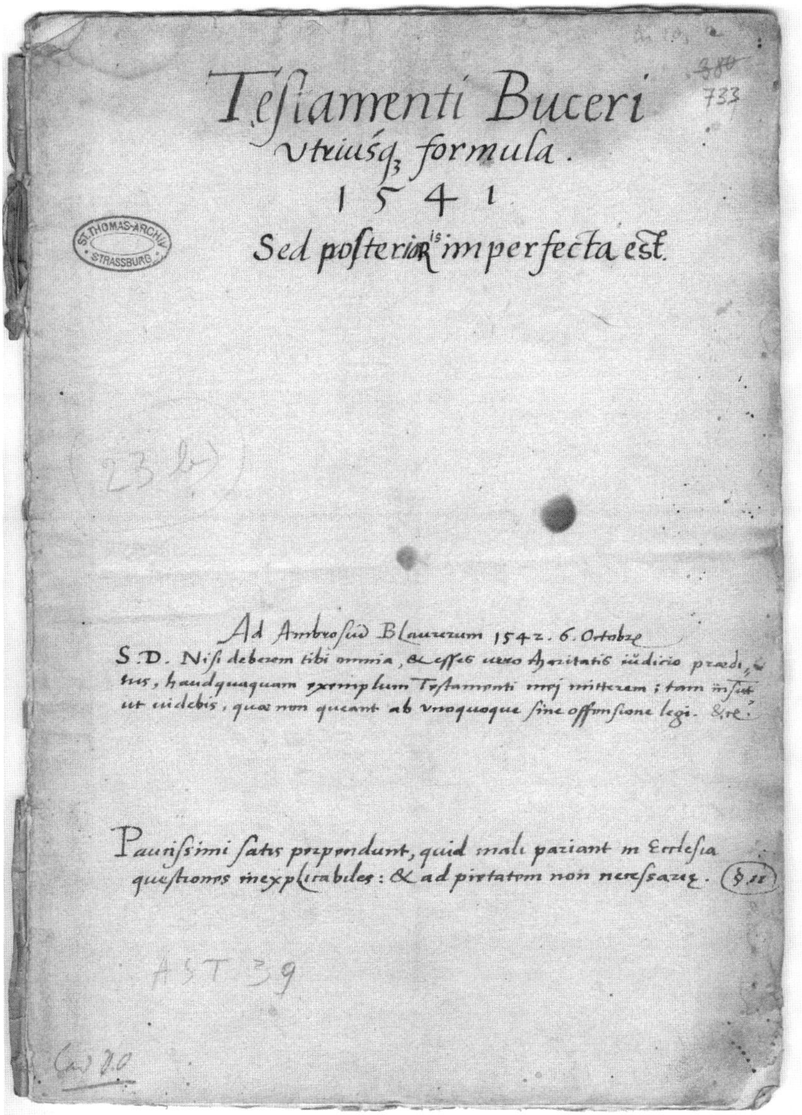

Straßburg StArch, AST 39, Nr. 23 (b), S. 733
Erstes Blatt des ganzen Konvoluts, beschriftet von Konrad Hubert

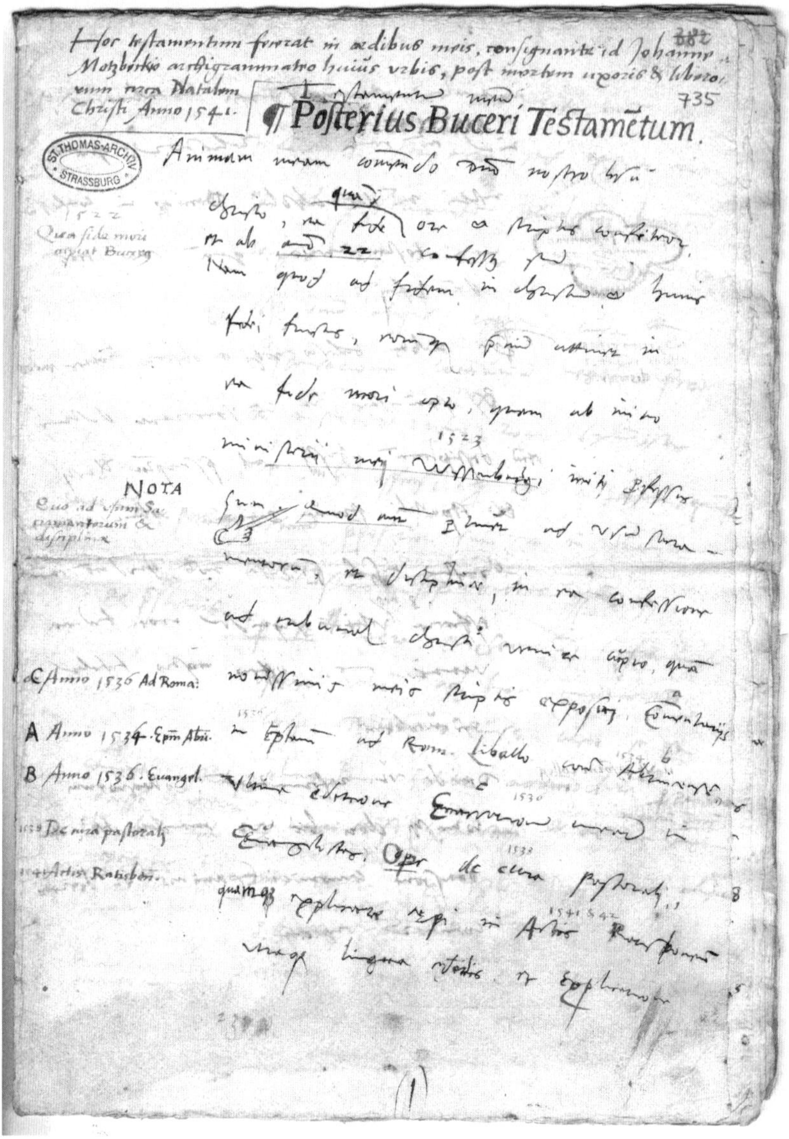
Hoc testamentum feruat in aedibus meis, consignante id Johanni Meizbirkio archigrammatro huius urbis, post mortem uxoris & liberorum circa Natalem Christi Anno 1541.

Posterius Buceri Testametum.

Animam meam commendo Deo nostro ...

NOTA

Anno 1536 Ad Roma:

A Anno 1534. Epm Abr.

B Anno 1536. Euangel.

De cura pastorali

Actis Ratisbon.

735

Straßburg StArch, AST 39, Nr. 23 (b), S. 735

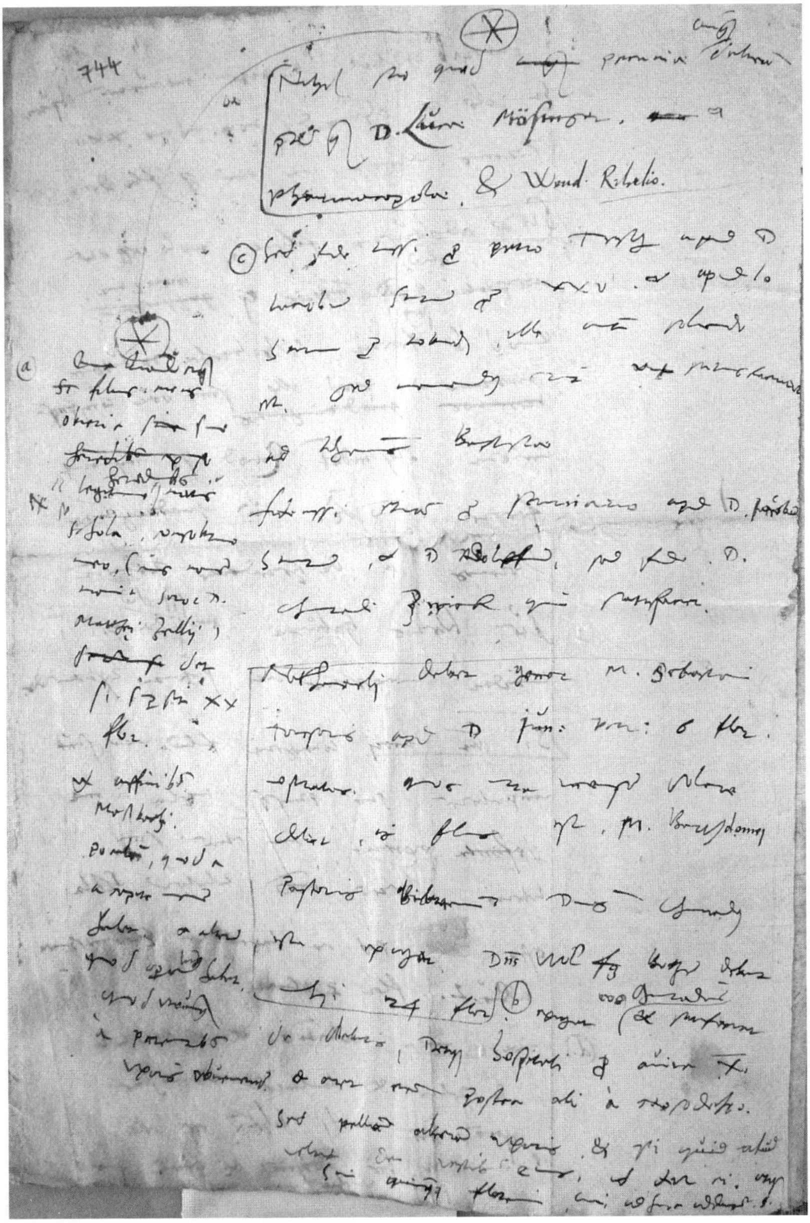

Straßburg StArch, AST 39, Nr. 23 (b), S. 744

Nr. 25.5
Drittes Testament von Bucer vom 23. Januar 1548
Kurzfassung

deutsch

Überlieferung

Straßburg StArch, AST 39, Nr. 23 (b), S. 787–788 (Handschrift von Konrad Hubert)

Text

| *787* | Anno 1548, den 23. Januarij, hat D.[1] Martin Bucer seligen sein Testament verordnet vngefehrlich[2] mit volgenden puncten, Summarisch:

1. Erstlich, das sein ehegemahel vnd jrer beidertheil kinderr wöllen inn der lehre vnd glauben fürtfaren, biß in jr ende, wie sie dann von D. Oecolampadio[3], Capitone[4] vnd jhm gehört.

2. Jtem sein Ehegemahel soll das kind Elisabethen[5] bey jr behalten, vfferziehen, inn die ehe helffen[6] bestatten, Vnd soll jhr darumb von der kinder vogt zu steur kommen werdenn.

3. Jtem den braulauff widdumb[7] bessert[8] er vmb C gulden von dem zweyten theil der beden kinder.

4. Jtem sollen seine beide kinder zum zweyten theil vnd sein ehelich hausfraw zum drittentheil seine erben sein. Nach laut der Heyrahtsverschreibung, inn welcher begriffen ist, was von dem, so von der frawen herkommet, theilpar seie ader nit.

5. Jtem sollen der frawen vorab zugetheilet werden die zinse zu Basel, die sie jme zupracht hatt.

6. Jtem wa sein narung vngefehrlich bei CCC gulden bleibet, wie sie dann gewesen, da sie in die Ehe zusamen kommen, so verschaffet er 2 gulden, nem-

1. Dominus.
2. ungefähr.
3. Johannes Oekolampad; s. oben S. 522.
4. Wolfgang Capito; s. oben S. 522.
5. Elisabeth Bucer; s. oben S. 523
6. zur Ehe geben.
7. braulauff widdumb: Was im Brautlaufbrief (Ehevertrag) als Widdum (der überlebenden Gattin ausgesetztes Gut) vorherbestimmt wird. *Götze*, S. 39 und 230; Frühneuhochdt. WB 4, Sp. 1003–1005; *Röhrich*, Martin Butzers Testamente, S. 220.
8. erhöht, erstattet. Frühneuhochdt. WB 3, Sp. 1908.

lich XX den gemeinen armen, X in Spital[1], X zun Wilhelmern[2] vnd zehen ins blaterhaus[3].

7. Jtem nach dem er dem Son Nathanaël[4] nach der můter absterben mehr geben dann jm gepurte vnd lang in seinem kesten[5] vnd kleidung gehalten, Soll der selbe Sůn, so es zu theilen kompt, so lang still stohn, biß dem dochterlin als vil auch voraus wirdt, als fil er dem Sone über seinen gepürenden theil geben hat, Dieweil[6] dis kind vnerzogen vnd diser sein brot selbs verdienen kann.

Utinam!

8. Doch hatt er die muter erbetten vnd sie bewilliget, so das | *788* | döchterlin vor jr mit tod abgieng, das von des döchterlins nachblibenem gut dem Nathanaël widerumb so fil zufallen soll, als fil dem töchterlin über den ordenlichen halben zweytheil von des Nathanaels halben zweytheil zukommen ist.

9. Jtem bittet der testiererr den Son Nathanaël vnd legt jm dises vff, das er mit raht seines vogts wölle verschaffen, wa er solt one leibs erben, nach abgang der dochter Elizabethen, abgohn, das er seiner verlassenschafft zu erben setzen wolte die Wilhelmerknaben[a] zum zweitentheil, Vnd seine nehiste vettern vnd basen von seiner můter her zum drittentheil, Jn ansehung, das die selben vorhin von seiner můter vatter vnd müterlichen erb so ein grosses inbehalten haben vnd jr nit den vierdentheil dauon gegeben, Auch in bedencken, das der mehrertheil narung durch jn testierer[7] vnd seiner hausfrawen mühe vnd arbeit herkommen ist.

10. Jtem bittet die fraw, wa die dochter Elizabeth vor jr abgienge, das sie den funfften theil von des kinds uberplibner narung auch den wilhelmerknaben verschaffen wölle.

11. Jtem hern Conradt Huberthen[8], den er erbetten, das er seinerr dochter vogt wölle sein, wie er auch des Nathanaëls vogt ist, setzet er von seinen bücheren, welche er nemen will, vff die Summa xij gulden strasburger wehrung.

a) W korr. aus w.

1. Großes Hospital (heute Hôpital civil). *Winckelmann*, Fürsorgewesen, S. 5–27, 122–141.
2. Internat für auswärtige und unbemittelte Theologiestudenten im ehemaligen Straßburger Wilhelmerkloster, das spätere Collegium Wilhelmitanum. *Röhrich*, Martin Butzers Testamente, S. 220f.
3. Haus für Blatternkranke (insbesondere Syphiliskranke). Es entstand um 1500 und befand sich an der Gestütgasse (heute Rue des Greniers). *Winckelmann*, Fürsorgewesen, S. 49–56, 158–165.
4. Nathanael Bucer; s. oben S. 522.
5. Lebensunterhalt.
6. solange.
7. (als) einem, der das Testament macht.
8. Konrad Hubert (1507–1577), 1531–1549 Privatsekretär Bucers und Diakon an St. Thomas in Straßburg. *Baum*, Capito und Butzer; BCor VII, S. 445; *Buckwalter*, Hubert; *Röhrich*, Martin Butzers Testamente, S. 209.

Die sollen jme vmb den geringisten pfennig gerechnet werden, Vnd seiner hausfrawen soll man einen zimlichen[1] arres[2] zu einer Schauben[3] kauffen.

12. Jtem D. Ulrichen Geigern[4] setzet er Thesaurum linguae latinae inn den zweyen bücheren.

13. Jtem den beiden[b] dochteren Alithiae[5] vnd Agnesen[6] zu belonung jrer mühe vnd arbeit, so sie im haus gehebt, setzet er von seiner kinder zweytheil jeder x gulden. Jtem den andern zweyen Hans Simon[7] vnd Jrenen[8] Jedem ein kleidt.

14. Jtem zu Executoren seines testaments setzet er D. Ulrichen Geigern vnd M.[9] petrum Dasypodium[10].

b) im Wort korr.

1. gefälliges, entsprechendes. *Lexer* 3, Sp. 1119.
2. arras: leichtes Wollgewebe. *Götze*, S. 13.
3. Oberkleid, weiter Mantel. *Götze*, S. 185.
4. Ulrich Geiger, oft auch Ulrich Chelius (geb. um 1550, gest. 1558), Dr. med., Diplomat, 1534 im Dienste von Guillaume und Jean du Bellay und französischer Abgesandter zu Philipp Melanchthon in Wittenberg, von 1536 an als Arzt und Diplomat in Straßburg. *Ficker/Winckelmann*, Handschriftenproben I, Nr. 25. MBW, Bd. 12 (Personen F–K), S. 124f.; *Röhrich*, Martin Butzers Testamente, S. 213.
5. Aletheia Oekolampad; s. oben S. 522.
6. Agnes Capito; s. oben S. 522.
7. Hans Simon Capito; s. oben S. 523
8. Irene Capito; s. oben S. 523.
9. Magister.
10. Peter Dasypodius (um 1490–1559), Pädagoge und Lexikograph. *Hartmann*, Art. Dasypodius, Petrus, in: NDB 3 (1957), S. 520; MBW, Bd. 11 (Personen A–E), S. 338f.

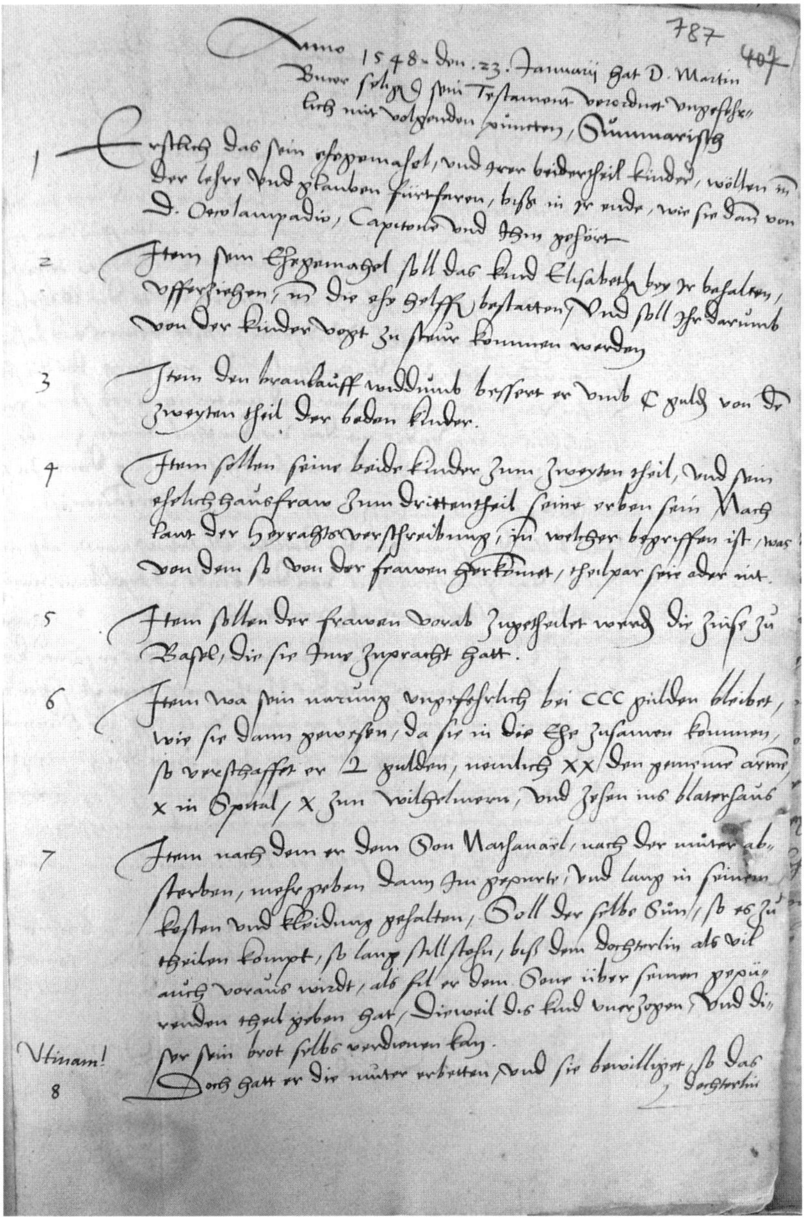

Straßburg StArch, AST 39, Nr. 23 (b), S. 787

Nr. 25.6
Drittes Testament von Bucer vom 23. Januar 1548

lateinisch

Überlieferung

Cambridge ParkerL, CXIX (119), 24, S. 69–75 (Handschrift eines unbekannten Schreibers). Edition: *Harvey*, Martin Bucer in England, S. 162–170

Text

| 69 | [a]Testamentum D.[1] Martini Buceri ita factum Argentorati[2a]

In nomine sanctae et individuae Trinitatis, Dei patris, filii et Spiritus Sancti, Amen.

Notum sit universis ac singulis per praesens publicum instrumentum, quod anno a nativitate Domini ac servatoris nostri Iesu Christi MDXLVIII, indictione sexta, imperante Illustrissimo invictissimoque Principe ac Domino, Domino Carolo[3], eius nominis V. Romanorum Imperatore, semper Augusto, Germaniae, Hispaniae, utriusque Siciliae, Hierusalem, Hungariae, Dalmatiae, Croatiae itemque Rege, Archiduce Austriae, Duce Burgundiae itemque Comite Habispurgi, Flandriae ac Tivolis itemque clementissimo Domino nostro: Caesareae Maiestatis suae Regnorum, Romani quidem anno vicesimo nono, caeterorum vero tricesimo secundo, die Lunae, vicesima tertia Ianuarii, inter horam decimam et undecimam ante meridiem, coram venerabilibus ac fide dignis testibus meoque publico Notario[4], omnibus infra scriptis atque ad hoc negocium peculiariter vocatis, exoratis ac simul personaliter comparentibus propria persona astitit atque apparuit Venerandus et in Deo vere doctus Dominus Martinus Bucerus, verbi Dei in Ecclesia Argentoratensi minister ac preco: atque incolumi corpore, sana mente et intellectu bonaque conscientia, id quod in eo clare atque indubitato comparuit, propositum ac voluntatem suam de Testamento, quod Nuncupationem in Iure appellant, faciendo exposuit idque ea ratione ac modo, quo ipse Dominus Martinus supremam hanc voluntatem suam,

a)–*a)* am oberen Seitenrand nachträglich erg.

1. Domini.
2. in Straßburg.
3. Kaiser Karl V.
4. s. unten Anm. 40.

testante hoc scripto quodam, quod propriis manibus conceptum descripserat manibusque tenebat, ordinare ac disponere voluit. Quod Scriptum extremam eius voluntatem complectens, mihi Notario in praesentia testium in manus tra- | *70* | didit, quod et continuo promulgatum ac de verbo ad verbum veritatum est in hanc sententiam.

Quandoquidem Dominus deus hominibus permittit, imo praecipit ac mandat, ut suam de corporibus ac bonis, quae privatim unicuique concredidit propriaque addixit, voluntatem, quid se post suum ex hac vita discessum de illis fieri velint, ordinent atque disponant, quinetiam vult, ut quaecunque hoc pacto decreverint, quatenus tamen Verbo suo ac publico Iuri non repugnent, firma rataque habeantur, haec inquam, cum Deo patri coelesti placeant[b], ab eoque et permittantur et praecipiantur, ordino ac dispono, primum omnium quantum ad Spiritualia pertinet, ut charissima fidelissimaque uxor mea, Wibranda Rosenblettin[1], ac dilecti liberi nostri utriusque partis, in fide ac doctrina perpetuo ac sedulo pergant atque in finem usque perseverent, quam a dilectis patribus nostris, Ioanne Oecolampadio[2], Wolffgango Capitone[3] et me quoque audierunt, quemadmodum et ego Deum ac patrem meum per Dominum nostrum Iesum Christum summopere precor, ut in eadem me doctrina ac fide ad finem usque conservet nempe in doctrina ac confessione quam Augustae coram Imperatore ac caeteris Ordinibus Imperii exhibuimus, ac deinceps in Apologia nostra[4] plenius explicuimus, quam et ego pro exiguo meo dono in libris a me editis descripsi ac primum De innato nobisque quamdiu in hac vita sumus inhaerente vitio, peccato ac depravatione humanae naturae ab Adam in nos usque derivata. Item De gratia Dei per Christum Dominum nostrum, quam vera tantummodo ac viva Euangelii fide nos accipere oportet, hoc est De iustificatione. Item De vera poenitentia, fide, spe ac dilectione, bonis operibus, eorumque remuneratione: qua de re Articulos quosdam conscripsi eo in libro, quem latina lingua promulgavi, sub titulo, De vera Ecclesiarum in doctrina, caeremoniis et disciplina reconciliatione et compositione. Item in eo libro, qui iam sub prelo est, de iis, quae super | *71* | hoc negotio in Colloquio Ratisponensi disputata sunt, cui titulus est: Disputata in ultimo Colloquio Ratisponensi Anno XLVI et Responsa Colloquutorum Confessionis Augustae, completa de iustificatione.[5] Item in Apologia Reformationis Coloniensis[6] Et de usu Sacrae Coenae Dominicae, Invocatione sanctorum, sacerdotum

b) Schrf.: placant.

1. Wibrandis Rosenblatt; s. oben S. 521.
2. Johannes Oekolampad; s. oben S. 522.
3. Wolfgang Capito; s. oben S. 522.
4. *Bucer*, ›De vera ecclesiarum in doctrina, in ceremoniis, et disciplina reconciliatione …‹, [Straßburg: Wendelin Rihel, 1542] (VD 16 B 8929; Bucer-Bibliographie 124).
5. *Bucer*, ›Acta Colloquii in comitiis imperii Ratisponae habiti‹, Straßburg: Wendelin Rihel, September 1541 (VD 16 B 8831; Bucer-Bibliographie 112). Edition in BDS 9,2, S. 115–227. *Bucer*, ›Alle Handlungen und Schrifften …‹, Straßburg: Wendelin Rihel, 1541 (VD 16 B 8836; Bucer-Bibliographie 114). Edition in BDS 9,2, S. 229–428.
6. Bucers erste und zweite Kölner Verteidigungschrift: ›Was im namen des Heiligen Euangeli …‹, [Bonn: Laurenz von der Mülen] 1543 (VD 16 B 8955; Bucer-Bibliographie 127; Edition in BDS 11,1, S. 19–131); ›Die ander verteydigung und erklerung …‹, Bonn: Laurenz von der Mülen, 1543

ac Monachorum coelibatu ac votis de potestate et authoritate S. Scripturarum, Ecclesiae, Conciliorum et Episcoporum. Item de sacrificio Missae, in duobus libris contra Latomum, quorum alter hic Argentinae[1], alter Neoburgae[2] excusus est. Item de praesentia Christi in Sacra Coena et vi utque efficacia Domini in verbo et Sacramentis, quibus de rebus fidem meam professus sum in Retractationibus meis in Matthaeum[3], ampliusque conscribere coepi ad doctissimum ac generosum Dominum a Lasco[4]. Item de vero Ecclesiae ministerio, disciplina et communicatione Christi ac membrorum eius, quemadmodum in libro de vera Animarum cura[5] scripsi; Denique in eo quoque libro, quem iam ad finem ferme perduxi, De vero intellectu Articuli Christianae fidei nostrae, Credo Ecclesiam catholicam, Communionem sanctorum. In hac doctrina deum omnipotentem precor, per Dominum nostrum Iesum Christum, per quem nobis eam patefecit ac tradidit, ut benigne nos conservare eamque in nobis coniugi charissima, liberis, propinquis amicis omnibusque electis suis indies magis magisque vivam et efficacem reddere dignetur. Amen.

Porro, quantum ad temporalia pertinet, et volo et peto, ut uxor mea Wibranda filiolam nostram Elisabetham[6] omnibus vitae suae diebus apud sese retineat eamque in pietate ac timore Dei quam diligentissime instituat ac si eiusque vitam protenderit, donec matura coniugio fiat, honeste ut desponsetur procuret. Ad quam | *72* | rem liberorum Tutores, quantum filiolae pro sua portione accedere poterit, eam iuvare debent. Quo vero facilius ac commodius hoc uxor mea facere possit, et quia tam mihi, quam libris meis hactenus quam fidelissime ministravit, ac sine dubio ministrabit ulterius, quamdiu vires ei suppetent, volo, ut donum propter Nuptias viduitatis, quod ei a principio, cum matrimonio iungeremur, addixi, centum aureis ex altera liberorum parte augeatur. Alioquin haeredes mei sunt ambo quidem liberi ex[c] altera parte, uxor vero ex triente, quemadmodum imprimis inter nos conventum est scriptoque confirmatum, in quo quid eorum bonorum, quae a priore uxore profecta sunt, partiri aut non partiri debeat, expressum est. Volo autem, ut praeter caetera uxoris meae portioni redditus ac census Basilienses[7], quos ad me attulit, adiiciantur. Deinceps oro et obsecro, ut antequam ulla distributio fiat, Christo Domino quin-

c) danach gestr.: p.

(VD 16 B 8953; Bucer-Bibliographie 128; Edition in BDS 11,2, S. 21–247); weitere Aufl.: Bonn, Laurenz von der Mülen, 1544 (VD 16 B 8954; Bucer-Bibliographie 131).

1. *Bucer*, ›Scripta duo adversaria D. Bartholomaei Latomi …‹, Straßburg: Wendelin Rihel, 1544 (VD 16 B 8925; Bucer-Bibliographie 137).

2. *Bucer*, ›De vera et falsa caenae dominicae administratione libri II. […] Altera adversus B. Latomum Responsio‹, Neustadt an der Donau: Hans Kilian, 6. April 1546 (VD 16 B 8930; Bucer-Bibliographie 160).

3. *Bucer*, ›In sacra quatuor evangelia enarrationes perpetuae … adiectis aliquot retractationibus‹, Basel: Johann Herwagen, September 1536 (VD 16 B 8873; Bucer-Bibliographie 77).

4. Eine entsprechende an a Lasco gerichtete Schrift Bucers ist nicht nachweisbar.

5. *Bucer*, ›Von der waren Seelsorge …‹, Straßburg: Wendelin Rihel, [vor 4. April] 1538 (VD 16 B 8941; Bucer-Bibliographie 81).

6. Elisabeth Bucer; s. oben S. 523.

7. Besitztum in Basel.

quaginta aurei de substantia, quam mihi reliquam faciet, separentur, si modo ea trecentorum plus minus aureorum sit, quanta videlicet erat, cum conveniremus, Ex qua summa viginti inter communes pauperes, decem in Hospitale[1], decem inter Wilhelmitanos[2], ac decem inter Leprosos[3] distribuantur. Et quoniam filio meo Nathanaeli[4] pro facultatibus meis tam multa post obitum uxoris meae, sanctae memoriae, Elisabethae Palassin[5], matris suae, praeter ea, quae ratione portionis suae iure ad eum pertinebant, adieci, ad haec propriis quoque sumptibus, victuque et vestimentis sustenta vi, volo, ut cum distributionis tempus advenerit, ipse filius meus tanto tempore cesset, donec filiolae meae tanta portio praeter debitam partem quoque accedat, quantam ei ultra convenientem ac debitam sibi partem largitus sum. Quoniam haec pluribus adhuc propter aetatem indiget: ipse vero eo pervenit, ut ope atque auxilio Dei, siquidem voluerit, seipsum iam alere ac sustentare queat. Si vero filiolam mortis interventu a matre separari contingat, coniugem meam exoravi, ut de relictis filiolae bonis tantam | *73* | Nathanaeli, siquidem tandiu superstes fuerit, partem obtingere bona parte permittat, quanta eidem filiae praeter ordinariam partem alteram derelictae a me substantiae de dimidia Nathanaelis altera parte accessit. Filio meo Nathanaeli hoc quoque iniungi ab eoque summis precibus contendo, ut ex consilio Tutoris sui constituat atque ordinet, ut si forsan absque genuinis haeredibus et post obitum filiae meae et sororis suae Elisabethae mori tum contingat, relictae substantiae suae haeredes ex altera parte Wilhelmitanos amicos[6] vero suos atque cognatos linea materna quam proxime ad eum pertinentes, ex triente solummodo constituat, considerans, quod illi iam antea ex paterna maternaque haereditate plurima sibi retinuerunt, quartam videlicet tantummodo partem matri tribuentes. Et hoc Mater quoque eique perpetuo desideravit, in eoque perpendit facultates nostras maiore ex parte meo atque illius labore partas esse: atque a me quidem per istos labores, quos ex dono doctrinae perficere potui. Eodem modo charissimam coniugem oro, ut si forte filiam Elisabetham ante ipsam obire contingat, quintam bonorum illius partem Wilhelmitanis dari procuret. Et quoniam doctissimus vir fraterque in Domino dilectus atque in ministerio Domino symmista Conradus Hubertus[7]. Plurimos labores propter me at meos pertulit, atque adhuc quotidie perfert: eumque etiam exoravi, ut quemadmodum hactenus filii mei Nathanaelis tutorem se praestitit, eodem quoque modo filiolam meam in tutelam suam recipiat, volo, ut ex libris meis, quoscunque voluerit, ad summam duodecim aureorum Argentinensis moneta

1. Großes Hospital in Straßburg (heute Hôpital civil).
2. Internat für auswärtige und unbemittelte Theologiestudenten im ehemaligen Straßburger Wilhelmerkloster, das spätere Collegium Wilhelmitanum. *Röhrich*, Martin Butzers Testamente, S. 220f.
3. Haus für Blatternkranke (insbesondere Syphiliskranke). Es entstand um 1500 und befand sich an der Gestütgasse (heute Rue des Greniers).
4. Nathanael Bucer; s. oben S. 522.
5. Elisabeth Bucer (geb. Silbereisen, gen. Palassin); s. oben S. 521.
6. (junge) Freunde im Collegium Wilhelmitanum.
7. Konrad Hubert (1507–1577), 1531–1549 Privatsekretär Bucers und Diakon an St. Thomas in Straßburg. *Baum*, Capito und Butzer; BCor VII, S. 445; *Buckwalter*, Hubert; *Röhrich*, Martin Butzers Testamente, S. 209.

accipiat eique libri quam minimi tacentur: Uxori vero illius mediocris pannus, Arras vulgo dictus, ad crocotam faciendam ematur. Doctor quoque Huldricus Chaelius[1], compater charissimus, multis me beneficiis affecit; huic volo, ut Thesaurus linguae latinae in duobus magnis voluminibus compraehensus tradatur. Ac quoniam filiae meae Alithia[2] et Agneta[3], post innumeros labores ac molestias, | *74* | quas in aedibus meis sustinuerunt, nullum adhuc a me premium reportarunt, ordino, ut de altera liberorum meorum parte[d] unicuique decem aurei dentur, reliquis duobus, Ioanni Simoni[4] et Irenae[5], cuique vestimentum. Qui Testamentum hoc meum exequantur, rogatos volo doctissimum virum compatremque dilectum Doctorem Huldricum Chaelium[6] et Magistrum Petrum Dasypodium[7]. Haec omnia rogo, ut tanquam suprema mea voluntas ac Testamentum sana mente longaque deliberatione ordinatum atque dispositum, pro ut publica iura requirunt, agnoscantur firmaque habeantur et rata. Dominus deus largiatur gratiam suam meque in cognitione ac fide supra memorata clementissime conservet in eaque in perpetuam clementiam suam me suscipere dignetur. Amen.

His omnibus hoc modo peractis, indicavit memoratus Testator, sententiam hanc de scripto recitatam, supremam esse voluntatem suam velleque, ut post obitum suum plenissima eius executio fiat. Si vero vel solemnitatis alicuius defecto, ut repugnante scripto iure communi non ut verum et essentiale Testamentum nuncupatim valere et locum habere possit, firma saltem ac rata esse debeat, ut Codicillus aut quaelibet extrema voluntas ac donatio, quae certis de causis instante morte fieri solet. Potestatem tamen sibiipsi reservavit hoc suum Testamentum, quemadmodum iura permittunt et quandocunque ei visum fuerit, vel totum, vel aliqua tantum ex[e] parte abrogandi, revocandi, mutandi, augendi, ac minuendi, iuxta omne suum placitum ac voluntatem. A me quoque Notario petebat, ut haeredibus suis ac Testamentariis huius supremae voluntatis suae unum vel plura instrumenta conficerem ac impertirem. Haec omnia acta sunt in urbe Argentoratensi in domo Testatoris ad aedem D. Thomae[8], in eius Musaeo, Anno Domini, Indictione, Imperio, Mense, die ac hora, ut a principio commemoratum | *75* | est, coram venerabilibus doctissimis ac honestissimis viris, simul

d) hinter der Zeile am rechten Rand erg. und eingewiesen.
e) vor der Zeile am linken Rand erg.

1. Ulrich Geiger, oft auch Ulrich Chelius (geb. um 1550, gest. 1558), Dr. med., Diplomat, 1534 im Dienste von Guillaume und Jean du Bellay und französischer Abgesandter zu Philipp Melanchthon in Wittenberg, von 1536 an als Arzt und Diplomat in Straßburg. *Ficker/Winckelmann*, Handschriftenproben I, Nr. 25. MBW, Bd. 12 (Personen F-K), S. 124f.; *Röhrich*, Martin Butzers Testamente, S. 213.
2. Aletheia Oekolampad, s. oben S. 522.
3. Agnes Capito, s. oben S. 522.
4. Hans Simon Capito, s. oben S. 523.
5. Irene Capito, s. oben S. 523.
6. s. oben Anm. 1.
7. Peter Dasypodius (um 1490–1559), Pädagoge und Lexikograph. *Hartmann*, Art. Dasypodius, Petrus, in: NDB 3 (1957), S. 520; MBW, Bd. 11 (Personen A–E), S. 338f.
8. Wohnhaus Bucers bei St. Thomas.

ad hunc actum comparentibus, Ioanne Marpachio[1], sacrae Theologiae Doctore, Domino Laurentio Schnell[2], parocho S. Thomae, D. Conradi Huberto[3] eiusdem diacono, D. Hieronymo Boppio[4], Canonico S. Thomae, D. Martino Fabri[5], diacono S. Nicolai, Matthia Equite[6] ex Francofordia ad Moenum et Eusebio Bedrotto[7], omnibus hic Argentinae habitantibus ut testibus ad hoc negocium peculiariter vocatis, requisitis et exoratis.

Et quoniam ego Georgius Piscator[8] Harpurgensis, Augustanae Dioeceseos ex Caesarea authoritate Notarius, Senatusque Argentinensis Scriba iuratus, iudicationi, traditionique supra dicti Testatoris scripti, extremae voluntatis suae constitutionem atque ordinationem continentis, publicae quoque eiusdem recitationi ac promulgationi caeterisque rebus omnibus, quae ad exectionem ac confirmationem eius peractae sunt, una cum spectabilibus ac fide dignis testibus, qui haec viderunt, audierunt atque etiam peragere iuverunt, interfui, idcirco ad Testatoris postulationem publicum hoc instrumentum hac forma confeci propriaque manu descripsi nomineque ac signo meo in testimonium supra scriptorum omnium, ordinarie vocatus ac requisitus, subscripsi et obsignavi.

1. Johannes Marbach (1521–1581), 1545–1557 Pfarrer zu St. Nikolaus in Straßburg, 1557–1581 Hochstiftsprediger und Professor der Theologie ebd. *Bopp*, Die evangelischen Geistlichen, S. 354 (Nr. 3347).

2. Gemeint ist möglicherweise Konrad Schnell († 1559), 1540–1549 Diakon zu St. Thomas in Straßburg, 1549–1550 Pfarrer ebd. *Bopp*, Die evangelischen Geistlichen, S. 491 (Nr. 4700).

3. s. oben S. 528, Anm. 2.

4. Hieronymus Bopp, 1541–1554 Kanonikus zu St. Thomas in Straßburg. *Knod*, Stiftsherren, S. 34.

5. Martin Fabri, 1525–1549 Diakon zu St. Nikolaus in Straßburg. *Bopp*, Die evangelischen Geistlichen, S. 147 (Nr. 1294).

6. Matthias Ritter (um 1525–1584), Theologe in Frankfurt am Main. ADB 28 (1889), S. 666–668.

7. Eusebius Bedrotus, Sohn von Jakob Bedrotus, 1547/48 Vikar zu St. Thomas in Straßburg, später Jurist in Wien. *Knod*, Stiftsherren, S. 47.

8. Georg Vischer (Fischer), Ratsschreiber in Straßburg 1541–1553. *Ficker/Winckelmann*, Handschriftenproben I, Nr. 29.

Nr. 25.7
Zum dritten Testament von Bucer vom 23. Januar 1548

Überlieferung

a: Straßburg StArch, AST 174, Nr. 30, fol. 328v–329v (unbekannter Schreiber)
b: Bucer, Scripta anglicana, Basel: Petrus Perna, 1577 (VD 16 B 8924; Bucer-Bibliographie 258), Bl. [α5v]–[α6r]

Text

| *328v* | In D.[1] Martini Buceri piae memoriae testamento, quod Argentinae[2] ille Ianuarii die XXIII. Anno 1548[a] in aedium suarum Musaeo solenniter fecit, cum a duobus Illustriss. Sac. Rom. Imperii Septemviris Palatino Comite[3] et Marchione Brandeburgensi[4], Conscio Carolo V.[5] Imperatore eiusque fratre Ferdinando[6] Romanorum rege (non tamen palam) ad comitia Augustana[7], in quibus Edictum de religione Interimicum est cusum, subito et praeter expectationem vocaretur, inter alia haec verba reperiuntur.

Deum ego patrem meum per Dominum nostrum Iesum Christum summe et precor et oro, ut ea in doctrina atque fide constantem me ad extremum usque vitae finem conservare dignetur, quam Augustae nos coram Caesarea Maiestate Et Imperii ordinibus sumus professi, deinde addita Apologia latius explicavimus[b]: Quoque[c] ego et palam confessus et pro ingenii mei tenuitate complexus sum iis in[d] scriptis, quae in lucem sunt edita. Et quidem primum de innata et quam diu[e] vitae huius usura fruimur inhaerente nobis infirmitate, labe atque corruptione humanae naturae, quae haereditate quadam ab Adamo in genus humanum totum est propagata. | *329r* |

Deinde[f] Gratia Dei per Christum Iesum Dominum nostrum facta, hoc est Iustificatione, quam sola nos Euangelii fide vera amplecti oportet.

a) MDXLVIII: b.
b) danach gestr.: post: a.
c) quamque: b.
d) fehlt in b.
e) danach gestr.: In (?): a.
f) Deinde De: b.

1. Domini.
2. in Straßburg.
3. Pfalzgraf Friedrich II. (der Weise).
4. Joachim II., Kurfürst von Brandenburg.
5. Kaiser Karl V.
6. Ferdinand I. von Habsburg, deutscher König.
7. Reichstag von Augsburg (1. September 1547 – 30. Juni 1548).

Tum[g] vera paenitentia[h], fide, spe, charitate, operibus bonis eorundemque praemiis, quam ego doctrinam eo in libro, qui latine in publicum prodiit, persecutus sum De vera Ecclesiarum in doctrina, ceremoniis et disciplina reconciliatione et compositione[1]. Et eo in[i] libro, qui iam impressus in hominum manibus versatur hoc titulo: Disputata Ratisbonae in altero Colloquio Anno 1546. Et Responsa collocutorum confessionis Augustanae completa de Iustificatione etc.[j][2] Item in defensione Coloniensis reformationis[3]. [k]Praeterea de usu sacrosanctae Caenae Domini, Sanctorum intercessione, sacerdotum et Coenobitarum coelibatu ac votis[k], De potestate et authoritate S. Scripturae, Ecclesiae, conciliorum Episcoporum. Item missae sacrificio[l], in duobus illis libris adversus[m] Latomum[4] scriptis[5], quorum alter hac in urbe, alter vero[n] Neopyrgi[o][6] typis est excusus[7]. Item de praesentia Christi in S. Caena[p] et vi atque efficacia Domini in suo verbo et sacramentis, qua de quaestione fidem ego meam meis in retractationibus in Matthaeum[8] sum professus et latius[q] deinceps explicare coepi[r] in scripto quodam ad Doctiss. et Generosiss.

g) Tum De: b.
h) poenitentia: b.
i) fehlt in b.
j) am Zeilenende erg.: a.
k)–*k)* Praeterea DE DISPENSATIONE Sac. Eucharistiae, eiusque usu: De Invocatione et intercessione Sanctorum: De Coelibatu ac votis Clericorum et Coenobitarum: b.
l) sacrificio, eiusque vitiis: Cura mortuorum, Purgatorio: b.
m) adversus Barth.: b.
n) danach gestr.: Neoby: a.
o) Neuburgi: b.
p) Coena: b.
q) latine: b.
r) cepi: b.

1. *Bucer*, ›De vera ecclesiarum in doctrina, ceremoniis, et disciplina reconciliatione et compositione …‹, [Straßburg: Wendelin Rihel, 1542] (VD 16 B 8929; Bucer-Bibliographie 124); weitere Aufl.: [Straßburg: Wendelin Rihel?] 1543 (Bucer-Bibliographie 125).
2. *Bucer*, ›Disputata Ratisbonae, in altero colloquio, Anno XLVI …‹, [Basel: Johann Oporinus] 1548 (VD 16 B 8868; Bucer-Bibliographie 185).
3. Bucers erste und zweite Kölner Verteidigungsschrift: ›Was im namen des Heiligen Euangeli …‹, [Bonn: Laurenz von der Mülen] 1543 (VD 16 B 8955; Bucer-Bibliographie 127; Edition in BDS 11,1, S. 19–131); ›Die ander verteydigung und erklerung …‹, Bonn: Laurenz von der Mülen, 1543 (VD 16 B 8953; Bucer-Bibliographie 128; Edition in BDS 11,2, S. 21–247); weitere Aufl.: Bonn, Laurenz von der Mülen, 1544 (VD 16 B 8954; Bucer-Bibliographie 131).
4. Bartholomäus Latomus (um 1490–1570), katholischer Kontroverstheologe. TRE 20, S. 495–499; BDS 11,2, S. 260, Anm. 4.
5. Die einzelnen Teile von *Bucer*, ›Scripta duo adversaria D. Bartholomaei Latomi …‹, Straßburg: Wendelin Rihel, 1544 (VD 16 B 8925; Bucer-Bibliographie 137).
6. Neuburg an der Donau.
7. *Bucer*, ›De vera et falsa caenae dominicae administratione libri II‹, Neuburg an der Donau: Hans Kilian, 6. April 1546 (VD 16 B 8930; Bucer-Bibliographie 160).
8. *Bucer*, ›In sacra quatuor evangelia enarrationes perpetuae … adiectis aliquot retractationibus‹, Basel: Johann Herwagen, September 1536 (VD 16 B 8873; Bucer-Bibliographie 77).

D. [s][t]Joan. de[s] Lasco[t][1]. Item de vero mynisterio, disciplina [u]quoque et[u] communione [v]atque coniunctione[v] CHRISTI et eius membrorum, quam ego doctrinam explicavi in libro de vera animarum cura[w][2] | *329v* | in eo, qui ad finem prope iam perductus est de vero intellectu capitis illius fidei nostrae Christianae: Credo Ecclesiam Catholicam, Sanctorum communionem.

DEUM ego iam praepotentem[x] et sempiternum oro[y], ut [z]hac nos in[z] doctrina clementer conservet atque efficiat, ut magis magisque eadem in nobis, uxore quoque charissim[a] et liberis[a] nostris, propinquis, amicis, omnibus denique electis firm[a], operosa[b] atque actuosa reddatur. Amen.

Ad vitae huius negotia, quod attinet, hoc volo, hoc peto, hoc postulo etc.

Atque haec omnia tanquam bene ante deliberata et cogitata diligenter et in testamento atque voluntate ultima constituta[c], ut firma rataque habeantur, quemadmodum hoc omnia tam divina quam humana iura requirunt atque mandant, peto atque postulo. DEUS OPT. MAX.[3] suam nobis gratiam largiatur inque ea fide et agnitione sui, cuius facta iam mentio est, et me conservet et tandem clementer atque benigne ad sese recipiat. Amen.

Testamenti huius confectioni, ut testes ad[d] idipsum vocati et rogati hi septem interfuerunt:

D. Ioannes Marbachius[4], S. Theologiae Doctor
D. Conradus Schnell[e][5], pastor ad D. Thomam

s)–*s)* über der Zeile erg. für gestr.: De: a.
t)–*t)* Iohannem a Lasco: b.
u)–*u)* atque: b.
v)–*v)* fehlt in b.
w) cura et: b.
x) omnipotentem: b.
y) oro per Dominum nostrum IESUM CHRISTUM, dilectum filium eius: b.
z)–*z)* in hac nos: b.
a) danach gestr.: meis: a.
b) im Wort korr.: a.
c) danach gestr.: su: a.
d) danach gestr.: ip: a.
e) Schnel: b.

1. Johannes a Lasco (1499–1560), Theologe und Reformator in Emden. NBD 13 (1982), S. 657f. Eine entsprechende an Lasco gerichtete Schrift Bucers ist nicht bekannt.
2. *Bucer*, ›Von der waren Seelsorge …‹, Straßburg: Wendelin Rihel, [vor 4. April] 1538 (VD 16 B 8941; Bucer-Bibliographie 81).
3. OPT. MAX.: optimus maximus.
4. Johannes Marbach (1521–1581), 1545–1557 Pfarrer zu St. Nikolaus in Straßburg, 1557–1581 Hochstiftsprediger und Professor der Theologie ebd. *Bopp*, Die evangelischen Geistlichen, S. 354 (Nr. 3347).
5. Konrad Schnell († 1559), 1540–1549 Diakon zu St. Thomas in Straßburg, 1549–1550 Pfarrer ebd. *Bopp*, Die evangelischen Geistlichen, S. 491 (Nr. 4700).

D. Conradus Humbertus[1], Diaconus Ecclesiae Thomanae[f]
D. Ieronymus Boppius[g][2], Canonicus Ecclesiae eiusdem
D. Martinus Fabri[3], Diaconus ad D. Nicolaum
Matthias Ritter[4], Francofurtensis ad Moenum
Eusebius Bedrottus[5].

Et quia ego Georgius Vischer[6] Harburgensis[7], Notarius Caesareus, civis Argentinensis etc.[h], quae sequuntur.[8]

f) vom Schreiber Reihenfolge der Namen (Boppius und Humbertus) nachträglich geändert (Zählung angebracht).
g) Boppus: b.
h) et caetera: b.

1. Konrad Hubert (1507–1577), 1531–1549 Privatsekretär Bucers und Diakon an St. Thomas in Straßburg. *Baum*, Capito und Butzer; BCor VII, S. 445; *Buckwalter*, Hubert; *Bopp*, Die evangelischen Geistlichen, S. 259 (Nr. 2426).
2. Hieronymus Bopp, 1541–1554 Kanonikus zu St. Thomas in Straßburg. *Knod*, Stiftsherren, S. 34.
3. Martin Fabri, 1525–1549 Diakon zu St. Nikolaus in Straßburg. *Bopp*, Die evangelischen Geistlichen, S. 147 (Nr. 1294).
4. Matthias Ritter (um 1525–1584), Theologe in Frankfurt am Main. ADB 28 (1889), S. 666–668.
5. Eusebius Bedrotus, Sohn von Jakob Bedrotus, 1547/48 Vikar zu St. Thomas in Straßburg, später Jurist in Wien. *Knod*, Stiftsherren, S. 47.
6. Georg Vischer (Fischer), Ratsschreiber in Straßburg 1541–1553. *Ficker/Winckelmann*, Handschriftenproben I, Nr. 29.
7. aus Harburg bei Donauwörth.
8. Was folgen soll, ist nicht klar.

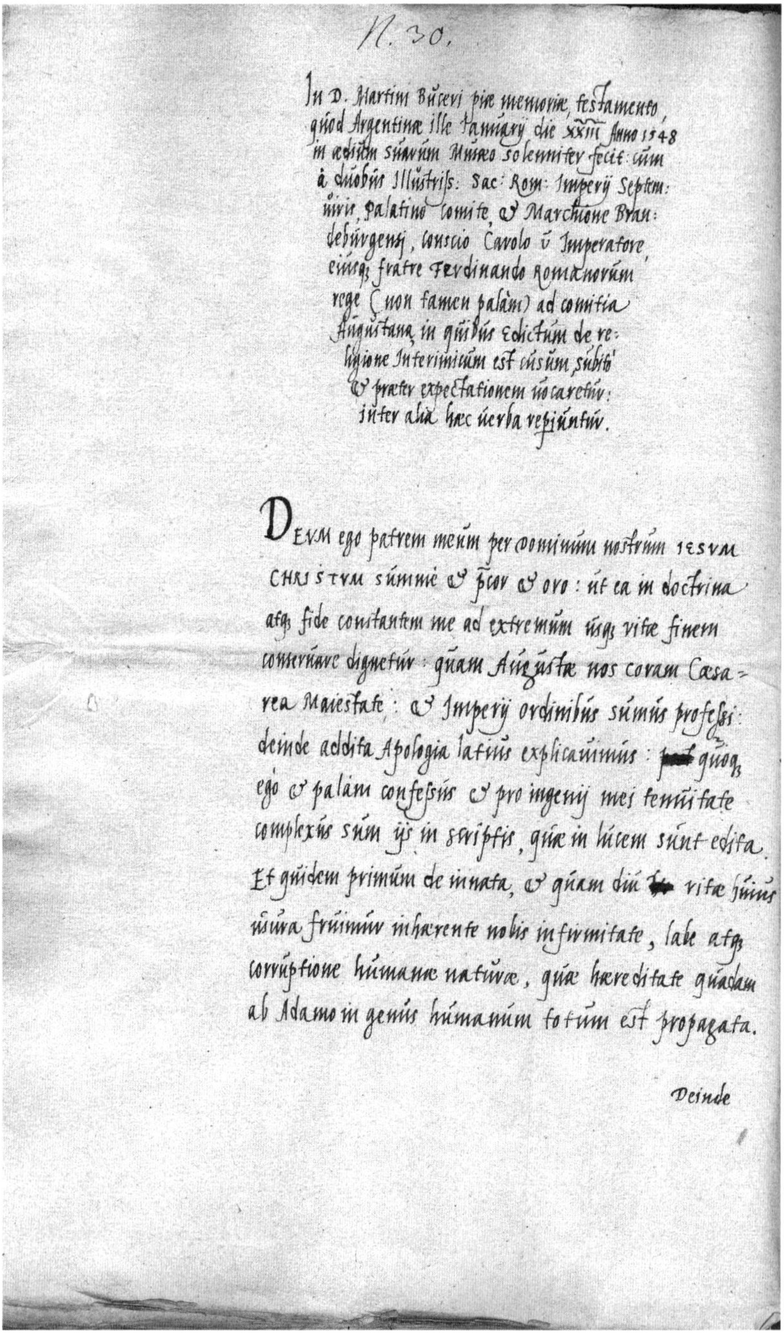
N. 30.

In D. Martini Buceri piæ memoriæ, testamento, quod Argentinæ ille Januarij die XXIII Anno 1548 in ædibus suarum Musæo solenniter fecit: cum à duobus Illustriss: Sac: Rom: Imperij Septem: uiris, Palatino Comite, & Marchione Bran: deburgensi, conscio Carolo V Imperatore eiusq; fratre Ferdinando Romanorum rege (non tamen palàm) ad comitia Augustana in quibus Edictum de re: ligione Interimicum est cusum, subitò & præter expectationem uocaretur: inter alia hæc uerba reperiuntur.

DEUM ego patrem meum per dominum nostrum IESUM CHRISTUM summè & precor & oro: ut ea in doctrina atq; fide constantem me ad extremum usq; vitæ finem conservare dignetur: quam Augustæ nos coram Cæsarea Maiestate & Imperij ordinibus sumus professi: deinde addita Apologia latius explicauimus: quoq; ego & palam confessus & pro ingenij mei tenuitate complexus sum ijs in scriptis, quæ in lucem sunt edita. Et quidem primum de innata, & quam diu vitæ huius usura fruimur inhærente nobis infirmitate, labe atq; corruptione humanæ naturæ, quæ hæreditate quadam ab Adamo in genus humanum totum est propagata.

Deinde

Straßburg StArch, AST 174, Nr. 28, fol. 328v

Nr. 25.8
Drittes Testament von Bucer vom 23. Januar 1548

deutsch

Überlieferung

a: Straßburg StArch, AST 39, Nr. 23 (b), S. 777–782 (Handschrift von Konrad Hubert)
b: Straßburg StArch, AST 174, Nr. 28, S. 326–327 (Handschrift von Konrad Hubert)
c: Straßburg StArch, AST 39, Nr. 23, S. 791–794 (wahrscheinlich eine Abschrift von a)

Editionen: *Baum*, Capito und Butzer, S. 569–572 (Teiledition) und *Röhrich*, Martin Butzers Testamente, S. 216–225

Text

| *777* | [a]Copei des Testaments vnd letsten willens, so D. Martin Bucer gemacht hatt Anno 1548, [b]die 23. Januarij[b], als er gleich vff den Jnterimischen reichstag[1] berůffet verzogen ist [c]etc. Nota: der eingang ist underlassen[c].[a]

[d]Nachdem vnser lieber Herrr und Got den menschen zugibt vnd jme lasset wolgefallen, ja auch heisset, das sie jren[e] willen von den leuthen vnd gaben,

a)–*a)* Aus D. Martin Bucers seligen Testament, zu Strasburg Anno 1548, montags, den 23. Jenners in seiner behausung studier stüblin solennischer weise auffgerichtet, Als er von den zweien Churf[ürst]en Pfaltz und Brandenburg mit vorwissen keiser Carolj vnd königs Ferdinandj (doch nicht offentlich) auff den Augspurgischen Reichstage, da das Jnterim geschmidet, schneller vnd vnuersehenlicher weise ist beschriben vnd erfordert worden, Stehet zwischen anderem also.: b.
Ein stuck vß dem Testament oder letstenn willenn Martin Bucers, Anno MDXLVIII, den XXIII. Ianuarij ordentlich vffgericht, als er inn eyle von zweien fürnembstenn Churfürstenn vff den Jnterimischen Reichstag gan Augspurg heimlich beruoffen warde. Nach dem gewonlichen eingang eines Testaments setzet der Ehrwürdig Herr Bucerus disse worth.: c.
b)–*b)* über der Zeile erg.: a.
c)–*c)* neben und unter der Zeile erg.: a.
d)–*d)* fehlt in b.
e) ihren: c.

1. Augsburger Reichstag, auf dem das Interim am 15. Mai 1548 verabschiedet wurde.

die er einem ieden besonders befolhen[f] vnd zugeeignet hat, verordne vnd schaffe, wie sie es da mit[g] nach jrem hinscheiden von diser zeit wollen gehalten haben, Vnd wil, das solichs verordnen vnd schaffen, so fern[h] es seinem wort vnd gemeynem rechten nit entgegen, gelten vnd krefftig sein soll.

Vff sollichs zu geben, gefallen vnd geheiß vnsers Gotts vnd himlischen vatters, so verordne vnd verschaffe ich, Erstlich das geistlich belangende, das mein liebe getrewe, ehliche hausfraw [i]Wibrand Rosenblattin[i][1] vnd vnsere lieben kinder beder theilen wollen in dem glauben vnd inn der lehre immer fort faren vnd biß in jr ende verharren, die sie von vnseren lieben, getrewen Vättern Johanne Oecolampadio[2], Wolfgang[j] Capitone[3] vnd auch mir haben gehört vnd vernommen, Wie auch ich[d] [k]meinen Gott vnd Vatterr, durch vnsern Herren Jesum Christ, zum hochsten bitt vnd flehe[k], das er mich [l]in der selbigen[m] lehre vnd glauben wölle[n] in mein ende erhalten,

1. Confessio Ex[p] Apologia nostra, Anno[o] 1531[q]

Vnnd nemlich in der lehre vnd bekantnüs,[l] die wir zu Augspurg [o]vor dem keiser vnd Standen[r] des Reichs haben bekennet vnd hernaher in vnserer Apologia ercläret, Wie[s] auch ich die bekennet vnd nach meiner geringen maß[t] beschriben hab in den büchern, die ich hab lassen ausgehn,

1.[u] Vnd erstlich Von[v] dem angebornen vnd vns, so lang wir leben, anhangenden geprechen[w], sund[x] vnd verderben menschlicher natur von Adam ererbet[y].

f) befholenn: c.
g) darmitt: c.
h) ferne: c.
i)–*i)* Weybrandt Rosenblättin: c.
j) Wolff.: c.
k)–*k)* Ich bitte vnd flehe meinen Gott vnd Vatter durch vnseren Herren Jhesum Christum zum höchsten: b.
l)–*l)* bis in mein ende, in der lehre, glauben vnd bekantnis erhalten wölle: b.
m) selben: c.
n) danach gestr.: lassen: a.
o)–*o)* fehlt in b, c.
p) korr. aus: A: a.
q) 1530: b; fehlt in c.
r) Standen: a; stenden: c.
s) korr. aus: wie: a.
t) mas: b.
u) Zählung (auch im Folgenden) nur in a.
v) korr. aus: von: a; von: c.
w) gebrechen: b.
x) sünde: b; sündt: c.
y) ererbt: a.

1. Wibrandis Rosenblatt; s. oben S. 521 f.
2. Johannes Oekolampad; s. oben S. 522.
3. Wolfgang Capito; s. oben S. 522.

2. Jtem von der begnadigung Gottes durch Christum, vnsern Herren, die wir allein durch den waren glauben des h.[1] Euangelij empfahen[z] müssen, das ist von der iustification.

2. De vera Ecclesiarum in Doctrina, Anno[i] 1542[i]

3. Jtem von warer Buß[a], glauben, hoffnung vnd liebe[b], guten[c] wercken vnd deren lohn, wie[d] ich von disem Articul[e] hab geschriben im buch, das ich jn Latein[f] hab lassen aus- | *778* | gehen[g], Von einigkeit vnd vergleichung der christlichen religion vnd kirchen, [h]sub titulo[h] De vera ecclesiarum in [j]doctrina, ceremoniis et disciplina reconciliatione et compositione[2], Vnd in dem buch, so ietzt im druck ist, von dem so hieuon im[m] anderen gesprech zu Regenspurg gedisputiert ist, welches den titel hat Disputata [n]Ratisbonae[o] in altero[p] Colloquio[q][n], Anno 1546[r], Et [s]Responsa Collocutorum Confessionis Augustanae[s] [3]completa de Iustificatione etc[v]. Jtem in der Verantwortung der

[k]3. Disputata in ultimo Colloquio Rat., Anno[k] 1546[l]

[t]4. Bestendige Verantwortüng aus der h., Anno[t] 1545[4u]

z) empfangen: c.
a) bůs: b.
b) Liebe: b.
c) gůten: b; gutten: c.
d) Wie: b.
e) Articül: a; Artikel: c.
f) Latin: b.
g) vßgan: c.
h)–*h)* fehlt in b.
i)–*i)* fehlt in b, c.
j) korr. aus: 44: a; danach gestr.: pato: a; fehlt in c.
k)–*k)* fehlt in b, c.
l) korr. aus 48: 1548: a; fehlt in c.
m) inn: b.
n)–*n)* in ultimo colloquio Ratisbonensj: c.
o) über der Zeile erg.: a.
p) im Wort korr.: a.
q) danach gestr.: Ratisbonensi: a.
r) 46: a, c.
s)–*s)* Zählung nachträglich verändert zu: Collocutorum Augustanae Confessionis Responsa: a.
t)–*t)* fehlt in b, c.
u) korr. aus: 45: a; fehlt in c.
v) fehlt in c.

1. heiligen.
2. *Bucer*, ›De vera ecclesiarum in doctrina, in ceremoniis, et disciplina reconciliatione …‹, [Straßburg: Wendelin Rihel, 1542] (VD 16 B 8929; Bucer-Bibliographie 124).
3. *Bucer*, ›Disputata Ratisbonae, in altero colloquio, Anno XLVI …‹, [Basel: Johann Oporinus] 1548 (VD 16 B 8868; Bucer-Bibliographie 185).
4. *Bucer*, ›Bestendige Verantwortung‹, Bonn: Laurenz von der Mülen, 1545 (VD 16 K 1732; Bucer-Bibliographie 152).

[x]5. Scripta duo adversaria D. Bart. Latomi et Mart. Buceri,[y] Anno[x] 1544[y]
[c]6. De vera et falsa Coenae Dominicae administrat.,[c] 1546[d]
[i]7. De praesentia Christi in coena in Retractationibus in Matthaeum,[i] 1536.[j] [k]Et ad Dominum de Lasco imperfect[k]

Colnischen Reformation[1], Vnd Von dem brauch des h. Abentmals, Furbitte[w] der heiligen Priester vnd Closterleuthen ehe vnd gelübden[z], Vom gewalt vnd ansehen der h. Schrifft, kirchen, Concilien vnd Bischouen[a] [b]alter liber[b][2]. Jtem [d]vom Opffer der Messe[e], jnn[f] den zweien büchern[g] gegen Latomo[h][3], eins hie, das ander zu Newenburg[4] ausgangen. Jtem von der gegenwertigkeit Christj im h. Abentmal[5] vnd von dem gedeien vnd krafft des herren in seinem wort vnd Sacramenten[l], wie ich meinen[m] glauben daruon[n] bekennet hab in meinen Retractationibus in Matthaeum[6] vnd angefangen hab ferner zu beschreiben an den Hochgelerten vnd [o]Edlen Herren[o] Johann[p] von

w) korr. aus: furbitte: a.
x)–*x)* fehlt in b, c.
y)–*y)* korr. aus: An. 44: a; fehlt in c.
z) gelubden: a.
a) Bischoffen: c.
b)–*b)* über der Zeile erg. und eingewiesen: a; fehlt in b, c.
c)–*c)* fehlt in b, c.
d) korr. aus: Anno 46: a; fehlt in c.
e) meß: c.
f) Jnn: b; im Wort korr.: b; in: c.
g) über der Zeile erg. und eingewiesen: b; buchern: a; büechern: c.
h) Latomum: c.
i)–*i)* fehlt in b, c.
j) fehlt in c.
k)–*k)* fehlt in b, c.
l) sacramenten: a.
m) meine: c.
n) dauon: b.
o)–*o)* edlen herrn: b; edlen herren: c.
p) Johan: b; Joann: c.

1. Bucers erste und zweite Kölner Verteidigungsschrift: ›Was im namen des Heiligen Euangeli …‹, [Bonn: Laurenz von der Mülen] 1543 (VD 16 B 8955; Bucer-Bibliographie 127; Edition in BDS 11,1, S. 19–131); ›Die ander verteydigung und erklerung …‹, Bonn: Laurenz von der Mülen, 1543 (VD 16 B 8953; Bucer-Bibliographie 128; Edition in BDS 11,2, S. 21–247); weitere Aufl.: Bonn, Laurenz von der Mülen, 1544 (VD 16 B 8954; Bucer-Bibliographie 131).

2. *Bucer*, ›Scripta duo adversaria D. Bartholomaei Latomi …‹, Straßburg: Wendelin Rihel, 1544 (VD 16 B 8925; Bucer-Bibliographie 137).

3. Bartholomäus Latomus (um 1490–1570), katholischer Kontroverstheologe. TRE 20, S. 495–499; BDS 11,2, S. 260, Anm. 4.

4. Neuburg an der Donau.

5. *Bucer*, ›De vera et falsa caenae dominicae administratione libri II‹, Neuburg an der Donau: Hans Kilian, 6. April 1546 (VD 16 B 8930; Bucer-Bibliographie 160).

6. *Bucer*, ›In sacra quatuor evangelia enarrationes perpetuae … adiectis aliquot retractationibus‹, Basel: Johann Herwagen, September 1536 (VD 16 B 8873; Bucer-Bibliographie 77).

Lasco[1], Vnd von dem waren kirchendienst[t], auch zucht vnd gemeinschafft Christi vnd seiner glider, wie ich geschriben hab jm buch Von der waren Seelsorge[2] vnd inn dem buch, das ich ietzund bei nahe[u] zu ende pracht hab, Von dem waren verstand des articuls[v] vnsers Christlichen glaubens[3], Jch glaube[w] ein Christliche kirch, gemeinschafft der heiligen. [x]Jn diser lehre bitt ich den Almechtigen[y] ewigen Gott durch [z]vnsern herren[z] Jesum Christum, seinen lieben Son, durch den er sie vns zugesand[a] vnd gegeben[b] hat[c], das er vns gnediglich wölle erhalten vnd sie inn vns jmmer krefftiger vnd thetiger[d] mache, Auch meine liebe hausfraw, alle vnsere kinder, verwandten, freund vnd alle seine erwehleten, Amen.[x]

[q]8. Von der waren seelsorge etc.,[q] 1538[r], [s]Vnnd Von dem waren verstand des artic. v. christ. gl., Ich glaub ein christliche kirch.[s]

1. So fiel | *779* | dann [e]das zeitliche belanget[e], so[f] ist mein will[g], bitt vnd begere[h], [i]das mein liebe hausfraw Wibrand[4] wölle vnser kindlin Elizabethen[5] bei sich jr leben lang behalten vnd es inn der Gottesforcht vffziehen Vnd, so sie es erlebt, inn die Ehe helffen bestatten[6]. Darumb solle der kinder vogt[7], nach dem dem kindlin zu seinem theil werden mag, jr zu steuhr[10] kommen,

Lisbetlin soll die muter erziehen.

100 fl.[8] Nachwiddum[9]

q)–*q)* fehlt in b, c.
r) fehlt in c.
s)–*s)* fehlt in b, c.
t) Kirchendienst: b; kürchendienst: c.
u) beynahe: b.
v) Articuls: b; Artikuls: c.
w) glaub: a.
x)–*x)* unterstrichen: a.
y) almechtigen: b; allmechtigen: c.
z)–*z)* v. h.: a.
a) zugesandt: b, c.
b) geben: a.
c) danach gestr.: das er: b.
d) thättiger: c.
e)–*e)* belanget das zeitlich: a; belanget daß zeitlich: c.
f) fehlt in c.
g) wille etc.; Text bricht ab: c.
h) beger: b.
i)–*i)* etc.: b.

1. Johannes a Lasco (1499–1560), Theologe und Reformator in Emden. NBD 13 (1982), S. 657 f. Eine entsprechende an Lasco gerichtete Schrift Bucers ist nicht bekannt.
2. *Bucer*, ›Von der waren Seelsorge …‹, Straßburg: Wendelin Rihel, [vor 4. April] 1538 (VD 16 B 8941; Bucer-Bibliographie 81). Edition in BDS 7, S. 67–241.
3. Vgl. BDS 6,3, S. 189,7–19 und S. 236,4–14.
4. Wibrandis Rosenblatt.
5. Elisabeth Bucer; s. oben S. 523.
6. inn die Ehe … bestatten: zur Ehe geben; sich verehelichen. Frühneuhochdt. WB 3, Sp. 1935 f.
7. Vormund.
8. Gulden.
9. Wort nicht belegt. Vielleicht: für die überlebende Gattin nachträglich ausgesetztes Gut.
10. Hilfe.

2. Vnd[j] damit sie dis desto bass vermöge, vnd darumb, das sie mir vnd meinen kinderen so getrewlich gedienet vnd freilich weiter dienen wirt, so lang sie es vermage, So will ich, das der braulauff widum[1], so ich jr, als wir zusamen kommen sind, verschriben, vmb ein Hundert gulden von dem zweitheil der beden kinder gebessert werde, Sunst sollen meine Erben sein meine zwey kindern[2] zum zweiten, Vnd sie mein hausfraw zum dritten theil, nach vnser heyrahts verschreibung, inn welcher was von dem, so von meiner hausfrawen herkommen, soll theilbar sein ader nit, beschriben ist.

Zins zu Basel dem weib zu

3. Jn dem will ich aber doch, das meineren hausfrawen zu jrem theil vorab sollen zugetheilet werden die zins zu Basel, die sie mir zubracht hatt.

50 fl. den Armen in fernen orten

4. Ferner wille vnd beger ich, ehe dann etwas getheilet werde, das vnserem h. Christo Funffzig gulden gesondert werden von dem, das er mir übrig wirdt lassen, [k]Wa anders mein narung[3] vngefehr*[k]*-lich bey dreyhundert gulden bleibt, wie sie war, da wir zusamen kommen sind,

Dauon man geben soll zwantzig den gemeinen Armen, zehen in Spital[4], zehen zun Wilhelmern[5] vnd zehen den blaterleuthen[6].

Stillstand Nathanaels an 236 gulden

5. Jtem nach dem ich meinen Son Nathanaël[7] so ein gros fur meine nahrung gegeben hab, nach abgang meiner hausfraw, seligen Elizabethen Pallassin[8], seiner Muterr, uber das zu rechnen, das jme zu seinem theil hette gepüret Vnd dannocht über das ich jhn nun so vil JAR [l]in meinen kosten*[l]* hab gehalten, mit kost vnd kleydern, So will ich, so es zu theilen kommet, das er so lang stilstande, | *780* | biss meinem döchterlin als vil voraus werde, als vil ich jhm gegeben hab über seinen gepurenden theil, Dann dis kindt noch vnerzogen, vnd er nůn, wil er, dahin kommen ist, das er sich mit Gottes hilffe ernehren kan,

NOTA: Ich, der vogt, hab auch mitkosten gelitten laut meiner vogtrechnung. Biß in die 50 fl. Dis betregt sich nicht mit dem heirahtsbrief[9] ibi. Widerfall der ersternenten summen

6. Doch solte das döchterlin vor der Muter mit tod abgehn, so hab ich mein fraw erbetten, das sie bewilligt hat, das von des döchterlins nachplibenem gut

j) im Wort korr. aus: und: a.
k)–*k)* unterstrichen: a.
l)–*l)* unterstrichen: a.

1. brulauff widemb: (als) Brautgabe, Aussteuer zur Hochzeit. Vgl. *Lexer* 3, Sp. 821 f.; vgl. Frühneuhochdt. WB 4, Sp. 1003–1005.
2. Elisabeth Bucer und Nathanael Bucer; s. oben S. 522 f.
3. Einkommen.
4. Hospital in Straßburg (heute Hôpital civil).
5. Internat für auswärtige und unbemittelte Theologiestudenten im ehemaligen Straßburger Wilhelmerkloster, das spätere Collegium Wilhelmitanum. *Röhrich,* Martin Butzers Testamente, S. 220 f.
6. Haus für Blatternkranke (insbesondere Syphiliskranke). Es entstand um 1500 und befand sich an der Gestütgasse (heute Rue des Greniers). *Röhrich*, Martin Butzers Testamente, S. 211, Anm. 1.
7. Nathanael Bucer; s. oben S. 522.
8. Elisabeth Bucer geb. Silbereisen (Palassin); s. oben S. 521.
9. Heiratsbrief vom 4. Oktober 1542; s. oben Nr. 25.1 (S. 525–530).

dem Nathanael so fil wider zufallen soll, wa ers erlebt, als vil dem döchterlin uber den ordenlichen halben zweytheil meiner verlassenen Nahrung von des Nathanaels halben zweytheil zukommen ist.

Nathanäel on leibs erben etc. testieren den Wilhelmeren

7. Meinem Son Nathanaeln will ich auch das vfflegen, vnd von jm gebetten haben, das er mit raht seines vogts[1] wölle verordnen vnd schaffen, wa er solte one leibs erben, vnd nach abgang meiner dochterr vnd seiner schwester Elizabethen, abgehn, das er zu Erben seiner verlassenen nahrung setzen wolte die Wilhelmer knaben[2] zum zweytheil, vnd seine vettern vnd basen von seiner Muter her, die jhm die nehisten sind, nur zum dritten theil,

Angesehen, das die selbigen vorhin von seiner muter seligen vetterlichem vnd müterlichem erbe so ein grosses jnbehalten haben vnd jr nur den vierdentheil dauon gegeben, Vnd das hatt auch sein muter allwegen begert Vnd inn dem auch bedacht, das vnser nahrung den mehrern theil durch mein vnd jhre arbeit uberkommen ist, Vnd meinethalben aus der arbeit, die ich aus der gabe Gottes, der lehre, hab mogen verrichten.

Lisbetlin etc. testieren etc.

8. Also bitt ich auch mein liebe hausfraw, wa sichs begebe, das mein tochter Elizabeth vor jr abgieng, das sie den fünfften theil des, so von des kinds narung überblibe, auch den Wilhelmern zugeben verschaffen wolte.

Legata Con. Huberto

Leges videntur improbarum vel saltem ad tempus.

Uxori tutoris 10

Chelio 11

9. Vnd nach dem der wolgelert, mein christlicher lieber bruder vnd gehilff jmm dienst des Herren, h. Chůnradt Hubert[3], vil mühe vnd arbeit mit mir vnd den meinen gehabt, vnd noch hat, jch jhn auch erbetten habe, das er meiner dochter vogt wolle sein, wie er | *781* | meines Sons Nathanaels vogt ist, So solle er vonn meinen[m] bücheren, welche Er will, nemen vff die Summa zwelff gulden strasburger wehrung vnd sollen jme die buͤcher vff den geringisten pfennige gerechnet werden, Vnnd seiner hausfrawen soll mann ein zimlichen arres[4] zu einerr schuben[5] kauffen vnd geben.

D. Ulrich Geiger[6], mein lieber geuatter, hatt mir auch vil guts gethan, dem solle mann den Thesaurum linguae Latinae geben, in den zweyen grossen buchern.

m) Dittographie: meinen meinen: a.

1. Vormunds.
2. Schüler als Stipendiaten im Wilhelmitanum (im ehemaligen Wilhelmerkloster in Straßburg).
3. Konrad Hubert (1507–1577), 1531–1549 Privatsekretär Bucers und Diakon an St. Thomas in Straßburg. *Baum*, Capito und Butzer; BCor VII, S. 445; *Buckwalter*, Hubert.
4. arras: leichtes Wollgewebe. *Götze*, S. 13.
5. langen Obergewand. Deutsches Rechtswörterbuch 12, Sp. 324.
6. Ulrich Geiger, oft auch Ulrich Chelius (geb. um 1550, gest. 1558), Dr. med., Diplomat, 1534 im Dienste von Guillaume und Jean du Bellay und französischer Abgesandter zu Philipp Melanchthon, von 1536 an als Arzt und Diplomat in Straßburg. *Ficker/Winckelmann*, Handschriftenproben I, Nr. 25. MBW, Bd. 12 (Personen A–K), S. 124f.

Alithiae 10 | Agneti 10

Vnd nach dem mein dochter Alithia[1] vnd Agnes[2] vil arbeit im haus gehebt vnd von mir vnbelohnt pliben seind, Will ich, das von meiner kinder zweytheil jeder zehen gulden gegeben werden,

Joh. Simoni | Jrene

Den andern zweyen, Hanns Simon[3] vnd Jrenen[4], jedem ein kleidt.

Testamentarii designati D. Chelius Dasypodius

Die dis mein Testament exequieren, will ich trewlich gebetten haben, den hoch vnd wolgelerten, meinen lieben geuattern D. Ulrichen Geiger, vnd M.[5] Peter Dasypodium[6].[i]

Dis alles bitt[n] vnd begere ich, das es erkennet vnd gehalten werde als mein wolbedacht vnd endtlich entschlossen Testament vnd letster wille, wie das die gemeynen[o] Rechte vermögenn[p]. Der HERRE geb[q] sein gnad[r] vnd erhalte mich inn dem glauben vnd erkantnüs[s], wie die hieuor gemeldet, vnd[t] neme[u] mich dann in der selbigen auff zu seinen ewigen gnaden. Amen.

Verba notarii

[v]Solchem allem nach hat ermeldter Testator angezeigt, das solichs jnhalt ietz verlesener schrifft sein endtlicher geliebeter vnd letster wille sein vnd pleiben, Auch dem selben nach seinem todlichen abgang gelebt werden, vnd würckliche volstreckung[w] besthehen solt,

Vnd ob der selbige aus mangel einiger solennitet[7] oder nach ausweisung gemeiner geschribner Rechten als ein wesenlich Testamentum nuncupativum[8] nit gelten oder bestand haben wolte, das es doch krefftig vnd bestendig sein solte als ein Codicil oder[x] ein | *782* | ieder letster will oder vergabung, so von kunfftiges todes vrsachen beschicht,

Doch behielt er jme beuor, dises sein Testament, ordnung vnd letsten willen, wie jme die Recht zugeben, vber kurtz oder über lang, gar[9] oder zum

n) bitte: b.
o) gemeinen: b.
p) vermögen: b.
q) gebe: b.
r) gnade: b.
s) erkantnis: b.
t) Vnd: b.
u) nemme: b.
v)–*v)* fehlt in b.
w) Schrf.: volnstreckung: a.
x) im Wort korr: a.

1. Aletheia Oekolampad; s. oben S. 522.
2. Agnes Capito; s. oben S. 522.
3. Hans Simon Capito; s. oben S. 523.
4. Irene Capito; s. oben S. 523.
5. Magister.
6. Peter Dasypodius (um 1490–1559), Pädagoge und Lexikograph. *Hartmann*, Art. Dasypodius, Petrus, in: NDB 3 (1957), S. 520; MBW, Bd. 11 (Personen A–E), S. 338 f.
7. Förmlichkeit.
8. sogenanntes, uneigentliches.
9. ganz.

theil abzuthun vnd zu widerrüffen, endern, mehren vnnd minderen nach seinem willen vnd gefallen.

Begerte auch von mir Notarien, jme, seinen Erben oder Testamentarien dises seines vffgerichten Testaments vnd letsten willens verordnung, eins oder mehr offne jnstrumenta zumachen vnd mitzutheilen.

Solichs alles ist beschehen inn der Statt Strasburg, in des Testators heuslichen wohnunge auff S. Thomans[1] plan, eben in seinem studier stublin jm jare vnsers herren, jndiction, regierung, monat, tag vnd stunde, wie zu anfang gemeldet ist,[v]

Anno 1548, 23. Januar

[y]Jn personlicher gegenwertigkeit der Ernhafften, hoch vnd wolgelerten vnd Erbarnn, herrn Johann Marpach[2], doctor der h. Schrifft, herrn Chůnradt Schnellen[3], pfarrer zu S. Thoman, herrn Chunradten Hubert[4], helffer daselbest[z], h. Jeronymus Bopp[5], Stifftherren auch daselbst, h. Martin Fabri[6], helffer zu S. Claus, Mathias Reuters[7] von Franckfurt am Meyne, vnd Eusebij Bedrotti[8], alle hie zu Strasburg wohnhafftig, als gezeugen herzu, sampt vnd sonders berůffen, erfordert vnd erbetten.[y]

Testes

[a]Vnd dieweil ich[a], Georgius Vischer[9] von Harburg[10], [b]Augspurger Bistumbs, von keiserlicher gewalt offenbarer Notarius vnd eins Ersamen Rahts[b] zu Strasburg [c]geschworner schreiber, bei anzeigung vnd übergebung des obgenanten Testators angestelter schrifft seines letsten willens, verordnung vnd Erbsatzung, auch offentlicher verlesung desselben vnd allen anderen dingen,

y)–*y)* Sieben Berůffene vnd erbettene zeugen dises Testaments: h. Johan Marbach, D. der h. Schrifft; h. Conradt Schnel, Pfarrer zu S. Thoman; h. Conradt Humbert, helffer daselbst; h. Hieronymus Bopp, Stifftherr auch daselbst; h. Martin Fabrj, helffer zu S. Claus; Matthias Ritter von Franckfurt am Meyne; Eusebius Bedrottus: b.

z) korr. aus: daselbet: a.

a)–*a)* vor den linken Rand geschrieben: b.

b)–*b)* keißer. Notarij vnd bürger hie: b.

1. St. Thomas-Kirche in Straßburg. Bucer war hier 1531–1540 Pfarrer.
2. Johannes Marbach (1521–1581), 1545–1557 Pfarrer zu St. Nikolaus in Straßburg, 1557–1581 Hochstiftsprediger und Professor der Theologie ebd. *Bopp*, Die evangelischen Geistlichen, S. 354 (Nr. 3347).
3. Konrad Schnell († 1559), 1540–1549 Diakon zu St. Thomas in Straßburg, 1549–1550 Pfarrer ebd. *Bopp*, Die evangelischen Geistlichen, S. 491 (Nr. 4700).
4. Konrad Hubert; s. oben S. 575, Anm. 7.
5. Hieronymus Bopp, 1541–1554 Kanonikus zu St. Thomas in Straßburg. *Knod*, Stiftsherren, S. 34.
6. Martin Fabri, 1525–1549 Diakon zu St. Nikolaus in Straßburg. *Bopp*, Die evangelischen Geistlichen, S. 147 (Nr. 1294).
7. Matthias Ritter (um 1525–1584), Theologe in Frankfurt am Main. ADB 28 (1889), S. 666–668.
8. Eusebius Bedrotus, Sohn von Jakob Bedrotus, 1547/48 Vikar zu St. Thomas in Straßburg, später Jurist in Wien. *Knod*, Stiftsherren, S. 47.
9. Georg Vischer (Fischer), Ratsschreiber in Straßburg 1541–1553. *Ficker/Winckelmann*, Handschriftenproben I, Nr. 29.
10. Harburg bei Donauwörth.

so zu vffrichtung vnd bekrefftigung desselben besthehen, sampt hievorbenanten ehrnhafften glaubwirdigen gezeugen selbs personlich zugegen gewesen, die selbs gesehen, gehort vnd mitverhandelt. So hab ich[c] [d]mit volgenden beschließlichen worten[d].

c)–*c)* etc.: b.
d)–*d)* etc.: a.

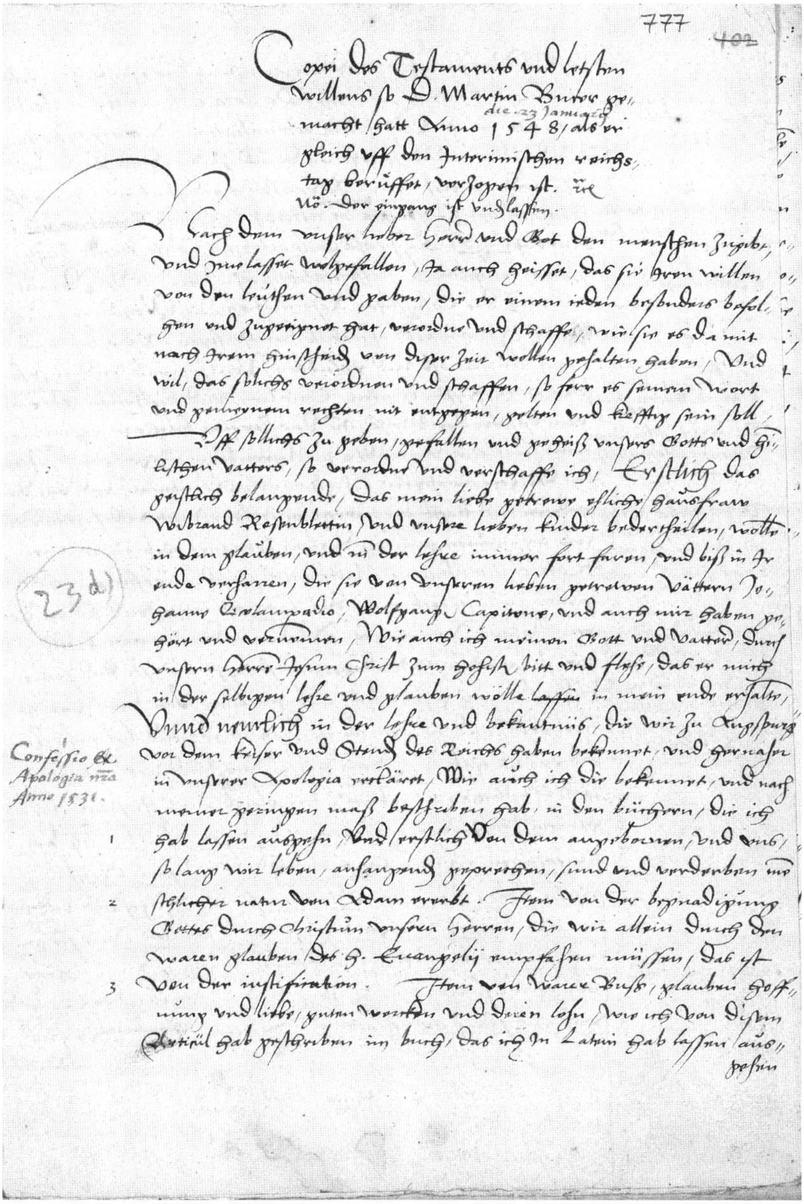
777

Copei des Testaments vnd letsten willens so D. Martin Bucer gemacht hatt Anno 1548 / als er gleich vff den Interimistischen reichstag berüffet, verzogen ist.

die 23 Januarii

Nach dem vnser lieber Herr vnd Got den menschen zugibt, vnd zulasset wolgefallen, Ja auch heisset, das sie iren willen von den leuthen vnd gaben, die er einem iden besunders beuolhen vnd zugeeignet hat, verordne vnd schaffe, wie sie es da mit nach irem hinscheid von diser zeit wollen gehalten haben, Vnd wil, das solchs verordnen vnd schaffen, so ferr es seinem wort vnd gemeinem rechten nit entgegen, gelten vnd kreftig sein soll.

Vff solchs zu geben, gefallen vnd geheiß vnsers Gottes vnd himlischen vatters, so verordne vnd verschaffe ich, Erstlich das geistlich belangende, das mein liebe getrewe eheliche hausfraw Wibrand Rosenblatin, vnd vnsere lieben kinder beiderteilen, wolle in dem glauben, vnd in der lehre immer fort faren, vnd biss in ir ende verharren, die sie von vnseren lieben getrewen vättern Johanne Oecolampadio, Wolfgango Capitone, vnd auch mir haben gehört vnd vernommen, Wie auch ich meinen Gott vnd vatter, durch vnseren herren Jesum Christ zum hochst bitt vnd flehe, das er mich in der selbigen lehre vnd glauben wölle lassen in mein ende erhalten,

Vnnd namlich in der lehre vnd bekantnuss, die wir zu Augspurg vor dem keiser vnd Stenden des Reichs haben bekennet, vnd hernach in vnserer Apologia erkläret, Wie auch ich die bekennet, vnd nach meiner geringen mass beschreiben hab in den büchern, die ich hab lassen außgehn, Vnd erstlich von dem angebornen, vnd vns so lang wir leben, anhangende gebrechen, sund vnd verderben vnserer natur von Adam ererbt. Item von der begnadigung Gottes durch christum vnseren herren, die wir allein durch den waren glauben des h. Euangelij empfahen müssen, das ist von der iustification. Item von warer Buss, glauben hoffnung vnd liebe, guten werken vnd deren lohn, wie ich von disem Artikel hab geschriben im buch, das ich in Latein hab lassen ausgehn

Confessio & Apologia nostra Anno 1531.

Straßburg StArch, AST 39, Nr. 23 (b), S. 777

Nr. 25.9
Codicill und Nachtestament von Bucer

22. Februar 1551

deutsch

Überlieferung

a: Straßburg StArch, AST 39, Nr. 23 (b), S. 783–785 (Handschrift von Konrad Hubert). Daraus Editionen (ohne Angabe der Quelle): *Baum*, Capito und Butzer, S. 572–574; *Röhrich*, Martin Butzers Testamente, S. 226–230
b: Straßburg StArch, AST 39, Nr. 23 (b), S. 794–796 (unbekannte Hand)
c: Straßburg StArch, AST 39, Nr. 23 (b), S. 797 f. (Handschrift von Konrad Hubert)

Text

[b]Ex latino versum[b] | *783* | [a]Codicill vnd beuestigung obgeschribnen testaments, in Engelland Anno [15]51 gemacht.[a]

[c]Iesvs Christvs[c], vnser Herr[d], vnser leben vnd vfferstendtnis, wölle sich, als[e] den gnaden stůl[f] vnd Erlöser[g] zum ewigen leben[h], eröffnen[i] allen denen, so er dises[j] [k]herztlich [l]von jm[l] zubegeren[k] gegeben[m] hat. Amen.

a)–*a)* Anfang vnnd ende vß dem Codicill oder nachtestament Martin Bucers, daß er zu Cameritz in Engellandt, Anno M. D. LI., den 22. hornungs, gepüerender weise fünff tag vor seinem selligen abscheidt vffgerichtet vnd mitt Königlicher Mt. einsigell daselbst verwaren lassen hatt, wie solchs mitt Dem augenschein zu erweisen ist. Daß lautet vß dem Latein allso: b; das Codicill zu Butzers Testament (am oberen, linken Seitenrand; Hs. 19. Jahrhundert): c.
b)–*b)* fehlt in b, c.
c)–*c)* Jesus Christus: b, c.
d) Herre: c.
e) über der Zeile erg. für gestr.: eröffnen: c.
f) gnadenstul: b; Gnaden stůl: c.
g) erlöser: b; danach über der Zeile erg., dann aber wieder gestr.: sein: c.
h) danach gestr.: sein: c.
i) vor den linken Rand geschrieben: c.
j) danach gestr.: von jm: c.
k)–*k)* von ihme hertzlich zu begeren: b.
l)–*l)* über der Zeile erg. und eingewiesen: c.
m) verlühen: a.

Als[n] ich [o]zu dem[o] Reichstage[1][p] deudtscher[q] nation, daruff das keyserlich[r] Edict von der religion, Jnterim genant[s], geschmidet ist[t], berüffet warde, vnd das[u] schneller weise durch die[v] zwen Churfürstenn[w], den pfaltzgrauen[2] vnd Marckgrauen von Brandenburgk[x][3] (wiewol[y] mit vorwissen Carolj[z][4], des keisers, vnd Ferdinandj[5], doch[a] nit offenbar[b]), hatt ich leicht zu ermessen[c], das den lieben kirchen, die[d] Gottes wort[e] vnd Sacrament[f] rein haben, bittere versuchungen zugerüstet[g] wurden[h],

Derhalben ich damals gnůg weitleüffig mein Testament[i] vnd letsten willen, Von meinem glauben vnd lehre, [j]von heiligen[k] Sacramenten[j] vnd der[l] kirchenzucht[m], vnd volgends auch von haushebigen dingen[6], beschriben vnd angeben habe,

n) Alls: b.
o)–*o)* vff den: b.
p) danach gestr.: der: c.
q) Teütscher: b; korr. aus: deudtschen: c.
r) keiser.: a; keiserl.: c.
s) genennt: b.
t) über der Zeile erg. und eingewiesen für gestr.: worden: c.
u) aber gantz: b.
v) fehlt in b.
w) Churf.en: a, c.
x) Brandenburg: b, c.
y) doch: b.
z) fehlt in a, c.
a) aber: b.
b) offennparlich: b; offenbarlich: c.
c) gedencken: b.
d) über der Zeile erg. und eingewiesen für gestr.: so: c.
e) worth: b.
f) Sacramenta: b.
g) zubereitet: b.
h) würden: b, c.
i) testament: b.
j)–*j)* von den H. Sacramenten: b.
k) H.: b, c.
l) fehlt in b.
m) danach gestr.: beschriben vnd angeben habe: c.

1. Reichstag von Augsburg 1547/48 mit Reichsabschied vom 30. Juni 1548.
2. Pfalzgraf Friedrich II. (der Weise).
3. Joachim II., Kurfürst von Brandenburg.
4. Kaiser Karl V.
5. Ferdinand I. von Habsburg, deutscher König.
6. haushebigen dingen: Inventaren. *Götze*, S. 117.

[u]Confirmatio test.[u][3]

[b]De lucubrationibus suis[b]

Dis mein[n] Testament hab ich gelegt vnd gelassen hinder[o] [p]offnen[q] keiserlichen[r] Notarien[p], [s]H.[1] Jörgen Vischer[2],[s] der[t] damals das rahtschreibeampt [v]in [w]rechtshendlen fürnemlich[w][v] verwalten thete[x], [y]Vnd will in dem selbigen testament[z] alles, so die religion oder den[a] Glauben belangt, hiemit[c] befestet[d] vnd bekrefftiget haben, Vnd in was[e] ordnung ich daselbet meine bücher, [f]durch mich[f] gemacht, beschriben hab[g], in der selbigen begere ich, das[h] sie auch von getrewen brüderen gelesen werden, Vnd binn mir gantz mit[i] nichten bewüßt, das ich mitler weil [j][k]an lehre[k], darinnen begriffen[l], mißhellung bekommen[m] hette[j].

n) über der Zeile erg. und eingewiesen: c.
o) hinder der: c.
p)–*p)* Reihenfolge nachträglich verändert: a.
q) offnem: a.
r) korr. aus: keiser. Ant.: a; Key. Mt.: b; Keiss. Mt.: c.
s)–*s)* fehlt in a, c.
t) über der Zeile erg.: c.
u)–*u)* fehlt in b, c.
v)–*v)* fehlt in c.
w)–*w)* fehlt in a.
x) im Wort korr.: c.
y) unterstrichen: a.
z) Testament: b.
a) fehlt in b, c.
b)–*b)* fehlt in b, c.
c) fehlt in c.
d) befestiget: b.
e) korr. aus: das: c.
f)–*f)* über der Zeile erg. für gestr.: so ich: c.
g) habe: b.
h) über der Zeile erg. und eingewiesen: c.
i) über der Zeile erg. und eingewiesen: c.
j)–*j)* hierinn mißhällig worden were (Nec quicquam agnosco me his interim dissensisse): b.
k)–*k)* über der Zeile erg. und eingewiesen: c.
l) fehlt in c.
m) vor den linken Rand geschrieben und eingewiesen: c.

1. Herrn.
2. Georg Vischer (Fischer), Ratsschreiber in Straßburg 1541–1553. *Ficker/Winckelmann*, Handschriftenproben I, Nr. 29.
3. testamenti.

So[n] viel aber meine nahrung belanget[o], achte ich, das mein liebe[p] hausfraw[q] sich[r] im witwestaht[1s] gern[t] halten vnd leben werde, das ich doch[u] keins wegs [v]von jr[v] haben will[w], wa jr der HERRE einen gotsförchtigen, frommen[x] gemahel zufugen thete, der jr[y], [z]als einer[z] durch viel arbeit, gefahr vnd mühe ausgemergelten frawen, behulfflich sein wolte.

Doch weiß ich, das der muter gantzes leben, ann jr, der dochter, hanget, [a]Margretlin[2] selig belangend[a]. Nun hat aber die můter ein döchterlin jres Sons, [b]meiner frawen bruders seligen[b] kind, welches wir gleich wie die vnseren aus gemeiner hab vnd gut erzogen[d] vnd bekleidet haben. Nota[c]

Da gefiel mir nůn, das dieses[e] döchterlin [f]fürhin auch also[f] aus dem gemeinen gut oder corpus ernehrt vnd vfferzogen würde. | *784* | Doch mit dem ausdingen[g3], das es[h], weil es sein eigen vätterlich Erbe hat, [i]den grösseren kleider kosten dauon nemme[i], Vber dis[j] döchterlin sind noch[k] mehr[l] sone [m]vnd döchter[m] von meiner frawen bruder seligen vorhanden, die aber[n]

n) über der Zeile erg. und eingewiesen: c; aber nun: b.
o) danach in b: etc.; der restliche Text fehlt.
p) l.: a.
q) danach gestr.: leichtlich: c.
r) fehlt in c.
s) danach: sich: c.
t) über der Zeile erg. und eingewiesen: c.
u) danach Buchstaben gestr.: c.
v)–*v)* über der Zeile erg. und eingewiesen: c.
w) danach gestr.: von jhr: c.
x) danach gestr.: heiligen: c (davor über der Zeile erg. und eingewiesen: vnd: c).
y) danach gestr.: einer: c.
z)–*z)* vor den linken Rand geschrieben: c.
a)–*a)* vor den linken Rand geschrieben und eingewiesen: a; fehlt in c.
b)–*b)* seligen meiner frawen bruders: c.
c) fehlt in a.
d) korr. aus: gezogen: c.
e) dis: c.
f)–*f)* auch also furhin: c.
g) bedinge: c.
h) vor den linken Rand geschrieben und eingewiesen: c.
i)–*i)* dauon den grösseren kleiderkosten nemme: c.
j) dises: c.
k) danach gestr.: zwen: c.
l) fehlt in c.
m)–*m)* vor den linken Rand geschrieben und eingewiesen: c.
n) fehlt in c.

1. Witwenstand.
2. Margaretha Rosenblatt, eine Enkelin des Bruders von Wibrandis.
3. Vereinbarung. Frühneuhochdt. WB 2, Sp. 950–952.

[o]nůn mehr[o] so weit kommen[p], das sie sich[q] mit[r] jhrer arbeit gnůgsamlich ausbringen[s] vnd meinen armen[t] weislin keine beschwernüs sein sollen, Deren einer, gemüt vnd[u] verstand nach [v]zu achten[v], ein kind[w] vnd dazu[x] blödes[1] leibs ist[2], Das ander noch gantz jung vnd[y] vnerzogen.[3]

Ich [z]hette nit mangel an[z] redlicheit vnd billicheit[a] meiner hausfrawen[b], Aber mein schwiger[4] ist[c] jren Sons kinderen [d]gantz fast[d5] geneigt[e].

Nůn sind auch[f] noch in leben, von d.[6] Capiton[7] ein Son vnd ij[g] döchter[8], von d. Oecolampadio[9] ein dochter[10], von mir aber ein Son[11] vnd ein dochter[12], vnd iede haben jre vögte, deren ieder seinem vogtkinde guts[h] zu thun geneigt ist.

o)–*o)* über der Zeile erg. und eingewiesen: c.
p) danach gestr.: sind: c.
q) danach gestr.: aus: c.
r) vor den linken Rand geschrieben und eingewiesen: c.
s) danach gestr.: mögen: c.
t) über der Zeile erg. und eingewiesen: c.
u) oder: c.
v)–*v)* fehlt in c.
w) danach gestr.: ist: c.
x) gantz: c.
y) über der Zeile erg. und eingewiesen: c.
z)–*z)* sorgete nichts ab (Wort über der Zeile erg. und eingewiesen) der: c.
a) danach Wort gestr.: c.
b) danach Wort gestr.: c.
c) über der Zeile erg. und eingewiesen: c.
d)–*d)* fehlt in a.
e) übergeneigt: a.
f) vor den linken Rand geschrieben und eingewiesen: c.
g) über der Zeile erg. für gestr.: ein: a; ein: c.
h) über der Zeile korr. aus: gutgeneigt: c.

1. schwachen.
2. Nathanael Bucer; s. oben S. 523.
3. Elisabeth Bucer; s. oben S. 523.
4. Schwiegermutter. *Lexer* 2, Sp. 1373.
5. gantz fast: sehr.
6. Doktor.
7. Wolfgang Capito; s. oben S. 522.
8. Johann Simon Capito, Agnes Capito (es war nur noch diese Tochter am Leben); s. oben S. 522f.
9. Johannes Oekolampad; s. oben S. 522.
10. Aletheia Oekolampad; s. oben S. 522.
11. Nathanael Bucer; s. oben S. 522.
12. Elisabeth Bucer; s. oben S. 523.

[i]NOTA distributio[i]

[j]Wa[k] nun meine vertheilung von Rechtkündigen[l], dapffern Herren vnd mennern billich vnd Erbar sein geachtet wirt, were ich guter hoffnung, das [m]sie, die vertheilung[j], auch[m] [n]konde leichtlich zu Strasburg[n] angenommen werden, Bitte derhalben[o] alle[p] die jenigen, so darüber[q] erkennen werden, sie wöllen jm Herren betrachten, das mein liebe[r] hausfraw inn jren angehnden[s] vnd besten jaren, [t]den kirchen zu dienen, vast hart geübet[t] ist, Erstlich bei dem ernsthafften vnd arbeitsamen Oecolampadio, darnach bei dem fur vnd fur[1] blöden [u]vnd krancken[u] Capiton seligen, Letzlich bei mir, da sie frembden leuthen zu dienen vnd mit eignen[v] kranckheiten [w]ist ja seer[w] bemühet[2] worden.

Nun hat der Hochwurdigst[x] Ertzbischow von Candelberg[3] [y]hern Paulus[4] seligen witfrawen zuwegen bracht[y], das jr[z] das stipendium oder dienst besoldung[a] des[b] volgenden[c] halben Jars [d]nachdienet, vnd[d] ist[e] bewilliget worden. Weil dann gewiss ist, das ich in meiner reise [f]alher in Engelland[f][5],

i)–*i)* fehlt in c.
j)–*j)* unterstrichen: a.
k) Wo: c.
l) rechtsverstendigen: c.
m)–*m)* über der Zeile erg. und eingewiesen für gestr.: dise auch leichtlich: c.
n)–*n)* zu Strasburg konde leichtlich (beide Wörter über der Zeile erg. für gestr.: angenommen konde): c.
o) also: c.
p) fehlt in c.
q) dauon: c.
r) l.: a.
s) vor den linken Rand geschrieben für gestr.: ersten: c.
t)–*t)* imm kirchen dienst vast hartzlich geübet worden: c.
u)–*u)* über der Zeile erg. für gestr.: schwachen: c.
v) vor den linken Rand geschrieben und eingewiesen: c.
w)–*w)* ja (Wort über der Zeile erg. und eingewiesen) fast ist: c.
x) Ehrwurdigist gnedigist: c.
y)–*y)* zu wegen bracht, das Herrn Pauls seligen witfrawen: c.
z) fehlt in c.
a) besoldung: c.
b) korr. aus: das: a.
c) nachfolgenden: c.
d)–*d)* fehlt in c.
e) über der Zeile erg. und eingewiesen: c.
f)–*f)* gestr.: c.

1. fur vnd fur: immer, weiter. *Götze*, S. 92.
2. beladen.
3. Thomas Cranmer (1489–1556), Erzbischof von Canterbury 1533–1556.
4. Paulus Fagius (Büchelin) (1504–1549). Hebraist, seit 1544 in Straßburg, emigrierte im April 1549 mit Bucer nach Cambridge. NDB 4 (1959), S. 744; *de Lange/Wilhelmi*, Martin Bucer, S. 65–66.
5. Bucers Reise von Straßburg nach England (5.–23. April 1549). *Greschat*, Bucer, S. 251–253 (= 1. Aufl. S. 232–234).

vnd[g] meiner[h] bucher[i] verfertigung[j] [k]zu mir[k], auch meiner l.[l] hausfrawen beiden, eine inhern[m], vnd einer aushin, reisungen in Deudschland, sampt [o]600 fl.[o][1] [n]der meinen vnd[n] meines hausplunders einher schaffung, nit weniger dann VI^{c}[p] deudscher gulden verthon[q], Fur solche christliche mühe, der Engelischen kirchen wol zudienen, [r]ist mein[r] wunsch[s], bitt[t] vnd beger, dessen[u] ein [v]freundlichs bedencken[v] zu haben. [w]Mein hausgesünde ist zwar[w] gotsforchtig vnd in[x] guter anzale[y] [z]der jar[a][z]. Vnser HERRE Jesus Christus wölle alles massigen zu seines Namens ehren, an den meinen, vnd an[b] allen anderen [c]Agnesen 100 fl.[c] menschen. Amen. | *785* | Vnd dieweil D.[d] Capitons seligen dochter Agnes[2], als sie mein schwere kranckheit vernommen, zum ersten sich hat[e] hören lassen, das sie auch allein vnd vff jren eignen kosten, [f]alher mir zu dienen[f] reisen wolte, vnd also[g] mit der muter herein kommen, vnd da[h] nachmals[i] die můter wider in Deudschland gereiset, bei mir bliben, so erbarlich[j] vnd mit so hoher trew mir[k] gedienet hat, weiss[l] ich jr das nit zu[m] vergelten.

g) fehlt in a.
h) korr. aus: meines: c.
i) über der Zeile erg. für gestr.: hausplunders: c.
j) danach am linken Rand erg. und eingewiesen: alher in Engeland: c.
k)–*k)* fehlt in c.
l) fehlt in c.
m) einhern: c.
n)–*n)* vor den linken Rand geschrieben und eingewiesen: c.
o)–*o)* fehlt in c.
p) unterstrichen: a.
q) danach gestr.: habe, so wünsch vnd beger ich: c.
r)–*r)* fehlt in c.
s) wünsch: c.
t) vor den linken Rand geschrieben: c.
u) ich ein: c.
v)–*v)* unterstrichen: a.
w)–*w)* Zwar mein Hausgesünd ist: c.
x) über der Zeile erg. und eingewiesen: ja: c.
y) zale: c.
z)–*z)* fehlt in c.
a) am Zeilenende über der Zeile erg: a.
b) fehlt in c.
c)–*c)* fehlt in c.
d) fehlt in c.
e) danach Wort gestr.: c.
f)–*f)* mir zu dienen (danach gestr.: her) alher: c.
g) danach gestr.: sie: c.
h) über der Zeile erg. für gestr. Wort: c (davor über der Zeile gestr.: sie).
i) neben der Zeile erg. und eingewiesen nach můter: c.
j) frombklich: c.
k) über der Zeile erg. und eingewiesen: c.
l) kan: c (über der Zeile erg. und eingewiesen; davor über der Zeile Wort gestr.).
m) fehlt in c.

1. Gulden.
2. Agnes Capito; s. oben S. 522.

Damit[n] ich aber[o] nit vnmenschlichen[p] [q]gegen jr vndanckbar[q] seie, so schenck[r] vnd versprich ich jr, mit dem sententz dises meines letsten willens, hundert[s] Strasburger gulden, ja solichs gelt eigne ich jr zu, fur die vast[t][1] trewen vnd kummersalligen[u] mühen, die[v] sie mit mir erduldet, so mit uber Meer faren[w] vnd feindischer lender durchreisen[2], so auch[x] mit gegenwertigem[y] warten vnd dienen.

Doch weiß[z] ich, das[a] [b]sich jre gotsforcht auch an wenigem vernügen[3][b], ja bey nahe nichs begeren[c] thůt[d].

Mein hausdiener Martin[4], wa er wider[f] heim inn Deudschland wille, soll in vnserem kosten verfertigt[g] vnd dazu[h] mit zwelff[i] Englisch kronen begabet werden, er wölle gleich[j] dafur bücher ader aber[k] gelt.

[e]Diener 12 goldgulden[e]

Gleicher verehrunge solle[m] auch mein magd Margareth[5] gewertig sein.

[l]Magd. 12 goldgulden[l]

n) Doch das: c.
o) fehlt in c.
p) über der Zeile erg. für gestr.: vngötlichen: c.
q)–*q)* vndanckbar gegen jr: c.
r) im Wort korr.: c.
s) unterstrichen: a; C: c.
t) seer: c.
u) kummerhafften mühe: c.
v) korr. aus: sie: c.
w) über der Zeile erg. und eingewiesen: c.
x) fehlt in c.
y) korr. aus: gegenwertigklichem: c.
z) vor den linken Rand geschrieben für gestr.: kan: c.
a) über der Zeile erg. und eingewiesen: c.
b)–*b)* jre gotsforcht auch an wenigen sich vernüget: c.
c) begeret: c.
d) fehlt in c.
e)–*e)* fehlt in c.
f) über der Zeile erg. und eingewiesen: c.
g) danach gestr.: werden: a; geschehen (über der Zeile erg. für gestr.: thun): c.
h) weiters: c.
i) XII: c.
j) fehlt in c.
k) über der Zeile erg. für gestr.: das: c; fehlt in a.
l)–*l)* fehlt in c.
m) danach gestr.: mein: c.

1. sehr, ganz.
2. Bucer meint die Reise der Agnes Capito von Straßburg nach England.
3. begnügen, zufriedenstellen. *Götze*, S. 80.
4. Der nicht weiter bekannte Hausdiener Martin muß somit mit Bucer im April 1549 von Straßburg nach England gereist sein.
5. Auch die nicht weiter bekannte Magd Margaretha dürfte aus Straßburg mitgekommen sein.

[n]Lisbetlin[1] das drinckgschir bei 30 gl.[2] Löffel silber vergilt, jpsa dent ob 4 fl.[n]

Vnd demnach mein junge dochter noch fil bedorffen wirdt, gib vnd versprich ich jr allein das verguldet drinckgeschirr, damit mich der Durchleuchtigist konig [o]alhie in Engelland[3][o] zum newen jare begabet hat.

Wann aber vnser HERRE mein sele empfahen vnd zu sich nemmen wirdt, solle[p] uber meine[q] begrebnüs, ringfugigem leichekosten vnd bedencken der Armen, mein hausfraw, nach gůtachtung M.[4] Bradfords[5] vnd des pastors bei allen heiligen[6], setzen vnd ordnen, Vnd also [r]lobe den HERREN alles, was athem hat[r][7].

Zu Testamentarien berüffe ich alhie die[s] furtrefflichen herren d. Parcker[8] vnd d. Haddon[9], zu Strasburg aber (one vorernenten[t] Testamentarien[u], vögte vnd verwalter) bitte ich [v]imm Herren vast seer[v] die Ernhafften menner[w], H[err]n Mattheus pfarrer[10] Ammeisterstands[x], meine[y] vast geliebten Hern D. Chelium[11] vnd D. Andernachen[12].

n)–*n)* fehlt in c.
o)–*o)* fehlt in c.
p) korr. aus: sollen: c.
q) die: c.
r)–*r)* alles, was athem hat, lobe den HERREN: c.
s) danach Wort gestr.: c.
t) ernennete: c.
u) danach gestr.: vnd: c.
v)–*v)* vast seer jm herren: c.
w) fehlt in a.
x) Ammeistern: c.
y) mein: c.

1. Elisabeth Bucer; s. oben S. 523.
2. Gulden.
3. Edward VI. (1537–1553), König von England und Irland 1547–1553.
4. Magister.
5. John Bradford (1510–1555), englischer Reformator.
6. Vermutlich Willimus Hewet (Hewytt), Vikar an All saints in Cambridge 1540–1551. http://www.theclergydatabase.org.uk (CCED Person ID 27676) (19.08.2015).
7. Ps 150,6.
8. Matthew Parker (1504–1575), Reformator in England, Vizekanzler des Corpus Christi-Colleges in Cambridge, später Bischof von England.
9. Walter Haddon (1515–1572), Jurist, Vizekanzler der Universität Cambridge.
10. Mathis Pfarrer (1489–1568), Straßburger Ratsherr, oftmals Ammeister. *Brady*, Ruling Class, S. 340.
11. Ulrich Geiger, oft auch Ulrich Chelius (geb. um 1550, gest. 1558), Dr. med., Diplomat, 1534 im Dienste von Guillaume und Jean du Bellay und französischer Abgesandter zu Philipp Melanchthon in Wittenberg, von 1536 an als Arzt und Diplomat in Straßburg. *Ficker/Winckelmann*, Handschriftenproben I, Nr. 25. MBW, Bd. 12 (Personen), S. 124f.
12. Johann Winther von Andernach (1505–1574), gewöhnlich Dr. Andernach, Philologe und Arzt, seit 1544 in Straßburg. Er wurde hier mit griechischen, dann auch medizinischen Vorlesungen betraut. *Ficker/Winckelmann*, Handschriftenproben II, Nr. 82.

Der HERRE, ein witweschützer[z] vnd waisenvatter[1], wölle alles selbs regieren.

Zu Cameritz[2], den 22. Februarij, Anno 1551.

z) schutzer der (Wort über der Zeile erg. und eingewiesen) witwin: c.

1. Vgl. Ps 68,6.
2. Cambridge.

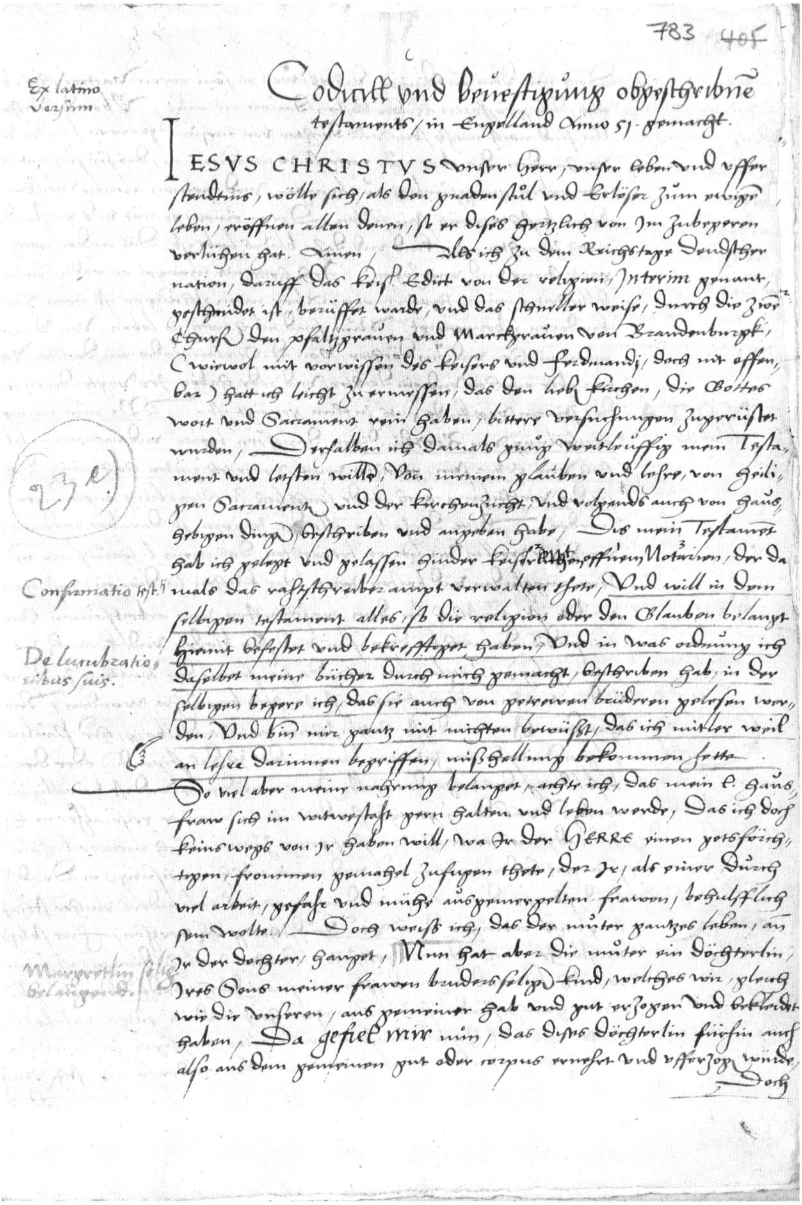

783 405

Ex latino versum

Codicill und beuestigung obgeschribne testaments, in Engelland Anno 51. gemacht.

IESVS CHRISTVS unser herr, unser leben und ufferstendtnus, wölle sich, als den gnadenstul und Erlöser zum ewigen leben, eröffnen allen denen, so er dises hertzlich von Im zubegeren verlihen hat. Amen. Als ich zu dem Reichstage Deutscher nation, darauff das keys. Edict von der religion, Interim genant, geschmidet ist, beruffen ward, und das schnöller weise, durch die zwen[2] Churf. den pfaltzgrauen und Marckgrauen von Brandenburgk, (wiewol mit vorwissen des keysers und Ferdinandi, doch nit offenbar) hatt ich leicht zu ermessen, das den heil. kirchen, die Gottes wort und Sacrament rein haben, bittere versuchungen zugerüst werden. Derhalben ich damals gantz ausstrücklich mein Testament und letsten willen, von meinem glauben und lehre, von heiligen Sacramenten und der kirchenzucht, und volgends auch von hausgebigen dingen, beschriben und ingeben habe. Das mein Testament hab ich gelegt und gelassen hinder keyserlichem offnen Notarien[3], der damals das raathschreiber ampt verwalten thete.

Confirmatio test.

Und will in dem selbigen testament alles, so die religion oder den Glauben belangt, hiemit bestetet und bekrefftiget haben.

De lucubrationibus suis.

Und in was ordnung ich dieselbet meiner bücher durch mich gemacht beschrieben hab, in der selbigen begere ich, das sie auch von getreuwen brüdern gelesen werden. Und bin mir gantz nit nichtes bewüst, das ich mitler weil an lehre darinnen begriffen, missHellung bekommen hette.

So vil aber meiner narung belanget, achte ich, das mein l. hausfraw sich im wittwenstandt gern halten und leben werde. Das ich doch keins wegs von jr haben will, wa je der HERRE einen gotsförchtigen, frommen gemahel zufügen thete, der jr, als einer durch vil arbeit, gefahr und mühe ausgemergelten frawen, behulfflich sein wolte. Doch weiss ich, das der müter gantzes leben an jr der dochter hanget.

Margretlin selig belangend.

Nun hat aber die müter ein döchterlin, Ires Sons meiner frawen bruders selig kind, welches wir, gleich wie die unseren, aus gemeiner hab und gut erzogen und bekleidet haben. Da gefiel mir nun, das dises döchterlin fürhin auch also aus dem gemeinen gut oder corpus ernehrt und erzogen würde.

Doch

Straßburg StArch, AST 39, Nr. 23 (b), S. 783

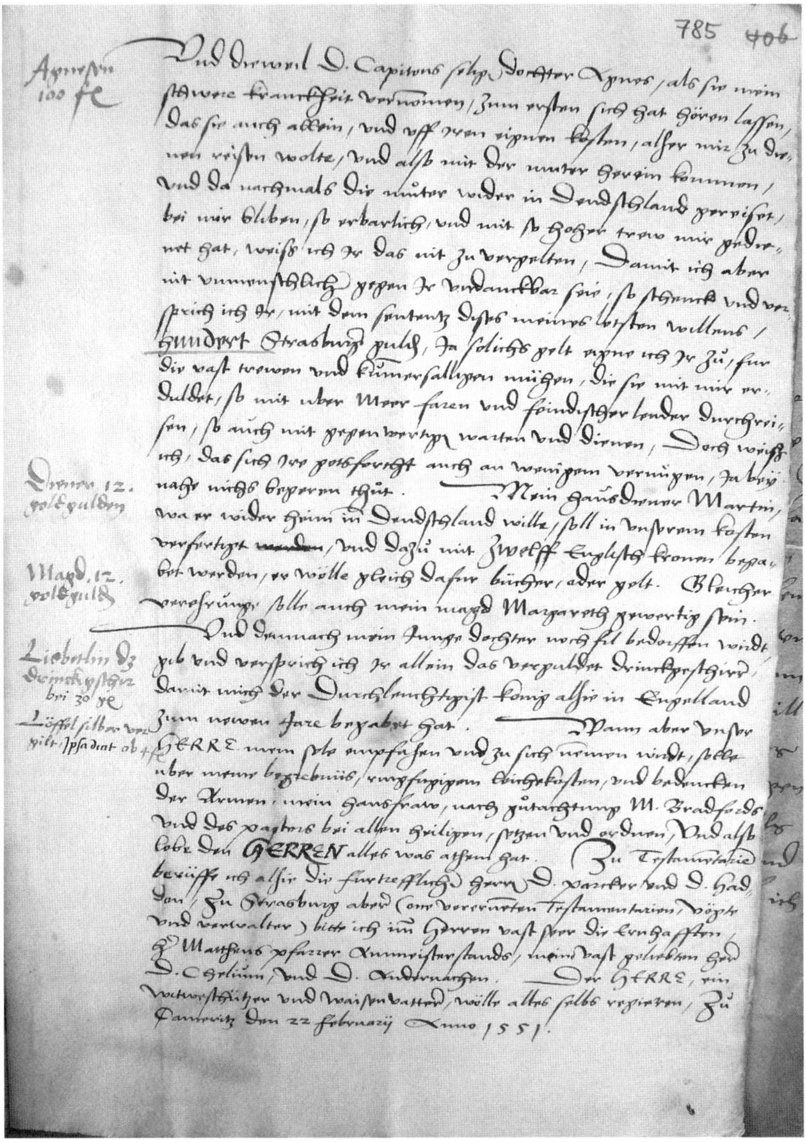

785

Und dieweil D. Capitons selig Dochter Agnes, als sie mein
schwere kranckheit vernomen, zum ersten sich hat hören lassen,
das sie auch allein, und uff iren eignen kosten, alher mir zu die-
nen reisen wolte, und also mit der muter herein kommen,
und da nachmals die muter wider in Deudschland gereiset,
bei mir bliben, so erbarlich, und mit so hoher trew mir gedie-
net hat, weiss ich ir das nit zu vergelten, Damit ich aber
nit unmenschlich gegen ir undanckbar sei, so schenck und ver-
spriche ich ir, mit dem sentenz dises meines letsten willens,
hundert Strasburg guld., die solichs gelt gebe ich ir zu, fur
die vast trewen und kumerselligen muhen, die sie mit mir er-
duldet, so mit uber Meer faren und frembder lender durchrei-
sen, so auch mit gegenwertigem warten und dienen, Doch weiss
ich, das sich ire gotsforcht auch an wenigem vernugen, ja bej-
nahe nichts begeren thut. — Mein hausdiener Martin,
wan er wider heim in Deudschland wille, soll in unseren kosten
verfertigt ~~werden~~, und dazu mit zwelff Englische kronen bega-
bet werden, er wölle gleich dafur bucher, oder gelt. Gleicher
versehung solle auch mein magd Margreth gewertig sein.
Und dienach mein junge dochter noch fil bedorffen wirdt
gib und verspriche ich ir allein das vergulden drinckgeschirr,
damit mich der Durchlauchtigist konig alhie in Engelland
zum newen jare begabet hat. — Wann aber unser
HERRE mein sele empfahen und zu sich nemen wirdt, sollen
uber meine begrebnüs, [illegible] [illegible], und bedencken
der armen, mein hausfraw, nach gutachtung M. Bradfords
und des pastors bei allen heiligen, setzen und ordnen, Und also
lobe den HERREN alles was athem hat. Zu Testamentarie
beruffe ich alhie die furtrefflichen herren D. Parker und D. Had-
don, zu Strasburg aber (den vorernanten Testamentarien, vögte
und verwalter) bitt ich die herren vast sehr die erenhafften
H. Matheus pfarrer Munsterstands, meine vast geliebten herr
D. Hedium, und D. Andernachen. Der HERRE, ein
wetwenschützer und waisenvatter, wölle alles selbs regieren, Zu
Cambrig den 22 februarij Anno 1551.

Straßburg StArch, AST 39, Nr. 23 (b), S. 785

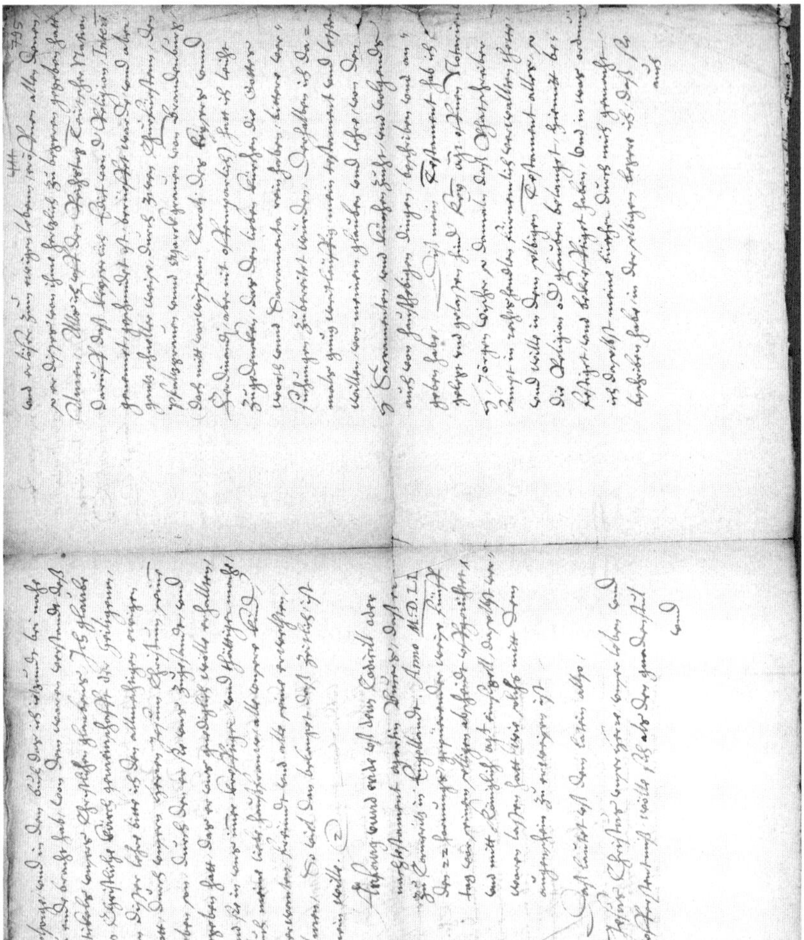

Straßburg StArch, AST 39, Nr. 23 (b), S. 794

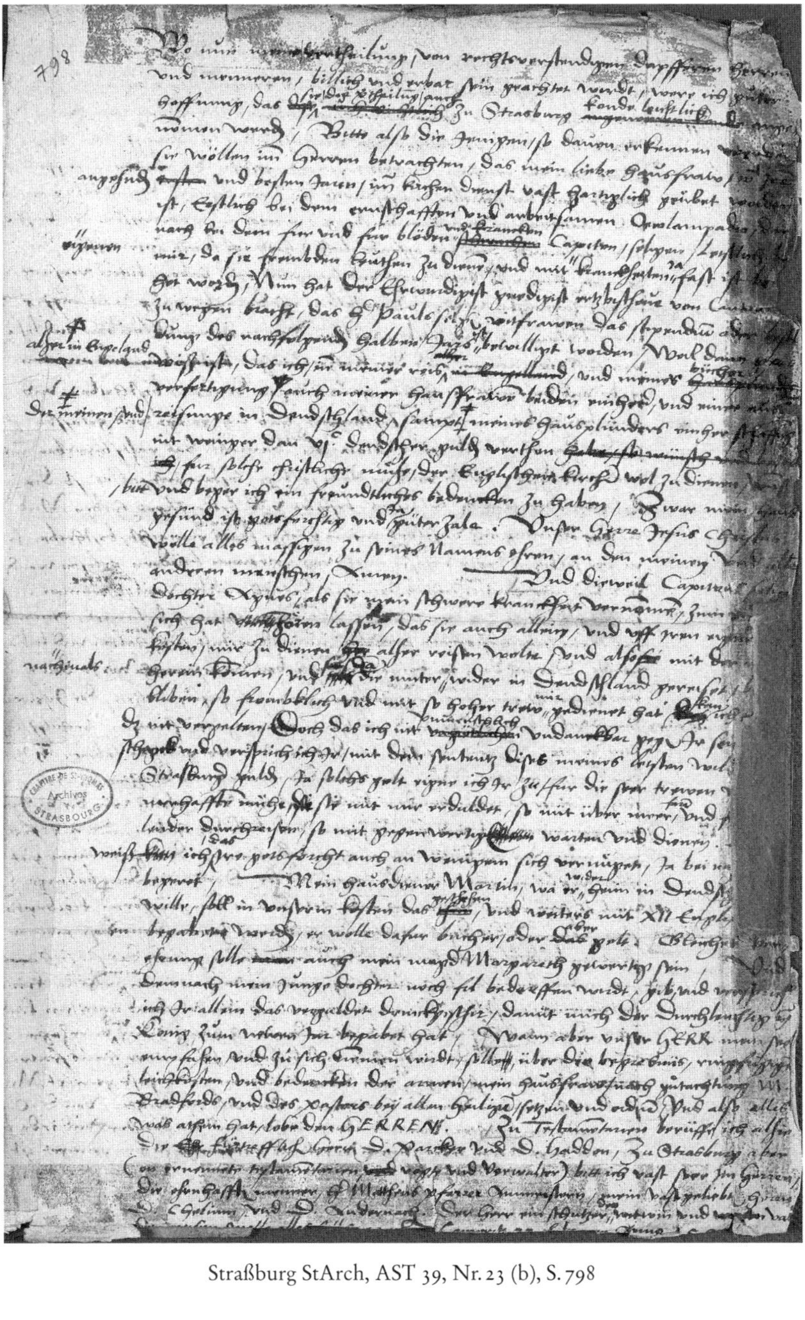

Straßburg StArch, AST 39, Nr. 23 (b), S. 798

Nr. 25.10
Codicill von Bucer vom 22. Februar 1551

lateinisch

Überlieferung

a: Cambridge, ParkerL, CXIX (119), 24, S. 76–78 (Hand eines unbekannten Schreibers). Daraus Edition: *Harvey*, Martin Bucer in England, S. 170–173
b: Straßburg StArch, AST 39, Nr. 23 (b), S. 801–802 (Originalbrief; Schreiber unbekannt; Marginalien von Konrad Hubert)
c: Bucer, Scripta anglicana, Basel: Petrus Perna, 1577 (VD 16 B 8924; Bucer-Bibliographie 258), Bl. [α6^{v}]

Text

| *76* | [a]Codicillus Testamenti prioris. [b]Scriptus cantabrigiae[1].[b][a]

Dominus noster Iesus Christus, vita et resurrectio nostra, patefaciat se nobis omnibus propiciatorem et in vitam aeternam recuperatorem, quibus dedit hoc ipsum a se efflagitare. Amen.

Cum ad ea Germanici Imperii comitia vocarer, in quibus edictum de Religione Interimicum[2] est procusum, et subito evocarer per duos Electores principes[c], Palatinum[3] et Marchionem Brandeburgensem[d][4], quanquam Caesare[5] et Ferdinando[6] consciis, sed non palam, facile prospiciebam, Ec-

a)–*a)* fehlt in b; TRANSSCRIPTUM CODICILLI D. MARTINI BUCERI CANTABRIGRIAE in Anglia facti die xxij. Februarij Anno 1551, postea per clarissimos viros D. D. Matthaeum Parkerum et Gualtherum Haddonum, testamentarios ibidem per Bucerum designatos, D. Vlricho Chelio et Conrado Huberto, liberorum ipsius tutoribus Argentinam transmissi. Archetipus diplomate regio munitus, ab haeredibus asseruatur: c.
b)–*b)* von anderer Hand erg.: a.
c) am Wortende korr.: b; Principes: c.
d) Brandenburgensem: a.

1. in Cambridge.
2. Interim vom 30. Juni 1548.
3. Friedrich II., Kurfürst von der Pfalz.
4. Joachim II., Kurfürst von Brandenburg.
5. Kaiser Karl V.
6. Ferdinand I. von Habsburg, deutscher König.

clesiis syncerioribus acerbas tentationes parari; Dictavi itaque Testamentum meum tum, satis fuse, de fide et doctrina mea, de Sacramentis et disciplina, tum etiam de rebus domesticis, Testamentum reliqui apud Caesareae[e] Maiestatis publicum Notarium tum gerentem munus apud nos Secretarii primarii in causis forensibus [g]et in eo Testamento rata volo habere omnia, quae attinent ad religionem, et in quem ordinem[h] libros meos descripsi, in eodem ordine volo a fidis fratribus legi nec quicquam agnosco me his interim dissensisse.[g]

[f]Quae ad religionem[f]

Quod[i] ad facultates meas attinet[j], [k]existimo uxorem meam[l] facile coelibem[m] victuram, quod nullo modo tamen volo, ut faciat, si offerat ei Dominus maritum, virum pium et sanctum, qui fractae laboribus, periculis et molestiis adesse velit. Sed scio matris eius animam totam ab ipsa filia pendere.

1.[n] Iam habet mater filiam[1], neptem ex fratre, quam perinde tanquam [p]nostram ex communi aluimus et vestivimus. Placeret vero mihi[p], ut ita puella in hoc communi corpore et in posterum aleretur et educaretur, ea tamen lege, ut cum patrimonium suum habeat, maius vestium precium inde sumeret.

[o]Nota: Ut uxoris neptis ex fratre aleretur ex communi corpore.[o]

Supersunt autem ex illo uxoris fratre pupilli utriusque sexus, qui eo profecerunt, ut de suis laboribus vivere abunde[q] possint, nec[r] gravamini esse meis pupillis, quorum alter est mente puer[2] et corpore debilior, | 77 | altera plane puella[3].

De uxoris sanctitate et aequitate nihil dubitarem, socrus autem valde propendet in nepotes et neptes ex fratre.

Supersunt autem iam ex Capitone[4] filius[5] et filia[6], ex Oecolampadio[7] filia[8], ex meis filius[9] et filia[10]: et singuli habent singulos tutores, quorum

e) Cesariae: b.
f)–*f)* von der Hand Konrad Huberts: b; fehlt in a, c.
g)–*g)* unterstrichen: b.
h) erg.: ibi: c.
i) danach in b und c erg.: autem.
j) attniet: b.
k) etc.: c.
l) fehlt in b.
m) celibem: b.
n) Zählung (auch im Folgenden) nur in b.
o)–*o)* von der Hand Konrad Huberts: b; fehlt in a, c.
p)–*p)* unterstrichen: b.
q) am linken Rand erg. und eingewiesen für gestr.: unde: b.
r) über der Zeile erg. und eingewiesen: debent: b.

1. Margarete Rosenblatt, eine Enkelin des Bruders von Wibrandis.
2. Nathanael Bucer; s. oben S. 522.
3. Elisabeth Bucer; s. oben S. 523.
4. Wolfgang Capito; s. oben S. 522.
5. Johann Simon Capito; s. oben S. 523.
6. Agnes Capito; s. oben S. 522.
7. Johannes Oekolampad; s. oben S. 522.
8. Aletheia Oekolampad, s. oben S. 522.
9. Nathanael Bucer; s. oben S. 522.
10. Elisabeth Bucer; s. oben S. 523.

unusquisque studet suo pupillo, ut illis[s] prodesset. Iam si aequa mea distributio iudicetur a iurisperitis et gravibus Doctoribus, ac viris sperem facile etiam receptum iri Argentorati.

[t]Ut stipendium per dimidium animum prorogatur et suarum impensarum ratio habeatur.[t]

2. Oro, qui de his rebus statuerint, in Domino perpendere, quod uxor mea primis annis in ministerio Ecclesiae admodum graviter exercita est, primum apud severum et laboriosum Oecolampadium et tum apud perpetuo [u]cum morbis conflictantem[u] Capitonem, postremo apud me peregrinorum laboribus plurimum sollicitatam ac etiam morbis. Reverendissimus et clementissimus Cantuariensis[1] effecerat, ut Pauli viduae[2] numeraretur stipendium etiam sequentis [v]anni dimidii[v].

Certum est me una in Angliam profectione[w] et verum mearum translatione et uxorem binis accessionibus ac una in Germaniam reditione rerumque nostrarum transvectione insumpsisse non minus sex centis germanicis florenis. Pro iis itaque piis conatibus in Ecclesia Anglicana serviendi piam opto haberi rationem. Familia certe religiosa et numerosa est. Dominus noster Iesus Christus temperet omnia ad gloriam nominis sui in meis et in omnibus. Amen.

[x]Agnethae donat et legat C florenos.[x]

3. Et quia filia Capitonis, Agnes[3], prima recepit se, cum audisset me graviter laborare, vel solam [y]ad ministrandum[y] mihi accedere velle[z] propriis sumptibus, utque advenit una cum Matre, et Matre revertente haesit, sic sancte et summa fide ministravit mihi, ut[a] solvendo ei non sum.

Ne igitur impie ingratus in eam | *78* | existam, iam definitione ultimae voluntatis meae dono et addico centum Argentinenses florenos[4], totidem ei addico pro fidelissimis et longe aerumnosissimis laboribus in me exantlatis, tam maria et inimicas regiones traiiciendo quam praesentem praesenti inserviendo[b]. Sed novi pietatem eius paucis esse contentam nec quicquam fere pro se expetere.

[c]Famulo suo xii caro anglie.[c]

[d]Famulae suae totidem[d]

4. Famulus Martinus[5], si in patriam vult reverti, nostris impensis deducatur et duodecim praeterea coronatis iuvetur, sive velit libros sive pecuniam.

s) illi: a.
t)–*t)* von der Hand Konrad Huberts: b; fehlt in a, c.
u)–*u)* conflictantem cum morbis: b.
v)–*v)* dimidii anni: b.
w) korr. aus: prouectione: b.
x)–*x)* von der Hand Konrad Huberts: b; fehlt in a, c.
y)–*y)* am linken Rand erg. und eingewiesen für gestr.: administrandam: b.
z) über der Zeile erg. und eingewiesen: b; fehlt in a.
a) nachträglich im Wortzwischenraum erg.: b.
b) in serviendo: b.
c)–*c)* von der Hand Konrad Huberts: b; fehlt in a, c.
d)–*d)* von der Hand Konrad Huberts: b; fehlt in a, c.

1. Thomas Cranmer (1489–1556), Erzbischof von Canterbury 1533–1556.
2. Agnes (geb. Buchbaum), Witwe von Paul Fagius.
3. Agnes Capito; s. oben S. 522.
4. 100 Straßburger Gulden.
5. Diener Martin; vgl. oben S. 601, Anm. 4.

5. Simili benignitate habeatur ancilla Margaretha[1].

6. Et quia minima natu pluribus adhuc egebit, addico illi soli poculum inauratum, quo me Serenissimus Rex Angliae[2] proximis Natalibus donavit. [e]Filiae suae Elizabethae ponitum[e]

7. Cumque Dominus dignabitur suscipere animam meam et[g] ad se traducere, de sepultura, de humili funere, de benignitate in pauperes constituet uxor, ex sententia Magistri[h] Bradfordi[i][3] et Pastoris ad omnes Sanctos[4]. Et ita laudet Dominum omnis Spiritus. [f]Sepultura et funeralia humilia[f]

8. Testamentarios appello hic eximios dominos Doctores Parkerum[5] et Haddonum[6]: Argentorati praeter nominatos Testamentarios et Tutores [k]Curatoresque[k] valde rogo in Domino, magnificos viros Dominum[l] Matthaeum[m] pfarrerum[n][7], Consularem Dominum amicissimum Choelium[o][8], Doctorem Medicum, [p]Doctorem Andernacum[p][9]. Omnia regat Dominus ipse vindex viduarum et pater pupillorum. Cantabrigiae, 22.[q] die[r] Februarii Anno Domini[s] 1551[t]. [j]Testamentarii[j]

e)–*e)* von der Hand Konrad Huberts: b; fehlt in a, c.
f)–*f)* von der Hand Konrad Huberts: b; fehlt in a, c.
g) fehlt in b.
h) M.: a.
i) korr. aus: Bratfordi: b.
j)–*j)* von der Hand Konrad Huberts: b; fehlt in a, c.
k)–*k)* fehlt in a, c,
l) D.: a.
m) im Wort korr.: b.
n) im Wort korr.: b; Pfarhrerum: a; Pfarrerum: c.
o) im Wort korr. zu: Chelium: b; Chelium: c.
p)–*p)* Doctoremque medicum Andernacum: c.
q) xxij.: c.
r) fehlt in a.
s) fehlt in c.
t) MDLI: a.

1. Magd Margaretha; vgl. oben S. 601, Anm. 5.
2. Edward VI. (1537–1553), König von England und Irland 1547–1553.
3. John Bradford (1510–1555), englischer Reformator in Cambridge.
4. Vermutlich Willimus Hewet (Hewytt); vgl. oben S. 602, Anm. 6.
5. Matthew Parker (1504–1575), Reformator in England, Vizekanzler des Corpus Christi-Colleges in Cambridge, später Bischof von England.
6. Walter Haddon (1515–1572), Jurist, Vizekanzler der Universität Cambridge.
7. Mathis Pfarrer (1489–1568), Straßburger Ratsherr, oftmals Ammeister. *Brady*, Ruling Class, S. 340.
8. Ulrich Geiger, oft auch Ulrich Chelius (geb. um 1550, gest. 1558), Dr. med., Diplomat, 1534 im Dienste von Guillaume und Jean du Bellay und französischer Gesandter bei Philipp Melanchthon in Wittenberg, von 1536 an als Arzt und Diplomat in Straßburg. *Ficker/Winckelmann*, Handschriftenproben I, Nr. 25. MBW, Bd. 12 (Personen), S. 124f.
9. Johann Winther von Andernach (1505–1574), gewöhnlich Dr. Andernach, Philologe und Arzt, seit 1544 in Straßburg. Er wurde hier mit griechischen, dann auch medizinischen Vorlesungen betraut. *Ficker/Winckelmann*, Handschriftenproben II, Nr. 82.

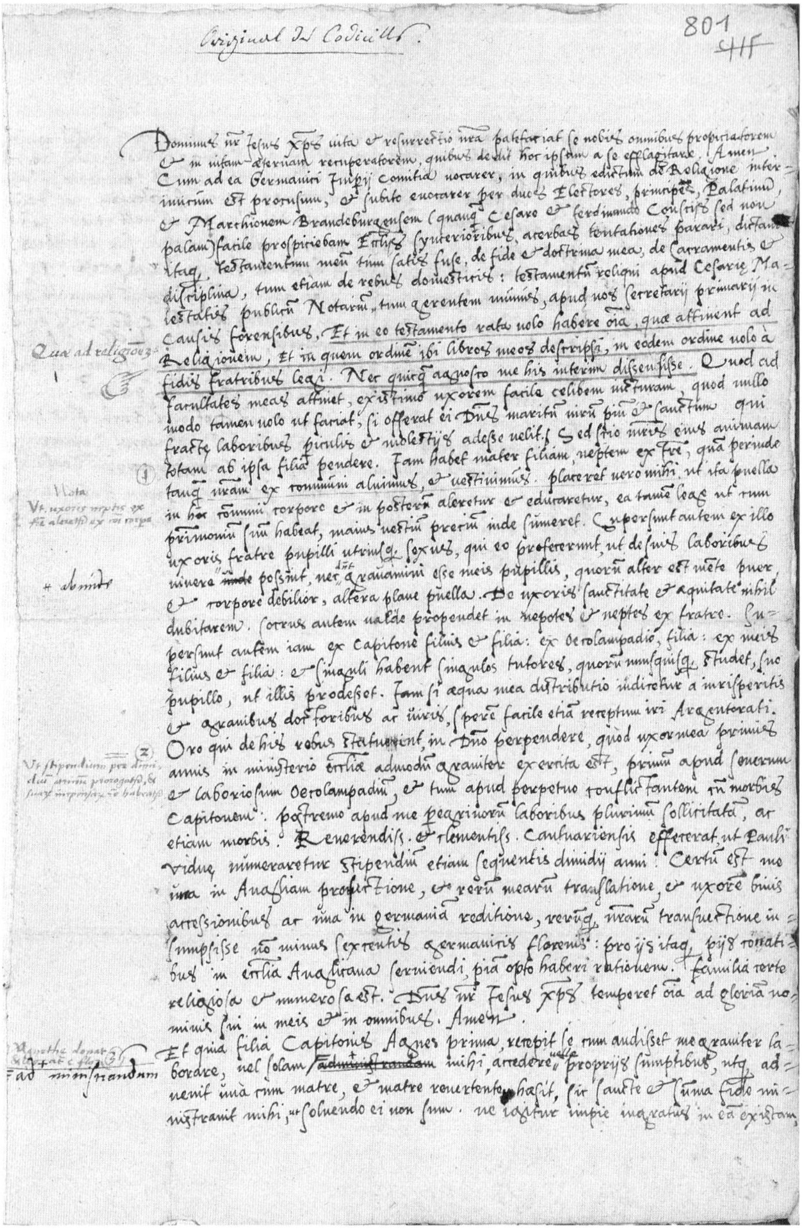
Original des Codicills. 801 415

Dominus nr Jesus Xps vita et resurrectio nra patefaciat se nobis omnibus propitiatorem
et in vitam aeternam recuperatorem, quibus dedit hoc ipsum a se efflagitare. Amen.
Cum ad ea Germanici Imperij comitia vocarer, in quibus edictum de Religione inter-
im [illegible] est [illegible], et subito evocarer per duos Electores, principes, Palatinum,
et Marchionem Brandeburgensem (quanquam Caesare et Ferdinando consciis sed non
palam) facile prospiciebam Ecclesijs superioribus acerbas tentationes parari, dictam
itaque testamentum meum tum satis fuse, de fide et doctrina mea, de Sacramentis et
disciplina, tum etiam de rebus domesticis: testamentum reliqui apud Caesareae Ma-
iestatis publicum Notarium, tum gerentem munus, apud nos Secretarij primarij in
causis forensibus, Et in eo testamento rata volo habere omnia, quae attinent ad
Religionem, Et in quem ordinem ibi libros meos descripsi, in eodem ordine volo a
fidis fratribus legi. Nec quicquam agnosco me his interim dissensisse. Quod ad
facultates meas attinet, existimo uxorem facile celibem victuram, quod nullo
modo tamen volo ut faciat, si offerat ei Dominus maritum virum pium et sanctum qui
fractae laboribus periculis et molestijs adesse velit. Scio enim eius animam
totam ab ipsa filia pendere. Iam habet mater filiam, neptem ex fratre, quam perinde
tanquam nostram ex communi alimus, et vestimus. placeret vero mihi, ut ita puella
in hoc communi corpore et in posterum aleretur et educaretur, ea tamen lege ut cum
patrimonium suum habeat, maius vestium precium inde sumeret. Supersunt autem ex illo
uxoris fratre pupilli utriusque sexus, qui eo proferentur, ut de suis laboribus
vivere ~~inde~~ possint, nec dat gravamini esse meis pupillis, quorum alter est mente puer,
et corpore debilior, altera plane puella. De uxoris sanctitate et aequitate nihil
dubitarem. Socrus autem valde propendet in nepotes et neptes ex fratre. Su-
persunt autem iam ex Capitone filius et filia: ex Oecolampadio, filia: ex meis
filius et filia: et singuli habent singulos tutores, quorum unusquisque studet, suo
pupillo, ut illis prodesset. Iam si aequa mea distributio iudicetur a iurisperitis
et gravibus doctoribus ac civis, spero facile etiam receptum iri Argentorati.
Oro qui de his rebus statuerint, in Domino perpendere, quod uxor mea primis
annis in ministerio ecclesiae admodum graviter exercita est, primum apud senerum
et laboriosum Oecolampadium, et tum apud perpetuo conflictantem cum morbis
Capitonem. postremo apud me peregrinorum laboribus plurimum sollicitata, ac
etiam morbis. Reverendiss. et clementiss. Cantuariensis effecerat, ut Pauli
viduae numeraretur stipendium etiam sequentis dimidij anni. Certum est me
una in Angliam profectione, et rerum mearum translatione, et uxore binis
accessionibus ac una in Germaniam reditione, rerumque mearum transvectione in-
sumpsisse non minus sexcentis germanicis florenis: pro ijs itaque, pijs conati-
bus in ecclesia Anglicana serviendi, pia opto haberi rationem. familia certe
religiosa et numerosa est. Dominus noster Jesus Xps temperet omnia ad gloriam no-
minis sui in meis et in omnibus. Amen.
Et quia filia Capitonis Agnes prima, recepit se cum audisset me graviter la-
borare, vel solam ~~administrandam~~ mihi, accedere velle proprijs sumptibus, utque ad-
venit una cum matre, et matre revertente hasit, sic sancte et summa fide mi-
nistravit mihi, ut solvendo ei non sim. ne igitur impie ingratus in ea existam,

Quae ad religionem
(1) Nota Ut uxoris neptis ex fratre aleretur ex communi corpore
+ admitti
(2) Ut stipendium per dimidium annum prorogatum, & [illegible]
(3) + ad ministrandum

Straßburg StArch, AST 39, Nr. 23 (b), S. 801

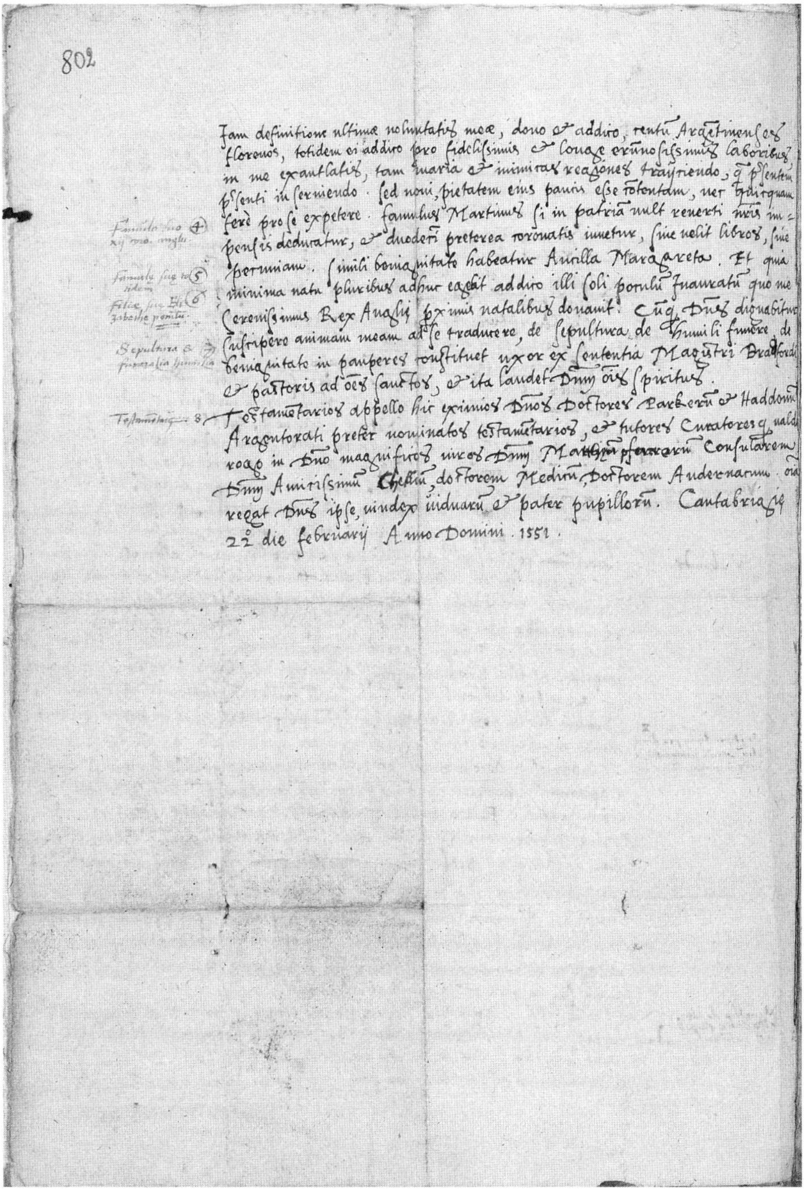
802

Iam definitioni ultimae voluntatis meae, dono et addico, centum Argentinenses florenos, totidem ei addico pro fidelissimis et longe aerumnosissimis laboribus in me exantlatis, tam maria et minimas regiones traijciendo, quam praesentem praesenti inserviendo. sed novi, pietatem eius paucis esse contentam, nec quicquam ferè pro se expetere. famulus Martinus si in patriam vult reverti meis impensis deducatur, et duodecim praeterea coronatis iuvetur, sive velit libros, sive pecuniam. simili benignitate habeatur Ancilla Margareta. Et quia minima natu pluribus adhuc eget addico illi soli poculum inauratum quo me Serenissimus Rex Angliae pro eximiis natalibus donavit. Cum que Dominus dignabitur suscipere animam meam ad se traducere, de sepultura de humili funere, de benignitate in pauperes constituet uxor ex sententia Magistri Bradfordi et pastoris ad omnes sanctos, et ita laudet Dominum omnis spiritus.
Testamentarios appello hic eximios Dominos Doctores Parkerum et Haddonum Argentorati praeter nominatos testamentarios, et tutores Curatoresque valde rogo in Domino magnificos viros Dominum Matthiam pfarrerum Consulatorem Dominum Amicissimum Chelium, doctorem Medicum, Doctorem Andernacum. omnia regat Dominus ipse, vindex viduarum et pater pupillorum. Cantabrigiae 22° die februarij Anno Domini. 1551.

Straßburg StArch, AST 39, Nr. 23 (b), S. 802

II. Texte bis 1541

II. Texte bis 1541
Nr. 1

Neuedition der ›Confessio Tetrapolitana‹

vor dem 9. Juli 1530

bearbeitet von Stephen E. Buckwalter

Einleitung

Als die Confessio Tetrapolitana[1] in ihrer lateinischen und deutschen Fassung im dritten Band unserer Ausgabe[2] kritisch ediert wurde, diente als Grundlage des lateinischen Textes eine in der Österreichischen Nationalbibliothek aufbewahrte Handschrift[3], die mit der historisch wirksamsten Fassung dieses Bekenntnisses, dem Straßburger Druck von 1531[4], vielfach übereinstimmt. Dem Herausgeberkreis war zu jenem Zeitpunkt freilich nicht bekannt, dass eine von ihm ebenfalls berücksichtigte, im Konstanzer Stadtarchiv aufbewahrte handschriftliche Überlieferung des lateinischen Textes[5] eindeutige Zeichen einer eigenhändigen Bearbeitung durch Bucer aufwies[6]. Gerade weil diese »Konstanzer« Handschrift vielfach von der Wiener Handschrift und dem späteren Straßburger Druck abweicht, liegt es nahe, die in ihr enthaltenen Zusätze und Korrekturen Bucers nachträglich textkritisch zu erfassen und somit ein besseres Verständnis der Genese dieses wichtigen Bekenntnisses zu ermöglichen. Deshalb wird im folgenden eine Neuedition der Confessio Tetrapolitana vorgenommen.

Als Grundlage der Edition dient:
Handschrift d: Konstanz StArch, Reformationsakten 9, Beilage G, fol. 238^r–253^r. Text von der Hand eines unbekannten Schreibers, mit zahlreichen eigenhändigen Korrekturen und Ergänzungen Bucers[7].

1. Zur Entstehung dieses wichtigen Bekenntnisses, an dem Bucer maßgeblichen Anteil hatte, vgl. *Greschat*, Bucer, S. 114 (= 1. Aufl. S. 106); *Bizer*, Studien, S. 28–35; *Pollet* I, S. 40f.
2. Vgl. BDS 3, S. 35–185.
3. Wien ÖNB, Cod. 11824, fol. 11^r–25^v: ›Confessio fidei a quattuor civitatibus Argentina Constantia Memminga et Lindavia Carolo V. imperatori oblata«; in BDS 3, S. 32 als »Handschrift A« gekennzeichnet (zu ihrer Authentizität vgl. dort S. 28–30).
4. Straßburg: Georg Ulricher, September 1531 (Bucer-Bibliograhie 46; vgl. unten Druck A).
5. Konstanz StArch, Reformationsakten 9, Beilage G, fol. 238^r–253^r; in BDS 3, S. 32 als »Handschrift D« gekennzeichnet (zu ihr vgl. dort S. 29).
6. Vgl. die Abbildungen auf S. 619–621.
7. Zur leichteren Identifizierung sind die textkritischen Anmerkungen, die auf Ergänzungen oder Korrekturen Bucers hinweisen, mit einem Asterisk versehen.

Um die Abweichungen dieser Handschrift gegenüber dem bisher edierten lateinischen Text der Tetrapolitana zu verdeutlichen, werden textkritisch berücksichtigt:
Handschrift a: Wien ÖNB, Cod. 11824, fol. 11^{r}–25^{v}; diese wird in der Gestalt, wie sie im dritten Band unserer Reihe ediert wurde, herangezogen.
Druck A: Bucer-Bibliographie 46 (Straßburg: Georg Ulricher, September 1531).

Orthographische Abweichungen, die im Blick auf Verständnis und Interpretation belanglos sind[1], wurden in den textkritischen Apparat nicht aufgenommen.

1. Etwa die Verwendung des einfachen »e«, wo die anderen Überlieferungen e-caudata oder »oe« einsetzen, oder Varianten wie officium-offitium, sequutos-secutos, adflatu-afflatu oder auctoritas-authoritas.

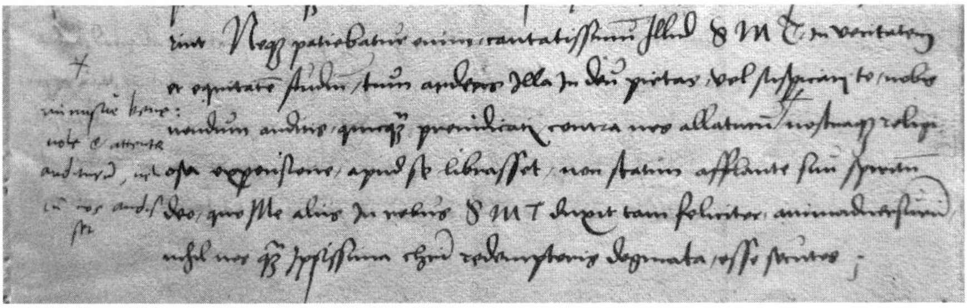

Handschrift d: Konstanz StArch, Reformationsakten 9, Beilage G, fol. 239r (Detail)

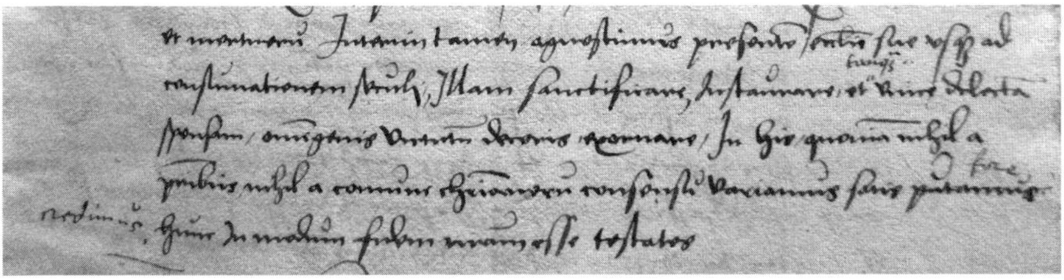

Handschrift d: Konstanz StArch, Reformationsakten 9, Beilage G, fol. 240r (Detail)

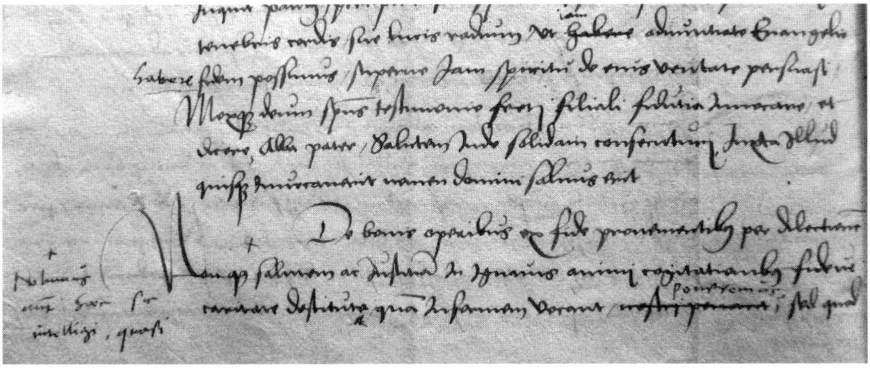

Handschrift d: Konstanz StArch, Reformationsakten 9, Beilage G, fol. 240v (Detail)

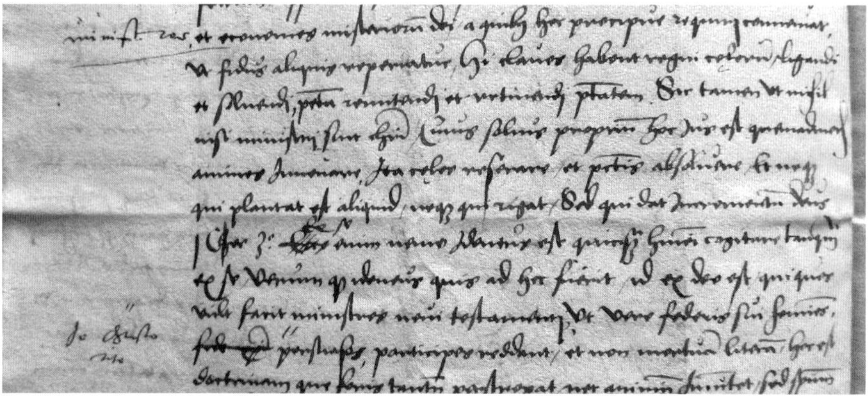

Handschrift d: Konstanz StArch, Reformationsakten 9, Beilage G, fol. 245v (Detail)

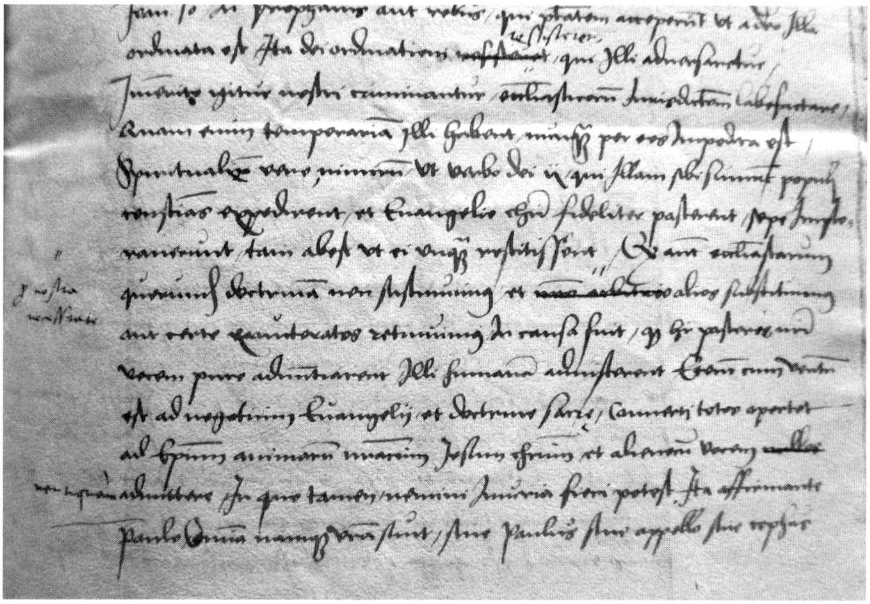

Handschrift d: Konstanz StArch, Reformationsakten 9, Beilage G, fol. 246r (Detail)

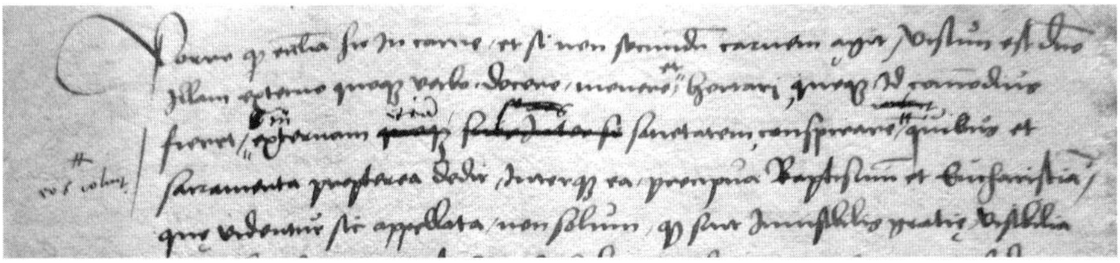

Handschrift d: Konstanz StArch, Reformationsakten 9, Beilage G, fol. 248r (Detail)

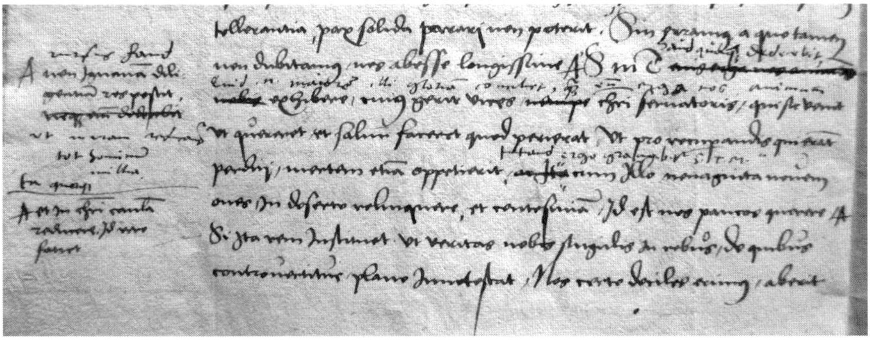

Handschrift d: Konstanz StArch, Reformationsakten 9, Beilage G, fol. 251v (Detail)

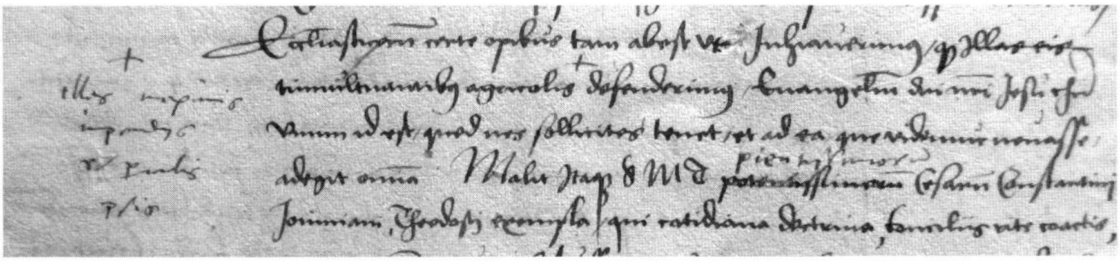

Handschrift d: Konstanz StArch, Reformationsakten 9, Beilage G, fol. 252v (Detail)

Text

| *238r* | [a]Der vier stett Straßburg, Costantz, Memmingen vnnd Lindaw latinisch bekantnuß[a]

| *239r* |[b] Iussit sereniss[ima][c] Ma[ies]tas tua, potentissime simul et[d] Clementissime Caesar, ut ordines statusque[e] Imperii quantum cuiusque intersit et quisque ad tranquillandam [f]christi ecclesiam[f] facturum speret[g], suam de religione simul[h] erroribus ac vitiis, quae contra illam irrepserunt, sententiam in literas utraque lingua latina et germana relatam sibi offerat Sic discutiendam examinandamque quo[i] viam et rationem comodius[j] inveniat, Sinceram christi[k] doctrinam in suum locum restituendi, erroribus universis abolitis. Huic iussioni[l] ex consilio non tam religioso rebusque ecclesiae profuturo, quam incomparabilem illam clementiam atque Humanitatem, qua se S[erenissima] M[aiestas] t[ua] toti iam orbi mirifice[m] amabilem reddidit, resipienti atque exhibenti natae[n] morem gerere, ut par est, gestimus. [o]Utpote quibus nihil aliud[o] hisce in rebus unquam [p]quesitum est[p], quam ut abolitis[q], quae sacrosancti[r] Euangeliis christique preceptis adversantur cum nobis tum aliis omnibus, qui christo nomen dederunt, puram eius doctrinam, quae sola vivifica est, sectari liceat.

Proinde precamur et quam suppliciss[ime] S[erenissimam] M[aiestatem] T[uam] rogamus, eo in nos animo, quae adferemus, ad reddendam eius quo[s] in nobis est spei, rationem audire et expendere dignetur, ut de quibus nihil ad-

a)–*a)* Confessio fidei a quattuor civitatibus Argentina, Constantia, Memminga et Lindavia Carolo V. imperatori oblata: a; CONFESSIO QVATVOR CIVITATUM Argentorati, Constantiae, Memingae & Lindauiae, qua Sacratissimae Caesareae Maiestati Fidem suam in Comitiis Augustanis exposuerunt. EXORDIVM: A.
b) fol. 238v ist leer: d.
c) sacrosancta: a; sacratissima: A.
d) ac: A.
e) statusque sacri: a, A.
f)–*f)* ecclesiam Christi: A.
*g) von Bucer korr. aus: speraverit: d; speraverit: a, A.
h) simul et: a; pariter et: A.
i) quo illa: a, A.
j) commodius: a, A.
k) Christo: A.
l) iussioni natae: a, A.
m) fehlt in a, A.
n) fehlt in a, A.
o)–*o)* Nam aliud nihil: a, A.
p)–*p)* quesivimus: a, A.
q) abrogatis: a, A.
r) sacrosanctis: a, A.
s) quae: a, A.

dubitet, id nobis ante omnia in votis esse unicumque spectari, quo[t] deo conditori nostro et reparatori Christo, deinde tuae[u] S[erenissimae][v] Ma[iesta]ti gratificemur, dictoque audientes nos prestemus, Nec alio consilio aut spe doctrinam a vulgari usu nonnihil variantem amplexos esse, quam quod persuasi, sic a nobis exigere eum, qui nos finxit et[w] refinxit, polliciti [x]quoque nobis[x] simus, idque [y]ob tam[y] eximiam [z]pietatem et religionis[z] laudem, qua[a] pridem [b]S[erenissima] M[aiestas] t[ua] mirum in modum celebratur, fore tandem adspirante patre coelesti, ut et S[erenissima] M[aiestas] t[ua] veritatem de iis, quae nomine doctrinae[b] religionis recepimus edocta, institutum nostrum[c] probet[d] interque eos nos numeret[e], qui optima sibi fide obtemperare studuerint[f]. Neque [g]patiebatur enim[g] cantatissimum illud S[erenissimae] M[aiestatis] T[uae] in veritatem et equitatem studium, tum ardens illa in deum pietas, vel suspicari te nobis nondum auditis quicquam preiudicati contra nos allaturum [h]minusve benevole et attente auditurum vel cum nos audisset[i/h] nostraque religiosa[j] expensione [k]apud se[k] librasset[l], non statim afflante suum spiritum deo, quo ille aliis in rebus S[erenissimam] M[aiestatem] T[uam] duxit tam feliciter, animadversurum [m]nihil nos quam ipsissima christi redemptoris[m] dogmata esse secutos. | *239*[v] |

t) quo primum: A.
u) tuae quoque: a, A.
v) Sacratissimae: A.
w) ac: a, A.
x)–*x)* nobis quoque: A.
y)–*y)* propter illam: a, A.
z)–*z)* fehlt in a, A.
a) qua iam: a, A.
b)–*b)* apud nos, religionis, pietatis et iustitiae nominibus, mirum in modum celebraris [celebratur: a], fore tandem, ut veritatem de omnibus quae nos dudum nomine doctrinae Christi synceriorisque: a, A.
c) nostrum plane: a, A.
d) probes: A.
e) numeres: a (korr. aus: numeret), A.
f) studuerunt: a, A.
g)–*g)* enim patiebatur: a, A.
*h)–*h)*von Bucer vor den linken Rand geschrieben und eingewiesen: d.
i) audisses: A.
j) religiosa tecum: a, A.
k)–*k)* fehlt in a, A.
l) librasses: A.
m)–*m)* ipsissima nos Christi: a, A.

De materia contionum[n]

[o]Solam divinam scripturam ad omnem prelatis institutionem sufficere eoque nihil, quod illa[p] non docet, christianis tradendum.[o]

Primum itaque[q], cum [r]divus Paulus 1. ad Thi. 3[16] scribat, divinitus inspiratam scripturam et utilem esse ad docendum ad hoc, ut quid res sit, deprehendatur, ut recte et ordine omnia restituantur ad[s] [t]instituendam formandamque iustitiam[t], ut homo dei absolutus sit ad omne opus bonum appositus. Ubi iam sacre religionis nostrae pleraque dogmata controverti inter eruditos cepissent ac vulgus discrepantibus concionibus periculose scinderetur[r], mandavimus iis[u], qui concionandi [v]apud nos[v] munere fungebantur, ut nihil aliud, quam quae sacris literis aut continerentur[w] aut certe niterentur[x], e suggestis[y] docerent. Videbatur [z]namque haud indignum nobis[z], eo[a] in illo[b] discrimine confugere, quo confugerunt olim et semper non solum sanctissimi patres, Episcopi et principes, sed quilibet etiam privati, nempe ad auctoritatem scripturae arcanae, ad quam Tessalonicen[ses][c] auditum christi Euangelion explorasse [d]cum laude memorantur[d], in qua[e] Paulus summo studio [f]versari suum Timotheum[f] voluit, Sine cuius auctoritate nulli pontifices [g]suis decretis[g] obedientiam, nulli patres [h]suis scriptis[h] fidem[i] unquam postulaverunt[j]. Ex

n) concionum. Cap. I.: A.
o)–*o)* fehlt in a, A.
p) Schrf.: illam: d.
q) igitur: a, A.
r)–*r)* hinc ferme decennio, Christi doctrina, singulari Dei beneficio paulo certius et luculentius quam antea, passim per Germaniam tractari coepisset [cepisset: a], et hinc ut alibi, ita et apud nos, plaeraque religionis nostrae dogmata inter eruditos, et eos maxime, qui docendi Christum in ecclesiis locum obtinebant, publicitus iam, et indies gravius controverterentur, indeque ut necesse erat, Satana videlicet suum quoque negocium, agente, vulgus pugnantibus concionibus admodum periculose scinderetur, consyderantes, quod Divus Paulus scribit, Scripturam divinitus inspiratam, utilem esse ad docendum, ad hoc, ut ubi peccatum sit, deprehendatur, ut corrigatur, ut iustitia quisque formetur, quo Dei homo absolutus evadat, iam ad omne opus bonum appositus, urgente etiam nos, omnemque moram rescindente, cum metu numinis, tum certo Reipublicae nostrae periculo, tandem: a, A.
s) über der Zeile nachgetragen für gestr.: vt: d.
t)–*t)* mit a konj. für fälschlich: instituendum formandumque iustitia: d.
u) his: a.
v)–*v)* fehlt in a.
w) continentur: A.
x) nituntur: A.
y) suggestu: A.
z)–*z)* namque nobis haud indignum: A.
a) huc: a.
b) illo tanto: A.
c) nobiliores Thessalonicensium: A.
d)–*d)* Divus Lucas cum laude illorum memorat: A.
e) korr. aus: quam: d.
f)–*f)* suum Timotheum versari: a.
g)–*g)* decretis suis: a.
h)–*h)* scriptis suis: a.
i) nulli denique Principes suis legibus authoritatem: A.
j) postularunt: a, A.

qua denique[k] ducendas sacras contiones [l]sancivit et magnum sacrae Imperii Concilium Norinbergae Anno Christi xxiij celebratum[l]. Si enim verum divus Paulus testatus est, per divinam scripturam hominem dei plene[m] absolvi atque ad omne [n]bonum opus[n] instrui, nihil poterit ille[o] veritatis Christianae, nihil doctrinae salutaris desiderare, scripturam qui sequi[p] studeat.

De sacrosancta trinitate Mysterioque Incarnati Christi[q]

[r]In quibus cum receptis dogmatis consentiunt.[r]

Ex hac igitur, cum sacrae apud nos conciones ducerentur, ablegatis pernitiosis contentionibus[s] mox quibus [t]pietatis aliquod[t] studium erat, Christi doctrinam et certius[u] consecuti sunt et [v]ferventius vita exprimere[v] ceperunt, sicut revocati ab iis, quae dogmatis Christi male assuta erant[w], ita in iis[x] confirmati, quae [y]erant[z] illis[y] consentanea[a]. Inter quae haec[b] sunt, quae Christi ecclesia de sacrosancta triade [c]hactenus credidit[c] | *240*[r] | Nempe unum esse substantia deum, patrem, filium et spiritum sanctum, Nec ullum quam personarum discrimen recipere, servatorem quoque nostrum Ihesum Christum, eundem verum deum, etiam verum hominem factum, naturis quidem impermixtis, at ita in eadem persona unitis, ut in omnia secula nunquam rursus solvantur. Nec in his[d] quicquam variarunt, quae ecclesia ex Sacrosanctis Euangeliis docta credidit[e] de servatore nostro Iesu Christo ex spiritu sancto concepto, dein ex diva [f]maria virgine[f] nato demumque completo[g] Euangelisandi munere[h], in cruce mortuo ac sepulto, quique ad inferna descendit et a mortuis tertio sta-

k) demum: A.
l)–*l)* sancivit et magnum S. Imperii Concilium Nürnbergae, Anno Christi M. D. XXIII. celebratum: a; et magnum Sacri Imperii concilium Nurembergae, anno Christi M. D. XXIII. celebratum sancivit: A.
m) penitus: A.
n)–*n)* opus bonum: A.
*o) von Bucer vor den linken Rand geschrieben für gestr.: iis: d; is: a, A.
p) consulere religiose: A.
q) verbi: a; Christi. Cap. II.: A.
r)–*r)* In quibus cum dogmatis consentiunt: a; fehlt in A.
*s) danach von Bucer gestr.: ij: d; contentionibus ii: a, A.
t)–*t)* aliquod pietatis: A.
u) Drf.: cer=certius: A.
v)–*v)* vita exprimere ferventius: A.
w) sunt: A.
x) his: a.
y)–*y)* illis existunt: A.
*z) von Bucer über der Zeile nachgetragen und eingewiesen: d; fehlt in a.
*a) danach von Bucer gestr.: erant edocti: d; consentanea agnoverunt: a.
*b) von Bucer über der Zeile nachgetragen und eingewiesen für gestr.: illa: d; illa: a, A.
c)–*c)* credidit hactenus: a.
d) korr. aus: ijs: d; iis: a, A.
e) credit: A.
f)–*f)* virgine Maria: a, A.
g) postquam: A.
h) munere defunctus erat: A.

tim[i] die in immortalem vitam revocatus. Cumque hanc destinatis ad hoc testibus, variis argumentis comprobasset, in celos[1] ad dexteram patris evectus est, unde eum [j]iudicem expectamus[j] vivorum et mortuorum. Interim tamen[k] agnoscimus[l] presentem[m] ecclesiae suae usque ad consummationem seculi, [n]illam sanctificare, instaurare[n] et tanquam[o] unice dilectam sponsam omnigenis[p] virtutum decoris exornare. In his quoniam nihil a patribus, nihil a com[m]uni christianorum consensu variamus[q], satis [r]fore credimus[r] hunc in modum[s] fidem[t] nostram esse testatos.

De Iustificatione et fide[u]

Circa ea autem, quae de ratione, qua redemptionis per Christum factae participes reddimur, doceri vulgo solent, deque offitiis[2] hominis christiani, variare nonnihil[v] a receptis [w]dogmatis [x]ceptum est[x], quae omnia S[erenissimae] M[aiestati] Tuae exponere iuxtaque[y] scripturae loca, quibus ad recipiendum illa compulsi sumus, indicare quam simplicissime studebimus.[w]

Primum igitur, cum iam aliquot annis ad iustificationem hominis requiri propria eius opera traditum sit, nostri[z] totam divinae benevolentiae Christique merito acceptam referendam solaque fide percipi docuerunt, quo inter cetera scripturae loca haec illos moverunt: »Quotquot autem receperunt eum, dedit eis potestatem filios dei fieri, iis[b] qui credunt in nomine eius, qui non ex

[a]Spiritu christi ex gratia mille nostro merito nos iustificari per fidem[a]

i) vor den linken Rand geschrieben und eingewiesen: d; fehlt in A.
j)–*j)* expectamus iudicem: A.
k) fehlt in A.
l) agnoscunt: a.
m) eum nihilominus: A.
n)–*n)* hanc instaurare, sanctificare: A.
o) fehlt in a.
p) Schrf.: omnegenis: d.
q) variarunt: a.
*r)–*r)* von Bucer über der Zeile und vor dem linken Rand nachgetragen für gestr.: putamus: d; putamus: a.
s) modum nos: A.
t) fidem illorum et: a.
u) fide. Cap. III: A.
v) nostri nonnihil: a.
w)–*w)* pridem dogmatis, nostri coeperunt. In his quae nos secuti sumus, Sacratissimae Maiestati tuae quam simplicissime exponere, et simul ea scripturae loca, quibus huc compulsi sumus, bona fide indicare studebimus: A.
x)–*x)* coeperunt: a.
y) danach gestr.: ea: d; iuxtaque ea: a.
z) nostri hanc: A.
a)–*a)* fehlt in a, A.
b) his: A.

1. sc. coelos.
2. sc. officiis.

sanguinibus aut voluntate carnis aut voluntate | *240*[v] | viri, sed ex deo nati sunt«, Ioan. 1[12–13]. »Amen, amen dico vobis, nisi quis renatus fuerit ex integro, non poterit[c] videre regnum dei«, Ioan. 3[3]. »Nemo novit filium nisi pater [d]et nemo novit patrem nisi filius[*d*] et cui voluerit filius revelare«, Mathei 11[27]. »Beatus es, Simon Bariona[e], caro et sanguis non revelavit tibi«, Mathe. 16[17]. »Nemo potest ad me venire nisi pater meus traxerit eum«, Ioann. 6[44]. »Gratia servati estis, per fidem, et id non ex vobis, dei istuc[f] donum est, non ex operibus, ne quis glorietur. Ipsius enim sumus figmentum, conditi in Christo Iesu ad bona opera, quae preparavit deus, ut in eis ambulemus«[g][1].

Etenim cum nostra iustitia et vita eterna sit, deum et servatorem nostrum Iesum Christum agnovisse et id adeo carnis et sanguinis opus esse nequeat, ut renasci [h]de integro nos oporteat[*h*], Nec possimus ad filium, nisi trahente patre, pervenire, nec patrem, nisi revelante filio, discere, et tam diserte divus[i] Paulus scripserit, non ex nobis, non ex operibus satis liquet [j]ad hoc, ut iusti ex iniustis, quales nascimur, evadamus, nihil posse opera nostra conferre[*j*], Quippe qui ut natura filii irae eoque iniusti sumus, ita nihil iustum aut deo gratum designare valeamus[k], Sed initium omnis nostrae et iustitiae et salutis[l] [m]fieri oportere a miserente deo[*m*], qui ex sola sua dignatione et mortis filii sui contemplatione primum doctrinam veritatis et Euangelium suum misso[n], qui illud adnuntiet[o], offert, Deinde cum »homo animalis haud possit, [p]ut inquit Paulus[*p*], percipere, quae spiritus[q] dei sunt«, 1. Co. 2[14], facit[r] oriri in tenebris cordis[s] suae lucis radium, ut [t]iam[u] [v]adnuntiato Euangelio habere[w/*t*] fi-

c) potest: a, A.
d)–*d)* fehlt in A.
e) Barionah: a; Bar Iona: A.
f) istud: a, A.
g) ambulemus, Eph. 2: A.
h)–*h)* ad hoc de integro oporteat: A.
i) fehlt in A.
j)–*j)* nostra opera ad hoc, ut iusti ex iniustis, quales nascimur, evadamus, nihil posse conferre: A.
k) valemus: A.
l) Schrf.: salutem: d.
m)–*m)* a miserente Deo fieri oportere: A.
n) missis: A.
o) annuncient: A.
p)–*p)* ut Paulus inquit: A.
q) fehlt in A.
r) facit simul: A.
s) cordis nostri: A.
t)–*t)* habere annunciato Euangelio: a.
*u) von Bucer über der Zeile nachgetragen für gestr.: habere: d.
v)–*v)* habere annunciato Euangelio fidem: A.
*w) von Bucer vor den linken Rand geschrieben: d.

1. Eph 2,8–10.

dem possimus[v], superno iam[x] spiritu de eius veritate persuasi, moxque deum, spiritus[y] testimonio freti, filiali fidutia invocare et dicere ›Abba, [z]pater‹[1], Salutem[z] inde solidam consecuturi, iuxta illud »quisque[a] invocaverit nomen domini, salvus erit«[2].

De bonis operibus ex fide [b]provenientibus per dilectionem[b]

[c]Nolumus autem haec sic intellegi, quasi[c] salutem ac iustitiam in ignavis animi cogitationibus fideve caritate destituta, quam informem vocant, poneremus[d], [e]sed quod | *241r* | agnoscamus[e] neminem[f] iustum aut salvum fieri posse, nisi amet summe deum et imitetur studiosissime. Nam quos presciverat[g], eosdem et prefinivit conformes fieri imagini filii sui, sane sicut in gloria vitae beatae, ita et in cultu innocentiae consumataeque iustitiae figmentum nanque[h] ipsius sumus, conditi ad bona opera. [i]Iam autem amare ante omnia dignoque studio emulari deum, quem ignoret[i], et de quo [j]nondum[k] sibi quaeque optima[j] polliceatur, potest nemo. Iustificari ergo, hoc est, ut iusti, ita salvi fieri[l] (iustitia enim ipsa [m]salus nostra[m] est) aliter prorsus nequimus, quam [n]ut in primis fide divinitus[n] donemur, qua Euangelio credentes eoque persuasi deum nos in filios adoptasse paternamque benevolentiam in [o]sempiternum exhibiturum[o], toti ab ipsius nutu pendeamus. Quam[p] fidem vocat

x) scilicet: A.
y) huius spiritus: A.
z)–*z)* pater, valeamus, salutem: A.
a) quisquis: a, A.
b)–*b)* per dilectionem provenientibus. Cap. IIII: A.
*c)–*c)* von Bucer vor den linken Rand geschrieben für gestr.: Non quod: d; Non quod: a.
*d) von Bucer über der Zeile nachgetragen für gestr. nostri ponant: d; nostri ponant: a; ponamus: A.
e)–*e)* quandoquidem certi sumus: A.
f) neminem aut: a.
g) praescivit: A.
h) über der Zeile nachgetragen und eingewiesen: d; fehlt in a; enim: A.
i)–*i)* Atqui Deum ante omnia amare, dignoque studio emulari, nisi qui eum plane noverit: A.
j)–*j)* sibi nondum optima quaeque: a.
k) fehlt in A.
l) evadere: A.
m)–*m)* nostra salus: A.
n)–*n)* si fide cum primis: A.
o)–*o)* sempiternum nobis exhibiturum esse: A.
p) Hanc: A.

1. Vgl. Röm 8,15–16.
2. Joel 3,15; Röm 10,13.

divus Augustinus, de[q] fide et operibus, [r]Capite 14[r][1], Euangelicam, efficacem videlicet per dilectionem. Hac demum regeneramur et restituitur in nobis imago dei, hac cum perversi [s]nati sumus[s], [t]ad malum tantum pronis nostris cogitationibus, a puero boni evadimus[t]. Nam hinc ipsi[u] uno[v] deo fonte bonorum perenni copioseque effluo[w], abunde saturi [x/y]ilico aliis[y] deos quosdam, id est filios dei per dilectionem omnium[x] commodis pro virili studentes[z] nos[a] exhibemus. Etenim »qui diligit fratrem suum, in lumine manet«, i. Joann. 4[2], et »ex deo natus est«[3], totus novo [b]simul ac[b] veteri precepto de dilectione mutua deditus. Et hec dilectio totius legis impletio est[4], dicente Paulo: »Tota lex in uno verbo completur, nempe hoc, diliges proximum tuum ut teipsum«, Gal. 5[14][5]. Nam quicquid lex dei tradit, huc spectat, hoc[c] requirit, ut tandem ad dei imaginem solidam reformemur, per omnia boni usibusque hominum et expositi et accomodati[d], id quod plane fieri nequit, nisi simul omni virtutum genere simus ornati. Quis enim [e]sicut ad edificationem et ecclesiae instaurationem, ita[e] iuxta legem dei et in gloriam eius[f] omnia instituat et[g] perfitiat[6], id quod est munus christiani, i. Chor. 10[31], nisi ordine et recte singula et cogitet et dicat et gerat habeatque iam[h] universum virtutum chorum familiarem[i].

q) libro de: A.
r)–*r)* fehlt in A.
s)–*s)* simus nati: a.
t)–*t)* nostris cogitationibus a puero ad malum tantum pronis, evadimus boni, rectique: A.
u) fehlt in A.
v) uni: a.
w) effluo, ipsi: A.
x)–*x)* mox aliis nos deos quosdam, id est, germanos Dei filios, per dilectionem illorum: A.
y)–*y)* über der Zeile nachgetragen für gestr.: illico: d; illico: a.
z) danach gestr.: aliis: d; studentes aliis: a.
a) fehlt in A.
b)–*b)* ac simul: A.
c) hoc unum: A.
d) accommodi: a.
e)–*e)* ad veram ecclesiae aedificationem, omniumque solidam utilitatem, hoc est: A.
f) Dei: A.
g) ac: a.
h) ideo: A.
i) plane domesticum: A.

1. *Augustin*, De fide et operibus 14,21 (CSEL 41, S. 61,5–62,18; PL 40, Sp. 211).
2. vielmehr I Joh 2,10.
3. I Joh 4,7.
4. Vgl. Röm 13,9; I Tim 1,5.
5. Vgl. auch Lev 19,18.
6. sc. perficiat.

Cui bona opera adscribenda et quam necessaria[j]

[k]Hec autem[k], cum »spiritu Christi agantur[l] qui filii dei sunt«[m], Ro. 8[14], et »ex illo | *241*v | et per illum et in illum omnia«[n], Ro. 11[36], non debent alio[o] quam[p] ipsi [q]uni transcribi, Et si[q] nos nequaquam cogat, verum ducat volentes »operans[r] in nobis et velle et operari«, Phil. 2[13]. Unde [s]scite divus Augustinus[s] scripsit sua in nobis [t]deum opera[t] remunerare. [u]Ad hunc intelligimus modum nos fide iustificari ex gratia, non ex meritis, ex fide, non ex operibus[u][1]. Et[v] bona opera tam non reiicimus, ut[w] negemus [x]hominem posse plene[x] salvum fieri, nisi [y]iam per spiritum christi huc[y] evaserit, ut nihil[z] bonorum operum in eo desideretur, ad que quidem deus quamquam[a] condidit, [b]Membra enim sumus eius[c] corporis[b], unde nec eadem singuli offitia habemus, 1. Chor. 12[12–27]. [d]Certe legem adimplere[e][d] adeo necesse est, ut celum et »terra citius transitura sint, quam possit ex illa iota unum vel [f]apiculus minimus[f] remitti«[2]. Quia tamen [g]solus deus[g] bonus est et ex nihilo omnia condidit Nosque spiritu suo penitus novos facit[h], »In christo enim non nisi nova creatura valet«[3], nihil potest horum adscribi viribus humanis[i]. Ex

j) necessaria sint: a; necessaria. Cap. V: A.
k)–*k)* At vero: A.
l) aguntur: a, A.
m) sunt, potius quam agant: A.
n) sunt omnia: A.
o) alii: a, A.
p) quam huic: A.
q)–*q)* spiritui omnium virtutum largitori uni transcribi, quaecunque pie, recteque gesserimus. Utcunque ille: A.
r) efficiens nimirum: A.
s)–*s)* D. August[inus] scite: a.
t)–*t)* opera Deum: a.
u)–*u)* fehlt in A.
v) His: A.
w) über der Zeile nachgetragen für gestr.: uti: d; ut prorsus: A.
x)–*x)* quenquam plene posse: A.
y)–*y)* huc per spiritum Christi: A.
z) nihil iam: A.
a) quemquam: a; illum: A.
b)–*b)* Sumus enim diversa eiusdem corporis membra: A.
c) unius: a.
d)–*d)* Legem siquidem impleri: A.
e) adimpleri: a.
f)–*f)* minimus apiculus: A.
g)–*g)* Deus solus: A.
h) efficit: a; facit, agitque totos: A.
i) humanis, faterique oportet, omnia esse Dei nobis ultro, nec ullo nostro merito faventis, et benevoli mera dona: A.

1. Vgl. Röm 3,28; 4,5; 5,1; Gal 2,16; Eph 2,8–9; Phil 3,9.
2. Mt 5,18.
3. Gal 6,15.

iis[j] iam cognosci[k] potest et[l] quid [m]iustificationem nostram esse, per quem illam nobis contingere quaque ratione a nobis percipi credimus[n] ac quibus denique hec scripturis edocti[o] credamus[m]. Tametsi enim ex pluribus[p] paucas adduximus[q], ex his paucis tamen, cuivis vel mediocriter in scripturis versato, abunde[r] manifestum est, huius generis sententias, quibus nobis nihil nisi pecatum[s] et perditio, ut Hosea inquit[1], domino autem omnis[t] iustitia et salus tribuitur[2], [u]in arcanis litteris[u] passim occurrere.

De christiani hominis offitiis[v]

Tum[w] et illud [x]minime obscurum est[x], que nam sint christiani hominis offitia, [y]ea nimirum omnia quibus proximo comodatur[y]. Primum[z] ad vitam eternam, ut et[a] ille[b] cognoscere, colere[c] et revereri deum incipiat[d], dein etiam[e] [f]iis que requirit usus vite presentis[f]. Quemadmodum enim tota[g] lex dei, que omnis[h] iustitiae absolutissima preceptio est, in hoc[i] dicto: [j]»diliges proximum sicut te ipsum«[j], summatur, Ro. 13[9], [k]necesse est in huiusmodi dilec-

j) his: a, A.
k) cognosci abunde: A.
l) fehlt in a, A.
m)–*m)* credamus iustificationem esse, per quem nobis contingere, quaque demum ratione a nobis percipi, tum quibus nam scripturis, ut ita credamus, simus adducti: A.
n) credamus: a.
o) docti: a.
p) plurimis: a, A.
q) citavimus: A.
r) satis superque: A.
s) peccatum: a, A.
t) omnis nostra et: A.
u)–*u)* legentibus illas: A.
v) Officiis. Cap. VI: A.
w) Iam: A.
x)–*x)* obscurum esse haud poterit: A.
y)–*y)* quibusque actionibus potissimum intentum esse conveniat. Hisce nempe omnibus quibus proximis suis, quisque pro se commodare queat: A.
z) Primum quidem: A.
a) über der Zeile nachgetragen und eingewiesen: d; fehlt in a.
b) illi: A.
c) über der Zeile nachgetragen und eingewiesen: d.
d) incipiant: A.
e) etiam in: a.
f)–*f)* ad praesentem, ne quid desyderent rerum, quas corporis quoque necessitas poscit: A.
g) universa: A.
h) Schrf.: omis: d; totius: A.
i) hoc uno: A.
*j)–*j)* von Bucer vor den linken Rand geschrieben und eingewiesen: d; diliges proximum: a; diliges proximum tuum sicut te ipsum: A.

1. Vgl. etwa Hos 8,13; 9,9.
2. Vgl. etwa Hos 13,9; 14,2.

tionis prestatione omnem summari atque absolvi iustitiam[k], [l]Atque ideo nihil posse inter christiani hominis offitia | *242r* | numerari[m], quod rationibus proximi non aliquod momentum adferat atque eo quodque opus plus ex offitio christiani esse, quoplus inde utilitatis ad proximos perveniat. Ea propter obedientiam, que exhibetur magistratibus, quod hec ad publicam utilitatem referat, honorem qui prestatur parentibus, curam, que impenditur uxori et liberis atque familiae, quod sine his vita hominum humana non est, denique quodcunque munus fuerit iniunctum divinitus, quo proximis quis inserviat, inter precipua christiani hominis offitia ponimus[l].

De precibus atque ieiuniis[n]

[o]Precationibus atque ieiuniis invigilare, simul rem sanctissimam habemus, ad quam Ecclesiastae nostri diligentiss[ime] quoque inhortantur[o]. Verum namque ieiunium quasi quedam[p] vitae presentis et malis cupiditatibus semper obnoxiae [q]abdicatio est[q]. Precatio autem animi in deum subvectio taleque cum illo colloquium, ut nulla alia res celestibus affectibus tantopere incendat et ad dei voluntatem mentem potentius conformet. Quamlibet autem sanctae et christianis necessariae istae functiones sint[r], cum tamen illis non tam[s] serviatur[t] proximo quam paretur[u] homo, [v]ut servire proximo cum fructu queat[v],

k)–*k)* ita in huiusmodi dilectionis praestatione, omnem summari et absolvi iustitiam necesse est: A.

l)–*l)* Unde inter Christiani hominis munera, nihil omnino numerandum est, quod non momentum aliquod, rationibus proximi adferat, et hoc sane amplius quodque opus ex officio Christiani fuerit, quo plus ex eo utilitatis ad proximos pervenerit. Ea propter, post functiones ecclesiasticas, inter praecipua Christiani hominis officia ponimus, administrationem Reipub[licam] administrantibus eam esse morigeros, nam haec ad publicam utilitatem referunt, curam quae impenditur uxori, liberis atque familiae, honorem qui exhibetur parentibus, quod sine his vita hominum consistere nequeat, bonarum denique artium omniumque honestarum disciplinarum professiones, quod absque harum cultu maximis, et humano generi propriis bonis destitui necesse sit. In his tamen et quibusuis aliis humanae vitae muniis, nihil cuiquam temere arripiendum est, sed religiose videndum, quo vocet Deus. Id demum cuiusque officium fuerit, hoc autem praestabilius, quo maiorem hominibus commoditatem attulerit: A.

*m) von Bucer vor den linken Rand geschrieben für gestr.: haberi: d; haberi: a.

n) Ieiuniis. Cap. VII: A.

o)–*o)* Precationes vero et religiosa ieiunia, actiones nihilo minus sanctissimas, quaeque Christianos plurimum deceant, habemus, ad quas Ecclesiastae nostri diligentissime auditores suos inhortantur: A.

p) quaedam: A.

q)–*q)* abdicatio, et futurae, perturbationumque liberae, meditatio est: A.

r) sunt: A.

s) über der Zeile ergänzt und eingewiesen: d.

t) servitur: A.

u) paratur: A.

v)–*v)* ut cum fructu proximo servire queat: a; ut cum fructu servire proximo queat: A.

[w]sanctae doctrinae[*w*] piisque hortamentis et monitionibus[x], tum[y] etiam aliis offitiis a quibus statim proximus aliquid percipit[z] comodi, preferenda non sunt. Unde [a]servator nocte legitur precationi[*a*], die autem doctrinae et sanandis egrotis operam dedisse[b]. Ut enim [c]maior fide et spe dilectio est[*c*], ita quae proxime[d] hanc referunt, [e]utilitatem[f] certam hominibus adferentia[*e*] [g]cunctis sacris functionibus aliis[*g*] anteponenda credimus. Unde divus Chryso[stomus] [h]in Matheum Homel[ia] 48[*h*] scripsit, ieiunium in choro virtutum ultimum locum sortitur[i][1].

De ieiuniorum preceptis[j]

[k/l]Cum[m] autem[*l*] non nisi ardentiores et superno afflatu incitatae mentes rite[n] ac[o] cum fructu et precari et ieiunare possint, prestare credimus apostolorum[p] ac superioris et[q] purioris ecclesiae exemplo Sanctis exhortationibus ad hoc[r] invitare, quam preceptis compellere, presertim quae peccatis obligent et locum[s], tempus ac modum precandi cuiusque spiritui, sine quo nec precari vere nec ieiunare quisquam potest, relinquere[*k*], quam certis | *242*[v] | prescribere

w)–*w)* Doctrinae sanctae: a.
x) admonitionibus: a.
y) cum: a.
z) precipit: A.
a)–*a)* de servatore legimus, quod noctu precationi: A.
b) dederit: A.
c)–*c)* dilectio fide et spe maior est: A.
d) proximo: a.
e)–*e)* certam nimirum hominibus utilatatem adferentia: A.
f) Drf.: utilatatem: A.
g)–*g)* cunctis aliis sacris functionibus: A.
h)–*h)* fehlt in A.
i) sortiri: A.
j) Praeceptis. Cap. VIII: A.
k)–*k)* At vero quoniam rite atque cum fructu, vel precari, vel ieiunare, nullae nisi ardentiores, et superno afflatu peculiariter incitatae mentes, possunt, credimus praestare exemplo Apostolorum ac superioris puriorisque ecclesiae, sanctis exhortationibus ad haec invitare, quam ea extorquere praeceptis, iis praesertim, quae peccatis obligant, id quod sibi permiserunt posteriores, cum iam ordo sacerdotum haud parum degenerasset. Sic et locum, tempus, modum, tum precandi, tum ieiunandi, malumus sancto spiritui, sine quo rite nec precari, nec ieiunare quisquam potest, arbitranda relinquere: A.
l)–*l)* Cunque: a.
m) über der Zeile für gestr.: Cumque: d.
n) am Ende der Zeile nachgetragen: d.
o) davor gestr.: rite: d.
p) korr. aus: Appostolorum: d.
q) atque: a.
r) haec: a.
s) locum et: a.

1. *Johannes Chrysostomus*, Homilia 46/47 in Matthaeum [13,24–30] (PG 58, Sp. 480).

legibus, maxime quas syne piaculo transgredi non liceat. Propter iuniores enim[t] et imperfectiores certum ad praecandum et ieiunandum tempus modumque[u] constitui quo ad hec velut [v]preexecreantur[w], si modo id fiat citra conscientiae obstructionem[x] nostri nequaquam damnant. In hanc vere[y] nos sententiam id deduxit, quod nec christus ipse, multo minus apostoli[z] quicquam[a] huiusmodi preceptorum dederunt. Sic sane scriptum reliquit divus Chryso[stomus] loco iam adducto[1].

Vides autem[v] quia vita recta magis omnibus ceteris iuvat. Rectam autem vitam appello, non ieiunandi laborem nec Cilicii aut cineris lectulum, Sed si pecuniam non aliter quam oporteat despitias[2], Si charitate ardeas, famescentes pane tuo nutrias, Si superior ira sis, si gloriam inanem non concupiscas, Si invidia non detinearis. Hec, enim ipsius documenta sunt. [b]Non enim[b] dicit ieiunium[c] suum iste[d] imitandum, quamvis quadraginta illos dies possit proponere, »Sed disce[e] a me quoniam mitis sum et humilis corde«[3], imo vero contra »omne«, inquit, »quod apponitur vobis edite«[4]. [f]Iam nec in omni scriptura, preter unius diei solenne[5] ieiunium indictum divinitus legimus[f]. Nam quae a prophetis et [g]regibus indicta scriptura testatur, constat non fuisse stata sed suo tantum tempore[g], [h]cum causam darent certae calamitates, vel iminentes vel iam prementes instituta[h]. Quandoquidem igi-

t) tamen: a, A.
*u) -que: von Bucer über der Zeile nachgetragen und eingewiesen: d.
v)–*v)* sanctis progymnasmatis praeparentur, nostri haud quaquam improbant, si modo id fiat citra obstrictionem conscientiae. In hanc vero sententiam, praeterquam quod cum natura harum actionum, omnis ingrata compulsio pugnet, id nos deduxit, quod nec Christus ipse, nec Apostoli, huiuscemodi praeceporum usquam meminerunt. Quod et D. Chrysostomus testatur: Vides inquit: A.
w) preexerceantur: a.
*x) von Bucer vor den linken Rand geschrieben und eingewiesen für gestr.: destructionem: d; destructionem: a.
y) vero: a.
z) korr. aus: appostoli: d.
a) quocque: a.
b)–*b)* Etenim non: A.
c) ieiunum: A.
d) esse: a.
e) discite: A.
f)–*f)* Sed nec veteri populo ullum solemne et statum, praeter unius diei ieiunium, indictum legimus: A.
g)–*g)* regibus instituta scriptura testatur, constat non fuisse stata, sed suo tantum tempore indicta: A.
h)–*h)* cum id certae scilicet calamitates, vel imminentes, vel iam prementes, poscerent: A.

1. Vgl. oben S. 634, Anm. 1.
2. sc. despicias.
3. Mt 11,29.
4. Lk 10,8.
5. sc. solemne.

tur, [i]ut divus Paulus testatur: »Scriptura omni bono opere instruit«[1], et huiusmodi extorta preceptis ieiunia prorsus ignoret[j], Non videmus, qui Apostolorum[k] successoribus tale quid licere potuerit[i].

Certe Ireneus testatur, olim [l]variam fuisse[l] ieiuniorum apud ecclesias observationem, uti legitur libro Ecclesiasticae Historiae[m] 8., capite 14[2]; in eodem libro memorat[n] Eusebius quendam Appolonium[o] Scriptorem ecclesiasticum inter cetera [p]argumenta etiam eo Montani[p] doctrinam confutasse, quod primus ieiuniorum leges imposuerit[3]. [q]Et Chryso[stomus][q] Honestum ieiunium[r], sed nemo cogatur[4]. Et alibi: Non potentem ieiunare hortatur, [s]ut a delitiis abstineat, idque non[s] magno a ieiunio intervallo distare. Validumque etiam[t] [u]esse telum[u] [v]ad diaboli furorem reprimendum adserit[v][5]. Ad hec ipsa [w]proh dolor[w] experientia plus nimio comprobat, [x]pietati ista ieiuniorum precepta haud parum obfuisse. Quemadmodum | *243*[r] | ergo nobis visum est constare[x], proceres ecclesiae hanc sibi[y] potestatem ieiunia sic indicendi, ut [z]peccati conscientias[z] obstringerent preter scripturae [a]auctoritatem[b], quae nihil tale vel verbo vel exemplo tradit, cum nihil, quod pieta-

i)–*i)* scriptura, ut D. Paulus diserte affirmat, omni bono opere instruit, ignorat autem haec praeceptis extorta ieiunia, non videmus, qui Apostolorum successoribus licere potuerit, tanto ecclesiam, tamque periculoso onere gravare: A.
j) ignorat: a.
k) Schrf.: Appostolorum: d.
l)–*l)* variam et liberam fuisse: A.
m) danach gestr.: libro: d.
n) commemorat: a; meminit: A.
o) Drf.: Appllonium: A.
p)–*p)* etiam hoc argumento Montani haeretici: A.
q)–*q)* Adeo putabat istuc sanam Christi doctrinam profitentibus indignum. Inde Chrysostomus alicubi ait: A.
r) ieiunare: a.
s)–*s)* ut abstineat a delitiis, idque adfirmat haud: A.
t) fehlt in A.
u)–*u)* telum esse: a.
v)–*v)* ad reprimendum furorem diaboli: A.
w)–*w)* quoque: A.
x)–*x)* ista ieiuniorum praecepta, pietati plurimum obfuisse. Ve igitur satis constare nobis visum est: A.
y) fehlt in A.
z)–*z)* conscientias peccati: a.
a)–*a)* authoritatem sumpsisse: A.
b) authoritatem: a.

1. II Tim 3,16–17.
2. *Eusebius-Rufinus*, Historia ecclesiastica 5,24 (GCS 9,1, S. 494,15–496,19).
3. *Eusebius-Rufinus*, Historia ecclesiastica 5,18,1 f. (GCS 9,1, S. 472,11–25.
4. Vgl. etwa *Johannes Chrysostomus*, Homilia 10 in Gen [1,26–27] (PG 53, Sp. 82 f.)
5. Es ist unklar, auf welche Aussage des Johannes Chrysostomus sich Bucer bezieht. Möglich ist ein Hinweis auf Homilia 57 über Mt 17,10 (PG 58, Sp. 563); vgl. BDS 3, S. 74, Anm. 22; *Neuser*, Confessio Tetrapolitana, S. 468, Anm. 57.

tem [c]quovis modo[c] promoveat, non tradat[d][a]. Ita solui [e]hisce laqueis conscientias, per scripturas Christianam comendantes libertatem[e], maxime autem [f]paulina scripta[f], quae hec mundi elementa a [g]cervicibus christianorum[g] singulari studio submovent, [h]passi sumus[h]. Neque enim leve apud nos momentum habere debuit.

Illud Pauli ad Coloss. 2[16]: »Ne quis igitur vos iudicet de cibo aut potu aut delectu diei festi aut Novilunii aut Sabbathorum«, et rursus: »Itaque si mortui estis cum christo ab elementis mundi, quid tanquam viventes decretis tenemini?«[1] [i]Sane si morte christi in eam nos adsertam libertatem Paulus affirmat, ut indignum nobis sit, etiam [j]divinitus institutis[j] ceremoniis addici, utpote quos spiritus christi internus magister ducere iam[k] debeat nec locum relinquit[l] pedagogiae illi, quae externis istiusmodi preceptiunculis, hoc est elementis sancte discipline in mundi rebus haerentibus constat, Et nemini prorsus tantum in nos iuris concedit, ut illas a nobis exigat, quanto minus obstringi nos par est ceremoniis institutis humanitus quantoque iniustius fuerit, id in nos potestatis ut tales a nobis requirat quemque mortalium[m] sumere?[i] Quis enim non videat gloriam christi, [n]cui totos vivere nos, quos totos sibi sanguine suo redemit, adderet[n], plus obscurari, si preter eius auctoritatem iis legibus conscientiam nostram subiicimus[o], quae [p]ex se homines comenti sunt[p], quam que authorem [q]habeant deum[q]. [r]Et si[r] suo dumtaxat tempore

*c)–*c)* von Bucer über der Zeile nachgetragen für gestr.: unlesbares Wort: d; fehlt in a.
d) tradat, sumpsisse: a.
e)–*e)* conscientias hisce laqueis permisimus, sed per scripturas: A.
f)–*f)* Paulinae scripta: a; Paulinas: A.
g)–*g)* Christianorum cervicibus: A.
h)–*h)* fehlt in A.
i)–*i)* Si etenim D. Paulus, quo nemo unquam Christum certius docuit, in eam nos libertatem rerum externarum, per Christum adsertos contendit, ut non modo nulli creaturae ius permittat, eos, qui Christo credunt, vel illis quidem ritibus et observationibus, gravandi, quos tamen Deus ipse instituit, et suo tempore prodesse quoque voluit, sed etiam denunciat a Christo excidisse, factumque eis Christum ociosum, qui se his addici patiantur, quid iam putamus sentiendum sit de praeceptionibus, quas non solum citra omne oraculum, verum etiam absque ullo imitabili exemplo, ex se homines commenti sunt, quaeque ideo non egena tantum et infirma, sed noxia etiam, non elementa, hoc est, sacrae dissciplina [Drf.] rudimenta, sed omnis verae pietatis impedimenta plurimis fuere? Quanto iniustius erit, quenquam sibi hanc potestatem in Christi clerum sumere, ut huiusmodi eum servitute premat, quantumque a Christo nos remotiores [f]ecerit, si illis nos subiecerimus?: A.
j)–*j)* institutis divinitus: a.
k) vor den linken Rand geschrieben und eingewiesen für gestr.: non: d.
l) korr. aus: relinquere: d; relinquere: a.
*m) von Bucer über der Zeile nachgetragen und eingewiesen: d; fehlt in a.
n)–*n)* cui nos decet totos vivere, quos ille sibi, idque sanguine suo, totos redemit, vindicavitque: A.
o) obstringimus: A.
p)–*p)* inventa hominum sunt: A.
q)–*q)* Deum habent: a; habent Deum: A.
r)–*r)* etiamsi: A.

1. Kol 2,20.

servandae? Minus profecto est Iudaizare quam Ethnizare. Ethnicorum autem est, leges colendi deum recipere, quae[s] ex humano tantum ingenio profectae sunt[t]. Quare[u] si uspiam alibi hic certe locum habet illud divi Pauli 1. Chor. 7[23]: »Empti estis pretio[v], nolite fieri servi hominum«.

De delectů ciborum[w]

[z]Cur obliteratus delectus ciborum[z]

Hac eadem de causa remissus est et delectus [x]ciborum certis diebus observari solitus, quem divus Paulus scribens Timotheo[y] attribuit | *243*[v] | doctrinae demoniorum[x]. Nec firmum est quod hoc[a] quidam in solos Manicheos, Encratistas[b], Tatianos et Martionitas[1] dicta contendunt, qui in totum aliquibus ciborum generibus et nuptiis interdixerunt. Apostolus damnavit hoc loco eos, qui iubent abstinere a cibis quos deus creavit ad sumendum etc.[c] Iam qui etiam in certos dumtaxat dies cibos aliquos sumere prohibent, iubent nihilominus abstinere a cibis quos deus creavit ad [d]sumendum. Quicquid[d], inquit, creavit deus, bonum est, et nihil reiiciendum, si[e] cum gratiarum actione sumatur[f]. [g]Nec ulla tempora excipit, quamvis nemo illo frugalitati, temperantiae ac etiam carnis cogitationibus[h] iustisque ieiuniis[g] impensius faverit. Servanda quidem[i] est christiano frugalitas, sed iugis castiganda etiam[j] nonnumquam caro iminuto solito dimenso, sed ad id ciborum vilitas modusque potius quam speties[2] aliquid conferet. Iustum denique ieiunium identidem[k] suscipere christianos convenit, sed quod non certorum, verum omnium ciborum, nec ho-

s) quae inconsulto Deo: A.
t) danach gestr.: Quare: d.
*u) von Bucer vor dem Zeilenanfang nachgetragen: d.
v) precio: a; precio magno: A.
w) Ciborum. Cap. IX: A.
x)–*x)* ille ciborum in certos dies indictus, quem D. Paulus doctrinae demoniorum attribuit, scribens Timotheo: A.
y) korr. aus: Thimotheo: d.
z)–*z)* fehlt in a, A.
a) haec: a, A.
b) Encratitas: A.
c) sc.: a.
d)–*d)* sumendum, daemoniorumque doctrinae affines existunt, id quod ex caussa quoque liquet, quam Apostolus subiecit, Nam quicquid: A.
e) quod: A.
f) sumitur: A.
g)–*g)* Nulla siquidem tempora excipit, quamvis frugalitati, temporantiae, ac etiam selectis carnis castigationibus, iustisque ieiuniis nemo illo: A.
h) castigationibus: a.
i) sane: A.
j) fehlt in A.
k) Schrf.: itendidem: d.

1. sc. Marcionitas.
2. sc. species.

rum tantum, sed simul delitiarum vite huius quarumlibet abstinentia sit. Quale enim hoc ieiunium[l], spetiem tantum mutare lautitiarum, id quod etiam qui hodie religiosiores habentur solent. Cum divus Criso[stomus] non agnoscat[m] ieiunium, si [n]sine cibis etiam[n] ad vesperam vsque permaneamus, nisi cuͦm abstinentia ciborum a noxiis quoque continentiam exhibeamus, et circa spiritualium rerum studium multum otii[o] impendamus.

Nullum esse querendum in precibus et ieiuniis meritum[p]

Nihil nos ieiuniis et precibus mereri

Deinde et hoc[q] [r]nostri ecclesiastae[r] circa ieiunia et preces emendandum docuerunt, [s]ne quid meriti aut iustificationis in eis quereretur[s]. Gratia enim per fidem sicut salvi, ita et iusti reddimur Et de operibus legis inter quae et preces et ieiunia nuͦmerantur, sic scripsit Paul[us] ad Gal. 5[4–5]: »Christus vobis factus est otiosus, quicumque per legem iustificamini, a gratia excidistis«. Nos enim spiritu | *244*[r] | ex[t] fide spem iustitiae expectamus, Precandum igitur est[u], ut a deo accipiamus [v]Ieiunandum, ut precemur expeditius carnemque in offitio contineamus[v]. Hunc solum finem usumque precum et ieiuniorum [w]et scriptura et patrum [x]scripta[w] prescribunt, Quibus si etiam ita incumberemus, ut nihil hic in nobis posset[y] desiderari[z], et caetera quoque [a]Universa legis[a] perficeremus, adhuc tamen fatendum esset, nos servos esse inutiles, quid igitur nobis [b]fingemus meriti[b]?[x]

l) ieiunium, quae abstinentia: a, A.
m) agnoscat esse: A.
n)–*n)* in totum etiam sine cibis, et: A.
o) operae: a.
p) meritum. Cap. X: A.
q) davor gestr.: nos: d.
r)–*r)* ecclesiastae nostri: A.
s)–*s)* quod vulgo homines doceri solent, nescio quid meriti et iustificationis, hisce sibi actionibus quaerere: A.
t) et: A.
u) est, sed: A.
v)–*v)* non ut illi hinc quicquam conferamus. Ieiunandum ut precemur ex peditius, carnemque in officio contineamus, non ut apud Deum aliquid nobis mereamur: A.
w)–*w)* tam scriptura quam Patrum praescripta: a.
x)–*x)* cum scripta, tum exempla praescribunt. Ad haec sic res nostrae habent, ut si etiam tanta cum religione precari et ieiunare possemus, demum omnia quaecunque Deus nobis iniunxit, perficere, ut amplius nihil a nobis requiri posset, quod hactenus nemo mortalium unquam praestitit, adhuc tamen fateri oporteret, nos servos esse inutiles. Quid igitur nobis meriti fingemus?: A.
y) danach gestr.: dum: d.
z) Schrf.: desidarari: d.
a)–*a)* legis universa: a.
b)–*b)* meriti adfingemus: a.

Unum deum invocandum per christum[c]

[j]Invocare divos et eorum niti meritis preter scripturam est.[j]

Reiectus est et[d] alius circa haec abusus, quod quidam [e]precibus et ieiuniis[e] deiparam[f] virginem Mariam [g]ac alios divos[g] sic demereri volunt, ut per eorum intercessionem et merita cum animae tum corporis malis liberentur [h]et bonis[h] [i]omne genus[i] cumulentur. [k]Iuxta institutionem enim christi servatoris docent [l]nostri concionatores[l] patrem invocandum coelestem, qui promisit nihil penitus se nobis denegaturum, Si fide modo ipsum et in nomine filii sui oremus. Cumque unus predicetur dei et hominum mediator homo Iesus christus 1. thimotheum 2[5], quo nemo nostri amantior est, nemo etiam qui apud patrem plus potest, hortari solent, hoc conciliatore et intercessore apud patrem satis habere[k]. Dei autem parentem sacratissimam virginem Mariam divosque omnes [m]summo studio colere[n] docent[m], sed quod tum demum prestaturi sumus[o] cum iis[p] rebus, quae ipsis cum primis cordi sunt, studuerimus, nempe innocentiae et pietati, cuius[q] illi nobis tam egregia exempla pretulerunt. Cum enim deum ex toto corde, tota anima omnibusque viribus [r]amant, nihil poterit eis a nobis fieri gratius, quam ut pariter cum eis deum et diligamus et emulemur quam ardentissime[r]. Meritis enim suis[s] nec propriam salutem adscribunt, nedum nos per illa[t] iuvare unquam[u] in animum indicunt[v]. Singuli cum hic agerent cum Paulo dicebant: Vitam autem quam nunc vivo in carne per fidem vivo filii dei, qui dilexit me et tradidit semetipsum pro me, Non aspernor

c) Christum. Cap. XI: A.
d) fehlt in a.
e)–*e)* vor den linken Rand geschrieben und eingewiesen: d.
f) Deiparam quoque: A.
g)–*g)* Divos alios: a; aliosque divos: A.
h)–*h)* bonisque: A.
i)–*i)* omnigenis: a.
j)–*j)* fehlt in a, A.
k)–*k)* Docent enim nostri concionatores, unicum Patrem in coelis per Christum unicum mediatorem invocare, orareque omnia, qui ut ipse testatus est, nihil nobis denegabit, quod fide modo ipsum, et in nomine Christi oraverimus. Cum itaque Paulus, unum hunc hominem Iesum Christum, Dei et hominum mediatorem praedicet, et nemo nostri amantior esse possit, nemo item apud Patrem plus valere, hortari nostri solent, hoc uno apud patrem conciliatore et intercessore satis habere: A.
l)–*l)* concionatores nostri: a.
m)–*m)* iubent summo studio colere: A.
n) colendos: a.
o) simus: a, A.
p) his: a.
q) quarum: A.
r)–*r)* Divi omnes amant, haud est quod illis gratius praestemus, quam ut pariter cum eis Deum, quam ardentissime et diligamus, et emulemur: A.
s) suis illi: A.
t) ea: A.
*u) von Bucer über der Zeile nachgetragen und eingewiesen für gestr.: nunquam: d.
v) inducere possunt: a; inducunt: A.

gratiam dei. Si iam[w] ipsi gratiae dei et redemptioni Iesu christi omnia accepta retulerunt[x], nulla re magis eis gratificabimur, quam si et nos hisce presidiis nitamur. | *244*[v] |

De Monachatu[y]

Eadem vero causa quod omnis[z] iustificatio constat fide in Iesum christum unde libertas nobis facta est rerum externarum omnium, Monachatus quoque vincula laxari apud nos permisimus[a]. Videbamus enim hanc a divo Paulo christianorum libertatem ubique graviter vindicari [b]ut rectus[c] quisque[b] ab uno christo Iesu domino nostro [d]omnem iustitiam[d] et salutem petendam[e], rebus vitae huius quibuslibet [f]libere suoque arbitratu, modo ut in utilitatem semper proximorum ita in gloriam dei utatur, huc agente cum[g] spiritu christi, adoptionis iustaeque libertatis largitore, Hanc cum libertatem retinemus, servi sumus christi, qui cum pretio nos emerit nec vulgari quidem, sed inestimabili, nempe sanguine suo illibatus ille agnus dei tam non licet istam libertatem hominibus cedere, quam nephas est christi nos [h]servituti eximere[h]. Hinc sane est, quod divus Paulus scribens Gall.[i] tantopere detestatus sit, quod se illi divinae legis ceremoniis addixissent, cum [j]tamen id[j] multo excusatius esset, quam dedi[k] iis, quas ex se comenti sunt homines. interpretatur autem id esse[f] aspernari gratiam dei mortemque christi pro nihilo habere [l]c. 2[20][l]. Et

w) korr. aus: tam: d.
x) tulerunt: a.
y) Monachatu. Cap. XII: A.
z) omnis nostra: a, A.
a) non aegre tulimus: a.
b)–*b)* qua quisque pro se certus: A.
c) certus: a.
d)–*d)* iusticiam omnem: a.
e) petendam, certus etiam: A.
f)–*f)* semper sicut in utilitatem proximorum, ita in gloriam Dei utendum esse, se et sua omnia, sancto Christi spiritui, verae adoptionis et libertatis largitori, arbitranda, moderanda, et cum in usus proximorum, tum gloriae Dei illustrationem, instituenda, exhibendamque, libere permittat. Hanc cum libertatem retinemus, praestamus nos servos Christi, cum hominibus eam prodimus, ipsorum nos inventis addicentes, a Christo ad homines, velut fugitivi deficimus. Id quod hoc magis impie facimus, quo minus nos vulgari precio Christus sui iuris fecit, qui nos sibi ab exitiabili satanae servitute sanguine suo vindicavit. Et haec caussa est, cur D. Paulus scribens Galatis tantopere detestatus sit, quod illi ceremoniis legis, licet divinae, se addixissent, cum id tamen, quod et supra ostendimus, multo excusatius esset, quam earum se iugo permittere, quas ex se confinxerunt homines. Scripsit enim et ex vero, qui ceremoniarum illarum iugum admisissent, eos: A.
g) tum: a.
h)–*h)* eximere servituti: a.
i) Galathis: a.
j)–*j)* id tamen: a.
k) vor den linken Rand geschrieben und eingewiesen für gestr.: de [unleserliches Wort]: d.
l)–*l)* fehlt in A.

inde ait, se metuere, ne frustra erga eos laboraverit [m]cap. 4[11]. Atque hortatur cap. 5[1]: »In libertate igitur qua christus nos liberavit, state et ne rursus iugo servitutis implicemini«[m].

Iam constat Monachatum nihil aliud esse quam servitutem humanarum traditionum et plane servitutem[n] huiusmodi, qualem nominatim Paulus locis quos adduximus damnavit. Omnino enim [o]spe meritorum apud deum qui monachatum profitentur, inventis illis hominum sese devovent. Unde et[p] creditur neminem posse rursus ab eis resilire. Proinde cum corpus et spiritus noster dei sint, qui nos alioqui sui iuris nempe a se conditos, etiam pretio sanguinis filii emit, 1. Chor. 6[20], haud potest christianis licere [q]votis se servituti isti Monasticae[q][o] mancipare[r], multo minus quam servis [s]suos[t] mutare dominos[s]. Ad haec inficiari non potest per huiusmodi[u] vota vivendi mandatis hominum induci[v] necessitatem, ut solet[w] transgrediendi legem dei, Mathei 15[3–4]. [x]Lex siquidem[x] dei requirit, ut christianus[y] Magistratui, parentibus, propinquis ac[z] aliis quibuslibet[a] | *245*r | quos illi deus [b]fecerit proximos et ipsius ope indigos[b] adduxerit, pro virili inserviat, quocumque in loco aut tempore modove usus illorum poposcerit. Tum illud vivendi genus amplectatur, quo maxime[c] rationibus proximorum[d] consulere valeat, nec celibatum deligat[e] nisi datum ipsi[f] sit propter regnum celorum, Hoc est, causa promovendae pietatis gloriaeque dei, Seipsum castrare, ultro[g] matrimonio abdicato.

m)–*m)* hortaturque, ut in libertate, qua eos Christus liberasset, stare velint neque rursus iugo servitutis implicari: A.

n) fehlt in A.

o)–*o)* qui monachatum profitentur, inventis illis hominum spe meritorum sese devovent. Unde tantum piaculum faciunt, ab illis se ad Christi libertatem recipere. Proinde cum tam corpus quam spiritus noster Dei sint, idque duplici nomine, conditionis et redemptionis, haud potest Christianis licere se monasticae isti servituti: A.

p) fehlt in a.

q)–*q)* se votis Monasticae isti servituti: a.

r) fehlt in a.

s)–*s)* dominos mutare suos: a.

t) prophanis, suos: A.

u) huiusmodi mancipationem et: A.

*v) von Bucer über der Zeile nachgetragen für gestr.: etiam inductam: d; etiam inductam: a; fehlt in A.

w) semper solet, induci: A.

x)–*x)* Siquidem lex: a.

y) fehlt in a.

z) et: a.

a) quibuslibet Christianus: a.

b)–*b)* proximos fecerit, et ei iuvandos: A.

c) fehlt in A.

d) proximorum praecipue: A.

e) diligat: a.

f) fehlt in A.

g) fehlt in A.

Nam stat edictum illud dei per Paulum promulgatum, quod nulla hominum vota possunt [h]irritum reddere[h], Propter, inquit[i], stupra vitanda quisque (neminem excipit) suam uxorem habeat et unaquaeque [j]suum[k] maritum[j], neque enim capiunt omnes verbum illud de celibatu propter regnum celorum suscipiendo, ut [l]attestatus est[l] christus ipse, quo nemo vel quid valeat ingenium humanum vel quid placeat patri et novit melius[m] et tradidit fide potiore[n]. Iam palam est votis illis Monasticis certo hominum generi sic mancipari[o], qui illa suscipiunt, Ut iam nec magistratui nec parentibus nec ullis hominibus (uno[p] cenobiarcha[q] excepto) [r]morigeros et offitiosos[r] se prestare aut facultatibus suis subvenire liceat. Minus[s] omnium vero uxorem ducere, etiamsi [t]quam maxime[t] urantur, et ideo in quevis vite dedecora necessario prolabantur. Cum itaque perspicuum sit[u], [v]hisce votis hominem christum[w] servitute solutum non tam hominum quam sathanae servituti, propter istam (quam memoravimus modo) transgrediendi legem necessario[x] obnoxium fieri, eoque aperte illa cum iussis dei pugnare, ut non scripta solum, sed et nature lex censet posthabenda credidimus. Atque ideo nemini Monasticam vitam cum pure christiana volenti commutare obsistere potuimus[v], sicut nec aliis ex ordine ecclesiastico, qui ductis uxoribus [y]vitae genus[y] amplexi sunt, a quo [z]plus commodi proximis[z] maiorque vitae honestas quam ab eo, in quo

h)–*h)* reddere irritum: A.
i) fehlt in A.
j)–*j)* Maritum suum: a.
k) danach gestr.: unum: d.
l)–*l)* testatur: A.
m) certius: A.
n) meliore: A.
o) mancipari eos: A.
p) fehlt in a.
q) Coinobiarcha: a; coenobiarcha: A.
r)–*r)* morigerum et officiosum: a.
s) Minime: a.
t)–*t)* fehlt in a.
u) fehlt in a.
v)–*v)* vota ista monastica hominem servitute Christi solutum, servituti non tam hominum, quam Satanae obnoxium facere, transgrediendique legem Dei necessitatem quandam, uti omnium humanarum traditionum natura est, inferre, ac ideo aperte cum iussis Dei pugnare, merito credimus ea irritanda esse, quando non scripta solum, sed et naturae lex rescindendam fidem iubeat, si servata bonis moribus officiat, nedum religioni. Proinde nemini obsistere potuimus, qui vitam monasticam, indubitatam iam Satanae servitutem, cum Christiana mutare voluisset: A.
w) Christi: a.
*x) von Bucer über der Zeile nachgetragen für gestr.: de necessitate: d; Dei necessitatem: a.
y)–*y)* genus vitae: A.
z)–*z)* proximis plus commodi: A.

erant, expectari iure[a] potest. Quin[b] nec eos quoque[c], qui[d] in[e] verbi dei ministerio permanserunt[f], arcere a iure coniugii[g] ob memoratas causas nobis permisimus, Quum[h] divus Paulus, [i]vere castitatis precipuus adsertor[i], Episcopum quoque recipiat [j]unius | *245*v | uxoris[j] maritum. [k]Merito siquidem pluris[k] omnibus humanis legibus fecimus[l] hanc[m] divinam »Propter stupra vitanda unusquisque suam habeat uxorem«[n][1], quae certe lex, quod reiecta tam diu fuit, [o]nimis quam horrendae omnia quantumvis infanda libidinis genera (Honos sit auribus S[erenissimae] M[aiestatis] T[uae], optime cesar)[o] in ordinem ecclesiasticarum[p] [q]sic inundarunt[q], ut nullum sit hodie hominum[r] genus hoc nomine magis abominabile[s].

De officio, dignitate et potestate Ministrorum [t]in ecclesia[t]

De ministerio et dignitate ordinis ecclesiastici docetur apud nos: Primum, non esse in ecclesia potestatem nisi in[u] edificationem 2. Chor. 12[2], deinde neminem huius ordinis aliter debere aestimari quam Paulus se, Petrum, Appollo et similes estimari voluit. Nimirum ut[v] [w]christi ministros[x/w] et economos[y] misteriorum dei, a quibus hoc precipue requiri conveniat, ut fidus aliquis[z] repe-

a) fehlt in A.
b) Denique: A.
c) fehlt in A.
d) qui apud nos: A.
e) über der Zeile nachgetragen für gestr.: cum: d.
f) perseverarunt: A.
g) coniugii, quicquid castitatis voverint: A.
h) undeutlich korr.: d; Quando: a; cum: A.
i)–*i)* praecipuus verae castitatis assertor: A.
j)–*j)* fehlt in A.
k)–*k)* Iure etenim: A.
l) fehlt in A.
m) hanc unam: A.
n) uxorem etc.: a; uxorem etc. anteposuimus: A.
o)–*o)* omnia, quamvis infanda libidinis genera (honos sit auribus S. M. tuae optime Caesar) nimis quam horrende: A.
p) ecclesiasticum: a, A.
q)–*q)* indundarunt adeo: A.
r) mortalium: A.
s) abhominabile: a.
t)–*t)* in Ecclesiae: a; in Ecclesia. Cap. XIII.: A.
u) ad: A.
v) danach gestr.: nuntios: d.
w)–*w)* Ministros Christi: a.
*x) von Bucer vor dem Zeilenanfang nachgetragen: d.
y) oeconomos: a, A.
z) quisque: A.

1. I Kor 7,2.
2. vielmehr II Kor 10,8; 13,10.

riatur[1]. Hi claves habent regni coelorum, ligandi et solvendi, peccata[a] remittendi[b] et retinendi potestatem. Sic tamen, ut nihil nisi [c]ministri sunt[d] christi[c], cuius [e]solius proprium hoc ius[e] est, [f]quemadmodum animos innovare, ita coelos reserare et peccatis absolvere[g]. Et neque qui plantat est aliquid, neque qui rigat, Sed qui dat incrementum deus, 1 Cor.[h] 3[7][f]. [i]Ex se[i] enim nemo idoneus est quicquam huiusmodi cogitare, tanquam ex se, Verum quod idoneus quis [j]ad hec fuerit[j], id ex deo est qui, quos vult, facit ministros novi [k]testamenti, ut vere federis sui homines [l]de Christo rite[l] persuasos[k] participes reddant, [m]et non[m] mortuam literam, hoc est doctrinam quae foris tantum perstrepat[n] [o]nec animum immutet[o], sed spiritum simul vivificantem corque renovantem administrent, 2 Cor.[p] 3[6]. Et hi[q] demum cooperarii dei sunt, [r]1. Chor. 3[9][r]. Celum vere aperiunt, peccata remittunt. [s]Unde cum hanc suis christus[s] potestatem apostolis[t] traderet, flabat[u] in eos [v]atque dicebat[v], »Accipite spiritum sanctum«[2], Et [w]tunc demum[w] subiecit, »Quorumcumque remiseritis peccata«[3] etc[x]. Esse itaque missos divinitus (quomodo enim predi-

a) peccataque: a.
b) Schrf.: remitendi: d.
c)–*c)* Ministri sint Christi: a; Christi ministri sint: A.
d) sint: a.
e)–*e)* hoc ius solius et proprium: A.
f)–*f)* Ut enim unus est, qui potest innovare animos, ita solus quoque est, qui sua virtute, coelos hominibus referat, peccatisque solvit. Quod utrunque nobis tum demum contingit, cum datur animis innovari, habereque iam nostrum πολίτευμα in coelis. Ministrorum partes sunt, verbo plantare et rigare, quod utrunque per se nihil efficit, qui incrementum dat, Deus est: A.
g) abducere: a.
h) korr. aus: Chor: d.
i)–*i)* über der Zeile nachgetragen für gestr.: Ecce: d.
j)–*j)* fehlt in a.
k)–*k)* foederis, ut homines de Christo rite persuasos, huius vere: A.
*l)–*l)* von Bucer vor den linken Rand geschrieben und eingewiesen für gestr.: fide Christi: d; fide Christi: a.
m)–*m)* nec: A.
n) perstrepit: A.
o)–*o)* animum vero non immutat: A.
p) korr. aus: Chor: d.
q) sic: A.
r)–*r)* fehlt in A.
s)–*s)* Hinc est quod Christus, cum hanc: A.
t) Schrf.: appostolis: d.
u) flavit: A.
v)–*v)* dixitque: A.
w)–*w)* tum quidem: A.
x) illis remittuntur: A.

1. Vgl. I Kor 4,1–2.
2. Joh 20,22.
3. Joh 20,23.

cabunt nisi mittantur, Ro. 10[15]), hoc est | *246*r | facultatem et animum adnuntiandi[y] Euangelii pascendique gregem christi tum[z] cooperantem [a]cordaque persuadentem[a] spiritum accepisse, id demum idoneos riteque unctos[b] ecclesiae ministros, Episcopos, Doctores et pastores constituit. Reliquae virtutes, quibus [c]ornatos esse huiusmodi addecet, enumerantur, 1. Timothei 3[1–13] et ad Titum 1[d][5–9][c]. Ad hunc itaque modum, qui missi uncti ornatique sedulam gregis dominici gesserint curam et pascendo illum bona fide laboraverint, Episcoporum, presbiterorum et pastorum numero habendos [e]et duplici[e] honore adfitiendos[f] agnoscimus, Quorum[g] iussa quivis christianus summa promptitudine capessere[h] debeat.

Qui autem aliis[i] rebus dediti sunt, alio[j] item ipsi se loco collocant et nomine insigniunt. Nullius tamen vita sic offendere debet, ut[k], si e Mose vel christi cathedra[l], hoc est ex lege vel Euangelio[m] quid dixerit, id amplectendum sibi christiani dubitent[n]. Aliena vero si qui adferant est ovium christi talium vocem non exaudire[o], [p]Ioan 10[5][p]; in prophanis autem rebus qui potestatem acceperunt, ut a deo illa ordinata est, ita dei ordinationi[q] resisteret[r], qui [s]illi adversaretur. Immerito igitur [t]nostri[s] criminantur[t] ecclesiasticorum iurisdictionem labefactare[u]; Quam enim [v]temporariam[w] illi[v] habent[x]

y) adiuvandi: a; annunciandi: A.
*z) von Bucer über der Zeile nachgetragen für gestr.: tunc: d.
a)–*a)* hoc est, persuadentem cordibus: A.
*b) von Bucer über der Zeile nachgetragen für gestr.: vniuersos: d.
c)–*c)* huius ordinis homines ornatos esse addecet, enumerat D. Paulus: A.
d) 3: a.
e)–*e)* duplicique: A.
f) afficiendos: a; dignos: A.
g) quorumque: a, A.
h) Schrf.: capesere: d.
i) diversis: A.
j) diverso: A.
*k) von Bucer über der Zeile nachgetragen für gestr.: quo minus: d; quo minus: a.
*l) von Bucer über der Zeile nachgetragen und eingewiesen: d.
m) danach gestr.: cathedra: d.
*n) von Bucer über der Zeile nachgetragen für gestr.: agnoscent: d; agnoscent: a.
o) audire: A.
p)–*p)* davor am linken Rand: A.
q) ordinationi is: a.
*r) von Bucer über der Zeile nachgetragen für gestr.: resisteret: d.
s)–*s)* his nollet esse dicto audiens, in iis rebus quae cum iussis Dei non pugnant. Calumnia igitur est, quod nostros quidam: A.
t)–*t)* nostris crimini datur, quod: a.
u) labefactent: a.
v)–*v)* hi temporariam: A.
w) temporaneam: a.
x) habent, ea: a.

[y]nunquam per eos[y] impedita est; Spiritualem vero [z]nimirum, ut verbo dei ii[a] qui illam sibi sumunt, populi conscientias expedirent et Euangelio christi fideliter pascerent[z], sepe imploraverunt, tam[b] abest, ut ei unquam restitissent. Quod autem ecclesiastarum[c] quorundam doctrinam non sustinuimus et [d]pro nostra necessitate[d] alios[e] substituimus aut certe exauctoratos[f] retinuimus in causa fuit quod hi pastoris nostri vocem pure adnuntiarent[g] illi [h]humanam admiscerent[h].

Etenim cum ventum est ad negotium Euangelii et [i]doctrine sacrae[i], converti totos oportet ad Episcopum animarum nostrarum Iesum christum et alienorum vocem neutiquam[j] admittere, [k]in quo [l]tamen nemini iniuria fieri[l] potest. Ita affirmante Paulo[k]: »Omnia namque vestra sunt, sive Paulus sive appollo sive cephas, | *246*v | sive mundus, sive vita, sive mors, sive presentia, sive futura, omnia inquam[m] vestra sunt, vos[n] autem christi, christus vero dei«, 1. Chor 13[22–23]. Certe si [o]nostri sunt hactenus Petrus et Paulus et non nos[o] illorum, sed christi, Et quidem sicut ille patris nempe, ut ipsi uni[p] vivamus quanti sumus in hoc quibuslibet tanquam nostris utentes [q]nec ab ullo vel homine vel re alia hinc nos remorari sustinentes[q] nemo sane ecclesiasticorum iure de nobis quasi parum ipsi obtemperemus queri poterit, [r]si[s] constat nos[t] in eo quod ipso parum probante suscipimus dei[r] voluntatem sequi. Haec apud nos [u]docentur de ministrorum ecclesiae offitio, dignitate et auctoritate[u], quibus ut fidem haberemus loca scripture quae adduximus et [v]similia eis[v] nos permoverunt[w].

y)–*y)* ea nunquam per nostros: A.
z)–*z)* qua verbo Dei conscientias expedire, et Euangelio Christi fideliter pascere debent: A.
a) hi: a.
b) tantum: a.
c) Ecclesiasticorum: a.
*d)–*d)* von Bucer vor den linken Rand geschrieben und eingewiesen für gestr.: nostro arbitrio: d; nostro arbitrio: a.
e) alios in horum locum: A.
f) exauthoratos: a; per episcoporum praefectos exautoratos: A.
g) annunciarent: a; annunciarunt: A.
h)–*h)* autem, alienorum: A.
i)–*i)* doctrinae sanae: A.
*j) von Bucer vor dem Zeilenanfang nachgetragen für gestr.: nullos: d; nullos: a.
k)–*k)* quicunque Christo vere credimus. In eo nemini fieri iniuria potest, siquidem vera sunt illa Pauli: A.
l)–*l)* nemini tamen fieri iniuria: a.
m) nanque: a, A.
n) Schrf.: nos: d.
o)–*o)* Petrus et Paulus cum toto mundo hactenus nostri sunt, nos vero haud quaquam: A.
*p) von Bucer über der Zeile nachgetragen für gestr.: [unleserliche Worte]: d.
q)–*q)* fehlt in A.
r)–*r)* dum constiterit Dei nos: A.
s) siquidem: a.
*t) von Bucer über der Zeile nachgetragen und eingewiesen: d.
u)–*u)* de officio, dignitate et authoritate ministrorum ecclesiae docentur: A.
v)–*v)* his similia: A.
w) persuaserunt: A.

De traditionibus humanis[x]

Porro de traditionibus patrum, quasve hodie Episcopi et ecclesie fatiunt[y], sic habet nostrorum sententia: Nullas traditiones [z]numerandas inter humanas eas quidem quae in scripturis damnantur[z], nisi quae [a]in dei lege[a] pugnant, quales sunt quae de cibo, potu, tempore aliisve[b] rebus externis conscientiam obstringunt, quae matrimonio iis, quibus illo ad honeste vivendum opus est, interdicunt, et huius farinae aliae[c]. Nam quae cum scriptura consonant et ad bonos mores utilitatemque hominum institute[d] sunt, Tametsi in scripturis [e]expressae ad verbum[e] non sint, Nihilominus cum ex precepto dilectionis, quae omnia quam decentissime instituit dimanant[f], Divinae potius quam humanae merito habentur, Huius ordinis erant illa Pauli, ne mulieres apertis capitibus, viri obvelatis orarent in ecclesia[g], Ut com[m]unicaturi seinvicem expectarent, [h]1. cor. 11[4][h], [i]Ne quis[i] linguis[j] in cetu loqueretur sine interprete Prophetaeque[k] citra confusionem prophetias suas in medium adferrent a sedentibus di[i]udicandas[l], 1. Cor[m] 14[27–32]. Tales multas sane ecclesia hodie iure observat et pro occasione quoque condit novas, quas qui reiecerit[n], non hominum, sed dei, cuius traditio est, quaecumque utilis est, authoritatem contempserit[o]. | *247*[r] | Quidquid[p] enim verum [q]est, quidquid[r] salutare, a spiritu[s] sancto est, ut pie scripsit Augustinus[q][1]. De eo autem sepe disputari so-

x) Humanis. Cap. XIIII.: A.
y) faciunt: a; sanciunt: A.
z)–*z)* inter humanas, eas quidem, quae in scripturis damnantur, numerant: A.
a)–*a)* cum Dei Lege: a; cum lege Dei: A.
b) aliisque: A.
c) reliqua: A.
d) institutae: A.
e)–*e)* ad verbum expressae: A.
f) damnant: a.
g) danach gestr.: 1. Chor. 11: d; Ecclesia 1. Chor. 11: a.
*h)–*h)* von Bucer am Ende der Zeile nachgetragen: d; fehlt in a; 1. Co. 12: A.
*i)–*i)* von Bucer über der Zeile nachgetragen und eingewiesen für gestr.: Vt: d; ut: a.
j) Linguis nemo: a.
k) ut Prophetae: A.
l) diiudicandis: A.
m) korr. aus: Chor: d.
n) reiecerit, is: A.
o) contemnit: A.
p) Quicquid: a, A.
q)–*q)* vel dicitur, vel scribitur, illo donante dicitur et scribitur, qui est ipsa veritas, ut divus Augustinus pie scripsit: A.
r) Quicquid: a.
s) Schrf.: spiritus: d.

1. Möglicherweise ein Hinweis auf *Pseudo-Augustinus,* Quaestiones Veteri et Novi Testamenti 65 (PL 35, Sp. 2406; CSEL 50, S. 459,11–13): »Quicquid enim bene et verum dicitur, in spiritu sancto dicitur«.

let, quae traditio prosit, quae secus[t]. Sed qui nihil sui quesierit atque [u]publice utilitati se vere consecraverit, is facile[u] videbit, quae nam legi dei[v] respondeat[w], quae minus, [x]Et si qua etiam iniqua sit, possit autem citra dei offensam observari, haud gravatim et illi [y]christianus se[y] subiiciet[x], iuxta illud[z]: »si quis [a]te adegerit[b/a] ad miliarium unum, ito cum eo duo«[1], Sic certe christianus omnia omnibus fieri debet, ut[c] nihil non in gratiam et usum hominum et pati et facere studeat, quod modo dei iussis non adversetur. Hinc fit ut[d] civilibus legibus, quae cum pietate non pugnant[e], eo quisque pareat[f] promptius, quo fide christi fuerit imbutus plenius.

De ecclesia[g]

[i]Quid ecclesia et qui eam representent vicemque eius gerant[i]

Iam quid de[h] ecclesia et sacramentis sentiamus exponendum. Ecclesia itaque christi, quae subinde regnum celorum appellatur [j]et in terra a domino etiam num peregrinatur[j], est eorum societas[k], qui christo nomen dederunt fideique eius [l]totos se[l] commiserunt, quibus tamen ad finem usque mundi admixti sunt[m], qui fidem christi simulant, non vere habent; id dominus abunde docuit Mathei 13[24–30], parabola[n] zizaniorum et[o] retis, quod in mare iactum, putres cum bonis pisces attrahit, item[p] parabola regis, qui ad nuptias filii sui quoslibet vocari et postea tamen[q] carentem veste nuptiali eiici rursus[r]

t) secus, hoc est, quae pietatem promoveat, quae remoretur: A.
u)–*u)* utilitati publicae se penitus consecraverit, is nullo negocio: A.
v) danach gestr.: respondet: d.
*w) von Bucer vor dem Zeilenanfang nachgetragen: d; respondeant: A.
x)–*x)* Porro cum Christianorum res sic habeant, ut et iniuriis iuventur, ne iniquis quidem legibus, conabitur [Drf.: contabitur] parere Christianus, modo nihil iubeant impium: A.
y)–*y)* se Christianis: a.
z) illud Christi: A.
a)–*a)* adegerit te: a.
b) danach gestr.: te: d.
c) Schrf.: und: d.
*d) von Bucer über der Zeile nachgetragen für gestr.: vnd: d.
e) korr. aus: pungnant: d.
f) über der Zeile korr. aus: paret: d; paret: a.
g) Ecclesia. Caput XV: A.
h) de ipsa: a.
i)–*i)* fehlt in a, A.
j)–*j)* fehlt in A.
k) Schrf.: sotietas: d.
l)–*l)* se totos: A.
m) erunt: A.
n) parabolis: a.
o) Item: A.
p) Tum: A.
q) fehlt in A.
r) rursus nihilominus: A.

1. Mt 5,41.

iubet, Mathei 22[1–14]. Porro cum ecclesia sponsa christi predicatur, pro qua ille semetipsum exposuit, ut sanctificaret eam, Ephe. 5[25]; item cum domus dei columna et stabilimentum veritatis, 1. Tim. 3[15]. Mons sion, Civitas dei viventis, Iherusalem celestis, [s]ecclesia primogenitorum, qui conscripti sunt in coelis[s], Hebre. 12[22–23], [t]laudatur. Haec[t] iis tantum competunt, qui quod solide in christum credunt, vere locum inter filios dei nacti sunt. In | *247*v | his cum plene[u] regnet servator, proprie eius ecclesia et sanctorum κοινωνία, societas[v], ut in symbolo apostolorum[w] vocabulum ecclesie expositum est, nominantur. Hanc regit spiritus sanctus, huic christus numquam abest, »sed sanctificat [x]eam exhibetque tandem sibi[x], non habentem maculam aut rugam«[1]. Hanc denique qui audire non sustinuerit, ut[y] ethnicus habendus est atque[z] publicanus. [a]Tametsi vero[a] id unde habet, quod vere [b]christi ecclesia[b] sit, nempe fides in christum, videri nequeat[c], Videri tamen planeque [d]cognosci possunt huius fidei fructus[d], animosa[e] veritatis confessio, sincera omnibusque exposita[f] dilectio et fortis rerum omnium pre christo contemptus. Quae utique abesse nequeunt, ubi Euangelium sacramentaque eius pure obtinent.

[g]Eadem cum regnum[g] dei sit atque ideo [h]optimo ordine in ea cuncta[h] geri necesse sit, Habet varia ministrorum munera[i]. Corpus siquidem est ex variis membris, quibus singulis sui actus sunt compactum, Et hi[j] dum suo ministerio bona fide funguntur, in verbo et doctrina gnaviter laborantes, ecclesiam vere representant, Ut qui eos audierit, recte dicatur audisse ecclesiam.

Verum quo istos spiritu agi quaque facultate preditos esse oporteat, superius, cum fidem nostram de ministerio ecclesiae exponeremus, [k]sumus confessi[k] fideique hac in re nostre rationem dedimus[l]. Nequeunt enim [m]ii vicem

s)–*s)* fehlt in a.
t)–*t)* Hae laudes: A.
u) vere: A.
v) Schrf.: sotietas: d; id est societas: a, A.
w) Schrf.: appostolorum: d.
x)–*x)* ut eam sibi tandem exhibeat: A.
*y) von Bucer über der Zeile nachgetragen für gestr.: et: d.
z) über der Zeile nachgetragen für gestr.: et: d.
a)–*a)* Haec quanquam: A.
b)–*b)* Ecclesia Christi: A.
c) nequeat, ipsa: A.
d)–*d)* ex fructibus cognosce potest. Horum fructuum praecipui sunt: A.
e) Nempe animosa: a.
*f) von Bucer über der Zeile nachgetragen und eingewiesen: d.
g)–*g)* Praeterea cum Ecclesia regnumque: A.
h)–*h)* cuncta in eo optimo ordine: A.
i) munia: a.
j) hic: a.
k)–*k)* memoravimus: A.
l) reddidimus: A.

1. Eph 5,26.

gerere ecclesie christi eiusque nomine quicquam gerere, qui ut christi non sunt, ita nihil christi. Sed[n] cum mandatis illius pugnantia tradunt, id quidem[o] fieri potest, ut nonnunquam et[p] mali in nomine christi prophetent[q] [r]vocemque[s] ecclesiae eius[t/r] adferant, Mathei 7[22–23][m]. At qui diversa[u] a dogmatis christi[v] proponunt, etiamsi intra ecclesiam sint[w], quia[x] tamen errore iam[y] preoccupati[z], [a]nequaquam pastoris vocem[a] sonant [b]neque ecclesiam christi sponsam possunt representare[b]. Quare[c] nec eius nomine audiendi sunt, alienam siquidem vocem oves christi non sequuntur. [d]Hec est nostrorum de ecclesia doctrina et indicata loca cum similibus testimonia[e], quibus illa nititur[d]. | *248*[r] |

De sacramentis[f]

Porro quod ecclesia hic in carne, et si non secundum carnem agit, visum est domino, illam externo quoque verbo docere, monere et[g] hortari, quoque id commodius fieret, [h]in[i] externam [j]etiam[k] societatem[l] conspirare [m]eos volunt[m/j], quibus et sacramenta propterea dedit, interque ea precipua Baptismum et

m)–*m)* vicem ecclesiae Christi gerere, qui docent quae Christi mandatis pugnant. Id tamen fieri potest, et saepe sit, ut et mali in nomine Christi prophetent, ecclesiaeque sententiam adferant: A.

n) vor dem Zeilenanfang nachgetragen: d.

o) tamen: a.

p) fehlt in a.

q) danach gestr.: eiusque: d.

r)–*r)* eiusque vocem Ecclesiae: a.

*s) -que: von Bucer über der Zeile nachgetragen: d.

*t) von Bucer am Ende der Zeile nachgetragen: d.

u) fehlt in A.

*v) von Bucer über der Zeile nachgetragen für gestr.: eius: d; eius: a; Christi aliena: A.

w) sunt: a.

*x) von Bucer über der Zeile nachgetragen für gestr.: Quia: d.

y) fehlt in A.

z) praeoccupati sunt: a.

a)–*a)* pastoris vocem nequaquam: A.

b)–*b)* ecclesiam, sponsam nimirum Christi, representare non possunt: A.

c) ideo: a.

d)–*d)* Haec nostri docent de ecclesia, quae citatis locis, et similibus nituntur: A.

e) testimonia sunt: a.

f) Sacramentis. Caput XVI: A.

g) über der Zeile nachgetragen und eingewiesen: d.

h)–*h)* voluit suos externam etiam inter se societatem colere. Qua de caussa et sacra Symbola, quae sacramenta vocamus, illis dedit. Inter quae praecipua sunt, Baptisma, et Eucharistia. Haec credimus veteribus sacramenta dicta: A.

i) über der Zeile nachgetragen und eingewiesen: d.

j)–*j)* quoque suos inter se societatem coniunxit: a.

*k) von Bucer über der Zeile nachgetragen für gestr.: quoque; danach gestr.: suos inter se: d.

l) Schrf.: sotietatem: d.

*m)–*m)* von Bucer vor den linken Rand geschrieben und eingewiesen; vorher von Bucer über der Zeile nachgetragen und wieder gestr.: volunt: d.

Eucharistiam, quae videntur sic appellata[b] non solum, quod[n] sint[o] invisibilis gratiae visibilia signa (ut divi Augustini verba habent)[1], sed etiam quod hic[p] quasi fidei professio fiat.

De Baptismo[q]

De Baptismo[r] itaque confitemur id, quod passim scriptura de illo predicat, eo sepelire[s] nos in mortem christi, Ro. 6[4]; coagmentari[t] in unum corpus, 1 Co. 12[12–13]; Christum induere, Gal. 3[27]; esse lavacrum regenerationis, ad Titum 3[5]; pec[c]ata abluere, Actorum 22[16]; Nos salvari[u], 1. Petri 3[21]. [v]Haec vero omnia[v] sic intelligimus, ut ea divus Petrus interpretatus est, cum ait: Cuius figurae nunc respondens Baptismus[w], nos quoque salvos reddit, »Non depositio sordium in carne, sed conscientiae bonae in deum professio«[2], »absque fide enim impossibile est placere deo«[3], et gratia servamur, non nostris operibus[4]. Cum itaque[x] sit sacramentum [y]federis dei, quod[y] cum suis icit, pollicitus se illorum[z] deum et[a] vindicem futurum et illos ut suum populum habiturum, Symbolum item[b] renovationis spiritus, quae per christum fit, [c]et infantibus baptisma conferendum[d] docent non minus quam olim illis dabatur circumcisio[c]. Nos enim vere filii Abrahae[e] sumus, Gal. 3[7], quare

n) quia: a.
o) sunt: A.
p) his: a, A.
q) Baptismo. Caput XVII: A.
r) Baptismate: A.
s) sepiliri: a; sepeliri: A.
t) Schrf.: coaugmentari: d.
u) salvare: A.
*v)–*v)* von Bucer über der Zeile nachgetragen für gestr.: Omnia hec: d; Omnia haec: a.
w) baptisma: A.
x) itaque Baptismus: a; autem baptisma: A.
y)–*y)* foederis, quod Deus: A.
z) illorum et seminis eorum: A.
a) ac: A.
b) denique sit: A.
c)–*c)* infantibus quoque illud conferendum nostri docent, non minus quam sub Mose olim circuncidebantur: A.
d) conferendum nostri: a.
e) über der Zeile korr. aus: Abraae: d.

1. *Augustin*, De catechizandis rudibus 26,50 (PL 40, Sp. 344; CChr.SL 46, S. 173,4–6); De civitate dei 10,5 (PL 41, Sp. 282; CSEL 40/1, S. 452,13–19).
2. I Petr 3,21.
3. Hebr 11,6.
4. Vgl. Eph 2,8–9.

non minus ad nos quam veteres illa pertinet promissio, [f]qua dominus se[g] illius et seminis eius deum[h] futurum promisit[f].

De Eucharistia[i]

De hoc venerando corporis et sanguinis christi sacramento omnia, quae de illo Euangelistae[j], Paulus et sancti patres scripta reliquerunt, [k]fide optima nostri[k] docent[l], inculcant indeque singulari studio hanc christi in suos bonitatem semper depredicant, qua is non minus hodie quam in novissima illa cena omnibus, qui inter illius discipulos ex animo nomen dederunt, | *248*[v] | cum hanc cenam, ut ipse instituit, repetunt, verum suum corpus verumque [m]suum sanguinem[m] vere edendum et bibendum in cibum potumque animarum et vitae eternae dare[n] per sacramenta dignatur, Ut iam ipse in illis et illi in ipso vivant et permaneant. [o]Unde et[o] in die novissimo in novam et imortalem vitam [p]huiusmodi[q] resuscitentur[p] iuxta sua illa eternae veritatis verba: »Accipite et manducate, hoc est corpus meum«[1] etc. Et[r] »bibite ex eo omnes, hic calix est sanguis meus«[2] etc. Precipua vero diligentia populi animos nostri ecclesiaste ab omni tum contentione tum supervacanea et curiosa disquisitione ad illud revocant, quod solum prodest solumque a christo servatore nostro spectatum est, Nempe ut ipso[s] pasti in ipso et per ipsum vivamus vitam deo placitam, sanctam atque[t] perennem[u], Simusque inter nos omnes unus panis[v], unum corpus, qui de uno pane in sacra cena participamus.

Quo sane factum est, ut divina sacramenta [w]et cena christi[w] quam religiosissime reverentiaque [x]summa[y] gerantur[x] et sumantur. Ex his quae vere ad

f)–*f)* Ero Deus tuus et seminis tui: A.
g) fehlt in a.
h) Deum se: a.
i) Eucharistia. Cap. XVIII: A.
j) vor den linken Rand geschrieben und eingewiesen: d.
k)–*k)* nostri fide optima: A.
l) docent et: a; docent, commendant: A.
m)–*m)* sanguinem suum: a.
n) quo illae in aeternam vitam alantur: A.
o)–*o)* fehlt in A.
p)–*p)* per ipsum resuscitandi: A.
q) homines: a.
r) fehlt in A.
s) fehlt in a.
t) et ideo: A.
u) perennem quoque et beatam: A.
v) Panis et: a.
w)–*w)* sacrosancta Christi coena: A.
x)–*x)* singulari apud nos et administrentur: A.
y) summa apud nos: a.

1. Mt 26,26.
2. Vgl. Mt 26, 27–28 par.

hunc modum se habent, Agnoscit S[erenissima] T[ua] M[aiestas], clementiss[ime] Cesar, quam falso ab adversariis nostris iactetur, nostros verba christi immutare et humanis glossis concerpere nec nisi merum panem merumque vinum in nostris cenis administrari [z]ac ipsam[z] adeo domini cenam apud nos contemptam esse atque[a] reiectam. Nam summo illi[b] studio semper docent et hortantur, ut simplici quisque fide hec domini verba reiectis universis hominum commentis falsisque glossis amplectatur eorumque sententiae omni submota vacillatione animum addicat, ipsa[c] denique sacramenta in vivificam animarum suarum alimoniam et gratam tanti benefitii commemorationem, identidem[d] quanta potest[e] religione, sumat. Id quod multo quoque iam et sepius et religiosus[f] apud nos[g] fieri solet[h], Simul autem obtulerunt [i/j]semper se[j] et hodie offerunt nostri ecclesiastae[i] ad reddendam omni cum modestia et veritate rationem fidei et [k]doctrine sue[k] de omnibus, quae tam circa hoc sacramentum quam alia credunt et[l] docent, idque non solum S[erenissimae] T[uae] M[aiestati], sed[m] [n]etiam cuivis eam[n] poscenti.

De Missa[o]

Porro cum [p/q]in hunc[q] modum quemadmodum exposuimus[p], christus suam | *249r* | cenam, quae [r]Missa[s] postea[r] vocari cepit, instituerit, Nempe ut in ea fideles corpore et sanguine eius in vitam eternam pasti mortem eius, qua redempti sunt, depredicent [t]et ipsi sic[t] gratias agentes et hanc [u]aliis quoque salutem[u] commendantes, Non potuerunt nostri ecclesiastae non damnare[v] haec

z)–*z)* ipsamque: A.
a) et: a.
b) nostri: A.
c) ipsaque: a.
d) Schrf.: itendidem: d.
e) possit: a, A.
f) religiosius: a, A.
g) nos, quam antea: A.
h) solet, quam antea: a.
i)–*i)* se nostri ecclesiastae hactenus semper, et hodie se offerunt: A.
j)–*j)* se semper: a.
k)–*k)* doctrinae suae: A.
l) ac: A.
m) verum: a.
n)–*n)* cuivis etiam: A.
o) Missa. Caput XIX: A.
p)–*p)* hunc in modum: A.
q)–*q)* hunc in: a.
r)–*r)* postea Missa: A.
*s) von Bucer über der Zeile nachgetragen für gestr.: missa est: d.
t)–*t)* ipsi hoc pacto: A.
u)–*u)* salutem aliis quoque: A.
v) damnare, quod: A.

passim negligi[w] Et contra [x]ab iis[y][x], qui missas celebrant, presumi[z] [a]christum patri[a] offerre[b] Missamque tale opus [c]factum esse[c], quo solo fere favor dei et salus comparetur, quicquid vel credant homines vel vivant. Unde et [d]foeda illa[d] sacri huius nundinatio irrepsit factumque est, ut[e] nihil sit hodie missa questuosius. Privatas itaque missas reiecerunt propterea, quod dominus in com[m]uni[f] discipulis hoc sacramentum commendavit. [g]Quod item[g] Paulus Corinthios[h] iubet seinvicem[i] expectare negatque eos agitare cenam dominicam, [j]eo, que unusquisque propriam cenam occuparet in edendo[j], 1. Chor. 11[20–29]. Porro [k/l]iterum offerri[l] christum vice sacrificii[m] inde[k] damnarunt, quod Epistola ad Hebreos[n] aperte testatur: Sicut homines semel moriuntur ita christum semel oblatum esse, ut multorum peccata tolleret, Cap. 9[27–28]. [o]Et una pro peccatis oblata victima perpetuo eum sedere ad dexteram[p] dei, id quod superest expectantem, donec reddantur inimici ipsius scabellum pedum eius[o]. Unica enim oblatione perfectos effecisse[q] [r]in perpetuum[r] eos, qui sanctificantur, Cap. 10[12–14]. Id vero quod missam bonum opus fecerunt, quo a deo quidvis impetretur, cum eo pugnare[s] docuerunt, quod [t]spiritu christi per fidem iustificari et favorem dei percipere ubique scriptura predicat, de quo superius scripturarum testimonia[t] adducta sunt. Sic quod mors domini in missa populo non commendatur[u], declararunt esse adversum ei, quod

w) negliguntur: A.
x)–*x)* fehlt in A.
y) his: a.
z) danach gestr.: se: d; praesumunt: A.
a)–*a)* se patri Christum: a.
b) offerre pro vivis et defunctis: a, A.
c)–*c)* faciunt: A.
d)–*d)* pudenda illa ac bis terque impia: A.
e) Schrf.: und: d.
f) commune: A.
g)–*g)* Unde et: A.
h) korr. aus: Chorinthios: d.
i) se invicem: a; se invicem ad. S. coenani: A.
j)–*j)* cum pro priam unusquisque coenam inter edendum occupat: A.
k)–*k)* quod illi se Christum offerre vice hostiae iactant, hinc nostri: A.
l)–*l)* offerri iterum: a.
m) Schrf.: sacrifitii: d.
n) Schrf.: Hebeos: d.
o)–*o)* tamquam non posse iterum offerri, quam non mori amplius. Eoque una pro peccatis victima perfecta, perpetuo sedere eum ad dextram Dei, id quod superest expectantem, donec inimici eius ceu scabellum subiiciantur pedibus eius: A.
p) dextram: a.
q) effecit: A.
r)–*r)* imperpetuum: a.
s) pugnare nostri: A.
t)–*t)* scriptura ubique predicat nos spiritu Christi et per fidem iustificari, favorem Dei percipere, de quo scripturarum testimonia superius: A.
u) Schrf.: comendatur: d.

hec christus sacramenta sumere[v] iussit in sui commemorationem, et Paulus ut annuntietur mors christi donec veniat. Quod vero iam a multis sine omni pietatis studio tantum alendi corporis causa vulgo missae celebrantur, [w]demonstrarunt deo abominabiles[x] esse, si etiam cetera pietati nihil adversarentur. Id quod vel ex solo Isaie 1[11–17] liquet[w]. Spiritus enim et veritas est deus noster [y]et in[z] veritate vult coli[y].

Quam denique[a] molesta sit domino, invecta circa hec sacramenta tam importuna cauponatio, [b]tum ex aliis scripturis tum et hinc dederunt coniiciendum[c], quod tam seve christus[b] et plane | *249*[v] | preter morem suum externa sibi vindicatione sumpta templo eiecit vendentes et ementes[1], cum ii[d] ad promovenda sacrificia[e], quae ex lege fiebant, viderentur negotiari. Tot itaque modis cum ritus missae vulgo [f]celebrari solitae[f] scripturae dei adversetur, sicut et[g] diversus est ab eo, quem sancti patres observarunt, [h]admodum graviter e suggestu[i] apud nos per dei verbum damnatus est, adeo ut eum multi ultro reliquerint, alicui[j] sit etiam[k][h] magistratus auctoritate abrogatus[l]. [m]Propterea quod nihil[m] in omni scriptura spiritus dei[n] sic detestetur et tam serio tolli precipiat atque commentitium[o] falsumque ipsius[p] cultum. Iam nemo, qui religione aliquo modo tenetur, ignorat, quam sit timenti deum inevitabilis[q] indicta necessitas, cum[r] persuasus est deum quicquam[s] exigere. Etenim ut la-

v) Schrf.: summere: d.
w)–*w)* id demonstrarunt nostri, tam esse execrabile Deo, ut si Missa per se pietati nihil adversaretur, merito tamen, et iussu Dei tollenda esset. Id quod vel ex solo Esaia liquet: A.
x) abhominabiles: a.
y)–*y)* eoque non nisi in spiritu ac veritate coli sustinet: A.
z) in spiritu et: a.
a) autem: A.
b)–*b)* et hinc monuerunt coniiciendum esse, quod Christus tam saeve: A.
c) Schrf.: coniitiendum: d.
d) hi: a; ii tantum: A.
e) Schrf.: sacrifitia: d.
f)–*f)* solitae coelebrari: a.
g) et modis omnibus: A.
h)–*h)* damnatus est apud nos e suggestu admodum graviter, sicque verbo Dei detestabilis factus, ut eum multi ultro reliquerint, alii, dum: A.
i) suggesto: a.
j) Schrf.: alicudi: d.
k) fehlt in a.
l) abrogatus est: A.
m)–*m)* Id quod nobis nulla alia caussa permisimus, quam quod: A.
n) Dei nihil: A.
o) Schrf.: commentitium: d.
p) sui: A.
q) inaevitabilis: A.
r) ubi: a.
s) quippiam: a, A.

1. Mt 21,12–17 par.

turi multi[t] essent[u] circa missae ritum tam sacrosanctum[v] aliquid novari, facile quivis previdebat Nec erant, qui[w] non maluissent hic non solum T[uam] S[erenissimam] M[aiestatem], sed ne quemvis imi subselli[x] principem offendere. Verum cum simul non dubitarent, vulgato illo missae ritu tantopere offendi[y] deum eiusque gloriam, pro qua [z]vita etiam[z] ponenda est, obscurari, non potuerunt illum non submovere, ne et ipsi se imminutae[a] glorie dei[b] obligarent connivendo. Utique si amandus et colendus est deus supra omnes, nihil minus ferendum piis quam quod ille abominatur. Hanc vero unam causam extorsisse [c]circa hec quedam immutare[d], novit is, quem nullum secretum latet, de quo id etiam nobis pollicemur, daturum eum[e], ut S[erenissima] M[aiestas] T[ua] cognita hac in re, ut sua voluntate ita nostrorum[f] innocentia et pietate omnia[g] boni consulet[h] nec patiatur se contra illos ab eorum adversariis accendi[c].

De cantionibus et precibus ecclesie[i]

Eadem vero ex causa, ne[j] ad dei offensam, que pretextu cultus eius fieret, qua nulla ipsi gravior conniveretur et in cantionibus ac precibus ecclesiasticorum nostri pleraque damnarunt, [k]quas utique[k] a prima patrum institutione[l] degenerasse abunde constat. [m]Nam nemo, cui scripta veterum[m] perspecta sunt, ignorat morem eis[n] fuisse pauculos psalmos cum capitulo aliquo | *250*[r] | scripturae graviter recitare simul et enarrare, cum nunc multum quidem psalmorum, sed fere absque mente decantatur[o]; ex scripturae lectione initia

t) Schrf.: mullti: d.
u) essent a nobis: A.
v) Sacrosanctum habitum: a.
w) tam avidi offensionum, ut: a.
x) subsellii: a, A.
y) irritari: A.
z)–*z)* eciam vita: a; etiam vita: A.
a) von anderer Hand im Wortzwischenraum nachgetragen: d.
b) Dei se: A.
c)–*c)* nobis, ut circa haec immutare quaedam auderemus, testem citamus eum, quem nullum secretum latet: A (danach folgt der in Hs. d fehlende Abschnitt »De confessione«, BDS 3, S. 143,19–145,40).
d) mutare: a.
e) esse: a.
*f) von Bucer über der Zeile nachgetragen für gestr.: illorum quoque: d; illorum quoque: a.
g) omnia de nostris: a.
h) consulat: a.
i) Ecclesiasticorum. Ca. XXI: A.
j) ne scilicet: A.
k)–*k)* Has enim: A.
l) constitutione, usuque: A.
m)–*m)* Nemo siquidem cui veterum scripta: A.
n) eius: a; illis: A.
o) decantantur: a; korr. aus: decantantur: d; decantatur, et: A.

[p]capitulorum[q] dumtaxat[p] supersunt [r]et sunt innumera[r] assumpta, quae superstitioni potius quam pietati serviunt.

Primum itaque illud[s] detestati sunt, quod [t]admixta illis sunt[u] haud pauca, quae scripturis adversantur[t], [v]ut quibus[v] divis id[w] tribuitur[x], [y]quod solius Christi est[y], peccatis[z] aliisque incomodis liberare et[a] favorem dei omneque genus bonorum conciliare[b], deinde quod sic in immensum[c] auctae sunt, ut [d]attento animo[d] cani recitarive nequeant. Iam nihil quam dei irrisio sit[e] quicquid sine mente cum eo geritur. Postremo quod facta sunt et hec meritoria opera vendique[f] haud parvo ceperint[g], ut interim taceatur, quod contra expressum spiritus sancti preceptum in ea omnia dicuntur et canuntur lingua, quam non solum populus non intelligit, sed verumquam[h] ne ipsi[i] quidem[j], qui ex [k]illis cantionibus et precibus[k] vivunt.

De Statuis et Imaginibus[l]

In[m] statuas denique et[n] imagines[o] quod aperte coli adorarique[p] ceperunt inanesque[q] sumptus in eas fiebant[r], qui esurienti[s], sitienti et nudo Christo[1]

p)–*p)* duntaxat capitulorum: A.
q) vor den linken Rand geschrieben und eingewiesen für gestr.: unleserliches Wort: d.
r)–*r)* innumera autem invicem: A.
s) illud nostri: A.
t)–*t)* sacris precibus et cantionibus, haud pauca quae scripturis adversantur, admixta sunt: A.
u) sint: a.
v)–*v)* Nam: a.
w) fehlt in A.
x) tribuuntur: A.
y)–*y)* quae soli Christo competunt: A.
z) nempe peccatis: a, A.
a) fehlt in A.
b) non tam impetrare, quam donare: A.
c) Schrf.: imensum: d.
d)–*d)* attente: a.
e) est: a, A.
f) vendique solent: A.
g) fehlt in A.
h) nonnunquam: a, A.
i) illi: a.
j) quidem intelligunt: a.
k)–*k)* cantionibus et precibus illis: a.
l) Imaginibus. Cap. XXII: A.
m) Et in: A.
n) atque: A.
o) imagines, nostri sacras orationes strinxerunt, eo potissimum: A.
p) et adorari: A.
q) atque inanes: a.
r) fieri: A.
s) esurienti et: A.

1. Vgl. Mt 25,35–36.

debebantur. Quod denique et cultu illarum[t] [u]et sumptu[u], [v]qui in eas impenditur, merita apud deum querenda tradunt, multa ab ecclesiastis[w] nostris dicta sunt. Priscaeque [x]ecclesiae auctoritas obiecta[x/v] cui[y] [z]abominabile fuit[z] ullam vel pictam vel sculptam [a]in templo imaginem[a] videre, id quod abunde vel[b] factum Epiphanii Episcopi Salamini[c] Cipri[d], quod [e]de se ipse[e] testatur, comprobat. Cum enim vidisset in velo cuiusdam ecclesiae [f]imaginem depictam »Christi vel sancti cuiusdam«[f] (scribit enim se non bene[g] meminisse), tanta succensus indignatione fuit[h], quod contra [i]auctoritatem scripturarum, fidem[i] et religionem[j], ut scribit, [k]vidisset hominis[k] imaginem in ecclesia pendere, [l]rupit velum et iussit[l] eo pauperem aliquem mortuum involvere. Hanc epistolam, in[m] qua hic vir dei hoc de se testatur, scribens ad Iohannem Episcopum Iherosolimitanum, divus Ihero[nimus] ut orthodoxam in | *250*[v] | latinam linguam transtulit[1] nec verbo quidem hanc Epiphanii de imaginibus sententiam ut minus probam notavit[n].

Etenim quod dici solet, statuis et imaginibus rudiores doceri et moneri [o/p]ad id[p], ut imagines et statuae, presertim ubi solent a vulgo adorari, ferantur, satis[q] esse haud potest[o]. Rudior[r] erat populus vetus adeo, ut plurimis il-

t) Schrf.: illorum: a, d; illarum: A.
u)–*u)* sumptuque: A.
v)–*v)* quamlibet cum verbo Dei pugnante, merita apud Deum quaerunt. Huic religionis vitio obiecerunt etiam priscae authoritatem Ecclesiae: A.
w) Ecclesiasticis: a.
x)–*x)* ab illis ecclesiae autoritas obiecta est: a.
y) cui nimirum: A.
z)–*z)* fuit abominationi: a.
a)–*a)* imaginem in templo: a.
b) fehlt in a.
c) Salamine: a; Salaminae: A.
d) Cypri: a, A.
e)–*e)* ipse de se: a.
f)–*f)* depictam aut Christi aut alioqui cuiusdam Sancti imaginem: a.
g) probe: a.
h) fuit ex eo: a.
i)–*i)* scripturarum fidem autoritatem: a.
j) religionem nostram: A.
k)–*k)* hominis vidisset: a.
l)–*l)* ut exemplo velum ruperit, iusseritque: A.
m) fehlt in a, A.
n) notavit. Ex qua re illud satis colligitur, nec ipsum D. Hieronymum, nec episcopum Hierosolymitanum, ad quem scribebat, aliud de imaginibus sensisse: A.
o)–*o)* haud quaquam ad id sufficiet, ut imagines et statuae ferri debeant, praesertim ubi a vulgo adorantur: A.
p)–*p)* satis esse ad hoc: a.
*q) von Bucer über der Zeile nachgetragen für gestr.: illud [unleserliches Wort]; illud satis: a.
r) Nam rudior: a.

1. *Hieronymus*, Epistola 51,9 (PL 22, Sp. 526 f.; CSEL 54, S. 411 f.).

lum ceremoniis institui oportuerit, attamen imagines[s] huc conducere, ut docerent et monerent[t], tam non agnovit deus, ut habere illas cum primis vetuerit. Et si dicatur vetuisse[u] habere imagines quae colerentur, statim consequitur, cum omnes adorari pridem ceperint, iam vel[v] propter [w]offendiculum submovendas[w]. Sunt enim in ecclesia omnia instituenda ad certam edificationem, nedum nihil[x] ferendum, quod queat occasionem dare ruinae. Nihil vero adferre comodi. Etenim[y] quod de admonendo obiici solet divus Athanasius confutans gentes eadem [z]excusatori utentes[z] sic reiicit: »dicant, queso[a], quo pacto per symulacra noscatur deus an per circumpositam illis materiam, an per inductam materiae formam? Si ob materiam, que iam formae necessitas, ut non prius etiam quam ista fingerentur, per omnem prorsus materiam [b]omnia aperuerit[b] deus, cum omnia testentur gloriam suam[c]? Porro si superducta[d] effigies divinae cognitionis causa est, quid iam pictura ceteraque materia opus est, ac non magis per ipsa vera animalia, quorum formae simulacra sunt, deus cognoscitur? Nam clarius profecto dei gloria innotesceret, si per animata rationabilia[e] et irrationabilia, quam per inanimata atque imobilia manifestaretur«[1]. Cum ergo intelligendi[f] dei gratia[g] sculpitis aut fingitis imagines, rem profecto mimine dignam facitis. Hec ille. Lactantius quoque multa contra hunc praetextum libro 2°. [h]divinarum institutionum[h] disseruit[2]. Omnino enim ei qui dei operum[i] admoneri cum fructu potest, ille[j] preter adhortationis verbum ipsa dei viva veraque opera[k] longe efficatius[3] [l]in sensatis simulacras[m] proderunt[l]. Hanc cum suam esse sententiam de imaginibus,

s) imagines et statuas: a.
t) monerent rudiores: A.
u) vetuisse Deum: A.
v) si nihil aliud: a.
w)–*w)* offendiculum e templis submovendas esse universas: A.
x) aliquid: A.
y) Praeterea: a, A.
z)–*z)* utentes excusatione: a; caussatione sua idola defendentes: A.
a) quaeso: A.
b)–*b)* apparuerit: A.
c) illius: a.
d) superinducta: a.
e) rationalia: a.
f) Schrf.: inteligendi: d.
g) gratia aut: a.
h)–*h)* über der Zeile nachgetragen und eingewiesen für gestr.: de institutis: d.
i) operum omnium: a; fehlt in A.
j) illi: a; fehlt in A.
k) opera huc: A.
l)–*l)* conducent, vanis illis simulachris, quae parant homines: A.
m) simulachris: a.

1. *Athanasius*, Oratio contra gentes 20 (PG 25, Sp. 40f.).
2. *Laktanz*, Divinae institutiones 2,2 (PL 6, Sp. 258–262; CSEL 19, S. 99–103).
3. sc. efficacius.

deus tot scripture locis abunde testatus sit, haud | *251*[r] | conveniet nos homines [n]illic utilitatem querere, ubi deus iussit vitare periculum[*n*], Maxime cum ipsi quoque experti simus, quantopere pietati officiant[o]. [p]Per se quidem[*p*] liberum esse [q]usum imaginum[*q*] et nostri fatentur, sed quantumvis liber sit, Christiano spectandum est, quid expediat, quid edificet[r].

Hec[s] sunt, invictissime ac religiosissime Cesar, precipua, in quibus [t]a vulgata ecclesiasticorum doctrina nostri[*t*] sola[u] scripturarum auctoritate omnibus aliis traditionibus merito anteponenda adacti[v], nonnihil recesserunt. Ea S[erenissimae] M[aiestati] T[uae] sic, ut a nobis hoc[w] tempore fieri potuit exposita, in hoc offerre[x] volumus, [y]ut et[z*y*] fidei nostrae rationem illi[a], quam[b] secundum deum [c]in primis[*c*] suspicimus et[d] colimus, redderemus [e]et simul[*e*] ostenderemus, quam necesse sit mature et serio de via et[f] ratione cogitare[g], qua res tanti momenti sic[h] cognosci, expendi ac discuti queant[i], uti primum observantia dei in cuius negotio summo[j] utique cum timore et tremore versandum est, requirit, ut[k] deinde dignum est[l], que[1] religionis ac clementie nomine tantopere celebratur. [m]Ut denique ipsa pacis ratio poscit[*m*], quam S[erenis-

n)–*n)* per eas quaerere utilitatem, a quibus Deus vitare periculum iussit: A.
o) Schrf.: offitiant: d.
p)–*p)* Siquidem: a.
q)–*q)* imaginum usum: a.
r) aedificet, et eo loci, eaque ratione imaginibus uti, ut nemini obiiciat offendiculum, Paulus enim et carnem et vinum sibi in omnem vitam interdici paratus erat, si id aliorum saluti quovis modo obstare cognovisset: A (danach folgt der in Hs. d fehlende Abschnitt »De magistratibus«, BDS 3, S. 163,1–37).
s) PERORATIO. Haec: A.
t)–*t)* nostri a vulgata ecclesiasticorum doctrina: A.
u) sola Sacrarum: a.
v) fehlt in a.
w) hoc brevi: A.
x) afferre: A.
y)–*y)* über der Zeile nachgetragen und eingewiesen für gestr.: Et ut: d.
z) fehlt in a.
a) tibi: A.
b) quem: a, A.
c)–*c)* imprimis: a.
d) ac: a, A.
e)–*e)* über der Zeile nachgetragen und eingewiesen für gestr.: Simul ut: d; simul ut: a.
f) ac: a.
g) consultare: A.
h) hoc pacto: A.
i) queat: A.
j) Schrf.: sumo: d.
k) fehlt in A.
l) est S. M. T.: a, A.
m)–*m)* denique ipsa poscit ratio pacis eius: A.

1. sc. quae.

sima] M[aiestas] T[ua] molitur[n], [o]Que nimirum cum de fide ac religione[o] dissidium sit, aliter parari haud poterit quam animis ante omnia de veritate edoctis[p]. Nihil[q] forsan opus fuerat [r]et nos narrare isthec, quae tam fuse[r] illustrissim[us][s] princeps[t] elector Saxonum et alii, quae de[u] sacra[v] religione hodie controvertuntur, sereniss[ismae] M[aiestati] T[uae] copiose admodum et solide exposuerint.

At quia S[erenissima] M[aiestas] T[ua] sententiam de religione ab omnibus, quorum[w] interest exponi sibi postulavit, existimavimus et nostri officii[x] esse, que apud nos docentur [y]illi memorare[y], Quanquam[z] etiam[a] hec[b] tam late pateant[c], tamquam multa complectentur[d], [e]ut[f] omnia adhuc longe breviora sint, quam ut ex eis definiri aliquid[g] possit[e]. Cum sit itaque negotium hoc tanti momenti tamquam varium et multiplex nec possit cum fructu decidi nisi sit [h]penitus cognitum[h]. Oramus S[erenissimam] M[aiestatem] T[uam] et quam simplicissime[i] per deum et servatorem nostrum, cuius gloriam proculdubio [j]in primis[j] querit, obsecramus, ut[k] generale liberum vereque Christianum concilium indici quam primum curet, quod hactenus ad componendas | *251*v | res ecclesiae [l]adeo necessarium visum est. Et ipsi S[erenissimae] M[aiestati] T[uae] et aliis[m] Sacri Imperii principibus[l] ut in omnibus fere Impe-

n) molitur, certae scilicet et solidae: A.
o)–*o)* quae cum circa fidem et religionem: A.
p) Schrf.: edocti: d; plane edoctis: A.
q) Porro ad id nihil: A.
r)–*r)* isthec et nos narrare tam fuse, cum: a; nos quoque hisce de rebus tam multa memorare: A.
s) cum Illustriss.: A.
t) Schrf.: principes: d.
u) in: A.
v) sacra nostra: A.
w) quorum hoc negotii: A.
x) Schrf.: offitii: d.
y)–*y)* S.M. tuae confiteri: A.
z) quacunque: a.
*a) von Bucer über der Zeile nachgetragen und eingewiesen: d; fehlt in a, A.
b) haec res: A.
c) pateat: A.
d) conplectantur: a; complectatur: A.
e)–*e)* ut etiam quae utrimque exposuimus, pauciora adhuc, et succinctius quoque explicata sunt, quam ut speremus ex eis certum in hisce controversiis, quodque non omnibus, sed bonae saltem parti Christiani populi approbetur, in praesentiarum constitui posse. Ea est nimirum veritati subscribentium paucitas: A.
f) über der Zeile nachgetragen für gestr.: vnd: d.
g) aliquid in praesentia: a.
h)–*h)* a pluribus probe cognitum et excussum: A.
i) supplicissime: A.
j)–*j)* imprimis: a, A.
k) ut vel: a.
l)–*l)* cum ipsi S.M.T. tum aliis S. imperii Principibus, adeo necessarium visum est: A.
m) danach gestr.: sancti: d.

rii conventibus qui post exortum hoc de religione dissidium habiti sunt[n]. Et S[erenissimae] M[aiestatis] T[uae] Comissarii et alii Imperii principes[o] testati sint, Nulla alia via [p]posse quicquam hiisce[q] in rebus cum fructu decidi[r/p]. Unde in proximis Spire[s] habitis comitiis spem simul[t] S[erenissima] M[aiestas] T[ua] fecit Pontificem Ro[manum] non repugnaturum, quo minus mature tale concilium [u]celebrari posset[u]. Porro si generalis Concilii [v]non possit obtineri in tempore[v] oportunitas, Saltem doctorum cuiusque ordinis et status[w] conventum [x]S[erenissima] T[ua] M[aiestas][x] instituat, quem libere tutoque omnes[y] queant adire singuli, [z]quorum interest, in eo audiri omniaque[z] per [a]eiusmodi viros[a] expendi et iudicari, quos constet dei timore preditos [b]neque quicquam illius gloria[b] prius habere.

Neque enim ignotum[c] est, qua[d] gravitate quaque diligentia cum[e] imperatores tum Episcopi in decidendis fidei controversiis, que tamen sepe multo minoris momenti erant, quam que modo Germaniam commovent, sese habuerint, Utque[f] haud quaquam indignum se duxerint eadem iterum et[g] tertio in disquisitionem[h] vocare. Iam qui consideraverit, ut modo res habeant[i], is dubitare haud poterit, hodie maiore fide, gravitate, mansuetudine et dexteritate, ad id, ut Christi religio in suum locum restituatur, opus esse quam[j] unquam. [k]Certe si[k] penes nos veritas est, quod indubitato credimus, quanto, queso, tempore et labore opus fuerit, ut eam cognoscant et ii[l], sine quorum consensu aut saltem tollerantia pax solida parari non poterit? Sin erramus, a

n) sint: a.
o) Principes, palam: A.
p)–*p)* hisce in rebus, quod salutiferum sit, posse confici: A.
q) hisce: a.
*r) von Bucer über der Zeile nachgetragen für gestr.: decindi: d.
s) Schrf.: spijre: d; Spirae: a, A.
t) fehlt in A.
u)–*u)* celebretur: A.
v)–*v)* nequeat in tempore obtineri: A.
w) status, provincialem, quem vocant: A.
x)–*x)* fehlt in a; S. M. T.: A.
y) omnes, quos adesse retulerit: A.
z)–*z)* audiri, et: A.
*a)–*a)* von Bucer über der Zeile nachgetragen und eingewiesen für gestr.: eos: d; eos: a; huiusmodi viros, cuncta: A.
b)–*b)* illius gloria nihil: A.
c) in obscuro: A.
d) qua olim: A.
e) tum: a.
f) ut quae: a; ut: A.
g) ac: A.
h) inquisitionem: a.
i) habent: A.
j) quam antea: A.
k)–*k)* Siquidem: A.
l) hi: a, A.

quo [m]tamen non dubitamus nos abesse longissime[m], [n]rursus haud[n] non[o] ignavam diligentiam[p] res poscit[q], [r]ut in viam reducantur[s] tot hominum millia[r]. [t]S[erenissimam] T[uam] M[aiestatem] [u/v]haudquaquam dedecebit[v], quid enim maiorem illi gloriam conciliet, quam eum erga nos animum exhibere[u], cuius gerit vices[w] Christi servatoris, qui sic »venit, ut quereret et salvum faceret[t], quod perierat«[1], ut pro recuperandis[x], qui erant perditi, mortem etiam oppetierit[y]. [z]Haud ergo gravabitur S[erenissima] T[ua] M[aiestas] cum illo[z] nonaginta novem oves in deserto relinquere et centesimam, [a]id est nos paucos, querere et in[a] Christi caulam reducere[2]. [b]Id vero faciet[c], si ita rem instituet, ut veritas nobis singulis in rebus, de quibus controvertitur, plane innotescat[b]. Nos certe dociles erimus, aberit | *252*r | omnis pervicatia.

Modo vocem audire liceat pastoris nostri Iesu Christi, et scripturis, que docent, quicquid bonum est, [d]primae deferantur[d]. Etenim si contingeret [e]omissa doctrina[e] compendia queri edictorum, quod [f]tamen nos, dum res in manu tuae S[erenissimae] M[aiestatis] fuerint, nihil[f] metuimus dici non potest in quas angustias innumera hominum milia adducerentur. [g]Deum enim iam [h]ubique quamplurimi[h] didicerunt [i]in primis[i] audiendum, tum persuasi sunt

m)–*m)* abesse nos nihil ambigimus: A.
*n)–*n)* von Bucer über der Zeile nachgetragen: d; fehlt in a.
o) fehlt in A.
p) diligentiam, nec breve tempus: A.
q) danach gestr.: neque enim dedecebit: d; poscet: A.
r)–*r)* neque enim dedecebit: a.
s) revocentur: A.
t)–*t)* Quam diligentiam, et tempus insumere S. M. T. tam non dedecebit, quam par est te eius erga nos animum exhibere, cuius nobis vice imperas, Iesu Christi nostri omnium servatoris. Qui cum hoc animo venerit quaerere, et salvum facere: A.
u)–*u)* eius erga nos animum nobis exhibere: a.
*v)–*v)* von Bucer über der Zeile nachgetragen für gestr.: eius erga nos animum nobis: d.
w) danach gestr.: nempe: d; vices nempe: a.
x) restituendis: A.
y) davor am linken Rand ohne Einweisung: Ea quaque: d.
z)–*z)* ac ita cum illo: a; non est ut S. M. T. gravetur etiamsi indubitato credat, nos a veritate excidisse: A.
a)–*a)* quaerere, inque: A.
b)–*b)* hoc est, quaevis alia huic negocio posthabere, ut nobis quam libet paucis et humilibus, Christi sensus de singulis, quae modo controvertuntur, ex scripturis dilucide, et certo exponatur: A.
c) Schrf.: fatiet: d.
d)–*d)* ad quae vocabimur, omnia nitantur: A.
e)–*e)* docendi nos cura reiecta: A.
f)–*f)* dum res in manu T. S. M, fuerint, haud quaquam: A.
g)–*g)* quos nimirum persuasos, Deum in primis audiendum, tum quae sequuntur dogmata indubitatis oraculis Dei niti: A.
*h)–*h)* von Bucer über der Zeile nachgetragen für gestr.: innumeri: d; innumeri: a.
i)–*i)* imprimis: a.

1. Lk 19,10.
2. Mt 18,12.

quam sequuntur [j]de Christi dogmatis sententiam[j], dei iussis niti. Ad hec animum eorum[g] istae servatoris voces nunquam non percellunt. »Nolite timere eos, qui occidunt corpus«[1]. »Qui perdiderit animam suam, inveniet eam«[2]. »Qui non oderit patrem, matrem etc. ac etiam suam ipsius animam, non potest meus esse discipulus«[3]. »Quem puduerit mei coram [k]perversa hac et adultera generatione[k] eius me pudebit coram patre meo et angelis eius«[4] et similes. [l]Hinc ergo plurimi[l] [m]animose extrema[m] subirent, multos mortis metus differret quidem sed in occasionem[n]. Quid enim valeat[o] de religione persuasio [p]quantumque faciat[p] vitae prodigos, vel hoc sexennio[q], ut superiora secula taceamus, satis superque in quam plurimis visum est qui non [r]modo exilia et proscriptiones bonorum sed et[r] vincula, cruciatus et mortem ipsam potius susceperunt quam ut a sententia quam conceperant quamquam[s] veram esse crediderant avelli se sustinuissent. [t]Quacumque de re dissidium sit, haud possunt certe[u] res pacate fereque[v] tutae esse animis nondum concordibus; quanto minus igitur id expectandum, ubi de religione est[w] dissensio[t]. Quandoquidem[x] religio iure moreque gentium rebus aliis omnibus antefertur. Unde[y] nulla[z] mortalium inter se dimicatio vehementior [a]esse solet, quam que habetur pro religione, pro aris[a].

j)–*j)* sententiam de Christi dogmatis: a.
k)–*k)* perversa et adultera hac generatione: a; perversa et adultera hac natione: A.
l)–*l)* His sane tonitruis exagitati, minime pauci: A.
m)–*m)* extrema animose: a.
n) occasionem, si imperio priusquam doctrina, vi antea quam indicatione erroris, cum eis hoc in negotio ageretur: A.
o) valeat solidior: A.
p)–*p)* quamquam faciat non rerum modo, sed et: A.
q) secennio: a; decennio: A.
r)–*r)* exilia tantum, et proscriptiones verum etiam: A.
s) quamque: a.
t)–*t)* Si iam cum dissidium est de rebus illis levioribus, paucos invenias, quos in certam quis concordiam redegerit, nisi de iure vel aequitate conditionum persuasos, quomodo cum de religione dissensio sit, veram pacem, rerumque minime dubiam tranquillitatem, quam scilicet S. T. M. constituere querit, expectabimus, nisi utrimque quae probet Deus, quae congruant scripturis, constiterit?: A.
u) recte: a.
v) Schrf.: vereque: d.
w) korr. aus: et: d.
x) Quemadmodum enim: A.
y) ita: A.
z) nulla quoque: A.
a)–*a)* duriorque esse consuevit, quam quae pro aris et numinibus suscipitur: A.

1. Mt 10,28
2. Mt 10,39; vgl. Mt 16,25.
3. Lk 14,26.
4. Mk 8,38.

Sed nos, cum S[erenissima] M[aiestas] T[ua] tam indicibili in hostes suos et eos quidem [b]haud vulgares[c/b] usa clementia est, merito spem de ea[d] optimam concepimus, omnia et in hoc negotio sic attemperaturam, ut multo amplius in nobis, salutis et honoris sui[e] studiosissimis (quod re ipsa testati sumus et testari amplius ex animo cupimus), bonitatis et humanitatis laudem quesisse videatur. Nam [f]ut alia innocentiae fideique nostrae argumenta pretermittamus, vel unum hoc satis illi fuerit, quod sic[f] | *252*[v] | omnia in [g]hoc negotio[g] attemperavimus, ut [h]satis bonis quibuslibet[h] declaraverimus, nunquam[i] [j]animum fuisse quenquam ledendi aut nostra compendia[k] aliorum [l]dispendiis querendi[l/j]. [m]Nam pericula[m] hac causa subivimus et sumptus ingentes fecimus, lucri vero ne tantillum quidem, uno hoc excepto, quod de bonitate dei per Christum exhibita melius edocti, futura (gratia deo) coeperimus sperare certius[n]. Ecclesiasticorum certe opibus tam abest ut inhiaverimus, quod[o] tumultuantibus agricolis [p]illas maximis impendiis et periculis ipsis[p] defenderimus. Euangelium domini nostri Iesu Christi[q] unum id est, quod nos [r]sollicitos tenet[r] et ad ea, que videmur novasse, adegit[s] omnia. Malit[t] itaque [u]S[erenissima] M[aiestas] T[ua][u] [v]pientissimorum[w] Cesarii[x] Constantini[1],

b)–*b)* qui nihil hostilitatis, ut alia taceamus, praetermiserunt: A.
c) vulgaris: a.
d) eo: A.
e) Drf.: rui: A.
f)–*f)* fehlt in A.
g)–*g)* hac caussa sic: A.
h)–*h)* bonis quibuslibet satis: A.
i) nunquam nobis: A.
j)–*j)* fuisse animum ledendi quenquam aut aliorum dispendiis nostra querendi compendia: a.
k) commoda: A.
l)–*l)* incommodis aucupandi: A.
m)–*m)* Pericula sane: A.
n) certius. Id vero iure tanti nobis est, ut nihil adhuc dignum eo, cum inaestimabile sit et rebus omnibus, quae vel coelum vel terra habet, anteferendum, nos vel fecisse vel pertulisse [Drf.: pertulilisse] putemus: A.
o) quod illas eis: a.
*p)–*p)* von Bucer vor den linken Rand geschrieben und eingewiesen: d; fehlt in a; maximis impendiis et periculis, illas ipsis: A.
q) Christi, ita ipse nos amet: A.
r)–*r)* urget: A.
s) adduxit: A.
t) Malet: a.
u)–*u)* fehlt in a.
v)–*v)* exempla sequii potentissimorum et vere foelicium Caesarum, Constantini, Ioviniani, Theodosii, et similium, qui doctrina omni cum mansuetudine cottidie per sanctiss. et vigilantiss. Episcopos impartita, tum: A.
*w) von Bucer über der Zeile nachgetragen für gestr.: potentissimorum: d.
x) Caesarum: a.

1. Konstantin I., der Große, römischer Kaiser von 306 bis 337.

Ioviniani[1], Theodosii[2] exempla, qui cotidiana[y] doctrina[y] Conciliis vitae[z] coactis gravique omnium rerum discussione cum errantibus agere [a]non gladio solebant sequi[b], quam eorum qui diversa probant[c]. Nec morabitur S[erenissima] M[aiestas] T[ua], quod pleraque nunc controversa[a] decisa sint olim, et precipue in Consilio[d] Constantiensi, Maxime cum videat ex innumeris non minus sanctis quam necessariis superiorum Conciliorum decretis, ne pilum quidem ab ecclesiasticis servari. Sicque degenerasse apud eos omnia, ut nemo vel com[m]uni sensu preditus non clamet, Concilio ad restituendam religionem[e] opus esse. Si vero illis adeo placet, quod sancitum est Constantiae, qui factum est, ut nulla prorsus ratione illud interim obtineri potuerit, ut singulis decenniis Christiana concilia haberentur, Id quod tum constitutum fuit [f]quam saluberrime[f]. Nam hac via multum puritatis[g] fidei[h] vel recuperari vel servari poterat[i]. Quoties enim[j] morbus incrudescit, toties[k] adhibendum [l]remedium est[l]. Nec[m] qui veritatem vere habet[n], [o]unquam gravabitur[o] illam et docere bonos et defendere contra malos, ubi ullus[p] eius[q] fructus sperari potest[r], [s]qui modo non potest non sperari amplissimus[s] tot millibus[t] in religio-

y) quottidiana: a.
z) rite: a, A.
a)–*a)* tentareque omnia, ut in viam eos revocarent, prius quam saeverius quicquam in eos statuerent, quam eorum quibus constat fuisse consultores, et priscis illis vereque sanctis patribus dissimillimos, et eventum quoque contigisse pietati illorum parum respondentem. Hinc S. M. T. revocare se illud ne patiatur, quod pleraque, de quibus nunc disceptatur: A.
b) fehlt in a.
c) korr. aus: probent: d.
d) concilio: a, A.
e) religionem Ecclesiasticique ordinis sanctimoniam: A.
f)–*f)* fehlt in A.
g) pietatis et: A.
h) fidei et morum: a.
i) potuerat. Sed quis non fateatur: A.
j) fehlt in A.
k) Drf.: tocies: a.
l)–*l)* esse remedium: A.
m) et: A.
n) habent: A.
o)–*o)* eos nunquam gravari: A.
p) ullus modo: A.
q) huius: A.
r) queat: A.
s)–*s)* Iam: A.
t) Schrf.: milibus: d.

1. Gemeint ist Flavius Claudius Jovianus, römischer Kaiser von 363 bis 364.
2. Theodosius I., der Große, römischer Kaiser von 379 bis 395.

nis nostrae dogmatis[u] perplexis; [v]longe[w] aliud est de rebus transitoriis, in quibus suo iuri christiani haud gravatim cedunt, quippe qui iniuriam ferre lucro sibi ducant[x], quam[y] ubi lis est de religione cultuque dei, Hic[z] mille animas [a]si haberent [b]quotquot in Christum vere credunt, eas omnes cederent[b/a/v] | *253*r | citius quam[c] iota unum vel minimum apiculum, quem [d/e]persuasi sunt[e] esse[f/d] mandatum divinitus. Si iam[g] una dumtaxat anima potior est toto orbe, quid facere in salutem tot myriadum [h]addeceat quis nam[i] agnoscat?

Hec, Cesar pientiss[ime], coram S[erenissima] M[aiestate] T[ua] non in aliud exponere voluimus, quam ut ostenderemus, quanta sit hodie necessitas, quo cum fructu presenti in negotio concludi aliquid[j] possit[h], ut convocatis qui-

u) dogmatis misere adeo: A.

v)–*v)* quis neget spem esse fructus amplissimi, quaeque iure quoscunque Christi spiritus regit, impulerit, ut quibusvis rebus aliis omissis, omni labore sumptuque contempto, in hoc unum totis viribus incumbant, ut Christi doctrina, parens omnis iusticiae et salutis, digne excutiatur, cunctisque erroribus expurgetur, suaque nativa facie, quibuscunque pietas et germanus Dei cultus cordi est, offeratur, quo sancta, et in aeternum firma pax, rerumque omnium vera tranquillitas, perturbatis modo plus nimio ovibus Christi, pro quibus hic sanguinem fudit, restituatur, et confirmetur? Quae illis nulla etiam alia via, ut diximus, restitui et confirmari poterit, certis scilicet, aliis quidem in rebus sibi nihil non cedendum, at in negocio pietatis, sic verbis Dei haerendum, nitendumque esse, ut si mille animas haberent, omnes lanienae offerre oportere: A.

w) danach gestr.: enim: d; longe enim: a.

x) ducunt: a.

*y) von Bucer vor dem Zeilenanfang nachgetragen für gestr.: At: d; At: a.

*z) von Bucer über der Zeile nachgetragen für gestr.: ibi: d; ibi: a.

a)–*a)* cedent: a.

*b)–*b)* von Bucer am unteren Seitenrand nachgetragen und eingewiesen: d.

c) quam cedere: A.

d)–*d)* credunt: a.

*e)–*e)* von Bucer über der Zeile nachgetragen für gestr.: credunt: d.

*f) von Bucer vor dem Zeilenanfang nachgetragen: d.

g) über der Zeile nachgetragen und eingewiesen: d.

h)–*h)* addeceat? Tanta nimirum cum spes invitet, cum ex eo, quod hi, qui apud S. M. T. erroris deferuntur, nihil aliud quam doceri se orant, et sacris scripturis ad quemlibet errorem confutandum abunde sufficientibus, totos se addixerunt, tum ex illo quod Christus servator noster luculenter adeo promisit, vel duobus aut tribus in suo nomine congregatis se medium futurum et quacunque de re consenserint, hanc illis praestiturum. Ista vero pientissime Caesar, haud alia de caussa hic memoramus, quam ut S. M. T. quae voluit et nos, quid de restituenda religione sentiamus exponere, nos morigeros praestaremus. Nam bona alioqui est spes, ipsam T. S. M. pridem apud se probe dispexisse, satisque videre, quae ad id urgeat necessitas, quis invitet fructus, quam denique hoc ipsum S. M. T. religionis atque clementiae, tantopere laudata, dignum sit: A.

i) non: a.

j) über der Zeile nachgetragen und eingewiesen: d; fehlt in a.

busque doctrina et pietate probatissimis viris ex divinis literis [k]de singulis controversis[l] dogmatis, quidnam[k] statuendum[m] sit, petatur. [n]Idque deinde[n] per idoneos Christi ministros [o]summa cum[p] mansuetudine et diligentia iis commendetur[q], qui a veritate aberrarunt. Id autem nequaquam ideo factum a nobis est, quod de S[erenissima] M[aiestate] T[ua] vel tantillum addubitaremus[r], eam non omnia haec cum antea secum considerasse tum singulari diligentia[s] et studio perfecturam. Sed cum verendum[t] tamen[u] sit, ne qui S[erenissimam][v] M[aiestatem] T[uam] alio trahere cupiant, his siqui sint[w], velut respondere apud S[erenissimam] M[aiestatem] T[uam] placuit. Quod[x] precamur [y]S[erenissimam] T[uam] M[aiestatem][y] pro sua indicibili clementia, ut et[z] cetera omnia boni et aequi consulat[o] nosque inter eos numerare[a] dignetur, qui illi[b] non minus quam maiores nostri in[c] summa subiectione morigeros et addictos [d]nos[e] exhibere[d] cupimus, In hoc, quoad liceat res et corpora nostra impensuri.

k)–*k)* quid de singulis dogmatis, quae modo controvertuntur: A.
l) korr. aus: controversiis: d.
m) sentiendum: A.
n)–*n)* Idque denique: a; actum: A.
o)–*o)* omni cum mansuetudine et fide, cunctis qui erroribus detenti creduntur, explicetur. Verendum tamen iuxta, haud deesse, qui S. M. T. alio trahere conentur, istis visum est per haec velut apud te respondere S. M. T. et hoc ipsum et caetera omnia, quae nullo alio quam Christi Iesu Dei nostri gloriam pro nostra portione adferendi et S. M. T., ut par est, obtemperandi, hic exposuimus confessique sumus, pro eximie celebri sua clementia in meliorem partem accipiat et interpretetur: A.
p) fehlt in a.
q) Schrf.: comendetur: d.
r) Schrf.: adubitaremus: d.
s) doctrina: a.
t) korr. aus: ferendum: d; ferendum: a.
u) fehlt in a.
v) Sacratissima[m]: a.
w) korr. aus: sunt: d.
x) undeutlich korr. in d; quod eam: a.
y)–*y)* fehlt in a.
z) über der Zeile nachgetragen und eingewiesen: d.
a) habere: A.
b) profecto: A.
c) illi nos cum: A.
d)–*d)* praestare ex animo: A.
*e) von Bucer über der Zeile nachgetragen und eingewiesen: d; fehlt in a.

[f]S[erenissimam] T[uam] M[aiestatem]/[f] rex regum Iesus Christus diu[g] incolumem et florentem in totius reipub[licae] Christianae salutem diu[h] servet ac[i] feliciter[j] provehat. Amen.[k]

*f)–*f)* von Bucer vor dem Zeilenanfang nachgetragen für gestr.: quam: d; quam: a; fehlt in A.

g) S. M. T. in hoc, et aliis negociis, ad gloriam suam omnia transigere donet, eamque: A.

*h) von Bucer über der Zeile nachgetragen und eingewiesen: d; fehlt in a.

i) fehlt in A.

*j) von Bucer über der Zeile nachgetragen und eingewiesen: d; fehlt in a; foeliciterque: A.

k) Amen. Eiusdem S. M. T. Deditissimi Legati urbium Argentorat., Constantien., Memmingen., Lindauien.: a; Amen. ARGENTORATI GEORGIO VLRICHERO Andlano Impressore. An. M. D. XXXI. Mense Septembri: A.

II. Texte bis 1541
Nr. 2

Widerlegung der Thesen des Nikolaus von Amsdorf

April 1535

bearbeitet von Thomas Wilhelmi

Einleitung

1. Entstehung und Inhalt

Im März 1535 ließ Nikolaus von Amsdorf[1] bei Michael Lotter in Magdeburg seine Schrift ›Contra Zwinglianos et Anabaptistas themata‹ im Druck erscheinen.[2] Amsdorf, ein vorbehaltloser, strikter Anhänger Luthers, wendet sich mit 57 lateinischen Thesen gegen die »Behauptungen« der Zwinglianer[3] und in weiteren 78 Thesen gegen diejenigen der Täufer. Mit den Thesen gegen die Zwinglianer greift Amsdorf auch die für ihn nicht weit von diesen entfernten Straßburger Theologen an; insbesondere sind ihm die Konkordienbestrebungen Bucers ein Dorn im Auge. Amsdorf publizierte diese Thesen zum Teil identisch, zum Teil aber auch wesentlich verändert und durch weitere Thesen ergänzt, kurze Zeit später später in Erfurt und Magdeburg in deutscher Sprache.[4] Diese deutsche Fassung erwähnt der Straßburger Stettmeister Jakob Sturm am 1. Mai 1535 in seinem Brief an Landgraf Philipp von Hessen.[5]

Nach Bucers Meinung hatte Amsdorf mit seiner Schrift den Bemühungen um Verständigung geschadet (»grave inflixerit vulnus«)[6]. Auch Jakob Sturm nahm an

1. Nikolaus von Amsdorf (1483–1565), lutherischer Theologe, 1524–1542 Superintendent in Magdeburg, 1542–1546 Bischof von Naumburg. *Rogge*, Art. Amsdorff, Nikolaus von, in: TRE 2 (1978), S. 487–497; *Mau*, Art. Amsdorff, Nikolaus von, in: DDL, Reihe II, Bd. 2, S. 583–657.

2. *Nikolaus von Amsdorf*, ›Contra Zwinglianos et Anabaptistas themata‹, [Magdeburg: Michael Lotter, März 1535] (VD 16 ZV 531).

3. Fol. ij^r–iiij^r.

4. *Nikolaus Amsdorf*, ›Widder die Widderteuffer vnd Sacramentirer / Etliche sprůche oder schlussrede‹, Erfurt: Wolf Heinick, [März/April] 1535 (VD 16 A 2410). Die Thesen »Widder die Sacramentirer« stehen auf Bl. Bj^v–B4^r. Vermutlich kurz danach erschien dieser Text nochmals im Druck: ›Widder die Widderteuffer vnd Sacramentirer/ Etliche sprůche odder schlussrede‹, Magdeburg: Hans Walther, 1535 (VD 16 A 2411). Die Thesen »Widder die Sacramentirer« stehen auf Bl. Bj^v–B4^r.

5. Brief Jakob Sturms an Landgraf Philipp von Hessen, Straßburg, 1. Mai 1535. Marburg/L. SArch, Bestand 3 (Pol. Archiv), Nr. 2916, fol. 39–40, hier fol. 40^r. Pol. Cor. II, S. 268 (Nr. 293); *Köhler*, Zwingli und Luther II, S. 381.

6. Brief Bucers an Ambrosius Blaurer, [Augsburg, ca. 12. April 1535]. *Schieß*, Briefwechsel, Bd. I, S. 681 (Nr. 566).

Amsdorfs Angriff Anstoß: »So vernimme ich doch mit gantz beschwertem gemüt, das sy by andern nitt also verstanden will werden, vnd namlich so hatt her Niclaus Amsdorffer zu Meydburg[1] zu Latein vnd teutsch gantz ein vnfreuntlich geschrifft von vnß Straßburgern diser vergleichong halb vßgon lossen, welcher wir vnß also vnverwarnet vnd vnverhoret nitt versehen, besonder dweyl Maydburg auch mitt vnß in der christlichen verstentnüß ist.«[2]

Bucer, der sich vom 26. Februar bis zum 22. April 1535 in Augsburg aufhielt[3], verfaßte dort etwa Ende März seine ›Axiomata apologetica …‹, eine Entgegnung auf Amsdorfs lateinische Thesen. Bucers Vorwort dazu datiert vom 1. April 1535. Diese lateinische Schrift erschien in den ersten Apriltagen 1535 in Augsburg im Druck.[4] Allerdings wurden nur fünfzig Exemplare für eine eingeschränkte Verbreitung hergestellt. Bucer wollte für eine weitere Verbreitung die Zustimmung Melanchthons haben.[5] Er erhielt sie[6], sah aber dann von einer weiteren Verbreitung seiner scharfen Schrift ab. Sie findet sich in den ›Scripta anglicana[7] und ist in Bucers Deutschen Schriften[8] ediert worden.

Am 5. Mai 1535 ließ Bucer Landgraf Philipp von Hessen die Thesen Amsdorfs zukommen. Vermutlich handelte es sich hierbei um einen der Drucke mit der deutschen Fassung[9]. Seinem Begleitbrief ist zu entnehmen: »Zu teutsch vnd latin hatt er sich herfur gethon, von vnß mit eynem wort hie nie verursachet. Jn beden sprachen hab ich wol geantwortet, wille aber meyn antwort nicht lassen außgohn, biß myr M. Philippus da von, dann ich sie im bede zugeschicket, seinen rath zuschreybet. Ich wölte recht den letzten streich gedulden, do mit doch die kirchen vnsers so unseligen haders eyn mal abkemen«[10].

Im Politischen Archiv Landgraf Philipps befindet sich eine deutsche Fassung von Bucers ›Axiomata apologetica‹. Dabei handelt es sich um ein von Bucer mit Korrekturen und Ergänzungen versehenes Manuskript eines unbekannten Schreibers, vermutlich als Vorlage für einen dann nicht realisierten Druck.[11] Bucer hat dieses Manuskript wahrscheinlich im Juli oder August 1535, als er nicht mehr an eine Veröffentlichung des Textes dachte, Landgraf Philipp zukommen lassen.[12] Diese

1. Magdeburg.
2. Brief Jakob Sturms (wie oben S. 671, Anm. 5), hier fol. 40r.
3. Vgl. dazu BDS 6,1, S. 12. *Greschat*, Bucer, S. 197 (= 1. Aufl. S. 145).
4. *Bucer*, ›Axiomata apologetica [...] de sacro eucharistiae mysterio et circa hoc Ecclesiarum concordia, quibus respondet Thematis. N. Amßdorfij, Argentoratenses falso criminantibus‹, Augsburg: Philipp Ulhart, [April] 1535 (VD 16 B 8850; Bucer-Bibliographie Nr. 70; BDS 6,1, S. 83).
5. Brief Bucers an Ambrosius Blaurer, [Augsburg, ca. 12. April 1535] (wie oben S. 671, Anm. 6). Vgl. dazu *Köhler*, Zwingli und Luther II, S. 383.
6. Brief Melanchthons an Bucer, [Wittenberg], 23. April 1535 (MBW 1562).
7. *Bucer,* ›Scripta anglicana‹, Basel: Petrus Perna, 1577 (VD 16 B 8924; Bucer-Bibliographie Nr. 258), S. 634–641.
8. BDS 6,1, S. 83–93.
9. Vgl. oben S. 671, Anm. 4.
10. Bucer an Landgraf Philipp von Hessen, [Straßburg], ca. 5. Mai 1535. Marburg/L. SArch, Bestand 3 (Pol. Archiv), Nr. 2923, fol. 38–39, hier fol. 38r. *Lenz* II, S. 503.
11. Erwähnt wird dieses Manuskript von *Lenz* II, S. 503, Anm. 2.
12. Vgl. dazu die von einem Archivar in der Zeit um 1900 angebrachte Notiz auf fol. 19r.

deutsche Fassung von Bucers Verteidigung unterscheidet sich inhaltlich sehr wesentlich von der lateinischen, und die Vorrede an den Leser ist eine gänzlich andere.

2. Überlieferung

Marburg/L. SArch, Bestand 3 (Pol. Archiv), Nr. 2923, fol. 19^r–36^v[1].

Handschrift eines nicht bekannten Straßburger Schreibers.[2] Erste Zeile und einige kleine Korrekturen und Ergänzungen von Bucers Hand.

1. Fol. 19 und fol. 36: gefaltetes Doppelblatt als Umschlag mit zeitgenössischer Beschriftung auf fol. 36^v: 10. Mar. Buceri Confutatio propositionum Ambsdorffij.

2. Die »Nota bene«-Vermerke auf fol. 28^r–35^v stammen von anderer Hand und werden nicht wiedergegeben.

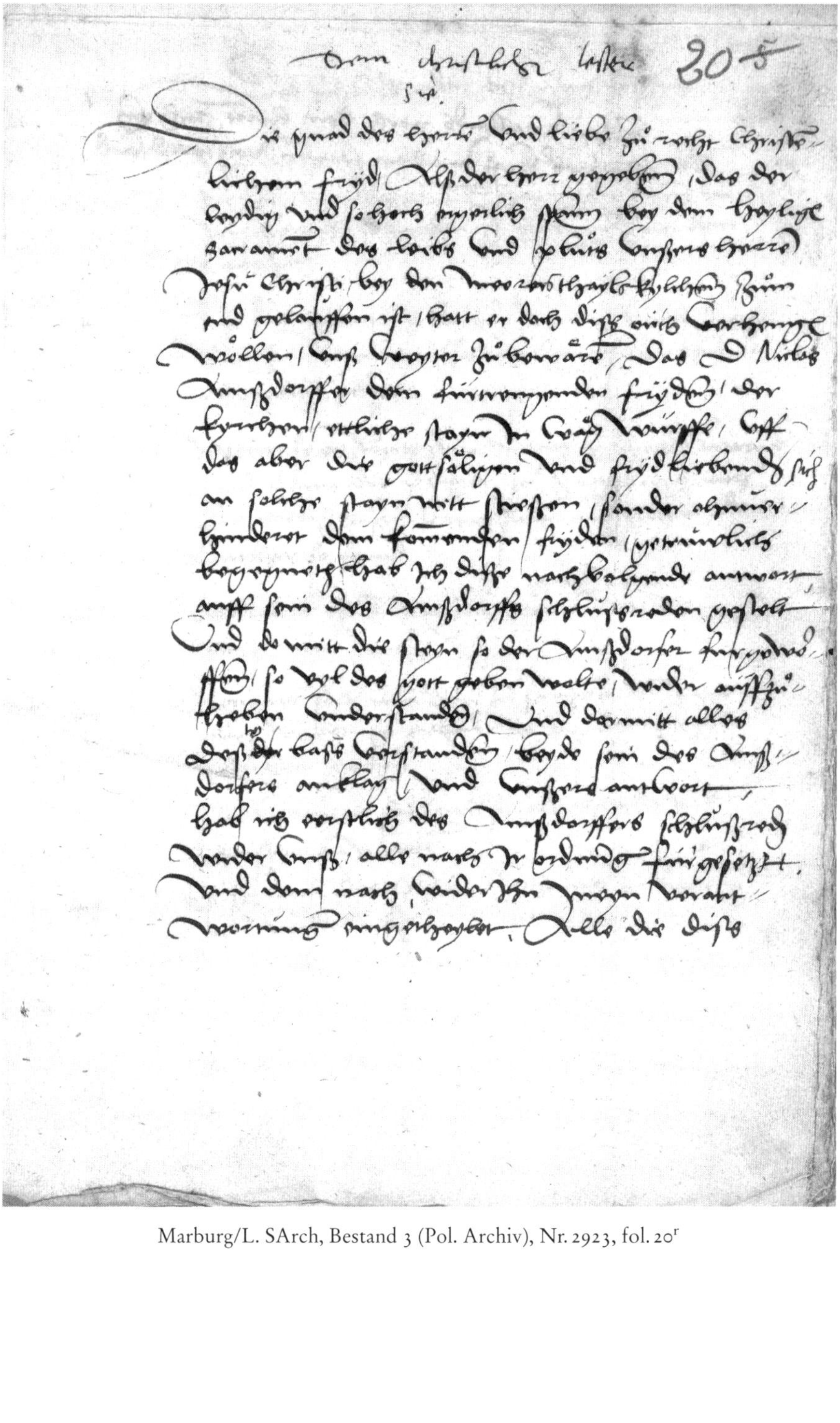

Marburg/L. SArch, Bestand 3 (Pol. Archiv), Nr. 2923, fol. 20r

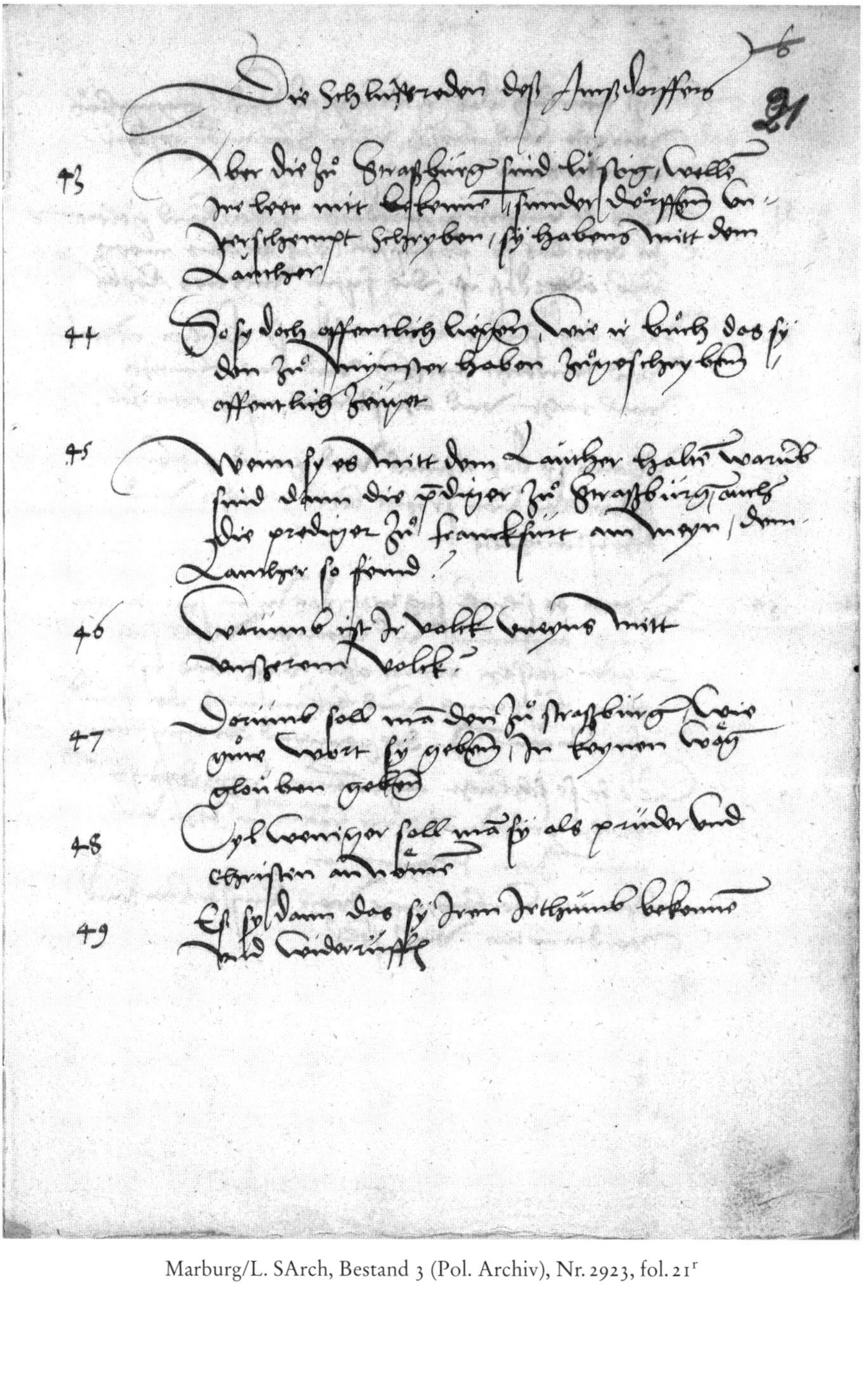

Die schlußreden deß Amßdorffers 21

43 Aber die zu Straßburg sind bi sich, welch ir leer nit bekennen, sonder dörffen ouch verschwempt schryben, sy haben mitt dem Lauther

44 Do sy doch offentlich liegen, wie ir buch dass sy den zu Münster haben zugeschryben offentlich zeiget

45 Wann sy es mitt dem Lauther halten warumb sind dann die predicer zu Straßburg auch die prediger zu franckfurt am Meyn dem Lauther so feynd?

46 Warumb ist ir volck eynig mitt unserem volck.

47 Darumb soll man den zu straßburg kein glauben geben

48 Vil weniger soll man sy als brüder und christen annemen

49 Es sy dann das sy iren irthumb bekennen und widerruffe

Marburg/L. SArch, Bestand 3 (Pol. Archiv), Nr. 2923, fol. 21r

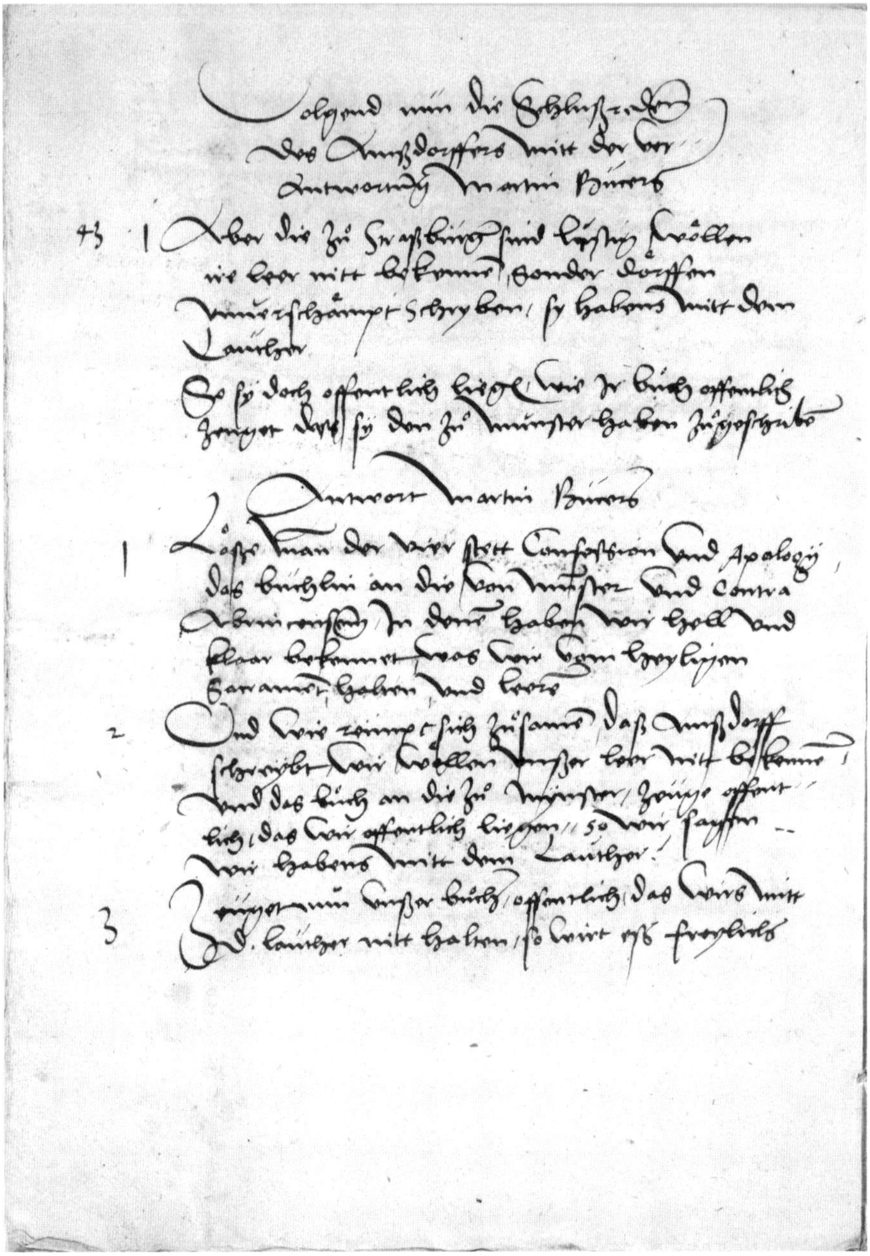

Marburg/L. SArch, Bestand 3 (Pol. Archiv), Nr. 2923, fol. 22v

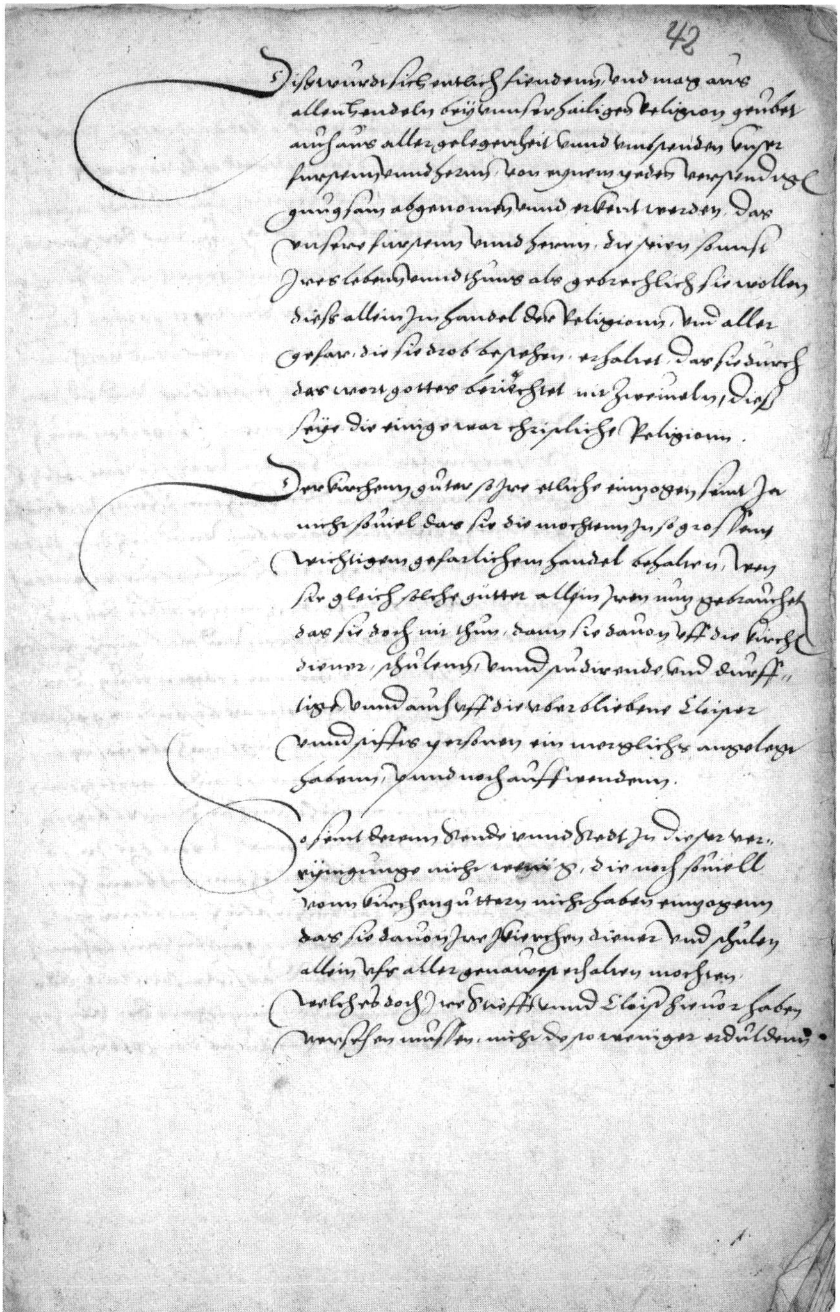

Marburg/L. SArch, Bestand 3 (Pol. Archiv), Nr. 2923, fol. 42[r]

| *20*^{r} | [a]Dem christlichen lesser hie[a]

Die gnad des herren vnd liebe zů recht Christenlichem fryd.

Alß der herr gegebenn, das der leydig vnd so hoch ergerlich spannn[1] bey dem heyligen Sacrament des leibs vnd plůts vnßers herren Jesu Christi bey den meerers thayls kylchenn zům end gelauffen ist, hatt er doch dißs ouch verhengen[2] woͤllen, vnß weyter zů bewåren, das D.[3] Niclas Amßdorffer[4] dem fürtrengenden frydenn der kyrchen ettliche stayn jn waͤg würffe; vff das aber die gottsaͤligen vnd frydliebenden sich[b] an solche stayn nitt stießen, sonder ohnuerhinderet dem kommenden fryden getruwlich begegneten, hab jch diße nachvolgende antwort auff sein, des Amßdorffs, schlußsreden gestelt. Vnd do mitt die steyn, so der Amßdorfer furgeworffenn, so vyl des gott geben wolte, wider auffzůheben vnderstandenn Vnd darmitt alles deß wyr[c] baßs verstandenn beyde[5] sein, des Amßdorfers, anklag vnd vnßere antwort, hab ich eerstlich des Amßdorffers schlußreden wider vnß alle nach jr ordnung fürgesetztt vnd dem nach wider jhn meyn verantwortung eingetheylet. Alle, die dißs | *20*^{v} | laßen, wellends nach dem herren richtenn; der geb vnß jn allem seynen verstand vnd fryden. Amen. | *21*^{r} |

Die Schlußsreden deß Amßdorffers[6]

43. Aber die zů Straßburg sind listig, wellen jre leer nitt bekennen, sunder doͤrffenn vnverschempt schryben, sy habens mitt dem Lauther[7].

44. So sy doch offentlich liegenn[8], wie ir bůch, das sy den zů mynster haben zůgeschrybenn[9], offentlich zeüget.

45. Wenn sy es mitt dem Lauther halten, warumb sind dann die prediger zů Straßburg, auch die prediger zů Franckfurt am meyn, dem Lauther so feind?[10]

a)–*a)* von Bucer über der ersten Zeile erg.
b) von Bucer am Zeilenende erg.
c) wohl von Bucer korr. aus: der.

1. Zwist. *Götze*, S. 203.
2. geschehen lassen, gestatten. *Lexer* 3, Sp. 128.
3. Doktor.
4. s. oben S. 671, Anm. 1.
5. beyde … vnd: sowohl … als auch.
6. *Nikolaus Amsdorf*, ›Widder die Widderteuffer vnd Sacramentirer …‹ (wie oben S. 671, Anm. 4). Im folgenden werden die in diesem Druck auf fol. Biij^{r}–Biij^{v} stehenden Axiomata 43 bis 57 des Kapitels ›Widder die Sacramentirer‹ wiedergegeben (mit zahlreichen orthographischen Abweichungen).
7. Martin Luther.
8. lügen.
9. *Bucer*, ›Bericht ausz der heyligen geschrift von der recht gotseligen anstellung vnd haußhaltung Christlicher gemeyn […] der Stat vnd kirchen zů Münster in Westfal erstlich geschriben‹, Straßburg: Matthias Apiarius, 3. März 1534 (VD 16 B 1831; Bucer-Bibliographie Nr. 61; Edition in BDS 5, S. 109–258). Edition in BDS 5, S. 109–258. Die Schrift richtet sich an Stadt und die Kirche in Münster; vgl. dazu BDS 5, S. 119,8–9 und S. 115.
10. Vgl. BDS 4, S. 304–314 und 465–475. *Greschat*, Bucer, S. 119 (= 1. Aufl. S. 111).

46. Warumb ist jr volck vneyns mitt vnßerem volck?

47. Dorumb soll man den zů straßburg, wie gůte wort sy gebenn, jn keynen waͤg glouben gebenn.

48. Vyl weniger soll man sy als prüder vnd Christen annaͤmen.

49. Eß sy dann, das sy jren jrthumb bekennen vnd widerrüffen. | *21v* |

50. Alß nemlich das oecolampad[1] vnd Zwynglius[2] vnrecht vnd falsch vom Sacrament geschriben habind.

51. Das sy vnrecht geprediget haben vnd gelert, jn dem das sy predigen, das bedeut ›meyn leyb‹ oder[d] ›daß ist die figur meynes leybs‹.

52. Jtem, das sie[e] fordar[3] bekennen, das sy Luther gewalt vnd vnrecht gethann vnd das Lauther wol recht vnd Christenlich geschryben hab.

53. Wann sy das thůnd vnd gnad pittenn, so woͤllen wir sy fur liebe pruder vnd Christen halten.

54. Dann es schickt sich nitt, das man synder ohn bůßs auffnaͤme; vyl weniger wyll sichs Leyden, falsche leerer ohne bůßs – das ist ohne boͤßsrung[4] und bekantnußs der Sunden[f] – aüffzůnaͤmen jn die gemeynd der Christenheyt.

55. Wo sy so schlaͤcht angenommen würdenn, so spreche yeder man, wir traͤten zů jhn vnd naͤmen jren jrthumb an.

56. Dormitt verleügneten wir vnßer leer vnd verdampten vnß selb. | *22r* |

57. Dorumb sollend sy solche bekantnußs thůn, das Gott vnd sein wort die Eer haben, das yederman sage, sy sind zůr worheyt gettretten vnd haben jren jrthumb verlaßsen. | *22v* |

Volgend nun die Schlußredenn des Amßdorffers mitt der verantwortung Martin Bucers.

43./1 Aber die zů Straßburg sind listig, woͤllen ire leer nitt bekennen, Sonder doͤrffen vnuerschaͤmpt Schryben, sy habens mitt dem Lauther.

[44./2] So sy doch offentlich liegen, wie jr bůch offentlich zeuget, daßs sy den zů munster haben zůgeschriben.[5]

d) von Bucer im Wort korr.
e) von Bucer über der Zeile erg. und eingewiesen.
f) -en wohl von Bucer erg.

1. Johannes Oekolampad (1482–1531), Basler Reformator. *Gäbler*, Art. Oekolampad, Johannes, in: TRE 25 (1995), S. 29–36.
2. Huldrych Zwingli (1484–1531), Zürcher Reformator. *Leppin*, Art. Zwingli, Ulrich, in: TRE 36 (2004), S. 793–809.
3. forder: weiter(hin). *Götze*, S. 88.
4. Besserung.
5. s. oben S. 679, Anm. 9.

Antwort Martin Bucers:

1. Laͤße mann der vier stett Confeßsion[1] vnd Apology[2], das büchlin an die von munster[3] vnd contra Abrincensensem[4]; jn denen haben wir hell vnd klaar bekennet, was wir vom heyligen Sacrament halten vnd leeren.

2. Vnd wie reimpt sich zůsamen, daß Amßdorff schreybt, wir woͤllen vnßer leer nitt bekennen vnd das bůch an die zů mynster zeüge offentlich, das wir offentlich liegen, so wir sagen, wir habens mitt dem Lauther?

3. Zeüget nun vnßer bůch offentlich, das wirs mitt D. Lauther nitt halten, so wirt eßs freylich | *23r* | ouch zeügenn, was wir vom H.[5] Sacrament leerenn, vnd werden wir in dem bekennet habenn, was wir vom[g] H. Sacrament halten vnd leerenn.

4. Vnd wirdt Alßo Amßdorffer nitt recht sagen, das wir vnßere leer nitt woͤllen bekennen.

5. Das pitten wir aber: Amßsdorffer woͤlle anzeygenn, wie vnßer bůch An die von Munster offentlich zeüge, das wir offentlich liegenn, wann wir sagen, das wirs mitt D. Laüther haltenn.

6. Wir schreyben jm selbigen bůch an so vyl ortenn, das jm heyligen obendmaal mitt den sichtbarenn dingen brot vnd wein woorlich dargereycht vnd endtpfangen wirdt der waare naturlich leyb vnd das wore naturlich plůt vnßers herren Jesu Christi, jo er selb war[6] gott vnd mensch, der recht eynig[7] waar waͤßentlich Christus.

7. Verwaͤrffenn der prediger zů Munster leer dorumb, das sy nitt außtrücklich bekennen, das das fürgnaͤmpst[8] jm heyligen obendtmaal ist, naͤmlich das vnß der herr da durch seyne diener sich selb, seynen waren leyb vnd | *23v* | wores plůt, schencket vnd dargybt.

8. Zeügen, das wir jn dißem handel anders nichts widerfochten habenn, dann alleyn die natürliche vereynigung oder vermischung des leybs vnd plůts vnßers herren mitt prot vnd weynn oder reumliche vnd begriffliche einschliesung des leybs und plůts vnßers herren jm brodt vnd weynn.

g) davor nicht gestr.: vomm.

1. *Bucer*, ›Confessio Tetrapolitana‹, Straßburg 1531 (VD 16 B 1524; Bucer-Bibliographie Nr. 45; Edition in BDS 3, S. 13–185); vgl. in diesem Band S. 617–670.
2. *Bucer*, ›Apologie der Confessio Tetrapolitana‹ als Beigabe zur deutschen Ausgabe der ›Confessio Tetrapolitana‹ (VD 16 B 1524; Bucer-Bibliographie Nr. 45; Edition in BDS 3, S. 187–318).
3. s. oben S. 679, Anm. 9.
4. *Bucer*, ›Defensio adversus axioma catholicum, id est criminationem R. P. Roberti Episcopi Abrincensis …‹, Straßburg: Matthias Apiarius, 1534 (VD 16 B 8866; Bucer-Bibliographie Nr. 62). Edition in BOL 5. Bucer wandte sich mit dieser Schrift gegen Robert Ceneau, Bischof von Avranches, und dessen Schrift ›Epistola nuncupatoria in libellum Axiomatis Catholici seu institutionis christianae, adversus Bucerum …‹, Paris: Pierre Gaudoul, [1534?] (*Moreau*, Inventaire IV, Nr. 915; Exemplar in Paris BNF).
5. Heiligen.
6. wahrer.
7. einzig.
8. Hauptsächlichste. *Grimm* 4 (= IV,1,1), Sp. 774–776.

9. Jtem, das vnßer herr Jesus solte da zůr bauchspeyßs gegeben werden.

10. Des alles ziehen wir [h]vnß auff vnßere bucher[h], die ye vnueruckliche vnd vyllich vnuerdochte[1] zeugen sein.

11. So dann nun D. Luther jn seyner großen Confeßsion[2] selb zeuget, das zwyschen dem leyb des herren vnd dem prot kein naturliche, personliche oder wirckliche vereynigung, Sonder ein sacramentliche eynigkeyt[3] ist, Dorumb das Christus leyb vnd das prodt vnß alda zům Sacrament gegeben werdenn.[4]

12. Vnd dann oüch frey bekennet, das er nitt setze, das der leyb des herren jm brot oder obendtmaal syge[5] begrifflicher oder Reumlicher weyßs.

[13.] Auß dem volget bey vnßs, das D. Luther vnßeren | *24ʳ* | herren Jesum Christům jm hayligen abendtmaal zůgegen sein bekennet wol gantz waarhafft vnd waͤßentlich, aber doch das jhn weder Sinn noch vernunfft begreyffen moͤgen vnd er dorzů keiner bauchspeyß geben werde.

14. Die weyl dann wir solche gegenwirtigkeyt des herren jm heyligen obendtmaal ouch haltenn, leeren vnd bekennen mitt worthen vnd schrifftenn, so achtens wirs[i] iar[6] dorfur, das wir jm grund des handels mitt D. Lauther vnd allen denen, die eß mitt jhm jn dißer sach recht halten, eins seyenn.[7]

15. Doch setzen wir daß zů erkantnuß sein, D. Lauters selbs, vnd eins yedenn, dann niemand von eyns anderenn synn vnd meynung gründtlicher vrthaylen kan, dann yeder selb, wir zeugendt[j] alleyn von vnßerem gewyßsen vnd haltenn.

16. Derhalb, ob wir schon des orts jrreten vnd nicht alßo mitt D. Lauthern vnd anderenn vber ein stymmeten, noch[8] moͤchte vnß nieman der lügenen – jch geschweyg offentlicher lügenen – bezüchtigen.

17. Dann wir nitt meer fürgeben, dann das wir glouben vnd halten, dasselbig wißsendt oüch | *24ᵛ* | wir vor gott alßo bestohn, wie wirs fürgebenn. Thůnd dorbey dar dißes vnßers haltens vrsachenn vnd stellen die selbigen für eynenn yedenn, den diße sach yemer mag angon, zů richten.

18. Nun richten alle Christenn zwyschen Amßdorfernn vnd vnß, ob wir hierinn erfünden werden alß die list prauchend.

Ob wir vnßere leer nitt woͤllen bekennen?

Ob wir dorinn vnuerschampt schreybenn, so wir Schreyben, wir haltens mitt D. lauternn?

h)–*h)* über der Zeile erg. und eingewiesen.
i) am Wortende korr.
j) korr. aus: zeygendt.

1. unverdächtige, untadelige.
2. *Martin Luther*, ›Vom abendmal Christi, Bekendnis‹, Wittenberg: Michael Lotter, 1528 (VD 16 L 6986). Bucer hat auf diese Schrift im Juni 1528 positiv reagiert: ›Vergleichung D. Luthers vnnd seines gegentheyls vom Abentmal Christi‹, Straßburg, Wolfgang Köpfel, 1528 (BDS 2, S. 305–383).
3. Unio sacramentalis. Vgl. dazu BDS 8, S. 76, Anm. 11.
4. ebd. Bl. v iija. StA Luther, Bd. 4, S. 183,6–9; WA 26, S. 442,23–26.
5. sei.
6. gar, ganz.
7. Vgl. BDS 5, S. 246–258.
8. dennoch.

Ob wir sollichs offentlich liegenn?

Ob das vnßer bůch, an die von Munster geschribenn[1], offentlich zeuge?

19. Dann das alles klagt vnß der Amßdorffer an jn seinen zweyen fürgesetzten schlußredenn, wol seer trutzlich[2], aber ohn allen scheyn der worheyt.

Die tritt schlußsred des Amßdorffers:

45./3. Wann sy eß mitt dem Luther haltenn, Worumb send dann die prediger zů straßburg, oüch die zů Franckfurdt[k] Am meyn, dem Luther so feind?

Antwort Bucerj: | *25r* |

1. Waͤr von vnß predigernn zů Straßburg redt, das wir D. Lauthern feind syend, der thůt vnß gewalt vnd redt jn dem nitt, das eynem Christen gepürt.

2. Alßo, zweyffelt vnß nicht, halte eß sich ouch mitt den predigernn zů Franckfurt, vnßerenn lieben prüdernn, dann alßso hab ich ir gemüt auß jrenn eygnen worten vernommen, zům Anderen maal vmb naͤchste wienachten, wie jch bey jnen waar.[3]

3. Vnd so wir, die jn dißen peyden kyrchen daß Euangelium Christi predigen, ye vnd ye Eerlich von D. Lauther geredet vnd geschryben habend vnd noch reden vnd schreyben, bekennen jhn als ein theuren werckzeug Christi, der das H. Euangelion[l] recht vnd Christenlich leeret.

4. Wohar hatt doch der Amßdorffer ye von vnß vrsach vernommen zůschreyben, Wir syend doctor lutheren feind? Woͤlche vrsach dem aller geringesten Christen moͤchte angesaͤhen werdenn alß die zů solcher valschen anklag eynigen[4] schein hette? | *25v* |

5. Wir zů Straßburg haben Etwan D. Lauthernn, do noch aller tropus[5] jn worth des herrenn stracks verneynt ward, verdacht, alß ob er ein naturliche einigkeyt zwyschem prot vnd demm leyb des herrenn setzete oder aber wolte denn leyb des herren reumlich jns prot einschließenn.

6. Solche meynung haben wir dann widerfochten, wie ouch ettlich seyner herren schrifftenn vnd ancklagen, jn woͤlchen er vnß deren ding bezüchtiget, deren wir vnß nitt bewüßt gewaͤßen sind.

7. Dorbey haben aber wir jhn, dißen streyt ohnangesaͤhenn, alwaͤg erkennet vnd gepryßenn, Als der das H. Euangelium jn allen houptpunctenn recht vnd Christen-

k) danach gestr.: dem.
l) danach gestr.: der das.

1. s. oben S. 679, Anm. 9.
2. trotzig. *Lexer* 2, Sp. 1499.
3. Vgl. *Rott*, Liste alphabétique, S. 98.
4. irgendeinen.
5. bildlicher Ausdruck, Sinnbild. *Grimm* 22 (= XI,1,2), Sp. 895 f. Vgl. auch BDS 4, S. 341, Anm. 77 und BDS 8, S. 266, Anm. 2.

lichen predige, ouch hie [m]zů vor[m] allen anderen der welt herrlich gedienet habe vnd noch diene.

8. Vnd so bald wir auß seyner großen Confeßsion[1] vernommen, das er zwyschen prot vnd dem leyb des herren kein natürliche eynigkeyt setzet, Sonder ein Sacramentliche vnd oüch den leyb des herren jns prot nitt reumlich verschließen wolte. | *26r* |

9. Haben wyr[n] solches ouch alßo bald frey mitt worten vnd schrifften bezeuget vnd darauff, die wyl wir die wore gegenwertigkeyt vnd vbergab des herren jm H. obendtmal ouch worlich gloubenn vnd bekennen, veriehen[2], das wirs jm grund mitt D. luther halten; vnd domitt haben wir dann sein halten vnd leeren vom H. abendmaal, by dem der[o] streyt ware gewaͤßen, Christenlich vnd recht erkennet vnd geprißenn.

10. Alßo sind wir gestanden – vnd stohn nach[3] – gegen D. martin Luthernn, richten nun alle Christen, ob Amßdorffer von vnß eynigs[4] schenis[5] vrsach habe, von vnß zů Straßburg zůschreybenn, wir sygind[6] D. luthern feind.

Die vierd Schlußsred des Amßdorffers:

46./4. Worumb ist jr volck vneyns mitt vnßerem volck?

Antwort Bucerj: | *26v* |

1. Vnßer volck leeren wir – vnd habens hieuor das alwaͤg[7] geleert –, mitt vwerem volck allenn Christenlichen fryden zůhaltenn, vnd der meerer theyl volget.

2. Jst dann vwer volck gegen dem vnßeren anders gesinnet, Lůge Amßdorffer vnd seins gleychen, waßs sy jr volck leeren.

Die fünfft Schlußsred des Amßdorffers:

[47.]/5. Dorumb soll man den zů Straßburg, wie gůte wort sy geben, jn keynen waͤg gloubenn gebenn.

m)–*m)* korr. aus: zůůor.
n) von Bucer über der Zeile erg. und eingewiesen.
o) wohl von Bucer über der Zeile erg.

1. s. oben S. 682, Anm. 2.
2. bekannt, erklärt.
3. noch.
4. einiger.
5. schöner.
6. seien.
7. fortwährend, immer wieder. Frühneuhochdt. WB 1, Sp. 803 f.

Antwort Bucerj:

1. Dorumb? Recht, So dann nunn erwyßen, das die vrsachen, die Amßdorffer furgybt, dorumb vnß nitt zuͦglouben syge, nammlich das wir D. Luther sollen feind sein vnd nitt halten, wie wir von vnß selbs zeugen, falsch vnd erdichtet seind. Volget, das man vnß glouben soll. | *27r* |

Die sechst Schlußred des Amßdorfers:

48. Vyl weniger soll man sy als prüder oder Christen annaͤmen?

Antwort Martin Bucers:

1. Das vorig hatt keinen dann eyn erdichten, falschen grund, des wir vnß zuͦ aller recht mesigen prob vnd bewaͤrung erbietenn; dorumb mag dißs nach weniger bestohnn.

2. Wir glouben an vnßeren herren Jesum[p] nach allen seinen[q] worten vnd ergeben vnß jn alle gehorßame deß heyligen Euangelii.

3. Dorumb, wer vnß nitt wyll als prüder vnd Christen erkennen, der handlet jn dem nitt, als prüdernn vnd Christen[r] zuͦstat.

Die Sybend Schlußred des Amßdorffers:

49. Es sy dann, das sy jrn jrthumb bekennen vnd widerrüffen etc. | *27v* |

Antwort Martin Butzers:

1. Zeyge Amßdorffer – oder waͤr das vermag – eynigen[1] irthumb an, den wir selb fürgeben oder des wir vnß alß den anderenn[s] für geben jn eynige waͤg thaylhafft gemacht habenn, So woͤllen wir solche jrthumb gern bekennen vnd widerrüffenn.

Die acht Schlußsred Amßdorffers:

[50.] Alß nemlich das Oecolampad vnd Zwinglius vnrecht vnd falsch von Sacrament geschryben haben.

p) danach gestr.: nach.
q) am linken Rand erg. und eingewiesen.
r) am linken Rand erg. und eingewiesen für gestr.: schwaͤsterenn.
s) korr. aus: anderern.

1. irgendeinen.

Antwort[t] M. Bucerj:

1. Oecolampadius vnd Zwynglius haben gar vyl vom Sacrament geschryben, das Amßdorffer Selbs nitt vnrecht erkennet.

2. Denn zů Marckpurg sy sich deßhalb so weyt | *28r* | mitt D. Lauther selb verglichen haben[1], das jn dem aller streyt in dißem vnd allen punctenn Christenlicher leer byß an das, so von der leyplichen gegenwirtigkayt zů leren jst, hin gelegt ward.

3. Jch halt ouch, so meer zeyt doruff gewendet were vnd ettliche anderen vrsachen der leer Christi nitt angehörig doran nicht gehindert hettind, eß solte dißer streyt ouch der leyplichen gegenwirtigkeyt halben vernichtet worden sein.

4. Dann so vyl ichs erkennen mag, hatt eß dorann gefålt, das man nitt wort finden kondt, die alßo die wore gegenwirtigkeyt vnd vbergab Christi jm Abendmaal mitt dem prot außgetrückt, das sy doch dem anderenn thayl nitt zůuyl gelautet auff die Naturliche eynikeyt des leybs Christi mitt dem prot vnd harwiderumb[2] die den vnderscheyd zwyschen brot vnd weyn alßo aüßtrücket, daß sy den anderen nit gelaütet hettend, alß scheydeten sy den leyb deß herren vnd prot voneynander.

5. Dann wie man wort fürbracht – dozů man aber ouch nur eynen tag brauchet – , die | *28v* | die woren[u] gegenwertigkeyt vnd vbergab des leybs Christi mitt dem brot außtruckenlich vnd volkomen bekenneten, so wolten solche wort dem anderen thayl lauten, alß ob ein Naturliche vereynigung vnd anhefftung des leybs Christi mitt vnd an das brot gesetzet würde.

6. Vnd so man wort hatte, die den vnderscheyd zwischem prodt vnd dem leyb des herren wolfurgeben vnd dormitt auff die geystliche nießung gerichtet weren, so woltenn die anderen sorgen, eß würde jn solchen worten die wore gegenwertigkeyt vnd vbergaab Christi jm abendtmaal nitt gnůgßamklich bekennet vnd außgetruckt.

7. Deweyl dann Oecolampadius vnd Zwinglius vom H. Sacrament so vyl geleert habenn, das Amßdorff selb waar vnd recht erkennt.

[8.]. Richten alle Christen, ob er vnß pyllich zůmůte, daß wir jn gemeyn[3] sin bekennen sollenn, Oecolampadius vnd Zwinglius haben vom Sacrament vnrecht vnd falsch geschriben. | *29r* |

9. Vnd ob jmme nicht auß aller pyllichkeyt zůstande, das er Eerstlich anzeygt, worinn die zween, Oecolampad vnd Zwinglius, vom Sacrament vnrecht vnd falsch geschryben habenn.

10. Dann sy, wie gesagt, vyl gůtz vom Sacrament vnd anderen stückenn Christenlicher leer geschryben, des Amßdorffer selbs nitt leugnet [v]vnd Christum, vnßern herren[v], (So vyl ich sy erkennet, der ich ouch gar vyl meer vmb sy gewäßsen bynn,

t) Schrf.: Antwor.
u) danach gestr.: Eynigkeyt.
v)–*v)* am linken Rand erg. und eingewiesen; daneben von anderer Hand: N[ota] bene.

1. Marburger Religionsgespräch, 2.–5. Oktober 1529. Vgl. *May*, Art. Marburger Religionsgespräch, in: TRE 22 (1992), S. 75–79. BDS 4, S. 323–364. Artikel in MBW 825.
2. hinwiederum, umgekehrt.
3. jn gemeyn: insgemein, alle zusammen.

dann Amßdorfius), oüch gesůchet vnd zů seynen reych mitt hohem ernst gedienet habenn.

11. Vnd zům anderen, wo Amßdorff vermeynete, ettwas alß vnrecht vnd falsch jn der schrifften oecolampadij vnd Zwinglij anzůzeygen, ob jm nitt ouch gepuren solte darzůthůn, das wir vnß solches vnrechtens vnd falsches thaylhafft gemacht haben.

12. Dann ye von vnß nitt kan erforderet werden, das wir eynes yeden jrtumb bekennen oder widerrüffenn, [w]mußten sünst dem Amßdorffer ouch allerley bekennen vnd widerruffen,[w] zům wenigesten ettlich vnrechtmåsig anklagungen. | *29v* |

Die nünd schlußsred des Amßdorffers:

[51.] Das sy vnrecht geleert vnd geprediget habenn, jn dem das sy predigen, das bedeut meyn leyb oder das jst die figur meynes leybs.

Antwort Martin Butzers:

1. Das das brot den leyb deß herren bedeute vnd ein zeychen sy deß leybs Christi, Schreybt ouch der heylig Augustinus[1]; das eß des leybs Christi figur sey, Schreybt Tertulianus[2].

2. Das eß aber nitt ein låres zeychen sey, sunder das der leyb des herren dormitt geben werde vnd vberreycht, glouben vnd bekennen wir, wie vorgesagt.

3. Vnd peyde[3] Oecolampad vnd Zwinglius haben mir selbs gesagt vnd das ouch geschryben, das jre meynung nitt sey, das jm heyligen abendtmaal alleyn prodt vnd weyn lere zeychen deß leybs vnd pluts vnßers herren seyen, sonder ouch der leyb vnd | *30r* | das plůt des herren aldo genoßsen werde.

4. Dorzů haben wir zů Straßburg vnß dißser außlegung, das bedeütet ›meynen leyb‹, oder ist ›meyns leybs zeychen oder figur‹ nie gepraucht, die wyl wir vernomen, das man daraußs gleych meynen wolte, es wurden hiemitt låre zeychen jm H. obendmaal bekennet.

5. Sonder haben meer die außlegung gefieret, wie vnß do befintlich prot vnd weyn, das vnß alßo worlich vnd gewyßs der leyb vnd das plůt deß herren selb gegeben werde gaystlich vnd dem gloubenn.

6. Mitt wölchen worthen, gaystlich vnd dem glouben, wir ouch nitt die wore gegenwirtigkayt vnd vbergaab deß leybs vnd plůts deß Herren, sonder das haben vermeynen wellenn, das der herr allhie nitt werde zůr bauchspeyßs oder mitt brot vnd weyn natürlich vereinbart gegeben.

w)–*w)* am linken Rand erg. und eingewiesen.

1. *Augustin*, Contra Adimantum 12,3 (PL 42, Sp. 144; CSEL 25, S. 140).
2. *Tertullian*, Adversus Marcionem IV,40 (PL 2, Sp. 460–461). In den lat. ›Axiomata apologetica‹ (Edition in BDS 6,1, S. 90,11–14) führt Bucer dafür einen anderen Beleg an: *Pseudo-Bernhard von Clairvaux*, Sermo de excellentia SS. Sacramenti et dignitate sacerdotum (PL 184, Sp. 989D–190A).
3. peyde … vnd: sowohl … als auch.

7. So wir dann das, dorab Amßdorff klaget, vnß nie thaylhafft gemacht vnd die warenn gegenwirtigkeyt Christi jm abendmaal | *30v* | mitt brot vnd weyn nie vermeynet habenn, wirt er nichts vnrechts noch falsches anzeygenn, das wir vor bekennen vnd widerrüffen soltend.

8. Wo aber er oder yemands anders, wie vorgesagt, jmmer meer des Etwaß von vnß mitt der worheyt anzeygen würde, solle vnßer bekantnuß vnd freyer widerrůff vermittels goͤttlicher gnaden bereyt sein.

Die zehend Schlußred des Amßdorffers:

52. Jtem das forder[1] bekennen, das sy lauter gewalt vnrecht gethon vnd das Lauther wol recht vnd Christenlich geschryben hab.

Antwort M. Butzers:

1. Von D. Luthers Eerstem schreyben haben wir jaa nitt anders verstanden, dann alß setzet er zwyschen brot vnd dem leyb deß herren ein Naturliche Eynigung oder anhefftung[2]. | *31r* |

2. Vrsachen sind gewaͤßen, das man so hefftig allen tropum[3] vnd alle zeygeley vnd deuteley verwarffe vnd verdammete, wolte das wortlin ›das‹ auffs prot deütenn vnd das ›jst‹ waͤßenlich vnd leyplich zůůerstohn sein.

3. Jtem Sagte, jm prodt werde der leyb Christi leyplich, fleyschlich, naturlich.

4. So bald man Aber den Tropum Synechdochen[4] zů gebenn vnd die Sacramentlich eynigkeyt gesetzt, die naturlich verneynet hatt vnd die Reumlichkeyt nitt bestreyten wolte, haben wir jaa gesaͤhen, das doctor Luther vnd andere der groben meynung nitt gewaͤßen sind, wie wir auß den vorgesetzten reden vermeyneten.

5. Dies haben wir aber ouch lengest zů Latein vnd deutsch frey bekennet vnd bezeuget.[5]

6. Wolte gott, das sie[x] endtgegen ouch so frey bekennet vnd bezeuget würde, do man vnßs vnrecht verdacht vnd zům Schweresten vor aller welt anklagt hatt. | *31v* |

x) von Bucer über die Zeile erg. und eingewiesen.

1. weiter(hin). *Götze*, S. 88.
2. Anfügung, Verwendung. Frühneuhochdt. WB 1, Sp. 1231–1232.
3. bildlichen Ausdruck; vgl. oben S. 683, Anm. 5.
4. sc. Ersetzen eines Begriffes durch einen engeren oder weiteren Begriff. Vgl. dazu BDS 8, S. 266, Anm. 2.
5. Damit meint Bucer u. a. die von ihm verfaßten Schriften: ›Ein Bericht, was zu Frankfurt am Main geleret‹, Januar 1533, dt. (BDS 4, S. 465–506); Abendmahlsgutachten für die Augsburger Prediger ›Responsio docta ministrorum Augustanorum‹, 11. Oktober 1533, dt. (BDS 8, S. 251–292); ›Bericht auß der heyligen geschrift von der recht gottseligen anstellung und haußhaltung Christlicher gemeyn‹, 3. März 1534, dt. (BDS 5, S. 109–258); ›Defensio adversus axioma catholicum, id est criminationem R. P. Roberti Episcopi Abrincensis …‹, Straßburg: Matthias Apiarius, 1534, lat. (VD 16 B 8866; Bucer-Bibliographie Nr. 62).

7. Als die die wore gegenwirtigkeyt Christi jm h. abendmaal aller ding verleugnen, sein heylig wort zerreyßen, ein auffrůreschen geyst habend vnd vyl anders meer, allen Christen seer Erschrockenlich zů hoͤren.

8. Aber die worheyt selb vnd vnschuld jm herren soll vnß wol bey allen kinderenn gotts verthaͤdingen.

9. Das wir dann bekennen sollen, das D. Lauther jm grund von den heyligen Sacramentenn von allen articklen Christenlich vnd wol geschryben hab, jst nun meer von vnß jn offentlichen geschrifften jn lateyn vnd deutsch offt bekennet worden.

10. Das wir aber nitt alles schreyben in dißem streyt billichen koͤnden, jst die vrsach, das wir vnß vnd andere vor gott vyler ding vnschuldig wyßsen, deren wir, wyl[1] der streyt gewaͤret, vnschuldiglich verklagt seind.

11. Wolte abermal gott, man gebe so reyche kundschafft der worheyt, so wir geschriben,[y] | *32r* | alß wir eynem yeden zůgeben bereyt seind, ich geschweyg dem so theüren werckzeug gottes, D. Luther.

Die Elfft schlußsred:

53. Dann sy das thůnd vnd gnad pitten, so wollen wir sy für lieb prüder vnd Christen halten.

Antwort Martin Butzers:

1. Was wir mitt gott jn dißem thůn mogen, eß sy zů bekennen eygen feel vnd anderer gaben vnd vorthayl, ouch gnad von gott vnd den seynen zů begeren, haben wir gethon vnd waͤr anzeygen mag, das wir meer zůthůn schuldig sind, wollen wirs ouch thůn.

2. Derenhalb hatt weders Amßdorff nach yemand anders, der anders Christlich faren[2] wyll, vnß Christenliche lieb vnd brůderschafft abzůschlagenn. | *32v* |

Die zwolfft Schlußsred Amßdorffers:

54./12. Dann es schickt sich nitt, das man sunder ohne bůß auffnaͤme; vyl weniger wyll sichs leydenn, falsche leerer on bůß, das ist ohne beßserung vnd bekantnůßs der sůnd, auffzůnaͤmen jn die gemeyn der Christenheyt.

Antwort M. Butzers:

1. Wolte gott, diße regel gylte vnd wurde gehalten gegen yederman vnd jn allen fellen, so[z] die dißen Ernst erforderenn, wir wolten seyn obgottwyll hochgenießsen.

y) unter der Zeile von Bucer als Kustode erg.: alß.
z) wohl von Bucer am Zeilenende erg.

1. solange, während. *Götze*, S. 225.
2. verfahren. *Götze*, S. 72.

Die 13. vnd 14. Schlußred Amßdorfii:

13. Wo sie so Schlecht angenomen wurdenn, So spreche yederman, wir wåren zů jnen Vnd nåme jren jrthumb ann. | *33ʳ* |

14. Dormitt verleügneten wir vnßser leer vnd verdampten vnß selbs.

Anwort M. Butzerj:

1. Wie So? Wann man sicht, daß wir auff offentliche, helle bekantnuß der worheyt werden alß mitthellige[1] vnd prüder Erkennet, so sicht man, das wir vnß nichts anderßs dann jn der worheyt vereynbaren.

2. Vnd wirdt nieman sagenn kǒnden, ich geschweyg yederman, das Amsdorff vnd die eß mitt jm haben, eynigen jrthumb angenomen oder ir worheyt verleygnet habenn.

Die xv. schlußsred des Amßdorffers:

Dorumb sollen sy solche bekentnuß thůn, das Gott vnd sein wort die Eer habe, das yederman sage, sy sind zur worheyt getretten vnd haben jren jrtumb verlaßsen. | *33ᵛ* |

Antwort M. Bucerj:

1. Wir haben nun vyl maal zů latein vnd teutsch jn offentlichem truck vom H. Sacrament vnd anderen stucken Christenlicher leer bekennet, so vyl die gǒttlich geschrifft vermag, die alten kirchen ye gegloubet vnd die heyligen våtter recht geschriben haben.

2. Vnd ouch so vyl wir dißen handel verstehn, haben wir jm grund So vyl bekennet, alß D. luther selb haltet vnd leeret.

3. Hiemitt, hoffen wir, heben[2] Gott vnd seynen heyligen wort sein gepürenden Eer nichten furgehalten, Sunder[a] Christenlich vnd gnůgßsam veryehen[3].

4. Jn dem jrthumb, das jm heylgen obendmal alleyn prot vnd weyn[b], låre zeychen des leybs vnd plůts Christi, vnd nitt ouch der wore leyb vnd das ware plut Christi selb gegeben werde, sind wir nie gewåßsen; dorumb kinden[4] wir jhn nitt verlaßsen. | *34ʳ* |

5. Wo wir aber vermeynet würden, wir hetten vnß dißes jrthumbs zůuerdencken vrsach gegeben, jn dem das wir ettwann die wore vbergab des leybs vnd plůts Christi, vnßers herren, nit so vleyßig vnd deutlich außgetruckt habenn.

a) danach gestr.: jn.
b) danach gestr.: vnd.

1. Zustimmende, Teilhaftige. *Grimm* 12 (= VI), Sp. 2351; *Götze*, S. 161.
2. hätten.
3. bekannt. *Lexer* 3, Sp. 137–138.
4. konnten.

6. So befleyßsen wir vnßs, nun lengest die selbige vbergaab alß[1] mitt deutlichen vnd völligen worten außzůtruckenn, alß wir die jn aller schrifft vnd H. vätteren habenn.

7. Das wir dann [c]zu vor[c] den leyb des herren vnd das brot deutlich vnderscheydenn vnd auff die nießsung des woren glaubens ernstlich getrungen, habenn wir allein gethon, den gemeynen jrthumb der welt aüßszůschließen.

8. Die jr hayl nur am vßseren des H. Sacraments ohne glouben sůchen vnd mitt nichtenn der woren gegenwirtigkeyt Christi jm abendmaal in dem etwas abzůbrechenn.

9. Auß dißsem allem richten nun alle | *34v* | Christen, ob wir ouch dem Amßdorff vrsach geben haben, dermaßen wie Er gethon, vnß vor allen kirchenn naben der worheyt zůuerklagenn.

10. Nemlich jn dem bůch [d]an die zů Munster[d], jn dem wir doch von den fürnämen predigernn vnder denen, die es mit D. luther halten, erkennet worden seind, alß die wir jn solcher bekantnuß nicht zůuerwerffen, Sonder alß die jn dem Christenlich gesinnet zůhalten seyenn.

11. Vnd wie staht das? Wir sind auff vnßsere confeßsion, Ke. Mt.[2] zů Ougspurg vberantwort, von den fürnämsten der protestierenden stend, alß die mitthelligen[3] jm handel des Sacraments zů Christenlicher vereynigung auffgenommen worden.

12. Vnd vnder den selbigen jst ouch die Statt Magdenburg, do Amßdorff prediger ist.

13. Solte nun Amßdorff, wo er ye noch fäl an vnß geheptt, vnß nicht deßselbigenn zůuor besunders ersůchet habenn. | *35r* |

14. Vnd nitt alßso ohne eynig vrsach vnß jn die welt alß gottloß lügner ausgeschryben haben; der herr verzuhe jms; er weyßst nitt, was er gethon hatt.

15. Er vnd seins glychen meynen, das wir vnß jnen alßso zům fryd endgegen tragen, geschähe auß forcht vnd meynen vylicht, so sy[e] mitt vnß[f] wol anhalten, wir werden thůn, waßs sy wöllen.

16. Gott weyßt aber, daß vnß die schwäre ergernuß der kylchen vnd verhinderung des Euangelii, die durch vnßeren zanck Schwärlich fürtringend, hiezů treybenn.

17. Dann was solten wir vnßs by vnßer leer vnd Confeßsion förchtenn, so doch die keyßserlichen Theologen zů Ougspurg die selbigen nitt gewußt[g] haben zůuerdammen.

18. So wißsen sy selb, das wir ouch jn eynem Consilio by dem H. Augustino, zů dem wir vnß halten, bestohn mögen. | *35v* |

c)–*c)* über der Zeile erg. für gestr.: zuuor.
d)–*d)* am linken Rand erg. und eingewiesen.
e) am linken Rand erg. für gestr.: wyr.
f) über der Zeile erg. für gestr.: jnen.
g) am linken Rand erg. und eingewiesen.

1. alß … alß: so … wie.
2. Ke. Mt.: kaiserliche Majestät.
3. Zustimmenden, Teilhaftigen. *Grimm* 12 (= VI), Sp. 2351; *Götze*, S. 161.

19. Solten wir mitt jnen alßso scharpff handelen woͤllen, alß sy mitt vnß, wyßsen alle geleerten, wie vyl wir jnen wißten endgegenn zůwerffen, do Christenliche erklaͤrung, wo nitt widerůff, byllich von jnen erfordere[h] würde.

20. Wir suͤchen aber fryd der kirchen, der, alß[1] wir nitt zwyfflen, meer beßserung bringen wurden, der her geb vnß den selbigen zů seinem preyß zů erlangen. Amen.

h) Schrf.: erfordere.

1. wie.

Bibelstellen

Zitate aus Rechtscorpora

Personenregister

Ortsregister

Literaturverzeichnis

Adam, Inventaire: *Jean [= Johann] Adam*, Inventaire des archives du chapitre de St-Thomas de Strasbourg, Straßburg 1937.

Adam, Straßburg: *Johann Adam*, Evangelische Kirchengeschichte der Stadt Straßburg bis zur französischen Revolution, Straßburg 1922.

Adam, Territorien: *Johann Adam*, Evangelische Kirchengeschichte der Elsässischen Territorien bis zur französischen Revolution, Straßburg 1928.

ADB: Allgemeine Deutsche Biographie, 56 Bde., Leipzig 1875–1912, Neudruck Berlin 1967–1971.

Altenstaig/Tytz, Lexicon: Lexicon theologicum, quo tanquam clave theologiae fores aperiuntur et omnium fere terminorum et obscuriorum vocum [...] etymologiae, ambiguitates, definitiones [...] post summum laborem *Ioannis Altenstaig* [...] studio et labore [...] *Ioannis Tytz* [...], Köln 1619, Neudruck Hildesheim/New York 1974.

Amerbachkorrespondenz: Die Amerbachkorrespondenz, Bd. I-X, hg. v. *Alfred Hartmann* u. a., Basel 1942–1995.

AOG: Andreas Osiander d. Ä. Gesamtausgabe, hg. v. *Gerhard Müller* und *Gottfried Seebaß*, 10 Bde., Gütersloh 1975–1997.

ARC: Acta reformationis catholicae Ecclesiam Germaniae concernentia saeculi XVI. Die Reformverhandlungen des deutschen Episkopats von 1520 bis 1570, im Auftrag und mit Unterstützung der Gesellschaft zur Herausgabe des Corpus Catholicorum hg. v. *Georg Pfeilschifter*, 6 Bde., Regensburg 1959–1974.

Arnold, Jakob Sturm: *Matthieu Arnold*, Art. Jakob Sturm, in: RGG⁴ 7 (2004), Sp. 1807f.

Arnold, Johannes Sturm: Johannes Sturm (1507–1589). Rhetor, Pädagoge und Diplomat, hg. v. *Matthieu Arnold*, Tübingen 2009 (Spätmittelalter, Humanismus, Reformation – Studies in the Late Middle Ages, Humanism and the Reformation 46).

Arnold/Collonges, Quand l'humanisme fait école: *Matthieu Arnold / Julien Collonges* (Hg.), Jean Sturm. Quand l'humanisme fait école. Catalogue accompagnant l'exposition à la Bibliothèque Nationale et Universitaire de Strasbourg du 10 octobre au 1er decembre 2007, Straßburg 2007.

Audisio, Des Pauvres de Lyon aux vaudois réformés: *Gabriel Audisio*, Des Pauvres de Lyon aux vaudois réformés, in: Revue de l'Histoire des Religions 217 (2000), S. 155–166.

Audisio, Guide historique: *Gabriel Audisio*: Guide historique du Lubéron vaudois, Apt 2002 (Les Alpes de lumière 139).

Audisio, Mémoire des vainqueurs: *Gabriel Audisio*, Mémoire des vainqueurs, mémoire des vaincus? L'exécution des vaudois de Provence (avril 1545): les faits et la mémoire, in: Événement, identité et histoire, hg. v. Claire Dolan, Sillery (Québec), 1991, S. 243–254.

Audisio, Procès-verbal d'un massacre: *Gabriel Audisio*, Procès-verbal d'un massacre. Les vaudois du Luberon (avril 1545), Aix-en-Provence 1992.

Augustijn, Die Autorschaft: *Cornelis Augustijn*, Die Autorschaft des *Consilium admodum paternum*, in: Calvin – Erbe und Auftrag. Festschrift für Wilhelm Heinrich Neuser zum 65. Geburtstag, hg. v. Willem van 't Spijker, Kampen 1991, S. 255–269.

Augustijn, Diet of Regensburg: *Cornelis Augustijn*, The Quest of Reformatio. The Diet of Regensburg 1541 as a Turning-Point, in: Archiv für Reformationsgeschichte. Sonderband: Die Reformation in Deutschland und Europa: Interpretationen und Debatten. Beiträge zur gemeinsamen Konferenz der Society for Reformation Research und des Vereins für Reformationsgeschichte, 25. – 30. September 1990 im Deutschen Historischen Institut, Washington, D. C., hg. v. Hans R. Guggisberg und Gottfried G. Krodel unter Mitarbeit v. Hans Füglister, Gütersloh 1993, S. 64–80.

Augustijn, Regensburger Buch: *Cornelis Augustijn*, Art. Regensburger Buch, in: TRE 28 (1997), S. 432–437.

Baar-Cantoni, Religionspolitik Friedrichs II. von der Pfalz: *Regina Baar-Cantoni*, Religionspolitik Friedrichs II. von der Pfalz im Spannungsfeld von Reichs- und Landespolitik, Stuttgart 2011.

Bachmann, Geschichte der Kirchenzucht in Kurhessen: *Karl Bachmann*, Geschichte der Kirchenzucht in Kurhessen von der Reformation bis zur Gegenwart. Ein Beitrag zur Kirchen- und Kulturgeschichte des Hessenlandes, Diss. Marburg 1910, Marburg 1912.

Die Badener Disputation von 1526: Die Badener Disputation von 1526. Kommentierte Edition des Protokolls. Hrsg. von Alfred Schindler† und Wolfram Schneider-Lastin, Zürich 2015.

Baufeld: *Christa Baufeld*, Kleines frühneuhochdeutsches Wörterbuch, Tübingen 1996.

Baum, Capito und Butzer: *Johann Wilhelm Baum*, Capito und Butzer. Straßburgs Reformatoren, Elberfeld 1860, Neudruck Nieuwkoop 1967.

Bäumler/Brockhoff/Henker, Von Kaisers Gnaden: Von Kaisers Gnaden. 500 Jahre Pfalz-Neuburg. Katalog zur Bayerischen Landesausstellung 2005, Neuburg an der Donau, 3. Juni bis 16. Oktober 2005, hg. v. *Suzanne Bäumler*, *Evamaria Brockhoff* und *Michael Henker*, Augsburg 2005 (Veröffentlichungen zur bayerischen Geschichte und Kultur 50).

Bautz: *Friedrich Wilhelm Bautz*, Biographisch-bibliographisches Kirchenlexikon (BBKL), Bde. 1–25, Hamm 1975–2005 (weitergeführt: www.bautz.de).

BCor: Correspondance de Martin Bucer, hg. v. Jean Rott u. a., Bde. 1 ff., Leiden 1979 ff. (ab Bd. 4: Martin Bucer Briefwechsel – Correspondance).

BDS: Martin Bucers Deutsche Schriften, hg. v. Robert Stupperich u. a., Bde. 1 ff., Gütersloh 1960 ff.

Becker, Gemeindeordnung und Kirchenzucht: *Judith Becker*, Gemeindeordnung und Kirchenzucht. Johannes a Lascos Kirchenordnung für London (1555) und die reformierte Konfessionsbildung, Leiden/Boston 2007 (Studies in Medieval and Reformation Traditions 122).

Behr, Franz von Waldeck, Fürstbischof: *Hans-Joachim Behr*, Graf Franz von Waldeck, Fürstbischof zu Münster und Osnabrück, Administrator zu Minden (1491–1553). Sein Leben in seiner Zeit. Teil 1: Darstellung, Münster 1996, Münster 1996; Teil 2: Urkunden und Akten, Münster 1998 (Westfälische Biographien 9; Veröffentlichungen der Historischen Kommission für Westfalen 18).

Behr, Franz von Waldeck: *Hans-Joachim Behr*, Graf Franz von Waldeck (1491–1553). Dreimal geistlicher Fürst in Westfalen, Bad Arolsen 1999 (Waldeckische Historische Hefte 4).

Benrath, Historien de l'Église: *Gustav Adolf Benrath*, Gaspard Hédion (1494–1552). Historien de l'Église, in: *Livet/Rapp*, Strasbourg au coeur religieux, S. 109 f.

Bergholz, Johann Baders Landauer Kirchenamt 1534: *Thomas Bergholz*, Johann Baders Landauer Kirchenamt 1534, in: Ordnungen für die Kirche – Wirkungen auf die Welt. Evangelische Kirchenordnungen des 16. Jahrhunderts. hg. v. Sabine Arend und Gerald Dörner, Tübingen 2015, S. 113–124.

Bernhard von Clairvaux, Opera: S. Bernardi Opera, hg. v. J. Leclerq/C. H. Talbot/H. M. Rochais, 9 Bde., Rom 1957–1998.

Kohl, Bistum Münster: Das Bistum Münster 7,1; 7,2; 7,3: Die Diözese, bearbeitet von *Wilhelm Kohl*, Berlin, New York 1999; ebd. 2002 und 2003 (Germania sacra N. F. 37,1–37,3).

Biundo, Die evangelischen Geistlichen der Pfalz: *Georg Biundo*: Die evangelischen Geistlichen der Pfalz seit der Reformation (Pfälzisches Pfarrerbuch), Neustadt an der Aisch 1968 (Genealogie und Landesgeschichte 15).

Bizer, Studien: *Ernst Bizer*, Studien zur Geschichte des Abendmahlsstreites im 16. Jahrhundert, Göttingen 1940, Neudruck Darmstadt 1972.

Bodenmann, Caspar Hedio: *Reinhard Bodenmann*, Art. Caspar Hedio, in: Nouveau Dictionnaire de Biographie Alsacienne 13 (1988), S. 1470–1473.

Bodenmann, Hedio: *Reinhard Bodenmann*, Art. Caspar Hedio, in: Killy Literaturlexikon. Autoren und Werke des deutschsprachigen Kulturraumes, 2., vollständig überarbeitete Aufl., Bd. 5 (2009), S. 122 f.

Bodenmann, Musculus: *Reinhard Bodenmann*, Wolfgang Musculus (1497–1563). Destin d'un autodidacte lorrain au siècle des Réformes, Genf 2000 (Travaux d'Humanisme et Renaissance 343).

BOL: Martini Buceri Opera Latina, hg. v. François Wendel u. a., Bd. 15, Paris/Gütersloh 1955; Bde. 1 ff., Leiden 1982 ff.

Bopp, Die evangelischen Geistlichen: *Marie-Joseph Bopp*, Die evangelischen Geistlichen und Theologen in Elsaß und Lothringen von der Reformation bis zur Gegenwart, Neustadt a. d. Aisch 1959 (Genealogie und Landesgeschichte. Im Auftrag der Deutschen Arbeitsgemeinschaft genealogischer Verbände, hg. v. Heinz F. Friederichs, 1: Bibliothek familiengeschichtlicher Quellen 14).

Bornert, La Réforme protestante du culte: *René Bornert*, La Réforme protestante du culte à Strasbourg au XVIe siècle (1523–1598). Approche sociologique et interprétation théologique, Leiden 1981 (Studies in Medieval and Reformation Thought 28).

Brady, Politics of the Reformation: *Thomas A. Brady, Jr.*, The Politics of the Reformation in Germany. Jacob Sturm (1489–1553) of Strasbourg, Atlantic Highlands, New Jersey 1997. Deutsche Übersetzung: Zwischen Gott und Mammon. Protestantische Politik und deutsche Reformation, Berlin 1996.

Brady, Ruling Class: *Thomas A. Brady, Jr.*, Ruling Class, Regime and Reformation at Strasbourg 1520–1555, Leiden 1978 (Studies in Medieval and Reformation Thought 22).

Brant, Narrenschiff: *Sebastian Brant*, Das Narrenschiff. Nach der Erstausgabe (Basel 1494) mit den Zusätzen der Ausgabe von 1495 und 1499 sowie den Holzschnitten der deutschen Originalausgaben hg. v. Manfred Lemmer, 4., erweiterte Auflage, Tübingen 2004.

Brockmann, Konzilsfrage: *Thomas Brockmann*, Die Konzilsfrage in den Flug- und Streitschriften des deutschen Sprachraumes 1518–1563, Göttingen 1998 (Schriftenreihe der Historischen Kommission bei der Bayerischen Akademie der Wissenschaften 57).

BSELK: Die Bekenntnisschriften der evangelisch-lutherischen Kirche. Vollständige Neuedition, hg. v. Irene Dingel im Auftrag der Evangelischen Kirchen in Deutschland, Göttingen 2014.

BSELK.QuM 1–2: Die Bekenntnisschriften der evangelisch-lutherischen Kirche. Quellen und Materialien. Bd. 1: Von den altkirchlichen Symbolen bis zu den Katechismen Martin Luthers, Bd. 2: Die Konkordienformel, Göttingen 2014.

BSLK: Die Bekenntnisschriften der evangelisch-lutherischen Kirche. Herausgegeben im Gedenkjahr der Augsburgischen Konfession 1930, 13. Aufl., Göttingen 2010.

BSRK: Die Bekenntnisschriften der reformierten Kirche, hg. v. *Ernst Friedrich Karl Müller*, Leipzig 1930, Neudruck Zürich 1987.

Bucer-Bibliographie: Martin Bucer (1491–1551). Bibliographie erstellt von *Holger Pils*, *Stephan Ruderer* und *Petra Schaffrodt* unter Mitarbeit von *Zita Faragó-Günther*. Mit Unterstützung der Heidelberger Akademie der Wissenschaften hg. v. *Gottfried Seebaß*, Gütersloh 2005.

Buckwalter, Bucer und Emden: *Stephen E. Buckwalter*, Martin Bucer und Emden, in: Emder Jahrbuch 84 (2004), S. 10–18.

Buckwalter, Hubert: *Stephen E. Buckwalter*, Art. Konrad Hubert, in: Killy Literaturlexikon. Autoren und Werke des deutschsprachigen Kulturraumes, 2., vollständig überarbeitete Aufl., Bd. 5 (2009), S. 613 f.

Buckwalter, Sturm und Bucer: *Stephen E. Buckwalter*, Johannes Sturm und Martin Bucer, in: *Arnold*, Johannes Sturm, S. 47–59.

Burnett, Yoke of Christ: *Amy Nelson Burnett*, The Yoke of Christ. Martin Bucer and Christian Discipline, Kirksville, Missouri 1994.

CChr.SL: Corpus Christianorum. Series Latina, hg. v. der Abtei St. Peter in Steenbrugge/Belgien, Bde. 1 ff., Turnhout 1954 ff.

Châtelet-Lange, Strasbourg en 1548: *Liliane Châtelet-Lange*, Strasbourg en 1548. Le Plan de Conrad Morant, Straßburg 2001.

Chrisman, Strasbourg and the Reform: *Miriam Usher Chrisman*: Strasbourg and the Reform. A study in the process of change, New Haven/London 1967.

CICiv I–III: Corpus Iuris Civilis; Bd. 1: Institutiones, hg. v. *Paul Krüger*, und Digesta, hg. v. *Theodor Mommsen*, Berlin 1872, Neudruck Dublin/Zürich 1973; Bd. 2: Codex Iustinianus, hg. v. *Paul Krüger*, Berlin 1877, Neudruck Dublin/Zürich 1970; Bd. 3: Novellae, hg. v. *Rudolf Schöll*, Berlin 1895, Neudruck Dublin/Zürich 1972.

Clauß, Christian der Dritte: *Conrad Hermann Clauß*, Christian der Dritte, König von Dänemark und Norwegen, Herzog in Schleswig, Holstein etc., Graf von Oldenburg. Ein biographischer Beitrag zur Geschichte des 16. Jahrhunderts, insbesondere der Kirchenreformation. Zum Säcularandenken an den 1. Jan. 1559, den Todestag Christians III., Dessau 1859.

Clauss, Historisch-topographisches Wörterbuch: *Joseph M. B. Clauss*, Historisch-topographisches Wörterbuch des Elsass, Lfg. 1–16, Zabern 1895–1914.

CO: Joannis Calvini opera quae supersunt omnia, hg. v. *Wilhelm Baum*, *Eduard Cunitz* und *Eduard Reuss*, 59 Bde., Braunschweig/Berlin 1863–1900 (DVD-Ausgabe: Calvini opera database, bearb. v. *Herman J. Selderhuis* et al., Apeldoorn 2005).

COD: Conciliorum oecumenicorum decreta, hg. v. *Giuseppe Alberigo* u. a., Freiburg i. Br. u. a. 1962, 3. Aufl., Bologna 1973.
Concilium Tridentinum: Concilium Tridentinum. Diarium, actorum, epistularum, tractatuum nova collectio, hg. v. der Görres-Gesellschaft, 13 Bde., Freiburg i. Br. 1901–1938.
Constitutions apostoliques I–III: Les constitutions apostoliques, introduction, texte critique, traduction et notes par *Marcel Metzger*, Bd. 1: Livres I et II, Paris 1985 (SC 320); Bd. 2: Livres III–VI, Paris 1986 (SC 329); Bd. 3: Livres VII et VIII, Paris 1987 (SC 336).
Correspondence of Wolfgang Capito: The Correspondence of Wolfgang Capito, hg. v. Erika Rummel und Milton Kooistra, Bde. 1 ff., Toronto 2005 ff.
CR: Philippi Melanthonis opera quae supersunt omnia, Bde. 3–6, Halle 1836–1839 (Corpus Reformatorum 3–6).
CSEL: Corpus Scriptorum Ecclesiasticorum Latinorum, hg. v. der Kirchenväterkommission der Österreichischen Akademie der Wissenschaften, Bde. 1 ff., Wien 1866 ff.
Dacheux, Annales I–II: Les Annales de Sébastien Brant, hg. v. *Léon Dacheux*, in: Bulletin de la société pour la conservation des monuments historiques d'Alsace = Mittheilungen der Gesellschaft für Erhaltung der geschichtlichen Denkmäler im Elsaß, Teil I: Bd. 15 (1892), S. 211–279; Teil II: Bd. 19 (1899), S. 33–260.
Dellsperger, Musculus: *Rudolf Dellsperger*, Art. Wolfgang Musculus, in: TRE 23 (1994), S. 439–441.
Dellsperger/Freudenberger/Weber, Wolfgang Musculus: Wolfgang Musculus (1497–1563) und die oberdeutsche Reformation, hg. v. *Rudolf Dellsperger*, *Rudolf Freudenberger* und *Wolfgang Weber*, Berlin 1997 (Colloquia Augustana 6).
DBE: Deutsche Biographische Enzyklopädie, hg. v. Walther Killy und Rudolf Vierhaus, 13 Bde., München 1995–2003.
DBE²: Deutsche Biographische Enzyklopädie, 2. Aufl., hg. v. Rudolf Vierhaus, 12 Bde., München 2005–2008.
Deutsches Rechtswörterbuch: Deutsches Rechtswörterbuch. Wörterbuch der älteren deutschen Rechtssprache, Bde. 1–5, hg. v. der Königlich-Preußischen Akademie der Wissenschaften, Weimar 1932–1960, Bde. 6 ff. hg. v. der Heidelberger Akademie der Wissenschaften, Weimar 1972 ff.
Dixon, History of the Church of England: *Richard W. Dixon*, History of the Church of England, 6 Bde., London 1878–1902, Neudruck Farnborough 1970.
Dooley, Granville: *John A. Dooley*, Religion and Art at the Court of Charles V: Aspects of the Life of Nicolas Perrenot de Granville (1484/5–1550), Ann Arbor, Mich. 1983.
DRTA.JR: Deutsche Reichstagsakten, hg. durch die Historische Kommission bei der Bayerischen Akademie der Wissenschaften, Jüngere Reihe: Deutsche Reichstagsakten unter Kaiser Karl V., Bd. 2: [Der Reichstag zu Worms 1521], bearb. v. Adolf Wrede, Gotha 1896; Bd. 3: [Der 1. und 2. Reichstag zu Nürnberg 1522/23], bearb. v. Adolf Wrede, Gotha 1901; Bd. 4: [Der 3. Reichstag zu Nürnberg 1524], bearb. v. Adolf Wrede, Gotha 1905; Bd. 10: Der Reichstag in Regensburg und die Verhandlungen über einen Friedstand mit den Protestanten in Schweinfurt und Nürnberg 1532, 3 Teilbde., bearb. v. Rosemarie Aulinger, Göttingen 1992; Bd. 15: Der Speyrer Reichstag von 1544, 4 Teilbde., bearb. v. Erwein Eltz, Göttingen 2001; Bd. 16: Der Reichstag zu Worms 1545, 2 Teilbde., bearb. v. Rosemarie Aulinger, München 2003; Bd. 17: Der Reichstag zu Regensburg 1546, bearb. v. Rosemarie Aulinger, München 2005; Bd. 18: Der Reichstag zu Augsburg 1547/48, 3 Teilbde., bearb. v. Ursula Machoczek, München 2006.
Druffel, Kaiser Karl V. und die Römische Curie 1544–1546: *August von Druffel*, Kaiser Karl V. und die Römische Curie 1544–1546. Zweite Abtheilung: Von der Berufung des Trienter Concils bis zum Wormser Reichstagsabschied, München 1883 (Abhandlungen der Historischen Classe der Königlich Bayerischen Akademie der Wissenschaften 16).
Drüll-Zimmermann, Heidelberger Gelehrtenlexikon: Heidelberger Gelehrtenlexikon 1386–1651, hg. v. *Dagmar Drüll-Zimmermann*, Berlin [u. a.] 2002.
DS: Enchiridion symbolorum, definitionum et declarationum de rebus fidei et morum, hg. v. *Heinrich Denzinger*, neu bearb. und verm. v. *Adolf Schönmetzer*, 36. Aufl., Barcelona/Freiburg/Rom 1976.
Ebert: Elisabeth Silbereisen: *Doris Ebert*: Elisabeth Silbereisen. Familie und Lebensstationen. [Eppingen 2000] (Heimatverein Kraichgau e. V., Sonderveröffentlichung 24).
Ebert: Elisabeth Silbereisen, zu[m] Martin Bucer-Briefwechsel: *Doris Ebert*: Elisabeth Silbereisen.

Zu »Martin Bucer-Briefwechsel/Correspondance« – statt einer Rezension, in: Kraichgau. Beiträge zur Landschafts und Heimatforschung 22 (2011), S. 155–157.

Engel, Das Gründungsjahr des Strassburger Gymnasiums: *Karl Engel*, Das Gründungsjahr des Strassburger Gymnasiums 1538–1539, in: Festschrift zur Feier des 350jährigen Bestehens des Protestantischen Gymnasiums zu Strassburg. Erster Teil, Straßburg 1888, S. 113–142.

Fabisch, Eberhard Billick OCarm: *Peter Fabisch*, Eberhard Billick OCarm, in: Katholische Theologen der Reformationszeit, hg. v. Erwin Iserloh, Bd. 5, Münster 1988 (KLK 48), S. 97–116.

Ficker/Winckelmann, Handschriftenproben: Handschriftenproben des sechzehnten Jahrhunderts nach Strassburger Originalen, hg. v. *Johannes Ficker* und *Otto Winckelmann*, Bd. 1: Straßburg 1902; Bd. 2: Straßburg 1905.

Fischer, Die Reformationsversuche: *Franz Fischer*: Die Reformationsversuche des Bischofs Franz von Waldeck im Fürstbistum Münster, Hildesheim 1907 (Beiträge für die Geschichte Niedersachsens und Westfalens, 6. Heft).

Förstemann, Urkundenbuch: Urkundenbuch zur Geschichte des Reichstages zu Augsburg im Jahre 1530. Nach den Originalen und nach gleichzeitigen Handschriften hg. v. *Karl Eduard Förstemann*, 2 Bde., Halle a. d. Saale 1833–1835, Neudruck Hildesheim 1966.

Fournier/Engel, Statuts et privilèges: *Marcel Fournier/Charles Engel*, Les Statuts et privilèges des Universités françaises depuis leur fondation jusqu'en 1789. Deuzième partie: seizième siècle. T. IV, Fascicule I: Gymnase, Académie, Université de Strasbourg, Paris 1894 (Nachdruck Aalen 1970).

Frank, Waldenser: *Günter Frank*, Melanchthon und die Waldenser, in: Die Waldenser. Spuren einer europäischen Glaubensbewegung, hg. v. Günter Frank, Albert de Lange und Gerhard Schwinge, Bretten 1999, S. 96–105.

Friedberg: Corpus Iuris Canonici, Bd. 1: Decretum Magistri Gratiani; Bd. 2: Decretalium collectiones, hg. v. *Emil Friedberg*, Leipzig 1879, Neudruck Graz 1955.

Friedrich, Die Beziehung Bucers zu den Augsburger Predigern: *Reinhold Friedrich*, Die Beziehung Bucers zu den Augsburger Predigern, in: Martin Bucer zwischen den Reichstagen von Augsburg (1530) und Regensburg (1532), hg. v. *Wolfgang Simon*, Tübingen 2011 (Spätmittelalter, Humanismus, Reformation 55), S. 157–169.

Friedrich, Martin Bucer: *Reinhold Friedrich*: Martin Bucer – »Fanatiker der Einheit«? Seine Stellungnahme zu theologischen Fragen seiner Zeit (Abendmahls- und Kirchenverständnis) insbesondere nach seinem Briefwechsel der Jahre 1524–1541, Bonn 2002 (Biblia et symbiotica 20).

Friedrich/Kooistra, Einige Briefe zum Wirken der Straßburger Prediger in Augsburg: *Reinhold Friedrich/Milton Kooistra*, Einige Briefe zum Wirken der Straßburger Prediger in Augsburg aus den Jahren 1530 bis 1532, in: Martin Bucer zwischen den Reichstagen von Augsburg (1530) und Regensburg (1532), hg. v. *Wolfgang Simon*, Tübingen 2011 (Spätmittelalter, Humanismus, Reformation 55), S. 217–225.

Frühneuhochdt. WB: Frühneuhochdeutsches Wörterbuch, hg. v. Robert R. Anderson, Ulrich Goebel und Oskar Reichmann, Bde. 1–4; Bd. 5 (Lief. 1); Bd. 6 (Lief. 1–4); Bd. 7 (Lief. 1–4); Bd. 8 (Lief. 1–3); Bd. 9 (Lief. 1–2); Bd. 11 (Lief. 1), Berlin/New York 1989 ff.

Fühner, Die Kirchen und die antireformatorische Religionspolitik Karls V.: *Jochen A. Fühner*, Die Kirchen und die antireformatorische Religionspolitik Karls V. in siebzehn Provinzen der Niederlande 1515–1555, Leiden 2004.

Gäbler, Art. Oekolampad, Johannes: *Ulrich Gäbler*, Art. Oekolampad, Johannes, in: TRE 25 (1995), S. 29–36.

Gaffarel, Les massacres de Cabrières et de Mérindol: *Paul Gaffarel*, Les massacres de Cabrières et de Mérindol en 1545, in: Revue Historique 107 (1911), S. 241–271.

Ganzer, Farnese: *Klaus Ganzer*, Art. Farnese, in: LThK³ 3 (2006), Sp. 1183 f.

Gatz, Die Bischöfe des Heiligen Römischen Reiches: *Erwin Gatz*, Die Bischöfe des Heiligen Römischen Reiches 1448 bis 1648. Ein biographisches Lexikon, Berlin 1996.

Gatz, Die Bistümer des Heiligen Römischen Reiches: *Erwin Gatz*, Die Bistümer des Heiligen Römischen Reiches von ihren Anfängen bis zur Säkularisation, Freiburg i. Br. 2003.

Gäumann, Reich Christi: *Andreas Gäumann*, Reich Christi und Obrigkeit. Eine Studie zum reformatorischen Denken und Handeln Martin Bucers, Bern/Berlin/Brüssel 2001 (ZBRG 20).

GCS: Die griechischen christlichen Schriftsteller der ersten [drei] Jahrhunderte, hg. v. der Berliner Akademie der Wissenschaften, Bde. 1–53, Berlin 1897–1969.

Gelbert, Magister Johann Bader's Leben und Schriften: *Johann Peter Gelbert*, Magister Johann Bader's Leben und Schriften, Nicolaus Thomae und seine Briefe. Ein Beitrag zur Reformationsgeschichte der Städte Landau, Bergzabern und der linksrheinischen Pfalz zur Feier des fünfzigjährigen Jubiläums der kirchlichen Union, Neustadt a. d. H. 1868.

Gerber, Jakobs Sturms Anteil: *Harry Gerber*, Jakob Sturms Anteil an den Religionsverhandlungen des Augsburger »geharnischten« Reichstags von 1547/48, in: Elsaß-Lothringisches Jahrbuch 8 (1929), S. 166–191.

Gilmont, Bibliotheca Calviniana I–III: *Rodolphe Peter* (†)/*Jean-François Gilmont* (Hg.), Bibliotheca Calviniana. Les oeuvres de Jean Calvin publiées au XVIe siècle. Écrits théologiques, littéraires et juridiques; Bd. 1: 1532–1554; Bd. 2: 1555–1564; Bd. 3: 1565–1600, Genf 1991, 1994, 2000 (Travaux d'humanisme et renaissance 255, 281, 339).

Götze: *Alfred Götze*, Frühneuhochdeutsches Glossar, 7. Aufl., Berlin 1967.

Greschat, Bucer: *Martin Greschat*, Martin Bucer. Ein Reformator und seine Zeit, 2. Aufl., Münster 2009 [nach dieser Aufl. zitiert; Seitenzahl der 1. Aufl., München 1990, an zweiter Stelle angegeben].

Grimm: Deutsches Wörterbuch von *Jacob* und *Wilhelm Grimm*, hg. v. der Deutschen Akademie der Wissenschaften zu Berlin, 16 Bde., Leipzig 1854–1954; Neudruck München 1991 [auch nach diesem zitiert].

Gropper, Briefwechsel, Bd. I: *Johannes Gropper*, Briefwechsel, Bd. I 1529–1547, bearb. v. Reinhard Braunisch, Münster/W. 1977 (CCath 32).

Gropper, Briefwechsel, Bd. II: *Johannes Gropper*, Briefwechsel, Bd. II 1547–1559, bearb. v. Reinhard Braunisch, Münster/W. 2006 (CCath 44).

Groß-Albenhausen: *Kirsten Groß-Albenhausen*, Art. Volusianus [2], in: NP 12/2 (2002), Sp. 322.

Habel/Gröbel: Mittellateinisches Glossar: *Edwin Habel/Friedrich Gröbel*: Mittellateinisches Glossar. Paderborn 1931.

Haberkern/Wallach I–II: *Eugen Haberkern/Joseph Friedrich Wallach*, Hilfswörterbuch für Historiker. Mittelalter und Neuzeit, 2 Bde., 8. Aufl., Tübingen/Basel 1995.

Hahn, Die katholische Kirche in Straßburg: *Karl Hahn*, Die katholische Kirche in Straßburg unter dem Bischof Erasmus von Limburg (1541–1568), Frankfurt/M. 1940.

Hammann, Entre la secte et la cité: *Gottfried Hammann*, Entre la secte et la cité. Le projet d'Eglise du Réformateur Martin Bucer (1491–1551), Genf 1984 (HistSoc 3). Deutsche Übersetzung: Martin Bucer 1491–1551. Zwischen Volkskirche und Bekenntnisgemeinschaft, Stuttgart 1989 (Veröffentlichungen des Instituts für europäische Geschichte Mainz 139).

Handbuch der bayerischen Geschichte, hg. von *Andreas Kraus*: Geschichte der Oberpfalz und des bayerischen Reichskreises bis zum Ausgang des 18. Jahrhunderts, begr. von *Max Spindler*, in Verbindung mit *Sigmund Benker*, neu hg. v. *Andreas Kraus*, 3., neu bearb. Aufl., München 1995 (Handbuch der bayerischen Geschichte Bd. 3/III).

Hartmann, Art. Dasypodius, Petrus: *Alfred Hartmann*, Art. Dasypodius, Petrus, in: NDB 3 (1957), S. 520.

Harvey, Martin Bucer in England: *Andrew Edward Harvey*, Martin Bucer in England, Diss. Marburg/L. 1906, Marburg/L. 1906.

Haug-Moritz, Der Schmalkaldische Bund: *Gabriele Haug-Moritz*, Der Schmalkaldische Bund 1530–1541/42. Eine Studie zu den genossenschaftlichen Strukturelementen der politischen Ordnung des Heiligen Römischen Reiches Deutscher Nation, Leinfelden-Echterdingen 2002 (Schriften zur südwestdeutschen Landeskunde 44).

Haug-Moritz/Schmidt, Art. Schmalkaldischer Bund: *Gabriele Haug-Moritz* und *Georg Schmidt*, Art. Schmalkaldischer Bund, in: TRE 30 (1999), S. 227.

HBBibl: Heinrich Bullinger, Bibliographie, bearb. v. Joachim Staedtke und Erland Herkenrath, 2 Bde., Zürich 1972/1977 (Heinrich Bullinger, Werke, 1. Abt.).

HBBW: Heinrich Bullinger, Briefwechsel, bearb. v. Ulrich Gäbler u. a., Zürich 1973 ff. (Heinrich Bullinger, Werke, 2. Abt.).

HBLS: Historisch-biographisches Lexikon der Schweiz, hg. v. Heinrich Türler und Marcel Godet, 7 Bde. und 1 Supplementbd., Neuenburg 1921–1934.

Hergang, Religionsgespräch zu Regensburg: *Karl Theodor Hergang*, Das Religions-Gespräch zu Regensburg i.J. 1541 und das Regensburger Buch, nebst andren darauf bezüglichen Schriften jener Zeit, Kassel 1858.
Herminjard, Correspondance: *A[imé]-L[ouis] Herminjard*, Correspondance des Réformateurs dans les pays de langue française. Recueillie et publiée avec d'autres lettres relatives à la Réforme et des notes historiques et biographiques, Bde. 1–9, Genf/Paris/Basel/Lyon 1866–1897, Neudruck Nieuwkoop 1965–1966.
Himly, Dictionnaire ancien alsacien: *François Jacques Himly*, Dictionnaire ancien alsacien-français: XIIIe–XVIIIe siècles, Straßburg 1983.
Historisches Lexikon der Schweiz: Historisches Lexikon der Schweiz, Bde. 1ff., Bern 1998ff. (http://hls-dhs-dss.ch).
Hopf, English Reformation: *Constantin Hopf*, Martin Bucer and the English Reformation, Oxford 1946.
Höroldt, Das Stift St. Cassius zu Bonn: *Dietrich Höroldt*, Das Stift St. Cassius zu Bonn von den Anfängen der Kirche bis zum Jahre 1580, Bonn 1957 (Bonner Geschichtsblätter 11).
Hortleder, Von den Ursachen des Teutschen Kriegs: *Friedrich Hortleder*: Der römischen Keyser und königlichen Maiesteten [...] Handlungen und Auszschreiben [...] von den Vrsachen des Teutschen Kriegs Kaiser Carls des Fünfften [...], Frankurt a.M. 1617.
Index Aureliensis: Index Aureliensis. Catalogus librorum sedecimo saeculo impressorum. Prima Pars, T. Iff., Baden-Baden 1962ff. (Bibliotheca Bibliographica Aureliana).
Iserloh, Art. Eck (Maier, Mayer), Johannes: *Erwin Iserloh*, Art. Eck (Maier, Mayer), Johannes, in: NDB 4 (1959), S. 273–275.
Jedin, Geschichte des Konzils von Trient: *Hubert Jedin*, Geschichte des Konzils von Trient, Bde. I–IV, Freiburg i.Br. 1949–1975.
Johannes Chrysostomus, Opera: *Johannes Chrysostomus*, Opera, Basel: Andreas Cratander, 1522.
Jordahn, Der Taufgottesdienst: *Bruno Jordahn*, Der Taufgottesdienst im Mittelalter bis zur Gegenwart, in: Leiturgia V, S. 349–640.
Jürgens, Johannes a Lasco in Ostfriesland: *Henning Jürgens*, Johannes a Lasco in Ostfriesland. Der Werdegang eines europäischen Reformators, Tübingen 2002 (Spätmittelalter und Reformation 18).
[*Kälin*], Familien des 16.–18. Jahrhunderts: Rosenblatt: [*Hans B. Kälin*], Familien des 16.–18. Jahrhunderts: Rosenblatt, in: Regio-Familienforscher. Zeitschrift der Genealogisch-Heraldischen Gesellschaft der Regio Basel 17 (2004), S. 57–60.
Kalkoff, Capito: *Paul Kalkoff*, W. Capito im Dienste Erzbischof Albrechts von Mainz, Berlin 1907 (Neue Studien zur Geschichte der Theologie und Kirche 1).
Kaufmann, Luthers Juden: *Thomas Kaufmann*, Luthers Juden, Stuttgart 2014.
Kaufmann, Reformatoren: *Thomas Kaufmann*, Reformatoren, Göttingen 1998 (Kleine Reihe Vandenhoeck & Ruprecht).
Kittelson, Wolfgang Capito: *James M. Kittelson*, Wolfgang Capito. From Humanist to Reformer, Leiden 1975 (Studies in Medieval and Reformation Thought 17).
Klaiber, Katholische Kontroverstheologen: *Wilbirgis Klaiber* (Hg.), Katholische Kontroverstheologen und Reformer des 16. Jahrhunderts: ein Werkverzeichnis. Mit einer Einführung von *Remigius Bäumer*, Münster (Westfalen) 1978 (Reformationsgeschichtliche Studien und Texte 116).
Knod, Stiftsherren: *Gustav C. Knod*, Die Stiftsherren von St. Thomas zu Straßburg, Straßburg 1892.
Koch, Art. Theobaldus Nigri: *Gustave Koch*, Art. Theobaldus Nigri, in: Nouveau Dictionnaire de Biographie Alsacienne 28 (1996), S. 2845 f.
Köhler, Zwingli und Luther I–II: *Walther Köhler*, Zwingli und Luther. Ihr Streit über das Abendmahl nach seinen politischen und religiösen Beziehungen, Bd. 1: Die religiöse und politische Entwicklung bis zum Marburger Religionsgespräch 1529, Leipzig 1924 (Quellen und Forschungen zur Reformationsgeschichte 6); Bd. 2: Vom Beginn der Marburger Verhandlungen 1529 bis zum Abschluß der Wittenberger Konkordie von 1536, Gütersloh 1953 (Quellen und Forschungen zur Reformationsgeschichte 7).
Köhn, Bucers Entwurf: *Mechtild Köhn*, Martin Bucers Entwurf einer Reformation des Erzstiftes

Köln. Untersuchung der Entstehungsgeschichte und der Theologie des »Einfaltigen Bedenckens« von 1543, Witten 1966 (UKG 2).

Körber, Kirchengüterfrage: *Kurt Körber*, Kirchengüterfrage und Schmalkaldischer Bund, Leipzig 1913 (Schriften des Vereins für Reformationsgeschichte 111/112).

Kohls, Schule: *Ernst-Wilhelm Kohls*, Die Schule bei Martin Bucer in ihrem Verhältnis zu Kirche und Obrigkeit, Heidelberg 1963.

Kohnle, Reichstage der Reformationszeit: *Armin Kohnle*, Art. Reichstage der Reformationszeit (Abschnitte 1. und 2.), in: TRE 28 (1997), S. 457–464 und 467–469.

Krieger/Lienhard I–II: *Christian Krieger/Marc Lienhard* (Hg.), Martin Bucer and Sixteenth Century Europe. Actes du colloque de Strasbourg (28–31 août 1991), 2 Bde., Leiden/New York/Köln 1993 (Studies in Medieval and Reformation Thought 52, 53).

de Kroon, Augsburger Reformation: *Marijn de Kroon*, Die Augsburger Reformation in der Korrespondenz des Straßburger Reformators Martin Bucer unter besonderer Berücksichtigung des Briefwechsels Gereon Sailers, in: *Schwarz*, Augsburger Kirchenordnung, S. 59–90.

de Lange/Wilhelmi, Martin Bucer: *Albert de Lange/Thomas Wilhelmi*, Martin Bucer (1491–1551). Auf der Suche nach Wiederherstellung der Einheit. Begleitbuch zur Ausstellung im Universitätsmuseum Heidelberg, 9. November 2001–24. Januar 2002, erarb. von Albert de Lange unter Mitarb. von Thomas Wilhelmi, Ubstadt-Weiher 2001.

Laux: Reformationsversuche in Kurköln: *Stephan Laux*: Reformationsversuche in Kurköln (1542–1548). Fallstudien zu einer Strukturgeschichte landstädtischer Reformation (Neuss, Kempen, Andernach, Linz), Münster 2001 (Reformationsgeschichtliche Studien und Texte 143).

Leiturgia I–V: Leiturgia. Handbuch des Evangelischen Gottesdiensts, hg. v. Karl Ferdinand Müller und Walter Blankenburg, 5 Bde., Kassel 1954–1970.

Lenz: *Max Lenz* (Hg.), Briefwechsel Landgraf Philipps des Großmüthigen von Hessen mit Bucer, 3 Bde., Leipzig 1880–1891.

Leppin, Art. Zwingli, Ulrich: *Volker Leppin*, Art. Zwingli, Ulrich, in: TRE 36 (2004), S. 793–809.

Lexer: *Matthias Lexer*, Mittelhochdeutsches Handwörterbuch, 3 Bde., Leipzig 1872–1878, Neudruck Stuttgart 1979.

Liebendörfer, Die vier Ehen der Wibrandis Rosenblatt: *Helen Liebendörfer*, Die vier Ehen der Wibrandis Rosenblatt, in: Regio-Familienforscher. Zeitschrift der Genealogisch-Heraldischen Gesellschaft der Regio Basel 27 (2014), S. 184–186 (basierend auf: http://www.stroux.org/patriz_f/stQV_f/IsD_f.pdf).

Liebendörfer, Die Frau im Hintergrund: *Helen Liebendörfer*, Die Frau im Hintergrund. Historischer Roman, Basel 2013.

Lienhard, Capito: *Marc Lienhard*, Art. Wolfgang Capito, in: TRE 7 (1981), S. 636–640.

Lienhard, Croyants et sceptiques au XVIe siècle: *Marc Lienhard*, Croyants et sceptiques au XVIe siècle. Le dossier des »Epicuriens«. Actes du colloque organisé par le GRENEP, Strasbourg, 9–10 juin 1978, hg. v. Marc Lienhard, Vorwort v. Jean Delumeau, Strasbourg 1981 (Publications de la Société Savante d'Alsace et des Régions de l'Est: Collection Recherches et documents 30).

Lienhard, Sturm: *Marc Lienhard*, Jakob Sturm, in: Gestalten der Kirchengeschichte 5 (1993), S. 289–306.

Livet/Rapp, Strasbourg au coeur religieux: Strasbourg au coeur religieux du XVIe siècle. Hommage à Lucien Febvre. Actes du Colloque international de Strasbourg, 25–29 mai 1975, hg. v. *Georges Livet* und *Francis Rapp*, Straßburg 1977.

LThK^2: Lexikon für Theologie und Kirche, 2. Aufl., hg. v. *Michael Buchberger*, Bde. 1–10, Freiburg i. Br. 1957–1965.

LThK^3: Lexikon für Theologie und Kirche, 3. Aufl., hg. v. *Walter Kasper*, Bde. 1–11, Freiburg i. Br./Basel/Rom/Wien 1993–2001.

Mähly, Art. Gemusaeus, Hieronymus: *Jacob Achilles Mähly*, Art. Gemusaeus, Hieronymus, in: ADB *8* (1878), S. 588.

Mährle: Strassburg als Vorbild: *Wolfgang Mährle*, Strassburg als Vorbild. Das akdemische Gymnasium Johannes Sturms und das evangelische höhere Bildungswesen in Süddeutschland (1540–1620), in: Historisches Jahrbuch 133 (2013), S. 167–224.

Mameranus, Catalogus familiae totius aulae Caesareae: *Nicolaus Mameranus*, Catalogus familiae totius aulae caesareae; Catalogvs Familiae Totivs Avlae Caesareae; Per Expeditionem Adversvs inobedientes, vsq[ue] Augustam Rhetica[m]: Omniumq[ue] Principum, Comitu[m], Baronu[m], Statuum, Ordinumq[ue] Imperij, & extra Imperium, cu[m] suis Consiliarijs & nobilibus ibidem in Comitijs Anno 1547 & 1548 praesentium, Köln 1550.

Maron, Martin Luther und Epikur: *Gottfried Maron*, Martin Luther und Epikur. Ein Beitrag zum Verständnis des alten Luther, Hamburg und Göttingen 1988 (Berichte aus den Sitzungen der Joachim-Jungius-Gesellschaft der Wissenschaften e.V., Bd. 6,1).

Martin/Lienhart: Wörterbuch der elsässischen Mundarten, bearb. v. *Ernst Martin* und *Hans Lienhart*, 2 Bde., Straßburg 1899, 1907, Neudruck Berlin/New York 1974.

Mau, Art. Amsdorff, Nikolaus von: *Rudolf Mau*, Art. Amsdorff, Nikolaus von, in: Die deutsche Literatur (DDL), Reihe II, Abt. A, Bd. 2, Bern 2001, S. 583–657.

May, Marburger Religionsgespräch: *Gerhard May*, Art. Marburger Religionsgespräch, in: TRE 22 (1992), S. 75–79.

Mayer, Matrikel der Universität Freiburg: Die Matrikel der Universität Freiburg i.Br. von 1460–1656, im Auftrag der akademischen Archivkommission bearb. u. hg. v. *Hermann Mayer*, 2 Bde., Freiburg i.Br. 1907, 1910.

MBW: Melanchthons Briefwechsel. Kritische und kommentierte Gesamtausgabe, im Auftrag der Heidelberger Akademie der Wissenschaften hg. v. *Heinz Scheible* u.a., Bde. 1 ff., Stuttgart/Bad Cannstatt 1977 ff.

Memminger Pfarrerbuch: Memminger Pfarrerbuch, hg. v. *Hermann Erhard*, Neustadt a.d. Aisch 1977 (Einzelarbeiten aus der Kirchengeschichte Bayerns 55). Unveränderter Neudruck unter dem Titel: Pfarrer-Buch der Reichsstadt Memmingen, Memmingen 1978 (Memminger Geschichtsblätter 1976).

Meshov/Isselt: De bello Coloniensi: *Arnold Meshov/Michael von Isselt*: De bello Coloniensi libri quatuor. [...] Cui praefixa est historia defectionis et Schismatis Hermanni Comitis de Weda [...], Köln 1620.

Meshov/Isselt: Religionsgeschichte der Cölnischen Kirche: *Arnold Meshov/Michael von Isselt*: Religionsgeschichte der Cölnischen Kirche, unter dem Abfal der zweien Erzbischöfen und Churfürsten Herman Grafen von Wied und Gebhard Grafen von Truchses. Auß der lateinischen Beschreibung [...] ins Teutsche übersetzt..., Bd. 1, Köln 1764.

MGH Scriptores in Folio, Bd. 6: Monumenta Germaniae historica. Scriptores in Folio, Bd. 6, Hannover 1844.

Mieg: Note sur la postérité: *Philipp Mieg*: Note sur la postérité de Martin Bucer, in: Bulletin du cercle généalogique d'Alsace 33 (1976), S. 21 f.

Millet, Capito: *Olivier Millet*, Art. Wolfgang Capito, in: Nouveau Dictionnaire de Biographie Alsacienne 5 (1984), S. 453–455.

Moeller, L'édit strasbourgeois: *Bernd Moeller*, L'édit strasbourgeois sur la prédication du 1er décembre 1523 dans son contexte historique, in: *Livet/Rapp*, Strasbourg au coeur religieux, S. 51–61.

Mohnike, Bartholomäi Sastrowen Herkommen, Geburt und Lauff seines gantzen Lebens: *Gottlieb Mohnike*, Bartholomäi Sastrowen Herkommen, Geburt und Lauff seines gantzen Lebens, 3 Bde., Stralsund 1823–1824.

Monter, Judging the French Reformation: *William Monter*, Judging the French Reformation. Heresy Trials by Sixteenth-Century Parlements, Cambridge, Mass./London 1999.

Moreau, Inventaire: *Brigitte Moreau*, Inventaire chronologique des éditions parisiennes du XVIe siècle, Bd. 4 (1531–1535), Paris 1992.

Müller, Art. Philipp von Hessen: *Gerhard Müller*, Art. Philipp von Hessen, in: TRE 26 (1996), S. 492–497.

NDB: Neue Deutsche Biographie, hg. v. der Historischen Kommission bei der Bayerischen Akademie der Wissenschaften, bisher: Bde. 1–21, Berlin 1953–2003.

Nemilov, Lettre de Martin Bucer à Veit Dietrich: *Alexandre Nemilov*, Lettre de Martin Bucer à Veit Dietrich du 6 septembre 1541, in: *Krieger/Lienhard* II, S. 571–575.

Neudecker, Merkwürdige Aktenstücke: *Christian Gotthold Neudecker*, Merkwürdige Aktenstücke aus dem Zeitalter der Reformation, 2. Abt., Nürnberg 1838.

Neue und vollständigere Sammlung der Reichs-Abschiede: Neue und vollständigere Sammlung der

Reichs-Abschiede, hg. v. *Johann Jakob Schmauß* und *Heinrich Christian von Senckenberg*, T. 2–3, Frankfurt a. M. 1747, Neudruck Osnabrück 1967.
Neuser, Confessio Tetrapolitana: *Wilhelm H. Neuser*, Die Confessio Tetrapolitana von 1530, in: Reformierte Bekenntnisschriften 1/1, S. 447–494.
Niermeyer I–II: Mediae Latinitatis Lexicon Minus, hg. v. *J. F. Niermeyer* und *C. van de Kieft*, überarbeitet v. *J. W. J. Burgers*, 2 Bde., Leiden/Boston 2002.
NP: Der Neue Pauly. Enzyklopädie der Antike, Bde. 1–16, Stuttgart 1996–2003.
Old, Shaping of the Reformed Baptismal Rite: *Hughes Oliphant Old*, The Shaping of the Reformed Baptismal Rite in the Sixteenth Century, Grand Rapids, Michigan 1992.
Pfalzgraf Ottheinrich: Pfalzgraf Ottheinrich: Politik, Kunst und Wissenschaft im 16. Jahrhundert, hg. v. der Stadt Neuburg an der Donau, Regensburg 2002.
Pflug, Correspondance: *Julius Pflug*, Correspondance. Recueillie et éditée avec introduction et notes par *J. V. Pollet*, T. II, 1539–1547, Leiden 1973.
PG: Patrologiae cursus completus. Accurante Jacques-Paul Migne. Series Graeca, 167 Bde. und 2 Registerbde., Paris 1857–1936.
Piel, Geschichte des ältesten Bonner Buchdrucks: *Albert Piel*, Geschichte des ältesten Bonner Buchdrucks. Zugleich ein Beitrag zur rheinischen Reformations-Geschichte und -Bibliographie, Bonn und Leipzig 1924 (Rheinisches Archiv. Arbeiten zur Landes- und Kulturgeschichte 4).
PL: Patrologiae cursus completus. Accurante Jacques-Paul Migne. Series Latina, 217 Bde. und 4 Registerbde., Paris 1841–1864, 5 Supplementbde., Paris 1958–1970.
Pol. Cor. I–IV/1–2: Politische Correspondenz der Stadt Straßburg im Zeitalter der Reformation, Bd. 1: 1517–1530, bearb. v. Hans Virck, Straßburg 1882; Bd. 2: 1531–1539, bearb. v. Otto Winckelmann, Straßburg 1887; Bd. 3: 1540–1545, bearb. v. Otto Winckelmann, Straßburg 1898, Bd. 4/1–2: 1546–1549, unter Zugrundelegung des v. J. Bernays gesamm. Materials bearb. u. ergänzt v. Harry Gerber, Heidelberg 1931–1933.
van de Poll, Martin Bucer's Liturgical Ideas: *G. J. van de Poll*, Martin Bucer's Liturgical Ideas. The Strasbourg Reformer and his Connection with the Liturgies of the Sixteenth Century, Assen 1954 (van Gorcum's Theologische Bibliotheek 27).
Pollet I–II: *Jacques Vincent Pollet*, Martin Bucer. Études sur la correspondance avec de nombreux textes inédits, Bd. 1: Paris 1958; Bd. 2: Paris 1962.
Pollet III–IV: *Jacques Vincent Pollet*, Martin Bucer. Études sur les relations de Bucer avec les Pays-Bas, l'Électorat de Cologne et l'Allemagne du Nord avec de nombreux textes inédits, Bd. 1: Leiden 1985 (Studies in Medieval and Reformation Thought 33); Bd. 2: Leiden 1985 (Studies in Medieval and Reformation Thought 34).
Prosopographie Augsburger Eliten: Prosopographie Augsburger Eliten des 16. Jahrhunderts. Prosopographie wirtschaftlicher und politischer Führungsgruppen 1500–1620, Berlin 1996.
QGT 7 (Elsaß I): Quellen zur Geschichte der Täufer, Bd. 7: Elsaß, 1. Teil: Stadt Straßburg 1522–1532; hg. v. *Manfred Krebs* und *Hans Georg Rott*, Gütersloh 1959.
QGT 8 (Elsaß II): Quellen zur Geschichte der Täufer, Bd. 8: Elsaß, 2. Teil: Stadt Straßburg 1533–1535; hg. v. *Manfred Krebs* und *Hans Georg Rott*, Gütersloh 1960.
QGT 15 (Elsaß III): Quellen zur Geschichte der Täufer, Bd. 15: Elsaß, 3. Teil: Stadt Straßburg 1536–1542; hg. v. *Marc Lienhard*, *Stephen F. Nelson* und *Hans Georg Rott*, Gütersloh 1986.
QGT 16 (Elsaß IV): Quellen zur Geschichte der Täufer, Bd. 16: Elsaß, 4. Teil: Stadt Straßburg 1543–1552; hg. v. *Marc Lienhard*, *Stephen F. Nelson* und *Hans Georg Rott*, Gütersloh 1988.
Rabe, Deutsche Geschichte: *Horst Rabe*, Deutsche Geschichte 1500–1600. Das Jahrhundert der Glaubensspaltung, München 1991.
Reingrabner, Landesfürstliche Patente: *Gustav Reingrabner*, Landesfürstliche Patente zur Reformationsgeschichte, vorzugsweise der des Landes unter der Enns, in: Jahrbuch der Gesellschaft für die Geschichte des Protestantismus in Österreich 95 (1979), S. 3–19.
Reske, Buchdrucker: *Christoph Reske*, Die Buchdrucker des 16. und 17. Jahrhunderts im deutschen Sprachgebiet. Auf der Grundlage des gleichnamigen Werkes von Josef Benzing, Wiesbaden 2007 (Beiträge zum Buch- und Bibliothekswesen 51).
Reuss, Histoire d'Alsace: *Rodolphe Reuss*, Histoire d'Alsace, Paris 1925.
Reuss, Histoire de Strasbourg: *Rodolphe Reuss*, Histoire de Strasbourg depuis ses origines jusqu'à nos jours, Paris 1922.

RGG³: Die Religion in Geschichte und Gegenwart, 3. Aufl., Bde. 1–6 und Registerbd., Tübingen 1957–1965.
RGG⁴: Die Religion in Geschichte und Gegenwart, 4. Aufl., Bde. 1–8, Tübingen 1998–2005.
Richter, Art. Degen, Jakob: *Arthur Richter*, Art. Degen, Jakob: in: ADB 5 (1877), S. 21 f.
Rogge, Art. Amsdorff, Nikolaus von: *Joachim Rogge*, Art. Amsdorff, Nikolaus von, in: TRE 2 (1978), S. 487–497.
Röhrich, Geschichte I–III: *Timotheus Wilhelm Röhrich*, Geschichte der Reformation im Elsaß und besonders in Straßburg, 3 Bde., Straßburg 1830–1832.
Röhrich, Geschichte der Kirche St. Wilhelm: *Timotheus Wilhelm Röhrich*, Geschichte der Kirche St. Wilhelm in Straßburg, Straßburg 1856.
Röhrich, Martin Butzers Testamente: *Timotheus Wilhelm Röhrich*, Martin Butzers Testamente, nach dem Original hrsg. und mit erläuternden Anmerkungen begleitet, in: Beiträge zu den theologischen Wissenschaften in Verbindung mit der theologischen Gesellschaft zu Strassburg 2 (1851), S. 193–231.
Roth, Augsburgs Reformationsgeschichte I–III: *Friedrich Roth*, Augsburgs Reformationsgeschichte, 2. Aufl., 3 Bde., München 1901–1911, Neudruck München 1974.
Rott, Friedrich II.: *Hans Rott*, Friedrich II. von der Pfalz und die Reformation, Heidelberg 1904, Nachdruck Nendeln 1976.
Rott, Liste alphabétique: *Jean Rott*, Correspondance de Martin Bucer. Liste alphabétique des correspondants, Straßburg 1977 (Association des Publications de la Faculté de Théologie Protestante de l'Université des Sciences Humaines de Strasbourg 1).
Rott, Symphorian Altbiesser: *Jean Rott*, Art. Symphorian Altbiesser, in: Nouveau Dictionnaire de Biographie Alsacienne 1 (1984), S. 32.
Rott, Verzeichnisse: *Jean Rott*, Archives de la Ville de Strasbourg. Stadtarchiv Straßburg. Maschinenschriftliche Verzeichnisse: Archives St. Thomas (AST), angefertigt von Hans-Georg Rott, 3 Bde., ohne Datum.
Safley, Zentrum und Peripherie: *Thomas Max Safley*, Zentrum und Peripherie. Die Gemeinden Zu den Barfüßern und bei St. Georg, in: Im Ringen um die Reformation. Kirchen und Prädikanten, Rat und Gemeinden in Augsburg, hg. v. Rolf Kießling, Thomas Max Safely und Lee Palmer Wandel, Epfendorf 2011, S. 45–104.
SC: Sources Chrétiennes, Bde. 1 ff., Paris 1941 ff.
Schieß, Briefwechsel: *Traugott Schieß* (Hg.), Briefwechsel der Brüder Ambrosius und Thomas Blaurer 1509–1548, 3 Bde., Freiburg i. Br. 1908–1912.
Schindling, Humanistische Hochschule: *Anton Schindling*, Humanistische Hochschule und Freie Reichsstadt. Gymnasium und Akademie in Straßburg 1538–1621, Wiesbaden 1977 (Veröffentlichungen des Instituts für europäische Geschichte Mainz 77).
Schirrmacher, Briefe und Acten: *Friedrich Wilhelm Schirrmacher*, Briefe und Acten zu der Geschichte des Religionsgespräches zu Marburg 1529 und des Reichstages zu Augsburg 1530, Gotha 1876.
Schlüter, Flug- und Streitschriften: *Theodor Schlüter*, Flug- und Streitschriften zur »Kölner Reformation«. Die Publizistik um den Reformationsversuch des Kölner Erzbischofs und Kurfürsten Hermann von Wied (1515–1547), Wiesbaden 2005 (Buchwissenschaftliche Beiträge aus dem deutschen Bucharchiv München 73).
Schmidt, La vie et les travaux de Jean Sturm: *Charles Schmidt*, La vie et les travaux de Jean Sturm, Straßburg/Paris/Leipzig 1855.
Schmidt, Michael Toxites: *Charles Schmidt*, Michael Schütz genannt Toxites. Leben eines Humanisten und Arztes aus dem 16. Jahrhundert, Straßburg 1888.
Schmidt, Strassburger Gassen- und Häuser-Namen: *Charles Schmidt*, Strassburger Gassen- und Häuser-Namen, 2., neu bearb. Aufl., Straßburg 1888.
Schneider, Granvelle: *Bernd Christian Schneider*, Art. Granvelle, Nicolas Perrenot de, in: RGG⁴ 3 (2000), Sp. 1250.
Schröer, Die Reformation in Westfalen: *Alois Schröer*, Die Reformation in Westfalen. Der Glaubenskampf einer Landschaft, Bd. 2: Die evangelische Bewegung in den geistlichen Landesherrschaften und den Bischofsstädten Westfalens bis zum Augsburger Religionsfrieden (1555), Münster 1983.

Seebaß, Bucer und Augsburg: *Gottfried Seebaß*, Martin Bucer und die Reichsstadt Augsburg, in: *Krieger/Lienhard* II, S. 479–491. Neudruck in: *Seebaß*, Die Reformation und ihre Außenseiter, S. 113–124.

Seebaß, Martin Bucers Beitrag: *Gottfried Seebaß*, Martin Bucers Beitrag zu den Diskussionen über die Verwendung der Kirchengüter, in: *Strohm*, Martin Bucer und das Recht; S. 167–183.

Sehling, EKO: Die Evangelischen Kirchenordnungen des 16. Jahrhunderts, hg. v. *Emil Sehling*, Bde. I–XX/1, Tübingen 1902–2011.

Seyboth, Das alte Straßburg: *Adolph Seyboth*, Das alte Straßburg vom 13. Jahrhundert bis zum Jahre 1870. Geschichtliche Topographie nach den Urkunden und Chroniken, Straßburg 1890.

Seyboth, Strasbourg historique: *Adolph Seyboth*, Strasbourg historique et pittoresque depuis son origine jusqu'en 1870, Straßburg 1894.

Smolinsky, Michael Helding: *Heribert Smolinsky*, Michael Helding, in: Katholische Theologen der Reformationszeit, hg. v. Erwin Iserloh, Bd. 2, Münster [2]1995 (KLK 45), S. 124–136.

Sohm, Bedacht: *Walter Sohm*, Ein Bedacht zu einem Straßburger Chorgericht (1540), in: Aus Deutschlands kirchlicher Vergangenheit. Festschrift zum 70. Geburtstag von Theodor Brieger, Leipzig 1912, S. 117–140.

Sommer, Hermann von Wied: *Rainer Sommer*, Hermann von Wied. Erzbischof und Kurfürst von Köln. Bd. 1: 1477–1539, Köln 2000.

van 't Spijker: Bucers's Doctrinal Legacy: *Willem van 't Spijker*: Bucers's Doctrinal Legacy as formulated in his last three wills and testaments, in: Reformation and Renaissance Review 3 (2001), S. 152–166.

StA: Martin Luther. Studienausgabe, hg. v. Hans-Ulrich Delius, Bde. 1–4, Berlin 1979–1986.

Staehelin, Oecolampadiana: *Ernst Staehelin*, Oecolampadiana, in: Basler Zeitschrift für Geschichte und Altertumskunde 65, 1965, S. 165–194.

Strohm, Calvin: *Christoph Strohm*, Johannes Calvin. Leben und Werk des Reformators, München 2009.

Strohm, Art. Vermigli, Pietro Martire: *Christoph Strohm*, Art. Vermigli, Pietro Martire, in: TRE 34 (2002), S. 726–729.

Strohm: Die Berufung auf kanonisches Recht: *Christoph Strohm*m Die Berufung auf kanonisches Recht, römisches Recht und Reichsrecht in der Auseinandersetzung um die Kölner Reformation 1543–1546, Genf 2002 (Travaux d'Humanisme et Renaissance 361), S. 123–145.

Strohm, Martin Bucer und das Recht: Martin Bucer und das Recht. Beiträge zum internationalen Symposium vom 1. bis 3. März 2001 in der Johannes a Lasco Bibliothek Emden, hg. v. *Christoph Strohm* unter Mitarbeit v. *Henning Jürgens*, Genf 2002 (Travaux d'Humanisme et Renaissance 361).

Sturm, De literarum ludis: *Jean Sturm*, De literarum ludis recte aperiendis. De la bonne manière d'ouvrir des écoles de Lettres, hg. v. Matthieu Arnold, Straßburg 2007.

Thesaurus linguae Latinae: Thesaurus linguae Latinae editus auctoritate et consilio academiarum quinque Germanicorum Berolinensis Gottingensis Lipsiensis Monacensis Vindobonensis, Leipzig 1900ff.

Thomann, Molsheim und Zabern: *Marcel Thomann*, Molsheim und Zabern. Residenzstädte im Bistum Straßburg, in: Südwestdeutsche Bischofsresidenzen außerhalb der Kathedralstädte, hg. v. Volker Press, Stuttgart 1992 (Veröffentlichungen der Kommission für geschichtliche Landeskunde in Baden-Württemberg, Reihe B: Forschungen 116), S. 35–48.

Thompson, Eucharistic Sacrifice: *Nicholas Thompson*, Eucharistic sacrifice and Patristic Tradition in the Theology of Martin Bucer, 1534–1546, Leiden/Boston 2005 (Studies in the History of Christian traditions 119).

TRE: Theologische Realenzyklopädie, hg. v. *Gerhard Krause* und *Gerhard Müller*, 36 Bde., Berlin/New York 1977–2004.

Varrentrapp, Hermann von Wied: *Conrad Varrentrapp*, Hermann von Wied und sein Reformationsversuch in Köln. Ein Beitrag zur deutschen Reformationsgeschichte, Leipzig 1878.

VD 16: Verzeichnis der im deutschen Sprachbereich erschienenen Drucke des XVI. Jahrhunderts, hg. v. der Bayerischen Staatsbibliothek München in Verbindung mit der Herzog August Bibliothek Wolfenbüttel, Redaktion: Irmgard Bezzel, 25 Bde., Stuttgart 1983–2000 (weitergeführt: www.vd16.de).

Volkert, Pfälzische Zersplitterung: *Wilhelm Volkert*, in: Handbuch der bayerischen Geschichte: Geschichte der Oberpfalz und des bayerischen Reichskreises bis zum Ausgang des 18. Jahrhunderts, begr. von *Max Spindler*, in Verbindung mit *Sigmund Benker*, neu hg. v. *Andreas Kraus*, 3., neu bearb. Aufl., München 1995 (Handbuch der bayerischen Geschichte Bd. 3/III), S. 72–144.

WA: D. Martin Luthers Werke. Kritische Gesamtausgabe, Bde. 1 ff., Weimar 1883 ff. (WA Br: Abt. Briefwechsel, Weimar 1930–1985; WA TR: Abt. Tischreden, Weimar 1912–1921).

Weigelt, Art. Schwenckfeld, Kaspar von: *Horst Weigelt*, Art. Schwenckfeld, Kaspar von, in: TRE 30 (1999), S. 712–719.

Wentzcke, Art. Erasmus Schenk von Limpurg: *Paul Wentzcke*, Art. Erasmus Schenk von Limpurg, in: NDB 4 (1959), S. 554.

Wilhelmi, Wibrandis Rosenblatt und Martin Bucer: *Thomas Wilhelmi*, Wibrandis Rosenblatt und Martin Bucer, in: Regio-Familienforscher. Zeitschrift der Genealogisch-Heraldischen Gesellschaft der Regio Basel 27 (2014), S. 189–195.

Winckelmann, Art. Sturm, Jakob: *Otto Winckelmann*, Art. Sturm, Jakob, in: ADB 37 (1884), S. 5–20.

Winckler, Anecdota Historico-Ecclesiastica Novantiqua: *Johann Dietrich Winckler*, Anecdota Historico-Ecclesiastica Novantiqua Oder Sammlung ungedruckter gelehrter Merkwürdigkeiten, Bd. 1, Viertes Stück, Braunschweig 1757.

Wittmer/Meyer, Livre de bourgeoisie: *Charles Wittmer/J. Charles Meyer* (Hg.), Le Livre de bourgeoisie de la Ville de Strasbourg 1440–1530, 3 Bde., Straßburg 1948–1955.

Wolgast, Art. Reichstage der Reformationszeit: *Eike Wolgast*, Art. Reichstage der Reformationszeit (Abschnitte 3. und 4.), in: TRE 28 (1997), S. 464–470.

Wolgast, Hochstift und Reformation: *Eike Wolgast*, Hochstift und Reformation. Studien zur Geschichte der Reichskirche zwischen 1517 und 1648, Stuttgart 1995 (Beiträge zur Geschichte der Reichskirche in der Neuzeit 16).

Wright, Common Places: Common Places of Martin Bucer, transl. and ed. by *David F. Wright*, Appleford 1972 (Courtenay Library of Reformation Classics 4).

Ziegler, Art. Sturm, Johann: *Theobald Ziegler*, Art. Sturm, Johann, in: ADB 37 (1894), S. 21–38.

Zimmermann, Der Protestantismus in Österreich: *Harald Zimmermann*, Der Protestantismus in Österreich ob und unter der Enns im Spiegel landesfürstlicher Erlässe (1520–1610), in: Jahrbuch für die Geschichte des Protestantismus in Österreich 98 (1982), S. 99–210.

zur Mühlen, Reformation und Gegenreformation: *Karl-Heinz zur Mühlen*, Reformation und Gegenreformation, 2 Bde., Göttingen 1999 (Zugänge zur Kirchengeschichte 6).

ZW: *Huldreich Zwingli*, Sämtliche Werke, hg. v. E. Egli, J. Staedtke, F. Büsser u. a., Berlin 1905 ff. (CR 88 ff.).

Abkürzungen

A

Abk. = Abkürzung
allg. = allgemein
Anm. = Anmerkung(en)
Art., art. = Artikel, articulum
AST = Archives St. Thomas (Straßburg)
Aufl. = Auflage
Ausf. = Ausfertigung(en)
Ausg. = Ausgabe

B

Bd., Bde. = Band, Bände
bes. = besonders
Best. = Bestand
Bl. = Blatt, Blätter
Bsp. = Beispiel
Bü. = Büschel
bzgl. = bezüglich
bzw. = beziehungsweise

C

c. = capitulum, Kapitel, Kanon
C. = causa
ca. = circa
cart. = carton
Cod. Just. = Corpus Iuris Civilis, Codex Iustinianus

D

d. Ä. = der Ältere
Decr. Grat. = Corpus Iuris Canonici, Decretum Gratiani
ders. = derselbe
d. Gr. = der Große
d.h. = das heißt
d. J. = der Jüngere
dies. = dieselbe
dist. = distinctio
Drf. = Druckfehler
Dr. iur. utr. = Doctor iuris utriusque
dt. = deutsch

E

ebd. = ebenda
ed. = ediert
Ed. = Edition
Ep. = Epistola
etc. = et cetera

F

f. = die folgende Seite/das folgende Blatt
fasc. = fasciculus
fol. = folio
frz. = französisch

G

geb. = geboren
gest. = gestorben
gestr. = gestrichen
griech. = griechisch

H

hebr. = hebräisch
hg. = herausgegeben
Hg. = Herausgeber

I

i.e. = id est

J

Jg. = Jahrgang

K

konj. = konjiziert
Konj. = Konjunktiv
korr. = korrigiert
Kt. = Karton

L

L., lib. = liber
lat. = lateinisch
Lfg. = Lieferung

M

mhd. = mittelhochdeutsch

N

Nachdr. = Nachdruck
n.Chr. = nach Christus
N.F. = Neue Folge
nl. = niederländisch
Nov. = Corpus Iuris Civilis, Novellen
Nr. = Nummer

O

o. = oben

P

Pak. = Paket
par. = und Parallelstellen

Q

qu. = quaestio

R

r = recto
reg. = regierte
röm. = römisch

S

s. = siehe
S. = Seite(n)
s. v. = sub verbo
sc. = scilicet
Schrf. = Schreibfehler
sér., ser = série, series
sog. = sogenannt
Sp. = Spalte(n)
St. = Sankt
Suppl. = Supplementband

T

tit. = titulus
Tl. = Teil

U

u. = unten
u.a. = und andere; unter anderem
übers. = übersetzt
Übers. = Übersetzung

V

v = verso
v. = von
v.a. = vor allem
v.Chr. = vor Christus
Vg. = Vulgata
vgl. = vergleiche
vs. = versus

Z

z.B. = zum Beispiel

Bibliotheken und Archive

Cambridge ParkerL	Parker Library, Corpus Christi College
Frankfurt/M. UB	Universitätsbibliothek
Gotha FLB	Forschungsbibliothek
Konstanz StArch	Stadtarchiv
London NArch	London National Archives
Marburg/L. SArch	Hessisches Staatsarchiv
München HSArch	Hauptstaatsarchiv
München SB	Bayerische Staatsbibliothek
Stralsund StArch	Stadtarchiv Stralsund
Straßburg StArch	Archives de la ville et de la communauté urbaine
Straßburg BNU	Bibliothèque Nationale et Universitaire
Wien ÖNB	Österreichische Nationalbibliothek

Alphabetisches Gesamtverzeichnis zu BDS und BOL

Die Schriften werden in der Regel mit dem genauen Titel genannt, unter dem sie in BDS erschienen sind. Die Artikel zu Beginn des Titels werden bei der Alphabetisierung nicht berücksichtigt.

Der Jugett halb, [1531/1532]	BDS 2, S. 420–422
Kanzelvortrag. Dem volck solle man verkunden, ca. 29. Juni 1536	BDS 6,1, S. 207f.
Kasseler Gespräch (mit Melanchthon 1534), s. Bucerj vergriff seiner handlung wegen einer Concordia	
Kasseler Kirchenordnung, s. Ordenunge der Kirchenůbunge	
Katechismus von 1534, s. Kurtze schrifftliche erklårung	
Katechismus von 1537, s. (Der) kürtzer Catechismus und erklårung	
Katechismus von 1543, s. (Der) Kürtzer Catechismus. Das ist Christliche underweisung	
Kölner Reformationsentwurf, s. Einfältiges Bedenken	
Konkordie, Frankfurter, s. Frankfurter Konkordie	
Konkordie, Wittenberger, s. Formula Concordiae Lutherj et Bucerj	
Der kürtzer Catechismus und erklårung der XII stücken Christlichs glaubens (Katechismus von 1537), 1537	BDS 6,3, S. 175–223
Der Kürtzer Catechismus. Das ist Christliche underweisung von den Articklen unsers Glaubens (Katechismus von 1543), 1543	BDS 6,3, S. 225–265
Kurtze schrifftliche erklårung fůr die kinder und angohnden (Katechismus von 1534), vor dem 9. Mai 1534	BDS 6,3, S. 51–173
Kurtzer vnderricht vnd grunde, christliche gemeinschafft vnnd zucht anzurichten vnd zuhalten, 9. November 1547	BDS 17, S. 256–290
Ein kurtzer wahrhafftiger bericht von Disputationen und gantzem handel, so zwischen Cůnrat Treger, Provincial der Augustiner, und den predigern des Evangelii zů Straßburg sich begeben hat, [20. Oktober] 1524	BDS 2, S. 15–173; vgl. BCor I, Nr. 79
Ein kurzer Bericht von Eigenschaft und rechtem Brauch der Kirchengüter, vor dem 3. Dezember 1539	BDS 12, S. 238–274
Leipziger Reformationsentwurf, s. Artikel belangende dy religion	
Die Marburger Artikel, 3. Oktober 1529	BDS 4, S. 360–364
Marburger Religionsgespräch, 1.–4. Oktober 1529	BDS 4, S. 323–364
Martin Butzers an ein christlichen Rath und Gemeyn der statt Weissenburg Summary seiner Predig daselbst gethon, 1523	BDS 1, S. 69–147
Martin Butzers Predigt gethon zů Bern. Von der nachvolgung Christi, 22. Januar 1528	BDS 2, S. 277–294
Martini buceri ad Hessum Epistola, 9. Oktober 1534	BDS 6,1, S. 47–49
Mehrung götlicher gnaden vnd geists, 30. November 1547	BDS 17, S. 317–340
Das Municipalstatut, [9. September 1539]	BDS 7, S. 569–575
Der newe glaub, von den Doctoren zů Lo̊uen … in xxxij Articulen fürgegeben, [Frühjahr?] 1545	BDS 15, S. 40–97
Ob die freien und Reichsstädte auch Recht haben, [1539?]	BDS 12, S. 186–213
Ob zuuerhoffen, das den kirchen Christi aufbawlich sein werde, wo zu diser zeit die prediger des Euangelij doch eyns theyls vnd in geringer anzal vonn der ler Christi vnd der selben rechten außspendung mitteynander zuhandlen zu samen kumen, 14. April 1536	BDS 6,1, S. 101–113
Ordenung der Christlichen Kirchenzuchte: Für die Kirchen im Fürstenthumb Hessen, 1539	BDS 7, S. 247–278
Ordenunge der Kirchenůbunge. Für die Kirchen zu Cassel, 1539	BDS 7, S. 279–297
Ordnung, die ain Ersamer Rath der Statt Ulm in abstellung hergeprachter etlicher mißpreuch in jrer Stat und gepietten zůhalten fürgenommen, vor dem 6. August 1531	BDS 4, S. 183–272
Ordnung des Bücher- und Kleiderkaufs der Stipendiaten, [30. November 1536]	BDS 7, S. 551f.
Die Ordnung für die Straßburger Lehrmeister, [25. März 1534]	BDS 7, S. 512–516
Ordnung und Kirchengebreuch für die Pfarrern und Kirchendienern zů Straßburg und derselbigen angeho̊rigen uff gehabtem Synodo fürgenommen, 24. Juni 1534	BDS 5, S. 15–41

Chronologisches Gesamtverzeichnis zu BDS und BOL

Die genaue chronologische Reihenfolge ist nicht in allen Fällen eindeutig zu ermitteln.

Bücherverzeichnis Bucers, 30. April 1518	BDS 1, S. 281–284; BCor I, Nr. 2
Vorrede zur Übersetzung der Klagschriften Huttens, Ende 1520 (Dubiosum)	BDS 1, S. 405
Ain schöner dialogus, Januar 1521 (Dubiosum)	BDS 1, S. 445–495
Entlassung Bucers aus dem Orden, 29. April 1521	BDS 1, S. 285–290; BCor I, Nr. 33
Gesprechbiechlin neüw Karsthans, August 1521 (Dubiosum)	BDS 1, S. 406–444
Bucer soll über das Johannesevangelium lesen, 3. Juni 1523	BDS 1, S. 291 f.
Verantwortung an den Rat, [17./19. Juni] 1523	BDS 1, S. 293–301
Das ym selbs niemant, sonder anderen leben soll, und wie der mensch dahyn kummen mög, August 1523	BDS 1, S. 29–67
Martin Butzers an ein christlichen Rath und Gemeyn der statt Weissenburg Summary seiner Predig daselbst gethon, 1523	BDS 1, S. 69–147
Verantwortung M. Butzers. Uff das im seine widerwertigen, ein theil mit der worheit, ein theil mit lügen, zům ärgsten zůmessen, 1523	BDS 1, S. 149–184
Instruktion des Rats für seine Gesandten zum Reichstag in Nürnberg, 5. Januar 1524	BDS 1, S. 345–347
Einheimungsgesuch Bucers, [vor dem 23. Januar 1524]	BDS 1, S. 302 f.; BCor I, Nr. 54
Schrifft an Rhat zu Ober Ehenheim von predigern zu Strasburg vbersandt, 27. Januar 1524	BDS 1, S. 348–361; BCor I, Nr. 55
Der Evangelischen Predicanten anruphen vmb ein offenlich verhor, 27. Februar 1524	BDS 1, S. 362–365; BCor I, Nr. 59
Pfarrkinder zu St. Aurelien bitten, denen her Martin Butzer zů eim pfarher zu geben, 2. April 1524	BDS 1, S. 366–368
Supplicatio Anno d. 24. Einem Ehrsamen radt furtragen von den pfarkindern zum alten St. Peter, [Frühjahr] 1524	BDS 1, S. 369–372
De caena dominica, [August] 1524	BOL 1, S. 3–58
Predicanten suplicieren vmb ein bedenkens, 31. August 1524	BDS 1, S. 373–376; BDS 2, S. 395; BCor I, Nr. 74
Suplication der predicanten jrer angezognen puncten halb, [3. September 1524]	BDS 2, S. 396–398; BCor I, Nr. 75
Gutachten Bucers und Capitos für den Straßburger Rat zu den reformatorischen Neuerungen, [Ende Juli – Ende September 1524]	BCor II, Annexe I
Dass D. Luthers und seiner nachfolger leer christlich und gerecht ist, [Anfang Oktober 1524]	BDS 1, S. 304–344; BCor I, Nr. 78
Ein kurtzer wahrhafftiger bericht von Disputationen und gantzem handel, so zwischen Cůnrat Treger, Provincial der Augustiner, und den predigern des Evangelii zů Straßburg sich begeben hat, [20. Oktober] 1524	BDS 2, S. 15–173; vgl. BCor I, Nr. 79
Propositiones ministrorum Ecclesiae Argentinensis missae fratribus Norlingensibus et Nurmbergensibus, vor dem 23. November 1524	BDS 3, S. 404–408; BCor I, Nr. 82
Gutachten der Straßburger Prediger zur Wiederheirat eines verlassenen Ehepartners, 21. Dezember 1524	BDS 10, S. 23–29
Grund und ursach auß gotlicher schrifft der neüwerungen an dem nachtmal des herren, so man die Mess nennet, Tauff, Feyrtagen, bildern und gesang in der gemein Christi, wann die zůsammenkompt, durch und auff das wort gottes zů Straßburg fürgenommen, Januar 1525	BDS 1, S. 185–278

Erleütherong uber jngeleite Supplication, 8. Februar 1525	BDS 2, S. 399–404; BCor II, Nr. 90
Der predicanten verantwortten, 13. Februar 1525	BDS 2, S. 432–460; BCor II, Nr. 91
An her Nickleiß Knybßen, 19.–29. Juni 1525	BDS 2, S. 462–465; BCor II, Nr. 98
Rats Bedacht, 1. Juli 1525	BDS 2, S. 466 f.
Ratsprotokoll vom 10. August 1525	BDS 2, S. 468 f.
Ad Jacobum Otterum, 17. September 1525	BDS 3, S. 409–420; BCor II, Nr. 101
Instructio ad Wittenbergenses (für Georg Caselius), ca. 8. Oktober 1525	BDS 3, S. 421–430; BCor II, Nr. 106
An Johann Ritter Landschad von Steinach, 22. Oktober 1525	BDS 3, S. 431–441; BCor II, Nr. 107
Fürhalten E. E. Raths den Stifften allhier geschehen, 1525	BDS 2, S. 461
Bedacht des Ehgerichts vnd der Schůlen halb, 15. August 1525 – 6. Januar 1526	BDS 2, S. 405–409
Psalter wol verteutscht auß der heyligen sprach, Januar 1526	BDS 2, S. 175–223; BCor II, Nr. 103
Dr. Buceri Rathschlag deß Gottesdiensts halber, vor dem 6. Mai 1526	BDS 2, S. 470–482; BCor II, Nr. 123
Predicanten Bericht der messen halb, 12.–16. Mai 1526	BDS 2, S. 483–496; BCor II, Nr. 124
Abschrifft der Puncten, dordurch die Predicanten zu Straßburg vermeinen die Meß abzuthun, [18.–19. Mai 1526]	BDS 2, S. 524–527; BCor II, Nr. 126
Gutachten zu Ehescheidung und Wiederheirat im Falle von Lepra. Consilium de coniugio leprosorum, [ca. 1526?]	BDS 10, S. 30–37
Gutachten Capitos und Hedios zu Ehescheidung und Wiederheirat im Falle von Lepra. Von der Frau des Aussätzigen, [ca. 1526?]	BDS 10, S. 38–43
Das Martin Butzer Sich in verteütschung des Psalters Johann Pommers getrewlich und Christlich gehalten, [Ende März] 1527	BDS 2, S. 259–275; BCor III, Nr. 154
Getrewe Warnung der Prediger des Evangelii zů Straßburg uber die Artickel, so Jacob Kautz, Prediger zů Wormbs kürtzlich hat lassen außgohn, [2. Juli] 1527	BDS 2, S. 225–258; BCor III, Nr. 160
Praedikantensupplik der Messe halben, [30. September – 4. Oktober] 1527	BDS 2, S. 500–518; BCor III, Nr. 168
Vorschlag der Straßburger Bürger an den Rat betreffs Abschaffung der Messe, September/Oktober 1527	BDS 2, S. 497–499; BCor III, Nr. 169
Gutachten der Straßburger Prediger zur Wiederheirat einer unschuldig Geschiedenen, 17. Oktober [1527?]	BDS 10, S. 44–50
Bedacht und fürschlag, was an statt der mess im münster alhie zu Strasburg möchte furgenommen werden, [1527/1528]	BDS 2, S. 519–523; BCor III, Nr. 171
Die Berner Disputation, 6.–26. Januar 1528	BDS 4, S. 15–154; vgl. BCor III, Nr. 174
Martin Butzers Predigt gethon zů Bern. Von der nachvolgung Christi, 22. Januar 1528	BDS 2, S. 277–294
Widmung Bucers an Berner Räte und Pfarrer, [Februar] 1528	BDS 4, S. 155–158; BCor III, Nr. 180 (vgl. auch BCor III, Nr. 183 und BOL 2, S. 1–15)
Straßburger Theologengutachten zu einem Predigtstreit in Ulm, [Ende März] 1528	BDS 4, S. 515–535; BCor III, Nr. 184
Der Predicanten Ordnung eines Gotgevälligen gesangs, 16. Mai 1528	BDS 2, S. 528–531
Vergleichung D. Luthers und seins gegentheyls vom Abentmal Christi. Dialogus, Das ist eyn freündtlich gesprech, 21. Juni 1528	BDS 2, S. 295–383; vgl. BCor III, Nr. 197

Buceri Bedencken, Das die Mesß die schwerist gottisschmach vnd abgottery vnd von keiner christlichen oberkeit zu dulden sey, vor dem 12. Oktober 1528	BDS 2, S. 532–537; BCor III, Nr. 207 f.
Predicanten suplication Butzers halb, [vor dem 3. März 1529]	BDS 2, S. 410–412; BCor III, Nr. 218
Etlicher Supplication herrn Martin butzer jnn der statt behusung zuverschaffen, daß er furbasser lesen mag, [1528/1529]	BDS 2, S. 412–414
Fragment eines Abendmahlsgutachtens für den Straßburger Rat, [vor dem 20. Februar 1529]	BDS 8, S. 24–28
Praedikantengutachten über die an Stelle der abgeschafften Messe einzurichtenden Gottesdienste, [März 1529]	BDS 2, S. 538–545; BCor III, Nr. 220
Abendmahlsbekenntnis für den zweiten Speyerer Reichstag, vor dem 22. April 1529	BDS 8, S. 29–35
Anzeig eines Ehrsamen Rhats zu Straßburg, auß was vrsachen sie getrungen sei, newerung in der Religion, vor langem herbracht, einzuführen, [Mai – Juni 1529]	BDS 2, S. 546–558; BCor III, Annexe II (vgl. auch Annexe III)
Vorbericht der Straßburger Prediger nach Ulm, [August/September 1529]	BDS 4, S. 365–373; BDS 7, S. 507–509; BCor III, Nr. 252
Marburger Religionsgespräch, 1.–4. Oktober 1529	BDS 4, S. 323–364
Die Marburger Artikel, 3. Oktober 1529	BDS 4, S. 360–364
Gutachten über die Schwabacher Artikel, [Ende Oktober/Anfang November 1529]	BDS 3, S. 442–471; BCor III, Nr. 258
Das einigerlei Bild bei den Gotglåubigen nit moͤgen geduldet werden, März 1530	BDS 4, S. 161–181; BCor IV, Nr. 276
Epistola Martini Buceri in evangelistarum enarrationes nuncupatoria ad praeclaram Academiam Marpurgensem, 20. März 1530	BCor IV, Nr. 279
Epistola apologetica ad syncerioris christianismi sectatores per Frisiam orientalem, [15.] April 1530	BOL 1, S. 59–225; BCor IV, Nr. 289
»Ratschlag D«, Schilderung und Rechtfertigung der Straßburger Reformation, Fassung A, [Ende April – Anfang Mai] 1530	BDS 3, S. 339–364; BCor IV, Nr. 293
»Ratschlag D«, Schilderung und Rechtfertigung der Straßburger Reformation, Fassung B, [Ende April – Anfang Mai] 1530	BDS 3, S. 364–392; BCor IV, Nr. 294
»Ratschlag A« zum Abendmahlsstreit, [Anfang Mai 1530]	BDS 3, S. 321–338; BCor IV, Nr. 296
Confessio Tetrapolitana, 9. Juli 1530	BDS 3, S. 13–185; BDS 18, S. [617–670]; vgl. BCor IV, Nr. 311
Interpretation des Abendmahlsartikels der Confessio Tetrapolitana in Zürich, vor dem 12. Oktober 1530	BDS 3, S. 393–397
Gutachten zur Aufkündigung eines Eheversprechens, [ca. 1530?]	BDS 10, S. 51–57
Gutachten zur Ehe, zum Abendmahl und zu anderen Fragen, [ca. 2. März 1531?]	BDS 10, S. 59–68
Entwurf zur Ulmer Kirchenordnung und zu den 18 Artikeln, Mai/Juni 1531	BDS 4, S. 374–398
Predigt Bucers in Augsburg, 17. Juni 1531	BDS 4, S. 399–408
Erstes Gutachten zur Reform des Eherechts in Ulm. Der heilige Ehestand ist die Pflanzung, 21. Mai – 22. Juni 1531	BDS 10, S. 69–94
Zweites Gutachten zur Reform des Eherechts in Ulm. Daß in Ehesachen recht gehandelt, 16.–22. Juni 1531	BDS 10, S. 95–102
Christennlich Leeren, Cermonien vnnd leben, [Juni 1531]	BDS 2, S. 415–419
Gemain außschreiben und entschuldigung ayns Erbarn Raths der Statt Ulm, 31. Juli 1531	BDS 4, S. 273–304
Ordnung, die ain Ersamer Rath der Statt Ulm in abstellung herge-	BDS 4, S. 183–272

prachter etlicher mißpreuch in jrer Stat und gepietten zůhalten fürgenommen, vor dem 6. August 1531	
Apologie der Confessio Tetrapolitana, August/September 1531	BDS 3, S. 187–318
Gutachten der Straßburger Prediger für den Ulmer Rat. Der Prediger alhie Bedencken, 2. September 1531	BDS 16, S. 15–42
Ein Bedacht wegen der Lehrmeister, [19. November 1531]	BDS 7, S. 510f.
Bucers Verteidigung der Kindertaufe gegen Pilgram Marpeck, zwischen 28. Dezember 1531 und 10. Januar 1532	BDS 14, S. 17–45
Gutachten der Straßburger Prediger zur Gültigkeit der Ehe Heinrichs VIII., 30. Dezember 1531	BDS 10, S. 103–119
Der Jugett halb, [1531/1532]	BDS 2, S. 420–422
Gutachten zur Ehescheidung im Falle von Geisteskrankheit, 19.–26. Januar 1532	BDS 10, S. 120–128
Replik Bucers auf Pilgram Marpecks Glaubensbekenntnis, Ende Januar – Februar 1532	BDS 14, S. 46–247
Abschließendes Urteil Bucers über Pilgram Marpeck. Beschluß, Ende Januar – Februar 1532	BDS 14, S. 248–265
Gutachten über die Confessio Augustana (Prediger Ratschlag vff den Tag zu Schweinfurt), März 1532	BDS 4, S. 416–427
Abendmahlsbekenntnis für den Schweinfurter Tag, vor dem 1. April 1532	BDS 8, S. 36–54
Stellungnahme zu den Vermittlungsvorschlägen der Kurfürsten von Mainz und der Pfalz in Schweinfurt, [zwischen 1. und 17. April 1532]	BDS 4, S. 428–431; BDS 16, S. 43–56
Gutachten über die Schweinfurter Artikel, 6.–9. Mai 1532	BDS 4, S. 432–439
Vom mangel der Religion, an deren alles hanget, 22. April – 20. Mai 1532	BDS 4, S. 449–464
Gutachten zu den Verhandlungen in Nürnberg, 26./27. Juni 1532	BDS 4, S. 440–448
Abendmahlsabhandlung Bucers für die Schweizer Prediger. Epistola Communis, [Ende August] 1532	BDS 16, S. 57–139
Gutachten Capitos und Bucers für den Berner Rat zu zwei Ehescheidungsfragen, [nach 29. November 1532]	BDS 10, S. 138–162
Vorschläge der Prädikanten und Kirchenpfleger an den Rat zur Bekämpfung verschiedener Mißstände und Sekten und zur Abhaltung einer Synode, 30. November 1532	BDS 5, S. 366–377
Abendmahlsgutachten für den Kemptener Rat, 31. Dezember 1532	BDS 8, S. 55–154
Gutachten zur Ehescheidung und Wiederheirat im Falle von Lepra. Ob Malazei genugsame Ursache zur Scheidung sei, [ca. 1532?]	BDS 10, S. 129–137
Ein Bericht, was zu Frankfurt am Main geleret, Januar 1533	BDS 4, S. 465–506
Brief Bucers »ad fratres francofurdienses«, [22. Februar 1533]	BDS 4, S. 507–514
Entschuldigung der diener am Euangelio Jesu Christi zu Franckfurt am Meyn, März 1533	BDS 4, S. 307–319
Brief Bucers an Capito, Hedio und Zell, [Mitte April 1533]	BDS 5, S. 378–382
Bedacht der Kirchenpfleger, Prädikanten und Helfer über die Abhaltung der angeordneten Synode zu Straßburg, vor dem 31. Mai 1533	BDS 5, S. 383–401
Die der Synode vorgelegten XVI Glaubensartikel, vor dem 31. Mai 1533	BDS 5, S. 388–392; QGT 8 (Elsaß II), Nr. 371
Handlung in dem offentlichen gesprech zů Straßburg jüngst im Synodo gehalten gegen Melchior Hoffman, 14. Juni – 9. Juli 1533	BDS 5, S. 43–107
Stellungnahme der Straßburger Prediger gegenüber Schwenckfeld. Scriptum Schwenckfeldio datum a concionatoribus, [vor Ende] August 1533	BDS 14, S. 266–279
Furbereytung zum Concilio, wie alle recht Gotßfortigen von beden yetz fürnemen theylen, so man alt- und newgleubige, Båpstische	BDS 5, S. 259–362; QGT 8 (Elsaß II), Nr. 420

und Lutherische nennet, Zu einigkeit Christlicher kirchen kommen mögen, nach dem 8. September 1533	
Gegenantwort der Straßburger Prediger auf Schwenckfelds Schutzschrift, zwischen 10. und 19. Oktober 1533	BDS 14, S. 280–355
Begleitschreiben an die Augsburger Prediger. Sententia fratrum Argentinensium de Schwenckfeldio, zwischen 10. und 19. Oktober 1533	BDS 14, S. 356–362
Abendmahlsgutachten für die Augsburger Prediger. Responsio docta ministrorum Augustanorum, vor dem 11. Oktober 1533	BDS 8, S. 251–292
Brief Bucers und Capitos nach Bern zur Neuordnung des dortigen Schulwesens, [12. Oktober 1533]	BDS 7, S. 517–521
Vorschlag der Synodalkommission (»Bedacht des außschutzes von ordinantzen vnnd kirchenbreuchen«), vor dem 13. Oktober 1533	BDS 5, S. 402–421
Abhandlungen Bucers vom äußeren und inneren Wort gegen Bernhard Wacker, 6. Juni – 11. November 1533	BDS 5, S. 422–431
Von der Ehe und Ehescheidung aus göttlichem und kaiserlichem Recht (Gutachten für den Ulmer Rat), 26. November 1533	BDS 10, S. 163–404
Antwort Bucers auf Bernhard Rothmann. Quid de baptismate infantium iuxta scripturas dei sentiendum, 18. Dezember 1533	BDS 14, S. 363–412
Widerlegung des Berichtes von Engelbrecht, nach dem 18. Dezember 1533	BDS 5, S. 432–501
Aufforderung der Straßburger Prediger an den Rat, endlich die Synodalbeschlüsse zu fassen (Die Artickel, so die Predicanten v. gn. h. fürtragen haben), 28. Januar – 2. Februar 1534	BDS 5, S. 502–511
Supplikation der Prediger an die Eherichter, 2. Februar 1534	BDS 16, S. 141–146
Bericht auß der heyligen geschrift von der recht gottseligen anstellung und haußhaltung Christlicher gemeyn, 3. März 1534	BDS 5, S. 109–258
Contra Ziegleri hospitis male grati Libellum famosum quem inscripsit Synodus Martini Buceri Scholia, März 1534	BDS 5, S. 512–526
Die Ordnung für die Straßburger Lehrmeister, [25. März 1534]	BDS 7, S. 512–516
Vorschlag Bucers zum weiteren Ausbau des Straßburger Schul- und Vorlesungswesens, [Ende März 1534]	BDS 7, S. 522–532
Der Stiftungsbrief der Bufflerschen Schulstiftung, [14. April 1534]	BDS 7, S. 536–546
Kurtze schrifftliche erklärung für die kinder und angohnden (Katechismus von 1534), vor dem 9. Mai 1534	BDS 6,3, S. 51–173
Ordnung und Kirchengebreuch für die Pfarrern und Kirchendienern zů Straßburg und derselbigen angehörigen uff gehabtem Synodo fürgenommen, 24. Juni 1534	BDS 5, S. 15–41
Defensio adversus Axioma Catholicum, id est criminationem Roberti episcopi Abrincensis, [September] 1534	BOL 5, S. 1–142
Martini buceri ad Hessum Epistola, 9. Oktober 1534	BDS 6,1, S. 47–49
Articulj propositj a bucero in Conventu Constantiae, 17. Dezember 1534	BDS 6,1, S. 50–53
Buceri sentencia qua superiori Lutheri sentenciae respondit, Ende Dezember 1534	BDS 6,1, S. 54–61
Bucerj vergriff seiner handlung wegen einer Concordia mit Philippo Melanchtone zu Cassel, nach dem 29. Dezember 1534	BDS 6,1, S. 62–76
Consilium de pace ecclesiae, 1534	BOL 5, S. 143–154
Vom Ampt der Oberkait in sachen der religion vnd Gotsdiensts, 10. März 1535	BDS 6,2, S. 17–38
Zehen hauptarticul Christlicher leere wider yetztschwebende Irrthumb. Durch die Prediger vnnd Diener deß hailigen Euangelij zů Augspurg, [vor Ende April 1535]	BDS 6,1, S. 77–82
Axiomata Apologetica Martini Bvceri de sacro eucharistiae mysterio	BDS 6,1, S. 83–93

et circa hoc Ecclesiarum concordia, quibus respondet Thematis Nicolai Amßdorfii, Argentoratenses falso criminantibus, April 1535	
Widerlegung der Thesen des Nikolaus von Amsdorf	BDS 18, S. 671–692
Übereinkunft Martin Bucers, Ambrosius Blarers und Martin Frechts mit Kaspar Schwenckfeld und Jakob Held. Tübinger Konkordie, 28. Mai 1535	BDS 14, S. 413–425
Dialogi oder Gesprech Von der gemainsame vnnd den Kirchenůbungen der Christen Vnnd was yeder Oberkait an den selbigen zů uersehen gebüre, Mai 1535	BDS 6,2, S. 39–188
Die Eßlinger Artikel vom August 1535	BDS 6,1, S. 94–96
Gutachten Bucers für den Frankfurter Rat zur Frage der Restitution der Bartholomäuskirche, [Anfang November 1535]	BDS 16, S. 167–178
Gutachten der Straßburger Prediger für den Frankfurter Rat zur Frage der Restitution der Bartholomäuskirche, [Anfang November 1535]	BDS 16, S. S. 155–165
Die Statuten des Prediger-Kollegiums, [1535]	BDS 7, S. 547–550
Geleitwort Bucers zu Zwinglis und Oekolampads Briefwechsel, März 1536	BDS 6,1, S. 97–100
Ob zuuerhoffen, das den kirchen Christi aufbawlich sein werde, wo zu diser zeit die prediger des Euangelij doch eyns theyls vnd in geringer anzal vonn der ler Christi vnd der selben rechten außspendung mitteynander zuhandlen zu samen kumen, 14. April 1536	BDS 6,1, S. 101–113
Formula Concordiae Lutherj et Bucerj, 28. Mai 1536	BDS 6,1, S. 114–134
An die fratres zubringen, was bey D. Luthern gehandlet Anno 1536, 2.–5. Juni 1536	BDS 6,1, S. 135–174
Ermahnung M. Buceri an seine Gesellen, das sie sich der Formulae Concordiae A[nno] 1536 vnderschreiben sollen, 22. Juni 1536	BDS 6,1, S. 175–202
Gutachten der Straßburger Prediger für Philipp von Hessen. Ratschlag der Wiedertäufer halber, zwischen 22. Juni und 5. August 1536	BDS 14, S. 426–446
Vortrag Bucers für den Straßburger Rat, 29. Juni 1536	BDS 6,1, S. 203–206
Kanzelvortrag. Dem volck solle man verkunden, ca. 29. Juni 1536	BDS 6,1, S. 207 f.
Declaratio articulorum germanica, 5. Juli 1536	BDS 6,1, S. 209–216
Erlüterung der Witembergischen Articklen durch die predicanten von Straßburg gegeben, 17. Juli 1536	BDS 6,1, S. 217–226
Enarratio in Evangelion Iohannis, [September] 1536	BOL 2
Retractatio De Coena Domini (Synoptikerkommentar 1536)	BDS 6,1, S. 306–376
Retractatio (Johanneskommentar 1536)	BOL 2, S. 13–15
Der furtrag der Diener des worts zw Straspurg, 24. September 1536	BDS 6,1, S. 227–239
Zwischen frommen verstendigen lüten, nach dem 17. Oktober 1536	BDS 6,1, S. 240–257
Brief der Straßburger Prediger an den Rat von Konstanz, 23. November 1536	BDS 6,1, S. 258–270
Ordnung des Bücher- und Kleiderkaufs der Stipendiaten, [30. November 1536]	BDS 7, S. 551 f.
Ad Tigurinos et alios fratres Helueticos, 27. Januar 1537	BDS 6,1, S. 271–273
Protokollierte Stellungnahme Bucers im Gespräch zwischen Luther, Myconius, Wolfhart und Bucer in Gotha, 1.–2. März 1537	BDS 16, S. 189–207
Bericht Bucers an die Eidgenossen, 1. April 1537	BDS 6,1, S. 274–293
Brief Bucers an den Rat der Stadt Bern, 8. Juni 1537	BDS 16, S. 189–207
Augsburger Kirchenordnung, 9. Juli 1537	BDS 16, S. 209–268
Gutachten zur Reform des Eherechts in Augsburg. Scriptum maius vom Ehegericht, [6. November 1534–9. Juli 1537]	BDS 10, S. 427–476
Confessio Buceri et Capitonis aus dem Abschied der Berner Synode, 17. September 1537	BDS 6,1, S. 294–297

Vortrag Bucers in Bern vor dem Rat und 200 Bürgern und Prädikanten von Straßburg, Basel und Bern, 17. September 1537	BDS 6,1, S. 298 f.
Bucers Übersetzung seiner Retractationes, 20. Oktober 1537	BDS 6,1, S. 300–388
Supplikation zugunsten inhaftierter Evangelischer in Frankreich, 1. Dezember 1537	BDS 16, S. 269–275
Der kürtzer Catechismus und erklårung der XII stücken Christlichs glaubens (Katechismus von 1537), 1537	BDS 6,3, S. 175–223
Brief Bucers und Capitos an die protestantischen Städte der Schweiz, 14. Januar 1538	BDS 16, S. 281–292
Fragmente aus Bucers Bearbeitung des Berner Katechismus »Ein kurtze, aber Christenliche vßlegung für die jugend« von Kaspar Megander, Januar 1538	BDS 6,3, S. 266–269
Brief Bucers und Capitos an den Rat von Basel, 19. Februar 1538	BDS 16, S. 293–305
Ratschlag zur Zusammenfassung der Straßburger Lateinschulen, [Anfang 1538]	BDS 7, S. 553–568
Von der waren Seelsorge und dem rechten Hirtendienst, wie derselbige in der Kirche Christi bestellet und verrichtet werden solle, [vor dem 4. April] 1538	BDS 7, S. 67–241
Brief Bucers und Capitos an die Versammlung in Zürich, [April 1538]	BDS 16, S. 307–311 f.
Gutachten für die Zürcher Prediger. Summari der Fragen, so die Prediger zu Zürich an Martin Bucer getan, 1. Mai 1538	BDS 8, S. 293–313
Drei predigen aus dem Evangelio. Kommet her zů mir Matt. XI., der Kirchen zů Bennfeld zur letze gethon, 4. Juli 1538	BDS 7, S. 13–66
Bedacht das h. Abendtmal auff besserlichere weise alhie in pfarren anzurichten, Frühsommer 1538	BDS 6,2, S. 203–212
Gutachten für den Schmalkaldischen Bund. Das Bedencken vonn Kirchenngüterenn, 13. Juli 1538	BDS 12, S. 25–78
Sondergutachten für den Eisenacher Bundestag. Straßburger Bedenken in Religionssachen, 13. Juli 1538	BDS 12, S. 79–99
Gutachten zum Augsburger Abendmahlsstreit, 30. August 1538	BDS 8, S. 314–330
Gespräch mit hessischen Täufern. Was Bucer mit den Wiedertäufern zu Marburg disputiert hat, 30. Oktober – 1. November 1538	BDS 14, S. 447–499
»Judenratschlag« (abweichende Fassung), [November 1538/1539]	BDS 16, S. 313–332
Stellungnahme Bucers und der hessischen Theologen zum Bekenntnis der Marburger Täufer, nach dem 11. Dezember 1538	BDS 14, S. 500–515
Entwurf einer Juden-Ordnung in elf Artikeln, Ende 1538	BDS 7, S. 383–385
Brief Bucers an Philipp von Hessen, 27. Dezember 1538	BDS 7, S. 388–390
Ratschlag, wie die Kirchengüter nützlich anzuwenden, [1538?]	BDS 12, S. 17–24
Ordenung der Christlichen Kirchenzuchte. Für die Kirchen im Fürstenthumb Hessen, 1539	BDS 7, S. 247–278
Ordenunge der Kirchenůbunge. Für die Kirchen zu Cassel, 1539	BDS 7, S. 279–297
Die hessische Juden-Ordnung von 1539	BDS 7, S. 391–393
Ratschlag, ob Christlicher Oberkait gebüren müge, das sye die Juden undter den Christen zů wonen gedulden, Januar 1539	BDS 7, S. 319–361
Artikel belangende dy religion (Leipziger Reformationsentwurf), Januar 1539	BDS 9,1, S. 13–51
Brief Bucers an den Basler Bürgermeister Jakob Meyer, [21. Januar – 2. Februar 1539]	BDS 12, S. 549–567
Theologisch Bedencken (zum Frankfurter Bundestag), März/April 1539	BDS 9,1, S. 53–69
Replik Bucers auf Herzog Heinrich d. J. von Braunschweig-Wolfenbüttel. Die fürstliche Schrift, 17. April 1539	BDS 12, S. 100–150
Erklärung Bucers zur Antwort Philipps von Hessen an die Grafen von Manderscheid und Neuenahr, [vermutlich nach 19. April 1539]	BDS 16, S. 343–362

Vom tag zu Hagenaw vnd wer verhinderet hab, das kein gesprech von vergleichung der Religion daselbst fürgangen ist, September 1540	BDS 9,1, S. 146–321
Refutatio locorum Eckii, [1538–1540]	BOL 1, S. 227–256
Das »Wormser Buch«, [Januar] 1541	BDS 9,1, S. 323–483
Briefe Bucers an Friedrich Nausea, Januar 1541	BDS 9,2, S. 11–42
Brief Bucers an die Churer, zwischen Oktober 1539 und März 1541	BDS 8, S. 401–410
Abendmahlsartikel für die Churer, zwischen Oktober 1539 und März 1541	BDS 8, S. 411–457
Entwurf zur Verteidigung Philipps von Hessen gegen die Vorwürfe Heinrichs d.J. von Braunschweig-Wolfenbüttel. Bedenken Buceri, wie wir sollen Herzog Heinrich antworten, 10. März 1541	BDS 16, S. 459–473
Replik auf ein Memorandum Alessandro Farneses. Consilium admodum paternum / Ein sehr väterlicher Ratschlag, März 1541	BDS 18, S. 17–127
Entwurf-Votum zu Artikel 6 und 9 des Regensburger Buches, [3.?] Mai 1541	BDS 9,2, S. 25–30
Abusuum … indicatio, Juli 1541	BDS 9,2, S. 31–56
Responsum … de reformandis abusibus, Juli 1541	BDS 9,2, S. 59–99
Admonitio ad legatum pontificium, Juli 1541	BDS 9,2, S. 101–113
Gutachten der Straßburger Prediger für Herzog Ruprecht von Pfalz-Zweibrücken, ca. August 1541	BDS 10, S. 540–552
Acta colloquii, September 1541, Februar 1542	BDS 9,2, S. 115–227
Gutachten Bucers und Capitos zu Ehescheidung und Wiederheirat, [vor 4. November 1541]	BDS 10, S. 561–568
Ratschlag Bucers und Hedios für den Rat und die Schulherren zur Examinierung des gewählten Propstes des Thomasstifts Beat Pfeffinger, zwischen 10. und 12. November 1541	BDS 18, S. 129–141
Gutachten Bucers zur Examinierung des gewählten Propstes des Thomasstifts Beat Pfeffinger, nach dem 10. November 1541	BDS 18, S. 143–162
Bitte der Prediger an den Rat, zwei Pfarrer einzustellen. Bedenken zur Vokation der Kirchendiener, 19. November 1541	BDS 18, S. 163–171
Zweites Testament von Bucer, ca. 25. Dezember 1541	BDS 18, S. 556–567
Alle Handlungen und Schrifften, Dezember 1541	BDS 9,2, S. 229–428
Vorrede Bucers zum Straßburger Gesangbuch, 1541	BDS 7, S. 576–582
Erstes Testament von Bucer von 1541	BDS 18, S. 539–555
Consilium theologicum privatim conscriptum, 1540–1541	BOL 4
Gutachten zur Gültigkeit widerstreitender Eheversprechen, [1535–1541?]	BDS 10, S. 553–560
Heiratsbrief Bucers und Wibrandis Rosenblatts, 4. Oktober 1542	BDS 18, S. 525–531
Entwurf für den Vortrag auf dem Molsheimer Tag, [3. September–18. Oktober 1542]	BDS 18, S. 189–224
Entwurf einer einleitenden Ansprache der Stadt Straßburg auf dem Molsheimer Tag, [3. September–18. Oktober 1542]	BDS 18, S. 225–234
Concordia sacri ministerij per ministros Ecclesiae Argentinensis incepta, ca. 18. November 1542	BDS 6,2, S. 224–233
Die Frankfurter Konkordie, 9. Dezember 1542	BDS 13, S. 15–43
De sacra Domini coena ac duabus in Christo naturis Concordia, 9. Dezember 1542	BDS 13, S. 15–43
Was im namen des Heiligen Euangeli ietzund zů Bonn gelehret vnnd gepredigt würdt (Erste Verteidigungsschrift), März 1543	BDS 11,1, S. 19–131
Bucers Entwurf einer Verpflichtungsformel für Pfründenempfänger. Forma obligationis canonicae, vor dem 17. Mai 1543	BDS 18, S. 173–179
Responsio praepositi, decani et capituli colegii divi Thomae ad supra scriptam obligationem, nach dem 17. Mai 1543	BDS 18, S. 181–187

Christliche und ware Verantwortung (gemeinsam mit Philipp Melanchthon), Juli 1543	BDS 11,1, S. 133–145
Die ander verteydigung vnd erklerung der Christlichen Lehr (Zweite Verteidigungsschrift), Juli 1543	BDS 11,2, S. 21–247
Einfältiges Bedenken. Entwurf einer Reformationsordnung für das Erzstift Köln, Spätsommer 1543	BDS 11,1, S. 147–432
Traupredigt für Hieronymus zum Lamb und Margarete Silberborn, 13. September – 8. Oktober 1543	BDS 10, S. 569–589
Bedenken für den 3. Reichstag zu Speyer, 16. Oktober 1543	BDS 13, S. 45–76
Der Kürtzer Catechismus. Das ist Christliche underweisung von den Articklen unsers Glaubens, 1543	BDS 6,3, S. 225–265
Erbschaftsvertrag zwischen Bucer und Wibrandis Rosenblatt, 14. Februar 1544	BDS 18, S. 532–538
Brief Bucers an die Scholarchen, [vor 19. Juni 1544]	BDS 18, S. 371–378
Gutachten über eine hessische Koadjutorie für das Hochstift Münster, [vor 29. Juli 1544]	BDS 18, S. 235–243
Reformationsgutachten, November 1544	BDS 13, S. 77–201
Bestendige Verantwortung, Januar 1545	BDS 11,3
Brief der Straßburger Theologen an Landgraf Philipp von Hessen, [Mitte Februar 1545]	BDS 18, S. 259–281
Brief Bucers an Philipp von Hessen, 25. Februar 1545	BDS 13, S. 203–225
Ein Christliche Erinnerung, März 1545	BDS 13, S. 227–336
Wie leicht vnnd füglich christliche Vergleichung der Religion zu finden, März 1545	BDS 11,2, S. 351–454
Vorlage zu ›Der newe glaub‹: Articulen, onse oprechte Christene ghelooue … aengaende, [März] 1545	BDS 15, S. 98–103
Gutachten der Straßburger Theologen zur Rekusation des Trienter Konzils, [zwischen dem 23. März und dem 30. Mai] 1545	BDS 15, S. 17–39
Bericht zum Christlichen Leser, Frühjahr 1545	BDS 13, S. 337–361
Der newe glaub, von den Doctoren zů Lo̊uen … in xxxij Articulen fürgegeben, [Frühjahr?] 1545	BDS 15, S. 40–97
Gutachten für den Hamburger Rat. Consilium Buceri in Causa Hamburgensi, nach dem 29. Mai 1545	BDS 12, S. 495–540
Brief der Prediger an den Straßburger Rat zugunsten verfolgter Waldenser in Frankreich, Ende Mai 1545	BDS 18, S. 245–251
Entwurf eines Briefes an König Franz I. zugunsten verfolgter Waldenser in Frankreich, Ende Mai 1545	BDS 18, S. 253–258
Artikell (Johannes Gropper), [Mai] 1545	BDS 9,1, S. 484–501
Wider auffrichtung der Messen, anderer Sacramenten und Ceremonien und des Papsttums, Frühsommer 1545	BDS 13, S. 363–405
Appellation Hermanns von Wied, 10. Juli 1545	BDS 18, S. 283–331
Gutachten zum Vorschlag eines Religionsgesprächs, [10./11. Juli] 1545	BDS 15, S. 275–293
De Concilio et legitime iudicandis controversiis religionis … Confutatio, 1. August 1545	BDS 15, S. 104–244
Instruktion für eine Einwirkung des Straßburger Rats auf die kirchlichen Verhältnisse in Landau, 8.–10. August 1545	BDS 18, S. 333–339
Von den einigen rechten Wegen, deutsche Nation in christlicher Religion zu vergleichen, [August] 1545	BDS 11,2, S. 249–349
Entwurf Bucers für eine Ordnung des Straßburger Gymnasiums, November 1545	BDS 18, S. 341–365
Brief Bucers an Petrus Dasypodius und Martin Herlin, November 1545	BDS 18, S. 367–369
Anklageschrift gegen Ulrich Kegel. Formula accusandi incorrigibilem canonicum, vor dem 6. Dezember 1545	BDS 18, S. 379–386

Etliche Schrifften an die andern prediger, 21. November 1547	BDS 17, S. 311–316
Mehrung götlicher gnaden vnd geists, 30. November 1547	BDS 17, S. 317–340
Antwort Bucers und Fagius' an den Rat wegen ihrer Bekämpfung öffentlicher Laster, 19. Dezember 1547	BDS 17, S. 341–345
Brief Bucers an Ottheinrich von Pfalz-Neuburg, 20. Dezember 1547	BDS 18, S. 454–460
Stellungnahme im Kompetenzkonflikt zwischen Pfarrern und Kirchenpflegern, [Herbst 1547]	BDS 18, S. 439–449
Brief Bucers an Ottheinrich von Pfalz-Neuburg, 23. Januar 1548	BDS 18, S. 461–465
Drittes Testament von Bucer vom 23. Januar 1548, Kurzfassung	BDS 18, S. 568–571
Testament von Bucer vom 23. Januar 1548, lateinisch	BDS 18, S. 572–577
Testament von Bucer vom 23. Januar 1548, deutsch	BDS 18, S. 583–593
Zum dritten Testament von Bucer vom 23. Januar 1548	BDS 18, S. 578–582
Erster Brief Bucers an die Kurfürsten von der Pfalz und von Brandenburg, 2. April 1548	BDS 17, S. 350–354
Brief Bucers an Franziskus Dryander, 3. April 1548	BDS 17, S. 355f.
Briefmemorandum Bucers an die Kurfürsten von der Pfalz und von Brandenburg, 4. April 1548	BDS 17, S. 357–397
Brief Bucers an Caspar Cruciger, 5.–9. April 1548	BDS 17, S. 398–409
Brief Bucers an Ludwig Gremp, ca. 9. April 1548	BDS 17, S. 410–415
Bucers Erklärung zum Interim in Augsburg vor den Kurfürsten von der Pfalz und von Brandenburg, 9. April 1548	BDS 18, S. 467–479
Dritter Brief Bucers an die Kurfürsten von der Pfalz und von Brandenburg, 10. April 1548	BDS 17, S. 416–421
Brief Bucers an Julius Pflug, 13. April 1548	BDS 17, S. 422–438
Welcher Massen das Interim den Christlichen Stenden Augspurgischer Confession ist vorgegeben vnd vfferlegt, 29. Mai 1548	BDS 17, S. 439–467
Brief Bucers an den Kurfürsten von Brandenburg, 3. Juni 1548	BDS 17, S. 468–480
Gnad, trost vnd stercke, 27. Juni 1548	BDS 17, S. 481–536
Ein Summarischer vergriff der Christlichen lehre und Religion, die man zů Strasburg hat nun in die xxviij. jar gelehret, Juli 1548	BDS 17, S. 111–150
Der Prediger Supplication an den Rat, 4. Juli 1548	BDS 17, S. 537–542
An templa consecrata filio Dei bona conscientia Antichristo sint deferenda, Ende Oktober 1548	BDS 17, S. 543–548
Antwort der Prediger an den Rat, 3. November 1548	BDS 17, S. 549–563
De proprio fidelis Christi ministri munere, Ende Januar 1549	BDS 17, S. 564–573
Responsio ad Senatum, 2. Februar 1549	BDS 17, S. 574–592
Rhatschlag / Deß Kirchen Conuents fernere Erclärung, 11.–22. Februar 1549	BDS 17, S. 593–620
Gutachten zur Teilnahme an der Synode von Zabern, [ca. 27. März 1549]	BDS 18, S. 481–494
Exomologesis sive confessio Martin Buceri de eucharistia, [September 1550]	BDS 18, S. 495–519
Codicill und Nachtestament von Bucer, 22. Februar 1551	BDS 18, S. 594–607
Codicill von Bucer vom 22. Februar 1551	BDS 18, S. 608–613
Florilegium Patristicum, [1544–1551]	BOL 3
De regno Christi, 1557	BOL 15

Corrigenda zu BDS 1–17

redigiert von Stefan Aderhold, Stephen E. Buckwalter und Thomas Wilhelmi

Die Corrigenda der Bände 1–17 wurden aus den Korrekturen, Ergänzungen und Erläuterungen von Jean Rott und Notizen verschiedener Mitarbeiter der Bucer-Forschungsstelle zusammengestellt (hauptsächlich von Robert Stupperich, Gottfried Seebaß, Stephen Buckwalter, Thomas Wilhelmi und Christoph Strohm) und aufgrund von Hinweisen von Matthieu Arnold, Rainer Henrich und Marc Lienhard an die Bucer-Forschungsstelle ergänzt. Etwa die Hälfte dieser Corrigenda stammt von Jean Rott. Ausgewählt wurden alle Anmerkungen mit inhaltlicher Relevanz und alle Korrekturen zu fehlerhaften Lesarten. Auf die Aufnahme rein orthographischer Abweichungen wurde verzichtet. Aufgenommen wurden außerdem bibliographische Angaben und Verbesserungen sowie Addenda zu den einzelnen Texten.

In der ersten Spalte stehen Band-, Seiten- und Zeilenangaben oder dem Band entnommene Numerierungen, sodaß die betroffenen Stellen eindeutig markiert sind und leicht gefunden werden können. Die zweite Spalte enthält die bestehende, fehlerhafte Druckfassung, die dritte ihre Korrektur, Ergänzung oder Erläuterung, ggf. mit bestätigenden oder weiterführenden Literaturhinweisen.

Band	**bestehende Druckfassung**	**Korrektur/Ergänzung/Erläuterung**
BDS 1		
S. 16	1516, 31. Januar	1517, 31. Januar
S. 16	1520, Mitte November	1521, Ende Januar
S. 23	Correspondance des réformateurs dans des pays de la langue française. Genève 1862	Correspondance des réformateurs dans les pays de langue française. Genève 1866–1897 [falsche Korrektur BDS 3, S. 489]
S. 40, Druckbeschreibung	Paginierung	Blattsignaturen
S. 47, Z. 4	Gegen	gegem
S. 53, Z. 27	Apostelen	apostolen
S. 66, Z. 33	Mat. vii [12]	Mat. vii[23]
S. 97, Anm. 106	Vorbellen	Vorbrüllen
S. 110, Anm. 156	Ach = Maria zur Aich in der Diözese Straßburg	Ach = Aachen
S. 126, Z. 7	Dan	Erläuterung: Dahn
S. 132, Anm. 260; S. 133, Anm. 266	Kirchengeschichte	Reformationsgeschichte
S. 134, Z. 36	Mar. vi. [30–32]	Mar. vi[31]

Band	bestehende Druckfassung	Korrektur/Ergänzung/Erläuterung
BDS 1		
S. 135, Anm. 275	Vgl. ebd. [*Horawitz-Hartfelder,* Briefwechsel Beatus Rhenanus, S. 320]	Vgl. auch Bucer an Nikolaus Kniebs, 18. September 1523, BCor I, Nr. 50
S. 135, Anm. 276	Ende 1523	Ende September oder Oktober 1523
S. 141, Z. 3	underzeichnet	underzeichet
S. 161, Z. 7	»Wie ein Nunn den psalter lesen«	Sprichwort zur Bezeichnung eines unverständlichen Gewäsches, vgl. *Wander* 3, Sp. 1041
S. 161, Anm. 22	Für … Petrus Lombardus prägte Luther den Namen »Meister von den hohen Sinnen«	Schon deutlich früher als Luther, vgl. *Grimm* 16 (= X,1), Sp. 1121 f. und 1146
S. 168, Z. 1	gůten	gutem
S. 173, Anm. 62	63.	62.
S. 175, Z. 16	ungewonlichen	ungewonlichem
S. 176, Anm. 70	Kirchengeschichte	Reformationsgeschichte
S. 177, Anm. 78	Spielzeug	Gerede, Possen
S. 178, Anm. 81	Latinismus: habere = halten	»haben« kommt schon althochdeutsch vor und ist kein Latinismus, vgl. *Grimm* 10 (= IV,2), Sp. 54–55
S. 190, Anm. 18		auch: *Hirsch,* Emanuel: Die Theologie des Andreas Osiander und ihre geschichtlichen Voraussetzungen, Göttingen 1919, S. 285
S. 191, »Druckausgaben«		zusätzliche Überlieferung: Berlin SB, Ms. germ. 4° 256 und Ms. germ. 4° 440
S. 200, Anm. 25	vgl. Anlage 6	vgl. S. 342, Anm. 227
S. 204, Anm. 35	Necker	Neckar
S. 281–284		bessere Edition in: BCor I, Nr. 2
S. 281, Anm. 1	Kriegsverlust?	Vgl. dazu BCor I, Nr. 2 (S. 48)
S. 285–290		bessere Edition in: BCor I, Nr. 33
S. 291, Anm. 4	Gebieten	Gebotene
S. 293, Quelle		zusätzliche Überlieferungen: Straßburg, Grand Séminaire, Ms. 113: Verantwortung an den Rath, 1523 Straßburg StArch, Série VI, 701a, Nr. 13, fol. 30^{r}–35^{v}
S. 293, Einleitung	Offizial	Vikar
S. 293, Einleitung		Begehren des Bischofs an den Rat: Straßburg StArch, Série VI, 701a, Nr. 13, fol. 29^{r-v}

Band	bestehende Druckfassung	Korrektur/Ergänzung/Erläuterung
BDS 1		
S. 296, Anm. 19	Kirchengeschichte	Reformationsgeschichte
S. 297, Anm. 27	kehren, heimkehren zu	hinkehren; sich zuwenden
S. 300, Anm. 49	Um der Ruhe willen	freiwillig
S. 302, Titel	Mitte November 1523	kurz vor dem 23. Januar 1524, vgl. Regest BCor I, Nr. 54
S. 306	Oktober 1524	Jean Rott datiert auf 1. Oktober 1524, vgl. Regest BCor I, Nr. 78
S. 309, Nr. 3.A	Oktober/November 1523	1. Hälfte Oktober 1524, vgl. ebd.
S. 311, Anm. 6	[sc. BDS 1,] S. 82 ff.	genauer: BDS 1, S. 116, Z. 1–12
S. 322, Anm. 79	interdicta	interdicto
S. 323, Anm. 82	Minderwertig	Minderwertigste
S. 343, Anm. 235	Taugen	Donnern
S. 350, Anm. 6	Frieden bringe, versöhnen	befreit
S. 355, Z. 30	verweszehlete	Erläuterung: gegenseitige
S. 356, Anm. 28	Spotten	Speien, vgl. *Grimm* 16 (= X,1), Sp. 2196
S. 357, Z. 25	versprochen	Erläuterung: beschimpfen
S. 362, Quelle	Thomas-Archiv Nr. 87	AST 87, Nr. 15
S. 363, Z. 24	Dar	das
S. 363, Anm. 12	Das wir ... übertreten wollen	dem wir uns nicht entziehen wollen
S. 366, Anm. 1 (1)	S. 74–80	S. 78–80
S. 366, Anm. 2 (2)	12. Februar	13. Februar, vgl. *Baum*, Magistrat, S. 79
S. 369	Frühjahr 1524	11. Juni oder kurz davor, vgl. Regest BCor I, Nr. 68
S. 371, Anm. 15	Verfügungsgewalt	was einem zusteht
S. 376, Z. 16	jugheit	jungheyt
S. 376, Anm. 21	Erwerben	Bemühen
S. 418, Anm. 60	praepositione	propositione
S. 419, Anm. 62	praepositione	propositione
S. 421, Anm. 72	jetzt abgeschwächt: pflegte	auch schon mittelhochdeutsch schwach flektiert
S. 433, Z. 28	gründt	gündt
S. 463, Anm. 86	Geiz	Habsucht
S. 478, Z. 37	forderent	foderent

Band	bestehende Druckfassung	Korrektur/Ergänzung/Erläuterung
BDS 2		
S. 6, Text 7	18.5.1526	17. Mai 1526
S. 6, Text 8	1517	1527
S. 6, Text 9	1517	1527
S. 24, Z. 22	Eigenmächtigten	Eigenmächtigkeiten
S. 34, Z. 8	Kidron	Kischon
S. 34, Z. 8	I Kö 18,48	I Reg 18,40
S. 39, Anm. 3	*Grimm* XIII	*Grimm* 27 (= XIII), Sp. 1738
S. 67, Anm. 81	Geläufiges, auch bei Luther nachweisbares Sprichwort	erg.: Diese Redeweise wird dem Horazvers nachgebildet sein (vgl. Horaz, Ars poetica 139)
S. 113, Anm. 202	Ungenaue Zitierung von Ex 16,3?	Bucer zitiert hier eindeutig Num 20,4
S. 171, Anm. 369	Bekennen	erg.: (gegen ihren Willen)
S. 183, Z. 32–34	Eine holländische Übersetzung ... veranstaltet von Adam Petri	Die holländische Übersetzung wurde wahrscheinlich nicht von Adam Petri in Basel, sondern von Johann Hochstraten in Antwerpen gedruckt (vgl. *Nyhoff-Kronenberg*: Nederlandsche Bibliographie van 1500 tot 1540 I, Im Haag 1923, Nr. 508, S. 191–192)
S. 184, Z. 7–12	Die Jahreszeit fehlt	Der Druck ist wahrscheinlich erst 1556 entstanden (vgl. *Nyhoff-Kronenberg*: Nederlandsche Bibliographie, Einleitung zu Teil III, Im Haag 1942, Nr. 0254, S. 36)
S. 262, Z. 9	oratio	orationem
S. 298, Anm. 13	Scultctus	Scultetus
S. 304, A. und B.		erg.: Die Drucke entstammen der Drukkerei Wolfgang Köpfels, Straßburg
S. 309, Z. 1	bůchlin	bůchlin
S. 326, Anm. 100	Sehen	Scheu vor
S. 364–370, Anm.	Corpus Schwenckfeldiarum	Corpus Schwenckfeldianorum
S. 372, Anm. 310	fehlt in der WA	steht in WA Br 4, S. 190–191
S. 396, Anm. 1	S. 233	S. 223
S. 400, Überschrift	Vberantwordt	Vberantwurt
S. 400, Z. 5	wytheren	wytherem
S. 400, Z. 13	mehr	mehe
S. 400, Z. 18	schůlherrn	schůlherren

Band	bestehende Druckfassung	Korrektur/Ergänzung/Erläuterung
BDS 2		
S. 400, Z. 20	Pfarherrn	Pfarherren
S. 400, Anm. 2	»unwurß« ist nirgends bezeugt	»unwurß« f. (alemannisch): Zorn, vgl. Trübners Deutsches Wörterbuch 7, S. 341
S. 401, Z. 10	Schůlherrn ... herrn	Schůlherren ... herren
S. 401, Z. 13	sůchen	im Wort gestr.: ze
S. 401, Z. 21	deutsche leren	teutsch leren
S. 401, Z. 26	welcher behusonge	welchen behusongen
S. 401, Z. 27	gleicher	glicher
S. 402, Z. 1	furfallender	im Wort gestr.: fast
S. 402, Z. 2	Schůlherrn	Schůlherren
S. 402, Z. 5	der kind	die kind
S. 402, Z. 7	gelernet haben	gewonet haben
S. 402, Z. 13	der gleichen	des glichen
S. 402, Z. 14	freyen	fryen
S. 402, Z. 17	begabet	begebet
S. 402, Z. 17	Schůlherrn	Schůlherren
S. 402, Z. 23	dissen	dissem
S. 402, Z. 26	Schůlherrn	Schůlherren
S. 403, Z. 2	begabt	begebt
S. 403, Z. 3	Kathüser	Karthüser
S. 403, Z. 10	das worts	des worts
S. 403, Z. 14	der	für gestr.: vnd
S. 403, Z. 16	herrn	herren
S. 403, Z. 16	seyn soll	syn soll
S. 403, Z. 17	zinblichen	zuuerlihen
S. 403, Z. 18	werden	wurden
S. 403, Z. 19	gelobt	gelebt
S. 403, Anm. 18	Von alters her	sc. den Vorfahren
S. 403, Anm. 24	Mit Recht	zu verleihen
S. 403, Anm. 25	Geloben = testamentarisch festlegen	Geloben: nicht entsprechend gelebt wird
S. 403, Anm. 26	Tag der hl. Luzia, am 13. Dez.	Lukastag, 18. Oktober (Erdbebenprozession)
S. 404, Z. 15	wollte	korr. aus: wolle
S. 404, Z. 16	darzeliehen	darzelähen

Band	bestehende Druckfassung	Korrektur/Ergänzung/Erläuterung
BDS 2		
S. 404, Z. 16	was	wus
S. 404, Z. 17	wurde	korr. aus: werde
S. 405, Quelle	Thomas-Archiv, Nr. 166, V. e. Ia	AST 166, fol. 163r–164r
S. 405, Einleitung	Ratsprotokoll	Kommissionsprotokoll (Ehegericht)
S. 405, Einleitung	Lamprecht Sebot	Diebolt Sebot
S. 406–409		Der Abschnitt auf fol. 164v wurde nicht ediert.
S. 406, Anm. 1	Lamprecht Sebot	Diebolt Sebot
S. 406, Anm. 3	Caspar Hedio	Caspar Baldung
S. 407, Z. 13–S. 408, Z. 2		Ergänzung zum Beschluß vom 15. August 1525, genehmigt am 23. August 1525
S. 410	Beide Eingaben tragen keinerlei Datierungsvermerke	Jean Rott datiert kurz vor dem 3. März 1529 (vgl. BCor III, Nr. 218)
S. 420, Quelle	Thomas-Archiv, Nr. 324	AST 324, Nr. 21, I.4
S. 420, Z. 3	lib	ler
S. 420, Z. 6	khinder	Anm.: danach gestr.: an einem
S. 420, Z. 9	wercktag	Anm.: korr. aus: tag (werck über der Zeile erg. und eingewiesen)
S. 421, Z. 1	[?] [?]	sammelhafftig
S. 421, Z. 2	[eine]	streichen, da in der Handschrift nicht vorhanden
S. 421, Z. 3	nach	Anm.: davor gestr.: der schul vnd
S. 421, Z. 3	nach gelegenheit der huser vnd pfarhen	Anm.: vor den linken Rand geschrieben und eingewiesen
S. 421, Z. 4	gefurt	Anm.: unter der Zeile erg. für gestr.: gehalten
S. 421, Z. 4	wurden	Anm.: danach gestr.: da
S. 421, Z. 5	vnser trewen	visitatoren
S. 421, Z. 9	die selben zů beschickhen	Anm.: vor den linken Rand geschrieben und eingewiesen
S. 421, Z. 10	geber	gebur
S. 421, Z. 11	gezoggend	gezoggen
S. 421, Z. 11	so nitt zu schulen gezoggen	Anm.: über der Zeile erg. und eingewiesen
S. 421, Z. 13	ob dem	Anm.: über der Zeile erg. für gestr.: mitt
S. 421, Z. 13	gebott	Anm.: korr. aus: gebotten
S. 421, Z. 15	ermanen	ermanten

Band	bestehende Druckfassung	Korrektur/Ergänzung/Erläuterung
BDS 2		
S. 421, Z. 15	vnd gesynt	Anm.: vor den linken Rand geschrieben und eingewiesen
S. 421, Z. 16	regiments	danach gestr.: selber
S. 421, Z. 17	rathwißung	cathecißmus
S. 421, Z. 18	sy	gestr.
S. 421, Z. 23	an den sontagen	Anm.: vor den linken Rand geschrieben und eingewiesen
S. 421, Z. 23	predigten	predigen
S. 421, Z. 24	garten	gassen
S. 421, Z. 24	vnd gassen	Anm.: über der Zeile erg. und eingewiesen
S. 421, Z. 24	predigten	predigen
S. 421, Z. 25	wird	werd
S. 421, Z. 27	hütern	hiteren
S. 421, Anm. 8	Geber = Gebärde, Verhalten	Gebeur: der Gebühr nach
S. 422, Z. 1	halben	Anm.: danach erg.: etc.
S. 422, Z. 3	jn der	Anm.: danach gestr.: neweren
S. 422, Z. 5	Zil	zur
S. 422, Z. 5	flißlich	Anm.: danach gestr.: wie sy halten sollen
S. 422, Anm. 18		Anm. streichen
S. 426, Anm. 17	Straßburg, Thomas-Archiv, Varia ecclesiastica VIII	AST 173
S. 427, Anm. 18	Straßburg, Thomas-Archiv, Var. eccl. Ia	AST 166
S. 432, Quelle	Reinschrift	gleichzeitige Abschrift
S. 434, Z. 1	22^{v}	22^{r}
S. 434, Z. 1	ußgedreiten	ußgedretten
S. 434, Z. 25	vntregliche	vntreglicher
S. 435, Z. 21	Secten	davor gestr.: stetten
S. 436, Z. 32	seint	gestr.
S. 437, Z. 20	nit angesehen	davor gestr.: vnd
S. 437, Z. 31	einger	ringer
S. 438, Z. 6	gasthuß	korr. aus: gottshuß
S. 438, Z. 11	gemeynde	gemeynden
S. 442, Z. 18	komen	kemen
S. 442, Z. 34	sponsorerin	sponsiererin

Band	bestehende Druckfassung	Korrektur/Ergänzung/Erläuterung
BDS 2		
S. 444, Anm. 77	Wer sie	AcI: daß es wahr sei
S. 446, Z. 4	Bluts	brots
S. 446, Z. 30	aber	alter
S. 447, Z. 17	nackett	nacketten
S. 454, Z. 6	sig	sih
S. 455, Z. 14	von	vor
S. 455, Z. 22	sig	sih
S. 455, Z. 27	Das	Dis
S. 457, Z. 4	widdersocher	widdersecher
S. 457, Anm. 176	[vchtzit =] Einspruch, Entgegnung	[vchtzit =] irgend etwas
S. 458, Anm. 185	Prahlen, Aufregung	Hier besonders: Geschrei
S. 459, Anm. 192	Hier: Suppenesser = Schmeichler	suppe: Anhang (vgl. Trübners Deutsches Wörterbuch 6, S. 692)
S. 460, Z. 5	erfunde	erfunde[n]
S. 460, Z. 10	musen	mus[t]en
S. 460, Z. 23	beuelchen	beuelchd
S. 460, Z. 25	beuelhen	beuelhen[d]
S. 461		auch ediert in: BCor II, Nr. 96 (vgl. *Dacheux*, Annales de Sébastien Brant, in: Mittheilungen der Gesellschaft für Erhaltung der geschichtlichen Denkmäler im Elsaß, II. Folge, Bd. 19, Straßburg 1899, Nr. 4610–4611) und BCor II, Nr. 97. Eine weitere Abschrift in: AST 80, Nr. 20, fol. 1^{v}: Abschrift von Peter Butz vom 17. April 1528
S. 461, Quelle	f° 166^{v}	fol. 106^{v}
S. 461, Z. 1	f° 166^{v}	fol. 106^{v}
S. 461		Addendum unter der Abschrift von Peter Butz (AST 80, Nr. 20): Ratschlag von Jakob Sturms Hand, lecta 4. post Palmarum a° 28 [= 8. April 1528] [fol. 1^{v}:] Hieher soll das furhalten, wy es den stifften anno 25 in der entperung furgehalten, gesetzt werden. [Dann fährt Butz auf einem beigelegten Zettel weiter, fol. 87^{r}:] So haben wir fruntlich ausgenen vnd begern lassen mit (gestr.: bitzher) geubter (zuerst: geubten) kirchen vbung (zuerst:

Band	bestehende Druckfassung	Korrektur/Ergänzung/Erläuterung
BDS 2		
		gebreuch) ruhig zu sein, vnd das e. gn. vnd andre stifft (gestr.: sich) zu erhaltung der er Gottes, auch domit die onrug vnder dem gemeinen volck in ein burgerlichen friden bewand werd, sich mit den predicanten entsliessen vnd solchs in ein gotgeuellig wesen vnd vbung schicken wolten, vnd domit heran dhein verzugk wer, begert, das solches in VI tagen den nehsten bescheen, auch was sich e. g. vnd andre stifft haruber entslossen hetten, vns berichten solten. [Dieser 2. Text sollte im Ratschlag an Stelle des originalen Fürhaltens vom 6. Mai 1525 treten.]
S. 461, Einleitung	gaben	haben
S. 461, Z. 9	hinzwischen	hiezwuschen
S. 461, Z. 10	donach	demnach
S. 461, Z. 11	anzeigen	anzeugen
S. 461, a)	danit	gestr.
S. 462, Quelle	Thomas Archiv, Nr. 80	AST 80, Nr. 3
S. 462, Quelle	1525	zwischen dem 19. und 29. Juni 1525, vgl. Annales de Sébastien Brant (s. oben), Nr. 4624–4625
S. 462, Quelle		erg.: Die Orthographie (...ong) spricht für Capitos Hand
S. 462, Einleitung Z. 7	nicht aus der Zeit vor dem 10. April	6. Mai
S. 462, Z. 1	Nickleiß	Nicklauß
S. 462, Z. 4 f.	jungkern vnd heren	Anm.: Adam Zorn, Jakob Sturm, Hans Lindenfels, Diebolt Sebot und Jakob Meyer
S. 462, Z. 10		
S. 462, a)	Randnotiz	erg.: von André Jung
S. 462, a)	circa 1526	erg.: von Charles Schmidt
S. 462, Anm. 3	nach dem 10. April 1525	6. Mai 1525
S. 463, Z. 3–5		Anm.: 6. Mai 1525, vgl. Annales de Sébastien Brant (s. oben), Nr. 4610–4611
S. 463, Z. 7	wan	über der Zeile erg. und eingewiesen für gestr.: s-

Band	bestehende Druckfassung	Korrektur/Ergänzung/Erläuterung
BDS 2		
S. 463, Z. 20	Wa wol	Wie wol
S. 464, Z. 19	vnd ze Sant Steffan	und zu Sant Steffan (Anm.: von Capito über der Zeile nachgetragen und eingewiesen)
S. 464, Z. 20		Anm.: 24. Juni 1525, vgl. Annales de Sébastien Brant (s. oben), Nr. 4624
S. 464, Z. 21	vnd gehorsamm	Anm.: über der Zeile erg. und eingewiesen
S. 465, Z. 3	Zum	Anm.: darüber gestr.: Noch de
S. 465, Z. 11 f.	als Edellut vnd mussige burger	Anm.: von Capito am linken Rand nachgetragen und eingewiesen
S. 465, Z. 12	jmbst	jmbß
S. 466, Quelle A.	Straßburg, Thomas-Archiv, Var. eccl. Ia. f° 167ᵛ–168ʳ	AST 166, fol. 107ᵛ–108ʳ
S. 466, B.		erg.: mit Nachträgen von Jakob Sturm und Nikolaus Kniebs; diese Handschrift ist A vorzuziehen, vgl. BCor II, S. 29, Anm. 6.
S. 466, Z. 4	Gerbott	nach Hs. B korr. in: Sebott
S. 466, Z. 20	ij. fiertel	1 ½ fiertel
S. 466, Z. 20	wert	Anm.: B: darunter von Nikolaus Kniebs erg., dann wieder gestr. mit »Nil« (von Butz am Rand): Will man der schryfft noch, so soll man als offt man dz nachtmol Christi begen wyll, oder communicieren, soll man als offt dz byden xxj verkunden. Darunter erg. (am Rand: H. ludwig bucklyn [= Ludwig Böcklin]): Item dz die pfarrer dem volck alle suntag den glauben, dz Vatter vnser vnd aue maria vff der Cantzel vorsage, vff dz sy horen, ob sy jre kyndt recht betten leren oder nit. Item dz man an stat der Heylgen meß ein Euangelium anfing vnd furauß alle morgen etwas cristlichs trost den viatoribus vor sagt, vff dz aber nichts mangelt an der selben stat.
S. 466, Z. 21	Sechs oder	Anm.: über der Zeile nachgetragen und eingewiesen: B
S. 466, Z. 22	werden	worden
S. 466, b)	meyers	Meigers
S. 467, c)		erg.: Wencker: gesungen

Band	bestehende Druckfassung	Korrektur/Ergänzung/Erläuterung
BDS 2		
S. 467, Z. 10	nent	Anm.: danach gestr.: wie bitzher: B
S. 467, Z. 11–12	in den stucken, do er wider [die] schrifft geendert oder gar	Anm.: von Nikolaus Kniebs am Rand erg. und eingewiesen für gestr.: den man bitzher zu wider der geschrifft vnserem globen (über der Zeile erg.: so) heimlichen wise in der Meß gehalten: B
S. 467, Z. 15–16	vnd die meß alsdann wie vorhin beschlossen werde, doch das allein sollich collecten, so der schrifft gemeß, gelesen werden	Anm.: am unteren Rand von Nikolaus Kniebs erg. und eingewiesen: B
S. 467, Z. 17	mit einer schrifftlichen antiphon	Anm.: von Nikolaus Kniebs am Rand erg. und eingewiesen: B
S. 467, Z. 22	psalmen	Anm.: danach von Jakob Sturm am Rand erg. und eingewiesen: und ein antiphon: B
S. 467, Z. 23	Mit einer schrifftlichen antiphon	Anm.: von Jakob Sturm am Rand erg. und eingewiesen: B
S. 467, Z. 24–25	das magnificat	Anm.: von Jakob Sturm am Rand erg. und eingewiesen: B
S. 467, Z. 29	sol	Anm.: danach gestr.: Also das man am morgen frug, for dem imbis, zu vesper vnd darnach Got geuellige dienst haben (danach gestr.: mocht) vnd man sich nit beclagen dorfft, es gesche nichts mer in der kirchen.
S. 468, Quelle	Thomas-Archiv, f° 48^r–50^v	AST 37, fol. 48^r–50^v (Abschrift ca. 1558) zusätzliche Überlieferung: Annales de Sébastien Brant (s. oben), Nr. 4631. Auf den folgenden Seiten sind die Abweichungen in dieser Quelle (= B) erg. worden (vgl. BCor II, S. 30).
S. 468–469		10. August 1525, vgl. Annales de Sébastien Brant (s. oben), Nr. 4631
S. 468, Z. 2	ipsae	Anm.: ipsa: B
S. 468, Z. 6	Ernstlichs	Anm.: christlichs: B
S. 468, Z. 10	stehnden	Anm.: hohen: B
S. 468, Z. 10	andern	Anm.: nideren: B
S. 468, Z. 11	bestümpten	Anm.: bestimten: B
S. 468, Z. 12	zu recht	Anm.: Zurich: B
S. 468, Z. 15	fleißt	Anm.: fließt: B
S. 468, Z. 18	zwiffelltigen	Anm.: zwiespaltigem: B
S. 468, Z. 19	herrn	herzu

Band	bestehende Druckfassung	Korrektur/Ergänzung/Erläuterung
BDS 2		
S. 468, Z. 19	geffüert	Anm.: geschicht: B
S. 468, Z. 24	herzu	Anm.: herren: B
S. 468, Anm. a)	von späterer Hand hinzugesetzt	erg.: Anfang 17. Jh.
S. 470, Quelle A.	Thomas-Archiv, Nr. 38, f° D^{r}–8^{r}.	AST 38, Nr. 3, fol. 0^{r}–8^{r} = neu: fol. 87^{r}–96^{v} (= S. 95–112). Fol. 96^{v} (S. 112): Notiz von Peter Butz: Bůtzers radtslag des Gotsdienst halb
S. 470, Quelle A.	Schreiberhand	wahrscheinlich Matthias Greiter
S. 470, Quelle B.	Straßburg, Thomas-Archiv, Varia ecclesiastica Ia, 26	AST 166, Nr. 26
S. 470, Quelle C.	Thomas-Archiv, Nr. 38 (double), f° 1^{r}–6^{v}.	AST 38, Nr. 3a (Doppel), fol. 1^{r}–6^{v} = neu: fol. 97^{r}–101^{v} (= S. 113–122)
S. 470, Quelle C.	Abschrift	erg.: gleichzeitige
S. 470, Quelle C.	Randvermerk	Kopfvermerk, 17. Jh.
S. 471, Z. 7	fürsötzen	Anm.: von Bucer korr. zu: fürsetzen
S. 471, Z. 9	sötze	Anm.: von Bucer korr. zu: setze
S. 471, Z. 30	zwyren	Anm.: zweimal
S. 472, Z. 3	gebössert	Anm.: von Bucer korr. zu: gebessert
S. 472, Z. 21	sye	Anm.: von Bucer korr. aus: sy
S. 473, Z. 2	erkant	Anm.: über der Zeile erg., dann aber wieder gestr.: worden
S. 473, Z. 4	mernen	Anm.: von Bucer korr. aus: mereren
S. 473, Z. 12	beschyne	Anm.: von Bucer korr. aus: beschine
S. 473, Z. 24	röd	Anm.: von Bucer korr. zu: red
S. 473, Anm. i)	Einfügung Bucers	erg.: am Rand
S. 473, Anm. j)	Bucers?	Bucers
S. 474, Z. 27	vertorblicher	Anm.: von Bucer korr. zu: verterblichen
S. 474, Anm. z)	eingefügt	erg.: von Bucer
S. 475, Z. 11	zu	Anm.: Zusatz Bucers
S. 475, Anm. 41	f° 141^{r}	fol. 144^{r}
S. 476, Z. 10	ynen	Anm.: von Bucer über der Zeile erg. und eingewiesen
S. 476, Z. 22	opfermessen	offtemessen
S. 476, Z. 25	mandis	mandu[cant]
S. 476, Z. 32, Rand	Antwort	Anm.: von Bucer an den Rand geschrieben

Band	bestehende Druckfassung	Korrektur/Ergänzung/Erläuterung
BDS 2		
S. 476, Z. 26	altem	Anm.: von Bucer nachträglich korr. aus: alter
S. 477, Z. 5	bösser	Anm.: von Bucer korr. zu: besser
S. 477, Z. 6	bössern	Anm.: von Bucer korr. zu: bessern
S. 477, Z. 11	ee	Anm.: von Bucer nachträglich korr. aus: als
S. 477, Z. 12	abstölt	Anm.: von Bucer korr. zu: abstelt
S. 477, Z. 16	stöll	Anm.: von Bucer korr. zu: stell
S. 478, Z. 13	wurde	Anm.: von Bucer nachträglich korr. aus: wurden
S. 478, Z. 15	tetlich	Anm.: davor gestr.: teg
S. 478, Z. 16	syen	Anm.: von Bucer korr. zu: syn
S. 478, Z. 20	nur	Anm.: von Bucer nachträglich korr. aus: nun
S. 479, Anm. 77	1520. Die 24000 kg schwere Marienglocke war damals die größte Europas.	erg.: Sie ist im Dezember 1522 gesprungen.
S. 480, Z. 23	war	Anm.: danach gestr.: die
S. 480, Z. 24	redlich	ordlich
S. 480, Z. 26	Solich	Solichs
S. 481, Z. 2	bösserlich	Anm.: von Bucer korr. zu: besserlich
S. 481, Z. 16	den	Dem
S. 481, Z. 31	als	Anm.: von Bucer nachträglich korr. aus: an
S. 481, Anm. a)	in A später eingefügt	erg.: durch Bucer am Rand
S. 482, Z. 3	yn	Anm.: von Bucer korr. aus: in
S. 483, Quelle A.	Thomas-Archiv, Nr. 80, f° 1^r–6^r	AST 80, Nr. 5, fol. 34^r–38^v
S. 483, Quelle B.	Thomas-Archiv, Varia ecclesiastica Ia	AST 166
S. 483, Quelle		zusätzliche Überlieferung: Straßburg BNU, Ms. 661 (Thesaurus Baumianus II), S. 241–247
S. 483, Quelle B.	134^r	134^v
S. 483, Einleitung	17.5.1526	18. Mai 1526
S. 483, Z. 1	lecta 5ta	lecta 6ta
S. 483, Anm. a)	späterer Zusatz	erg.: von Jakob Wencker, 17. Jh.
S. 485, Z. 26	verspottet	Anm.: nachgetragen für gestr.: zu spott gemacht

Band	bestehende Druckfassung	Korrektur/Ergänzung/Erläuterung
BDS 2		
S. 488, Z. 24	nit	Anm.: gestr.: da
S. 488, Z. 28	Christus	Anm.: danach gestr.: mensch worden
S. 488, Anm. k)–k)	Ergänzung Bucers	Am Rand von Bucer erg. und eingewiesen für gestr.: die
S. 490, Z. 11	sollichen	sollichem
S. 490, Z. 11	zue gefallen	Anm.: davor gestr.: in
S. 490, Anm. n)	zu eim furung	Anm.: vor der Zeile erg. für gestr.: fůg
S. 491, Z. 25	schriben	Anm.: danach gestr.: leret
S. 493, Z. 9	Allen	Anm.: davor gestr.: den
S. 494, Z. 29	wol	Anm.: danach gestr.: ist
S. 494, Z. 30	vnd gloubte	Anm.: davor gestr.: weiß
S. 495, Z. 27–28	vnd die vbrigen Messen hie voll abstellen, ynn dem furdern	Anm.: am Rand erg. und eingewiesen für gestr.: vnd
S. 497–499		auch ediert in: BCor III, Nr. 169
S. 497, Quelle	Thomas-Archiv, Varia ecclesiastica IX	AST 174
S. 497, Quelle	fol. (1^r–2^r)	fol. 9^r–10^v
S. 497, Quelle	Abschrift	Original von Matthias Greiter mit Vermerk von Matthäus Zell
S. 497, Z. 2	iar	ior
S. 497, Anm. 2	Randnotiz von späterer Hand	Randnotiz von Konrad Huberts Hand
S. 499		fol. 10^v: Supplicatio civium contra missam (Matthäus Zell)
S. 500, Quelle	f° 1^r–8^v	fol. 39^r und 40^r–47^v
S. 500, Einleitung	Hinweis auf die Datierung	Die genaue Datierung geht aus der Notiz von Butz (fol. 39^r) hervor: = 30. September 1527 und 5. Oktober 1527
S. 500, Z. 2	Ampte	Ampts
S. 500, Anm. 1	St. A. E II 604	Zürich SArch, E II 446, vgl. BCor II, Nr. 144 (S. 187–189)
S. 500		Butz fol. 39^r oben: Der predicanten ingeben vnd begeren die vier messen abzustellen furgetragen vff mondag nach Michaelis vnd im Rat vff Samßtag nach Michaelis verlesen, a° etc. xxvij.
S. 501, Z. 19		Anm.: an den Rand geschrieben: luc. 10
S. 503, Anm. 32	beiden	bed … vnd = sowohl … als auch

Band	bestehende Druckfassung	Korrektur/Ergänzung/Erläuterung
BDS 2		
S. 503, Anm. 32	eingefügt	erg.: von Bucer
S. 504, Z. 3	yr	Anm.: von Bucer korr. aus: jr
S. 505, Anm. 51	147r	137r
S. 505, Anm. 51	quorum	quorsum
S. 506, Z. 7	sind	Anm.: von Bucer erg. für gestr.: ist
S. 506, Z. 14–20, Rand		Anm.: an den Rand geschrieben: Math 26, Mar 14, Luc 22, 1 Cor 14
S. 506, Z. 21	aber	Anm.: Zusatz Bucers
S. 506, Z. 26, Rand		Anm.: an den Rand geschrieben: 1. Cor. 5
S. 507, Z. 25	kniwen	knuwen
S. 507, Z. 36–38, Rand		Anm.: an den Rand geschrieben: Jesa 5, Ro 5, Heb 10
S. 508, Z. 4–7, Rand		Anm.: an den Rand geschrieben: Jesa 1, 58, Jere 7, Ps 50
S. 508, Z. 11, Rand		Anm.: an den Rand geschrieben: Jes 29
S. 508, Z. 23	von ym abfallet	Anm.: von Bucer erg. für gestr.: Gott
S. 508, Z. 37	ynen	Anm.: von Bucer korr. aus: jemer
S. 508, Z. 37	noch	Anm.: von Bucer erg. für gestr.: jemer
S. 508, Anm. a)	auh	auch
S. 509, Z. 20	kum	Anm.: danach von Bucer gestr.: alß bald
S. 509, Z. 27f.	noch so heller erkantnuß der warheytt vnd filfeltgem warnen	Anm.: Zusatz Bucers
S. 510	5r	Anm.: von hier ab andere Hand
S. 510, Z. 29	er	erg.: Zusatz Bucers
S. 510, Z. 39, Rand		Anm: an den Rand geschrieben: 1 Reg 18, Math 6, 2 Cor 6
S. 512, Z. 6	thum	thurn (= Münsterturm)
S. 512, Z. 12, Rand	Lu 17	Lk 12
S. 512, Z. 26	syen	Anm.: von Bucer korr.: synd
S. 512, Z. 26f.	verstörung	Anm.: davor vom Schreiber gestr.: beschwerung
S. 512, Z. 26f.		Anm.: an den Rand geschrieben: Ro 13
S. 512, Anm. 92		erg.: und zersprang Weihnachten 1522
S. 513, Z. 5	aber	Anm.: von Bucer korr. zu: eben

Band	bestehende Druckfassung	Korrektur/Ergänzung/Erläuterung
BDS 2		
S. 513, Z. 18	so	Anm.: Zusatz Bucers
S. 513, Z. 19, Rand		Anm.: an den Rand geschrieben: Math 16
S. 513, Z. 21, Rand		Anm.: an den Rand geschrieben: Zach 2
S. 513, Z. 22 f., Rand		Anm.: an den Rand geschrieben: Levit 26, Deut 28
S. 514, Z. 4	stohn	Anm.: von Bucer korr. aus: seinnen
S. 514, Z. 12		Anm.: an den Rand geschrieben: Deut 15
S. 514, Anm. d)	einerr	einner
S. 514, Anm. e)		erg.: Bucer
S. 514, Anm. f)		erg.: Bucer
S. 515, Z. 17	Dann	Anm.: von Bucer nachträglich korr. aus: darumb
S. 515, Z. 18	goetzen	Anm.: von Bucer korr. aus: gotten
S. 515, Z. 26		Anm.: an den Rand geschrieben: 2. Timoth 3
S. 515, Z. 28		Anm.: an den Rand geschrieben: Marc. 16
S. 515, Anm. g)	eingefügt	erg.: von Bucer am Rand
S. 516, Z. 1 f.		Anm.: an den Rand geschrieben: Jesa 54
S. 516, Anm. h)	eingefügt	erg.: von Bucer am Rand
S. 516, Anm. i)		erg.: Bucer
S. 516, Anm. j)		erg.: Bucer
S. 516		Hier wird auf einen Nachtrag verwiesen, der mit Wachs auf der vorhergehenden Seite unten aufgeklebt war, aber jetzt verloren ist
S. 517, Z. 10		Anm.: an den Rand geschrieben: Ps 127
S. 517, Z. 24	haben	Anm.: von Bucer davor gestr.: vnd also; von Bucer danach gestr.: wir
S. 517, Anm. l)	für	Bucer für
S. 519, Quelle A.	Thomas-Archiv, Nr. 80	AST 80, Nr. 7
S. 519, Quelle A.	und späteren Einfügungen, s. d.	und späteren Einfügungen, s. d. fol 3^v: De ordinatione loco Misse. Nova ordinatio pro missa in choro s[umm]i templi Argentinnensis, s. d.
S. 519, Quelle B.	Thomas-Archiv, Nr. 75, fol. 1^r–3^r	AST 80, Nr. 8, fol 1^r–2^v

Band	bestehende Druckfassung	Korrektur/Ergänzung/Erläuterung
BDS 2		
S. 519, Quelle B.	3r: De ordinatione loco Misse. Nova ordinatio pro missa et choro templo Argentinnnsis, s. d.	s.o. S. 519, Quelle A
S. 519, Quelle B.	Überschrift von späterer Hand	Überschrift von Matthäus Zell
S. 519, Quelle B.	sacrifunctis	Sacrificulis
S. 519, Quelle C.	Thomas-Archiv, Nr. 75, fol. $1^r–4^v$	AST 75, Nr. 1, fol. $1^r–4^v$
S. 519, Quelle C.	Spätere Abschrift	Gleichzeitige Abschrift
S. 519, Quelle C.	mit irrtümlicher Randglosse	mit irrtümlicher, viel späterer Randglosse
S. 519, Quelle C.	[ca. 1528]	[ca. 1528 = von der Hand Johann Adams]
S. 519, Quelle C.	beide von anderer Hand	beide von Peter Butz
S. 519, Einleitung	Das erscheint nicht sehr wahrscheinlich.	Das erscheint sehr wahrscheinlich.
S. 524–527		auch ediert in: BCor II, Nr. 126
S. 524, Quelle B.	Thomas-Archiv, Nr. 80	AST 80, Nr. 9
S. 524		zusätzliche Überlieferung: Bezirksarchiv Straßburg (Archives départementales), G 172, fol. $67^r–70^v$: Artickel der mess (47,1), 5. Juni 1526. Auf den folgenden Seiten sind die Abweichungen in dieser Quelle (= D) erg. worden.
S. 524, Einleitung	am 30. September 1527	vor dem 5. Juni 1526
S. 524, Z. 1	Abschrifft	Abgeschrifft
S. 524, Z. 4	Die Messe	Anm.: davor erg.: 1 und: D
S. 524, Z. 7	gefellig syn	Anm.: gefalle: D
S. 524, Z. 10	geachtet	Anm.: fehlt in D
S. 524, c)		erg.: D
S. 524, d)		erg.: D
S. 524, g)	21 C	erg.: D
S. 524, i)		erg.: D
S. 524		Mit Randnotiz von Andreas Jung: Punkte die neue betreffend von den Predicanten den Stiften zur Beantwortung übergeben, q–t Wencker und unten Bleistiftnotiz von Bernays verweisend auf Bezirksarchiv Straßburg (Archives départementales), G 172, fol. 67 ff.: Bericht des Domkapitels an Bierhof, Dienstag nach Corpus Christi (= 5. Juni 1526)

Band	bestehende Druckfassung	Korrektur/Ergänzung/Erläuterung
BDS 2		
S. 525, Z. 22	selikeit	Anm.: heiligkeit: D
S. 525, Z. 26	so	Anm.: do: D
S. 525, j)–o)		erg.: D
S. 525, q)	So B	erg.: D
S. 525, t)	B	erg.: D
S. 525, u)	B	erg.: D
S. 526, Z. 2	selbs	Anm.: fehlt in D
S. 526, Z. 14	niendart jn	Anm.: niert in: D
S. 526, Z. 25	bessern	Anm.: beschehen: D; besteen: B
S. 526, Z. 33	n ach jrem	Anm.: nach allem jrem: D
S. 526, v)–x)		erg.: D
S. 526, a)–a)		erg.: D
S. 526, b)	findt B	erg.: D
S. 526, c)–e)		erg.: D
S. 528–531		vollständiger Text in AST 80, Nr. 24; Schreiben von Bucer verbessert
S. 528, Quelle	Var. eccl. Ia	AST 166
S. 528, Quelle	166^{v}–167^{v}	106^{v}–107^{v}
S. 529, Z. 19		ab hier auch Bezirksarchiv Straßburg (Archives départementales), G 172, fol. 92^{r-v}, wo sich die Fortsetzung befindet, die hier fehlt. Schluß fol. 96^{r} in fol. 102^{r-v} (wo sich – ebenso 106^{r} – die Fortsetzung befindet, die hier fehlt)
S. 531, Anm. 33	Var. eccl. Ia	AST 166
S. 532–537		Regest BCor III, Nr. 207, kurz vor 12. Oktober 1528 Regest BCor III, Nr. 208
S. 532, Quelle A.	Nr. 80 [9]	AST 80, Nr. 12
S. 532, Quelle B.	Varia ecclesiastica Ia, 26	AST 166, S. 286–290
S. 532, Einleitung	Name leider nicht mehr bekannt	wohl Nikolaus Kniebs
S. 538, Quelle	Thomas-Archiv, Nr. 80	AST 80, Nr. 26
S. 538, Einleitung	Frühjahr 1529	März 1529, spätestens vor dem 10. April
S. 538, Z. 4	Ammeister	Stettmeister
S. 538, Z. 6	bieten	bitten
S. 538, Z. 10	stendigkeit	sich selb

Band	bestehende Druckfassung	Korrektur/Ergänzung/Erläuterung
BDS 2		
S. 539, Z. 2	steh	sich
S. 539, Z. 12	nebem	nebent
S. 539, Z. 29	vnser	priester
S. 539, Z. 29	verpfrundet	verpfrunet
S. 540, Z. 7	die	der
S. 540, Z. 17	pforren	pfarren
S. 540, Z. 28	kriechischem	kriechischer
S. 540, Z. 30	da [durch] selbigen	[durch] der selbigen
S. 541, Z. 1	Von	Vor
S. 541, Z. 18	bedacht	beducht
S. 541, Z. 30	wört	würt
S. 542, Z. 4	Stil	Still
S. 542, Z. 16	da	das
S. 542, Z. 19	theuren	Anm.: von Bucer nachträglich korr. aus: rümen
S. 542, Z. 21	ewerem	Anm.: von Bucer korr. aus: einer
S. 542, Z. 22	fornemen	Anm.: von Bucer nachträglich korr. aus: form (Buchstaben gestr.)
S. 542, Z. 27	gesang	gesangs
S. 542, Z. 28	es	Anm.: über der Zeile erg. und eingewiesen
S. 542, Z. 32	zyt	zyl
S. 543, Z. 2	lewen	Anm.: von Bucer korr. aus: liben
S. 543, Z. 4	yrren	Anm.: von Bucer über der Zeile erg. und eingewiesen für gestr.: verfuren
S. 543, Z. 13	lust	ernst
S. 543, Z. 19	mißbruc	mißbruch
S. 543, Z. 29	das	Anm.: von Bucer über der Zeile erg. und eingewiesen für gestr.: durch
S. 543, Z. 30	da durch	Anm.: von Bucer über der Zeile erg. und eingewiesen
S. 543, Z. 30	sy	Anm.: von Bucer im Wortzwischenraum erg.
S. 544, Z. 5	maningen	manungen
S. 544, Z. 11	war	were
S. 544, Anm. f)		erg.: Bucer

Band	bestehende Druckfassung	Korrektur/Ergänzung/Erläuterung
BDS 2		
S. 545, Z. 2	des	das
S. 545, Z. 2	Stifft	Anm.: danach gestr.: vns zu legen
S. 545, Z. 8	fuglich	Anm.: über der Zeile erg. und eingewiesen für gestr.: Statt
S. 545, Z. 14	es	das
S. 545, Z. 16	seyner	synen
S. 546–558		auch ediert in: BCor III, Annexe II und III
S. 546–558	Thomas-Archiv, Varia ecclesiastica IX	AST 174
S. 546, Quelle	Halbseitig beschriebener Entwurf	erg.: von der Hand von Wolfgang Musculus
S. 546, Quelle	und anderer	sc. Wolfgang Capito, Mathis Pfarrer
S. 546, Z. 10	verlichen	verlühen
S. 547, Z. 11	sich	als
S. 547, Anm. h)–h)	zweifach gestrichen	eingeschoben
S. 548, Z. 25	vnd	item
S. 548, Z. 27	vnd	item
S. 551, Anm. 37	1.4.1525	quarta post Letare = 29. März 1525
S. 555, Z. 13	vonn gemeynen Christen	vonn gemeynen Christen[65a]
S. 557, Z. 2	wir	wie
S. 560	5,1 ff.: 430	5,2: 530
S. 565	5,11 ff.:	5,1–9
Beilage, Geschichtliche Belege	Augustin, Contra Adimantum	Augustin, Contra epistolam Manichaei Fundamenti, CSEL 25, S. 217
Beilage, Geschichtliche Belege	Lateran: Pragmatische Sanktion; Bulle »Unam Sanctam«	Bulle »Pastor aeternus gregem«
BDS 3		
S. 9	23. Juli	23./24. Juli
S. 9	25. Juli	15. Juli
S. 9	28. Juli	18. Juli
S. 10	4. August	16./17. August, vgl. BCor IV, Nr. 326
S. 10	22. August	vom 22. August an

Band	bestehende Druckfassung	Korrektur/Ergänzung/Erläuterung
BDS 3		
S. 10	Gereon Sailer	erg.: und Frau Argula von Grumbach (von Staufen)
S. 10	Vergleichsartikeln	9 Thesen von Bucer
S. 10		erg.: 1530, 4. September: Nach einem Gespräch mit Oekolampad und Zwingli schickt Capito ihr Gutachten über die Thesen zu Bucer.
S. 10	18. bis 20. Sept.	25. bis 27. September
S. 10	22. September	23. September
S. 10	16. Oktober	18. Oktober
S. 10		erg.: 1530, 31. Dezember: Bucer schickt seinen Vergleichsvorschlag an den Herzog von Lüneburg, vgl. BCor III, Nr. 368
S. 56, Anm. 10	CSEL 31	CSEL 41
S. 109, Z. 9	damnant	dimanant (damnant = Schrf.)
S. 279, Anm. 403	Diese Stelle war nicht zu verifizieren.	Diese Stelle findet sich in dem »Syntagma«, der »Kirchengeschichte« des Gelasius von Cycikus‹ Buch 2, Kap. 32 (Die griechischen christlichen Schriftsteller 28, S. 110, Z. 1–7), einem bald nach 477 entstandenen kompilatorischen Werk (vgl. *Bardenhewer*, Bd. 4, S. 145 ff.); in unserem Text des Zitats auf S. 279 sind in Z. 32 f. die Worte »das ist… wurden« Zusatz Bucers. Bucer hat die Stelle auch sonst verwendet, vgl. *Köhler*, Zwingli und Luther II, S. 225 f. Er hat sie von Oekolampad aus dessen Zitatensammlung »Quid de eucharistia veteres … senserint« Basel 1530, Bl. f3^{a-b} entnommen, obgleich sie dort als Zitat von Cyrill von Alexandrien, Contra Iulianum lib. VII, figuriert. Bei Cyrill findet sie sich nicht; Bucers Angabe, es handele sich um einen »Canon Concilii Niceni«, ist sachgemäßer als Oekolampads Notiz; bei Gelasius erscheint die Stelle zwar nicht als »Kanon«, aber als »Diatyposis« des Konzils von Nicäa. Allerdings dürfte es sich dabei um eine Fiktion handeln. Vgl. BDS 4, S. 562.
S. 304, Z. 7	in	ich
S. 393, Überschrift	Oktober 1530	13. Februar 1531 in Basel (Tag der Burgrechtsstädte)

Band	bestehende Druckfassung	Korrektur/Ergänzung/Erläuterung
BDS 3		
S. 394, Handschriften		zusätzliche Überlieferung: St. Gallen StArch, Tr. Q 1 c, Dokument zwischen Nr. 50 und Nr. 51
S. 396, Z. 20	B[a]pt[ist]a	sexto
S. 431, Quelle A.	Thomas-Archiv, Cart. 21, I–2	AST 40, Nr. 18
S. 431, Quelle A.	f° 1^r–3^v	fol. 283^r–285^v (= S. 461–466)
S. 432, Z. 14–15	Doctor Karollstat anhangend etc.	Anm. von Konrad Hubert: Status, Assentitis insaniae Carolstadianae. Negamus
S. 432, Z. 24–25	hartmut von Kronenburg	Anm. von Konrad Hubert: Hartmut vonn Cronburg iudicium suum scripserat
S. 433, Z. 17–18	das er sein leib zu brott oder ins brott ye gemacht oder gesetzt hab	Anm. von Konrad Hubert: Contra transsubstantiationem
S. 433, Z. 21–22	wie ir selbs schriben, in rechtem glauben sein waren lib und blutt	Anm. von Konrad Hubert: nota
S. 433, Z. 28–29	ist niemand hie, der da predig, es sy hie nichts dan brott so der gli-chen	Anm. von Konrad Hubert: nota
S. 434, Z. 4–6	auch von dem wunder, das der her sein lib liblich im brott vnd sein blut imw ein unß darreiche	Anm. von Konrad Hubert: Transsub-stantiationis miraculum
S. 434, Z. 28–29	von dem wunder, das im brott der lib Christi liblich sye, haben sy ein wortt nie geschriben	Anm. von Konrad Hubert: Contra transsubstantiationem
S. 434, Z. 31	dan	Anm.: danach gestr.: im ersten buch
S. 434, Z. 19	sein, daß	sei darum
S. 434, Z. 20	lenkend	lendend
S. 434, Z. 33	alten	alte
S. 435, Z. 29– S. 436, Z. 1	Diß ist mein lybm, wyl luther, das brott sy der lib Christi lib-lich, öcolampadius mit Tertu-liano vnd vil alten, das brott sy der lib Christi geistlich	Anm. von Konrad Hubert: Lutherus leiplich, Oecolamp[ad] geistlich
S. 437, Z. 12	Christi	Christus
S. 437, Z. 13	findt	sindt
S. 437, Z. 19	viler	vile[n]
S. 437, Z. 26	das man die selbigen	Anm. von Konrad Hubert: Studium tollendi dissidia
S. 438, Z. 2	parteiung	partiung

Band	bestehende Druckfassung	Korrektur/Ergänzung/Erläuterung
BDS 3		
S. 438, Z. 3–4	Deß halb hab ich und mine brieder ein eigen botten zu doctor M. Luther geschickt	Anm. von Konrad Hubert: Anno 1525 circa idus Octob[ris] Eigen botten zum Luther geschicket
S. 438, Z. 15	hierin	»hierin« ist gestr.
S. 438, Z. 17	irrige meister, ketzer oder deß glichen	Anm. von Konrad Hubert: meister des newen jrthums, ketzer etc.
S. 438, Z. 25–26	in dem biechlinn Harttmut	Anm. von Konrad Hubert: Das buchlin Hartmůt
S. 438, Z. 29	ware	were
S. 439, Z. 5	trepfenliche ... vntrepfenlichen	treffenliche ... vntreffenlichen
S. 439, Z. 6	gotte	gette
S. 439, Z. 10–11	gewalt, das ir mich Karollstat anhengig vrteyllet, mit dem	Anm. von Konrad Hubert: Carlstadij sententiae se esse negat
S. 439, Z. 18 – S. 441, Z. 2		Anm. von Konrad Hubert: Summa responsi Bucerici
S. 440, Z. 21–22	es wil ouch gott nit ... das ein mensch vff erden nicht ein mensch sy...	Anm. von Konrad Hubert: Ein mensch kan wol fehlen
S. 441, Z. 8–17		Anm.: Conclusio
S. 442–471, Überschrift	Confessio Tetrapolitana – Abendmahlsgutachten	Gutachten über die Schwabacher Artikel
BDS 4		
S. 9	1531, 1. Februar	Schmalkaldischer Bund erst am 27. Februar gegründet, dennoch »Beitritt« schon am 1. Februar 1531
S. 48, Anm. h)	Nr. 26	Nr. 6, fol. 26
S. 78, Anm. a)–a)	Nr. 31	Nr. 10, fol. 31^{r}
S. 92, Anm. q)–q)	Nr. 33	Nr. 14, fol. 33
S. 94, Anm. b)	Nr. 39	fol. 39
S. 101, Anm. v)	Nr. 37	Nr. 20, fol. 37
S. 120, Anm. u)		vgl. Bern SArch, A V 1448 (früher U. P. 77), Nr. 27, fol. 43^{r}
S. 126, Anm. 15	Vgl. z. B. Augustinus: De civ. dei XXII, c. 30; CChr, ser. lat. 48,865,115 ff.	Eher: Augustin, Ep. 194,19; In Ioh. ev. tractatus 3,10; De gratia et libero arbitrio 6,15 (vgl. BDS 5, S. 344, Z. 30–31; BDS 3, S. 60, Z. 3–4; vollständig in BDS 9,1, S. 24, Z. 20–21)
S. 132, Z. 8–9	1Kor 11,24	Mt 26,26

Band	bestehende Druckfassung	Korrektur/Ergänzung/Erläuterung
BDS 4		
S. 143, Z. 25	Exodi am xii. [1ff.]	Ex 12,2–14
S. 143, Z. 27	Exodi am xxi. [38ff.]	Ex 29,38–42
S. 143, Z. 27	Numeri am xxviii. [3ff.]	Num 28,3–31
S. 143, Anm. j) und Anm. k)	Anm.: j) Druck: xxix. Anm.: k) Druck: xii.	j und k vertauscht
S. 151, Z. 21	Numeri xvi [48]	Numeri xvii[13]
S. 155, Einleitung		Vgl. hierzu die Regesten und ausführlichen Ergänzungen in BCor III, Nr. 180 und 183
S. 164, Z. 17–18	Der Drucker ist nicht angegeben. Daß es sich um einen Straßburger Druck handelt, darf mit Sicherheit angenommen werden.	Die Schrift wurde 1530 bei Christian Egenolff in Straßburg gedruckt.
S. 183–272	Ordnung, die ain Ersamer Rath der Statt Ulm (Einleitung S. 185–211)	bessere Edition in: *Sehling*, EKO XVII/2, S. 124–162 (Einleitung dort, S. 68–71)
S. 194, Anm. 53	Anlage 2	Anlage 1
S. 217, Rand	Act. 15.[7ff.]	Act. 15[36–40]
S. 260, Anm. 398	1556	1456
S. 263, Z. 11	Statgericht	gemeint ist das Ehegericht
S. 268, Anm. 461	In anbetracht? Abschätzung (?)	Anrichten, Ordnen
S. 272, Z. 41	Sontag nach Sant Oßwalds tag	6. August
S. 273–305, Kolumnentitel	Ulmer Kirchenordnung	Gemain außschreiben
S. 296, Anm. 98	Dorf Altenstadt	erg.: Vorort des ehemals ulmischen Geislingen, vgl. *Schieß*, Briefwechsel I, S. 255
S. 305, Überschrift	Gemein	Gemain
S. 325–363, Kolumnentitel	Marburger Religionsgespräche	Marburger Religionsgespräch
S. 330, Anm. 11	Zu Burg und Stadt Lichtenberg	Gemeint ist das heutige Thallichtenberg bei Kusel, nicht Burg und Dorf Lichtenberg im Nordelsaß bei Reipertsweiler, nördlich von Buchsweiler
S. 351, Z. 14–17		Vgl. Brief Bucers an Gregor Brück, 23. Juli 1533, BCor IV, Nr. 320, S. 173
S. 354, Überschrift		erg.: 1529 [zwischen dem 8. Oktober und 10. Dezember], vgl. AOG 3, Nr. 120
S. 365–373		auch ediert in: BCor III, Nr. 252
S. 368, Z. 24	ye	Yr

Band	bestehende Druckfassung	Korrektur/Ergänzung/Erläuterung
BDS 4		
S. 375–397, Überschrift	Entwurf Ulmer Kirchenordnung	Bucers Entwurf
S. 378, Z. 9–10		Goldene Regel
S. 381, Z. 36	furwenden	fürwenden
S. 389, Z. 34 – S. 392, Z. 13		zusätzliche Überlieferung dieses Abschnitts: AST 167, fol. 103r–104v
S. 405, Anm. 29	prima, Prov. LXIX	prima, Cent. I, Prov. LXIX
S. 433, Z. 4	weys	Weyß
S. 433, Z. 9	gemes	Gemeß
S. 449, Überschrift	Vom mangel der Religion, an deren alles hanget	erg.: QGT 7 (Elsaß I), Nr. 332a, S. 548–551
S. 451, Datierung	August 1532	Laut QGT 16 (Elsaß IV), Nr. 327a, S. 466 f. andere Datierung: zwischen dem 22. April und 20. Mai 1532
S. 499, Z. 9–10	das ist, on metzigen vnd abnemen, wie der alten opfer geopffere t wurden	Anm.: Zusatz Bucers
S. 499, Anm. 66	Dieser Canon ist unter den zwanzig authentischen Canones des Konzils von Nicaea nicht nachgewiesen.	Die Stelle ist der Kirchengeschichte des Gelasius von Cycikus Buch 2, Kap. 31,6 entnommen; Gelasius Kirchengeschichte (GCS 28, S. 110, Z. 2–7)
S. 503, Z. 22	gott gebe	gleichgültig
S. 507		Regest CapitoCorr (Millet) Nr. 500
S. 513, Z. 8	vor	vos
BDS 5		
S. 23, Druckbeschreibung		auch ediert in: *Sehling*, EKO XX/1, S. 230–245
S. 40, Z. 18	alen	alten
S. 48	In der Stadtbibliothek zu Hamburg	erg.: und Münster ULB
S. 168, Z. 2	Marpurgischen	vgl. dazu SMTG 1, S. 129 f.
S. 233, Z. 5–7		vgl. Eph 3,6
S. 245, Z. 26–27		Anm. erg.: Joh 6,56
S. 245, Anm. 617	Sermo 227	Sermo 272
S. 245, Anm. 617	Sacramentis	Sacramento
S. 245, Anm. 617	Sp. 1099–1101	Sp. 1247

Band	**bestehende Druckfassung**	**Korrektur/Ergänzung/Erläuterung**
BDS 5		
S. 249, Anm. 639		erg.: und Frankfurt
S. 254, Anm. 655	= hin und her (im Lande).	dumme Menschen. *Martin/Lienhart* II, S. 743 (vgl. BDS 10, S. 225, Z. 8)
S. 264	Der	den
S. 285, Anm. 132	Wo expressis verbis?	CSEL 31, S. 62 (De fide et bonis operibus), vgl. BDS 3, S. 56, Z. 1–3
S. 321, Anm. 445		erg.: vgl. *De Kroon*, Studien zu Martin Bucers Obrigkeitsverständnis, S. 49
S. 344, Anm. 684	Epist. 194,5.19; CSEL 57, S. 190f.	Vollständiger: BDS 9,1, S. 24, Anm. 14: Augustin: Ep. 194,19; CSEL 57, S. 190, Z. 12–15; Ders.: In Ioh. evang. tractatus 3,10; CChr.SL 36, S. 25, Z. 25–26. Vgl. Augustin: De gratia et libero arbitrio 6,15; PL 44, Sp. 891
S. 365, Z. 1	Straßburger Synode von 1534	Straßburger Synode von 1533–1534
S. 378, Datierung	1533	*Hammann*, Entre la secte et la cité, S. 429f. (dt. S. 347f.) datiert auf 1539
S. 378, Einleitung	zweiundzwanzig Artikel	Sie gehören zur Synode von 1539, vgl. QGT 16 (Elsaß IV), S. 486f.
S. 378, Einleitung	*Röhrich*, Gesch.	*Röhrich*, Geschichte II
S. 383, zu A.	f. 27–36	S. 27–36 (= S. 174–195)
S. 383, zu B.	Abschrift Wenckers, ebd. S. 166 Var. eccl. Ia, f. 217b–219b	Abschrift Wenckers, AST 166 (Var. Eccl. Ia), fol. 280^{r}–286^{r}
S. 413, Z. 10		fehlender Beleg: Röm 10,17
S. 414, Z. 17	schrifftlicher	Erklärung: schriftgemäß
S. 457, Z. 26 – S. 460, Z. 19		wörtliches Zitat: Augustin, De correctione Donatistarum 5,19–6,23
S. 496, Anm. m)	hechtensterg	liechtensteig
S. 506, Anm. 17	S. S. *Arb* [Marg.]. – Name eines Sektierers	Arbogast, Bischof von Straßburg
S. 506, Anm. 18	*Flor* [Marg.]. – Name eines Sektierers	Florentius, Bischof von Straßburg
BDS 6,1		
S. 15		erg.: 1536, um den 20. Oktober: Bucer in Herrenberg, vorher Tübingen (*Schieß*, Briefwechsel I, Nr. 738, S. 825; vgl. auch HBBW VI, Nr. 898, S. 434, Anm. 1)
S. 31, Z. 18	Zwinglis »Fidei ratio«	Zwinglis »Fidei expositio«

Band	bestehende Druckfassung	Korrektur/Ergänzung/Erläuterung
BDS 6,1		
S. 62, Quelle F	f. 88b	fol. 88r
S. 94, Einleitung, Z. 27	Zürich, Staatsarchiv, E II, Bl. 117b–199a	Zürich SArch, E II 337, fol. 117v–119r
S. 114, Überschrift	28. Mai 1536	MBW 1744 (Text, S. 141) datiert anders: 29. Mai 1536
S. 115, Handschriften		erg.: Zürich SArch, E II 337, fol. 158r–v (Bullingers Hand)
S. 118, Handschriften		erg.: Zürich SArch, E II 337, fol. 157r–v (Bullingers Hand); Zürich SArch, E II 447, fol. 35r–36v (jüngere Abschrift)
S. 114–129	AST 38	erg.: Nr. 29
S. 129, Anm. v)–v)	Herwartzfeld	= Herwartsfeld (heute: Hermannsfeld)
S. 136, Z. 42	Zwicks Relation (D)	Der erwähnte Bericht Zwicks enthält wesentliche Erweiterungen gegenüber dem hier edierten Text
S. 209, Einleitung, Z. 11	Dok. Nr. 15	Dok. Nr. 16
S. 209, Z. 11	Wurket	trucket
S. 215, Z. 1–6		in Anführungszeichen (Zitat der Wittenberger Konkordie)
S. 215, Anm. 83	Dazu führe (ziehen)	bezeuge
S. 217, Überschrift	17. Juli 1536	das ist das Datum der Entsendung von Grynäus und Karlstadt; das Gutachten ist demnach erst einige Tage später entstanden (vgl. Pol. Cor. II, S. 692)
S. 217, Einleitung	Die Notizen, die unter der Erläuterung als Postscriptum angefügt worden sind, geben dem Leser Rätsel auf. Handelt es sich hierbei um Bruchstücke des Gesprächs, mit denen der Protokollant den Inhalt der Diskussion festhalten wollte?	Die Notizen, die unter der Erläuterung als Postscriptum angefügt worden sind, stammen von Utinger und gehören zu den Verhandlungen vom 12.–15. August 1536 in Zürich (vgl. *Bizer*, Studien, S. 154–155)
S. 217, Quelle	*Basel UB Ka 23e, Bl. 156a–157b*	Basel ÖB, Ki. Ar. 23a, Bl. 156a–157b (Edition in: *Hermann Barge*, Andreas Bodenstein von Karlstadt, Bd. II, S. 603–606, Nr. 50 (s. dort auch S. 479, Anm. 214). Diese Überlieferung ist Hs. A vorzuziehen. zusätzliche Überlieferungen: Basel ÖB, Falkeisen 2948, Nr. 21 Zürich SArch, E I 1.2b Basel SArch, Kirchenakten A 9, fol. 404r–410v

Band	bestehende Druckfassung	Korrektur/Ergänzung/Erläuterung
BDS 6,1		
S. 218, Einleitung, Z. 2	noch	schon (iam)
S. 227, Quelle		zusätzliche Überlieferungen: Basel SArch, Kirchenakten A 9, fol. 70^r–79^v (diese Überlieferung ist Hs. A vorzuziehen); Zürich SArch, E I 1.2b Zürich SArch, E II 337, fol. 172^v–180^v Zürich SArch, E II 447, fol. 14^r–22^v Zürich ZB, Ms. A 140, 33–43
S. 240, Quelle	*Zürcher Staatsarchiv, a. a. O.*	genauer: Zürich SArch, E II 448, fol. 42^v–44^v
S. 258, Quelle		auch ediert in: Archiv für Reformationsgeschichte 36 (1939), S. 214–224
S. 258, Einleitung	Erst am 23. Dezember 1526 entschied sich dieser, Brief und Bekenntnis über Straßburg an Luther abzuschicken.	Die Konstanzer Antwort an Luther wurde nie abgeschickt, vgl. WA Br 12, Nr. 4266
S. 259, Anm. 9	24. September	12.–14. November, vgl. *Köhler*, Zwingli und Luther II, S. 498–499
S. 259, Anm. 11	am 5. Juli zugeschickt	Fraglich. Vermutlich ist nicht die »Declaratio Germanica« vom 5. Juli gemeint, sondern die Instruktion gehört zur Tagung vom 24. September.
S. 271, Einleitung	Grundlage für unsere Edition [...] ist die Abschrift im Zürcher Staatsarchiv, EII 337, f. 220 a/b (A).	Das Original liegt in Zürich SArch, E II 358, fol. 117. Die stattdessen edierte Abschrift stammt von der Hand Leonhard Hospinians.
S. 271, Anm. 1	von einem Zürcher Studenten	von Benedikt Euander aus Isny (s. Bullingers Brief an Bucer vom 6. Oktober 1537)
S. 275, Quelle	*Ebd. E I, Bl. 1–16*	Zürich SArch, E I 1.2b, fol. 1–16. Zusätzliche Überlieferung: Bern Burgerbibl., Mss. h. h. XII, 20, S. 222 ff. (E)
S. 295–297, Quelle		zusätzliche Überlieferungen: AST 167, Nr. 13, fol. 273^r–275^r Zürich SArch, E II 337, fol. 240^r–243^r
S. 298, Überschrift	und 200 Bürgern	= der Große Rat

Band	bestehende Druckfassung	Korrektur/Ergänzung/Erläuterung
BDS 6,2		
S. 33, Anm. 55	Vielfach, auf manche Art und Weise	jedem, jedermann
S. 42, Druckausgabe, Z. 11	Ziüj	Ziiij
S. 83, Z. 38		erg.: vgl. Röm 13,1
S. 97, Z. 20	Valentinianus	Valentinian II.
S. 194, Anm. 18	Täuferakten 9	QGT 15 (Elsaß III)
S. 194, Anm. 18	Täuferakten 8	QGT 8 (Elsaß II)
S. 203, Quelle	Bl. 1a–10b	Bl. 1r–10v (= fol. 538r–547v)
S. 203, Anm. 1	[Ps] 17,50	17,15
S. 213, Quelle	AST 75, 5	AST 75, 4
S. 227, Z. 8	praecanciuncula	praecaciuncula
S. 234–249		Auszug davon auch ediert in: QGT 15 (Elsaß III), Beilage B zu Nr. 920, S. 335–337
BDS 6,3		
S. 23, Anm. 34	Anm. 30	Anm. 130
S. 45, Nr. 1	Kurzte	Kurtze
S. 46	Straßburg BNUS	Straßburg BNU, R 102.399
S. 47, Nr. 2		erg. *Kohls*, Ernst-Wilhelm (Hg.): Evangelische Katechismen der Reformationszeit vor und neben Martin Luthers Kleinem Katechismus (Texte zur Kirchen- und Theologiegeschichte 16), Gütersloh 1971, S. 35–57
S. 55, Anm. 17	627 f.	621 f.
S. 72, Anm. 190	526	529
S. 78, Anm. 251	Vielleicht adverbial	Konjunktion
S. 78, Anm. 251	inzwischen	solange, während
S. 78, Anm. 251 und Anm. 252		Anm. vertauscht
S. 91, Z. 16	seinen sů vermanet	seinen sůn vermanet
S. 110, Z. 6	aboͤtterey	abgoͤtterey
S. 165, Z. 17	wie es mit ergange	wie es mir ergange
S. 266, Quelle B.	»Besichs vnd erwigs gegen eynandern« [von Erasmus Ritter]. Bern-Burgerbibliothek, MS. h. h. LI. 261	»Besichs vnd erwigs gegen eynandern«. Bern Burgerbibl., Mss. h. h. LI, 269

Band	bestehende Druckfassung	Korrektur/Ergänzung/Erläuterung
BDS 7		
S. 9	1538, Frühjahr	eher Ende 1537
S. 69, Anm. 1	*Schieß* I, S. 973	*Schieß*, Briefwechsel I, S. 873
S. 115, Anm. 93	V – XIII	I,5–13
S. 244, Quelle	Thomas-Archiv, Straßburg, Nr. 38	AST 38, Nr. 10
S. 302–305		teilweise enthalten in: Gebetbuch (Bekantnüs der Sünden) für eine fürstliche Person (evtl. für Ansbach?), Pergament, ca. 1540–1550, evtl. Nürnberg. Handschrift im Angebot des Antiquariats Reiß & Sohn, Königstein im Taunus, Januar 2012
S. 323, Anm. 11	niemals feindliche Haltung gegen Juden	Hinrichtungen 1349?
S. 339, Nr. 2	gestalt	gstalt
S. 377, Überschrift		erg.: vom 28. Mai 1532, vgl. BDS 7, S. 340
S. 533, Anm. 1	1541	1551
BDS 8		
S. 73, Anm. 11	1564	1541
BDS 9,1		
S. 71, Einleitung, Z. 2	I a	I a, Bl. 35–40 (= S. 69–80)
S. 71, Einleitung, Z. 5	Buczers gedicht	Buczers gedichte
S. 71, Einleitung		weitere Überlieferung: Ulm StArch, Bestand A 1216, fol. 349r–351r
S. 73–78		auch ediert in: *Ortmann*, Reformation und Einheit der Kirche, S. 302–309
S. 79–83		zusätzliche Überlieferungen: Dessau LHArch, GAR NS 706, S. 1–13 Marburg/L. SArch, 22a,1, Nr. 5 Marburg/L. SArch, Best. 3, Nr. 546, fol. 121r–126v weitere Überlieferungen: vgl. MBW 2391, Bd. T9, S. 157
S. 135, Anm. 92, Z. 2	nicht in *Mansi*	*Mansi* 8, Sp. 559

Band	bestehende Druckfassung	Korrektur/Ergänzung/Erläuterung
BDS 9,1		
S. 467, Anm. 286	In der ältesten Tradition begegnet diese Umschreibung des Kanons der römischen Messe nicht.	Anspielung auf Decr. Grat. I, Dist. 11, c. 5 (*Friedberg* I, Sp. 24), vgl. *Thompson*, Eucharistic Sacrifice, S. 199, Anm. 135
S. 521, Z. 9	Karthago (255/6?)	Karthago (254)
BDS 9,2		
S. 337, Anm. 1	QGPRK, Nr. 418	erg.: c. 125
S. 429	Mk 3,2p	Mt 3,2p
S. 437, Z. 25	11	111
BDS 10		
S. 92, Anm. 273	... nisi misso ...	... non nisi misso ...
S. 170		zusätzliche Überlieferung: Basel ÖB, C IV 1, fol. 1r–120v: Rathschlag, die scheidung der heiligenn Ehe betreffendt
S. 163, Einleitung, Z. 18	vier	fünf
S. 164, Anm. 8	Pollet II, S. 217, Anm. 4 ... irrtümlich	Pollet ist richtig
S. 168, Anm. 23	Ulm 1531	Ulm 1534
S. 254, Anm. 6	... nisi misso ...	... non nisi misso ...
S. 262, Anm. 1	kritische Nebeneinanderstellung.	hier: Übereinstimmung
S. 371, Anm. 5	BDS 6	BDS 4
S. 481, Anm. 2	Näheres über sie konnte nicht in Erfahrung gebracht werden	Zürcher Pfarrer, wegen Ehebruch nach Bern ausgewiesen, vgl. *Bopp*, Die evangelischen Geistlichen, Nr. 1663
S. 492, Anm. 33	qaue	quae
S. 542, Einleitung 2, Z. 3	von einer unbekannten zeitgenössischen Hand	von Wolfgang Capito
S. 543, Anm. 1	Möglicherweise gemeint sind das Dorf und das Schloß Lichtenberg	Thallichtenberg, vgl. BDS 4, S. 330, Anm. 11 = MBW 10, S. 215
S. 579, Z. 11	E[euere]	E[uere]
S. 580, Anm. 80	Mt 18,5	Mt 19,5
S. 580, Anm. 84	Mt 18,12	Mt 19,12

Band	bestehende Druckfassung	Korrektur/Ergänzung/Erläuterung
BDS 11,1		
S. 25, 2. Auflage	116 ungez. Bl.	76 ungez. Bl.
S. 82, Anm. 372	tit. 14	tit. 24
S. 149		Weitere Exemplare: Michelstadt KB; Dessau LHArch (ehem. Oranienbaum LArch), GAR NS 708, S. 2–297; Meiningen, Bibl. der Superintendentur
S. 150		Weiteres Exemplar: Erfurt MinB
S. 151, Z. 19	im Impressum	im Titel
S. 152, Z. 4	146	136
S. 152, Z. 37	1739	1738
S. 400, Anm. 1357	1352	1348
BDS 11,2		
S. 123, Anm. 4	Das sog. Concilium Africanum ist eine Sammlung afrikanischer Canones, die größtenteils die capitula gestorum des Konzils von Karthago im Jahre 419 n. Chr. wiedergeben.	Inhaltliche Angabe und Datierung fragwürdig. Zum Concilium Africanum, vgl. PL 4, Sp. 477–516
S. 123, Anm. 5	Aphricae	Aphricanae
S. 123, Anm. 5		erg.: zu Märtyrern, s. Kanon 50
S. 180, Anm. 1	karthagische Synoden unter Cyprian 255–256. LThK² 6, Sp. 1; RGG³ 3, Sp. 1160f.	4. Synode unter Cyprian (254). CChr.SL 3C, S. 447–450
S. 180, Anm. 6	Asturien	Gemeint ist die Stadt Asturica (Augusta) = Astorga
S. 213, Anm. 8	S. 394f.	S. 418f.
S. 260, Anm. 4	S. 121–123	S. 123–124
S. 271, Anm. 6	Religionsgespräch	Wormser Reichstag 1545
S. 272, Anm. 8	1484–1535	1505–1571
S. 290, Anm. 3	Eine entsprechende Stelle konnte ich … nicht finden.	z. B. Bl. Lxib
S. 290, Z. 16–S. 291, Z. 11		Groppers »Antwort und gegenberichtung« (s. BDS 11,2, S. 265, Anm. 9), Bl. liiib
S. 302, Anm. 3		Eher: Canones concilii provincialis Coloniensis … (ARC 2, Nr. 72, S. 192–305), vgl. De Concilio, Bl. 91a

Band	bestehende Druckfassung	Korrektur/Ergänzung/Erläuterung
BDS 11,2		
S. 318, Anm. 2	1542	1543 (vgl. *Schlüter*, Flug- und Streitschriften, S. 28 und 176)
S. 320, Anm. 3	Anm. 10	Anm. 9
S. 320, Anm. 6	Anm. 11	Anm. 10
S. 353, Z. 1	März oder April 1545	März oder Anfang April
S. 364, Anm. 7		Karthago, 3. Synode (397), c. 47, vgl. BDS 9,1, S. 221; BDS 9,2, S. 41; BDS 15, S. 127
S. 364, Anm. 8/9	Welches Concilium (...) Bucer meint und welcher Zählung er folgt, habe ich nicht feststellen können.	Konstantinopel, Quinisextum (692) (= Synodus 6), Kanon 19 (vgl. BDS 15, S. 127) und 53
S. 367, Anm. 9/10		Mileve (416), c. 1–8 entspricht Karthago (418), c. 1–8(9)
S. 368, Anm. 8		Mileve (416), c. 7 = Karthago (418), c. 7(8)
S. 380, Anm. 6	Tiberius I.	Tiberius II.
S. 381, Anm. 3	Wohl Concilium Carthaginense IV, can. 24. Concilia I (1551), S. 439	Codex canonum ecclesiae africanae, can. 24
S. 382, Anm. a)	Drf. Eradij	Nebenform: Eradius
S. 443, Anm. 9	Mitte Juli 1542	26. Juli 1543 (vgl. *Schlüter*, Flug- und Streitschriften, S. 29 und 193)
S. 445, Zählung	Anm. 4–8	Anm. 3–7
S. 445, Anm. 3(neu)		PL 4, Sp. 492 und 498 f., can. 36, 59, 60
S. 445, Anm. 3(neu)	Anm. 3(4): can. 36, 59 und 60 ... 184 und 196 f.	can. 69, 92 und 93 ... 210 f.
S. 445, Anm. 4(neu)	cap. VIII	collatio tertii diei, cap. VIII
BDS 11,3		
S. 13, Anm. 2	Nr. 118	Nr. 119 (S. 245–246)
S. 242, Anm. 12	3. ökumenisches Konzil	Konstantinopel Quinisextum 692, c. 82
S. 248, Anm. 11	3. ökumenisches Konzil	Konstantinopel Quinisextum 692, c. 82
S. 392, Anm. 4	Laterankonzil	Lateransynode

Band	bestehende Druckfassung	Korrektur/Ergänzung/Erläuterung
BDS 11,3		
S. 392, Anm. 4	Dist. 2, c. 5	Dist. 2, c. 4 (es liegt im Corpus Iuris Canonici eine Verwechslung mit Martin von Braga vor, vgl. Braga, Capitula Martini, Kanon 55 (*Mansi* 9, Sp. 856))
S. 555, Anm. 1	4. Konzil von Karthago (436)	4. Konzil von Karthago (399); fälschlich 436 »sub Anastasio«, vgl. TRE 1, Afrika I, S. 672; PL 3, S. 949–960; CChr.SL 149, S. 342–354
S. 555, Anm. 1	Cap. I	Cap. II
S. 671, Anm. 3	S. 511–512	erg.: Z. 58–60
S. 671, Anm. 3	S. 210	S. 210–214, Z. 91–93
BDS 12		
S. 30		zusätzliche Überlieferungen: Marburg/L. SArch, Best. 81 (Hanau) A, Rubr. 72, 2, fol. 1–34 Zeitz, Stiftsarchiv, Nachlaß Pflug, S. 25, Nr. 7
S. 90, Anm. 11	das Konzil von Karthago im Jahre 255 oder 256	Es handelt sich um ein Konzil vor Abfassung von Ep. I,2.
S. 202, Anm. 7	das im Jahre 255 oder 256 abgehaltene Konzil von Karthago	Es gab 7 Konzilien unter Cyprian in Karthago, hier wohl: 4. von 254
S. 281, Z. 32	VD 16 8943	VD 16 B 8943
S. 285, Z. 12	Freiberg	Freiherr
S. 456, Anm. 9	[BDS 11,3] S. 187,27–191,22	S. 186,4–191,22
S. 457, Anm. 3	418	399
S. 457, Anm. 3	Konzil zu Karthago	Konzil zu Karthago (statuta ecclesiae antiqua, can. 20)
S. 457, Anm. 3	BOL 3, S. 88; DS 220–230	BOL 3, S. 88
BDS 13		
S. 133, Anm. 2	Kanones 16 und 18 (nicht Kanon 17)	Kanones 16 und 17(!), vgl. BDS 11,2, S. 381
S. 133, Anm. 3	Kanon 58	Kanon 59
S. 133, Anm. 3	S. 439	S. 374, vgl. BDS 9,2, S. 41
S. 133, Anm. 4	4. Karthagisches Konzil (345–348)	Codex Canonum ecclesiae africanae (419), vgl. BDS 9,1, S. 221
S. 135, Anm. 6	Decr. Grat. I, Dist. 38	Decr. Grat. II, C. 26, qu. 6, c. 14

Band	bestehende Druckfassung	Korrektur/Ergänzung/Erläuterung
BDS 13		
S. 136, Anm. 2	Einen griechischen Kanon 106 entsprechenden Inhalts eines Konzils von Karthago kann ich … nicht nachweisen.	Gemeint ist: Codex canonum ecclesiae africanae (= Registri eccl. carthag. excerpta), Kanon 103 = »Concilium Africanum«, Kanon 70
S. 203–225	Brief Bucers an Philipp von Hessen, 25.2.1545	abweichende Fassung in: AST 174, Nr. 40, fol. 476^r–690^r; diese ediert in BDS 18, S. 259–281
S. 241, Anm. 2		erg.: Dist. 99, c. 3; *Friedberg* I., Sp. 350
S. 252, Anm. 2	Bernhard von Clairvaux, geb. 644, gest. 651	Bernhard von Clairvaux, geb. 1090, gest. 1153
BDS 14		
S. 488, Anm. 7	Kalkutta (sc. Kolkata)	Kalikut (sc. dem heutigen Kozhikode)
BDS 15		
S. 208, Anm. 5	1541 in Hagenau	1540 in Hagenau
BDS 16		
S. 338, Z. 10	Burdegan	Burdegaw
BDS 17		
S. 5, Text I.1	6. Januar 1546	zwischen Mai/Juni 1546 und dem 11. November 1547
S. 116, Z. 20	Cahiers de la RHPR 33	Cahiers de la RHPR 31
S. 156, Überschrift	6. Januar 1546	zwischen Mai/Juni 1546 und dem 11. November 1547
S. 256–290		zusätzliche Überlieferung: Wien ÖNB, Cod. 11794, fol. 147^v–166^v: Kurtzer vnderricht vnd grunde, 9. November 1547
S. 356, Z. 14	autem	in
S. 441		zusätzliche Überlieferung: Wien ÖNB, Cod. 8160, fol. 34^r–46^r
S. 456, Anm. 1	AST 165	AST 168
S. 483		zusätzliche Überlieferung: Dessau LHArch, GAR NS, Z6, Nr. 54, Bd. VIII, fol. 52^r–107^v
S. 537–542		zusätzliche Überlieferung: Straßburg StArch, AA Supplément 563 A, fol. 9–25: Interim-Text vom 15. Mai 1548 mit wenigen Anm. von Bucer